Dietmar Urmes

Etymologisches Namenlexikon

Dietmar Urmes

Etymologisches Namenlexikon
Das Herkunftswörterbuch

marixverlag

Es ist nicht gestattet, Abbildungen und Texte dieses Buches zu scannen,
in PCs oder auf CDs zu speichern oder mit Computern zu verändern
oder einzeln oder zusammen mit anderen Bildvorlagen zu manipulieren,
es sei denn mit schriftlicher Genehmigung des Verlages.

Alle Rechte vorbehalten

Copyright © by Marix Verlag GmbH, Wiesbaden 2006
Lektorat: PD Dr. Marco Frenschkowski, Hofheim/Taunus
Covergestaltung: Thomas Jarzina, Köln
Bildnachweis: Bridgeman Art Library
Satz und Bearbeitung: Buch-Werkstatt GmbH, Bad Aibling
Gesamtherstellung: GGP Media GmbH, Pößneck
Printed in Germany

ISBN-10: 3-86539-091-9
ISBN-13: 978-3-86539-091-2
www.marixverlag.de

*»Namen – damit hat es eine sehr geheimnisvolle Bewandtnis.
Ich bin mir nie ganz klar darüber geworden, ob der Name
sich nach dem Kinde formt, oder ob sich das Kind verändert,
um zu dem Namen zu passen.«*

John Steinbeck (1902–1968)

Inhalt

Vorwort 9
Namenlexikon 13
Anhang 777
    Abkürzungen 779
    Glossar 781
    Bedeutungsgleiche Namen und Titel 786
    Päpste der katholischen Kirche 802
    Nobelpreisträger 807
    Präsidenten der USA 819
    Deutsche Reichspräsidenten und Reichskanzler 821
    Deutsche Bundespräsidenten und Bundeskanzler 822
    Literaturverzeichnis 823

Vorwort

Dieses Buch ist in erster Linie ein Namenbuch und kein Konversationslexikon. Daher erhebt die Auflistung der besprochenen Personen und Persönlichkeiten ebenso wenig Anspruch auf Vollständigkeit wie die Darstellung ihres Lebens und die Bewertung ihrer Leistungen. Um die angebotenen Informationen überschaubar zu halten, wurde vielmehr eine Auswahl getroffen, sowohl bezüglich der Anzahl der vorgestellten Persönlichkeiten als auch der jeweils angebotenen Details, die in jedem Fall jedoch eine eindeutige Identifizierung einer Person anhand ihrer Lebensdaten ermöglicht. Die sachlichen Angaben werden in den meisten Fällen durch interessante, überraschende oder auch amüsante Einzelheiten ergänzt, sodass es über das reine Informationsbedürfnis hinaus Vergnügen bereiten dürfte, einzelne (oder auch mehrere) Artikel zu lesen.

Dennoch umfasst das Angebot der Namen samt ihrer Herkunft und Bedeutung die wichtigsten mythischen Gestalten vergangener Kulturkreise sowie die bedeutendsten (oft auch fragwürdigsten) Gebieter in Staat und Kirche, die großen Philosophen und Kirchenlehrer, hervorragenden Künstler und Literaten, brillanten Wissenschaftler und Erfinder der Geschichte und Gegenwart, aber auch bekannte, berühmte oder berüchtigte »Große« unserer Zeit – kurz: Frauen und Männer, deren Namen den meisten Menschen etwas sagen, über die man aber gern etwas mehr erfahren möchte.

Natürlich trägt in der Regel niemand Schuld an seinem Namen. Dieses Urteil verliert jedoch seine Gültigkeit, wenn man z. B. aus politischen oder religiösen Gründen seine Herkunft verbergen möchte und zur Tarnung seinen Namen ändert oder ihn anlässlich einer Emigration an die Sprache des Gastlandes anpasst. In vielen Fällen kennen wir sogar nur das Pseudonym bzw. den Künstlernamen eines berühmten Menschen; dabei kann es sehr erhellend sein zu erfahren, wie jemand früher geheißen hat und was ihn bewogen haben mag, seinen Geburtsnamen zu ändern. *Lenin* z. B. wurde als *Wladimir Iljitsch Uljanow* geboren; nachdem man ihn wegen seiner revolutionären Ideen Ende des 19. Jahrhunderts nach Sibirien verbannt hatte, legte er sich seinen weltbekannten Decknamen zu – vielleicht nach dem sibirischen Fluss *Lena* oder, wie er selbst gern erklärte, nach seinem früheren Kindermädchen *Lena*, denn auf die Frage, wessen Kind er sei, habe er früher immer geantwortet: »Lenas!«, was auf Russisch in der Tat *Lenin (Ленин)* heißt. Bei Künstlern und im Schaugeschäft ist ein neuer Name geradezu üblich, und natürlich bezeichnen wir einen Menschen als *Madonna* oder als *Che*, ohne zu ahnen, welches Motiv sich hinter der Umbenennung verbirgt. So hat *Götz George* (»Schimanski«) nicht nur das schauspielerische Talent, sondern auch seinen Künstlernamen vom Vater *Heinrich George* geerbt, der von Hause aus *Heinrich Georg August Friedrich Schulz* hieß und seinen Sohn nach seiner Paraderolle im »Götz von Berlichingen« taufen ließ. Darüber hinaus sollten wir uns sogar freuen, dass manche weltbekannte Persönlichkeit nicht auf ihrem angestammten Namen besteht, denn wer könnte sich je den Namen *Walter Matuschanskayasky* merken, geschweige denn richtig aussprechen. (So hieß der amerikanische Schauspieler *Walter Matthau* mit bürgerlichem Namen.) Auch der französische Sänger *Gilbert Bécaud* hatte guten Grund, sich für einen neuen Namen zu entscheiden: Als *François Léopold Silly* wäre er sicherlich nicht so berühmt geworden, da jeder, der sich im Englischen auskennt, *Silly* mit »dumm« und »töricht« assoziieren würde – da ist eine gedankliche Verbindung mit französisch *bécot*, das wie *Becaud* klingt, schon willkommener. (*Bécot* bedeutet »Küsschen«.)

Auch ein Papst gibt sich nach seiner Wahl einen neuen Namen, der zumindest zu Beginn wie ein viel versprechendes Programm klingt. So dürfte das Kirchenvolk am Ende des 15. Jahrhunderts große Erwartungen – jedenfalls bezüglich der moralischen Grundsätze – in den neuen Pontifex *Innozenz* gesetzt haben, bedeutet doch das lateinische Wort *innocens* »der Unschuldige«. Er hatte es indes faustdick hinter den Ohren, denn er war immerhin stolzer Vater von sechzehn leiblichen Kindern (was ihm den Spottnamen *Pater patriae*, »Vater des Vaterlandes«, einbrachte). Übrigens gab es vierzehn Heilige Väter, die den anspruchsvollen Namen *Innozenz* zum Regierungsnamen erwählten und von denen einige durch Bestechung und andere Unregelmäßigkeiten in das höchste Amt der Kirche aufgestiegen waren oder wegen ihres Lebenswandels und ihrer Amtsführung verhaftet und ins Kloster gesteckt wurden. Das alles ist zwar im Fall des jetzigen Papstes, an den zumindest die Deutschen sich als *Joseph Ratzinger* erinnern, nicht zu befürchten, es bleibt dennoch abzuwarten, ob *Benedikt XVI.* die in ihn gesetzten Hoffnungen auf nötige Reformen in der Kirche erfüllt und seinem Wahlnamen (zu lat. *benedictus*, »der Gesegnete«, »der Gepriesene«) gerecht wird.

Auch wenn die meisten Menschen ihren Familiennamen als gegeben hinnehmen, so ist doch erstaunlich, dass manchen Namen eine prophetische Kraft innezuwohnen scheint, die das Leben in eine bestimmte

Bahn lenkt (*Nomen est omen*, »der Name ist Schicksal«). Als könnte es gar nicht anders sein, beruht der Name des deutschen evangelischen Theologen *Bonhoeffer*, der als Mitglied der Bekennenden Kirche treu zu seinen Überzeugungen stand und 1945 als Widerstandskämpfer im Konzentrationslager Flossenbürg hingerichtet wurde, auf dem keltischen Wort *bona*, »Burg«, »Festung«. Am anderen Ende der Werteskala findet sich der Name des NS-Richters und notorischen Schreihalses *Freisler* (zu mittelhochdeutsch *vreiser*), der – fast erwartungsgemäß – »Wüterich« und »Tyrann« bedeutet. Auch der ehemalige US-Präsidenten *Clinton* (zum englischen Ortsnamen *Glinton*) muss sich eine wenig rühmliche Assoziation gefallen lassen, denn sein Name enthält das mittelenglische Wort *glint*, »schlüpfrig«, das unvermeidlich an die sexuellen Torheiten des bis dahin so beliebten Politikers erinnert. Genauso oft steht der Name jedoch in krassem Widerspruch zum Charakter seines Trägers, wie im Fall des berühmt-berüchtigten französischen Schriftstellers *Marquis de Sade*, der die Hälfte seines Leben wegen der unverblümten Schilderung von Liebe, Lust und Grausamkeit (vgl. *Sadismus*) im Gefängnis saß und die letzten Lebensjahre in der Irrenanstalt verbrachte, denn seinem Namen liegt das altfranzösische Wort *sade*, »geschmackvoll« und »weise«, zu Grunde.

Eine wirkliche Übereinstimmung zwischen einem Namen und den vom Menschen zugedachten Eigenschaften findet sich eigentlich nur in den Schöpfungsgeschichten und bei den Götter- und Heldenmythen. So hieß die alte griechische Mondgöttin natürlich *Selene*, zu grch. *sélas* (σέλας), »Glanz«, und der Totengott *Thanatos*, zu grch. *thánatos* (θάνατος), »Tod, Hinrichtung« (vgl. *Euthanasie*), während der erste, aus Erde gemachte Mensch in der Genesis *Adam* hieß, von hebr. *adamah*, »Erde, Acker« (zu *'adom*, »rot«, »erdfarben«) und die Urmutter der Bibel folgerichtig *Eva*, hebr. *chawwa*, »die Mutter aller Lebendigen«, genannt wurde (zu *chajjim*, »Leben«). Bei den alten Germanen war der hinterlistige Kriegsgott *Odin* »der Wütende« (zu altisl. *óðr*, »Wut«) und die Hindus kennen ihren obersten Gott *Vischnu* als den »Bewirker und Bewahrer« (zu sanskr. *visch*, »wirken, zuströmen«).

Bei den meisten Fällen handelt es sich in diesem Buch allerdings um die Erklärung recht alltäglicher, manchmal aber auch ungewöhnlicher, interessanter und lustiger Namen (z. B. lat. *Cicero*, »Erbse«, russ. *Tolstoj*, »Dickerchen«, engl. *Shakespeare*, »Schüttelspeer«, oder frz. *Camus*, »Plattnase«). Trotz der Beschränkung auf etwa 3 000 Namensdeutungen kann sich der Leser einen guten Überblick über die Familien- und

Geschlechternamen, die wichtigsten Titel und Anreden sowie die Ruf- und Spitznamen in zahlreichen Ländern und Sprachen der Erde verschaffen.

Im Allgemeinen wird die Bedeutung eines Namens nur durch das zu Grunde liegende Wort erklärt; ist die Auslegung nicht eindeutig, werden in vielen Fällen Alternativdeutungen angeboten. Auf die Entwicklungsgeschichte eines Namens wird hingegen nur selten eingegangen, da diese für die meisten Leser uninteressant sein dürfte. Dagegen finden sich durchgängig Verweise auf verwandte Namen oder sachliche Zusammenhänge, z. B. *Schah* (vgl. *Schach*) → *Padischah* → *Pascha*. Die ausländischen Namen sind in der Regel lautgerecht ins Deutsche übertragen; griechische und russische Namen werden zusätzlich in griechischen bzw. kyrillischen Schriftzeichen angegeben.

Kirchhellen, Dezember 2005 *Dietmar Urmes*

Namenlexikon

Aalto *Alvar* (1898–1976), finnischer Architekt und Designer, der u. a. auch in Deutschland seine Spuren hinterlassen hat. Auf seine Entwürfe gehen z. B. Wohnhäuser in Berlin und Bremen und vor allem das Kulturzentrum Wolfsburg und das Opernhaus in Essen zurück. *Aalto* gehörte zur zweiten Generation der modernen Architektur, die sich vom *International Style* abkehrte und differenzierte, regionale Einflüsse nutzte. Sein Name bedeutet im Finnischen »Welle, Woge«.

Aaron [arab. *Harun*], Sohn des Levi sowie älterer Bruder und Rivale des Moses, erster Hohepriester der Israeliten. Der Name, aus hebr. *aharon*, bedeutet vielleicht »Erhabener«. Sein wundertätiger trockener Mandelstab, der unversehens grünen konnte, bestand die ihm vom Pharao auferlegte Prüfung, indem er die Stäbe der ägyptischen Zauberer verschlang, sodass der Pharao die Israeliten aus Ägypten ziehen lassen musste. Nach seinem Zauberstab, der später angeblich in der Bundeslade aufbewahrt wurde, ist nicht der *Aronstab* benannt, ein in feuchtwarmen Gebieten anzutreffendes Gewächs mit oft knolligen Wurzelstöcken.

Abba lautete die Anrede Gottes beim Gebet, zu aram. *abba*, »Papa«. Sie wurde auch von Jesus und den Urchristen gebraucht sowie später als Titel und Anrede von geistlichen Vätern und Klostervorstehern. Von *Abba* ist das lateinisch-griechische Wort *abbas* abgeleitet, woraus wiederum unser *Abt* entstand.

Abbado *Claudio* (geb. 1933), ein italienischer Dirigent, war Chef der Mailänder Scala und der Wiener Oper, bevor er 1989 Leiter des Philharmonischen Orchesters Berlin wurde. Sein Name kommt von ital. *abate*, »Abt«. → *Abbate*

Abbas *Mahmud* (geb. 1935), erster palästinensischer Ministerpräsident (2003), der auch *Abu Masin* genannt wird. Er ging nach der Gründung des israelischen Staates (1948) mit seiner Familie nach Syrien, studierte in Moskau Geschichte und Recht in Damaskus und wurde 1968 Generalsekretär des Exekutiv-Komitees der PLO und Mitglied im Palästinensischen Nationalrat. 1993 unterzeichnete er das Oslo-Abkommen und 1995 das Friedensabkommen mit Israel. Seine Ernennung zum Ministerpräsidenten brachte jedoch nicht die erhoffte Bewegung in den Friedensprozess im Nahen Osten. Nach nur 100

Tagen reichte er beim damaligen Präsidenten Jassir Arafat seinen Rücktritt ein – tief enttäuscht über mangelnden Rückhalt beim Palästinenser-Parlament für seinen Reformkurs. Sein Nachfolger war der Parlamentspräsident Achmed Kurei. Nach Arafats Tod wurde *Abbas* 2005 erneut zum palästinensischen Präsidenten gewählt. Sein Name könnte »der Finstere«, »der Griesgram« bedeuten, zu arab. *'abús*, »mürrisch«. Strenge und eine zur Schau getragene Verdrießlichkeit wurden übrigens für männliche Araber stets als erstrebenswert empfunden. *Abbas*, der Onkel Mohammeds, war der Namengeber für die Kalifen-Dynastie der *Abbasiden*, die ab etwa 750 n. Chr. in Bagdad herrschten. Nach der Eroberung Bagdads durch die Mongolen (1258) lebte eine Zweiglinie der *Abbasiden* am Hofe der Mamelucken in Kairo. ↳ *Abba*

Abbate *Nicolo dell'* (1509–1571), italienischer Maler, der die berühmten Fresken im Schloss von Fontainebleau schuf. Sein Name kommt, wie der des Dirigenten *Abbado*, von ital. *abate*, »Abt«.

Abd ist ein Namensbestandteil arabischer Namen, zu arab. *abd*, »Knecht, Sklave«. *Abd* wird oft in Verbindung mit dem Namen Allahs (oder einem seiner Beinamen) zur Bildung arabischer Personennamen benutzt, z. B. *Abd Allah*, »Knecht Gottes«, oder *Abd ar-Rahman* (auch: *Abdul Rahman*), »Knecht des Barmherzigen«. Fünf omajjadische Herrscher in Spanien trugen diesen Namen, z. B. *Abd ar-Rahman I.* (756–788). Er gründete das arabische Kalifat von Córdoba und kämpfte gegen Karl d. Gr. (s. Rolandslied).

Abdul Asis *ibn Abd ar Rahman Ibn Sa'ud* (1880–1953) gründete 1932 das Königreich Saudi-Arabien. Er verstand es, durch die Sesshaftmachung der Beduinen eine feste staatliche Ordnung zu schaffen. Mit den seit 1930 wachsenden Gewinnen aus der Ölproduktion förderte er den Bau von Bewässerungsanlagen sowie das Verkehrs- und Schulwesen. Nach seinem Tod bestieg sein Sohn *Sa'ud* (einer von insgesamt 44 Söhnen) den Thron. Der erste Teil des Namens bezeichnet seinen Träger als »Knecht Gottes« (arab. *abd' allah*), *Asis* bedeutet sowohl »der Mächtige« als auch »der Geliebte«, zu arab. *'azza*, »mächtig sein« bzw. »verehrt werden«. Seit dem Fatimiden-Kalifen *al-Asis*, der im 10. Jahrhundert lebte, ist dieser Name sehr beliebt in der arabischen Welt. *Abd ar Rahman*, aus *al Rahman*, bedeutet im Arabischen »Diener des Barmherzigen«, also Gottes.

Abdullah *ibn Abdul Asis al Sa'ud* (geb. 1924) heißt der König von Saudi-Arabien. Der Sohn von *Abdul Asis* wurde 1982 bei der Thronbesteigung von König Fahd zum neuen Kronprinzen ernannt. Seit der Erkrankung seines Halbbruders führte er ab 1995 praktisch die Regierungsgeschäfte. Obwohl ihm viel an guten Beziehungen zum Westen gelegen war, wurden diese durch die Ereignisse am 11. September 2001 schwer belastet, da ein Großteil der islamistischen Attentäter aus Saudi-Arabien stammte. Nach dem Tod von König Fahd übernahm er 2005 als rechtmäßiger Thronfolger die Macht. *Abdullah* heißt auch der jordanische König (geb. 1962), der seinem verstorbenen Vater, König Hussein, 1999 auf dem Thron folgte. Er ging in England und Amerika zur Schule und auch zur Universität. Anschließend besuchte er die britische Militärakademie in Sandhurst und diente in der britischen Armee, bevor er das Kommando über die Elitetruppen seines Landes übernahm. Die demütige Bezeichnung *Abdullah* bedeutet »Diener Gottes«, zu arab. *abd*, »Knecht«, und *allah*, »Gott«.

Abel war der zweite Sohn von Adam und Eva, Bruder des Kain und des Seth. Er gilt als der erste Schafhirte (und wird daher mit einem Lamm dargestellt). Als sein Opfer von Jahwe angenommen, das seines Bruders Kain aber verschmäht wurde, erschlug dieser den Abel aus Neid. Der Name *Abel* (im Hebräischen *Hevel*) entstand aus hebr. *hebel*, »Atem, Hauch«, auch »Vergänglichkeit«, »Nichtigkeit«, möglich ist eine Herkunft von ass. *aplu*, »Sohn« (arab. *Habil*).

Abraham bedeutet wörtlich übersetzt »Vater der Menge«. Im Alten Testament wird er zunächst als *Abram* erwähnt, zu *'abram*, »hoher, erhabener Vater« (arab. *Ibrahim*). Erst nachdem Gott seinen Bund mit ihm geschlossen hatte (»Du wirst zum Vater einer Völkermenge werden«), nannte er ihn *Abraham*. Als er während einer Hungersnot zusammen mit Lot, dem Sohn seines Bruders, bis nach Ägypten zog, empfahl er seiner schönen Frau Sara – in der Bibel zunächst Saraj –, sich als seine Schwester auszugeben (sie war tatsächlich Abrahams Halbschwester, die Tochter seines Vaters, aber nicht seiner Mutter), damit man ihn nicht tötete und auch sie am Leben ließe. Wie Abraham vorhergesehen hatte, wurde sie in den Palast des Pharao befohlen, und erst als dieser erfuhr, dass Sara in Wirklichkeit *Abrahams* Frau war, gab er sie wieder frei.

Abu Hanifa (699–767) war der Stifter einer der vier Rechtsschulen im sunnitischen Islam. Der eigentliche Name des im Irak geborenen Gelehrten persischer Herkunft war *An-Nu'man ibn Thabit*, d. h. »der Wohltäter, Sohn des Nachfolgers«, zu arab. *nu'ma*, »Glück, Wohltat«, und *tabi'a*, »die Folge«. (Er hieß übrigens »Nachfolger«, weil er einigen Gefährten des Propheten noch persönlich begegnet war.) Genannt wurde er allerdings meist nur *al-Imâm al-A'zam*, »der größte Imam«. Sein Ehrenname *Abu Hanifa* bedeutet, dass er Vater eines Sohnes war, den er *Hanif*, »der Aufrechte«, genannt hatte, zu arab. *hanif*, »ehrlich«. Die Anhänger seiner Rechtsauffassung, die *Hanefiten*, machen etwa ein Drittel aller Muslime aus.

Abuna war der korrekte Titel (zu arab., äthiop. *abuna*, »unser Vater«), mit dem man früher das Oberhaupt der äthiopischen Kirche anzusprechen hatte.

Achad Haa lautete der Deckname des ukrainischen Begründers des Kulturzionismus. Mit richtigem Namen hieß er *Ascher Ginzberg* (1856–1927). Im Unterschied zu Theodor Herzl, der möglichst viele Juden zur Auswanderung ins Heilige Land ermutigen wollte, sah *Ginzberg* Palästina als rein geistiges jüdisches Zentrum an. Sein Deckname, zu hebr. *achad haám*, bedeutet »einer aus dem Volk«. *Ginzberg* ist ein typischer Diasporaname, der Vorname *Ascher* (auch: *Asser*, »Glücklicher«) bezieht sich auf den gleichnamigen Sohn Jakobs, der zum Ahnherrn eines der zwölf Stämme Israels wurde.

Achaia [grch. 'Αχαία] war der Beiname der Demeter, deren Tochter Persephone einst von Hades in die Unterwelt entführt worden war, da Zeus sie dem Hades als Frau versprochen hatte. Demeter suchte ihr geliebtes Kind auf der ganzen Erde, bis sie von Helios, der alles mit angesehen hatte, den Aufenthaltsort ihrer Tochter erfuhr. *Achaia* bedeutet verständlicherweise »die Schmerzensreiche«, zu *áchos* (ἄχος), »Leid, Trauer«. → *Demeter* und *Thesmophoros*

Achaicus hieß mit Beinamen der Konsul *Lucius Mummius Achaicus*, der die *Achäer* bekämpfte – daher sein Beiname – und 146 v. Chr. Korinth eroberte und zerstörte. Seitdem war Griechenland die römische Provinz *Achaia* (zu lat. *achaicus*, »achäisch, griechisch«), nach einer Landschaft an der Nordküste des Peloponnes.

Achaios [grch. Ἀχαιός] war der Stammfürst der im Norden des Peloponnes wohnenden Achäer. Die *Achaia* – die zunächst aus nur zwölf Städten bestand – war die Ausgangsregion für die Kolonisation Unteritaliens. Später bezeichneten die Römer ganz Griechenland als ihre Provinz *Achaia*. → *Achaicus*

Achill [grch. Ἀχιλλεύς], ein thessalischer Fürst, der Sohn des Peleus und der Nereide Thetis, gilt als größter Held der Griechen vor Troja. Der Sage nach wollte seine Mutter Thetis Unsterblichkeit für ihren Jungen erreichen. Daher legte sie ihn ins Feuer, nachdem sie seinen Körper mit Ambrosia gesalbt hatte, das ja auch den Göttern das ewige Leben garantierte. Einer anderen Version zufolge tauchte sie ihren Jüngsten in den Unterweltfluss Styx, um ihn unverwundbar zu machen. Beide Imprägnierungsversuche gelangen jedoch nur unvollständig, da sie ihren Sohn an einer Ferse ins Feuer bzw. ins Wasser hielt, sodass er an dieser Stelle ungeschützt blieb – eine Unbedachtheit, die dem mutigen Kämpfer vor Troja zum Verderben gereichen sollte (vgl. *Achillesferse* und *Achillessehne*). Seinen Namen interpretierten die antiken Geschichtsschreiber als »der Lippenlose«, aus *a* (ἀ), »ohne«, und *cheîlos* (χεῖλος), »Lippe«, weil *Achill* als Kleinkind angeblich nie gesäugt wurde. Der Name könnte aber auch auf dem Wort *áchos* (ἄχος), »Schmerz, Kummer«, beruhen und sich auf die Trauer und die Wut beziehen, die *Achill* durch seine wütenden Taten hervorrief.

Acilius war der Name einer plebejischen *gens*, zu der z. B. *Marcus Acilius Glabrio* (Volkstribun 201 v. Chr., Konsul 191 v. Chr., Sieger über Antiochus) gehörte, aber auch *Caius Acilius Glabrio*, der um 160 v. Chr. eine römische Geschichte in griechischer Sprache verfasste.

Adam hieß bekanntlich der erste Mensch im Paradies, aus dessen Rippe Gott die Gefährtin Eva schuf; der Name stammt von hebr. *adamah*, »Erde, Acker«, mit hebr. *'adom*, »rot«, »erdfarben« (vgl. *Adamskostüm*, *Adamsapfel* und die Redwendung »sich etwas aus den Rippen schneiden«).

Adams *John* (1735–1826), amerikanischer Politiker. Sein Name leitet sich her von *Adam*, dem ersten Menschen. *Adams* war indes nicht der erste, wohl aber der zweite amerikanische Präsident (1797–1801). Als Rechtsanwalt und überzeugter Gegner der Kolonialmacht England wirkte er mit an der Unabhängigkeitserklärung der Vereinigten Staaten (1776) und bemühte sich anschließend um einen günstigen Friedensschluss mit England (1783). Weitere berühmte Mitglieder seiner Familie waren seine Frau *Abigail* (1744–1818), eine Schriftstellerin, sowie ihr gemeinsamer Sohn *John Quincy Adams*, der von 1825 bis 1829 der sechste Präsident der USA war. → *Adam*

Adeimantos [grch. Ἀδείμαντος], Feldherr der Korinther bei Salamis (480 v. Chr.). Sein Name gehört zu grch. *adeímantos* (ἀδείμαντος), »unerschrocken, furchtlos«.

Adenauer *Konrad Hermann Joseph* (1876–1967), deutscher CDU-Politiker. Im Jahr 1949 wurde er, damals längst im Rentenalter, erster deutscher Bundeskanzler und blieb es über drei Legislaturperioden bis zu seinem Rücktritt 1963. Von 1951 bis 1955 bekleidete er gleichzeitig das Amt des Außenministers. *Adenauer* widmete sich mit unglaublicher Durchsetzungskraft dem Wiederaufbau nach dem Zweiten Weltkrieg und machte sich durch Rückholung der deutschen Kriegsgefangenen aus Russland sowie durch die Versöhnung mit dem Ausland, vor allem mit Frankreich, verdient (Deutsch-Französischer Vertrag). *Adenauer* kommt vom Ortsnamen *Adenau* in der Eifel, der »Auensiedlung des Ado« bedeutet.

Adeodatus, Deusdedit sind zwei lateinische Namensformen, die etwa die gleiche Bedeutung haben: »Von Gott geben« bzw. »Gott hat gegeben«. Über die beiden Päpste dieses Namens – *Deusdedit* (615–618), später auch *Adeodatus I.* genannt, und *Adeodatus II.* (672–676) – ist außer ihren Regierungsdaten wenig bekannt.

Ädilen hießen die Verwalter der plebejischen Kasse im Tempel der Ceres, abgeleitet von lat. *aedes*, »Gemach, Tempel«. Die *Ädilen* übten als Gehilfen der Volkstribunen u. a. auch die Polizeigewalt aus. → *Tribun*

Aditi ist die hinduistische Muttergöttin und Verkörperung der Erde, angeblich die Mutter des Gottes Vischnu. Ihr Name bedeutet »die Unendliche«, »die Grenzenlose«. Sie steht für die Ordnung in der Welt und beschützt ihre Gläubigen vor Krankheit und Sünde.

Admetos [grch. Ἄδμητος], König in Thessalien, Gatte der Alkestis, der am Argonautenzug teilnahm. Sein Name bedeutet »der Ungebändigte«, zu *admés, admêtos (ἀδμής, ἀδμῆτος)*, »ungezähmt«. *Admetos* war auch ein Beiname des Hades. → *Zeus katachthonios* und *Pankoites*

Adolf, ein beliebter deutscher Fürstenname mit der Bedeutung »edler Wolf«, aus ahd. *adal*, »edel«, und *wolf* – ein Name, den z. B. der berühmte *Gustav Adolf* von Schweden (1594–1632) und ironischerweise auch Hitler trug (1889–1945).

Adonis [grch. Ἄδωνις] war ursprünglich eine orientalische Vegetationsgottheit, sozusagen die Personifikation des Werdens und Vergehens. *Adonis*, der Sohn des Phoinix und der Alphesiboia, war ein zarter Jüngling, für den Aphrodite in Liebe entbrannte. Sie vertraute ihn Persephone, der Göttin der Unterwelt, an, die jedoch ebenfalls in den Jungen vernarrt war und ihn für sich in der Unterwelt behalten wollte. Zeus schlichtete den Streit, indem er anordnete, *Adonis* solle eine Zeit lang bei Persephone in der Unterwelt bleiben und eine Zeit lang bei Aphrodite in der Oberwelt verbringen. So beklagte man später beim *Adonisfest* an einem Tag seinen Tod, um am nächsten Tag mit Jubel seine Wiederkunft zu feiern – ein Kult, der eine gewisse Ähnlichkeit mit der Trauer der Christen am Karfreitag und der Freude am darauf folgenden Osterfest hat. Der Name *Adonis* steht in Zusammenhang mit der phönizischen Anredeform *'adoni*, »mein Herr«, ein alter Titel des Gottes Tammuz. Damit verwandt sind hebr. *'adon*, »Herr«, und *Adonai* als eine der jüdischen Bezeichnungen für Gott. → *Jahwe*

Adorno *Theodor* (1903–1969), deutscher Philosoph, Soziologe, Schriftsteller und Komponist, der eigentlich *Theodor Wiesengrund* hieß. Sein Pseudonym *Adorno* – seinen jüdischen Familiennamen *Wiesengrund* vermied er ab 1933 verständlicherweise – ist der Mädchenname seiner italienischen Mutter, gleichzeitig handelt es sich um die lateinische Form *adorno*, »ich schmücke, verschönere«, zu *adornare*, »ausrüsten, herausputzen« (vgl. unsere Redewendung »in vollem Ornat«). Er war in der Tat eine Zierde der Sozialwissenschaft, wurde von den Nazis 1934 jedoch zur Emigration gezwungen. Nach einer Lehrtätigkeit in England und den USA kehrte er 1949 an seinen Geburtsort Frankfurt zurück, wo er in den 1960er-Jahren mit seinen Schriften großen Einfluss auf die junge Wissenschaftler- und Studentengeneration nahm.

Aegir hieß ein germanischer Meer-Riese. Sein Name ist das nordische Wort für »Meer«, urverwandt mit lat. *aqua*, »Wasser«. Der gutartige und umgängliche Wassermann war der Gatte der Meeres- und Totengöttin Rán, die all jene in ihr Reich aufnahm, die nicht nach Hel oder Walhall kamen, vor allem aber die Ertrunkenen. → *Rán*

Aelius war der Name einer plebejischen *gens*, die große Bekanntheit erlangte durch die *lex Aelia* (156 v. Chr.), wonach den Behörden und Tribunen das Recht eingeräumt wurde, auf Grund von Auspizien und bösen Vorzeichen Wahlen zu verhindern. Ein berühmter Vertreter dieses Geschlechts war z. B. der stoische Philosoph *Quintus Aelius Tubero*. → *Tubero*

Aemilius nannte sich eine patrizische *gens*, der mehrere berühmte römische Männer angehörten, z. B. der Konsul *Lucius Aemilius Paulus*, der 216 v. Chr. bei Cannae fiel, und *Lucius Aemilius Macedonicus*, der sich seinen Beinamen 168 v. Chr. als Sieger über den makedonischen König Perseus verdiente, sowie *Scipio Aemilius Africanus*, der 146 v. Chr. den endgültigen Sieg über Karthago errang, weswegen er fortan kurz *Africanus* genannt wurde. Den Namen des stolzen Geschlechts erhielt auch die berühmte *Via Aemilia*, eine von *Marcus Aemilius Lepidus* 187 v. Chr. begonnene Straße von Ariminum nach Placentia. *Aemilius* leitet sich her von lat. *aemulus*, »nacheifernd, wetteifernd« (vgl. unsere Namen *Emilia* und *Emil*).

Afer war der Beiname des karthagischen Komödiendichters *Publius Terentius Afer* (185–159 v. Chr.), zu lat. *Afer*, »Punier«, »Afrikaner«. → *Terentius*

Africanus war ein ergänzender Beiname, den *Scipio Aemilius Africanus*, der dritte von den Scipionen adoptierte Sohn, tragen durfte, denn er hatte 146 v. Chr. den endgültigen Sieg über Karthago in Nordafrika errungen. → *Aemilius*

Aga Khan ist ein türkischer Titel für das Oberhaupt der ismailischen islamischen Konfession der Hodschas, das von seinen Anhängern, vor allem in Indien und Ostafrika, als erblicher Imam verehrt wird; zu *aga*, »Herr«, und *khan* aus *khaqan*, »Herrscher«. → *Dschingis Khan*

Agamemnon [grch. ’Αγαμέμνων] war laut griechischer Mythologie der Sohn des *Artreus* und König von Mykene, der die Griechen bei der Belagerung Trojas anführte. Sein treffender Name bedeutet »der zu allem Entschlossene«, aus grch. *ágan (ἄγαν)*, »sehr«, und *ménos (μένος)*, »Vorsatz, Eifer, Stärke«.

Agapetus hießen zwei Päpste im 6. bzw. 10. Jahrhundert. Obschon beide aus Rom stammten, ist ihr Name, »der Geliebte«, griechischer Herkunft; zu *agápe (ἀγάπη)*, »Liebe, Nächstenliebe«.

Agatho ist der Name eines Papstes (678–681) und Heiligen, der entschieden gegen den in Kleinasien anzutreffenden Irrglauben des Monotheletismus auftrat, der besagte, dass Christus zwar zwei Naturen habe, in ihm aber nur ein Wille herrsche. Der Begriff *Monotheletismus* ist gebildet aus grch. *mónos (μόνος)*, »allein«, und *thélema (θέλημα)*, »Wollen, Wille«. Der Name *Agatho* kommt von grch. *agathós (ἀγαθός)*, »gut, edel, tapfer«.

Agenor [grch. ’Αγήνωρ] hieß ein mythischer König von Tyros in Phönizien, der Vater des Kadmos. Sein Name beruht auf grch. *agénor (ἀγήνωρ)*, »mannhaft, trotzig, frech«.

Ägeus → *Minotaurus*

Aglaia [grch. ’Αγλαΐα] war eine der drei Chariten, der »Holden«, zu grch. *charíeis (χαρίεις)*, »anmutig, reizend« (bei den Römern *Gratiae*, »Grazien«, genannt). Ihr Name entspricht dem griechischen Begriff *aglaïa (ἀγλαΐα)*, »Glanz, Pracht, Helligkeit«; die beiden anderen Chariten waren *Euphrosyne* und *Thaleia*.

Agni hieß ursprünglich der arische, später auch hinduistische Feuergott, den man mit einem Flammenschwert darstellte. Sein Name bedeutet im Sanskrit sinnigerweise »Feuer« (urverwandt mit lat. *ignis*). Der Bruder des Indra galt als der Beschützer des heimischen Herdfeuers, aber auch des Opferfeuers und des Scheiterhaufens. So konnte *Agni* dem Verstorbenen beim Verbrennen ewiges Leben bescheren. → *Indra*, *Varuna*, *Surya* und *Yama*

Agreus [grch. 'Αγρεύς], »der Jäger«, war der Beiname des Gottes Pan, zu grch. *agreúein (ἀγρεύειν)*, »fangen, jagen«. → *Nomios* und *Pan*

Agricola *Georgius* (1494–1555), eigentlich *Georg Bauer*, nannte sich der erste moderne Mineraloge und Geologe, der mit seinem Werk *De re metallica*, »Vom Wesen der Metalle«, maßgebend in der Berg- und Hüttenkunde wurde. Zu seiner Zeit war es für einen Gebildeten üblich, seinen Namen zu latinisieren. Lat. *agricola* bedeutet »Bauer« – ebenso wie sein Vorname, der von grch. *georgós (γεωργός)*, »Landmann«, stammt.

Agricola, d. h. »Bauer«, nannte man mit Beinamen den *Cnaeus Iulius Agricola* (40–93 n. Chr.), den Schwiegervater des Tacitus, von lat. *agricola*, »Landmann, Bauer«, zu *ager*, »Acker«, und *colere, cultum*, »bebauen, pflegen« (vgl. engl. *agriculture* und dt. *Kultur*).

Agrippa bedeutet im Lateinischen »Kranker«, wohl zu lat. *aeger*, »krank, leidend«, vielleicht auch im Sinn von »unter Schmerzen geboren« oder »anderen Menschen Schmerz zufügend«. Diesen »leidigen« Beinamen vergab man in Rom nicht gerade selten. So trugen ihn z. B. der Feldherr *Menenius Lanatus Agrippa*, der 494 v. Chr. den Frieden mit der auf den Heiligen Berg ausgewanderten Plebs vermittelte, ebenso der Sieger von Actium (31 v. Chr.), *Marcus Vipsanius Agrippa* (63–12 v. Chr.), der Freund des Augustus und in dritter Ehe verheiratet mit dessen Tochter Julia, sowie deren nachgeborener Sohn *Agrippa Postumus* und schließlich mehrere Könige von Judäa wie *Herodes Agrippa I.* (37–44 n. Chr.) und *Herodes Agrippa II.* (50–100 n. Chr.). → *Agrippina* und *Herodes*

Agrippina ist der von *Agrippa* abgeleitete weibliche Name. So erhielten z. B. die ersten beiden Töchter des Marcus Vipsanius Agrippa den Namen *Agrippina* (die ältere Tochter war die erste Gattin des Kaisers Tiberius, die zweite Tochter heiratete den Germanicus, der seine erste Tochter wiederum *Agrippina* nannte).

Ahenobarbus war ein Beiname des Kaisers Nero, zu lat. *ahenus* oder *aeneus*, »kupferfarben«, und *barba*, »Bart«. → *Nero*

Ahmose hieß ein ägyptischer König (1563–1537 v. Chr.), der die aus Palästina nach Ägypten eingefallenen Hyksos (Seevölker) besiegte. Sein Name bedeutet etwa »Mondsohn«, wörtlich übersetzt »Mond, geboren von«, zu ägypt. *Iah*, »Mond«, und *mes*, »geboren von ...«, »Sohn des ...«.

Ahriman → *Angra Mainyu*

Ahura Mazda ist in der um 1000 v. Chr. vom Propheten *Zarathustra* (auch: *Zoroaster* oder, wie aus der italienischen Oper bekannt, *Sarastro*) begründeten monotheistischen Religion jener einzige Gott, der als Prinzip des Guten mit dem einst aus dem Himmel gestürzten bösen Geist Angra Mainyu (später auch Ahriman) um die endgültige Verwirklichung seines Reiches kämpft. Zoroaster ermutigt alle Menschen, dem *Ahura Mazda* (die moderne englische Namensform ist *Ormuzd*, von pers. *Ormazd*) zu folgen, damit das Schlechte in der Welt besiegt werde. Der Name hat in etwa die Bedeutung »der Herr der Weisheit«, zu awest. *ahura* »Geist«, und *mazda*, »weise«, fast könnte man also von einem »heiligen Geist« sprechen.

Ahurani gilt sowohl als Gattin als auch Tochter des Ahura Mazda. Sie ist die iranische Wassergöttin, die Wachstum und reiche Ernte bringt sowie Erleuchtung vermittelt. Ihr Name bedeutet die »zu Ahura Gehörende«.

Aiakos [grch. 'Αιακός], Sohn des Zeus, welcher die jüngste Tochter Aigina des Flussgottes Asopos vergewaltigt und geschwängert hatte. Als die eifersüchtige Hera von dieser neuerlichen Freveltat ihres Gatten erfuhr, beschloss sie, alle Einwohner des Reiches des *Aiakos* zu vernichten, indem sie Plagen und Seuchen über die Insel kommen ließ. *Aiakos* rief Zeus um Hilfe an und dieser bevölkerte die Insel wieder, diesmal mit besonders fleißigen, tapferen und ausdauernden Untertanen, die *Aiakos'* Sohn Telamon die *Myrmidonen* nannte, zu grch. *mýrmex* (μύρμεξ), »Ameise«. (Später kämpften diese an der Seite von Achill und Patroklos vor Troja.) Nach seinem Tod wurde *Aiakos* wegen seiner Gerechtigkeitsliebe einer der Richter in der Unterwelt: Er selbst war Richter über die Europäer; seine Kollegen waren Minos, Richter über die schwierigen Fälle, und Rhadamanthys, Richter über die Asiaten. Der Name *Aiakos* kommt vielleicht von grch. *aiázein* (αἰάζειν), »beklagen, bejammern«, zu *aî (αἶ)* und *aiaî (αἰαῖ)*, »weh, ach!«, könnte aber auch von *aîa (αἶα)*, »Erde, Land«, abgeleitet sein.

Aïda war in Verdis gleichnamiger Oper (1871) eine nubische Prinzessin, die als Sklavin im alten Ägypten gefangen gehalten wurde und wegen ihrer verbotenen Liebe zum Heerführer Radames mit diesem lebendig eingemauert wurde. Ihr Name gehört vielleicht zu arab. *'aida*, »Wohltat, Belohnung«. Wahrscheinlich schwingt aber auch frz. *aider*, »helfen, retten«, sowie grch. *aidós (αἰδώς)*, »Schamgefühl« und »Schande«, mit. → *Verdi*

Aiëtes [grch. *Αἰήτης*], den König der Kolcher – er war eigentlich rechtmäßiger König von Korinth, aber nach Kolchis ausgewandert –, kennt die griechische Mythologie als Sohn des Helios und der Perseïs, als Bruder der Kirke und Gemahl der Okeanide Idyia – von grch. *idyîa (ἰδυῖα)*, »verständig, klug« –, als Vater der *Medea* und als Besitzer des Goldenen Vlieses, das ihm einst Phrixos nach seiner Errettung und seiner guten Aufnahme in Kolchis (heute: Georgien) geschenkt hatte. Trotz seiner anfänglichen Zusage weigerte sich *Aiëtes* jedoch verbissen, dem Jason das Goldene Vlies auszuhändigen, obschon doch Jason bereit war, Medea, die Tochter des Aiëtes, zu heiraten und ihr ewige Treue schwor. Der Name des Königs, der wie seine Schwester *Kirke* der Zauberei kundig war, kommt entweder von grch. *aíetos (αἴητος)*, »schnaufend, keuchend«, oder von *áetos (ἄητος)*, »stürmisch, ungestüm, unersättlich«. → *Aias, Ajax*

Aischa lautete der Name der Lieblingsfrau des Propheten Mohammed, die dieser als Zehnjährige geheiratet hatte. Sie war die Tochter seines Vertreters und Nachfolgers Abu Bekr. *'A'isha* bedeutet im Arabischen »die Lebende«.

Aischylos [grch. *Αἰσχύλος*], 525–456 v. Chr., ist uns bekannt als ältester der drei großen Tragiker in Athen (er schrieb etwa 90 Tragödien), aber auch als Kämpfer bei Marathon und Salamis. Sein Name bedeutet: »der Schändliche, Hässliche«, zu grch. *aîschos (αἶσχος)*, »Schande, Hässlichkeit«, vielleicht wegen seiner unebenmäßigen Gesichtszüge, die auf einer Porträtbüste verewigt sind.

Ajax [grch. *Αἴας*] war der Sohn des Telamon, des Königs von Salamis. Er galt nach Achill als stärkster Held der Griechen vor Troja. Als die Waffen Achills nicht ihm, sondern Odysseus zugesprochen wurden, tötete er im Wahnsinn ganze Viehherden als vermeintliche Gegner und beging danach aus Scham Selbstmord. Der Name hat zweierlei Auslegungen erfahren: Zum Einen wird er auf grch. *aetós (ἀετός)*, »Adler«, zurückgeführt (angeblich sah sein Vater, Telamon, einen solchen, als sein Gefährte Herkules um einen tapferen Sohn für seinen Freund Telamon betete), Sophokles lehnte den Namen jedoch an grch. *aiázein (αἰάζειν)*, »wehklagen, ah rufen«, an – vielleicht eine prophetische Anspielung auf *Ajax'* Selbstmord. → *Aietes*

Akbar war ein alter muslimischer Fürstentitel mit der Bedeutung »der Große« – so war etwa *Dschelal ed-Din* anzusprechen, einer der Großmoguln in Indien (1542–1605). Dabei war sein eigentlicher Name schon erhaben genug, denn arab. *dschelal* bedeutet »Erhabenheit, Majestät«, mit dem Zusatz *ed-din*, »des Glaubens, der Religion«. Vgl. auch den Muezzinruf *Allahu akbar*, »Allah ist groß«. → *Saladin*

Akihito (geb. 1933), der heutige japanische Kaiser, bestieg 1990 als 125. Tenno den Chrysanthementhron. Da Japan eine parlamentarische Monarchie ist, hat der Kaiser keinerlei Regierungsgewalt mehr, sondern spielt nur noch eine symbolische Rolle. Auf den ehemals göttlichen Status des Kaisers als Nachfahre der japanischen Sonnengöttin Amaterasu hatte bereits sein Vater Hirohito nach dem Zweiten Weltkrieg verzichtet. Das Motto des zurückhaltenden und äußerst bescheidenen Monarchen *Akihito*, der Volkswirtschaft und Politologie studierte, lautet *Hesei*, »den Frieden schaffen«. Sein Name *Akihito*, »der im Herbst Geborene« – zu jap. *aki*, »Herbst«, und *hito*, »Mensch« –, entspricht nicht ganz den Tatsachen (zumindest nicht unserem Kalender), denn der Kaiser wurde am 23. Dezember, also zwei Tage nach Winteranfang, geboren. Dieses Datum ist seitdem gesetzlicher Feiertag in Japan. → *Hirohito*

Akrisios [grch. *Ἀκρίσιος*], der König von Argos, war der Vater der Danaë. Ihm war einst prophezeit worden, der Sohn seiner Tochter werde ihn eines Tages töten. Daher sperrte er Danaë in einen Turm ein, wo sie jedoch von Zeus in einer Verkleidung besucht und geschwängert wurde. Den daraus hervorgegangene Perseus setzte der wütende *Akrisios* samt seiner Tochter Danaë auf dem Meer aus, von wo sie jedoch gerettet wurden. Wie vorhergesagt, tötete Perseus seinen Großvater später versehentlich durch einen Diskuswurf. *Akrisios* kommt von grch. *akrisía (ἀκρισία)*, »Unordnung, Verwirrung«.

Alarich (etwa 370–410), der Westgotenkönig, dessen Eroberungszüge ihn über den Balkan und einige Male nach Italien führten, eroberte und plünderte 410 Rom. Drei Tage lang sollen seine Soldaten in der Stadt gewütet haben, bevor sie nach Süditalien weiterzogen. Hier starb *Alarich* und angeblich begruben seine Getreuen ihn im Bett des Busento, der eigens zu diesem Zweck umgeleitet wurde. *Alarich*, oder in der gotischen Variante *Alareiks*, ist ein typischer Herrschername, denn er beinhaltet ahd. *alah*, »Heiligtum«, und *rihhi*, »mächtig«, »Herrscher«.

Albani *Giovanni Francesco* (1649–1721), war der Geburtsname des zwar frommen, aber politisch schwachen italienischen Papstes *Klemens XI.*, der sich über zwei Jahrzehnte vor allem der Wissenschaft widmete. Sein Name verweist auf einen Vorfahren namens *Albanus*, »Mann aus Alba«. → *Klemens*

Albert war und ist ein beliebter Vorname von Fürsten und Adligen, so der belgischen Könige *Albert I.* (1875–1934), der ab 1909 regierte, und *Albert II.* (geb. 1934), der 1993 nach dem Tod seines Bruders Baudouin zum neuen Herrscher Belgiens gekrönt wurde, sowie *Albert II.* von Monaco, der dem 2005 verstorbenen Rainier auf dem monegassischen Fürstenthron folgte. Der Name *Albert* ist eine Ableitung von *Adalbert*, zu ahd. *adal*, »edel, vornehm«, und *beraht*, »glänzend«.

Albertus Magnus (um 1200–1280) lautete die latinisierte Namensform *Alberts des Großen*, eines deutsches Scholastikers, Kirchenlehrers und Heiligen. Der Name geht zurück auf *Adalbert*, zu ahd. *adal*, »edel, vornehm«, und *beraht*, »glänzend«, sowie auf lat. *magnus*, »groß«. Eigentlich hieß er *Albert Graf von Bollstädt*, wobei der Ortsname »Stätte auf runder Erhebung« bedeutet, zu ahd. *boll*, »rundliche Bodenerhebung« (ursprünglich: »Knolle, Zwiebel«, auch »bauchiges Gefäß«; vgl. *Bollen* für runde Schenkel).

Albinovanus war ein altrömischer Gentilname, z. B. des *Albinovanus Pedo* (»Plattfuß«, zu lat. *pes*, *pedis*, »Fuß«), ein epischer Dichter und Freund des Ovid, sowie des lyrischen Dichters *Albinovanus Celsus*, der ein Privatsekretär des Kaisers Tiberius und ein Freund des Horaz war. Der Geschlechtername enthält lat. *albus*, »weiß, bleich« (vgl. *Albinismus*, »Weißsucht«). → *Celsus*

Albright *Madeleine* (geb. 1937), amerikanische Politikerin tschechischer Herkunft. Nach der deutschen Besetzung der Tschechoslowakei floh sie mit ihren Eltern nach England. Die Familie kehrte nach dem Krieg in die Heimat zurück, floh jedoch erneut, als die Kommunisten 1948 die Herrschaft übernahmen, diesmal in die USA. In den 1970er- und 80er-Jahren arbeitete sie als Beraterin verschiedener demokratischer Präsidentschaftskandidaten und wurde 1992 in der Kampagne für Bill Clinton dessen außenpolitische Beraterin. Nach seiner Wahl machte er sie zur US-Botschafterin bei den Vereinten Nationen. 1997 wurde sie als erste Frau auf dem Posten des amerikanischen Außenministers vereidigt. Ihr Ehename *Albright* (geboren wurde sie in Prag als *Maria Jana Körbel*) ist eine Ableitung des altenglischen Taufnamens *Æðelbriht*, der sich in unserer Sprache zu *Adalbert*, *Albrecht* und *Albert* wandelte (zu ahd. *adal*, »edel«, und *beraht*, »glänzend«). Ihren Vornamen legte sie sich selbst zu, indem sie ihren Kosenamen *Madla*, den ihre Großmutter ihr in Prag gegeben und ihre Mutter in *Madlenka* geändert hatte, zu *Madeleine* glättete. Dass sie aus einer jüdischen Familie stammte und etliche ihrer Verwandten in deutschen Konzentrationslagern gestorben waren, erfuhr sie erst im Alter von 60 Jahren. Ihr Geburtsname *Körbel* lässt vermuten, dass ihre Vorfahren väterlicherseits »Korbmacher« waren.

Al Capone, jener berüchtigte amerikanische Gangsterkönig in Chicago, der u. a. während der Prohibitionszeit unerlaubten Handel mit Alkohol trieb und dafür jahrelang im Gefängnis saß, hieß eigentlich *Alphonso Caponi* (1895–1947). Er hat also lediglich seinen italienischen Namen ein wenig amerikanisiert. Er hat allerdings nicht bedacht, dass sein neuer Nachname für englische oder amerikanische Ohren wie *capon*, »kastrierter Masthahn«, klingt, obschon er es hätte ahnen müssen, da im Italienischen *cappone* die gleiche Bedeutung hat (vgl. dt. *Kapaun*). Sein Geburtsname indes kommt von ital. *capo*, »Kopf, Führer«, »Häuptling, Chef« – kein schlechter Name für einen Gangsterboss –, oder über die Koseform *Iacapo* von *Iacopo*, »Jakob«, zu hebr. *ja'aqob*, »Fersenhalter, Überlister«. Sein Vorname *Alphonso*, aus der germanischen Form *Adalfuns*, ist gebildet aus ahd. *adal*, »edel«, und *funs*, »bereit, eifrig«, wobei zumindest die letzte Silbe ebenfalls recht passend klingt für einen Berufsverbrecher.

Aldobrandini *Ippolito* (1536–1605), als *Klemens VIII.* römischer Papst von 1592 bis 1605. Der Familienname *Aldobrandini* ist vom italienischen Rufnamen *Aldobrando* abgeleitet, zu ahd. *adal*, »edel«, und *brant*, »Brand« und »flammendes Schwert«. *Ippolito* entspricht dem griechischen Namen *Hippolytos*, aus *híppos (ἵππος)*, »Pferd«, und *lytér (λυτήρ)*, »Befreier«, zu *lýein (λύειν)*, »lösen, freilassen, erlösen«.
→ *Klemens*

Alexander ist ein äußerst verbreiteter Name mit der Bedeutung »Verteidiger«, zu grch. *aléxein (ἀλέξειν)*, »abwehren, verteidigen«, und *anér, andrós (ἀνήρ, ἀνδρός)*, »Mann« (vgl. *Andreas*). Der berühmteste Träger dieses hehren Namens war der makedonische König *Alexander der Große* (356–323 v. Chr.), der 333 und erneut 331 den persischen Großkönig Darius III. besiegte, danach Ägypten eroberte und Alexandria gründete, die Residenzen Babylon, Susa und Persepolis einnahm und auf seinem Eroberungszug bis nach Indien gelangte. 326 v. Chr. schließlich zwang ihn sein erschöpftes Heer zur Umkehr, zumal die Soldaten empört waren über die Gleichstellung der besiegten Iranier mit den Makedonen und Anstoß nahmen an *Alexanders* Hochzeit mit der baktrischen Prinzessin Roxane. In Babylon erlag er 323 einer plötzlich auftretenden Krankheit. Seinen großen Namen trugen auch einige Herrscher Russlands, wie Großfürst *Alexander Newskij* (ca. 1220–1263), der zu seinem Beinamen kam, als er 1240 in einer Schlacht am Fluss *Newa* sein Fürstentum Nowgorod erfolgreich gegen die Schweden verteidigte, sowie drei russische Zaren: *Alexander I. Pawlowitsch* (1777–1825), *Alexander II.* (1818–1881) und sein Sohn *Alexander III.* (1845–1894). Acht Päpste nahmen nach ihrer Wahl ebenfalls diesen Namen an, z. B. *Alexander III.* (1159–1181), der seinem Wahlnamen alle Ehre machte, da er das Papsttum mit Macht gegen Kaiser Friedrich I., aber auch gegen Heinrich den II. von England verteidigte; außerdem setzte er sich gegen vier Gegenpäpste durch. Auf ihn, den früheren Kirchenrechtslehrer und Kanzler der Römischen Kirche, geht übrigens die heutige Form der Papstwahl ausschließlich durch Kardinäle zurück. Der berüchtigte spanischstämmige Papst *Alexander VI.* (1492–1503) hieß mit bürgerlichem Namen *Rodrigo Lanzol y Borja* und war durch Bestechung der Kardinäle, damals

»Handsalbe« genannt, auf den Stuhl Petri gelangt. Schon als Kardinal hatte er seine Potenz unter Beweis gestellt, indem er acht Sprösslinge (von fünf verschiedenen Müttern) zeugte. Eine seiner Töchter war die geheimnisumwitterte *Lucrezia Borgia,* später angeblich sogar seine Geliebte (*Borgia* ist die italienische Variante des spanischen *Borja*). → *Bandinelli, Borgia, Kalixtus* und *Lucretius*

Alfr nannte man im Altnordischen ein halb-göttliches Nebelwesen (ahd. *alb*), das schwere Träume, also *Albträume,* verursachte. Es gab weiße *Alben* oder *Lichtalben*, die in *Alfheimr* wohnten, und dunkle *Alben* unter der Erde (vgl. auch *Alberich,* etwa in Wagners Ringzyklus).

Al Ghasali, auch *Algazel* genannt (1058–1111), war der größte Theologe des Islam und einer der bedeutendsten arabischen Philosophen und Mystiker. Der in Persien Geborene lebte und lehrte zunächst in Bagdad, ging dann aber nach Damaskus, wo er sein Hauptwerk, die »Wiederbelebung der religiösen Wissenschaften« schrieb, in der Absicht, den Islam vom Formalismus zu befreien und durch den Sufismus zu vertiefen. Sein Name bedeutet »die Gazelle«, zu arab. *al*, »der, die«, und *ghazal*, »Hirsch, Gazelle«.

Ali, d. h. »Erhabener, Edler«, war der Name eines Cousins des Propheten Mohammed und eines seiner ältesten Anhänger (ca. 601–661). Er wurde 656 in Medina zum vierten Kalifen ausgerufen. Seine Söhne Hassan und Hussein, die ihm Mohammeds Tochter Fatima gebar, werden von den Schiiten als die einzig rechtmäßigen Nachfolger des Propheten verehrt. Einige muslimische Sekten sehen in *Ali* sogar eine Inkarnation Allahs. Ali wurde, wie sein Vorgänger Othman, ermordet. *Muhammad Ali,* 1942 als *Cassius Marcellus Clay* geboren, ist ein weltbekannter amerikanischer Boxer. Er benannte sich bei seinem Übertritt zum Islam um nach *Mohammed* (»Gepriesener«), dem Stifter der islamischen Religion, und nach dem Kalifen *Ali*. → *Ali, Fatima* und *Mohammed*

Alimentus lautete ein Beiname in der *gens Cincia* – zu lat. *alimentum*, »Nahrungsmittel, Unterhaltszahlung« (vgl. *Alimente*). → *Cincius*

Alkestis [grch. Ἄλκηστις], die Tochter des Pelias und Gattin des Königs *Admetos* von Pherei in Thessalien, soll nach der griechischen Mythologie bereit gewesen sein, aus Liebe anstelle ihres Gatten zu sterben, als dessen Lebenszeit zu Ende war und er vor Hades floh. Die Geschichte ging jedoch gut aus, denn *Alkestis* wurde von dem zufällig vorbeikommenden Herakles gerettet. Der Name *Alkestis* erklärt sich aus grch. *alké (ἀλκή)*, »Stärke«, »Abwehr, Schutz, Rettung«, und *hestía (ἑστία)*, »Herd, Haus, Familie« – wahrlich ein zum Mythos passender Name. → *Tyro*

Alkibiades [grch. *'Ἀλκιβιάδης*] war ein Athener Politiker im Peloponnesischen Krieg und ein ruhmsüchtiger Feldherr, der Sparta und die Perser besiegte. Zunächst triumphal gefeiert, wurde er schließlich verbannt und in Sparta ermordet, nachdem Athen unter dem Druck Spartas zusammengebrochen war (ca. 450–404 v. Chr.). *Alkibiades* war ein hoch begabter Schüler des *Sokrates*. Sein Name ergibt sich aus grch. *alkí (ἀλκί)*, »Abwehr, Rettung«, und *bía (βία)*, »Gewalt, Stärke«.

Alkinoos [*'Ἀλκίνοος*] kennt die griechische Mythologie als Enkel des Poseidon und Gatten der Arete. Der König der Phäaken, der den schiffbrüchigen Odysseus gastfreundlich in Korkyra (heute: Korfu) aufnahm und ihm ohne Erfolg seine Tochter Nausikaa zur Frau anbot, ließ ihn auf einem seetüchtigen Schiff heim nach Ithaka bringen. Der Name *Alkinoos* bedeutet »mit mutigem Sinn«, basierend auf grch. *álkimos (ἄλκιμος)*, »tapfer, stark«, und *nóos (νόος)*, »Geist, Verstand«.

Alkmene [grch. *'Ἀλκμήνη*] heißt in der griechischen Mythologie die Gattin des *Amphitryon*, die von Zeus Mutter des *Herkules* war. Man könnte den Namen – zu grch. *alké (ἀλκή)*, »Stärke«, und *mênis (μῆνις)*, »Zorn, Groll« – mit »stark im Zorn« übersetzen.

Allah ist bei den Muslimen die Anrede Gottes, zu arab. *al'ilah*, »der Gott«. Ursprünglich rief man jeden Stammesgott in Arabien unter diesem Namen an, der interpretiert wird als »ich bin, der ich war, der ich sein werde«. *Allah* entspricht dem semitischen *El* und dem hebräischen *Elohim* – was übrigens wörtlich übersetzt nicht »Gott«, sondern »die Götter« bedeutet! Im Koran, dem heiligen Buch des Islam, der ja ebenfalls nur einen einzigen Gott kennt, werden drei heidnische Göttinnen erwähnt (Sure 53), bei denen es sich angeblich um Töchter *Allahs* handelt: die Sonnengöttin *Al-Lat*, wörtlich »die Göttin«, sowie die Liebesgöttin *Al-'Uzza* (zu arab. *'uzzâb*, »unverheiratet, ledig«) und die Schicksalsgöttin *Manât* (zu arab. *manâ*, »prüfen, heimsuchen«).

Al-Lat → *Allah*

Allen *Woody*, der amerikanische Schauspieler, Regisseur und bisweilen auch Gagschreiber für seine Kollegen, wurde 1935 als *Allen Stewart Königsberg* geboren. Seinen Wahlvornamen, zu engl. *wood*, »Holz«, oder *woody*, »bewaldet, holzig«, hat er vielleicht nach der lustigen Zeichentrickfigur *Woody Woodpecker* erwählt, wobei *woodpecker* im Englischen »Specht« bedeutet. Der neue Nachname *Allen* ist eine andere Schreibweise von *Alan*, zu irisch *allain*, »hübsch, gut aussehend« (na ja!).

Allende *Salvador* (1908–1973) war zunächst Arzt, bevor er in die Politik ging. Der chilenische Sozialist, dessen spanischer Vorname »Retter« bedeutet (zu lat. *salvare*, »erretten«), bemühte sich als Präsident seines Landes (1970–1973), eine marxistische Wirtschaftsordnung einzuführen, während die USA versuchten, die Umgestaltung des Landes durch Boykott zu stören. 1973 wurde er bei einem Militärputsch, angeblich mit Unterstützung der CIA, im Präsidentenpalast ermordet. Seine Nichte *Isabel Allende* (geb. 1942) ist eine bekannte Schriftstellerin. Nach einer Reihe von Theaterstücken und Kinderbüchern schrieb sie seit den 80er-Jahren des vorigen Jahrhunderts einige große Romane wie »Das Geisterhaus«, »Von Liebe und Schatten«, »Eva Luna«, »Der unendliche Plan« und »Fortunas Töchter«. Der Familienname *Allende* könnte von katal. *allèn de*, »auf einer anderen Ebene« oder »auf der anderen Seite von …«, herrühren, ohne dass der Bezugspunkt (etwa ein Bach, ein Wald, ein Dorf, eine Brücke) angegeben wäre. *Allèn de* kann im Katalanischen aber auch »mehr als …« bedeuten – ein verschwommener Ausdruck, der zur individuellen Ergänzung herausfordert.

Altieri *Emilio* (1590–1676) ist besser bekannt als Papst *Klemens X*. Das Pontifikat des hochbetagten Papstes dauerte allerdings nur sechs Jahre. Sein typisch kampanischer Name (den man auch in der Form *Autieri* antrifft) ist germanischen Ursprungs und bedeutet »edles Heer«, aus ahd. *adal*, »edel«, und *heri*, »Heer«. *Emilio* bedeutet »der Nacheifernde«, zu lat. *aemulus*, »wetteifernd, nachahmend«. → *Klemens*

Al-'Uzza → *Allah*

Alvarado *Pedro de* (1485–1541), spanischer Konquistador, der an der Eroberung Kubas und Mexikos unter Cortés teilnahm und Guatemala unterwarf. *Alvarado* ist noch heute ein recht verbreiteter Name in Spanien; er ist entweder germanischen Ursprungs und steht für *Alfred* – aus ahd. *alf*, »Naturgeist«, und *rat*, »Ratgeber« – oder er geht zurück auf die katalanische Flurbezeichnung *albareda*, »Pappelhain« (zu lat. *albus*, »weiß«; vgl. *Album*).

Alzheimer *Alois* (1861–1915), deutscher Neurologe und Gehirnpathologe, der krankhaftes, durch entartete Eiweiße verändertes Gehirngewebe untersuchte und die daraus sich ergebenden psychischen Krankheitsbilder erforschte. Der Herkunftsname *Alzheimer* bezieht sich auf den gleichnamigen Ort in Rheinland-Pfalz.

Amaterasu ist eine mythische japanische Sonnengöttin und eine der Hauptgottheiten im *Schintoismus* (jap. *schinto*, »Weg der Gottheiten«, mit *to*, »Weg«, und *kami*, »Schutzgötter«; vgl. *Tao* im Chinesischen). Ihr voller Name lautet *Amaterasu-O-M-Kami*, »die erhabene Erleuchterin des Himmels«. Sie wurde später, als etwa um Christi Geburt der Buddhismus von Indien über die Seidenstraße nach China kam, mit *Amitabha* gleichgesetzt – dem »Buddha des Grenzenlosen Lichts«, zu skr. *ámita*, »nicht messbar«. In Japan wurde daraus *Amida*.

Amazone [grch. Ἀμαζών] nannte man ein Mitglied jenes mythischen Volkes kriegerischer Frauen im Nordosten Kleinasiens, das Männern feindlich gegenüberstand und nur einmal im Jahr mit ihnen verkehrte, um Nachwuchs zu bekommen. Man ließ allerdings nur die Mädchen am Leben. Ihnen wurde die rechte Brust herausgeschnitten oder ausgebrannt, damit sie später beim Bogenschießen nicht hinderte. Daher bezeichneten die Griechen diese *Amazonen* als »Brustlose«, zu grch. ἀ *(a)*, »ohne«, und μαζός *(mazós)*, »Brust«.

Ambrosius [grch. Ἀμβρόσιος], von grch. *ambrósios* (ἀμβρόσιος), »unsterblich, göttlich«, hieß z. B. ein lateinischer Kirchenlehrer aus römischem Adel (340–397). *Ambrosius* wurde 374 zum Bischof von Mailand gewählt (obschon er zu dem Zeitpunkt noch ungetauft war) und wurde einer der beherrschenden Theologen der abendländischen Kirche. Seine Predigten haben angeblich zur Bekehrung des Augustinus geführt. Er wurde von der Kirche heilig gesprochen.

Amenemhet hießen sieben ägyptische Könige der 12. und 13. Dynastie (etwa 2000–1600 v. Chr.). Sie ehrten mit ihrem Namen (eigentlich *Imen-em-hat*, »Amun ist an der Spitze«) den alles erschaffenden Gott *Amun*.

Amenophis, geläufige Namensform von vier Königen der 18. Dynastie (etwa 1550–1300 v. Chr.), die für die alten Ägypter *Imen-hetep* lautete, »Amun ist zufrieden«, wahrscheinlich, weil der König als Hohepriester dem *Amun* opferte. Besonders bekannt ist der Ketzerkönig *Amenophis IV.*, der seinen Namen in *Echnaton*, »er gefällt dem Aton«, änderte (und entsprechend seine Hauptstadt zwischen Memphis und Theben fortan *Achetaton* nannte, »Horizont des Aton«, d. h. »Aufgang der Sonne«), nachdem er die monotheistische Verehrung des Aton, »der Sonnenscheibe«, anstatt des Atum-Rê, eingeführt hatte. Der Sonnenhymnus des *Echnaton*, in dem er die Herrlichkeit *Atons* preist, könnte dem Psalm 104 des Alten Testaments zu Grunde liegen: »Preise, meine Seele, den Herrn!«. → *Tutanchamun* und *Nofretete*

Améry *Jean* (1912–1978), österreichischer Schriftsteller, der eigentlich *Hans Mayer* hieß. Er beging Selbstmord, getreu der in seinem Essay aufgestellten These »Der Freitod als äußerste Form persönlicher Freiheit«. Bei seinem Pseudonym handelt es sich um ein Anagramm seines richtigen Namens, denn *Améry* enthält die gleichen Buchstaben wie *Mayer*. Den letzten Pfiff bekam sein neuer Name durch den französischen Akzent und die folgerichtige Wandlung von *Johannes* zu *Jean*.

Amin Dada *Idi*, 1925–2003, ugandischer Politiker. Er hatte in einer britischen Kolonialeinheit gedient und in Kenia während der Niederschlagung des Mau-Mau-Aufstands (1952–56) gekämpft. Bald nach der Unabhängigkeit seines Landes (1962) wurde er Oberbefehlshaber der ugandischen Streitkräfte. Nachdem er 1971 Staatschef Obote entmachtet hatte, schwand seine anfängliche Popularität rasch angesichts der Brutalität, mit der er ethnische Minderheiten verfolgte und prominente wie unbekannte Mitbürger beseitigte. 1979 wurde er von tansanischen Truppen und ugandischen Aufständischen gestürzt und vertrieben. *Idi Amin* trug einen noblen islamischen Namen, der dem sadistischen und paranoiden Verhalten dieses Diktators geradezu Hohn lachte, denn das arab. Wort *amin* bedeutet »zuverlässig, redlich« und »Treuhänder«.

Der Zusatz *Dada* bedeutet im Afrikanischen »Alter, Älterer«. Sein Swahili-Vorname *Idi* bringt zum Ausdruck, dass seine Geburt auf den muslimischen Feiertag *Idd* fiel.

Ampère *André Marie* (1775–1836), französischer Mathematiker und Physiker. Er befasste sich besonders mit dem Elektromagnetismus und veröffentlichte einige wissenschaftliche Werke auf diesem Gebiet. Die Maßeinheit der elektrischen Stromstärke nennen wir nach ihm *Ampere*. Sein Name ist – über okzit. *emperi* – eine Verballhornung des französischen Wortes *empire*, »Reich«, und wurde einst vielleicht als Bezeichnung für jemanden benutzt, der aus dem Deutschen Reich stammte, oder allgemein für einen herrischen Menschen.

Amphion [grch. Ἀμφίων], der Erbauer und König der Stadt Theben, war nach der Sage ein Sohn des Zeus und der Antiope. Er hatte mit seiner Gattin Niobe 14 Kinder, die jedoch von Apoll und Artemis getötet wurden, weil Niobe deren Mutter Leto, die nur zwei Kinder geboren hatte, mit ihrem Kindersegen beleidigt hatte. Als Amphion sich für den Tod seiner Kinder rächen wollte, wurde er ebenfalls getötet. Der Name soll »beschützt vom Mond« bedeuten. → *Niobe*

Amphitrite [grch. Ἀμφιτρίτη] hieß in der griechischen Mythologie sozusagen »das dritte Element«. Gemeint ist wohl das Meer, das die Erde, d. h. das erste Element, umgibt und über dem sich die Luft, das zweite Element, befindet. *Amphitrite* war eine Nereide, also eine Tochter des Nereus. Als die Gemahlin des Poseidon beherrschte sie gemeinsam mit ihm die Meere. Ihre Kinder waren *Triton*, die *Rhode* oder der *Rhodos* und die *Benthesikyme*, »die Wogerin der Tiefe«. Der Name der *Amphitrite* setzt sich zusammen aus grch. *amphí (ἀμφί)*, »rings herum«, und *trítos (τρίτος)*, »dritter«.

Amphitryon [grch. Ἀμφιτρύων], der König von Tyrins, war ein Enkel des *Perseus* und Gatte der *Alkmene*, die von *Zeus* geschwängert wurde und den Herkules gebar. Danach soll *Amphitryon* nie wieder mit seiner Frau geschlafen haben, da er den göttlichen Zorn fürchtete. Sein Name stammt wohl von grch. *amphí- (ἀμφί-)*, »auf beiden Seiten, rings herum«, und *trýchein (τρύχειν)*, »quälen, heimsuchen« – ein angemessener Name, da er viel Leid über seine Nächsten brachte und sogar seinen Onkel *Elektryon* tötete, den Hochkönig von Mykene und Sohn des Perseus.

Amun [ägypt. *Imen*, »der Verborgene«] war der urzeitliche Schöpfergott von Theben in Oberägypten – Gott des unsichtbaren Lebenshauchs, Reichsgott des Neuen Reichs, später widderköpfiger libysch-ägyptischer Orakelgott. Von den Griechen wurde er als *Zeus Ammon*, von den Römern als *Iupiter Hammon* verehrt.

Amundsen *Roald* (1872–1928), norwegischer Polarforscher, der 1904 auf einer Expedition die genaue Lage des arktischen Magnetpols ermittelte. 1911 unternahm er einen Vorstoß zum Südpol, den er nach einer Kräfte raubenden Expedition etwa einen Monat vor seinem englischen Konkurrenten Scott erreichte. 1926 gelang Amundsen mit einem Luftschiff die Fahrt von Spitzbergen über den Nordpol nach Alaska. Von einer weiteren Luftschiffexpedition, die er zwei Jahre später über Spitzbergen unternahm, kehrte er nicht zurück. Sein norwegischer Name bedeutet »Sohn des Agimund«, zu *agi*, »Schwert«, und *munt*, »Schutz«.

Anaklet hießen zwei Päpste der katholischen Kirche: *Anaklet I.* (auch: *Kletus* oder *Cletus*) war der dritte Bischof von Rom (76–88). Wahrscheinlich erlitt er unter Domitian den Märtyrertod; er liegt im Vatikan begraben. Der zweite Papst dieses Namens, *Anaklet II.*, entstammte einer vornehmen römischen Familie jüdischer Herkunft. Er war ein hoch gebildeter Kardinal gewesen, bevor er 1130 gegen Innozenz II. zwar mehrheitlich gewählt, aber innerhalb Roms kaum anerkannt und deshalb zum Gegenpapst erklärt wurde. (Das alleinige Wahlrecht der Kardinäle gab es erst nach 1179.) Der Name der beiden Päpste bedeutet »der Berufene«, zu grch. *anákletos* (ἀνάκλητος).

Anakreon [grch. Ἀνακρέων], ein griechischer Lyriker (etwa 580–495 v. Chr.), der in seinen Gedichten den Genuss des Augenblicks besang, lebte als Günstling an den Königshöfen und feierte dort berüchtigte Feste. Sein Name bedeutet in etwa »Herrscher«, aus *kreíon* (κρείων), »Herrscher, Gebieter«, und der verstärkenden Vorsilbe *ana-* (ἀνα-), »über ... hin«.

Anastasius hießen vier reguläre Päpste und ein Gegenpapst. Dem Namen liegt grch. *anástasis* (ἀνάστασις), »Auferstehung«, zu Grunde. (In der Kunst wird *Anastasis* auch als »Höllenfahrt Christi« aufgefasst.) Von *Anastasius I.* (399–401), einem Heiligen der Kirche, ist

z. B. nicht viel mehr bekannt, als dass er mit dem heiligen Hieronymus befreundet war und dass er seinen eigenen Sohn zu seinem Nachfolger machte, während *Anastasius II.* (496–498) wegen seiner Vermittlungsversuche bei einem Glaubensstreit mit dem Patriarchen von Konstantinopel als Häretiker betrachtet wurde und Dante ihn gar in die Hölle verwies. → *Innozenz I.*

Anath, die phönizische Fruchtbarkeits- und Liebesgöttin sowie Kriegsgöttin, galt als die Tochter des El und der Aschera sowie als Schwester und Gefährtin des Baal. Ihr Name bedeutet so viel wie »Vollzug des himmlischen Willens« (oder nach einer semitischen Wurzel für »Wasserquelle«). Baal und *Anath* waren für das Geschehen auf der Erde zuständig und damit die Herrscher dieser Welt.

Anaxagoras [grch. 'Αναξαγόρας], 500–428 v. Chr., war ein griechischer (ionischer) Naturphilosoph – ein Vorsokratiker und Freund des *Perikles*. Seinen Namen könnte man übersetzen mit »Herr der Versammlung«, zu grch. *ánax (ἄναξ)*, »Herr«, und *agorá (ἀγορά)*, »Versammlung, Marktplatz«.

Anaximander [grch. 'Αναξίμανδρος], um 500 v. Chr., war ein ionischer Naturphilosoph aus Milet. Der Name des Vorsokratikers setzt sich zusammen aus grch. *ánax (ἄναξ)*, »Herr«, und *anér, andrós (ἀνήρ, ἀνδρός)*, »Mann«.

Anaximenes [grch. 'Αναξιμένης], um 510 v. Chr., stammte wie Anaximander aus Milet. Der Name des Naturphilosophen beruht auf grch. *ánax (ἄναξ)*, »Herr«, und vielleicht auf *ménos (μένος)*, »Wunsch, Eifer, Lebenskraft«.

Anchises [grch. 'Αγχίσης], ein berühmter trojanischer Prinz, ein Enkel des Ilos, war der schöne Geliebte der Aphrodite, die ihm den Sohn Äneas gebar. Da Aphrodite mit der ägyptischen Göttin *Isis* gleichgesetzt wurde, interpretiert man den Namen *Anchises* als »nahe der Isis« – zu grch. *ánchi (ἄγχι)*, »in der Nähe von«, und *Isis*. Aphrodite lähmte ihn durch einen Blitz, weil er ihren Namen als Mutter seines Sohnes Äneas preisgegeben hatte, sodass dieser ihn auf seinen Schultern aus dem brennenden Troja retten musste. → *Äneas*

Andersch *Alfred* (1914–1980), deutscher Schriftsteller. Da er als junger Mann Kommunist gewesen war, wurde er 1933 ein halbes Jahr in Dachau inhaftiert. 1944 desertierte er aus der Wehrmacht und lief zu den Amerikanern über. Die Flucht aus der Unfreiheit sowie aus der modernen Wohlstandsgesellschaft ist auch Thema seiner Romane (z. B. »Sansibar oder der letzte Grund« und »Die Rote«). Sein Name ist eine Variante von *Andreas*, »der Männliche«, zu grch. *andreîos* (ἀνδρεῖος), »tapfer, männlich«.

Andersen *Hans Christian* (1805–1875), der Sohn eines dänischen Schuhmachers, war zunächst Puppenspieler und Tänzer in Kopenhagener. Ab 1835 wurde er dann jener fantasievolle Märchendichter, der mit feinsinnigem Humor und leisem Spott Personen karikierte und naiv und gefühlvoll mit dem Unwirklichen spielte. Von seinen Märchen – u. a. »Der Kaisers neue Kleider«, »Die Prinzessin auf der Erbse« und »Das hässliche Entlein« – sagte er, er habe sie genauso niedergeschrieben, wie er sie einem Kind erzählen würde. Sein Name bedeutet »Sohn des Anders«, also des *Andreas*, »des Männlichen«, zu grch. *andreîos* (ἀνδρεῖος), »tapfer, männlich«. Den gleichen Namen wählte übrigens die deutsche Sängerin *Lale Andersen* (1910–1972), die während des Zweiten Weltkriegs mit ihrem Lied »Lili Marleen« weit über die deutschen Grenzen hinaus Berühmtheit erlangte, zu ihrem Künstlernamen. Ursprünglich hatte sie *Liselotte Helene Eulalia Berta Bunnenberg* geheißen (wohl zum friesischen Personennamen *Bunno*).

Anderson *Sherwood* (1876–1941), amerikanischer Schriftsteller, der mit seinen Romanen und Kurzgeschichten einen gewissen Einfluss auf William Faulkner und Ernest Hemingway ausübte. Der Name bedeutet »Sohn des Andreas«, also »Sohn des Männlichen«. → *Andersen*

Andrea da Firenze, ein italienischer Maler des 14. Jahrhunderts, hatte seine Hauptschaffenszeit zwischen 1343 und 1377, als er seinen berühmten Freskenzyklus in der Spanischen Kapelle von Santa Maria Novella in Florenz malte. Eigentlich hieß er *Andrea di Bonaiuto*, sozusagen »Andreas Hilfreich«, aus der italienischen Vorsilbe *bon-*, »gut«, und *aiuto*, »Hilfe«.

Andreotti *Giulio* (geb. 1919), italienischer Politiker. Der einflussreiche Christdemokrat war seit 1947 mehr als zwanzig Mal Minister, davon sechs Mal Premierminister zwischen 1972 und 1992. Sein Familienname ist eine Art Verkleinerungsform von *Andrea*, was man interpretieren könnte als »der kleine Tapfere«, zu grch. *andreîos (ἀνδρεῖος)*, »männlich, mannhaft«. *Giulio* ist die italienische Version von lat. *Iulius*.

Andrić *Ivo* (1892–1975), in Bosnien geborener serbischer Schriftsteller, dessen Romane und Erzählungen fast ausnahmslos von Bosnien handeln (z. B. »Die Brücke über die Drina«, »Das Fräulein«, »Der verdammte Hof«). 1961 erhielt er den Nobelpreis für Literatur. Sein Name mit der patronymischen *ić*-Endung bedeutet »Sohn des Andreas«. *Ivo* ist eine Kurzform von *Iwan*, »Johannes«.

Androgyne → *Hermaphroditos*

Andromache [grch. ’Ανδρομάχη], in der griechischen Mythologie der Name der Gemahlin *Hektors*, zu grch. *anér, andrós (ἀνήρ, ἀνδρός)*, »Mann«, und *máche (μάχη)*, »Kampf, Streit«. In der Tat war ihr ganzes Leben ein »Kampf gegen die Männer«, da ihr Vater, ihre sieben Brüder und ihr Gemahl allesamt von *Achill* getötet worden waren. Später verlor sie auch noch ihren kleinen Sohn und ihren zweiten Gemahl, *Neoptolemos*. → *Hektor*

Andromeda [grch. ’Ανδρομέδα], mythische Tochter der Kassiopeia und des Kepheus sowie Gattin des *Perseus*. Dieser hatte *Andromeda* vor dem Tode gerettet, als ihr Vater sie nach einem Orakelspruch einem Seeungeheuer opfern wollte und sie nackt an einen Felsen kettete. Kassiopeia und Kepheus erklärten sich nur widerwillig bereit, ihm ihre Tochter *Andromeda* zur Frau zu geben, *Andromeda* aber bestand auf sofortiger Hochzeit. Ihr Name bedeutet in etwa »Männerlenkerin«, »Herrin der Männer« – zu grch. *anér, andrós (ἀνήρ, ἀνδρός)*, »Mann«, und *médon (μέδων)*, »Herrscher, Berater«.

Andropow *Jurij Wladimirowitsch* [russ. *Юрий Владимирович Андропов*], 1914–1984, machte Karriere als kommunistischer Apparatschik. Von 1967 bis 1982 war er Vorsitzender des KGB, dann wurde er mit 68 Jahren und bei zweifelhafter Gesundheit Generalsekretär der KPdSU und damit mächtigster Mann im Staat. 1983 machte man ihn zum Staatsoberhaupt. Wegen gesundheitlicher Probleme kaum regierungsfähig, verstarb Andropow nach nur 15 Monaten im Amt. Sein Nachfolger Konstantin Tschernenko überlebte seine Ernennung sogar nur um 13 Monate. Der Name *Andropow* beruht offenbar auf grch. *anér, andrós (ἀνήρ, ἀνδρός)*, »Mann«.

Äneas [grch. Αἰνείας] hieß nach der Legende jener trojanische Held und angebliche Ahnherr des römischen Volkes, der mit seinem alten Vater Anchises und seinem Sohn Ascanius samt einem Trupp Krieger aus dem brennenden Troja nach Westen flüchtete und schließlich nach Latium in Mittelitalien kam, wo ihm der dortige König Latinus seine Tochter Lavinia zur Frau gab. *Äneas* hatte seine erste Frau, Krëusa, in einem Sturm vor der nordafrikanischen Küste verloren. Die von seinem Sohn Ascanius erbaute Stadt Alba Longa auf dem Albanerberg wurde die Mutterstadt Roms. *Äneas'* Name, zu grch. *aineîn (αἰνεῖν)*, »loben, preisen« (wohl auch angelehnt an lat. *aeneus*, »kupfern«: in dichterischem Sinn »ehern, unbezwingbar«), spricht Bände; seine rühmlichen Taten hat Vergil in der *Äneis* beschrieben. Sein Sohn Ascanius (nach anderer Quelle ein Sohn der Italikerin Lavinia) hieß bei den Römern *Iulus* und galt ihnen als mythischer Stammvater der *gens Iulia*. → *Anchises*, *Iulus* und *Krëusa*

Angra Mainyu ist die von Zarathustra geprägte Bezeichnung des Teufels, zu awest. »arger Geist« (neupersisch: *Ahriman*). Der auch *Aka Mainyu* – »böser Geist« (npers. *Akaman*) – genannte Gott der Finsternis und Herr der Unterwelt bringt den Menschen Krankheit und Tod. Er ist ein Zwillingsbruder des *Spenta Mainyu* (»wohltätiger Geist«), dessen guten Schöpfungen er automatisch böse entgegenstellt. Als Anführer aller Dämonen und Verführer der Menschen entspricht er in etwa dem christlichen Satan und dem muslimischen Schaitan. → *Ahura Mazda*

Ångström *Anders Jonas* (1814–1874), schwedischer Physiker und Astronom. Neben der Beschäftigung mit dem Magnetismus arbeitete er hauptsächlich an der Erforschung des Sonnenspektrums. Dabei entdeckte er die Elemente Wasserstoff und Mangan und ermittelte die Wellenlängen vieler anderer Elemente. *Ångström* ist auch eine (inzwischen veraltete) Einheit für die Wellenlänge des Lichts. Der Name bedeutet so viel wie »Dampfstrom«, aus schwed. *ånga*, »Dampf, Dunst«, und *ström*, »Strom, Strömung«.

Anicius war ein römischer Gentilname, den z. B. der Konsul (160 v. Chr.) *Lucius Anicius Gallus* trug. Er geht wohl auf lat. *anus*, »alte Frau, Greisin«, und *anicula*, »altes Mütterchen«, zurück. → *Gallus*

Aniketus (auch: *Anicetus*) regierte von 155 bis 166 als römischer Papst. Er stammte wahrscheinlich aus Syrien und sein Name bedeutet »der Unbesiegte«, zu grch. *aníketos (ἀνίκετος)*, »unbesiegt, unschlagbar«, aus *a- (ἀ-)*, »un-, ohne«, und *níke (νίκη)*, »Sieg«. Obschon ein Heiliger der katholischen Kirche, ist sein Martyrium recht zweifelhaft.

Anna wurde in der Geschichte häufig als Name für eine Tochter königlichen Geblüts gewählt, wie im Fall der *Anna von Österreich* (1601–1666), der Tochter Margaretes von Österreich und Philipps III. von Spanien, die als Gemahlin Ludwigs XIII. französische Königin und nach dessen Tod stellvertretend für ihren minderjährigen Sohn Ludwig XIV. die Regentschaft übernahm. Der deutsche Vorname *Anna* stammt von hebr. *channah*, »die Anmutige, Holde«. → *Ann Boleyn*

Annaeus (auch: *Annius*) war ein alter römischer Gentilname mit Bezug auf *Anna Perenna*, eine Göttin unbekannten (vielleicht etruskischen) Ursprungs und Wesens, der zu Ehren an den Iden des März ein ausgelassenes Fest an der *via Flaminia* gefeiert wurde (zu lat. *perennis*, »das ganze Jahr hindurch«, »dauernd«). → *Seneca*

Annan *Kofi Ata* (geb. 1938), ghanaischer Politiker. Seit 1997 Generalsekretär der Vereinten Nationen, erhielt er 2001 den Friedensnobelpreis. Sein Vorname *Kofi* bedeutet schlicht »Freitag«, ein weit verbreiteter Name in Westafrika für einen Jungen, der an diesem Wochentag geboren wurde. Die Menschen in Ghana sind natürlich sehr stolz auf den Sohn ihres Landes und nennen ihn bei seinen Heimatbesuchen »Vater«. Der Asante-König hat ihm gar einen Titel gegeben, der normalerweise Monarchen vorbehalten ist: *Busumuru*, »weiser Berater«. Annans schwedische Frau Nane Maria (geb. Lagergren) ist übrigens die Nichte Raoul Wallenbergs, der während des Dritten Reichs Tausenden von ungarischen Juden das Leben rettete. → *Wallenberg*

Anouilh *Jean* (1910–1987), französischer Dramatiker, der den Ersten Weltkrieg als Kind und den Zweiten als junger Mann erlebte. Seine Stücke spiegeln eine recht pessimistische Weltanschauung und einen fast entschuldbaren Zynismus (z. B. »Einladung ins Schloss«, »Der Reisende ohne Gepäck«, »Ornifle«). Der Name entstand über prov. *anhel*, »Lämmchen«, aus gleichbedeutend lat. *agnellus*, zu *agnus*, »Lamm« – vielleicht ehemals eine Berufsbezeichnung für einen Schäfer oder aber ein Spitzname für einen sanftmütigen Menschen.

Antaia, »die Begegnerin«, lautete ein Beiname der Hekate, die auf ihrer nächtlichen Jagd den ihr Begegnenden Furcht und Schrecken brachte; zu grch. *antaîos (ἀνταῖος)*, »entgegen gerichtet«.

Anterus war ein griechischer Papst (235–236). Wegen seiner kurzen Herrschaft als Bischof von Rom gibt es eigentlich nichts Wichtiges über ihn zu berichten. Sein griechischer Name *Antéros ('Αντέρος)* bedeutet »Gegenliebe«, zu der Vorsilbe *anti- (ἀντι-)*, »gegen«, und *éros (ἔρως)*, »Liebe« (vgl. *Erotik*).

Antias nannte man in der römischen *gens Valeria* z. B. den *Quintus Valerius Antias* (»aus Antias«, d. h. aus der alten Volskerstadt *Antium*, heute: *Porto d'Anzio*). Die Schriften dieses Annalisten (um 140 v. Chr.) dienten dem Livius als Quelle.

Antigone [grch. 'Αντιγόνη] war in der griechischen Mythologie der Name der Tochter des thebanischen Königs *Ödipus*, die dieser mit seiner eigenen Mutter *Iokaste* hatte (vgl. *Ödipuskomplex*), zu grch. *antíos- (ἀντίος)*, »gegen, entgegen«, und *goné (γονή)*, »Zeugung, Geburt«, also eine »widernatürliche Geburt«. *Antigone*, die Schwester des Eteokles und des Polyneikes, wurde als Widersacherin des Kreon zur antiken Symbolfigur des sittlich-religiös begründeten Widerstandes gegen diesen mächtigen König von Theben.

Antigonos [grch. 'Αντιγόνος], 382–301 v. Chr., genannt *Monophthalmos*, »der Einäugige« – aus *mónos (μόνος)*, »allein, einzig«, und *ophthalmós (ὀφθαλμός)*, »Auge« –, war ein makedonischer Feldherr unter Alexander d. Gr. gewesen, bevor er nach dessen Tod (323) einer der bedeutendsten Diadochen (»Nachfolger«) und Herrscher des asiatischen Reichsteils wurde. Da er plante, das alte Alexanderreich wiederherzustellen, verbündeten sich die anderen Diadochen gegen ihn. Im Kampf mit ihnen verlor er die Gebiete jenseits des Euphrat, sein Sohn Demetrios gewann jedoch Athen und Zypern hinzu. *Antigonos* machte die neu gegründete Stadt *Antigonea* in Syrien zu seiner Hauptstadt und nahm den Königstitel an. Sein Name verweist auf die mythische Königstochter *Antigone*. → *Antigone* und *Demetrios*

Antiochos [grch. Ἀντίοχος] bedeutet »schnell wie ein Streitwagen«, aus grch. *antí* (ἀντί), »gleich wie« (meist: »gegen«), und *óchos* (ὄχος), »Wagen, Kampfwagen«. Diesen anschaulichen Namen trugen einige makedonische Könige, Nachfolger Alexanders d. Gr. im vorderasiatischen Seleukidenreich, z. B. *Antiochos I.* (324–261 v. Chr.), Statthalter der Ostprovinzen und ab 281 König des Seleukidenreichs, der erfolglos gegen die Kelten, das pergamenische Reich und Ptolemäus II. von Ägypten kämpfte, und sein Sohn *Antiochos II.* (287–246 v. Chr.), der Ptolemäus II. niederzwang und vom Volk dafür den Beinamen *Theós* (Θεός), »Gott«, erhielt. Dessen Enkel *Antiochos III.* (243–187 v. Chr.) gelang es, das zerfallende Reich noch einmal zu seiner alten Bedeutung zu führen und durch jahrelange Feldzüge sogar zu vergrößern – was ihm, wie vielen anderen Eroberern der Geschichte, den Beinamen »der Große« einbrachte. Allerdings rief seine Expansionspolitik die Römer auf den Plan, von denen er 191 besiegt wurde und denen er den westlichen Teil Kleinasiens abtreten musste. *Antiochos IV.*, einer der Söhne *Antiochos' d. Gr.*, regierte von 175–164. Er versuchte die Landverluste seines Vaters durch Eroberung ägyptischer Gebiete wettzumachen, die er jedoch auf Drängen Roms zurückgeben musste. Sein Beiname *Epiphanes*, etwa »der Wiedererschienene«, zu grch. *epipháneia* (ἐπιφάνεια), »das plötzliche Erscheinen, die Wiederkunft«, unterstreicht die großen Hoffnungen, die in ihn als möglichen Retter des Reichs gesetzt wurden. → *Seleukos* und *Ptolemäus*

Antiope [grch. Ἀντιόπη], hieß eine Tochter des thebanischen Königs Nykteus, deren Name »Widerspruch, Gegenrede« bedeutet. Von Zeus verführt und geschwängert, floh sie von zu Hause und gebar in einem Gebüsch am Wegesrand die Zwillinge Zethos und Amphion. Während ihr Onkel Lykos, der inzwischen König geworden war, sie zurückholte und sie wie eine Sklavin unter der Knute ihrer Tante *Dirke* (Δίρκη) leben musste, wuchsen ihre Kinder bei einem Viehhirten auf und wurden später die gemeinsam regierenden Könige von Theben und die Erbauer der Stadt. *Antiope* konnte sie überreden, sich an ihrer Tante Dirke zu rächen und diese zu töten. Der Name *Antiope* ist gebildet aus grch. *antíos* (ἀντίος), »gegen«, und *óps, opós* (ὄψ, ὀπός), »Stimme, Wort«.

Antipatros [grch. 'Αντίπατρος] bedeutet im Griechischen »an Stelle des Vaters«, zu grch. *antí (ἀντί)*, »anstelle von«, und *patér (πατήρ)*, »Vater«. *Antipatros* hieß z. B. ein General Alexanders d. Gr. – Statthalter von Makedonien und Griechenland, der schon mit Alexanders Vater Philipp befreundet gewesen war. → *Herodes Antipas* und *Kassander*

Antisthenes [grch. 'Αντισθένης] hieß ein griechischer Philosoph, ein Schüler des Sokrates und Begründer des Kynismus, dessen Name sich zusammensetzt aus der griechischen Vorsilbe *antí- (ἀντι-)*, »gegen« oder »anstatt«, und *sthénos (σθένος)*, »Kraft, Stärke« – wie auch immer: Beide Versionen ergeben einen treffenden Namen für einen Denker.

Antonioni *Michelangelo* (geb. 1912), italienischer Regisseur realistisch-pessimistischer und gesellschaftskritischer Filme (u. a. »Der Schrei«, »Die mit der Liebe spielen« und »Die Nacht«). *Antonioni* ist vom Rufnamen *Antonio* abgeleitet, zum altrömischen Gentilnamen *Antonius* (vgl. dt. *Anton*).

Antonius war der Name eines römischen Geschlechts, aus dem z. B. *Marcus Antonius Orator*, »der Redner«, stammte (145–87 v. Chr.). Er galt in der Tat als berühmtester römischer Redner vor Cicero. Sein Enkel, der Triumvir *Marcus Antonius* (ca. 83–30 v. Chr.), verfolgte zusammen mit Octavianus die Caesarmörder Brutus und Cassius nach Makedonien und schlug sie im Jahr 42 v. Chr. in der Schlacht von Philippi. Der Name *Antonius* kommt möglicherweise aus dem Etruskischen, sodass seine Bedeutung bislang ungeklärt ist. Die Briten schreiben den Namen übrigens mit *th*, vielleicht, um ihn von grch. *ánthos (ἄνθος)*, »Blume, Blüte«, herleiten zu können.

Anubis, ein Sohn des Osiris und dessen Schwester Nephthys, war im alten Ägypten der hundeköpfige Totengott, dessen Name in Hieroglyphen geschrieben *Inpu* lautet, »Herr der Gotteshalle«. Als göttlicher Einbalsamierer war er zuständig für die Mumifizierung der Toten, er begleitete die Toten in die Unterwelt und bewachte die Nekropolen. Später schloss er sich seinem Vater Osiris in der Unterwelt an, wo er die Aufgabe hatte, die Herzen der Toten zu wiegen, um herauszufinden, ob jemand gut oder böse gewesen war. → *Maât*

Anzengruber *Ludwig* (1839–1889), bekannter österreichischer Volksdramatiker und Autor von Kalendergeschichten und Dorfromanen. Sein Name ist gebildet aus *Anzo*, einer alten Koseform von *Arnold*, und mhd. *gruobe*, »Senke, Steinbruch«; er bedeutet also wörtlich »der in Anzos Grube wohnt« – wenn das kein passender Name für einen volksnahen Schriftsteller ist!

Aoide [grch. 'Αοιδή] hieß eine der drei ursprünglichen Musen, deren Name dem griechischen Wort *aoidé (ἀοιδή)*, »Gesang, Lied«, entspricht. → *Melete, Mneme* und *Musen*

Äolus [grch. Αἴολος], ein Sohn des Hellen und der Nymphe Orseis, bekam mit seiner Gattin Enarete sieben Söhne und sieben Töchter und wurde so zum Stammvater der *Äolier*; der Stamm der *Äolier* war so weit in Hellas verbreitet, dass er seinen sieben Söhnen verschiedene Teile des Landes als Stammesfürstentümer gab, wo sie sich niederließen und Städte erbauten. Ein weiterer *Äolus* war ein Sohn des Poseidon und der von diesem vergewaltigten Melanippe (mütterlicherseits ein Enkel des anderen *Äolus*, dem er wegen seiner großen Ähnlichkeit seinen Namen verdankte). Er war mit vielen seiner Freunde nach Westen gesegelt und herrschte auf den fernen westlichen Inseln – den heutigen *Äolischen Inseln* im Tyrrhenischen Meer, die wegen der dort herrschenden heftigen und unberechenbaren Winde so hießen – als Winddämon, sozusagen als Hüter der Winde (vgl. die vom Wind zum Tönen gebrachten *Äolsharfen*). Der Name *Äolus* beruht auf grch. *aiólos (αἰόλος)* »beweglich, schnell, wechselhaft«. (Der Zwillingsbruder des *Äolus* hieß übrigens *Boiotos*, der zum Stammvater der *Boioter* in der mittelgriechischen Landschaft *Boiotien* oder *Böotien* wurde.) → *Hellen* und *Deukalion*

Aphrodite [grch. 'Αφροδίτη], die Tochter des Zeus und der Dione, war in der griechischen Mythologie die Göttin der (sexuellen) Liebe und Schönheit, zu grch. *aphrós (ἀφρός)*, »Schaum«; daher hieß die vor allem auf Zypern Verehrte auch *Aphrogeneia* [grch. 'Αφρογένεια], »die Schaumgeborene«, mit grch. *génesis (γένεσις)*, »Ursprung, Entstehung«. Man nimmt an, dass sie, wie Astarte, ursprünglich eine vorderasiatische Naturgöttin war. → *Hermaphroditos*

Apicius war ein römischer Beiname (zu lat. *apis*, »Biene«), mit dem z. B. *Marcus Gavius Apicius*, ein Feinschmecker der Augusteischen Zeit, gerufen wurde. (Das unter seinem Namen erhaltene Kochbuch stammt allerdings aus einer späteren Zeit.)

Apis hieß im alten Ägypten ein stierköpfiger Fruchtbarkeitsgott, als dessen Verkörperung in Memphis ein lebender Stier gehalten wurde, der bei seinem Tod eine Einheit mit Osiris einging. (Dieser *Osiris-Apis* wurde seit Ptolemäus I. zum Gott *Serapis*, der Züge des griechischen Zeus und anderer Götter annahm.) Der Name *Apis* ist hergeleitet von ägypt. *hapi*, »der Eilende« – wohl eine Anspielung auf seine ursprüngliche Rolle als Herold des Ptah, des Stadtgottes von Memphis; vielleicht nannte man ihn aber auch so, weil der lebende *Apis-Stier* einmal im Jahr zur Segnung der Felder aus dem Stall getrieben wurde.

Apollinaire *Guillaume* (1880–1918), eigentlich *Wilhelm Apollinaris de Kostrowitzky-Flugi*, war ein französischer Dichter und Kunsthistoriker polnisch-italienischer Herkunft, der mit seinen Essays insbesondere die kubistische Malerei förderte. Der Familienname seiner polnischen Mutter dürfte herzuleiten sein vom Ortsnamen *Kostrzyn* für »Küstrin«, die Bedeutung des Namens seines italienischen Vaters bleibt verschwommen. (*Flugi* könnte zu *fluire*, »fließen, strömen«, gehören.) *Guillaume* ist die französische Entsprechung des deutschen Vornamens *Wilhelm*, während sich *Apollinaris* auf den heiligen *Apollonius* bezieht, letztlich natürlich auf den griechischen *Apollon*, den Gott des Heils und der Ordnung; insofern bedeutet der Name *Apollinaire* »der dem Gott Apollon Geweihte« (zu frz. *apollinaire*, »apollinisch«).

Apollodoros [grch. Ἀπολλόδωρος] heißt »Geschenk des Apollon«. So hießen einige große Männer der Geschichte, z. B. ein stoischer Athener Gelehrter im 2. Jahrhundert v. Chr., der ein Geschichtsbuch (»Chronik«) und ein philosophisch-theologisches Werk (»Über die Götter«) verfasste, des Weiteren *Apollodor* aus Damaskus, der Anfang des 2. Jahrhunderts n. Chr. lebte und als wohl bedeutendster Architekt der römischen Kaiserzeit in Rom das Odeion, die Trajansthermen und das Trajansforum schuf, sowie *Apollodoros* von Karystos, ein griechischer Dichter des 3. Jahrhunderts v. Chr. → *Apollon*

Apollon [grch. 'Ἀπόλλων], ein Sohn des *Zeus* und der *Leto*, Bruder der *Artemis* und Vater des *Asklepios*, galt in der griechischen Mythologie als Gott des Heils und der Ordnung, des Lichts, der Dichtkunst, des Heilwesens, der Musik und der Prophezeiung – zu grch. *apollýnai (ἀπολλύναι)*, »zerstören«. *Apollon*, »Vernichter«, nannte man ihn laut Homers „Ilias", weil er tagelang Tod bringende Pfeile auf die Griechen im Lager vor Troja abschoss, da sie ihm die nötige Ehrerbietung verweigert hatten. In Wirklichkeit waren aber alle seine Attribute gut und positiv, sodass sein Name nicht zutrifft. (Vielleicht handelt es sich daher nur um eine phonetische Anlehnung an einen älteren Namen.) Auch sein Beiname – *Phoîbos (Φοῖβος)*, »der Reine« – belegt, dass man ihm eigentlich keine Untaten zutraute. Über die griechische Siedlung Cumae westlich von Neapel wurde *Apollo* schon 496 v. Chr. auch in Rom eingeführt, wo man ihm 28 v. Chr. einen Tempel auf dem Palatin erbaute. In der Kaiserzeit erhielt er den Beinamen *Sol*, »Sonnengott«.

Apollonios [grch. 'Ἀπολλώνιος], »dem Apollon Geweihter«, hießen ein griechischer Bildhauer des 1. Jahrhunderts v. Chr. sowie ein berühmter griechischer Grammatiker des 2. nachchristlichen Jahrhunderts, mit dem Beinamen *Dyskolos*, »Der Schwierige«, den er nicht etwa erhalten hatte, weil seine Syntax so schwer zu durchschauen war, sondern weil schlecht mit ihm auszukommen war, denn grch. *dýskolos (δύσκολος)* bedeutet »mürrisch, unfreundlich«. Weitere Vertreter dieses Namens waren der Mathematiker *Apollonios* von Perge (in der heutigen Türkei), der im 3. Jahrhundert v. Chr. in Alexandria lehrte und dem wir die Begriffe Hyperbel, Ellipse und Parabel verdanken, ferner der griechische Dichter und Gelehrte *Apollonius* von Rhodos, der die Bibliothek in Alexandria leitete (nach Rhodos zog er erst in späteren Jahren) und ein Epos über den Zug der Argonauten verfasste (»Argonautika«), und schließlich *Apollonios von Tyros*, der Held eines griechischen Romans aus dem 3. Jahrhundert n. Chr., dessen Erlebnisse im Mittelalter recht bekannt waren, da sie in viele abendländische Sprachen übersetzt wurden. → *Apollon*

Apophis, »Riese«, hieß im alten Ägypten ein gewaltiger Schlangendämon, der in der Finsternis lauerte und die dunklen Mächte verkörperte. Er war dem lichten Himmelsgott entgegengesetzt, der täglich neu gegen diese böse Schlange zu kämpfen hatte. Vor allem morgens und abends musste Seth am Bug der Sonnenbarke beim Eintauchen in die Unterwelt das Ungeheuer mit einem Speer abwehren, sodass sich von dessem Blut der Himmel rot färbte.

Appianus aus Alexandria war im 2. Jahrhundert n. Chr. römischer Prokurator in Ägypten und ein bekannter Schriftsteller, der in griechischer Sprache eine Geschichte der republikanisch-römischen Zeit verfasste. *Appianus* ist gebildet aus dem Vornamen *Appius*.

Appius war ein fast nur in der *gens Claudia* zu findender römischer Vorname (meist abgekürzt *Ap.*). Er könnte auf lat. *apparere*, »erscheinen, zum Vorschein kommen«, zurückgehen und sich auf die Geburt eines Kindes beziehen. Der berühmteste Römer mit diesem Vornamen war im 3. Jahrhundert v. Chr. der römische Zensor *Appius Claudius Caecus*, nach dem die von ihm 312 v. Chr. angelegte *Via Appia*, die älteste Heerstraße von Rom nach Capua, benannt ist. Später wurde diese von Kaiser Trajan bis Brundisium verlängert.

Appleton *Sir Edward Victor* (1892–1965) war ein englischer Physiker und Nobelpreisträger, der zu Beginn des Zweiten Weltkriegs maßgeblich an der Entwicklung der Radar-Ortung von Flugzeugen beteiligt war. Sein Familienname bedeutet schlicht »Apfelsiedlung«, zu engl. *apple*, »Apfel«, und *tun*, »Farm« (vgl. *town*).

Apuleius hieß ein römisches Geschlecht, aus dem z. B. *Lucius Apuleius Saturninus* (ca. 125–180 n. Chr.) stammte, ein glänzender Rhetor und viel gereister Sophist, der außer Lateinisch auch das Griechische und Punische beherrschte. Der Gentilname steht in Beziehung zur süditalienischen Landschaft *Apuliae*, die teilweise der heutigen Landschaft *Puglia* entspricht.

Aquilius war ein altrömisches Geschlecht, zu dem z. B. *Caius Aquilius Gallus*, ein Freund und Kollege Ciceros, gehörte. Der Name, der in *Aquileia*, der Bezeichnung einer römischen Kolonie in Norditalien, wiederkehrt, beruht wohl auf lat. *aquila*, »Adler«. → *Gallus*

Arachne [grch. Ἀράχνη] bedeutet im Griechischen »die Spinne«. *Arachne* war in der Mythologie der Griechen aber auch der Name einer jungen, kunstvollen Weberin. Voll Neid auf ihre Kunstfertigkeit zerriss

Athene ein wunderschönes Tuch, das die lydische Prinzessin gewoben hatte, und verwandelte sie im Zorn in eine Spinne – das Insekt, das die Göttin am meisten verabscheute (vgl. *Arachnologie*).

Arafat *Jassir* (1929–2004), palästinensischer Politiker, der in Deutschland und Ägypten ein Ingenieurstudium absolvierte. Von Israel zunächst als Terrorist verfolgt (und entsprechend von der arabischen Welt bewundert), wurde er Mitbegründer der revolutionären Kampforganisation Al-Fātah[1] und seit 1967 ihr Führer. 1969 gründete er die PLO (Palästinensische Befreiungs-Organisation). 1974 forderte er vor der UNO einen eigenen Palästinenserstaat. Nach der durch Bill Clinton vermittelten Aussöhnung zwischen Israel und den Palästinensern in Oslo 1993 erhielt er im darauf folgenden Jahr zusammen mit Israels Jitzhak Rabin und Simon Peres den Friedensnobelpreis. *Arafat* ist eigentlich ein schmückender religiöser Beiname mit Bezug auf eine südwestlich von Mekka gelegene Ebene, wo Pilger bei ihrer Wallfahrt traditionell einen Tag mit Gebeten verbringen. Der Name könnte indes auch von arab. *araffa*, »kennen, wissen, erkennen«, hergeleitet sein. Der Vorname *Jassir* basiert auf arab. *jasir*, »klein, unbedeutend, gering«. Geboren wurde *Arafat* übrigens mit einem ganz anderen, weniger schlichten Namen: *Muhammad Abd' al-Rahman ar-Rauf al-Qudwah al-Husayni* (»Mohammed, der Knecht des Erbarmers, der Freundliche, der Heiligste, der Gute«).

Arahat, im Sanskrit »Verehrungswürdiger« und »Vollendeter«, ist die buddhistische Bezeichnung für einen heiligmäßig lebenden Menschen ohne alle Leidenschaften, das heißt ohne Lust, Hass und Wahn, sodass er ohne weitere Wiedergeburt aus dem Dasein scheiden kann. Er befindet sich also auf der dritten und letzte Stufe des Loslösungsvorganges.
→ *Sotapanna* und *Sakadagami*

Aram war nach der Genesis (10,22) der Sohn des Sem und damit der Enkel des Noah. Seinem Namen liegt hebr. *aram*, »Höhe, Anhöhe«, zu Grunde. Das Siedlungsgebiet des *Aram* und seiner Nachfolger wurde ebenfalls *Aram* genannt (im heutigen Syrien) und deren Spra-

---

[1] Der Ausdruck *al fatah* bedeutet im Arabischen »die Eroberung«. Genau genommen ist *Fatah* die Umkehrung des Akronyms *Hataf (Harekat at-Tahrir al-Wataniyyeh al-Falastiniyyeh)*, »Bewegung für die Befreiung des Heimatlandes Palästina«.

che, die auch Jesus benutzte, war das *Aramäische*. → *Methusalem* und *Sem*

Arbogast ist ein alter deutscher Vorname, zu ahd. *arbi*, »Erbe«, und *gast*, »Fremder, Gast«. Der heilige *Arbogast*, der zuvor in den Vogesen als Eremit im Wald gelebt hatte, wurde im 7. Jahrhundert von König Dagobert II. nach Straßburg gerufen und zum dortigen Bischof ernannt, da ihm seine Tugendhaftigkeit zu Ohren gekommen war.

Archelaos [grch. Ἀρχέλαος] nannten die alten Griechen einen »Feldherrn« oder »Volksführer«, zu grch. *archós (ἀρχός)*, »Anführer«, und *laós (λαός)*, »Volk, Kriegsvolk, Soldaten«. Ausgerechnet ein griechischer Ethiker, wahrscheinlich der Lehrer des Sokrates, trug einen so martialischen Namen, aber auch ein makedonischer König, der von 413–399 v. Chr. regierte.

Archimedes [grch. Ἀρχιμήδης], ca. 287–212 v. Chr., berühmter Mathematiker und Physiker aus Syrakus. Dem Schüler des Euklid gelang die Berechnung des Volumens unregelmäßiger Körper und des spezifischen Gewichts – woraufhin er sein begeistertes *Heureka!* kundgetan haben soll: „Ich hab's gefunden!« Als die sizilianische Stadt Syrakus während des Zweiten Punischen Kriegs 212 v. Chr. von den Römern eingenommen wurde, soll er beim Zeichnen geometrischer Figuren im Sand von einem Soldaten irrtümlich getötet worden sein, den er mit dem ebenfalls bekannten wie provozierenden Ausspruch *Noli turbare circulos meos!*, »Störe meine Kreise nicht!«, von seinem Tun abhalten wollte. Von ihm kennen wir die *Archimedische Schraube*, ein Rohr mit einer Förderschnecke zum Transportieren von Wasser auf eine höhere Ebene, das man früher bei der Bewässerung von höher gelegenen Feldern benutzte. Der Name *Archimedes* besteht aus grch. *árchein (ἄρχειν)*, »herrschen, beherrschen«, und *médein (μέδειν)*, »denken, sich etwas ausdenken« – ein wahrlich treffender Name für dieses Genie.

Archipenko *Alexander Porfirjewitsch* [Алксандр Порфирьевич Архипенко], 1887–1964, amerikanischer Bildhauer ukrainischer Herkunft, der 1920 nach Berlin ging und einige Jahre später in die Vereinigten Staaten auswanderte. Er schuf vor allem konkav-kubistische Skulpturen von Frauen oder reine Abstraktionen. Sein Name dürfte von dem ukrainischen Personennamen *Archíp (Архип)* abgeleitet sein, nach dem frühen Christen *Archippus*, der im Neuen Testament als Mitempfänger von Paulus' Kolosserbrief erwähnt ist und dessen Name »Pferdebändiger« bedeutet, zu grch. *árchein (ἄρχειν)*, »herrschen, beherrschen«, und *híppos (ἵππος)*, »Pferd«.

Arcimboldo ist die lombardische Variante von *Archibald*, aus dem deutschen Vornamen *Erkenbald* (ahd. *erkan*, »ausgezeichnet, echt«, und *bald*, »kühn«). *Giuseppe Arcimboldo* (1527–1593) war ein italienischer Maler, der zunächst als Glasmaler am Mailänder Dom tätig war, später als Hof- und Dekorationsmaler in Prag, wo er vor allem allegorische, fast schon surrealistisch anmutende Bilder (vor allem Köpfe) malte, die aus realistisch dargestelltem Obst und Gemüse zusammengesetzt sind.

Ardenne *Manfred Baron von* (1907–1997), deutscher Physiker. Der überragend begabte Wissenschaftler wandte sich nach dem Zweiten Weltkrieg zunächst in der Sowjetunion, dann als Professor in Dresden der Kernphysik zu und führte vor allem Forschungen zur Krebsbehandlung durch. Er stammte übrigens aus Hamburg und nicht, wie sein Name vermuten lassen könnte, aus den westlich der Eifel liegenden Ardennen. Dem Namen dieses Gebirges und dem Personennamen liegt allerdings das gleiche keltische Wort, nämlich *ard*, »hoch«, zu Grunde (vgl. lat. *arduus*, »steil, hoch ragend«).

Ares [grch. Ἄρης], ein Sohn des *Zeus* und der *Hera*, war im alten Griechenland der Gott des Krieges. Sein Name leitet sich her von grch. *aréios (ἀρήιος)*, »streitbar, kriegerisch«, oder von *ársen (ἄρσην)*, »männlich, kraftvoll«. Der *Ares* der Griechen entspricht dem *Mars* der Römer.

Arete [grch. Ἀρετή] heißt in der Odyssee die Gemahlin des Phäakerkönigs Alkinoos und die Mutter der Nausikaa. Das griechische Wort *areté (ἀρετή)* bedeutet »Tüchtigkeit, Tugend, Glück«.

Argus [grch. Ἄργος] – genauer: *Argos Panoptes*, »Ganz-Auge« – hieß in der griechischen Mythologie ein Riese mit hundert Augen, der die Färse *Io* bewachte, wobei fünfzig seiner Augen stets geöffnet blieben. Sein Name kommt wahrscheinlich von grch. *argós (ἀργός)*, »leuchtend, hell, weiß«, verwandt mit *árgyros (ἄργυρος)*, »Silber« (vgl. *Argentinien*, »Silberland«). Nachdem Hermes ihn getötet hatte, wurden seine Augen in die Schwanzfedern des Pfaus gepflanzt.

Ariadne [grch. Ἀριάδνη] war nach der griechischen Mythologie die Gattin des Dionysos und die Tochter der Pasiphaë und des kretischen Königs *Minos*, des Königs von Kreta. Zuvor war sie die Geliebte des Theseus gewesen, dem sie ein Fadenknäuel gab, damit er wieder aus dem Labyrinth herausfand, wenn er den darin lebenden *Minotaurus* getötet hatte. Der Name ist entweder abgeleitet von der griechischen Verstärkungssilbe *ari- (ἀρι-)*, »sehr«, und *hagnós (ἁγνός)*, »heilig, gottgefällig, keusch« (vgl. *Agnes*), oder, wahrscheinlicher, von *ari- (ἀρι-)*, »sehr«, und *hadeîn (ἁδεῖν)*, »gefallen, befriedigen«. → *Theseus* und *Minotaurus*

Ariosto *Ludovico* (1474–1533), italienischer Komödiendichter und Höfling des Herzogs Alfonso I. von Ferrara, führte ein recht unstetes Leben: Er übernahm Gesandtschaften für seinen Herzog, versuchte sich als Soldat im Kriegszug gegen Venedig, verwaltete zeitweilig eine herzogliche Provinz und lebte später mehr recht als schlecht mit einer heimlich getrauten Witwe in Ferrara. Sein bekanntestes Werk ist »Der rasende Roland«, in dem er die alte Sage von Roland, dem Gefolgsmann Karls d. Gr., mit der des Königs Artus und seiner Tafelrunde verknüpfte. So verlockend es sein mag, seinem Namen die Bedeutung »der Luftige« zu unterschieben (im Sinn von »Luftikus«, zu ital. *ariosità*, »Luftigkeit«, und *arioso*, »luftig, weit«), handelt es sich eindeutig um einen Herkunftsnamen mit der Bedeutung »(Mann) aus Riosto«, einem alten Weinbauörtchen bei Bologna.

Aristides [grch. Ἀριστείδης], gest. um 467 v. Chr., war ein unbestechlicher Athener Politiker zur Zeit der Perserkriege und erklärter Gegner des Themistokles (besonders seiner Flottenpolitik). Ein weiterer *Aristides* (um 100 v. Chr.), ein Bürger Milets, sammelte und verfasste erotische Novellen, die jedoch nicht erhalten sind. Der Name bedeutet »der Heldenhafte«, zu grch. *aristeía (ἀριστεία)*, »Heldentat, Heldenmut«, verwandt mit *áristos (ἄριστος)*, »der Beste« (vgl. *Aristokrat*).

Aristippos [grch. 'Αρίστιππος], 435–366 v. Chr., machte von sich reden als Philosoph, Schüler des Sokrates und Begründer der kyrenäischen Philosophenschule, die den Hedonismus, also das Streben nach einem möglichst großen Lustgewinn, lehrte. Sein Name geht auf grch. *áristos* (ἄριστος), »Bester«, und *híppos* (ἵππος), »Pferd«, zurück.

Aristophanes [grch. 'Αριστοφάνης] stellt sich bei näherer Betrachtung als sehr passender Name für diesen berühmten Athener Komödiendichter, einen der größten Schriftsteller der klassischen Antike, heraus, der von 452 bis 388 v. Chr. lebte, denn grch. *áristos* (ἄριστος) bedeutet »der Beste«, und *phaínein* (φαίνειν), »sichtbar machen, verkünden«. Ein zweiter *Aristophanes*, um 200 v. Chr., ein Bibliothekar in Byzanz und vielleicht der bedeutendste Philologe des Altertums – unter anderem hat er die griechischen Akzentzeichen erfunden –, verfasste ein großes griechisches Lexikon.

Aristoteles [grch. 'Αριστοτέλης], berühmter griechischer Philosoph des 4. vorchristlichen Jahrhunderts (384–322 v. Chr.) aus Stageira in Makedonien, dessen Name praktisch zweimal seine Qualitäten hervorhebt, denn grch. *áristos* (ἄριστος), bedeutet »der Beste«, und *teléeis* (τελήεις), »vollkommen, makellos, erfolgreich«. Der Schüler Platons und der Erzieher Alexanders d. Gr. begründete die peripatetische Schule in Athen und hatte großen Einfluss auf die abendländisch-mittelalterliche Philosophie. → *Aristophanes*

Arius [grch. Ἄρειος], um 260–336 n. Chr., war zunächst Gemeindepfarrer in Alexandria, bis er 318 von seinem Bischof abgesetzt wurde, da er einen Streit über die Gottheit Christi entfacht hatte. Seiner Meinung nach war Jesus ein Geschöpf des Vaters und nicht wahrer Gottessohn, und viele europäische Bischöfe unterstützten diese Auffassung. Konstantin d. Gr. berief aus diesem Anlass 325 das erste Ökumenische Konzil nach Nizäa ein, auf dem man sich zur Wesenseinheit des Vaters mit dem Sohn bekannte und Arius und seine Lehre verdammte. Unter den germanischen Christen, vor allem den Langobarden, hielt sich der *Arianismus* bis ins 7. Jahrhundert. *Arius* dürfte von grch. *araiós* (ἀραιός), »dünn, zart, schwach«, herzuleiten sein – ein nicht gerade zutreffender Name für einen kämpferischen Theologen. (Eine Assoziation mit dem griechischen Kriegsgott *Ares* wäre eigentlich viel passender.)

Arkadius (377–408 n. Chr.), ältester Sohn des Kaisers Theodosius I. und nach der Teilung des Römischen Reichs (395) oströmischer Kaiser. Während seiner Regierungszeit wurde sein Reich von den unter Alarich nach Westen aufbrechenden Goten schwer heimgesucht. Der Name fußt auf lat. *arcadius*, »aus Arkadia«, zu grch. *Arkadía* (*'Αρκαδία*), einer Landschaft auf dem Peloponnes.² → *Honorius*

Arkesilaos [*'Αρκεσίλαος*] – »Wohltat für das Volk«, zu *árkesis* (*ἄρκεσις*), »Nutzen, Hilfe«, und *laós* (*λαός*), »Volk« – war der Name eines griechischen Philosophen des 3. vorchristlichen Jahrhunderts und mehrerer kyrenischer Könige im 6. und 5. Jahrhundert v. Chr., die sich dieser positiven Bewertung weiß Gott nicht würdig erwiesen. So errichtete z. B. *Arkesilaos III.* mit der Hilfe des Tyrannen Polykrates eine absolute Königsherrschaft über Kyrene in Nordafrika, während einer seiner Nachfolger, *Arkesilaos IV.*, mehrere Volksaufstände brutal niederschlug, bis er selbst erschlagen wurde und das Volk in Kyrene eine Demokratie errichten konnte.

Arminius ist die latinisierte Form eines germanischen *Irmin*-Namens, nach dem Stammesgott der Herminonen (zu ahd. *irmin*, »Erde, Welt« sowie »groß, gewaltig«). Der berühmteste *Arminius* war, zumindest in unseren Breiten, jener Cheruskerfürst, der 9 n. Chr. den Varus im Teutoburger Wald schlug und als *Hermann* fälschlich zum Symbol geworden ist (vgl. *Hermanns-Denkmal*).

Armstrong ist ein verbreiteter angelsächsischer Familienname mit der Bedeutung »starker Arm«. *Louis (Daniel) Armstrong* (1900–1971), ein schwarzer Trompeter und Bluessänger aus New Orleans, war schon zu Lebzeiten eine Legende. Seine Freunde nannten den König des Swing mit der unvergleichlich rauchigen Stimme, der in über 50 Filmen mitwirkte, liebevoll *Satchmo*, »Großmund« – ein nicht seltener amerikanischer Spitzname für Schwarze mit einem breiten Mund (aus

---

² Der Name *Arkadia* geht wohl zurück auf *Arkas*, den mythischen König dieser Landschaft, den Zeus mit Kallisto gezeugt hatte. Als dessen eifersüchtige Gattin Hera von diesem erneuten Seitensprung ihres Göttergatten erfuhr, verwandelte sie Kallisto in einen Bären – grch. *árkos* (*ἄρκος*) = *árktos* (*ἄρκτος*), »Bär« (vgl. *Arktis*). Das Sternbild des »Kleinen Bären«, in dem der Polarstern leuchtet, wies schon den alten Griechen den Weg nach Norden (vgl. *arkadisch*, »ländlich, unschuldig«, sozusagen eine Bezeichnung für die »Unschuld vom Lande«).

engl. *satchel*, »Tasche, Ranzen«, und *mouth*, »Mund«). *Neil Armstrong* (geb. 1930) landete am 20. Juli 1969 mit der Raumfähre Apollo als einer der ersten Menschen auf dem Mond. Sein Kommentar ist weltberühmt geworden: »Es ist nur ein kleiner Schritt für den Menschen, aber ein großer für die Menschheit.« *Lance Armstrong* (geb. 1971), ein amerikanischer Radrennfahrer, ist mehrfacher Gewinner der Tour de France.

Arndt *Ernst Moritz* (1769–1860), ein politischer deutscher Schriftsteller und romantischer Dichter, ein Feind Napoleons, trat schon 1808 für die staatliche Einheit Deutschlands ein. Sein Familienname ergab sich aus einer niederdeutschen Kurzform des Rufnamens *Arnold*, zu ahd. *arn*, »Adler« (vgl. *Aar*), und *waltan*, »herrschen«.

Arnim *Achim* (1781–1831) nannte sich bescheiden ein deutscher Dichter, der eigentlich *Ludwig Joachim von Arnim* hieß. Er war befreundet mit Clemens von Brentano, dessen Schwester Bettina er später heiratete. Am besten gelungen sind seine Novellen, gegen die seine langen Romane und Dramen deutlich abfallen. Das märkische Adelsgeschlecht derer von Arnim nahm seinen Ausgang von einem Dorf gleichen Namens in der Altmark, wobei *Arnim* aus *Arnheim*, »Adlerheim«, entstanden ist (vgl. die niederländische Stadt *Arnheim*).
→ *Brentano*

Arp *Hans* (1887–1966), ein deutsch-französischer Lyriker, Bildhauer und Maler, gehörte zur Künstlergruppe »Der Blaue Reiter« und den Mitbegründern des Dadaismus. Sein Name ist eine Verkürzung des friesischen Rufnamens *Erpo*, zu asächs. *erp*, »rot, braun« (passend für einen Maler, obschon ursprünglich natürlich die Haarfarbe gemeint war).

Árpád, das Haupt des Stammes Megyer, galt unter den madjarischen Stammesfürsten als der Mächtigste. Er führte die Ungarn um 895 n. Chr. in ihre jetzige Heimat und regierte sie ab 904 als einziger Fürst. Sein Ururenkel, der sich nach seinem Übertritt zum Christentum auf den Namen *István* (d. h. *Stephan*) taufen ließ, wurde der erste König des ungarischen Reiches. Die von *Árpád* gegründete Dynastie erlosch im Jahr 1301. Der Name *Árpád* bedeutet »Gerstenkorn« (zu ungar. *árpa*, »Gerste«).

Arroyo *Eduardo* (geb. 1937), spanischer Maler, der in der Manier der Neuen Sachlichkeit malt und sich dabei der Mittel des Humors und des Spotts bedient. Sein Name bedeutet wörtlich übersetzt »Bach, Bachbett«, aber auch »Gosse«.

Arsinoë [grch. 'Αρσινόη], Name einiger ägyptischer Königinnen der Ptolemäerzeit. *Arsinoë I.* hieß die Tochter des thrakischen Königs Lysimachos und erste Gemahlin Ptolemäus' II., *Arsinoë II.* war die Tochter Ptolemäus' I., die zunächst König Lysimachos von Thrakien, dann jedoch ihren leiblichen Bruder Ptolemäus II. heiratete und damit *Arsinoë I.* als dessen Gattin ablöste. Beide wurden bereits zu Lebzeiten als Geschwistergottheiten verehrt. Der Name bedeutet »starker Verstand«, zu grch. *ársen (ἄρσην)*, »stark, männlich«, und *nóos (νόος)*, »Geist, Klugheit, Verstand«. → *Ptolemäus*

Artaxerxes, der Name mehrerer Perserkönige, ist abgeleitet von apers. *Artachschatra*, »rechtmäßiger König«. Berühmt-berüchtigter Namensträger war z. B. der persische König *Artaxerxes I.* (464–424 v. Chr.), mit dem griechischen Beinamen *Makrocheir*, »Langhand«, zu *makrós (μακρός)*, »lang, groß«, und *cheír (χείρ)*, »Hand« (vgl. *Chirurgie*, »Handarbeit«), der Sohn und Nachfolger des *Xerxes I.* Um den Thron besteigen zu können, musste er zuvor allerdings seinen älteren Bruder aus dem Weg schaffen.

Artemis [grch. Ἄρτεμις], die Tochter des *Zeus* und der *Leto* sowie die Schwester des *Apollon*, war die griechische Göttin der Jagd und des Mondes – praktisch das Gegenstück zur römischen Göttin *Diana*. Wahrscheinlich ist der Name vorgriechischer Herkunft, dennoch wird er meist verbunden mit *artemés (ἀρτεμής)*, »unverletzt« – ein Hinweis auf die Unversehrtheit ihrer Jungfernschaft, die sie sich als Kind von ihrem göttlichen Vater auf ewig ausbedungen hatte.

Aruna, das Sanskritwort für »rötlich, rotgelb«, ist auch der Name des hinduistischen Gottes der Morgenröte. Als einer der Wagenlenker des Sonnengottes Surya geht er der Sonne voran und schützt mit seinem Körper die Erde vor zu großer Erhitzung. → *Surya*

Asam *Cosmas Damian Asam* (1686–1739), deutscher Baumeister und Freskenmaler des Spätbarock. Sein Bruder *Egid Quirin Asam*

(1692–1750) war ebenfalls Baumeister, aber auch Bildhauer und Stuckateur. Gemeinsam gestalteten die beiden die herrlichsten Barockkirchen Bayerns. Ihr recht treffender Name ist aus einer bairisch-österreichischen Form des Vornamens *Erasmus* entstanden, dieser wiederum basiert auf grch. *erásmios (ἐράσμιος)*, »willkommen, lieb«, zu *erân (ἐρᾶν)*, »lieben«. Auch ihre Vornamen passen gut zu ihren künstlerischen Verdiensten, denn die Brüder *Cosmas* und *Damianus* erlitten im 3. Jahrhundert den Märtyrertod. *Cosmas* basiert auf grch. *kósmos (κόσμος)*, »Ordnung, Bauart«, *Damian* auf grch. *démios (δήμιος)*, »das ganze Volk betreffend«. *Egid*, eine Form von *Ägidius*, ist hergeleitet von grch. *aigís (αἰγίς)*, »Schutzschild des Zeus«, während *Quirin* eine Eindeutschung des altrömischen Götternamens *Quirinus* darstellt – ein Name, der später auch vergöttlichten Kaisern verliehen wurde.
→ *Erasmus von Rotterdam*

Ascanius → *Äneas*

Aschera, die Gattin Anus, des Göttervaters des sumerischen Pantheons, wurde wegen ihres Namens – zu hebr. *ashera*, »Wäldchen« – häufig als »Baum des Lebens« dargestellt. Sie war die älteste kanaanitische Göttin (sie wurde bereits 1750 v. Chr. in einer sumerischen Inschrift erwähnt) und hatte mehr als 70 Götter geboren.

Aschkenas war seit dem Mittelalter die Bezeichnung jüdischer Schriftsteller für einen deutschstämmigen Juden und später für Deutschland insgesamt – nach dem biblischen Volk, dessen Ahnherr *Aschkenas*, der Urenkel Noahs, im Buch Genesis (10, 3) genannt ist. Die *Aschkenasim* werden von manchen Forschern mit dem Volk der Skythen gleichgesetzt, die iranischer Abstammung sein sollen und sich nördlich des Schwarzen Meers niederließen. Berühmte Persönlichkeiten mit diesem für »deutsch« und »Deutscher« stehenden Namen waren z. B. der polnische Historiker und Politiker *Szymon Askenazy* (1867–1935), der als Bevollmächtigter seines Landes von 1920 bis 1923 im Völkerbund saß, sowie der tschechische Schriftsteller *Ludvík Aškenazy* (1921–1986), der märchenhafte, aber auch humorvolle Erzählungen und Theaterstücke schrieb.

Aschtoret wird in der Bibel mehrfach als semitische Fruchtbarkeitsgöttin erwähnt und ist wohl mit der phönizischen *Astarte* verwandt. Ihr

Name kommt, wie im Fall der babylonischen und assyrischen *Ischtar*, von akk. *astar*, »Gottheit«.

Äschylus [grch. Αἰσχύλος], 525–456 v. Chr., gilt (neben Sophokles und Euripides) als einer der großen Tragödiendichter in Athen. Sein Name dürfte »der Hässliche« bedeuten, zu grch. *aîschos (αἶσχος)*, »Hässlichkeit, Schande«.

Asen hieß jenes kriegerische germanische Göttergeschlecht, das sich durch den Genuss von Äpfeln jung hielt und in der Götterburg *Asgard* wohnte. Der Name dieses bis in die Wolken ragenden Götterbergs mit einzelnen Palästen und Sälen[3] leitet sich her von germ. *ásgardr*, »Asenwelt« (vgl. den grch. Olymp). Bekannteste Vertreter der *Asen* waren Odin, Thor, Baldur, Frigg, Fulla und Nanna. Die Bezeichnung *Asen*, zu germ. *ass*, »Pfahl, Balken«, erklärt sich dadurch, dass man in der germanischen Frühzeit die Götter als geschnitzte Pfähle darstellte.

Aser, der Name des zweiten Sohns, den Jakob mit Silpa, der Leibmagd seiner Frau Lea, auf deren Geheiß zeugte, wurde von Lea selbst erklärt, als sie voll Freude über die Geburt ausrief (Genesis 30, 13): »O ich Glückselige! Denn die Töchter werden mich glückselig preisen. Deshalb nannte sie ihn Aser (›glückselig‹)«. → *Gad, Dan, Naphtali*

Ashab, arabisch für »Genossen« (Plural von arab. *sahib*), war einst die Titulierung der Gefährten des Propheten Mohammed.

Asimov *Isaac*, 1920–1992, amerikanischer Schriftsteller und Biochemiker russischer Herkunft, der durch seine Science-Fiction-Romane berühmt wurde. Der Name dürfte eine Variante von *Asmus*, also *Erasmus*, sein, zu grch. *erásmios (ἐράσμιος)*, »willkommen, lieb«.

Asinius war der Name eines altrömischen Geschlechts, dem z. B. der Politiker und Dichter *Caius Asinius Pollio*, »der Einflussreiche«, angehörte (76 v. Chr. bis 5 n. Chr.). Er hatte im Bürgerkrieg auf der Seite

---

[3] Wir kennen z. B. *Folkwang*, den Wohnsitz der Freya (von *folkvangr*, »Volksfeld«), wo sie die Hälfte der im Zweikampf getöteten Helden aufnahm, während die andere Hälfte der auf der *Walstatt* gefallenen Kämpfer ins kleinere *Walhall* (nord. »Gefallenen-Halle« und Wohnsitz Odins in Asgard) einging, geleitet von den *Walküren* (nord. *valkyrja*, »Totenwählerinnen«).

Caesars gekämpft und hohe Verwaltungsposten in Spanien und Gallien erhalten. 39 v. Chr. zog er sich überraschend aus dem politischen Leben zurück, um sich ganz der Schriftstellerei widmen zu können. Er stiftete die erste Bibliothek Roms und förderte zeitgenössische Dichter wie Vergil und Horaz. Der Gentilname beruht auf lat. *asinus*, »Esel«, im übertragenen Sinn auch »Dummkopf« und »bissiger Mensch«.

Äskulap [grch. 'Ασκληπιός], lat. *Aesculapius* – nach ihm ist der mit einer Schlange umwundener *Äskulapstab* benannt, das Symbol der Medizin und Abzeichen der Ärzte. Er war der Sohn des *Apollon* und der Nymphe *Koronis*, zu grch. *koróne (κορώνη)*, »Krähe«. Apollon hatte, wenn er abwesend war, eine weiße Krähe bei seiner Liebhaberin zurückgelassen, die sie bewachen sollte. Als *Koronis* ihn trotzdem betrog und die Krähe ihn nicht sofort benachrichtige, färbte er ihr Federkleid zur Strafe schwarz, und seit dieser Zeit sind alle Krähen schwarz. Er rächte sich an Koronis, indem er seine Schwester Artemis anstiftete, *Koronis* mit Pfeilen zu erschießen; bevor sie auf dem Scheiterhaufen verbrannt wurde, ließ er Hermes das noch lebende Kind, das *Koronis* von Apollon empfangen hatte, aus ihrem Leib schneiden und nannte diesen seinen Sohn *Asklepios*. Apollon brachte ihn zum weisen Kentauren Cheiron, der ihn die Heilkunst und die Jagd lehrte. So wurde *Asklepios* der Gott der Heilkunde, machte alle Menschen gesund und konnte – zum Ärger des Hades – selbst Tote wiedererwecken. Schließlich erschlug ihn Zeus mit einem Blitz, auf dass nicht weiterhin die Ordnung der Welt gestört werde. *Asklepios'* Tochter war übrigens *Hygíeia ('Υγίεια)*, »die Gesundheit«; sein Sohn *Machaon (Μαχάων)* war Arzt (sozusagen Stabsarzt) der Griechen vor Troja, zu *máche (μάχη)*, »Kampf, Schlacht«. *Asklepios'* eigener Name bedeutet »der unermüdlich Sanfte«, zu *askelés (ἀσκελής)*, »unbeugsam, unablässig«, und *épios (ἤπιος)*, »sanft«.

Asmodeus, im Talmud *Aschmedai*, zu pers. *aeschma*, »Zorn«, nannten die Juden nach der Babylonischen Gefangenschaft den König der Dämonen, den Teufel der Wollust, der Sinnlichkeit und des Luxus.

Asquith *Herbert Henry Asquith*, Earl of Oxford and Asquith (1852–1928), britischer Premierminister von 1908 bis 1916. Sein Kabinett setzte 1911 eine Beschränkung der Rechte des Oberhauses und 1913 ein irisches Autonomiegesetz durch. 1916 musste *Asquith* seinem Amtsnachfolger Lloyd George Platz machen und fortan die Führung der liberalen Opposition übernehmen. *Anthony Asquith* (1902–1968) war ein englischer Spielfilmregisseur, der durch seinen ersten Stummfilm »Shooting Stars« und später vor allem durch seinen Film »Lawrence von Arabien« berühmt wurde. Der Name *Asquith* leitet sich her von aengl. *æsc*, »Esche«, und bezieht sich wahrscheinlich auf den Ortsnamen *Askwith* in Yorkshire.

Assad, genauer *Hafez el-Assad* (1928–2000), wurde 1971 zum Präsidenten Syriens gewählt und 1978 wiedergewählt. Dessen Sohn *Bachar el-Assad* (geb. 1966) folgte ihm 2000 im Präsidentenamt. Der arabische Name *el-Assad* bedeutet »der Löwe«. → *Hafis Kari*

Assisi *Franz von* (1182–1226), erhielt seinen Namen nach seiner umbrischen Heimatstadt *Assisi* (zu ital. *assidersi*, »sich niederlassen«). Mit Geburtsnamen hieß er *Giovanni Francesco Barnardone*, besser: *Bernardone* (zu *Bernardo*). Sein Vater, *Pietro Bernardone*, war ein reicher Tuchhändler, der auf seinen Geschäftsreisen häufig nach Frankreich fuhr und von diesem Land begeistert war. Daher nannte er seinen Sohn mit zweitem Namen *Francesco*, »Franke«. Als 24-Jähriger kehrte *Franz von Assisi* der bisherigen Sorglosigkeit und dem Reichtum seiner Jugend den Rücken und lebte fortan wie ein Asket, trug ein simples grobes Gewand und widmete sich ganz dem Gebet, der Armut und der Aufopferung für seine Mitmenschen und, wie man weiß, der Liebe zur Natur. Ihm schloss sich eine rasch wachsende Anzahl von Gefährten an, für deren Zusammenleben er 1210 eine Regel verfasste. So entstanden, auch in anderen europäischen Ländern, die ersten Franziskaner-Brüderschaften.

Assur, vielleicht zu ass. *sar*, »Erster«, hieß der akkadische Stadtgott von *Assur*, später wandelte er sich zum assyrischen Reichsgott, einem Kriegs- und Richtergott, der, mit einem Bogen bewaffnet, in der geflügelten Sonnenscheibe dargestellt wurde. In der Bibel (Genesis 10, 22) wird er als Sohn des Noah-Sohns Sem erwähnt. *Assurs* Gattin war *Assuritu* (auch: *Aschschuritu*), »die Assyrische« – die *Ischtar* von *Assur*. Etliche assyrische Könige haben sich nach ihm benannt (z. B. *Salmanassar, Assurnasirpal* und *Assurbanipal*). → *Ischtar*

Assurbanipal (669–631 v. Chr.), assyrischer König, Erbauer des Palastes und der Bibliothek von Ninive. Sein Name bedeutet »(der Gott)

Assur erschafft den Sohn«. Die griechische Version des Namens *Assurbanipal* lautete übrigens *Sardanapalus*, während er im Alten Testament (Esra 4,10) »der große und berühmte Asenappar« genannt wird.

Astaire *Fred* (1899–1988), der österreichische Vorfahren hatte, gefiel wohl sein eigentlicher Name, *Frederick Austerlitz*, der unweigerlich eine Assoziation mit der berüchtigten Schlacht bei *Austerlitz* provozierte, nicht sonderlich. Daher wählte er den Künstlernamen *Fred Astaire*, der die gleichen Anfangsbuchstaben hat und wie eine Abkürzung seines bürgerlichen Namens klingt (allerdings mit französischer Betonung); zudem bedeutet engl. *astir* »auf den Beinen, beweglich, munter« – recht angemessen für einen amerikanischen Tänzer und Schauspieler.

Astarte (auch: *Aschera*), eine der Frauen des El, war die Fruchtbarkeitsgöttin der Phönizier. Sie wurde dargestellt als Frau oder als Kuh, aus deren Brüsten bzw. Euter einst Milch über den Himmel floss und die Milchstraße hervorrief. *Astarte* beruht, wie der Name der babylonischen und assyrischen *Ischtar*, auf akk. *astar*, »Gottheit«, und dürfte mit der hebr. *Ashtoreth* sprachverwandt sein. Man findet den Namen auch als »Schoß« und »aus dem Schoß entsprungen« übersetzt. Die Göttin *Astarte* wurde als »Himmelskönigin« bezeichnet und gewöhnlich als Mutter mit dem göttlichen Kind dargestellt (vgl. *Isis* mit dem *Horusknaben* und *Maria* mit dem *Jesuskind*). → *El* und *Isis*

Asteropetes [grch. Ἀστεροπητής], »der Blitzeschleuderer«, war der übliche Beiname des Zeus, zu grch. *asteropé (ἀστεροπή)*, »Blitz«.

Astrid, ein beliebter schwedischer Vorname, hat die Bedeutung »göttliche Schönheit« (vgl. *Diva*), aus *Asfrith*, zu schwed. *as*, »Gottheit« (vgl. *Asen*), und anord. *fridhr*, »schön«. Diesen Namen trägt z. B. die schwedische Prinzessin *Astrid* (geb. 1905), die durch Heirat mit *Leopold III*. Königin von Belgien und Mutter des späteren Königs *Baudouin I.* sowie dessen Bruders und Nachfolgers *Albert* wurde (seit 1993 König Belgiens). → *Astrid Lindgren*

Atalante [grch. Ἀταλάντη], zu grch. *atálantos (ἀτάλαντος)*, »gleich, gleich wiegend«, hieß in der griechischen Mythologie eine Frauengestalt, die den Männern an Mut und Stärke in nichts nachstand. Sie soll

sogar am Argonautenzug teilgenommen haben. Die Sage berichtet von ihr, sie sei von ihrem Vater, der sich einen Sohn gewünscht hatte, ausgesetzt und von einer Bärin großgezogen worden. Sie war eine ausgesprochene Männerfeindin und forderte jeden Freier zu einem Wettlauf auf und tötete ihn, wenn er unterlag. Schließlich musste sie dennoch heiraten, da sie sich während eines Laufes nach einigen goldenen Äpfeln aus dem Garten der Hesperiden bückte, die ihr Freier Melainion hatte fallen lassen. Die Ehe der beiden, aus der Parthenopaios hervorging, muss unerwartet leidenschaftlich verlaufen sein, denn als Atalante und Melainion sich einst an einer dem Zeus geweihten Stelle liebten, wurden sie zur Strafe in ein Löwenpärchen verwandelt.
→ *Parthenopaios*

Atatürk (1881–1938), türkischer Staatsmann (geboren im griechischen Saloniki), der 1922 das Sultanat aufhob und 1924 zum ersten Präsidenten der modernen Türkei gewählte wurde. Er schaffte den Islam als Staatsreligion ab, ebenso den noch weitgehend erhaltenen mittelalterlichen Feudalismus, schuf eine moderne Gesetzgebung, führte die Gleichberechtigung der Frau ein und ersetzte die arabische Schrift durch die lateinische. Vom Volk bekam der überaus beliebte Politiker, der eigentlich *Mustafa Kemal Pascha* hieß, den Beinamen *Atatürk*, »Vater der Türken«. Sein arabischer Vorname *Mustafa* bedeutet »der Erwählte«; sein türkischer Rufname *Kemal* besagt, dass er ein »Vollkommener« ist, während der türkische Titel *Pascha* sich von pers. *Pādischāh*, »Weltkönig«, herleitet. → *Attila, Gazi* und *Schah*

Ate [grch. ῎Ατη], griechische Göttin der Betörung und Verblendung, älteste Tochter des Zeus; zu *áte (ἄτη)*, »Verblendung, Verirrung, Frevel, Verderben«.

Athamas [grch. ’Αθάμας], der König von Böotien, war der Sohn des Äolus sowie der Bruder des Sisyphos und des Salmoneus und Gatte der Wolkengöttin Nephele, die er auf Geheiß der Hera heiratete und mit der er die Kinder Phrixos und Helle zeugte. Obendrein verband er sich jedoch auch mit einer Irdischen, nämlich mit Ino, die – sozusagen als böse Stiefmutter – seine Kinder mit Nephele hasste. Als *Athamas* die Ino heiratete, verschwand Nephele und verfluchte das Haus des *Athamas* und ließ die Ernte misslingen. Ino beschloss, Nepheles Sohn Phrixos dem Zeus opfern zu lassen (angeblich hatte das Orakel verkündet, auf diese Weise werde das Land wieder fruchtbar). Doch als *Athamas*, der die Tat ausführen sollte, seinen Sohn gerade töten wollte, erschien Herakles, der ihm das Schlachtmesser aus der Hand nahm, während ein goldener, geflügelter Widder vom Olymp herabschwebte, um Phrixos auf seinem Rücken davonzutragen. Phrixos zog auch seine Schwester Helle, die nicht bei ihrem Vater bleiben wollte, auf den Widder und floh mit ihr nach Osten. Unterwegs fiel Helle jedoch in die Meerenge zwischen Europa und Asien, die nach ihr Hellespont benannt wurde (heute: Dardanellen). Phrixos kam unversehrt in Aia an und wurde von König Aietes freundlich aufgenommen; den Widder aber opferte er dort dem Zeus (vgl. Abraham und Isaak). Das goldene Vlies des Opfertieres wurde später, wie bekannt, von den Argonauten unter der Führung Jasons nach Griechenland gebracht. Der Name *Athamas* beruht entweder auf grch. *a-* (ἀ-), »ohne, nicht, un-«, und *thamízein* (θαμίζειν), »häufig sein, häufig vorkommen« – oder auf der Vorsilbe *ath-* (ἀθ-), »hoch«, und *amáein* (ἀμάειν), »abernten, abschneiden«, vielleicht ein Bezug auf die angeblich drohende Missernte, von der die Boten – von Ino bestochen – nach ihrer Rückkehr vom Delphischen Orakel berichten sollten. → *Äolus*, *Dionysos* und *Phrixos*

Athanasios [grch. Ἀθανάσιος], ca. 295–373, griechischer Kirchenvater und Teilnehmer am Konzil zu Nizäa. Als Bischof von Alexandria kämpfte er unerbittlich für das Nizäische Glaubensbekenntnis und gegen den Arianismus. Er war der erste Verfechter des mönchischen Ideals in der Kirche. Sein Name bedeutet »der Unsterbliche«, zu grch. *athánatos* (ἀθάνατος), »unsterblich, unvergänglich, ewig«.

Athena, Athene [grch. Ἀθηνᾶ oder Ἀθήνη], deren Name aus dem Griechischen nicht ableitbar ist, wurde meist zusammen mit ihrem Beinamen *Pallás* (Παλλάς) angerufen, zu grch. *pallás* (παλλάς), »kraftvolles Mädchen, Jungfrau«. *Athene* war keusch wie Artemis; als Teiresias sie einmal nackt im Bad sah, blendete sie ihn zur Strafe, zum Trost aber stattete sie ihn mit der Sehergabe aus. Glaubt man der Sage, entsprang *Athene* voll bewaffnet dem Haupt des Zeus. Als Geburtshelfer fungierte Hephaistos oder, wie andere sagen, Prometheus, der mit Hammer und Keil den Kopf des Zeus öffnete. *Pallas Athene* war die Schutzgöttin von Athen und der Akropolis, aber auch Kriegs- und Friedensgöttin, zudem Göttin der Künste und der Weisheit. Sie galt als Schöpferin des für Griechenland so wichtigen Ölbaums und als Erfinderin der Schrift. → *Pallas* und *Arachne*

Atlas [grch. ῎Ατλας], Bruder des Prometheus und Epimetheus, Vater der Plejaden, Hyaden und der Kalypso. Nach der Perseussage wurde er in einen Felsen verwandelt, nachdem Perseus ihm das Haupt der Medusa gezeigt und ihm die Gastfreundschaft verweigert hatte. Zur Strafe für seine Teilnahme am Titanenkampf musste er auf ewig das Himmelsgewölbe tragen. Sein Name lässt mehrere Deutungen zu: Entweder kommt er von *tálas (τάλας)*, »leidend, (er)tragend«, oder von *átlatos/átletos (ἄτλατος/ἄτλητος)*, »unerträglich« – oder er basiert auf dem Namen jener geheimnisvollen mythischen Insel namens *Atlantis (Ἀτλαντίς)*.

Aton, wörtlich »Sonnenscheibe«, war eine Erscheinungsform des ägyptischen Sonnengottes *Atum* (später *Rê*), der nie in Menschengestalt, sondern immer nur als Sonne dargestellt wurde, deren Strahlen allerdings aus einer Unzahl von Armen und Händen bestand.

Atreus [grch. Ἀτρεύς], ruchloser mythischer König von Mykene, Vater des Agamemnon und des Menelaos. Sein Name gehört vielleicht zu grch. *átrotos (ἄτρωτος)*, »unverwundbar«.

Atropos [grch. ῎Ατροπος], »die Unumgängliche«, hieß eine der drei Schicksalsgöttinnen, die den Lebensfaden, den Klotho auf ihrer Spindel aufgewickelt hatte und den Lachesis dem Sterblichen zumaß, schließlich durchtrennte. Ihr Name kommt von grch. *a (ἀ)*, »ohne, nicht, un-«, und *tropé (τροπή)*, »Wende, Flucht«. → *Klotho* und *Lachesis*

Atrytone [grch. Ἀτρυτώνη], »die Unbezwingliche«, war ein Beiname der Athene. Als stets kampfbereite und unbezwungene Jungfrau wurde sie zur Beschützerin der Städte und Staaten. Daher stellte man sie häufig auch dar als Palladie (geschnitzte Götterstatue) mit Lanze und Schild. Der Beiname kommt von grch. *átrytos (ἄτρυτος)*, »unermüdlich, unerschöpflich«. → *Polias*

Attes [grch. ῎Αττης], röm. *Attis*, Geliebter der Kybele (später auch ein Name in den mystischen Beschwörungsformeln des Kybele-Kults). Er hatte Kybele gelobt, keusch zu bleiben, was ihm jedoch nicht gelang.

Ob dieses Frevels geriet er in Raserei und entmannte sich selbst. Der Name ist offensichtlich abgeleitet von phrygisch *atta*, »Vater«.

Attila bedeutet »Väterchen«, zu got. *atta*, »Vater«. Obschon *Attila*, die »Geißel Gottes«, das Volk der Goten vor sich her nach Westen trieb, nannten ihn seine Opfer »Väterchen«, vielleicht weil viele von ihnen nicht nur den Tyrannen in ihm sahen, sondern einen guten Herrn, der für reichlich Beute sorgte (vgl. dt. *Etzel*). → *Atatürk*

Attlee *Clement Richard* (1883–1967), britischer Staatsmann. 1942 wurde er stellvertretender Ministerpräsident im Koalitionskabinett Churchill und 1945, nach dem großen Wahlsieg seiner Labourpartei, deren Vorsitzender er seit 1935 war, der erste sozialistische Regierungschef in Britannien. Er verstaatlichte die Bank von England, den Bergbau, die Luftfahrt und das Transportwesen. Zudem führte er das Nationale Gesundheitswesen ein. Nach dem Ende des Zweiten Weltkriegs sah er sich der schmerzlichen außenpolitischen Entscheidung gegenüber, Indien (von da an aufgeteilt in zwei Staaten) und Birma in die Unabhängigkeit zu entlassen, das Palästinamandat aufzugeben (und damit ungewollt zur Bildung des Staates Israel beizutragen) sowie britische Truppen am Koreakrieg zu beteiligen. Sein Name stammt aus aengl. *atte lee*, was so viel bedeutet wie »Bewohner an einer Waldlichtung«, aus aengl. *atte*, »an« (vgl. engl. *at*), und *leah*, »Lichtung, Waldrodung«.

Atum (auch: Rê-Atum), »der Nicht-Seiende«, stand im alten Ägypten für das urzeitliche Chaos, aus dem alle Materie und alles Leben entstand, er wurde als Vater von Schu und Tefnut aufgefasst. Mit dem Aufkommen des Rê-Kultes war er nur noch der Sonnengott in Gestalt der Abendsonne, während *Rê* selbst die strahlende Mittagssonne verkörperte.

Aufidius war ein römischer Gentilname, den z. B. *Cnaeus Aufidius* führte (114 v. Chr. Volkstribun und 108 v. Chr. Prätor). Er verfasste eine römische Geschichte in griechischer Sprache. Sein Name bezieht sich wohl auf den *Aufidus*, den Hauptfluss in Apulien (heute: *Ofanto*).

Augias [grch. Αὐγείας], Sohn des *Helios*, mythischer König von Elis. Eine der berüchtigten Aufgaben des Herkules bestand bekanntlich darin, den verdreckten Stall des *Augias* an einem Tag auszumisten, was er nur schaffte, indem er einen Fluss umleitete und durch den Stall fließen ließ. Dass der Name des unordentlichen *Augias* ausgerechnet »Glanz, Licht, Sonnenstrahl«, zu grch. *augé (αὐγή)*, bedeutet, klingt schon ein wenig seltsam.

Augustinus ist eine Variante von *Augustus*, »der Erhabene«. Der Heilige dieses Namens war Bischof im nordafrikanischen Hippo (heute in Algerien) und hieß eigentlich *Aurelius Augustinus* (353–430). Als junger Mann machte er seinem Namen weiß Gott keine Ehre. Er schloss sich einer Jugendbande an und führte ein ausschweifendes Leben, wie wir aus seinen »Bekenntnissen« (um 400 geschrieben) wissen. Dazu war er zunächst jahrelang ein Anhänger des Manichäismus (nach seinem Gründer *Mani*), einer gnostischen dualistischen Religion der Spätantike, die an das gleichzeitige Bestehen zweier Welten glaubte: an die des Königs des Lichtes, also Gottes, und an die des Königs der Finsternis, also des Teufels. In ihr fanden sich sowohl Anteile des Christentums als auch des Parsismus und des Buddhismus. Als synkretistische Religion hatte sie anfänglich natürlich große Erfolge, bis sie von den anderen Religionen schließlich besiegt wurde. Augustinus ließ sich 384 in Mailand nieder, nachdem er erkannt hatte, dass dem Christentum die Zukunft gehörte. Danach machte er eine schnelle »christliche Karriere«: Nach seiner spontanen Konversion ließ er sich 387 taufen, empfing 391 die Priesterweihe und war 395 bereits Bischof. Er mauserte sich zum sprichwörtlichen Wendehals: Er brach mit seiner verwerflichen Vergangenheit, wurde auffallend strebsam und vertrat eine unerbittlich autoritäre Lehre. Als er den Untergang des römischen Staates kommen sah, wandte er sich von ihm ab und begründete in seinem »Gottesstaat« (*De civitate Dei*) die absolute Unabhängigkeit der Kirche von jedwedem politischen System. So ging nur der Staat unter, nicht aber die Kirche, die auch unter seinen Eroberern weiter bestand. Der wetterwendische Kirchenlehrer und Heilige hatte mit seinem umfangreichen Werk einen großen Einfluss auf das Mittelalter. Ein zweiter, wohl bescheidenerer *Augustinus* war ein römischer Mönch, der im 6. Jahrhundert nach Britannien gesandt wurde, um die heidnischen Angelsachsen zum Christentum zu bekehren.

Augustus, »der Erhabene, Ehrwürdige, Heilige«, war seit 27 v. Chr. zunächst nur der Beiname des Caius Iulius Caesar Octavianus. Der Adoptivsohn seines Großonkels Caesar ist uns besser bekannt unter dem Namen Kaiser *Augustus* (dieser hat also weiß Gott wenig mit unserem »dummen August« zu tun). Der Monat *August* ist übrigens nach seinem Sterbemonat benannt. Nach dem Tod des vergöttlichten *Augustus* verwendete man diesen ehemaligen Beinamen des Oktavian als Titel aller römischen Kaiser, etwa im Sinne von »Majestät«.

Aulus war ein in römischen Familien selten anzutreffender Vorname etruskischen Ursprungs, zu *Aule*, »der unter freiem Himmel Geborene«. Da es im alten Rom nur eine kleine Auswahl an Vornamen gab, war es – um Verwechslungen zu vermeiden – angebracht, jemanden mit seinem Beinamen anzureden. Diese untergeordnete Rolle der Vornamen zeigt sich auch in der Gewohnheit, Vornamen abzukürzen (also *A.* statt *Aulus*).

Aurel (lat. *Aurelius*) war ein römischer plebejischer Geschlechtername, zu lat. *aureolus*, »aus Gold gemacht«, bei Personen auch »schön, herrlich«. Der bekannteste Träger dieses Namens ist wohl der römische Kaiser *Marc Aurel*, eigentlich *Marcus Aurelius Antonius* (121–180 n. Chr.), der zunächst *Marcus Annius Verus* geheißen hatte, bis er 138 von Antonius Pius adoptiert wurde und sein Name den Zusatz *Antonius* erhielt. Sein früherer Beiname *Verus* bedeutete »der Wahre, Wahrhaftige«. → *Annius*

Aurelianus (212–275 n. Chr.), römischer Kaiser von 270 bis 275 n. Chr., hieß mit vollem Namen *Lucius Domitius Aurelianus*. Mit seinem Namen verbunden bleibt der Bau der *Aurelianischen Mauer* in Rom; außerdem führte er den Kult des *Sol invictus* im Römischen Reich ein. Die Namensendung *-ianus* verweist auf eine Adoption, wobei der eigentliche Geschlechtername, *Aurelius*, erkennbar blieb. *Aurelianus* kommt von lat. *aureolus*, »aus Gold gemacht«, im übertragenen Sinn auch »schön, herrlich«. → *Aurelius*

Aurillac *Gerbert* von (ca. 945–1003), der spätere Papst Silvester II., stammte aus einer Adelsfamilie in *Aurillac* in der Auvergne, war zunächst Domlehrer in Reims, dann Erzbischof dieser Diözese gewesen, bevor ihm Otto III., sein ehemaliger Schüler, 998 das Erzbistum Ravenna übertrug und ihn im darauf folgenden Jahr zum Papst erhob. Er war einer der bedeutendsten Mathematiker seiner Zeit und führte die arabischen Ziffern in Europa ein. → *Silvester*

Aurora hieß bei den lateinischen Dichtern die Göttin der Morgenröte, zu lat. *aurora*, »Morgenlicht«, vielleicht verwandt mit *aurum*, »Gold«, »goldener Glanz«. → *Eos*, *Ostara* und *Uschah*

Austen *Jane* (1775–1817), Pfarrerstochter und englische Erzählerin, schilderte in ihren Romanen mit feiner Ironie und kühlem Blick ihre eng begrenzte Welt, in deutlichem Widerspruch zur romantischen Schwärmerei ihrer Zeit (ihr wohl bekanntester Roman ist »Stolz und Vorurteil«). Der Familienname *Austen* entwickelte sich über die altfranzösische Form *Aoustin* aus dem römischen Namen *Augustinus*, zu lat. *augustus*, »der Erhabene, der Ehrwürdige«. Praktisch den gleichen Namen trugen der von Byron beeinflusste englische Dichter *Alfred Austin* (1835–1913) und *Mary Austin* (1868–1934), eine amerikanische Schriftstellerin, die sich in ihren Romanen und Kurzgeschichten mit dem Leben der Indianer befasste.

Automatia hieß eine römische Glücksgöttin, zu lat. *automatus*, »aus eigenem Antrieb handelnd, freiwillig« (griechisches Fremdwort).

Averroës → *Ibn Rushd*

Avicenna → *Ibn Sina*

Ayatollah ist ein Titel hoher schiitischer Geistlicher, die Experten auf dem Gebiet islamischer Wissenschaften sein müssen. Das Wort bedeutet »Zeichen Gottes«. Die wichtigsten Ayatollahs tragen den Titel Großayatollah.

Aymé *Marcel* (1902–1967), humorvoller, gesellschaftskritischer französischer Schriftsteller (z. B. »Die grüne Stute« und »Der schöne Wahn«) sowie Autor viel gelesener Märchen; dem entspricht scheinbar auch sein Name, den man als »der Beliebte« (zu frz. *aimer*, »lieben, mögen«) interpretieren könnte, obschon es sich um einen alten Taufnamen handelt, der wohl im Sinn von »Geliebter Gottes« aufzufassen war (von lat. *amatus*, »geliebt«).

Ayub Khan, pakistanischer Politiker (1907–1974). Nach einem Militärputsch war er von 1958 bis 1969 Präsident Pakistans, führte eine rigorose Landreform durch und sorgte für ein stattliches Wirtschaftswachstum und grundlegende demokratische Rechte. 1970, als das Volk unzufrieden auf seine Reformversuche reagierte, verzichtete er auf eine Fortführung seines Amtes und übergab es an seinen Nachfolger *Yahya Khan*. Der Name *Ayub* ist die arabische Entsprechung des biblischen *Hiob*, eigentlich *Ijob*, aus hebr. *i*, »wo«, und *ab*, »Vater«, also: »Wo ist Gott«. Jener *Hiob* war ein frommer und redlicher Mann, den Gott durch allerlei Unglücksfälle leiden ließ und der trotzdem an seinem Gott festhielt, obwohl selbst seine Freunde glaubten, dass Gott ihn für irgendwelche Verfehlungen bestrafen wollte.

Aznar *José María* (geb. 1953), spanischer Politiker. Er wurde zwischen 1996 und 2004 zweimal zum Premierminister gewählt; eine nochmalige Wiederwahl scheiterte an seiner verfehlten Informationspolitik nach den verheerenden Anschlägen auf mehrere Züge in Madrid am 11. März 2004, indem er den Verdacht vorschnell auf die baskische Untergrundorganisation ETA lenkte. Sein Name könnte auf bask. *acenari*, »Fuchs«, zurückgehen; wahrscheinlicher ist jedoch die Herkunft von spanisch *asnero*, »Eseltreiber«, zu gleichbedeutend lat. *asinarius*. Beide Auslegungen passen recht gut zu dem hohen politischen Amt, das *Aznar* innehatte (obschon er im Fall des Attentats wahrlich nicht wie ein Fuchs reagiert hat).

Aznavour *Charles* (geb. 1924), ein französischer Chansonnier, Kabarettist und Filmschauspieler, hieß mit wirklichem Namen *Shahnour Varenagh Aznavourian*. Seine Eltern waren auf der Flucht vor dem Massaker der »Jungtürken« an den Armeniern zu Beginn des Ersten Weltkriegs nach Paris geflohen. Sie wollten eigentlich weiter in die USA, blieben aber in Frankreich und französisierten den Namen, indem sie ihn um die armenische Endung *-ian* kürzten. Der junge *Aznavour* bekam seinen neuen, wenn auch ähnlich klingenden Vornamen *Charles* angeblich von seiner Hebamme, da sie *Shahnour* nicht aussprechen konnte. Der Name *Aznavourian* ist wohl zusammengesetzt aus armen. *azniv*, »vornehm«, und *avur*, »schön«, er könnte aber auch, wie bei Westarmeniern nicht selten, ursprünglich aus dem Persischen stammen, nämlich aus pers. *az*, »von«, und *nawe*, »Enkel«, plus der typischen patronymischen Endung *-ian*, »Sohn/Tochter von …«. *Shahnour* bedeutet »königliches Licht«, aus pers. *schāh*, »König«, und *nur*, »Licht«. Der zweite Vorname *Varenagh* leitet sich vielleicht von türk. *var on*, »zehnter«, und *ağ*, »Bruder«, her.

Baader *Andreas* (1943–1977) war ein Terrorist der so genannten Baader-Meinhof-Gruppe. Er beging im Stuttgarter Gefängnis Selbstmord. Sein Name kommt von der Berufsbezeichnung der *Bader*, die früher selbst in den kleinsten Städten eine Badestube unterhielten und sich nebenbei mit Schröpfen, Bart- und Haarschneiden, Aderlassen und Zahnausziehen ihren Unterhalt verdienten.

Baal hieß der phönizische Sonnengott, der gleichzeitig Regen- und Donnergott, vor allem aber Fruchtbarkeitsgott der Kanaaniter war (verwandt mit hebr. *ba'l*, »Eigentümer, Herr, Meister«). *Baal*, der Sohn des El und der Aschera, wurde meist als Stier dargestellt und vielleicht ist sein Name mit grch. *phallós (φαλλός)*, »Holzpfahl, Phallus«, und unserem Wort *Bulle* urverwandt, zur idg. Wurzel *bhel-*, »schwellen, prall sein«.

Baal Hammon, zu pun. *ba'al hammon*, »Herr der Räucheraltäre«, nannten die nordafrikanischen Punier ihren Fruchtbarkeitsgott. Diesem Hauptgott von Karthago wurden regelmäßig Kinder als Brandopfer dargebracht.

Baal-Zebul (auch: *Baal-Sebul*) bedeutet im Hebräischen »Herr und Fürst«. Das Alte Testament berichtet, wie anfällig die Israeliten für den heidnischen Gott *Baal* waren, und verspottete ihn mit einem Wortspiel, indem es den Namen zu *Baal-Zewuw* (bei Luther: *Baal-Sebub*), »Herr der Fliegen«, entstellte, woraus der Volkmund *Belzebub* machte. *Baal-Zebul* war eigentlich ein Orakelgott der Philister, der im Mittelalter als oberster Teufel der Hölle, als »Fürst der Dämonen«, angesehen wurde.

Bacchus [grch. *Βάκχος*] lässt sich mit »Schreihals, Rasender« übersetzen. Der im Lateinischen *Bacchus* Genannte war der Gott des Weins, zu grch. *bakcheîos (βακχεῖος)*, »verzückt, rasend«. → *Dionysos*

Bach *Johann Sebastian* (1685–1750), einer unserer größten Komponisten, begann seine Karriere als Geiger, Organist und Hofkonzertmeister in Weimar, danach war er Hofkapellmeister in Köthen und wurde schließlich Thomaskantor und Musikdirektor in Leipzig. Er war zweimal verheiratet und hatte insgesamt zwanzig Kinder. Vier seiner elf Söhne wurden ebenfalls bedeutende Musiker (*Wilhelm Friedemann*,

1710–1784, Organist in Dresden und Halle; *Carl Philipp Emanuel*, 1714–1788, Kammercembalist Friedrichs d. Gr. und Nachfolger Telemanns in Hamburg; *Johann Christoph Friedrich*, 1732–1795, genannt der »Bückeburger Bach«, da er dort gräflicher Kapellmeister war; *Johann Christian*, 1735–1782, der »Mailänder« oder der »Londoner Bach«, da er Domorganist in Mailand war und später Musikmeister der Königin in London). Der Name erinnert offensichtlich an einen Vorfahren, der an einem »Bachlauf« wohnte.

Bacon *Francis* (1561–1619) diente trotz des deftigen Namens – *bacon* bedeutet im Englischen »Schinkenspeck« – seinem Land als hochgestellter Staatsmann und Philosoph. Jakob I. hatte ihn 1618 zum Lordkanzler gemacht, aber schon nach dreijähriger Amtszeit wurde er wegen Korruption abgesetzt und verurteilt. Als Philosoph forderte *Bacon* die Beherrschung der Natur durch Erwerb möglichst großer Kenntnisse auf der Basis der Erfahrung.

Baden-Powell *Robert* (1857–1941) war der englische Gründer der Pfadfinderbewegung. Mit richtigem Namen hieß er *Robert Stephenson Smyth* (»Schmied«). Der Name *Powell* beruht auf wal. *powell*, »Sohn des Howell« (das Anfangs-*P* steht für wal. *ap*, »Sohn von ...«, vgl. engl. *of*).

Baedeker *Karl* (1801–1859), Buchhändler und Verleger aus Koblenz. Sein 1827 gegründeter Reisehandbücherverlag wurde 1872 nach Leipzig verlegt und nach dem Zweiten Weltkrieg 1950 von Nachkommen in Freiburg wieder aufgebaut. Sein Name entwickelte sich aus mnd. *bodeker*, »Böttcher« (für einen Hersteller von Holzfässern und -tonnen).

Bahr *Egon Karl-Heinz* (geb. 1922), SPD-Politiker und Journalist. Er hatte von 1972 bis 1974 unter Willy Brandt das Amt des Bundesministers für besondere Aufgaben und von 1974 bis 1976 unter Helmut Schmidt das des Bundesministers für wirtschaftliche Zusammenarbeit inne. Danach war er von 1976–1981 Bundesgeschäftsführer der SPD. Sein Name kommt entweder von mhd. *bar*, »Sohn, freier Mann«, oder von mnd. *bare*, »Bär«.

Bajesit war der Name mehrerer osmanischer Sultane: Der siegreiche Herrscher der Osmanen seit 1389, *Bajesit I.* (1347–1403), unterwarf innerhalb weniger Jahre die Balkanstaaten, belagerte Konstantinopel und besiegte 1396 die Christen unter der Führung von Sigismund von Ungarn bei Nikopolis. Der gefürchtete Feldherr mit dem Beinamen *Yıldırım*, »der Blitz«, wurde 1402 von Timur Tamerlan bei Angora (heute: Ankara) besiegt und starb zwei Jahre später in der Gefangenschaft. *Bajesit II.* (1447–1512) war der Sohn des Eroberers von Konstantinopel (Mehmed II.) und dessen Nachfolger auf dem osmanischen Sultanthron. Der Name der beiden Herrscher bedeutet etwa »der Geehrte«, zu türk. *bay*, »Herr«, und *buyar*, »angesehen«.

Bakunin *Michail Alexandrowitsch* [russ. *Михаил Александрович Бакунин*], 1814–1876, russischer Revolutionär und einer der geistigen Väter des Anarchismus, entstammte einer uralten Adelsfamilie. Während seiner philosophischen Studien in Deutschland und anderen westlichen Ländern nahm er Verbindung zu Karl Marx auf, dessen Ansichten sich jedoch nicht mit *Bakunins* Ziel einer völligen Abschaffung des Staats und der Errichtung einer schrankenlosen Freiheit des Einzelnen deckten. 1849 wurde *Bakunin* wegen seiner Teilnahme am Aufstand von Dresden zu einer mehrjährigen Gefängnisstrafe verurteilt und 1851 an Russland ausgeliefert. Er nutzte die Festungshaft, seine Ansichten über die Revolution für Zar Nikolaus I. niederzuschreiben, und wurde nach dieser »Beichte« ins ferne Sibirien geschickt. Es gelang ihm jedoch, 1860 von dort über Japan und Amerika nach London zu fliehen, wo er Mitglied der Ersten Internationale wurde. Sein Name hat die Bedeutung »(Sohn) des Böttchers«, zu russ. *bak (бак)*, »Fass, Tonne«, mit der patronymischen Endung *-in (-ин)*, »(Sohn) des …«.

Balbus, »der Stammler«, war ein römischer Beiname, zu lat. *balbutire*, »stammeln, stottern, lallen«. Diesen Namen trug z. B. *Lucius Cornelius Balbus* – vielleicht weil er 40 v. Chr. der erste nichtrömische Konsul war (sein Heimatort war Cadiz) und aus einer Provinz stammte, in der man schlechtes Latein (so genanntes Küchenlatein) sprach.

Baldur (nord. *Baldr*), schöner und guter Sohn des Odin und der Frigg, von dem ein heller Glanz ausging. Er galt als bester und weisester Gott in der nordischen Mythologie. Ausgerechnet von seinem blinden Bruder Hödr wurde er aus Versehen getötet: *Baldr* selbst hatte seinen Tod im Traum vorhergesehen, daher hatte seine Mutter Frigg alle Dinge der Welt, bis auf den Mistelzweig, schwören lassen, ihm kein Leid anzutun. Von Loki verführt, wirft sein blinder Bruder ihm einen solchen Mistelzweig zu und tötet ihn damit. Der Name des Lichtgottes *Baldr* bedeutet entweder »Leuchtender« (wohl zu der germanischen Wurzel *bhal-*, »weiß, glänzend«; vgl. *fahl* und engl. *pale*, »bleich«) oder »Herr, Meister«, wörtlich »der Kühne, der Held« (vgl. ahd. *bald*, »kühn«, und engl. *bold*, ebenfalls »kühn«).

Baldwin *Stanley*, Earl of Bewdley (1867–1947), britischer Politiker. Ab 1923 war er Führer der konservativen Partei und Premierminister, 1929 wurde er als Regierungschef abgelöst, war aber erneut Ministerpräsident von 1935 bis 1937. In dieser Zeit trug er zur Abdankung König Edwards VIII. bei; nach der Krönung Georgs VI. reichte er seinen eigenen Rücktritt ein. *James Baldwin* (1924–1987) war ein schwarzer amerikanischer Schriftsteller, illegitimer Sohn eines Heimarbeiters, den er nie kennen lernte. Als er drei Jahre alt war und seine Mutter einen Fabrikarbeiter heiratete, erhielt er den Nachnamen dieses harten und grausamen Mannes. Mit 17 Jahren verließ er sein Zuhause und begann über die Erfahrungen eines Schwarzen im weißen Amerika zu schreiben. Nach der Ermordung Martin Luther Kings schloss *Baldwin* auch Gewalt zur Erreichung der Bürgerrechte für seine schwarzen Brüder nicht mehr aus. *Baldwin* war übrigens schon lange vor der normannischen Eroberung ein bekannter flämischer Name in England, zu ahd. *bald*, »kühn«, und *wini*, »Freund« (vgl. dt. *Balduin* und frz. *Baudouin*).

Balladur Édouard (geb. 1929), französischer gaullistischer Politiker. *Balladur*, der Sohn eines armenischen Bankiers, kam erst mit sechs Jahren aus seiner Heimatstadt Izmir nach Frankreich. Nach einem Jurastudium war er zunächst Leiter von Radio Télévision Française und saß im Aufsichtsrat diverser großer Firmen. Premierminister Jacques Chirac ernannte ihn1986 zum Staatsminister im Wirtschafts- und Finanzministerium. 1993 wurde er Premierminister, während sein Mentor Chirac sich auf die Präsidentschaftswahl vorbereitete. Mit steigender Popularität beschloss er 1995, sich neben Chirac als Kandidat aufstellen zu lassen, unterlag diesem jedoch und räumte seinen Posten als Premierminister. Der armenische Name mag auf arab. *al-balât*, »der gepflasterte Weg«, oder auf *balad*, »Land, Gebiet«, zurückgehen, wahrscheinlicher ist jedoch eine Herkunft aus dem Persischen (wie bei vielen ostarmenischen Namen), zu *bala*, »oben«, und *dur*, »fern, weit«. Der Name könnte dann einen »weit oben« im Gebirge gelegenen Wohnsitz bezeichnet haben.

Balthasar kennen wir als einen der Heiligen Drei Könige, deren Gebeine seit 1164 im Kölner Dom ruhen. Der Name bedeutet im Babylonischen »Gott (Baal) erhalte den König« (vgl. hebr. *Belsa'zar*). → *Melchior* und *Kaspar*

Balzac *Honoré de* (1799–1850) war kein Adliger, sondern er verlieh sich das Prädikat *de* selbst. Eigentlich hieß er *Honoré Balssa* (woher dieser Name kommt, ist unbekannt, vielleicht von span. *balsa*, »Floß«, auch »Pfütze«, oder von port. *balsa*, vielleicht auch von katal. *bassa*, »Teich« »Gestrüpp«). Sein Vater, *Bernard-François Balssa*, nannte seinen Sohn nach *St. Honoré*, da er an dessen Namenstag geboren wurde. *Balzac* war ein gescheiterter Jurastudent und Notariatsgehilfe. Nach der missglückten Bürgerrevolution von 1830 wurde er zum französischen Modedichter; er beschrieb mit naturwissenschaftlicher Präzision die Schwächen, Leidenschaften und Verbrechen aller Schichten. Sein (unvollendetes) Hauptwerk war die 80-bändige *Comedie humaine*, »Die menschliche Komödie«, eine Gesamtdarstellung der Gesellschaft seiner Zeit. Wegen seines ausschweifenden Lebensstils starb er mit 51 Jahren an Erschöpfung. Sein Pseudonym *Balzac* ist vielleicht eine Anlehnung an ital. *balzare*, »springen, hüpfen«, und *balza*, »Absturz«.

Bamm *Peter* (1897–1975), deutscher Schriftsteller und Arzt namens *Dr. med. Curt Emmrich* (vom deutschen Rufnamen *Emmerich*; vgl. ital. *Amerigo*). Zunächst Schiffsarzt, wurde er im Zweiten Weltkrieg Stabsarzt. Als er anfing zu schreiben, nannte er sich bisweilen auch *Detlev Clausewitz* – sehr zum Verdruss einiger hoher Militärs, die den »heiligen« Namen des berühmten preußischen Generals und Philosophen *Carl von Clausewitz* (1780–1831) in den Dreck gezogen sahen. Sein Pseudonym *Bamm* basiert auf dem brandenburgischen Ortsnamen *Bamme*.

Bancroft *George* (1800–1891), amerikanischer Politiker und Historiker, der eine zehnbändige idealisierte Geschichte der USA verfasste. Als Marineminister gründete er 1845 die Marineschule von Annapolis, danach diente er seinem Land als Gesandter, von 1846 bis 1849 zunächst in London, von 1868 bis 1874 in Berlin, wo er neue Regeln für die Auswanderung nach Amerika ausarbeitete. Sein Name ist angelsächsischen Ursprungs und bedeutet »Siedler an einem Bohnenfeld«, von aengl. *bean*, »Bohne«, und *croft*, »Feld«.

Bandaranaike *Solomon* (1899–1959), singhalesischer Politiker. 1951 gründete er die linksgerichtete »Vereinigte Volksfront«, die später in »Sri Lanka Freiheitspartei« (SLFP) umbenannt wurde. Bis zu seiner Ermordung durch einen buddhistischen Mönch im Jahr 1959 war er Ministerpräsident Ceylons. Nach dem Attentat führte seine Frau, *Sirimawo Bandaranaike* (1916–2000), dessen politische Arbeit fort und wurde 1960 Ministerpräsidentin (die erste weibliche Regierungschefin weltweit). 1963 übernahm sie auch das Außen- und Verteidigungsministerium, trat nach der Wahlniederlage ihrer Partei 1965 jedoch zurück. Von 1970 bis 1977 war sie nochmals Premierministerin, erklärte ihr Land 1972 zur Republik und änderte den Namen von Ceylon in Sri Lanka. (Trotz der 1948 erfolgten Unabhängigkeit der ehemaligen britischen Kolonie war die britische Krone weiterhin formales Staatsoberhaupt geblieben.) Als ihre Tochter Chandrika Kumaratunga 1994 zur Präsidentin des Landes gewählt wurde, machte diese ihre Mutter noch einmal zur Regierungschefin. Erst im Jahr 2000, kurz vor ihrem Tod, verzichtete die alte Dame auf ihr Amt. Der Name der Politikerdynastie enthält passenderweise das singhalesische Wort *bandar* für »König«.

Barabbas, der aus dem Neuen Testament bekannte jüdische Anführer (vielleicht der zelotischen Aufrührer gegen die römischen Besatzer), wurde auf Verlangen des Volkes anstelle von Jesus zum Paschafest freigelassen. Seitdem hat der Name *Barabbas* einen schlechten Beiklang: In Triest z. B. bedeutet *baraba* »Taugenichts« und auf Sardinien *barabassu* gar »Teufel«. Tatsächlich kommt der Name von aram. *bar*, »Sohn von ...«, und *ab*, »Vater« (vgl. gleichbedeutend arab. *abá*).

Barak *Ehud* (geb. 1942), israelischer General und Politiker, Ministerpräsident von 1999 bis 2001. Er gehörte einer Eliteeinheit an, die 1973 in Beirut drei hohe PLO-Führer erschoss, die an dem Attentat bei den Olympischen Spielen 1972 in München beteiligt waren. Im Jom-Kippur-Krieg (1973) kommandierte er ein Panzerbataillon und war im Libanonkrieg (1982) Vizekommandeur der israelischen Truppen in der Bekaa-Ebene. Danach wurde er Chef des Planungsstabes und zeitweilig Leiter des militärischen Geheimdienstes. Seinem Namen *Barak*, von hebr. *barak*, »Blitz« und »strahlen, blitzen«, hat er in seiner Karriere, die er 1991 mit dem Amt des Generalstabschefs krönte, allemal Ehre gemacht. Nach seiner Beteiligung an den israelisch-palästinensischen Verhandlungen (1991), die zum Abschluss der Oslo-Verträge führten (1993 und 1995), sowie an den Friedensverhandlungen Israels mit Jordanien und mit Syrien wandte er sich definitiv der Politik zu: Ab 1995 war er Innenminister unter Ministerpräsident Yitzhak Rabin und nach dessen Ermordung 1995 Außenminister unter Shimon Peres. 1999 wurde er zum Ministerpräsidenten gewählt und zum Verteidigungsminister ernannt. 2000 erfolgte sein Rücktritt und völliger Rückzug aus der Politik.

Barberini *Maffeo* (1568–1644) nahm nach seiner Wahl zum Papst den Namen *Urban VIII.* an. Er stammte aus der römischen Fürstenfamilie *Barberini*, die für ihre Palastbauten und ihre Kunstsammlungen berühmt wurde. Auch als Papst machte er von sich reden, als er Bernini aus Bronzeteilen vom Pantheon den Baldachin im Petersdom gießen ließ. Seitdem gibt es das lateinische Wortspiel *Quod non fecerunt barbari fecerunt Barberini,* »Was die Barbaren nicht geschafft haben, schafften die Barberini«. Dabei hat der Name der noblen Familie nichts mit dem Wort *Barbar* zu tun. Vielmehr dürfte ihr Ahnherr und Namengeber ein Weinhändler gewesen sein, denn im Italienischen bezeichnet *barbera* einen piemontesischen »Rotwein«. Ebenso wenig hat der Vorname *Maffeo* etwas mit der *Mafia* zu tun, sondern es handelt sich um eine Variante von *Matteo*, also *Matthias*. → *Maffay, Eichel*

Bardot *Brigitte* (geb. 1934), französische Schauspielerin und Tierschützerin, die eigentlich *Camille Javal* heißt. Sie spielte in Filmen wie »Wenn Versailles erzählen könnte«, »Viva Maria!« und dem Western »Shalako«; zumindest zu dem letztgenannten Film würde ihr Name, falls er von frz. *bardot*, »Maulesel«, stammt, recht gut passen. Wahrscheinlicher aber ist seine germanische Herkunft, denn es dürfte sich um eine sprachliche Verwandtschaft mit dem althochdeutschen Wort *barta*, »Axt, Beil«, handeln (vgl. *Hellebarde*). Ihr bürgerlicher Name *Javal* hatte für sie vielleicht eine zu große Klangähnlichkeit mit dem banalen französischen Wort *javelle*, »Reisigbündel«; er könnte indes von frz. *javelot*, »Wurfspieß«, stammen, was dem neuen Namen (wenn denn von *barta*) in der Bedeutung ja recht nahe käme.

Barenboim *Daniel*, geb. 1942, ist ein bekannter Pianist und Dirigent – zunächst in Israel, von 1975 bis 1989 in Paris und ab 1992 in Berlin. Der jiddische Name bedeute »Birnbaum«.

Barents *Willem* (1550–1597) war ein niederländischer Seefahrer und Forschungsreisender, der auf der Suche einer Nordostpassage nach Asien im Jahr 1594 Nowaja Semlja erreichte und 1596 die Båreninsel und Spitzbergen entdeckte. Ihm zu Ehren wird der Atlantik zwischen der Küste Nordeuropas, Spitzbergen und Nowaja Semlja noch heute *Barentssee* genannt. Der Name *Barents* ist eine Variante von *Berends*, »Sohn des Bernd«, zu *Bernard* und *Bernhard*, aus ahd. *bero*, »Bär«, und *harti*, »hart« – und angesichts seiner Reiseroute doch recht passend.

Bar-Kochba, eigentlich *Simon Ben Koseba*, wurde 132 n. Chr. der Anführer eines mehrjährigen jüdischen Aufstands gegen die römische Besatzungsmacht, da Kaiser Hadrian den Bau eines heidnisches Heiligtums an der Stelle des von Titus zerstörten Tempels in Jerusalem angeordnet hatte. Nach anfänglichen Erfolgen, derentwegen die Rebellen ihren tapferen Anführer sogar zum Messias ausriefen und ihm den Namen *Bar-Kochba* gaben, wurde dieser getötet und der Aufstand blutig niedergeschlagen. Der Ehrenname des jüdischen Freiheitshelden bedeutet »Simon, der Sternensohn« (zu hebr. *kochav*, »Stern«). Damit deuteten seine Anhänger eine Verheißung im Buch Numeri (24, 17) um, wo es heißt: »Aufgeht aus Jakob ein Stern, ein Zepter erhebt sich aus Israel, zerschmettert Moab die Schläfen …« Sein wirklicher Name bedeutet schlicht »Sohn des Koseba«.

Barlach *Ernst* (1870–1938), expressionistischer Bildhauer, Graphiker und Dramatiker. Seine Ausbildung erhielt er in Hamburg, Dresden und Paris. Er wurde stark beeinflusst durch eine Reise nach Südrussland: Die Einfachheit und das Elend der russischen Bauern wurden zum wichtigsten Ausdrucksmittel seiner Kunst, wobei er besonderen Wert auf den Gesichtsausdruck seiner Plastiken legte. Von den Nazis wurde seine Kunst als entartet gebrandmarkt. *Barlach* ist ein Herkunftsname zu deutschen Ortsnamen wie *Barlag*, *Barlohe* oder *Barkloge*.

Barnum *Phineas Taylor* (1810–1891) war ein amerikanischer Spekulant und Schausteller, der in seinem *American Museum* in New York stets neue Merkwürdigkeiten zeigte und dadurch weltberühmt wurde. Später gründete er das nach ihm benannte Zirkusunternehmen. Der Name ist eine Variante von *Barnham* und von aengl. *bern*, »Scheune, Speicher«, und *ham*, »Flusssiedlung« abgeleitet.

Barre *Raymond*, geb. 1924, französischer Wirtschaftswissenschaftler und parteiloser Politiker. Von 1976 bis 1981 war er Ministerpräsident Frankreichs, später Bürgermeister von Lyon (1995–2001). Sein Name bedeutet »Sperre, Schranke, Schlagbaum« (vgl. *Barriere*).

Barrès *Maurice* (1862–1923) hieß ein französischer Schriftsteller (ab 1906 Mitglied der französischen Akademie), dessen Romane zum großen Teil von deutschfeindlichem Nationalismus und Chauvinismus zeugen. Der für einen extremen Patrioten treffende Name ist verwandt mit *Barriere* und bezeichnete wohl zunächst einen »Felsvorsprung« oder ein Stück »umzäuntes Land«. → *Barre*

Barth *Heinrich* (1821–1865), deutscher Geograph, der auf seinen Afrikareisen (1850–1855) vor allem den Sudan erforschte und 1851 den Benuë entdeckte. Nach seiner Rückkehr wurde er Professor in Berlin und Präsident der Geographischen Gesellschaft. *Karl Barth* (1886–1968) war ein protestantischer schweizerischer Theologe, der während der Naziherrschaft als Wortführer der Bekennenden Kirche galt. Sein wichtigstes Werk ist die 14-bändige »Kirchliche Dogmatik«. Entweder ist der Name *Barth*, wie *Barthel*, eine Verkürzung des Rufnamens *Bartholomäus* (von aram. *Bar Talmai*, »Sohn des Talmai«, d. h. »des Faltenreichen«), oder er stammt aus einer Zeit, als die Männer durchweg ein glatt rasiertes Kinn hatten, sodass der Träger eines »Bartes« sofort ins Auge fiel.

Bartók *Béla* (1881–1945), bedeutender ungarischer Komponist und Musikforscher. Bis 1934 war er Professor für Klavierspiel an der Budapester Musikakademie, 1940 emigrierte er in die Vereinigten Staaten, wo er sein bekanntestes Werk »Concerto« komponierte. Sein Name besteht aus der ungarischen Kurzform des Personennamens *Bartholomäus*, von aram. *Bar Talmai*, »Sohn des Talmai«. (*Talmai* war der Schwiegervater Davids, der Name *Talmai* bedeutet im Aramäischen »reich an Furchen«, also wohl »der mit dem zerfurchten Gesicht«.)

Basedow *Karl Adolph von* (1799–1854), deutscher Mediziner, der die nach ihm benannte *Basedowsche Krankheit* beschrieb, die er selbst als »Glotzaugenkrankheit« bezeichnete (ein weiteres Symptom dieser durch eine Schilddrüsenüberfunktion verursachten Krankheit ist in der Regel ein Kropf). *Basedow* bezieht sich auf den gleichlautenden mecklenburgischen Ortsnamen slawischer Herkunft und bedeutet »Holunderort«.

Băsescu *Traian* (geb. 1951) ist ein rumänischer Politiker. Der frühere Seeoffizier und ehemalige Bürgermeister von Bukarest ist seit 2004 Präsident seines Landes. Seine erklärten Hauptziele sind die Bekämpfung der Korruption und der EU-Beitritt seines Landes. Sein Vorname erinnert an die Geschichte Rumäniens: Es war der römische Kaiser *Trajan*, der im Jahr 106 n. Chr. dieses Gebiet eroberte und es als Provinz *Dacia* dem Römischen Reich einverleibte. Sein Familienname besteht aus *Bas*, einer Kurzform des Namens *Barnabas* (zu aram. *barnabia*, »Sohn der Weissagung«), und der patronymischen Endung *-escu*, »Sohn des ...«.

Basie *William*, genannt *Count Basie* (1904–1984). Der amerikanische Pianist, Komponist und Leiter eines Jazzorchesters war einer der großen Meister des Swing. Sein Name ist abgeleitet von grch. *basíleios (βασίλειος)*, »königlich« (vgl. *Basil* und *Basilika*).

Bassani *Giovanni Battista* (1657–1716) war ein italienischer Organist und Komponist von Oratorien und Kantaten. Der Name beruht auf ital. *basso*, »Tiefebene« (vgl. frz. *Pays-Bas*, »Niederlande«). *Giorgio Bassani* (1916–2000) hieß ein italienischer Schriftsteller und Essayist, dessen Romane und Erzählungen vornehmlich in seinem langjährigen Wohnsitz Ferrara im Osten der Poebene spielen (z. B. »Ein Arzt aus Ferrara«). Beide trugen einen Namen, der sich auf den oberitalienischen Ort *Bassano del Grappa* am Austritt der Brenta in die Poebene bezieht, zu ital. *basso*, »Ebene, Tiefland«.

Bassano *Iacopo* (1510–1592), ein italienischer Maler, hieß eigentlich *Iacopo da Ponte*, »Jakob von der Brücke«. Er malte, von Tizian beeinflusst, idyllische religiöse Bilder voller Farbigkeit und Leuchtkraft. Sein Künstlername ist in Wirklichkeit der Name seiner Geburtsstadt *Bassano* am Fuß des Monte Grappo, dort wo die Brenta aus ihrem Gebirgstal in die Poebene fließt (zu ital. *basso*, »Tiefebene«, vgl. *Bass* für eine »tiefe Stimmlage«).

Bassus, römischer Beiname, mit dem man im alten Rom einen »Fettwanst« bezeichnete, zu lat. *bassus*, »dick«. → *Crassus*

Bastet, die ägyptische Göttin der Musik, war eine Tochter des Rê. Im Gegensatz zur gefährlichen Löwengöttin *Sachmet* verkörperte sie die Freude (vor allem an der Musik) sowie die Liebe (somit auch die Sexualität und die Geburt). Zudem galt sie als Hüterin der häuslichen Feuerstelle. Dargestellt wurde sie mit einem Katzenkopf auf einem Frauenkörper und mit einem korbähnlichen, *Bast* genannten Salbengefäß. Ihr Name bedeutet »die mit dem Bast«. Sie war als Glücksbringerin sehr beliebt, vor allem als Ortsgöttin von *Bubastis* im Nildelta, wo sich daher viele Katzenfriedhöfe mit Katzenmumien finden. → *Sachmet*

Batista y Zaldívar *Fulgencio* (1901–1973), kubanischer Politiker und Militär. Von 1940 bis 1944 war er Präsident Kubas. Nach einem Staatsstreich im Jahr 1952 herrschte er als Diktator, bis er 1959 von Fidel Castro und seinen Aufständischen gestürzt wurde. Sein Name ist eine spanische Form von *Baptist*, dem ursprünglich Beinamen Johannes des Täufers; zu grch. *baptistés (βαπτιστής)*, »Täufer«. Der zweite Familienname *Zaldívar* ist baskischer Herkunft und bedeutet »Waldland am Fluss«, aus bask. *zaldu*, »Wildnis«, und *ibar*, »Flussufer, Flusstal« (vgl. *Ebro*).

Baudelaire *Charles* (1821–1867), französischer Dichter der Décadence und des Symbolismus. Er wurde wegen »Verhöhnung der öffentlichen Moral und der guten Sitten« verurteilt, weil er fasziniert war von der Beschreibung alles Bösen, Hässlichen und Perversen. Sein Wahlname kommt nicht etwa von frz. *baudet*, »Esel, Dummkopf«, sondern vom mittelalterlichen Begriff *badelaire* für ein »gebogenes Küchenmesser«, den man später für jede Art von »Dolch« oder »Degen« benutzte. Der Name bezeichnete demnach jemanden, der eine solche Waffe trug oder herstellte. (Es ist nicht auszuschließen, dass den Dichter auch das Wortspiel *Beau de l'aire*, »der Schöne der Gegend«, gereizt hat.)

Baudouin *Baudouin I.* (1930–1993), ab 1951 König von Belgien. Sein eigentlicher Name lautete in voller Länge *Baudouin Albert Leopold Axel Marie-Gustave Herzog von Brabant*. Bedauerlicherweise heißt auch der Esel in der Tierfabel *Baudouin* (zu frz. *baudet*, »Esel, Zuchtesel«). Der herrschaftliche Name ist jedoch germanischer Herkunft und bedeutet »mutiger Freund«, zusammengesetzt aus ahd. *bald*, »kühn«, und *wini*, »Freund«.

Bausch *Pina*, geb. 1940, deutsche Choreographin und expressionistische Tänzerin. Im Gegensatz zu ihrem grazilen Auftreten hat ihr Name eine recht grobe Bedeutung, nämlich »Knüppel«, zu mhd. *busch*, »Knüttel« und »Knüttelhieb«.

Beadle *Tom* lautete eines der über 50 Pseudonyme des bekannten englischen Schriftstellers *Daniel Defoe*, zu engl. *beadle*, »Gerichtsdiener« (vgl. *Büttel*). → *Defoe*

Beardsley *Aubrey Vincence* (1872–1892), englischer Buchillustrator, der durch seinen ornamentalen Zeichenstil weltberühmt wurde; zu aengl. *beard*, »Bart«, und *leah*, »Lichtung«. → *Borodin*.

Beatty *Henry Warren*, geb. 1937, amerikanischer Schauspieler (z. B. in dem Film »Bonny and Clyde«). *Beatty* ist eine schottische Form von *Batey*, einer Koseform von *Bate*, allesamt zu *Bartholomew* (aus *Bar Talmai*, »Sohn des Talmai«). → *Barth* und *Bartók*

Beaufort *Sir Francis* (1774–1857), britischer Admiral, dessen zwölfstufige Skala der Windstärken noch heute in Gebrauch ist. Nach ihm ist auch die *Beaufortsee*, ein Teil des Nordpolarmeers westlich vom Kanadischen Archipel, benannt. Der normannische Name verweist auf den in Frankreich nicht seltenen Ortsnamen *Beaufort*, aus frz. *beau*, »schön«, und *fort*, »Festung«.

Beaumarchais *Pierre Augustin Caron de* (1732–1799) war nicht nur ein französischer Schriftsteller, sondern auch königlicher Uhrmacher, Harfenlehrer, Geheimagent, Spekulant, Handelsherr und Verleger. Den größten Ruhm erwarb er sich mit seinen beiden Komödien »Der Barbier von Sevilla« (1782 von Paisiello und 1816 von Rossini vertont) und »Die Hochzeit des Figaro« (1786 von Mozart vertont). Sein Name enthält frz. *beau*, »schön«, und die alte Flurbezeichnung *marchais* für eine »sumpfige Stelle« (aus vulgärlat. *mercasium*). Es gibt allerdings auch ein altfranzösisches Eigenschaftswort *marais* mit der Bedeutung »schlau, listig«, was auf den vielseitig begabten Adligen durchaus zutrifft.

Beauvoir *Simone de* (1908–1986), französische Schriftstellerin und Lebensgefährtin von Jean-Paul Sartre. Sie trat in ihren Romanen und Essays für eine freie existentialistische Moral und die Emanzipation der Frau ein. Der Name *Beauvoir* war früher typisch für eine auf einer Anhöhe gelegene Festung, von wo man einen fantastischen Blick auf die Umgebung hatte; zu frz. *beau*, »schön«, und *voir*, »sehen, erblicken«. Der Name entspricht also in etwa anderen alten Bauwerksbezeichnungen wie *Beauregard*, *Bellevue* und *Belvédère* »schöner Anblick«, »schöne Aussicht«.

Bebel *August* (1840–1913), Mitbegründer der deutschen Sozialdemokratie (1869) und Führer der Sozialdemokratischen Arbeiterpartei. Ab 1867 war er fast ununterbrochen Mitglied des Reichstags. Er setzte sich entschieden für die Gedanken des Klassenkampfs und die internationale Solidarität des Proletariats ein. Sein Name stammt entweder vom Vornamen *Babilo* (mit der Lallform *Babo*), oder von slaw. *Pawel*, »Paul«.

Bécaud *Gilbert* (1927–2001), französischer Chanson-Komponist und Sänger, der eigentlich *François Léopold Silly* hieß. Die verblüffende Ähnlichkeit seines Geburtsnamens mit engl. *silly*, »dumm, töricht«, wäre sicherlich nicht förderlich für die angestrebte Karriere gewesen. *Bécaud* indes legt die willkommenere (und korrekte) Vermutung nahe, dass sein Künstlername mit frz. *bécot*, »Küsschen«, zu tun hat, von *bec*, »Schnabel« (vgl. unser Verb *schnäbeln*).

Bechet *Sidney* (1897–1959), berühmter schwarzer Jazzmusiker (Klarinettist und Saxophonist) aus New Orleans, wo teilweise noch heute Französisch gesprochen wird. Der ursprünglich südfranzösische Name *Bechet* entspricht dem heutigen Wort *brochet*, »Hecht«.

Bechterew *Wladimir Michailowitsch* [russ. Владимир Михайлович Бехтерев], 1857–1927, russischer Psychiater und Neurologe, der die nach ihm benannte *Bechterewsche* Krankheit entdeckte. Angeblich wurde *Bechterew* auf Befehl Stalins vergiftet, nachdem er einige Tage zuvor bei diesem eine schwere Paranoia diagnostiziert hatte. *Bechterews* Sohn ließ er nur wenige Jahre später zum Tode verurteilen und seine Familie in ein Lager verbannen. Der Name könnte auf ukr. *bechàti (бехати)*,»wuchtig schlagen«, beruhen.

Beckenbauer *Franz*, geb. 1954, bekannter deutscher Fußballspieler (genannt der »Kaiser«). Der Name *Beckenbauer* stand früher für jemanden, der zugleich *Bäcker* und *Bauer* war; zu mhd. *becke*, »Bäcker«.

Beckett *Samuel* war ein irischer Schriftsteller, der 1906 in Dublin geboren wurde und 1989 in Paris starb. Er schrieb sowohl in englischer als auch in französischer Sprache. Sein wohl berühmtestes Drama, »Warten auf Godot«, wurde 1953 uraufgeführt. 1969 erhielt er den Nobelpreis für Literatur. Ein weiterer berühmter Vertreter dieses Namens war *Thomas Becket* (1118–1170), der Sohn eines normannischen Kaufmanns aus Rouen, der nach London auswanderte. Der spätere Erzbischof von Canterbury wurde in der dortigen Kathedrale von vier übereifrigen Rittern ermordet, nachdem *Becket* die Anhänger des Erzbischofs von York gebannt hatte, weil dieser König Heinrich d. J. gekrönt hatte. Dieses Recht aber hätte dem Erzbischof von Canterbury zugestanden. *Becket* wurde bereits 1173 heilig gesprochen. Der Name geht zurück auf *becket*, was in der englischen Seemannssprache »Tauhaken« bedeutet (wohl zu frz. *bec*, »Schnabel«).

Beckmann *Max* (1884–1950), berühmter expressionistischer deutscher Maler. Sein Name könnte sowohl von mhd. *becke*, »Bäcker«, kommen als auch von »Bach«; sicher aber ist, dass sein Vorname eine Kurzform von *Maximilian* ist (zu lat. *maximus*), und das bedeutet nichts anderes als »der Größte«.

Becquerel *Antoine Henri* (1852–1908) war ein französischer Physiker. Für seine Entdeckung der spontanen Radioaktivität, der selbstständigen Strahlung von Mineralien, die also nicht vorher dem Sonnenlicht ausgesetzt waren und undurchsichtige Körper durchdringen konnten, erhielt er zusammen mit dem Ehepaar Pierre und Marie Curie 1903 den Nobelpreis. Schon sein Vater *Alexandre Edmond Becquerel*

(1820–1891) und sein Großvater *Antoine César Becquerel* (1788–1878) waren große Physiker gewesen. Der Familienname, ein alter Spitzname für einen geschwätzigen Menschen, kommt von frz. *becquer*, »schnäbeln«, zu frz. *bec*, »Schnabel«. (Es wäre jedoch auch möglich, dass dem Namen das Wort *bécherel* zu Grunde liegt, in manchen Gegenden Frankreichs die Bezeichnung für ein »Bächlein«; von wgerm. *baki*, »Bach«; vgl. unseren mundartlichen Ausdruck *Becke*.)
→ Curie

Bede (673–735) wird in England meist zusammen mit seinem Beinamen *the Venerable*, »der Verehrungswürdige«, genannt. Der angelsächsische Benediktiner trat bereits mit sieben Jahren in ein nordenglisches Kloster ein. Sein Name, latinisiert *Beda Venerabilis*, leitet sich her von aengl. *bedu*, »Bitte, Gebet«, und traf sicherlich in besonderem Maße auf diesen Mönch zu, der fast sein ganzes Leben als frommer Priester und Kirchenlehrer verbrachte. *Bede* war darüber hinaus auch ein hervorragender und vielseitiger Wissenschaftler und Historiker, der als Vater der englischen Geschichtsschreibung angesehen wird.

Bednarz *Klaus*, geb. 1942, ein promovierter deutscher Fernsehkorrespondent, Redakteur und Chefreporter, wurde vor allem bekannt durch seine Berichte und Dokumentationen aus Russland und Polen sowie als Leiter der Redaktion »Monitor«. *Bednarz* ist ein polnischer Berufsname und bezeichnete früher einen »Böttcher«, also den Hersteller von hölzernen Fässern und Tonnen.

Beecher-Stowe *Harriet Elizabeth* (1811–1896) war eine amerikanische Schriftstellerin, die mit ihrem Roman »Onkel Toms Hütte« (1852), in dem sie sich für die Abschaffung der Sklaverei in den Südstaaten einsetzte, unsterblichen Ruhm erlangte. Ihr Mädchenname *Beecher* verweist auf einen Ahnherrn, der im Schatten einer Buche wohnte, von aengl. *bēce*, »Buche« (heute: *beech*), oder an einem Bach siedelte, von aengl. *bece*, »Bächlein« (vgl. mdl. *Becke*). Der Name ihres Mannes *Calvin Ellis Stowe* (Aussprache übrigens *Stou*, ohne hörbares End-*w*) war für einen Professor der Bibelkunde sehr treffend, denn er basiert auf aengl. *stōw*, »heiliger Ort«, und war im Mittelalter gebräuchlich für jemanden, der bei einem Kloster oder einer Kirche wohnte.

Beethoven *Ludwig van* (1770–1827), großer deutscher Komponist, dessen Vorfahren aus Flandern nach Bonn zugezogen waren – daher das vorangestellte flämische *van*, »von«. Sein Name bedeutet »vom Rübenhof«, zu lat. *beta*, »rote Rübe« (vgl. *Rote Bete*, im Niederländischen heute *rode biet*). Sein Vorname *Ludwig* ist gebildet aus ahd. *hlut*, »laut«, »berühmt«, und *wig*, »Kampf« – ein wahrlich treffender Name angesichts seiner Berühmtheit sowie seiner zunehmenden Taubheit.

Begin *Menachem*, eigentlich *Menachem Wolfowitsch* (1913–1992), ehemaliger, in Weißrussland geborener israelischer Ministerpräsident (1977–1983). Zusammen mit Anwar al-Sadat erhielt er 1978 den Friedensnobelpreis, denn durch Vermittlung des amerikanischen Präsidenten Carter hatten Sadat und *Begin* im Abkommen von Camp David ihre Bereitschaft zur Beilegung des Nahostkonflikts besiegelt und Frieden zwischen ihren Ländern geschlossen; zum Zeichen der Friedensbereitschaft zog Israel sich von der Sinai-Halbinsel zurück. Der Name *Begin* – zu hebr. *begin*, »wegen …« – müsste eigentlich »trotz …« bedeuten, denn er bekam den Nobelpreis trotz seiner recht militanten Vergangenheit: Von 1943 bis 1948 war er Kommandeur der militanten Irgun, der jüdischen Untergrundbewegung in Palästina, gewesen. 1981 hatte er die Bombardierung eines Atomkraftwerks im Irak befohlen und mit dem Ziel, die PLO zu vernichten, in den libanesischen Bürgerkrieg eingegriffen sowie die Golanhöhen annektiert. Hinzu kam, dass er die Besiedlung der besetzten Gebiete durch Israelis förderte. Den Vornamen *Menachem*, hebräisch für »er wird trösten«, erhielt er übrigens, weil er am *Sabbat Nachamu*, dem »Sabbat des Trostes«, geboren wurde.

Behan *Brendan* (1923–1964), irischer Dramatiker (z. B. »Der Mann von morgen früh«, »Die Geisel«). Er befasste sich in seinen Werken immer wieder mit den Außenseitern der Gesellschaft und dem endlosen Freiheitskampf der Iren, wegen dessen offener Unterstützung er bereits als Jugendlicher im Erziehungsheim (s. seine Autobiographie »Borstal boy«) und später in Haft war. Bei seinem Namen könnte es sich um eine irische Abart von lat. *benignus*, »der Freundliche«, handeln – schlimmstenfalls um eine Variante von *Beheen*, eine Verkleinerungsform von ir. *baoth*, »Dummkopf«. *Brendan*, gäl. *Breandon*, ist ein alter irischer Heiligenname mit der Bedeutung »Prinz«.

Behring *Emil von*, 1854–1917, deutscher Arzt und Serologe, der als preußischer Stabsarzt mit dem damals schon berühmten Robert Koch zusammenarbeitete. 1890 entdeckte er ein Diphtherie- und ein Tetanus-Antitoxin, die eine völlige Heilung erkrankter Menschen möglich machten. Für seine Verdienste erhielt er 1901 als Erster den Nobelpreis für Medizin. *Behring* ist eine patronymische Bildung zu einem mit *Ber-* oder *Bern-* beginnenden Rufnamen, z. B. *Bernald* oder *Bernhard* (zu ahd. *bero*, »Bär«). Sein Vorname *Emil*, zu lat. *aemilius*, »der Nacheifernde«, passt gut zu dem verdienten Mediziner in der Nachfolge des berühmten und von ihm verehrten Robert Koch, bei dem er als preußischer Stabsarzt tätig gewesen war.

Belial, zu hebr. *belija'al*, »Bosheit«, war ein alter Name des Teufels, des Herrn der Lügen, der mit täuschend sanfter Zunge spricht.

Bell *Alexander Graham* (1847–1922), amerikanischer Erfinder und Taubstummenlehrer schottischer Herkunft. 1876 erfand er ein einfaches Telefon, daher gilt er als Vater der Telephonie. Der Name ist sehr passend, denn engl. *bell* bedeutet »das Läuten«, auch »das Klingeln (des Telefons)«, zu *bell*, »die Glocke«.

Bellerophon [grch. Βελλεροφῶν oder Βελλεροφόντης] war ein Sohn des *Glaukos* und Enkel des *Sisyphos*. Er bekämpfte und tötete mit Hilfe des geflügelten Pferdes Pegasos die Chimaira (Chimäre), ein Feuer speiendes Ungeheuer göttlicher Herkunft mit dem Leib einer wilden Bergziege, dem Kopf eines Löwen und dem Hinterteil eines Drachen – zu grch. *chímaira* (χίμαιρα), »Ziege«. Ebenso bekämpfte er die *Amazonen*; als er von seinem Auftraggeber, dem lykischen König, beseitigt werden sollte, kam er den Attentätern zuvor und tötete sie alle. In Lykien wurde er daraufhin als Held göttlicher Herkunft angesehen. Er heiratete die Königstochter und blieb in Lykien. Seine Enkel *Glaukos* und *Sarpedon* waren später die Anführer der Lykier vor Troja. Seinen Namen, *Bellerophon*, »der im Glanz Erscheinende«, erhielt er, weil er in seiner Heimatstadt Korinth einen Mann namens *Belleron* erschlagen hatte (vgl. den heiligen Georg als Drachentöter).

Bellini *Iacopo* (ca. 1400–1470), war ein venezianischer Maler, von dem nur wenige Gemälde, u. a. Madonnenbilder, erhalten sind, dagegen zahlreiche Zeichnungen mit perspektivischer Darstellung von Gebäuden und Landschaften; manche wurden von seinen Söhnen überarbeitet. *Gentile Bellini* (1431–1507) war der älteste Sohn des *Iacopo* und dessen Schüler und Mitarbeiter. Er malte vielfigurige Legendenbilder, 1479 und 1480 war er am Hof Mehmeds II., des Eroberers von Konstantinopel, tätig. *Giovanni Bellini* (1432–1516), genannt *Giambellino*, war ebenfalls ein Sohn und Schüler des *Iacopo*. Der Meister der venezianischen Frührenaissance wurde bekannt durch zahlreiche Altarbilder und Andachtstafeln, die noch lange als Vorbilder für viele seiner Schüler galten. *Vincenzo Bellini* (1801–1835) war ein italienischer Komponist, dessen Opern (z. B. »La Sonnambula«, »Norma« und »I Puritani«) neben den Werken Donizettis und Rossinis jahrzehntelang zu den Publikumslieblingen zählten. Der Name *Bellini* entstand aus der Koseform *Bellino* zum Vornamen *Iacopo* (d. h. *Jakob*), sodass *Iacopo Bellini* also eigentlich eine Dublette darstellt. *Gentile* bedeutet im Italienischen »der Freundliche, der Liebenswürdige«, *Giovanni* entspricht unserem Johannes, während *Vincenzo* »Sieger« heißt, zu lat. *vincere*, »siegen«.

Bellona hieß in der römischen Mythologie die Schwester des Kriegsgottes *Mars*, der auf dem Marsfeld ein Tempel geweiht war. Ihr Name ist abgeleitet von lat. *bellum*, »Krieg«.

Bellow *Saul* (1915–2005) war ein amerikanischer Schriftsteller. Der Sohn russischer Einwanderer beschrieb in seinen Romanen vor allem die Lebensumstände jüdischer Intellektueller in amerikanischen Großstädten (z. B. »Die Abenteuer des Augie March« und »Herzog«). 1976 wurde er für sein Werk mit dem Nobelpreis für Literatur ausgezeichnet. *Bellows* bedeutet im Englischen »Blasebalg« (im Mittelalter wurde das Wort ohne Mehrzahl-*s* benutzt) und bezeichnete ursprünglich einen Arbeiter, der beim Schmied den Blasebalg bediente (vgl. engl. *belly*, »Bauch«). Der alttestamentarische Name *Saul*, von hebr. *sha'ul*, »der Erbetene, der Begehrte«, drückte aus, dass es sich um ein so genanntes Wunschkind handelte.

Belmondo *Jean-Paul* (geb. 1933) heißt ein bekannter französischer Schauspieler (»Außer Atem«, »Cartouche, der Bandit«, »Ein Affe im Winter«, »Dünkirchen« u. a.), ein liebenswerter Leichtfuß und Frauenheld, dessen italienischer Name – wie fast zu erwarten – »schöne Welt« bedeutet, aus *bello*, »schön«, und *mondo*, »Welt«.

Ben Bella *Mohammed Achmed* (geb. 1918), algerischer Politiker, Sohn eines marokkanischen Bauern. Als einer der Anführer des Aufstands von 1954 gegen die Franzosen wurde er zwei Jahre später festgenommen und in Frankreich inhaftiert. Nach dem Algerienkrieg und der Unabhängigkeit des Landes im Jahr 1962 wurde er mit Hilfe des Militärs erster Ministerpräsident des Landes und ein Jahr darauf sogar vom Volk zum Staatspräsidenten gewählt. 1965 wurde er jedoch vom damaligen Verteidigungsminister Oberst Houari Boumédienne entmachtet und unter Hausarrest gestellt – just von dem Mann, der ihn 1962 an die Macht gebracht hatte. Nach seiner Haftentlassung lebte er ein Jahrzehnt lang im französischen Exil. Erst 1990 durfte er in sein Land zurückkehren. Der Namensteil *Ben* ist eine Abkürzung aus arab. *ibn*, »Sohn«. Hinter dem geheimnisvollen *Bella* könnte arab. *billa*, »Feuchtigkeit«, stecken, sodass sich der Name dann etwa mit »Sohn des Niederschlags« übersetzen ließe. *Achmed* bedeutet »der Lobenswerte«.

Ben Gurion *David* (1886–1973), israelischer Politiker polnischer Herkunft, Vater des Staates Israel. In Polen als *David Gruen* geboren, nahm er 1906 bei seiner Auswanderung nach Palästina, wie zu jener Zeit üblich, einen israelischen Namen an. Er organisierte dort seit 1935 die illegale Einwanderung von Juden aus Europa, besonders während des Zweiten Weltkriegs. 1948 rief er den unabhängigen Staat Israel aus, dessen Ministerpräsident und Verteidigungsminister er (mit zweijähriger Unterbrechung) von 1948 bis 1963 war, sodass sein neuer israelischer Name ihm gut anstand: *Gurion* ist gebildet aus hebr. *gur*, »junges Tier«, und *arje*, »Löwe«, während *Ben* das hebräische Wort für »Sohn« ist. Der Name bedeutet also etwa »Sohn eines jungen Löwen«. Im Übrigen fiel ihm der Namenswechsel sicherlich leicht, weil die Namen *Gruen* und *Gurion* recht ähnlich klingen.

Benedikt ist ein männlicher Vorname mit der Bedeutung »der Gesegnete« (zu lat. *benedicere*, »segnen, weihen, preisen«), den z. B. der Mönch *Benedikt von Nursia* trug (480–547 n. Chr.), der Gründer von Monte Cassino (529) und damit des gemeinsamen Mönchslebens. Er war der Verfasser der ältesten Regel und Begründer des bald über ganz Europa verbreiteten Benediktiner-Ordens mit dem Wahlspruch *Ora et labora*, »Bete und arbeite«. Auch sechzehn Päpste (darunter allerdings vier Gegenpäpste) wählten diesen nicht immer angemessenen Namen, z. B. der Lebemann und verhasste Ganove *Benedikt IX.*, ein Neffe seiner beiden Vorgänger Johannes IX. und Benedikt VIII., der sich die Papstwürde erkaufte und insgesamt drei Mal Papst war (1032–1044, 1045 und 1047–1048): Schon ein Jahr nach seinem ersten Amtsantritt (mit nur 18 Jahren, nach anderen Quellen sogar nur 11 Jahren) wurde er aus Rom verjagt. Er kehrte Jahre später zurück, musste aber 1044 wegen eines Mordes erneut fliehen. In seiner Abwesenheit bestieg ein anderer Papst, *Silvester III.*, den Thron, der aber 1045 ebenso vertrieben wurde, sodass der Weg für *Benedikts* zweite Amtsperiode frei war. Als er sich aber noch im gleichen Jahr entschloss, seine Cousine zu heiraten, trat er zurück und verkaufte die Papstwürde samt der Tiara, der Papstkrone, an seinen Taufpaten, damit dieser sich als Gregor VI. zum Papst krönen lassen konnte. Aus den Eheplänen wurde jedoch nichts, also machte *Benedikt* seinen Verzicht rückgängig und bestieg 1047 zum dritten Mal den Stuhl Petri, bis ihn 1048 der Kaiser zwang, den Platz für Leo IX. zu räumen. *Benedikt XV.* (1914–1922), zuvor recht passend *Giacomo della Chiesa*, »von der Kirche«, wurde zum Papst gewählt, obschon er erst wenige Tage zuvor zum Kardinal ernannt worden war und offen die Politik seines Vorgängers Pius' X. kritisiert hatte. Sein Pontifikat in den schweren Zeiten des Ersten Weltkriegs zeichnete sich aus durch seine Versuche, zwischen den Kriegsparteien zu vermitteln und die Kriegshärten zu lindern. Es gelang ihm jedoch, die politische Bedeutung des Papsttums durch Aufnahme diplomatischer Beziehungen zu vielen Staaten, vor allem zu Großbritannien und Frankreich, zu steigern. Sein Name ist besonders verbunden mit der Veröffentlichung des *Codex Iuris Canonici* (»Gesetzbuch des Kanonischen Rechts«), einer Zusammenfassung des geltenden kanonischen Rechts der katholischen Kirche des lateinischen Ritus. Der bislang letzte *Benedikt*, der Sechzehnte dieses Namens – zuvor Kardinal Joseph Ratzinger –, wurde im April 2005 als Nachfolger Johannes Pauls II. gewählt. Er ist seit über 480 Jahren der erste deutsche Papst. Sein Geburtsname ist ein Herkunftsname zu dem bayerischen Ortsnamen *Ratzingen*.

Beneš *Eduard* (1884–1948), tschechoslowakischer Politiker, 1921/22 Regierungschef und später Staatspräsident seines Landes (1935–38 und 1945–48). Der Name ist wohl eine tschechische Ableitung von *Benedikt*, womit der Familienname »der Gesegnete« bedeuten würde, zu lat. *bene dicere*, »von jemandem gut reden, ihn loben, segnen«. Der Vorname *Eduard* bedeutet in etwa »Hüter des Erbes, des Besitzes«, aus ags. *ead*, ahd. *od*, »Erbbesitz«, und ags. *weard*, »Hüter, Schützer« (vgl.

Wart und *Wärter*). Berühmt-berüchtigt, zumindest in Deutschland, ist *Beneš* wegen der 1945 von ihm erlassenen Dekrete, die die Entrechtung und Enteignung der Deutschen und Ungarn sowie ihre Vertreibung aus der Tschechoslowakei bestimmten.

Benjamin, laut Altem Testament zweitältester Sohn der Rachel und des Jakob, wurde der Ahnherr eines der zwölf Stämme Israels. Sein Name setzt sich zusammen aus hebr. *ben*, »Sohn«, und *jamin*, »rechts«, also »Sohn zur Rechten« (oder: »Sohn von rechts«, d. h. von Süden; rechts stand allerdings auch für glücklich; vgl. *Jemen*; das Land auf der Arabischen Halbinsel liegt, von Palästina aus gesehen, rechts, also südlich). Rachel, die bei seiner Geburt starb, hatte ihm kurz vor ihrem Tod den Namen *Benoni*, »Sohn des Unheils«, gegeben, den ihr Mann Jakob bald darauf zu *Benjamin* schönte.

Benn *Gottfried*, 1886–1956, war ein deutscher Arzt und expressionistischer Poet, der sich in seinen Gedichten, Essays und Novellen mit den Schattenseiten des Lebens, vor allem dem Elend der Großstadt befasste. Sein Name ist aus einer Kurzform von *Bernhard* entstanden (z. B. *Benno*), zu ahd. *bero*, »Bär«, und *harti*, »hart«.

Benz *Carl Friedrich*, 1844–1929, deutscher Ingenieur und Automobilhersteller. Der Familienname ist eine Ableitung von *Berthold*, *Bernhard* oder *Benedikt* (falls nicht vom Ortsnamen *Benz* in Schleswig-Holstein). → *Daimler*

Berenice entspricht dem Mädchennamen *Veronika* und bedeutet »Siegbringerin«, zu grch. *phérein (φέρειν)*, »bringen«, und *níke (νίκη)*, »Sieg«. *Berenice* hieß z. B. die Gemahlin des ägyptischen Königs *Ptolemäus III. Euergetes*, deren schönes Haar, das sie für die Heimkehr ihres Mannes opferte, unter die Sterne versetzt und von Catull besungen wurde. Eine weitere *Berenice* war die Tochter des jüdischen Königs *Herodes Agrippa I.* (37–44 n. Chr.), die Titus sich zur Geliebten nahm.

Bergmann *Ingrid* (1915–1982) war eine schwedische Filmschauspielerin, die in Filmen wie »Casablanca«, »Wem die Stunde schlägt«, »Stromboli«, »Lieben Sie Brahms?« u. a. brillierte, während *Ingmar Bergman* (geb. 1918) ein schwedischer Regisseur und Drehbuchautor ist. Zu seinen berühmtesten Filmen zählen »Das siebente Siegel«,

»Wilde Erdbeeren«, »Die Jungfrauenquelle«, »Das Schweigen« und »Ach diese Frauen«. Der Name *Bergmann* hat selten etwas mit dem Beruf des Bergmanns zu tun, sondern bezeichnete jemanden, der an oder auf einem Berg seinen Hof hatte oder wohnte.

Berija *Lawrentij Pawlowitsch* [russ. *Лаврентий Павлович Берия*], 1899–1953, sowjetrussischer Politiker, der aus einer einfachen georgischen Bauernfamilie stammte. Ab 1917 war er zunächst Spion im Untergrund, seit 1921 gehörte er dem Inlandsgeheimdienst an, zu dessen Leiter ihn Stalin 1938 machte. *Berija* war maßgebend an den stalinistischen Säuberungen beteiligt. 1944 beaufsichtigte er die Verschleppung von rund einer halben Million Tschetschenen nach Kasachstan und Kirgisistan, wobei mehrere 10 000 Menschen durch Hunger und Typhus starben. Nach dem Zweiten Weltkrieg erhielt er den Auftrag zum Bau einer sowjetischen Atombombe und 1949 wurde die erste russische Plutoniumbombe gezündet. Wenig bekannt ist, dass er trotz seiner Schreckensherrschaft im Jahr 1953 auf einer Sitzung des Politbüros sich (vergeblich) für die Wiedervereinigung Deutschlands einsetzte. Als kurz darauf sein Gönner Stalin starb, wurde *Berija* auf Anordnung Chruschtschows verhaftet, zum Tode verurteilt und noch am gleichen Tag erschossen. Der Name beruht wohl nicht auf russ. *birjók (бирюк)*, »Griesgram«, sondern er ist mit ziemlicher Sicherheit kaukasischen Ursprungs und geht wahrscheinlich auf svanisch *berej*, »Eisen«, zurück (Svanisch ist eine südkaukasische Schwestersprache des Georgischen). Sein treffender Name wäre dann »der Eiserne«. (Es gibt allerdings auch ein hebr. Wort *berija*, »Geschöpf, Mensch« – eine solch positive Beurteilung hätte er allerdings nicht verdient!) → *Stalin*

Bering *Vitus Jonassen* (1680–1741), dänischer Asienforscher und Seeoffizier in russischen Diensten. Er erreichte 1728 im Auftrag Peters d. Gr. die ostsibirische Küste und auf einer zweiten Reise 1741 die Küste Alaskas und die Aleuten. Jener Teil des Pazifiks zwischen Sibirien und Nordwestamerika wurde ihm zu Ehren *Beringmeer* und die enge Verbindung zum Nordpolarmeer *Beringstraße* genannt. Der Name *Bering* ist germanischen Ursprungs und geht auf ahd. *bero*, »Bär«, zurück – nicht unpassend für einen Erforscher Sibiriens.

Berlin *Irving* (1888–1989), amerikanischer Schlager-, Film- und Musicalkomponist russischer Herkunft. Der Sohn eines jüdischen Kantors im sibirischen Tjumen, der mit seiner Familie vor den antisemitischen Pogromen in die USA floh, hieß eigentlich *Israel Isidore Baline*. Der ganz ähnlich klingende Name soll auf einem Missverständnis bei der Angabe seiner Personalien beruhen. Als Straßenjunge brachte er sich selbst das Klavierspielen bei und das Notenlesen beherrschte er sein Leben lang nicht. Er schrieb bekannte Melodien und Lieder wie »God bless America« und »Annie, get your gun« sowie den Schlager »White Christmas«. 1989 starb er im gesegneten Alter von 101 Jahren. Der Name *Baline* könnte im Hebräischen zunächst *Bar-Ilan*, »Sohn eines Stammbaums«, gelautet haben und durch Metathese und Anlehnung an russ. *bal (бал)*, »Ball, Gesellschaftsball«, die Form *Baline* angenommen haben.

Berlioz *Hector* (1803–1869), französischer Komponist, der erst nach seinem Tod Anerkennung und Ruhm erlangte, vor allem wegen seiner Kantaten, Messen und Orchesterwerke (z. B. »Faustszenen«, »Symphonie phantastique«, »Roméo et Juliette«). *Berlioz* ist ein alter Flurname für ein Stück Land, auf dem besonders »Kresse« gedieh; zu afrz. *berle*, »Brunnenkresse«.

Berlusconi *Silvio* (geb. 1936), italienischer Unternehmer, Politiker des äußersten rechten Flügels und zweimaliger Ministerpräsident. 1994 musste er nach einigen Monaten wegen seiner Verwicklung in Korruptionsaffären von seinem Amt zurücktreten, 2001 wurde er jedoch nochmals zum Regierungschef gewählt. 2003 war er turnusmäßig EU-Ratspräsident. Die Verquickung seiner politischen Ambitionen und seiner wirtschaftlichen Interessen, vor allem im Bereich der privaten Medien (er beherrscht große Teile der italienischen Medienlandschaft und gilt als reichster Italiener), hat immer wieder für Schlagzeilen gesorgt. Sein Name bedeutet »der Schieler«, von ital. *berlusco*, »schielend«, zu lat. *bis*, »zweifach«, und *lux, lucis*, »Licht«, auch »Augenlicht, Auge«.

Bernini *Giovanni Lorenzo Bernini* (1598–1680), italienischer Maler, Bildhauer und Baumeister des Barock. Er hat vor allem in Rom seine künstlerischen Spuren hinterlassen, wo er berühmte Brunnen (z. B. den Vier-Ströme-Brunnen auf der Piazza Navona und den Tritonbrunnen auf der Piazza Barberini), die Doppelkolonnaden auf dem Petersplatz und den Bronzetabernakel für den Hochaltar von St. Peter schuf. Sein

Vater und Lehrer, *Pietro Bernini* (1562–1629), war ebenfalls ein bekannter Bildhauer. Er wurde von Papst Paul V. nach Rom berufen, um dessen Grabkapelle in der Kirche Santa Maria Maggiore auszuschmücken. *Bernini* geht über die Koseform *Bernino* auf den Rufnamen *Bernardo* zurück, zu ahd. *bero*, »Bär«, und *harti*, »hart«.

Bertolucci *Bernardo*, geb. 1941, französischer Filmemacher (z. B. »Der letzte Tango von Paris«). Der Name *Bertolucci* entstand vermutlich aus den beiden Vornamen *Umberto* und *Lucio*, also aus der italienischen Variante von *Humbert* (zu ahd. *hun*, »braun«, und *beraht*, »glänzend«) bzw. von *Lucius* (zu lat. *lucere*, »leuchten«). Es könnte sich allerdings auch um eine Koseform der Vornamen *Alberto* oder *Roberto* handeln.

Bestiae war einer der Familiennamen in der *gens Calpurnia*. Im Lateinischen bedeutete *bestia* »wildes Tier, Raubtier« (vgl. *Bestie* und *Biest*).
→ *Calpurnius*

Béthencourt *Jean de* (1360–1425), Seefahrer aus der Normandie, der 1402 eine erste Kolonie auf den Kanarischen Inseln gründete. Der Name enthält das französische Wort *court* (hier für »Landgut«) und den Namen des Besitzers: *Bethon* oder *Bethan*.

Beuys *Joseph* (1921–1986), deutscher Künstler, der ungewöhnliche Materialien für seine Werke verwendete (Fett, Filz etc.) und sich deswegen oft höhnischer Kritik ausgesetzt sah. Sein Name entspricht dem rheinischen Wort *Bäus* für eine »kurze Jacke«, das auch als Schimpfwort benutzt wird (zu mnd. *wambois*, »Wams«, entlehnt aus afrz. *wambais*, »gesteppter Rock«, der unter der Rüstung getragen wurde).

Bey (auch: *Bei und Beg*) war einst ein türkischer Ehrentitel, der dem Namen nachgestellt wurde. *Bey* bedeutet im Türkischen »Herr«.

Bhagava, »Erhabener«, ist der am häufigsten verwendete Ehrenname Buddhas.

Bhagvan lautet der hinduistische Name eines Schöpfergottes in Teilen Indiens. Die allwissende Gottheit richtet die Menschen und lässt die Guten zu ihm gelangen und glücklich sein. Sein Name bedeutet »Erhabener, Heiliger«, zu skr. *bhágavat*, »erhaben«.

Bhumibol (genauer: *Bhumibol Adulyadej*; ausgesprochen etwa *Phumipon*) wurde 1927 in Cambridge, Massachusetts, geboren, als sein Vater dort Medizin studierte. Mit 18 Jahren erfolgte 1946 seine Krönung zum thailändischen König Rama IX. (nach seinem Studium in der Schweiz wurde die Zeremonie 1950 wiederholt). Sein Name bedeutet »Stärke des Landes/Unvergleichliche Macht«, wahrlich ein trefflicher Name, denn *Bhumibol* ist der am längsten amtierende König der thailändischen Geschichte und seit 1992 der am längsten amtierende Monarch der Welt. Er genießt bei seinem Volk einen halbgöttlichen Status. 1950 heiratete er die 1932 geborene *Mom Rajawongse Sirikit Kitiyakara* – wie der Rang *Mom Rajawongse* ausdrückt, eine Großenkelin von König Chulalongkorn; er selbst ist der direkte Enkel dieses großen Reformers Thailands. Der Name der gut aussehenden *Sirikit* bedeutet »Schönheit und Ehre«.

Bhutto *Zulfikar Ali Bhutto* (1928–1979), pakistanischer Politiker. Von 1971 bis 1973 war er Staatspräsident, danach Premierminister bis zu seinem Sturz 1977. Ein Jahr später wurde er vom Militärregime hingerichtet. *Zulfikar* war ursprünglich der Name des berühmten Schwertes, das dem Propheten Mohammed bei einer Schlacht in die Hände fiel und das auf seinen Schwiegersohn *Ali* und die Kalifen nach ihm überging. Der Name lautet eigentlich *Dhu'l-Fakar*, »Besitzer der Scharte«, und bezieht sich auf die zahlreichen Kampfspuren auf der Schneide der sagenumwobenen Waffe. Der Familienname *Bhutto* dürfte sich von aind. *bhutá*, »das Entstandene, das Geschöpf«, herleiten (zu *bhu*, »werden, entstehen«). Seine Tochter *Benazir Bhutto* (geb. 1953) war zweimal Premierministerin Pakistans (1988 und 1993), wurde aber 1990 bzw. 1996 vom Präsidenten ihres Amtes enthoben und beim zweiten Mal wegen angeblicher Korruption in Abwesenheit verurteilt. Ihr Mädchenname *Benazir* bedeutet »die Unvergleichliche« – wie wahr, denn sie war mit 35 Jahren die jüngste Regierungschefin der Welt und zudem die erste Frau, die die Geschicke eines muslimischen Landes lenkte.

Bias [grch. *Βίας*] aus Priene war im 6. Jahrhundert v. Chr. einer der sieben Weisen des Altertums. Dem scheint sein Name zu widersprechen, der von grch. *bíaios* (βίαιος), »gewaltsam, gewalttätig«, und *biázein* (βιάζειν), »zwingen, Gewalt antun, vergewaltigen«, abgeleitet ist.

Biberius Mero, »Trunkenbold« und »Säufer«, waren die Spottnamen des Kaisers *Tiberius*, zu lat. *bibere*, »trinken« (angelehnt an seinen Namen *Tiberius*), bzw. zu *merum*, »unvermischter Wein«. Bisweilen nannte man ihn hinter seinem Rücken auch *Mero-bibus*, »Säufer unvermischten Weins«.

Bibuli lautete ein Familienname in der *gens Calpurnia*, von lat. *bibulus*, »gern trinkend«, »Säufer«, zu *bibere*, »trinken«. → *Calpurnius*

Bichat *Marie François Xavier* (1771–1802), französischer Mediziner. Er gilt als Begründer der normalen und pathologischen Histologie, der in den verschiedenen Zellgeweben den Sitz von Krankheiten vermutete und damit als Vorläufer Virchows anzusehen ist. Der Name ist entweder von frz. *biche*, einem alten »Getreidehohlmaß« (vgl. *Becher*), oder *bicher*, »strahlen, zufrieden sein«, abgeleitet.

Biedermeier war das Pseudonym des deutschen Dichters Ludwig Eichrodd und des Arztes Adolf Kussmaul, die in der Mitte des 19. Jahrhunderts in den »Münchner Fliegenden Blättern« unter dem Titel »Gedichte des schwäbischen Schullehrers Gottlieb Biedermeier und seines Freundes Horatius Treuherz« Spottverse über das deutsche Spießbürgertum veröffentlichten. Der Name *Biedermeier* basiert auf dem mittelhochdeutschen Adjektiv *bider*, »brauchbar, nützlich«, das bei Personen die Bedeutung »brav, einfältig« annahm (vgl. *bieder* und *Biedermann*).

Bierce *Ambrose*, 1842–1914 (verschollen in Mexiko), amerikanischer Autor fantastischer Geschichten voller schwarzem Humor. Vielleicht kommt der Name passenderweise von engl. *to pierce*, »durchdringen, durchstechen«, oder von afrz. *biere*, »Bahre, Sarg«, was einem Gruselschriftsteller ja auch nicht schlecht anstände.

Bin Laden *Osama*, geb. 1957, weltweit gesuchter saudischer Terrorist, der hinter dem verheerenden Anschlag auf das World Trade Center in New York am 11. September 2001 stecken soll und nach eigenen Angaben einen »heiligen Krieg« gegen die USA führt, denen er seinerseits einen Kreuzzug gegen den Islam vorwirft. Der saudische Multimillionär ist Gründer des Terrornetzwerks *El Kaida* (»die Basis«), dem inzwischen weitere Anschläge in etlichen Ländern der Welt angelastet werden. Sein Name *Osama bin Laden* bedeutet »Löwe, Sohn des Wendigen«, mit arab. *usama*, »Löwe«, *bin* (auch: *ben*), »Sohn«, und *ladin*, »flexibel« – angesichts seiner Begabung, unauffindbar zu bleiben, ein durchaus angemessener Name.

Biolek *Alfred Franz Maria*, geb. 1934, promovierter Jurist und TV-Entertainer, Talkmaster (z. B. »Bio's Bahnhof« und »Boulevard Bio«) sowie Fernsehkoch. Daneben ist er Honorarprofessor an der Kunsthochschule für Medien in Köln und UN-Sonderbotschafter für die Aids-Situation in Afrika. Der Name des aus der ehemaligen Tschechoslowakei stammenden *Biolek* könnte zusammengesetzt sein aus tsch. *bio-*, »Leben-, lebend-«, und *lék*, »Medizin, Arznei«.

Bismarck *Otto Fürst von* (1815–1898), Gründer des Deutschen Reichs von 1871 und bis 1890 Reichskanzler, der als einziger Reichsminister nur dem Monarchen verantwortlich war. *Bismarck* ist ein in Sachsen-Anhalt, Mecklenburg-Vorpommern und im ehemaligen Pommern mehrfach vorkommender Ortsname, verkürzt aus *Biscopesmarck*, »Bischofsmark«, also »Grenzmark eines Bistums«. Der Name der altmärkischen Adelsfamilie *von Bismarck* ist wohl nach dem Ort bei Stendal, am Rande des Bistums Havelberg, benannt.

Bizet *Georges* (1838–1875), berühmter französischer Komponist, der mit seinen Opern zunächst wenig Erfolg hatte. Auch sein wichtigstes Werk, »Carmen«, fiel in Paris 1875 durch, wurde im selben Jahr in Wien dagegen stürmisch bejubelt. Eigentlich hieß er *Alexandre César Léopold Bizet*. Bei dem Familiennamen dürfte es sich (wenn er nicht von frz. *biset*, »Holztaube«, herzuleiten ist) um einen alten Beinamen mit der Bedeutung »der Bleiche« handeln, von *bis*, »graubraun«, der besonders in der Normandie und der Picardie anzutreffen war.

Blair *Anthony Charles Lynton* (»Tony«), geb. 1953, britischer Labour-Politiker. 1994 wurde er Parteiführer, seit 1997 ist er britischer Premierminister. Er machte sich während seiner Amtszeit insbesondere um das Nordirland-Friedensabkommen verdient. Weniger Zustimmung bekam er für seinen Schulterschluss mit den USA bei der Bekämpfung des internationalen Terrorismus und für die Teilnahme britischer Truppen am Irakkrieg. Sein Name basiert auf gäl. *blàr*, »Feld, Schlachtfeld«, und bedeutet damit etwa »vom Felde«, »vom Schlachtfeld«. → *Orwell*

Blake *Robert* (1599–1657), britischer Admiral. Als Anhänger des Parlaments und Oliver Cromwells erhielt er 1649 den Oberbefehl über die Flotte und besiegte die royalistischen Seestreitkräfte, weswegen König Karl II. später sein Grab aus der Westminsterabtei entfernen ließ.

Blanco *Roberto*, geb. 1937, deutscher Schlagersänger. Der gebürtige Tunesier (die Eltern waren allerdings Kubaner) hieß ursprünglich *Roberto Zerquera*. Der schwarze Sänger wählte wohl bewusst den seinem Aussehen widersprechenden Künstlernamen, denn *blanco* bedeutet im Spanischen »Weißer«. Der ebenfalls spanische (kubanische) Familienname stammt wohl von lat. *quercus*, »Eiche«.

Bloch *Ernst* (1885–1977), deutscher Philosoph und Schriftsteller jüdischer Herkunft. Er emigrierte nach Hitlers Machtergreifung in die Schweiz, kehrte aber 1948 nach Deutschland zurück, wo er an der Universität Leipzig Philosophie lehrte. 1957 wechselte er in die Bundesrepublik über und wurde Professor in Tübingen. *Bloch* wählte für seine Werke eine ganze Reihe von Pseudonymen: *Karl Jahraus* (entweder mit der wörtlichen Bedeutung, vgl. *jahrein-jahraus*, oder aus einer Kurzform des slawischen Rufnamens *Jaroslav*, zu urslaw. *jarъ*, »kühn, zornig, streng«, und *slava*, »Ruhm, Ehre«), *Jakob Knerz* (vielleicht zu mhd. *knorz*, aus *knorre*, »Verdickung an Bäumen«, auch »kleiner dicker Mensch«), *Karl Kness* (wohl zu osorb. *knjez*, »Gutsherr«, auch »Pfarrer«), *Ferdinand Aberle* (eine schwäbische Koseform von *Aber*, d. h. *Albrecht*, zu ahd. *adal*, »edel«, und *beraht*, »glänzend«), *Jakob Bengler* (»Schläger«, zu mhd. *bengeln*, »prügeln«), *Eugen Reich* (ein sich selbst erklärender Name) und *Dr. Josef Schönfeld*. Für seine philosophischen Werke erhielt *Ernst Bloch* 1967 den Friedenspreis des Deutschen Buchhandels und 1975 den Sigmund-Freud-Preis. Der Name *Bloch* entstand entweder aus dt. *Block* oder aus poln. *włoch*, »Welscher, Fremdstämmiger«, insbesondere »Italiener« – eine gängige Bezeichnung für die im Spätmittelalter nach Polen eingewanderten Juden aus Westeuropa –, oder aber aus poln. *Błoch*, Kurzform des Rufnamens *Błogosław*, zu poln. *błogi*, »glücklich, behaglich«.

Blücher *Gebhard Leberecht von* (1742–1819), seit 1814 Fürst von Wahlstatt, berühmter deutscher Feldherr. Der recht wetterwendische Offizier stand im Siebenjährigen Krieg zunächst in schwedischem Sold, trat dann (noch unter Friedrich d. Gr.) in preußische Dienste, verließ die Armee jedoch wegen schlechter Karriereaussichten. Erst nach dem Tod Friedrichs d. Gr. trat er wieder in die preußische Armee ein und kämpfte mit dieser zunächst auf Seiten der Franzosen, dann gegen diese. Als 70-jähriger Feldmarschall hatte er am Sieg in der Völkerschlacht bei Leipzig den größten Anteil. 1815 bereitete in der Schlacht bei Waterloo zusammen mit Wellington dem französischen Kaiser Napoleon die entscheidende Niederlage. Wegen seiner vielen Siege in den Freiheitskriegen hieß er im Volksmund auch »Marschall Vorwärts«. Sein (wohl slawischer) Name ist auf den kleinen mecklenburgischen Ort *Blücher* zurückzuführen.

Boabdil (um 1530–1492), deformiert aus *Abu Abdallah*, war unter dem Namen Mohammed XI. (genannt *el Chico*, »der Kleine«) der letzte maurische König von Granada. Er wurde 1492 von dem katholischen Herrscherpaar Ferdinand und Isabella aus Spanien vertrieben, nachdem sie ihn 1483 zunächst gefangen gesetzt, dann aber zu ihrem Vasallen gemacht hatten. Jeder moderne Reiseführer verweist auf die Stelle, von der er zum letzten Mal voll Wehmut auf seine Burg, die Alhambra, zurückblickte und an die man sich bis heute als *el último suspiro del Moro*, »den letzten Seufzer des Mauren«, erinnert. Sein arabischer Name besteht aus *Abu*, »Vater«, und *Abd Allah*, »Knecht Gottes«.

Boatswain *Trinkolo*, ein Pseudonym des berühmten englischen Schriftstellers *Daniel Defoe*. Der Name entspricht engl. *boatswain*, »Bootsmann«, und ital. *trincolo*, »kleiner Säufer«, beide wohl nach dem Hofspaßmacher *Trinculo* in Shakespeares »Der Sturm« und einem ebenfalls dort auftretenden Bootsmann.

Bobadilla *Francisco de* (gest. 1502), als Nachfolger Christopher Kolumbus' Gouverneur Westindiens. Er wurde jedoch 1499 wegen zu schonender Behandlung der Eingeborenen angeklagt und aus seinem Amt entfernt. Der Name bedeutet »kleine Dummheit«, eine Verkleinerungsform von span. *bobada*, »Albernheit, Dummheit«.

Boccaccio *Giovanni* (1313–1375), italienischer Schriftsteller aus Florenz. Zu seinen berühmtesten Werken zählen »Das Dekameron« sowie »Die Liebesvision«, »Über den Sturz berühmter Männer«, »Über berühmte Frauen« und eine mythologische Enzyklopädie in 15 Bänden. Sein Name bedeutet »Großmaul« (aus ital. *boccaccia*, »Maul«, auch

»Grimasse«, zu *bocca*, »Mund«; vgl. frz. *bouche*) – ein Name, der seinen Zeitgenossen angesichts der freizügigen Schilderung triebhafter Liebe stimmig erscheinen mochte.

Bodhisattva, »erleuchtetes Wesen«, ist der Titel für einen Anwärter auf die Buddhawürde, der zwar das Stadium der Erleuchtung erreicht hat, sich aber noch nicht ins Nirwana zurückziehen möchte (skr. *nirvana*, »Erlöschen, Erlösung, Seligkeit«), sondern das Wohl aller Menschen im Auge hat und ihnen zur Erleuchtung verhelfen möchte. Das Wort *Bodhisattva* setzt sich zusammen aus skr. *bodhi*, »vollkommene Erkenntnis«, und *sattvá*, »Klarheit, Leichtigkeit«. → *Buddha*

Bodoni *Giambattista* (1740–1813) hieß ein berühmter italienischer Schriftsetzer und Buchdrucker, der in seiner eigenen kleinen Werkstatt mit selbst geschnittenen Lettern viele Ausgaben italienischer und französischer Klassiker druckte, aber auch je eine Ausgabe vom »Homer« und »Horaz« (vgl. die nach ihm benannte Schriftart). Wie die Endung *-oni* verrät, handelt es sich um einen Namen germanischer Herkunft, in diesem Fall um eine Variante von *Bodo*, zu ahd. *boto*, »Bote«, auch »Gebieter« – weiß Gott kein unpassender Name für jemanden, der Literatur für (fast) jedermann zugänglich machte!

Boff *Leonardo* (geb. 1938), brasilianischer katholischer Priester, Initiator der so genannten Befreiungstheologie. *Boff*, eine Variante von frz. *boeuf*, »Rind, Bulle«, war früher ein beliebter Spitzname für einen starken Mann.

Bogarde *Dirk* (1921–1999), ursprünglich *Derek Jules Ulric Niven van den Bogaerde*, englischer Filmschauspieler und Regisseur, später auch Schriftsteller. Seine Familie *Bogaerde* (auch in den Formen *Bogaard* und *Bogaert*) stammte aus Flandern. Ihr Name bedeutet in etwa »vom Obstgarten« (vgl. nd. *Bongarde*, »Baumgarten«). Der Vorname *Dirk* ist eine friesische Kurzform von *Dietrich*, »Volkreich«, aus ahd. *diot*, »Volk«, und *rihhi*, »reich«. → *Bogart*

Bogart *Humphrey* (1899–1957), eigentlich *Humphrey De Forest* (»vom Walde«, vgl. engl. *forest*, »Forst«, und dt. *Förster*). Während *Humphrey* dem alten germanischen Vornamen *Hinfried* entspricht (zu ahd. *hun*, »braun, dunkel«, auch »Hunne« und »Hüne«, sowie *fridu*, »Friede«), hat der neue Wahlname *Bogart* – als Spitzname zu *Bogie* oder *Bogey* abgewandelt – eine ähnliche Bedeutung wie der alte, denn er leitet sich her von niederländisch *Bogaard* und *Bogaert*, »Baumgarten«, was angesichts der Abstammung dieses amerikanischen Schauspielers von frühen holländischen Siedlern in New York nicht verwundert. Zu seinen bekanntesten Filmen gehören »Casablanca«, »African Queen« und »Die Caine war ihr Schicksal«. → *Bogarde*

Bohr *Nils Hendrik David* (1885–1962), dänischer Physiker, der das »Bohrsche Atommodell« schuf, das es ihm ermöglichte, die Spektralserien des Wasserstoffs theoretisch zu berechnen und eine Theorie des periodischen Systems der Elemente zu entwickeln, wofür er 1922 den Nobelpreis für Physik erhielt. Später untersuchte er die Vorgänge bei der Kernspaltung des Urans und arbeitete von 1943 bis 1945 in den USA an der Entwicklung der Atombombe mit. Der Name *Bohr* könnte (falls kein Zusammenhang mit *bohren* besteht) eine Ableitung von slaw. *Borislav* sein, aus aslaw. *borti*, »kämpfen«, und *slava*, »Ruhm, Ehre«.

Boiotos [grch. Βοιωτός], Zwillingsbruder des Äolus, Sohn des Poseidon und der Melanippe. Die nach ihm benannten *Boioter* oder *Böoter* [grch. Βοιωτοί] wanderten im späten 2. Jahrtausend v. Chr. in die mittelgriechische Landschaft um Theben ein, die den Namen *Boiotien* oder *Böotien* erhielt [grch. Βοιωτία]. Ihre konservativ-bäuerlichen Einwohner galten, zumindest in Athen, als ausgesprochen ungebildet. So verwundert es nicht, dass der Name *Boiotos* »der Plumpe« bedeutet, zu grch. *boûs, boós (βοῦς, βοός)*, »Rindvieh, Ochse«.

Bokassa *Jean-Bédel* (1921–1996), zentralafrikanischer Politiker. Nach einem Staatsstreich 1966 übernahm der Oberst die Macht zunächst als Präsident der Zentralafrikanischen Republik. Von 1976 bis zu seinem Sturz 1979 regierte er das Land als selbstherrlicher Kaiser, der alle oppositionellen Kräfte brutal unterdrückte und eigenhändig an der Folterung und Ermordung von Kindern teilnahm, als diese sich weigerten, die staatlich verordneten Schuluniformen zu tragen. Angeblich hat er sich sogar einige der erschlagenen Kinder von seinem Koch als Speise zubereiten lassen. Nach seinem Sturz wurde er zum Tod verurteilt, später zu lebenslanger Zwangsarbeit, dann zu zwanzig Jahren Haft begnadigt und 1993 schließlich amnestiert. Als er 75-jährig starb, hinterließ dieser afrikanische Albtraum siebzehn Frauen und mehr als fünfzig Kinder. Die Bedeutung des Namens *Bokassa* bleibt dunkel, seinen mysteriösen Vornamen *Jean-Bédel* jedoch soll er bei der Taufe nach dem Tagesheiligen erhalten haben, den der Kalender als *St. Jean Baptiste de la Salle* auswies, was willkürlich zu *Jean B(aptiste) de l(a Salle)* verkürzt und *Jean-Bédel* ausgesprochen wurde. Kurz vor Ausrufung des Kaiserreichs war der fromme Katholik *Bokassa* während eines Staatsbesuchs bei Oberst Gaddafi in Libyen zum Islam übergetreten und hatte den Namen *Salah Eddine Achmed* angenommen (gemeint war *Salah ed-Din*, den wir als *Saladin*, »Heil des Glaubens«, kennen; der Zusatz *Achmed* bedeutet »der Lobenswerte«), bei seiner Rückkehr konvertierte er jedoch augenblicklich zurück zum Katholizismus, damit seine pompöse Krönung in christlicher Tradition gefeiert werden konnte.

Boleslaw ist ein slawischer Vorname mit der Bedeutung »mehr Ruhm«, aus russ. *bóljee (более)*, »mehr« (vgl. *Bolschewik*), und *sláwa (слава)*, »Ruhm Ehre«, poln. *sława*. Diesen Namen trug z. B. der polnische Herzog *Bolesław I. Chrobry* (»der Tapfere«), 966–1025. Er gewann Kleinpolen und Mähren und beherrschte 1002–1004 Böhmen. In mehreren Kriegen gegen Heinrich II. eroberte er die Lausitz, Teile der Mark Meißen und Kiew. 1025 wurde er zum König gekrönt. Ein weiterer polnischer Herzog, *Bolesław II. Śmiały* (»der Kühne«), 1039–1081, ergriff im Investiturstreit Partei gegen Kaiser Heinrich IV. und ließ sich 1076 zum polnischen König krönen. *Bolesław III. Krzywousty* (»Schiefmund«, aus poln. *krzywo*, »krumm, schief«, und *usta*, »Mund«) schaltete in elfjährigem Kampf seinen Bruder Zbigniew aus und regierte von 1102 bis 1138. In langwierigen Kämpfen eroberte er Pommern, konnte es aber nur vorübergehend unter seiner Herrschaft halten. Sein Sohn *Bolesław IV. Kędzierzawy* (»Kraushaar«) erhielt 1138 Masowien als Erbfürstentum und usurpierte Krakau. 1177 zwang ihn Friedrich Barbarossa, die kaiserliche Oberhoheit anzuerkennen.

Boleyn *Anna* (Aussprache etwa *Búlin*), 1507–1536, Geliebte Heinrichs VIII. und später seine heimlich angetraute Ehefrau, wegen der er seine erste Ehe für ungültig erklären ließ. *Anna Boleyn* gebar ihm statt des erhofften Sohnes eine Tochter, die spätere Königin Elisabeth I.; nach drei Jahren war er ihrer jedoch überdrüssig und ordnete wegen angeblichen Ehebruchs ihre Enthauptung an. (Von seinen insgesamt sechs Frauen ließ Heinrich übrigens außer *Anna Boleyn* »nur« noch seine vorletzte Gemahlin, Catherine Howard, enthaupten; seine letzte Frau, Catherine Parr, überlebte ihn gar!) Der Name *Boleyn* scheint normannischen Ursprungs zu sein und den der französischen Küstenstadt *Boulogne* zu spiegeln: Normannische Adlige aus diesem Ort, die im Gefolge Wilhelms des Eroberers nach England kamen, trugen den Namen *de Bolonia*, woraus im 13. Jahrhundert bereits *Boloygne* und *Bolenne* und schließlich *Boleyn* wurde.

Bolívar Simón (1783–1830), General, Widerstandskämpfer und lateinamerikanischer Nationalheld. Nach einigen Europareisen hatte er die nordamerikanischen und französischen Freiheitsideen aufgenommen und wurde ab 1811 zum Befreier des nördlichen Südamerikas von spanischer Herrschaft. Der Name setzt sich wahrscheinlich zusammen aus den spanischen Komponenten *bolí-*, »Kugel-« (vgl. gleichbedeutend frz. *boule*), und *varon*, »Mann, Edelmann« (verwandt mit unserem *Baron*), und bedeutet dann wörtlich übersetzt »Kugel-Edelmann« – durchaus angemessen für einen kämpferischen und obendrein siegreichen Feldherrn. Wahrscheinlich erhielt der erste Träger diesen Spitznamen jedoch wegen seiner auffälligen Körperform.

Böll *Heinrich* (1917–1985), deutscher Schriftsteller. Zu seinen wichtigsten Erzählungen und Romanen gehören »Haus ohne Hüter«, »Das Brot der frühen Jahre«, »Ansichten eines Clowns«, »Ende einer Dienstfahrt«, »Gruppenbild mit Dame« und »Die verlorene Ehre der Katharina Blum«. Für sein Werk wurde er 1967 mit dem Georg-Büchner-Preis und 1972 mit dem Nobelpreis für Literatur ausgezeichnet. Sein Name wird wohl »Dickerchen« bedeuten (er selbst war eher hager und wirkte zuletzt sehr ausgezehrt), zu mhd. *bolle*, »kugeliges Gefäß« (vgl. *Beule*), oder er verweist auf die Tatsache, dass einer seiner Vorfahren am Fuß eines Hügels lebte.

Bombalio, »Brummkopf«, war der Beiname des *Marcus Fulvius Bombalio*, des Vaters der Fulvia; zu lat. *bombus*, »dumpfer Ton, Summen, Brummen«.

Bonaventura (1221–1274), »gutes Geschick«, hieß neben Franz von Assisi der Hauptvertreter der Hochscholastik. Sein Name ist die Aneinanderreihung der lateinischen Wörter *bona*, »gute«, und *ventura*,

»Zukunft«. Eigentlich hieß der Philosoph und Kirchenlehrer *Giovanni (Johannes) di Fidanza* (ital. *fidanzamento*, »Verlobung«, zu *fidanzarsi*, »sich verloben«). In seiner Kindheit erkrankte er schwer und seine Mutter beschwor auf den Knien den heiligen Franziskus, für die Gesundung ihres Sohnes zu beten. Als dieser sich unverhofft erholte, soll sie ausgerufen haben *O buona ventura*, »oh gnädiges Geschick«, sodass er ab diesem Zeitpunkt *Bonaventura* gerufen wurde. Und das Schicksal meinte es in der Tat gut mit ihm: Er wurde Ordensgeneral der Franziskaner, später Kardinal, 1482 heilig gesprochen und 1587 zum Kirchenlehrer erklärt. Man nannte den frommen Mystiker, für den die ganze Welt Bild und Gleichnis Gottes war, auch *doctor seraphicus*, »engelgleicher Gelehrter«.

Bond *William* war einer der Decknamen *Daniel Defoes*, der den weltberühmten Roman »Robinson Crusoe« verfasste; zu engl. *bond*, »Bund, Bürgschaft«. → *Defoe*

Bonhoeffer *Dietrich* (1906–1945), deutscher evangelischer Theologe, überzeugter Anhänger der Bekennenden Kirche. 1942 traf er sich in Schweden als Vertreter der deutschen Opposition mit dem englischen Bischof von Chichester, um herauszufinden, ob es für Deutschland die Möglichkeit einer ehrenhaften Kapitulation gäbe. Im darauf folgenden Jahr wurde er verhaftet und 1945, nur vier Wochen vor Kriegsende, als Widerstandskämpfer im Konzentrationslager Flossenbürg hingerichtet. Sein Name ist, wie der Städtename *Bonn* und *Vindobona*, der alte Name Wiens, wohl keltischer Herkunft, abgeleitet vom Ortsnamen *Bonhof* (in Bayern und Nordrhein-Westfalen). Das keltische Wort *bona* bedeutete wohl »feste Burg«.

Bonifatius bedeutet »Verkünder eines guten Geschicks«, zu lat. *bonus*, »gut«, und *fatum*, »Weissagung, Bestimmung« – eigentlich ein treffender Name für einen Missionar wie den Benediktinermönch aus England, den Papst Gregor II. jedoch umbenannte in *Bonifacius*, »Wohltäter« (wiederum zu lat. *bonus*, »gut«, dann jedoch zu *facere*, »machen«). Er schickte ihn ab 716 mehrfach als Vikar nach Deutschland, um den Friesen, Hessen und Thüringern das Christentum zu bringen. Der heilige Apostel Deutschlands, der mit angelsächsischem Namen *Wynfrith* hieß (zu *wynn*, »Freude«, und *frith*, »Friede«), wurde 754 samt seinen Gefährten in Friesland erschlagen. Im Übrigen nannten sich auch neun Päpste *Bonifatius*, aber nicht alle wurden diesem verheißungsvollen Namen gerecht. *Bonifatius VI.* (896), ein unwürdiger Kandidat für das höchste kirchliche Amt, überlebte seine Erhebung zum Papst, die er einem Volksaufstand verdankte, nur um 14 Tage. Ein Gegenpapst namens *Bonifatius VII.* ließ 974 den rechtmäßigen Papst Benedikt VI. gefangen nehmen und erdrosseln, musste aber vor dem Kaiser fliehen. Nach dessen Tod kehrte er 984 zurück und beseitigte auch den neuen Papst, Johannes XIV., um selbst wieder an die Macht zu gelangen. Er starb jedoch nur ein Jahr später.

Bonnet *Georges* (1889–1973), französischer Politiker, der als Außenminister 1938 zu den Mitunterzeichnern des Münchner Abkommens zählte. Der Name bedeutet »Mütze, Haube« und bezeichnete ursprünglich den Träger einer solchen. Im übertragenen Sinn benutzt der Franzose das Wort auch in dem Ausdruck *gros bonnet*, »großes Tier«, also »Bonze«.

Booth *John Wilkes* (1838–1865), amerikanischer Schauspieler, der 1865 Präsident Lincoln in einem Theater erschoss. Der Name stammt über mengl. *bothe*, »Kuhhütte, Kuhunterstand«, aus gleichbedeutend adän. *both*, und bezeichnete früher einen »Kuhhirten«, sozusagen den Vorläufer des *Cowboys*.

Bora *Katharina von* (1499–1552), Ehefrau des Reformators Martin Luther. Als Angehörige eines alten verarmten meißnischen Adelsgeschlechts wurde sie mit 16 Jahren ins Kloster gesteckt, floh aber 1523 von dort nach Wittenberg und heiratete bald darauf Dr. Martin Luther, mit dem sie drei Söhne und drei Töchter hatte. Der Name *Bora* ist wohl aus einer Kurzform von *Borislav* entstanden, zu urslaw. *borti*, »kämpfen«, und *slava*, »Ruhm, Ehre«. Vielleicht stammt er aber auch von mhd. *bor*, »Trotz, Empörung«. Wie auch immer – kämpferisch und rebellisch war Frau Luther allemal!

Borchert *Wolfgang* (1921–1947), deutscher Schriftsteller, Verfasser so bekannter Werke wie »Draußen vor der Tür«, »Die Hundeblume« und »An diesem Dienstag«. Der Name des so jung verstorbenen Erzählers wird hervorgegangen sein aus einer niederdeutschen Form von *Burkhard*, zu ahd. *burg*, »Burg«, und *harti*, »hart«.

Borghese ist der Name einer vornehmen und kunstverständigen Familie aus Siena, die ihren Aufstieg in die Adelsgesellschaft Roms der Wahl *Camillo Borgheses* (1550–1621) zum Papst Paul V. verdankte. Ein weiterer Abkömmling der vornehmen Familie, ebenfalls ein *Camillo*, heiratete 1803 eine Schwester Napoleons und bekam einen Herzogstitel, trennte sich aber nach Napoleons Sturz 1815 von seiner Gattin. Mit Fürst *Paolo Borghese* (1845–1920) ging es wirtschaftlich so bergab, dass er die Kunstschätze der Familie an den Vatikan verkaufen und den Rest versteigern lassen musste. Sein Sohn *Don Junio-Valerio Borghese* (1906–1974) machte im Zweiten Weltkrieg von sich reden, als er tollkühne U-Boot-Angriffe gegen die Briten in Gibraltar und Alexandria fuhr. Nach dem Krieg war er Vorsitzender einer neofaschistischen Partei. Ungewöhnlich für eine solch noble Familie ist ihr Name, denn ital. *borghese* bedeutet »bürgerlich«, »zum Bürgertum gehörig«. → *Paul V.*

Borgia *Lucrezia* (1480–1519), römische Fürstin. Der Vorname *Lucrezia* (wohl von lat. *lucrum*, »Ertrag, Profit«, vgl. *lukrativ*) ist ein alter römischer Name, der Nachname *Borgia* stammt dagegen aus dem Spanischen (dann in der Form *Borja*) und verweist auf den gleich lautenden Namen eines Orts nordwestlich von Zaragoza. Im Italienischen wird der Name wohl angelehnt an *borgo*, »Burg, Burgflecken, Ortschaft«. *Lukrezias* Bruder und angeblich ihr Geliebter war *Cesare Borgia* (1475–1507), ein machtbesessener römischer Edelmann und Soldat, dessen verwegenes Motto lautete: *Aut Caesar aut nihil*!, »Entweder Caesar oder nichts!«. → *Kalixtus* und *Alexander*

Borodin *Alexander Porfirjewitsch* [russ. Александр Порфирьевич Бородин], 1833–1887, war ein St. Petersburger Komponist, der uns etliche Symphonien, eine Oper und diverse Geigen- und Klavierstücke hinterlassen hat, aber auch Mediziner, obschon er seinen Lebensunterhalt als Apotheker verdiente. Bei seinem Namen handelt es sich um eine Ableitung von russ. *borodá (борода)*, »Bart«, und in der Tat zierte ihn ein gepflegter Bart. → *Beardsley*

Borromeo, latinisiert *Borromäus* (1538–1584), wurde von seinem Onkel Papst Pius IV. schon zu Beginn dessen Pontifikats zum Kardinal, Erzbischof von Mailand, Staatssekretär und Protektor der katholischen Kantone in der Schweiz ernannt. Als überzeugter Vertreter der katholischen Reformbewegung unterstützte er die Durchführung der Beschlüsse des Tridentiner Konzils. Gleichzeitig war er ein erbitterter Kämpfer gegen den Protestantismus. Er trug in der Tat einen angemessenen Namen, denn *Borromeo* bedeutet wörtlich »guter Rom-Pilger«, zu *buono*, »gut«, und *romeo*, »Rom-Wallfahrer« (im weiteren Sinn auch »Jerusalempilger«). → *Borromini* und *Pius IV.*

Borromini *Francesco* (1599–1667), italienischer Architekt der Barockzeit, der eigentlich *Francesco Castelli* hieß. Dieser Name gehört zu ital. *castelli*, »Schlösser, Burgen«. Sein Pseudonym beruht auf ital. *borro*, »Entwässerungskanal«. Knapper, als in diesen beiden Namen ausgedrückt, konnte Werbung für die Dienste eines Bauherrn und Architekten seines Formats kaum sein. → *Borromei*

Bosch *Hieronymus* (um 1450–1516), niederländischer Maler, der ursprünglich *Hieronymus van Aaken* hieß. Er schuf religiöse Bilder, in denen das Jüngste Gericht, die Höllenstrafen und die Todsünden in angstvoller Fantasie dargestellt waren. Zu seinem einprägsamen Künstlernamen kam er, indem er den letzten Teil seines Geburtsortes *s'Hertogenbosch*, »Herzogenbusch«, übernahm. *Van Aaken* klang ihm wohl zu ähnlich dem niederländischen Wort *akelig*, »eklig«; dabei dürfte der Name sich auf die Stadt *Aachen* (ndl. *Aken*) bezogen haben, die vielleicht der ursprüngliche Herkunftsort der Familie war. → *Dubois*

Botha *Pieter Willem*, geb. 1916, südafrikanischer Politiker. Er war von 1978 bis 1984 Premierminister und danach bis 1989 Staatspräsident der Republik Südafrika. Wegen seiner kompromisslosen Verfolgung politischer Gegner und seinem unnachgiebigen Eintreten für die weiße Minderheitenregierung und das Apartheidsystem hatte er sich beim Volk den wenig schmeichelhaften Beinamen *die Groot Krokodil*, »das große Krokodil«, erworben. Nach seinem Rücktritt 1989 wurde der moderatere Frederik Willem de Klerk zum Präsidenten gewählt. Der niederländische Name *Botha* beruht auf ahd. *boto*, »Bote«.

Botticelli *Sandro* (1445–1510), eigentlich *Alessandro di Mariano Filipepi* (wohl aus ital. *filo-*, »Freund des ...«, und *pepe*, »Pfeffer«), war ein bedeutender italienischer Maler, der durch seine enge Verbindung mit den Medici viele Aufträge erhielt. Der Lehrer des Florentiners war der berühmte *Filippo Lippi*, dessen Name seinem eigenen Geburtsnamen sehr ähnlich klang. Vielleicht war er deswegen einverstanden mit seinem Spitznamen *Botticelli*, »Fässchen, Tönnchen« (eine Verkleinerungsform von *botte*, »Fass«), der entweder auf eine wohl gerundete Statur oder eine auffällige Neigung zu einem guten Tropfen anspielte (vgl. *Bütt* und *Bottich* sowie engl. *body* und *bottle*).

Boudicca (fälschlich auch *Boadicea* genannt) war eine Königin des britischen Volksstammes der Icener, die als Anführerin einer Revolte gegen die römischen Besatzer im Jahr 61 n. Chr. berühmt wurde. Ihr Name bedeutet im Keltischen zwar »Sieger« (in Irland bedeutet *buaidh* immer noch »Sieg«), aber sie verlor den wackeren Kampf gegen die überlegenen Römer und vergiftete sich.

Bougainville *Louis Antoine de* (1729–1811), französischer Seefahrer, der 1766–1769 als erster Franzose eine Weltumseglung unternahm und vor allem in Melanesien Entdeckungen machte. (Übrigens ist nach ihm die tropische und subtropische Kletterpflanze *Bougainvillea* benannt.) Im Amerikanischen Bürgerkrieg war er Befehlshaber französischer Hilfskräfte. Der Name ist zusammengesetzt aus prov. *bouga*, »Teilpächter«, und vulgärlat. *villa*, »Landhaus« (vgl. dt. *Weiler*).

Boumédienne *Houari* (1925–1978), algerischer Staatschef von 1965 bis 1978. Als Armeekommandeur stürzte er 1965 bei einem blutigen Aufstand die Regierung Ben Bella. Er übernahm selbst die Rolle des Regierungs- und Staatschefs und trieb mit den Einnahmen aus dem Erdölexport die Industrialisierung seines Landes voran, was ihm großes Ansehen in den islamischen Ländern einbrachte. Sein wirklicher Name war *Houari Bu Madyan*, nach dem nordafrikanischen muslimischen Mystiker *Abu Madyan* des 12. Jahrhunderts, den das Volk halb arabisch, halb französisierend *Sidi* (»Herr«) *Bu Medienne* gerufen hatte, was der algerische Politiker zu *Boumédienne* rundete. Sein ursprünglicher Name besteht aus *Bu*, einer Kurzform des arabischen Namensattributs *Abu*, »Vater«, und arab. *mahdiy*, »der Geleitete«, zu *mada*, »lenken, führen«. Vielleicht hat er darin ein willkommenes Zeichen gesehen und sich selbst zum »Führer« und »Vater« des Volkes erhoben, zumal sein Vorname *Houari* »der Mutige« bedeutet.

Bourbon (auch: Haus *Bourbon*), bezeichnet man einen Zweig der Kapetinger, eine französische Dynastie, die auch Könige von Spanien, Neapel-Sizilien und Parma stellte. Das Geschlecht geht zurück auf einen Sohn Ludwigs des Heiligen, der im 13. Jahrhundert *Beatrice von Bourbon*, die Erbin der gleichnamigen Grafschaft, heiratete. In Frankreich regierten die *Bourbonen* von 1589 bis 1792 und noch einmal von 1814 bis 1830. Die bekanntesten *Bourbonen* sind sicherlich der »Sonnenkönig« *Ludwig XIV.* (1643–1715) und *Ludwig XVI.* (1774–1791), der in der Französischen Revolution Thron und Kopf verlor – nachdem ausgerechnet er die Entwicklung der Hinrichtungsmaschine gebilligt hatte, die wir als Guillotine kennen. In Spanien herrschen die *Bourbonen* nach dem Aussterben der spanischen Habsburger mit Unterbrechungen seit 1701. Zwischen 1808 und 1814 waren sie von Napoleon entmachtet, von der Ausrufung der Republik 1931 bis zum Ende der Militärdiktatur General Francos 1975 blieben sie ebenfalls von der Macht ausgeschlossen. Der Diktator hatte jedoch schon 1969 bestimmt, dass nach seinem Tod die Monarchie wiederhergestellt werden sollte. Der heutige Herrscher aus dem spanischen Zweig des Hauses *de Borbón* ist König *Juan Carlos*. Ein weiterer lebender Vertreter dieses Geschlechts ist Großherzog Henri von Luxemburg aus dem Zweig *Bourbon-Parma*. Der Name *Bourbon* ist hergeleitet aus dem ehemaligen Herzogtum, der späteren Provinz *Bourbonnaise* in Mittelfrankreich, die wiederum nach dem altkeltischen Wassergott *Borbo* oder *Borvo*, »der Schäumende«, benannt ist und sich auf die heißen Quellen dieses Gebiets bezieht (zu kelt. *borvo*, »Schaum, Gischt«).

Bourguiba *Habib ibn Ali* (1903–2000), tunesischer Politiker. Als sein Land 1956 die Unabhängigkeit von Frankreich erlangt hatte, war er zunächst Ministerpräsident und nach der Abdankung des Königs und der Ausrufung der Republik seit 1957 Präsident Tunesiens, bis er 1987 abgesetzt und unter Hausarrest gestellt wurde. Sein Name ist die (unkorrekte) französische Umschrift seines arabischen Namens *Abu-Ruqaiba*, der mit Stolz zum Ausdruck bringt, dass er Vater eines Sohnes ist, aus arab. *abu*, »Vater des ...«, und dem Namen seines Sohnes, zu arab. *ruqa*, »schön«. Sein Vorname *Habib* ist das arabische Wort für »Geliebter«. Sein ganzer pompöser Name lautet übersetzt: »geliebter Sohn Alis, des Erhabenen, Vater eines Sohnes, der der Schöne heißt«.

Bouteflika *Abdelaziz* (geb. 1937), algerischer Politiker, Außenminister von 1963 bis 1979, seit 1999 Staatspräsident Algeriens. *Bouteflika* ist eine französisierte Form des arabischen Namens *Bu Tafliqa*, »Vater eines Knaben«, verkürzt aus *abu*, »Vater von …«, und einer Form von *tifl*, »Kind, Knabe«. Der Vorname, eigentlich *Abd' al-aziz*, bedeutet »Diener des Allmächtigen« und ist zusammengesetzt aus arab. *abd*, »Knecht«, und *aziz*, »mächtig, stark«.

Boutros-Ghali *Boutros* (geb. 1922), aus Ägypten stammender Vorgänger Kofi Annans als Generalsekretär der Vereinten Nationen (1992–1997). Sein exotisch klingender Vorname, der gleich zweimal vor seinem Familiennamen steht, ist nichts anderes als die arabische Version von *Petrus*, »der Felsen«. Sein Familienname *Ghali* bedeutet im Arabischen »Wertvoller« und »Geliebter«.

Boycott *Charles* (1832–1897) war ein pensionierter englischer Captain und Gutsverwalter in der irischen Grafschaft Mayo. Als er 1880 Verhandlungen mit seinen Pächtern über eine Verringerung des Pachtzinses ablehnte, verweigerten diese ihm die weitere Lieferung von Nahrungsmitteln. Seitdem gibt es das englische Wort *boycott* für einen »Abbruch bestehender Beziehungen«. Sein Familienname bedeutet »Boia's Landhäuschen«, aus dem altenglischen Personennamen *Boia* und engl. *cottage*, »Häuschen« (vgl. *Kotten*).

Brackenheim → *Heuss*

Bradley ist ein englischer und schottischer Name, der aus aengl. *broad*, »weit«, und *leah*, »Lichtung«, entstanden ist. Zwei berühmte Namensträger waren *Francis Herbert Bradley* (1846–1924), ein englischer Philosoph, und der amerikanische General *Omar Nelson Bradley* (1893–1983), der viele heikle militärische Unternehmungen, wie die alliierte Landung in der Normandie 1944, anführte und überlebte (schließlich hat sein Vorname *Omar* im Arabischen die prophetische Bedeutung »langes Leben«). Auch sein mittlerer Name *Nelson*, nach dem englischen Seehelden, passt gut zu diesem Haudegen.

Bragi hieß in der germanischen Mythologie der sprachgewandte Dichtergott. Er war einer der Asen, weise und in der Dichtkunst bewandert. Seine Gemahlin war Idun, er selbst wurde Sohn des Odin, des Gottes der Dichter, genannt. (Vielleicht war *Bragi* ursprünglich nur ein Beiname Odins.) In Walhall war er jener Herold, der die Gäste mit einem Willkommenstrunk begrüßte. Sein Name stammt von anord. *bragr*, »Herrscher, Fürst«. Noch heute steht im Isländischen *bragur* für »Gedicht«.

Brahe *Tycho* (1546–1601), eigentlich *Tyge*, wurde als Sohn eines Adligen im dänischen Skane (heute: Skåne in Schweden) geboren. *Tycho* immatrikulierte sich mit 13 Jahren an der Kopenhagener Universität und studierte zunächst Rhetorik und Philosophie. Erst 1560 wurde er auf die Sterne aufmerksam und befasste sich mit den alten Astronomen. Sein Weltbild ist zwischen dem des Ptolemäus und des Kopernikus anzusiedeln: Für ihn befand sich die Erde noch im Zentrum des Weltalls, um sie kreisten Sonne und Mond. Die Planeten drehten sich jedoch um die Sonne. Sein Familienname *Brahe* ist wohl eine Ableitung von schwed. *bra*, »tüchtig, schön, gesund« (vielleicht gibt es auch eine Beziehung zum Fluss *Brahe* im nordwestlichen Polen, der bei Bromberg in die Weichsel mündet). *Tyge* ist die dänische Form des griechischen Namens *Tycho*, was etwa »Glückstreffer« bedeutet, zu grch. *tycheîn (τυχεῖν)*, »ins Ziel treffen, Glück haben«.

Brahma ist nach hinduistischem Glauben Göttervater sowie Weltschöpfer und Lenker des Universums. Zusammen mit Schiva und Vischnu bildet er die Trimurti, die Dreiheit der hinduistischen Götter, sozusagen die drei Aspekte des absoluten Geistes. Er ist der Vermittler, der Ausgleichende zwischen den entgegengesetzten Gottheiten. Einst zeugte er mit der schönen Göttin Schatarupa, die er selbst aus seinem Körper erschaffen hatte, den ersten Menschen, *Manu*. Seine zweite Gattin war *Sarasvati*. Im heutigen Hinduismus ist die Bedeutung *Brahmas* stark zugunsten von Schiva und Vischnu zurückgegangen. Sein Name ist verwandt mit skr. *brahmana*, »Priester«, und *brahman*, »das Absolute, der Weltgeist«, auch »Lobpreis, Gebet«. → *Manu* und *Sarasvati*

Brahms *Johannes* (1833–1897), deutscher Komponist, der schon mit zehn Jahren als Wunderkind am Piano von sich reden machte. Ab 1862 lebte er als freischaffender Komponist in Wien. Berühmt wurde er 1868 mit der Aufführung seines »Deutschen Requiems«. Danach folgten Meisterwerke aller Gattungen der Musik (außer der Oper).

Sein Name ist entweder eine verkürzte patronymische Form von *Abraham* oder gehört zu mnd. *bram*, »Besenginster, Brombeerbusch«, und bedeutet dann etwa »Sohn dessen, der am Ginster- oder Brombeerstrauch wohnt«. Vielleicht handelt es sich aber auch um eine Verkürzung von *bramhus*, »Haus am Brombeer- oder Ginsterstrauch«.

Braille *Louis* (1809–1852), französischer Blindenlehrer und Kirchenmusiker, der selbst im Alter von drei Jahren erblindet war und später an einer Blindenschule in Paris unterrichtete. Er war zwar nicht der Erfinder der Blindenschrift, vereinfachte jedoch die bis dahin übliche 12-Punkt-Schrift zu einer 6-Punkt-Schrift, die heute international gebräuchlich ist. Sein Name könnte als Spitzname aus frz. *brailler*, »brüllen, grölen«, entstanden sein und einen seiner Vorfahren als notorischen »Schreihals« ausgewiesen haben – für einen Lehrer blinder Kinder sicherlich eine fragwürdige Benennung.

Bramante *Donato*, eigentlich *Donato d'Angelo* (1444–1514). Der italienische Baumeister und Maler gilt als Begründer der klassischen Architektur der Hochrenaissance. Sein Pseudonym *Bramante* bedeutet »der Verlangende« (Partizip des italienischen Verbs *bramare*, »herbeisehnen, begehren, lechzen nach«). Dabei klang sein richtiger Name *Donato d'Angelo*, »Geschenk des Engels«, ja schon schön genug, aus ital. *donato*, »geschenkt, geweiht«, und *angelo*, »Engel«.

Brandauer *Klaus Maria*, geb. 1944, österreichischer Schauspieler, dessen richtiger Name *Klaus Steng* ist. Er trägt heute den Mädchennamen seiner Mutter (zum häufigen Ortsnamen *Brandau* in Österreich, Bayern und Hessen). Sein Geburtsname gehört wohl zu ahd. *stengil*, »Pflanzenstängel«. Da ist der Name *Brandauer* doch schon eine gewisse Verbesserung.

Brando *Marlon* (geb. 1924), amerikanischer Filmschauspieler, der durch Filme wie »Endstation Sehnsucht«, »Die Faust im Nacken« und »Meuterei auf der Bounty« berühmt wurde. Sein Familienname ist entweder der alte germanische Vorname *Brando*, zu ahd. *brant*, »Brenneisen, glühendes Schwert«, oder, mit ähnlicher Bedeutung, die Kurzform eines italienischen Namens wie *Aldebrando* oder *Ildebrando* (dt. *Hildebrand*, »Kampfschwert«).

Brandt *Willy* (1913–1992), ehemaliger Regierender Bürgermeister von Berlin und vierter deutscher Bundeskanzler. Er wurde in Lübeck unter dem Namen *Herbert Ernst Karl Frahm* geboren, floh 1933 unter dem Decknamen *Willy Brandt* vor nationalsozialistischer Verfolgung über Dänemark nach Norwegen, wo er als Journalist tätig war. Dabei wäre dort sein Geburtsname recht bedeutungsvoll gewesen, denn im Norwegischen klingt er wie *fram*, »heraus, vorwärts« (passend zur Maxime der SPD). *Frahm* ist indessen ein norddeutscher Spitzname, von mhd. *vrum* und *vrom*, »nobel«, »ehrenhaft«, »vertrauenswürdig« (vgl. unser *fromm*). Mit *Willy Brandt* – wohl verkürzt aus *Hildebrandt* – wählte er einen vermeintlich unauffälligen Allerweltsnamen, dessen Bedeutung allerdings einem Widerstandskämpfer gut anstand, liegen ihm doch ahd. *hiltja*, »Kampf«, und *brand*, *brant*, »flammendes Schwert«, zu Grunde.

Braque *Georges* (1882–1963), bekannter französischer Maler. Der Sohn eines Anstreichers schloss sich zunächst in Paris den *Fauves*, d. h. den »Wilden«, an, entwickelte aber schon bald mit Picasso den Kubismus, also das Malen in geometrischen Formen. Sein Name ist germanischen Ursprungs und bezeichnete früher den »Halter von Jagdhunden«, auch den »Jägermeister«, zu mhd. *bracke*, »Spürhund«.

Braschi *Giovanni Angelo* (1717–1799) war der bürgerliche Name des Papstes Pius VI., der lange in der Verwaltung des Kirchenstaates tätig gewesen war, bevor er 1773 zum Kardinal erhoben und zwei Jahre später zum Pontifex gewählt wurde – allerdings erst nach fünfmonatigem Konklave. Die römische Familie *Braschi* behauptet, von der schwedischen Familie *Brasck* abzustammen, obschon die Herkunft von ital. *brasca*, »Kohl«, wahrscheinlicher ist. → *Pius VI.*

Braun *Wernher von* (1912–1977), deutscher Raketenkonstrukteur im Dritten Reich. Er entwickelte seit 1932 Flüssigkeitsraketen, ab 1942 in Peenemünde die berüchtigte V2 (das *V* steht für »Vergeltungswaffe«), die in den letzten Kriegsmonaten gegen England eingesetzt wurde. Nach 1945 lebte er in den USA und hatte entscheidenden Anteil an der Entwicklung der Weltraumfahrt. Sein Name passt gut zu seiner »braunen« Vergangenheit während der Naziherrschaft, obschon der Erste dieses Namens wohl eher nach seiner Haar-, Haut- oder Augenfarbe benannt wurde. Von den vielen anderen Namensträgern sei noch *Karl*

Ferdinand Braun genannt (1850–1918), der 1896 die *Braunsche Röhre* als wichtigstes Bauelement für Oszillographen, Radarschirme und Fernsehempfänger erfand.

Brecht *Bertolt* (1898–1956), eigentlich *Eugen Berthold Friedrich Brecht*, deutscher Dichter, Essayist und Dramatiker. Nach anfänglichem Wirken als Dramaturg am Deutschen Theater in Berlin verließ der Marxist 1933 Deutschland und ging über die Schweiz, die skandinavischen Länder und die Sowjetunion nach Kalifornien ins Exil. Zu seinen bekanntesten Werken zählen »Die Dreigroschenoper«, »Die heilige Johanna der Schlachthöfe«, »Mutter Courage und ihre Kinder«, »Der gute Mensch von Sezuan« und »Der kaukasische Kreidekreis«. Sowohl sein Familien- als auch sein Vorname enthalten (zu Recht!) das ahd. Adjektiv *beraht*, »glänzend«, denn *Brecht* ist eine Verkürzung von *Albrecht* (aus *Adalbert*, mit ahd. *adal*, »edel«) oder *Berthold* (aus *Berchtwald*, mit ahd. *waltan*, »herrschen«).

Brentano *Clemens Brentano* (1778–1842), deutscher Dichter der Romantik mit italienischem Namen (sein Vater entstammte einer italienischen Kaufmannsfamilie). Er war mit Achim von Arnim befreundet, der später seine Schwester Elisabeth – als Bettina von Arnim ebenfalls eine bekannte Schriftstellerin und enthusiastische Freundin Goethes – heiratete und mit dem er in Heidelberg eine Zeitung und die dreibändige Volksliedersammlung »Des Knaben Wunderhorn« herausgab. Neben Satiren und Lustspielen schrieb er Erzählungen und Märchen (vor allem Rheinmärchen und italienische Märchen). Als Lyriker zählt er, neben Eichendorff und Mörike, zu den bedeutendsten Dichtern der Romantik. Sein Name leitet sich her vom norditalienischen Fluss *Brenta*, der in den Dolomiten bei Trient entspringt und in die Adria strömt. Wörtlich übersetzt bedeutet der Name »Gleitkufe«.

Breschnew *Leonid Iljitsch* [russ. *Леонид Ильич Брежнев*], 1906–1982, ehemaliger sowjetischer Politiker. Er arbeitete zunächst als Stahlarbeiter in der Ukraine, bevor er 1952 in das Zentralkomitee der KPdSU gewählt wurde. Danach war er lange Jahre Generalsekretär der KPdSU, seit 1960 auch Staatspräsident. Als Nachfolger Chruschtschows setzte er dessen Politik der friedlichen Koexistenz zwischen der Sowjetunion und den USA fort, griff jedoch in Konflikte in unterentwickelten Ländern ein (z. B. unterstützte er im Vietnamkrieg Hanoi und ließ 1979 russische Truppen in Afghanistan einmarschieren). 1968 stellte er die so genannte *Breschnew*-Doktrin auf, die dem Kreml ein Interventionsrecht der Sowjetunion im Ostblock zugestand, wenn der Sozialismus in den Satellitenstaaten gefährdet erschien; so beendete er 1968 den »Prager Frühling« mit einer Invasion in der Tschechoslowakei. Mit Willy Brandt unterzeichnete er 1970 die Moskauer Verträge und nahm an den Salt-Abrüstungsverhandlungen über eine Rüstungsbegrenzung in Genf teil. Sein Name leitet sich entweder von russ. *brjesch' (брешь)*, »Bresche, Lücke« – einem Lehnwort aus dem Deutschen – her, wahrscheinlicher aber von russ. *brjézschit' (брезжить)*, »schimmern, dämmern«, vielleicht sogar von *bjerjeschnij (бережный)*, »behutsam«, was in der Tat auf seine Politik zutreffen würde. Sein Vorname *Leonid* entspricht dem griechischen *Leonidas*. → Leonidas

Briand *Aristide* (1862–1932), französischer Staatsmann, der zwischen 1906 und 1929 in fast allen Kabinetten einen Ministerposten innehatte und wiederholt sogar Ministerpräsident war. Er verfolgte nach dem Ersten Weltkrieg eine konsequente Abrüstungs- und Friedenspolitik gegenüber Deutschland, weswegen er 1926 zusammen mit Stresemann und Chamberlain den Friedensnobelpreis erhielt. Der bretonische Name bedeutet zutreffenderweise »der Hohe«, »die hoch gestellte Persönlichkeit«, zu kelt. *bryn*, »Hügel, Anhöhe«. (Englische und irische Varianten sind *Bryan* und *Brian* bzw. *O'Bryan* und *O'Brian*.) → Chateaubriand

Brice *Pierre* (geb. 1929), eigentlich *Pierre Louis de Bris*, französischer Schauspieler, der vor allem in Deutschland als Winnetou-Darsteller in den Karl-May-Verfilmungen der 60er-Jahre bekannt wurde. Sein Pseudonym ähnelt zwar dem richtigen Namen, klingt für französische Ohren jedoch eher wie *brise*, »Brise, sanfter Wind«, während der ursprüngliche Name *Bris* für »Bruch« und »Zerstörung« steht. Im Keltischen begegnet der Name *Brice* ebenfalls, und zwar in der Bedeutung »Sohn des Rice«, zu walisisch *Ab Rice*, zusammengezogen aus *ab*, »Sohn von …«, und dem Personennamen *Rice*. Die Kirchengeschichte kennt einen gallischen Heiligen, *St. Brice*, der im 4. Jahrhundert dem heiligen Martin als Bischof von Tours folgte. Schließlich könnte der Name vom keltisch-römischen Rufnamen *Bricius* stammen, der die Bedeutung »der Gefleckte« hatte.

Britannicus, »der Brite«, war der Beiname des *Tiberius Claudius Caesar* (41–55 n. Chr.), Sohn des Claudius und der Messalina. Er war der rechtmäßige Thronfolger, wurde aber von seiner Stiefmutter Agrippina d. J. verdrängt und kurz nach der Krönung ihres eigenen Sohnes *Nero* vergiftet. → *Claudius* und *Messalina*

Brod *Max* (1884–1968), in Prag geborener jüdischer Schriftsteller, der 1939 nach Palästina emigrierte, wo er neben seinem Schaffen als Dramaturg am Theater in Tel Aviv historische und religionsphilosophische Romane verfasste sowie die Werke seines Freundes Franz Kafka herausgab und kommentierte. Der Name *Brod*, »Furt«, ist in seiner böhmischen Heimat nicht selten für eine Siedlung an einem günstigen Flussübergang (zu tsch. *brodit sa*, »waten«). → *Brodsky*

Brodsky *Joseph* (1940–1996), amerikanischer Dichter russischer Herkunft. Sein ursprünglicher Name war *Iossif Alexandrowitsch Brodski* [russ. *Иосиф Александрович Бродский*]. 1964 wurde der Sohn jüdischer Eltern wegen »Parasitentums« zu fünf Jahren Zwangsarbeit verurteilt und 1972 aus der Sowjetunion ausgebürgert. Er ging nach New York und schrieb weiterhin in russischer Sprache Gedichte. Obschon diese inzwischen auch in Russland erschienen sind, kehrte er nicht mehr in seine Heimat zurück. 1987 erhielt er für sein Werk den Literaturnobelpreis. *Brodsky*, »Mann aus Brody«, verweist auf einen Ort dieses Namens in Galizien (heute in der Ukraine), der an einem seichten Flussübergang lag, denn ukr. *brodíti (бродити)* bedeutet »waten« (vgl. poln. *bród*, »Furt«). → *Brod*

Bromios [grch. *Βρόμιος*], »der Tosende«, war ein Beiname des Dionysos, da er ein Gott der Ekstase war; zu grch. *brómos (βρόμος)*, »Lärm, Geprassel, Getöse« (vgl. *Brummen*).

Bronson *Charles* (1921–2003), eigentlich *Charles Dennis Buchinsky* (zu poln. *buk*, »Buche«), amerikanischer Filmschauspieler. Er war eines von 15 Kindern eines eingewanderten litauischen Bergmanns und wurde zunächst ebenfalls Kumpel, bevor er kleine Filmrollen bekam – hauptsächlich wohl wegen seines markanten Gesichts. (Er selbst sagte von sich einmal: „Ich sehe aus wie ein Steinbruch, den jemand in die Luft gejagt hat".) Während der McCarthy-Ära, also der Zeit der Kommunistenverfolgung in den USA, hielt er es wohl für günstiger, anstatt seines slawischen Namens einen unverfänglichen Straßennamen in Beverly Hills zu wählen (*Bronson Street*, von *Branston*, wörtlich »Siedlung des Brant«, zu anord. *brandr*, »Feuerbrand«, »Schwert«). Er spielte in der Regel den verschlossenen, oft brutalen Einzelgänger, der lieber seine Pistole sprechen ließ, als selbst den Mund aufzumachen, wie auch die Titel seiner bekanntesten Filme vermuten lassen: »Die glorreichen Sieben«, »Gesprengte Ketten«, »Das dreckige Dutzend«, »Spiel mir das Lied vom Tod«, »Ein Mann sieht rot« und »Ein stahlharter Mann«.

Brontë war der Name dreier, jung verstorbener englischer Schwestern, die als Schriftstellerinnen den Decknamen *Bell* wählten (von engl. *bell*, »Glocke«), was nicht weiter verwundert, da sie bisweilen zusammen an einem Werk arbeiteten. In ihren Romanen spiegeln sich die eigenen leidvollen Erfahrungen der Pfarrerstöchter, die in einem puritanischen Elternhaus aufwuchsen und sich danach sehnten, aus einer Welt auszubrechen, in der Frauen kein eigenes Schicksal zustand. *Charlotte Brontë* (1816–1855) beschrieb in ihrem erfolgreichen Roman »Jane Eyre« unter dem Künstlernamen *Currer Bell* den Lebens- und Leidensweg einer englischen Gouvernante. *Emily* (1818–1848), die literarisch Bedeutendste unter den Geschwistern, verewigte sich mit dem Roman »Die Sturmhöhe«, einer Tragödie voller dämonischer Leidenschaften, die sie unter dem Decknamen *Ellis Bell* verfasste. *Anne* (1820–1849), die künstlerisch Schwächste, zeichnete ein unerbittliches Porträt ihres trunksüchtigen Bruders (»The tenant of Wildfell Hall«), das sie unter ihrem Pseudonym *Acton Bell* veröffentlichte. Da die Familie aus Irland stammte, könnte es sich bei dem Namen *Brontë* um eine anglisierte Form von irisch *proinnteach*, »Speisesaal, Refektorium«, handeln.

Brown *John* (1800–1859), ein Verfechter der Sklavenbefreiung in den USA, der mit gewaltsamen Methoden die weißen Sklavenhalter bekämpfte sowie mit einem Anschlag auf ein US-Arsenal den Amerikanischen Bürgerkrieg (1861–1865) auslöste und dafür hingerichtet wurde. Noch heute wird er, zumindest im Norden der Vereinigten Staaten, als Märtyrer besungen (vgl. das auch bei uns populäre Lied »John Brown's body lies amould'ring in his grave«). Der militante Rebell war, im Widerspruch zu seinem Namen (engl. *brown*, »braun«), ein Weißer aus Connecticut im Nordosten der USA. → *Donne*

Bruegel (auch: *Brueghel* und *Breughel*) hieß eine niederländische Malerfamilie aus Breda, die sich in Brüssel und Antwerpen niederließ. *Pieter Bruegel d. Ä.* (ca. 1525–1569) war in seiner Kunst stark beeinflusst von den grotesken Darstellungen des Hieronymus Bosch. Er malte vor allem Landschaften und Szenen aus dem bäuerlichen Leben, was ihm den Beinamen »Bauernbruegel« einbrachte. Sein Sohn *Pieter Bruegel d. J.* (1564–1638) imitierte den Stil seines Vaters in Winterlandschaften, aber auch in dämonischen Szenen, weswegen er bald der »Höllenbruegel« hieß. Seinem zweiten Sohn *Jan Bruegel d. Ä.* (1568–1625) verdanken wir detaillierte Landschaftsbilder – oft auf kleinen Kupfertafeln – sowie Miniaturen mit biblischen Begebenheiten. Da er zudem glatte und bunte Stillleben malte, wird er wohl auch der »Samt- und Blumenbruegel« genannt. Dessen Sohn *Jan Bruegel d. J.* (1601–1678) setzte diese Tradition fort, während sein Sprössling *Abraham Bruegel* (1631–1690) dekorative Stillleben in leuchtenden Farben malte. Der Name passt zum Herkunftsgebiet der Künstlerfamilie: mhd. *brüel* steht für eine »feuchte Wiese« und ist aus mlat. *brogilus*, »Aue«, entlehnt (vgl. den Ortsnamen *Brühl*).

Brundtland *Gro Harlem* (geb. 1939), norwegische Politikerin. Sie war 1981 der erste weibliche Regierungschef (mit acht weiteren Frauen in Ministerposten), wurde 1986 für eine volle Amtsperiode wiedergewählt und leitete noch einmal das Kabinett in Oslo von 1990 bis 1996. Von 1998 bis 2003 war sie Generaldirektorin der Weltgesundheitsorganisation (WHO). Bei ihrer Heirat hat sie ihren Mädchennamen *Harlem* zusätzlich zu ihrem Ehenamen *Brundtland* behalten. *Brundtland* dürfte auf anord. *brunn*, »braun«, beruhen und dann etwa »gebräuntes Land« bedeuten (oder zu norw. *bryn*, »Waldrand«), während *Harlem* aus ahd. *haar*, »Anhöhe«, und *lem*, »Lehm, Schlick«, herzuleiten ist.

Brunelleschi, eigentlich *Filippo di Ser Brunelesco* (1376–1446), war ein italienischer Baumeister und Bildhauer, der sich bewusst von der Gotik abwandte und als Schöpfer der Renaissance-Architektur gilt. Neben Kirchen und Kapellen schuf er die berühmte Kuppel des Doms in seiner Heimatstadt Florenz. Die Namensendung *-eschi* verweist auf die Herkunft der Familienmitglieder: Sie waren offensichtlich Nachfahren eines *Bruno*, also eines »Braunhaarigen« (Koseform *Brunello*), oder eines Produzenten des *Brunello*, eines bekannten florentinischen Rotweins.

Brunhild, eine Heroin der deutschen und der nordischen Heldendichtung, war die Gemahlin König Gunthers von Burgund. Es gab aber auch eine historische *Brunhilde* (eigentlich *Brunichilde*), eine fränkische Königin des 6. und 7. Jahrhunderts, die sich nach der Ermordung ihres Gatten Sigibert als Herrscherin über fast vier Jahrzehnte behaupten konnte, die am Ende jedoch ebenso brutal ermordet wurde wie ihr Gemahl (613). Der Name *Brunhild(e)*, nord. *Brynhildr*, setzt sich zusammen aus ahd. *brunne*, »Brustharnisch« (vgl. *Brünne*), und *hiltja*, »Kampf«.

Brüning *Heinrich* (1885–1970), deutscher Zentrumspolitiker. Während der Weimarer Republik war er von 1930 bis 1932 Reichskanzler. Nach dem Scheitern seiner Politik sowie Differenzen mit Reichspräsident von Hindenburg und wegen des erstarkenden Nationalsozialismus trat er 1932 zurück. Zwei Jahre später entzog er sich seiner Festnahme durch die Nazis durch Emigration nach Amerika. *Brüning* ist aus einem alten deutschen Rufnamen entstanden, zu ahd. *brun*, »braun, der Braune«, und der Endung *-ing* für »Gefolgsmann« – eine Assoziation, die in diesem Fall nun wirklich nicht angebracht ist.

Bruno *Giordano* (1548–1600), italienischer Dominikanermönch und Philosoph, der wegen seiner pantheistischen Weltanschauung der Inquisition zum Opfer fiel und auf dem Scheiterhaufen verbrannt wurde. Sein Name bedeutet »der Braune«, womit entweder die Haut- oder die Haarfarbe gemeint war (sein Vorname entspricht unserem *Jordan*).

Brutus war ein altrömischer Spitzname mit der Bedeutung »Dummkopf« und »Tölpel« (zu lat. *brutus*, »schwerfällig, stumpfsinnig«), zugleich aber auch ein geläufiger Beiname in der *gens Iunia*: z. B. *Lucius Iunius Brutus*, der angebliche Befreier Roms, der um 510 v. Chr. den letzten Etruskerkönig Tarquinius Superbus vertreiben konnte und zusammen mit Collatinus der erste römische Konsul wurde, oder *Marcus Iunius Brutus* (85–42 v. Chr.), ein angesehener Philosoph und Redner, der zunächst Caesars Freund, später aber dessen Mörder wurde, sowie *Decius Iunius Brutus* (84–43 v. Chr.), einer der Verschwörer gegen Caesar und späterer Gegner des Antonius.

Brynner *Yul* [russ. Юл Бриннер], amerikanischer Schauspieler, dessen Glatzkopf zu seinem Markenzeichen wurde. Er behauptete, von seinem Vater Boris Bryner *Taidje Khan* genannt worden zu sein (wohl doch eher nach seinem Großvater *Yul Bryner*). Um seine Herkunft verbreitete *Brynner* selbst die verschiedensten Legenden und sagte in jedem Interview etwas anderes. Erst sein Sohn Rock lüftete 1989 in einer Biographie einige Geheimnisse um den Star: Er wurde um 1915 oder 1920 (wohl eher 1920) auf der Insel Sachalin im Japanischen Meer geboren. Sein Vater, *Boris Bryner* (entweder von *Brünner*, zu »Brunnen« oder mhd. *brünne*, »Brustharnisch«, oder zu *Bruno*, »Brauner«), war ein schweizerisch-mongolischer Techniker und Erfinder, seine Mutter die Tochter eines russischen Arztes. Nachdem der Vater die Familie verlassen hatte, zog die Mutter mit den zwei Kindern nach China. 1934 wanderten sie nach Paris aus, wo *Yul Brynner* (inzwischen mit doppel-*n*) ein exklusives Gymnasium besuchte (bis er hinausgeworfen wurde). Er schlug sich in Frankreich als Sänger, Zirkusartist und Mitglied eines Zigeunerorchesters durch. Seine Theaterkarriere begann 1945 am New Yorker Broadway, in den 50er-Jahre feierte er Triumphe mit dem Musical »Der König und ich« sowie den Filmen »Die zehn Gebote«, »Anastasia« und »Die Brüder Karamasow«. In den 70er-Jahren folgten viele Thriller sowie Abenteuer- und Westernfilme. Er starb 1985.

Buber *Martin* (1878–1965), jüdischer Sozialphilosoph und Theologe österreichischer Herkunft. *Buber* lehrte bis 1933 an der Universität in Frankfurt a. M., von 1938 bis 1951 an der Hebräischen Universität in Jerusalem. Für seine deutschen und hebräischen Schriften (z. B. »Die Erzählungen der Chassidim« und »Gog und Magog«) erhielt er 1953 den Friedenspreis des Deutschen Buchhandels. Der Name geht wohl zurück auf mhd. *buobe*, »Diener, Knecht«, und bezeichnete die Nachkommen eines solchen.

Buchanan *George Buchanan* (1506–1582), schottischer Humanist und Dramatiker. Als Gegner des Absolutismus und Befürworter der Volksherrschaft verteidigte er das Recht auf Tyrannenmord. 1568 saß er mit im Gericht über Maria Stuart. *James Buchanan* (1791–1868) war von 1857 bis 1861 der 15. Präsident der Vereinigten Staaten. Obschon der Demokrat aus dem Norden der USA stammte und für die Union eintrat, hing er der südstaatlichen Ideologie an, einschließlich des Rechts auf Sklaverei und Eigenstaatlichkeit. Somit galt er als optimaler Kompromisspräsident, der den Ausbruch des Amerikanischen Bürgerkriegs jedoch nicht verhindert konnte. *Buchanan* (auch: *Buchanon*, *Buckcannon* und *Bucannon*) ist ein Herkunftsname und bezieht sich auf einen gleichnamigen Distrikt nahe des Loch Lomond in Schottland. Er enthält die gälischen Elemente *buth*, »Haus«, und *chanain*, »Kanonen« (vgl. engl. *cannon*).

Bucharin *Nikolaj Iwanowitsch* [russ. *Николай Иванович Бухарин*], 1888–1938, bolschewistischer Revolutionär. Er wurde nach Sibirien verbannt, konnte 1911 aber aus dem Zarenreich fliehen. 1912 traf er in Krakau mit Lenin zusammen und verfasste darauf sein Hauptwerk »Imperialismus und Weltwirtschaft«. Während der Revolution kehrte er nach Russland zurück und wurde Mitglied des Zentralkomitees der KPdSU und später auch des Politbüros, ab 1918 zudem Chefredakteur der Prawda. Nach Lenins Tod schloss er sich zunächst Stalin an, wurde aber durch diesen im Verlauf der politischen Säuberungen entmachtet und nach einem Aufsehen erregenden Prozess hingerichtet. Sein Name verweist wohl auf eine Herkunft seiner Vorfahren aus der usbekischen Stadt *Buchara* (zu aind. *vihára*, »Kloster«).

Büchner *Georg* (1813–1837), deutscher Arzt und Schriftsteller (»Dantons Tod«, »Leonce und Lena«, »Woyzeck« u. a.). Der Gründer der »Gesellschaft der Menschenrechte« verfasste die erste sozialistische Kampfschrift mit der Forderung »Friede den Hütten, Kampf den Palästen«. 1835 musste er in die Schweiz fliehen, wo er in Zürich bis zu seinem frühen Tod vergleichende Anatomie lehrte. Der Name *Büchner* verweist auf die Herkunft aus einem der nicht gerade seltenen Orte *Buchen* oder *Buchenau*, zu mhd. *buoche*, »Buche«, und *buoch*, »Buchenwald«.

Buck *Pearl S.* (für *Pearl Sydensticker*), 1892–1973, amerikanische Schriftstellerin. Als Tochter des China-Missionars *Sydensticker* verbrachte sie einen Teil ihrer Kindheit in China, studierte jedoch in den USA, um dann als Professorin für englische Literatur nach China zurückzukehren (Nanking). Sie schrieb später nicht nur unter ihrem Künstlernamen *Buck*, sondern auch unter dem Pseudonym *John Sedges*, mit dem sie testete, ob ihre Bücher gelesen würden, auch wenn sie nicht unter ihrem inzwischen berühmten Schriftstellernamen erschienen. Von ihren etwa 80 Werken sind die beiden Romane »Ostwind – Westwind« (1930) und »Die gute Erde« (1931) bei uns besonders bekannt geworden. Ihr Name geht zurück auf engl. *buck*, »Bock« (vielleicht aber auch von aengl. *boc*, »Buche«).

Buddha (ca. 563–483 v. Chr.), indischer Philosoph adliger Herkunft und Prediger der Weltentsagung. Sein berühmter Name bedeutet »Erwachter«, »Erleuchteter« (zu skr. *budh*, »erwachen«). Die Eltern hatten den Prinzen *Siddhartha* genannt, was im Sanskrit »das Ziel erreicht habend« bedeutet (zu *sidh*, »Erfolg haben, vollbringen«). In indischen Adelsfamilien war es üblich, dem persönlichen Namen den eines wedischen Sehers hinzuzufügen. So ist *Buddha* auch unter dem Namen *Gautama Buddha* (oder *Gotama Buddha*) bekannt, weil seine Familie sich von dem alten wedischen Seher-Geschlecht Gotama herleitete. Seine Mutter Maya, die vor seiner Geburt ein Keuschheitsgelübde abgelegt hatte, empfing ihn nach eigener Aussage im Traum von einem weißen Elefanten, der in ihre Seite eindrang. (Nach einer anderen Version berührte er sie mit einem weißen Lotos.) Sie wurde von der Empfängnis und der Niederkunft ebenso überrascht wie später Maria, die Mutter Jesu. Anders als diese (die ja vor der Geburt von Jesus keinen Geschlechtsverkehr hatte und nach der Geburt weiterlebte, aber jungfräulich blieb), starb Maya unmittelbar nach der Geburt: Das kostbare Gefäß, das einen Buddha empfangen hatte, sollte nie wieder weltlichen Zielen und Zwecken dienen. Übrigens hat Buddha – wie Jesus – selbst keine einzige geschriebene Zeile hinterlassen.

Buffalo *Bill* (1846–1917), amerikanischer Offizier während der Indianerkriege. Eigentlich hieß er *William Frederick Cody*. Seinen weltweit bekannten Spitznamen erhielt er während des Baus der Pazifikbahn, als ihm die Frischfleischlieferungen für die Bahnarbeiter oblagen, da er sich gern mit der Anzahl der von ihm aus dem fahrenden Zug erlegten Büffel brüstete. Später zog er als Zirkusunternehmer durchs Land, in denen er seine Schießkünste unter Beweis stellte. Den Beinamen des bedenkenlosen Schlächters könnte man mit »Büffel-Willi« übersetzen. Sein Geburtsname allerdings birgt das englische Wort *code*, »Gesetzbuch« (vgl. *Kodex* und *Ehrenkodex*).

Buffet *Bernard* (1928–1999), französischer Maler des Expressionismus. Der Name lässt verschiedene Interpretationen zu: Im Mittelalter gab es im Französischen das Wort *buffet* für »Blasebalg«, sodass der Name vielleicht den Hersteller solcher Geräte bezeichnete. Den Begriff *buffet* gab es aber auch in der Bedeutung »Ohrfeige«, womit im übertragenen Sinn ein so genanntes »Ohrfeigengesicht« gemeint gewesen sein könnte. Heute entspricht das Wort *buffet* einer »Anrichte« oder einem »Geschirrschrank«.

Bugatti *Ettore* (1881–1947), französischer Autokonstrukteur italienischer Herkunft, der schon als junger Mann mit einem selbst gebauten Wagen Autorennen gewann und seinen Eigenbau erfolgreich weiter entwickelte. 1907 gründete er die elsässischen *Bugatti*-Werke, in denen später auch Flugzeugmotoren und Triebwagen gebaut wurden. Der Name *Bugatti* ist lombardischer Herkunft und entspricht dort der Mehrzahl von ital. *buratto*, »Mehlsieb«. Die Verkleinerungsform *burattino* bedeutet übrigens »Hampelmann, Hanswurst«. (*Ettore* ist die italienische Form von *Hektor*.)

Bulganin *Nikolaj Alexandrowitsch* [russ. Николай Александрович Булганин], 1895–1975, sowjetischer Staatsmann. Er trat früh den Bolschewiki bei, war von 1931 bis 1937 Bürgermeister von Moskau und von 1937 bis 1941 Vorsitzender der Staatsbank. 1947 wurde er stellvertretender Ministerpräsident der UdSSR, unter Stalin und Malenkow Verteidigungsminister, 1955 unter Chruschtschow Vorsitzender des Ministerrates der UdSSR, 1958 jedoch wegen eines Putschversuchs gegen Chruschtschow aus seinen Ämtern entlassen und aus dem Zentralkomitee der Kommunistischen Partei ausgeschlossen. Sein Familienname ist wohl hergeleitet von turkm. *bulga*, »gemischt« (vgl. *Bulgarien*, mit einer Mischung aus verschiedensten Völkerschaften).

Bull *John* (1562–1628), englischer Komponist und Organist in London, Brüssel und Antwerpen. *John Bull* wurde später als spöttischer Beiname für die Engländer benutzt. Der Ausdruck stammt von dem schottischen Arzt und Satiriker John Arbuthnot, der 1712 mit seiner »Geschichte des John Bull« das englische Volk charakterisierte. Dem Namen liegt aengl. *bula*, »Bulle, Stier«, zu Grunde.

Bülow *Friedrich Wilhelm Bülow* (eigentlich *Graf Bülow von Dennewitz*), 1755–1816, war ein preußischer General, der an den Schlachten von Leipzig und Waterloo teilnahm. *Hans Bülow* (richtiger: *Hans Guido Freiherr von Bülow*), 1830–1894, hieß ein deutscher Pianist und Dirigent. Der begeisterte Brahms- und Wagner-Interpret war in erster Ehe mit Cosima Liszt verheiratet, die ihn aber zu Gunsten Wagners verließ. *Bernhard Fürst von Bülow* (1849–1929) war von 1900 bis 1909 deutscher Reichskanzler und Ministerpräsident von Preußen. Er förderte Kaiser Wilhelms II. Politik, dem Deutschen Reich seinen verdienten Platz unter den Weltmächten zu verschaffen, indem er einige Besitzungen im Pazifik erwarb und im Mittleren Osten durch den Bau der Bagdad-Bahn Einfluss zu gewinnen suchte. Der Name *Bülow* bezieht sich auf den gleichnamigen mecklenburgischen Ort. → *Loriot*

Bultmann *Rudolf Karl* (1884–1976), deutscher evangelischer Theologe. Er führte eine kritische Untersuchung der synoptischen Evangelien durch und forderte eine Entmythologisierung des Neuen Testaments. Sein Name geht entweder zurück auf mhd. *bulte*, »kleiner Erdhügel«, oder auf den in Niedersachsen vorkommenden Ortsnamen *Bülten*.

Bunsen *Robert Wilhelm* (1811–1899) hieß ein deutscher Forscher, der (zusammen mit Gustav Robert Kirchhoff, 1824–1887) herausfand, dass zu jedem chemischen Element bestimmte, charakteristische Spektrallinien gehören. Mit Hilfe dieser Spektralanalyse entdeckte er sogar zwei neue Elemente: das Cäsium und das Rubidium. Er war auch der Erfinder des so genannten *Bunsenbrenners* (1855), eines Gasbrenners, bei dem durch die Regulierung der Sauerstoffzufuhr die Flammentemperatur beeinflusst werden kann. Der Name *Bunsen* ist aus *Buno*, einer Lallform von *Bruno*, »der Braune«, hervorgegangen, die Endung *-sen* bedeutet natürlich »Sohn von …«.

Buñuel *Luis* (1900–1983), spanischer Autor und Regisseur, einer der bedeutendsten Vertreter des surrealistischen Films. Er drehte z. B. in Frankreich zwei Filme mit dem Maler Salvador Dalí. Später arbeitete er in Mexiko und Spanien, wo man seine Filme wegen seiner antiklerikalen Haltung mehrmals verbot. Der Name *Buñuel* basiert wohl auf span. *buñuelo*, »Ölgebäck«, »Windbeutel« (im übertragenen Sinn auch »Pfuscherei, Murks«). Er könnte sich allerdings auch auf einen nordspanischen Ort dieses Namens beziehen.

Bunyan *John* (1628–1688), englischer Baptistenprediger und Schriftsteller. Da er kein Geistlicher war, verbrachte er wegen unbefugten Predigens viele Jahre im Gefängnis, wo er die christliche Allegorie »Die Pilgerreise« schrieb, noch heute eines der meistgelesenen Bücher der englischen Literatur. Sein normannischer Name variiert in der Schreibung von *Bonnioun* über *Bunyon* bis *Bunnion*. Zu Grunde liegt afrz. *bugnon*, eine Verkleinerungsform von *bugne*, »Beule, Pickel« (vgl. engl. *bun*, »süßes Brötchen«, auch »Haarknoten«), wobei es sich um einen Spottnamen eines frühen Trägers handeln könnte.

Buonaparte → *Napoleon*

Burgess *Anthony*, eigentlich *John Burgess Wilson*, 1917–1993, englischer Romanschriftsteller. Sein Name geht zurück auf afrz. *burgeis*, »Stadtbewohner«, »freier Bürger einer Stadt«. Sein Geburtsname *Wilson* bedeutet natürlich »Sohn des Will«, d. h. »Sohn des William«.

Burroughs *Edgar Rice* (1875–1950), amerikanischer Schriftsteller, der die Figur des Tarzan erfand. *Burroughs* bedeutet »Wohnhaus, Bauernhaus«, aus aengl. *bur*, »Wohnstätte« (vgl. *Vogelbauer* und *Bure*), sowie *hus*, »Haus«. *Edgar* beruht auf aengl. *ead*, »Erbbesitz«, und *gar* (*gēr*), »Speer«. Der Name *Rice* stammt aus Wales und leitet sich her von awal. *ris*, »Eifer, Inbrunst« (heute: *rhys*).

Burton *Richard* (1925–1984), eigentlich *Richard Walter Jenkins*, englischer Schauspieler walisischer Herkunft. Er trat zunächst in Shakespeare-Rollen auf, dann in amerikanischen Filmen (häufig zusammen mit seiner Frau Elizabeth Taylor). Seinen Künstlernamen soll er von einem seiner alten Schullehrer übernommen haben, der ihm eine große Zukunft vorhersagte. *Burton* ist eine englische Metathese von *Breton*, »Bretone«; er wollte mit der Wahl dieses Künstlernamens wohl seine keltische Herkunft betonen. (Die *Bretagne* wurde seit dem 5. Jahrhundert von *Briten* oder *Brittones*, d. h. »Bretonen«, besiedelt, die aus Britannien kamen und, wie die Waliser, ihre keltische Sprache beibehielten.) Sein Geburtsname *Jenkins* bedeutet schlicht »Sohn des Jenkin«; dieses wiederum ist eine Verkleinerungsform von *John* und bedeutet demnach etwa »Hänschen« (die englische Endung *-kin* entspricht unserem Suffix *-chen*).[4]

---

[4] Die englischen Siedler im ehemaligen Neu-Amsterdam, dem heutigen New York, wurden nach dem Erwerb der niederländischen Besitzung durch die Briten mit einem ähnlichen (allerdings holländischen) Spitznamen belegt: *Yankee*, von ndl. *Janneken*, »kleiner Jan«, »Hänschen«.

Busch *Wilhelm* (1832–1908), deutscher Maler, Zeichner und Dichter. Der Vater von »Max und Moritz« zählt mit seinen Bildgeschichten zu den größten Humoristen Deutschlands. Sein Name geht zurück auf einen Vorfahren, der an einem »Gesträuch« oder einem »Wäldchen« siedelte.

Bush *George W.* (*Walker*), geb. 1946, republikanischer amerikanischer Politiker. Er war von 1994 bis 2000 Gouverneur von Texas, wurde 2001 zum 43. Präsidenten der Vereinigten Staaten gewählt und 2004 in seinem Amt bestätigt. Nach dem 11. September 2001 rief er zum internationalen Kampf gegen den Terrorismus auf und seitdem betreibt er eine militärisch dominierte Außenpolitik. Zunächst führten die USA Krieg gegen Afghanistan, wo die Terrororganisation Al-Qaida (arab. für »Grundlage«) zu diesem Zeitpunkt ihre Basis hatte, 2003 gegen den Irak, da Saddam Hussein angeblich im Besitz von Massenvernichtungswaffen war. Sein Familienname bezeichnete ursprünglich wohl einen »Siedler an einem Gebüsch« (zu engl. *bush*, »Busch«). Den Mittelnamen *Walker* verdankt er seinem Großvater *Prescott Sheldon Bush*, der 1921 die Tochter eines New Yorker Bankers namens *George Herbert Walker* geheiratet hatte, und dessen beide Vornamen er auf seinen Sohn, den späteren Präsidenten *George Herbert Bush* sen., übertrug. Der gab dieses Erbe an seinen eigenen Sohn, den heutigen Präsidenten *George Walker Bush*, weiter. Dabei war dieser *Mr. Walker* keineswegs sonderlich erinnernswert, denn der frühere Hobbyboxer, Trinker und Raufbold soll noch bis 1942 äußerst ertragreiche Geschäfte mit Nazideutschland getätigt haben.

Butenandt *Adolf Friedrich Johann* (1903–1995), deutscher Chemiker, der 1960 die Nachfolge Otto Hahns als Präsident der Max-Planck-Gesellschaft antrat. Bereits 1939 hatte er den Nobelpreis für Chemie erhalten, konnte ihn aber erst nach dem Krieg (1949) entgegennehmen. Der Name *Butenandt* bezeichnete im Niederdeutschen ursprünglich jemanden, der *buten an*, also »außen an« wohnte.

Butler hießen gleich zwei englische Dichter. Der erste *Samuel Butler* (1612–1680) wurde durch die puritanische Satire »Hudibras« bekannt, in der (ähnlich wie Don Quijote und Sancho Pansa) der Titelheld und sein Gefolgsmann Ralph durch die Welt ziehen, diese zu bessern suchen und sich in abenteuerlichen Situationen wiederfinden. Der zweite *Samuel Butler* (1835–1902) war ein englischer Schriftsteller und Philosoph, der zeitweilig als Schafzüchter in Neuseeland lebte und erst nach seinem Tod wegen seiner evolutions- und gesellschaftskritischen Romane wie »Der Weg allen Fleisches« und »Jenseits der Berge« Berühmtheit erlangte. Ein *Butler* war früher ein Diener, der die Verantwortung für die edlen Tropfen des Hausherrn hatte, von afrz. *bouteillier*, »Kellermeister« (vgl. frz. *bouteille*, engl. *bottle*, »Flasche, Buddel«). *Samuel*, von hebr. *shmu'el*, bedeutet »der von Gott Erhörte«.

Buxtehude *Dietrich* (1637–1707), in Dänemark geborener Komponist und Organist in Lübeck, der mit seinen Meisterwerken (z. B. »Missa brevis« und »Magnificat«) einen großen Einfluss auf J. S. Bach und G. Fr. Händel ausübte. Seine Familie trug den Namen der norddeutschen Stadt an der Este, der sich zusammensetzt aus ahd. *buohha*, »Buche«, *stado*, »Ufer« (vgl. *Gestade*), und *hude*, »Stapelplatz« (vgl. *hüten*).

Byron *George Gordon Noel* (1788–1824), genannt *Lord Byron* (er war in der Tat der 6. Baron *Byron*), englischer romantischer Dichter, der ein sehr bewegtes Leben führte und wegen seines unerlaubten Liebesverhältnisses mit seiner Stiefschwester von der Gesellschaft geächtet wurde. Er zog sich ins Ausland zurück und lebte in der Schweiz, Italien und Griechenland, wo er bald nach seiner Ankunft an Malaria starb. Sein Großvater war übrigens der berühmte Weltumsegler und Südseeforscher *John Byron* gewesen (1723–1786), der seine Erlebnisse in einem Reisebericht schilderte (»Voyage round the world«). Der Name *Byron* dürfte eine Variante von *Byrom* sein (zu aengl. *byre*, »Kuhhütte, Kuhunterstand«) und damit etwa »Siedler bei einem Viehschuppen« bedeuten. Andererseits trifft man in Westfrankreich auf eine Reihe von Orten namens *Biron* (vielleicht mit der vorindoeuropäischen Wurzel *vir-*, »Wasserlauf«), sodass auch eine anglo-normannische Herkunft vorliegen könnte.

Caballé *Montserrat* (geb. 1933), spanischer Sopran und berühmte Opernsängerin aus Barcelona. Der Name ist entstanden aus katal. *cavaller*, »Reiter, Ritter« (vgl. *Kavallerie*).

Cabot *John* (ca. 1455–1498), eigentlich *Giovanni Caboto*, italienischer Seefahrer. Der in Genua Geborene wurde später ein Bürger Venedigs und ging 1484 nach England. Dort erhielt er 1496 ein königliches Patent für die Suche nach einem westlichen Seeweg nach Asien und erreichte 1497 – also noch bevor Kolumbus die Festlandküste Mittelamerikas betrat – das amerikanische Festland in Labrador. Ein Jahr später segelte er über Grönland die amerikanische Ostküste entlang nach Süden. Ähnlichen Ruhm errang sein Sohn *Sebastiano Caboto* (1476–1557), der in spanischen Diensten von 1526 bis 1530, auf der Suche nach einem Westweg zum Indischen Ozean, Brasilien und den Río de la Plata erforschte. Der Name stammt von ital. *cabotiere*, »Küstenfahrer« (vgl. unser Fremdwort *Kabotage*, »Küstenschifffahrt«), aus ital. *capo*, span. *cabo*, »Kap, Vorgebirge«, zu lat. *caput*, »Kopf« (vgl. unsere Wörter *Kap*, *Kapitän* und *Kapuze*). Hätte *Cabot* in französischen Diensten gestanden, hätte man seinen Namen wohl als *cabot*, »Köter«, interpretiert. → *Capote*

Cabral *Pedro Álvares* (1467–1526), portugiesischer Seefahrer. Er entdeckte im Jahr 1500 Brasilien, das er für die portugiesische Krone in Besitz nahm, und erforschte danach die Küsten Mozambiques und Indiens. Sein Name basiert auf dem portugiesischen Wort *cabra*, »Ziege«.

Caecilius war der Name einer plebejischen *gens*, deren berühmtester Zweig die *Metelli* waren, von lat. *caecus*, »blind, trübäugig, verblendet«, auch »lichtlos, finster, undurchsichtig« (vgl. unsere Vornamen *Cäcilia* und davon *Silke*). → *Caecina* und *Rufus*

Caecina lautete ein Beiname in der *gens Licinia*, zu lat. *caecus*, »blind, verblendet« sowie »finster«. → *Lucinius*

Caecus → *Claudius*

Caelius war ein plebejischer Geschlechtername, den z. B. der Staatsmann und Redner *Marcus Caelius Rufus* trug, ein Zeitgenosse und Freund Ciceros. Der Name Caelius[5] kommt wohl von lat. *caelestis*, »himmlisch, göttlich, unvergleichlich«, zu *caelum*, »Himmel«. → *Julius*

---

[5] *Caelius mons* hieß auch einer der sieben Hügel Roms, auf dem die Bewohner Alba Longas – der Sage nach von Äneas' Sohn Ascanius gegründet – nach der Zerstörung ihrer Stadt zwangsangesiedelt wurden. Die *Julier* z. B. waren stolz auf ihre Herkunft aus Alba Longa. Sie begründeten damit ihre Abkunft von Ascanius und damit ihre Herkunft von Troja.

Caelus war im alten Rom der Name eines Himmelsgottes (zu lat. *caelum*, »Himmel, Firmament«), ein Sohn des *Aether* und der *Dies* sowie Vater von *Saturn*, *Vulkan*, *Merkur* und *Venus*.

Caepio hieß mancher Bewohner des Römischen Reiches mit Beinamen, wohl eine Bezeichnung für einen Zwiebelzüchter; zu lat. *caepa* (*cepa*), »Zwiebel«. → *Fabius*

Caesar wurde als Beiname in der *gens Iulia* vergeben, z. B. im Fall des Diktators und Feldherrn *Caius Iulius Caesar* (100–44 v. Chr.) und dessen Adoptivsohns *Caius Iulius Caesar Octavianus* (63 v. Chr. bis 14 n. Chr.), den wir besser als Augustus kennen. Seit diesem Kaiser zur Zeit Christi Geburt trugen alle Nachfolger den Titel *Caesar Augustus*. Allerdings führte seit Hadrian (117–138 n. Chr.) nur der jeweils herrschende Kaiser diesen Doppel-Titel, der Thronfolger hatte lediglich Anspruch auf den Titel *Caesar*. Im Jahr 293 n. Chr. wurde *Caesar* die Amtsbezeichnung der beiden Unterkaiser und später der offizielle Titel des Kaisers des Heiligen Römischen Reichs. Der Name beruht entweder auf lat. *caesariatus*, »mit buschigem Haar«, zu *caesaries*, »langes Haar, Mähne«, oder auf lat. *caesum*, »geschnitten«, zu *caedere*, »schneiden«, angeblich, weil einer der Vorfahren *Caesars* aus dem Mutterleib geschnitten wurde (lat. *a caeso matris utere*). Auf jeden Fall sprechen wir deswegen noch heute von einem *Kaiserschnitt* (engl. *caesarean section*). Die erste Version ist indessen die wahrscheinlichere. Danach hätte der Stammvater der *gens Iulia*, der Äneas-Sohn *Iulus*, sehr dichtes, wuscheliges Haar gehabt. → *Kaiser, Zar* und *Zarewitsch* sowie *Cincinnatus*

Caeso war ein römischer Beiname der Geschlechter Duilii, Fabii und Quinctilii, zu lat. *caesius*, »blaugrau« und »grauäugig«. Er könnte jedoch auch von lat. *caedere, caesum*, »fällen, schlagen«, stammen (vgl. *Zäsur*).

Cagliostro *Alessandro Graf von* (1743–1795), mit eigentlichem Namen *Giuseppe Balsamo*, italienischer Abenteurer und Alchimist, der fast ganz Europa bereiste, um den Herrschenden seine Elixiere und Wunderdrogen anzubieten. Er wurde immer wieder festgesetzt, ausgewiesen und schließlich in seiner Heimat wegen angeblicher Ketzerei zum Tode verurteilt, schließlich aber zu lebenslanger Haft begnadigt; er starb im Gefängnis. In seinem Namen offenbart sich ital. *caglio*,

»Lab«, ein aus dem Kälbermagen gewonnenes Ferment, das bei der Käseherstellung zur Gerinnung der Milch benutzt wird, zu ital. *cagliare*, »gerinnen«.

Caius (auch: *Gaius*; abgekürzt *C.* oder *G.*) lautete einer der wenigen römischen Vornamen. Er könnte sich von lat. *gaudere,* »sich freuen«, herleiten und das Glück der Eltern angesichts des Neugeborenen zum Ausdruck bringen.

Calderón de la Barca *Pedro* (1600–1681), spanischer Dramatiker, Offizier und Hofkaplan. Seine ca. 120, vor allem religiöse Dramen gehören zu den besten des spanischen Theaters. *Calderón* bedeutet im Spanischen »großer Kessel«, womit eine flache Mulde in der Landschaft gemeint sein könnte, während *barca* die Bezeichnung für ein »Fischerboot« ist (vgl. *Barke*). → *García* und *Hamilkar*

Caligula (12–41 n. Chr.) hieß mit Beinamen der tyrannische und wegen seiner Grausamkeit berüchtigte römische Kaiser (37–41) *Caius Iulius Caesar Germanicus,* jüngster Sohn des Germanicus und der Aggripina. Er erhielt den Spitznamen »Stiefelchen« von den Soldaten seines Vaters, da er in kleinen Legionärsstiefeln im Lager umherzustolzieren pflegte. *Caligula* ist die Verkleinerungsform von lat. *caliga,* »lederner Stiefel, Legionärsstiefel« (zu lat. *calx,* »Ferse, Hacke«).

Callas *Maria* (1923–1977), berühmte amerikanische Sopranistin. Als Tochter eines griechischen Einwanderers hatte die Operndiva ursprünglich natürlich einen griechischen Namen: *Cecilia Sophia Anna Maria Kalogeropoulos* [ngrch. Καλογερόπουλος], der ihr wohl wenig werbeträchtig, da schlecht auszusprechen und zu behalten erschien. Er bedeutet etwa »Kind des guten Alten«, aus ngrch. *kalós (καλός),* »gut«, *géros (γέρος),* »Greis«, und der patronymischen Endung *-poulos,* »Kind von …«. Die radikale Verkürzung zu *Callas* nahm bereits ihr Vater vor, als er in New York eine Apotheke eröffnete. Bei der Scheidung der Eltern kehrte die Mutter 1937 mit ihren beiden Töchtern nach Griechenland zurück und nahm ihren alten Namen *Kalogeropoulos* wieder an. Maria studierte Gesang in Athen, ging 1945 jedoch nach Amerika zurück. Hier wählte sie wieder den kürzeren und recht blumig klingenden Namen *Callas,* der an eine blühende *Calla* erinnert und zudem an agrch. *kállos (κάλλος),* »Schönheit, Prachtstück«

angelehnt ist, aber auch ngrch. *kállia (κάλλια)*, »besser«, anklingen lässt.

Calpurnius war der Name eines plebejischen Geschlechts, der *gens Calpurnia* (mit den Familien der Pisones, Bestiae und Bibuli), z. B. trugen diesen Namen der Schwiegersohn Ciceros, *Caius Calpurnius Frugi* (»Ehrenmann«), ein Annalist der Gracchenzeit, der 133 v. Chr. als Konsul den Sklavenaufstand in Sizilien bekämpfte und in seinen »Annales« (sieben Bücher, von Äneas bis zum Jahre 146 v. Chr.) die Korruption seiner Zeit geißelte und sein Vorbild in alten Römertugenden suchte, sowie Caesars Schwiegervater und Gegner Ciceros *Lucius Calpurnius Piso Caesonius*, »der Grauäugige« (gest. 43 v. Chr., 58 Konsul, 57/55 Statthalter in Makedonien), dessen Tochter – seit 59 v. Chr. Caesars dritte Frau – entsprechend der römischen Namengebung *Calpurnia* hieß. (Bekanntlich wurde sie in der Nacht vor Caesars Ermordung durch einen Traum gewarnt; ihr inständiges Flehen, nicht in den Senat zu gehen, wurde von Caesar nicht erhört.) Zur *gens Calpurnia* gehörte auch *Gnaeus Calpurnius Piso*, der herrschsüchtige Statthalter Syriens zur Zeit des Tiberius und des Germanicus. Angeblich soll *Piso* Letzteren vergiftet und anschließend Selbstmord begangen haben. Der Geschlechtername bleibt undurchsichtig; vielleicht liegt ihm eine Zusammensetzung aus lat. *calere*, »warm sein, glühen«, und *furnus*, »Backofen, Backhaus«, zu Grunde. → *Piso*

Calvin bedeutet »der Kahle«, zu lat. *calvus*, »kahl«. Der extreme protestantische Reformator *Johann Calvin* (1509–1564), der sein Geburtsland Frankreich 1534 verlassen musste und danach in Basel und Genf wirkte, latinisierte seinen Namen aus frz. *Jean Cauvin* oder *Chauvin* zu *Calvinus*. Nach ihm wird seine Lehre *Calvinismus* genannt. *Melvin Calvin* (1911–1997), bei dem die Namensbedeutung voll zutraf, war ein amerikanischer Chemiker, der sich der Erforschung der Photosynthese widmete und 1961 als Auszeichnung für seine Erkenntnisse den Nobelpreis für Chemie erhielt.

Camillus trat in der *gens Furia* häufig als Cognomen auf. Der Name ist wohl griechischer Herkunft, zu grch. *chamaí (χαμαί)*, »auf der Erde, niedrig wachsend«. Ein Träger dieses Namens war z. B. der Staatsmann und Feldherr *Marcus Furius Camillus*, der 387 v. Chr. die Stadt Veji von der Belagerung durch die Gallier befreite. → *Furius*

Camus *Albert* (1913–1960), berühmter französischer Schriftsteller und Dramatiker. Zu seinen bekanntesten Romanen und Novellen zählen »Der Fremde«, »Die Pest« und »Der Fall«, zu seinen bedeutendsten Dramen »Caligula«, »Das Missverständnis«, »Belagerungszustand« und »Die Gerechten«. 1957 erhielt er für sein Werk den Literaturnobelpreis. Im Unterschied zu ihm dürfte der erste Träger des Namens eine *nez camus*, also eine kurze, flache Nase, gehabt haben, mit frz. *camus*, »platt, abgeflacht«.

Canaletto (1697–1768), eigentlich *Giovanni Antonio Canal*, hieß ein italienischer Maler und Radierer. Er schuf vor allem Stadtansichten von Venedig, aber auch von Rom und London. Seine Bilder waren schon zu seinen Lebzeiten so begehrt, dass er zahlreiche Mitarbeiter und Schüler in seinem Atelier beschäftigen musste, u. a. seinen Neffen *Bernardo Bellotto* (1720–1780), der sich ebenfalls gern *Canaletto*, »Kanälchen«, nennen ließ (zu ital. *canale*, »Kanal«). Dieser Künstlername trifft insbesondere auf den älteren Meister zu, auf dessen venezianischen Bildern naturgemäß etliche Wasserstraßen seiner Heimatstadt zu sehen sind, vor allem der berühmte *Canal Grande*. Sein Neffe *Bellotto* (zu ital. *bello*, »schön«) indes malte seine schönsten Ansichten in Dresden, wo er 1746 Hofmaler wurde, und in Warschau, wo er ab 1868 weilte.

Canaris *Wilhelm Franz* (1887–1945), deutscher Admiral und seit 1935 Abwehrchef. Wegen seiner zunehmende Kritik am Nationalsozialismus und an der Politik Hitlers sowie seiner vermuteten Verflechtung mit der Widerstandsbewegung wurde er Anfang 1944 seines Amtes enthoben, nach dem Anschlag auf Hitler verhaftet und nur wenige Wochen vor Kriegsende im Konzentrationslager Flossenbürg erhängt. Ob sein Name mit lat. *canis*, »Hund«, zusammenhängt, ist fragwürdig (vgl. die Inselgruppe der *Kanaren*).

Candra heißt der Mondgott der Hindus, der mit der Himmelsrichtung Nordosten gleichgesetzt wird. Sein Name bedeutet »der Glänzende«, zu skr. *candrá*, »glänzend, schimmernd«, auch »Gold«.

Canetti *Elias Jacques* (1905–1994), in Bulgarien geborener englischer Schriftsteller spaniolisch-jüdischer Herkunft, der in deutscher Sprache schrieb. Nach seinem Studium in Wien emigrierte er kurz vor Ausbruch des Zweiten Weltkriegs über Paris nach London, hatte aber einen zweiten Wohnsitz in Zürich, wo er auch starb. Seine zeitkritischen Werke (z. B. »Die Blendung«, »Die Befristeten« oder »Masse und Macht«) brachten ihm 1981 den Literaturnobelpreis ein. Der Name seiner Familie, die aus Spanien fliehen musste und sich auf der Suche nach Freiheit in Italien, der Türkei und Bulgarien sowie in etlichen Staaten Westeuropas kurzfristig niederließ, scheint italienischen Ursprungs zu sein. Entweder gehört er zu *Canetto*, einer Koseform des italienischen Rufnamens *Giacan* (also *Giacomo*, »Jakob«), oder als Verkleinerungsform zu *cane* und bedeutet dann »Hündchen«.

Caninius war der römische Name einer plebejischen *gens* mit einigen berühmten Vertretern: z. B. der Freund Ciceros *Lucius Caninius Gallus* (Volkstribun 56 v. Chr.,) und der Legat Caesars *Caius Caninius Rebilus* (»der Zornige«, also »der, dem leicht die Galle hochkam«, zu *re-*, »zurück, wieder«, und *bilis*, »Gallenflüssigkeit«). Der Gentilname stammt von lat. *caninus*, »hündisch, gemein, schamlos, bissig«, zu *canis*, »Hund«, also etwa: »bissiger Mensch, unverschämter Mensch«.

Canisius *Petrus* (1521–1597), latinisiert aus *Pieter Kanijs* (zu lat. *canis*, »Hund«), hieß der erste deutsche Jesuit. Der in Nimwegen geborene Mönch war als Hochschullehrer in Ingolstadt und Wien sowie als Provinzial der oberdeutschen Jesuitenprovinz und als Hofprediger in Augsburg tätig. Große Bedeutung erlangten seine drei Katechismen für verschiedene Schichten der Gesellschaft. Er wurde 1925 heilig gesprochen und zum Kirchenlehrer erhoben.

Canuleius hießen Angehörige einer römischen plebejischen *gens*, z. B. *Caius Canuleius* (Volkstribun 445 v. Chr.), der die *lex Canuleia de conubio* schuf, also das Gesetz, mit dem die Ehe zwischen Patriziern und Plebejern legitimiert wurde; zu lat. *canus*, »grauhaarig«, auch im Sinne von »hochbetagt, ehrwürdig«.

Čapek *Josef* (1887–1945) und sein Bruder *Karel* (1890–1938) waren tschechische Schriftsteller, die anfangs zusammen arbeiteten und Dramen, Erzählungen und Romane schrieben. *Karel* schrieb darüber hinaus Kinderbücher und Tiergeschichten. Insofern handelt es sich bei *Čapek* um einen treffenden Familiennamen, denn tsch. *čap* bedeutet »Storch«.

Capitolinus war der römische Beiname des *Marcus Manlius Capitolinus*, 392 v. Chr. Konsul und Retter des *Kapitols* beim Gallierüberfall, weswegen er den ehrenden Beinamen erhielt. → *Manlius*

Capote *Truman* (1924–1984), eigentlich *Truman Streckfus-Persons*, amerikanischer Schriftsteller aus New Orleans. *Capote* war der Name seines Stiefvaters *García Capote*, der den Jungen unter dem Namen *Truman García Capote* adoptierte. Erst beim Tod des inzwischen berühmten Schriftstellers stellte sich heraus, dass sein Name in Wirklichkeit ein Pseudonym war – welch ein Glück, denn als Streckfus-Persons hätte er vielleicht nicht einen solchen Erfolgt gehabt! Zu einen bekanntesten Romanen zählen »Grasharfe«, »Frühstück bei Tiffany« und »Kaltblütig«. Der Name *Capote* bedeutet »Kapuzenumhang«, zu span. *capó*, »Haube« (vgl. *capota*, »Kühlerhaube«). Sein Vorname *Truman*, zu engl. *true man*, »wahrer Mann«, also »vertrauenswürdiger Mensch«, war ursprünglich ein englischer Spitzname, während *García* die spanische Version von Gerald (eigentlich *Gerwald*, zu ahd. *gēr*, »Speer«, und *waltan*, »herrschen«; vgl. *walten*), vielleicht aber auch ein Ableger des baskischen Namens *Harcia*, zu *hartz*, »Bär«, ist. Der erste (deutsche) Teil seines ursprünglichen Namens sagte einem Durchschnittsamerikaner natürlich wenig – und wem er etwas sagte, musste er wie »Spreizfuß« oder »Plattfuß« klingen.

Caprivi *Georg Leo* (1831–1899), eigentlich *Graf von Caprivi di Caprara di Montecuccoli*, Nachfolger Bismarcks als Reichskanzler und preußischer Ministerpräsident von 1890 bis 1894. *Caprivi* entstammte einem alten deutschen Adelsgeschlecht aus der Grafschaft *Gorizia* in Nordostitalien. Sein Name beruht auf ital. *capro*, »Ziegenbock«, und *capra*, »Ziege« (vgl. *Kapriole* für einen närrischen Einfall, wörtlich: »Bocksprung«); *di Montecuccoli* bedeutet wörtlich »vom Kuckucksberg«, zu ital. *cuculo*, »Kuckuck«.

Caracalla lautete der Beiname des römischen Kaisers *Marcus Aurelius Severus Antonius Caracalla* (211–217 n. Chr.), benannt nach dem langen gallischen Kapuzenmantel (kelt.-lat. *caracalla*, »Kapuzenumhang«), den er in Rom als neue Mode einführte.

Caravaggio *Michelangelo da* (1573–1610), italienischer Maler aus *Caravaggio* bei Bergamo. Der berühmte italienischer Künstler schockte seine Zeitgenossen und vor allem die Kirche, indem er es wagte, realistisch zu malen und auch in religiösen Bildern hässliche Menschen darzustellen – was allerdings das Schaffen von Rubens und Rembrandt nachhaltig beeinflusste. Seine Erfolgsaussichten in seinem Heimatland waren endgültig erloschen, als er beim Glücksspiel einen Kumpan ermordete, sodass er fliehen musste und ein unstetes Leben in verschiedenen Mittelmeerländern fristete. Mit richtigem Namen hieß er übrigens *Amerighi Merisi*, vielleicht eine Variante von ital. *meriti*, »Verdienste«. *Amerighi* ist eine Abart von *Amerigo*, der Entsprechung des deutschen Vornamens *Emmerich* (nach *Amalrich*, dem berühmten Vertreter des ostgotischen Königshauses der *Amaler*, mit der Endung *-rich*, aus ahd. *rihhi*, »reich, mächtig«).

Carbo war im alten Rom ein üblicher Beiname des plebejischen Zweigs der *gens Papiria*, z. B. des *Caius Papirius Carbo*, zu lat. *carbo*, »Kohle«, vielleicht ein Hinweis auf einen Köhler oder Kohlenhändler (vgl. die geologische Steinkohlenformation *Karbon*).

Cardano *Geronimo* (1501–1576), italienischer Philosoph, Mathematiker und Arzt, der seinen Namen zu *Hieronymus Cardanus* latinisierte. Nach ihm ist die *Cardanische Aufhängung* benannt, die allerdings schon im Altertum bekannt war und die er lediglich beschrieb. Sein Name dürfte »Wollkämmer« bedeuten, zu ital. *cardare*, »krempeln, kämmen«.

Cardea hieß bei den Römern eine Schutzgöttin der Türangeln, zu lat. *cardo*, »Scharnier«, und *cardinalis*, »die Türangeln betreffend, wichtig, Haupt-« (vgl. den *Kardinal*, der als hoher Kirchenfürst sozusagen an den entscheidenden Drehpunkten der Kirchenhierarchie sitzt).

Cardenal *Ernesto* (geb. 1925), katholischer Priester, Dichter und Politiker in Nicaragua. Der »Befreiungstheologe« wurde nach der Revolution von 1979 Kultusminister der neuen Regierung. 1980 erhielt er den Friedenspreis des Deutschen Buchhandels. Sein Name ist das spanische Wort für *Kardinal* (von lat. *cardo*, »Türangel, Gelenk«, davon *cardinalis*, »die Türangeln betreffend«, »wichtig«).

Carlyle *Thomas* (1795–1881), sozialkritischer englischer Schriftsteller und Historiker. Beeinflusst vom Puritanismus seiner schottischen Heimat, aber auch dem deutschen Idealismus, galt er in England als Mahner gegen den Materialismus und Befürworter einer Rückkehr zum Geist des Mittelalters. Die Weltgeschichte war für ihn eine Geschichte der großen Persönlichkeiten. So gehören zu seinen bedeutendsten Werken seine Abhandlungen »Über Helden und Heldenverehrung« sowie seine großartigen Biographien über Cromwell und Friedrich d. Gr. Der Name *Carlyle* belegt die Herkunft seiner Vorfahren aus der nordenglischen Kathedralstadt *Carlisle*, zu kelt. *cair*, »Festung«, und deren römischer Bezeichnung *Luguvallium*, »stark wie der keltische Gott Lugus«; dieser zweite Namensteil wurde bereits im Mittelalter über *Luel* zu *Lyle* verschlissen. (Der Name enthält also nicht etwa das englische Wort *isle* für »Insel«!)

Carmen ist ein spanischer Stellvertretername für *Maria del Carmen*, »Maria vom Berg Karmel« in Palästina und dem dortigen Karmeliterkloster. Die Veränderung des *Karmel* zu *Carmen* geschah wohl in Anlehnung an lat. *carmen*, »Lied«, vielleicht auch durch die Assoziation mit Bizets Oper *Carmen*. → *Mercedes*, *Dolores* und *Pilar*

Carmenta war der Name einer altitalischen Weissagegöttin mit einem Heiligtum am Fuß des kapitolinischen Hügels; zu lat. *carmen*, »Lied, Gebetsformel, Orakelspruch«.

Carna hieß eine altrömische Schutzgöttin der lebenswichtigen Organe, wie Herz, Lunge und Leber; zu lat. *caro, carnis*, »Fleisch«, und *carnalis*, »fleischlich«.

Carnegie *Andrew* (1835–1919), in Schottland geborener amerikanischer Industrieller und Philanthrop. Sein Name stammt von seinem Heimatort *Carnegie* in Schottland, aus gäl. *cathair an eige*, »Festung an der Schlucht«.

Carpaccio *Vittore* (ca. 1460–1525), italienischer Maler, der in Bilderfolgen das Leben in seiner Heimatstadt Venedig erzählte, aber auch Altarwerke und einen Zyklus über die Heilige Ursula schuf. Der erste Träger dieses Namen muss hingegen mit profaneren Dingen seinen Lebensunterhalt bestritten haben, denn *carpaccio* bezeichnet im Italienischen einen beliebten Imbiss, nämlich »dünn geschnittenes rohes Fleisch«, angerichtet mit Öl, Zitrone und geraspeltem Parmesan. Der Vorname *Vittore* entspricht unserem *Viktor*, zu lat. *victor*, »Sieger«.

Carrell *Rudi* (geb. 1934) hieß eigentlich *Rudolf Wijbrand Kesselaar*. Sein Vater und sein Großvater waren ebenfalls im Showgeschäft tätig – er selbst sprang mit 17 Jahren in einem Gastspiel erfolgreich für seinen Vater ein, der sich den Künstlernamen *André Carrell* zugelegt hatte, und nannte sich fortan ebenfalls *Carrell* (nicht mehr *Rudolf*, sondern *Rudi*). Bekannt wurde er in Holland mit seiner *Rudi Carrell Show*, in Deutschland machte er ab 1956 mit seinen Fernsehshows (z. B. »Am laufenden Band«, »Rudis Tagesshow«) und seinen Liedern Karriere. Bei dem Künstlernamen könnte es sich um eine Anlehnung an ndl. *kar*, engl. *car*, ital. *carro*, »Wagen, Karre« (oder an afrz. *carrel*, »Kopfkissen, Nackenrolle« oder, damit verwandt, an span. *carillo*, »Wange«, eigentlich »Kinnlade«) handeln. Sein ursprünglicher Name *Kesselaar* entspricht unserem *Kettler*, zu mnd. *ketelere*, »Kesselmacher«. (Dass er den Namen *Wijbrand* unterschlagen hat, ist verständlich, liegt er klanglich doch ein wenig nahe bei Weinbrand!)

Carreras *José* (geb. 1946), weltbekannter spanischer Tenor. Mit dem Namen *Carreras* – zu span./katal. *carrera*, »Straße, Weg« – wurde ursprünglich wohl jemand bezeichnet, dessen Haus unmittelbar an einer Überlandstraße lag.

Carroll *Lewis* (1832–1898), englischer Schriftsteller, der eigentlich *Charles Lutwidge Dodgson* hieß. Sein berühmtestes Werk sind die fantastischen Geschichten um »Alice im Wunderland«. Da sein richtiger Name ein wahrer Zungenbrecher war, variierte er seinen zweiten Vornamen zum gleichbedeutenden *Lewis* (über frz. *Louis* aus germ. *Ludwig*, zu ahd. *hlut*, »laut, berühmt«, und *wig*, »Kampf«). Den neuen Familiennamen entlehnte er wahrscheinlich aus *Carolus*, der latinisierten Form seines ersten Vornamens (zu *Karl*, »Kerl«). Auf der anderen Seite gibt es den englischen Familiennamen *Carroll*, der sich von afrz. *carrel*, »Kissen, Polster«, herleitet und einst den Hersteller solcher Waren bezeichnete. Wie dem auch sei – dass *Carroll* auf seinen Geburtsnamen *Dodgson* verzichtete, kann man nachvollziehen, denn dieser klingt wie die Folge eines amourösen Abenteuers (zu engl. *dodge*, »Seitensprung«, und *son*, »Sohn«), obgleich er in Wirklichkeit auf *Dodge*, eine Koseform des Vornamens *Robert*, zurückgeht und schlicht »Roberts Sprössling« bedeutet. → *Carrell*

Carstens *Karl* (1914–1992), deutscher Jurist und CDU-Politiker. Er gilt als einer der Architekten der Römischen Verträge (1957) und damit der Europäischen Wirtschaftsgemeinschaft. Unter Konrad Adenauer war er von 1960 bis 1966 Außenminister. 1972 wurde er Vorsitzender der CDU/CSU-Fraktion, 1976 Sprecher des Bundestags, 1979 Bundespräsident. Am Ende seiner Amtszeit zog er sich 1984 aus der Politik zurück. Der Name *Carstens* ist eine Genitiv-Bildung aus dem niederdeutschen Rufnamen *Carsten* und bedeutet damit »Christians Sohn«.

Carter *Jimmy* (geb. 1924), eigentlich *James Earl Carter*, amerikanischer Präsident von 1977 bis 1981. Er förderte das »Tauwetter« zwischen Ost und West und erreichte 1978 mit dem Camp-David-Abkommen eine Annäherung zwischen Ägypten und Israel. *Carter* ist ein alter Berufsname und bedeutet im Englischen »Fuhrmann«. → *Begin* und *Sadat*

Cartesius *Renatus* (1596–1650) ist die latinisierte Form von *René Descartes*, dem Namen des berühmten französischen Philosophen, nach dem sogar eine ganze Stadt umbenannt wurde: Aus *La Haye-en-Touraine* wurde ihm zu Ehren 1802 *La Haye-Descartes*, später zu *Descartes* verkürzt. Es war zu seiner Zeit üblich, seinen Namen zu latinisieren. Der Vorname *Renatus* bedeutet »Der Wiedergeborene« (vgl. *Renate* und *Renaissance*), zu lat. *renasci*, »wiedergeboren werden«. Seine Familie nannte sich nach ihrem Heimatdorf: *Les Cartes*, »die Karten«. Der berühmte Spruch des Philosophen lautet: *Cogito ergo sum*, »Ich denke, also bin ich«.

Cartier *Jacques* (1491–1557), französischer Seefahrer. Auf der Suche nach einer Nordwestpassage nach Asien leitete er 1534 eine Expedition nach Nordamerika, segelte den St.-Lorenz-Strom hinauf und erfuhr als Erster von der Existenz der Großen Seen. 1541 brachte er französische Kolonisten in dieses Gebiet, die aber wenige Jahre später wegen der ungewohnt harten Winter aufgaben und in die Heimat zurückkehrten. Die willkommenste, weil seiner Tätigkeit am ehesten entsprechende Auslegung seines Namens wäre natürlich »Landvermesser«, »Kartenzeichner« (zu frz. *carte*, »Karte, Landkarte«), wahrscheinlicher indessen ist eine Herkunft von afrz. *caretier*, »Fuhrmann, Fuhrunternehmer« (heute: *charretier*; vgl. *Karre* sowie engl. *car*, »Wagen«). → *Carter* und *Chartier*

Cartwright *Edmund* (1743–1823), englischer Ingenieur. Er entwickelte seit 1745 einen dampfgetriebenen Webstuhl sowie eine Wollkämmmaschine und bereitete damit den Weg zur Textilfabrik, obschon man bei seinem Namen eher an Erfindungen im Bereich des Verkehrswesens denken könnte, denn *Cartwright* bedeutet »Karrenmacher« (zu anord. *kartr*, »Karre«, und aengl. *wyrhta*, »Hersteller«).

Carus, »der Liebe«, war der Beiname des römischen Dichters *Titus Lucretius Carus*, zu lat. *carus*, »lieb, teuer, wertvoll«.

Caruso *Enrico* (1873–1921), italienischer Opernsänger. Als glänzendster Tenor seiner Zeit feierte er große Erfolge in Mailand, London und später in Amerika. Sein Name bedeutet wörtlich übersetzt »Geschorener«, »Glatzkopf« – ein wenig übertrieben für den Sänger mit zwar hoher Stirn, aber ansonsten gewelltem Haarschopf – sowie im übertragenen Sinn »Baby«, »Kind«. In Sizilien war *carusu* früher die Bezeichnung für einen Schwefelgrubenarbeiter, der allerdings in der Regel an seinem kahl geschorenen Kopf erkennbar war.

Casanova *Giovanni Giacomo* (1725–1798), italienischer Abenteurer und Schwerenöter. Bekannt wurde er durch seine kühne Flucht aus den Bleikammern Venedigs, in die der Inquisitor ihn hatte sperren lassen, aber auch durch seinen unersättlichen Lebenshunger, der ihn als Spieler und maßlosen Frauenheld durch ganz Europa trieb, wie uns seine Memoiren berichten. Sein Name hat offenbar die zum Wesen dieses unsteten Herumtreibers passende Bedeutung: »neues Haus«, aus ital. *casa*, »Haus«, und *nuova*, »neu«. In Wirklichkeit bezieht er sich allerdings auf eine Umbenennung seiner Familie, die notwendig wurde, als die gedeihende Fiesci-Familie sich im 13. Jahrhundert in einzelne Zweige aufteilte und in verschiedene Häuser ziehen musste. Seine beiden Brüder *Francesco* und *Giovanni Battista Casanova* waren übrigens recht bekannte Maler ihrer Zeit. Der italienische Bildhauer *Antonio Canova* (1757–1822), der mit seinen kühlen klassizistischen Marmorskulpturen ganz Europa begeisterte und auch von Napoleon und seiner Familie idealisierende Bildnisse schuf, trug praktisch den gleichen, wenn auch verkürzten Namen wie *Casanova*.

Casca wurde als Beiname in der altrömischen *gens Servilia* vergeben, zu lat. *cascus*, »uralt«.

Cassiodorus (ca. 487–580 n. Chr.) hieß eigentlich *Flavius Magnus Aurelius Cassiodorus Senator*. Der römische Staatsmann und Gelehrte stammte aus dem griechischsprachigen Süditalien, obschon seine Familie ursprünglich syrischer Herkunft war. Als Geheimschreiber und politischer Berater Theoderichs d. Gr. verfolgte er das Ziel einer Aussöhnung zwischen Römern und Ostgoten. Später zog er sich völlig aus der Politik zurück, gründete ein Kloster in Bruttium und wurde dort selbst Mönch. Er richtete für seine Mitbrüder eine große Bibliothek ein und schrieb für sie enzyklopädische Werke. Der Name *Cassiodorus*, der sich auf den in Syrien üblichen Kult des *Zeus Cassius* bezieht und das griechische Wort *dôron (δῶρον)*, »Gabe«, enthält, bedeutet demnach etwa »Geschenk des Zeus«. Als christlicher Ordensbruder hätte er eigentlich an eine Umbenennung denken müssen.

Cassius war der Name einer vornehmen plebejischen *gens*, zu der z. B. *Lucius Cassius Longinus Ravilla* (Zensor 125 v. Chr.) gehörte, der bekannt war wegen seiner Strenge und Gerechtigkeit. Sein Beiname *Ravilla* ist wohl eine Verkleinerungsform von lat. *ravis*, »Heiserkeit«. Dem gleichen Geschlecht entsprang *Lucius Cassius Longinus*, der als Konsul 107 v. Chr. im Kampf gegen die Helvetier, im *bellum Cassianum*, fiel. Der Beiname *Longinus* leitet sich her von lat. *longus*, »lang, hoch gewachsen«.

Castor → *Kastor* und *Pollux*

Castro *Fidel* (geb. 1927), kubanischer Revolutionär und Politiker. Nach sechsjährigem Guerillakrieg stürzte er 1959 die Batista-Diktatur und errichtete 1961 ein sozialistisches Regime. Seit fast einem halben Jahrhundert herrscht er nunmehr als Regierungs- und Staatschef über Kuba. Sein Name bedeutet im Spanischen »Burg, Festung«, und in seinem Vornamen klingt span. *fidelidad*, »Treue, Verlässlichkeit«, an – für einen Machthaber, der auch nach dem Zusammenbruch der Sowjetunion unverbrüchlich am Kommunismus festhält, wahrlich ein trefflicher Name.

Catilina war ein Beiname in der *gens Sergia*, z. B. trug ihn *Lucius Sergius Catilina* (ca. 108–62 v. Chr.), der Anstifter der catilinarischen Verschwörung und bekannt durch Ciceros catilinarische Reden, mit denen dieser ihn zum Verlassen Roms drängte. Nach dem misslungenen Umsturzversuch gelang es *Catilina*, 62 v. Chr. noch einmal ein Heer aufzustellen, er fiel jedoch in der Schlacht bei Pistoia. Sein Beiname beruht auf lat. *catus*, »gewandt, gescheit, pfiffig« (oder auf *Catilus*, dem Namen des Gründers von Tibur).

Cato fand sich als römischer Beiname häufiger in der *gens Porcia*, z. B. bei dem Staatsmann, Redner, Schriftsteller und strengen Sittenrichter *Marcus Porcius Cato superior* (234–149 v. Chr., *superior* steht hier für »der Ältere«) sowie dessen Urenkel *Marcus Porcius Cato minor* (»der Jüngere«, 95–46 v. Chr.), einem Republikaner und Gegner Caesars. Der Name bedeutet »der Schlaue«, zu lat. *catus*, »gewandt, gescheit, pfiffig«, im negativen Sinn auch »gerissen, hinterlistig«. Der Gentilname *Porcius* stammt von *porcus*, »Schwein, Ferkel«, auch »Schlemmer«.

Catull (84–54 v. Chr.) hieß ein berühmter römischer Lyriker. Allerdings kennen wir ihn nur unter diesem Beinamen, der gewissermaßen »Halbstarker« oder »Teenager« bedeutete, zu lat. *catulus*, »Tierjunges«, und *catula*, »Hündchen«. Sein voller Name lautete *Caius Valerius Catullus*.

Ceaușescu *Nicolae* (1918–1989), kommunistischer rumänischer Politiker, dessen vollständiger Name *Nicolae Andruță Ceaușescu* war. Als Generalsekretär der Partei verfolgte er seit 1965 eine Politik größerer Unabhängigkeit von Moskau. Nach zwei Jahren als Staatschef wurde er 1974 Präsident der Republik, regierte das Land aber praktisch als Diktator. Nach seinem Sturz 1989 wurde er im Schnellverfahren verurteilt und zusammen mit seiner Frau hingerichtet. Die Bedeutung des Namens ist ungewiss. Normalerweise ist *-escu* eine patronymische Endung (»Sohn des …«) oder eine Herkunftsbezeichnung (»Mann aus …«). Der Name könnte sich aber auch zusammensetzen aus dem Artikel *ce*, »die«, einem verkürzten *aur* für »Gold« und *șes*, »Ebene«.

Cellini *Benvenuto* (1500–1571), Florentiner Goldschmied und Bildhauer, der auch einige Jahre am Hof des französischen Königs Franz I. tätig war, dem *Cellinis* gekünstelter Stil offenbar sehr zusagte. *Cellini* dürfte aus der verkürzten Verkleinerungsform *uccellino*, »Vögelchen«, entstanden sein, zu ital. *uccello*, »Vogel«. Der Vorname *Benvenuto* bedeutet »der Willkommene«.

Celsius *Anders* (1701–1744), schwedischer Physiker, Astronomieprofessor für Astronomie und Erfinder des *Celsius*-Thermometers mit einer Temperaturskala von 100 Grad zwischen dem Gefrierpunkt von Wasser bei 0 Grad und dem Siedepunkt bei 100 Grad. Sein Name verweist in latinisierter Form auf den Standort seines Vaterhauses: *Högen*, von schwed. *hög*, »Hügel«, wurde zu *Celsius*, aus lat. *celsus*, »erhöht, hoch«, aber auch »erhaben, vornehm« – also ein Name, der auch im übertragenen Sinn der Größe dieses Gelehrten gerecht wird. Vielleicht wollten seine Vorfahren ja auch zu einer Assoziation mit jenem berühmten *Celsus* verleiten, der als Leibarzt des römischen Kaisers Tiberius eine vielbändige medizinische Enzyklopädie verfasste.

Celsus, mit vollem Namen *Aulus Cornelius Celsus* (ca. 25 v. Chr.– 50 n. Chr.), war ein römischer Gelehrter – kein Mediziner, wie immer behauptet wird, sondern eher ein Enzyklopädist, der sein 20-bändiges Gesamtwerk *Artes*, »Künste«, nannte und neben Büchern über die Landwirtschaft, die Kriegskunst und die Rhetorik auch acht Bücher über die antike Medizin veröffentlichte, in der klassischen Zeit das einzige medizinische Werk in lateinischer Sprache. Sein Name ist abgeleitet von lat. *celsus*, »erhöht, hoch«, aber auch »erhaben, vornehm« und »hochmütig«. → *Paracelsus* und *Celsius*

Ceram *C. W.* (1915–1972), deutscher Schriftsteller, der vor allem durch seine Werke »Götter, Gräber und Gelehrte« und »Der erste Amerikaner« berühmt wurde. Nachdem er im Dritten Reich Bücher geschrieben hatte wie »Wir hielten Narvik«, legte er sich, damit er nicht mehr mit seinen früheren Sachbüchern identifiziert werden konnte, einen neuen Künstlernamen zu: *Ceram*, praktisch ein Palindrom aus seinem richtigen Familiennamen *Marek* (also von hinten nach vorn gelesen). Seine ursprüngliche Vornamen waren *Kurt Wilhelm*, wobei er das Anfangs-*K* von Kurt, wie bei seinem Pseudonym, zu einem *C*. wandelte.

Cerberus → *Kerberos*

Ceres hieß die römische Göttin des Wachstums in Landwirtschaft und Ehe. Ihr Name dürfte von lat. *creare*, »schaffen, hervorbringen«, abzuleiten sein und damit »die Schöpferin« bedeuten (vgl. *Kreation* sowie engl. *to create*, »erschaffen«, und *cereals*, »Körnerfrüchte«). *Ceres* wurde später mit der griechischen *Demeter* gleichgesetzt. → *Kreole*

Cervantes *Miguel de* (1547–1616), großer spanischer Dichter. Erst in seinem letzten Lebensjahrzehnt verfasste er sein zweiteiliges Meisterwerk, den Ritterroman »Don Quijote« (auch: »Don Quixote«). Zuvor war sein Leben sehr abenteuerlich verlaufen: 1575 geriet er als Soldat in die Hände algerischer Seeräuber, die ihn fünf Jahre lang gefangen hielten. Nach seinem Freikauf blieb er in königlichem Dienst in Nordafrika, bis er 1587 zum Proviantmeister der andalusischen Flotte ernannt wurde. Auch diese Tätigkeit sollte ihm kein Glück bringen, denn ab 1597 wurde er wiederholt wegen privater Schulden und angeblicher Veruntreuung öffentlicher Gelder ins Gefängnis geworfen. Bis zu seinem Tod konnte er sich von seinem finanziellen Ruin nicht mehr erholen. Der Herkunftsname *Cervantes* passt zu einem Örtchen im nordostspanischen Galicien, er könnte aber auch eine Variante von span. *sirviente*, »Diener«, sein – wohl im Sinn von »Knecht Gottes«, zu lat. *serviens, servientis*, »dienend«. → *Don Quixote*

Cervini *Marcello* (1501–1555) hieß der herausragende Reformpapst *Marcellus II.* mit bürgerlichem Namen. Vor seiner Wahl zum Oberhaupt der römischen Kirche war er mehrfach päpstlicher Gesandter und seit 1545 gar einer der Präsidenten des Konzils zu Trient gewesen. Sein Familienname ist abgeleitet von ital. *cervino*, »hirschartig«, zu *cervo*, »Hirsch« (im Venezianischen auch »Eiche«). → *Marcellus*

Cestius war der Name einer plebejischen *gens*, der z. B. der römische Prätor *Caius Cestius Epulo* (gest. 12 v. Chr.) angehörte, dessen ägyptisierende Grabpyramide an der Porta Ostiensis erhalten ist. Der Gentilname stammt von lat. *cestus*, »Gürtel«, womit vor allem der Venusgürtel gemeint war, den man trug, um die Liebe zu wecken; *cestus* ist ein lateinisches Fremdwort aus dem Griechischen, zu *kestós (κεστός)*, »gestickt«, »Gürtel«. Der Beiname *epulo* war die römische Bezeichnung für einen »Ordner beim Festmahl«, im negativen Sinn auch ein »Fresser«.

Cézanne *Paul* (1839–1906), französischer Maler. Nachdem er bei der Aufnahmeprüfung der *Ecole des Beaux-Arts* in Paris durchgefallen war, malte er zunächst im Stil des romantischen Naturalismus, bis Pizarro seine künstlerische Begabung erkannte und in den Kreis der Impressionisten einführte. Schon bald aber trennte er sich von dieser Gruppe und zog sich nach Südfrankreich zurück. Hier entwickelte er seinen eigenen Stil, indem er weniger mit Licht-, sondern mit Farbkontrasten arbeitete und Landschaften, Stillleben und Figurengruppen mit geometrischen Grundformen komponierte; insofern war er der Wegbereiter der Kubisten. *Cézanne* ist wahrscheinlich eine französisierte Form des italienischen Familiennamens *Cesana*, nach einem Ort im nordwestitalienischen Piemont, unweit der französischen Grenze; zu piem. *cesa*, »Kirche« (vgl. ital. *chiesa*).

Chaban-Delmas *Jacques* (1915–2000), französischer Politiker, der sich nach dem Krieg der gaullistischen Bewegung anschloss. Der langjährige Bürgermeister von Bordeaux war von 1958 bis 1969 Präsident der Nationalversammlung gewesen, bevor er von 1969 bis 1972 das Amt des Premierministers innehatte. Von 1978 bis 1981 und von 1986 bis 1988 hatte er erneut den Vorsitz in der Nationalversammlung. Den ersten Teil seines Namens trug er seit der Kriegszeit, als er in der französischen Résistance gegen die deutschen Besatzer seines Landes kämpfte und den Decknamen *Chaban* bekam (von sfrz. *chaban*, »Kapuzenmantel«, zu arab. *qabâ*, »Umhang«; vgl. frz. *caban*, »Regenmantel«). Sein wirklicher Familienname ist eine okzitanische Variante von katalanisch *del mas*, »vom Bauernhof« (zu mlat. *mansio*, »Behausung«).
→ *Dumas*

Chabrol *Claude* (geb. 1930), französischer Filmkritiker und einer der wichtigsten Regisseure der französischen »Neuen Welle«, die 1958 mit seinem Film »Die Enttäuschten« begann. Seitdem folgten bekannte Filme wie »Schrei, wenn du kannst«, »Der zehnte Tag«, »Die Unschuldigen mit den schmutzigen Händen«, »Madame Bovary«, »Die Farbe der Lüge« und »Süßes Gift«. *Chabrol* (auch: *Cabrol*) begegnet vor allem im Zentralmassiv als nicht seltener Ortsname, wohl mit der Bedeutung »Treffpunkt von Rehen«, zu okzit. *cabrol*, »Rehbock« (frz. *chevreuil*).

Chadidscha (ca. 555–619), erste Frau Mohammeds. Sie heiratete den Propheten in dritter Ehe und gebar ihm fünf Kinder, unter ihnen Fatima. Sie glaubte an die göttliche Sendung ihres Gatten und wird daher »Mutter der Gläubigen« genannt. *Chadidscha* bedeutet »die Frühgeborene«, zu arab. *cha'didsch*, »früh geboren, frühreif«. → *Mohammed*

Chagall *Marc* (1887–1985), berühmter französischer surrealistischer Maler russisch-jüdischer Herkunft. Schon als junger Mann weilte er in Paris, kehrte bei Ausbruch des Ersten Weltkriegs jedoch nach Russland zurück, um erneut von 1923 bis 1941 in Frankreich zu leben. Die Zeit der Besatzung durch die Nazis verbrachte er in den Vereinigten Staaten. Nach Kriegsende zog es ihn jedoch wieder zurück nach Südfrankreich. Seine Kunst ist geprägt durch ungewöhnlich leuchtende Farben sowie die Verarbeitung seiner Erinnerungen an die russische Heimat und die chassidische Umgebung seiner Jugend. Sein Name bestätigt seine Abkunft, denn *Chagall* ist eine französische Form seines Geburtsnamens *Segal*, eines Akronyms aus den hebräischen Buchstaben *Samech, Gimel* und *Lamed*, das seit alten Zeiten als Titel für die Leviten, also die Priester, benutzt wurde und für hebr. *segan leviyyah* stand (zu *segan*, »Stellvertreter«, und *leviyyah* »levitisch«). Im deutschen Sprachraum lautet der Name für gewöhnlich *Siegel*.

Chaka hieß ein berühmter Zuluherrscher, der um 1787 geboren wurde und 1828 von seinem Bruder ermordet wurde. Als Einiger der südafrikanischen Zulustämme konnte der große militärische Organisator sich im Kampf gegen die europäischen Kolonisatoren auf eine starke Armee stützen. Seither gilt er als Symbol für die Unabhängigkeit Afrikas. Sein Name trägt seinem geschichtlichen Rang Rechnung, denn er bedeutet »großer König«.

Chaled *ibn Abdul Asis al Sa'ud* (1913–1982) war von 1975 bis zu seinem Tod König von Saudi-Arabien. Man munkelt, dass er 1964 eine führende Rolle beim Sturz seines Bruders Sa'ud und der Machtübernahme durch seinen Bruder Faisal gespielt habe, der ihn daraufhin zum Kronprinz ernannte. Als Faisal 1975 ermordet wurde, übernahm *Chaled* den Thron und erfreute sich in seiner kurzen Regierungszeit recht großer Beliebtheit bei seinen Landsleuten und im westlichen Ausland. Sein Nachfolger wurde sein Halbbruder Prinz Fahd. Der Name *Chaled* (auch: *Khalid*) bedeutet im Arabischen »der Ewige«, »der Unvergängliche«.

Chamberlain hieß in England ursprünglich der »Kammerherr« (zu engl. *chamber*, »Kammer«), also der für die Privatgemächer seines Herrn zuständige Diener. Später wurde aus dieser Bezeichnung (ähnlich wie beim *Steward*) ein Titel, z. B. der des *Lord Chamberlain*, des

Oberhofmarschalls. Aus der berühmten Familie dieses Namens, die etliche britische Staatsmänner hervorbrachte, sei nur der bekannteste genannt: *Arthur Neville Chamberlain* (1869–1940), der als Konservativer im Lauf seiner politischen Karriere wiederholt und erfolgreich diverse Ministerposten bekleidete, bevor er 1937 Premierminister wurde und durch seine nachgiebige Haltung gegenüber Hitler und Mussolini glaubte, den Ausbruch des Zweiten Weltkriegs verhindern zu können (Münchener Abkommen 1938). Schon bald jedoch sah er seine Hoffnungen getäuscht, schwenkte um zu einer harten Politik gegenüber den Nationalsozialisten und erklärte Deutschland nach dem Überfall auf Polen prompt den Krieg. Sein Nachfolger im Amt wurde 1940 der unvergleichlich entschlossenere Winston Churchill. (Der französische Name *Neville* bedeutet wörtlich übersetzt »Neustadt«.)

Chamenei (auch: *Khamenei*) *Ayatollah Sejjed Mohammad Ali Hoseini*, geb. 1939, iranischer Geistlicher und Politiker. Als enger Vertrauter Ayatollah Chomeinis wurde er nach dessen Rückkehr aus dem Exil 1979 Mitglied des Revolutionsrates und nach der Auflösung des Rates stellvertretender Verteidigungsminister. Nachdem er 1981 knapp einem Anschlag entkommen war und so den Ehrentitel »lebender Märtyrer der Revolution« erhalten hatte – ernannte man ihn 1981 zum Generalsekretär der Islamischen Republikanischen Partei. Mit ihm wurde 1981 zum ersten Mal in der iranischen Geschichte ein religiöser Führer zum Präsidenten gewählt. Er konnte auch die nächste Wahl 1985 für sich entscheiden. 1989 trat er die Nachfolge Chomeinis als Oberster Geistlicher Führer des Iran an, obgleich es ihm an dessen spiritueller Autorität mangelte. Ihm wird vorgeworfen, dass er ein geheimes Atomwaffenprojekt seines Landes fördert. Seinem Familiennamen könnte das persische Wort *cham*, »krumm, verbogen«, zu Grunde liegen, oder aber *chām*, »roh, unfertig«. → *Ayatollah* und *Sejjed*

Chamisso *Adalbert von* (1781–1838), eigentlich *Louis Charles Adélaïde Chamissot de Boncourt*, war ein französischer Dichter und Naturforscher deutscher Herkunft. 1790 floh er mit seiner adligen Familie vor der Französischen Revolution nach Preußen, wo er zunächst Page der Königin wurde und später einige Jahre Militärdienst leistete. Mit der Märchennovelle des »Peter Schlehmil«, die seine Existenz zwischen zwei Nationen spiegelte, begründete er seinen literarischen Ruhm. Von 1815 bis 1818 nahm er als Botaniker an einer russischen Weltumseglung teil, ein Abenteuer, das er in seiner »Reise um die Welt« schilderte. *Chamisso* ist eine eingedeutschte Form seines französischen Adelsnamens *Chamissot* (auch: *Chamisseau*). Die weitere Herkunft ist ungewiss (vielleicht zum altfranzösischen Verb *chamoissier*, »Leder rau gerben«). Schloss *Boncourt*, zu frz. *bon*, »gut«, und *court*, »kurz«, war der Name des Familiensitzes in der Champagne.

Champlain *Samuel de* (1567–1635), französischer Offizier, der Kanada erforschte und kolonisierte. Ab 1603 erkundete er bis zu seinem Lebensende das Gebiet am St.-Lorenz-Strom sowie an den Großen Seen und gründete 1608 die Stadt Québec. Seinen Namen könnte man mit »Flachfeld« übersetzen, aus frz. *champ*, »Feld, Acker«, und *plaine*, »Ebene«, zu gleichbedeutend lat. *campus* bzw. *planus*.

Champollion *Jean-François* (1790–1832), französischer Gelehrter und Begründer der Ägyptologie. Er studierte den so genannten Stein von Rosette und konnte die darauf eingeritzten Hieroglyphen entziffern, da die dreisprachige Inschrift auch eine griechische Übersetzung enthielt. 1824 veröffentlichte er eine Darstellung des Hieroglyphensystems. Eine Variante seines Familiennamens ist *Champóleon*, was etwa »Feld des Leo« bedeutet, aus frz. *champ*, »Acker«, und dem Vornamen *Léon*, zu lat. *campus*, »Feld«, und *leo*, »Löwe«.

Chandler *Raymond Thornton* (1888–1959), amerikanischer Schriftsteller, Meister des psychologischen Kriminalromans (z. B. »Lebewohl, mein Liebling«, »Das hohe Fenster«, »Einer weiß mehr« und »Der lange Abschied«). Sein anglo-normannischer Familienname bedeutet »Kerzenmacher«, aus afrz. *chandelier*, »Hersteller oder Verkäufer von Kerzen« (vgl. engl. *candle* und dt. *Kandelaber*).

Chanel *Coco* (1883–1971), eigentlich *Gabrielle Bonheur Chasnel*, französische Modedesignerin. In den Zwanzigerjahren entwarf sie den erfolgreichen *Chanel Look*. 1920 kreierte sie ihr erstes Hängekleid, einige Jahre später das gefeierte »Kleine Schwarze«, bis heute ein Klassiker, und 1922 ihr weltbekanntes Parfüm *Chanel Nr. 5*. Warum sie ihren Namen *Bonheur* zu Gunsten von *Coco* aufgab, mag erstaunen, war er doch identisch mit dem französischen Wort *bonheur* für »Glück«. Der neue Vorname, den sie während einer kurzen Karriere als Café- und Konzertsängerin zu Beginn des 20. Jahrhunderts annahm, entspricht engl. *coco*, »Kokospalme«, und frz. *coco*, »Kokosnuss«, ist aber auch ein Kosewort für Kinder und Pferde im Sinne von »Liebling«. Ihr Pseudonym *Chanel*, eine Verkleinerungsform von afrz. *chane*, »Wasserkrug« (wahrscheinlich eine frühe Bezeichnung für einen Töpfer oder einen Wirt), ist die vereinfachte Schreibung ihres ursprünglichen Familiennamens, die Aussprache ist gleich geblieben.

Chaplin *Charlie* (1889–1977), eigentlich *Charles Spencer Thonstein*, war ein englisch-amerikanischer Filmkomiker, aber auch Autor und Regisseur, zu dessen großen Filmen »Goldrausch«, »Moderne Zeiten«, »Der große Diktator«, »Rampenlicht« und »Ein König in New York« zählen. Sein Künstlername leitet sich her von frz. *chapelain* (engl. *chaplain*), »Kaplan«, wobei es sich ursprünglich um einen Geistlichen einer *Kapelle* handelte. Die einzige Gemeinsamkeit mit einem Geistlichen war indes seine für gewöhnlich schwarze Kleidung. Sein ursprünglicher Name basiert wohl auf kelt. *dunum*, »Berg, Bergfestung«. Die Endung -*stein* ist typisch für den Namen einer Burg und kann sowohl den Felsen, auf dem sie steht, oder das solide gebaute Wohnhaus darin bezeichnen. Seine Tochter *Geraldine Chaplin* (geb. 1944) lebt als Filmschauspielerin in Frankreich.

Chardin *Jean-Baptiste Siméon* (1699–1779) hieß ein französischer Künstler, der alltägliche Dinge – vor allem Stillleben – in einem sehr schlichten Stil, jedoch in wunderbaren Farben malte. Obwohl Mitglied der Akademie, führte der Autodidakt ein bescheidenes und einsames Leben in seiner Geburtsstadt Paris, die er bis zu seinem Tod nicht ein einziges Mal verließ. *Chardin* ist eine Verkleinerungs- und Koseform des Vornamens *Richard* (von *Richardin*), zu ahd. *rihhi*, »reich«, und *harti*, »hart«, zwei Eigenschaften, die in keiner Weise auf ihn zutrafen.

Charis [grch. Χάρις] war zunächst wohl die griechische Göttin der Anmut, wie ihr Name bestätigt, zu grch. *cháris (χάρις)*, »Anmut, Schönheit, Liebenswürdigkeit, Gunst, Gnade«, und *chaírein (χαίρειν)*, »sich freuen«. Später verstand man unter den *Chariten* Vegetationsgöttinnen, die im Gefolge der Aphrodite auftraten. Sie entsprachen den römischen Grazien. → *Euphrosyne*, *Aglaia* und *Thaleia*

Charon [grch. Χάρων], »der mit dem erfreuten Blick«, in der Mythologie der Fährmann, der die Toten in seinem Boot über die drei Totenflüsse, also den Styx, den Acheron und den Kokytos, ins Totenreich brachte. Der Name kommt von grch. *chará (χαρά)*, »Freude«.

Charpentier *Marc Antoine* (1643–1704), französischer Komponist, dessen Hauptbedeutung auf dem Gebiet der Kirchenmusik liegt. Die Einleitung zu seinem 1692 geschaffenen »Te Deum« kennen wir heute als Erkennungsmelodie bei Eurovisionssendungen. Der Berufsname *Charpentier* bedeutet »Zimmermann«, entstanden aus lat. *carpentarius,* »Stellmacher, Wagner« (vgl. engl. *carpenter*).

Chartier *Alain* (1390–1450), französischer Dichter, dessen höfische Versgeschichten vor allem in England, Schweden und Italien zeitgenössische Nachahmer fanden. Sein Name ist eine Kontraktion von *charretier,* »Fuhrmann«. → *Carter* und *Cartier*

Charybdis [grch. Χάρυβδις] hieß in der griechischen Mythologie ein Schiffe verschlingendes weibliches Monster, das seiner Beute an der sizilianischen Küste auflauerte. Der Name gehört vielleicht zu grch. *rhoibdeîn (ῥοιβδεῖν)*, »schlürfen, verschlucken«. → *Odysseus* und *Skylla*

Chase *James Hadley* (1906–1985), eigentlich *René Brabazon Raymond Chase*, englischer Autor spannender Kriminalromane. Sein recht gut zu seinem Metier passender Name bedeutet »Verfolgungsjagd«. Der ungewöhnliche Vorname *Brabazon* beruht auf anglo-normannisch *Brabançon*, »Bewohner Brabants«. *Les Brabançons* wurden im Hochmittelalter übrigens auch die Angehörigen multinationaler Banden von Abenteurern genannt, die mordend und brandschatzend durch einige französische Provinzen zogen.

Chatami *Hodschatolislam Sejjed Ali Mohammad* (geb. 1943), seit 1997 iranischer Präsident. Sein Titel *Hodschatolislam* (»Lehrer des Islam«) weist ihn als einen Geistlichen mittlerer Ebene aus. Zuvor war *Chatami* Kulturminister des Iran gewesen, musste aber zurücktreten, da man ihm eine verwerfliche Großzügigkeit bei der Zulassung von Büchern, Zeitschriften und Filmen vorwarf. Aber gerade diese tolerante Einstellung bewog die Jüngeren, die Frauen und die Intellektuellen, bei der Präsidentschaftswahl für ihn zu stimmen und ihn 2001 mit überwältigender Mehrheit im Amt zu bestätigen. Die Hoffnungen auf eine mögliche Änderung der iranischen Politik sind jedoch beschränkt angesichts der großen Machtfülle der obersten Geistlichkeit. *Chatamis* Name bedeutet »der Letzte«, »der Vollender«, zu pers. *chateme*, »Ende, Beendigung« – ein Name, der in der Tat Hoffnungen wecken könnte.

Chateaubriand *François René Vicomte de* (1768–1848), ein französischer Schriftsteller und Staatsmann mit recht schwankenden philosophischen und politischen Einstellungen. Die Zeit der Französischen Revolution verbrachte der bretonische Aristokrat mit Reisen in Nordamerika und im Londoner Exil. Erst 1800 kehrte er in sein Heimatland zurück und war für kurze Zeit Napoleons Gesandter in Rom. Nach dessen Sturz stellte er sich jedoch der Restauration als Botschafter und Außenminister zur Verfügung. Den meisten Menschen ist er indessen wohl eher bekannt durch das auf dem Rost gebratene Rinderfilet, das sein Koch nach ihm benannte. Der Name *Chateaubriand* ist zusammengesetzt aus frz. *château*, »Schloss, Burg« (zu lat. *castellum*), und der bretonischen Bezeichnung *briand*, auch *briant*, für eine »vornehme Person«. In England und Irland entstanden daraus die Namen *Bryan*, *Brien* und *Brian* bzw. *O'Bryan*, *O'Brien* und *O'Brian*. → *Briand*

Chaucer *Geoffrey* (um 1340–1400), englischer Dichter, dessen Werk (vor allem seine berühmten »Canterbury Tales«) den Höhepunkt der mittelalterlichen Literatur Englands bildet. Auf seinen Italienreisen kam er mit Petrarca und Boccaccio in Berührung, die sein weiteres Schaffen beeinflussten. Neben seiner literarischen Arbeit war er auch immer in königlichen Diensten tätig, u. a. als Friedensrichter und Schlossverwalter, aber auch als Zollinspektor für Wolle, Wein und Tierhäute. Sein dazu passender Name, den man mit »Schuhmacher« übersetzen könnte, ist normannischer Herkunft und basiert auf afrz. *chaucier*, »Hersteller von Bein- und Fußbekleidung« (vgl. frz. *chaussures*, »Schuhwerk«). In seinem Fall galt Gott sei Dank die Warnung nicht: Schuster bleib bei deinem Leisten!

Chaya, »Schatten«, heißt die hinduistische Göttin der Abendröte, die Gefährtin und Gattin des Sonnengottes *Surya*. Ihr Name entspricht dem Sanskrit-Wort *chayá*, »Schatten, Abbild, Schönheit«.

Che Guevara (1928–1967), der berühmt-berüchtigte argentinische Arzt und kubanische Revolutionär, hieß mit richtigem Namen *Ernesto Rafael Guevara Lynch de la Serna*. Angeblich war *Che* nur der Spitzname des marxistischen Guerillaführers, der unter einem Sprachfehler gelitten haben soll, sodass sich bei ihm ein spanisches *que* (Aussprache: *ke*) grundsätzlich wie *che* (Aussprache: *tsche*) anhörte. Andererseits gibt es im Argentinischen das Wörtchen *Che* im Sinne eines saloppen »Hej«. Sein eigentlicher Name *Guevara* basiert wohl auf span. *guero*, »der Blonde«, während *Patrick Lynch* der Name seines irischen Urgroßvaters war, der einst über Spanien nach Argentinien auswanderte. (Ein anderer *Patrick Lynch* aus dem gleichen irischen Clan wurde übrigens ein bekannter chilenischer Seeheld.) *Patrick* ist natürlich der Name des Nationalheiligen der Grünen Insel, und *Lynch*, von irisch *Ó Loingsigh*, bedeutet »Nachfahre des Seemanns«. Das zusätzliche *Serna* am Ende verweist auf den kantabrischen Herkunftsort der Mutter, die *Celia de la Serna* hieß (zu kant. *serna*, »zum Eigenbedarf überlassenes Stück Land«). Angesichts eines solchen Bandwurmnamens ist die Entscheidung für das einsilbige *Che* weiß Gott berechtigt.
→ *Gómez de la Serna*

Cheiron [grch. Χείρων] war in der griechischen Mythologie ein berühmter weiser Kentaur, bei dem z. B. Asklepios die Heilkunst erlernte. Ihm wurde auch die Erziehung des Achill und des Jason anvertraut. Sein Unterricht umfasste neben der Medizin auch die Musik, die Kriegs- und Jagdkunst sowie die Ethik. Von Herakles versehentlich durch einen Pfeilschuss verletzt, konnte der eigentlich unsterbliche *Cheiron* die höllischen Schmerzen nicht mehr ertragen, sodass er auf Prometheus' Angebot einging, seine Unsterblichkeit zu übernehmen, damit *Cheiron* endlich sterben konnte. Der Name leitet sich her von grch. *cheír (χείρ)*, »Hand«; vgl. *Chirurgie*, grch. *cheirourgía (χειρουργία)*, »Handarbeit, Handgriff«.

Cheops (die ägyptische Hieroglyphe liest sich *Chufu*) hieß eigentlich *Chui-ef-ui-Chnum*, »er beschützt mich, nämlich Chnum«. *Cheops* war ein bedeutender König der 4. Dynastie in der Mitte des 3. Jahrtausends v. Chr.; seine berühmte Pyramide bei Giseh gehörte schon in der Antike zu den sieben Weltwundern.

Chephren war der Sohn des großen Pharao Cheops und der Vater des Mykerinos; ihre drei Pyramiden stehen auf der Westseite des Nils bei Giseh. Der Thronname des *Chefren* lautete *Chai-ef-chufu*, »er erscheint: nämlich Cheops«. Er nahm als Sohn und Nachfolger des Cheops diesen Namen an; eigentlich hatte er *Chai-ef-re*, »er erscheint: nämlich Rê«, geheißen.

Chepre, »der (von selbst) Entstehende« (das Hieroglyphenzeichen bedeutet »geboren werden, entstehen«), war der ägyptische Urgott, der als Skarabäus aus der Unterwelt aufstieg und den Sonnenaufgang symbolisierte und damit die Wiederbelebung, die Auferstehung. Er wurde mit einem Skarabäus-Kopf dargestellt, da die alten Ägypter vom Mistkäfer annahmen, er komme ungezeugt aus der Erde hervor.

Cherubim, in der Offenbarung des Johannes schlicht »Lebewesen« genannt, sind himmlische geflügelte Geistwesen, die den Gottesthron im Himmel umstehen; sie tragen jeweils ein Menschen-, Löwen-, Stier- und Adlergesicht. (Später sollten daraus die Symbole der vier Evangelisten werden.) Die *Cherubim* waren jedoch viel älter. Sie sind schon im alten Vorderen Orient zahlreich belegt, z. B. bei den Assyrern. Im Alten Testament sind sie mythische Wesen in der Umgebung Jahwes, die an den vier Ecken der Bundeslade und im Tempel dargestellt waren. Das Wort *Cherub* für eines dieser Wesen geht wohl auf akk. *karubu*, »Bittsteller, Fürbitter«, zurück.

Chesterton *Gilbert Keith* (1874–1936), englischer Schriftsteller. Der Verfasser epischer Balladen und lebensfreudiger Trinklieder, aber auch fantastischer und sozialkritischer Romane (etwa »Der Mann, der Donnerstag war« und »Was unrecht ist an der Welt«), erreichte eine breite Leserschaft durch seine Kriminalgeschichten mit dem Priester und Detektiv Pater Brown. Der Name *Chesterton* bedeutet »Siedlung an einem Römerlager«, aus aengl. *ceaster*, »römische Befestigungsanlage« (vgl. engl. *castle*, »Burg«, zu lat. *castra*, »befestigtes Lager«), und *tun*, »Farm, Gehöft«.

Chevalier *Maurice* (1888–1972), weltberühmter französischer Chansonsänger und Filmschauspieler. *Chevalier* ist die Bezeichnung für ein Mitglied des Ritterordens, heute für einen Angehörigen des französischen niederen Adels (zu frz. *cheval*, »Reittier, Pferd«).

Chiaramonti *Barnaba* (1740–1823) war der Familienname des Papstes Pius VII.; nach ihm ist das *Museo Chiaramonti* im Vatikan benannt. *Chiaramonte* ist eine italienische Anpassung des französischen Städtenamens *Clermont* und entspricht dem alten lateinischen Namen *Mons clarus*, »heller Berg«. → *Pius VII.*

Childebert war der Name von Frankenkönigen aus dem Hause der Merowinger: *Childebert I.* (um 495–558), der Sohn Chlodwigs I., war von 551 bis 558 König im Nordteil des Frankenreichs, dem er später jedoch das Loiregebiet und Teile Burgunds angliedern konnte. *Childebert II.* (570–596) kam nach der Ermordung seines Vaters *Sigibert I.* als Fünfjähriger auf den Königsthron Austrasiens, sodass seine Mutter Brunhilde die Regierungsgeschäfte für ihn übernehmen musste. *Childebert III.* regierte von 695 bis 711; die tatsächliche Herrschaft übte jedoch Pippin II. aus. Der königliche Name entspricht dem alten deutschen Vornamen *Hildebert* (aus ahd. *hiltja*, »Kampf«, und *beraht*, »glänzend«). → *Brunhild*, *Childerich*, *Ludwig* und *Pippin*

Childerich hießen drei Frankenkönige; ihr Name ist uns vielleicht geläufiger in der Form *Hilderich* (von ahd. *hiltja*, »Kampf«, und *rihhi*, »mächtig, reich«). *Childerich I.*, der Vater Chlodwigs I., war König der salischen Franken von 457 bis 482; er kämpfte auf römischer Seite gegen die Westgoten. *Childerich II.*, der Sohn Chlodwigs II., war seit 662 König Austrasiens und ab 673 des gesamten Frankenreichs, wurde aber zwei Jahre später ermordet. *Childerich III.* war der letzte Merowingerkönig im Frankenreich. 743 hatten ihn die Söhne Karl Martells auf den Thron erhoben. Nach nur acht Jahren wurde er jedoch wieder abgesetzt und in ein Kloster gesteckt. → *Chilperich* und *Ludwig*

Chilperich ist eine andere Namensform von fränkisch *Childebert* (vgl. unseren alten Vornamen *Hilpert*, zu ahd. *hiltja*, »Kampf«, und *beraht*, »glänzend«). Der hoch gebildete merowingische Frankenkönig *Chilperich I.*, der Sohn Chlothars I., war von 561 bis 584 König von Neustrien. *Chilperich II.*, Sohn Childerichs II., holten die Gegner Karl Martells 715 aus dem Kloster, um ihn als König aufzustellen, und schließlich erkannte auch Karl ihn an. → *Childerich*, *Dagobert* und *Lothar*

Chimäre [grch. Χίμαιρα] war in der griechischen Mythologie ein Feuer speiendes Ungeheuer mit einem Löwenkopf, Ziegenleib und Schlangenschwanz, das von Bellerophon mit Hilfe des geflügelten Pegasus getötet wurde. Der Name *Chimäre*, zu grch. *chímaira (χίμαιρα)*, bedeutet »Ziege«.

Chirac *Jacques René* (geb. 1932), französischer Politiker. Unter Präsident Giscard d'Estaing war er von 1974 bis 1976 Premierminister, von 1977 bis 1995 Bürgermeister von Paris und von 1986 bis 1988 erneut Premierminister. 1995 trat er die Nachfolge von François Mitterrand als Präsident der Republik an, 2002 wurde er wiedergewählt. *Chirac*, ein nicht seltener Ortsname, ist keltischer Herkunft und bezieht sich auf eine Anwesen, das einem gewissen *Carius* gehörte, was durch die frühere Endung *-acum* ausgedrückt wurde. Der ursprüngliche Name dürfte demnach *Cariacum* geheißen haben.

Chlebnikow *Wiktor Wladimirowitsch* [russ. *Виктор Владимирович Хлебников*], genannt *Welemir* [*Велимир*], 1885–1922, war ein bekannter russischer Lyriker und Wortführer der Futuristen in seinem Land, die für eine poetische Sprache ohne Grammatik und Logik warben. Sein Name bedeutet etwa »Sohn des Bäckers«, zu *chleb (хлеб)*, »Brot«, mit der patronymischen Endung *-ow (-ов)*.

Chlodwig → *Ludwig*

Chlothar, ein fränkischer Adelsname, stammt von ahd. *Hlothar*, zu *hlut*, »laut, berühmt«, und *heri*, »Heer«. Berühmte Träger dieses Namens waren fränkische Könige aus dem Haus der Merowinger: *Chlothar I.* (um 497–561), der Sohn Chlodwigs I., war seit 511 zunächst nur König in Soisson, herrschte ab 558 jedoch im ganzen Reich und konnte diesem sogar noch Thüringen, Burgund, die Provence und Reste des Alemannenreichs hinzugewinnen. *Chlothar II.* (584–629) konnte 613 nach dem Tod Königin Brunhildes erneut das Reich einigen, während *Chlothar III.* zunächst über das gesamte Reich herrschte (657–660), von 660 bis 673 aber nur noch König von Neustrien blieb. → *Lothar*

Chnum war im alten Ägypten der Fruchtbarkeits- und Geburtsgott, der auf seiner Töpferscheibe den Leib des Kindes im Mutterleib formte. Auch die Regulierung des Wasserstandes im Nil lag in seinem Zuständigkeitsbereich. Sein Name bedeutet »Bildner, Former«.

Chomeini *Ayatollah Ruhollah ibn Mustafa Musawi Hindi* (1902–1989), iranischer politischer und geistlicher Führer der Islamischen Republik Iran. Bereits in den 1950er-Jahren hatte er den Titel Ayatollah, in den frühen 60er-Jahren den eines Großayatollahs erhalten, wodurch er zu einem der höchsten religiösen Führer in der schiitischen Gemeinschaft im Iran aufstieg. 1978 musste er das Land verlassen und er ging ins Exil, zunächst in die Türkei, von dort in den Irak und ließ sich schließlich in Paris nieder. Nach dem Sturz des Schahs kehrte er 1979 im Triumph nach Teheran zurück und übernahm die Führung der iranischen Revolution. Im gleichen Jahr wurde der Iran zu einem Gottesstaat erklärt und *Chomeini* zu dessen Oberstem Geistlichen Führer auf Lebenszeit ernannt. Er ging unverzüglich daran, ein religiös-faschistoides System zu etablieren und jede Opposition durch Verfolgungen und Todesurteile auszurotten. 1989 erregte er die Weltöffentlichkeit, als er Salman Rushdies Buch »Die satanischen Verse« für gotteslästerlich erklärte und jeden frommen Muslim zur Hinrichtung des Autors aufforderte. *Chomeini* trug den Namen seines Geburtsortes *Chomein*, der ungewöhnliche Vorname *Ruhollah* bedeutet »Seele Gottes«. Sein eigentlicher Nachname war allerdings *Musawi*, der darauf verweist, dass er ein Nachfahre des siebten schiitischen Imams *Musa al-Kazim* (arab. *Musa*, »Moses«, und *al-kazim*, »der Geduldige«) war und damit in direkter Linie vom Propheten Mohammed abstammte. Aus diesem Grund durfte er als *Sayyed* statt des üblichen weißen einen schwarzen Turban tragen. In seinem Namen wurde natürlich auch erwähnt, dass er *ibn Mustafa*, also der »Sohn des Mustafa« (arab. *al-mustafa*, »der Erwählte«), war, ebenfalls ein schiitischer *Sayyed*. Der Großvater *Chomeinis* hatte als Geistlicher in Indien gewirkt, daher der vererbte Namenszusatz *Hindi*.

Chons, ägypt. *Chonsu*, »Wanderer (am Himmel)«, war bei den alten Ägyptern ein Mondgott in Knabengestalt. Der Sohn Amuns und seiner Gattin, der Himmelsgöttin *Mut*, bildete mit diesen zusammen die Götterdreiheit von Theben. *Chons* war auch Herr der Zeit, der den Menschen ihre Lebensjahre zählte. In Griechenland wurde er übrigens mit Herakles gleichgesetzt. → *Herakles*

Chopin *Fréderíc* (1810–1849), polnischer Pianist und Komponist, Sohn eines französischen Vaters und einer polnischen Mutter. Der schon in seinen Kinderjahren als fantastischer Konzertpianist gefeierte Künstler erlebte seine größten Erfolge in Paris, wo er seit seinem 20. Lebensjahr wohnte und wirkte. Zu seinen dortigen Freunden gehörten Berlioz, Liszt, Balzac, Heine und Meyerbeer. Mit nur 39 Jahren starb er an einem Lungenleiden. Sein Name scheint seiner schwächlichen Natur und seinem eher friedfertigen Wesen in jeder Beziehung zu widersprechen, denn *Chopin* hat in etwa die Bedeutung »Schläger«, zu afrz. *chopiner*, »stoßen, schlagen«, und *chopin*, »Hieb, Treffer« (vgl. engl. *to chop*, »hacken«). Womöglich hat einer seiner Vorfahren diesen Spitznamen wegen seiner Gewalttätigkeit erhalten. Den Namen *Chopin* trifft man besonders an der französischen Kanalküste an, in der Variante *Choppin* auch in Nordostfrankreich.

Chrétien de Troyes (ca. 1135–1183) war ein altfranzösischer Dichter, der in seinem »Perceval« die Sage von König Artus' Tafelrunde mit der Gralgeschichte und der höfischen Minne verband. Weitere Hauptwerke aus seiner Feder sind »Lancelot, der Karrenritter« und »Yvain, der Löwenritter«. Ein »Tristan«-Roman ist leider verloren gegangen. Sein Name bedeutet übersetzt »Christian von Troyes«. *Troyes*, nach dem gallischen Volksstamm der *Tricasses*, ist eine französische Stadt im Zentrum der Champagne, nahe den Katalaunischen Feldern, wo Attila 451 vernichtend geschlagen wurde. *Christian* steht für »getaufter Christ« und basiert auf grch. *christós (χριστός)*, »Gesalbter«.

Christie *Agatha* (1890–1976), englische Kriminalschriftstellerin, die mit Geburtsnamen schlicht *Agatha Mary Clarissa Miller* oder, nach ihrem letzten Ehemann, *Mallowan* (zu engl. *mallow*, »Malve«) hieß. Berühmt wurden auch die beiden Hauptcharaktere ihrer Bücher: der belgische Detektiv *Hercule Poirot* (wörtlich »Herkules Porree«, wohl zu gleich klingendem frz. *poireau*, »Lauch, Porree«, dazu *poireauter*, »sich die Beine in den Bauch stehen«, ein recht passender Name für einen Detektiv) und die verschrobene alte Hobbydetektivin *Miss Marple* (vielleicht in Anlehnung an das ähnlich klingende engl. *marplot*, »Störenfried«, sehr angemessen für die mürrische Hobbyermittlerin). Ihr Pseudonym *Christie* war der Name ihres ersten Mannes.

Christophorus [grch. *Χριστοφόρος*] bedeutet »Christusträger«, zu *christós (χριστός)*, »Gesalbter«, und *phérein (φέρειν)*, »tragen« (vgl. *Fähre*). Gemeint war ursprünglich wohl »der Christus in seinem Herzen trägt«. Eine spätere Legende berichtete vom heiligen *Christopho-*

rus, der ursprünglich der Riese *Offerus* (ein hundeköpfiges, Menschen fressendes Ungeheuer) hieß und der eines Tages den kleinen Jesus auf seinen Schultern über einen Fluss trug, der obendrein die Weltkugel in seiner Hand trug und den Riesen unter Wasser drückte, sodass dieser getauft wurde. Der Riese wurde christlicher Missionar und nach seinem Märtyrertod (unter Kaiser Decius, 249–251 n. Chr.) Schutzpatron der Reisenden (heute vor allem der Autofahrer).

Christus [grch. *Χριστός*], »der Gesalbte«, war der Beiname Jesu – eine griechische Lehnübersetzung der hebräischen Bezeichnung *Maschiach*, ebenfall »der Gesalbte«, woraus wir *Messias (Μεσσίας)* abgeleitet haben. Im alten Israel wurden Priester und Könige durch die Salbung Jahwe geweiht. *Christus* wurde als der Heilsbringer gesehen, der am Ende der Zeit als Friedensfürst und König in Jerusalem Einzug halten wird.

Chruschtschow *Nikita Sergejewitsch* [russ. *Никита Сергеевич Хрущёв*], 1894–1971, sowjetischer Politiker. Der Sohn eines ukrainische Bauern, der zunächst als Maschinenschlosser und Bergmann arbeitete, machte als typischer kommunistischer Apparatschik schnell Karriere. Ab 1925 war er enger Mitstreiter Stalins, im Zweiten Weltkrieg Organisator des Partisanenkampfes, in Stalingrad Generalleutnant, ab 1939 Mitglied im Politbüro und ab 1949 Sekretär der KPdSU. Nach Stalins Tod und dem Sturz von Berija und Malenkow wurde er 1958 Ministerpräsident. Er plante einen stufenweisen Abbau des Kalten Krieges und verkündete auf dem XX. Parteitag die These von der Vermeidbarkeit der Kriege und der Möglichkeit der friedlichen Koexistenz unterschiedlicher politischer Systeme. Seine vorsichtige Entstalinisierung bewog Ungarn 1956 zum Aufstand, den *Chruschtschow* jedoch blutig niederschlug. Nach seiner Niederlage in der Kubakrise 1962 und wegen des schwelenden Konflikts mit China wurde er 1964 gestürzt. Sein Name geht entweder zurück auf ukr. *chruschtsch (хрущ)*, »Maikäfer«, oder er bedeutet »der Knirscher«, zu *chrustét' (хрустеть)*, »knirschen« – ein passender Name für einen Politiker, dem man seine Wut und Entrüstung deutlich am Gesicht ablesen konnte.

Chrysostomus [grch. *Χρυσόστομος*] bedeutet »Goldmund«, zu grch. *chrysós (χρυσός)*, »Gold«, und *stóma (στόμα)*, »Mund«. Einen trefflicheren Beinamen hätte der heilige *Johannes Chrysostomus* (um

350–407), Erzbischof und Patriarch von Konstantinopel, nicht tragen können, immerhin galt er als größter Prediger der griechischen Kirche (vgl. *Chrysantheme*, »Goldblume«).

Churchill *Sir Winston Leonard Spencer* (1874–1965), britischer Premierminister von 1940 bis 1945. Für seine Kriegsmemoiren erhielt er 1953 den Nobelpreis für Literatur. Der Name *Churchill* bedeutet »Kirchenhügel«, zusammengesetzt aus engl. *church*, »Kirche«, und *hill*, »Hügel«. *Winston* kommt vielleicht von einem altenglischen Personennamen, der die Wörter *wynn*, »Freude«, und *stan*, »Stein«, enthält.

Cicero war ein üblicher Beiname in der römischen *gens Tullia*, von lat. *cicer*, »Erbse« (vgl. *Kichererbse*, die also nichts mit *kichern* zu tun hat). Wahrscheinlich hatte der erste Träger dieses Namens Hülsenfrüchte angebaut oder mit solchen gehandelt; es könnte auch sein, dass er eine erbsenförmige Warze auf der Nase hatte. Bei dem berühmten *Cicero*, genauer *Marcus Tullius Cicero* (106–43 v. Chr.), handelte es sich indessen um einen äußerst gebildeten, temperamentvollen Anwalt, machtvollen Redner und idealistischen Politiker Roms.[6]

Çiller *Tansu*, geb. 1946, türkische Politikerin. 1991 wurde sie eine von acht weiblichen Mitgliedern des Parlaments in Ankara und zur Wirtschaftsministerin in der Koalitionsregierung Demirel ernannt. Ab 1993 war sie die erste Frau auf dem Sessel eines Ministerpräsidenten. Zu ihrer größten Herausforderung entwickelten sich die wachsende Gewalt unter den Kurden im Südosten des Landes und die dringend notwendige Senkung der Staatsausgaben. 1996 ging sie eine Koalition mit der Mutterlandpartei von Mesut Yilmaz ein, der ihr im Amt des Premierministers folgte. Als dieser im gleichen Jahr zurücktrat, kam eine Koalitionsregierung mit Erbakan zustande, in der sie stellvertretende Ministerpräsidentin und Außenministerin wurde. Erbakan trat 1997 auf Druck der Armee zurück und *Çiller* landete auf der Oppositionsbank.

---

[6] Übrigens sprachen *Ciceros* Mitbürger seinen Namen wohl tatsächlich *Kikero* aus und auch die zeitgenössischen Griechen nannten ihn *Kikéron (Κικέρων)*. Das Gleiche gilt natürlich für die Aussprache des Namens *Caesar*, woraus im Deutschen zunächst das alte Lehnwort *Kaiser* wurde (ahd. *keisar*, »Herrscher«), während der Begriff *Zar*, der zwar gleicher Herkunft, aber viele Jahrhunderte jünger ist, dem so genannten Zetazismus, d. h. der Veränderung des *K* zum *Z* (grch. *Zeta*), unterlag.

Die in einige Korruptionsaffären verwickelte Politikerin gab 2002 die Führung der Partei des Rechten Weges ab. Ihr Name bedeutet »Sommersprossen«, zu türk. *çil*, »Sommersprosse, Fleck« (mit der Mehrzahlendung *-ler*). *Çiller* dürfte früher ein Spitzname für eine Person mit auffällig gesprenkelter Haut gewesen sein (türk. *çil* bedeutet allerdings auch »Haselhuhn«).

Cincinnatus war der Beiname des *Lucius Quinctius Cincinnatus*, der 460 v. Chr. als Konsul bereits höchster Beamter und Heerführer der römischen Republik gewesen war, sich danach jedoch auf seine Ländereien zurückgezogen hatte. Zwei Jahre später jedoch reaktivierten ihn die Römer während eines Krieges mit den Aequern aus seinem Ruhestand und gaben ihm diktatorische Vollmachten. Der Name des einfachen, aber sittenstrengen Landmanns entspricht dem lateinischen Wort *cincinnatus*, »gelockt«, »Krauskopf« (zu *cincinnus*, »Haarlocke«). Die Volksetymologie hat den Namen verbunden mit lat. *natus*, »geboren«, und so ausgelegt, als wäre er »am ganzen Körper behaart geboren worden«. → *Caesar*

Cincius hieß ein römisches Geschlecht mit so bekannten Angehörigen wie der Prätor (210 v. Chr.) *Lucius Cincius Alimentus*, ein Verfasser von Annalen in griechischer Sprache z. Zt. des Zweiten Punischen Krieges, oder der Volkstribun (204 v. Chr.) *Marcus Cincius Alimentus*, der Urheber der *lex Cincia de donis et muneribus*, also eines Anti-Korruptions-Gesetzes, das z. B. bestimmte, dass kein Richter für die Führung eines Prozesses Geschenke annehmen darf. Der Name *Cincius* beruht wohl auf lat. *cingere, cinxi, cinctum*, »umgürten« (vgl. *umzingeln*).

Cinna, römischer Beiname z. B. des wegen seiner Grausamkeit berüchtigten *Lucius Cornelius Cinna*, ein Parteigänger des Marius im Bürgerkrieg gegen Sulla (84 v. Chr.), der von seinen eigenen Soldaten getötet wurde, und natürlich auch seines Sohnes *Lucius Cornelius Cinna* (»der Jüngere«), der zu den Mördern Caesars gehörte, sowie des *Caius Helvius Cinna*, ein Dichter und Freund Catulls, der tragischerweise beim Leichenbegängnis für Caesar 44 v. Chr. mit *Lucius Cornelius Cinna d. J.* verwechselt und gelyncht wurde. Der Name *cinna* stammt wahrscheinlich von lat. *cinis, cineris*, »Asche«, vermutlich wegen des ergrauten Hauptes eines Ahnherrn. Eine zweite, übertragene Bedeutung von *cinis* ist allerdings »Vernichtung, Zerstörung«, eine Etymologie, die sehr gut auf die drei *Cinnas* passen würde.

Ciocchi del Monte *Giovanni Maria* (1487–1555) hieß Papst Julius III. mit bürgerlichem Namen. Er hatte unter drei Päpsten schon in der Verwaltung der römischen Kurie gearbeitet, bevor er zum Kardinal erhoben wurde und als päpstlicher Legat und Präsident die erste Tagung des Konzils von Trient eröffnen durfte. Sein Name enthält das italienische Wort *ciocco*, »Holzstumpf«, in Norditalien auch »Dummkopf« (Mehrzahl *ciocchi*), und bedeutet somit etwa »Baumstümpfe vom Berge« bzw. »Holzköpfe vom Berge«. → *Julius III.*

Citroën *André-Gustave* (1878–1935), französischer Unternehmer holländisch-jüdischer Abkunft. Nachdem er im Ersten Weltkrieg verantwortlich für die französische Massenproduktion von Waffen gewesen war, gründete er 1919 die *Citroën*-Werke und wurde innerhalb von wenigen Jahren einer der größten Automobilhersteller der Welt. Der niederländische Name *Citroen* bedeutet »Zitrone« und war bei der ursprünglichen Benennung von Aschkenasim (Ostjuden) in Europa eine gängige Bezeichnung für einen Menschen mit einer gelblichen Gesichtsfarbe. Als Andrés Vater, ein Amsterdamer Diamantenhändler, 1873 nach Paris zog, änderte die Familie den Namen leicht ab in *Citroën*.

Clair *René* (1898–1981), eigentlich *René Chomette*, bekannter französischer Filmregisseur. Sein Künstlername basiert auf frz. *clair*, »hell, klar«, während sein richtiger Name von der topographischen Bezeichnung *chomet*, auch *chaumet* stammt, gebildet aus der vorlateinischen Wurzel *calm*, »kahler Gipfel, Bergweide«, wohl ein Hinweis auf einen Viehhirten unter den Vorfahren. Vielleicht war diese Auslegungsmöglichkeit schon Grund genug für eine Namensänderung; außerdem mag ihn *Chomette* zu sehr an frz. *chômeur*, »Arbeitsloser, Erwerbsloser« (zu *chômer*, »arbeitslos sein«), erinnert haben.

Claudius (10 v. Chr.–54 n. Chr.), jüngster Sohn des Drusus Nero, also des Stiefsohns von Kaiser Augustus, und Bruder des Germanicus. Nach dem Tod seines Neffen Caligula machte ihn die kaiserliche Leibwache zum Kaiser (41–54 n. Chr.), obwohl er absolut ungeeignet schien. Der als kränklich, unbeholfen und schüchtern, ja geradezu ängstlich bekannte *Claudius* strafte bald alle seine Kritiker Lügen, indem er manches Unrecht seiner Vorgänger wieder gutmachte und Britannien den Frieden schenkte. Allerdings hatte er Pech mit seinen Frauen: Die genusssüchtige Messalina, die ihn mit ihren Ausschweifungen lächerlich machte und die ihm Britannicus und Olivia, die spätere Gattin des Nero, gebar, wurde 43 ermordet. Seine zweite Frau Agrippina, eine Intrigantin, veranlasste ihn, seinen Sohn Britannicus zu Gunsten ihres eigenen Sohnes Nero zu enterben, und vergiftete ihn daraufhin. Der römische Geschlechtername *Claudius*, »der Hinkende« (von lat. *claudus*, »lahm, hinkend«, zu *claudicare*, »hinken, stolpern«), traf auf diesen Kaiser in besonderem Maße zu, da er in der Tat körperlich behindert war und stotterte. Andere Mitglieder der patrizischen *gens Claudia* (vulgärlat. *Clodius*) waren z. B. der Dezemvir (um 450 v. Chr.) *Appius Claudius*, der Zensor (um 312 v. Chr.) *Appius Claudius Caecus*, der die *via Appia* erbauen ließ (*Caecus* zu lat. *caecus*, »blind«, aber auch »verblendet, undurchsichtig«), sowie der Cicero-Feind *Publius Clodius Pulcher*, der 59 v. Chr. auf seinen Patrizierrang verzichtete und zur Bürgerklasse übertrat (daher seine Namensänderung von *Claudius* zu *Clodius*) und im Jahr 52 von den Banden des Milo erschlagen wurde. Der deutsche Dichter und Journalist *Matthias Claudius* (1740–1815) hieß mit richtigem Familiennamen *Asmus*. Sein lateinisches Pseudonym klingt zwar erhaben, die damit verbundene Bedeutung »der Hinkende« gereichte ihm jedoch weniger zur Ehre, als sein richtiger Namen es vermocht hätte, denn *Asmus* ist die Kurzform von *Erasmus*, aus grch. *erásmios* (ἐράσμιος), »willkommen, lieb, lieblich«, zu *erân* (ἐρᾶν), »lieben« (vgl. *Eros*). → *Erasmus von Rotterdam*

Clausewitz *Carl von* (1780–1831), preußischer General und Kriegstheoretiker. Er kämpfte in den Napoleonischen Kriegen, trat jedoch 1812, als Preußen ein Bündnis mit Frankreich schloss, zur russischen Armee über. Nach dem Wiener Kongress kehrte er als Oberst zurück in den Dienst Preußens und brachte es bis zum Generalstabschef. Sein Buch »Vom Kriege« blieb lange das Standardwerk über die Grundgesetze der Kriegsführung. *Clausewitz'* missverständlicher Ausspruch »Krieg ist die Fortsetzung der Politik mit anderen Mitteln« hat Weltberühmtheit erlangt. *Clausewitz* wurde übrigens als Sohn bürgerlicher Eltern geboren, und zwar unter dem Namen *Carl Philipp Gottlieb Claußwitz*. Erst 1827 wurde er in den Adelsstand erhoben, um den bis dahin unrechtmäßig benutzten Namenszusatz »von« und seinen unrechtmäßigen Aufstieg in den Offiziersrang nachträglich zu legalisieren. *Clausewitz* bzw. *Claußwitz* scheint eine Kombination zu sein aus dem verkürzten Vornamen *Nikolaus*, zu *níke (νίκη)*, »Sieg«, sowie mhd. *witz*, »Wissen, Verstand«. (Der letzte Namensteil könnte allerdings auch einen slawischen Ursprung haben.)

Clemenceau *Georges* (1841–1929), französischer nationalistischer Staatsmann, der schon 1871 in der Nationalversammlung gegen den Friedensvertrag mit Deutschland gestimmt hatte. Nach einer ersten Ministerpräsidentschaft (1906–1909) wurde er 1917 nochmals Regierungschef und bestand im Versailler Vertrag auf einer äußerst harten Haltung gegenüber dem besiegten Deutschland. Im Widerspruch zu seiner politischen Unerbittlichkeit bedeutet *Clemenceau* – eine Verkleinerungsform des französischen Taufnamens *Clément* – »der Milde«, zu lat. *clemens*, »sanft, nachsichtig, gnädig«.

Clinton *Bill* (geb. 1946), eigentlich *William Jefferson Blythe*, wurde im Alter von vier Jahren von seinem Stiefvater *Clinton* adoptiert und erhielt dessen Namen. Sein leiblicher Vater, *William Jefferson Blythe Jr.* (von aengl. *bliðe*, »liebenswürdig«), kam kurz nach *Bills* Geburt bei einem Autounfall ums Leben. Der Demokrat *Bill Clinton* war zweimal Gouverneur von Arkansas gewesen (1979–1981 und 1983–1992), bevor er 1992 zum 42. Präsidenten der Vereinigten Staaten gewählt und 1996 wiedergewählt wurde. 2001 musste er das höchste Amt der USA an den Republikaner George W. Bush abtreten. *Clinton* entstand aus dem Ortsnamen *Glinton*, »schmutzige Siedlung«, zu mengl. *glint*, »schlüpfrig«, und *tun*, »Farm« – in den Augen seiner Kritiker ein nicht ganz unpassender Familienname angesichts der sexuellen Torheiten des bis dahin so beliebten amerikanischen Politikers. Seine Frau *Hillary* – die wohl kaum, wie der Expräsident in seinen Memoiren behauptet, nach dem legendären Mount-Everest-Bezwinger *Hillary* benannt wurde, da dieser erst sieben Jahre nach ihrer Geburt seine Großtat vollbrachte – gehört seit dem Jahr 2000 dem US-Senat an. Ihr Name entspricht *Eulalia* (aengl. *Ilaria*), einer latinisierten weiblichen Form des griechischen Wortes *eúlalos (εὔλαλος)*, »süß redend« (vgl. *lallen*).

Cloacina war ein Beiname der Venus als Patronin der *Cloaca maxima*, zu lat. *cloaca*, »unterirdischer Abwasserkanal« (vgl. *Kloake*).

Cloelius hieß ein römisches Geschlecht, das seinen Ursprung allerdings in Alba Longa hatte. Zu dieser *gens* gehörte z. B. *Caius Cloelius*, der letzte König von Alba Longa.

Cluentius war ein römischer Gentilname, zu lat. *clueri*, »genannt werden, heißen«, auch »gerühmt werden«. Die Ironie des Schicksals verhinderte offenbar, dass dieses Geschlecht (außer dem längst vergessenen Namensgründer) einen wirklichen Großen hervorgebracht hat.

Clusius, »der Schließer«, lautete der Beiname des Gottes Janus in Friedenszeiten; zu lat. *claudere*, »schließen, absperren« (vgl. *Klausur* und *Klaustrophobie*).

Clymenus, »der Berühmte«, war ein Beiname des römischen Unterweltgottes Pluto. Das Fremdwort gehört zu grch. *kléos (κλέος)*, »Ruhm, Ruf«.

Cocceius hieß ein römisches Geschlecht; zu ihm gehörten z. B. der Jurist *Lucius Cocceius Nerva*, der Vermittler zwischen Oktavian und Marcus Antonius, *Marcus Cocceius Nerva*, ebenfalls ein Jurist sowie Freund des Kaisers Tiberius, und dessen Enkel *Marcus Cocceius Nerva*, der uns als Kaiser *Nerva* (96–98 n. Chr.) bekannt ist. Der Gentilname kommt von lat. *coccinatus*, »der in Scharlach Gekleidete«, zu *coccum*, »Scharlachbeere; Scharlachfarbe«. → *Nerva*

Cockney war ein geläufiger englischer Spitzname für einen Londoner, insbesondere für jemand, der in Hörweite der Bow-Glocken geboren wurde. *Cockeney*, »Hahnenei«, war der mittelenglische Ausdruck für ein Hühnerei, das zu klein und missgestaltet war. Der Name entwickelte sich zu einer beleidigenden Bezeichnung für einen Stadtmenschen, der ein »weiches Leben« führte, im Gegensatz zum harten Leben eines Landbewohners. Er war also ein »Weichei«, wie wir heute sagen würden.

Cocles lautete der Beiname des *Publius Horatius Cocles*, des Verteidigers der Tiberbrücke gegen Porsenna; zu lat. *cocles*, »einäugig«.

Cocteau *Jean Maurice Eugène Clément* (1889–1963), französischer Dichter, Maler, Choreograf, Schauspieler, Regisseur und Filmproduzent, kurz ein Allroundgenie. In seinen Gedichten, Romanen (»Thomas der Schwindler«, »Kinder der Nacht«), Theaterstücken (»Orpheus«, »Geliebte Stimme«, »Die Höllenmaschine«, »Die Ritter der Tafelrunde«) und Filmdrehbüchern (»Orphée«, »Die schrecklichen Eltern«, »Das Blut eines Dichters«), die stark vom Dadaismus und Surrealismus geprägt waren, spielten der Tod, die Mythen und das Irreale eine große Rolle, obschon man ihn nicht eindeutig einer bestimmten Stilrichtung zuordnen kann. Sein Name ist eine Verkleinerungsform von frz. *coquet*, »stattlicher, gefallsüchtiger Mann«, eigentlich »junger Hahn« (vgl. *kokett*), zu *coq*, »Gockel«.

Cohen ist ein verbreiteter jüdischer Name, zu hebr. *kohen*, »Priester«. Er wird von Familien getragen, die ihren Stammbaum auf Aaron, den Bruder des Moses zurückführen. → *Levi*

Cohn-Bendit *David* (geb. 1945) ist ein französischer Publizist und Politiker deutscher Herkunft. Seine Eltern flohen 1933 vor den Nationalsozialisten nach Frankreich, sodass er in Frankreich aufwuchs. Er besuchte jedoch ein Gymnasium in Deutschland. Während seines Soziologie-Studiums in Nanterre bei Paris wurde er schon bald einer der führenden Redner der Studentenbewegung. Nach dem Attentat auf den westdeutschen APO-Aktivisten Rudi Dutschke, den er auf dem Anti-Vietnam-Kongress 1968 in Berlin kennen gelernt hatte, mobilisierte er die französischen Studenten. Da ihm zeitweilig die Wiedereinreise von Deutschland nach Frankreich verweigert wurde, ließ er sich in Frankfurt am Main nieder. Hier war er mit seinem Wohngemeinschafts-Genossen Joschka Fischer ein aktives Mitglied der Gruppe »Revolutionärer Kampf« und nahm an Straßenkämpfen teil. 2002 wurde er Präsident der grünen Fraktion im Europaparlament. *Cohn-Bendits* Name belegt die jüdische Abstammung seiner Familie: Der erste Teil gehört zu hebr. *kehína*, »Priesterschaft«, während *Bendit* (wie *Benoît* zu lat. *benedictus*, »Gesegneter«) unter den Juden im südfranzösischen Languedoc ein verbreiteter Name war.

Colbert ist ein weit verbreiteter französischer Familienname, der entweder aus dem Germanischen kommt und über afläm. *Koelbert* aus aengl. *Colbeorht* entstanden ist (zu *col*, »quellen« und ahd. *beraht*, »glänzend«), oder aber mit dem altfranzösischen Wort *collibert*, auch *collivert* und *colvert*, »Leibeigener«, korrespondiert. Der französische Staatsmann und Vater des Merkantilismus *Jean-Baptiste Colbert*

(1619–1683), Marquis de Seignelay, diente dem Sonnenkönig Ludwig XIV. als äußerst erfolgreicher Minister für Finanzen, Handel und Verkehr. Er verstärkte die Handelsflotte und gründete die Ostindienkompanie mit *Lorient* als Heimathafen (dessen Name bezeichnenderweise aus *l'orient*, »der Orient«, entstanden ist) und die Westindische Kompanie mit der Basis *Le Havre* (»der Hafen, der Zufluchtsort«). Zudem begünstigte er heimische Manufakturen, rief ausländische Fachkräfte ins Land, baute die Landstraßen zu festen Chausseen aus und förderte Kunst und Wissenschaft in seinem Land. Die französische Schauspielerin *Claudette Colbert* hieß eigentlich *Lily Chauchoin* (1903–1996). Dass sie den ebenso bekannten wie berühmten Namen *Colbert* ihrem Geburtsnamen vorzog, kann man verstehen, falls ihr dessen Herkunft von afrz. *chauchoir*, »Weinpresse, Kelter«, bewusst war; vielmehr wird sie geärgert haben, dass er für manche Ohren so ähnlich wie *chaud choix*, »heiße Wahl«, klang.

Cole *Nathaniel Adams* (1919–1965), genannt *Nat King Cole*, hieß ein weltbekannter schwarzer amerikanischer Jazzpianist und -sänger – in seinem Fall in der Tat äußerst angemessen, denn mit dem mittelalterlichen Beinamen *Cola*, zu aengl. *cole*, »Kohle«, wurde in der Regel ein auffallend dunkelhäutiger Mann bezeichnet.

Cölestin ist ein recht anmaßend klingender Name, denn er bedeutet »der Himmlische«, aus *coelestis*, einer kirchenlateinischen Form von *caelestis*, »überirdisch, göttlich, göttergleich« (zu *caelum*, »Himmel«). Bezeichnenderweise gab es fünf Päpste und einen Gegenpapst dieses Namens. Als positives Beispiel sei *Cölestin V.* genannt, ein ehemaliger Benediktinermönch, der 1294 nach nur wenigen Monaten zurücktrat, da er sich durch sein Amt heillos überfordert fühlte, in das er nach zweijähriger Sedisvakanz gegen seinen Willen auf Betreiben römischer Adelsfamilien und des Königs von Neapel als vermeintlich leicht zu lenkender Papst gewählt worden war. Sein Nachfolger, Bonifatius VIII., hatte jedoch Angst, dass man ihn als Gegenpapst aufstellen könnte, und ließ ihn bis zu seinem Tod 1296 gefangen halten. *Cölestin V.*, ein heiligmäßig lebender Mönch und Gründer zahlreicher Einsiedlergemeinden, wurde später heilig gesprochen. → *Caelus*

Colette *Sidonie Gabrielle* (1873–1954), französische Schriftstellerin, Verfasserin heiterer und erotischer Romane (»Die Katze«, »Gigi«

etc.). Verkürzt aus *Nicolette*, ist ihr Name eine weibliche Verkleinerungsform von *Nicole*, zu *Nicolas* (dt. *Nikolaus*), aus grch. *níke (νίκη)*, »Sieg«, und *laós (λαός)*, »Volk«.

Colonna *Odo* (1368–1431) war der ehemalige Name *Martins V.*, der 1417 zum Papst gewählt wurde. Der überaus reichen römischen Adelsfamilie *Colonna* verdankte die Kirche zudem etliche Bischöfe und Kardinäle. Im Italienischen bedeutet das Wort *colonna* »Säule« und in der Tat waren die Häuser *Colonna* und *Orsini* die beiden wichtigsten Stützen der römischen Gesellschaft, obschon sie in ständiger Fehde miteinander lebten. → *Orsini*

Columban (521–597) hieß ein irischer Heiliger, der im 6. Jahrhundert Schottland und England zum Christentum bekehrte (zu lat. *columba*, »Taube«). Von ihm wird berichtet, dass er das Seeungeheuer Nessie entdeckt haben soll.

Columella, genauer *Lucius Iunius Moderatus Columella*, war ein Schriftsteller des 1. Jahrhunderts n. Chr., der aus Gades, dem heutigen Cádiz in SW-Spanien, stammte. Sein Name ist hergeleitet von lat. *columella*, »kleine Säule, kleiner Pfosten«, zu *columna*, »Säule« (vgl. engl. *column* und *Kolumne*).

Comenius (1592–1670), eigentlich *Jan Amos Komenský*, tschechischer Humanist. Der Theologe und bedeutende Pädagoge, der mehrere Lehrwerke und Unterrichtshilfen verfasste, wurde 1616 Prediger und 1632 Bischof der Brüdergemeinde in Böhmen. Die Wirren des Dreißigjährigen Kriegs verschlugen ihn nach Polen, England, Schweden, Ungarn und schließlich in die Niederlande. Der Name, unter dem er weltbekannt wurde, ist eine Latinisierung seines Geburtsnamens (vielleicht zu tsch. *kominik*, »Schornsteinfeger«, und der patronymischen Endung *-ski*).

Commodus (180–192 n. Chr.), despotischer römischer Kaiser, Sohn des Marc Aurel und der Faustina. Er ist unter diesem Beinamen bekannt geworden, obschon sein voller Name *Lucius Aurelius Commodus* lautete, zu lat. *commodus*, »angemessen, geeignet«, bei Personen auch »zuvorkommend, höflich, gefällig«.

Condé hieß eine Seitenlinie des Hauses Bourbon. *Louis I.* (1530–1569), der erste Prinz von *Condé*, war wie sein Sohn *Henri I.* (1552–1588) ein Anführer der Hugenotten, während sein Enkel *Henri II.* (1588–1646) sie auf Seiten Richelieus bekämpfte. *Louis II.*, genannt der *Große Condé* (1621–1686), gelang es 1643, die Spanier zu besiegen und 1646 Dünkirchen einzunehmen. In den Wirren der Fronde ging er kurzzeitig zu den Spaniern über und befehligte deren Armee in den Niederlanden, später die französische Armee in Deutschland. Sein Urenkel *Louis Henri*, Herzog von Bourbon (1692–1740), war Erster Minister Ludwigs XV. und sein Sohn *Louis-Joseph* (1736–1818) kämpfte mit seiner *Armee de Condé* jahrelang gegen die Revolutionstruppen. Der Name *Condé* geht auf das gallische Wort *condate*, »Zusammenfluss«, zurück; heute haftet dem französischen Wort *condé* nichts Glanzvolles mehr an, denn es ist – wie dt. »Bulle« – eine abwertende Bezeichnung für einen Polizisten.

Conrad *Joseph* (1857–1924), eigentlich *Teodor Józef Konrad Nałęcz Korzeniowski*, englischer Schriftsteller polnisch-ukrainischer Herkunft (worauf auch die Endung *-owski* verweist, im Norden Polens hätte die Endung *-ewski* geheißen). Der Vater gehörte zum polnischen Landadel, und da dieser sich am Aufstand gegen den Zaren beteiligte, wurde die Familie nach Nordrussland verbannt. Mit 16 Jahren verließ *Conrad* das Land und ging nach Marseille. In der Folge bereiste er auf französischen und britischen Handelsschiffen alle Weltmeere. Ab 1878 war er Kapitän in der britischen Marine und nahm 1884 gar die britische Staatsbürgerschaft an. 1895 musste er krankheitsbedingt den Dienst quittieren und bestritt seinen Lebensunterhalt als freier Schriftsteller. 1924 starb er in Großbritannien. Einige seiner berühmten Romane sind »Der Verdammte der Inseln«, »Nostromo«, »Lord Jim«, »Typhoon« und »Herz der Finsternis«. Da sein Familienname für Engländer nahezu unaussprechlich war, beschränkte er sich auf zwei seiner Vornamen. Seinen polnischen Familiennamen könnte man übersetzen mit »Sohn dessen, der Wurzeln geschlagen hat« (zu *korzeniowy*, »Wurzel-« und der patronymischen Endung *-ski*, »Sohn von …«) oder er verweist auf seinen Herkunftsort und bedeutet »Mann aus Korzeniew« (oder aus einem Ort wie *Korzeniewo*, *Korzeniów* etc.), wobei die Wurzel *korzen-* in solchen Ortsnamen wiederum »Wurzel« bedeutet.

Constable *John* (1776–1837), bedeutender englischer Landschaftsmaler. Vor allem seine leuchtend-farbigen Naturskizzen wirken wie Vorboten des Impressionismus. Angesichts seiner hohen künstlerischen Begabung erscheint der Familienname recht unangemessen, denn *Constable* bedeutet im Englischen »Polizist, Wachtmeister«, aus lat. *comes stabuli*, »Stallmeister«.

Constantine *Eddie* (1917–1993), Sohn eines russischen Immigranten, hieß eigentlich *Edward Constantinowsky*. Der in Amerika geborene Sänger und Schauspieler folgte seiner französischen Frau nach Paris, wo er zunächst Nachtklubsänger, dann Schauspieler wurde und Rollen in harten Actionfilmen übernahm, vor allem als der unvergessene Lemmy Caution. Sein Künstlername ist lediglich die französisierte Form seines Geburtsnamens, der »Mann aus Konstantinow« bedeutet, zum lateinischen Rufnamen *Constantinus*, »der Standhafte«.

Consus hieß ein altrömischer Erntegott, dem der Schutz der Feldfrüchte in den Scheunen anvertraut war und dem man einen unterirdischen Altar errichtet hatte, der nur an den so genannten *Consualia*, einem ausgelassenen Fest mit Pferde- und Maultierrennen, zum Ende der Ernte am 21. August feierlich ausgegraben wurde (zu lat. *condere*, »anlegen, gründen«, aber auch »aufbewahren, einkellern«, vielleicht auch zu *conserere*, »säen, pflanzen«).

Cook *James* (1728–1779), englischer Seefahrer und mehrfacher Weltumsegler. Er erforschte die Ostküste Australiens und besuchte die meisten Inselgruppen des Pazifiks. Auf seiner dritten Reise entdeckte er die Hawaii-Inseln und wurde dort von Eingeborenen erschlagen. *Frederick Albert Cook* (1865–1940), der an einer Grönlandreise und einer Südpolarexpedition teilnahm, behauptete, 1908 vor Peary den Nordpol erreicht zu haben. *Thomas Cook* (1808–1892) gründete 1841 die nach ihm benannte britische Reisegesellschaft – angesichts seiner berühmten Namensvettern ein durchaus trefflicher Name, wenngleich dieser eigentlich der englischen Berufsbezeichnung »Koch« entspricht.

Cooper *James Fenimore* (1798–1851), amerikanischer Romanschriftsteller. Am bekanntesten wurden bei uns seine spannenden Lederstrumpfgeschichten über das abenteuerliche Leben der Kolonisten,

Fallensteller und Indianer während der Pionierzeit (z. B. »Der Letzte der Mohikaner«, »Die Prärie«, »Der Pfadfinder« und »Der Wildtöter«). Der Familienname *Cooper*, samt den Varianten *Copper*, *Couper*, *Cowper* und *Cupper*, ist die alte Berufsbezeichnung »Fassbinder, Böttcher, Tonnenmacher« (vgl. *Küfer* und *Kübel*), wörtlich übersetzt »Korbmacher«, zu engl. *coop*, »Hühner-, Brutkorb«. Sein ungewöhnlicher Vorname *Fenimore* entstand aus afrz. *Finamur* (aus *fin amour*) und bedeutet »vollendete Liebe«.

Copperfield *David* (geb. 1956), durch zahlreiche TV-Auftritte bekannt gewordener amerikanischer Zauberkünstler, der mit richtigem Namen *David Seth Kotkin* heißt. Da er wegen seines Namens gehänselt wurde, trat er zunächst unter dem Decknamen »Davino« auf. Erst nach der Schulzeit wählte er sein heutiges Pseudonym und benannte sich nach Charles Dickens' berühmtem Romanhelden »David Copperfield« (aus engl. *copper*, »Kupfer«, und *field*, »Feld«). Er wurde zwar in den USA geboren, die jüdische Familie *Kotkin* stammte jedoch aus Weißrussland. Es bleibt unklar, ob der Name zu russ. *kot (кот)*, »Katze, Kater« oder zu poln. *kotny*, »trächtig« gehört (vgl. auch poln. *kotka*, »Katze«).

Corculum war der Beiname des *Publius Cornelius Scipio Nasica Corculum*, der zweimal Konsul war sowie Zensor und Pontifex maximus. Man bewunderte sein Rechtsempfinden und seine juristischen Kenntnisse so sehr, dass man ihn *Corculum*, »Herzchen«, nannte, zu *cor*, »Herz« – ein alter lateinischer Ausdruck für einen scharfsinnigen, urteilsfähigen Menschen. → *Nasica* und *Scipio*

Corinth *Lovis* (1858–1925), berühmter impressionistischer deutscher Maler, der sich gegen Ende seines Lebens auch dem Expressionismus zuwandte. Vor allem seine Porträts und Landschaften zeugen von enormer Vitalität und Ursprünglichkeit. Der Name, der zunächst an den *Kanal von Korinth* zu erinnern scheint, hat indes nichts mit der griechischen Stadt zu tun (es sei denn, dass die Vorfahren des in Ostpreußen geborenen Künstlers einst mit *Korinthen* handelten). Vielmehr könnte ihm mnd. *ku-rint*, also »Kuh-Rind«, zu Grunde liegen, eine Bezeichnung, die auf den Beruf des Bauern verweist. Der Vorname *Lovis*, eine Kurzform von *Lodewik*, ist ebenfalls niederdeutsch und entspricht *Ludwig* (zu ahd. *hlut*, »laut, berühmt«, und *wig*, »Kampf«).

Coriolano war der latinisierte Name (zu lat. *corius*, »Fell, Haut, Leder«) der in Italien tätigen, aber aus Deutschland stammenden Künstlerfamilie *Lederer*. Eine Assoziation mit dem altrömischen General *Coriolan* war sicherlich beabsichtigt. Die Künstler dieser Bologneser Familie machten im 16. Jahrhundert als Holzschneider und Kupferstecher von sich reden.

Coriolanus hieß mit Beinamen der römische General *Gnaeus Marcius Coriolanus*, der 493 v. Chr. *Corioli* erobert haben und 489/88 v. Chr. mit den Volskern gegen Rom gezogen sein soll. Er wurde jedoch von einer Frauenabordnung unter Führung seiner Mutter von der Erstürmung der Stadt abgehalten. (*Corioli* war eine Stadt der Volsker in Latium. Ihre genaue Lage ist unbekannt, da sie schon im Altertum von der Landkarte verschwand.)

Corneille *Pierre* (1606–1684), französischer Bühnendichter, in dessen Tragödien römische Stoffe vorherrschen (z. B. »Horace«, »Cinna«, »Pompée«). Seine Helden sind eher der kühlen Vernunft als der Menschlichkeit verpflichtet, sodass ihr starker Wille stets über reine Gefühle wie Liebe, Freundschaft und familiäre Bindungen siegt. Würde man *Pierre Corneilles* Namen ins Deutsche übersetzen, hieße er schlicht und ein wenig despektierlich »Peter Krähe« (zu gleichbedeutend lat. *cornix*). Wahrscheinlicher aber ist eine Ableitung vom Vornamen *Cornelius*, nach dem römischen Geschlecht der *Cornelier*.
→ *Cornelius*

Cornelia, aus der *gens Cornelia*, war die jüngste Tochter des *Africanus Maior* und die Mutter der Gracchen. → *Cornelius*

Cornelius hieß ein vornehmes, weit verzweigtes altrömisches Geschlecht, dem auch die Familien von *Scipio*, *Sulla*, *Lentulus* und *Cinna* angehörten. *Cornelius*, »Hornträger« (zu lat. *cornu*, »Horn«), nannte man den ersten Namensträger wohl, weil er einfältig und dickschädig wie ein »Hornochse« war. Andererseits konnte das lateinische Wort *cornu* auch »Helmkegel« und »Heeresflügel« bedeuten. *Cornelius* (251–253) war aber auch der Name eines römischen Papstes und Heiligen. Er triumphierte über seinen Konkurrenten, den strengeren Gegenpapst Novatian, da er im Unterschied zu diesem bereit war, bußfertige Abtrünnige nach der Christenverfolgung des Kaisers Decius wieder in die Kirche aufzunehmen. Der Name, der eigentlich besser dem Novatian angestanden hätte, bezieht sich auf das römische Geschlecht der Cornelier und könnte in diesem Fall interpretiert werden als »standfest und wehrhaft wie ein Stier«. → *Corneille* und *Novatian*

Corot *Jean-Baptiste Camille* (1796–1875), französischer Maler, ein Vorläufer der Impressionisten. Er malte vor allem Porträts und weibliche Akte. Sein Name ist abgeleitet von afrz. *cor*, »Ecke«, oder der bretonischen Wurzel *cor*, »Armee, Truppe« (wie beim bretonischen Namen *Coroe*).

Corrèges *André* (geb. 1923), französischer Vater des Minirocks. Vielleicht ließ sich der Modeschöpfer durch seinen eigenen Namen zur Kreation dieses knappen Kleidungsstücks hinreißen, denn die Flurbezeichnung *corrège*, mit der Variante *courrège*, bezeichnet in Südwestfrankreich einen schmalen »Landstreifen« (auch: »Anbauterrasse«), zu *courroie*, »Band, Riemen, Gurt«.

Correggio (1494–1534), genannt *Il Correggio*, wurde als *Antonio Allegri* geboren. Der berühmte italienischer Maler (z. B. »Leda mit dem Schwan«) gilt als Wegbereiter des Barock. Sein Künstlername ist der Name seiner Heimatstadt *Correggio* in der italienischen Provinz *Reggio nell'Emilia*, in der er auch hauptsächlich tätig war (zu ital. *corregionale*, »zum gleichen Gebiet gehörig«). Eigentlich bestand für ihn keine sonderliche Notwendigkeit, ein Pseudonym anzunehmen, denn sein Geburtsname *Allegri* bedeutet im Italienischen »die Heiteren, Fröhlichen, Lustigen«.

Corsini *Lorenzo* (1652–1740), 1730 als bereits alter Mann zum Papst gewählt, nahm den Namen *Klemens XII.* an und hatte sein Pontifikat genau ein Jahrzehnt lang inne. Er war ein politisch schwacher, eher Kunst und Wissenschaft zugeneigter Papst. Die Anlehnung seines Vornamens *Lorenzo* an lat. *laurea*, »Lorbeerzweig«, klänge in diesem Fall sicherlich übertrieben. Bei seinem Familiennamen handelt es sich um eine Herleitung vom verkürzten italienischen Wort *accorso*, »Hilfe, Beistand«, zu *accorere*, »zu Hilfe eilen«. Der Name *Corso* war früher ein typischer italienischer Taufname, mit dem man um göttlichen Beistand für den Täufling bat. → *Klemens*

Cortés *Hernán* (1485–1547), spanischer Eroberer Mexikos und Zerstörer des Aztekenreichs. Er verwaltete die eroberten Gebiete bis 1541, fiel dann jedoch in Ungnade. Der Name des rücksichtslosen Konquistadoren bedeutet ausgerechnet »der Höfliche«, zu span. *cortés*, »gesittet, höfisch« (das spanische Parlament heißt noch heute *Cortés*). Eigentlich würde eine andere Auslegung besser zu ihm passen, nämlich von mlat. *cors, cortis*, »Bauernhof«, »Pferdestall« (vgl. lat. *cohors* und *Kohorte*).

Corvinus war der Beiname des ungarischen Königs *Matthias Hunyadi*, den er sich selbst gab nach der adligen Familie *Hollos*, der seine Burg *Hunyad* in Siebenbürgen einst gehört hatte (zu ungar. *holló*, »Rabe«, entsprechend lat. *corvinus*). → *Kasimir* und *Raabe*

Corvus (auch: *Corvinus*) lautete ein Beiname in der *gens Valeria*, von lat. *corvus*, »Rabe«. Dieser Weissagevogel (z. B. bedeutete Gekrächze von rechts ein gutes, von links ein schlechtes Omen) war dem Apollo heilig; *corvus* bedeutete im militärischen Sinn aber auch »Brechstange, Mauerbrecher«. → *Valerius*

Cotta war ein Beiname in der *gens Aurelia*, vielleicht von lat. *cotula*, einem aus dem Griechischen entlehnten Wort mit der Bedeutung »kleines Gefäß« oder von dem Gesellschaftsspiel *cottabus*, bei dem man mit einem Weinrest im Becher eine kleine aufgestellte Metallscheibe treffen oder ein in einem Becken schwimmendes Schälchen treffen bzw. versenken musste. → *Aurelius*

Cousteau *Jacques-Yves* (1910–1997), französischer Marineoffizier, Ozeanograph und Autor etlicher Forschungsfilme (»Die schweigende Welt«, »Welt ohne Sonne«). *Cousteau* scheint aus dem provenzalischen Wort *coustèu* entstanden zu sein, womit in Südostfrankreich eine »Vogelfalle« gemeint ist; zu lat. *custos*, »Wächter, Kerkermeister« (vgl. *Küster*). Einer seiner Vorfahren könnte demnach ein Vogelfänger gewesen sein oder mit Leimruten, Fangnetzen oder Schlagfallen gehandelt haben. Es kann sich aber auch um eine Ableitung von prov. *couste*, »Hang«, handeln – für jemanden, der an einem Berghang oder einem Abhang wohnte (vgl. *côte*, »Rippe; Abhang«).

Cranach *Lukas d. Ä.* (1472–1553), deutscher Maler und Kupferstecher, ursprünglich mit dem schlichten Namen *Lukas Müller*. Er wurde besonders bekannt durch seine Lutherbilder. Als Künstlernamen wählte er den Namen seiner Geburtsstadt *Cranach* (heute: *Kronach*), zum Vogelnamen *Kranich*.

Crassus war ein geläufiger Beiname – im Sinn von »der Fette«, »der Wohlbeleibte« – in der *gens Licinia*, zu lat. *crassus*, »dick, fett«. Wie Lucullus in Kleinasien konnte auch *Crassus* (genauer: *Marcus Licinius Crassus Dives*, 115–53 v. Chr.) durch Ausbeutung der Provinzbewohner ein enormes Vermögen anhäufen, und genau das drückt sein zusätzlicher Beiname aus, denn *Dives* bedeutet »der Reiche«. Alle in der *gens Licinia* haben sich in den Provinzen bereichert, zumal Ausbeutung durch die private Steuerpacht und enorm hohe Zinssätze sowie Korruption der Provinzialbeamten zu jener Zeit an der Tagesordnung waren. Im so genannten »Jahrhundert der Revolution« (133–31 v. Chr.) mit Bürgerkriegen und einer sozialen Krise, die alle Gesellschaftsschichten betraf, versuchten die Gracchen und ihre Nachfolger mit nur geringem Erfolg eine Erneuerung des Bauernstandes durch eine Bodenreform. → *Licinius* und *Lucullus*

Crawford *Joan Crawford* (1904–1977), eine bekannte amerikanische Schauspielerin, hieß eigentlich *Lucille LeSueur*. Angeblich war man in Hollywood der Ansicht, ihr wirklicher Name klinge zu gekünstelt (wahrscheinlich verstand man ihn auch gar nicht). Daher veranstaltete man ein Preisausschreiben und einigte sich auf das wenig gelungene Resultat *Crawford*, zu aengl. *crawe*, »Krähe« (modern: *crow*), und *ford*, »Furt«. Der klangvolle Name *LeSueur* ist allerdings auch nicht viel besser, denn zumindest für einen Franzosen klingt er wie »der Schweiß« (*le sueur*), obschon er auf eine altfranzösische Berufsbezeichnung für einen »Schuster« (zu lat. *sutor*, »Flickschuster«) zurückgeht. Der britische Schauspieler *Michael Crawford* (geb. 1942) hatte in der Tat allen Grund, seinen angestammten Namen zu ändern, denn seit seiner Geburt hieß er *Michael Patrick Dumble-Smith*, sodass er als junger Mann wohl immer seine Probleme hatte, denn engl. *dumb* bedeutet »stumm, dümmlich« (überdies klingt *Dumbell* wie engl. *dumb-bell*, »Hantel«).

Crispus, »der Krause, der Lockige«, war der Beiname des römischen Schriftstellers *Sallust*; zu lat. *crispus*, »kraushaarig« (vgl. *Krepp*). → *Sallust*

Cristofori *Bartolomeo* (1655–1731), italienischer Klavierhersteller. Die Mechanik des von ihm erfundenen Hammerklaviers wurde später von Silbermann verbessert. *Cristoforo* ist die italienische Version des griechischen Ausdrucks *Christophóros*, »Christusträger«, zu *christós* (χριστός), »Gesalbter«, und *phérein* (φέρειν), »tragen«. → *Christus* und *Christophorus*

Crivelli *Umberto* (gest. 1187) war der Geburtsname des späteren Papstes Urban III., der gleichzeitig Erzbischof seiner Heimatstadt Mailand blieb. Seine Ahnherren müssen Küchengeräte hergestellt oder verkauft haben, denn im Italienischen bedeutet *crivello* »Sieb«. (*Umberto* ist übrigens die italienische Form unseres alten Vornamens *Humbert*, aus ahd. *hun*, »braun, dunkel«, und *beraht*, »glänzend«.) → *Urban III.*

Crockett *David* (genannt *Davy*), 1786–1836, berühmt wegen seines heldenhaften Einsatzes bei der Belagerung des texanischen Forts Alamo durch die Mexikaner. Der Vorname des mutigen biblischen *David*, der gegen den starken Goliath kämpfte, steht ihm gut an, sein Familienname dagegen entspricht dem abfälligen normannischen Spitznamen *croket* (afrz. *crochet*), »Korkenzieherlocke« (wörtlich »Häkchen«).

Cromwell *Oliver* (1599–1658), puritanischer englischer Staatsmann aus dem niederen Adel. Als Abgeordneter des so genannten »Langen Parlaments« stellte er ein schlagkräftiges Reiterheer auf, mit dem er die königlichen Truppen besiegte. Er setzte König Karl gefangen und ließ ihn 1649 hinrichten. Ab 1653 herrschte *Cromwell* praktisch wie ein Monarch, obschon er den angebotenen Königstitel ablehnt. Mit seinen Siegen über die Flotten Hollands und Spaniens begründete er die englische Vormachtstellung zur See. Seinen Vornamen mit einem »Olivenzweig«, dem Symbol des Friedens, zu assoziieren, ist wahrlich nicht angebracht. Der Familienname, in etwa »krummer Bach«, bezieht sich auf einen von mehreren gleichnamigen englischen Orten, zu aengl. *crumb*, »gebogen, schief«, und *wella*, »Quelle, Schwall, Wasserlauf« (vgl. engl. *well*).

Crosby *Bing* (1904–1977), amerikanischer Sänger und Schauspieler, eigentlich *Harry Lillis*. Sein Geburtsname beruht wohl auf engl. *lilies* (Mehrzahl von *lily*, »Lilie«) oder auf der Koseform *Lillie* von *Elizabeth* (also »Elisabeths Sohn«). Sein Künstlername bezieht sich auf *Crosby*, einen Wohnvorort von Liverpool. Der Name hat die Bedeutung »Kreuzdorf«, zu anorw. *cros*, »Kreuz« (vgl. engl. *cross*) und *bý*, »Dorf, Ort« (im Ort *Crosby* finden sich tatsächlich noch sechs originale Wikingerkreuze).

Cunctator, »der Zögerer, der Bedächtige«, war der Beiname des römischen Feldherrn und Staatsmanns *Quintus Fabius Maximus* (ca. 280–203 v. Chr.), der im Zweiten Punischen Krieg jeder Schlacht gegen die Karthager auswich, da diese ihm im offenen Kampf überlegen waren. Diesem planmäßigen Verhalten verdankte er seinen Ruf als *Cunctator*, zu lat. *cunctare*, »zögern, zaudern, unschlüssig sein«. (Er hatte übrigens schon einen Beinamen, nämlich *Verrucosus*, »der Warzenübersäte«, zu lat. *verruca*, »Warze«.)

Cupido hieß der römische Liebesgott, der als geflügelter Jüngling mit Pfeil und Bogen dargestellt wurde; zu lat. *cupidus*, »begierig, leidenschaftlich, sinnlich« (vgl. engl. *cupidity*, »Begierde, Wollust, Habgier«).

Curiatii nannte man eine von Alba Longa nach Rom umgesiedelte *gens*, zu lat. *curiatus*, »zu den Kurien gehörig«, »patrizisch«. Das lateinische Wort *curia* bezeichnete zunächst die Kurie als Unterabteilung der insgesamt 35 römischen *tribus*, die in je 10 *gentes* unterteilt waren. Später war *curia* der Name für das Senatsgebäude. → *Horatius*

Curie *Pierre* (1859–1906) und *Marie* (1867–1934), französisches Physikerehepaar. Bei ihren Untersuchungen zur Strahlung des Urans gelang ihnen die Isolierung von Polonium und Radium aus Pechblende, wofür sie 1903 zusammen mit *Becquerel*, dessen Assistentin *Marie Curie* war, den Nobelpreis für Physik erhielten. Mit ihrem Erfolg bei der Gewinnung reinen Metalls aus Radiumsalzen sicherte *Marie* sich im Jahre 1911 zusätzlich den Chemienobelpreis. Nach ihr ist die Maßeinheit der Radioaktivität (Ci) benannt, d. h. die Strahlungsintensität einer radioaktiven Quelle. Bei dem Namen *Curie* handelt es sich um die verkürzte provenzalische Bezeichnung *escuria* für einen »Marstall«, in dem einst die hochkarätigen Reittiere eines Fürsten gehalten wurden. → *Becquerel*

Curio war der Beiname des *Caius Scribonius Curio* (ca. 84–49 v. Chr.), entweder zu lat. *curio*, »Ausrufer, Herold, Kurienvorsteher«, oder zu *curio*, »von Sorgen geplagter Mensch«. *Curio* war zunächst Caesars erbitterter Feind, später vertrat er dessen Interessen als Volkstribun (50 v. Chr.). Im Bürgerkrieg kämpfte er auf Seiten Caesars in Sizilien und Afrika, wo er im Kampf fiel.

Curius hieß eine plebejische *gens*, aus der z. B. *Manius Curius Dentatus* stammte, ein römischer Beamter und Feldherr, der bekannt für seine Rechtschaffenheit war. 290 v. Chr. siegte er als Konsul über die Samniten und 275 in seinem zweiten Konsulat über König Pyrrhus bei Benevent. Der Gentilname beruht auf lat. *curare*, »sorgen, sich kümmern«, und *curiosus*, »eifrig, besorgt«, auch: »neugierig, wissbegierig« (vgl. engl. *curious*, »neugierig«, und *Kuriosität*).

Cursor, der Beiname des *Lucius Papirius Cursor*, eines Angehörigen der *gens Papiria*, entspricht dem lateinischen Wort *cursor* für »Läufer, Wettläufer«; zu lat. *currere, cursum*, »laufen, rennen« (vgl. *Kurs* und *Kursus*). → *Papirius*

Curtis *Tony* (geb. 1925), eigentlich *Bernard Schwartz*, amerikanischer Schauspieler ungarischer Herkunft. Das Pseudonym hat er wohl gewählt, da es einerseits ein englischer Name ist (im Gegensatz zum deutschen Namen *Schwartz*), andererseits von engl. *courteous*, »höflich, liebenswürdig«, herrührt, zu *court*, »Hof« (Königshof). Möglicherweise ließ der Geburtsname für seinen Geschmack zu deutlich die jüdische Herkunft seiner Familie erkennen.

Curtius war der Name eines römischen Geschlechts, aus dem z. B. jener hehre Jüngling *Marcus Curtius* hervorgegangen war, der sich laut Sage im Jahr 362 v. Chr. mit Ross und Rüstung in einen Krater stürzte, der sich auf dem Forum Romanum aufgetan hatte und erst nach diesem Opfertod – den das Orakel zur Rettung Roms gefordert hatte – wieder schloss. Ein weiterer Angehöriger dieser *gens* war *Quintus Curtius Rufus*, ein römischer Geschichtsschreiber unter Kaiser Claudius in der Mitte des 1. Jahrhunderts n. Chr., der eine Alexander-Biographie verfasste.

Der Geschlechtername kommt wohl von lat. *curtis*, »Hof, Fürstenhof«, und *curtisanus*, »Höfling, zum Hof gehörig« (vgl. *Kurtisane*; der deutsche Name *Curtius* dagegen ist eine latinisierte Form von *Kurz*).

Cusanus *Nikolaus* (1401–1464) ist die latinisierte Form von *Nikolaus von Kues*, benannt nach seinem Geburtsort *Kues* an der Mosel, zu ahd. *chubisi*, »Hütte« (vgl. *Koben*, »Schweinestall«). Der Philosoph und Theologe an der Grenze zwischen Mittelalter und Neuzeit hieß eigentlich *Nikolaus Chrypffs*, d. h. *Nikolaus Krebs* (womit der Namenswechsel verständlich wird).

Cybiosactes, »Fischhändler«, war der Spottname des Kaisers Vespasian wegen seines sprichwörtlichen Geizes; zu lat. *cybium*, »Tunfisch« (ein Fremdwort aus dem Griechischen). → *Vespasian*

Cycnus hieß der in einen Schwan verwandelte Sohn des römischen Meergottes Neptun, zu lat. *cycnus*, »Schwan«, aus grch. *kýknos (κύκνος)*, »Schwan«.

Cypria war ein Alternativname der Venus (grch. Aphrodite), von lat. *Cyprus*, »Zypern«, der Geburtstätte und dem alten Kultort der Aphrodite.

Dädalus [grch. Δαίδαλος] bedeutet »der Kunstreiche«, zu grch. *daídalon (δαίδαλον)*, »Kunstwerk, Verzierung«, und *daidállein (δαιδάλλειν)*, »ausarbeiten, verzieren«. *Dädalus*, der Vater des Ikarus, war ein mythischer Baumeister, Kunsthandwerker und Erfinder aus Athen, der nach der Ermordung seines Neffen und Lehrlings Talos aus der Stadt fliehen musste. Er schuf u. a. das Labyrinth von Kreta. Als der kretische König Minos erfahren hatte, dass *Dädalus* der Baumeister jener künstlichen Kuh war, in der sich Pasiphaë mit dem weißen Stier des Poseidon gepaart hatte, musste *Dädalus* wiederum fliehen. Er baute für seinen Sohn Ikarus und sich selbst künstliche Flügel, deren Federn mit Wachs verbunden waren. Als Ikarus – entgegen der väterlichen Ermahnung – sich der Sonne zu sehr näherte, schmolz das Wachs und er stürzte ins Meer. Sein Vater aber flog weiter nach Cumae (bei Neapel) und lebte später in Sizilien, wo ihn der rachsüchtige Minos aufstöberte. *Dädalus* jedoch tötete ihn dort im Bad. Zeus machte Minos zu einem der drei Richter im Tartaros. → *Ikarus*, *Pasiphaë* und *Talos*

Dagobert, der Name von drei merowingischen Frankenkönigen, stammt wohl von kelt. *dago*, »gut«, und ahd. *beraht*, »glänzend«. *Dagobert I.* (623–639), der Sohn Chlothars II., herrschte zunächst nur in Austrasien, wurde 629 jedoch König des ganzen Reichs. Sein Sohn *Dagobert II.* war von 656 bis 661 bereits schon einmal als unmündiges Kind König von Austrasien gewesen, dann jedoch in ein irisches Kloster gesteckt worden; im Jahr 676 holte man ihn zurück auf den Thron, ermordete ihn aber nach nur dreijähriger Herrschaft. *Dagobert III.*, der Sohn Chilperichs III., war von 711 bis 715 König von Neustrien und Bourgogne. Der Hausmeier Pippin II. (der Mittlere) von Heristal führte de facto für ihn die Regierungsgeschäfte. → *Chilperich*, *Chlothar* und *Pippin*

Daguerre *Louis Jacques Mandé* (1787–1851), war ein französischer Maler, dem es 1837 gelang, ein Lichtbild auf einer polierten jodsilber beschichteten Metallplatte aufzunehmen, durch Quecksilberdämpfe zu entwickeln und mit einer Kochsalzlösung zu fixieren, ein Verfahren, das zu der Bezeichnung *Daguerrotypie* führte. Sein Name, wohl aus *d'Aguerre*, entstammt offenbar der baskischen Sprache und bezieht sich auf den Bewohner eines Hauses oder Dorfes, das schon aus der Ferne auszumachen ist (zu bask. *aguirre* und *aguerre*, »weithin sichtbar«). Der seltene bretonische Vorname *Mandé* geht wohl auf einen irischen Heiligen namens *Maudez* zurück, der im 6. Jahrhundert in der Bretagne missionierte; die Bedeutung des Namens ist ungewiss.

Daimler *Gottlieb* (1834–1900), deutscher Ingenieur und Erfinder. 1883 baute er einen leichten Benzinmotor, den er zum Fahrzeugmotor weiterentwickelte und 1885 zum ersten Mal in ein hölzernes Zweirad, danach in ein Boot und schließlich in einen Pferdewagen einbaute. 1890 wurde die Daimler-Motoren-Gesellschaft gegründet, die den ersten Mercedes-PKW baute und sich 1926 mit der Firma Benz zur Daimler-Benz AG zusammenschloss. Der Name *Daimler* bedeutet »Folterknecht« (da stellen sich leicht Assoziationen ein, wenn man an die ersten Gefährte des Herrn Daimler denkt!), zu mhd. *diumen*, *diumeln*, »foltern, quälen«, eigentlich »die Daumenschrauben anlegen«. Es ist jedoch auch denkbar, dass das mundartliche oberdeutsche Verb *täumeln*, »übers Ohr hauen«, zu Grunde liegt. → *Benz*

Dajan *Mosche* (1915–1981), israelischer General und Politiker (der »Mann mit der Augenklappe«). Im ersten israelischen Kibbuz geboren, war er Landwirt und bereits mit 14 Jahren Mitglied der Hagana, die jüdische Siedlungen gegen arabische Übergriffe verteidigte. 1939 verbot die Mandatsmacht Großbritannien die Hagana und *Dajan* wurde inhaftiert. Im Unabhängigkeitskrieg 1948/49 war er Chef des Generalstabs. 1956 befehligte er den Sinai-Feldzug. Von 1959 bis 1964 war er Landwirtschafts-, von 1967 (also während des Sechs-Tage-Krieges) bis 1974 Verteidigungs- und von 1977 bis 1979 Außenminister seines Landes. In diesem Amt spielte er 1979 eine wichtige Rolle bei der Ausarbeitung des Friedensabkommens mit Ägypten. Aus Protest gegen die Politik Begins hinsichtlich der umstrittenen Besetzung der Westbank (d. h. des Westjordanlands) trat er jedoch zwei Jahre vor seinem Tod zurück. Der Name *Dajan* bedeutet im Hebräischen »Richter«, »Gesetzeslehrer« und »Religionslehrer«.

Daladier *Édouard* (1884–1970), französischer Staatsmann. Der radikalsozialistische Abgeordnete, der in den 1930er-Jahren mehrfach Ministerposten innehatte, trat für eine deutsch-französische Entspannung ein und war 1938 einer der Unterzeichner des Münchener Abkommens. Nach dem deutschen Überfall auf Polen erklärte er Hitler jedoch umgehend den Krieg. Mit seinem herrischen Auftreten auf der politischen Bühne machte er seinem südfranzösischen Namen alle Ehre, denn im Provenzalischen bedeutet *doladoira* »Axt«, auch »Brecheisen« (aus gleichbedeutend lat. *dolabra*; vgl. frz. *doloire*).

Dalai-Lama ist der Titel des weltlichen und religiösen Oberhauptes des tibetischen Lamaismus (einer Form des Buddhismus). Als *Lama* wird ein buddhistischer Priester und Mönch in Tibet und der Mongolei bezeichnet. Jeder *Dalai-Lama* gilt als eine Wiedergeburt seines Vorgängers. Seinem Ehrennamen liegen mong. *dalai*, »Gott«, eigentlich »Meer«, und tibet. *(b)lama*, »der Erhabene«, zu Grunde, sodass man den Titel etwa übersetzen könnte mit »Lehrer, dessen Größe so unermesslich ist wie das Meer«. → *Tenzin Gyatso*

Dalí *Salvador* (1904–1989), surrealistischer spanischer Maler und Schriftsteller. Seine berühmtesten Traummalereien sind zwei Bilder, die er »Beständigkeit der Erinnerung« und »Brennende Giraffe« nannte. 1940 siedelte *Dalí* in die Vereinigten Staaten über, brach mit dem

Surrealismus und malte, nachdem er 1948 in seine Heimat zurückgekehrt war, in traditioneller klassizistischer Manier. Sein katalanischer Name wird eine Kurzform eines mit *Adal-* beginnenden alten Rufnamens sein (etwa *Adalbert*, zu ahd. *adal*, »edel, vornehm«), falls es sich nicht um eine Variante von katal. *adalil* handelt, zu arabisch (maurisch) *dalil*, »Wegweiser«. Man könnte auch an eine Kontraktion von *d'Ali*, »(Sohn) des Ali«, zu arab. *ali*, »der Erhabene«, denken.

Dalila (auch: *Delila*) war der Name einer Philisterin, von der das Alte Testament berichtet (Richter Kap. 16). Sie konnte ihrem Geliebten Simson das Geheimnis seiner Stärke entlocken (die in seinen Haarlocken steckte) und verriet es an die Philister, sodass der Muskelprotz überwältigt werden konnte. Der Name der untreuen Geliebten könnte auf hebr. *dalal*, »dünn, klein sein«, beruhen; manche Forscher verbinden den Namen jedoch mit hebr. *laila*, »Nacht«, was insofern einen gewissen Sinn ergibt, als er damit im Gegensatz zum Namen des Simson stände, der »Sonne« und »sonnengleich« bedeutet: Die Dunkelheit siegte also über das Licht wie der Tod über das Leben. → *Samson*

Damasus war der Name zweier Päpste. *Damasus I.* (366–384), ein späterer Heiliger, musste sich mit der Konkurrenz eines Gegenpapstes auseinander setzen und ein jahrelanges Schisma hinnehmen. Seine bedeutendste Tat war wohl sein Auftrag an den heiligen Hieronymus, die alte Bibelübersetzung *Itala* zu überarbeiten; das Ergebnis war die bis in unsere Zeit gültige *Vulgata*. Der Name *Damasus* stammt aus dem Griechischen ($\Delta\acute{\alpha}\mu\alpha\sigma\sigma\varsigma$) und bedeutet »Bändiger, Unterwerfer«, von *damázein* ($\delta\alpha\mu\acute{\alpha}\zeta\epsilon\iota\nu$), »überwältigen, zähmen, unterdrücken«. *Damasus II.* (1048) war deutscher Herkunft (nach heutigen Ländergrenzen würde er allerdings aus dem italienischen Südtirol stammen); er regierte nur gut drei Wochen und starb an Malaria. → *Ursinus*

Damokles [grch. $\Delta\acute{\alpha}\mu\sigma\kappa\lambda\eta\varsigma$] war ein Günstling am Hof des Tyrannen Dionysos I. von Syrakus (404–367 v. Chr.), der von seinem Herrn die köstlichsten Speisen vorgesetzt bekam, dabei allerdings unter einem Schwert sitzen musste, das nur an einem einzigen Pferdehaar aufgehängt war. Noch heute steht das »Damoklesschwert« für eine ständige Bedrohung des Glücks. Der Name des schon in der Antike sprichwörtlichen Höflings bedeutet »der im Volk Berühmte« und leitet sich her von grch. *dêmos* ($\delta\tilde{\eta}\mu\sigma\varsigma$), »Volk, Land«, und *kléos* ($\kappa\lambda\acute{\epsilon}\sigma\varsigma$), »Ruhm«.

(Die deutsche Entsprechung ist übrigens *Dietmar*, von ahd. *diot*, »Volk«, und *mari*, »berühmt«.) → *Kleopatra*

Dan, hebräisch für »Richter«, hieß der Sohn der Magd Rachels. Diese hatte der Magd aufgetragen, an ihrer Stelle von Jakob ein Kind zu empfangen, da sie selbst zunächst glaubte, unfruchtbar zu sein. Nach der Geburt des Jungen frohlockte Rachel: »›Recht hat mir Gott verschafft! Er hat auch meine Stimme erhört und mir einen Sohn geschenkt‹. Darum nannte sie ihn *Dan*, ›Richter‹«. (Gen. 30, 6) → *Naphtalie* und *Gad*

Danaë [grch. $\Delta\alpha\nu\acute{\alpha}\eta$] war in der griechischen Mythologie die Tochter des *Akrisios*, die Mutter des Perseus, den sie von dem listigen *Zeus*, der ihr einem Goldregen erschien, empfing. Dabei hatte ihr Vater sie in einem Verlies eingesperrt gehalten, um mit allen Mitteln eine Schwangerschaft zu verhindern, da das Orakel ihm geweissagt hatte, er werde einst von dem Sohn seiner Tochter getötet. Und in der Tat tötete später Perseus durch ein Versehen seinen Großvater mit einem Diskuswurf. Der Name *Danaë* könnte verwandt sein mit dem hebräischen Wort *dinah*, »gerächt, gerichtet«, die männliche Form von *dan*. (Vielleicht war dann mit *Danaë* die Jakob-Tochter *Dina* gemeint, die von Sichem, dem Sohn des Landesfürsten, vergewaltigt worden war und von ihren Brüdern Simon und Levi gerächt wurde, indem diese laut Genesis 34 alle Männer der Stadt Sichem erschlugen.)

Dante hieß in Wirklichkeit *Durante Alighieri* (1265–1321). Der Künstlername des italienischen Dichters besteht aus einer Kontraktion seines Vornamens *Durante*, der von lat. *durans, durantis*, »dauerhaft« (zu *durare*, »fortbestehen«) abgeleitet ist – eine treffliche Bezeichnung für den Schöpfer der »Göttlichen Komödie«, mit der er sich ewigen Ruhm verdient hat. Dass er seinen Geburtsnamen verschweigen wollte, kann nicht sonderlich verwundern, denn im Italienischen bedeutet *alighiero* »Bootshaken«, vielleicht ein Hinweis auf den Broterwerb seiner Vorfahren als Fischer oder Schiffer. → *Danton*

Danton *Georges Jacques* (1759–1794), französischer Anwalt und Revolutionär. Als Justizminister (seit 1792) ließ er die September-Massaker an inhaftierten Aristokraten zu und schuf mit der Gründung des Revolutionstribunals und des »Wohlfahrtausschusses« die Grundlagen für die Schreckensherrschaft der Jakobiner. 1794 sagte er sich vom

Terror los und geriet damit in Widerspruch zu seinem bisherigen Freund Robespierre, der ihn stürzte und als vermeintlichen Revolutionsgegner auf der Guillotine hinrichten ließ. Der nicht seltene Name *Danton* lässt an ein Patronymikon *d'Anton* denken (»Sohn des Antoine«), könnte aber auch eine Verkürzung von *Duranton* sein, einer Verkleinerungsform von Namen wie *Durand* oder *Durant* (zu frz. *durer*, »andauern«; vgl. *durant*, »während«). → *Dante*

Daphne [grch. Δάφνη], »Lorbeer«, hieß in der griechischen Mythologie eine Nymphe, die von dem liebestollen Apollon verfolgt wurde. Um seinen Nachstellungen zu entgehen, ließ sie sich von Zeus in einen Lorbeerbaum verwandeln. In der Kunst ist sie daher häufig mit einem solchen Baum dargestellt worden. Er war jedoch auch dem Apollon heilig und fand in seinem Kult in vielen Formen Verwendung.

Darius (grch. *Dareios*) war der Name dreier persischer Könige, z. B. *Darius d. Gr.*, der zwar das Persische Reich erweiterte, aber in der Schlacht bei Marathon 490 v. Chr. dem griechischen Feldherrn Miltiades unterlag, oder *Darius III.* (336–330 v. Chr.), den Alexander d. Gr. 333 v. Chr. bei Issos und 330 v. Chr. bei Gaugamela besiegte. Der altpersische Name lautete *Darayavahusch*, »der Reiche«, woraus sich das moderne persische Wort *daradschi*, »Reichtum«, herleitet.

Darwin *Charles* (1809–1882), britischer Biologe und Begründer der Evolutionstheorie, d. h. der Annahme, dass alle Arten von Lebewesen durch eine natürliche Auswahl entstanden sind. Der Name, der sich aus mittelalterlichen Formen wie *Derewin* und *Derwyne* entwickelte, geht auf aengl. *deorwine*, »lieber Freund«, zurück (vgl. engl. *dear*, »lieb, teuer«, und ahd. *wini*, ebenfalls »Freund«).

Davis *Jefferson* (1808–1889), amerikanischer Politiker. Im Jahr 1845 wurde er in das Repräsentantenhaus der USA gewählt und 1853 machte ihn Präsident Franklin Pierce zum Kriegsminister. Als Süd-Carolina 1860 die Union verließ, war Davis immer noch ein strikter Gegner der Sezession. Kurz vor Ausbruch des Bürgerkriegs im Januar 1861 hielt er eine bewegende Abschiedsrede im Senat und rief zur Einhaltung des Friedens auf. Er erhielt den Auftrag, als Generalmajor den Befehl über die Südstaatenarmee von Mississippi zu übernehmen. Zwei Wochen später wurde er indes zum Präsidenten der Konföderierten Staaten von

Amerika ernannt. Seine erste Amtshandlung war, einen Friedensaufruf nach Washington zu senden, um einen bewaffneten Konflikt zu verhindern. Lincoln lehnte es jedoch ab, seine Abgesandten zu empfangen, und der Krieg nahm seinen Anfang. 1865 geriet *Davis* in Gefangenschaft und wurde erst zwei Jahre später entlassen, ohne dass man je ein Verfahren gegen ihn eröffnet hatte. *Davis* bedeutet »Sohn des Davy«, zu hebr. *david*, »Geliebter« und »Liebender«.

Day *Doris* (geb. 1924), eigentlich *Doris von Kappelhoff*, amerikanische Sängerin und Schauspielerin. Ihr Künstlername entspricht dem englischen Wort *day* für »Tag«, sicherlich für amerikanische Zungen und Ohren ein einprägsamerer Name als ihr Geburtsname. *Kappelhoff* kommt wahrscheinlich von mhd. *kappel*, »Kapelle«, und bezeichnete einst einen »Hof in der Nähe einer Kapelle«.

Debora, eine alttestamentarische Prophetin und Richterin, führte um 1100 v. Chr. zusammen mit Barak unerschrocken die siegreichen Israeliten im Kampf gegen die Kanaaniter an (Richter, Kap. 5), sodass man sie fast mit Jeanne d'Arc vergleichen möchte. Ihr Name, von hebr. *devora*, bedeutet »Biene«. → *Melissa*

Debré *Michel* (1912–1996), französischer Politiker. Er wurde 1958 Justizminister, war von 1959 bis 1962 Ministerpräsident und hatte von 1966 bis 1973 wiederum mehrere Ministerposten inne (Wirtschaft, Äußeres, Verteidigung). *Debré* scheint ein patronymischer Spitzname zu sein, aus *de Bré*, »(Sohn) von Bré«, zu *bref*, »kurz, klein«. In Wirklichkeit dürfte es sich jedoch um einen Namen in der Bedeutung »von der Anhöhe« handeln, zu kelt. *briga*, »Hügel«. (*Debré* könnte allerdings auch eine Variante des nordwestfranzösischen Namens *Debray* sein, zu kelt. *braco*, »Sumpf, Moor«.)

Debussy *Claude* (eigentlich *Achill-Claude*), 1862–1918, französischer Komponist. Als einer der bedeutendsten Tonkünstler seiner Zeit erfand er eine neue Tonsprache, die sich an russischer und asiatischer Musik orientierte und als ausgesprochen impressionistisch empfunden wurde. *Debussy*, aus *d'Buissy* oder *d'Bussy*, bezeichnete ursprünglich jemanden aus einem Ort dieses Namens (z. B. an der französischen Kanalküste), der wiederum mit frz. *bois*, »Wald«, und *buisson*, »Gebüsch«, verwandt sein dürfte.

De Chirico *Giorgio* (1888–1978), italienischer Maler, dessen metaphysische Bilder sozusagen ein Vorspiel für den Surrealismus waren. Sein Name geht wohl auf *Cyriacus* zurück, zu grch. *kyriakós (κυριακός)*, eigentlich »dem Herrn gehörig«, zu *kýrios (κύριος)*, »Herr, Gebieter« (vgl. *Kyrie*).

Decima war eine der drei römischen Parzen (ursprünglich gab es nur eine: die *Parca*, von *parere*, »hervorbringen, gebären«), Göttin des die Geburt entscheidenden 10. Monats, zu lat. *decem*, »zehn«. Eine ähnliche Bedeutung hatte die Parze *Nona*, »die Neunte«, zu *novem*, »neun«, als Göttin des für die Geburt gleichermaßen wichtigen neunten Monats (vgl. *Dezember*, ursprünglich der 10. Monat des Jahres).

Decimus nannten viele Römer ihre Söhne, entweder, weil sie sozusagen ihre Nachkommenschaft ab einer bestimmten Anzahl durchnummerierten – was bei der Häufigkeit des Vornamens auf eine hohe Geburtenrate in Rom schließen lässt –, oder im »zehnten« Monat des römischen Jahres geboren wurden (vgl. *Dezember*). → *Quintus und Sextus*

Decius war ein römischer Gentilname, den z. B. *Publius Decius Mus* und sein gleichgenannter Sohn trugen; beide gingen freiwillig in den Tod, der Vater 340 v. Chr. im Latinerkrieg, der Sohn 295 v. Chr. im Samnitenkrieg. Der Name dürfte von lat. *decem*, »zehn«, stammen. Der Beiname *Mus* bedeutet im Lateinischen »Maus«.

Defoe *Daniel* (ca. 1660–1731), englischer Schriftsteller, der das weltbekannte Buch »Robinson Crusoe« schrieb. Eigentlich hieß er *Daniel Foe*, doch kürzte er seinen Vornamen gern mit dem Anfangsbuchstaben *D* ab und fasste ihn mit *Foe* zusammen, sodass daraus *Defoe* wurde. (Wenn wir ihn *Daniel Defoe* nennen, kommt sein Vorname also eigentlich zweimal vor.) Eine gewisse Ablenkung von seinem Geburtsnamen erschien durchaus angebracht, denn er verfasste aufsässige Schriften gegen die allgegenwärtige Intoleranz in seinem Land und immerhin bedeutet *foe* im Englischen »Feind«. Bisweilen schrieb er seinen Namen auch französisierend *Daniel de Foe*. → *Boatswain* und *Bond*

Degas *Edgar* (1834–1917), französischer Maler und Bildhauer. Der berühmte Impressionist, der eigentlich *Edgar de Gas* hieß, war besonders von alltäglichen Bewegungsabläufen angetan, die er bei Tänzerinnen, Arbeiterinnen und nackten weiblichen Körpern studierte und malte. Als er im Alter erblindete, verlegte er sich auf das Modellieren von Tanz- und Reiterstatuetten. *Degas* (mit der Variante *Dugas*) hat übrigens nichts mit *Gas* zu tun, sondern ist ein verbreiteter französischer Wohnstätten- oder Herkunftsname und bezieht sich entweder auf einen unbebauten Platz (vielleicht zu norm. *gas*, »Schlamm«; vgl. frz. *vase*, »Schlamm, Schlick«) oder auf eines der zahlreichen Dörfer dieses Namens.

de Gaulle *Charles André Joseph Marie* (1890–1970), französischer General und Politiker. 1940 hatte er als Unterstaatssekretär den Waffenstillstand mit dem Deutschen Reich abgelehnt und war nach London ins Exil gegangen, von er zum Widerstand gegen die Besatzer aufrief. 1944 bildete er in Algier eine provisorische französische Regierung und übernahm nach seinem Einmarsch in Paris im August des gleichen Jahres die Macht in seinem Land. Nachdem *de Gaulle* 1945 kurzzeitig Ministerpräsident und provisorischer Staatspräsident gewesen war, verzichtete er auf politische Ämter, bis er 1958 während des Militärputsches in Algier zum ersten Staatspräsidenten der Fünften Republik gewählt wurde. 1962 beendete er den Algerienkrieg und wurde 1965 wiedergewählt. 1969 trat er nach einer verlorenen Abstimmung über eine Senatsreform von seinem Amt zurück. *De Gaulle* scheint eine französisierte Form des flämischen Namens *De Walle* zu sein, der zweifellos früher einen *Wallonen* bezeichnete, also einen »Fremdling«, der nicht germanischer Herkunft war (zu ahd. *walah*, »Welscher, Fremder, Romane«). Das *de* vor dem Namen ist also kein Adelsprädikat, sondern ein Artikel und müsste daher eigentlich groß geschrieben werden.

De Klerk *Frederik Willem* (geb. 1936), gemäßigter südafrikanischer Politiker während der Zeit der Apartheid. Er trat 1989 die Nachfolge Pieter Willem Bothas als Staatspräsident an und bereitete die schrittweise Abschaffung der Apartheid vor, wofür er 1993 zusammen mit Nelson Mandela den Friedensnobelpreis erhielt. (*De Klerks* Vorname *Frederik* bedeutet passenderweise »Friedensreich«.) Ab 1994 war er Vize-Präsident der Republik Südafrika, zog sich aber nach dem Sieg der schwarzen ANC-Partei 1997 aus der Politik zurück. *De Klerk* ist die niederländische Entsprechung des französischen Namens *Leclerc*, der wörtlich übersetzt »der Geistliche« oder »der Schreiber« bedeutet, über kirchenlat. *clericus* (Kleriker) aus grch. *klêros (κλῆρος)*, »Los, Anteil, Grundstück«. (Die zweite Bedeutung »Schreiber« erklärt sich dadurch, dass im Mittelalter in der Regel nur die Geistlichen schreiben konnten, später auch die Absolventen der Klosterschulen.) → *Leclerc*

Delacroix *Eugène* (1798–1863), französischer Maler und Graphiker, möglicherweise der Sohn Talleyrands. Der Hauptvertreter der romantischen Malerei in Frankreich, der schon vor den Impressionisten erkannt hatte, dass Farbe in erster Linie Licht ist, schuf neben Landschaften, Stillleben, Akten und Illustrationen der großen Dichter insbesondere dramatische Darstellungen historischer und religiöser Ereignisse, aber auch exotische Alltagsszenen, in denen er seine Erinnerungen an eine Nordafrikareise verarbeitete. Sein Name, aus frz. *de la croix*, bedeutet wörtlich übersetzt »vom Kreuz« und bezieht sich entweder auf einen Ort mit einem markanten Kreuz als Landmarke oder auf einen Siedler am Schnittpunkt zweier Wege.

Delaunay *Robert Delaunay* (1885–1941), war ein französischer kubistischer Maler, der dem »Blauen Reiter« nahe stand und mit seinen nebeneinander gesetzten Flächen aus reinen Farben einen großen Einfluss auf Maler wie Marc, Feininger und Klee hatte. Seine aus der Ukraine stammende Frau, *Sonia Terk Delaunay*, verwandte den gleichen Stil (von Apollinaire »Orphismus« genannt) zu Dekorations- und Modezwecken. Der in Nordwestfrankreich recht verbreitete Familienname *Delaunay* nimmt Bezug auf einen Ort mit einer größeren Erlengruppe, aus frz. *(planté) d'aulnes*, »mit Erlen (bepflanzt)«.

Delon *Alain* (geb. 1935), französischer Filmschauspieler (»Der Leopard«, »Lautlos wie die Nacht«, »Borsalino«, »Monsieur Klein«, »Alle meine Väter« u. v. a.). Der Name *Delon*, der vor allem in den Vogesen und den Cevennen anzutreffen ist, leitet sich vom alten deutschen Vornamen *Adelo* her und bedeutet »der Edle«, zu ahd. *adal*, »vornehm, edel« (vgl. *Adele*). *Alain* beruht auf lat. *Alanus*, »der Alane«.[7]

---

[7] Die *Alanen* waren ein Steppenvolk nördlich des Kaukasus, das zum Teil mit den germanischen Wandalen und Goten bis nach Westeuropa zog und sich in *Got-Alanien*, dem heutigen *Katalonien* in Nordostspanien, niederließ.

Delors *Jacques* (geb. 1925), französischer Politiker, von 1985 bis 1995 Präsident der Europäischen Kommission. Unter seiner Führung machte die europäische Integration große Fortschritte. So war der von ihm vorgelegte *Delors-Plan* die Grundlage für die Bildung der Europäischen Währungsunion. Sein Name, der vor allem in Südfrankreich verbreitet ist (auch in den Varianten *Delord* und *Delort*), verweist auf jemanden, der sich bei einem *l'ort*, okzit. für »Garten« (zu gleichbedeutend lat. *hortus*), niederließ.

Delvaux *Paul* (1897–1994), belgischer surrealistischer Maler. Sein Name, der in Nordwestfrankreich auch in den Formen *Delval*, *Delvau* und *Delveaux* begegnet, bedeutet etwa »von den Tälern«, zu frz. *vaux*, Mehrzahl von *val*, »Tal«.

Demarchos, grch. *démarchos (δήμαρχος)*, war im alten Griechenland der Titel eines Gemeindevorstehers, zu *dêmos (δῆμος)*, »Volk, Bezirk, Gemeinde«, und *archós (ἀρχός)*, »Führer, Anführer«.

Demeter [grch. *Δημήτηρ*] hieß die mythische Tochter des Kronos und der Rhea, Schwester des Zeus, Mutter der Persephone. Sie galt in Griechenland als Göttin der Fruchtbarkeit (vor allem als Beschützerin der Ehe und der Frauen) sowie des Ackerbaus. Ihr Name lässt sich mit »Erdmutter« übersetzen, zu grch. *dê (δῆ)*, einer Variante von *gê (γῆ)*, »Erdreich, Acker«, und *méter (μήτηρ)*, »Mutter« (vgl. lat. *Demetrius* und russ. *Dmitrij*). → *Gê*

Demetrios [grch. *Δημήτριος*], griechischer Männername mit der Bedeutung »der Demeter Geweihte«, den z. B. *Demetrios Poliorketes* (337–283 v. Chr.) trug, »der Städtebelagerer«, zu *poliorkeîn (πολιορκεῖν)*, »belagern« – eine der glanzvollsten Herrschergestalten der Diadochenzeit. Er kämpfte in den Kriegen seines Vaters *Antigonos Monophthalmos* gegen die anderen Diadochen und konnte 307 Athen und Megara von Kassander erobern. Im Jahr 293 v. Chr. gründete er die Stadt *Demetrias* als Hauptstadt der thessalischen Landschaft Magnesia und wurde 294 zum König von Makedonien ausgerufen. Aber schon 287 v. Chr. verlor er die makedonische Herrschaft an Pyrrhos und Lysimachos. Ein weiterer Vertreter dieses Namens war *Demetrios Phalereus* (350–283 v. Chr.), aus dem Athener Hafengebiet *Phaleron* stammend, wie sein Name verrät. Er war ein athenischer Politiker, Redner und Gelehrter, ein Schüler des Aristoteles und Freund des Theophrast. Cicero sah in ihm die ideale Verbindung von Philosoph und Staatsmann. Ab 317 war er unter Kassander Regent von Athen, wurde aber 307 von *Demetrios Poliorketes* (s. o.) vertrieben. Er fand in Ägypten bei Ptolemäus I. Aufnahme und legte in Alexandria den Grund zu der berühmten Bibliothek. → *Antigonos* und *Dmitrij*

Demirel *Süleyman* (geb. 1924), türkischer Staatsmann. Er war ab 1965 mehrmals Premierminister seines Landes und bekleidete zwischen 1993 und 2000 das Amt des Staatspräsidenten. Vielen seiner Landsleute und Anhänger wird sein Name wie ein Wahlversprechen geklungen haben, denn er bedeutet »eiserne Faust« (zu türk. *demir*, »Eisen«, und *el*, »Hand«) – eine Assoziation, der sein Vorname sogleich zu widersprechen scheint, denn dieser ist die türkische Version von *Salomon*, zu hebr. *shlomoh*, »friedfertig«.

Demokrit [grch. $\Delta\eta\mu\acute{o}\kappa\rho\iota\tau\sigma\varsigma$], ein Philosoph aus Abdera in Thrakien (ca. 460–370 v. Chr.) und ein Zeitgenosse des Sokrates, war der bedeutendste Vertreter der Atomlehre und des Materialismus. Sein Name bedeutet »der vom Volk Erwählte«, zu grch. *dêmos ($\delta\hat{\eta}\mu\sigma\varsigma$)*, »Volk«, und *kritós (κριτός)*, »erwählt, erlesen«.

Demosthenes [grch. $\Delta\eta\mu\sigma\sigma\vartheta\acute{\varepsilon}\nu\eta\varsigma$] hieß ein Athener Politiker und Redner (384–322 v. Chr.). Der Name des erklärten Gegners Philipps von Makedonien bedeutet »Stärke des Volkes« und basiert auf grch. *dêmos ($\delta\hat{\eta}\mu\sigma\varsigma$)*, »Volk, Land«, und *sthénos ($\sigma\vartheta\acute{\varepsilon}\nu\sigma\varsigma$)*, »Kraft«.

Deneuve *Cathérine*, geb. 1943 in Paris als *Cathérine Dorléac*, hieß eigentlich *d'Orléac*, entstanden aus dem ersten Teil des römischen Namens *Aurelius* und dem Flurnamensuffix *-ac* (also »vom Landbesitz des Aurelius stammend«). Der Künstlername des französischen Filmstars bedeutet »die Neue«, zu frz. *neuf, neuve*, »neu«; das davorgesetzte *De-* klingt natürlich vornehmer als ein simples *La neuve*. Zum ersten Mal spielte sie 1956 in dem Film »Junge Rosen im Wind«. Ihre internationale Karriere begann allerdings erst 1964 mit dem Musical »Die Regenschirme von Cherbourg«. *Cathérine Deneuve* zählt seit langem zu den prominentesten Schauspielerinnen ihres Landes.

Deng *Xiaoping* (1904–1997), kommunistischer chinesischer Politiker. *Deng* (seine Familie war nach einem hohen Adligen in der altchinesischen Xia-Dynastie benannt) erhielt bei der Geburt zunächst den Namen *Xixian*, was so viel heißt wie »erster Weiser« oder »erster Heiliger« und die Hoffnungen zum Ausdruck bringt, die der Vater in seinen Sprössling setzte. Er schickte seinen Jungen zur Ausbildung nach Frankreich, wo dieser mit dem Marxismus in Berührung kam. Bald nach seiner Heimkehr wurde er Mitglied der Kommunistischen Partei seines Landes und kämpfte während des Bürgerkriegs auf Maos Seite gegen die Nationalisten. In dieser Zeit benannte *Deng* sich um in *Xiaoping*, »kleiner Frieden«, was natürlich für lange Zeit wiederum nur Wunschdenken war. (Böse Zungen behaupten allerdings auch, der Name *Xiaoping* klinge wie »kleine Flasche«.) Nach dem Sieg machte Mao ihn zum Vize-Premier und ab 1954 zum Generalsekretär des Zentralkomitees. Nach Maos Tod übernahm er die Führung der Kommunistischen Partei Chinas und regierte die Volksrepublik de facto von 1976 bis 1997, wenn er auch bereits 1986 Jiang Zemin zu seinem offiziellen Nachfolger bestimmt hatte. Schon einige Jahre vor seinem Tod bewahrheitete sich die prophetische Namengebung durch seinen Vater, denn *Deng* machte China zu einer der schnellstwachsenden Volkswirtschaften der Welt und das Volk gab ihm einen weiteren Namen: »kleiner Riese«. Er war zwar klein an Gestalt, aber in den Augen seiner Landsleute ein großer Führer.

De Niro *Robert* (geb. 1943), bekannter amerikanischer Filmschauspieler (z. B. »Hexenkessel«, »Der Pate II.«, »Taxi Driver« und »Wie ein wilder Stier«). Sein italienischer Name bedeutet etwa »Sohn des Schwarzen«, zu ital. *nero*, »schwarz«. Der erste Träger dieses Namens wird also einen Vater mit schwarzen Haaren oder einem dunklen Teint gehabt haben. Zumindest was die Haarfarbe anbelangt, trifft der Name auf diesen Schauspieler zu.

Denktaş *Rauf* (geb. 1924), türkisch-zypriotischer Politiker, der nach der Eroberung Nordzyperns durch türkische Truppen 1974 Präsident dieses Inselteils wurde. Als 1983 die Gründung der unabhängigen Republik Nordzypern ausgerufen wurde, wählten die Inseltürken *Denktaş* zu ihrem Staatsoberhaupt. Bisher hat allerdings nur die Türkei Nordzypern als unabhängigen Staat anerkannt. *Denktaş'* mangelnde Kompromissbereitschaft angesichts zahlloser Initiativen zur Lösung des

Zypernproblems stieß selbst bei seinen türkisch-zypriotischen Landsleuten auf Unverständnis, sodass er 2005 von seinem Amt zurücktrat. Sein Nachname bedeutet etwa »Stein gleichen Gewichts«, zu türk. *denk*, »Gleichgewicht« und »zueinander passend«, und *taş*, »Stein«. Sein Vorname *Rauf* legt nahe, dass sein Träger zu »Mitleid« und »Gnade« neigt. (*Al-Rauf* ist einer der Beinamen Allahs.)

Depardieu *Gérard* (geb. 1948) hieß eigentlich *Gérard Darrieu*. Der französische Schauspieler verließ früh die Schule und jobbte zunächst als Hilfsarbeiter, bis ihm ein Freund Mitte der Sechzigerjahre ein Theaterengagement vermittelte. *Depardieu* spielte längere Zeit auch in kleineren Filmrollen, bis er durch Bertrand Bliers »Die Ausgebufften« buchstäblich über Nacht zum Star wurde. Sein Name stammt von dem historischen französischen Ausdruck *de par Dieu*, »im Namen Gottes«, »bei Gott« (vielleicht jedoch auch von einer alten Flurbezeichnung *Part-Dieu*, »Teil Gottes«, womit ein Grundbesitz der Kirche gemeint sein könnte). Sein Geburtsname klang für seine Ohren wohl zu sehr nach *arriérée*, »geistig Behinderter«, wenn auch mit einem vorangestellten adligen *de*, verkürzt zu *d'*, »von …«. Der äußerst seltene Name ist indes baskischer Herkunft und bezeichnet einen »Bewohner an einem Wasserlauf«.

Derwisch ist die Bezeichnung eines muslimischen Mönchs mit der Bedeutung »Bettler«, zu pers. *därweš*, »arm«. → *Sufi*

Descartes → *Cartesius*

Desdemona, »die Unglückliche«, ist in Shakespeares Drama Othello die Frau des Titelhelden, wohl zu grch. *dysdaímon (δυσδαίμων)*, »unglücklich, unselig«.

De Sica *Vittorio* (1901–1974), italienischer Schauspieler und Regisseur, ein Meister des neorealistischen Films. Sein Name dürfte eine Kurz- und Koseform von *Sicardo* sein (zu ahd. *sigu*, »Sieg«, und *harti*, »hart«).

Desny *Ivan*, ein französisch-deutscher Filmschauspieler, der 1922 in Peking geboren wurde und 2002 verstarb, hieß eigentlich *Ivan Desnitzky*, was er gefällig zu *Desny* verkürzte. Der Name beruht wohl auf russ.

desnitza (десница), poetisch »die Rechte«, mit der polnischen Endsilbe *-ski* für »Sohn von ...«, und hätte damit etwa die gleiche Bedeutung wie der hebräische Personenname *Benjamin*, »Sohn zur Rechten«.

Deukalion [grch. Δευκαλίων], sozusagen der griechische Noah, war der mythische Sohn des Prometheus. Dieser hatte ihn anlässlich eines Besuchs im Kaukasus gewarnt, dass Zeus aus Ekel über die verderbten Menschen (man hatte ihm in Lykien Menschenfleisch vorgesetzt) die gesamte Menschheit ausrotten wollte. Also baute er eine Arche, nahm Lebensmittel an Bord und ging mit seiner Frau *Pyrrha*, einer Tochter des Epimetheus, an Bord. Das Meer stieg gewaltig an und überflutete die gesamte Erde, sodass nur noch wenige Berggipfel herausschauten. Als nach neun Tagen die Arche auf einem Berg (entweder auf dem *Parnass* oder dem *Athos*) landete und Deukalion eine Taube zur Erkundung aussandte, erhielt er die Nachricht, dass die Flut zu Ende war. Außer ihm und *Pyrrha* hatten nur wenige Menschen auf Berggipfeln überlebt. Deukalion und seine Söhne würden danach die Schöpfer eines neuen Menschengeschlechts und pflanzten den ersten Weinstock. (Auch Noah galt als Erfinder des Weinbaus; überhaupt klingen die Geschichten von der biblischen Sintflut und der deukalionischen Überflutung, als beruhten sie auf der gleichen Quelle.) Der Name der *Pyrrha* – von grch. *pyrrhós* (πυρρός), »feuerfarben, gelbrot«, zu *pyr* (πῦρ), »Feuer« – bezieht sich möglicherweise auf die Farbe des Weins, den sie und Deukalion in Griechenland anbauten. Auch Deukalions Name scheint sowohl auf die Flut als auch den Weinbau und den Transport des Weins anzuspielen, denn grch. *deúkos* (δεύκος) bedeutet »junger, frischer Wein«, und *halieús* (ἁλιεύς), »vertraut mit dem Meer« sowie »Seemann«, zu *háls* (ἅλς), »Salz«. → *Pyrrhos* und *Lykaon*

De Valera *Eamon* (1882–1975), irischer Staatsmann. Der in Amerika geborene Sohn eines spanischen Musikers und einer Irin schloss sich schon früh der Sinn-Féin-Partei an, die für die Unabhängigkeit Irlands von Großbritannien kämpfte. Als einer der Anführer des Osteraufstands von 1916 in Dublin wurde er zum Tod verurteilt, dank seiner amerikanischen Staatsbürgerschaft jedoch begnadigt. Er stieg zum Vorsitzenden der gewaltbereiten Sinn-Féin-Partei auf und die irische Nationalversammlung wählte ihn 1919 zum Präsidenten der Republik. Zwei Jahre später trat er aber von seinem Amt zurück, da er dem von Großbritannien zugestandenen Status eines Freistaats Irland nicht zustimmen wollte. Er gründete die Fianna-Fail-Partei und gewann mit ihr 1932 die Wahlen. Danach war er bis 1948 Ministerpräsident des Landes. In den 1950er-Jahren wurde er nochmals für zwei Amtsperioden zum Regierungschef gewählt und von 1959 bis 1973 war er Staatspräsident der Republik Irland. Seinem Namen wird das spanische Wort *valer,* »Wert, Tüchtigkeit«, zu Grunde liegen. Der irische Vorname *Eamon* entspricht *Edmund,* aus aengl. *ead-mund,* »Beschützer des Erbbesitzes«. → *Valerius*

Devi ist die größte Göttin der Hindus, die als wohlwollend und zugleich als furchtbar gilt. Sie wird auch von Schiva, ihrem Gatten, sowie von Vischnu, Ganischa und Brahma verehrt und angebetet. Ihr Name entspricht skr. *deví,* »Göttin«, »Königin«, »Prinzessin«.

De Vries *Hugo* (1848–1935), niederländischer Botaniker, der das Phänomen der Mutation entdeckte. Sein Name bedeutet schlicht »der Friese« und bezeichnete einen Abkömmling dieses Stammes.

Diabolos ist der griechische Ausdruck für »Teufel«, zu grch. *diábolos (διάβολος),* »Verleumder, Entzweier«. → *Satan*

Diagoras [grch. Διαγόρας], genannt »der Atheist«, hieß Ende des 5. Jahrhundert v. Chr. ein Dichter aus Melos, ein Zeitgenosse des Sokrates, der wegen Leugnung der Götter verurteilt wurde. Sein Name beruht auf grch. *di-agoreúein (διαγορεύειν),* »in der Versammlung offen reden, ausdrücklich erklären«, zu *agorá (ἀγορά),* »Versammlung, Beratung, Marktplatz«.

Diana war in der römischen Mythologie Göttin des Mondes und der Jagd. Ihr Name stammt wahrscheinlich von lat. *divina,* »die Göttliche«, »die Herrliche«. *Diana* entspricht der griechischen *Artemis.*

Dias *Bartolomëu* (1450–1500), portugiesischer Seefahrer. Er umrundete 1487 als Erster das Kap der Stürme, das später in das optimistischer klingende Kap der Guten Hoffnung umbenannt wurde. Der Name ist wohl eine Verkleinerungsform des Namens *Diogo,* der dem spanischen *Diego,* »Jakob«, entspricht (vgl. *Santiago,* »heiliger Jakobus«, zusammengezogen aus *San Diego*).

Dickens *Charles* (1812–1870), autodidaktischer englischer Erzähler und Begründer des sozialen Romans. Selbst in ärmlichen Verhältnissen aufgewachsen, machte er sich zum Verteidiger der mittellosen Massen. Besonders durch sein autobiographisches Lieblingswerk »David Copperfield« sowie »Oliver Twist«, »Die Pickwickier« und seine »Weihnachtserzählungen« erlangte er Weltruhm. Einer seiner Vorfahren verwies mit dem Namen *Dickens* auf seine Abstammung von einem gewissen *Dick*, wobei *Dick* eine Variante von *Rick* ist, einer Koseform von *Richard*. Man könnte den Namen also als »Karl Richardsohn« übersetzen.

Diderot *Denis* (1713–1784), französischer Schriftsteller und Philosoph. Der von Goethe außerordentlich geschätzte autodidaktische Universalgelehrte leitete die Herausgabe einer großen französischen Enzyklopädie (1747–1772), für die er selbst Tausende von Artikeln schrieb. Neben zahlreichen philosophischen Schriften verfasste er auch erotische Erzählungen und Sittenromane. Bei dem vor allem im Nordosten Frankreichs begegnenden Namen *Diderot* (mit den Varianten *Didelet*, *Didellot* und *Didelon*) handelt es sich in der Regel um eine Verkleinerungsform von *Dietrich* (frz. *Thierry*), aus ahd. *diot*, »Volk«, und *rihhi*, »reich, mächtig«. Es könnte sich allerdings auch um eine Koseform des Rufnamens *Didier* handeln, einer Variante von *Desiderius*, »der Ersehnte« (zu lat. *desiderius*, »verlangen, begehren«).

Dido [grch. $\Delta\iota\delta\acute{\omega}$], Prinzessin von Tyros, Gründerin Karthagos und dessen Königin, war nach Vergil die Geliebte des Äneas. Als der sie verließ, erstach sie sich auf dem Scheiterhaufen. Der Name soll phönizischer Herkunft sein und »kühn, selbstbewusst« bedeuten (nach anderer Quelle: »Jungfrau«). Die Griechen dürften ihn jedoch mit *didónai* ($\delta\iota\delta\acute{o}\nu\alpha\iota$), »geben, ein Geschenk machen«, assoziiert haben.

Diesel *Rudolf* (1858–1913), deutscher Ingenieur und Erfinder des nach ihm benannten Motors (1897). Der Name *Diesel* ist wahrscheinlich über *Dies* (mit *l*-Suffix) aus *Matthias* entstanden, was an sich bereits eine Verkürzung des griechischen Namens *Mattatías* darstellt (zu hebr. *mattanja*, »Gabe Gottes«).

Dietrich *Marlene* (1901–1992), eigentlich *Maria Magdalena Sieber*, Geborene *von Losch*, war eine deutsche Schauspielerin und Sängerin.

Nachdem sie Hitler-Deutschland den Rücken gekehrt hatte, begann sie in Hollywood eine neue Karriere und mit 52 Jahren trat sie einen Triumphzug in den großen Musical-Halls der Welt an. In Deutschland, wohin sie 1960 zum ersten Mal zurückkehrte, wurde sie teilweise als Vaterlandsverräterin beschimpft (»Ich bin, Gott sei Dank, Berlinerin!« schrieb Marlene Dietrich, die einen amerikanischen Pass hatte und in Paris lebte. »Ich sage ›Gott sei Dank‹, weil der Berliner Humor mir mein ganzes Leben erleichtert hat und mir geholfen hat, nicht in dem Gram der Welt zu ertrinken.«). Ihr Name leitet sich her vom alten deutschen Vornamen *Dietrich*, aus *diot*, »Volk«, und *rihhi*, »Reich, Herrschaft«, und bedeutet also etwa »Volksherrscher«. Ihr richtiger Name *Sieber* dürfte auf den ehemaligen Beruf eines »Siebmachers« verweisen. Ihr Geburtsname *von Losch* geht zurück auf mhd. *lösch*, »wertvolles Leder«, das z. B. für Bucheinbände verwendet wurde (eine Seite war rot, die andere weiß) und etwa den »Hersteller kostbaren Leders« bezeichnete. Ihr Vorname ist der gleiche wie der jener Jüngerin (vielleicht sogar der Geliebten oder Ehefrau) Jesu, die aus *Magdala* am See Genezareth stammte und die von der Kirche immer wieder als bekehrte Prostituierte dargestellt wurde.

Dii consentes nannte man im alten Rom die zwölf von den Griechen übernommenen Götter, zu lat. *deus*, »Gott«, und *consentire*, »einverstanden sein, zustimmen«: *Iuno*, *Vesta*, *Minerva*, *Ceres*, *Diana*, *Venus*, *Mars*, *Mercurius*, *Jupiter*, *Neptunus*, *Volcanus* und *Apollo*.

Dii indigetes, so bezeichneten die Römer ihre eigenen, altitalischen Götter, z. B. *Genius*, *Fauna*, *Flora* oder *Saturn* (mit lat. *dii*, Plural von *deus*, »Gott«, und *indiges*, *-etis*, »einheimisch«).

Dike [grch. Δίκη] war die mythische Tochter des *Zeus* und der *Themis*. Diese Göttin der Gerechtigkeit personifizierte die Naturgesetze; zu grch. *díke* (δίκη), »Gesetz, Recht, Urteil«.

Diktator hieß in Notzeiten der römischen Republik (vor allem in Kriegszeiten) der von einem der Konsuln ernannte Alleinherrscher, der wiederum einen Reiteroberstenim Rang eines Prätors erwählte. In der Regel blieb der *Diktator* nur für die Dauer eines Sommerfeldzugs, also etwa sechs Monate, im Amt. → *Konsul*

Dimitrij [russ. *Дмитрий*] ist ein verbreiteter russischer Vorname, (nach dem heiligen Märtyrer *Dimitrios* der orthodoxen Kirche), so hießen aber auch russische Herrscher, z. B. der Großfürst von Moskau *Dmitrij Iwanowitsch Donskoj* [russ. *Дмитрий Иванович Донской*], 1350–1389, der Moskau mit einer Mauer befestigte und das Heer der Litauer und Tataren, die sich gegen ihn verbündet hatten, 1380 auf dem Kulikowofeld am Don besiegen konnte. Auf diese Begebenheit spielt sein Beiname *Donskój (Донской)*, »der vom Don«, an.
→ *Demetrius* und *Schostakowitsch*

Diocletian (ca. 240–313 n. Chr.) war römischer Kaiser von 284 bis 305. In seinem Geburtsland Dalmatien hatte er noch den griechischen Namen *Diokles* getragen, »Ruhm des Zeus«, zu grch. $\Delta\iota\acute{o}\varsigma$ (Genitiv von $Z\epsilon\acute{u}\varsigma$) und *kléos* ($\kappa\lambda\acute{e}o\varsigma$), »Ruhm, Ruf«. Er hatte sich vom einfachen Legionär zum Kommandanten der kaiserlichen Leibwache hochgedient. Bereits 284 von seinen Soldaten zum Augustus des Ostens ausgerufen, wurde er ein Jahr darauf beim Tod des Westkaisers Herrscher des gesamten Reichs und nannte sich fortan *Caius Aurelius Valerius Diocletianus*. Die Aufgaben wuchsen ihm jedoch bald über den Kopf, sodass er seinen Kampfgefährten Maximian zum Augustus ernannte und zum Herrscher des Westreiches einsetzte. 293 n. Chr. machte er zwei zusätzliche Cäsaren (Constantius Chlorus und Galerius) zu kaiserlichen Gehilfen und möglichen Nachfolgern; er selbst blieb jedoch der oberste Herr im Reich. Nach der Sicherung der äußeren Grenzen widmete er sich im Inneren einer Reform des Heeres, der Wirtschaft und der Verwaltung. Da er die politische Einheit des Reiches durch das Auftreten neuer Religionen gefährdet sah, kam es 303 zur letzten, aber äußerst blutigen Christenverfolgung. Ernsthaft erkrankt, dankte er 305 ab und lebte bis zu seinem Tod in Salona, dem heutigen Solin bei Split.

Diodoros [grch. $\Delta\iota\acute{o}\delta\omega\rho\rho\varsigma$] hieß ein griechischer Historiker aus Sizilien. Der Zeitgenosse des Kaisers Augustus verfasste im 1. Jahrhundert v. Chr. eine Weltgeschichte. Sein Name bedeutet »Gottesgeschenk«, zu grch. *dîos* ($\delta\hat{\iota}o\varsigma$), »göttlich«, und *dôron* ($\delta\hat{\omega}\rho o\nu$), »Gabe, Geschenk« (vgl. *Dorothea*, *Theodor*).

Diogenes [grch. $\Delta\iota o\gamma\acute{e}\nu\eta\varsigma$], gest. 323 v. Chr., ein für seinen schlagfertigen Witz berühmter Philosoph, stammte aus Sinope am Schwarzen Meer. Der Schüler des *Antisthenes* zog als Wanderlehrer durchs Land und vertrat das kynische Ideal der Bedürfnislosigkeit. Daher begnügte er sich mit einer Tonne als Unterkunft. Sein Name stammt von grch. *diogenés (διογενής)*, »von Zeus gezeugt«, aus *Zeús* (Gen. *Diós*), und dem Stamm von *génesis (γένεσις)*, »Ursprung, Erzeugung«. → *Dioskuren (Kastor* und *Pollux)*

Diomedes [grch. *Διομήδης*], der Sohn des Tydeus, war ein griechischer Held vor Troja. Später wurde er zum sagenhaften Gründer von Brindisi und Arpi in Apulien. Sein Name besagt, dass er ein »Plan des Zeus« war – aus der griechischen Vorsilbe *dio-* (διο-), »göttlich«, und *mêdos (μῆδος)*, »Gedanke, Plan«.

Dion [grch. *Δίων*], 409–354 v. Chr., der Schwiegersohn des Dionysios von Syrakus, war ein Verehrer Platons und versuchte dessen Idealstaat in seiner sizilianischen Heimatstadt zu verwirklichen.

Dione [grch. *Διώνη*] wurde von Zeus die mythische Mutter der Aphrodite. In der ältesten Zeuskultstätte in Dodona im Nordwesten von Epirus (heute: Dodoni), wo ein berühmtes Orakel lag, verehrte man *Dione* und nicht Hera als Gemahlin des Zeus, an den ihr eigener Name erinnert, denn *Diós (Διός)* ist der Genitiv von *Zeus (Zεύς)*. Möglicherweise ist diese wohl indogermanische Göttin identisch mit der römischen *Juno* – vgl. grch. *Dióne (Διώνη)* und lat. *Iuno*. Als Mutter der Venus verehrt, galt die Letztere bei den Römern zugleich als Stammmutter des julischen Geschlechts. → *Julius* und *Juno*

Dionysius ist die lateinische Variante von *Dionysios* [grch. *Διονύσιος*], »der dem Dionysos Geweihte«. Allgemeine Bekanntheit erlangte *Dionys*, der Tyrann von Syrakus (405–367 v. Chr.), durch Schillers Ballade »Die Bürgschaft«. Den heidnischen Namen des griechischen Gottes des Weinbaus, der Fruchtbarkeit und der Ekstase trugen ausgerechnet auch ein heilig gesprochener Papst (259–268), dessen großes Verdienst es war, die römische Gemeinde nach der Christenverfolgung durch Kaiser Valerian wieder aufzubauen, sowie sechs weitere Heilige der römischen Kirche. Von *Dionysios* ist auch der englische bzw. französische Vorname *Denis* abgeleitet. → *Dion*

Dionysos [grch. *Διόνυσος*], »der Göttliche vom Nysa« (ein legendärer Berg, sein Herkunftsort), ist uns auch unter seinem wohl lydischen Namen *Bakchos (Βάκχος)* bekannt. Die Römer übernahmen ihn als *Bac-*

chus oder *Liber*, den Gott der Fruchtbarkeit, besonders des Weinbaus und des Weins, begleitet von den trunkenen *Mainaden* – zu grch. *mainás (μαινάς)*, »rasend, begeistert«. Nach Homer war Dionysos ein Sohn des Zeus und der Thebanerin Semele (bei späteren Dichtern der Demeter). Nach der Geburt des *Dionysos*, der mit Hörnern und einer Schlangenkrone auf die Welt kam, befahl Hera den Titanen, ihn in Stücke zu zerreißen. Doch seine Großmutter Rhea konnte alle Teile wieder zusammensetzen und den Jungen wieder zum Leben erwecken (vgl. Isis und Osiris in der ägyptischen Mythologie). Am Hof des Königs Athamas wuchs er als Mädchen verkleidet auf, lebte dann unter Nymphen und brach schließlich zu militärischen Abenteuern auf. Der Dionysos-Kult wurde überall begeistert gefeiert und gelangte durch Alexander d. Gr. gar bis nach Indien. Nachdem Dionysos so den Menschen seine Göttlichkeit offenbart hatte, befreite er seine Mutter Selene, die von da an den Namen *Thyone (Θυώνη)*, »die Rasende«, trug, aus dem Hades und geleitete sie in den Olymp. → *Bakchos*

Dios angelos [grch. *Διὸς ἄγγελος*], »der Götterbote«, war einer der Beinamen des Hermes; zu *Diós (Διός)*, dem Genitiv von *Zeus (Ζεύς)*, und *ángelos (ἄγγελος)*, »Gesandter, Bote«. → *Psychopompos* und *Keryx theon*

Dioskur hieß ein Gegenpapst (530) aus Alexandria in Ägypten, der zeitgleich mit Bonifatius II. den Thron bestiegen hatte und bereits im Wahljahr verstarb. Sein heidnischer Name entstand aus *Diòs kóros (Διὸς κόρος)*, »Sohn des Zeus«.

Dioskuren [grch. *Διόσκοροι*], »göttliche Söhne«, wurde das Zwillingspaar *Kastor* und *Polydeukes* (lat. *Castor* und *Pollux*) genannt. Die beiden zeichneten sich durch eine so große Bruderliebe aus, dass Zeus sie nach ihrem Tod als das Sternbild »Zwillinge« an den Nachthimmel setzte (lat. *Gemini*). Der Sage nach waren sie Söhne des Zeus und der Leda, also Brüder der Helena und der Klytaimnestra (nach anderer Quelle Söhne des Tyndareos und der Leda). Die Bezeichnung *Dioskuren* enthält die Bestandteile *dio- (διο-)*, »des Gottes, der Götter«, und *kóros (κόρος)*, »Jüngling, Sohn«.

Disney *Walter* (*Walt*) *Elias* (1901–1966), weltberühmter Trickfilmzeichner und Filmproduzent, unter anderem Vater von »Mickey-Mouse«, »Donald Duck« und »Bambi«. Obschon *Walt Disney* Amerikaner war, stammte sein Name ursprünglich aus Frankreich, wo dieser einst einen Bewohner des Örtchens *Isigny* am Ärmelkanal als *d'Isigny* bezeichnete. Mit den Normannen gelangte der Name in der Form *de Isini* im 11. Jahrhundert nach England und von dort schließlich als *Disney* nach Amerika.

Disraeli *Benjamin Disraeli* (1804–1881), britischer Staatsmann und Schriftsteller. Er trat bereits als Jugendlicher vom Judentum zur anglikanischen Kirche über und vereinfachte die Schreibung seines Namens. Er machte zunächst als Autor romantischer Gesellschaftsromane von sich reden, ging aber schon bald in die Politik. Ab 1837 war er Tory-Abgeordneter im Unterhaus, seit 1848 Parteiführer der Konservativen und von 1852 bis 1868 mit Unterbrechungen Schatzkanzler. 1868 wurde er zum ersten Mal (allerdings nur für wenige Monate) und 1874 erneut zum Premierminister gewählt. Als Regierungschef mit großer außenpolitischer Begabung gewann er für Großbritannien 1875 die Mehrheit der Suezkanalaktien, veranlasste 1878 die Erhebung Königin Viktorias zur Kaiserin von Indien und erreichte von der Türkei die Abtretung Zyperns an die britische Krone. Nach den Wahlen von 1880 musste er sein Amt an den Liberalen Gladstone abgeben. Sein Vater *Isaac D'Israeli* (1766–1848) wurde bekannt als Verfasser historischer Werke und Essays. Er entstammte einer aus Venedig eingewanderten jüdischen Kaufmannsfamilie, wofür der Familienname (vom Rufnamen *Israel*, hebr. *Jisrael*, »Gott streitet«, »Gott herrscht«) beredtes Zeugnis ablegt. → *Gladstone*

Diwan (auch: *Divan*) wurde in einem indischen Staat der erste Minister des Gouverneurs tituliert. Das persische Wort bedeutete ursprünglich »Amtszimmer«, auch »bequemer Sitz des Beamten«, weswegen *Diwan* zur allgemeinen Bezeichnung für ein Liegesofa wurde. (Mit *Diwan* kann darüber hinaus eine morgenländische »Gedichtsammlung« gemeint sein; vgl. Goethes »West-östlicher Divan«.)

Dix *Otto* (1891–1969), deutscher Maler. Die Bilder des vom Expressionismus und Dadaismus angeregten, zur Richtung der Neuen Sachlichkeit gehörenden Künstlers zählten im Dritten Reich zur entarteten Kunst. *Dix* ist eine Verkürzung des Rufnamens *Benedix* oder *Bendix* aus *Benedikt*, zu lat. *benedictus*, »der Gesegnete«.

Djindjić *Zoran* (1952–2003), serbischer Politiker und Schriftsteller. Nach einem Studium der Philosophie, das er in Deutschland mit der Promotion abschloss, kehrte er nach Jugoslawien zurück und gründete mit anderen serbischen Dissidenten die Demokratische Partei, als deren Vorsitzender er 1990 ins Parlament gewählt wurde. In den Jahren 1996 und 1997 war er Belgrads erster nichtkommunistischer Bürgermeister. Als 2000 das Milošević-Regime gestürzt war, wurde er serbischer Ministerpräsident. Als westlich orientierter Politiker stand er in stetem Konflikt mit den alten kommunistischen Kräften als auch mit den Nationalisten; zudem machte er sich Feinde durch sein konsequentes Vorgehen gegen Korruption und organisiertes Verbrechen in Serbien. 2003 erlag *Djindjić* dem Attentat eines Scharfschützen. Sein Vorname *Zoran* bedeutet »Morgendämmerung«. Der Familienname dürfte aus der osmanischen Zeit stammen und könnte als »Sohn eines Schelms« interpretiert werden, zu türk. *cin* (Ausspruch etwa: *dschin*), »Dämon, Geist«, aber auch »Schelm, Spitzbube«.

Djinn heißen in Arabien »Geister«, die von Gott aus dem Gluthauch des Samum, des heißen Wüstenwinds, geschaffen wurden. Als Großwesir herrscht über sie der allwissende Vogel Simurgh.

Djoser, altägyptischer König der 3. Dynastie (ca. Mitte des 3. Jahrtausends v. Chr.). In Sakkara entstand für ihn die erste Stufenpyramide. Der Baumeister Imhotep hatte ursprünglich ein Mastaba-Grab (arab. für »Bank«) geplant, benutzte diese Bodenplatte aber lediglich als Fundament und setzte darauf fünf weitere, sich verjüngende Stufen. Die so entstandene Treppenform sollte Symbol sein für das Aufsteigen der Pharao-Seele zum Himmel. Sein Name bedeutet »König mit dem Körper eines Gottes«. → *Imhotep* und *Snofru*

Doderer *Heimito von* (1896–1966) war ein österreichischer Schriftsteller, der mit seinen großen Romanen (»Die Dämonen«, »Die Strudlhofstiege«) ein genaues Bild von den unterschiedlichen Schichten der Wiener Gesellschaft im ersten Drittel des 20. Jahrhunderts gibt. Der Name des fabulierfreudigen, bisweilen jedoch ausschweifend erzählenden Österreichers kommt von mhd. *toderer* und bedeutet »Stotterer«, zu *todern*, »unverständlich reden, stottern«.

Doge hieß das im Mittelalter von den Vertretern des Adels gewählte Staatsoberhaupt in Venedig, ab dem 14. Jahrhundert auch in Genua. Das italienische Wort *doge* bedeutet »Herzog«, zu lat. *dux, ducis*, »Führer« (vgl. ital. *duce*, »Führer«, und engl. *duke*, »Herzog«).

Dolabella war ein römischer Beiname in der *gens Cornelia*. Zu ihr gehörte z. B. *Publius Cornelius Dolabella* (gest. 43 v. Chr.), der Schwiegersohn Ciceros, der in zweiter Ehe dessen Tochter Tullia geheiratet hatte. Im Bürgerkrieg war er Anhänger Caesars, erlangte nach Caesars Ermordung die Konsulwürde und fand im Kampf gegen den Caesarmörder Cassius den Tod. *Dolabella* gehört wohl zu lat. *dolare*, »behauen, zuhauen«, sowie entweder *bellum*, »Krieg, Kampf« oder *bellus*, »schön, nett«, sodass der Beiname vielleicht die Bedeutung »Streitaxt« oder, ironisch, »hübsche Brechstange« hatte.

Dollfuß *Engelbert* (1892–1934), österreichischer Politiker, der als Kanzler und Außenminister (ab 1932) den Anschluss Österreichs an Deutschland zu verhindern suchte. Nach Ausschaltung der Sozialdemokraten wie auch der Nationalsozialisten und der Auflösung der Parteien, an deren Stelle die so genannte »Vaterländische Front« trat, konnte er sich nur durch polizeistaatliche Methoden an der Macht halten. Er wurde bei einem nationalsozialistischen Putschversuch ermordet. Der oberdeutsche Name *Dollfuß* bezeichnete früher jemanden mit einem »Klumpfuß«.

Dolon [grch. Δολών] hieß ein trojanischer Spion im Lager der Griechen vor Troja, der von Odysseus getötet wurde; zu grch. *dólos (δόλος)*, »Hinterlist, Betrug«.

Dolores ist in Spanien ein stellvertretender Name für Maria, nach der Jungfrau und Gottesmutter, die auch *Mater dolorosa*, »schmerzensreiche Mutter«, genannt wird – im Spanischen *Virgen de los dolores*, »Jungfrau der *Carmen* Schmerzen«.[8]

---

[8] Mit den sieben Schmerzen Marias waren die folgenden gemeint: die Prophezeiung des Simeon, dass ein Schwert ihre Seele durchdringen werde; die Flucht nach Ägypten; der Verlust des Heiligen Kindes in Jerusalem; das Treffen des Herrn auf dem Weg zum Kalvarienberg; die Kreuzigung; die Kreuzabnahme und die Grablegung Christi.

Domenico lautet ein italienischer Name, der unserem *Dominik* entspricht, zu lat. *dominicus*, »dem Herrn gehörig« (vgl. ital. *domenica*, »Sonntag«, aus lat. *dies dominicus*, »Tag des Herrn«). *Domenico di Bartolo* (1400–1447) war ein italienischer Maler der Frührenaissance, dessen Werke sich durch eine ungewöhnliche Raumtiefe auszeichnen, während sein Zeitgenosse *Domenico Veneziano* (1405–1461) mit seiner leuchtenden Farbgebung einen starken Einfluss auf seinen Schüler Piero della Francesca ausübte. Der Zusatz *di Bartolo* beim ersten Namen steht für *di Bartolomeo*, also für »Abkömmling des Bartholomäus«, wobei auch dieser Name bereits ein Patronym ist, denn er bedeutet »Sohn des Tolmai« (hebr. *Bar Tolmai*). Die Erläuterung *Veneziano* weist den zweiten Träger des Namens *Domenico* als einen Sohn der Stadt Venedig aus, obschon er den größten Teil seines Lebens in Florenz tätig war. → *Domingo*

Domingo *Plácido* (geb. 1941), berühmter spanischer Sänger, der als lyrischer Tenor sowohl auf der Bühne als auch in Filmen auftritt (z. B. »La Traviata«, »Carmen«). Der Name *Domingo*, »Sonntag«, geht wohl auf einen Vorfahren zurück, der an diesem Glück verheißenden Tag geboren wurde, zu lat. *dies dominica*, »Tag des Herrn«, während *Plácido* im Spanischen »der Sanfte« bedeutet. → *Domenico*

Domitianus, ein Sohn des Kaisers Vespasian (Titus Flavius Vespasianus) und der Flavia Domitilla, hieß eigentlich *Titus Flavius Domitianus*. Er wurde nach dem Tod seines Bruder Titus 81 n. Chr. römischer Kaiser und regierte bis 96. Er bewies seine herrscherischen Fähigkeiten in der Provinzialverwaltung und in der Ausweitung des Römischen Reichs, indem er die Grenzen über den Rhein bis zum Taunus und Neckar vorschob und die früheren Militärbezirke Germania superior und Germania inferior zu römischen Provinzen machte. Die inneren Verhältnisse hatte er dagegen vergiftet, indem er das hellenistisch-orientalische Vorbild des Gottkönigtums (»dominus et deus«) nachzuahmen versuchte, eine übertriebene Bausucht an den Tag legte und die Macht des Senats beschränkte, indem er ihn mit seinen Gefolgsleuten besetzte, wodurch er natürlich die Opposition der adligen Kreise und der stoischen Philosophen herausforderte, die er kurzerhand vertrieb. So verwundert es nicht, dass er bei einer Verschwörung ermordet und aus dem kollektiven Gedächtnis verbannt wurde (lat. *damnatio memoriae*). Dem Namen liegt das lateinische Verb *domitare*, »zähmen, bändigen«, zu Grunde (vgl. *Dompteur*).

Domitius war der Name einer plebejischen, seit Augustus patrizischen *gens* mit den Familien der *Ahenobarbi* und *Calvini*. Der Name stammt wohl von lat. *domitare*, einem Intensivum zu *domare*, »bändigen, zähmen, bezwingen« (vgl. unseren *Dompteur*).

Donald ist ein typisch schottischer Name, der in der schottischen Form *Domhnall* lautet und »Weltherrschaft« bedeutet, zu gäl. *dubno*, »Welt«, und *val*, »Herrschaft«; das End-*d* ist wahrscheinlich von einem Namen wie *Ronald* beeinflusst (vgl. auch *McDonalds*, nach den Brüdern *Maurice* und *Richard MacDonald*, die 1955 in Chicago eine weltbekannte Schnellrestaurant-Kette gründeten; *McDonald* bedeutet »Sohn des Donald«). → *Macdonald*

Donar hieß in der germanischen Mythologie der *Donnergott* (vergleichbar mit Jupiter und dem Blitze schleudernden Zeus). Ihm ist der *Donnerstag* geweiht, der römische *dies Iovis* (»Jupitertag«, lat. *Iovis* ist der Genitiv von *Iupiter*). Es besteht eine enge etymologische Beziehung zwischen den Götternamen *Donar* und *Thor*, beide zu anord. *thorr*, »Donner« (vgl. engl. *Thursday*, »Donnerstag«).

Donatello (1386–1466), italienischer Bildhauer der Renaissance. Der Name ist eine Verkleinerungsform von ital. *donato*, »gegeben, geschenkt« (zum Verb *donare*), und bedeutet in etwa »der kleine Begabte, Begnadete«. Sein wirklicher Name war *Donato Niccolò di Betto Bardi*, wobei *betto* wohl eine Koseform von *Benedetto*, »der Gesegnete«, ist, zu ital. *benedire*, »segnen« (vgl. *Benedikt*). *Bardi* gehört zu ital. *bardo*, »Sänger« (vgl. *Barde*).

Donatus, eigentlich *Aelius Donatus*, war ein römischer Sprachgelehrter um 350 n. Chr., der eine während des gesamten Mittelalters verwendete Grammatik verfasste. *Donatus* fußt auf lat. *donator*, »Schenker, Stifter«, zu *donare*, »schenken, beschenken«.

Don Bosco *Giovanni* (1815–1888), italienischer Priester und Pädagoge. Er hatte sich die katholische Erziehung verwahrloster Jugendlicher auf die Fahnen geschrieben und gründete je eine Kongregation für Jungen (»Salesianer Don Boscos«) und für Mädchen (»Töchter Mariens«). Sein Name beruht auf ital. *bosco*, »Wald« (vgl. dt. *Busch*); *Don* ist die in Italien übliche Anrede eines Geistlichen.

Dönitz *Karl* (1891–1980), deutscher Großadmiral. Ab 1933 baute er trotz des Verbots durch den Versailler Vertrag heimlich eine neue U-Boot-Flotte auf, deren Befehlshaber er 1936 wurde. Im Zweiten Weltkrieg war er ab 1943 Oberbefehlshaber der Kriegsmarine. Nach Hitlers Tod leitete er für wenige Tage die letzte Reichsregierung, der es mit Hilfe von Kriegsschiffen gelang, bis zur Kapitulation am 9. Mai 1945 unzählige Flüchtlinge und Soldaten über die Ostsee ins Reichsgebiet zu holen und dem Zugriff der Roten Armee zu entziehen. Das Internationale Tribunal in Nürnberg verurteilte *Dönitz* zu zehn Jahren Haft, die er in Spandau verbüßte. *Dönitz* ist ein Herkunftsname; z. B. findet man einen kleinen Ort dieses Namens im Altmarkkreis Salzwedel in Sachsen-Anhalt.

Donna Arine Quixota war einer der Tarnnamen Daniel Defoes. *Quixota* ist eine weibliche Form von *Don Quixote*. Decknamen waren für Defoe überlebenswichtig, da er in seinen politischen Schriften eindeutig in das politische, religiöse und wirtschaftliche Geschehen Englands eingriff und auf allen Gebieten mehr Toleranz forderte. Daher hatte er oft Probleme mit der Obrigkeit und stand einmal deswegen sogar am Pranger. Im Spanischen steht heute das Wort *quijota* für »Phantast, idealistischer Träumer«. → *Defoe* und *Don Quixote*

Donne *John* (1572–1631), sprachgewaltiger englischer Prediger und Dichter mit überspitzt geistreichen Gedankengängen (»Göttliche Gedichte«, »Metaphysische Dichtungen« u. a.). Die Namensform *Donne* entwickelte sich aus aengl. *dunn*, »braun, dunkel«.

Don Quijote ist der Held des Romans *Don Quijote de la Mancha*. Wie der Verfasser Cervantes ist *Don Quijote* ein *Hidalgo* (aus span. *hijo d'algo*, »Sohn von irgendjemand«), also ein Angehöriger des niedrigsten spanischen Adels. Er heißt im Roman zunächst *Alonso Quijano* (nach einem Ort in Kantabrien), wird von einem Kneipenwirt geadelt und nimmt den Namen *Quijote* an, zu span. *quijote*, »Oberschenkelschiene« (ein Teil der Ritterrüstung). *Don*, die spanische Anrede eines Edelmanns, geht zurück auf lat. *dominus*, »Herr«. → *Cervantes*

Donskoj → *Dmitrij*

Doppler *Christian* (1803–1853), österreichischer Naturwissenschaftler. Er entdeckte und beschrieb den so genannten *Dopplereffekt* bei Licht- und Schallwellen (z. B. die Erhöhung oder das Absinken von Tonfrequenzen, wenn die Schallquelle auf uns zukommt bzw. sich von uns entfernt, eine Erscheinung, die uns vom Martinshorn der Feuerwehr oder der Sirene eines Polizeifahrzeugs bekannt ist). Der Name des Physikers hat nichts mit »doppelt« zu tun, sondern kommt von mhd. *topel*, »Würfelspiel«, oder von mhd. *tobel*, »Waldschlucht«.

Doria *Andrea* (1468–1560), genuesischer Admiral und Staatsmann, der 1495 gegen Cesare Borgia und einige Jahre später gegen korsische Rebellen kämpfte, 1513 ein Geschwader gegen die Türken führte, für seine Leistungen in französischen Diensten 1527 von König Franz I. zum Admiral und Gouverneur Genuas ernannt wurde, dann aber auf die Seite Kaiser Karls V. wechselte, der ihn ebenfalls zum Admiral ernannte. Zwischen 1532 und 1541 gelangen ihm grandiose Erfolge gegen die türkische Flotte und osmanische Besitzungen in Nordafrika. Übrigens führte einer seiner Großneffen, *Giovanni Doria* (1563–1606), die genuesische Flotte in der Schlacht von Lepanto (1571). Der Name der alten und mächtigen Familie, eigentlich *d'Oria*, bedeutet »... aus Oria«, einer von Griechen gegründeten süditalienischen Stadt bei Brindisi, im Altertum auch als *Ouria* erwähnt, wohl zu grch. *ouría (οὐρία)*, »günstiger Wind«.

Doris [grch. Δωρίς] bedeutet »dorische Frau«, »Dorierin« (die *Dorier* waren ein Hauptstamm der Griechen). *Doris* hieß auch die Tochter des Okeanos und der Thetis; sie war die Gemahlin des Nereus und Mutter der 50 Nereiden. Der Volksname der *Dorier*, die ihr Land *Doris* nannten, geht wohl zurück auf das griechische Wort *dôron (δῶρον)*, »Gabe, Geschenk« (vgl. auch *Dorothea*, »Geschenk Gottes«, oder in anderer Anordnung *Theodor* und *Theodora*). → *Nereus* und *Theodora*

Doros [grch. Δωρός] war der Sohn des Hellen und Enkel des Deukalion, des griechischen Noah. Er war der Ahnherr des Stammes der *Dorier* (auch: *Dorer*), der aus Nordgriechenland – durch die Landschaft *Doris* – zum Peloponnes auswanderte und die Halbinsel, mit Ausnahme von Achaia und Arkadien, sowie die südlichen Kykladen, Kreta, Rhodos und die Südwestküste Kleinasiens und Sizilien besetzte. → *Hellen*, *Deukalion* und *Äolus*

Dos Passos *John Roderigo* (1896–1970), amerikanischer Romancier der so genannten Verlorenen Generation (z. B. »Manhattan Transfer« und die beiden Trilogien »USA« und »District of Columbia«), der in seinen Werken das Leben von Großstadtmenschen und ihre rücksichtslose Jagd nach Besitz und Glück beschrieb und kritisierte. *Dos Passos* war der Nachfahre eines portugiesischen Einwanderers. Sein Name könnte aus *dois Passos*, »zwei Schritte«, entstanden sein oder auf galic. *pazo*, »herrschaftliches Landhaus« (zu lat. *palatium*, »Palast«), beruhen und ehemals den stolzen Besitzer zweier nobler Häuser auf dem Lande bezeichnet haben.

Dostojewski *Fjodor Michailowitsch* [russ. Фёдор Михайлович Достоевский], 1821–1881, russischer Schriftsteller, der Weltruhm durch seine Romane erlangte (z. B. »Schuld und Sühne«, »Die Brüder Karamasoff« und »Der Idiot«), bei denen es immer wieder um den Kampf des Guten gegen das Böse im Menschen ging. Der Arztsohn begann zunächst ein Ingenieurstudium, wobei er Kontakt zu utopischen Sozialisten und zum Atheismus bekam. 1850 wurde er wegen angeblicher Beteiligung an einem Aufstand zum Tode verurteilt, dann jedoch begnadigt und für vier Jahre nach Sibirien verbannt. Nach seiner Rückkehr unternahm er mehrere Reisen in Europa. *Dostojewski* erwarb keine Reichtümer mit seiner Schriftstellerei und versuchte sich daher (erfolglos) im Glücksspiel, eine Leidenschaft, mit der sich sein Roman »Die Besessenen« befasst. Vermutlich stammte die Adelsfamilie aus der weißrussischen Ortschaft *Dostojewo*, deren Name vielleicht auf russ. *dostoinstwo (достоинство)*, »(ideeller) Wert«, auch »Würde«, beruht – eine Bedeutung, die man allzu gern mit diesem großen Schriftsteller assoziiert.

Douglas *Kirk Douglas* (geb. 1916), amerikanischer Schauspieler. Als Sohn russisch-jüdischer Eltern hieß er zunächst *Yssur Danilowitsch Demsky*. Seinen Künstlernamen legte er sich zu Ehren des berühmten und von ihm hoch geschätzten *Douglas Fairbanks* zu. Sein Sohn *Michael Douglas* (geb. 1944), ebenfalls Schauspieler und Filmproduzent, übernahm das Pseudonym seines Vaters. *Demsky* dürfte eine Ableitung vom Personennamen *Damian* sein, zu grch. *dêmos ($\delta\tilde{\eta}\mu o\varsigma$)*, »Volk«, oder aber ein Herkunftsname zu polnischen Ortschaften wie *Dabie* oder *Dębno* (mit der Endung *-ski*, »Mann aus …«). Der Künstlername *Douglas* bedeutet »Schwarzbach«, gebildet aus gäl. *dubh*, »dunkel, schwarz«, und *glas*, »Bach«.

Drake *Sir Francis* (1540–1596), war ein berühmt-berüchtigter englischer Freibeuter im Dienst Königin Elizabeths I. Auf seinen Kaperfahrten gegen spanische Schiffe gelang ihm als erstem Engländer eine komplette Erdumseglung. Sein Name ist recht passend für einen solchen Haudegen, bedeutet er im Englischen doch »Drache« (zu lat. *draco*) – vielleicht ein Spitzname für den ersten Träger. Auf der anderen Seite kannten die altenglischen Seefahrer den Begriff *draca* für ihre »Schlachtenfahne« (bei der es sich allerdings um eine »Drachenfahne« handelte).

Drakon [grch. Δράκων] war ein Athener Aristokrat, der 621 v. Chr. als erster Gesetzgeber in Athen das Gewohnheitsrecht schriftlich festlegte und das Strafrecht verschärfte. Er war berüchtigt dafür, dass er für fast alle Vergehen die Todesstrafe vorschrieb. So verwundert es fast nicht, dass sein Name von *drákon (δράκων)*, »Drache«, herrührt und bei uns sprichwörtlich geworden ist, meinen wir mit einer *drakonischen Strafe* doch eine äußerst harte, ja barbarische Strafe. *Drakon* ist übrigens etymologisch verwandt mit *Dracula* (aus rum. *drac*, »Teufel«, und der männlichen Artikelendung *-ul*), der als walachischer Tyrann des 15. Jahrhunderts eigentlich *Vlad Țepeș*, d. h. *Wladimir* »der Pfähler« hieß (zu rum. *țeapa*, »spitzer Pfahl«).

Dreyfus *Alfred* (1859–1935), französischer Hauptmann, der 1894 wegen angeblicher Spionage für Deutschland nach Französisch-Guayana in Südamerika verbannt, 1899 jedoch begnadigt und 1906 endgültig rehabilitiert wurde. Sein Name, der zu Unrecht an ein dreibeiniges Kochgestell denken lässt, hat sich aus *Trevus*, »Einwohner von Trier« (oder »Einwohner von Troyes«), entwickelt.

Druiden hießen die alten keltischen Priester, besonders in Gallien, Britannien und Irland. Die Bezeichnung stammt von einer keltischen Wurzel in der Bedeutung »Magier, Zauberer«, die heute ir. und gäl. *draoi* entspricht. Vielleicht ist der Name auch urverwandt mit grch. *drys (δρῦς)*, »Eiche«, denn die Zeremonien der *Druiden* fanden vornehmlich in Eichenhainen statt. Noch heute gibt es ein Mittsommer-Treffen der angeblichen Nachfahren der *Druiden* in Stonehenge.

Drusen sind Angehörige einer muslimischen Sekte, insbesondere in Syrien und im Libanon. Ihr Gründer im 11. Jahrhundert war *Muhammad* *ibn Ismail ad-Darazi* – aus dem Namen *Mohammed* sowie arab. *ibn Ismael*, »Sohn des Ismael«, und *ad-Darazi*, »der Schneider«.

Drusus lautete ein Beiname in der *gens Livia* und der *gens Claudia* (als Frauenname auch *Drusilla*). Auf diesen Namen hörten z. B. *Tiberius Claudius Nero*, der als willfähriger Höfling seine Frau verstieß, damit sie Octavianus, den späteren Augustus, heiraten konnte, und sein Sohn *Nero Claudius Drusus* (38–9 v. Chr.), meist nur *Drusus* genannt, den Statthalter in Germanien, der 12–9 v. Chr. die rechtsrheinischen Germanen bekämpfte und bis zur Ems und Weser vordrang. Bei der Rückkehr von seinem letzten Feldzug, bei dem er die Elbe erreichte, verletzte er sich bei einem Sturz vom Pferd tödlich. Seine Söhne waren *Germanicus* und *Claudius*, der spätere Kaiser. Der Name *Drusus* geht laut Sueton zurück auf *Livius Drusus*, den ersten Träger des Gentilnamens, der im Nahkampf einen gallischen Häuptling namens *Drausus* getötet haben soll, sodass *Livius* dessen Namen als eigenen Beinamen wählte. (Dem Namen *Drausus* soll eine keltische Wurzel in der Bedeutung »stark« zu Grunde liegen.) → *Claudius*

Dschafari *Ibrahim* (geb. 1947), genauer *Ibrahim al-Dschafari*, seit 2005 Ministerpräsident des Irak. Al-Dschafari ist Schiit und Vorsitzender der islamischen Dawa-Partei. Sein Name klingt wenig einnehmend, denn er bedeutet »der Grobe« oder auch »der Ausweicher«, zu arab. *dschafá*, »rau, grob sein« und »meiden«.

Dschingis Khan (ca. 1160–1227), berühmt-berüchtigter mongolischer Herrscher, dessen Reich sich vom Schwarzen Meer bis zum Pazifik erstreckte. Er war zunächst *Temudschin*, »Schmied«, genannt worden – nach einem verfeindeten Anführer, den sein Vater zur Zeit seiner Geburt besiegt hatte. Etwa 1206, als er daranging, eine mongolische Nation zu schaffen, benannte er sich um in *Dschingis Khan*, »rechtmäßiger Herrscher« (nach anderer Quelle »allumfassender Herrscher«). Der Begriff *Khan* wurde später bekannt als »Herrscher« in Namen wie *Kublai Khan* und *Aga Khan*. → *Aga Khan*

Duarte *José Napoleón* (1925–1990), salvadorianischer Politiker. In den 1960er-Jahren hatte der frühere Bürgermeister der Hauptstadt San Salvador durch den Bau von Schulen und die Einrichtung der Straßenbeleuchtung sowie die Schaffung eines Abwassersystems und die

Organisation einer geregelten Müllabfuhr einen so großen Bekanntheitsgrad im Volk erlangt, dass er 1972 für das Präsidentenamt kandidierte. Das Militär verhinderte jedoch seine Wahl und schickte ihn ins Exil nach Venezuela. Während des Bürgerkriegs kehrte er 1980 zurück und wurde Präsident einer Militärjunta, musste aber 1982 nach einem politischen Rechtsruck zurücktreten. Zwei Jahre später gewann er indes die ersten demokratischen Wahlen in seinem Land nach über einem halben Jahrhundert. Seine Bemühungen, die Wirtschaft zu stabilisieren und den Bürgerkrieg zu beenden, waren ebenso vergeblich wie die Landverteilung an die Bauern oder sein Kampf gegen die linken Rebellen und die rechtsgerichteten Todesschwadronen. Der Name *Duarte* ist eine kastilische und portugiesische Kurzform von *Eduard*, zu ahd. *od*, »ererbter Besitz«, und *wart*, »Hüter«.

Dubarry (1743–1793), eigentlich *Marie Jeanne Bécu* (zu prov. *bécus*, »mit dicker Oberlippe«), war als Geliebte des französischen Königs Ludwig XV. die Nachfolgerin der Madame de Pompadour. Um den guten Ruf des Herrschers nicht zu gefährden, wurde das liebenswerte Mädchen einfacher Herkunft – ihre Mutter war eine Näherin, ihr Vater ein Kapuziner – flugs mit dem Bruder des Königs, dem Grafen *Du Barry*, verheiratet, ein Name, der indes eher zu ihr als zu ihrem adligen Gatten passte, denn er bedeutet »von der Vorstadt«; zu okzit. und katal. *barri*, »Wohngebiet vor der Stadtmauer«, wahrscheinlich zu arab. *barrani*, »außerhalb gelegen« (vgl. span. *barrio*, port. *bairro*, »Stadtteil, Vorstadt«). Der soziale Aufstieg hat *Madame Dubarry* indes kein Glück beschert, denn man erinnerte sich am Ende der Französischen Revolution trotz ihres inzwischen zurückgezogenen Lebens an sie als die ehemalige »Kurtisane des Tyrannen«, sodass sie 1793 auf der Guillotine landete.

Dubček *Alexander* (1921–1991), tschechoslowakischer Politiker und Urheber des so genannten Prager Frühlings 1968, der mit dem Einmarsch der Truppen des Warschauer Paktes im Herbst des gleichen Jahres beendet wurde. Er stand ab 1969 unter Hausarrest, kehrte aber noch einmal in die Politik zurück, als er 1989 zum Präsidenten der Nationalversammlung gewählt wurde. Passenderweise bedeutet sein slowakischer Name wörtlich übersetzt »kleine Eiche«, zu *dub*, »Eiche«.

Dubois *Guillaume* (1656–1723), französischer Kardinal und Staatsmann. Als Vertrauter des Regenten Herzog Philipp von Orléans gelang es dem Meister der Geheimdiplomatie, den Utrechter Frieden zu sichern, indem er eine Allianz zwischen Frankreich, England, den Niederlanden und Österreich gegen Spanien zustande brachte. Der Name *Dubois*, der auch in Deutschland als typischer Hugenottenname belegt ist, entstand aus frz. *du bois*, »vom Wald«; vgl. auch andere geläufige Wohnstättennamen vieler aus Frankreich geflohener Hugenotten wie *Duchamp* (aus frz. *du champ*, »vom Feld«), *Dujardin* (aus frz. *du jardin*, »vom Garten«), *Dumont* (aus frz. *du mont*, »vom Berg«), *Dumoulin* (aus frz. *du moulin*, »von der Mühle«), *Dupont* (aus frz. *du pont*, »von der Brücke«), *Dupré* (aus frz. *du pré*, »von der Wiese«), *Dupuis* (aus frz. *du puis*, »vom Brunnen«) und *Duval* (aus frz. *du val*, »vom Tal«). → *Bosch*

Duden ist ein Name mit der patronymischen Bedeutung »Sohn des Dude«, wobei *Dude* eine Lallform einer Reihe von Rufnamen sein kann, z. B. von *Ludolf* oder *Dietrich*. Der berühmteste Vertreter dieses Namens war *Konrad Duden* (1829–1911), der 1880 sein »Vollständiges Wörterbuch der deutschen Sprache« vorlegte.

Duilius war der Name einer römischen plebejischen *gens*, die bereits im 3. Jahrhundert v. Chr. ausstarb. Ihr berühmtester Vertreter war ohne Zweifel jener Konsul *Caius Duilius*, der 260 v. Chr. im Ersten Punischen Krieg die Karthager in der Seeschlacht bei Mylae besiegte und dafür auf dem Forum Romanum mit einer Marmorsäule voller erbeuteter karthagischen Schiffsschnäbel geehrt wurde. Der Name des Seehelden ist aus der Form *Duellius* entstanden, zu lat. *duellum*, »Zweikampf«, dichterisch und in römischen Gesetzesformeln auch gleichbedeutend mit *bellum*, »Kampf, Krieg« (vgl. *Duell*).

Dulles *John Foster* (1888–1959), amerikanischer Politiker. Nach dem Ersten Weltkrieg benannte ihn Präsident Woodrow Wilson zum Berater der US-Delegation bei der Versailler Friedenskonferenz, nach dem Zweiten Weltkrieg bereitete er im Auftrag von Harry S. Truman die Verhandlungen um einen Friedensvertrag mit Japan vor, dessen Abschluss 1951 vor allem sein Werk war. Dwight D. Eisenhower machte ihn im darauf folgenden Jahr zu seinem Außenminister und er behielt dieses Amt auch in Eisenhowers zweiter Amtsperiode bis 1959. Seinen

Mittelnamen verdankte *Dulles* übrigens seinem Großvater *John Watson Foster*, der Außenminister unter Präsident Benjamin Harrison gewesen war. Der Name *Foster* lässt entweder auf eine Berufsbezeichnung schließen (zu engl. *forester*, »Förster«) oder basiert auf engl. *foster*, »Pflege-«, und mag ursprünglich ein »Pflegekind« bezeichnet haben. Die Herkunft des Familiennamens *Dulles* ist ungewiss. Es könnte sich um eine (wenig schmeichelhafte) patronymische Bildung handeln, zu mengl. *dull*, »langweilig, stupide, toll«. Wahrscheinlicher ist jedoch eine Herleitung von dem mittelalterlichen Namen *Dulle* oder *Dylle* (samt patronymischem End-*s*), der auf den Beruf eines »Dillanbauers« anspielte. → *Kopernikus*

Dumas *Alexandre* (1802–1870), französischer Schriftsteller und Autor zahlloser historischer Abenteuerromane (z. B. »Die drei Musketiere«, »Der Graf von Monte Christo« und »Das Halsband der Königin«). Er wird gemeinhin *Alexandre Dumas père* (»Vater«) genannt, denn sein Sprössling, *Alexandre Dumas fils* (»Sohn«), war ebenfalls ein bekannter Schriftsteller, der z. B. »Die Kameliendame« schrieb. Den Familiennamen, aus prov. *du mas*, »vom Bauernhof« (entsprechend katal. *del mas*; zu mlat. *mansio*, »Behausung«), verdankten sie ihrer Groß- bzw. Urgroßmutter, einer ehemaligen schwarzen Sklavin. → *Chaban-Delmas*

Durchlaucht lautete ein alter Titel der deutschen Kurfürsten und Erzherzöge, zu mhd. *durchliuhten*, »durchscheinen, glänzen«.

Dürer *Albrecht* (1471–1528), deutscher Maler und Zeichner. Der Sohn eines Nürnberger Goldschmieds machte zunächst eine Lehre in der Werkstatt seines Vaters, ging für einige Jahre auf Wanderschaft und reiste 1494 und 1495 – wohl aus panischer Angst vor dem in Deutschland grassierenden »Schwarzen Tod«, die er in seinem Holzschnitt »Die apokalyptischen Reiter« (1498) so eindrucksvoll zu erkennen gab – nach Italien, bevor er sich 1509 endgültig in seiner Heimatstadt niederließ und auf dem Höhepunkt seiner Kunst berühmte Landschaftsaquarelle, vor allem aber viele formvollendete und ausdrucksstarke Holzschnitte, Radierungen und Kupferstiche schuf, zum Teil im Dienst Kaiser Maximilians. Der furchtsame Künstler erkrankte übrigens auf einer weiteren Flucht vor der Pest, die ihn 1520 in die Niederlande führte, an Malaria und erlag schließlich Jahre später dem immer wiederkehrenden Fieber. *Dürer* ist ein Wohnstättenname zu mundartlichen Formen von *Tür* und bedeutet also etwa »wohnhaft in einem Haus mit einer auffälligen Tür«. Interessanterweise entstammte der Vater Albrecht Dürers einer deutschen Einwandererfamilie aus dem ungarischen Ort *Ajtos* bei Gyula und im Ungarischen bedeutet *ajtó* ebenfalls »Tür«. Wie zu erwarten, zeigt das redende Wappen der Familie *Dürer* eine Tür.

Durga, »die Unergründliche«, heißt die hinduistische Muttergöttin, die gleichzeitig auch Sieges- und Schutzgöttin ist; zu skr. *durgá*, »unwegsam, unzugänglich«. Sie gilt als wilde, zwölfarmige Gattin Schivas.

Dürrenmatt *Friedrich* (1921–1990), schweizerischer Schriftsteller, der vor allem durch seine Dramen »Der Besuch der alten Dame« und »Die Physiker«, aber auch durch Erzählungen wie »Der Richter und sein Henker«, »Der Verdacht«, »Grieche sucht Griechin« und »Das Versprechen« bekannt wurde. Sein Name – zu mhd. *dürr*, »trocken, unergiebig«, und *matte*, »Bergwiese« – lässt vermuten, dass die Vorfahren des Schriftstellers auf einer recht trockenen Alm gewohnt haben.

Dutschke *Rudi* (1940–1979), eigentlich *Alfred Willi Rudolf Dutschke*, gilt als der bedeutendste Vertreter der 1960er-Studentenbewegung. Er setzte sich für die Bekämpfung einer »faschistischen Mentalität« in beiden Teilen Deutschlands ein und organisierte Demonstrationen gegen den Vietnamkrieg und die Notstandsgesetze. 1968 wurde er von einem Attentäter niedergeschossen und lebensgefährlich verletzt. Danach lebte er in der Schweiz, Italien, Großbritannien und in Dänemark, kehrte aber in den 70er-Jahren mehrfach zu Vorträgen, Demonstrationen sowie Forschungsarbeiten an der Freien Universität Berlin nach Deutschland zurück und nahm Lehraufträge an den Universitäten Aarhus in Dänemark und Groningen in den Niederlanden an. Angesichts eines so internationalen Lebenslaufs verwundert einen fast die Bedeutung seines Namens: »Deutscher« (sorb. *dučko*).

Dvořák *Antonín* (1841–1904), böhmischer Musiker mit Weltgeltung, vor allem auf dem Gebiet der Kirchen- und der Kammermusik. Seine Kompositionen, die beeinflusst sind von Schumann, Brahms und Smetana, zeichnen sich durch außergewöhnliche Klangfülle und farbige Harmonie aus. Sein Familienname mag nicht so recht zu einem berühmten Künstler passen, denn eigentlich bezeichnet er im Tschechischen einen »Bauern« – bestenfalls einen *dvořák*, d. h. einen »Großbauern« oder »Meier«, möglicherweise aber auch nur einen »Landarbeiter« (zu tsch. *dvork*, »Hofbauer«).

Dyaus heißt in der indischen Mythologie der Himmels- und Vatergott, zu skr. *dyaús*, »Himmel«. Er wird auch *Dyaus Pitar*, »Himmelsvater«, genannt, mit *pitŕ*, »Vater« (vgl. den römischen *Jupiter*, dessen Name ursprünglich *Dies-piter* und *Dios-pater*, also »Göttervater«, gelautet haben dürfte). Er bildet zusammen mit seiner Gattin Prithivi das Urgötterpaar, dessen Kinder u. a. *Agni*, *Indra* und *Surya* sind. → *Jupiter*

Dylan *Bob* (geb. 1941), eigentlich *Robert Allen Zimmermann* (*Bob* ist die Abkürzung von *Robert*), amerikanischer Rockmusiker und Folksänger, dessen Familie von russisch-jüdischen Einwanderern abstammt. Er wählte seinen Künstlernamen aus Respekt vor *Dylan Thomas*, einem bekannten walisischen Dichter. Der Vorname *Dylan* – nach einem legendären walisischen Seegott – dürfte »gewaltige See« bedeuten, zu wal. *dy*, »groß«, und *llanw*, »Meer, See«; möglicherweise besteht auch eine Beziehung zu kelt. *dile* (Genitiv *dileann*), »Flut, Sintflut«.

Ea war ein sumerischer Gott, der in einem unterirdischen Süßwassersee lebte. Er meinte es gut mit den Menschen und warnte sie vor Enlil, der die Erde überschwemmen wollte. Sein Name bedeutet »Herr des Wassers« (vgl. lat. *aqua* und frz. *eau*, »Wasser«). → *Enlil*

Eastman *George* (1854–1932), amerikanischer Erfinder des Rollfilms und Gründer der *Eastman Kodak Company* sowie Entwickler der *Kodak*-Kamera, die er ab 1888 unter dem Motto »Sie drücken den Knopf, wir erledigen den Rest« vermarktete. Den Namen *Kodak* wählte er angeblich, weil dieser leicht zu behalten ist und in der ganzen Welt fast identisch ausgesprochen wird. Vielleicht hat er aber auch an das metallische Geräusch des Objektivverschlusses gedacht (vgl. *Klack*). Sein eigener Name ist ebenso schwer zu durchschauen, denn er bedeutet nicht etwa »Ostmann«, sondern geht zurück auf den alten englischen Rufnamen *Eastmund*, der im Hochmittelalter auch die Formen *Estmunt*, *Esmond* und *Eastmunde* annahm. Seine Bedeutung ist »Gnade« oder »gewährter Schutz« (vgl. ahd. *munt*).

Eban *Abba* (1915–2002), war ein israelischer, in England aufgewachsener Politiker, dessen richtiger Name *Aubrey Solomon Meïr* lautete. Den Namen *Eban* hatte er von seinem Stiefvater übernommen und *Abba* (aram. für »Vater«; vgl. *Barabbas*, »Sohn des Vaters«) nannte er sich erst seit seiner Einwanderung in Israel. Ab 1949 saß *Abba Eban* als Ständiger Vertreter seines neu gegründeten Staates in den Vereinten Nationen und war ab 1950 gleichzeitig Botschafter in den USA, bis er 1959 als Vertreter der Arbeiterpartei in die Knesset gewählt wurde, wo er sich in den folgenden Jahrzehnten nachdrücklich für die Schaffung eines Palästinenserstaats einsetzte. Als Außenminister (1966–74) bemühte er sich besonders um die Festigung der Beziehungen zu den Vereinigten Staaten. Sein angenommener Familienname *Eban* bedeutet im Hebräischen »Stein«, während man seinen Geburtsnamen *Meïr* mit »strahlend« übersetzen kann. (*Aubrey* ist zurückzuführen auf den alten germanischen Rufnamen *Alberich*, zu ahd. *alb*, »Naturgeist, Elf«. *Solomon* entspricht unserem *Salomon*, zu hebr. *shlomoh*, »friedfertig«.)

Ebert *Friedrich* (1871–1925), deutscher Politiker, erster Reichspräsident der Weimarer Republik. Der gelernte Sattler arbeitete ab 1893 als Zeitungsredakteur, wurde 1913 Vorsitzender der Sozialdemokraten und nach dem Sturz der Monarchie 1918 Reichskanzler. Ein Jahr später wählte ihn die Weimarer Nationalversammlung zum Reichspräsidenten. Während seiner Amtszeit hatte er schwere Krisen zu bestehen, wie die Spartakisten- und Kommunistenaufstände, den Kapp-Putsch und den Hitler-Putsch. Der Name *Ebert* ist zusammengezogen aus *Eberhard* – zu ahd. *ebur*, »Eber«, und *harti*, »hart«, »kühn« – und bedeutet demnach »kühn wie ein Eber«.

Ebstein *Katja* (geb. 1945) hieß in Wirklichkeit *Karin Witkiewicz*. Sie soll sich nach der Berliner Straße *Epenstein*, in der sie wohnte, genannt haben – ein für deutsche Zungen einfacher auszusprechender Name. *Witkiewicz* hieß sie wohl nach der Herkunft ihrer Familie aus einem polnischen Dorf wie *Witkow* oder *Witkowo*, was etwa »Witeks Ort« bedeutet (der Vorname *Witek* ist eine Kurz- oder Koseform von *Witoslaw*, aus urslaw. *vit'*, »Herr«, und *slava*, »Ruhm«).

Ecevit *Bülent* (geb. 1925), türkischer links-demokratischer Politiker, Premierminister seines Landes von 1974 bis 1979. Der Name *Ecevit* enthält das türkische Wort *ece* für »Schönheit« (eigentlich »Königin«), der Vorname *Bülent* bedeutet »der Große«, »der Hohe«.

Echo [grch. 'Ηχώ] hieß in der griechischen Mythologie eine von Hera gestrafte Bergnymphe, die nie als Erste den Mund aufmachte, aber auch nicht schweigen konnte, wenn ein anderer sprach, und die für den selbstverliebten Narziss entbrannte, ihn jedoch nicht bekam (er verliebte sich stattdessen in sein eigenes Spiegelbild), sodass sie verschmachtete und ihr Gebein zu einem Felsen wurde, von dem nur noch ihre Stimme erklang. Ihr Name entspricht dem griechischen Wort *echó* (ἠχώ), »Widerhall, Klage«. → *Nymphen*

Eck *Johann* (1486–1543), der katholische Theologe und Hauptgegner Luthers und der Reformation, hieß eigentlich *Johann Maier*. Da *Maier* ein Allerweltsname war, setzte er diesem den (allerdings falsch geschriebenen) Namen seines bayerischen Geburtsorts *Egg* an der Günz hinzu.

Eckart *Johann* (1260–1328), genannt *Meister Eckart*, gilt als der bedeutendste Mystiker Deutschlands. Den Magistergrad erwarb der Dominikanermönch in Paris, von wo er Frauenklöster seines Ordens, vor allem im Elsass und der Schweiz, betreute. Gegen Ende seines Lebens war er als frommer und begnadeter Prediger in Köln beschäftigt. *Eckart* ist eigentlich ein Rufname, der die althochdeutschen Bestandteile *ekka*, »Spitze, Schneide einer Waffe«, und *harti*, »hart, stark«, enthält. *Eckert*, *Eckhart* und *Ekkehart* sind Varianten des gleichen Namens.

Eckermann *Johann Peter* (1792–1854), deutscher Schriftsteller und Vertrauter Goethes und Verfasser »Der Gespräche mit Goethe in den letzten Jahren seines Lebens«. Der erste Teil seines Familiennamens könnte sich von *Ecker*, einem rechten Nebenfluss der Oker im Harz, herleiten.

Eco *Umberto* (geb. 1932), italienischer Schriftsteller und Semiotiker. Er ist der Verfasser so berühmter Romane wie „Der Name der Rose«, »Das Foucaultsche Pendel« und »Baudolino«. *Eco* bedeutet im Italienischen »Echo, Widerhall«. Sein Vorname ist jedoch germanischen Ursprungs und entspricht dem deutschen Rufnamen *Humbert*, ursprünglich *Hunberht*, zu ahd. *hun*, »braun, dunkel«, und *beraht*, »glänzend« (vgl. *Pracht*).

Eden *Sir Anthony, Lord Avon* (1897–1977), konservativer britischer Staatsmann. Nachdem er zwischen 1935 und 1955 dreimal das Amt des Außenministers bekleidet hatte, wurde er nach Churchills Rücktritt 1955 Premierminister, musste 1957 jedoch infolge der Suezkrise, ausgelöst durch die Landung britischer und französischer Truppen in Ägypten nach der Verstaatlichung des Suezkanals, wegen weltweiter Entrüstung und russischer Drohungen zurücktreten. Sein Name beruht auf dem altenglischen Wort *ead* für »Erbbesitz, Wohlstand«.

Edison *Thomas Alva* (1847–1931), amerikanischer Elektrotechniker und Erfinder. Mit der Entwicklung eines Kohlenkörner-Mikrofons gelang ihm die Verbesserung des Telefons, zudem ersann er 1877 den Phonographen und 1881 einen mit einer Dampfmaschine gekoppelten Stromerzeuger. Die von ihm 1879 beanspruchte Erfindung der Kohlenfadenlampe geht dagegen wohl auf den Deutschen Heinrich Göbel zurück, der die erste Glühlampe bereits ein Vierteljahrhundert früher vorgestellt hatte. *Edisons* Name scheint zusammengesetzt zu sein aus *Ead*, einer altenglischen Koseform von *Edith* (wohl nicht zu aengl. *ead*, »Erbbesitz«), und engl. *son*, »Sohn«.

Edward war ein beliebter Thronname der englischen und britischen Könige, z. B. *Edward VI.* (1537–1553), der als einziger Sohn Heinrichs VIII. diesem im Alter von 10 Jahren auf dem Thron folgte. Als er nur sechs Jahre später starb, erlosch mit ihm das Haus Tudor im Mannesstamm, sodass zunächst seine Schwester Mary (genannt »Bloody Mary«) und nach deren baldigem Tod 1558 seine Halbschwester Elizabeth, die Tochter der Ann Boleyn, englische Königinnen wurden. Die bislang letzten beiden Monarchen dieses Namens waren *Edward VII.* (1841–1910), der 1901 seine Mutter Victoria als Herrscher Großbritanniens beerbte und trotz aller Weltläufigkeit und großen diplomatischen Geschicks nur geringen politischen Einfluss hatte, sowie *Edward VIII.* (1894–1972), der 1936 König wurde, aber noch vor seiner Krönung zu Gunsten seines Bruders Georg VI. abdankte, da die britische Regierung seine geplante Ehe mit der bürgerlichen, zudem geschiedenen Mrs. Simpson ablehnte. Er lebte danach als Herzog von Windsor meist im Ausland. Der Rufname *Edward* (dt. *Eduard*) hieß im Altenglischen *Eardweard*, zu ags. *ead*, »Erbgut, Wohlstand«, und *weard*, »Wächter« (vgl. *Wart*).

Efendi ist ein veralteter Titel für höhere Beamte in der Türkei (später ein Anredetitel). Das Wort ist griechischer Herkunft, über ngrch. *aphéntes (ἀφέντης),* »Herr, Chef, Besitzer«, aus agrch. *authéntes (αὐθέντης),* »unumschränkter Herr«.

Eichel *Hans* (geb. 1941), deutscher Politiker. Er war einige Jahre Vorsitzender der SPD-Fraktion im Stadtparlament von Kassel gewesen, bevor er 1989 zum SPD-Landesvorsitzenden von Hessen gewählt wurde. Von 1991 bis 1998 war er Ministerpräsident von Hessen. 1999 holte ihn Gerhard Schröder als Bundesminister der Finanzen in sein Kabinett und 2002 wurde er in diesem Amt bestätigt. Der Name bezieht sich wohl auf die Wohnlage eines Hauses unter Eichen oder bei einer großen Eiche, könnte aber auch auf die frühere Tätigkeit eines Bauern verweisen, der seine Schweine mit *Eicheln* mästete. → *Maffay*

Eichendorff *Joseph, Freiherr von* (1788–1857), deutscher romantischer Lyriker und Erzähler (z. B. »Das Marmorbild«, »Dichter und ihre Gesellen«, »Die Glücksritter« und »Aus dem Leben eines Taugenichts«). Als Dramatiker wurde er bekannt mit dem anmutig-kecken Lustspiel »Die Freier«. Sein Name erklärt sich selbst (zu mhd. *eich,* »Eiche«). → *Eichmann*

Eichmann *Karl Adolf* (1906–1962), hoher Nazifunktionär, der im Dritten Reich die Deportation und Vernichtung der Juden in vielen europäischen Ländern organisierte. Er wurde in Israel zum Tod verurteilt und gehängt. *Eichmann,* zu mhd. *eich,* »Eiche«, bezeichnete früher jemanden, dessen Haus unter einer *Eiche* stand oder von *Eichen* umgeben war.

Eiffel *Alexandre Gustave* (1832–1923), französischer Ingenieur, der nicht nur zahlreiche Brücken und Hallen konstruierte, sondern von 1885–89 auch den berühmten, gut 300 Meter hohen *Eiffelturm* in Paris schuf. Die Familie, deren ursprünglicher Name *Bönickhausen* gelautet hatte (vielleicht zum nordrhein-westfälischen Ortsnamen *Bönninghausen*), stammte aus Deutschland, sodass man durchaus an eine etymologische Verbindung zur *Eifel* denken kann.

Einstein *Albert* (1879–1955), deutsches Physikgenie. Nach seinem Studium und einer Lehrtätigkeit in der Schweiz kehrte er 1914 nach

Deutschland zurück und folgte einem Ruf an die Preußische Akademie der Wissenschaften in Berlin. 1915 revolutionierte er die Wissenschaften durch die Aufstellung der Allgemeine Relativitätstheorie; 1921 erhielt er den Nobelpreis für seine bahnbrechenden Erkenntnisse im Bereich der theoretischen Physik. Seit der Machtübernahme durch die Nationalsozialisten im Jahr 1933 lebte der jüdischstämmige *Einstein* in den USA. Trotz seines grundsätzlichen Pazifismus' empfahl *Einstein* 1939 dem amerikanischen Präsidenten, den Bau der Atombombe voranzutreiben, um den Deutschen auf diesem Gebiet der Forschung zuvorzukommen. Nach dem Abwurf der Bomben auf Hiroshima und Nagasaki im August 1945 engagierte er sich für die ausschließlich friedliche Nutzung der Atomenergie. Bei *Einstein* handelt es sich um einen unter jüdischen Mitbürgern recht üblichen, auf eine Ortsbezeichnung zurückgehenden Namen – auch wenn er im Zusammenhang mit dem Physikgenie ein wenig nach dem »Stein der Weisen« klingt.

Eirene [grch. $Εἰρήνη$] war im alten Griechenland die Friedensgöttin, zu *eiréne* ($εἰρήνη$), »Frieden«; ihre Mutter war *Themis* ($Θέμις$), die Göttin der Gerechtigkeit – was ja nichts anderes bedeutet, als dass die Gerechtigkeit die Voraussetzung für den Frieden ist (vgl. unseren Vornamen *Irene*, »die Friedfertige«). → *Themistokles*

Eisenhower *Dwight David* (1890–1969), amerikanischer General und republikanischer Politiker. 1942 übernahm er den Oberbefehl über die alliierten Truppen in Nordafrika und führte ein Jahr später die Landung in Sizilien durch. 1943 wurde er Oberbefehlshaber der verbündeten Landungsarmee und leitete 1944 die Invasion an der Atlantikküste. Nach dem Krieg war *Eisenhower* ab 1950 Oberbefehlshaber der NATO. 1952 wurde er mit großer Mehrheit zum 34. Präsidenten der Vereinigten Staaten gewählt. Seine zweite Amtszeit ab 1956 widmete der beliebte Politiker, dessen Politik sich stets an moralischen Prinzipien orientierte, gegen erheblichen Widerstand in den Südstaaten, der Bürgerrechtsgesetzgebung. *Eisenhower* ist die anglisierte Form des deutschen Namens *Eisenhauer*, der aus der Bezeichnung für einen Arbeiter in einem Erzbergwerk entstand (die Aussprache ist übrigens gleich geblieben). Die Vorfahren des Präsidenten stammten aus dem Odenwald und waren im 18. Jahrhundert nach Amerika ausgewandert.

El hieß in der kanaanitischen Mythologie der höchste Schöpfer, Vater der Götter und der Menschen und Gatte der Fruchtbarkeitsgöttin *Aschera (Astarte)*. Ihrer beider Tochter war *Anath* (»Vorsehung, Wille des Himmels«), die Gefährtin ihres Bruders Baal. Nicht das himmlische Götterpaar *El* und *Aschera* war zuständig für die Angelegenheiten der Menschen, sondern das Geschwisterpaar Baal und Anat. Zwischen ihnen und ihren Eltern kam es ständig zu Machtkämpfen. *El* bedeutet im Westsemitischen »der Hohe«. Die Hebräer nannten ihren Gott gleichbedeutend *Elohim*, um den Namen des Schöpfers zu vermeiden. *El* entspricht im Arabischen *Il*, woraus *ilah*, »Gottheit«, und schließlich *Allah* wurde.

El Cid (ca. 1043–1099), der Nationalheld Spaniens, hieß ursprünglich *Rodrigo* (oder *Ruy*) *Díaz de Vivar*. Obschon er ein Haudegen und Raubritter war, erhielt er den Ehrentitel *El Cid* – eine Kontraktion des arabischen Ausdrucks *El Sayyid*, »der Herr«, »der Meister« – wegen seines Muts im Kampf gegen die Mauren; 1094 hatte er deren Reich Valencia erobert, das allerdings acht Jahre später wieder in maurische Hände fiel. Der vollständige Titel lautet übrigens *El Cid Campeador* (»der Meisterkämpfer«).

El Greco (1541–1614), »der Grieche«, war der spöttische, vielleicht sogar abwertende Beiname des spanischen Malers *Domenikos Theotokopoulos* [ngrch. Δομήνικος Θεοτοκόπουλος], der auf der griechischen Insel Kreta geboren wurde (zu span. *greco*, »griechisch«). Von alters her drückte man in Spanien mit dem Spitznamen *Greco* Vorurteile gegen Zuwanderer griechischer Herkunft aus, indem man sie für Stammler sowie gerissene oder treulose Menschen hielt. Der Geburtsname des Künstlers, eines Schülers Tizians, ist zusammengesetzt aus grch. *theós* (θεός), »Gott«, und *tókos* (τόκος), »Geburt, Nachkommenschaft, Junge«, und der in Kreta üblichen patronymischen Endung *-poulos*. Er hat damit in etwa die Bedeutung »von göttlicher Herkunft«. *Domenikos* ist die griechisch eingefärbte Variante des Vornamens *Domingo*, zu lat. *dominicus*, »dem Herrn gehörig«.

Elektra [grch. Ἠλέκτρα] hieß die mythische Tochter der Klytämnestra und des Agamemnon, des Königs von Mykene und Anführers der Griechen vor Troja. Sie war die Schwester des Orest und der Iphigenie. Ihr Name stammt von grch. *eléktor* (ἠλέκτωρ), »strahlend wie die

Sonne«; davon abgleitet ist übrigens *élektron (ἤλεκτρον)*, »Bernstein, Hellgold« (vgl. *Elektrizität*).

Eleonore (frz. *Aliénor*) ist wohl nicht von *Helene* abgeleitet, sondern von der germanischen Wurzel *ali-*, »fremd« (vgl. *Elsass*, d. h. Land jener, die »im Fremden saßen«). Bekannt wurde der Name durch *Eleonore* von Aquitanien (ca. 1122–1204), die französische Gattin Heinrichs II., die 1137 zunächst den französischen König Ludwig VII. und, nach ihrer Scheidung, 1152 Heinrich von Anjou geheiratet hatte, der zwei Jahre darauf als Heinrich II. König von England wurde. Sie brachte die Troubadourpoesie in den kühlen Norden.

Eleutherus war ein aus Griechenland stammender Papst (etwa 175–189) und Heiliger. Sein griechischer Name bedeutet »der Freie«, von *eleútheros (ἐλεύθερος)*, »unabhängig, freiheitsliebend«.

Eliot *George* war der Deckname der englische Schriftstellerin *Mary Ann Evans* (1819–1880), einer der eigenartigsten Frauengestalten Englands. In puritanischer Enge aufgewachsen, wandte sie sich früh freien, idealen Überzeugungen zu. Ihre Romane sind von philosophischen und sozialpolitischen Erörterungen durchzogen. Das Pseudonym basiert wohl auf dem altenglischen Namen *Elyat* und bedeutet dann »ehrenhafte Schlacht«. Es könnte sich allerdings auch um eine englische Variante des biblischen Personennamens *Elias* handeln, »mein Gott ist Jahwe«. Ihr richtiger Name *Evans* bedeutet im Walisischen »Sohn des Evan« (*Evan* ist dort die Entsprechung von *Johannes*). T. S. *Eliot* (1888–1965) war ein amerikanischer Dichter und Dramatiker, aus dessen Feder das bekannte Stück »Murder in the Cathedral« (»Mord im Dom«) stammt. Hinter *T. S.* verbergen sich übrigens die Vornamen *Thomas Stearns*, wobei *Stearns* (zu aengl. *styrne*, »ernst, streng, unnachgiebig«; vgl. *stur*) der Name seiner Mutter, *Eliot* der seines Vaters war.

Elizabeth ist ein alter, aus dem Hebräischen stammender Mädchenname, den wir in besonderem Maße mit einigen hoch geborenen Persönlichkeiten verbinden: *Elizabeth I.* (1533–1603), die Tochter Heinrichs VIII. und der Anna Boleyn, wurde 1558 nach dem Tod ihrer katholischen Halbschwester Maria Tudor (genannt »Bloody Mary«) zur Königin Englands und Irlands gekrönt und setzte den von ihrem Vater eingeführten protestantischen Anglikanismus wieder ein. 1587 ließ sie ihre katholische Cousine und schottische Nebenbuhlerin Maria Stuart hinrichten und besiegte ein Jahr später die spanische Armada. *Elizabeth II.* (geb. 1926) folgte 1952 ihrem Vater Georg VI. auf dem Thron und wurde 1953 zur englischen Monarchin gekrönt. Der Name *Elizabeth* (dt. *Elisabeth*) ist hergeleitet von hebr. *elisheba*, »Gott ist Fülle«, »Gott ist Glück«. Im Neuen Testament war *Elisabeth* die Mutter Johannes' des Täufers.

Ellington *Edward Kennedy* (1899–1974), genannt *Duke* (»Herzog«), war ein berühmter amerikanischer Jazzpianist, Bandleader und Komponist. *Ellington* ist ein verbreiteter englischer Ortsname, der wohl aus dem anglo-normannischen Namen *Helling* – d. h. »der aus Helléan (in der Bretagne) Stammende« – und der altenglischen Endung *-ton*, »Farm, Siedlung«, gebildet ist.

Elohim wird in der hebräischen Bibel als Bezeichnung für Gott gebraucht, obschon das Wort eigentlich »Götter« bedeutet (vielleicht ein Relikt aus der Zeit der Vielgötterei oder ein Pluralis Majestatis). Die Einzahl lautet im Hebräischen *eloha*. → *El*

Eminenz ist ein Ehrentitel der Kardinäle, früher auch geistlicher Kurfürsten (zu lat. *eminens*, »scharf hervortretend, hervorragend«, und *eminentia*, »Erhabenheit, Erhöhung«).

Emir nannte man ursprünglich einen osmanischen Heerführer, heute tituliert man so in arabischen Ländern einen Stammesführer und Fürsten; zu arab. *amír*, »Fürst, Prinz« (vgl. *Admiral*, aus arab. *amiral*).

Emma-o (auch: *Emma-ten*) lautet die japanische Namensvariante des indischen Gottes *Yama*, der in der japanischen Mythologie der Totenrichter ist, wobei an das lautlich angepasste *Yama* die japanische Endung *-o*, »König«, oder *-ten*, »Himmel«, angehängt wurde. → *Yama*

Empedokles [grch. Ἐμπεδοκλῆς], 490–430 v. Chr., griechischer Philosoph und Arzt aus Akragas (Sizilien). Er hielt unverrückbar an der Überzeugung fest, dass die Welt aus den vier Elementen Wasser, Luft, Feuer und Erde bestehe. Sein Name bedeutet »ewiger Ruhm«, zu grch. *émpedos (ἔμπεδος)*, »unerschütterlich, beständig«, und *kléos (κλέος)*, »Ruhm, Ruf«.

Endymion [grch. Ἐνδύμιον] hieß in der griechischen Mythologie der Sohn und Nachfolger des eleïschen Königs *Aëthlios* ('Aέθλιος), zu grch. *aéthlion* (ἀέθλιον), »Kampfpreis, Wettkampf«. Zudem war er der Geliebte der Mondgöttin Selene, die ihn der Sage nach jede Nacht aufsuchte und den schlafenden Jüngling küsste und sich zu ihm legte. Wahrscheinlich bezeichnet der Name den Schlummer, der den Menschen befällt (oder dessen Reaktion auf die Verführungskünste der Göttin), zu grch. *endýein* (ἐνδύειν), »eintreten, hineingleiten«, auch »sich einlassen«. Mit Selene hatte er 50 Töchter, deren Namen die Monate zwischen den olympischen Spielen in Elis bezeichneten. → *Selene*

Engels *Friedrich* (1820–1895), deutscher Philosoph und Politiker, Freund und engster Mitarbeiter von Karl Marx, mit dem er 1848 das »Kommunistische Manifest« verfasste. Sein nicht ganz zu seinen Überzeugungen passender Name mit patronymischem End-*s* bedeutet »Sohn des Engels« (zu Rufnamen, die mit *Engel-* beginnen, z. B. *Engelhard*, *Engelbert* etc.).

Enlil war in der sumerischen Mythologie ein Sturm- und Windgott, dessen Name »Herr des Windes« bedeutete. Er konnte den Lärm, der von den quirligen Städten auf der Erde zu ihm heraufdrang, nicht mehr ertragen und beschloss, die Menschheit durch eine große Flut auszulöschen. Nur der akkadische Held *Utanapischti* wurde vom Gott Ea vor dem nahenden Unheil gewarnt. → *Utanapischti*

Ennius (239–169 v. Chr.), genauer *Quintus Ennius*, hieß ein altlateinischer Dichter, der vor allem an den Höfen der Scipionen und Fulvier tätig war. Neben Tragödien und Komödien schrieb er die »Annales«, ein 18-bändiges Nationalepos in Hexametern über die römische Geschichte seit der Ankunft des Äneas in Italien. Die Bedeutung seines Namens ist ungewiss. Da *Ennius* aus dem griechisch besiedelten Süditalien stammte, könnte eine etymologische Verwandtschaft mit grch. *ennéa* (ἐννέα), »neun«, bestehen. Wahrscheinlich handelt es sich jedoch um einen Hinweis auf die ursprüngliche Herkunft der Familie aus Sizilien, wo noch heute ein Ort namens *Enna* an die alte griechische Kolonialstadt *Henna* erinnert.

Enodia [grch. Ἐνόδια], »Göttin der Wege«, war ein Beiname der Hekate, zu grch. *enódios* (ἐνόδιος), »am Weg befindlich, auf dem Weg«.

Enzensberger *Hans Magnus* (geb. 1929), deutscher Schriftsteller, dem wir neben Aufsätzen zur sozialen und politischen Entwicklung in der Bundesrepublik Deutschland vor allem zeitkritische Lyrik verdanken (z. B. »Verteidigung der Wölfe«, »Blindenschrift«, »Mausoleum. 37 Balladen aus der Geschichte des Fortschritts« und »Leichter als Luft«). Der »zornige junge Mann« wurde bereits 1963 mit dem Georg-Büchner-Preis ausgezeichnet. Sein jüngerer Bruder *Christian Enzensberger* (geb. 1931) schreibt ebenfalls Gedichte, Essays und Erzählungen. Der Name der bayerischen Familie *Enzensberger* verweist auf den Ort *Enzensberg* bei Füssen.

Enzio (ca. 1220–1272) hieß der älteste uneheliche Sohn Kaiser Friedrichs II., der 1238 die Erbin von Sardinien heiratete und so König der Insel wurde. Als hervorragender Feldherr gewann er zwar Ancona und Spoleto für das Reich zurück, fiel 1249 aber den kaiserfeindlichen Bolognesen in die Hände, die ihn bis zu seinem Tod in ehrenvoller Gefangenschaft hielten. Während der Haft schrieb er in sizilianischem Dialekt Gedichte in der Manier der provenzalischen Troubadoure. *Enzio* – eine Koseform von ital. *Enrico* (d. h. *Heinrich*) – entspricht dem deutschen Rufnamen *Heinz*.

Eos [grch. Ἠώς], »Morgenröte«, hieß in der griechischen Mythologie die rosenfingrige und gelb gewandete Göttin der Morgenröte. Die Tochter des Titanen Hyperion und der Titanin Theia fuhr jeden Tag zum Olymp und verkündete die Ankunft ihres Bruders Helios; dann begleitete sie ihn als *Hemera*, bis sie als *Hespera* ihre Ankunft an den westlichen Gestaden des Okeanos verkündete; zu grch. *heméra (ἡμέρα)*, »Tag«, und *hespéra (ἑσπέρα)*, »Abend, Westen«. → *Helios*

Epaminondas [grch. Ἐπαμεινώνδας], ca. 420–362 v. Chr., griechischer Politiker und Feldherr aus Theben, Sieger über die Spartaner bei Leuktra 371 v. Chr. und 362 v. Chr. bei Mantineia, wo er tödlich verwundet wurde. Der Name scheint hergeleitet zu sein von einem Vorfahren namens *Epamnon*, wohl von *epamýntor (ἐπαμύντωρ)*, »Helfer, Retter, Verteidiger«.

Ephraim hatte der biblische Joseph einen seiner Söhne genannt, zu hebr. *ephrajim*, »sehr fruchtbar« (Genesis 41, 52: »Den Namen des Zweiten nannte er Ephraim, denn ›Gott hat mich in meines Unglücks

Land fruchtbar werden lassen«"). In der Genesis (35, 19) hieß Bethlehem früher ebenfalls »die Fruchtbare«, nämlich *Ephrata*. → *Manasse* und *Joseph*

Epigonen nannten die alten Griechen die Söhne der »Sieben gegen Theben«, die mit der Zerstörung Thebens Rache nahmen für ihre Väter. Der Name bedeutet schlicht »Nachkömmlinge«, von grch. *epígonos* (ἐπίγονος), »der Nachgeborene«.

Epiktet [grch. Ἐπίκτητος], ca. 50–130 n. Chr., hieß ein stoischer griechischer Philosoph und freigelassener Sklave, in dessen Denkweise sich starke Anklänge an die christliche Ethik finden. Sein Name bedeutet etwa »der Neuerworbene«, »der Fremde«, zu grch. *epíktetos* (ἐπίκτητος), »neu erworben, mitgebracht«.

Epikur [grch. Ἐπίκουρος], 342 bis 270 v. Chr., war ein berühmter, aus Samos stammender Athener Philosoph. Der Begründer der epikureischen Philosophenschule behauptete, das höchste Gut sei das Vergnügen (vgl. unseren Ausdruck *Epikur* für einen Gourmet). Sein Name basiert auf dem griechischen Wort *epíkuros* (ἐπίκουρος), »helfend, Dienste leistend«. Sein Beiname war übrigens *Kepos*, zu grch. *kêpos* (κῆπος), »Garten«, da Epikur in einem solchen seine Schüler und Anhänger um sich versammelte.

Epimetheus [grch. Ἐπιμηθεύς] hieß in der griechischen Mythologie der Bruder des Prometheus und des Atlas. *Epimetheus* bedeutet »der nachträglich Überlegende«, mit anderen Worten: »der vorschnell Handelnde«. So hatte er z. B. Pandora gegen den Rat seines Bruders Prometheus zur Frau genommen und damit Unheil über die ganze Menschheit gebracht. → *Pandora* und *Prometheus*

Eques Romanus (abgekürzt *E.Q.R.*) war der Titel des altrömischen Ritters, zu lat. *eques*, »Reiter, Ritter«, und *equus*, »Pferd«.

Erasmus *Desiderius von Rotterdam* (1469–1536) hieß eigentlich *Geert Geerts*, zu Deutsch also *Gerhard Gerhards*. Der uneheliche Sohn einer Arzttochter und eines Priesters sollte der berühmteste Gelehrte seiner Zeit und vielleicht der bedeutendste Humanist werden (»Das Lob der Torheit«). Ausgerechnet bei seiner Namenswahl unterlief ihm ein

dummer Fehler: Er deutete seinen westfriesischen Vornamen *Geert* und seinen Nachnamen *Geerts* nicht von germ. *gēr*, »Speer«, und *harti*, »hart, kühn« (wie es richtig wäre; vgl. dt. *Gerhard*), sondern leitete ihn ab vom Verb *gehren*, »begehren«, was er dann sowohl ins Griechische als auch Lateinische übersetzte: *Erasmus*, »der sich Sehnende«, zu grch. *erân (ἐρᾶν)*, »lieben, begehren« (vgl. *Eros* und *Erotik*), und *Desiderius*, »der Sehnsuchtsvolle«, lat. *desiderare*, »begehren, wünschen« (vgl. auch den französischen Vornamen *Désirée*, »die Ersehnte«).
→ *Asam*

Erato [grch. Ἐρατώ] hieß in der griechischen Mythologie die Muse der Liebe und der erotischen Poesie. Ihr Name, »die Liebliche«, stammt von grch. *eratós (ἐρατός)*, »lieblich«, zu *erân (ἐρᾶν)*, »lieben«.

Eratosthenes [grch. Ἐρατοσθένης] war ein berühmter griechischer Mathematiker und Astronom des 3. vorchristlichen Jahrhunderts. Sein Name könnte »Stärke der Erato« oder »Liebesstärke« bedeuten; so oder so basiert er auf grch. *eratós (ἐρατός)*, »lieblich«, und *sthénos (σθένος)*, »Kraft, Stärke«. → *Erasmus* und *Musen*

Erdoğan *Recep Tayyip* (geb. 1954), türkischer Politiker. Seine Karriere begann 1985 mit seiner Wahl zum Vorsitzenden der Wohlfahrtspartei in Istanbul. Zehn Jahre später war er Bürgermeister von Istanbul. Der Verfechter islamischer Werte saß 1998 kurzzeitig in Haft, weil er angeblich zu religiösem Hass aufgerufen hatte (»Unsere Moscheen sind unsere Kasernen, die Kuppeln unsere Helme, die Minarette unsere Bajonette und die Gläubigen unsere Soldaten«). 2003 wurde er Premierminister, hielt sich mit religiösen Äußerungen zurück und setzte sich stattdessen für die Aufnahme seines Landes in die Europäische Union ein, die er früher als »christlichen Club« bezeichnet hatte. *Erdoğan* bedeutet wörtlich übersetzt »männlicher Falke«. (*Recep*, »weiße Krone, Diadem«, ist der Name des siebten Monats des islamischen Mondkalenders. *Tayyip* ist ein türkischer Vorname, der auf arab. *tayeb*, »großzügig«, basiert.)

Erebos [grch. Ἔρεβος], in der griechischen Mythologie ein Sohn des Chaos, brachte mit seiner Schwester Nyx (»Nacht«) den Himmel und den Tag hervor. Sein Name steht für die Dunkelheit der Unterwelt, zu grch. *érebos (ἔρεβος)*, »Unterwelt, Finsternis«. → *Nyx*

Erechtheus [grch. Ἐρεχθεύς], der Bruder des Apollon und Sohn des Poseidon (wenn er mit dem Athener König *Erichhtonios* identisch ist, der Sohn des Hephaistos), war ein mythischer athenischer Heros, der seine Tochter *Chthonia* opferte, da das Orakel zu Delphi ihm geweissagt hatte, dieses sei die einzige Möglichkeit, den Krieg gegen die Eleusinier zu gewinnen. (Darauf töteten sich die anderen Töchter ebenfalls.) Ihm zu Ehren errichtete man das *Erechtheion* auf der Akropolis von Athen, wo ihm zusammen mit Poseidon geopfert wurde. Der Name enthält das griechische Wort *chthón* (χθών), »Erde, Land«, und in der Tat galt *Erechtheus* als aus der Heimaterde selbst geboren, also als *autóchthon* (αὐτόχθων), d. h. als »Ureinwohner«. Sein Doppelgänger, der ebenfalls »Erdentsprossene«, war *Erichthonios* (Ἐριχθόνιος), wohl eine Abkürzung des Namens *Erechthothónios* (Ἐρεχθοθόνιος), zu *eréchthein* (ἐρέχθειν), »zerreißen, umherschleudern«, und *chthón* (χθών), »Erde«.

Ereschkigal hieß in der babylonischen und akkadischen Mythologie die Herrscherin der Unterwelt, die unter dem Ur-Ozean Apsu residierte. Die Schwester der Fruchtbarkeitsgöttin Ischtar war eine Göttin mit grenzenlosem sexuellen Appetit; z. B. kopulierte sie mit dem Kriegsgott Nergal, den sie geheiratet hatte und mit dem sie die Macht teilte, einstmals sechs Tage und Nächte lang in der Unterwelt. Ihr Name bedeutet »Herrin der großen Erde«. → *Nergal*

Erhard *Ludwig* (1897–1977), deutscher Politiker. Nach dem Zweiten Weltkrieg war er zunächst bayerischer Wirtschaftsminister. Die Währungsreform 1948 und das Ende der Zwangswirtschaft, das er gegen den Willen der Besatzungsmächte verkündete, waren eine wichtige Voraussetzung für die zügige Wiederbelebung der deutschen Wirtschaft. Wegen seiner Erfolge als Wirtschaftsminister der neu geschaffenen Bundesrepublik in allen Kabinetten Konrad Adenauers (1949–1963) nannte man ihn bald »Vater des deutschen Wirtschaftswunders«. *Erhard* glaubte an die »soziale Marktwirtschaft« und trat entschieden für das Verbot von Wettbewerbsbeschränkungen durch Kartelle und Monopole ein. 1963 wählte ihn der Bundestag als Nachfolger Adenauers zum Bundeskanzler. 1966 trat er zurück und wurde durch Kurt Georg Kiesinger abgelöst. Der Name *Erhard* leitet sich her von ahd. *era*, »Ehre, Ansehen«, und *harti*, »hart, stark«; er bezeichnete also einen »Mann mit großem Ansehen«, was ja in *Ludwig Erhards* Fall wahrlich zutraf.

Erik hießen mehrere Könige Norwegens, Schwedens und Dänemarks, z. B. zur Wikingerzeit *Erik der Rote* [anord. *Eiríkr rauđi*], ca. 950–1007, der Grönland erforschte und benannte. Sein Sohn *Leif Eriksson* entdeckte von dort aus um das Jahr 1000 Vinland an der nordamerikanischen Küste. Der Name stammt von anorw. *einn*, »einer«, und *ríkr*, »Herrscher«.

Erinnyen [grch. Ἐρινύες] bedeutet »die Grollenden«. So hießen in der griechischen Mythologie die Rachegöttinnen, zu grch. *erinýs (ἐρινύς)*, »Rache, Strafe, Verderben«. Die leidenschaftlichen Gottheiten, die als Schwestern der Moiren galten, rächten Freveltaten, insbesondere Morde an Verwandten. Sie wohnten im Tartaros, einem Abgrund im Hades, von dem sie aufstiegen, um ihre Opfer zu quälen. Die *Erinnyen* waren alte Weiber mit Schlangenhaaren, Hundeköpfen, Fledermausflügeln, schwarzen Leibern und blutunterlaufenen Augen. Ihre Aufgabe war es, Klagen anzuhören und die Schuldigen unbarmherzig zu verfolgen. Im Laufe der Zeit legte man sich namentlich fest auf drei solcher Furien: *Tisiphone (Τισιφόνη)* galt als »Rächerin des Mordes«, zu *tísis (τίσις)*, »Rache, Strafe«, und *phoné (φονή)*, »Mord, Gemetzel, Leiche«, während *Alekto (Ἀλεκτώ)*, »die nie Rastende« war, zu *álektos (ἄληκτος)*, »unaufhörlich, beharrlich«; die Dritte im Bunde hieß *Megaira (Μέγαιρα)*, die »Verweigerin, Feindselige«, zu *megaírein (μεγαίρειν)*, »verweigern, verargen«. Um ihr Wohlwollen zu erlangen und zu erhalten, wurden sie nicht bei ihrem Namen gerufen, sondern euphemistisch die *Eumeniden (Εὐμενίδες)*, »die Wohlmeinenden«, genannt, in Athen auch *Semnai*, »die Hehren«. → *Kerberos* und *Orest*

Eris [grch. Ἔρις] nannten die alten Griechen die Schwester des Ares und Göttin des Streits, zu grch. *éris (ἔρις)*, »Zwietracht, Streitlust«. Weil sie als einzige Göttin keine Einladung zur Hochzeit von Peleus und Thetis erhalten hatte, warf sie aus Rache einen goldenen Apfel unter die Gäste, mit der Aufschrift: »Für die Schönste«, worauf ein Streit unter Hera, Athene und Aphrodite ausbrach, den Paris zu Gunsten von Aphrodite entschied und der damit indirekt den Trojanischen Krieg auslöste. Denn Aphrodite hatte ihm als Gegenleistung Helena, die Frau des spartanischen Königs Menelaos, versprochen, die er nach Troja entführte (vgl. »Zankapfel« und »Erisapfel«). → *Paris*

Erlaucht war seit dem Mittelalter der Adelstitel von Grafen, zu mhd. *erliuhten*, »erleuchten, strahlen«.

Eros [grch. Ἔρως], der Sohn der *Aphrodite* und des Ares, wurde im alten Griechenland als Gott der Liebe verehrt; zu *éros (ἔρως)*, »sexuelle Liebe, Begierde, Lust« (lat. *Amor* oder *Cupido*). Er war der Bruder des *Anteros* [Ἀντέρως], des Rächergottes der verschmähten Liebe. Sein Name, eigentlich *Ant-Eros*, »Gegenliebe«, besteht aus der Vorsilbe *anti- (ἀντι-)*, »gegen, entgegen«, und *éros (ἔρως)*, »sexuelle Liebe, Begierde«.

Esau ist aus der Bibel bekannt als Sohn der Rebekka und des Isaak, erstgeborener Zwillingsbruder des Jakob, dem er bekanntlich für ein Linsengericht sein Erstgeburtsrecht verkaufte. Sein Name stammt von hebr. *esav*, »der Behaarte« (s. Genesis 25,25: »Der erste kam zum Vorschein, rötlich, ganz mit Haaren bedeckt wie ein Mantel. Man nannte ihn *Esau*.«). Er wurde auch *Edom*, »der Rote«, genannt, der legendäre Stammvater der *Edomiter*. → *Adam* und *Jakob*

Eshkol *Levi* (1895–1969), war ein israelischer Politiker, der 1914 als *Levi Shkolnik* aus seiner ukrainischen Heimat nach Palästina eingewandert war. Im Jahr 1944 ernannte Ben-Gurion ihn zum Befehlshaber der Hagana, der jüdischen militärischen Untergrundorganisation. Einige Jahre nach der Gründung des Staates Israel (1948) wurde er Landwirtschaftsminister und bald darauf Finanzminister. Das Amt des Ministerpräsidenten akzeptierte er 1963 indes nur zögernd und setzte weitgehend die Politik seines verehrten Vorgängers Ben-Gurion fort. Das bedeutendste Ereignis seiner sechsjährigen Amtszeit war ohne Zweifel der Arabisch-Israelische Krieg (1967), nach dessen Beendigung Israel über mehr Land herrschte als je zuvor. Den Namen *Eshkol*, der im Hebräischen »Weintraube« bedeutet, hat er sicherlich wegen der Ähnlichkeit mit seinem ursprünglichen Namen *Shkolnik* gewählt, der den »Schüler einer Talmudschule« bezeichnet, zu ukr. *schkola (школа)*, »Schule«, und jidd. *schul*, »Schule, Synagoge«.

Ester, die junge und hübsche Waise, die die Gattin des persischen Königs Achaschwerosch (hebräische Wiedergabe des persischen Königsnamens Xerxes, engl. Ahasuerus) geworden war, hieß laut Bibel (Ester 2, 7) zunächst *Hadassa*, zu hebr. *hadassa*, »Myrte«. Vielleicht ist Ester eine Form dieses Namens, vielleicht aber auch, wie manche Forscher annehmen, von pers. *ischtar*, mit der wahrscheinlichen Bedeutung »Stern«. (*Ischtar* war die babylonische Göttin der Liebe und Fruchtbarkeit – die Göttin des Venussterns, also des Abend- und Morgensterns.) → *Xerxes*

Eteokles [grch. Ἐτεοκλῆς] war der Sohn des Ödipus, ein Bruder des Polyneikes und der Antigone. Sein Name beruht auf grch. *eteós (ἐτεός)*, »wirklich, wahrhaftig«, und *kléos (κλέος)*, »Ruhm, Ruf«. Das Gleiche gilt übrigens für *Eteoklos* [grch. Ἐτέοκλος], einen der »Sieben gegen Theben«. → *Polyneikes*

Eubouleus [grch. Εὐβουλεύς] heißt »der Besonnene«, ein Beiname, den Dionysos trug, der allerdings auch mal ausrasten konnte und sich zunehmend an Rausch und Lärm erfreute; zu grch. *eúboulos (εὔβουλος)*, »vernünftig, besonnen, klug«. → *Dionysos, Thyonides* und *Lyaios*

Eugen bedeutet »der Wohlgeborene«, zu grch. *eugenés (εὐγενής)*, »edel, wohlgeboren«. Der bekannteste Träger dieses Namens ist wohl *Prinz Eugen* von Savoyen (1663–1736), der im kaiserlichen Heer mehrfach siegreich gegen die Türken sowie die Franzosen kämpfte. Auch vier Päpste trugen den Namen *Eugen*, wovon einer, *Eugen I.* (654–657), sogar heilig gesprochen wurde. *Eugen III.* (1145–1153) hat den unseligen Kreuzzug von 1147–1149 zu verantworten, während *Eugen IV.* (1431–1447), ein Neffe Gregors XII., sich durch die Auflösung des Konzils von Basel die Konzilsväter zu Feinden machte, die ihn kurzerhand für abgesetzt erklärten und 1439 Felix V. zum Gegenpapst einsetzten.

Euhemeros [grch. Εὐήμερος], »der einen glücklichen Tag bringt«, »der Heitere«, war der Name eines griechischen Philosophen aus Messene (um 300 v. Chr.), der die Gottheiten, soweit sie nicht Naturkräfte verkörperten, als Menschen deutete, die nur wegen ihrer hohen Verdienste vergöttlicht worden waren; zu *eû (εὖ)*, »gut«, und *heméra (ἡμέρα)*, »Tag«.

Euklid [grch. Εὐκλείδης], um 300 v. Chr., hieß ein griechischer Mathematiker in Alexandria, zu grch. *eukleés (εὐκλεής)*, »wohl bekannt, berühmt«, und *eúkleia (εὔκλεια)*, »Ruhm, guter Ruf«.

Eulalius, ein Gegenpapst (418–419), regierte zeitgleich mit Papst Bonifatius I.; obschon dieser die Mehrheit bei der Wahl erhalten hatte, musste er Rom verlassen, da Kaiser Honorius zunächst den *Eulalius* bevorzugte. Ein Jahr später bestätigte der Kaiser jedoch den Bonifatius und *Eulalius* musste fliehen. Sein Name bedeutet »Schönredner«, aus der griechischen Vorsilbe *eû (εὖ)*, »gut«, und *laleîn (λαλεῖν)*, »reden, schwatzen« (vgl. *lallen*).

Eumenes [grch. *Εὐμένης*] war der Name jenes Königs von Pergamon (ca. 197–159 v. Chr.), der den berühmten Pergamonaltar (heute in Berlin) erbaute zur Erinnerung an den Sieg über das kleinasiatische Keltenvolk der Galater. Auch ein Feldherr Alexanders d. Gr. (ca. 362–316 v. Chr.) trug (und verdiente) diesen Namen; in den Diadochenkämpfen trat er für die Bewahrung der Reichseinheit und die Rechte des makedonischen Königshauses ein, wurde jedoch 316 v. Chr. von Antigonos besiegt und getötet. Der Name entspricht dem griechischen Wort *eumenés (εὐμενής)*, »wohlwollend, gnädig, gütig« (vgl. *Eumeniden*). → *Erinnyen*

Eumeniden → *Erinnyen*

Euphorbos [grch. *Εὐφόρβος*], »der Wohlgenährte«, war der Name eines Trojaners, in dessen Gestalt Pythagoras (gemäß seiner Seelenwanderungslehre) den Trojanischen Krieg erlebt haben wollte; zu grch. *eû (εὖ)*, »gut«, und *phorbé (φορβή)*, »Futter, Nahrung«.

Euphrosyne [grch. *Εὐφροσύνη*], der Name einer der drei Grazien (die anderen beiden waren *Aglaia* und *Thaleia*), bedeutet »die Heitere, Wohlgesinnte, Vernünftige«, zu grch. *euphrosýne (εὐφροσύνη)*, »Fröhlichkeit, Vergnügen, Freude«, zu *eu phroneîn (εὐ φρονεῖν)*, »vernünftig sein«.

Euripides [grch. *Εὐριπίδης*] war der jüngste der drei großen Tragödiendichter Athens (480–406 v. Chr.). Er wurde angeblich nach der Meerenge zwischen Euböa und Böotien benannt, zu grch. *eúripos (εὔριπος)*, »Meerenge« – vielleicht, weil er hier geboren wurde oder weil sein Wesen mit den hier sehr deutlich spürbaren Gezeiten verglichen wurde.

Europa [grch. *Εὐρώπη*] hieß die Tochter des Phönizierkönigs *Agenor* (nach Homer war *Phoinix* ihr Vater). Sie wurde von Zeus in Gestalt eines Stiers von Sidon nach Kreta entführt (vgl. auch den Namen des Erdteils *Europa*, vielleicht zu semit. *ereb,* »Abend, Westen«, der in Phönizien der Name der Abendgöttin war). → *Kadmos*

Eurydike [grch. *Εὐρυδίκη*], eine Dryade und die Gattin des Orpheus. Dieser suchte sie nach ihrem Tod (sie wurde durch einen Schlangenbiss getötet) im Hades und wollte sie mit Plutons Zustimmung aus der Unterwelt zurückholen. *Eurydike* drehte sich jedoch entgegen der Abmachung um und musste dafür endgültig im Hades bleiben. Der Name bedeutet »weite Gerechtigkeit«, zu grch. *eurýs (εὐρύς)*, »weit reichend, breit«, und *díke (δίκη)*, »Gesetz, Urteil, Gerechtigkeit«.

Eurysternos [grch. *Εὐρύστερνος*], »die Weitherzige« (wörtlich »die Breitbrüstige«), war ein Beiname der Gäa, die nach dem Glauben der alten Griechen das Leben aus ihrem Schoß gebar und alles Lebendige an ihrem breiten Busen barg. Der Name besteht aus grch. *eurýs (εὐρύς)*, »breit«, und *stérnon (στέρνον)*, »Brust«, auch »Herz, Gemüt«. → *Pandora* und *Kourotrophos*

Eurysthenes [grch. *Εὐρυσθένης*] nannte man den Meergott Poseidon mit Beinamen, von grch. *eurysthenés (εὐρυσθένης)*, »weithin mächtig«, zu *eurýs (εὐρύς)*, »breit«, und *sthénos (σθένος)*, »Kraft, Stärke«.

Eurystheus [grch. *Εὐρυσθεύς*], war jener König von Mykene, in dessen Dienst und Auftrag Herakles die zwölf Arbeiten verrichten musste, die Zeus als Vorbedingung für seine Unsterblichkeit festgesetzt hatte. Wie im Fall des Eurysthenes basiert sein Name auf grch. *eurysthenés (εὐρυσθένης)*, »weithin mächtig«, zu *(εὐρύς)*, »breit«, und *sthénos (σθένος)*, »Stärke«.

Eusebius hieß ein griechischstämmiger Papst, dessen Regierungszeit ungewiss ist. Man weiß nur, dass er schon bald nach seiner Wahl im Jahre 309 oder 310 als Verbannter in Sizilien starb. Den nicht ungewöhnlichen griechischen Namen *Eusebius*, »der Fromme«, zu *eusebés (εὐσεβής)*, »fromm, gottesfürchtig«, trugen außer ihm etliche Bischöfe der ersten nachchristlichen Jahrhunderte.

Euterpe [grch. *Εὐτέρπη*], »die Freude Spendende«, wurde die Muse der lyrischen Dichtung und Musik im alten Griechenland genannt, zu grch. *eû (εὖ)*, »gut«, und *térpein (τέρπειν)*, »erfreuen, erheitern«. → *Musen*

Eutrapelus, »der Gewandte, der Witzige«, war der Beiname des römischen Ritters *Publius Volumnius*, zu grch. *eutrápelos (εὐτράπελος)*, »gewandt«, »unterhaltsam, listig«.

Eutychianus (275–283), römischer Papst und Heiliger. Sein Name setzt sich zusammen aus grch. *eû (εὖ)*, »gut«, und *týche (τύχη)*, »Glück, Geschick«. Es ist nichts Genaues über ihn und seine Amtsführung bekannt, sein Name und die griechische Inschrift auf seinem Grab in den Kalixt-Katakomben, *Εὐτυχιάνος Ἐπίσ[κοπος]*, »Eutychianus Bischof«, legen jedoch nahe, dass er aus Griechenland stammte.

Eva, die »Lebensspenderin«, die »Mutter aller Lebendigen«, trägt einen Namen, der aus hebr. *chawa*, zu *chajim*, »Leben«, entstanden ist.

Evaristus (97–105) war ein griechischer Papst und Heiliger. Der Name, etwa »der Allerbeste«, ist zusammengesetzt aus grch. *eû (εὖ)*, »gut«, und *áristos (ἄριστος)*, »der Beste«.

Exzellenz, Titel für hochgestellte Persönlichkeiten in Staat und Kirche, insbesondere die Anrede für Botschafter und Bischöfe; zu lat. *excellens*, »emporragend, vorzüglich, prächtig«.

Ezechiel, bekannter biblischer Prophet (nach ihm ist ein Buch des Alten Testaments benannt), den Gott den widerspenstigen Bewohnern Israels schickte mit dem Auftrag, Strafpredigten zu halten; zu hebr. *jecheskel*, »Gott schenke Kraft«, ein Name, der gut zu dem schwierigen Auftrag passte, den er von Gott erhielt (Ezechiel 3, 8–9): »Schau, ich härte dein Antlitz so ab, wie ihr Antlitz abgehärtet ist, und deine Stirn mache ich so hart wie ihre Stirn, wie Diamant, härter noch als Kieselgestein mache ich deine Stirn. Fürchte dich nicht vor ihnen, und erschauere nicht vor ihrem Antlitz, denn ein Haus der Widerspenstigkeit sind sie!«

Fabianus (236–250) hieß ein Papst und Heiliger im Frühchristentum. Nach 14 Jahren seiner recht friedlichen Herrschaft, in der er die Kirche Roms festigte und sein Bistum neu organisierte, starb er bei einer von

Kaiser Decius groß angelegten Christenverfolgung den Märtyrertod. Er war in Rom eine hoch geehrte Persönlichkeit mit dem dazu passenden altrömischen Patriziernamen *Fabius* (zu lat. *faba*, »Bohne«). → *Fabius*

Fabius war ein Männername in der uralten patrizischen *gens Fabia*, die 477 v. Chr. im Kampf gegen Veii bis auf einen Knaben vernichtet wurde. Zu diesem Geschlecht gehörte z. B. *Fabius Maximus* (ca. 280–203 v. Chr.), ein römischer Feldherr und Staatsmann mit dem Spitznamen *Cunctator*, »Zögerer«, da er berühmt war wegen seiner abwartenden Strategie gegenüber Hannibal. Sein vollständiger Name lautete *Quintus Fabius Maximus Verrucosus Cunctator* (lat. *verrucosus* bedeutet »mit Warzen bedeckt«). Nach ihm ist die 1884 gegründete englische sozialistische Vereinigung *Fabian Society* benannt, die nicht die Revolution, sondern eine nur schrittweise Entwicklung des demokratischen Sozialismus favorisierte. Berühmt wurden auch der um 250 v. Chr. geborene *Quintus Fabius Maximus Pictor* (»Maler«), der Verfasser des ersten römischen Geschichtswerks in griechischer Sprache, sowie *Quintus Fabius Maximus Allobrogicus*, der 121 v. Chr. als Konsul die *Allobroger* besiegte. Der Name *Fabius* stammt von lat. *faba*, »Bohne, Feldbohne«. Möglicherweise war der erste Träger dieses Namens ein Bohnenanbauer (vgl. auch unseren Vornamen *Fabian*). Den gleichen Namen trägt übrigens auch der französische Politiker *Laurent Fabius* (geb. 1946), der von 1984 bis 1986 Premierminister Frankreichs und seit 1988 mehrmals Präsident der Nationalversammlung war. → *Fabianus*

Fabricius, »Hersteller, Erbauer«, nannte sich eine römische plebejische *gens*, deren bedeutendstes Mitglied wohl *Quintus Fabricius Luscinus* war, der als Inbild altrömischer Redlichkeit und Unbestechlichkeit galt und den Sieg über Pyrrhus errang; zu lat. *faber, fabri*, »Handwerker, Künstler« (Zimmermann, Schmied, Bildhauer).

Fafnir hieß in der skandinavischen Mythologie der Riese Hreidmar, der in der Gestalt eines Drachens einen Schatz zu bewachen hatte. Er wurde von Sigurd (d. h. Siegfried) getötet, der auf diese Weise in den Besitz des Schatzes gelangte. *Fafnir* bedeutet im Altnorwegischen »Schmied«, verwandt mit dem lateinischen Wort *faber* im gleichen Sinn. → *Fabian* und *Fabius*

Fahd *ibn Abdul Asis al Faisal al Sa'ud* (1923–2005), saudischer König aus der Familie *al Sa'ud*, der als Nachfolger seines Halbbruders Chaled (auch: *Khalid*) 1982 den saudischen Thron bestieg, obwohl er schon vor dessen Tod einen Großteil der Regierungsgeschäfte übernommen hatte. Er versuchte sein Land nach westlichen Maßstäben zu modernisieren und stellte einen Friedensplan für den Mittleren Osten auf, in dem er Israel das Recht auf einen eigenen Staat zugestand. Sein anfangs gutes Verhältnis zu den USA litt Schaden, als sich nach den Terroranschlägen in New York und Washington vom 11. September 2001 herausstellte, dass der größte Teil der Attentäter aus Saudi-Arabien stammte. 2003 richtete sich die Gewalt der El-Kaida – deren Anführer Osama bin Laden ebenfalls ein Saudi ist – gegen Saudi-Arabien selbst, wo bei mehreren Anschlägen viele Menschen ums Leben kamen. In seinen letzten Regierungsjahren hatte *Fahd* aus Krankheitsgründen die Amtsgeschäfte mehr oder weniger seinem Halbbruder, Kronprinz Abdullah, übergeben. Der königliche Name *Fahd* bedeutet im Arabischen »Panther«, »Leopard« und hat den Nebensinn von »Mut« und »Wildheit«. Der Zusatz *ibn Abdul Asis* kennzeichnet ihn als Sohn (arab. *ibn*) von König *Abdul Asis*, der 1932 den Staat *Saudi-Arabien* gründete.

Fahrenheit *Daniel Gabriel* (1686–1736), Danziger Physiker, der ab 1717 in den Niederlanden ansässig war und dort Barometer und Quecksilberthermometer herstellte, die geeicht waren und vergleichende Temperaturmessungen erlaubten. In der nach ihm benannten Thermometerskala liegt der Gefrierpunkt bei 32 °C, der Siedepunkt bei 212 °C. Fahrenheit ist noch heute in allen englischsprachigen Ländern die gebräuchliche Temperatureinheit. Der Name des Erfinders ist wohl herzuleiten vom mecklenburgisch-vorpommerschen Ortsnamen *Fahrenhaupt*, zu mhd. *var*, »Platz, Übergangs-, Übersetzstelle« (vgl. *Fähre*).

Faisal *ibn Abdul Asis al Faisal al Sa'ud* (1906–1975), König von Saudi-Arabien. Der Sohn (arab. *ibn*) von König *Abdul Asis* und Bruder von König *Sa'ud* wurde nach der Thronbesteigung des Letzteren 1953 zunächst Außenminister, verdrängte seinen schwachen und kränklichen Bruder jedoch 1964 vom Thron und wurde im Jahr darauf offiziell Herrscher des Königreichs. 1967 fiel er einem Mordanschlag seines Neffen Prinz *Faisal ibn Musad Abdul Asis* zum Opfer und sein Bruder,

Kronprinz *Chaled*, wurde sein Nachfolger. Der Name *Faisal* (auch: *Faizel*) bedeutet im Arabischen »Richter« und bezeichnet allgemein eine Person, die Recht und Unrecht unterscheiden kann.

Fallada *Hans* (1893–1947), ein deutscher Schriftsteller, hieß zunächst *Rudolf Ditzen*. Er schrieb berühmte Romane wie »Kleiner Mann was nun?«, »Wer einmal aus dem Blechnapf frisst«, »Jeder stirbt für sich allein« etc. Seinen Künstlernamen wählte er angeblich nach dem Schimmel *Falada* in Grimms Märchen. Sein eigentlicher Name *Ditzen* ist eine patronymische Bildung zu *Di(e)tz*, Koseform von Rufnamen wie *Dietrich*, *Dieter* etc., alle von ahd. *diot*, »Volk«.

Falstaff, aus engl. *falling staff*, »fallender Stab«, war der Name einer Figur in Shakespeares »Heinrich IV.«. Der komische Fettwanst mit dem »sinkenden Stab« (vielleicht eine sexuelle Anspielung) könnte ein für die Elisabethanische Zeit typisches Wortspiel des »Speer schüttelnden« Shakespeares sein. → *Shakespeare*

Faraday *Michael* (1791–1867), englischer Physiker und Chemiker. Eine seiner wichtigsten Entdeckungen auf dem Gebiet der Elektrizitätslehre war die der Induktion (1831). Er beschrieb die magnetischen und elektrischen Kraftlinien, eine Vorstellung, die später als elektromagnetisches Feld zusammengefasst wurde. Nach ihm benannt ist der *Faradaysche Käfig*, eine allseits geschlossene Hülle aus Blech oder Maschendraht, in die kein elektrisches Feld eindringen kann. So ist der Mensch z. B. im Flugzeug oder im Auto vor einem Blitzschlag sicher. Der Name bedeutete ursprünglich etwa »Fairs Diener«, basierend auf dem als Personennamen benutzten Wort *fair*, zu aengl. *fæger*, »angenehm, blond«, und dem Wort *dag*, zu aengl. *dægweorc*, »Tagewerk«, auch »Tagelöhner«.

Faruk I. (auch: *Farouk* und *Faruq*), 1920–1965, letzter ägyptischer König. Er folgte 1936 seinem Vater Fuad I. auf dem Thron. 1951 kündigte er den britisch-ägyptischen Vertrag und nahm den Titel »König Ägyptens und des Sudan« an. Wegen Korruption und autoritären Verhaltens wurde er 1952 von den so genannten »Freien Offizieren«, u. a. Gamal abdel Nasser, zur Abdankung gezwungen und musste das Land verlassen. Sein Name klingt angesichts dieser Entwicklungen geradezu höhnisch, denn *faruk* ist im Arabischen »der Urteilsfähige«, zu arab. *farra-*

qa, »teilen, trennen, unterscheiden«; allerdings könnte man bei diesem Königsnamen passenderweise auch an den arabische Begriff *tafarruq*, »die Trennung«, denken.

Fassbinder *Rainer Werner* (1945–1982), deutscher Filmemacher und Regisseur (z. B. »Die Ehe der Maria Braun«, »Lili Marleen« und »Angst essen Seele auf«). Seine Name steht für die alte Berufsbezeichnung des Böttchers. Als die Fassdauben nicht mehr mit halbierten Weidenruten gebunden, sondern mit Eisenreifen zusammengehalten wurden, starb dieser Zweig der Böttcherei aus. → *Cooper* und *Silesius*

Fatima (ca. 606–632) hieß die Lieblingstochter Mohammeds. Ihr Name bedeutet wohl »Entwöhnerin«, entweder, weil sie ein Kind entwöhnte (d. h. abstillte) oder aber sich böser Dinge enthielt. Der Schrein der *Fatima*, arab. *Fatma*, steht im Iran in der heiligen Stadt Qom. Nach ihr wurde in der Maurenzeit der bekannte Wallfahrtsort in Portugal benannt, wo 1917 die heilige Maria drei Bauernkindern erschienen sein soll.

Fauna war im alten Rom die Schutzgöttin von Feld, Wald und Vieh. Sie galt als weibliche Entsprechung zu ihrem Vater, Gatten oder Bruder *Faunus*. Heute bezeichnen wir mit dem Wort *Fauna* die gesamte Tierwelt.

Faunus, den Sohn des mythischen Königs Picus und früheren Herrschers von Latium, betrachteten die Römer als den guten Geist der Berge, Hangweiden und Wälder. Später wurde er mit dem griechischen Pan gleichgesetzt. Nach ihm sind auch die *Faune* benannt – nackte, lüsterne Walddämonen in Bocksgestalt, die ursprünglich als Priester des *Faunus* in Ziegenfelle gekleidet den Palatinischen Hügel umkreisten. Der Name *Faunus* wurde schon in römischer Zeit von lat. *favere*, »gewogen sein, begünstigen«, hergeleitet.

Faure *Edgar* (1908–1988), französischer Jurist und radikalsozialistischer Politiker. Nach dem Zweiten Weltkrieg nahm er als Anklagevertreter Frankreichs an den Nürnberger Kriegsverbrecherprozessen teil. 1952 und erneut 1955 bis 1956 war er Ministerpräsident. Zuvor und danach bekleidete er immer wieder diverse Ministerposten. Von 1973 bis 1978 war er Präsident der Nationalversammlung. *Faure* ist – wie

Faivre und *Lefèvre* – eine südfranzösische Form des Namens *Fabre* in der Bedeutung »Schmied«, zu lat. *faber*, »Handwerker, Zimmermann, Kupferschmied«. Der gleichen Herkunft ist der Name des französischen Komponisten *Gabriel Fauré* (1845–1924).

Faust verkaufte bekanntlich seine Seele an den Teufel und bekam dafür Wissen und Macht. Der *Doktor Faust* des englischen Dramatikers Marlowe und des deutschen Dichters Goethe bezieht sich wohl auf eine realen Person, die etwa 1540 starb und deren Name entweder tatsächlich »die Faust« bedeutete oder abzuleiten ist von lat. *faustus*, »glücklich, gesegnet«.

Faustus bedeutet als römischer Beiname »der Gesegnete«; zu lat. *faustus*, »günstig, beglückend, Glück bringend, gesegnet«; z. B. trug *Lucius Cornelius* Sulla, der Sohn des Diktators Sulla und Zwillingsbruder der *Fausta*, diesen Namen.

Fauves, »die Wilden«, nannte man im frühen 20. Jahrhundert eine Künstlergruppe in Frankreich. Dieser Name wurde ihnen von Kunstkritikern gegeben, da sie mit reinen Farben und in einer sehr wilden Manier malten. Einer ihrer Hauptvertreter war Matisse.

Feisal (auch: *Faysal*) war der Name zweier irakischer Könige: *Feisal I.* (1883–1933) beherrschte das Land seit 1921, während sein Enkel, *Feisal II.* (1935–1958), als Vierjähriger den Thron bestieg, sodass bis zu seiner Volljährigkeit ein Regentschaftsrat die Regierung übernehmen musste. Mit 23 Jahren fiel er einem Mordanschlag zum Opfer. *Feisal ibn Abd al-Asis ibn Saud* (1905–1975) folgte 1964 seinem Bruder Saud IV. nach dessen Abdankung auf dem saudischen Königsthron, wurde jedoch nach elfjähriger Herrschaft ermordet. Der Name *Feisal* bedeutet »der Entschlussfreudige«, zu arab. *fasl*, »Entscheidung«.

Felix hat im Lateinischen die Bedeutung »der Glückliche« (vgl. auch den weiblichen Vornamen *Felicitas*, lat. »das Glück«). Warum Papst *Felix I.* (269–274) angeblich glücklich war und aus welchem Grund er obendrein heilig gesprochen wurde, ist nicht recht ersichtlich (über ihn ist eigentlich nur bekannt, dass er einen häretischen Bischof absetzte). *Felix II.* (355–358) hieß ein Gegenpapst gegen Papst *Liberius* und wird deswegen in der offiziellen Papstliste nicht mitgezählt. Auch ihm war wenig Glück beschieden, denn er wurde bereits drei Jahre nach seinem Amtsantritt vertrieben. Der rechtmäßige *Felix II.* (483–492) war ebenfalls nicht vom Schicksal begünstigt (wenn man einmal von einer kurzen Ehe vor seiner Papstwahl absieht), denn während seiner Regierungszeit eroberten die Ostgoten unter ihrem König Theoderich ganz Italien, und in Nordafrika begann eine stürmische Katholikenverfolgung durch die arianischen Wandalen. Zu allem Unglück musste er den Patriarchen von Konstantinopel absetzen, weil dieser ihm den Gehorsam verweigerte, sodass es zu einem ersten Kirchenschisma kam, das allerdings 519 beigelegt werden konnte; zu grch. *schísma* ($\sigma\chi\acute{\iota}\sigma\mu\alpha$), »Spaltung, Riss«. Immerhin hat die Kirche diesen energischen und aufrichtigen Papst später heilig gesprochen. *Felix III.* (526–530) wurde ebenfalls zur Ehre der Altäre erhoben. Er widerstand dem Bevormundungsversuch des arianischen ostgotischen Königs bei der Papstwahl, indem er auf dem Sterbebett kurzerhand seinen Nachfolger designierte. *Felix V.* (oder der *IV.*, wenn man den illegitimen *Felix II.* nicht mitrechnet) wurde 1440 vom Baseler Konzil gekrönt, verzichtete aber 1449 auf sein Amt. Mit ihm endete die Unsitte der Aufstellung eines Gegenpapstes in der Geschichte der Kirche: welch ein Glück – für Rom! → *Bonifatius II.* und *Liberius*

Fellini *Federico* (1920–1993), italienischer Filmregisseur (z. B. »La Strada«, »La Dolce Vita« und »Casanova«). Sein Name ist eine Verkleinerungsform von ital. *fello*, »der Grausame«, »der Verruchte«.

Ferdinand ist die romanisierte Form des althochdeutschen Namens *Fridenand*, wgot. *Fridunanth*, zu germ. *frithu*, »Friede, Schutz«, und *nantha*, »mutig, kühn«. Über *Fernando*, heute *Hernando*, kam der Name dreier Habsburgerkaiser aus Spanien als beliebter Vorname zurück nach Deutschland. *Ferdinand* hießen außer sieben spanischen Königen viele andere europäische Herrscher, z. B. in Österreich, Sizilien, Flandern, Neapel, Portugal, Rumänien und der Toskana.

Feretrius nannten die alten Römer den Gott Jupiter mit Beinamen, wohl in der Bedeutung »Schleuderer« des Blitzes oder des *silex* (d. h. des »Feuersteins«), das steinerne Symbol des Blitzes. *Feretrius* ist ein griechisches Fremdwort, das auf *phérein* ($\varphi\acute{\epsilon}\rho\epsilon\iota\nu$), »tragen, forttragen, forttreiben«, auch »hervorbringen, verursachen«, zurückgeht.

Fernandel (1903–1971), eigentlich *Fernand-Joseph Désiré Contandin*, war ein französischer Schauspieler in grotesk-komischen Rollen, der durch seine »Don Camillo und Peppone«-Filme berühmt wurde. Sein Name *Fernandel* kam angeblich zustande, weil seine Großmutter ihn *Fernand d'elle*, »deren Ferdinand«, nannte, wenn sie über den Sohn ihrer Tochter sprach – obschon der Vorname durchaus auf ein Wunschkind hinweist, zu frz. *désiré*, »erwünscht, erhofft«. *Contandin* könnte eine Verkleinerungsform des Rufnamens *Constant* sein, wahrscheinlich stammt der Name jedoch aus Italien, genauer aus Venetien, wo *contandin* »Bauer« (vgl. ital. *contadino*) bedeutet, eine angemessene Assoziation mit *Fernandels* Rolle als deftiger Pfarrer in den alten »Don Camillo und Peppone«-Filmen.

Ferrari *Enzo* (1898–1988), italienischer Autohersteller, der 1929 die Firma *Ferrari* gründete und dessen trefflicher Name »Eisenschmied« bedeutet, von ital. *ferraro* und *ferraio*, »Schmied«, zu lat. *ferrum*, »Eisen«. *Enzo* ist eine Koseform von *Enrico*, »Heinz«. → *Fabricius, Fafnir, Faure, Fauré, Kowalski* und *Temudschin*

Festus, »der Feierliche, der festlich Geschmückte«, nannte man mit Beinamen einen römischen Grammatiker des 2. Jahrhunderts n. Chr., den Verfasser eines Auszugs aus einem Glossar der augusteischen Zeit (Auszüge davon sind durch Paulus Diaconus erhalten). Sein vollständiger Name lautete *Sextus Pompeius Festus*.

Feuerbach war der Name einer berühmten deutschen Familie, der auf gleichlautende Orte in Baden-Württemberg oder Bayern verweist. Der Jurist und Hochschullehrer *Paul Johann Anselm Ritter von Feuerbach* (1775–1833) arbeitete ab 1805 im Bayerischen Justizdepartement in München, später in leitender Stellung an den Appellationsgerichten Bamberg und Ansbach. Er gilt als Begründer der modernen deutschen Strafrechtslehre. Ihm war 1806 in Bayern die Abschaffung der Folter zu verdanken. Sein Sohn *Ludwig Feuerbach* (1804–1872) war ein deutscher Philosoph, der sich als Anhänger Hegels mit dem Materialismus beschäftigte und einen gewissen Einfluss auf Marx und Engels hatte. In seinem religionskritischen Hauptwerk »Das Wesen des Christentums« betrachtete er Gott als vom Menschen nach seinen Wünschen und Bedürfnissen geschaffenes Wesen. Sein Bruder *Anselm Feuerbach* (1798–1851) war Archäologe und Professor in Freiburg, sein gleichnamiger Sohn (1829–1880) wurde ein berühmter klassizistischer Maler, der die Hälfte seinen Lebens in Italien verbrachte, wo ihn die Werke Tizians und Raffaels stark beeinflussten.

Fichte *Johann Gottlieb* (1762–1814), deutscher Philosoph und Professor in Jena, Erlangen und Berlin, wo er 1810 der erste gewählte Rektor der Universität wurde. Er verlangte u. a. eine »deutsche Nationalerziehung« anstelle der alten Standeserziehung, forderte ab 1807 eine allgemeine Volksbewaffnung zum Zwecke der Erhebung gegen Napoleon und wurde so zum Begründer einer Deutschtumsphilosophie. Sein Sohn *Immanuel Hermann Fichte* (1796–1879) wurde ebenfalls ein bekannter Philosoph und Hochschullehrer in Bonn und Tübingen, der stark von den Lehren Leibniz' sowie seines Vaters beeinflusst war. Der Familienname *Fichte* ist ein alter deutscher Wohnstättenname, der jemanden bezeichnete, der in der Nähe eines Fichtenbestandes wohnte (zu mhd. *viehte*, »Fichte«) oder in Beziehung zu gleich lautenden Ortsnamen in Deutschland steht.

Fielding *Henry* (1707–1754), englischer Dramatiker und Erzähler, Autor vieler Komödien und Romane. Er war adliger Herkunft, studierte zunächst Jura und kämpfte als Londoner Richter gegen die sozialen Missstände seiner Zeit, vor allem gegen das Bandenunwesen. Mit »Tom Jones, Geschichte eines Findlings«, einer Art Bildungsroman, schrieb er 1749 sein Meisterwerk. Das Schaffen des Erzählers war von großer Bedeutung für die Entwicklung des modernen realistischen Romans und der Darstellung von Charakteren mit Vorzügen, aber auch Schwächen und Fehlern. Der Name *Fielding* stammt von aengl. *felding*, »Bewohner auf dem offenem Land« (vgl. engl. *field*, »Feld«).

Figaro hieß ursprünglich die wohlbekannte französische Figur des witzigen, schwatzhaften Dieners in zwei Lustspielen von Pierre Augustin Caron de Beaumarchais (1732–1799), die sowohl Mozart als auch Rossini als Vorlage für ihre Opern *Die Hochzeit des Figaro* (1786 uraufgeführt in Wien) bzw. *Der Barbier von Sevilla* (1816 vertont) dienten. Auch die französische Tageszeitung *Le Figaro* (seit 1854) ist nach dieser Figur benannt. Der Name ist wohl hergeleitet von umgangssprachlich span. *figurón*, »launische, spleenige Person«.

Figulus, »der Töpfer«, lautete im alten Rom ein Beiname, den z. B. der Grammatiker und hoch angesehene Philosoph *Publius Nigidius Figulus* (ca. 60 v. Chr.) trug, der wegen seines Wissens allgemein gerühmt wurde, aber auch einen großen politischen Einfluss während der letzten Jahre der Republik hatte; sein Freund Cicero machte ihn 63 v. Chr. zum Senator, 59 war er Prätor; da er aktiv am Bürgerkrieg auf Seiten des Pompejus teilgenommen hatte, schickte Caesar ihn in die Verbannung; er starb 44 v. Chr. im Exil. *Figulus* gehört zu lat. *fingere*, »bilden, formen« (vgl. *Figur*). → *Nigidius*

Fillmore *Millard* (1800–1874), amerikanischer Politiker. 1848 wurde er Vizepräsident der Vereinigten Staaten, nach dem Ableben von Zachary Taylor folgte er diesem als 13. Präsident im höchsten Amt der USA (1850–52). *Fillmore* ist eine Variante des altenglischen Personennamens *Filmore*, »der sehr Bekannte«, sicherlich ein trefflicher Name für den ersten Bürger eines Staates. *Millard* ist übrigens nicht nur, wie im vorliegenden Fall, ein Vor-, sondern auch ein verbreiteter Familienname, zu aengl. *myle(n)weard*, »Pächter einer Mühle«.

Fimbria, lat. für »Franse, Troddel«, war ein römischer Beiname in der *gens Flavia*, z. B. des populären Konsuls (104 v. Chr.) *Caius Flavius Fimbria* und (wahrscheinlich) dessen Sohnes *Caius Flavius Fimbria*, eines Anhängers von Marius und Cinna, der im Krieg gegen Mithridates kämpfte und unter der kleinasiatischen Bevölkerung wütete. Als Sulla mit dem König Frieden schloss und sich auf seine Seite stellte, blieb *Fimbria* im Jahr 85 angesichts einer solchen Übermacht nur der Selbstmord. → *Flavius*

Finn mac Cool ist eine falsche englische Wiedergabe des Namens des berühmten irischen Riesen und Helden *Fionn mac Cumhaill*, des Anführers der Fenier. Sein Name wurde abgekürzt zu *Fingale*, zu irisch *fionn*, »weiß, hell«, und *gale*, »Fremder, Gallier, Kelte«. Nach ihm ist die berühmte Höhle *Fingale's Cave* auf der schottischen Insel Staffa in den Hebriden benannt, in der er gelebt haben soll. Auch der Name der Basaltsäulen, die von der nordirischen Küste ins Meer abtauchen, bezieht sich auf ihn: *Giant's Causeway*, »Damm des Riesen«. Dieser soll der Sage nach von ihm hinüber nach Schottland gebaut worden sein, um dort einen mächtigen Feind zu besiegen.

Fischer *Joseph* (*Joschka*), geb. 1948, deutscher Politiker. Er gehörte 1980 zu den Gründungsmitgliedern der Grünen und wurde 1983 erstmals in den Bundestag gewählt. 1990–94 war er als hessischer Minister der erste »grüne« Minister in Deutschland. 1998 wurde *Fischer* Außenminister der rot-grünen Koalition und 2002 in diesem Amt bestätigt. Sein Amt endete mit der Abwahl der Koalition bei den Neuwahlen zum Bundestag 2005, denen die Vertrauensfrage des Kanzlers Schröder vorausgegangen war. Der »Allerweltsname« *Fischer* (der vierthäufigste Name in Deutschland) belegt, wie wichtig der Fischfang in früheren Zeiten für die Volksernährung war.

Fitzgerald *Ella* (1917–1996), stimmgewaltige und virtuose amerikanische Jazzsängerin. Ihr Name, »Sohn des Gerald«, besteht aus afrz. *fiz*, »Sohn« (vgl. lat. *filius*), und dem Personennamen *Gerald* (dt. *Gerold*, aus dem alten Rufnamen *Gerwald*, zu ahd. *gēr*, »Speer«, und *waltan*, »walten, herrschen«).

Flaccus war ein römisches Cognomen mit der Bedeutung »der Schlaffe«, auch »das Schlappohr«, zu lat. *flaccere*, »matt sein, die Flügel hängen lassen«. Die bekanntesten Vertreter dieses Namens waren wohl der römische Dichter *Quintus Horatius Flaccus* (besser bekannt als *Horaz*) und der Konsul *Marcus Fulvius Flaccus*. → *Horatius* und *Fulvius*

Flamininus lautete ein Beiname in der patrizischen *gens Quinctius*, zu der z. B. *Titus Quinctius Flaminius* gehörte, der 197 v. Chr. Philipp V. von Makedonien besiegte; zu lat. *flamen*, »Priester eines Gottes«.

Flaminius hieß eine römischen plebejische *gens*, deren bekanntester Vertreter *Caius Flaminius* war. Er legte als Zensor 220 v. Chr. die Via Flaminia von Rom nach Ariminum an und fiel als Konsul 217 v. Chr. am Trasimener See. Der Name gehört zu lat. *flamen, flaminis*, eine Bezeichnung für einen Priester einer bestimmten Gottheit. Es gab drei *flamines maiores* aus patrizischem Geschlecht und zwölf *flamines minores* aus plebejischem Stand für niedere Gottheiten. Zudem war *Flamen* die Bezeichnung für einen göttlich verehrten Kaiser.

Flaubert *Gustave* (1821–1880), französischer Schriftsteller. Nach einigen Jugendwerken, die man noch der Romantik zuschreiben muss, fand er u. a. mit den Romanen »Madame Bovary« und »Salambô« seinen eigenen sachlichen und recht unpersönlichen Stil. Der Name *Flaubert* geht über die Variante *Flobert* auf die germanischen Rufnamen *Robert* und *Rupert* zurück (aus ahd. *Hrodeberht*, zu germ. *hroth*, »Ruhm«, und ahd. *beraht*, »glänzend«).

Flavius war der Name einer römischen, ursprünglich sabinischen *gens*, zu lat. *flavus*, »goldgelb, blond«. Zu ihren Mitgliedern gehörten z. B. jener *Gnaeus Flavius*, der gegen Ende des 4. Jahrhunderts v. Chr. den ersten römischen Kalender und eine Sammlung der römischen Prozessformen, das so genannte *ius civile Flavianum*, herausgab, des Weiteren der Konsul *Caius Flavius Fimbria*, der im Bürgerkrieg gegen Sulla 104 v. Chr. entschieden auf der Seite von Marius und Cinna stand, und Kaiser *Titus Flavius Vespasianus* (69–79 n. Chr.), den wir kurz *Vespasian* nennen, sowie sein ebenfalls *Titus Flavius Vespasianus* genannter Sohn – jener *Titus*, der 70 n. Chr. Jerusalem zerstörte und von 79 bis 81 römischer Kaiser war, und sein Bruder und Nachfolger *Titus Flavius Domitianus*, der bis 96 n. Chr. auf dem Kaiserthron saß. → *Fimbria*

Fleming, die englische Version von »Flame«, ist ein verbreiteter englischer Hausname, denn im Mittelalter kamen viele Weber und Färber aus *Flandern* nach England, um dort zu arbeiten. Einer der bekanntesten Namensträger war der britische Mikrobiologe *Sir Alexander Fleming* (1881–1955), der 1928 das Penicillin entdeckte und 1945 dafür den Nobelpreis erhielt.

Fletcher *John* (1579–1625), englischer Dramatiker, der nach Shakespeare bis zu seinem Tod das englische Theater beherrschte. *Fletcher* ist abgeleitet von frz. *flèche*, »Pfeil«, und bezeichnete wohl einen Pfeilmacher oder -händler. Der anglo-normannische Name begegnet seit dem frühen 13. Jahrhundert in den Formen *Flecher* und *Flechier* (die angelsächsische Variante wäre übrigens *Archer*).

Flora wurde bei den Römern als Göttin der Blüten und Blumen verehrt, besonders an ihrem Hauptfest, den *Floralia*, einem jährlich von Ende April bis Anfang Mai stattfindenden Frühlingsfest mit allerlei Brauchtum und Volksbelustigungen. Ihr Name ist das lateinische Wort für »Blume« (vgl. *Floristik*).

Florus, ein altrömischer Beiname – z. B. des *Publius Annius Florus*, eines lateinischen Dichters zur Zeit des Hadrian, der vielleicht identisch ist mit *Lucius Annaeus Florus*, der 120 n. Chr. einen Abriss der römischen Geschichte bis Augustus schrieb – beruht auf lat. *florus*, »rotgelb, goldgelb, blond«, zu *flos, floris*, »Blume, Blüte, Blütenstaub«.

Flynn *Errol* (1909–1959), amerikanischer Schauspieler, der in zahlreichen Hollywoodfilmen den abenteuerlichen Helden spielte (z. B. »Unter Piratenflagge«, »Robin Hood, der König der Vagabunden«, »Die Liebesabenteuer des Don Juan«). Sein irischer Name bedeutet »der Rothaarige«, er begegnet vor allem in Cork und Antrim in der Form *O Floinn*, »Sohn des Roten«.

Fock *Gorch* (1880–1916), eigentlich *Johann (Hans) Kinau*, deutscher Schriftsteller, der unter seinem Künstlernamen etliche heroische Seemannserzählungen schrieb (z. B. »Seefahrt ist not«, »Hein Godenwind« u. a.). Ihm zu Ehren wurde das Segelschulschiff der Bundesmarine auf den Namen *Gorch Fock* getauft. *Fock* kommt von seemännisch *focken*, »die Segel hissen«, sodass sein Pseudonym sich etwa übersetzen lässt mit »Georg, hiss die Segel!«. Ihn selbst ereilte das Seemannslos: Er ging in der Schlacht am Skagerrak mit dem Kreuzer »Wiesbaden« unter.

Fokker *Anthony* (1890–1939), niederländischer Flugzeugkonstrukteur. In Deutschland produzierte er während des Ersten Weltkriegs in einem 1913 gegründeten leistungsstarken Werk wendige einsitzige Jagdflugzeuge. 1918 verlegte er seine Produktionsstätte nach Holland, zunächst nach Veere in Zeeland, später nach Amsterdam. Sein Name hätte eigentlich einen anderen, für Holland typischeren Broterwerb nahe gelegt, denn ndl. *fokken* bedeutet »züchten, aufziehen«.

Fontane *Theodor* (1819–1898), deutscher Schriftsteller und Balladendichter. Zuvor war er Apotheker, Journalist, Auslandskorrespondent und Kriegsberichterstatter gewesen. Seine großen erzählerischen Werke schuf er eigentlich erst im Alter (z. B. »Vor dem Sturm«, »Irrungen, Wirrungen«, »Frau Jenny Treibel« und »Der Stechlin«). Beide Großväter *Fontanes* waren Hugenotten gewesen, die vor der Verfolgung in Frankreich nach Brandenburg geflohen waren. Ihren französischen Namen *Fontaine* (»Springbrunnen«, zu lat. *fons, fontis*, »Quelle«) hatten sie zu *Fontane* eingedeutscht (vgl. *Fontäne*).

Ford *Gerald* (geb. 1913), amerikanischer Politiker, 38. Präsident der USA (1974–1977). Er war der Nachfolger Richard Nixons und wurde selbst von Jimmy Carter abgelöst. Mit richtigem Namen hieß er *Leslie Lynch King Jr.*, zu engl. *king*, »König«. *Leslie* ist eine Koseform von lat. *laeticia*, »Freude«, während *Lynch* auf aengl. *hlinc*, »Hügel«, oder ir. *loingseach*, »Seemann«, zurückgeht. Sein heutiger Name ist das englische Wort für »Furt«. Den gleichen Namen trug *Henry Ford*, der 1903 die *Ford* Motor Company gründete und mit der Serienproduktion von Automobilen begann. Seinen ersten Kraftwagen hatte er bereits 1892 gebaut.

Formosus hieß ein Papst (891–896), als dessen großes Verdienst die Missionierung der Bulgaren gilt. Man hat ihm allerdings übel genommen, dass er im Gerangel um den Herrschaftsanspruch in Italien Partei ergriff und gegen Herzog Guido II. von Spoleto dessen Konkurrenten König Arnulf von Kärnten zu Hilfe rief. Als dieser Rom erstürmte und sich von *Formosus* gar zum Kaiser krönen ließ, waren die Bewohner Spoletos außer sich, konnten sich aber nicht mehr an Papst *Formosus* rächen, da dieser nur sechs Wochen nach der Kaiserkrönung starb. Als Formosus' Nachfolger Bonifatius VI. nach nur 14-tägigem Pontifikat starb, schwenkte der neue Papst, Stephan VI., um auf die Seite Spoletos, ließ die Leiche des *Formosus* exhumieren und machte ihr einen makabren Schauprozess mit dem Vorwurf, *Formosus* habe seinen Bischofssitz in Porto zu Gunsten des Heiligen Stuhls aufgegeben (zu dieser Zeit konnte nur der Bischof von Rom Papst werden), obschon der gebürtige Römer geschworen hatte, nie wieder nach Rom zurückzukehren. Auf dieser so genannten »Leichensynode« wurden dem Angeklagten die drei Schwurfinger abgehackt und die Leiche verscharrt oder in den Tiber geworfen. Sie soll jedoch geborgen und im Petersdom bestattet worden sein. Der Name *Formosus* bedeutet »der Schöne«, »der Wohlgestaltete«, was im vorliegenden Fall wie blanker Hohn klingt. → *Sergius*

Forster *Edward Morgan* (meist *E. M.* abgekürzt), 1879–1970, englischer Erzähler und Kritiker. Seine liberale Einstellung, sein Kampf gegen jede Heuchelei und seine Sprachkunst machten ihn zu einem der bedeutendsten Romanschriftsteller des 20. Jahrhunderts. Sein Name, der auf den ersten Blick von engl. *forester*, »Förster«, zu kommen scheint, ist anglo-normannischer Herkunft und bedeutet etwa »Besteckmacher«, zu afrz. *forcetier*, »Scheren-, Messerhersteller«.

Foucault *Jean Bernard Léon* (1819–1868), ein französischer Physiker, lieferte 1850 mit seinem berühmten Pendelversuch im Pariser Panthéon den Nachweis, dass die Erde sich um ihre eigene Achse dreht. Außerdem wies er mit Hilf eines rotierenden Spiegels nach, dass Lichtwellen sich in Wasser langsamer fortpflanzen als in Luft. Der Name *Foucault*, der in Westfrankreich auch in den Formen *Foucauld*, *Foucaut* und *Foucaux* begegnet, ist überraschenderweise germanischer Herkunft. Er entspricht unserem *Volkwald*, zu ahd. *folc*, »Volk, Kriegsschar«, und *waltan*, »herrschen« (vgl. *walten* und *Gewalt*). → *La Rochefoucauld*

Fouché *Joseph* (1759–1820), französischer Staatsmann, Gegner Robespierres. Während der Revolution gehörte er zu den Führern der Schreckensherrschaft und 1793 leitete er das Blutgericht in Lyon, das mehr als 1600 Todesurteile verhängte. Ab 1812 organisierte er als Polizeiminister den französischen Geheimdienst und baute ein feinmaschiges Spitzelsystem auf. 1810 fiel er jedoch in Ungnade, da man ihm Geheimverbindungen mit Großbritannien vorwarf. Nach Napoleons Sturz schloss er sich zwar insgeheim den Bourbonen an und wurde bei Napoleons Rückkehr für kurze Zeit noch einmal Polizeiminister. Als er 1815 durch das Dekret gegen die Königsmörder verbannt wurde, zog er sich nach Triest zurück und schrieb dort seine Memoiren. *Fouché* und *Foucher* sind Varianten der besonders in Westfrankreich verbreiteten Namen *Foulquier*, *Foulquié* oder *Fouquier*; sie entsprechen dem alten deutschen Personennamen *Volker* (zu ahd. *folc*, »Volk«, und *heri*, »Heer«).

Fouquet *Jean* (ca. 1420–1480), französischer Maler, in dessen exakten Buchmalereien und Bildnissen sich bereits die Renaissance ankündigte. Sein Name, auch *Foucquet* geschrieben, geht zurück auf den alten germanischen Rufnamen *Folko*, zu ahd. *folc*, »Volk, Kriegsschar«.

Fourier *Charles* (1772–1837), französischer Sozialphilosoph. In seinem System des utopischen Sozialismus beschrieb er eine Vereinigung kleiner, auf Glück und Frieden bedachter Gemeinschaften. Seine Ideen hatten einen großen Einfluss auf das Genossenschaftswesen. *Fourier* ist eine Variante von *Fourrier* und bezeichnete früher einen »Tierfütterer, Viehmäster« (vgl. den früher im Militär *Furier* genannten Unteroffizier für das Unterkunfts- und Verpflegungswesen). Der Name könnte aber auch auf einen Ort verweisen, wo Futterpflanzen angebaut wurden.

Fox *George* (1624–1691), schwärmerischer englischer Prediger, Gründer der Quäker. Als Wunderheiler und Wanderprediger sammelte er seit 1648 Mitglieder für seine Gemeinschaft der »Kinder des Lichts«, vor allem unter den Nachfahren der Wiedertäufer. Der Name *Fox* (zu engl. *fox*, »Fuchs«) war zunächst wohl ein Spitzname für einen listigen Menschen.

Fra Angelico *Guido di Pietro da Mugello* (also aus *Mugello*, in der Provinz Florenz), ca. 1387–1455, war zu seiner Zeit ein gefragter italienischer Maler. Als er 1407 ins Kloster eintrat, nahm er den Namen *Fra* (»Bruder«) *Giovanni* (»Johannes«) an und schmückte schon bald die Wände seines Klosters mit Fresken. Jahre später malte er u. a. für Cosimo de Medici die Kirche und das Kloster von San Marco in Florenz aus. Seinen Zeitgenossen war er als ein besonders sanfter und guter Mensch bekannt, daher gaben sie ihm schon zu Lebzeiten den italienischen Beinamen *Beato Angelico*, etwa »Glückseliger und Engelsgleicher«, oder *Fra Angelico*, »Bruder Engelhaft«.

Fragonard *Jean Honoré* (1732–1806), französischer Maler und Radierer, der neben Historienbildern galante Szenerien, aber auch wundervolle Landschaften und Porträts schuf, die bereits den Zauber impressionistischer Lichtwirkung ahnen ließen. Der in der Provence verbreitete Name basiert auf frz. *fragon* und *fourgon*, »Stechpalme, Ilex«.

France *Anatole* (1844–1924), ein französischer Schriftsteller, hieß eigentlich *Jacques François Anatole Thibault*. Wenn auch sein Geburtsname zurückgeht auf den verbreiteten und wohl klingenden Rufnamen *Thibauld* (von dt. *Theobald*, eigentlich *Dietbald*, aus ahd. *diot*, »Volk«, und *bald*, »kühn«), erinnerte er ihn wahrscheinlich doch zu sehr an frz. *thibaude*, »die Teppichunterlage«. Als Künstlernamen wählte er einen seiner Vornamen; allerdings stellte er *François*, »Franz«, auf eine höhere Ebene und nannte sich fortan *France*, »Frankreich«. Nur seinem Vornamen *Anatole* hielt er die Treue, vielleicht, weil ihm dessen Bedeutung »Sonnenaufgang«, von grch. *anatolé (ἀνατολή)*, »Osten, Aufgang«, als gutes Omen erschien (vgl. *Anatolien*).

Franco *Francisco* (1892–1975) hieß eigentlich *Francisco Bahamonde*. Bevor er in die Politik ging, hatte der spanische General eine wechselvolle militärische Karriere hinter sich: 1912 kämpfte er gegen die Rifkabylen in Marokko und 1923 wurde er Kommandeur der spanischen Fremdenlegion. Da er den sozialistisch-syndikalischen Aufstand von 1934 in Asturien niedergeschlagen hatte, verbannte ihn die Volksfrontregierung 1936 nach den Kanarischen Inseln, wo er eine Revolte vorbereitete, die noch im gleichen Jahr zum spanischen Bürgerkrieg führte und ihm die Ämter des Staatschefs und des Generalissimus bescherte. Den Krieg gewann er 1939 mit deutscher und italienischer Hilfe. Obschon er als *Caudillo*, d. h. als »Führer«, und als Chef der Falange-Partei diktatorisch regierte, war nach dem Zweiten Weltkrieg, aus dem Franco sich heraushielt, ein königlicher Nachfolger für ihn vorgesehen. 1969 bestieg tatsächlich sein Schützling, der Bourbonenprinz Juan Carlos, den spanischen Königsthron. *Franco*, die Abkürzung seines wirklichen Vornamens *Francisco*, bedeutet natürlich »der Franke«. Sein Geburtsname hat ebenfalls einen germanischen Ursprung, denn *Bahamonde* leitet sich her von dem alten Personennamen *Badamund*, aus ahd. *batu*, »Kampf«, und *munt*, »Schutz« – zwei widersprüchliche Begriffe, von denen zumindest der erste dem faschistischen Recken gut anstand.

François-Poncet *André* (1887–1978), französischer Politiker und Diplomat. Während des Dritten Reichs war er Botschafter Frankreichs in Berlin (1931–1938), danach bis 1940 Botschafter in Rom. Als Frankreich von Hitlerdeutschland besetzt war, wurde *François-Poncet* deportiert und interniert. Nach dem Ende des Zweiten Weltkriegs weilte er wieder in Deutschland, und zwar als französischer Hochkommissar (1949–1953) und als Botschafter in Bonn (1953–1955). Sein Sohn *Jean François-Poncet* trat übrigens in die Fußstapfen des Vaters. Er war französischer Außenminister von 1978 bis 1981. Beide Teile des Doppelnamens gehen auf Rufnamen zurück. *François* bedeutet natürlich *Franz* (von *Franziskus*, »der Franke«), während *Poncet* eine Verkleinerungsform des im Mittelalter in Südfrankreich gebräuchlichen Taufnamens *Pons* darstellt, vom römischen Gentilnamen *Pontius* (wohl zu lat. *pons*, *pontis*, »die Brücke«, »der Knüppeldamm«).[9]

---

[9] Der im südfranzösischen Languedoc verehrte heilige *Pons* erlitt im 3. Jahrhundert auf einem Hügel bei Nizza den Märtyrertod, seine Gebeine wurden später nach Béziers in die Kathedrale *St. Pons* überführt.

Frank *Anne* (1929–1945), junge deutsche Jüdin, die 1933 mit ihrer Familie in die Niederlande emigrierte und in Amsterdam untertauchte, wo sie von 1942 bis 1944 in ihrem Hinterhausversteck das ebenso berühmte wie erschütternde »Tagebuch der Anne Frank« schrieb. Alle Bemühungen, dem Naziterror zu entgehen, waren vergeblich: Sie starb wenige Wochen vor Kriegsende im Konzentrationslager Bergen-Belsen. Einen größeren Gegensatz zwischen ihrem Schicksal und ihrem Namen könnte es kaum geben, denn dieser bedeutet ja »die Freie«, zu mhd. *franc*, »frei« – das Gefühl der Freiheit indes durfte sie in ihrem kurzen Leben nicht kennen lernen.

Franklin *Benjamin* (1706–1790), amerikanischer Staatsmann und Schriftsteller. Der vielseitig Begabte begann seine Karriere als Buchdrucker und gab ab 1730 eine Zeitung und einen Almanach heraus. 1752 machte er als Physiker von sich reden, indem er den Blitzableiter erfand und eine Theorie der Elektrizität aufstellte. Von 1751 bis 1762 war er Mitglied der pennsylvanischen Selbstverwaltungsversammlung und vertrat die Kolonie gegen die Eigentümerfamilie Penn. In dem sich abzeichnenden Streit mit dem englischen Mutterland versuchte er zunächst zu vermitteln, forderte ab 1775 jedoch die Unabhängigkeit der amerikanischen Kolonien, wurde Mitglied des Kontinentalkongresses und gehörte 1776 zu den Unterzeichnern der Unabhängigkeitserklärung sowie 1787 auch der amerikanischen Verfassung. Der Name *Franklin* beruht auf mengl. *frankeleyn*, »freier Mann«, »frei geborener Landbesitzer«. → *Penn*

Franziskus ist die deutsche Form des lateinischen Namens *Franciscus*, »der Franke«. Der berühmte *Franz von Assisi* (ca. 1181–1226) hieß allerdings zunächst Giovanni, erhielt dann jedoch den Spitznamen *Francisco*, da sein Vater gute Handelsbeziehungen zu Frankreich unterhielt; schließlich übernahm der spätere Heilige den Namen. *Assisi* (im Altertum *Asisium*) war seine Geburts- und Wirkungsstätte. → *Franco*

Freisler *Roland* (1893–1945), nationalsozialistischer Politiker und Jurist mit einer beachtlichen »Karriere«: 1920 war er bolschewistischer Kommissar in der Ukraine, trat 1925 in die NSDAP ein, wurde 1933 Staatssekretär im preußischen Justizministerium und landete 1934 im Reichsjustizministerium. Er war einer der radikalsten Vertreter nationalsozialistischer Strafrechtsprinzipien und wurde als Präsident des »Volksgerichtshofs« zum Inbegriff des Justizterrors, besonders in der

Verfolgung der Widerstandsbewegung nach dem 20. Juli 1944. Der Name dieses notorischen Schreihalses leitet sich her – wen könnte es überraschen? – von mhd. *vreiser*, »Wüterich« und »Tyrann«.

Freyja, die Schwester des *Freyr*, war in der nordischen Mythologie die Göttin der Liebe, Fruchtbarkeit und Schönheit. Ihr Name stammt von isl. *freyja*, »Herrin, Herrscherin«. → *Frigg* und *Frija*

Freyr hieß in der altnordischen Sage der Vegetations- und Erntegott, mit dem man die Sehnsucht nach der alten Friedenszeit, nach dem glücklichen Zeitalter verknüpfte. So kann es nicht verwundern, dass sein Name auf dem altnordischen Adjektiv *frawa*, »froh, heiter, sanft«, beruht. *Freyr* dürfte identisch mit dem früheren Tiuz sein.

Friederich, Friedrich bedeutet »der Friedensreiche«, der »Friedensfürst«, von got. *Frithareiks*, ahd. *Fridurich*, zu ahd. *fridu*, »Friede«, und *rihhi*, »Herrschaft«, »mächtig, reich«: *Friedrich I.* (etwa 1125–1190), von den Italienern »Barbarossa« genannt, war ab 1152 deutscher König und wurde 1155 in Rom zum Kaiser gekrönt. Er ertrank während des dritten Kreuzzugs im Fluss Saleph. Sein Enkel *Friedrich II.* (1194–1250), der Sohn Heinrichs VI. (der ihn schon als Zweijährigen zum deutschen König bestimmte), wurde 1220 in Aachen endgültig zum König und im gleichen Jahr in Rom zum Kaiser gekrönt. Bei diesem Anlass hatte er einen Kreuzzug ins Heilige Land gelobt. Als er sein Versprechen eingelöst hatte, krönte er sich 1229 selbst zum König von Jerusalem. Vom Papst als Antichrist und Ketzer verdammt, ließ er sich – getreu seinem Namen – als gottesfürchtiger Friedensfürst und Heilsbringer verherrlichen. Schon bald nach seinem Tod begann man zu munkeln, er sei gar nicht gestorben, sondern werde einst wiederkehren, um sein gutes Werk zu vollenden. Diese Sage wurde im frühen 16. Jahrhundert auf seinen Großvater Friedrich Barbarossa übertragen, der seitdem im Kyffhäuser auf seine Wiederkunft wartet. Einen weiteren berühmten *Friedrich* kennen wir besser unter dem Namen *Alter Fritz* (1712–1786), der als *Friedrich II. d. Gr.* seit 1740 preußischer König war und unter dem Preußen eine europäische Großmacht wurde. Außerdem wählten ungezählte weitere Fürsten in deutschen Landen, aber auch in den Niederlanden sowie in Dänemark und Schweden, den Namen *Friedrich*, dessen Anspruch sich aber nur wenige verpflichtet fühlten.

Frigg, Frija, die Gemahlin Odins und Mutter Baldurs, hieß als germanische Liebesgöttin im Altnordischen *Frigg*, während sie von den Südgermanen unter dem Namen *Frija*, »Gattin« und »Geliebte«, verehrt wurde (von ahd. *frijo*, »geliebt«, zu aind. *priyā*, »Geliebte, Ehefrau«; vgl. *Freier*). Da die Germanen *Frija* mit der römischen Venus gleichsetzten, wandelten sie die römische Wochentagsbezeichnung *dies Veneris*, »Tag der Venus«, folgerichtig um in *friatac*, also »Frijas Tag«. Der *Freitag* war übrigens schon bei den alten Griechen der Liebesgöttin geweiht; daher nannten sie ihn *Aphrodítes heméra* ('Αφροδίτης ἡμέρα), »Tag der Aphrodite«.

Fröbe Gert (1913–1988) hieß eigentlich *Karl-Gerhart Fröber*. Der Schauspieler brillierte in vielen deutschen und ausländischen Filmen als Charakterdarsteller (z. B. in »Die Helden sind müde«). *Fröbe* ist nur leicht variiert aus Ortsnamen wie *Fröbel* und *Fröbeln* oder aus dem alten deutschen Rufnamen *Frodewin*, oder aus poln. *wróbel*, »Sperling«, hervorgegangen.

Froboes *Cornelia* (geb. 1943), deutsche Schlagersängerin und Schauspielerin. Ihr Familienname ist nicht auf den ersten Blick zu durchschauen, denn er kommt von mnd. *vor*, »früh«, und *bos*, »schlecht, böse« – also eine Bezeichnung für einen früh verdorbenen Menschen.

Frontinus hieß ein römischer Feldherr in Britannien und Germanien, der 97 n. Chr. Direktor der römischen Wasserversorgung wurde und ein Werk über Wasserleitungen sowie ein weiteres über die Feldvermessung verfasste. Sein vollständiger Name war *Sextus Iulius Frontinus*, zu lat. *frons, frontis*, »Stirn, Vorderseite, Gesichtsausdruck«, auch »Scham« (vgl. *Front* und *frontal*). Einen ähnlichen Namen trug übrigens der Konsul und Erzieher des späteren Kaisers Marc Aurel, *Marcus Cornelius Fronto*, zu lat. *fronto*, »der Breitstirnige«.

Frugi, »der Besonnene«, »der Solide« (zu lat. *frugi*, »sparsam, wirtschaftlich«, und *frux*, »Ertrag, Nutzen«), war der römische Beiname z. B. des *Caius Calpurnius Frugi*, des Schwiegersohns Ciceros. → *Calpurinius*

Fry *Christopher* (1907–2005), britischer Dramatiker. Der ehemalige Lehrer wandte sich erst 1932 dem Theater zu. Zu seinen Werken, die er in Versform im Stil Shakespeares schrieb und die sich nach dem Zweiten Weltkrieg mit Problemen der menschlichen Existenz befassten, zählt ein Zyklus zu den vier Jahreszeiten. Außerdem stammen Drehbücher zu den Filmen »Ben Hur« und »Die Bibel« aus seiner Feder. Sein Name, der im 12. Jahrhundert *Frie*, im 13. Jahrhundert *Frye* geschrieben wurde, basiert auf aengl. *frig*, »frei« (vgl. engl. *free*).

Fuad (auch: *Fouad*) ist ein arabischer Name mit der Bedeutung »der Beherzte«, zu arab. *fu'âd*, »Herz«. *Fuad I.* (1868–1936) war König Ägyptens. Zunächst wurde er als Nachfolger seines Bruders Husain Kamil der Sultan von Ägypten, nach der nominellen Unabhängigkeit von Großbritannien im Jahr 1922 nahm er jedoch den Königstitel an; sein Sohn Faruk folgte ihm auf dem Thron. *Mehmet Fuad Pascha* (1814–1869), ein türkischer Staatsmann, war seit 1852 Außenminister seines Landes und von 1861 bis 1866 Großwesir.

Fuentes *Carlos* (geb. 1928) hieß ein von James Joyce beeinflusster mexikanischer Schriftsteller. *Fuentes*, ein häufiger spanischer Orts- und Familienname, bedeutet »die Quellen«.

Fufius lautete der Name einer römischen plebejischen *gens*, aus der z. B. der Volkstribun (61 v. Chr.) *Quintus Fufius Calenus* hervorging. Der Name könnte von der lateinischen Interjektion *fufae*, »Pfui«, herrühren, was zu allerhand Vermutungen bezüglich des ersten Namensträgers Anlass gäbe.

Fugger war der Familienname eines vornehmen Augsburger Handelsgeschlechts, das berühmt wurde durch den Kaufmann *Jakob II. Fugger* (1459–1525), genannt »der Reiche«, dessen Vorfahren, schwäbische Webermeister, eigentlich *Fukker* hießen, zu spätmhd. *fuker*, »Schere zum Schafescheren«. Der Name könnte aber auch über wallon. *fuker*, »reicher Mann«, aus gleichbedeutend span. *fúcar* oder port. *fúcaro* hergeleitet sein, eine Auslegung, die sowohl durch *Fuggers* Beinamen als auch das gewaltige Vermögen gerechtfertigt erscheint, das er vor allem durch seine Kupferbergwerke in Spanien, Tirol, Kärnten und Ungarn, aber auch durch seine Beteiligung am ostindischen Gewürzhandel erwarb.

Fulvius wurde eine römische plebejische *gens* aus Tusculum genannt. Eines ihrer Mitglieder, der Kunstliebhaber *Marcus Fulvius Nobilior*, besiegte als Konsul 189 v. Chr. den Ätolischen Bund. Auch der Konsul (125 v. Chr.) *Marcus Fulvius Flaccus*, ein Anhänger der Gracchen, sowie *Marcus Fulvius Bombalio*, der Vater der *Fulvia*, einer Todfeindin Ciceros, gehörten zu diesem Geschlecht. *Fulvius* bedeutet »der Rötliche«, zu lat. *fulvus*, »rotgelb«, »bräunlich«.

Funès *Louis de* (1914–1983), französischer Filmschauspieler, bekannt durch Filme wie »Der Ferienschreck«, »Der Trockenschwimmer«, »Der Schrecken von Saint-Tropez« und »Brust oder Keule«. Der aus dem Spanischen stammende Herkunftsname des munteren Mimen lautet vollständig *de Funes de Galarza* und verweist auf den nordspanischen Ort *Funes* in Navarra (vielleicht zu span. *funesto*, »unheilvoll, verhängnisvoll«), der letzte Teil auf einen nicht weit entfernt liegenden Ort in Guipúzcoa, der kleinsten baskischen Provinz mit San Sebastián als Hauptstadt (der baskische Name *Galarza* ist indes eine Variante der spanischen Bezeichnung *Gallego* für einen *Galicier*).

Furiae hießen im alten Rom die antiken Rachegöttinnen, zu lat. *furere*, »rasen, wüten« (vgl. *Furie*). → *Erinnyen*

Furius war der Name eines römischen patrizischen Geschlechts, aus dem z. B. *Marcus Furius Camillus* hervorging, der 390 v. Chr. die Gallier besiegte und 396 Veii sowie 394 Falerii eroberte; zu lat. *furor*, »Wut, Raserei, Wahnsinn«.

Fürst, ein Titel für einen Angehörigen des Hochadels, entwickelte sich vor allem im Mittelalter als ehrfurchtsvolle Anrede der Kurfürsten, Herzöge, Pfalz- und Markgrafen. Der *Fürst* war ursprünglich ein »Führer« von Völkern, zu ahd. *furist*, »zuerst, voranstehend« (vgl. engl. *first*).

Furtwängler *Wilhelm* (1886–1954), berühmter deutscher Dirigent und Komponist. Seit 1922 leitete er, mit Unterbrechungen, die Konzerte der Berliner Philharmoniker, des Leipziger Gewandhauses und der Wiener Philharmoniker. 1931 übernahm er die musikalische Leitung der Bayreuther Festspiele und dirigierte ab 1937 bei den Salzburger Festspielen. Darüber hinaus war er als Gastdirigent im In- und Ausland ein gefragter Interpret vor allem der Werke von Wagner, Beethoven, Schumann, Brahms und Bruckner. *Furtwängler* ist ein Herkunftsname, der auf *Furtwangen* im südöstlichen Schwarzwald, an einer Furt im oberen Bregtal gelegen, verweist (zu ahd. *furt*, »Furt, Flussübergang«, und *wang*, »Wiese«, »Abhang«).

Fust *Johann* (ca. 1400–1466), Mainzer Buchdrucker. Der Geldgeber und Teilhaber Johann Gutenbergs verklagte diesen 1455 auf Rückzahlung seiner Darlehen und konnte sich daraufhin eine eigene Druckerwerkstatt leisten, die eine der bedeutendsten der frühen Druckzeit werden sollte. 1457 veröffentlichte er das »Psalterium Moguntinum«, das erste im Dreifarbendruck und mit voller Angabe des Herstellers erschienene Buch. *Fust*, zu mhd. *vust*, »Faust«, nannte man ursprünglich jemanden, dessen *Faust* gefürchtet war, der seine Ziele also notfalls mit Gewalt zu erreichen pflegte.

Gäa, auch: *Gaia* und *Gê* [grch. Γαῖα oder Γῆ], nannten die alten Griechen die Erdmutter, die (mit ihrem männlichen Gegenstück, dem Himmel, der den befruchtenden Regen bringt) alle Lebewesen hervorbrachte und nährte. Auf der anderen Seite gebar sie mit der ungeheuren Zeugungskraft ihrer dunklen Tiefen gewaltige Riesen (z. B. den Tityos) und Ungeheuer, wie den Drachen Python in Delphi und den Typhaon sowie die schrecklichen Erinnyen, die Giganten und mordende Nymphen. Mit Pontos brachte sie außerdem den Nereus hervor. Ihr Name entspricht dem griechischen Wort *gê* (γῆ) für »Erde, Erdreich, Acker«.

Gaarder *Jostein* (geb. 1952), norwegischer Schriftsteller, der mit »Sofies Welt«, einem Roman über die Geschichte der Philosophie, bekannt wurde. Sein Familienname verweist auf eine bäuerliche Herkunft, denn norw. *gård* bedeutet »Bauernhof, Gehöft«.

Gabin *Jean* (1904–1976), ein französischer Charakterschauspieler, hieß eigentlich *Jean Alexis Moncorgé*. Das Pseudonym, unter dem bereits sein Vater in kleinen Opernrollen aufgetreten war, bezieht sich entweder auf prov. *gabi*, »Möwe«, oder auf den alten Taufnamen *Gabinius*, der auf einen römischen Heiligen des 3. Jahrhunderts zurückgeht. Nach einer Maurerlehre und diversen Handwerkstätigkeiten machte *Jean Gabin* ab 1924 seine ersten Schritte im Showgeschäft: Er trat als Statist, später als Sänger und Tänzer in der Revue der »Folies Bergéres« in Paris auf und erlangte durch seine Imitationen Maurice Chevaliers Berühmtheit. 1930 begann seine Filmkarriere (»Nachtasyl«, »Bestie Mensch«, »Wenn es Nacht wird in Paris«). Unvergessen ist auch seine Rolle als Kommissar Maigret in den Verfilmungen des belgischen Kriminalschriftstellers Georges Simenon. Sein Geburtsname *Moncorgé* (wohl aus der häufig anzutreffenden Variante *Montcourge*) hat mit ziemlicher Sicherheit nichts mit französisch *courge*, »Kürbis«, zu tun – als der recht seltene Name in der Gegend um Lyon auftauchte, kannte man den Kürbis hier noch gar nicht! Wer möchte außerdem schon gerne »Kürbishaufen« heißen? –, eventuell jedoch mit *mont*, »Berg«. Ob der zweite Wortteil mit afrz. *corge*, »Stock, Stab«, in Verbindung steht, bleibt ungewiss.

Gabinius war der Name einer römischen plebejischen *gens*, der z. B. der Volkstribun (67 v. Chr.) *Aulus Gabinius* angehörte. Er verfasste die *lex Gabinia*, mit der dem Pompejus der Oberbefehl gegen die Seeräuber übertragen wurde. Der Geschlechtername *Gabinus* bedeutet »Einwohner von Gabii« (einer alten, schon früh verfallenen Stadt östlich von Rom).

Gable *Clark* (1901–1960), amerikanischer Filmschauspieler. Der Darsteller von Draufgängertypen spielte in Filmen wie »Meuterei auf der Bounty«, »Vom Winde verweht«, »Colorado« und »Nicht gesellschaftsfähig«. Sein Familienname scheint französischer Herkunft zu sein und könnte einen »Profitmacher« oder »Ausbeuter« bezeichnet haben, zu afrz. *gablier*, »Steuereintreiber«, oder *gableor*, »Wucherer«. Denkbar wäre auch eine Herleitung von afrz. *gable* im Sinn von »Giebel, Hausgiebel«.

Gábor *Zsazsa* (*Sári*), geb. 1917, amerikanische Schauspielerin ungarischer Herkunft. Berühmt ist sie allerdings mehr wegen ihrer acht Ehen, u. a. mit dem Hotelketten-Milliardär Conrad Hilton und mit Prinz Frederik von Westfalen, Anhalt und Sachsen. Der Name *Gábor* beruht auf einer ungarischen Kurzform des Rufnamens *Gabriel*, zu hebr. *gabri'el*, »Starker Gottes«. *Zsazsa* ist eine jüdische Koseform von *Sarah*, zu hebr. *sara*, »Fürstin, Herrin« (auch von *Susanne* und *Elisabeth*).

Gabriel hieß der Engel der Verkündigung, der dem Zacharias die bevorstehende Geburt Johannes' des Täufers ankündigte und das erste

Ave-Maria sprach (Lukas 1, 26). Er wird meist in priesterlichem Gewand mit Lilie dargestellt. Nach muslimischem Glauben hat er dem Mohammed in 23 Jahren den Koran offenbart, und zwar im Monat Ramadan, weswegen dieser Monat den Muslimen so heilig ist. In der jüdischen Apokalyptik gilt *Gabriel* als Straf- und Todesengel, aber auch Engel des Paradieses (zu hebr. *gabri'el*, »meine Stärke ist Gott«, auch »Held Gottes«).

Gabrieli *Andrea Gabrieli* (um 1510–1586), italienischer Komponist und Organist an der Markuskirche in Venedig. Sein Neffe und Schüler *Giovanni Gabrieli* (1557–1612) war ebenfalls Komponist und übernahm nach dem Tod seines Onkels dessen Organistenstelle. Mit seinen vielstimmigen Konzerten und Sonaten legte er den Grundstein für eine selbstständige Instrumentalmusik. Einer seiner bedeutendsten Schüler war übrigens Heinrich Schütz. Der hebräische Name *Gabriel* bedeutet entweder »meine Stärke ist Gott« oder »Mann Gottes«.

Gad, im Hebräischen »Glück«, war im Alten Testament der Sohn Jakobs, den dieser mit Zustimmung seiner angeblich unfruchtbaren Gattin Lea mit deren Leibmagd Silpa zeugte. Angesichts des Neugeborenen sprach Lea (Genesis 30, 11): »›O welch ein Glück!‹ Sie nannte seinen Namen *Gad*, ›Glück‹«. → *Aser* und *Naphtali*

Gadamer *Hans Georg* (1900–2002), deutscher Philosoph. Seine Hauptwerke sind »Platos dialektische Ethik«, »Goethe und die Philosophie«, »Über die Ursprünglichkeit der Philosophie« und »Wahrheit und Methode«. Der Name *Gadamer* ist entstanden aus mhd. *gademer*, »Zimmermann«, zu mhd. *gadem* und *gaden*, »Holzbude, Kramladen«.

Gaddafi *Muhamar Al* (geb. 1942), libyscher Offizier und Politiker, der 1969 König Idris stürzte und die Monarchie in seinem Land beendete. Seit 1979 ist er unter wechselnden Bezeichnungen Staatschef und Revolutionsführer Libyens. Sein Name geht zurück auf arab. *qadhafa*, »werfen, schleudern, steinigen«. Sein Vorname *Muhamar* bedeutet »der Patriarch«, »der mit vielen Nachkommen Gesegnete«.

Gagarin *Jurij Alexejewitsch* [russ. Юрий Алексеевич Гагарин], 1934–1968, sowjetischer Flieger und Kosmonaut. Er war 1961 der erste Mensch, der einen Weltraumflug unternahm und an Bord der Raumkapsel Wostok I (russisch für »Osten«) in einem spektakulären, nur 108-minütigen Flug einmal die Erde umkreiste – ein wichtiger Prestigeerfolg der UdSSR im Kalten Krieg. *Gagarin* starb mit nur 34 Jahren bei einem Luftwaffentestflug. Seinem Namen zufolge hätte der Fliegeroffizier sich eigentlich im Wasser heimisch fühlen müssen, denn *Gagarin* bedeutet etwa »Taucher«, zu *gága (гага)*, »Eiderente, Tauchente«.

Gaia → *Gäa*

Gainsborough *Thomas* (1727–1788), englischer Maler, der anfangs von Porträtaufträgen vornehmer Badegäste in Bath lebte. 1774 siedelte er nach London über und wurde ein begehrter Bildnismaler des Adels. Seine Landschaftsmalerei war beeinflusst von Ruisdael und Rubens. *Gainsborough* ist der Name einer Stadt nordwestlich von Lincoln, der »Gegns Burg« bedeutet, wobei *Gegn* die Kurzform eines alten Personennamens wie *Gænbeald* oder *Geanburh* ist, wohl zu aengl. *gaine*, »List, Trick«, und *beald*, »kühn«, bzw. *burh*, »Burg, Festung«.

Gaius (auch: *Kajus*) war der Name eines aus Dalmatien stammenden Papstes (283–296), dem es vor der Christenverfolgung durch Kaiser Diokletian gelang, die Ordnung der römischen Kirche zu verbessern. Übrigens hieß Diokletian mit Vornamen ebenfalls *Gaius* oder, in alter Schreibung, *Caius*. Die Namensbedeutung dürfte »Häher« sein (vgl. noch heute gleichbedeutend port. *gaio*), vielleicht zu lat. *caiare*, »schlagen, hauen«. → *Caius*

Galahad hieß ein Ritter der berühmten Tafelrunde. Der Name kommt möglicherweise von wal. *gwalch*, »Habicht«. → *Gavin*

Galatea [grch. Γαλάτεια] bedeutet im Griechischen »die Milchweiße«. So nannte Pygmalion, der König von Kypros, ein Abbild der Aphrodite, das er selbst in Elfenbein geschnitten hatte, da er sich in die Göttin verliebt hatte, diese selbst für ihn aber unerreichbar war. Aphrodite hatte Mitleid mit Pygmalion, schlüpfte in die Statue und erweckte sie so zum Leben. *Galatea* gebar ihm zwei Kinder. (Später gründete sein Enkel Paphos die gleichnamige Stadt auf Zypern.) Der Name *Galatea* beruht auf grch. *gála, galaktos (γάλα, γάλακτος)*, »Milch«, und bezieht sich auf das milchweiße Elfenbeinbild (vgl. *Galaxie*, »Milchstraße«). → *Pygmalion*

Galba war ein Beiname in der *gens Sulpicia*, z. B. des *Servius Sulpicius Galba* (3 v. Chr.), der nach der Ermordung Neros von 68 bis 69 n. Chr. römischer Kaiser war und dann selbst ermordet wurde; zu kelt.-lat. *galba*, »Schmerbauch«.

Galen *Clemens August Graf von* (1878–1946), deutscher Kardinal und Bischof von Münster. Er erwarb sich großes Ansehen wegen seines furchtlosen und energischen Eintretens gegen die nationalsozialistische Kirchen- und Rassenpolitik. Dafür erhielt er vom Kirchenvolk den Beinamen »Löwe von Münster«. Im Jahr 2005 sprach Rom den mutigen Bekenner selig. Das seit dem 12. Jahrhundert bezeugte westfälische Adelsgeschlecht wurde 1665 in den Reichsfreiherrn- und 1803 in den preußischen Grafenstand erhoben. Sein Name dürfte auf die altgermanischen Wasserwörter *gal* und *gel*, »feuchte Niederung«, zurückgehen.

Galen [Γαλήνος], um 131–201 n. Chr., hieß ein griechisch-römischer Modearzt der römischen Aristokratie sowie der Leibarzt des Kaisers Marc Aurel. Der aus Pergamon in Kleinasien Stammende galt nach Hippokrates als die bedeutendste medizinische Autorität des Altertums. Seine Lehre war noch im Mittelalter und zu Beginn der Neuzeit allgemein anerkannt. Der Name Galen bedeutet »der Ausgewogene, Sanftmütige«, zu grch. *galene* (γαλήνη), »Meeresglätte«, »Ruhe« – sicherlich eine wesentliche Voraussetzung für den Beruf des Mediziners. → *Hippokrates*

Galileo (1564–1642), dessen voller Name *Galileo Galilei*, also »Galileo, Sohn des Galileo«, war, hat angeblich den trotzigen Ausspruch getan: »Und sie dreht sich doch!«, nachdem er recht kleinlaut seine These, dass die Planeten sich um die Sonne drehen, vor der Inquisition zurückgenommen hatte und bereits freigesprochen worden war – wahrscheinlich, als ihm schon niemand mehr zuhörte. Vielleicht war einer seiner Vorfahren einst ins Heilige Land gepilgert, denn sein Name ist abgeleitet von dem der nordisraelischen Landschaft *Galiläa* am See Genezareth, zu hebr. *galil*, »Bezirk, Region«.

Gall *Franz Joseph* (1758–1828), deutscher Arzt und Hirnforscher. Der Begründer der Phrenologie ordnete die geistig-seelischen Anlagen eines Menschen bestimmten Hirnabschnitten zu und behauptete, aus der

Schädelform und dem Gesichtsausdruck eines Menschen dessen Begabungen und Charaktereigenschaften ableiten zu können. Seine Lehre war so umstritten, dass er auf kaiserliche Anordnung nach Frankreich ausgewiesen wurde, wo er den Rest seines Lebens verbrachte. Der Familienname *Gall* lässt eigentlich an ein völlig anderes Forschungsgebiet denken, obschon er sich vom Namen des heiligen *Gallus*, »der Gallier, der Kelte«, ableitet. Der irische Mönch hatte im 7. Jahrhundert das berühmte Kloster *St. Gallen* gegründet.

Gallus war im alten Rom ein recht häufiger Beiname, den man z. B. dem Schöpfer der römischen Elegie *Caius* oder *Cnaeus Cornelius Gallus* (69–26 v. Chr.) gegeben hatte, zu lat. *Gallus*, »der Gallier«, oder *gallus*, »der Hahn«. (Wegen dieser Doppeldeutigkeit ist der Hahn eines der Staatssymbole Frankreichs, also des alten *Gallien*.) *Gallus* war indes auch der Beiname des römischen Kaisers *Caius Vibius Trebonianus Gallus*, eines ehemaligen Feldherrn, der 251 von seinen Donaulegionen zum Kaiser ausgerufen wurde, aber schon zwei Jahre später von eben diesen Truppen ermordet wurde.

Galsworthy *John* (1867–1933), englischer Erzähler und Dramatiker, der für sein Werk 1932 den Nobelpreis erhielt, vor allem für die Romanreihe »Die Forsyte Saga«, »Moderne Komödie« und »Das Ende vom Liede«, die die bürgerliche Gesellschaft beschreibt und als ein Klassiker der modernen englischen Literatur gilt. Einer der Vorfahren *Galsworthys* muss aus dem gleichnamigen Ort in Devon gestammt haben, der im 11. Jahrhundert den schwärmerischen Namen *Galeshora*, »mit Sumpfmyrten bestandenes Bachufer«, trug (zu aengl. *gagel*, »Sumpfmyrte«, und *ora*, »Abhang«; das später hinzugefügte *worthy* stammt von aengl. *worþ*, »erhöhte, umfriedete Wohnstätte«; vgl. *Wurt*).

Galvani *Luigi* (1737–1798), italienischer Arzt und Naturforscher. Durch seinen Froschschenkelversuch entdeckte er die *galvanische Elektrizität*, die Umwandlung chemischer in elektrische Energie. Dem italienischen Wissenschaftler verdankt auch die *Galvanisation* ihren Namen, bei der *galvanische Ströme* zur Behandlung von Neuralgien und Durchblutungsstörungen eingesetzt werden. Die *Galvanisierung*, d. h. das Überziehen mit metallischen Niederschlägen durch Elektrolyse, wurde indes erst nach seinem Tod entwickelt. Der norditalienische Name *Galvani*, eine Variante von *Gavino*, geht zurück auf *Gawain*, den Ritter der Tafelrunde in der Artussage, dessen Name mit wal. *gwalch*, »Habicht«, in Verbindung gebracht wird.

Gama *Vasco da* (1469–1524), portugiesischer Seefahrer, der im Auftrag König Manuels von Portugal einen Seeweg um Afrika herum nach Indien suchte und 1498 auch fand. Seine dritte Reise nach Calicut an der westindischen Küste, von der er nicht zurückkehren sollte, unternahm er bereits als Vizekönig der portugiesischen Kolonie Indien. Sein Vorname *Vasco* bedeutet »der Baske«, sein Familienname *Gama* (»Damhirschkuh«) bezieht sich auf den gleichlautenden spanischen Ort bei Santander am Golf von *Biscaya*, zu span. *vizcaya*, »Baskenland«.

Gamaliel war der Name eines Lehrers des heiligen Paulus (im Alten Testament der Name eines Führers des Stammes Manasse); zu hebr. *gamli'el*, »meine Belohnung ist Gott«.

Gamelia [grch. Γαμηλία], »Ehegöttin«, lautete ein Beiname der Hera. Sie wurde von gebärenden Frauen um Hilfe angerufen und um ihren Segen für ihre Ehe gebeten; zu grch. *gámos (γάμος)*, »Ehe« (vgl. *Monogamie* und *Polygamie*).

Gandhi ist ein recht verbreiteter indischer Familienname mit der Bedeutung »Lebensmittel-, Gewürzhändler«. *Mohandás Karamchand Gándhí* (1869–1948), der Sohn eines indischen Kaufmanns, ist uns eigentlich besser bekannt unter dem ehrenvollen Titel *Mahatma*, »große Seele«, den *Gandhi* selbst jedoch immer vermied. Der indische Menschenrechtler studierte in London Jura, ging dann nach Südafrika, wo er sich erfolgreich für die Rechte der indischen Immigranten einsetzte. Hier entwickelte er auch sein Glaubensbekenntnis des gewaltfreien Widerstands und wurde wiederholt als Anführer von Protesten inhaftiert. 1915 kehrte er nach Indien zurück, um friedlich, etwa durch Hungerstreik, für die Unabhängigkeit seines Heimatlandes von England zu kämpfen. Als dieses Ziel 1947 erreicht war, schmerzte *Gandhi* die Aufteilung seines Landes in ein hinduistisches Indien und ein muslimisches Pakistan. Im folgenden Jahr wurde der friedfertige und sanfte Politiker, der sich unermüdlich für die Schwachen und Rechtlosen, selbst die »Unberührbaren«, eingesetzt hatte, in New Delhi während eines Spaziergangs im Park von einem fanatischen Hindu ermordet.

Die Inder haben ihm den liebevollen Beinamen »Vater der Nation« verliehen. Sein erster Vorname *Mohandás* bedeutet im Altindischen »Diener Mohans«, zu *Mohan*, »der Bezaubernde«, eine Bezeichnung für die Hindugötter Schiva, Kama und Krischna. Der Mittelname *Karamchand* könnte arab. *karam*, »Großzügigkeit«, enthalten, gefolgt von skr. *chanda*, »Mond« (vgl. den Mondgott *Chandra*). Trotz des gleichen Namens bestand keinerlei Verwandtschaft zu *Indira Gandhi* (1917–1984), der Tochter Nehrus, die von 1966 bis 1977 und von 1980 bis 1984 das Ministerpräsidentenamt in Indien bekleidete, sowie deren Sohn *Rajiv Gandhi* (1944–1991), der nach ihrem Tod von 1984 bis 1989 ihr Nachfolger war. Beide, Mutter und Sohn, fielen wie *Mahatma Gandhi* einem Mordanschlag zum Opfer. Der indische Vorname *Indira* bedeutet »die Funkelnde«, *Rajiv* scheint hind. *raj*, »glänzen, strahlen«, zu enthalten. → *Mahatma* und *Manitu*

Ganescha ist der Hindugott der Weissagung, der alle Hindernisse beseitigen kann, daher wird er zu Beginn aller Unternehmungen angerufen (z. B. auch vor dem Schulunterricht). *Ganescha* hat die Gestalt eines Elefanten mit nur einem Stoßzahn und ist der Sohn von Schiva und Parvati. Einst hatte der Planet Saturn, der zur Geburt *Ganeschas* geladen war, diesem mit seinem feurigen Blick den Kopf verbrannt. Daher suchte Vischnu nach einem neuen Kopf für seinen Sohn und fand den des Elefanten Airavata, »der aus dem Meer Entstandene«, d. h. aus dem Milchozean, daher wird *Ganescha* als weißer Elefant dargestellt. Sein Name bedeutet »Herr der Scharen des Ischa«, aus *ganeschvara*, »Fürst der Heerscharen«, und *Ischa*, dem Beinamen des *Schiva*.

Ganga nennen die Hindus eine der drei großen Flussgöttinnen (Yamuna, Ganga und Sarasvati). Sie personifiziert den heiligen Fluss *Ganges*, der aus Vischnus Zehe entsprungen sein soll. Damit der gewaltige Fluss nicht die ganze Erde zerstöre, ließ Schiva die Flussgöttin zunächst viele Jahre lang durch sein Haar fließen, bevor sie sich in sieben Arme teilte und zur Erde floss. Die drei Flüsse vereinigen sich bei dem heiligster Ort Indiens, den die Hindus *Prayaga* (d. h. »Opferstätte«) nennen, die Muslime *Allahabad* (arab. für »Wohnsitz Allahs«).

Ganganelli *Giovanni Vincenzo* (1705–1774) war der Geburtsname des Papstes *Klemens XIV.*, der nur die letzten fünf Jahre seines Lebens die Geschicke der Römischen Kirche lenkte. Der Familienname dürfte aus der Verkleinerungsform des italienischen mundartlichen Wortes *ganga* hervorgegangen sein, das sowohl ein »Feldhuhn« als auch die »Backe, Wange« bezeichnen kann.

Ganymed [grch. Γανυμήδης], der Sohn des Tros, der Troja den Namen gab, war in der griechischen Mythologie ein schöner Jüngling. Als Zeus ihn beim Hüten der väterlichen Herden sah, gelüstete es ihn nach dem Jungen, sodass er ihn in Gestalt eines Adlers in den Olymp entführt und dort zum Mundschenk der Götter machte. *Ganymed* ist vermutlich ein vorgriechischer Name, für die Griechen aber war klar, dass der Name von *ganeín (γανείν)*, »glänzen, prangen«, oder von *gánysthai (γάνυσθαι)*, »genießen, sich erfreuen«, sowie *mêdos (μῆδος)*, »Gedanke, Plan« – oder in einer weiteren Bedeutung »männliche Scham« –, herzuleiten sei. Die Mehrzahl *mêdea (μῆδεα)* bedeutete »Genitalien«. Beide Auslegungen galten als eine Zierde für den Träger und eine Anspielung auf die im alten Griechenland verbreitete Homosexualität, besonders Knabenliebe.

Garbo *Greta* (1905–1990), eigentlich *Greta Ovisa Gustafsson*, schwedische Filmschauspielerin, genannt »die Göttliche« (berühmte Filme »Kameliendame« und »Ninotschka«). Ihr italienischer Künstlername bedeutet »Artigkeit, Schliff«. (Ihr selbst war angeblich die Herkunft des Pseudonyms unbekannt.) Der Geburtsname *Gustafsson* bedeutet »Sohn des Gustaf«, aus aschw. *göt*, »Gott«, und *staf*, »Stab, Stütze«.

García ist seit dem 10. Jahrhundert einer der bekanntesten spanischen Familiennamen. Er geht auf einen uralten Taufnamen vermutlich baskischer Herkunft zurück, sodass man sich über seine Beliebtheit in ganz Spanien wundern mag. Die Urform des Namens dürfte *Harcia* gewesen sein, zu bask. *hartz*, »Bär«, ursprünglich wohl ein Spitzname für jemanden, der durch seine Tapsigkeit oder auch seine Stärke auffiel. *Ventura García Calderón* (1886–1959) war ein peruanischer Diplomat und Schriftsteller, der in seinen Erzählungen ein eindrucksvolles Bild von seiner Heimat und seinen Landsleuten vermittelt. *Calderón* bedeutet im Spanischen »großer Kochtopf« (zu lat. *caldarium*, »heißes Bad«), wohl ein Hinweis auf den Beruf eines Kesselmachers. Der spanische Schriftsteller *Antonio García Gutiérrez* (1813–1884) schrieb romantische Dramen und einige Komödien (z. B. »El trovador«, die Vorlage für Verdis »Troubadour«). Sein zweiter Familienname *Gutiér-*

rez ist germanischen Ursprungs und entspricht dem alten deutschen Vornamen *Waltheri*, der die Form *Walter* angenommen hat (zu ahd. *waltan*, »herrschen«, und *heri*, »Heer, Armee«). *Federico García Lorca* (1899–1936) war der wohl bekannteste spanische Dichter der Gegenwart. In seinen teils volkstümlichen, teils irrational anmutenden Werken (er war ein Freund des surrealistischen Malers Dalí) widmete er sich mit voller Passion der andalusischen Landschaft und der schwärmerisch idealisierten Welt des fahrenden Volkes. Im Übrigen leitete er selbst lange Zeit eine Wanderbühne. Der zweite Teil des Doppelnamens, der in Katalonien in der Form *Llorca* begegnet, hat die Bedeutung »Karnickel«, zu lat. *laurica* und *laurex*, »junges Kaninchen« (auch: »große Ratte«). *Gabriel García Márquez* (geb. 1928) ist ein kolumbianischer Journalist und Schriftsteller, der für sein erzählerisches Werk 1982 den Nobelpreis erhielt (z. B. »Hundert Jahre Einsamkeit«, »Das Leichenbegängnis der Großen Mama«, »Chronik eines angekündigten Todes«). *Márquez* ist ein kastilischer Name, der zusammengefügt ist aus *Marco*, »Markus«, und der patronymischen Endung *-ez*, »Sohn des …«. Damit entspricht er in etwa unserem Familiennamen *Marx*. → *Calderón de la Barca*

Gardiner *Stephen* (um 1493–1555), englischer Staatsmann und Bischof von Winchester zur Zeit der Reformation. Als Berater König Heinrichs VIII. unterstützte er diesen bei seiner Scheidung von Katharina von Aragón und der Entstehung der Anglikanischen Kirche, die er allerdings weiterhin als katholisch und verbunden mit Rom betrachtete. Unter Heinrichs Tochter Maria Tudor wurde er Lordkanzler und betrieb die Rekatholisierung des Landes. Der Name dieses äußerst gebildeten Engländers geht auf (alt)frz. *jardinier*, »Gärtner«, zurück.

Gardner *Ava* (1922–1990), amerikanische Filmschauspielerin, die mit bürgerlichem Namen Lucy Johnson hieß. Sie wurde international bekannt durch Filme wie »Pandora«, »Schnee am Kilimandscharo«, »Die Nacht des Leguan« und »Die Bibel«. Ihr Künstlername, eine verkürzte Form von *Gardener*, bedeutet schlicht »Gärtner«, zu engl. *garden*, »Garten«. → *Johnson*

Garfield *James Abram* (1831–1881), amerikanischer republikanischer Politiker. Er trat 1881 sein Amt als 20. Präsident der Vereinigten Staaten an, fiel aber noch im gleichen Jahr einem Attentat zum Opfer. Der

Name bezeichnete früher einen Siedler auf einem spitzwinkligen Stück Land, zu aengl. *gar*, »Lanze, Lanzenspitze« (vgl. ahd. *gēr*, »Speer«), und *feld*, »Feld« (vgl. engl. *field*).

Garibaldi *Giuseppe* (1807–1882), einer der Haupthelden des italienischen Risorgimento. Der draufgängerische Offizier der sardisch-piemontesischen Kriegsmarine schloss sich 1833 der republikanisch-revolutionären Bewegung »Jung-Italien« an, deren Ziel die Schaffung eines italienischen Nationalstaats war. 1861 schließlich war, bis auf Venetien und Rom, die Einigung Italiens erreicht und das Land wurde unter Viktor Emanuel II. als erstem König eine konstitutionelle Monarchie. Als die französischen Truppen nach der Niederlage ihres Landes im Deutsch-Französischen Krieg 1871 die Ewige Stadt verlassen mussten, zog Garibaldi in Rom ein und machte sie zur Hauptstadt des neuen Königreichs. Der Name *Garibaldi* stammt vielleicht von graub. *gariboldello* oder parm. *garibold*, »Hakenschlüssel«, »primitiver Nachschlüssel für Einbrecher« (vgl. gleichbedeutend ital. *grimaldello*), wahrscheinlicher aber von dem germanischen Rufnamen *Garibaldo*, zu ahd. *gēr*, »Speer«, und *bald*, »kühn« – eine Auslegung, die zu seinem kämpferischen Naturell prächtig passen würde. → Grimaldi

Garland *Judy* (1922–1969), eigentlich *Frances Ethel Gumm*, amerikanische Filmschauspielerin (»Das Urteil von Nürnberg«) und Sängerin. Die Mutter von Liza Minnelli hat ihren Künstlernamen gut gewählt, denn ihr wirklicher Name *Gumm* bedeutet im Englischen »Gummi«. Immerhin steht *garland* im Englischen für »Kranz, Girlande«, wohl ein alter Name für einen Girlandenhersteller.

Garnerin *Jean-Baptiste* (1766–1845) und sein Bruder *André Jacques* (1769–1823) waren französische Aeronauten, denen die Verbesserung des Fallschirms zu verdanken ist. *André Jacques* wagte 1797 aus 1000 Meter Höhe den Sprung aus einem Ballon. *Garnerin* ist eine Variante der Namen *Garnier* und *Vernier*, vom alten deutschen Rufnamen *Warnheri* (d. h. *Werner*), zu ahd. *warin*, »Schutz«, und *heri*, »Heer« – für Militärs sicherlich eine treffliche Assoziation mit den Errungenschaften der beiden Luftfahrer.

Gascoigne *George* (1540–1577), englischer Dichter, der in verschiedenen literarischen Gattungen richtungsweisend wirkte. Er schrieb eine

Prosaerzählung, ein Maskenspiel und eine Prosakomödie, die er später in Versform umarbeitete, sowie den ersten kritischen Essay über die Dichtkunst. Der Herkunftsname (aus anglo-französisch *Gascon*, im 13. Jahrhundert *Gascoying*) bedeutet »in der Gascogne Geborener« und bezeichnete demnach jemanden, dessen Heimat das Baskenland war.

Gasparini *Francesco* (1668–1727), italienischer Kirchenmusiker und Komponist von etwa 60 Opern. *Gasparini* ist eine Form des italienischen Namens *Gasparo*, der unserem *Kaspar* entspricht, zu pers. *gazpar* und *kansbar*, »Schatzmeister«. → *Kaspar*

Gates *William* (*Bill*), geb. 1955, amerikanischer Informatiker, der 1975 zusammen mit Paul Allen die Firma Microsoft gründete. Das englische Wort *gate*, zu aengl. *geat* und *yate*, bedeutet »Tor, Stadttor« (eigentlich »das durch eine Sperre zu schließende Tor«; vgl. *Gatter*). Der ursprüngliche Namensträger wohnte entweder nahe beim Tor in der Stadtmauer oder er übte den Beruf eines Torwächters aus. → *Yeats*

Gaudí *Antoní* (1852–1926), mit vollständigem Namen *Antoní Gaudí y Cornet*, war ein eigenwilliger spanischer, zu Experimenten neigender Architekt, der 1884 den Auftrag bekam, den im neogotischen Stil begonnenen Bau der Kirche *Sagráda Familia* (»Heilige Familie«) in Barcelona fortzuführen. Die Kirche mit ihren bizarren Formen ist noch immer unvollendet. Der Name des Baumeisters könnte auf das okzitanische Adjektiv *gaudi*, »fröhlich, heiter«, oder auf den katalanischen Kosenamen *Gaudín*, »kleiner Gote«, zurückgehen, schließlich handelt es sich bei *Katalonien* ja um eine Ableitung von *Got-Alanien*. Der zweite Familienname entspricht vermutlich dem katalanischen Wort für ein mit »Kornelkirschen« bestandenes Areal (zu lat. *cornus*, »Kornelkirsche, Hartriegel«), könnte allerdings auch von katal. *corneta*, »Kornett«, stammen. Die Bezeichnung des Blasinstruments bedeutet eigentlich »Hörnchen«, zu lat. *cornu*, »Horn«.

Gauguin *Paul* (1848–1903), französischer Maler, Zeichner und Bildschnitzer. Er übte zunächst verschiedene andere Berufe aus, fuhr jahrelang zur See und versuchte sich dann als Bankangestellter. Erst 1882 widmete er sich ganz der Malerei und schloss sich zunächst den Impressionisten an. Er führte ein rastloses Leben und weilte als mittelloser Künstler in vielen Ländern der Erde. Seine letzten Lebensjahre verbrachte er auf den Inseln der Südsee, wo er einige seiner berühmtesten Bilder malte, deren leuchtende und suggestive Farbgebung den Expressionismus stark beeinflusste. Bei seinem Namen dürfte es sich um eine Ableitung von dem altfranzösischen Wort *galge*, »Gallapfel«, handeln, das sich über *gauge* zu (*noix de*) *galle* wandelte. Aus Galläpfeln wurden früher Färbemitteln produziert, sodass der Name *Gauguin* ursprünglich die Bedeutung »Färber« oder »Farbmittelhersteller« gehabt haben mag – in der Tat ein adäquater Name für einen Maler.

Gauß *Carl Friedrich* (1777–1855), deutscher Mathematiker, Physiker und Astronom. In seinem astronomischen Hauptwerk »Theorie der Bewegung der Himmelskörper« stellte er die grundlegende Methode der kleinsten Quadrate vor, die er bei astronomischen Bahnberechungen verwendet hatte. Ab 1816 arbeitete er im Auftrag der Regierung an der Vermessung des Königreichs Hannover und erfand dabei den Sonnenspiegel. Er erforschte den Erdmagnetismus und trug 1833 zur Erfindung des elektromagnetischen Telegrafen bei. Sein Name legt eigentlich eher eine landwirtschaftliche als naturwissenschaftliche Tätigkeit nahe, denn *Gauß* dürfte von mnd. *gos*, »Gans« (vgl. engl. *goose*), stammen.

Gautama Buddha → *Buddha*

Gautier *Théophile* (1811–1872), französischer Dichter und Kunstkritiker, der zunächst selbst Maler gewesen war. Er schloss sich der literarischen Romantik an, deren Geschichte er 1872 in seiner »Histoire du romantisme« darstellte. Bei seinem Familiennamen, der in Frankreich sehr verbreitet ist, handelt es sich um eine Variante des germanischen Rufnamens *Walter*, zu ahd. *waltan*, »herrschen«, und *heri*, »Heer«.

Gavin, Gawain war ein so genannter Ritter der Tafelrunde um König Artus. Sein Name beruht wohl, wie im Fall des *Galahad*, auf wal. *gwalchgwyn*, »weißer Habicht«. In alten französischen Texten wird er *Gauvain* genannt. → *Galahad*

Gay *John* (1685–1732), englischer Dichter und Dramatiker, der in Reimpaaren das Londoner Straßenleben beschrieb. Sein erfolgreichstes Singspiel, »The Beggar's Opera« (1728), wurde die Vorlage für

Bert Brechts »Dreigroschenoper«. Der aus dem Französischen stammende Name bedeutet »der Fröhliche«, zu afrz. *gai*, »lustig, beschwingt«.

Gazi ist der Ehrenname eines »Kämpfers im Heiligen Krieg«, aus arab. *gazw*, »Eroberung«. *Gazi* war auch Titel türkischer Feldherren und Sultane, vor allem, wenn sie für die Sache des Islam gekämpft hatten. *Atatürk* wurde 1921 ebenfalls mit diesem Titel ausgezeichnet, nachdem er zuvor den Widerstand gegen die westlichen Alliierten in Anatolien organisiert und die Griechen aus der Türkei vertrieben hatte.

Gê → *Gäa*

Geb, »Erde«, hieß in der ägyptischen Mythologie der Erdgott. Er war der Zwillingsbruder der Himmelsgöttin Nut, mit der er u. a. die Kinder Isis und Osiris zeugte. → *Nut*

Geiger ist ein häufig anzutreffender deutscher Familienname, zu mhd. *gigære* und *giger*, »Violinspieler«. Diesen Namen trugen z. B. *Abraham Geiger* (1810–1874), ein bedeutender jüdischer Orientalist und Theologe, der zu den wichtigsten Vertretern des Reformjudentums in Deutschland zählt, und *Johannes* (*Hans*) *Wilhelm Geiger* (1882–1945), jener deutsche Physiker, der zusammen mit W. Müller den so genannten *Geigerzähler* (eigentlich das *Geiger-Müllersche Zählrohr*) zur Messung von radioaktiven Alphastrahlen erfand.

Gelasius war der Name zweier Päpste. *Gelasius I.* (492–496) stammte wohl aus Nordafrika und ist ein Heiliger der Kirche. Sein Name, »der Lachende«, zu grch. *gelân ($\gamma\epsilon\lambda\hat{\alpha}\nu$)*, »lachen«, scheint seinem energischen Herrschaftsstil zu widersprechen, denn er war ein kompromissloser Verfechter des römischen Primats, schuf selbstbewusst Klarheit über das Verhältnis von Klerus und Kaisertum und kannte keine Nachsicht gegenüber Häretikern und sittenlosen Zeitgenossen. *Gelasius II.* (1118–1119) war vor seiner Wahl Abt von Monte Cassino gewesen. Er weilte nur kurze Zeit in Rom und widmete sein kurzes Pontifikat vor allem dem Kampf mit dem Kaiser und seinem Gegenpapst, Gregor VIII. Er starb nach einer Synode in Cluny.

Gellert *Christian Fürchtegott* (1715–1769), deutscher Schriftsteller, der in seinen Schriften das Tugendideal der Aufklärung vertrat. Dieses machte er vor allem in seinen »Fabeln und Erzählungen« (1746/48) weiten Volksschichten zugänglich. Sein Name ist wahrscheinlich zurückzuführen auf das mittelhochdeutsche Verb *gellen*, »schreien, laut rufen« (vgl. *gellend* schreien).

Gellius hieß ein Geschlecht im alten Rom. Einer seiner Vertreter war z. B. *Aulus Gellius*, ein römischer Schriftsteller des 2. Jahrhunderts n. Chr., der 170 ein 20-bändiges Sammelwerk, die *Noctes Atticae*, verfasste, durch das uns zahlreiche Zitate aus verlorenen antiken Werken aller Wissensgebiete erhalten sind. Sein Name beruht auf lat. *gelu*, »Frost, Eis, Erstarrung, Kälte« und damit »Konservierung« (vgl. ital. *gelato*, »Speiseeis«).

Gemini, zu lat. *gemini*, »Zwillinge«, war eine Alternativbezeichnung für das Brüderpaar *Kastor* und *Pollux*; vgl. auch das so benannte Sternbild der Hände haltenden Zwillinge. → *Kastor* und *Pollux*

Genet *Jean* (1910–1986), unkonventioneller französischer Schriftsteller, der in seinen Werken die moralische und konventionelle Ordnung in ihr Gegenteil verkehrte. So idealisierte er in schwärmerischer Weise den Homosexuellen, den Ausgestoßenen und den Verbrecher. Allerdings wusste er recht genau, wovon er schrieb, denn er selbst hatte ein Leben am Rande der Gesellschaft geführt: Der ehemalige Fremdenlegionär und Schwarzhändler saß mehrfach im Gefängnis, wurde sogar zu lebenslanger Haft verurteilt und kam schließlich nur durch die Fürsprache Jean-Paul Sartres und Jean Cocteaus, die beide von seinen im Knast geschriebenen Dichtungen begeistert waren, wieder auf freien Fuß. Zu seinen Prosawerken zählen »Notre-Dame-des-Fleurs«, »Tagebuch eines Diebes« und »Querelle«, zu seinen Dramen »Die Zofen«, »Unter Aufsicht« und »Wände überall«. *Genet* ist wahrscheinlich ein Wohnstättenname, zu frz. *genêt*, »Ginster«, für jemanden, der in der Nähe von Ginsterbüschen lebte (vgl. den Namen der englischen Königsfamilie *Plantagenet*, aus lat. *planta genista*, »Ginster-Pflanze«). Möglich ist aber auch eine Herleitung vom populären französischen Taufnamen *Genis*, der auf den gallischen Märtyrer *Gensius* (»das Familienmitglied«) zurückgeht, dem die Christenverfolgung des Diokletian zum Verhängnis wurde. Vielleicht ließ sich Jean-Paul

Sartre durch diese Zusammenhänge 1952 zu seinem Buch über *Genet* inspirieren, dem er den Titel gab: »Saint Genet, comédien et martyr«.

Genius wurde im alten Rom der Schutzgeist genannt, der jeden Mann und seine Sippe wie ein Schutzengel ein ganzes Leben lang begleitete. Auch Stadtgemeinden hatten ihre eigenen *Genien*, die so genannten *genii loci* (»Genien des Ortes«). Den *Genius* feierte man an seinem Geburtstag, ganz besonders aber am Hochzeitstag. Er zeigte sich in der Mannes- und Zeugungskraft, weswegen man ihn sich als Schlange oder Phallus vorstellte. Entsprechend leitet sich *Genius* her von lat. *gignere*, »zeugen, hervorbringen« (vgl. *Gen* und *Generation*).

Genovefa [frz. *Geneviève*], um 422–502, war der Name einer französischen Nonne und Heiligen aus Nanterre, die noch heute die Stadtpatronin von Paris ist (obschon man in der Französischen Revolution ihre Gebeine verbrannte und ihren silbernen Schrein respektlos einschmolz). Sie gilt als die Stifterin der Kirche St. Denis. Außerdem soll sie den Mut der Pariser beim Einfall des Hunnenkönigs Attila aufrecht gehalten und diesen durch ihre Fürsprache davon abgehalten haben, die Stadt einzunehmen. Der Name bedeutet in etwa »Frau des Volkes«, zu lat. *genus*, »Abstammung, Volk«, und ahd. *wif*, »Frau« (vgl. *Weib*).

Genscher *Hans-Dietrich* (geb. 1927), deutscher FDP-Politiker (1974–1985 Bundesvorsitzender, seit 1992 Ehrenvorsitzender der Freien Demokraten). Von 1974 bis 1992 war *Genscher* Außenminister der Bundesrepublik Deutschland in der Regierung Kohl. Als weltweit dienstältester Außenminister hatte er Anteil an der Entspannungspolitik und vor allem an der deutschen und europäischen Einigung. Sein Name dürfte aus mundartlich osächs. *Gensch* für »Gänserich« entstanden sein und ursprünglich wohl einen Gänsezüchter oder -händler bezeichnet haben.

Georg ist einer der bekanntesten Fürsten- und Königsnamen (z. B. in Großbritannien), auch wenn seine Bedeutung eine eher niedere Herkunft nahe legt, denn er kommt von grch. *georgós* ($\gamma\epsilon\omega\rho\gamma\acute{o}\varsigma$), »Landmann«, und *georgeîn* ($\gamma\epsilon\omega\rho\gamma\epsilon\hat{\iota}\nu$), »Ackerbau betreiben, anbauen«, zu *gê* ($\gamma\hat{\eta}$), »Erde, Acker«. Seit dem 4. Jahrhundert kennt man den heiligen Georg als römischen Soldaten und Märtyrer, seit der Zeit der Kreuzzüge aber als siegreichen Ritterheiligen, der als Drachentöter dargestellt wurde. Seine arabische Entsprechung wäre übrigens *Omar*.

George *Heinrich* (1893–1946) hieß zunächst *Heinrich Georg August Friedrich Schulz*. Er verzichtete auf den offenbar zu banalen Nachnamen (obschon er ja »Richter, Schultheiß, Dorfvorsteher« bedeutet) und wählte als Künstlernamen seine beiden ersten Vornamen. Er wurde 1945 von der sowjetischen Militärverwaltung verhaftet und im Lager Sachsenhausen interniert, wo er ein Jahr später starb. Sein Sohn *Götz George* (geb. 1938) hat diesen Namen übernommen (sein Vater hatte ihn *Götz* genannt, da »Götz von Berlichingen« eine seiner Paraderollen war; zu ahd. *got*, »Gott«, und *fridu*, »Friede«).

Gérard *François* (1770–1837), französischer Maler, Porträtmaler am Hof Napoleons, danach Ludwigs XVIII. und Karls X. sowie anderer europäischer Fürsten. *Gérard* ist die französisierte Form unseres Vornamens *Gerhard*, zu ahd. *gēr*, »Speer«, und *harti*, »hart«.

Gerassimow ist ein in Russland verbreiteter Familienname, der gebildet ist aus dem russischen Rufnamen *Gerasim* und der patronymischen Endung *-ow* (*-ов*) für »Sohn«; dieser wiederum ist die russische Form von *Gerasimos*, dem Namen eines griechischen Eremiten und Heiligen im 5. Jahrhundert, zu grch. *géras (γέρας)*, »Ehre, Würde«. *Alexander Michailowitsch Gerassimow* [russ. Алксандр Михайлович Герасимов], 1881–1963, war ein sowjet-russischer Maler zur Zeit Stalins. Der Präsident der Akademie der Künste der Sowjetunion (1947–57) gilt als der Hauptrepräsentant des »Sozialistischen Realismus«. Ein weiterer bekannter russischer Maler, *Sergej Wassiljewitsch Gerassimow* [Сергей Васильевич Герасимов], 1885–1964, schuf Bilder in fast impressionistischem Stil (häufig mit politischer Thematik, z. B. »Die Mutter des Partisanen«), während wir dem Regisseur *Sergej Gerassimow* [Сергей Герасимов], 1906–1985, den berühmten Film »Der stille Don« verdanken.

Germanicus, »der Germanische«, war im alten Rom der Ehrenbeiname, den ein Feldherr für eine erfolgreiche Kriegsführung in Germanien erhielt. Dieser Siegertitel war vor allem dem *Nero Claudius Drusus* (38–9 v. Chr.), der von 12 bis 9 v. Chr. die Germanen bekämpfte, und seinem Sohn *Caius Iulius Caesar Germanicus* (15 v. Chr. bis 19. n. Chr.) verliehen worden. Der Letztere wurde von seinem Onkel *Tiberius Claudius Nero* adoptiert und erhielt den Oberbefehl über die acht Rhein-Legionen, mit denen er im Jahr 15 n. Chr. bis in das Gebiet der oberen Lippe vordrang, wo er die in der Varusschlacht gefallenen Römer bestattete und gegen die Germanen kämpfte, die sich unter Arminius zusammengeschlossen hatten. Er konnte zwar eine Schlacht an der Weser für sich entscheiden, die Germanen jedoch nicht endgültig besiegen. Wenige Jahre nach seiner Abberufung starb er in Rom (wahrscheinlich an Gift).

Gerschom ben Jehuda (um 965–1028) war ein brillanter jüdischer Rechtsgelehrter in Mainz. An seiner dortigen Akademie legte er den Grund für die biblische und talmudische Gelehrsamkeit der französischen und deutschen Juden. *Gerschom* heißt übersetzt »Zugewanderter an jenem Ort«, zu hebr. *ger*, »Fremdling«, und *sham*, »dort, da«. (Der Zusatz *Ben Jehuda* bedeutet »Sohn des Juda«, d. h. »des Gelobten«.) Die Aussage dieses Namens, der für einen fern seiner geistigen und religiösen Heimat lebenden Juden wahrlich nicht treffender hätte sein können, wird unterstrichen durch den Ehrentitel, mit dem man ihn respektvoll anzusprechen pflegte: *Meïr ha-Gola*, »Leuchte des Exils«.
→ *Gersonides*, *Gershwin* und *Meïr*

Gershwin *George* (1898–1937), amerikanischer Komponist und Pianist. Der Sohn russisch-jüdischer Immigranten verschmolz seine Musik mit Country und Jazz, aber auch mit der Kunstmusik, etwa in seiner »Rhapsody in Blue«. Besonders bekannt sind seine Oper »Porgy and Bess« sowie sein Konzertstück »An American in Paris«. *Gershwin* hatte eigentlich *Jacob Gershovitz* geheißen, aus der Verkürzung des biblischen Namens *Gershom* (zu hebr. *ger*, »Fremder, Hinzugekommener«, und hebr. *sham*, »dort«) sowie der patronymischen Endung »Sohn des …«. Der Vater amerikanisierte diesen Namen bald nach seiner Ankunft in Amerika zu *Gershwin*, vielleicht in Anlehnung an *Gershoyn*, die jiddische Variante von *Gershom*. → *Gersonides*

Gersonides (1288–1345), eigentlich *Levi Ben Gerschon* (auch: *Gershom* und *Gerson*), wurde ein jüdischer Philosoph und Rabbi genannt, der durch seine rationalistischen Bibelkommentare auf Jahrhunderte Bedeutsamkeit für das Judentum erlangte. Seine Philosophie war beeinflusst von Aristoteles, Averroës und Maimonides. Der hebräische Name *Gerschon* ist hergeleitet von dem jenes biblischen *Gerschom*, der im Buch Esra (8, 2) als einer der aus der Babylonischen Gefangenschaft heimkehrenden Priester genannt ist und wohl zusammengesetzt ist aus hebr. *ger*, »Fremdling«, und *sham*, »dort«. Die Bezeichnung *Levi* weist ihn aus als Angehörigen des gleich lautenden Priesterstamms (nach *Levi*, einem Sohn Jakobs). Der hebräische Zusatz *ben* bedeutet »Sohn«. → *Gershwin* und *Gerschom ben Jehuda*

Geta war ein römischer Beiname, z. B. des *Publius Septimius Geta* (189–212 n. Chr.), der sich nach dem Tod seines Vaters Septimius Severus die Kaiserwürde mit seinem älteren Bruder Caracalla teilte, von diesem aber bald ermordet wurde. Das lateinische Wort *Geta* bezeichnete einen *Geten*, d. h. den Angehörigen eines thrakischen Reitervolkes im Nordosten des heutigen Bulgarien und der rumänischen Dobrudscha bis in den Süden der Ukraine. (Wegen der Namensähnlichkeit wurden die *Geten* häufig mit den *Goten* verwechselt.)

Ghirlandaio *Domenico* (1449–1494), ursprünglich *Domenico di Tommaso Bigordi* (oder *Bigardi*), bekam seinen Künstlernamen nach dem Beinamen seines Vaters, der ein Goldschmied und ein *ghirlandaio* war, ein »Girlandenhersteller« (zu ital. *ghirlanda*, »Girlande, Kranz«). Der Florentiner schuf prächtige Fresken und Tafelbilder, zum größten Teil in zeitgenössischer Umgebung und mit porträthaften Gesichtszügen, sodass sie das Leben der Renaissance realistisch wiedergeben. Sein richtiger Name stammt wohl von parm. *bigordi*, »Strang, Gewinde«, aus der lateinischen Vorsilbe *bi*, »zwei-, zweifach«, und *chorda*, »Saite, Darmsaite«. Dessen Bedeutung, »gedrehte Saite«, entspricht in etwa seinem Malernamen.

Ghislieri *Michele* (1504–1572) war der bürgerliche Name des Papstes Pius V., der nur die letzten sechs Jahre seines Lebens an der Spitze der katholischen Kirche stand. Er war als Dominikanermönch Großinquisitor gewesen, bevor er 1566 überraschend zum Papst gewählt wurde. *Ghislieri* entspricht unserem alten Namen *Giselher*, aus germ. *gisal*, »Sprössling« (vgl. *Geisel*), und *heri*, »Heer«. → *Pius V.*

Giap → *Vo Nguyen*

Gibran *Khalil* (1883–1931), libanesischer Maler und Dichter. Beeinflusst von den europäischen Romantikern, lehnte er sich in seinen Prosa- und Versdichtungen, Erzählungen und Essays, die er teils in arabischer, teils in englischer Sprache verfasste, gegen Klerikalismus, Gesellschaft und Zivilisation auf und forderte stattdessen Primitivismus und mystischen Pantheismus. Seinem Familiennamen liegt arab. *jabr*, »Macht, Schicksal«, zu Grunde; sein Vorname bedeutet »Gefährte, Kamerad«.

Gide *André* (1869–1951), französischer Schriftsteller. Durch sein Werk zieht sich eine provozierende, wenn auch nicht zerstörerische Revolte gegen Geschichte, Moral, Ehe und Kirche. Seine Leitthemen finden sich in Romanen wie »Der Immoralist« und »Die Falschmünzer« sowie in seiner Autobiographie »Stirb und werde« und dem Theaterstück »Ödipus«, einer modernen Nachdichtung des antiken Stoffes. Hinter dem Namen *Gide* könnte die germanische Wurzel *gid*, »Gesang, Lied«, stehen, vielleicht handelt es sich aber auch um eine Ableitung von *Ägidius*, zu grch. *aigís, aigídos (αἰγίς, αἰγίδος)*, »Ziegenfell«, auch »Schutzschild des Zeus« und »Sturm«. Eine Herleitung vom Namen *Gideon* wäre ebenfalls denkbar (zu hebr. *gid'on*, »der um sich schlägt«, »der Krieger«).

Giehse *Therese* (1898–1975) hieß ursprünglich *Therese Gift*, ein wahrlich unwillkommener Name für eine deutsche Schauspielerin. Wäre sie eine englische Schauspielerin gewesen, hätte man das *Gift* wenigstens mit engl. *gift*, »Gabe«, und *gifted*, »begabt«, assoziiert. Die Künstlerin kam 1925 zu den Münchner Kammerspielen, emigrierte jedoch 1933 aus Nazideutschland und kehrte erst 1945 zurück. Ihr Wahlname, der aus einer Kurzform eines *Gis*- oder *Gisal*-Namens – etwa *Gisela* oder *Giselher*, zu ahd. *gisal*, »Geisel« – gebildet ist, trägt diesem Schicksal gewissermaßen Rechnung, schließlich lebte eine Geisel in früheren Zeiten ebenfalls in freiwilliger Bürgschaftshaft oder Kriegsgefangenschaft an einem ausländischen Hof.

Gierek *Edward* (1913–2001), polnischer Politiker. Er lebte bis nach dem Zweiten Weltkrieg in Frankreich und Belgien, wo er in die Kommunistische Partei eintrat. Nach der Rückkehr in sein Heimatland wurde er 1959 Mitglied des Politbüros und leitete als Nachfolger Władysław Gomułkas von 1970 bis 1980 die Vereinigte Polnische Arbeiterpartei. Ganz Polen setzte große Hoffnungen auf den Mann, der einen »Kommunismus mit menschlichem Antlitz« versprach, angesichts der zunehmenden Wirtschaftsprobleme aber bald an Glaubwürdigkeit verlor. Seine Ära endete mit einer Welle von Arbeitsniederlegungen, die zur Gründung der Gewerkschaft Solidarność (»Solidarität«) und schließlich zu einem Generalstreik führte. *Gierek* wurde zum Rücktritt gezwungen, aus dem Politbüro und dem Zentralkomitee, 1981 sogar aus der Partei ausgeschlossen und für ein Jahr inhaftiert. Der Name *Gierek* enthält poln. *gieroj*, »Held«, und das Verniedlichungssuffix *-ek*. Er bedeutet damit »kleiner Held«, »Heldchen«.

Gilgamesch lautete der Name des legendären sumerischen Königs von Uruk (ca. 2600 v. Chr.), der allerdings akkadischen Ursprungs war und angeblich 126 Jahre alt wurde. In der sumerischen Variante bedeutet der Name *Bil-ga-mes* »Ahnenheld« (wörtlich: »der Alte ist noch ein kräftiger junger Mann«). Das *Gilgamesch-Epos* berichtet von den Heldentaten dieses zügellosen, aber gutmütigen Wüstlings, der zu zwei Dritteln Gott und zu einem Drittel Mensch war. Er stammte von *Utanapischti* ab, dem einzigen Überlebenden der großen Flut. Ihm, der Unsterblichkeit erlangt hatte, wollte *Gilgamesch*, der sich ein Leben lang auf der Suche nach dem ewigen Leben befand, das Geheimnis der Unvergänglichkeit entlocken.

Gillespie *John Birks* (*Dizzy*), 1917–1993, amerikanischer Jazztrompeter und Begründer des Bebop (1945). Der ursprünglich irische Name des schwarzen Musikers (gäl. *Gilleasbuig*) bedeutet »Diener des Bischofs«, aus ir. *giolla*, »Diener, Bursche«, und *easpag*, »Bischof«.

Ginsberg *Allen* (1926–1997), amerikanischer Lyriker, führender Vertreter der Beat-Generation. Seine Gedichte sind Protestschreie angesichts einer von der Technik beherrschten Massengesellschaft (z. B. »Das Geheul und andere Gedichte« und »Kaddisch«). Der Name seiner in die USA ausgewanderten deutsch-jüdischen Familie ist die aschkenasische Variante des schwäbischen Ortsnamens *Günzburg* (nach dem Fluss *Günz*, der an dieser Stelle in die Donau fließt).

Gioconda, genauer *La Gioconda*, steht für die bekanntere *Mona Lisa* (»Madame Lisa«, *mona* ist die veraltete Form von *madonna*, »meine Dame«), deren Lächeln sie und ihren Maler, Leonardo da Vinci, berühmt gemacht hat. Der italienische Name der jungen Frau auf dem Porträt bedeutet wörtlich »die Heitere, die Fröhliche«, was schwer nachzuvollziehen ist, da sie offensichtlich gar nicht erfreut ist, sondern eher rätselhaft lächelt. Deshalb ist es wahrscheinlicher, dass es sich um ein Porträt der Frau eines angesehenen Florentiners handelt, nämlich des Kaufmanns *Francesco del Giocondo*, und nach diesem benannt wurde (von ital. *giocondo*, »heiter, herzerfreuend«, zu *gioia*, »Freude«, vgl. engl. *joy*, frz. *joie*).

Giorgione (ca. 1477–1510) hieß eigentlich *Giorgio da Castelfranco*, übersetzt etwa »Georg von Frankenburg«. Er malte in der Hochrenaissance als Erster auch weltliche Motive. Sein Künstlername, sozusagen eine Steigerung seines Vornamens, bedeutet »der große Giorgo« (Georg). Er ist zwar seinem Werk in der Tat angemessen, wahrscheinlich nannte man ihn jedoch so wegen seiner Körpergröße und seiner Großherzigkeit.

Giotto (1266–1337), auch *Giotto di Bondone*, hieß ein italienischer Maler, der die Fresken der Franziskuslegende in Assisi schuf und in seinen letzten Lebensjahren Dombaumeister in Florenz war. Sein Name ist eine Verkürzung der Rufnamen *Franciotto* oder *Giolotto* (eine Koseform von *Francesco* bzw. *Angiolotto*). Sein Geburtsort *Bondone* liegt westlich des Gardasees.

Giraudoux *Jean* (1882–1944), französischer Schriftsteller und Diplomat (zu Beginn des Zweiten Weltkriegs war er Propagandaminister). Seine Romane und Theaterstücke zeichnen sich durch eine poetische und zauberhafte Sprache aus. Zu seinen besten Werken zählen »Susanne und der Pazifik«, »Bella« und »Der Trojanische Krieg findet nicht statt«. Sein Name ist ein Verkleinerungsform von *Giraud* und *Giralt*, entstanden aus dem germanischen Rufnamen *Gerwald*, zu ahd. *gēr*, »Speer«, und *waltan*, »herrschen« (vgl. die deutsche Variante *Gerold*).

Girondisten hießen die Anhänger einer gemäßigten Partei während der Französischen Revolution. Ihre Anführer stammten von der *Gironde*, der gemeinsamen Mündung der Flüsse Garonne und Dordogne in den Atlantik.

Giscard d'Estaing *Valéry* (geb. 1926 in Koblenz), französischer Politiker. Nachdem er von 1962 bis 1966 und erneut von 1969 bis 1974 seinem Land als Wirtschafts- und Finanzminister gedient hatte, wurde er 1974 zum Präsidenten der Republik gewählt. Als er 1981 zur Wiederwahl antrat, unterlag er François Mitterrand. Der Name *Giscard*, den man vor allem in Südwestfrankreich findet, leitet sich her von einem alten Personennamen *Gischard*, zu ahd. *gisal*, »Geisel«, und *harti*, »hart«. Der topographische Zusatz *d'Estaing* betont die Herkunft »vom Küstensee«. Heute bezeichnet ein *Étang* einen haffähnlichen See, vor allem an der Biscaya-Küste (zu afrz. *estanchier*, »Wasser aufstauen, zum Stehen bringen«. Der Vorname *Valerie*, von lat. *Valerius*, bedeutet übrigens »der Gesunde, der Starke« (zu *valere*, »gesund sein«).

Gladstone *William Ewart* (1809–1898), britischer Staatsmann. *Gladstone* begann seine politische Karriere 1832 als konservatives Mitglied des Unterhauses und war nach 1843 mehrmals Minister und Schatzkanzler. Er wechselte ins liberale Lager über, wurde 1865 Parteiführer und bekleidete seit 1868 ein Vierteljahrhundert lang fast ununterbrochen das Amt des Premierministers. Wegen seiner friedliebenden und von christlich-humanitärer Gesinnung getragenen Staatsführung warfen ihm seine Feinde eine schwächliche Außenpolitik vor, sodass er 1874 zurücktreten und für einige Jahre dem Imperialismus seines konservativen Gegenspielers Disraeli weichen musste. Seinem ausgleichenden Wesen entspricht in gewissem Sinn der Name *Gladstone* (zu aengl. *glæd*, »glatt, glänzend«, und *stan*, »Stein«; vgl. *glad*, »froh«, bzw. *stone* »Stein«). → *Disraeli*

Glasunow *Alexander Konstanowitsch* [russ. Александр Константинович Глазунов], 1865–1936, russischer Komponist, Schüler von Rimski-Korsakow. Zunächst war er Direktor des Konservatoriums in St. Petersburg, ließ sich in den letzten Lebensjahren jedoch in Paris nieder. Er schrieb mehrere Orchesterwerke, darunter neun Symphonien, mehrere Instrumentalkonzerte, Klavier- und Orgelmusik, Kantaten und Lieder. Sein Familienname mag nicht so recht zu diesem bedeutenden Künstler passen, denn *Glasunow* bedeutet etwa »Sohn des Starrenden«, von russ. *glazun (глазун)*, »Großäugiger, Glotzer«, zu *glazet' (глазеть)*, »gaffen«, und *glaz (глаз)*, »Auge, Blick«.

Glauber *Johann Rudolph* (1604–1670), deutscher Alchemist, Chemiker und Apotheker. Auf seiner unsteten Wanderschaft, die ihn zuletzt in die Niederlande führte, erwarb er ein grundlegendes chemisches Wissen. In seinem Amsterdamer Laboratorium erweiterte er die Kenntnisse über Mineralsäuren, die Holzdestillation und Salze, deren volkswirtschaftliche Nutzung ihm besonders am Herzen lag. Das *Glaubersalz* – ein Natriumsulfat, das er selbst *Sal mirabilis*, »Wundersalz«, nannte – trägt bis heute seinen Namen, ebenso wie das *Glaubersalz-Wasser* aus natriumsulfathaltigen Heilquellen. *Glauber* ist entweder aus mhd. *kluben*, »aufnehmen, auflesen« (vgl. *aufklauben*), entstanden oder der Name bedeutet »der Kluge«, zu mhd. *glau*, »sorgsam, umsichtig«.

Glauke [grch. Γλαύκη] hieß in der griechischen Mythologie die schöne und großäugige Tochter des Königs Kreon von Korinth. Mit ihr betrog Jason die Medea, von der er sich trennen wollte. Medea aber rächte sich bitter an Jason, indem sie Glauke und Kreon durch einen Brandanschlag tötete. Der Name kommt von grch. *glaûx, glaukós* (γλαῦξ, γλαυκός), »Eule«. Er bezeichnete seine Trägerin also als »Eulenäugige«, d. h. »Großäugige«.

Glaukopis [grch. Γλαυκῶπις], »Helläugige«, »Scharfsichtige«, lautete einer der Beinamen der Göttin Athene, der neben der Eule auch der Ölbaum heilig war; das Adjektiv *glaukôpis* (γλαυκῶπις) – aus *glaûx* (γλαῦξ), »Eule«, und *óps, opós* (ὤψ, ὠπός), »Auge« – verbanden die Athener mit dem eigenartigen Glanz der Eule, aber auch mit den glatten Blättern des Ölbaums.

Glaukos [grch. Γλαῦκος], »der Grün-Blaue«, hieß im alten Griechenland ursprünglich ein Gott der Fischer und Schiffer. Zunächst war er sogar selbst ein einfacher Fischer gewesen, der nach dem Genuss von Kräutern berauscht ins Meer sprang und von Okeanos und Thetis in einen Meergott verwandelt und mit der Sehergabe ausgestattet wurde. Er soll in der Argonautensage die von ihm gebaute Argo gesteuert haben und blieb in der Seeschlacht der Argonauten gegen die Tyrrhener als Einziger unverletzt. Spätere Dichter machten aus ihm einen weissagenden Meergott. → *Glauke*

Glenn *John* (geb. 1921), amerikanischer Astronaut, der 1962 in einer Mercury-Kapsel den ersten bemannten Raumflug unternahm und nach knapp fünf Stunden zur Erde zurückkehrte. 1998 ließ er sich (mit immerhin 77 Jahren) erneut ins Weltall schießen, diesmal mit der Raumfähre Discovery und für neun Tage. *Glen* bezeichnet im Keltischen ein »enges, finsteres Tal« – ein Name, der nicht so recht zu einem Weltraumflieger passen will, dem ein Panoramablick auf den gesamten Globus vergönnt war.

Glinka *Michail Iwanowitsch* [russ. Михаил Иванович Глинка], 1804–1857, russischer Komponist. Mit »Das Leben für den Zaren« und »Ruslan und Ludmilla« begründete er die russische Nationaloper. Sein Name leitet sich her von russ. *glínka (гинка)*, »Tonerde« – ein trefflicher Name für einen Kunstschöpfer.

Glowna *Vadim* (geb. 1941) ist ein deutscher Schauspieler, der sein erstes Engagement bei Gustav Gründgens am Deutschen Schauspielhaus Hamburg hatte, nach 1964 spielte er auch Film- und Fernsehrollen. Ab 1981 führte er auch Regie, etwa in dem preisgekrönten Film »Desperado City«, danach u. a. in »Dies rigorose Leben«, »Die Rückkehr des Vaters« und »Mein Name ist Bach«. Seinen Namen verdankt er dem russischen Wort *golownjá (головн)*, »Köpfchen«, zu *golowá (голова)*, »Kopf, Haupt, Verstand« (vgl. poln. *głowna*, »Haupt-«, zu *głowa*, »Kopf«). Passend für einen Regisseur, liegt seinem Vornamen das russische Wort *vodít' (водить)*, »führen«, zu Grunde.

Gluck *Christoph Willibald Ritter von* (1714–1787), deutscher Komponist. Schon seine ersten Opern, die er in italienischer Tradition schrieb, machten ihn schnell bekannt. 1745 ging er für eine Zeit nach London, wo die Musik Händels ihn nachhaltig beeinflusste. 1750 ließ sich in Wien nieder, wo er schließlich Kapellmeister am Burgtheater wurde und weitere Opern in italienischem Stil entstanden. Ab 1761 trat eine Wende in seinem Schaffen ein, als er die Opernhandlung straffte und auf ein Hauptmotiv konzentrierte, die verschnörkelten Rokokoverse durch eine klare, klassische Sprache ersetzte und auf überladenen Ziergesang wie Triller und Koloraturen verzichtete. Mit seinen Reformopern »Orpheus und Eurydike, »Alceste«, „Iphigenie in Aulis« und »Iphigenie auf Tauris« feierte er große Erfolge in Wien und Paris. Sein Name entspricht unserem Wort *Glück*, zu mhd. *geluck(e)* und *gluck(e)*, »Segen, Erfolg, Schicksal«.

Gmelin ist ein deutscher Familienname, der auch in den Varianten *Gmehlich* und *Gmehling* anzutreffen ist. *Johann Georg Gmelin* (1709–1755) hieß ein deutscher Botaniker und Forschungsreisender, der im Auftrag der Zarin weite Gebiete Sibiriens erkundete. Sein Neffe *Johann Friedrich Gmelin* (1748–1804) lehrte an der Universität Tübingen Medizin und Chemie, mit den Spezialgebieten chemische Mineralogie und Geschichte der Chemie. Sein Sohn *Leopold Gmelin*

(1788–1853) war ebenfalls Chemiker und Hochschullehrer in Göttingen. Er entdeckte in der Galle das Cholesterin und das Taurin. Außerdem verfasste er einige grundlegende Handbücher der Chemie. Ungerechterweise bedeutet der Name *Gmelin* »der Bequeme«, zu mhd. *gemechlich(e)*, »mit Bedacht, langsam« (vgl. *gemächlich*).

Gnaeus (abgekürzt *Cn.* oder *Gn.*; in alter Zeit unterschied man nicht zwischen einem *C* und einem *G*) lautete ein römischer Vorname, hinter dem sich als Hinweis auf die Lebendigkeit eines neu geborenen Kindes das lateinische Adjektiv *gnavus* (*navus*), »rührig, emsig«, verbergen könnte, zumal der Vorname ursprünglich *Cnaivos* geschrieben wurde.

Gneisenau *August Wilhelm Anton Graf Neidhard von* (1760–1831), berühmter preußischer Heerführer. Eigentlich hatte seine Familie schlicht *Neidhart* geheißen. Der in ärmlichen Verhältnissen aufgewachsene Sohn eines Artillerieoffiziers glaubte jedoch von der österreichischen Adelsfamilie *Neidhart von Gneisenau* abzustammen und nahm daher deren Namen und Titel an. In jungen Jahren diente er im österreichischen Militär, seit 1786 stand er als Offizier in preußischen Diensten und war 1807 einer der Verteidiger der Festung Kolberg bis zum Tilsiter Frieden. In den Freiheitskriegen wurde er nach Scharnhorsts Tod unter Blücher Generalstabschef der Schlesischen Armee und seit der Schlacht bei Leipzig (1813) der bedeutendste militärische Gegenspieler Napoleons. Nachdem er 1816 seinen Abschied genommen hatte, wurde er 1825 zum Generalfeldmarschall ernannt. Der Namenszusatz *von Gneisenau* bezieht sich auf sein späteres Gut in Oberösterreich. Sein Geburtsname *Neidhart* klingt allerdings weniger adelig, denn er bedeutet in etwa »Neidhammel«, zu ahd. *nid*, »Missgunst, feindliche Gesinnung«, und *harti*, »hart, fest«.

Gobelin *Jean*, französischer Färber, in dessen Pariser Haus 1662 Minister Jean-Baptist Colbert im Auftrag Ludwigs XIV. eine Manufaktur für handgewirkte Wandteppiche zur Verschönerung der königlichen Schlösser gründete, die noch heute als *Manufacture Nationale des Gobelins* besteht und sich im Besitz des französischen Staats befindet. *Jean Gobelin* wurde berühmt durch sein »Gobelinscharlach«, das ihm durch eine spezielle Methode des Rotfärbens gelang. Sein Name – von afrz. *goblin*, »Buckliger«, wahrscheinlich zu grch. *kóbalos* (κόβαλος), »Kobold, Hausgeist« (vgl. ital. *gobbo*, »bucklig, gekrümmt«) –

ist weltweit zum Synonym für einen großflächigen Bildteppich geworden.

Godard *Jean-Luc* (geb. 1930), französischer Filmregisseur (z. B. »Außer Atem«, »Eine Frau ist eine Frau«, »Die Verachtung«, »Lemmy Caution gegen Alpha 60« und »Die Chinesin«). *Godard* dürfte dem deutschen Rufnamen *Godehart* entsprechen, zu ahd. *got*, »Gott«, und *harti*, »hart«.

Godefroy de Bouillon (um 1060–1100), seit 1076 Herzog von Niederlothringen, verkaufte all seine Güter und wurde einer der Führer des ersten Kreuzzugs. Nach der Eroberung Jerusalems wählte man ihn 1099 zum König dieser Stadt, obwohl er die Krone demütig ablehnte und den bescheidenen Titel »Verteidiger des Heiligen Grabes« annahm. Der Vorname *Godefroy* ist die französische Variante unseres *Gottfried*, während der Zusatz *de Bouillon* auf die Stammburg des Herzogs in den südlichen Ardennen verweist.

Goebbels *Paul Joseph* (1897–1945), nationalsozialistischer Politiker. Er studierte mit finanzieller Unterstützung des katholischen Albertus-Magnus-Vereins Philosophie, Literaturgeschichte und Germanistik. Sein Wunsch, nach dem Examen Journalist und Schriftsteller zu werden, zerschlug sich, und er fand nur eine Anstellung als Schriftleiter einer kleinen völkischen Zeitung in Elberfeld. Die Nationalsozialistische Partei eröffnete ihm jedoch Karrierechancen: 1925 wurde er Geschäftsführer des Gaus Rheinland-Nord der NSDAP, ein Jahr später Leiter des Gaus Berlin-Brandenburg, 1927 Herausgeber der Wochenzeitschrift »Der Angriff«. Nach seiner Ernennung zum Reichspropagandaleiter der NSDAP (1929) konnte er seine schriftstellerischen, rednerischen und demagogischen Fähigkeiten entfalten. Ab 1933 war er Reichsminister für Volksaufklärung und Propaganda und Vorsitzender der Reichskulturkammer. Als einflussreichster und intimster Berater des Führers trägt er zusammen mit Hitler, Himmler und Bormann die Hauptverantwortung für die ruchlosen Ausschreitungen des Regimes und ab 1944 für den »totalen Kriegseinsatz«. *Goebbels* ist ein vor allem am Niederrhein häufig vorkommender Familienname, von *Göbel* (plus einem patronymischen *-s*, also »Göbels Sohn«), zu Kurzformen alter deutscher Rufnamen wie *Godebert*, aus ahd. *got*, »Gott«, und *beraht*, »glänzend«, oder *Godebald*, aus *got*, »Gott«, und *bald*,

»kühn« – Assoziationen, die ausgesprochen verfehlt erscheinen. Er beging kurz vor Kriegsende mit seiner Familie Selbstmord.

Goerdeler *Carl-Friedrich* (1884–1945), deutscher Jurist und Politiker. Der Leipziger Oberbürgermeister (seit 1930) trat wegen seiner Ablehnung der nationalsozialistischen Politk 1937 von seinem Amt zurück und wurde zum führenden Kopf der Widerstandsbewegung gegen Hitler. Sollte der Sturz des Naziregimes gelingen, war er als neuer Reichskanzler vorgesehen. *Goerdeler* strebte ein parlamentarisches, durch eine starke Regierungsgewalt gezügeltes Staatssystem an. Nach dem misslungenen Attentat am 20. Juli 1944 wurde er verhaftet und Anfang 1945 in Plötzensee gehängt. Sein Name ist eine Variante von *Gürtler*, zu mhd. *gürtelære*, »Hersteller von Ledergürteln«, und mnd. *gördel*, »Gürtel« (vgl. engl. *girdle*, »Hüfthalter«, aber auch *Garten*, »umzäuntes Landstück«).

Goethe *Johann Wolfgang von* (1749–1832), deutscher Naturwissenschaftler und Kunsttheoretiker, hoher Staatsbeamter und Jurist, vor allem aber begnadeter Dichter und Dramatiker, der in Homer, Pindar, Shakespeare, Ossian und der Bibel seine Vorbilder sah und durch seine Freundschaft mit Friedrich Schiller wertvolle Impulse erhielt. Weltbekanntheit erlangte er zuerst mit dem Briefroman »Die Leiden des jungen Werther«, der aus einer eigenen unglücklichen Liebe heraus entstand, literarische Unsterblichkeit jedoch erlangte er durch seinen »Faust«, dessen zweiten Teil er erst kurz vor seinem Tod vollendete. Er war bereits zu Lebzeiten so berühmt, dass Napoleon ihn 1808 während des Erfurter Fürstenkongresses empfing und ihm das Kreuz der Ehrenlegion verlieh. Was sollte man angesichts einer solch überragenden Persönlichkeit anderes erwarten, als dass der Name *Goethe* seinen Träger in *göttliche* Nähe rückte, denn er ist aus einem Rufnamen entstanden, dessen Hauptbestandteil das althochdeutsche Wort *got*, »Gott«, bildet (wie z. B. in *Gottfried*, *Gottlieb* oder *Godehard*).

Gogol *Nikolaj Wassiljewitsch* [russ. Николай Васильевич Гоголь], 1809–1852, russischer Dichter. Die Literaturkritik bezeichnet ihn als »den wohl wunderlichsten Prosapoeten, den Russland je hervorbrachte«. In St. Petersburg versuchte der Sohn eines ukrainischen Gutsbesitzers sein Glück zunächst erfolglos mit einer Schauspielkarriere, ging dann aber in den Staatsdienst und begann mit Erfolg Erzählungen zu schreiben – vor allem Dorfgeschichten, in denen er die recht groteske Lebensart des russischen Bürgertums treffend karikierte. Seinem Namen liegt wohl ukr. *hóghol' (гоголь)*, »Ente«, zu Grunde, obschon russ. *gógol' (гоголь)*, »einherstolzieren«, ebenfalls gut zu seiner Erscheinung passen würde.

Golding *William* (1911–1993), englischer Schriftsteller. Die Romane des ehemaligen Lehrers kritisieren die Vernunftgläubigkeit der Technokraten und der modernen Menschen. Außer seinem weltberühmten Werk »Herr der Fliegen« schrieb er z. B. »Die Erben«, »Der Felsen des zweiten Todes«, »Freier Fall« und »Der Turm der Kathedrale«. 1983 erhielt er den Nobelpreis für Literatur. Im Mittelalter war *Golding* ein englischer Kosename (zu aengl. *gold*, »Gold«), vielleicht für ein »goldiges Kerlchen« oder jemanden mit einer entsprechenden Haarfarbe.
→ *Golda Meïr*

Goldoni *Carlo* (1707–1793), italienischer Lustspieldichter und studierter Philosoph und Jurist. Er versuchte der gehaltlosen italienischen Komödie mit ihrer platten Handlung und ihren dummen Hanswurstspäßen neue Wege zu weisen, indem er Szenen aus dem Alltagsleben Venedigs entwarf und seine Ideen an den Theatern Venedigs verwirklichte. Angefeindet von all seinen Konkurrenten, starb er arm und verlassen. Die Endung *-oni* verweist auf eine germanische Herkunft seines Namens (vgl. *Bodoni*), wahrscheinlich zu *Gold* – ein Hohn, wenn man das Ende seiner Karriere betrachtet. Schließlich ist auch eine Ableitung von ital. *manigoldo*, »Gauner, Spitzbube«, nicht auszuschließen.

Goldsmith *Oliver* (1728–1774), englischer Dichter, der Theologie und Medizin studierte, bevor er sich der Schriftstellerei widmete. Seine wohl berühmtesten Werke sind der sentimentale Roman »Der Landprediger von Wakefield« und das Lustspiel »Sie lässt sich herab, um zu siegen«. Sein Name bedeutet »Goldschmied«.

Gombrowicz *Witold* (1904–1969), exzentrischer polnischer Schriftsteller, der in seinem Heimatland bis heute umstritten ist. Er emigrierte 1939 nach Argentinien, kehrte erst nach dem Zweiten Weltkrieg nach Europa zurück und lebte bis zu seinem Tod in Südfrankreich. Die bekanntesten seiner provozierenden, von der Kritik oft missverstandenen Werke sind »Memoiren aus der Epoche des Reifens«, »Tagebuch«,

»Verführung« und »Kosmos«. Seinem Namen scheint der deutsche Rufname *Gumbert* zu Grunde zu liegen, zu ahd. *gund*, »Kampf«, und *beraht*, »glänzend«.

Gómez de la Serna *Ramón* (1888–1963), vielseitiger und erfolgreicher spanischer Romanschriftsteller (z. B. »Das Rosenschloss« und »Torero Caracho«). Sein Familienname bedeutet »Sohn des Gome« (zu ahd. *gomo*, »Mann, Held, Mensch«, verwandt mit lat. *homo*, »Mensch«). *De la Serna* bezieht sich auf den kantabrischen Ort *La Serna*, zu span. *serna*, »eine vom Grundbesitzer überlassene kleine Ackerfläche«.

Gomułka *Władysław* (1905–1982), bekannter polnischer Politiker. Der gelernte Schlosser war von 1943 bis 1948 Generalsekretär der Polnischen Arbeiterpartei. 1945 wurde er außerdem ins Politbüro und zum Generalsekretär des Zentralkomitees gewählt. Auf Anordnung Joseph Stalins, der ihm eine zu nationalistische Politik vorwarf, verlor er ab 1948 alle politischen Ämter sowie seine Mitgliedschaft in der Partei und wurde 1951 für über drei Jahre inhaftiert. Erst 1956 erlangte er seine Rehabilitierung und die Wiedereinsetzung in seine alten Ämter. Arbeiteraufstände wegen erhöhter Lebensmittelpreise führten 1970 zu einem Wechsel in der Parteispitze. Nachfolger *Gomułkas* wurde Edward Gierek. *Gomułka* (mit den Varianten *Gomółka* und *Gumułka*) wird ursprünglich als ein Scherzname für einen Käsehändler oder ein ausgesprochen rundliches Kerlchen gebraucht worden sein, denn *gomółka* ist im Polnischen die Bezeichnung für einen runden, luftgetrockneten »Quarkkäse«. → *Władysław*

Gonçalves *Nuno* (gest. um 1480), portugiesischer Hofmaler König Alfons' V. von 1450 bis 1472. Sein berühmtestes Werk ist ein sechsflügeliger Altar in einem Konvent in Lissabon. *Gonçalves* entspricht dem katalanischen Namen *González* und bedeutet »Sohn des Gonzalo« (aus dem alten Namen *Gundisalvus*, zu ahd. *gund*, »Kampf«, und möglicherweise *alb*, »Elf, Naturgeist«).

Goncourt war der Familienname der französischen Schriftsteller und Brüder *Edmond Huot de Goncourt* (1822–1896) und *Jules Huot de Goncourt* (1830–1870), die ihre in Bürger- und Künstlerkreisen spielenden und in naturalistischem Stil geschriebenen Romane gemeinsam veröffentlichten. Ihr Herkunftsname bezieht sich auf den französischen Ort *Goncourt* an der Marne, der im 10. Jahrhundert *Godoniscort* hieß (zum germanischen Rufnamen *Godo*, von ahd. *got*, »Gott«, und afrz. *cortil*, »Garten«). *Huot* ist eine Variante von *Huet*, einer Kurzform des Rufnamens *Hugues* (dt. *Hugo*), zu germ. *hugu*, »Gedanke, Geist, Sinn«.

Gontscharow *Iwan Alexandrowitsch* [russ. *Иван Александрович Гончаров*], 1812–1891, russischer Schriftsteller, dessen Grundthema die grenzenlose Langeweile im Alltagsleben war (z. B. »Eine alltägliche Geschichte«, »Oblomow«, »Die Schlucht«). Ein früher Namensträger in seiner Familie muss sich mit der Herstellung von Tonwaren befasst haben, denn russ. *gontschár (гончар)*, bedeutet »Töpfer« (hier mit patronymischem Suffix *-ow* für »Sohn des ...«).

González *Julio* (1876–1942), spanischer Maler und Bildhauer, der mit seinen mythischen Ungeheuern gleichenden Metallkonstruktionen als einer der Pioniere der modernen Plastik gilt. *González* ist ein kastilischer Familienname mit der Bedeutung »Sohn des Gonzalo« (von maltl. *Gundisalvus*, mit ahd. *gund*, »Kampf, Streit«, und *alb*, »Elfe«).
→ *Gonçalves*

Goodman *Benjamin* (*Benny*) *David* (1909–1986), amerikanischer Klarinettist und Leiter eines Jazzorchesters. Er gilt als Vater des Swing. Sein Name bedeutet »guter Mann«, der er ja in der Tat war!

Goodyear *Charles* (1800–1860), amerikanischer Erfinder der Vulkanisation von Kautschuk (1839). Die gleichnamige Autoreifenfirma wurde 1898 gegründet. *Goodyear* bedeutet wörtlich übersetzt und trefflich »gutes Jahr«. Im Mittelenglischen allerdings war *What the goodyere!* ein beschönigender Kraftausdruck. (Im Grunde meinte man etwas Gegenteiliges, z. B. »was ..., verdammt noch mal!«)

Gorbatschow *Michail Sergejewitsch* [russ. *Михаил Сергеевич Горбачёв*], geb. 1931, letzter Präsident der Sowjetunion. Sein Name kommt von russ. *gorb (горб)*, »Buckel, Höcker«, und *gorbatij (горбатый)*, »höckerig, bucklig«. (Dabei trug er sein Erkennungsmal doch an der Stirn!) Von 1985 bis 1991 war er Generalsekretär des Zentralkomitees der KPdSU. Als Vertreter einer völlig neuen Generation (nach Jahren bleierner Agonie seniler und kranker Sowjetführer) versuchte er den Verfall des Kommunismus durch die Einführung von Glasnost (»Offenheit«) und Perestroika (»Umstrukturierung«) aufzuhalten. Er bekannte sich offen zu den politischen Fehlern der Partei seit Stalins Zeiten und zu den Verbrechen während des Zweiten Weltkrieges. 1988 verzichtete er auf die Breschnew-Doktrin und gab den osteuropäischen Staaten grünes Licht für die Einführung der Demokratie, was zu einer Reihe friedlicher Revolutionen in Osteuropa führte, den Kalten Krieg beendete und schließlich auch die Deutsche Wiedervereinigung ermöglichte. Dafür erhielt er 1990 den Friedensnobelpreis. Ein Jahr später wurde er von Boris Jelzin entmachtet und zum Rücktritt gezwungen. Sein Vorname ist eine Kurzform von *Borislaw* und bedeutet in etwa »Kampfruhm«.

Gordios [grch. *Γόρδιος*] hieß in der griechischen Sage ein König von Phrygien (um 800 v. Chr.), der von einem armen Bauern zum Herrscher des Phrygierreiches aufgestiegen war und die Hauptstadt *Gordion* gegründet hatte. Nach ihm ist der berühmte *Gordische Knoten* benannt, der um Joch und Deichsel seines Wagens geschlungen war. Das Orakel hatte geweissagt, wer ihn lösen könnte, werde der Herrscher Asiens sein – was dem Eroberer Asiens, Alexander d. Gr., gelang, indem er den Knoten mit einem Schlag seines Schwertes durchtrennte. Der Name soll auf einer alten indogermanischen Wurzel *gord-*, »befestigte Anhöhe«, beruhen. → *Midas*

Gordon ist ein Name, der unterschiedlicher Herkunft sein kann. Im Fall des amerikanischen Erfolgsautors *Noah Gordon* (geb. 1926), der mit seiner Romantrilogie »Der Medicus«, »Der Schamane« und »Die Erben des Medicus« weltberühmt wurde (weitere Werke u. a.: »Rabbi«, »Die Klinik«, »Der Diamant des Salomon« und »Der Medicus von Saragossa«), ist der Ursprung des Namens leicht ersichtlich, denn seine Eltern waren jüdische Einwanderer aus Russland, wo der Name *Gordon* unter ihren Glaubensbrüdern nicht gerade selten ist. *Noah Gordons* Familienname bezieht sich mit Sicherheit auf eine Herkunft aus dem weißrussischen *Grodno*, zu russ. *górod (город)*, »Stadt«; sein Vorname bedeutet »Trost«. Der britische Offizier *Charles Gordon* (1833–1885), der bei der Niederschlagung des Tai Ping-Aufstands 1863 zunächst in chinesischen Diensten stand und ab 1874 als Generalgouverneur die britische Herrschaft in Ägypten und im Sudan festigte, konnte seinen Namen auf jenes alte schottische Adelsgeschlecht zurückführen, das schon das Königshaus der Stuarts gestützt hatte. Der Clan- und Rufname *Gordon* leitet sich her von kelt. *gor*, »geräumig«, und *din*, »Festung«, oder vom französischen Namen *Gourdon*, der angeblich aus einer Verkleinerungsform von afrz. *gourd*, »dumm, unbedarft«, entstanden ist.

Gorgias [grch. *Γοργίας*], 483–375 v. Chr., ein griechischer Philosoph und Rhetor aus Leontinoi in Sizilien, war neben Protagoras der bedeutendste Sophist. Er kam 427 als Gesandter nach Athen und zog als Redner durchs Land. Sein Name kommt vielleicht von grch. *gorgós (γοργός)*, »furchtbar, wild«.

Gorgo [grch. *Γοργώ* oder *Γοργών*] hieß in der griechischen Mythologie ein Ungeheuer, bei dessen Anblick man versteinerte; zu *gorgós (γοργός)*, »furchtbar, wild«. Die *Gorgonen* wurden drei schlangenhaarige Töchter des Phorkys genannt. Die Schrecklichste von ihnen war *Medusa*, die zu besiegen dem Perseus gelang, indem er ihr den Kopf abschlug. Zunächst soll Athene ein Abbild des schrecklichen Hauptes auf ihrem Brustpanzer oder Schild getragen haben, später erhielt die Medusenmaske in der griechischen und römischen Kultur ganz allgemein die Funktion eines Abwehrzaubers. → *Medusa*

Göring *Hermann* (1893–1946), nationalsozialistischer Politiker. Der Fliegerhauptmann des Ersten Weltkriegs war seit 1918 Kommandeur des Jagdgeschwaders Richthofen. 1922 trat er in der NSDAP ein und stieg zum obersten Führer der SA auf. 1928 wurde er Mitglied des Reichstags, 1932 dessen Präsident. Nach der »Machtergreifung« schuf er das preußische Geheime Staatspolizeiamt, das 1934 von Himmler und Heydrich zur Geheimen Staatspolizei ausgebaut wurde. Ab 1933 war er Leiter des Reichsluftfahrtministeriums und wurde im gleichen Jahr zum Preußischen Ministerpräsidenten und zum Reichsinnenminister, 1935 zum Oberbefehlshaber der Luftwaffe ernannt. Er wurde vom Nürnberger Militärtribunal zu Tod verurteilt, nahm sich aber kurz vor der Hinrichtung mit Gift das Leben. Der Name *Göring* stammt wohl vom alten deutschen Rufnamen *Gehring*, aus *gēr*, »Speer«, und *ing*, »Gefolgsmann« – Nomen est omen!

Gorkij *Maxim* [Максим Горький], 1868–1936, hieß mit bürgerlichem Namen eigentlich *Alexei Maximowitsch Peschkow* [Алексей Макси-

мович Пешков]. Der berühmte Schriftsteller wuchs als Waise auf, hatte fast keine Schulbildung und durchwanderte auf der Suche nach Arbeit weite Teile Russlands. 1892 veröffentlichte er seine erste Erzählung unter dem Pseudonym *Gorkij*, »der Vergrämte«, zu russ. *górkij (горький)*, »bitter«, und blieb bei diesem Namen, da er sich in seinen Werken vor allem den Außenseitern und den vom Leben Benachteiligten widmete. Sein Schauspiel »Nachtasyl« sollte dem Schriftsteller mit dem mürrischen Gesichtsausdruck schließlich Weltruhm bescheren. *Peschkow*, sein richtiger Name, basiert wohl auf russ. *peschka (пешка)*, »Bauer (im Schachspiel)«, sodass man ihn als »Marionette« auffassen könnte. Wegen seiner Freundschaft mit Lenin wurde seine Geburtsstadt Nischni Nowgorod 1932 in *Gorkij* umbenannt.

Gotthelf *Jeremias* (1797–1854), eigentlich *Albert Bitzius*, war ein schweizerischer Romanautor (und Pfarrer). Wegen Auseinandersetzungen mit seinen Kirchenoberen, denen seine Schriftstellerei nicht gefiel, wählte er den Namen des Helden in seinem ersten Roman »Der Bauernspiegel oder Lebensgeschichte des Jeremias Gotthelf, von ihm selbst geschrieben«. Sein Geburtsname *Bitzius* ist ein typischer schweizerischer Familienname, eine Verkürzung des Namens des heiligen *Sulpicius* (verkürzt: *Sulpiz*), der im 7. Jahrhundert lebte. Sein Name bedeutet »aus dem römischen Geschlecht der Sulpicier«.

Gottschalk ist ein alter deutscher Vorname mit der Bedeutung »Knecht Gottes«, zu ahd. *got*, »Gott«, und *scalk*, »Knecht, Diener«. Der Benediktiner *Gottschalk* (auch: *Gotescalc d'Orbais*), 805–868, wurde gegen seinen Willen im Kloster festgehalten. Er war ein hoch gebildeter Wissenschaftler und begabter Dichter, der wegen seiner augustinischen Prädestinationslehre 848 exkommuniziert und als Ketzer lebenslang eingesperrt wurde. Den Fernsehzuschauern wird der Moderator *Thomas Gottschalk* (geb. 1950) besser bekannt sein. Im Arabischen heißt die Namensentsprechung übrigens *Abdullah*.

Gounod *Charles* (1818–1893), französischer Komponist. Bekannt sind seine lyrischen Opern »Faust«, »Die Königin von Saba« und »Romeo und Julia«, aber auch seine melodische Kirchenmusik (Requiem und Tedeum, Messen und Oratorien) sowie seine Kantaten und Symphonien. Der Name *Gounod* könnte eine gekürzte Verkleinerungsform von *Hugon*, d. h. *Hugues*, sein, zu ahd. *hugu*, »Gedanke, Geist, Sinn«, und unserem *Hugo* entsprechen. (In der Auvergne soll es übrigens die Bezeichnung *golnod* für einen »Sänger« geben – auch diese Auslegung wäre natürlich sehr willkommen.)

Goya *Francisco de* (1746–1828) hieß mit vollständigem Namen *Francisco José de Goya y Lucientes*. Der spanische Maler, Radierer und Lithograph schilderte in heiteren Bildern das spanische Volksleben, schuf später etliche Bildnisse der königlichen Familie und übte in der Zeit seiner künstlerischen Reife schließlich unerbittliche Zeitkritik, indem er Elend und Not, besonders aber die Schrecken und Folgen des Kriegs rücksichtslos darstellte. In seinen letzten Lebensjahren, die er übrigens in Frankreich verbrachte, wurde seine Bildwelt spukhaft und dämonisch. Sein erster Nachname ist baskischer Herkunft (der Großvater des Malers stammte aus dem Baskenland) und bedeutet »der erhöhte Ort«, zu bask. *goi*, »Anhöhe«, und dem nachgestellten Artikel *-a*, »der«. Der zweite Familienname basiert auf span. *luciente*, »leuchtend, strahlend«. In der Tat ein sinnfälliger Name für einen großen Künstler.

Gracchus lautete ein Beiname in der *gens Sempronia*; als Vertreter dieses Namens sind vor allem die beiden Brüder *Tiberius Sempronius Gracchus* (133 v. Chr. erschlagen) und *Caius Sempronius Gracchus* (121 v. Chr. getötet) zu nennen. Die Söhne der Cornelia, die zusammenfassend *die Gracchen* genannt werden, machten als Agrarreformer von sich reden. Der Beiname war ursprünglich wohl ein Spitzname, zu lat. *gracilis*, »schlank, zerbrechlich, feingliedrig«, wahrscheinlich im ironischen Sinn »schmächtig, dürftig«; er könnte allerdings auch von lat. *graculus*, »Dohle«, stammen.

Graf war der Adelstitel für einen Stellvertreter des Königs mit bestimmtem Aufgabenbereich (vgl. *Pfalzgraf*, *Burggraf*, später auch *Holzgraf* und *Salzgraf*), zu ahd. *grāfo* und *grāfio*, »Vorsteher, Statthalter, Verwalter«. Das zu Grunde liegende germanische Wort bedeutet wohl »Befehlshaber«.

Graham *Thomas* (1805–1869), schottischer Chemiker, Vater des *Grahamschen Gesetzes* über die Diffusionsgeschwindigkeiten von Gasen und Flüssigkeiten. *William* (*Billy*) *Franklin Graham* (geb. 1918) ist ein berühmter amerikanischer Baptistenpfarrer und Prediger, der mit seinen Evangelisationen jährlich Millionen Menschen weltweit erreicht. Der Name ist eine verkürzte Form von *Grantham*, zu aengl. *grand*, »Kies« (vgl. modern *to grind*, »mahlen, zerkleinern«), und *ham*, »Dorf«.

Granger *Stewart* (1913–1993) wurde geboren als *James Lablanche Stewart*. Er musste jedoch seinen Namen ändern, da ein anderer, bereits erfolgreicher Schauspieler, nämlich *James Stewart*, seinen richtigen Namen verwendete. *Granger* spielte in Filmen wie »Old Shurehand« und »Scaramouche«. Sein Künstlername entspricht der englischen Bezeichnung *granger* für den »Besitzer eines kleinen Gutshofs« (im Mittleren Westen der USA einen »Farmer«) – immerhin eine Verbesserung, denn ein *Steward*, eine Namensvariante von *Stewart*, ist im Englischen nur ein »Gutsverwalter«. (Im Übrigen ist *Stuart* die französische Version dieses schottischen Namens, heute im englischsprachigen Raum eher als Vorname gebraucht; vgl. *Maria Stuart*.) Sein Mittelname *Lablanche* ist eigentlich eine französische matronymische Bezeichnung und bedeutet »die Weiße«, »die Hellhaarige«. → *Stewart*

Grant ist ein gängiger englischer Familienname. *Cary Grant* (1904–1986), der berühmte amerikanische Schauspieler und Charmeur, wurde in England als *Alexander Archibald Leach* geboren. Mit 13 riss er aus dem Elternhaus aus, um als Tänzer, Sänger und Jongleur zu arbeiten. Einige Jahre später bekam er Musical-Rollen in London, die zu einem Engagement in New York und bald auch zu Filmverträgen für Komödien, Abenteuerfilme und Krimis führten. Seine letzten Lebensjahre verbrachte er jedoch als Vorstandsmitglied des Kosmetikkonzerns Fabergé, was ihm die Gelegenheit zu ausgiebigen Weltreisen mit seiner Tochter gab. Den Künstlernamen *Grant* hatte er nach seiner Einbürgerung in den USA angenommen (zu engl. *to grant*, »gewähren, bewilligen«). Sein Geburtsname klingt wie engl. *leach*, »auslaugen, sich auflösen«, oder – noch schlimmer – wie *leech*, »Blutegel«. Dabei sind Namen wie *Leach*, *Leech* und *Leetch* wohl von der altenglischen Berufsbezeichnung *leech*, »Arzt«, herzuleiten. Ein *Grant* von Geburt an war indes *Ulysses Simpson Grant* (1822–1885), der während des Amerikanischen Bürgerkriegs zunächst die Truppen der Nordstaaten befehligte, bevor der Republikaner 1869 zum 18. Präsidenten seines Landes gewählt und erst 1877 von seinem Parteifreund Hayes abgelöst wurde.

Grass *Günter* (geb. 1927), Graphiker, Bildhauer und Schriftsteller deutsch-polnischer Herkunft. Zu seinen bekanntesten Romanen zählen »Die Blechtrommel«, »Hundejahre« und »Der Butt«. Sein Name scheint verlockend leicht erklärbar zu sein, ist indes aus mhd. *graz*, »zornig«, zu *grāzen*, »toben, wüten«, entstanden und steht in völligem Einklang mit dem eher bärbeißigen Naturell des Schriftstellers.

Gratian (359–383) wurde 375 n. Chr., als sein Vater Valentinian I. starb, römischer Kaiser über das Westreich (zusammen mit seinem unmündigen Bruder Valentinian II. als Augustus). Sein Onkel Valens regierte im Ostteil. Als dieser bei Adrianopel im Kampf gegen die Goten fiel, ernannte er Theodosius I. zu dessen Nachfolger. *Gratian* legte den heidnischen Titel eines Pontifex Maximus ab und förderte ab 378 den christlichen Glauben. Da er zudem die germanischen Soldaten in seinen Legionen bevorzugte, verwundert es nicht, dass ihm 383 die Macht streitig gemacht und er schließlich ermordet wurde. Der Name des Kaisers, der vollständig *Flavius Gratianus* lautete, bedeutet in etwa »der Anmutige«, »der Liebenswürdige«, zu lat. *gratia*, »Freundschaft, Charme, Dank«. → *Flavius*

Gratidius hieß ein römisches Geschlecht, aus dem z. B. die Großmutter Ciceros, *Gratidia*, stammte; zu lat. *gratia*, »Anmut, Ansehen, Gunst« und »Dank«.

Graves *Robert* (1895–1985), eigentlich *Robert von Ranke-Graves*, war ein englischer Schriftsteller irisch-deutscher Abstammung. (Sein Urgroßvater war der deutsche Geschichtsforscher Leopold von Ranke.) Von 1961 bis 1966 war er Professor für Poetik an der Universität Oxford. Größeren Erfolg als mit seiner Lyrik hatte er allerdings mit seinen historischen Romanen (z. B. „Ich, Claudius, Kaiser und Gott«, »Belisar, der Ruhmreiche« und »König Jesus«). Die Bedeutung des deutschen Namenanteils ist offensichtlich, während *Graves* zu kühnen Vermutungen Anlass gibt, schließlich bedeutet engl. *grave* »Grab«. Wahrscheinlich ist der Name, der sich seit dem 12. Jahrhundert von *Greiue* über *Greive* zu *Graue* und *Grave* wandelte, jedoch skandinavischer Herkunft und gehört zu anorw. *greifi*, »Verwalter«, oder adän. *grefe*, »Graf« – eine würdige Ergänzung des deutschen Adelsnamens *von Ranke*.

Green *Julien* (1900–1998), amerikanischer Schriftsteller, der in französischer Sprache schrieb. Ursprünglich calvinistisch, trat er mit 15 Jahren zum Katholizismus über. Seine Romane und Theaterstücke handeln von dem oft hilflosen Kampf des Menschen gegen das Böse und seinem Streben nach einer besseren Welt (z. B. »Adrienne Mesurat«, »Léviathan«, »Der Geisterseher«, »Moira« und »Jeder Mensch in seiner Nacht«). *Green* ist das englische Wort für »grün«. Der Name bezeichnete entweder jemanden, der »im Grünen«, vielleicht nahe dem *village green*, also dem »Dorfanger«, wohnte oder der noch recht jung und unerfahren war (vgl. engl. *greenhorn*).

Gregor bedeutet »der Wachsame«, »der Rege«, zu grch. *egregorénai* (ἐγρηγορέναι), »wachen, Wache stehen«. Immerhin trugen 16 Päpste diesen bedeutungsvollen Namen, z. B. *Gregor V.* (996–999), der als erster deutscher Papst schon mit 24 Jahren auf dem Stuhl Petri saß und sich schon bald mit dem Gegenpapst Johannes XVI. auseinander setzen musste; er starb nach nur dreijährigem Pontifikat an Malaria. Auch *Gregor X.* (1271–1276) erzielte einen Rekord, denn er war der Papst mit dem bislang wohl längsten Wahl-Konklave: Es dauerte nach dem Tod von Papst Klemens IV. im Jahr 1268 insgesamt zwei Jahre, neun Monate und zwei Tage. Erst als die Bevölkerung der mittelitalienischen Stadt Viterbo, wo die Wahl stattfand, den Kardinälen die weitere Lebensmittelversorgung versagte und schließlich sogar das Dach über ihnen abbrach, ging aus Angst vor herbstlichen Unwettern plötzlich alles sehr schnell. Auch *Gregor XII.* (1406–1415) ist erwähnenswert, weil er im Verlauf des Konzils von Konstanz zum Rücktritt aufgefordert wurde und tatsächlich zurücktrat. → *Johannes*

Grenville *George* (1712–1779), britischer Politiker aus einer alten Adelsfamilie, der die Earls of Temple und die letzten Herzöge von Buckingham entstammten. Der Schwager des älteren Pitt war von 1763 bis 1765 Ministerpräsident. Unter ihm erging 1765 die so genannte Stempelakte, die für alle Druckmedien einen kostenpflichtigen Stempel forderte. Dieses neue britische Steuergesetz wurde in den amerikanischen Kolonien als Provokation empfunden und trug mit zur späteren Unabhängigkeitserklärung (1776) bei. *Grenville* ist ein alter anglo-normannischer Name, der auf den Ort *Grainville-la-Teinturière* an der unteren Seine zurückgeht (zu frz. *grain*, »Korn«, und *teinturière*, »Färber, Färberin«).

Grieg *Edvard* (1843–1907), norwegischer Komponist, der wegen seiner von der Volksmusik beeinflussten lyrischen Klavierstücke und Lieder weltbekannt ist. Solvejgs Lied aus seiner Musik zu Ibsens Schauspiel »Peer Gynt« ist zum Inbegriff norwegischer Musik geworden. Seine Familie stammte aus Schottland, und sein Vater war britischer Konsul in Bergen. Der Name *Grieg* stammt von schottisch *Greg*, einer Kurzform von *Gregory*, zu grch. *egregorénai* (ἐγρηγορέναι), »wachen, Wache stehen«. → *Gregor*

Grillparzer *Franz* (1791–1872), Wiener Dichter, der nach anfänglichen Erfolgen mit seiner Jugendarbeit »Sappho« bei Hof und beim Publikum auf Ablehnung stieß und sich nach dem Misserfolg mit dem Lustspiel »Wehe dem, der lügt« gekränkt zurückzog. Er hielt alle weiteren Dramen unter Verschluss und erlebte erst in seinen letzten Lebensjahren die verdiente Anerkennung für seine Werke (z. B. »Das goldene Vlies«, »Ein treuer Diener seines Herrn«, »Die Jüdin von Toledo«, »Der Traum ein Leben« und »Ein Bruderzwist in Habsburg«). Der Name *Grillparzer* verweist auf *Grillparz* in Oberösterreich, den Herkunftsort seiner Ahnen (wohl zum Tiernamen *Grille* und bair.-öster. *Parze*, »kleiner mit Heidelbeeren oder Erika bestandener Hügel«).

Grimaldi war der Name einer alten genuesischen Adelsfamilie, die seit Mitte des 15. Jahrhunderts die Herrschaft über das malerisch an der Französischen Riviera gelegene Fürstentum Monaco ausübt. Der Name, von ital. *grimaldello*, bedeutet »Dietrich« (für ein schlüsselähnliches Einbrecherwerkzeug) – nicht ganz unpassend, denn die *Grimaldis* waren ursprünglich eine italienische Piratenfamilie. → *Garibaldi* und *Rainier*

Grimm *Jakob* (1785–1863) und *Wilhelm* (1786–1859), zwei deutsche Sprachwissenschaftler, die als Begründer der germanischen Philologie gelten. Die beiden Brüder waren begeisterte Sammler alles Volkstümlichen und gaben von 1812 bis 1814 die »Kinder- und Hausmärchen«, von 1816 bis 1818 »Die Deutschen Sagen« heraus. Ab 1819 folgte eine vierbändige »Deutsche Grammatik« und als Krönung ihres Lebenswerks von 1852 bis 1861 ein 16-bändiges »Deutsches Wörterbuch«. Ihr Bruder *Ludwig Emil Grimm* (1790–1863), Professor an der Kunstakademie in Kassel, war übrigens ein bekannter Maler und Kupferstecher. Es liegt nahe, den Namen *Grimm* dem mittelhochdeutschen Wort *grim(me)*, »unfreundlich, grimmig, wild«, zuzuordnen, er könnte jedoch auch vom bayerischen Ortsnamen *Grimm* stammen oder auf altnordisch *grima*, »die Maske«, zurückzuführen sein (vgl. *Grimasse*).

Grimmelshausen *Hans Jakob Christoffel von* (um 1620–1676) war ein deutscher Erzähler, der sich ohne geregelte Schulbildung eine große Gelehrsamkeit erwarb. Die Werke des fantasiereichen und kraftvollen Fabulierers waren wegen seiner ständig wechselnden Pseudonyme fast zwei Jahrhunderte lang vergessen und wurden erst in der Romantik wiederentdeckt. Sein Hauptwerk ist ohne Zweifel der »Simplicissimus« (genauer: »Der Abentheuerliche Simplicissimus Teutsch«, 1669). Zu seinen weiteren Abenteuerromanen zählen »Die Lebensbeschreibungen der Landestörtzerin Courage«, »Der seltzame Springinsfeld«, »Der ewig währende Kalender« und »Das wunderbarliche Vogelnest«. Sein Geburtsname *Grimmelshausen* basiert auf mhd. *grim*, »grimmig, wütend«. Seine zahlreichen Tarnnamen – *German Schleifheim von Sulsfort, Melchior Sternfels von Fugshaim, Samuel Greifensohn von Hirschfelt, Erich Stainfels von Greifensholm, Simon Lenfrisch von Hartenfels, Israel Fromschmit von Hugenfels* – haben eine Gemeinsamkeit: Bei allen handelt es sich um ein Anagramm aus den Buchstaben seines wirklichen Namens, und stets erscheint das adlige *von* vor dem fiktiven Namen (bis auf den Decknamen *Seigneur Messmahl*, bei dem er dieses Wörtchen durch den französischen Titel *Seigneur* ersetzte). Der Haudegen *von Grimmelshausen* hatte schon in jungen Jahren an manchem Krieg teilgenommen, war im Privatberuf Schreiber eines Grafen, später Kanzleischreiber eines Festungskommandanten und danach Regimentssekretär gewesen, hatte als Schankwirt gearbeitet und war schließlich Schultheiß geworden; er hatte also guten Grund, seine Schelmenerzählungen unter falschem Namen zu veröffentlichen.

Gris *Juan* (1887–1927), eigentlich *José Victoriano González*, hieß ein in Spanien geborener französischer Maler, der die zweite Hälfte seines Lebens in Paris verbrachte, wo er Picasso und Braque kennen lernte. Sein Pseudonym bedeutet »der Graue« (zu span. und frz. *gris*, »grau«). Der spanische Geburtsname ist aus dem mittelalterlichen Rufnamen *Gonzalo* und der patronymischen Endung *-ez*, »Sohn des ...« gebildet. Bei *Gonzalo* handelt es sich um eine Ableitung vom germanischen Rufnamen *Gundisalvus*, zu ahd. *gund*, »Kampf«, und lat. *salvus*, »heil, gesund«.

Gropius *Walter* (1883–1969), deutscher Architekt. 1919 gründete er das Staatliche Bauhaus in Weimar und wurde dessen Direktor. (1926 wurde es nach Dessau verlegt.) Ab 1928 lebte und arbeitete er in Berlin, 1935 floh er, da die Nazis alle Bauhausarchitekten als »jüdisch-bolschewistisch« einstuften, nach London, zwei Jahre darauf emigrierte er in die Vereinigten Staaten, wo er an der Harvard-Universität unterrichtete und bis zu seinem Tod lebte. *Gropius* gilt als einer der bedeutendsten Architekten des 20. Jahrhunderts, der sich intensiv mit dem Massenwohnbau auseinander setzte und im Wohnhochhaus eine mögliche Lösung der städtebaulichen und sozialen Probleme des Siedlungsbaus sah. Sein Name ist eine latinisierte Form von *Groper*, zu mnd. *groper*, »Töpfer«.

Grotewohl *Otto* (1894–1964), deutscher Politiker. Der gelernte Buchdrucker war ab 1920 Mitglied des Landtags in Braunschweig und seit 1921 dort zunächst Minister des Inneren und dann Justizminister. Von 1925 bis 1933 gehörte er dem Deutschen Reichstag an. Nach dem Ende des Zweiten Weltkriegs wurde er Vorsitzender des Zentralausschusses der SPD und vereinigte diese 1946 mit der KPD zur Sozialistischen Einheitspartei Deutschlands (SED). Bei der Gründung der Deutschen Demokratischen Republik wurde *Grotewohl* deren erster Ministerpräsident. Der Name *Grotewohl* könnte aus der Wunschformel »es gerate wohl« entstanden sein, wie sie bei der Gesellentaufe üblich war. Möglich ist auch eine Herleitung von mnd. *grot*, »groß«, und *wol*, »Wall, Erddamm« (obschon diese Auslegung besser zu Ulbricht, dem Erbauer der Berliner Mauer, gepasst hätte).

Grünewald *Matthias* (um 1470–1528) hieß in Wirklichkeit *Mathis Gothardt*. Den falschen Namen, unter dem der deutsche Maler weltberühmt werden sollte, verdankte er einem fehlerhaften Eintrag in der »Teutschen Academie« von 1675. Um die Verwirrung vollständig zu machen, trug er außerdem den Beinamen *Nithart*, sodass seine übliche Signatur *MGN* (*Mathis Gothardt Nithart*) Sinn erhält. *Grünewald* – bleiben wir bei diesem Namen, dessen Bedeutung so leicht zu durchschauen ist – war bischöflicher Hofmaler gewesen, bevor er seine Meisterwerke, den gewaltigen »Isenheimer Altar« in Colmar sowie den »Tauberbischofsheimer Altar«, schuf. Weitere große Altäre, z. B. für den Mainzer Dom, sind leider verschollen. Erhalten sind jedoch eine Reihe von Gemälden und Zeichnungen, die zu den kostbarsten Zeugnissen abendländischer Kunst gehören. Sein Familienname ist gebildet aus ahd. *got*, »Gott«, und *harti*, »hart«. Sein Beiname *Nithart* bedeutet im Mittelhochdeutschen »Neidhammel, Rivale« – ein Hinweis auf eine völlig überflüssige Charakterschwäche, da er die Konkurrenz seiner Zeitgenossen kaum zu fürchten brauchte.

Gryphius *Andreas* (1616–1664) hieß eigentlich *Andreas Greif*. Der wortgewaltige deutscher Schriftsteller des Barock verfasste neben seinen pathetischen Sonetten und Oden düstere Trauerspiele, aber auch derbe, volksnahe Lustspiele. Seinen Namen *Greif*, von mhd. *grif*, »Greif, fabelhafter Vogel«, latinisierte er dem Zeitgeist entsprechend zu *Gryphius*.

Grzimek *Bernhard* (1909–1987) war ursprünglich Tierarzt. Nach dem Zweiten Weltkrieg wurde er Direktor des Zoologischen Gartens in Frankfurt a. M., ab 1960 unterrichtete er als Hochschullehrer in Gießen. Mit seinen Büchern, Fernsehsendungen und Naturfilmen machte er immer wieder auf die Bedrohung von Tierarten in freier Wildbahn aufmerksam. *Grzimek* ist ein von dem altpolnischen Rufnamen *Pielgrzym*, aus mlat. *peregrinus*, »Pilger«, hergeleiteter und mit dem Verkleinerungssuffix *-ek* abgerundeter Familienname – ein trefflicher Name für einen Wissenschaftler, der immer wieder nach Afrika reiste, um das Verhalten wilder Tiere zu erforschen und zu dokumentieren.

Guan-Yin heißt im chinesischen Buddhismus die Göttin der Liebe und des Mitgefühls. Sie vermag u. a. Gefangene zu befreien und fast jede Krankheit zu heilen. Obendrein gilt sie als Schutzgöttin der Mütter und Lehrerin des Reisanbaus. Ihr Name bedeutet »die den (flehenden) Ton beachtet«, aus chin. *guan*, »betrachten, wahrnehmen«, und *(scheng)yin*, »Ton, Klang, Schall«.

Guillotin *Joseph Ignace* (1738–1814), französischer Arzt und Politiker. Vor der Französischen Revolution mit umfangreichen Forschungsmitteln durch König Ludwig XV. ausgestattet, vervollkommnete der Mediziner 1789 ein bereits bekanntes Hinrichtungsgerät, dessen einwandfreies Funktionieren ausgerechnet sein königlicher Auftraggeber und dessen Gemahlin Marie-Antoinette 1793 am eigenen Leib erfahren mussten. *Guillotin* ist eine Verkleinerungsform von *Guillot*, dieses wiederum ein Ableitung von dem Namen *Guillaume*, der unserem Rufnamen *Wilhelm* entspricht; zu ahd. *willo*, »Wille«, und *helm*, »Schutz«.

Guinness *Sir Alec* (1914–2000), englischer Schauspieler. Als verwandlungsfähiger Mime brillierte er auf der Bühne in Shakespeare-Aufführungen, als Filmschauspieler bleibt er unvergessen wegen seiner Rollen in »Adel verpflichtet«, »Ladykillers«, »Die Brücke am Kwai«, »Unser Mann in Havanna«, »Lawrence von Arabien«, »Doktor Schiwago« und »Die Stunde der Komödianten«. Der Name *Guinness* bedeutet – wie könnte es anders sein – »erste Wahl«. Er ist eine jüngere Form von *Maguinnes*, zu ir. *Mag Aonghuis*, »Sohn des Angus«. *Aonghus* war ursprünglich der Name eines keltischen Gottes und setzt sich zusammen aus ir. *aon*, »ein«, und *ghus*, »Auswahl«. (In Schottland würde der Name übrigens *Macinnes* lauten.)

Guise war der Name einer französischen Herzogsfamilie, einer 1675 erloschenen Seitenlinie des Hauses Lothringen. Die Herzöge waren durch die Reihe erbitterte Gegner der Hugenotten. Herzog *François de Lorraine* (1519–1563) z. B. lieferte mit dem so genannten Blutbad von Vassy 1562 den Anlass für den ersten Hugenottenkrieg, während sein Sohn *Henri I. de Lorraine* (1550–1588), dem man den treffenden Beinamen *le Balafré* (»der mit der Hiebwunde«) gab, einer der Urheber der berüchtigten Bartholomäusnacht (1572) war, in der man Tausende von Hugenotten samt ihren adligen Anführern, die zur Hochzeitsfeier des Königs Heinrich von Navarra in Paris weilten, ruchlos ermordete, obwohl man ihnen freies Geleit zugesichert hatte. Der Herzogsname *Guise*, vermutlich verwandt mit *Guido* (zu ahd. *witu*, »Wald«), bezieht sich auf den gleichnamigen Ort an der Oise.

Guitry *Sacha* (1885–1957) hieß mit vollem Namen *Alexandre Pierre Georges Guitry*. Sein Vorname *Sacha* ist die russische und französische Koseform von Alexander. Der in St. Petersburg geborene französische Schriftsteller, Filmschauspieler und Regisseur war der Autor von etwa 130 erfolgreichen Boulevardstücken. In vielen seiner Komödien spielte er selbst mit oder führte Regie. Darüber hinaus schrieb er Libretti für Operetten und Drehbücher für Filme, in denen er ebenfalls Rollen übernahm (z. B. in seiner Autobiographie »Roman eines Schwindlers«). Auch sein Vater *Lucien Guitry* (1860–1925) war zu seiner Zeit ein bekannter Schauspieler gewesen. *Guitry* (oder *Guidry*) ist ein Familienname germanischer Herkunft, aus dem alten Rufnamen *Widric*, zu ahd. *witu*, »Wald«, und *rihhi*, »reich, mächtig« (vgl. den verwandten Namen *Guido*).

Guru, im Sanskrit *gurú*, »Ehrwürdiger«, ist der Titel eines spirituellen Meisters im Buddhismus, vor allem bei den Sikhs (die einem reformierten Hinduismus, d. h. einer Art Mischung von Hinduismus und Islam anhängen; zu skr. *shisya*, »Lernender, Schüler«). Ein *Guru*, der sich durch eine rigorose Selbstdisziplin auszeichnet, ist ein Spezialist für individuelle Erlösungswege. Der *Guru* entspricht im Tibetischen dem *Lama*, dessen Titel ebenfalls »Erhabener« bedeutet. → *Dalai-Lama*

Gutenberg *Johannes* (ca. 1390–1468), eigentlich *Johannes* oder *Henne Gensfleisch*, deutscher Erfinder der Buchdruckkunst mit beweglichen Metalllettern. Sein bekanntestes Werk ist die »Gutenberg-Bibel«, die er 1455 vollendete. Die Frankfurter Familie *Gutenberg* nannte sich wohl nach ihrem Haus »Zum Gutenberg«, was auf jeden Fall angenehmer klingt als der ursprüngliche Name »Gänsefleisch«.

Gutiérrez → *García*

Guzmán *Domingo de* (1170–1221), spanischer Prediger und Gründer des nach ihm benannten *Dominikanerordens*. Dieser war 1216 in Toulouse aus einer Genossenschaft von in völliger Armut lebenden Priestern hervorgegangen, deren ursprüngliche Aufgabe die Bekehrung der Albigenser und anderer »Ketzer« war – ein Ziel, das man oft nur mit den Mitteln der Inquisition erreichen zu können glaubte und das für lange Zeit in der Zuständigkeit der Dominikaner blieb (weswegen man die Angehörigen dieses Ordens früher abfällig auch *Domini canes*, »die Hunde des Herrn«, nannte). Der theologische Eiferer *Dominikus* wurde bereits wenige Jahre nach seinem Tod heilig gesprochen. Sein Vorname ist recht treffend für einen dogmatischen Glaubenskämpfer, geht *Domingo* doch auf lat. *dominicus*, »dem Herrn gehörig«, zurück (vgl. span. *domingo*, »Tag des Herrn«, also »Sonntag«). Der recht alte Name *Guzmán* soll germanischen Ursprungs sein, etwa »guter Mann« bedeuten und früher einen Edelmann oder Offizier bezeichnet haben.

Gyges [grch. Γύγης] kann »Erdgeborener« und – wie *Gígas, Gígantos* (Γίγας, Γίγαντος) – auch »Riese« bedeuten (vgl. *Gigant*). *Gyges*, ein hundertarmiger Riese, war der Sohn der Erdgöttin *Ge* und ihres eigenen Sohns *Uranos*, zu grch. *gê (γῆ)*, »Erde« (vgl. *Geographie, Geologie*) und *génesis (γένεσις)*, »Ursprung, Entstehung« (vgl. *Genesis* und *Genese*). Der lydische König *Gyges* (7. Jahrhundert v. Chr.) besaß nach der Sage einen mythischen Ring, der ihn unsichtbar machen konnte.

Habe *Hans* (1911–1977), deutsch-amerikanischer Schriftsteller, Essayist und Publizist ungarischer Herkunft. Vor dem Zweiten Weltkrieg war er Journalist in Wien und ging 1940 nach Amerika. Als Presseoffizier und Leiter der Einheit für psychologische Kriegsführung nahm er 1944 an der Landung der Alliierten in der Normandie teil und half in München, zusammen mit Stephan Heym und Erich Kästner, bei der Gründung deutscher Zeitungen. Bis 1952 war er Chefredakteur von Illustrierten. Außerdem schrieb er Unterhaltungsliteratur, Zeit- und Filmbücher. Sein ungarischer Geburtsname, den er zu Gunsten des schlichten deutschen Namens *Habe* eintauschte, war *János Békessy* gewesen (sozusagen »Hans der Friedfertige«), zu ungar. *békés*, »friedlich«, und *béke*, »Friede«. Seinen Vornamen hat er praktisch behalten, denn *János* ist die ungarische Form von *Johannes* und *Hans*.

Habermas *Jürgen* (geb. 1929), deutscher Philosoph und Soziologe der zweiten Generation der Frankfurter Schule. Ende der 1960er-Jahre hatte er während der Studentenbewegung einen starken Einfluss auf die Positionen der nicht radikalen Linken. Sein Name legt nahe, dass seine Vorfahren aus einem bäuerlichen Umfeld stammten, denn *Habermas*, zu mhd. *haber*, »Hafer«, und *māze*, »Maß, Menge«, verweist auf die alte Verpflichtung des Bauern, dem Grundherrn einen Teil seiner Ernte zu überlassen. (Vielleicht bedeutet der Name aber auch schlicht »Hafermahlzeit«, zu mhd. *maz*, »Essen, Mahl«.)

Habsburg war ursprünglich der Name einer 1020 erbauten Burg im Schweizer Kanton Aargau (zu mhd. *habech*, »Habicht«). Sie wurde der Stammsitz des ehemaligen österreichischen Kaiserhauses, der *Habsburger*, die im 13. Jahrhundert zu einem der bedeutendsten Geschlechter Südwestdeutschlands aufstiegen, als 1273 Graf *Rudolf von Habsburg* als *Rudolf I.* zum deutschen König gewählt wurde. Er konnte durch seinen Sieg über Ottokar von Böhmen 1278 die Herzogtümer Österreich und Steiermark für sein Haus hinzugewinnen, während sein Sohn Albrecht nach dem Aussterben der Přemysliden den *Habsburger* Besitz um das Königreich Böhmen erweiterte. Im 14. und 15. Jahrhundert gingen zwar die Besitzungen in der Schweiz verloren, dafür konnten die *Habsburger* aber die Herrschaft in ihren österreichischen

Stammlanden festigen sowie Kärnten, Krain und Tirol erwerben. Durch die Heirat Kaiser Maximilians I. (1493–1519) mit Maria, der Erbtochter Burgunds, gelangten auch die reichen Niederlande in die Hand der *Habsburger*. 1556, nach dem Tod Kaiser Karls V., teilte sich das österreichische Haus *Habsburg* unter seinem jüngeren Bruder Ferdinand I. und seinem Sohn Philipp II. in zwei Linien, von denen eine in Spanien (bis 1700), die andere in Österreich regierte. Als mit Karl VI. der Mannesstamm der österreichischen *Habsburger* erlosch, entstand 1736 durch die Heirat seiner Erbtochter *Maria Theresia* mit Herzog *Franz Stephan von Lothringen* (1745 zum Kaiser gekrönt) das neue Haus *Habsburg-Lothringen*, das bis 1918 über Österreich (ab 1867 über Österreich-Ungarn) herrschte.

Hades [grch. Ἅ(ι)δης] hieß in der griechischen Mythologie der Gott der finsteren Unterwelt, dessen Name dem des römischen *Pluto* entspricht. *Hades*, Bruder des *Zeus*, stand auch für die Hölle und die Unterwelt selbst, in die furchtbare Erdschlünde hinabführen. Dieser Name tauchte allerdings erst in der nachhomerischen Zeit auf, zuvor hieß der Gott *Ais* [Ἅις] oder *Aïdes* [Ἀΐδης] – aus *a* (ἀ), »ohne, nicht«, und *ideîn* (ἰδεῖν), »sehen, erblicken, wahrnehmen« – also »der Unsichtbare« (vgl. *Idee*). Freundlicher betrachtet war er der Besitzer und Spender des Reichtums unter der Erde, vor allem der Metalle, daher hieß er im täglichen Leben und in den Mysterien auch *Pluton* (Πλούτων), »der Reiche«, zu grch. *ploutein* (πλουτεῖν), »reich sein«, während *Hades* mehr sein epischer Name war.

Hadrian war ein römischer Beiname, z. B. des Kaisers *Publius Aelius Hadrianus* (117–138 n. Chr.), dessen Mausoleum heute als die Engelsburg in Rom bekannt ist. Der Beiname *Hadrianus* bezeichnete einen Bewohner der Stadt *Hadria* (heute: *Adria* an der Pomündung). Die Römer nannten auch das Adriatische Meer *Hadria* (vgl. den *Hadrianswall* quer durch den Norden Englands, den Kaiser *Hadrian* als Verteidigungslinie gegen die aggressiven nördlichen Stämme bauen ließ). Auch sechs Päpste wählten ausnahmsweise diesen heidnischen Namen, unter ihnen *Hadrian IV.* (1154–1159), der als bislang einziger englischer Papst zuvor *Nikolaus Break-Spear* hieß (d. h. »Bruch-Speer«; vgl. *Shakespeare*), und *Hadrian VI.* (1522–1523), den man nur bei großzügiger Auslegung einen deutschen Papst nennen kann, denn er stammte nach heutigem Maßstab aus dem niederländischen Utrecht, das damals allerdings zum Heiligen Römischen Reich Deutscher Nation gehörte. Geboren wurde er als *Adrian Florisz*. Er hat also lediglich seinen alten Vornamen zu *Hadrian* latinisiert.

Hafis, »Bewahrer«, ist ein arabischer Ehrentitel für jemanden, der den Koran auswendig kennt. So nannte man auch jenen großen persischen Dichter, der eigentlich *Schams od-Din Mohammed* hieß (etwa 1327–1390). In seiner Lyrik besang er die Knabenliebe, den alle Schleier des Verborgenen lüftenden Wein und die Schönheit der Natur, insbesondere in seiner Heimatstadt Schiras. Seine Werke wurden nach seinem Tod in einem Diwan, einem »Gedichtsband«, gesammelt, der Goethe zu seinem »West-östlichen Divan« animierte. Der Name des mystischen Dichters *Schams od-Din* (auch: *Shams al-Din*) bedeutet »die Sonne der Religion«. → *Saladin*

Hagar, ägyptische Sklavin der Sara, Abrahams Frau, die ihm den Erstgeborenen Ismael zur Welt brachte. Ihr hebräischer Name *Hagar* bedeutet »die Verlassene«, und in der Tat hat Abraham sie mit ihrem Sohn in die Wüste geschickt, als Sara wider Erwarten doch noch einen Sohn gebar. → *Isaak*

Hahn *Otto* (1879–1968), deutscher Chemiker, der 1938 die Kernspaltung des Urans entdeckte, wofür er 1944 mit dem Nobelpreis für Chemie ausgezeichnet wurde. Sein Name, von mhd. *han*, »Hahn«, dürfte in früheren Zeiten einen stolzen, vielleicht auch einen streitsüchtigen Menschen bezeichnet haben (urverwandt mit lat. *cantare*, »singen, krähen«). Denkbar ist auch eine Herkunft aus einem Ort wie *Hahn*, *Hagen* oder *Hain*.

Haider *Jörg* (geb. 1950), österreichischer Jurist und Politiker aus deutschnationalem Elternhaus. Seit 1989 Landeshauptmann (Ministerpräsident) von Kärnten, wurde er 1991 auf Grund einer Äußerung über die »ordentliche Beschäftigungspolitik im Dritten Reich« abgewählt, 1999 kehrte er jedoch auf seinen alten Posten zurück. Ab 1986 führte er die Freiheitliche Partei Österreichs (FPÖ), die in dieser Zeit einen starken Stimmzuwachs verzeichnete. 2000 legte er den Parteivorsitz nieder. 2005 gründete er mit anderen ehemaligen FPÖ-Mitgliedern das Bündnis Zukunft Österreich (BZÖ). Der Name *Haider* ist eine Nebenform von *Heider* und bezog sich früher auf einen Wohnsitz in der »Heide«.

Hakon (norw. *Håkon*) ist ein alter skandinavischer Vor- und Königsname mit der Bedeutung »hochgeborener Sohn« (zu anord. *há*, »hoch«, und *konr*, »Sohn«. Der bislang Letzte dieses Namens war ein dänischer Prinz (1872–1957), der 1905 als *Håkon VII.* den norwegischen Thron bestieg. Im Zweiten Weltkrieg leitete er den bewaffneten Widerstand gegen die deutschen Besatzer. Nach seiner Niederlage ging er nach Großbritannien und kehrte erst 1945 in sein Land zurück.

Halley *Edmond* (1656–1742), englischer Astronom und seit 1721 Direktor der Sternwarte von Greenwich. Der vielseitige Wissenschafter befasste sich mit der Entfernung zwischen Erde und Sonne, gab einen Katalog des südlichen Sternenhimmels heraus, erstellte eine Sterbetafel als Grundlage für die Lebensversicherung, veröffentlichte Karten mit Angabe der Missweisung der Magnetnadel für verschiedene Punkte der Erdoberfläche, fand eine Formel zur barometrischen Höhenmessung und entdeckte den Zusammenhang zwischen Erdmagnetismus und Polarlichtern. Wirklich bekannt aber wurde er, als er 1682 die Umlaufzeit des nach ihm benannten Kometen mit 76 Jahren angab und seine Wiederkehr für 1758/59 voraussagte. Der Name *Halley* besagt, dass es sich bei seinem ersten Träger um einen Siedler nahe einer »Lichtung mit einem Herrenhaus« handelte (zu aengl. *hall*, »Landgut, Herrenhaus«, und *leah*, »Waldlichtung«).

Hallyday *Johnny* (geb. 1949) hieß mit richtigem Namen *Jean-Philippe Smet*. Der französische Sänger und Filmschauspieler war der Sohn eines Belgiers und einer Französin und nahm erst 1961 die französische Staatsbürgerschaft an. Seit 1959 trug er durch seine Songs zur Popularität der Rock-and-Roll Musik in Frankreich bei. Der englische Name *Hallyday* ist eine Form des Wortes *Holiday* (zu aengl. *haligdæg*, »heiliger Tag«) und wurde früher Kindern gegeben, die an einem religiösen Festtag, z. B. Weihnachten, geboren wurden. Sein wirklicher, aus dem Flämischen stammender Name dürfte eine Ableitung von *Schmied* sein (vgl. mnd. *smit* und *smet*). Die Tatsache, dass *smet* im heutigen Niederländischen jedoch »Klecks, Makel, Schandfleck« bedeutet, wird Grund genug für die Wahl eines unverfänglichen Pseudonyms (angeblich nach dem Freund seines Cousins) gewesen sein.

Hals *Frans* (1580–1666), niederländischer Maler, Schöpfer heiterer und lebhafter Porträts und Gruppenbildnisse. Sein Bruder *Dirck*

(1591–1656) war sein Schüler und Nachahmer. Ihr Name, zu ndl. *hals*, »Hals«, lässt vermuten, dass einer der Vorfahren entweder einen sehr kurzen oder schlanken Hals, vielleicht aber auch einen so genannten »Stiernacken« hatte. Hätte es sich um einen Spottnamen für den Maler *Frans Hals* gehandelt, wäre die erste Version zutreffend gewesen.

Ham (in der Vulgata: *Cham*) hieß der zweite Sohn Noahs, der Bruder des Sem und des Japhet. Er wurde der jüdische Stammvater der *Hamiten*, d. h. der Kanaaniter, Äthiopier und Sudanesen, der Ägypter und Libyer sowie der Berber und Tuareg. Als *Ham* einst in trunkenem Zustand seinen Vater nackt in seinem Zelt liegen sah und sich darüber lustig machte, wurden er (als Ahnherr der südlichen Völker) und seine Nachfolger mit dunkler Hautfarbe bestraft. Für alle Zeit sollten sie zu Dienern seiner Brüder Sem und Japhet sowie deren Nachkommen verdammt sein. Sein Name ist entweder hebräisch und bedeutet »der Heiße« – ein Hinweis auf die heißen, südlichen Länder – oder er stammt, wie manche Sprachforscher annehmen, von einem ägyptischen Wort für »der Schwarze«.

Hamerti, »Horus der beiden Augen«, war ein ägyptischer Lichtgott mit der Sonne und dem Mond als Augen. Er begleitete Rê und Osiris als Helfer im Kampf und beim Eingang ins Totenreich.

Hamilkar Barkas, ein karthagischer Feldherr im 3. Jahrhundert v. Chr. (gest. 228 v. Chr.), war der Vater Hannibals. Sein punischer Name *Ha-melk-art* bedeutet »großer König«, wobei *melk* verwandt ist mit hebr. *melek*, »König«, wie in *Melchisedek* und *Moloch*. Der zweite Teil des Namens, *Barkas*, ist wohl urverwandt mit arab. *barq*, »Blitz, Blitzstrahl« (vgl. hebr. *baraq*). Möglicherweise geht der Name *Barcelona* auf das gleiche Wort zurück.

Hamilton ist der Name eines alten schottischen Geschlechts mit der Bedeutung »Farm in einer zerklüfteten Landschaft«, zu aengl. *hamel*, »zerbrochen«, und *tun*, »Farm, Siedlung«. Am bekanntesten von allen Trägern dieses Namens ist wohl *Lady Emma Hamilton* (ca. 1765–1815), die Gemahlin des britischen Altertumsforschers und Diplomaten *Sir William Hamilton*, die 1798 die Geliebte Lord Nelsons wurde.

Hamlet heißt in Shakespeares gleichnamiger Tragödie der Prinz von Dänemark. Der Dichter benutzte einen altnorwegischen Namen, den er in seiner ursprünglichen Quelle, der *Historia Danica* (von Saxo Grammaticus, 12. Jahrhundert), gefunden hatte: *Amleth* oder *Amlothi*, wohl in der Bedeutung »Heim«.

Hammarskjöld *Dag* (1905–1961), schwedischer Diplomat. Der Vertreter einer strikten Neutralitätspolitik seines Landes auf internationalen Konferenzen war Generalsekretär der Vereinten Nationen von 1953 bis 1961. In seine Amtszeit fielen die Suez- und die Ungarnkrise im Jahr 1956. *Hammarskjöld* stürzte kurz nach Beginn der Kongokrise auf einer Dienstreise in dieses afrikanische Land mit dem Flugzeug ab. Sein Name bedeutet »Hammerschild«, aus schwed. *hammer*, »Hammer«, und *skjöld* (heute: *sköld*), »Schild«.

Hammurabi (auch: *Hammurapi*), 1728–1686 v. Chr., war der wohl bedeutendste babylonische König aus der Dynastie der Amoriter, dem die Wiedervereinigung seines Landes gelang, das in mehrere selbstständige Kleinstaaten zerfallen war. In die Geschichte eingegangen ist er indes als großer Gesetzgeber. Sein *Codex Hammurabi*, eine über zwei Meter hohe Steinstele mit eingemeißelten Gesetzestexten, befindet sich heute im Louvre. Sein Name enthält einen Hinweis auf seine geographische und dynastische Herkunft, denn mit *Ammuru*, »Westland«, bezeichneten die Babylonier sowohl die aus Kanaan eingedrungenen semitischen Nomaden (vgl. *Amoriter*) als auch deren ursprüngliche Heimat zwischen Mesopotamien und der Mittelmeerküste.

Hampton *Lionel* (geb. 1913), amerikanischer Jazzmusiker (Schlagzeuger und Vibraphonist) und Orchesterleiter. *Hampton* ist ein Herkunftsname und bezieht sich auf einen der vielen gleichlautenden Orte in Amerika und England, die wiederum nach dem alten Dorf *Hampton* an der Themse bei London benannt wurden, das berühmt ist wegen des von Heinrich VIII. erbauten *Hampton Court Palace*. (*Hampton* leitet sich her von aengl. *hamm*, »Flussschleife«, und *court*, »Hof, Herrenhaus«.)

Hamsun *Knut* (1859–1952), eigentlich *Knud Pedersen*, norwegischer Schriftsteller, der 1920 den Nobelpreis erhielt, z. B. für »Hunger«, »Segen der Erde« und »Auf überwachsenen Pfaden«. Sein Pseudonym ist abgeleitet vom Namen des kleinen Hofes auf der Halbinsel Hamaröy, auf dem er aufwuchs: *Hamsund*. Sein Geburtsname bedeutet »Sohn Peters«.

Han, der Name der chinesischen Dynastie, die China von 206 v. Chr. bis 221 n. Chr. beherrschte, leitet sich her von ihrem Gründer *Han Kao Tsu* (256–195 v. Chr.), der ursprünglich *Liu Pang* hieß. Das bis dahin unbekannte chinesische Wort *hàn* entwickelte danach die allgemeine Bedeutung »Person, Mann«, sodass man allen 24 Han-Herrschern den zusätzlichen Namen *Kao Tsu*, »hohe Familie«, gab. Der Geburtsname des Dynastiegründers setzte sich zusammen aus dem Nachnamen *Liu* (zu chin. *liu*, »töten«) und dem Vornamen *Pang* (zu chin. *pang*, »plump«).

Händel *Georg Friedrich* (1685–1759), deutscher Komponist, der nach anfänglichen Erfolgen in Italien und Deutschland 1710 Hofkapellmeister in Hannover wurde und von hier aus mehrmals London besuchte, wo seine Oper »Rinaldo« so gut aufgenommen wurde, dass er ab 1714 dort seinen ständigen Wohnsitz nahm und Hofkomponist wurde. Zu seinem umfangreichen Werk zählen neben Orgel- und Klavierkonzerten zahlreiche Orchesterkonzerte (Wasser- und Feuerwerksmusik), viele Opern (z. B. »Giulio Cesare«, »Alessandro« und »Arianna«) und ab 1738 eine ununterbrochene Reihe großer Chor-Oratorien, von denen der »Messias« bei seiner Uraufführung in Dublin 1742 eine solche Begeisterung auslöste, dass *Händel* zehn Jahre lang Werke dieser Gattung schuf und zu Wohlstand und hohem Ansehen gelangte. Sein Familienname ist wahrscheinlich eine Verkleinerungsform von »Hand«, könnte auch eine Ableitung von »Handel« darstellen, wobei das mittelhochdeutsche Wort *handel* einen großen Bedeutungsumfang hatte und eine »Handlungsweise« oder »Begebenheit« ebenso bezeichnen konnte wie eine »juristische Streitsache« oder eine »Ware«, aber auch ganz allgemein etwas, »das man unter den Händen hatte« – oder dass, wie im Fall des berühmten Namensträgers, alles zu gelingen schien, was auch immer er »in die Hand nahm«.

Handke *Peter* (geb. 1942), österreichischer Schriftsteller. Der Vertreter sprachexperimenteller und -kritischer Literatur wurde anfangs dadurch bekannt, dass er beklemmende Stücke ohne Handlung schrieb (z. B. »Publikumsbeschimpfung und andere Sprechstücke« und »Kaspar«). Als Erzähler kehrte er später zum traditionellen Schreiben zurück (z. B. »Wunschloses Glück«, »Der Chinese des Schmerzes«, »Die Wiederholung«). In letzter Zeit bezieht er auch politisch Stellung, etwa in seinem Essay »Eine winterliche Reise zu den Flüssen Donau, Save, Morawa und Drina oder Gerechtigkeit für Serbien« oder in seinem Drama »Die Fahrt im Einbaum oder das Stück zum Film vom Krieg«. Sein Name besteht aus einer tschechischen Kose- und Verkleinerungsform von *Johannes* (z. B. von *Hanek*, »Hans«, oder *Hanka*, »Hanna«).

Hanîfa → *Abû Hanîfa*

Hanna, der biblische Name der Mutter Samuels, kommt von hebr. *hana*, »gesegnet« – und tatsächlich war sie begünstigt von Gott, da er ihr einen Sohn schenkte, obschon sie als unfruchtbar galt.

Hannibal (247–183 v. Chr.), karthagischer Feldherr. Der Sohn des Hamilkar Barkas wurde im Zweiten Punischen Krieg berühmt für seine Alpenüberquerung mit Elefanten, sodass er unerwartet auf Rom marschieren konnte. Der Schreckensruf *Hannibal ad* (nicht: *ante*) *portas!* – »Hannibal an den Toren!« – ist noch heute in guter Erinnerung. Der Name des gefürchteten Militärführers bedeutet »Günstling des Baal«, zusammengesetzt aus pun. *hann*, »Gewogenheit«, und dem Namen des phönizischen Gottes *Baal*.

Hanuman, der indische Affengott, war der Verbündete und treue Gefährte des Rama. Seinen Namen – »der mit den starken Kinnbacken« (zu skr. *hánu*, »Kinnlade«) – soll er sich bald nach seiner Geburt verdient haben, als er, im Glauben, es handele sich um etwas Essbares, die Sonne ergriffen habe, um sie zu verschlingen. Da habe ihn der Donnergott Indra gestraft, indem er ihm einen Donnerkeil an die Kinnlade schleuderte, und ihn so von seinem frevlerischen Tun abgehalten.

Harachte, »Horus des Horizonts« (vgl. Achet-Aton), war ursprünglich ein Gott des Sonnenaufgangs. Später wurde er mit dem Sonnengott Rê verschmolzen zu *Rê-Harachte*. Die Einheit aus Rê und Horus wurde symbolisiert, indem Rê-Harachte als Falke mit einer Sonnenscheibe dargestellt wurde.

Hardenberg *Karl August Freiherr von* (1750–1822), preußischer Staatsmann. Er war mehrfach Minister gewesen, bevor er 1810 preußischer Staatskanzler wurde sowie in seiner Position als den König vertretender

»diktatorischer Premierminister« die Leitung der Finanzen, des Inneren und der Außenpolitik übernahm. Er reorganisierte Preußen nach dem Muster der napoleonischen Staatsverwaltung, führte die Gewerbefreiheit ein, säkularisierte das Kirchengut und machte Ernst mit der Emanzipation der Juden und der Befreiung der Bauern. Der Adelsname *von Hardenberg* bezieht sich auf den gleichnamigen Stammsitz dieses uralten, 1174 erstmals erwähnten Geschlechts in der niedersächsischen Gemeinde *Nörten-Hardenberg* am Leinetalrand. → *Novalis*

Harding *Warren Gamaliel* (1865–1923), amerikanischer republikanischer Politiker. 1921 wurde er als Gegner der Weltkriegspolitik seines Vorgängers Wilson zum 29. Präsidenten der Vereinigten Staaten gewählt. *Hardings* Staatsführung war ohne rechte Konzeption, doch hatte er fähige Minister, sodass seine Amtszeit die Prosperität der Zwanzigerjahre des vorigen Jahrhunderts einleitete. Der Name *Harding* bedeutet »der Harte«, zu aengl. *heard*, »hart«.

Hardouin-Mansart *Jules* (1598–1666), französischer Baumeister im Dienste König Ludwigs d. XIV., der die ersten bewohnbaren Dachgeschosse entwarf. Die Bezeichnung *Mansarde* erinnert an seinen Namen, dessen erste Hälfte dem alten deutschen Personennamen *Hartwin* entspricht (aus ahd. *harti*, »hart«, und *wini*, »Freund«), während die zweite Hälfte vielleicht zu afrz. *manse*, »landwirtschaftliche Nutzung«, zu okzit. *mas*, »Landbesitz« (vgl. engl. *mansion*, »Landhaus, Herrenhaus«) gehört.

Hardy ist ein nicht seltener britischer Familienname, der sich von mengl. *hardi*, »mutig, kühn« herleitet. *Thomas Hardy* (1840–1928) war ursprünglich Architekt gewesen, bevor er sich ab 1880 der Schriftstellerei zuwandte. Er schrieb Gedichte und von tiefem Pessimismus zeugende Romane (z. B. »Die Liebe der Fancy Day«, »Tess von D'Urbervilles« und »Juda die Unberühmte«), darüber hinaus eine Reihe von Kurzgeschichten und »The dynasts«, ein episches Drama über die Rolle Englands in den Napoleonischen Kriegen. Der berühmte amerikanische Filmkomiker *Oliver Hardy* (1892–1957) hieß eigentlich *Norvell Hardy*. Der Spitzname des korpulenten Schauspielers mit der schwarzen Melone, der zusammen mit seinem Partner Stan Laurel in Hunderten von »Dick und Doof«-Filmen spielte, war *Babe*, »Baby«. → *Laurel*

Harlekin ist eine Figur der *commedia dell' arte*, in der sie *Arlequino* heißt. *Harlekin* trägt stets eine schwarze Maske und ein Kostüm mit schwarz-weißem Rautenmuster. Sein Name stammt angeblich von afrz. *Herlequin* oder *Hennequin*, dem Namen eines Teufels in mittelalterlichen Legenden, vielleicht germanischen Ursprungs in der Bedeutung »Herle, der König«, womit Wotan gemeint sein könnte.

Harold war der Name jenes angelsächsischen Königs, der 1066 die berühmte Schlacht von Hastings und obendrein sein Leben verlor, sodass der normannischen Besetzung Englands nichts mehr im Wege stand. *Harold* kommt von aengl. *here*, »Heer, Armee«, und *weald*, »Herrscher«.

Harpyen [grch. Ἅρπυιαι], »Sturmvögel, Sturmwinde«, nannte die griechische Mythologie Winddämonen oder weibliche Ungeheuer mit Flügeln und Vogelkrallen, die es – ähnlich wie die von Odysseus beschriebenen Sirenen – auf Menschenraub abgesehen hatten. Im übertragenen Sinn galten sie auch als Verkörperung des alles dahinraffenden Hungers. Die Bezeichnung *Harpyen* beruht auf grch. *harpázein* (ἁρπάζειν), »rauben, erbeuten, plündern«, oder *hárpax* (ἅρπαξ), »Räuber«.

Harrison ist in Amerika der Name einer berühmten Familie, die zwei Präsidenten hervorbrachte. *William Henry Harrison* (1773–1841) wurde 1840 zum neunten Präsidenten der Vereinigten Staaten gewählt; er starb jedoch schon im darauf folgenden Jahr. Sein Enkel *Benjamin Harrison* (1833–1901), ebenfalls ein Republikaner, war von 1889 bis 1893 der 23. US-Präsident. Als er bei der nächsten Wahl seinem Konkurrenten *Cleveland* unterlag, kehrte er in seine Anwaltskanzlei zurück. Der Name bedeutet »Sohn des Harry«; *Harry* ist eine englische Kurzform zu *Henry*, »Heinrich«.

Härtling *Peter* (geb. 1933), deutscher Lyriker und Erzähler. Zu seinen bekannten Gedichten zählen »Spiegelgeist, Spiegelgeist« und »Yamins Stationen«, zu seinen Romanen etwa „Im Schein des Kometen«, »Niembsch oder Der Stillstand« und »Janek«. Sein Name scheint von einem Rufnamen wie *Hartmut* oder *Hartmann* herzurühren, zu ahd. *harti*, »hart«, und einer patronymischen Endung *-ling*.

Hartung *Hans* (1904–1989) hieß ein französischer Künstler deutscher Herkunft. Der Vertreter der gegenstandslosen Malerei, die man in der Nazizeit »entartet« nannte, floh 1932 vor der Gestapo nach Menorca, drei Jahre später nach Frankreich. Bei Kriegsbeginn trat er in die Fremdenlegion ein und kämpfte gegen die deutsche Wehrmacht. Erst 1945, als er schwer verletzt von der elsässischen Front nach Paris zurückkehrte, konnte er seine künstlerische Arbeit fortsetzen. Der Name ist von einer Form des Rufnamens *Hartmann* oder *Hartmut* abgeleitet (zu ahd. *harti*, »hart«).

Hasdrubal war der Name etlicher karthagischer Heerführer. Hier seien nur die beiden bekanntesten genannt: *Hasdrubal* (gest. 221 v. Chr.), der nach dem Tod seines Schwiegervaters Hamilkar Barkas Oberbefehlshaber in Spanien wurde, dort Neu-Karthago (heute: *Cartagena*) gründete und mit Rom einen Vertrag schloss, in dem er sich verpflichtete, den Ebro-Fluss nicht zu überschreiten. Hamilkar Barkas Sohn und der Bruder Hannibals hieß ebenfalls *Hasdrubal*. Wie Hannibal hatte er mit einem Heer die Pyrenäen und die Alpen überschritten, um sich in Italien mit seinem Bruder zu vereinigen, wurde aber in Mittelitalien 207 v. Chr. von den Römern geschlagen und getötet. Der Name *Hasdrubal* bedeutet »Baal hilft«, zusammengesetzt aus phön. *azru*, »Hilfe«, und dem Namen des Gottes *Baal* – im Fall der beiden Brüder war es mit dessen Hilfe indes nicht weit her.

Hashimoto *Ryutaro* (geb. 1937), japanischer Politiker. Im Alter von 26 Jahren war er bereits Abgeordneter der Liberal-Demokratischen Partei im Repräsentantenhaus, zwischen 1978 und 1995 hatte er verschiedene Ministerposten inne und 1995 wurde er zum Parteivorsitzenden und Ministerpräsidenten gewählt. Seinen Vornamen könnte man etwa mit »Schulkind« übersetzen (zu jap. *ryu*, »Schule«, und *taro*, »erster Sohn«), sein Familienname bedeutet »Brückenbasis« (zu jap. *hashi*, »Brücke«, und *moto*, »Fuß, Ursprung«).

Hassan (625–670), der Sohn Alis und der Fatima, gilt als der zweite schiitische Imam. Sein arabischer Name bedeutet »Der Gute«, »der Schöne«. *Hassan ibn al-Sabbah* (gest. 1124) war der Anführer der so genannten *Assassinen*, eines kurz vor Beginn der Kreuzzüge entstandenen islamischen Geheimbundes in Nordpersien, dessen Mitglieder unter dem Einfluss von Drogen selbstmörderische Attentate auf muslimische Fürsten, vor allem aber auf christliche Kreuzfahrer verübten. Die Bezeichnung *Assassinen* bedeutet im Arabischen »Haschisch-Genießer« (vgl. engl. und frz. *assassin*, »Meuchelmörder«). Daher klingt der Name dieses gefürchteten »Alten vom Berge«, der auf der hoch gelegenen Festung Alamût in Nordpersien residierte, wenig überzeugend: »Hassan (der Gute), Sohn dessen, der Gott verehrt«, zu arab. *sabbaha*, »Gott preisen«. *Hassan I.* (um 1830–1894) und sein Urenkel *Hassan II.* (1929–1999) waren marokkanische Könige. Letzterer versuchte, wenn auch bisweilen mit autoritären Methoden, sein Land zu modernisieren und genoss großes internationales Ansehen.

Hathor [in Hieroglyphen *hwt-Hr*] begegnet in der altägyptischen Mythologie als Göttin der Schöpfung sowie als Muttergöttin, als Beschützerin der Liebenden und der Gebärenden. Neben Isis galt sie als Mutter des Horus und aller Könige. Sie wurde kuhköpfig dargestellt, mit einer von Hörnern gehaltenen Sonnenscheibe, dem Symbol der Heimstatt des Gottes Horus. Ihr Name *Hathor*, »Wohnstatt des Horus«, kennzeichnete sie als jene Göttin, die den Horus in ihrem Leib trug. (Im Übrigen wurde auch der Königspalast *Hathor*, »Haus des Horus«, genannt.) Die Griechen setzten sie mit Aphrodite gleich.

Hatschepsut, die Tochter des Königs Thutmosis I., war eine der großen Frauen auf dem ägyptischen Pharaonenthron (1498–1468 v. Chr.). Als ihr Gemahl und Halbbruder Thutmosis II. 1479 v. Chr. starb, übernahm sie die Regierungsgeschäfte und krönte sich selbst zum Herrscher. In ihrem monumentalen Terrassen-Tempel in West-Theben wird sie wie ein König mit (falschem) Zeremonienbart dargestellt. Ihr Name bedeutet »die Erste der Damen«.

Hauptmann *Gerhart* (1862–1946), deutscher Schriftsteller. Berühmt wurde er besonders durch seine naturalistischen Dramen wie »Die Weber«, »Der Biberpelz«, »Rose Bernd« und »Die Ratten«. Der mittelalterliche Amtsname *Hauptmann* bezeichnete einen Truppenführer oder – in der schlesischen Heimat des Dichters – den meist adligen Vertreter des Landesherrn (zu mhd. *houbetmann*, »Oberhaupt, Anführer, Vorbild«) (vgl. österr. *Landeshauptmann* für Ministerpräsident).

Hauser *Kaspar* (ca. 1812–1833) wurde ein Findelkind geheimnisvoller Herkunft genannt, das 1828 in Nürnberg auftauchte und bei seiner Befragung erzählte, es habe bislang allein in einem dunklen Raum gelebt und heiße *Kaspar Hauser*. Lange Zeit hielt sich das Gerücht, er sei der beiseite geschaffte Erbprinz von Baden gewesen. Sein angeblicher Name mag sich auf einen Ort mit dem Namensbestandteil *Haus* oder *Hausen* beziehen, zu mhd. *hus*, »Wohnung, Haushaltung«, wenngleich man angesichts seiner tristen Kindheit eher an die Bedeutung des Verbs *hausen* im Sinn von »vegetieren« denkt. → *Tucholsky*

Havel *Václav* (geb. 1936), tschechischer Schriftsteller, Regisseur und Politiker. Als Dramatiker persiflierte er mit der Methode des absurden Theaters die Bürokratie, die politischen Phrasen und den unpersönlichen Apparat des Sozialismus. Als die Sowjets 1968 in Prag einmarschierten, erhielt er Publikationsverbot und saß, nachdem er 1977 die Menschenrechtsorganisation Charta 77 gegründet hatte, sogar mehrmals in Haft. Nach dem unblutigen Ende des Kommunismus in seinem Land wurde der bekannte und äußerst beliebte *Havel* 1989 zum Präsidenten der damaligen Tschechoslowakei und 1993 (1998 erneut) zum Präsidenten der Tschechischen Republik gewählt. Da eine weitere Kandidatur rechtlich nicht möglich war, trat er im Jahr 2003 nicht wieder zur Wahl an. Bei seinem Namen handelt es sich um eine Ableitung aus dem lateinischen Wort *gallus*, »Hahn« oder »Fremder« (vgl. *Gallier*), das sich zu poln. *Gaweł* und tsch. *Havel* wandelte. Sein slawischer Vorname bedeutet übrigens »der Berühmtere«, der »Ruhmreichere« (zu tsch. *výce*, »mehr«, und *sláva*, »Ruhm«) und entspricht unserem *Wenzeslaus*.

Havilland *Sir Geoffrey de Havilland* (1882–1965), britischer Flugzeugkonstrukteur, der bereits im Ersten Weltkrieg Jagdflugzeuge baute. 1920 gründete er seine eigene Flugzeugfabrik, in der die leichte zweisitzige Sportmaschine »Moth« entwickelt wurde. Im Zweiten Weltkrieg produzierte er »Mosquito«-Bomber und überquerte 1948 mit seiner »Vampire«, der ersten Maschine mit Strahlantrieb, den Atlantik. Die Vorfahren des Flugpioniers müssen aus Deutschland, genauer aus dem *Havelland* bei Berlin (also dem Land an der *Havel*, einem Nebenfluss der Elbe), nach England gezogen sein, denn nichts anderes bedeutet der Name *de Havilland*. Die amerikanische Schauspielerin *Olivia de Havilland* (geb. 1916), Tochter englischer Eltern, wurde 1939 durch den Film »Vom Winde verweht« weltberühmt. Seit den 1950er-Jahren lebt sie in Paris.

Hawthorne *Nathaniel* (1804–1864), amerikanischer Schriftsteller. Die Angst vor dem Bösen beherrscht das Werk des Abkömmlings einer puritanisch-kalvinistischen Familie, insbesondere seinen bekanntesten Roman »Der scharlachrote Buchstabe«. Hawthorne ist im Englischen die Bezeichnung für einen Weiß- oder Rotdorn (zu aengl. *haguþorn*, wörtlich »Heckendorn«). Der entsprechende Name lautet im Deutschen *Hagedorn*.

Haydn *Joseph* (1732–1809), österreichischer Komponist und Kapellmeister, vor allem des Fürstenhauses Esterházy. In den Jahren 1785 und 1786 schrieb er seine sechs »Pariser Symphonien«, gefolgt von je sechs »Londoner Symphonien«, die er bei zwei Aufenthalten in der britischen Hauptstadt in den 1790er-Jahren mit großem Erfolg aufführte. Insgesamt schrieb Haydn über 100 Symphonien, mehr als 70 Streichquartette und ebenso viele Streich- und Klaviertrios. Sein Freund Mozart widmete ihm einige Quartette, sein Schüler Beethoven drei Klaviersonaten. 1797 erklang in Wien zum ersten Mal die Hymne »Gott erhalte Franz den Kaiser« aus Haydns Kaiserquartett, eine Melodie, die uns als Deutschlandlied vertraut ist. Der Name entspricht der Variante *Heiden*, zu mhd. *heiden*, »Heide« und »heidnisch«, ursprünglich vielleicht eine Bezeichnung für einen Teilnehmer an einem Kreuzzug nach Palästina oder ein Hinweis auf eine Siedlung in wild bewachsenem Land, also auf der *Heide*.

Hayworth *Rita* (1918–1987), eigentlich *Margarita Carmen Cansino*, amerikanische Sängerin und Schauspielerin. Da ihre Mutter ebenfalls Künstlerin war und sie nicht mit ihr verwechselt werden wollte, legte sie sich dieses Pseudonym zu, das man wörtlich mit »Heu-Wert« übersetzen kann, aus engl. *hay*, »Heu«, und *worth*, »Wert«. Der Name, den ihre Mutter ihr gegeben hatte, war eigentlich viel klangvoller und edler: *Margarita*, zu grch. *margarítes* ($\mu\alpha\rho\gamma\alpha\rho\acute{\iota}\tau\eta\varsigma$), »Perle«, *Carmen*, lat. *carmen*, »Lied«, und *Cansino*, zu span. *canción*, »Lied« (vgl. *Chanson*).

Heath *Sir Edward* (1916–2005), britischer Politiker, konservativer Premierminister von 1970 bis 1974. Unter seiner Regierung trat Großbritannien 1972 der Europäischen Wirtschaftsgemeinschaft bei. *Heath* bedeutet im Englischen »Heide«, vermutlich der Name eines einstigen Siedlers im Heideland.

Hebbel *Friedrich* (1813–1863), deutscher Lyriker und Tragödiendichter (z. B. »Herodes und Mariamne«, »Agnes Bernauer«, »Gyges und sein Ring« und »Nibelungentrilogie«). Sein Familienname könnte als Koseform von Namen wie *Hadubald, Hadubert* etc. auf ahd. *hadu*, »Kampf«, zurückgehen oder auf mhd. *hebe(l)*, »Hefe, Hefeteig«, und somit auf den Beruf des Bäckers verweisen.

Hebe [grch. Ἥβη] hieß im alten Griechenland die Göttin der Jugend und des Frühlings (lat. Iuventa). Sie war die Tochter der Hera (lat. Juno), Gemahlin des Herkules und Mundschenkin der Götter. Ihr Name entspricht dem griechischen Wort *hébe (ἥβη)*, »Jugendalter, Jugendblüte, Jugendkraft«, zu *hebós (ἡβός)*, »jugendlich, jung«.

Heck *Dieter Thomas*, ein unehelicher Sohn des Prinzen Carl Gustav von Ysenburg und Büdingen, wurde eigentlich als *Carl Dieter Heckscher* geboren. Der deutsche Schlagermoderator und TV-Showmaster hat also lediglich seinen richtigen Hausnamen auf ein besser auszusprechendes Maß verkürzt und dafür den zusätzlichen Vornamen *Thomas* angenommen. Der Name gehört zu mhd. *heck*, »Hecke«, und bezeichnete demnach jemanden, der »an einer Hecke« wohnte. Im Norddeutschen hat *Heck* die Bedeutung »eingezäuntes Stück Land«, »Koppel«. Beim Namen *Heckscher* könnte es sich um eine Entstellung des Ortsnamens *Höxter* handeln oder um eine Kombination aus mhd. *heck*, »Hecke«, und *schern*, »schneiden, abschneiden«.

Heckel *Erich* (1883–1970), deutscher Maler und Graphiker. Als Mitbegründer der Gruppe »Die Brücke« in Dresden hatte er wesentlichen Anteil an der Entwicklung des Expressionismus. Sein Name, zu mhd. *heckel*, bedeutet »Hacker, Hauer« und bezeichnete früher entweder einen »Weinhacker«, d. h. einen Weinbauern, oder einen »Fleischhauer«, also einen Metzger.

Hedin *Sven Anders* (1865–1952), schwedischer Asienforscher, ein Schüler des Geographen und Chinaforschers Ferdinand Freiherr von Richthofen. Er unternahm mehrere Exkursionen durch die Wüsten Zentralasiens und erkundete den Transhimalaya, der nach ihm auch *Hedin-Gebirge* genannt wird. Die Ergebnisse seiner Reisen hat er in mehreren wissenschaftlichen Werken veröffentlicht. Seine Vorfahren trugen zunächst den latinisierten Namen *Hedinus*, der schließlich um die lateinische Endung -*us* gekürzt wurde und dem etymologisch der Name des kleinen mittelschwedischen Ortes *Hidingsta* zu Grunde liegt, in dem die Familie ansässig war und er selbst geboren wurde. Sein Vorname *Sven* (zu anord. *sveinn*) bedeutet »junger Mann«, »junger Krieger«.

Heidegger *Martin* (1889–1976), deutscher Philosoph. Sein Hauptwerk »Sein und Zeit« ist eine ontologische Analyse des Daseins, der Angst des Menschen vor seiner Zeitlichkeit und dem Tod. Andere Schriften befassen sich mit der Geschichte der Philosophie, mit Interpretationen von Dichtungen Hölderlins und Rilkes, mit der Sprache, der Kunst und dem Wesen der Technik. In seinen letzten Lebensjahren führte ihn die Auseinandersetzung mit der zentralen Frage nach dem Sein zu einer Neuorientierung seines Denkens, die er mit dem Begriff »die Kehre« bezeichnet. Früher dürfte der Name *Heidegger* für einen Menschen gegolten haben, der »am Rand der Heide« wohnte, zu mhd. *heide*, »freies Land, Heide«, und *egge*, »Kante, Ecke«.

Heifetz *Jascha* (auch: *Yasha*), 1901–1987, amerikanischer Violinist russischer Herkunft. Er stand bereits mit fünf Jahren als musikalisches Wunderkind auf der Bühne und vor seinem 17. Lebensjahr hatte er bereits in den meisten europäischen Hauptstädten, aber auch in den USA gespielt, wo er sich 1917 niederließ. *Heifetz* ist ein jüdischer Name, der im Hebräischen »Juwel, Kostbarkeit« bedeutet – wie treffend für diesen großen Virtuosen des 20. Jahrhunderts. Sein Vorname *Jascha* ist eine russisch-jüdische Kurzform von *Jakob*.

Heiliger Geist, grch. *pneûma hágion* (πνεῦμα ἅγιον), aus *pneûma* (πνεῦμα), »Atem, Hauch, Geist«, und *hágios* (ἅγιος), »heilig, ehrwürdig, rein«, so heißt die dritte göttliche Person, die mit Gottvater und Christus eine Dreiheit (Trinität) bildet. Der Maria war von Gabriel verkündigt worden, dass sie vom *Heiligen Geist* schwanger geworden sei (Jungfrauengeburt). Er wurde dargestellt als Taube, etwa bei der Taufe Jesu, und – wie beim Pfingstfest (50 Tage nach Ostern) – in Gestalt von flammenden Zungen, die sich auf den Versammelten niederließen.
→ *Ahura Mazda*

Heine *Heinrich* (ursprünglich *Harry*), 1797–1856, deutscher lyrischer Dichter und Satiriker. Im Ausland stand sein Werk für die deutsche Romantik und seine Gedichte wurden in viele Sprachen übersetzt. Seinem »Buch der Lieder«, vor allem aber der »Loreley«, war Welterfolg beschieden. *Heine* gilt auch als Begründer des modernen Feuilletonismus. Der frankophile und preußenfeindliche *Heine* war 1831 als Berichterstatter der Augsburger Allgemeinen Zeitung nach Paris gegangen und sah Deutschland nur bei zwei flüchtigen Besuchen wieder. Nach einer dieser Kurzreisen schrieb er das Epos »Deutschland, ein Wintermärchen«, in dem er schonungslos und mit beißendem Witz deutsche Schwächen bloßstellte. Sein Familienname, der auf eine Kurzform von *Heinrich* zurückgeht, stellt zusammen mit seinem Vornamen praktisch eine Verdoppelung dar.

Heinkel *Ernst* (1888–1958), deutscher Ingenieur und Flugzeugbauer. Zunächst hatte er als Chefkonstrukteur bei anderen Flugzeugfirmen gearbeitet, bevor er 1922 die *Ernst-Heinkel-Flugzeugwerke* in Warnemünde gründete. Unter seiner Leitung wurde eine Vielzahl von Flugzeugtypen entwickelt, so 1934 das Verkehrsflugzeug He 111, 1938 das Jagdflugzeug He 100 (Höchstgeschwindigkeit 700 km/h), 1939 mit der He 176 das erste Raketenflugzeug und im selben Jahr die He 178, das erste Flugzeug mit Turbostrahltriebwerk. Nach dem Zweiten Weltkrieg nahm sein Unternehmen in Stuttgart den Betrieb wieder auf, zunächst mit der Herstellung von Motorteilen, Kfz-Motoren und Motorrollern, später auch wieder im Flugzeugbau. Sein Name (mit der Verkleinerungsendung *-l*) wird aus *Heinke*, einer Kurzform von *Heinrich*, entstanden sein.

Heinrich, ein alter deutscher Ruf- und Königsname, ist entweder aus ahd. *Haganrich* entstanden, zu ahd. *hag*, »Einfriedung«, und *rihhi*, »reich, mächtig«, oder aus *Heimerich*, also »Herrscher im Heim«, zu *heim* und *rihhi*. Dem entspricht im Französischen der Name *Henri*, wovon im Englischen *Harry* (ohne nasaliertes *e*) abgeleitet ist. Berühmte Namenträger waren z. B. König *Heinrich I.* (genannt »der Vogler«, ca. 876–936), der deutsche König *Heinrich IV.*, der 1077 den berühmten Gang nach Canossa unternahm, wo der Papst ihn vom Bann befreite, und den später sein Sohn, *Heinrich V.*, zur Abdankung zwang. *Heinrich VI.*, Sohn Friedrichs I. (genannt »Barbarossa«), konnte sich mit Recht »reich an Besitz« nennen, immerhin hatte er Sizilien an sich gerissen. Der englische König *Heinrich VIII.* (1491–1547) ist weniger bekannt als humanistisch gebildeter Herrscher, der mit ungewöhnlichen geistigen Fähigkeiten seine Lehrer Erasmus von Rotterdam und Thomas Moore in Erstaunen versetzte, oder als Gegner der Reformation, der vom Papst den Titel *Defensor Fidei*, »Verteidiger des Glaubens«, bekam, sondern vielmehr als Abtrünniger, der die Ablehnung des Papstes, seine Ehe mit Katharina von Aragon aufzulösen, mit der Abspaltung der englischen Kirche von Rom beantwortete. Vor allem ist er uns als brutaler Mörder in Erinnerung, der seine Frauen reihenweise hinrichten ließ. (Dabei hat er sich »nur« von zweien seiner sechs Frauen auf diese Weise getrennt.) → *Elizabeth*

Heisenberg *Werner* (1901–1976), deutscher Physiker, der die Physik des 20. Jahrhunderts wesentlich mitbestimmt hat. Nach seinem Studium arbeitete er ab 1924 mit Niels Bohr in Kopenhagen und begründete in den folgenden Jahren zusammen mit Max Born und Pascual Jordan die Quantenmechanik. Mit 26 Jahren war er bereits Professor an der Universität Leipzig und mit 31 Jahren erhielt er den Nobelpreis für Physik. Während des Zweiten Weltkriegs war der Wissenschaftler zusammen mit Otto Hahn und Carl Friedrich von Weizsäcker am so genannten Uranprojekt des Heereswaffenamts beteiligt, mit der Aufgabe, Einsatzmöglichkeiten der Kernspaltung zu finden. 1941 reiste er mit Weizsäcker nach Kopenhagen, um Niels Bohr für den Bau einer deutschen Atombombe zu gewinnen. Nach dem Krieg war *Heisenberg* Direktor des Max-Planck-Instituts für Physik in Göttingen, von 1958 bis 1970 des Max-Planck-Instituts für Physik und terrestrische Physik in München. 1957 sprach er sich übrigens mit 17 Kernphysiker-Kollegen gegen die Ausrüstung der Bundeswehr mit Atomwaffen aus. Der Name *Heisenberg* bezieht sich auf den gleichnamigen Ortsteil von Aalen in Württemberg.

Hekabe [grch. Ἑκάβη], lat. *Hecuba*, war die Tochter des *Dymas* und der Nymphe *Eunoë*, der zweiten Gattin des trojanischen Königs *Priamos*. Sie gebar ihm 19 seiner 50 Söhne (die Übrigen stammten von Konkubinen). Ihr ältester Sohn war *Hektor*, dann u. a. *Paris* und *Polydoros*. Eines ihrer jüngeren Kinder war *Kassandra*, die nach dem Fall Trojas Sklavin des *Odysseus* wird. Der Name *Hekabe* basiert möglicherweise, wie der der *Hekate*, auf grch. *hekás* (ἑκάς), »fern, von weit her«.

Hekate [grch. Ἑκάτη], »die aus der Ferne Treffende«, »die Fernwirkende«, eine Tochter des *Perses* (nicht des Perseus!) und der *Asterie*, war in der griechischen Mythologie eine geheimnisvolle, in der Kunst oft dreigestaltig dargestellte Göttin (mit einem Hunde-, einem Löwen- und einem Pferdekopf), deren Bilder oft an Dreiwegen aufgestellt wurden. Danbeben war sie Mondgöttin, Göttin der Zauberei und der Jagd (oft mit Artemis und Diana gleichgesetzt). Zeus ehrte sie vor allen anderen Titanen und erlaubte ihr, im Himmel, auf Erden und im Meer zu walten. Auf der anderen Seite – wohl wegen einer Vermengung mit *Demeter* und *Persephone* – galt sie als eine Göttin des nächtlichen Spuks und Zaubers, eine unterirdische und furchtbare Göttin der Toten, die nächtliche Schreckgestalten aus der Unterwelt heraufschickte, sowie als Beschützerin und Lehrerin der Zauberinnen. Ihr Name stammt von grch. *hékatos (ἕκατος)*, »Ferntreffer«, zu *hekás (ἑκάς)*, »fern, von weit her«.

Hektor [grch. Ἕκτωρ], »Halter, Anker«, hieß der Sohn des Königs Priamos von Troja und der Hekabe. Der Gatte der *Andromache* war der Tapferste unter den trojanischen Helden im Kampf gegen die Griechen und wurde von Achill getötet. Sein Name beruht wohl auf grch. *échein (ἔχειν)*, »halten, bewahren«, schließlich war er der berühmte Verteidiger und die Stütze Trojas. → *Andromache*

Hel war die nordische Beherrscherin der Toten, die Göttin der Unterwelt. Ihr Name ist abgeleitet von anord. *hel*, ahd. *hella*, »Untererde, Totenwelt«, und diente auch zur Bezeichnung der *Hölle* (vgl. auch Frau *Holle*), denn *Hel* und *Walhall* besagen das Gleiche.

Helena [grch. Ἑλένη] ist uns als Tochter der *Leda* und des *Zeus* bekannt sowie als Gattin des *Menelaos*, des Königs von Sparta, und als jüngere Schwester der Klytämnestra. *Paris* entführte sie nach Troja und machte sie zu seiner Gemahlin. Der Name der berühmten klassischen Schönheit – der wahrscheinlich nichts mit *Hellen* zu tun hat – dürfte sich von *hélios (ἥλιος)*, »Sonne«, herleiten; die Bedeutung wäre dann in etwa »die Strahlende«. *Helena* hieß übrigens auch die Mutter Kaiser Konstantins I., die in Trier als Tochter eines Kneipenwirts geboren wurde. Es war ihr also nicht ins Stammbuch geschrieben, dass sie einst einen römischen Offizier gebären würde, der schließlich römischer Kaiser werden sollte.

Helios [grch. "Ηλιος] war im alten Griechenland der Sonnengott (lat. *Sol*), zu grch. *hélios (ἥλιος)*, »Sonne, Sonnenlicht, Sonnenaufgang, Tageslicht, Osten«. Er war der Sohn des Hyperion (des »Hochwandelnden«) und der Titanin Theia (oder der kuhäugigen Euryphaëssa), der, angekündigt von seiner Schwester Eos, auf seinem goldenen, glänzenden Sonnenwagen am Tage von Osten nach Westen über den Himmel fuhr; dort stieg er in den Okeanos nieder, um am nächsten Morgen wieder aus diesem aufzusteigen. Seine drei Töchter – die Schwestern des Phaëton, die diesen beweinten, nachdem sein Vater ihn durch einen Blitz erschlagen hatte (er hatte dessen Sonnenwagen entwendet und für eine Spritztour missbraucht) – wurden zur Strafe in Pappeln (oder Erlen) und ihre Tränen zu Bernstein verwandelt. → *Eos*

Helle [grch. "Ελλη] kennt die griechische Mythologie als Tochter des Athamas und der Nephele. *Helle* floh mit ihrem Bruder Phrixos auf einem Widder mit dem Goldenen Vlies vor ihrer Stiefmutter Ino und ertrank dabei in der Meerenge, die bei den Griechen seitdem *Hellespont* hieß; zu *Hélle ("Ελλη)* und *póntos (πόντος)*, »offenes Meer, See«. Heute bezeichnen wir die Meerenge als Dardanellen, nach Dardanos, dem Gründer Trojas und Ahnherrn der troischen Königsgeschlechts. → *Athamas* und *Ino*

Hellen [grch. "Ελλην], Deukalions ältester und berühmtester Sohn (neben Orestheus und Amphiktyon), war der Vater aller Griechen und Stammvater der vier wichtigsten Stämme – der Jonier, Äolier, Achäer und Dorier. Sein Name könnte andeuten, dass er ein Priester der *Helle* war. → *Deukalion*

Hemingway *Ernest Miller* (1899–1961), amerikanischer Romanschriftsteller und Erzähler der so genannten verlorenen Generation. Im Ersten Weltkrieg diente er als Sanitätsfreiwilliger an der italienischen Front, wovon sein Roman »In einem anderen Land« erzählt. In der Zwischenkriegszeit und während des Zweiten Weltkriegs berichtete er als Reporter und Auslandskorrespondent aus dem Vorderen Orient, vom Spanischen Bürgerkrieg (»Wem die Stunde schlägt«) und der Invasion Frankreichs. Weitere Werke, die seinen Ruhm begründeten, waren u. a. »Männer«, »Tod am Nachmittag«, »Die grünen Hügel Afrikas«, »Der Schnee am Kilimandscharo«, »Haben und Nichthaben« und »Über den Fluss und in die Wälder«. Für seinen weltbekannten Roman »Der alte

Mann und das Meer« erhielt er 1953 den Pulitzer-Preis und ein Jahr später den Nobelpreis für Literatur. Der Name des Schriftstellers, der freiwillig aus dem Leben schied, bedeutet in etwa »Siedler an Hemings Weg«, zum anord. Namen *Hemingr* (vgl. dän. und norw. *hjem*, »Heim«).

Hengist und **Horsa** waren die Namen zweier jütischer Anführer, von denen man sagt, sie hätten das Königreich Kent gegründet. Ihre Namen *Hengist* kommen von aengl. *hengest*, »Hengst«, bzw. *horsa*, »Ross« (vgl. engl. *horse*).

Henry *O.* (1862–1910), eigentlich *William Sydney Porter*, amerikanischer Schriftsteller, der vor allem durch seine Kurzgeschichten über das Leben in New York bekannt wurde. Der korrekte Name heißt nicht, wie man oft sieht, *O'Henry*! Sein Pseudonym entstand während seiner Haftzeit von 1897 bis 1901, in der er als Gefängnisapotheker arbeitete und auf den der ebenfalls inhaftierte Berufskollege *Estienne-Ossian Henry* aufmerksam wurde, dessen Namen (den zweiten Vornamen in abgekürzter Form) er sich aneignete. *Henry* ist die englische Form von *Heinrich*, ahd. *Haganrich*, zu *hag*, »Einfriedigung«, und *rihhi*, »mächtig« – wie angemessen für einen Gefängnisinsassen. Der Name *Ossian* stammt von einem legendären irischen Barden namens *Oisín*, »Rehkitz« (wobei es sich um eine Verkleinerungsform zu ir. *oss*, »Reh«, handelt). *Sydney*, eigentlich *Sidney*, beruht auf aengl. *sid*, »weit«, und *ieg*, „Insel", und bedeutet etwa »weites Land auf einer Marschinsel«, nach einem Familienbesitz in der englischen Grafschaft Surrey (vgl. die australische Stadt *Sydney*, die 1788 gegründet und nach dem britischen Innenminister, Thomas Townshend, dem ersten *Viscount Sydney*, benannt wurde). Der Geburtsname *Porter* war ursprünglich ein Berufsname und bedeutete entweder »Torhüter« oder »Träger«, zu lat. *portare*, »tragen« (vgl. *Portier*).

Hepburn *Audrey* (1929–1993) hieß mit richtigem Namen *Audrey Kathleen van Heemstra-Ruston*. Sie wurde in Brüssel als Tochter eines englischen Bankiers geboren; ihre Mutter, *Ella van Heemstra*, stammte aus einem alten niederländischen Adelsgeschlecht. Sie ließ sich 1935 von ihrem Mann scheiden und lebte mit der Tochter im besetzten Holland. Um ihre Tochter vor den Nazis zu schützen (der englische Name *Ruston* hätte ihr schaden können), änderte sie das ebenfalls zu englisch klingende *Audrey* in *Edda* und hängte den Namen ihrer adligen Vorfahren, *van Heemstra*, an. Nach dem Krieg fand *Audrey* heraus, dass einige Vorfahren väterlicherseits *Hepburn* geheißen hatten, und machte diesen Namen zu ihrem Künstlernamen – eine Wahl, die es ihr ermöglichte, ein wenig vom Ruhm der verehrten Kollegin *Katharine Hepburn* zu profitieren, die ursprünglich *Katherine Burns* (zu aengl. *burna*, »Bach«) hieß. Um diesen recht alltäglichen Namen aufzuputzen, setzte sie die Silbe *Hep-* davor, denn in der englischen Umgangssprache bedeutet *hep* oder auch *hip* so viel wie »Spitze, Klasse«. Der Vorname *Audrey* ist eine Rundung des altenglischen Zungenbrechers *Etheldreda* und bedeutet »edle Stärke«; *Edda* beruht auf ahd. *od*, »Erbbesitz«, während der niederländische Name *Heemstra* zu fries. *heem*, »Haus« oder »Hof«, gehört (mit der häufigen friesischen Namensendung *-stra*, »von«, die sowohl patronymisch als auch geographisch gemeint sein kann).

Hephaistos [grch. Ἥφαιστος] kannten die alten Griechen als Sohn der Hera und des Zeus sowie als Gatten der *Aphrodite*, vor allem aber als hinkenden Gott des Feuers und der Schmiedekunst (lat. *Vulcanus*). Sein Name ist vielleicht gebildet aus *hemèras-phaístos* (ἡμέρας-φαίστος), »der am Tage Scheinende«, zu *heméra* (ἡμέρα), »Tag«, und *phaínein* (φαίνειν), »leuchten, scheinen«, und könnte sich somit auf sein sogar tagsüber hell leuchtendes Schmiedefeuer beziehen (womit natürlich tätige Vulkane gemeint waren).

Hera [grch. Ἥρα] war die Schwester und Frau des Zeus. Dass sie in der griechischen Mythologie als recht unsympathische Schutzgöttin der Ehe und der Mutterschaft dargestellt wurde, ist fast verständlich, da sie unablässig von Zeus betrogen wurde. Sie selbst wurde angeblich durch ein Lattichblatt schwanger und gebar die Hebe. Ihr Name wird bisweilen hergeleitet von *he êra* (ἡ ἦρα), »der Gefallen«, »das Angenehme«, oder von *he éra* (ἡ ἔρα), »die Erde«. Wahrscheinlich handelt es sich jedoch um eine weibliche Form von *héros* (ἥρως), »Held«, was in *Heras* Fall also »Heroin, Herrin, Dame« bedeuten würde (vgl. engl. *hero*, »Held«).

Herakles [grch. Ἡρακλῆς] bedeutet im Griechischen »Ruhm der Hera« oder, vielleicht besser, »der durch Hera Berühmte«. Er soll der Sohn der Alkmene (die eigentlich mit Amphitryon verheiratet war) und des

Zeus gewesen sein, der in ungewohnter Rücksicht die Gestalt des Amphitryon annahm. Nach ihr hat Zeus nie wieder mit einer Sterblichen geschlafen, da ihm klar war, dass er niemals mehr einen solchen starken Sohn zeugen konnte wie den *Herakles*. Aus Rache für die erneute Untreue ihres Göttergatten, besonders aber für die Zuneigung, mit der Zeus den *Herakles* behandelte, verfolgte sie den Bankert mit ihrer Missgunst. Als Zeus ihr einmal im Schlaf den Knaben zum Säugen an die Brust legte, soll sie erwacht sein und ihn entrüstet von sich gestoßen haben, sodass die vergeudeten Milchtropfen die Milchstraße am Himmel bildeten. Wie bekannt, schikanierte Hera den *Herakles* später mit den zwölf Arbeiten im Dienst des Eurystheus, nach deren Erledigung sie ihm allerdings die Vergöttlichung zusagte. Tatsächlich wurde er nach seinem Tod in den Olymp aufgenommen. Er versöhnt sich sogar mit Hera, die ihn mit Hebe verheiratet. Der Name dieses Kraftprotzes (lat. *Hercules*) könnte von *Hera* (Ἥρα) und grch. *kléos* (κλέος), »Ruhm«, stammen. Vielleicht bedeutet sein Name aber auch »der Berühmteste der Helden«, zu *héros* (ἥρως), »Held, Halbgott«, und *kléos* (κλέος), »Ruhm« – und das, obschon man ihn als den größten Rüpel der Antike und als Totschläger bezeichnen könnte, der lieber das Schwert zog, als zu diskutieren. → *Heraklit*

Heraklit [grch. Ἡράκλειτος] aus Ephesos war ein Philosoph (um 500 v. Chr.), dem der Ausspruch *pánta rheî* (πάντα ῥεῖ), »alles fließt«, zugeschrieben wird, womit er seinen Grundsatz zum Ausdruck brachte, dass es kein bleibendes Sein gibt, sondern dieses als ein ewiges Werden, als ewige Bewegung gesehen werden muss. Wahrscheinlich stammt der Spruch jedoch von Thales von Milet. Der Name *Heraklit* wird auf *Hera* (Ἥρα) und grch. *kleítos* (κλειτός), »berühmt, bekannt«, beruhen und somit »der durch Hera Berühmte« bedeuten. → *Herakles*

Hercules galt im alten Rom als Gott des Handels und des Verkehrs, aber auch als Schutzgott der Münzen und der Gewichte sowie der Kaufleute. (Die angeblich von ihm erbaute Stadt *Herculaneum* wurde 79 n. Chr. wie Pompeji durch den Ausbruch des Vesuv zerstört.) → *Herakles*

Herder *Johann Gottfried* (1744–1803), deutscher Schriftsteller und Theologe. Der Freund und eifersüchtige Konkurrent Goethes war mit seinen Einsichten in das Beziehungsgeflecht von Natur, Volk und Kultur sowie seinen Anschauungen von Sprache, Kunst und Geschichte ein Theoretiker des »Sturm und Drang« und ein Befreier des geschichtlichen Bewusstseins der Völker. Trotz des Umfangs seiner literarischen Arbeiten und seiner großen Bekanntheit blieb keines seiner Werke so recht im Bewusstsein der Nachwelt lebendig. Der Familienname *Herder* bezieht seine Bedeutung entweder von mhd. *herter*, »Hirte, Ausharrender«, oder aus dem alten Rufnamen *Herder*, zu ahd. *harti*, »hart«, und *heri*, »Heer«.

Hermaphroditos [grch. ‘Ερμαφρόδιτος], der Sohn des *Hermes* und der *Aphrodite*, war jener Zwitter, der mit der Quellnymphe Salmakis zu einem einzigen Leib mit weiblichen Brüsten und wallendem Haar verwuchs. Das Gegenstück des *Hermaphroditos* war *Androgyne ('Ανδρόγυνη)*, ein weiblicher Zwitter mit Bart, der vielleicht die Mutterkönigin einer prähellenischen Sippe verkörperte. → *Hermes* und *Aphrodite*

Hermes [grch. ‘Ερμῆς], lat. *Mercurius*, hieß im alten Griechenland ein Sohn der *Maia* und des *Zeus*, ein Götterbote und Seelengeleiter sowie ein Schutzgott der Reisenden, Kaufleute und Diebe. Sein Name beruht auf grch. *hérma (ἔρμα)*, »Stütze, Säule, Träger«, »Schutz«. → *Hermaphroditos*

Hermes Trismegistos [grch. ‘Ερμῆς Τρισμέγιστος], »Hermes, der dreimal Größte«, war ein ägyptisch-hellenistischer Gott (eigentlich der griechische Name des ägyptischen Gottes *Thot*), dessen Name wahrscheinlich auf eine Inschrift zurückgeht, die in einem Tempel nahe Theben gefunden wurde: »Thot der Große, der Große, der Große«. Er galt als Erfinder der Alchimie. Der Magier konnte angeblich Gefäße unlösbar versiegeln, daher kennen wir noch heute den Ausdruck *hermetisch verschlossen* (d. h. wasser- und luftdicht verschlossen).

Herodes [grch. ‘Ηρῴδης] bedeutet in etwa »Göttergleicher«, zu grch. *héros (ἥρως)*, »Heros, Held, Halbgott« (vgl. *heroisch*). *Herodes d. Gr.* (ca. 72– v. Chr.) ist bekannt als jener König von Judäa, der angeblich den Kindermord anordnete. *Herodes'* Sohn und Nachfolger war *Herodes Antipas*, den Jesus »Fuchs« nannte, von grch. *Antípatros ('Αντίπατρος)*, »an Stelle des Vaters«, von *patér (πατήρ)*, »Vater«. *Antipas* war der Landesfürst zur Zeit Christi. Er entführte *Herodias*, die

Frau seines Halbbruders *Herodes Philippos* (die gleichzeitig die Tochter seines Halbbruders Aristobulos und somit eine Enkelin *Herodes' d. Gr.* war, womit die Herkunft ihres Namens geklärt sein dürfte), und befahl, Johannes den Täufer, der diese blutschänderische Ehe verurteilte, auf Wunsch seiner Stieftochter Salome hinzurichten. Der Enkel Herodes des Großen, *Herodes Agrippa I.*, ließ Petrus ins Gefängnis werfen und den Jakobus hinrichten. Sein Sohn wiederum war *Herodes Agrippa II.*, der im Jüdischen Krieg (67–70 n. Chr.) auf Seiten der Römer stand und sich nach dem Fall Jerusalems in die Hauptstadt des Römischen Reichs zurückzog. Sein besonderer Günstling war der Historiker Josephus. → *Salome* und *Moses*

Herodot [grch. Ἡρόδοτος], um 484–424 v. Chr., war ein Geschichtsschreiber aus der kleinasiatischen Stadt Halikarnassos (heute die türkische Stadt Bodrum). Er bereiste u. a. Ägypten und Mesopotamien und beschrieb seine Eindrücke und Erlebnisse in den neun Bänden seiner »Historien«. Sein Name bedeutet wahrscheinlich »Helden-Geschenk«, von *héros (ἥρως)*, »Heros, Held, Halbgott«, und *dósis (δόσις)*, »Gabe, Geschenk«, oder *dotér (δοτήρ)*, »Spender, Geber«.

Herschel *Wilhelm (William) Friedrich* (1738–1822), englischer Astronom deutscher Herkunft. Der in Hannover Geborene wurde, wie sein Vater Isaac, zunächst Militärmusiker und ging 1765 als Organist nach Großbritannien – eine Entscheidung, die ihm sicherlich angesichts der Tatsache, dass die Kurfürsten seines Heimatlandes seit 1714 gleichzeitig auf dem englischen Königsthron saßen, erleichtert wurde. In England wandte er sich der Optik zu und war bald ein gefragter Spiegelschleifer mit eigener Werkstatt. Die Beobachtungen mit seinen Spiegeln (der größte hatte einen Durchmesser von 1,22 m und eine Brennweite von 12 m) machten ihn zum Astronomen. Er entdeckte nicht nur den Planeten Uranus (1781), sondern auch dessen beiden äußeren Monde (1787), und bald darauf die beiden inneren Saturnmonde (1789). Die Begeisterung für den Sternenhimmel hatte auch andere Mitglieder seiner Familie angesteckt: Seiner Schwester *Lucretia Karoline Herschel* (1750–1848) verdanken wir die Entdeckung von acht Kometen, während sein Sohn *John Frederick William Herschel* (1792–1871) den Himmel nach Doppelsternen sowie Nebelflecken durchforschte und im Verlauf eines mehrjährigen Aufenthalts in Südafrika der Astronomie den Südlichen Sternenhimmel erschloss. Der (zumeist jüdische) Name *Herschel* entspricht *Hirschel*, einer Verkleinerungsform zu mhd. *hirz*, »Hirsch«, und geht zurück auf das Buch Genesis (49, 21), in dem Jakob seinen versammelten Abkömmlingen verkündete, was ihnen in ihrem Leben begegnen werde, und seinen Sohn Naphtali mit einer flinken Hirschkuh verglich (»Naphtali gleicht einer freigelassenen Hinde, schöne Worte redet sein Mund«).

Hertz *Heinrich Rudolf* (1857–1894) hieß ein deutscher Physiker, dessen Versuche mit elektromagnetischen Wellen die Grundlage für die spätere Entwicklung des drahtlosen Telegraphen und des Radios bildeten. Nach ihm ist auch die Einheit der Frequenz benannt: 1 *Hertz* (abgekürzt 1 *Hz*) = 1 Schwingung pro Sekunde. Der jüdische Name des Wissenschaftlers bedeutet »Hirsch« (vgl. mhd. *hirz*, »Hirsch«).

Herzl *Theodor* (1860–1904), österreichischer jüdischer Schriftsteller. Er äußerte in seiner Schrift »Der Judenstaat« 1896 die Überzeugung, dass die Juden eine Nation seien und folglich ein eigener jüdischer Staat gegründet werden müsse. Auf diese Weise gelang es ihm seit 1897, vor allem in Osteuropa, eine zionistische Massenbewegung ins Leben zu rufen. Er gründete eine nationale jüdische Bank und einen Fonds für den Ankauf von Land in Palästina. Nach der Ausrufung des Staates Israel wurde sein Leichnam 1949 nach Jerusalem überführt. Sein Name mit der Bedeutung »Hirschlein« kommt aus dem Jiddischen (vgl. mhd. *hirz*, »Hirsch«) und ist eine Variante von *Herschel*. → *Herschel*

Herzog *Roman* (geb. 1934), deutscher Jurist und Hochschullehrer, von 1973 bis 1991 Ordentliches Mitglied der Synode der Evangelischen Kirche in Deutschland (EKD). Ab 1978 war er Minister für Kultur und Sport in Baden-Württemberg, ab 1980 Innenminister des Landes, ab 1987 Präsident des Bundesverfassungsgerichts. 1994 gewann er die Wahl zum Bundespräsidenten und wurde 1999 von Johannes Rau in diesem Amt abgelöst. Sein Name verweist auf das Dienst- oder Abhängigkeitsverhältnis eines Vorfahren zu einem *Herzog* (aus ahd. *herizogo*, »Heerführer«, zu *heri*, »Heer«, und *ziohan*, »ziehen«), es könnte sich aber auch um eine Anspielung auf das stolze, angeberische Verhalten des ersten Namenträgers handeln. Im Englischen entspricht dem *Herzog* übrigens der *Duke* (zu lat. *ducere*, »führen, anführen«; vgl. auch venez. *Doge* und ital. *Duce*).

Hesperiden [grch. Ἑσπερίδες] wurden in der griechischen Mythologie jene Nymphen genannt, die mit dem Drachen Ladon den Baum mit den goldenen Äpfeln bewachten, die die Erdgöttin Gäa der Hera zur Vermählung mit Zeus geschenkt hatte. Während Herkules für Atlas das Himmelsgewölbe trug, stahl dieser die Äpfel aus dem Garten. Die *Hesperiden* nannte man im Altertum auch „Inseln der Seligen«, deren Lage man weit im Westen vermutete. Später hat man sie mit den Kanarischen Inseln und den Kapverdischen Inseln gleichgesetzt. Die Bezeichnung *Hesperiden* beruht auf grch. *hespéra (ἑσπέρα)*, »Abend, Westen«.

Heß *Rudolf* (1894–1987), nationalsozialistischer Politiker. Er war 1923 am Hitlerputsch beteiligt und wurde zu einer mehrjährigen Festungshaft in Landsberg verurteilt, wo er Hitler bei der Abfassung seines Buches »Mein Kampf« half. Nach der so genannten Machtergreifung 1933 ernannte dieser ihn zu seinem Stellvertreter als Parteiführer der NSDAP und Reichsminister, 1939 zu seinem zweiten Nachfolger nach Göring. Im Mai 1941 flog er ohne Wissen Hitlers nach Großbritannien, um die Briten zu Friedensverhandlungen zu bewegen und für einen gemeinsamen Kampf gegen die Sowjetunion zu gewinnen. Er wurde jedoch verhaftet und bis zum Kriegsende in England interniert. Das Nürnberger Kriegsverbrechertribunal verurteilte ihn zu lebenslänglicher Haftstrafe in Spandau. Sein Familienname verweist auf eine Abkunft vom Stamm der *Hessen*.

Hesse *Hermann* (1877–1962), deutscher Dichter, zu dessen berühmtesten Werken »Steppenwolf«, »Narziß und Goldmund« sowie »Das Glasperlenspiel« zählen. Sein Name ist hergeleitet vom Stammesnamen der *Hessen*. Der für diesen friedfertigen Dichter unpassende Vorname *Hermann* bedeutet »Heerführer, Krieger«, aus ahd. *heri*, »Heer«, und *man*, »Mann«. *Hesse* erhielt für sein literarisches Werk 1946 den Nobelpreis und 1955 den Friedenspreis des Deutschen Buchhandels.
→ *Sinclair*

Hestia [grch. Ἑστία], die Tochter des Kronos und der Rhea, war in der griechischen Mythologie die Göttin des Herdfeuers, des Mittelpunkts der Familie. Ihre römische Entsprechung war die Göttin *Vesta*. *Hestia* kommt von grch. *hestía (ἑστία)*, »Herd, Haus, Familie«.

Heston *Charlton* (geb. 1924), amerikanischer Filmschauspieler. Er war zunächst Rundfunksprecher, bevor er in den 50er-Jahren des 20. Jahrhunderts mit der Schauspielerei begann. Berühmt wurde er mit den Filmen »Die zehn Gebote«, »Ben Hur«, »Planet der Affen« und »El Cid«. *Heston* beruht auf dem gleichnamigen Ort in der englischen Grafschaft Middlesex und bedeutet wohl »Farm an der Einzäunung«, zu aengl. *hecg*, »Zaun, Hecke«, und *tun*, »Farm, Siedlung« (vgl. *town*). Seinen Vornamen *Charlton* könnte man mit »Karls Siedlung« übersetzen.

Heuss *Theodor* (1884–1963), deutscher Schriftsteller und FDP-Politiker. Bis 1933 war er Mitglied des Deutschen Reichstags, wurde dann aber politisch ausgeschaltet. In der Zeit des Dritten Reichs schrieb er unter dem Tarnnamen *Thomas Brackenheim* (nach seinem Geburtsort in Baden-Württemberg) für die »Frankfurter Zeitung«. 1946 gehörte er zu den Mitbegründern der Freien Demokratischen Partei und wurde deren Vorsitzender. Als Professor für neuere Geschichte und politische Wissenschaften an der TH Stuttgart (ab 1947) wirkte er entscheidend bei der Ausarbeitung des Grundgesetzes mit und wurde 1949 von der Bundesversammlung zum ersten Präsidenten der Bundesrepublik Deutschland gewählt. Sein Name kommt von mhd. *hiuze*, »munter, frech«.

Heydrich war eine Bezeichnung, die im Mittelalter durch die Kreuzzüge aufkam und jemanden bezeichnete, der »Macht über die Heiden« hatte, zu ahd. *heidan*, »Nichtchrist«, und *rihhi*, »mächtig« (die heutige Variante würde übrigens *Heidenreich* lauten). Ein Vertreter dieses Namens war im Dritten Reich *Reinhard Tristan Eugen Heydrich* (1904–1942). Als der Seeoffizier *Heidrich* 1931 wegen eines Ehrenverfahrens die Marine verlassen musste, trat er in die SS ein, wurde bereits 1932 Standartenführer und organisierte den »Sicherheitsdienst des Reichsführers SS«, den so genannten SD. Nachdem Himmler ihm zunächst die Leitung der neu geschaffenen »Bayerischen Politischen Polizei« übertragen hatte, wurde er 1934 Leiter des »Geheimen Staatspolizeiamtes« in Berlin, 1936 »Chef der Sicherheitspolizei«, 1941 SS-Obergruppenführer und General der Polizei und erhielt im gleichen Jahr die Ernennung zum Stellvertretenden Reichsprotektor von Böhmen und Mähren. Zusammen mit Himmler und Hitler war er Hauptverantwortlicher für die Massenvernichtungsaktionen, besonders von Juden in den Konzentrationslagern. 1942 erlag der verhasste SS-Mann (genannt »der Henker«) dem Attentat eines Exiltschechen. Die Gestapo übte bittere Rache für seinen Tod, indem sie Hunderte von Tschechen exekutierte und den Ort Lidice dem Boden gleichmachen ließ.

Heym *Stefan* (1913–2001), eigentlich *Helmut Flieg*, deutsch-jüdischer Schriftsteller und Publizist. Nach dem Selbstmord seines Vater 1935 emigrierte er in die USA und trat 1943 in die amerikanische Armee ein. 1945 wurde er wegen seiner prokommunistischen Haltung aus der Armee entlassen. Seit 1952 lebte er in der DDR; er hatte die USA aus Protest gegen den Koreakrieg verlassen, trat jedoch nicht in die Partei ein und suchte als kritischer Marxist die Auseinandersetzung mit dem DDR-Regime. Wegen systemfeindlicher Äußerungen durften seine Romane in der DDR zunächst nicht erscheinen (sie wurden in der BRD veröffentlicht), 1979 folgte der Ausschluss aus dem Schriftstellerverband der DDR. Zuletzt war er von 1994 bis 1995 für die PDS Bundestagsabgeordneter und Alterspräsident des Deutschen Bundestags. 1995 legte er aus Protest gegen die geplante Diätenerhöhung sein Mandat nieder. Obschon sein Pseudonym »Heim, Heimat« bedeutet, hat er die Bundesrepublik, die ja sozusagen durch die Wiedervereinigung zu ihm kam, so nicht gewollt. Er trat für eine sozialistische Alternative zur Bundesrepublik ein.

Hieron [grch. Ἱέρων] hießen zwei hoch gebildete Tyrannen von Syrakus. *Hieron I.* (gest. ca. 466 v. Chr.) herrschte nur die letzten beiden Jahre seines Lebens über die sizilianische Stadt, in denen er die Etrusker und Karthager besiegte, während *Hieron II.* (ca. 306–215 v. Chr.) ein halbes Jahrhundert lang auf dem syrakusischen Königsthron saß. Nach anfänglicher Feindschaft verbündete er sich mit den Römern. Sein Name leitet sich her von grch. *hieroûn (ἱεροῦν),* »heiligen, weihen«.

Hieronymus war in der Tat ein »heiliger Name«, zu grch. *hierós (ἱερός),* »heilig«, und *ónoma (ὄνομα),* »Name, Titel«, den z. B. der heilige Kirchenlehrer *Hieronymus* (ca. 347–420) trug. Seine größte Leistung liegt in der Übersetzung der Bibel (der so genannten Vulgata). Außerdem verfasste der asketische Zeitgenosse des heiligen Augustinus die erste christliche Literaturgeschichte *De viris illustribus* (»Über berühmte Männer«).

Highsmith *Patricia* (1921–1995), amerikanische Schriftstellerin. Die Autorin erzielte 1950 mit ihrem ersten Roman »Zwei Fremde im Zug« einen solchen Erfolg, dass Alfred Hitchcock umgehend die Filmrechte erwarb und 1951 mit »Strangers on a train« einen der zehn besten Filme des Jahres drehte. Danach schrieb sie eine Reihe von Romanen mit dem Gauner und psychopathischen Mörder Ripley als Hauptfigur. Insgesamt veröffentlichte sie 20 Romane und etliche Kurzgeschichten. Ihre letzten Lebensjahre verbrachte *Patricia Highsmith* im Tessin. Die Krimiautorin benutzte den englischen Namen ihres ungeliebten Stiefvaters *Stanley Highsmith* (»Hochschmied«), obschon dieser sie nie adoptiert hatte. Eigentlich hatte ihr leiblicher deutscher Vater ihr den Namen *Patricia Pangman* hinterlassen (vielleicht anglisiert aus *Bangemann*).

Hilarus war ein römischer Papst (461–468) und Heiliger. Er bekräftigte den Anspruch auf die oberste Kirchengewalt des Bischofs von Rom, kämpfte entschlossen gegen den Arianismus und hatte schon vor seiner Wahl miterleben müssen, wie die Heilige Stadt unter der Führung Geiserichs von den Wandalen heimgesucht und geplündert wurde (455). Während seiner Herrschaft wurde die gegen die arianischen Wandalen ausgeschickte römische Flotte vernichtend geschlagen. Angesichts solcher Widrigkeiten dürfte dem *Hilarus*, dessen Name »der Heitere« bedeutet, das Lachen gründlich vergangen sein (zu lat. *hilaris*, »heiter, fröhlich«).

Hill *Terence* (geb. 1941), eigentlich *Mario Girotti*, italienischer Schauspieler. Als Partner von Bud Spencer verkörperte er in vielen Spaghetti-Western den blonden, blauäugigen, stets prügelbereiten Filmhelden. Für einen Wildwest-Darsteller lag es natürlich nah, sich einen englischen Namen zuzulegen, wenngleich *Hill* als sein Künstlername einfallslos klingt (zu engl. *hill*, »Hügel«). Sein italienischer Geburtsname bedeutet »Kreislein, Ringlein«, eine Verkleinerungsform zu *giro*, »Kreis, Runde, Umdrehung« (vgl. das Radrennen *Giro d'Italia*); sein Vorname *Terence* wird im angelsächsischen Raum meist als Langform des Kosenamens *Terry* empfunden (dann von dt. *Dietrich*), obschon ihm der Geschlechtername des *Publius Terentius Afer* (2. Jahrhundert v. Chr.) zu Grunde liegen könnte. In dem Fall käme er wohl von lat. *terere*, »reiben, abnützen«, aber auch »zerreiben, zermalmen« (verwandt mit unserem Wort *Trümmer*), was für einen faustgewaltigen Westernhelden recht angemessen wäre. → *Spencer*

Hillary *Sir Edmund* (geb. 1919), neuseeländischer Bergsteiger. Zusammen mit dem Sherpa *Tenzing Norgay* (zu nepal. *tenzing*, »vom Glück begünstigt«, und *norgay*, »Schneetiger«) gelang ihm 1953 die Erstbesteigung des Mount Everest, des höchsten Bergs der Erde, wofür ihn Königin Elizabeth II. zum Ritter schlug. 1957 leitete er die neuseeländische Trans-Antarktis-Forschungsreise und in den 60er-Jahren eine Reihe weiterer Himalaya-Expeditionen. Der Name *Hillary*, von lat. *Hilarius*, »der Heitere«, geht über lat. *hilaris*, »fröhlich, gelassen« (vgl. engl. *hilarious*), zurück auf das gleichbedeutende griechische Adjektiv *hilarós (ἱλαρός)*.

Himavat personifiziert als Gott das Himalaya-Gebirge. Er gilt als Vater der Ganga und der Parvati. Sein Name kommt von skr. *himávat*, »Schneegipfel«.

Himmler *Heinrich* (1900–1945), Diplom-Landwirt und nationalsozialistischer Politiker. Seit 1929 stand er als »Reichsführer SS« an der Spitze dieser Hitler persönlich verpflichteten Eliteformation (SS ist die Abkürzung für Schutz-Staffel). Nach seiner Ernennung zum Leiter der gesamten deutschen Polizei (1936) baute *Himmler* zur Bewachung der Konzentrationslager die so genannten SS-Totenkopfverbände und nach Kriegsbeginn die Waffen-SS als selbstständigen Truppenkörper neben der Wehrmacht auf. Seit 1939 unterstand ihm auch die Umsiedlungs- und Zwangsgermanisierungspolitik in Ost- und Südosteuropa. Außerdem war er für die Durchführung der Judenvernichtung (die so genannte »Endlösung«) in Konzentrationslagern und die Tätigkeit der Einsatzgruppen in den besetzten Gebieten verantwortlich. 1943 wurde er Reichsinnenminister, im Jahr darauf Oberbefehlshaber des Ersatzheeres und Chef der Heeresrüstung. Noch wenige Wochen vor Kriegsende versuchte er durch die Organisation des Volkssturms und des Werwolfs die Niederlage zu verhindern. Als er den Westmächten die Kapitulation und die gemeinsame Fortführung des Krieges im Osten anbot, wurde er von Hitler aller Ämter enthoben und aus der Partei ausgestoßen. Nach der Kapitulation beging er in einem britischen Gefangenenlager Selbstmord. Bei einem Familiennamen wie *Himmler* (Variationen: *Himmelhuber* und *Himmelbauer*) handelt es sich um eine Anspielung auf den *Himmel* – wo doch der Bezug auf die Hölle bei diesem NS-Verbrecher eher angebracht wäre! Wenn auch mit dem Namen oft nur die hohe Lage einer Siedlungsstelle oder eines Flurstücks gemeint war, trifft die Assoziation mit der hohen Position und der außerordentlichen Machtfülle des NS-Schergen zu.

Hindemith *Paul* (1895–1963) war einer der führenden modernen deutschen Komponisten. Von 1927 bis 1937 lehrte der Musiker an der Musikhochschule in Berlin. Seine Werke (z. B. das in Zusammenarbeit mit Gottfried Benn entstandene Oratorium »Das Unaufhörliche«, sein »Streichquartett op. 22« oder die Symphonie »Mathis der Maler«) wurden jedoch von den Nationalsozialisten als »undeutsch« und »kulturbolschewistisch« diffamiert, während Göbbels ihn selbst als bloßen »Geräuschemacher« bezeichnete. Nachdem er 1936 ein offizielles Aufführungsverbot in Deutschland erhalten hatte, emigrierte er 1938 zunächst in die Schweiz und ging von dort 1940 als Professor an die amerikanische Yale-Universität. 1951 nahm er eine Professur an der Universität Zürich an und ließ sich 1953 endgültig in der Schweiz nieder. Er vollendete seine Oper »Die Harmonie der Welt« über das Leben des Astronomen Johannes Kepler und widmete die letzte Phase seines Lebens zunehmend dem Dirigieren auf Tourneen durch Asien und Amerika. Der Name *Hindemith* wird als »hinten Mitlaufender« gedeutet.

Hindenburg *Paul von* (1847–1934), mit vollständigem Namen *Paul Ludwig Hans Anton von Beneckendorf und Hindenburg*, volkstümlichster Heerführer des Ersten Weltkriegs und deutscher Staatsmann. Nach langer Zeit des Ruhestands und der politischen Enthaltung wurde der Sieger von Tannenberg 1925 nach dem Tod Friedrich Eberts zum zweiten deutschen Reichspräsidenten gewählt. 1932 trat er gegen Adolf Hitler und Ernst Thälmann erneut zur Wahl an und gewann diese. Ein Jahr später ernannte er widerwillig und nach langem Zögern Hitler zum Reichskanzler – ausgerechnet den Mann, gegen den er politisch angetreten war und den er »jenen böhmischen Gefreiten« zu nennen beliebte. Hitler stammte natürlich nicht aus Böhmen, sondern aus dem österreichischen Braunau am Inn, aber die Namensverwechslung des greisen Hindenburg ist fast verzeihlich, da es in Böhmen tatsächlich eine Stadt namens Braunau gibt (tsch. *Brounov*). Sowohl bei *Beneckendorf* (aus *Benno*, einer Koseform von *Bernhard*) als auch bei *Hindenburg* (zum gleich lautenden altmärkischen Ortsnamen im Kreis Osterburg, 1208 erstmals erwähnt als *Hindinburg*, zu mhd. *hinde*, »Hirschkuh«) handelt es sich um topographische Namen. Das Geschlecht der *Beneckendorf* stammte ursprünglich aus der Altmark (westlich der Elbe), wird ab dem 14. Jahrhundert jedoch in der Neumark, d. h. in dem Gebiet östlich der mittleren Oder, erwähnt. Der Namenszusatz *Hindenburg* ist erst seit 1789 erwähnt; offensichtlich wollte man ihn nicht untergehen lassen. (Die oberschlesische Stadt *Hindenburg* wurde übrigens 1915 nach dem Reichspräsidenten benannt, seit 1945 trägt sie wieder ihren polnischen Namen *Zabrze*.)

Hipparchos [grch. Ἵππαρχος] war allgemein der Titel eines Generals der Kavallerie in Athen, zu *híppos (ἵππος)*, »Pferd«, und *árchein (ἄρχειν)*, »beherrschen«. *Hipparchos* war indes auch der Name einiger bekannter Griechen in der Geschichte, z. B. *Hipparchos*, der Sohn des Peisistratos, der zusammen mit seinem Bruder *Hippias* 527 v. Chr. die Herrschaft von Athen übernahm, jedoch 514 v. Chr. ermordet wurde, und *Hipparchos*, ein Mathematiker und Astronom aus Nizäa, der um 160 v. Chr. lebte. → *Hippias*

Hippias [Ἱππίας] hießen zwei berühmte Griechen: *Hippias* von Elis war ein Sophist und Mathematiker des ausgehenden 5. Jahrhunderts. Philosophisch bedeutsam wurde seine Unterscheidung von Naturrecht und menschlicher Satzung. Dem Mathematiker verdanken wir (außer der Quadratrix-Kurve zur Dreiteilung von Winkeln) die Überlieferung der Kenntnisse des Thales. Er gab obendrein ein Verzeichnis der Olympiasieger und eine Sammlung denkwürdiger Begebenheiten heraus. Der Tyrann *Hippias* (gest. 490 v. Chr.) übernahm 527 nach dem Tod seines Vaters Peisistratos zusammen mit seinem Bruder Hipparchos die Herrschaft in Athen. Nach dessen Ermordung (514) schickte *Hippias* politische Gegner in die Verbannung oder ließ sie umbringen, sodass er schließlich 510 nach Persien vertrieben wurde. Als Berater der Perser nahm er zwei Jahrzehnte später an der Schlacht bei Marathon teil. Der Name *Hippias* beruht auf grch. *hippeúein (ἱππεύειν)*, »reiten«, zu *híppos (ἵππος)*, »Pferd«. → *Hipparchos*

Hippodameia [grch. Ἱπποδάμεια], »Rossebändigerin, Reiterin«, hieß die Tochter des Oinomaos und Gemahlin des Pelops, die Mutter des Atreus und des Thyestes (und vieler anderer Kinder). Ihrem Vater war geweissagt worden, dass er durch die Vermählung seiner Tochter den Tod finden werde. Daher ließ er jeden Bewerber ein Wagenrennen mit ihm durchführen und wenn er verlor, wurde er getötet. Pelops aber ließ die Nägel an der Wagenachse des Oinomaos durch Wachsnägel ersetzen, sodass der König von seinem Wagen zu Tode geschleift wurde und Pelops seine Geliebte ungehindert heiraten konnte. Der Name der Umworbenen beruht auf grch. *híppos* (ἵππος), »Pferd«, und *damázein* (δαμάζειν), »zähmen, bezwingen, bändigen«. → Pelops

Hippokrates [grch. Ἱπποκράτης], ca. 460–366 v. Chr., war der wohl bedeutendste Arzt der Antike. Sein medizinisches Wissen, das uns von seinen an der Ärzteschule von Kos verfassten Schriften überliefert ist, und sein Berufsethos haben die Heilkunst bis weit in die Neuzeit bestimmt. Noch heute ist der *Eid des Hippokrates* für jeden Arzt verbindlich. Sein Name indes scheint nicht so recht zu einem Humanmediziner passen zu wollen, denn er bedeutet »Pferdestärke« und galt wohl für den Besitzer von im Kampf oder Wettrennen siegreichen Pferden. *Hippokrates* ist gebildet aus grch. *híppos* (ἵππος), »Pferd«, und *krátos* (κράτος), »Gewalt, Kraft, Stärke«.

Hippolyt nannte sich der erste Gegenpapst der Kirchengeschichte (217–235). Als der ehemalige Sklave Kalixtus zum Papst gekrönt wurde und obendrein die Ehe zwischen Unfreien und christlichen Römerinnen gestattete und reuige Sünder wieder in die Kirche aufnahm, die wegen ihres lasterhaften Lebens ausgeschlossen worden waren, ließ *Hippolyt* sich empört zum Gegenpapst wählen. Er überlebte seinen Gegner Kalixtus I. und auch dessen rechtmäßigen Nachfolger, Urban I.; das Schisma bestand sogar noch während der Amtszeit des nächsten Papstes, Pontianus, bis der Kaiser 235 kurzerhand den rechtmäßigen sowie den Gegenpapst zur Zwangsarbeit in sardinischen Bergwerken verbannte, wo sie noch im selben Jahr an Entkräftung starben. Zuvor hatten jedoch beide auf ihren Machtanspruch verzichtet und damit den Weg für eine neue Papstwahl freigegeben. Der Name *Hippolyt* ist eine Zusammensetzung aus grch. *híppos* (ἵππος), »Pferd«, und *lytér* (λυτήρ), »Befreier«, zu *lýein* (λύειν), »lösen, freilassen, erlösen«.

Hippolytos [grch. Ἱππόλυτος] hieß der Sohn der Amazonenkönigin Ἱππολύτη und des Theseus. *Hippolytos* wurde getötet, nachdem seine Stiefmutter Phädra (die Tochter des Minos und Gattin des Theseus) ihn fälschlich der Vergewaltigung angeklagt hatte, deren Werben er unklugerweise zurückgewiesen hatte. Er wurde von seinen eigenen Pferden zu Tode geschleift, jedoch von Asklepios wieder zum Leben erweckt und sodann nach Latium gebracht, wo man ihn fortan als Gott Virbius im Hain der Diana von Aricia verehrte. Seinem Namen liegen grch. *híppos (ἵππος)*, »Pferd«, und *lytér (λυτήρ)*, »Befreier«, zu *lýein (λύειν)*, »lösen, freilassen, erlösen«, zu Grunde.

Hirohito (1901–1989) war der Vater und Vorgänger des japanischen Kaisers *Akihito*. Sein erhabener Name ist zusammengefügt aus jap. *hiro*, »groß, weit«, und *hito*, »Mensch«. In *Hirohitos* Regierungszeit fielen der Japanisch-Chinesische Krieg (1937–1945) sowie der Überraschungsangriff der japanischen Luftwaffe auf den amerikanischen Flottenstützpunkt Pearl Harbor und der Beginn des Pazifikkriegs zwischen Japan und den USA. Dabei hatte der Kaiser für seine Ära die anspruchsvolle Devise *Schowa*, »erleuchteter Friede«, gewählt. Immerhin hat Kaiser Hirohito nach den amerikanischen Atombombenabwürfen auf die Städte Hiroschima und Nagasaki im August 1945 auf alle weiteren Kampfhandlungen verzichtet und die bedingungslose Kapitulation akzeptiert; seine Rolle als allmächtiger Gottkaiser war damit allerdings beendet. → *Akihito*

Hirtius lautete ein römischer Gentilname, den z. B. auch *Aulus Hirtius* trug, ein Legat Caesars und Freund Ciceros, der als Konsul 43 v. Chr. bei Mutina (heute: *Modena*) siegte, dort allerdings auch den Tod fand. *Hirtius* gilt als Verfasser des achten Buches von Caesars *De bello Gallico*. Der Erste dieses Geschlechts muss ein ruppiger Geselle gewesen sein, denn sein Name beruht auf lat. *hirtus* (eigentlich: *hirsutus*), »stachelig, struppig, borstig«, auch »rau, roh, ungebildet«.

Hitchcock *Alfred* (1899–1980), britisch-amerikanischer Regisseur spannender und unheimlicher Kriminalfilme wie »Bei Anruf Mord«, »Psycho«, »Die Vögel« und »Marnie«. Sein mysteriöser Name – der nichts zu tun hat mit engl. *hitch*, »Ruck, plötzlicher Zug«, oder mit *cock*, »Abzugshahn« einer Pistole – ist schlicht und einfach aus *Hitch*, einer Koseform von *Richard*, entstanden, wie sie im Mittelalter im westlichen Mittelengland gebräuchlich war. Die Endung *-cock* dient lediglich der Verkleinerung und entspricht unserem Suffix *-chen* oder *-lein*.

Hitler *Adolf* (1889–1945), deutscher Nationalsozialist. Als Reichskanzler und »Führer« war er verantwortlich für den Rassenwahn seiner Zeit und die gnadenlose Verfolgung und systematische Ausrottung aller »Nichtarier«, vor allem der Juden, sowie für den Ausbruch und die

Gräuel des Zweiten Weltkriegs. Hitler stammte aus sehr ärmlichen Verhältnissen aus Braunau im niederösterreichischen Waldviertel. Sein Vater hatte als uneheliches Kind den Namen seines Pflegevaters *Hiedler* erhalten, der erst 1876 in *Hitler* umgewandelt wurde. *Hiedler* scheint von dem bayerischen Wort *Hidl* für einen »zeitweilig versiegenden Wasserlauf« herzurühren, könnte jedoch auch von *Hüttler*, »der in einer Hütte Lebende«, stammen.

Hô Chi Minh (1890–1969), nord-vietnamesischer Militär und Politiker. Der Begründer der Demokratischen Republik Vietnam wurde als *Nguyên Sinh Cung* geboren (*Nguyên*, »Ursprung«, ist der wohl häufigste Familienname in Vietnam; der Mittelname *Sinh* bedeutet »Geburt, Leben«, während der Vorname *Cung* wohl zu *cu'ong*, »blühend, gesund«, gehört) und wurde (wie üblich in Vietnam) bei seinem zehnten Geburtstag in *Nguyên Thât Thành* umbenannt, mit *Thât* für »Abkömmling« und *Thàn* für »stark, leuchtend, vollendet«. 1913 kam er als Schiffsjunge nach Europa und arbeitete in London und in den Vereinigten Staaten, ab 1916 lebte er in Paris, wo er Mitbegründer der Kommunistischen Partei Frankreichs wurde. (Hier nahm er 1917 den Namen *Nguyên Ái Quôc* an, »Nguyen, der Patriot«.) Nach Aufenthalten in Moskau und in China gründete er 1930 in Hongkong die Kommunistische Partei Indochinas und führte ab 1941 einen von den USA und China unterstützten Guerillakampf gegen die japanischen Besatzer in Indochina. Nachdem die Chinesen ihn 1941 bereits *Hú Guang* (zu chin. *guang*, »Licht«) genannt hatten, gab er sich 1942 den Namen *Hô Chi Minh*, mit vietn. *chi minh*, »der, welcher erleuchtet«, »der Bringer des Lichts« (*minh* hat die gleiche Bedeutung wie chin. *ming*; vgl. die *Ming*-Dynastie in China und den daoistischen Begriff *ming*, »Helligkeit, Erleuchtung«). Nach dem Abzug der Japaner im August 1945 wurde er erster Präsident der Demokratischen Republik Vietnam und führte einen fast zehnjährigen erfolgreichen Guerillakrieg gegen die mit einem Expeditionskorps zurückgekehrte französische Protektoratsmacht. Als Vietnam 1954 durch die Genfer Indochinakonferenz geteilt wurde, war er nur noch Präsident von Nordvietnam. Von hier aus bekämpfte er die USA im so genannten Vietnamkrieg, den er mit seiner Guerillataktik praktisch gewann. Nach dem Fall Saigons wurde diese südchinesische Hafenstadt (und bis dahin Hauptstadt der Republik Südvietnam) ihm zu Ehren umbenannt in *Hô Chi Minh-Stadt*. Von ihm selbst redet man noch heute liebevoll als *Cám Hô*, »Onkel Hô«.

Hobbema *Meindert* (1638–1709), niederländischer Maler. Der Schüler Ruisdaels hatte beträchtlichen Einfluss auf die holländische und englische Landschaftsmalerei des 18. und 19. Jahrhunderts. Sein Name ist entstanden aus dem friesischen Kurznamen *Hobbe*, etwa für *Hugbert* (zu ahd. *hugu*, »Gedanke, Geist«, und *beraht*, »prächtig, glänzend«; vgl. *Hugo*), und der patronymischen friesischen Endung *-ma*, »Sohn von«.

Hobbes *Thomas* (1588–1679), englischer Mathematiker, Staatstheoretiker und Philosoph. Das Wunderkind *Hobbes* konnte bereits mit vier Jahren lesen, schreiben und rechnen. Mit acht Jahren wurde er in den klassischen Sprachen unterrichtet und mit 14 Jahren begann er sein Studium, vor allem der Logik und der Physik, an der Universität Oxford. Nach seinem Examen war er zunächst Hauslehrer und wurde dann Sekretär des Philosophen Francis Bacon, für den er einige Schriften ins Lateinische übersetzte. Da *Hobbes* sich für die Rechte des Königs einsetzte, musste er 1640 vor der Revolution nach Paris fliehen, wo er den späteren englischen König Karl II. unterrichtete. Hier verfasste er auch seine staatsphilosophischen Werke, in denen er sich für das absolutistische Königtum aussprach. Da er gleichzeitig das Papsttum und die Kirche kritisierte, musste er 1651 erneut fliehen, diesmal jedoch aus dem katholischen Frankreich zurück nach England. Fasziniert von dem deduktiven systematischen Wissenschaftsideal seiner Zeit, baute er sein Philosophie auf der natürlichen Vernunft auf. Für ihn bestand sie aus dem stufenweisen Fortschreiten von der Physik über die Anthropologie zu einer Staatslehre, nach der der Einzelne auf jede Macht zu verzichten und alle seine Rechte unwiderruflich auf den absolutistisch regierenden Monarchen zu übertragen habe. In einem so begründeten Staat dürfe es weder Gewissens- noch Glaubensfreiheit geben, da diese Ausgangspunkt aller Uneinigkeiten im Staate seien. Der Souverän allein habe zu bestimmen, was gut und böse sei. Seine Ideen beschrieb er in den Werken »De corpore«, »De homine«, »De cive« und »Leviathan«. Der Name des Philosophen bedeutet »Sohn des Hobb«, wobei *Hobb* eine Koseform von *Robert* darstellt.[10]

---

[10] Als die Normannen ab 1066 eine Reihe französischer Namen, unter ihnen *Robert* und *Richard*, nach England brachten, hatten die Einheimischen Probleme mit der Aussprache des französischen Anfangs-*R* und ließen solche Namen stattdessen mit einem anderen Buchstaben beginnen. Auf diese Weise entstanden aus der ursprünglichen Koseform *Rob* für *Robert* ein *Bob* oder *Hobb* und aus *Rick* für *Richard* ein *Dick*.

Hochhuth *Rolf* (geb. 1931), deutscher Schriftsteller und Dramatiker. In seinen umstrittenen Werken, die mit dokumentarischem Beweis- und Belastungsmaterial angereichert sind, setzt er sich vor allem mit dem Nationalsozialismus auseinander. Großes Aufsehen erregte die Uraufführung seines Stücks »Der Stellvertreter. Ein christliches Trauerspiel«, in dem er die diplomatisch vorsichtige Haltung Papst Pius XII. und der katholischen Kirche angesichts der Verfolgung und Ermordung der Juden während der Zeit des Dritten Reichs kritisierte und die Frage einer Mitschuld an den Verbrechen der Nationalsozialisten aufwarf. In seinem zweiten Bühnenstück »Soldaten, Nekrolog auf Genf« untersuchte er die Mitverantwortung Churchills an der Bombardierung deutscher Städte im Zweiten Weltkrieg. Weitere Werke behandeln ähnliche moralische Fragen, etwa »Juristen« (die Rolle ehemaliger NS-Richter in der Bundesrepublik), »Judith« (die Rechtfertigung eines politischen Attentats), »Unbefleckte Empfängnis« (die Legalisierung der Leihmutterschaft), »Sommer 1914« (die Schuld der Deutschen am Ersten Weltkrieg) und »Wessis in Weimar« (das Verhalten der Westdeutschen gegenüber den Ostdeutschen). Der Name *Hochhuth* ist aus der Berufsbezeichnung für einen »Hutmacher« entstanden, der besonders hohe Kopfbedeckungen, etwa Zylinder, herstellte.

Hodios war im alten Griechenland ein Beiname des Hermes in seiner Eigenschaft als Gott der Reisenden; zu grch. *hodós (ὁδός)*, »Weg«.

Hodler *Ferdinand* (1853–1918), schweizerischer Maler. Er gelangte, anders als die Impressionisten, zu einem eigenen Stil mit klaren Formen und Farben, in dem er symbolhaft gestaltete Figuren und geschichtliche Ereignisse malte. Sein Lieblingsthema war allerdings die Schweizer Alpenlandschaft. Bei seinem Namen hätte man eigentlich einen anderen Beruf erwarten sollen, denn schweizerisch *hodeln* bedeutet »Kleinhandel treiben«.

Hodscha (auch: *Hodja*) ist der islamische Titel eines Geistlichen und Lehrers, und genau das bedeutet das Wort: »Meister, Lehrer, Herr«, zu türk. *hoca*, »Lehrer«. Der Titel bezieht sich auf den weisen Toren *Nasreddin Hodscha*, der im 13. Jahrhundert in der Nähe von Konya gelebt und gelehrt haben soll und der Imam seines Dorfes war. Noch heute ist *Hodscha* der Held vieler lustiger Erzählungen. → *Imam*

Hodschatolislam lautet der Titel eines schiitischen Geistlichen der mittleren Ebene. Er bedeutet »Lehrer des Islam«.

Hoffmann *E.T.A.* (1776–1822) war der Künstlername des als *Ernst Theodor Wilhelm Hoffmann* geborenen deutschen Schriftstellers (z. B. »Lebensansichten des Katers Murr«, »Das Fräulein von Scuderi« und »Die Elixiere des Teufels«). Indem er auf *Wilhelm* verzichtete und seinen ersten beiden Vornamen aus Verehrung für Mozart ein *Amadeus* hinzufügte (obwohl jener sich immer nur als *Amadé* bezeichnete), ergab sich in der Abkürzung das bekannte Akronym *E.T.A.* Der Name ist aus mhd. *hoveman* und *hofman* entstanden, »Hofbauer« oder »Diener bei Hofe«. *Dustin Hoffman* (geb. 1937) ist ein amerikanischer Filmschauspieler. Seine filmbegeisterten Eltern gaben ihrem Sohn den Vornamen des Stummfilm-Cowboys *Dustin Farnum*. Der deutsche Familienname erklärt sich durch ihre Abstammung von einer jüdisch-rumänischen Einwandererfamilie aus Siebenbürgen.

Hoffmann von Fallersleben hieß eigentlich *August Heinrich Hoffmann*. Allerdings stammte der Vater der deutschen Nationalhymne (zumindest des Textes) aus *Fallersleben* bei Braunschweig. → *Hoffmann*

Hofmannsthal *Hugo von* (1874–1929) war ein österreichischer Lyriker und Dramatiker. Seine Jugendwerke – Gedichte und Dramen voller Empfindung und Todesmystik – schrieb er noch unter dem Decknamen *Theophil Morren*. Später, unter eigenem Namen, verfasste er die Texte zu den großen Opern von Richard Strauss, wie »Elektra« und »Arabella«, aber auch Komödien sowie das mittelalterliche Mysterienspiel »Jedermann«, das zum festen Programm der Salzburger Festspiele gehört. Woher der angenommene Name *Morren* kommt, kann man nur mutmaßen. Vielleicht hat der Dichter sich von *Morren*, der englischen Variante des Namens *Moore*, »Mohr, Maure«, verleiten lassen. Der aus dem Altgriechischen stammende Rufname *Theophil* bedeutet »Gottlieb«. Sein wirklicher Name indes ist von mhd. *hovemann*, »Hofbauer«, herzuleiten.

Hogarth *William* (1697–1764), englischer Maler und Kupferstecher. In seinen Gemälden und Stichen karikierte er vor allem die Rokokogesellschaft und schilderte das Leben der unteren Schichten in London.

So verwundert es fast nicht, das der Familienname *Hogarth*, der auch in den Formen *Hoggard* und *Hoggart* begegnet, »Schweineherde« bedeutet (zu aengl. *hogg*, »Sau«, und *hierde*, »Herde, Bande«).

Holbein *Hans* (um 1465–1524), genannt *der Ältere*, war ein Meister der deutschen Spätgotik. Das umfangreiche Werk des Malers und Zeichners umfasst Altarbilder, Einzeltafeln und Silberstiftzeichnungen. Sein Sohn *Hans Holbein*, genannt *der Jüngere* (1497–1543) stieg in die Fußstapfen des Vaters, der ihn in seiner Werkstatt ausbildete. Schon mit 18 Jahren machte er sich jedoch auf in die Schweiz und schuf dort Wandmalereien und Altarbilder. Er reiste auch nach Italien, Frankreich und England, wo er sich 1532 endgültig niederließ und schon bald Hofmaler König Heinrichs VIII. wurde. Durch seine Bildnisse auch anderer hoch stehender Persönlichkeiten und seine Holzschnitte zum »Totentanz« erwarb er sich Weltruf. Der Name der Augsburger Künstlerfamilie bedeutet in der Tat, was er suggeriert, nämlich »hohles Bein« (zu mhd. *hol*, »hohl, ausgehöhlt«, und *bein*, »Bein«) – wohl eine Bezeichnung für jemanden, dessen Beine einen Hohlraum bilden: also einen Menschen mit *O-Beinen*.

Holden *William* (1918–1984), eigentlich *William Franklin Beedle*, amerikanischer Filmschauspieler (z. B. in »Die Brücke am Kwai«). Da man in Hollywood der Ansicht war, sein richtiger Name klinge wie engl. *beetle*, »Käfer«, also wie Ungeziefer (obschon er von aengl. *bydel*, »Gerichtsdiener, Büttel« stammt), bekam er den eindeutigeren und gängigeren Namen *Holden* (nach dem veralteten Partizip Perfekt *holden*, heute: *held*), zu engl. *to hold*, »halten«.

Hölderlin *Friedrich* (1770–1843), deutscher Dichter. Er studierte Theologie und begann schon in seiner Studienzeit, angeregt durch die Französische Revolution, begeisterte Oden und Hymnen zu schreiben. 1794 machte er die Bekanntschaft Schillers, mit dem er in der Folgezeit oft zusammen war und der die Herausgabe seines Briefromans »Hyperion« förderte. Das Drama »Der Tod des Empedokles«, an dem er bis zum Ende des Jahrhunderts arbeitete, blieb Bruchstück. Danach folgten noch etliche Oden und Elegien voller Wohllaut und gelungener Metrik. Im Alter von 32 Jahren machten sich jedoch erste Anzeichen einer Geisteskrankheit bemerkbar, die sich bald so verschlimmerte, dass der Dichter die zweite Hälfte seines Lebens völlig abgeschieden und in geistiger Umnachtung verbrachte. Sein Name geht zurück auf mhd. *holder*, »Holunder«, und enthält am Ende die Verkleinerungssilbe *-lin*.

Hollerith *Hermann* (1860–1929), amerikanischer Ingenieur deutscher Abstammung. Er entwickelte als Statistiker der US-Regierung das so genannte *Hollerith-Verfahren* zur Datenverarbeitung mit Hilfe von Lochkarten. Die Methode wurde erstmals bei der amerikanischen Volkszählung 1890 erfolgreich angewandt. Seine 1896 gegründete *Tabulating Machine Company* (TMC) wurde 1924 in *International Business Machines* (IBM) umbenannt. Bei dem Namen *Hollerith* könnte es sich (passenderweise) um eine Weiterbildung von mhd. *hol*, »Loch, Vertiefung«, handeln, wahrscheinlicher ist aber eine Ableitung von mhd. *holer* oder *holder*, »Holunder«.

Homer [grch. Ὅμηρος], der berühmte griechischer Dichter (ca. zwischen 750 und 650 v. Chr.), stammte vermutlich aus der kleinasiatischen Stadt Smyrna (heute: Izmir). Von dort aus bereiste er die ägäischen Inseln und lebte als erblindeter fahrender Bettelsänger an verschiedenen Fürstenhöfen. Aus seiner Feder sollen die beiden großen griechischen Nationalepen »Ilias« und »Odyssee« stammen: Während die „Ilias" die letzten Tage der Belagerung Trojas schildert, beschreibt die »Odyssee« die zehnjährige Irrfahrt des Helden Odysseus nach dem Trojanischen Krieg. (Wahrscheinlich stammt das letztere Werk jedoch von einem anderen Autor.) Seinem Namen scheint das griechische Wort *hómeros (ὅμηρος)*, »Geisel, Unterpfand«, zu Grunde zu liegen, von *homereîn (ὁμερεῖν)*, »zusammentreffen, sich vereinigen«.

Honecker *Erich* (1912–1994), deutscher Politiker. 1971 wurde er als Nachfolger von Walter Ulbricht Erster Sekretär des Zentralkomitees der SED und Vorsitzender des Nationalen Verteidigungsrates. 1976 wählte ihn die Volkskammer der DDR zum Staatsratsvorsitzenden. Nachdem ihn im Oktober 1989 das Politbüro der SED zum Rücktritt von seinen Partei- und Staatsämtern gezwungen hatte, starb *Honecker* 1994 in Chile. Sein Name ist eine alte Wohnstättenbezeichnung, etwa »der am hohen Eck Wohnende«, aus mhd. *hoh*, *hoch*, »hoch gelegen«, und *egge*, *ecke*, »Ecke, Spitze«.

Hönir hieß in der germanischen Sage ein Gott, dessen Namensdeutung nicht leicht ist. Er wird zusammen mit Odin und Loki erwähnt, bei der Erschaffung des Menschen steuerte er die Seele, den Geist des Menschen bei. Ansonsten war er ein recht untätiger und unentschlossener Gott. Es ist vermutet worden, dass sein Name mit einem verloren gegangenen Verb *hanan*, »schallen, klingen«, zusammenhänge; dann wäre die Bedeutung etwa »der Stimmgeber« oder der »Sänger«, denn er war es ja, der dem ersten Menschenpaar die Gabe der Dichtkunst und des Gesangs geschenkt hat.

Honorius (384–423), eigentlich *Flavius Honorius*, war ein Sohn des Kaisers Theodosius I. Er erhielt nach der Teilung des Römischen Reichs die Herrschaft über das weströmische Reich (395–423 n. Chr.), während sein Bruder Arkadios die Osthälfte bekam. Der Name ist eine Ableitung von lat. *honorus*, »ehrenvoll, ansehnlich«, zu *honor*, »Ehre, Verehrung«. Auch fünf Päpste trugen diesen Namen; *Honorius II.* kam sogar zweimal vor: Ein Erster war kaiserlicher Gegenpapst (1061–1064), dem es aber nicht gelang, sich gegen Alexander II., der ohne deutsche Mitwirkung zum Papst erhoben worden war, durchzusetzen und daher 1064 zurücktrat. Der andere *Honorius II.* (1124–1130) wurde inthronisiert, nachdem sein Gegenpapst *Cölestin II.* schon bald nach Amtsantritt hatte zurücktreten müssen.

Hooft *Pieter Corneliszoon* (»Sohn des Cornelius«), 1581–1647, gilt als bedeutendster niederländischer Renaissance-Dichter und Geschichtsschreiber. *Hooft* bedeutet im Holländischen »Haupt« (heutige Schreibung: *hoofd*).

Hooghe (auch: *Hoogh* und *Hooch*) *Pieter de* (1629–1684) hieß ein niederländischer Maler der Delfter Schule. Sein bevorzugtes Thema war das holländische Bürgerhaus samt seinen Insassen, dessen mehr oder weniger stark beleuchteten Räume und Höfe hintereinander sichtbar werden. Der großartige Maler trug den angemessenen Namen »der Hohe, Große«, zu niederländisch *hoog*, »hoch«.

Hoogstraten *Samuel van* (1627–1678), niederländischer Maler, Radierer und Kunstschriftsteller. Der Schüler Rembrandts malte meist in dessen Manier. Zudem schuf er Perspektivbilder und verfasste Anleitungen für die hohe Schule der Malerei. *Hoogstraten* bedeutet »Hochstraßen«, zu ndl. *hoog*, »hoch, hoch gelegen«, und *straat*, »Straße, Weg«.

Hoover *Herbert Clark* (1874–1964), republikanischer amerikanischer Politiker und 31. Präsident der USA (1929–1933), der sich mit den Problemen der Weltwirtschaftkrise konfrontiert sah. *Hoover* entspricht dem deutschen Familiennamen *Huber*, zu mhd. *huober*, »Inhaber einer Hube« oder »Hufe«, d. h. eines schmalen Landstreifens von bis zu 60 Morgen, der einst den Bauern zur Deckung des Eigenbedarfs als Anteil am Gemeindeland überlassen wurde.

Hopper *Edward* (1882–1967), amerikanischer Maler, dessen photographischer Realismus bereits die Popart ahnen lässt. Der Name *Hopper* ist eine Ableitung von aengl. *hoppian*, »hüpfen, hopsen«, und wurde möglicherweise als Spitzname für einen Tänzer benutzt.

Horatius war ein römischer patrizischer Gentilname aus der altrömischen Sage: Der Streit zwischen Rom und Alba Longa wurde durch den Sieg der drei *Horatier* über die drei albanischen *Curatier* entschieden. Ebenfalls aus der römischen Heldensage ist *Publius Horatius Cocles* bekannt, der an einer Tiberbrücke den Etruskern unter Porsenna so lange Widerstand leistete, dass die Römer diese zerstören konnten. Der Name *Horatius* ist vielleicht verwandt mit lat. *hora*, »Stunde, Tageszeit, Zeitabschnitt«, ein Lehnwort aus dem Griechischen *(ὥρα)*, wo es neben »Tag« auch »Frühling«, »Lebensalter« und »Jugend« bedeuten kann. → *Cocles, Curatii* und *Horaz*

Horaz (65–8 v. Chr.), eigentlich *Quintus Horatius Flaccus*, römischer Dichter und einer der Hauptvertreter der augusteischen Klassik. Als Sohn eines Freigelassenen war er als Junge nach Rom gekommen und erhielt dort und an der Athener Akademie eine erstklassige Ausbildung. Nach Caesars Ermordung wurde er im Heer des Brutus Militärtribun, kehrte nach dessen Niederlage bei Philippi (42 v. Chr.) nach Rom zurück und verdiente sein Brot als Schreiber, bis er in *Maecenas* (vgl. *Mäzen*) einen Freund und Gönner fand, der ihm ein Landgut schenkte und dafür sorgte, dass er sich ganz seiner Dichtkunst widmen konnte. Mit seinen Oden wurde *Horaz* der Schöpfer der lateinischen Lyrik. In seinen Episteln nahm er mit scharfem Verstand Stellung zu allgemeinen Fragen der Lebensbeherrschung. Sein Name leitet sich

vom römischen Geschlechternamen *Horatius* her, dessen Herkunft dunkel bleibt. Vielleicht enthält er das lateinische Wort *hora*, »Stunde, Zeit«. Er selbst hat einmal seinen Namen zu erklären versucht mit der Wendung: *amicus omnium horarium*, »Freund zu allen Stunden«.
→ *Horatius*

Horen [grch. Ὧραι], zu grch. *hora (ὥρα)*, »Jahreszeit, Klima«, nannte man im alten Griechenland drei Töchter des Zeus und der Themis: die Blütengöttin *Thallo*, zu grch. *thallós (θαλλός)*, »grüner Zweig, Sprössling«, die Wachstumsgöttin *Auxo*, zu *aúxe (αὔξη)*, »Zunahme, Gedeihen«, und die Göttin der reifen Frucht *Karpo*, zu *karpós (καρπός)*, »Frucht, Ernte«. Sie galten als blühende, schön gelockte Göttinnen der Jahreszeiten und der Naturkräfte, die für eine gleich bleibende Ordnung sorgten, indem sie durch den Wechsel der Witterung die Pflanzenwelt gedeihen und Früchte tragen ließen. Später erhielten sie eine ethische Bedeutung und sie traten unter den Namen *Eunomia (Εὐνομία)*, »Gesetzmäßigkeit«, *Dike (Δίκη)*, »Recht«, und *Eirene (Εἰρήνη)*, »Friede«, auf. → *Eirene*

Horkios [grch. Ὅρκιος], »Schützer des Eides«, war ein Beiname des Göttervaters Zeus, aus grch. *hórkion (ὅρκιον)*, »Eid, Schwur«, zu *horkízein (ὁρκίζειν)*, »schwören lassen, beschwören«.

Hormisdas hieß ein Papst (514–523) und Heiliger, dem es gelang, die jahrelang schwelenden Streitigkeiten mit Konstantinopel auszuräumen. Der Name scheint persischer Herkunft zu sein und »der Geachtete« zu bedeuten, zu pers. *hormat*, »Anerkennung, Ansehen«. Entsprechend trugen auch einige Könige aus der persischen Dynastie der Sassaniden den Namen *Hormisdas*.

Horowitz *Wladimir* [ukr. Владимир Самойлович Горовиц], 1903 bis 1989, amerikanischer Pianist ukrainischer Herkunft mit einem jiddischen Herkunftsnamen. Nachdem die alte jüdische Familie des berühmten Rabbi Ha-Levi im 15. Jahrhundert aus Spanien hatte fliehen müssen, ließ sie sich nieder in dem mittelböhmischen Ort *Hořovice* (zu tsch. *hory*, »Gebirge«, oder zu *Hoř*, einer Kurzform von Rufnamen wie *Hořimir* oder *Hořislav*). Einige ihrer Nachkommen zogen weiter bis in die Ukraine, wo sie in einem Schtetl (einem typischen jüdischen Städtchen) von Berdichev eine neue Heimat fanden, ihren alten Namen aber – ursprünglich *Horowitzer*, »die aus Horovice«, später ohne Endung – behielten. Aus diesem Ort westlich von Kiew stammte auch die *Wladimir Horowitz'* Familie.

Hortensius war ein altrömischer Gentilname. Das berühmteste Mitglied dieses Geschlechts hieß *Quintus Hortensius Hortalus* (114–50 v. Chr.), ein römischer Staatsmann (69 v. Chr. Konsul) und, wie Cicero, ein berühmter Redner seiner Zeit. Als Verteidiger vor Gericht war er zunächst Gegner, dann Freund und Mitarbeiter des Cicero. Der Name entspricht dem lateinischen Wort *hortensius*, »zum Garten gehörig«, zu *hortus*, »Garten, Gemüsegarten, Park« (vgl. *Hortensie*). Sein ganz ähnlich klingender Beiname *Hortalus* (der in der Form *Hortulus* »Gärtchen« bedeuten würde) stammt indes von *hortare*, »anfeuern, antreiben« und bedeutet somit »Ermunterer«.

Horus [in Hieroglyphen *Hr*, Auspreche etwa *Heru*] war in der alten ägyptischen Mythologie ein falkenköpfiger Lichtgott, dessen Augen Sonne und Mond darstellten und der seine Flügel schützend über den Himmel und den jeweiligen König spannte (daher trug der Pharao auch den Beinamen »Horus«). Nach der Legende rächte *Horus* einst seinen von Seth ermordeten und zerstückelten Vater Osiris und half seiner Mutter Isis, die Leichenteile wieder zusammenzusetzen, worauf diese ihrem toten Gatten in der Gestalt eines Falken Lebensatem zufächelte. Das wachsame *Horusauge*, das einzeln für den Mond stand, wurde zum Symbol für alle guten Dinge und man trug (und trägt) es als Amulett gegen den bösen Blick um den Hals. Der Name *Horus* ist wohl herzuleiten von ägypt. *har*, »hoch, weit entfernt«, und bedeutet demnach »der oben Befindliche«, »der Ferne«.

Horváth *Ödön von* (1901–1938), rebellischer österreichisch-ungarischer Schriftsteller. In seinen Volksstücken und Komödien (z. B. »Geschichten aus dem Wienerwald«, »Italienische Nacht«, »Mit dem Kopf durch die Wand« und »Ein Dorf ohne Männer«) enthüllte er die unterschwellige Bösartigkeit der kleinbürgerlichen Gesellschaft und analysierte das wahre Wesen des aufkommenden Nationalsozialismus. In seinen Romanen ging es ihm um die Verantwortung des Einzelnen und die Schuldhaftigkeit sozialer Kälte (z. B. »Jugend ohne Gott« und »Ein Kind unserer Zeit«). *Horváth* floh 1938 vor den Nazis nach Frankreich – nur um kurz darauf bei einem Gewitter in Paris von einem

Baum erschlagen zu werden. Sein Name, die ungarische Bezeichnung für »Kroate«, verweist auf die Tatsache, dass sein Geburtsort Fiume (heute: Rijeka) zwar in Kroatien liegt, seit 1779 mit Unterbrechungen aber zu Ungarn gehörte. Sein Vorname *Ödön* ist die ungarische Form von *Edmund*, zu ahd. *od*, »Erbgut, Besitz«, und *munt*, »Schutz« (einer unmündigen Person).

Hostilius war ein römischer Gentilname, z. B. des dritten römischen Königs, *Tullus Hostilius* (673–643 v. Chr.), der wohl von lat. *hostis*, »Fremder, Fremdling, Gegner«, abgeleitet ist.

Hoxha *Enver* (1908–1985), albanischer Politiker. 1941 gründete er mit jugoslawischer Unterstützung die Kommunistische Partei seines Landes, deren Generalsekretär er 1943 wurde. Während des Zweiten Weltkriegs kämpfte er zunächst gegen die italienische, später die deutsche Besatzungsmacht. 1944 rief er die Unabhängigkeit Albaniens aus und wurde zunächst vorläufiger Ministerpräsident, zwei Jahre später Ministerpräsident und bald darauf auch Verteidigungs- und Außenminister. 1948 folgte der Abkehr von Tito eine Hinwendung zur Sowjetunion. Nach Stalins Tod wandte er sich jedoch China zu. Seitdem war der Maoismus die offizielle politische Linie Albaniens. 1967 erklärte *Hoxha* sein Land zum »ersten atheistischen Land der Welt« und alle Kirchen und Moscheen wurde zerstört oder zweckentfremdet. Als 1976 Mao starb, brach der Diktator auch die Beziehungen zu China ab. Sein Name entspricht in keiner Weise seiner Ablehnung jeglicher Religion, denn *Hoxha* leitet sich her von *Hadschi* (arab. *hadji*), der Bezeichnung für einen frommen Menschen, der eine Wallfahrt nach Mekka unternommen hat. Sein Vorname *Enver* entspricht arab. *anwar*, »Lichtstrahl«.

Hubble *Edwin Powell* (1889–1953), amerikanischer Astronom. Sein Hauptforschungsgebiet waren die kosmischen Nebel und die Sternensysteme, insbesondere die Fluchtgeschwindigkeiten der Galaxien. 1990 wurde ein nach ihm benanntes großes Teleskop in den Weltraum geschickt. *Hubble* entspricht den alten deutschen Rufnamen *Hugbald* und *Hubald*, zu *hugu*, »Geist, Gedanke«, und *bald*, »kühn« – ein in der Tat treffender Name für einen so erstrangigen Wissenschaftler.
→ *Humboldt*

Hudson ist eine verbreiteter englischer Familienname mit der Bedeutung »Sohn des Hudd«, wahrscheinlich abgeleitet vom Namen *Hugh*, zu ahd. *hugu*, »Gedanke, Geist, Verstand« (vgl. *Hugo* und *Hubert*, d. h. *Hugubert*). Der berühmteste Träger dieses Namens war der englische Seefahrer *Henry Hudson* (um 1550–1611), der auf der Suche nach einem Seeweg nach China den Fluss und die Bucht entdeckte (1509 bzw. 1510), die noch heute seinen Namen tragen. Trotz dieser Erfolge meuterte seine Mannschaft und setzte ihn sowie seinen jungen Sohn und einige treue Gefährten in einem Boot aus und überließen sie ihrem Schicksal. Der amerikanische Filmschauspieler *Rock Hudson* (1925–1985), zu dessen bekanntesten Filmen »Giganten« und »Bettgeflüster« zählen, wurde als *Roy Harold Scherer jr.* geboren und bekam nach der Adoption durch seinen Stiefvater den Namen *Roy Fitzgerald* (»Sohn des Gerald«, zu afrz. *fiz*, »Sohn«, vgl. lat. *filius*). Der deutsche Berufsname *Scherer* bezeichnete früher einen »Haar- und Bartschneider«, der vor allem in einem öffentlichen Bad anzutreffen war (vgl. auch den *Bader*, also den »Badestubenbetreiber«, zu dessen Aufgaben allerdings auch das Aderlassen, Zahnziehen und Schröpfen gehörte). In Hollywood verpasste man dem blendend aussehenden jungen Mann neben einem Crash-Kurs in Schauspielerei den griffigen Künstlernamen *Hudson*, dem man ein markig klingendes *Rock* voranstellte (zu engl. *rock*, »Felsen«).

Hugo *Richard* lautete das Pseudonym, unter dem jene deutsche Schriftstellerin schrieb, die mit richtigem Namen *Dr. phil. Ricarda Huch* (1864–1947) hieß – eine der ersten promovierten Frauen in Deutschland. Vielleicht hat sie ihren Familiennamen, der einem Laut der Verwunderung ähnelt, bewusst an den Namen des berühmten *Victor Hugo* angelehnt. Auf jeden Fall bevorzugte sie ein männliches Pseudonym, denn anfangs hatte sie sich *Hugo Huch* genannt, bis ihr Bruder, der ebenfalls Schriftsteller war, einen Künstlernamen wählte (A. Schuster) und sie bewog, das Gleiche zu tun.

Huitzilopochtli (bei uns oft verballhornt zu *Witzliputzli*), »Kolibri zur Linken«, d. h. »im Süden«, hieß ein lichter Stammes- und Hochgott der Azteken, der Kriegs- und Sonnengott des Taghimmels und der Gott des Südens. Er galt als Hauptfeind der »Gefiederten Schlange«. Seine Mutter war, wie die christliche Gottesmutter Maria, nach der Geburt des *Huitzilopochtli* ebenfalls Jungfrau geblieben. Unter der Führung des *Huitzilopochtli* brachen die Azteken von Norden her auf zu ihrer Suche nach dem Gelobten Land und ließen sich dann in Zentralmexiko nieder. → *Quetzalcóatl*

Humboldt *Alexander Freiherr von* (1769–1859), deutscher Naturforscher und Geograph. Seine erste Forschungsreise führte ihn nach Süd-, Mittel- und Nordamerika (1799–1804), wovon er in einem 36-bändigen Werk berichtete. In einer zweiten großen Unternehmung reiste er 1829 über Osteuropa und den Ural bis zur chinesischen Grenze und befuhr das Kaspische Meer. Welch weltweites Ansehen diese hervorragende Persönlichkeit, die mit Geistesgrößen wie Goethe und Schiller verkehrte, bis heute hat, sieht man an der Tatsache, dass nach ihm rund 900 Pflanzen, Berge, Flüsse etc. benannt wurden (z. B. das *Humboldtgebirge* in Zentralasien, der *Humboldt-Gletscher* in Nordwest-Grönland, der *Humboldt River* im US-Staat Nevada und der kühle *Humboldtstrom* an der Westküste Südamerikas). Der Name *Humboldt* bedeutet – wie fast zu erwarten – »kühner Geist« (aus einem alten Rufnamen wie *Hugbald* oder *Hubald* zu ahd. *hugu*, »Gedanke, Geist«, und *bald*, »kühn«). → *Hubble*

Hume *David* (1711–1776), schottischer Philosoph und Historiker, der mit Adam Smith, Montesquieu, Voltaire und Rousseau befreundet war. Als seine beiden Hauptwerke gelten die »Untersuchung über den menschlichen Verstand«, die ihn zu einem der bekanntesten Philosophen seiner Zeit machte, und die sich allein auf Tatsachen stützende »Geschichte Englands«. Der schottische Name *Hume* (auch: *Home*) geht zurück auf adän. *hulm*, »Flussinsel« (vgl. schwed. *holm*, »kleine Insel«, und den Städtenamen *Stockholm*).

Humperdinck *Engelbert* (1854–1921), deutscher Komponist von Opern (z. B. »Hänsel und Gretel« und »Die Königskinder«) und Orchesterwerken. Dem Familiennamen *Humperdinck* (auch: *Humperding*) liegt der Rufname *Humbert* zu Grunde, der zusammengesetzt ist aus ahd. *hun*, »braun, dunkel«, *beraht*, »glänzend« und der patronymischen Endung *-ing*, »Sprössling des ...«.

Hundertwasser *Friedensreich* (1928–2000), ein bekannter österreichischer Künstler, hieß eigentlich *Friedrich Stowasser*. Der Maler und Graphiker machte nicht nur durch seine »Nacktreden« von sich reden, sondern auch durch sein eigenwillig konzipiertes Kunsthaus in Wien sowie sein Eintreten für die Begrünung von Hausdächern und die individuelle Gestaltung von Fassaden, nicht zuletzt auch durch seine traumhaften Bildkompositionen. Der erste Teil seines Familiennamens entspricht dem slawischen Zahlwort *sto*, »100«, der Vorname sollte wohl seine Lebensphilosophie zum Ausdruck bringen, obschon er nur die neuere, pietistische Form von *Friederich* ist. In der Tat trat er entschieden für den Frieden ein, vor allem zwischen der arabischen Welt und Israel. Etliche seiner jüdischen Verwandten mütterlicherseits wurden 1943 von den Nazis deportiert und ermordet.

Huracán, »Einbein«, nannten die Maya den Gott der ungezügelten Naturkräfte, insbesondere des Donners und des Blitzes. Von diesem Namen sind unsere Begriffe *Hurrikan* und, über holländische Vermittlung, *Orkan* entlehnt. *Huracán* entsprach dem aztekischen Gott Tezcatlipoca, der ebenfalls einbeinig dargestellt wurde. → *Tezcatlipoca*

Huris sind nach muslimischem Glauben schöne, schwarzäugige Jungfrauen im Paradies, die für die sexuellen Freuden der Toten sorgen; jedem Mann stehen angeblich 72 Huris zur Verfügung, deren Jungfräulichkeit immer wieder hergestellt wird. Ein rechtschaffener Mann kann so häufig mit ihnen verkehren, wie er im Leben an Tagen während des Ramadan gefastet und gute Werke getan hat. *Hur*, der Plural von arab. *ahwar*, bedeutet »gazelenäugig, schönäugig«.

Hus *Jan* (ca. 1370–1415), böhmischer Gelehrter, Priester und Kirchenreformer. Als Philosophie-Professor und Rektor der Prager Universität schuf er eine einheitliche tschechische Schriftsprache und gründete durch seine Schriften eine nationale Literatur. Als bedeutender Prediger (er predigte übrigens nicht auf Latein, sondern stets auf Tschechisch) unterstützte er eine schroffe Prädestinationslehre, d. h. eine Begrenzung der Kirche auf die zur Seligkeit Vorherbestimmten. Er verwarf entschieden den Güterbesitz sowie die Verweltlichung von Klerus und Klöstern und sprach allen unwürdigen Prälaten jegliche Macht ab. Außerdem bezweifelten er und seine Anhänger die Wandlung von Brot und Wein während der Eucharistiefeier. Nach seiner Exkommunikation durch den Papst sollte er sich 1414 auf dem Konzil zu Konstanz rechtfertigen. Er wurde jedoch verhaftet und als Ketzer 1415 auf dem Scheiterhaufen verbrannt. *Jan Hus* hatte zunächst *Johannes* *von Husinetz* geheißen (nach seinem südböhmischen Heimatdorf *Husinec*, wörtlich »Gänsegatter«, zu tsch. *husa*, »Gans«), sich aber später auf Tschechisch kurz *Jan Hus* genannt.

Husák *Gustáv* (1913–1991), tschechoslowakischer Politiker. Nach dem Ende des Prager Frühlings und der Absetzung Alexander Dubčeks wurde der gebürtige Slowake 1969 zum Ersten Sekretär des Zentralkomitees der Kommunistischen Partei der Tschechoslowakei gewählt. 1975 übernahm er das Amt des Staatspräsidenten, trat 1989 jedoch unter dem Druck der Massenproteste während der so genannten Samtenen Revolution zurück und sein Nachfolger wurde Václav Havel. Die Familie *Husák* stammte ursprünglich aus der Ukraine, wo der Name *Husák (Гусák)* »Gänserich« bedeutet. (Anders als im Russischen, wird das kyrillische *Г* in der ukrainischen Sprache wie ein deutsches *H* ausgesprochen.) → *Hus*

Hussein ist ein arabischer Name mit der Bedeutung »der Wunderschöne«. Der erste und bekannteste Träger dieses Namens war *Hussein* (um 620–686), der zweite Sohn Alis und Fatimas und der Bruder des *al-Hasan*. Er fiel 680 in der Schlacht bei Kerbela, als er gegen das Heer des Kalifen Jasid kämpfte, und wird seitdem als Märtyrer verehrt. Er gilt als zweiter Imam der Schiiten. *Hussein* hießen aber auch einige muslimische Herrscher, z. B. der ehemalige jordanische König *Hussein I.* (1935–1999), der 1994 zu einem Friedensvertrag mit Israel bereit war. → *Saddam*

Huston *John* (1906–1987), amerikanischer Filmregisseur, Drehbuchautor und Schauspieler. Er machte Filme wie »Die Spur des Falken«, »Asphaltdschungel«, »African Queen«, »Moby Dick« oder »Die Nacht des Leguans«. Der vor allem in Schottland anzutreffende Name *Huston* (in England wird er meist *Houston* geschrieben) bedeutet »Hughs Siedlung« und setzt sich zusammen aus dem Rufnamen *Hugh* (dt. *Hugo*, zu ahd. *hugu*, »Geist, Verstand«) und dem altenglischen Wort *tun* für »Siedlung, Einzäunung« (vgl. engl. *town* und dt. *Zaun*).

Huxley *Aldous* (1894–1963), englischer Schriftsteller, dessen umfangreiches Werk eine Untergangsstimmung offenbart und von zynischem Pessimismus des Verfassers zeugt. Das wird besonders deutlich in seinen beiden Utopien, »Schöne neue Welt« sowie »Affe und Wesen«.

Weitere bekannte Romane aus seiner Feder sind u. a. »Parallelen der Liebe«, »Kontrapunkt des Lebens«, »Geblendet in Gaza«, »Nach vielen Sommern« und »Das Genie und die Göttin«. Andere Familienmitglieder wurden übrigens ebenfalls berühmt: Sein Großvater, *Thomas Henry Huxley* (1825–1895), war ein englischer Zoologe, der in Australien forschte und sich für Darwins Evolutionstheorie einsetzte, sein Halbbruder *Andrew Fielding Huxley* (geb. 1917), ein Neurologe, erhielt 1963 den Nobelpreis für seine Erforschung der elektrischen Impulse der Nervenleitungen, während der Bruder der beiden, der Zoologe *Sir Julian Sorell Huxley* (1887–1975) von 1946 bis 1948 der erste Generaldirektor der Unesco war. Der Familienname *Huxley* bedeutet »Hughs Weidelichtung«, gebildet aus dem Genitiv des Personennamens *Hugh* (vgl. dt. *Hugo*, zu ahd. *hugu*, »Geist, Sinn«) und aengl. *leah*, »Waldlichtung, Waldweide«.

Hyakinthos [grch. Ὑάκινθος] hieß ein mythischer Fruchtbarkeitsgott der Griechen. Der Sage nach traf Apollon bei Wurfübungen seinen Geliebten *Hyakinthos* mit dem Diskus am Kopf und tötete ihn so aus Versehen. (Der eifersüchtige Westwind Zephyros, der ebenfalls in den schönen Jüngling verliebt war, hatte die schwere Scheibe vorsätzlich auf dessen Kopf gelenkt.) Aus seinem Blut soll die gleichnamige Blume entstanden sein. Die dunkelblaue Farbe der *Hyazinthe* galt bei den Griechen als Zeichen der Klage und Trauer und wurde traditionell auf Gräber gepflanzt. Der Name des Gottes entspricht dem griechischen Wort *hyákinthos* (ὑάκινθος), »Hyazinthe« und »Hyazinth« (gelbroter Edelstein), zu *hyakínthinos* (ὑακίνθινος), »violett«. → *Adonis*

Hydra [grch. Ὕδρα], die Tochter des Typhon und der Echidne, war in der griechischen Sagenwelt eine riesige giftige Wasserschlange mit vielen Armen, auf denen Köpfe saßen, die immer wieder nachwuchsen, wenn man sie abschlug. Das Ungeheuer wurde von Herkules mit dem Schwert getötet und die Stümpfe der abgeschlagenen Köpfe und Arme mit brennenden Ästen am Nachwachsen gehindert. Der Name beruht auf grch. *hýdra (ὕδρα)*, »Wasserschlange«, zu *hýdor (ὕδωρ)*, »Wasser« (vgl. *Hydrant*).

Hygieia [grch. Ὑγίεια], »Gesundheit«, war der Beiname der Athene als Heilgöttin, zu grch. *hygiaínein* (ὑγιαίνειν), »gesund, nützlich sein« (vgl. *Hygiene*).

Hylacomilus war das auf den ersten Blick etwas unübersichtliche Pseudonym des deutschen Kartographen *Martin Waldseemüller* (ca. 1470–1520), das aus der verkürzten, teils gräzisierten, teils latinisierten Variante seines deutschen Namens bestand – zusammengesetzt aus grch. *hýle (ὕλη)*, »Wald«, lat. *lacus*, »See«, und *milus* zu splat. *molinarius*, »Müller«. Auf einer seiner Karten tauchte übrigens zum ersten Mal der Name *Amerika* auf – allerdings nur für die vom italienischen Seefahrer *Amerigo Vespucci* entdeckte Festlandsküste des nordöstlichen Südamerikas. Diese neue Bezeichnung bürgerte sich indes schnell für den ganzen Kontinent ein, wodurch natürlich das Verdienst des Christopher Kolumbus geschmälert wurde, der zwar vor Vespucci amerikanischen Boden betreten, aber »nur« karibische Inseln und kein Festland entdeckt hatte. *Kolumbien*, die spätere Benennung für einen Teil Südamerikas, war nur ein schwacher Versuch der Wiedergutmachung.

Hylas [grch. Ὕλας] war der Begleiter und Geliebte des Herakles, der ihn einst als Säugling entführt hatte. Auf der Argonautenfahrt verschwand *Hylas* eines Tages im Wald beim Wasserholen. Die Sage behauptet, er sei von der Quellnymphe Dryope (»Eichengesicht«, gemeint war damit ein Specht) und ihren Gefährtinnen in eine Grotte entführt worden, da sie sich wegen seiner Schönheit in ihn verliebt hätten. Der Name, der auf grch. *hýle (ὕλη)*, »Wald, Holz, Buschwerk«, beruht, bedeutet sozusagen »der Adonis des Waldes«.

Hymenaios [grch. Ὑμέναιος], ein Sohn des Apollon und der Muse Kalliope, galt den alten Griechen als Gott der Vermählung, der im Brautlied beim Hochzeitsmahl oder auf dem Weg zum Haus des Bräutigams angerufen wurde. Ursprünglich war *Hymenaios* das Hochzeitslied selbst gewesen, das im Laufe der Zeit aber personifiziert wurde. So verwundert es nicht, dass der Name des jugendlichen Gottes das griechische Wort *hyménaios (ὑμέναιος)*, »Hochzeit«, »Hochzeitslied«, ist (vgl. *Hymen*).

Hymir, »der Dämmrige« (zu isl. *húm*, »Dämmerung«), hieß in der nordischen Sage ein hässlicher Frost- und Eisriese des nebelverhangenen, fahlgrauen Eismeeres, dem der Bart zu Eiszapfen erstarrt war. → *Mimir*

Hyperion [grch. Ὑπερίων], der Sohn des Uranos und der Gäa, Vater des Sonnengottes Helios (mit dem er manchmal gleichgesetzt wurde), der

Selene und der Eos, war ein Titan der griechischen Mythologie. Sein Name bedeutet »der Hinübergehende, Hochwandelnde«, aus *hypér (ὑπέρ)*, »über«, und *ión (ἰών)*, »gehend«, zu *iénai (ἰέναι)*, »wandern, fahren« – ein passender Name für einen Giganten und auch für einen Sonnengott, der täglich über die Erde zieht.

Hypnos [grch. Ὕπνος] hieß in der griechischen Mythologie der Gott des Schlafes, seine Mutter war *Nyx*, die »Nacht«, sein Bruder *Thanatos*, der »Tod«, und (nach Ovid) sein Sohn *Morpheus*, das »Traumbild«. Seiner Macht konnte sich kein Irdischer entziehen. Sein Name entspricht dem griechischen Wort *hýpnos (ὕπνος)*, »Schlaf, Schläfrigkeit« (vgl. *Hypnose*).

Iah nannten die alten Ägypter einen Mondgott, der meist als Mann mit Ibiskopf dargestellt wurde, vielleicht als eine Sonderform des Gottes Thot, der auch mit dem Mond gleichgesetzt werden konnte. Der Name *Iah* bedeutet »Mond«.

Iapetos [grch. Ἰαπετός], ein Titan der griechischen Sage, war der Vater des Prometheus und des Epimetheus sowie des Atlas und Menoitios *(Μενοίτιος)*. Im Kampf der Titanen warf Zeus ihn einst in den Tartaros und über ihm entstand eine von Menschen bewohnte Insel. Daher wurde *Iapetos* gelegentlich auch als Vater der Menschheit angesehen. Sein Name gehört zu grch. *iáptein (ἰάπτειν)*, »werfen, schleudern«.

Ibn Rushd (1126–1198) hieß ein arabischer Philosoph und Arzt im maurischen Andalusien, der, wie *Ibn Sina*, von den griechischen Philosophen beeinflusst worden war. Für Aristoteles, dessen Werke er auslegte und kommentierte, hegte er eine fast religiöse Verehrung. Sein Name bedeutet »Sohn der Vernunft«, aus arab. *ibn* für »Sohn« und *rushd* für »Vernunft«, »rechtes Handeln«. *Averroës* ist die spanische Verhunzung dieses Namens.

Ibn Sa'ud → *Abdul Asis*

Ibn Sina (980–1037) war ein muslimischer Philosoph, der in Isfahan lehrte. Er gilt als einer der großartigsten Denker seiner Zeit und als exzellenter Arzt, dessen wissenschaftliches Werk »Canon medicinae« jahrhundertelang den Lehrplan der medizinischen Fakultäten Europas bestimmte. Durch ihn fand das Gedankengut des Aristoteles Eingang in den Islam. In der westlichen Welt hieß er *Avicenna*, eine Verballhornung seines arabischen Namens *Abu Ibn Sina*, was wörtlich übersetzt »Vater, Sohn des Sina« bedeutet.

Ibsen *Henrik* (1828–1906), norwegischer Dichter mit Weltruf. Nachdem er in seinen frühesten Werken national-historische Stoffe verarbeitete, zeigt sein Ideen-Drama »Brand« das notwendige Scheitern eines übersteigerten Idealisten, während er in seinem wohl bekanntesten Schauspiel, »Peer Gynt«, die ausufernde romantische Schwärmerei und Phantastik seines Volkes anprangert. In der zweiten Hälfte seines Lebens, die er großteils in Deutschland und Italien verbrachte, wandte er sich dem Gesellschaftsdrama zu und machte sittliche und soziale Fragen – wie alle mögliche Formen der Lebenslüge, die Liebe und Ehe sowie die Gleichberechtung der Frau – zu Themen seiner Dichtung. Berühmtheit erlangte er mit Dramen wie »Stützen der Gesellschaft«, »Nora oder Ein Puppenheim«, »Gespenster« und »Hedda Gabler«. Der Name *Ibsen* besteht aus *Ib*, einer skandinavischen Kurzform von *Jakob* (zu hebr. *ja'aqob*, »Fersenhalter, Überlister«), und der patronymischen Endung *-sen*, »Sohn des …«.

Ibykos [grch. Ἴβυκος] aus Rhegion in Süditalien war ein weit gereister lyrischer Dichter des 6. Jahrhunderts v. Chr., der sich schließlich am Hof des Polykrates von Samos niederließ. Bei uns wurde er durch »Die Kraniche des Ibykus« von Friedrich Schiller bekannt. (Nach einer Sage ermordeten ihn Räuber, deren Entdeckung man Kranichen verdankte.) Der Name könnte zu *íbis* (ἴβις), »Ibis«, »Sumpfvogel«, oder zu *íbyx* (ἴβυξ), »Kranich«, gehören. An Letzteres hätte sich dann wahrscheinlich Schiller mit seiner Ballade angelehnt.

Idomeneus [Ἰδομενεύς], legendärer König von Kreta. Der Sohn des Deukalion und Enkel des Minos war der Anführer der Kreter vor Troja, die mit 100 Schiffen am Kampf teilnahmen. Wie Homer in seiner Odyssee berichtet, kehrte er wohlbehalten heim (vgl. auch die Oper *Idomeneo* von Mozart, 1781). Sein Name bedeutet »Kraft vom Ida«, zu grch. *Ide* (Ἴδη), »Idagebirge«, und *ménos* (μένος), »Lebenskraft, Stärke«. Das Idagebirge im Inneren Kretas galt in der griechischen Sage als die Geburtsstätte des Zeus.

Idris war nach muslimischer Tradition der erste Mensch, der mit einer Feder schrieb. *Idris*, der Sohn Sets und Enkel Adams, entspricht dem biblischen *Enos*, zu hebr. *enosh*, »Mensch«. Im Islam wird *Idris* als ein Prophet verehrt, von dem wir allerdings nicht viel wissen, da er im Koran nur zweimal kurz erwähnt wird. Sein Name bedeutet im Arabischen »der Gelehrte«, »der Eiferer«. Zwei marokkanische Sultane trugen ebenfalls diesen Namen: *Idris I.* (gest. um 791), der die Stadt Fez gründete, und sein Sohn *Idris II.* (793–828), der sein Werk fortführte. Der Geograph *Idrisi* (auch: *al-Idrisi*, »der Lehrende«), 1100–1166, lebte am Hof Rogers II. von Sizilien und fertigte dort seine berühmte Erdkarte an. In Libyen bestieg *Idris I.* (1890–1983) im Jahr 1951 den Königsthron – jener *Sidi Muhammad Idris al-Mahdi al-Senussi*, der 1916 das Oberhaupt des Senussi-Ordens geworden war und im Zweiten Weltkrieg mit seiner Bruderschaft die Alliierten in Nordafrika unterstützte. Er wurde aber 1969 während eines Auslandaufenthalts von Muammar al-Gaddafi gestürzt, sodass er bis zu seinem Tod im Exil in Kairo lebte.

Idun war eine nordgermanische Fruchtbarkeitsgöttin, deren Name »die Erneuernde, Verjüngende« bedeutet, zu anorw. *ið*, »wieder«, und *unna*, »Liebe«. Sie besaß die goldenen Äpfel, denen die Asen ihre ewige Jugend verdankten. *Idun*, die sie in einer Truhe verwahrte, gab sie den Göttern zu essen, wenn sie anfingen zu altern.

Ignatius bedeutet »der Glühende«, zu lat. *ignis*, »das Feuer«. Berühmtester Namensträger war der heilige *Ignatius von Loyola* (1491–1556), eigentlich *Iñigo López de Loyola*, der vom Schloss *Loyola*, dem Adelssitz seiner baskischen Familie in der nordspanischen Provinz Guipúzcoa, stammte. Als Offizier des Vizekönigs von Navarra war er bei der Verteidigung Pamplonas gegen die Franzosen 1521 schwer verwundet worden und hatte durch dieses Erlebnis zu einer religiösen Lebensführung gefunden. Während seines langen Genesungsurlaubs auf dem Montserrat entwarf er die Grundzüge der Exerzitien. Danach sammelte er in Paris auf dem Montmartre erste Gefährten um sich und verband sich mit ihnen durch Gelübde. Nach seiner Priesterweihe in Venedig gründete er 1539 in Rom den Jesuitenorden, dessen erster General er wurde. Seit seinen Studien in Paris (er promovierte dort zum Magister Artium) benutzte er eine latinisierte Form seines baskischen Vornamens *Iñigo* – nach dem heiligen Abt *Enneco* aus dem 11. Jahrhundert, dessen westgotischer Name sich von ahd. *enco*, »Bauer, Ochsenhirt«, herleitet – und nannte sich fortan *Ignatius*. Vielleicht hat er bei seiner Umbenennung an den heiligen Bischof *Ignatius von Antiochien* gedacht, der um das Jahr 110 im Kolosseum in Rom im Kampf gegen wilde Tiere als Märtyrer starb. Auf seinen zweiten Vornamen *Lópe* (zu lat. *lupus*, »Wolf«) verzichtete er.

Ikarus [grch. ῎Ικαρος] und sein Vater Dädalus entkamen nach der griechischen Sage den Klauen des Minotaurus in Kreta, indem sie sich Flügel aus Wachs und Federn machten. Als Ikarus jedoch der Sonne zu nahe kam, schmolz das Wachs und er stürzte in die Ägäis und ertrank. Sein (wahrscheinlich nicht griechischer) Name soll bedeuten »dem Mond geweiht« – und nicht der Sonne! (Nach anderer Quelle: »der Folgsame«.) → *Dädalus*

Iliescu *Ion* (geb. 1930), rumänischer Politiker. Obschon zunächst kommunistischer Apparatschik und seit 1971 Sekretär des Zentralkomitees, organisierte der politische Wendehals 1989 den Sturz des Diktators Nicolae Ceaușescus, gewann 1990 die Präsidentschaftswahlen und musste sich erst nach einer zweiten Amtsperiode 1996 geschlagen geben. Im Jahr 2000 wurde er erneut Staatspräsident Rumäniens, verlor bei den Wahlen 2004 jedoch gegen seinen Konkurrenten Traian Basescu. Der Name *Iliescu* bedeutet »Sohn des Elias«, zu *Ilie*, der rumänischen Namensform von *Elias* (zu hebr. *Elija*, »Gott ist Jahwe«), und der patronymischen Endung *-escu*, »Sohn des ...«. *Iliescus* Vorname *Ion* entspricht *John*, der Kurzform von *Johannes*. Die Familie hatte übrigens nicht immer *Iliescu* geheißen. Der Name des Großvaters väterlicherseits, der als russischer Bolschewist vor der zaristischen Polizei fliehen musste und sich in Rumänien unter neuem Namen niederließ, war ursprünglich *Wassili Iwanowitsch*, also »Johannessohn«, gewesen. → *Ionesco*

Imam ist ein hoher islamischer Titel, obschon im Allgemeinen auch der Vorbeter in der Moschee so genannt wird. Bei den Schiiten ist *Imam* die Bezeichnung für den direkten Nachfahren des Propheten Mohammed, daher kommt ihm absolute Autorität und Unfehlbarkeit zu. Nach ihrer Auffassung ist der *Imam* der von Allah geleitete Führer der gesamten schiitischen Glaubensgemeinschaft (zuletzt Ayatollah Chomeini). Der erste *Imam* (auch *al-Mahdi* genannt) war Ali, der Schwiegersohn Mohammeds und Gatte der Fatima, der zweite war deren Sohn al-Hasan, der dritte sein jüngerer Bruder al-Husain. Zurzeit gibt es keinen sichtbaren *Imam*, also warten die Schiiten auf die Ankunft des verborgenen, wohl letzten *Imams*, für sie *Kaim*, »der sich erhebt«, der am Jüngsten Tag als *Sahib-Us-Saman*, als »Herr des Zeitalters«, wiedererscheinen wird (vgl. den Messias, der von Muslimen manchmal ebenfalls *Mahdi* genannt wird). Im Arabischen bedeutet das Wort *al-imam* »der Führer«, »das Vorbild«.

Imhotep war ein großer ägyptischer Architekt, der für seine Leistungen im Dienst des Pharao bis zum Obersten Priester aufstieg. Später brachte man dem Erbauer der ersten Stufenpyramide für König Djoser und dem großartigen Arzt, der die Kunst der Mumifizierung ersann, göttliche Verehrung entgegen und die Griechen identifizierten ihn mit Asklepios. Sein Name bedeutet »der in Frieden kommt«.

Imperator bedeutet »Gebieter, Herr, Herrscher, Oberbefehlshaber«, zu lat. *imperare*, »befehlen, gebieten«. Seit Caesar wurde der Titel *Imperator* dem Namen des jeweiligen römischen Herrschers vorangestellt (z. B. *Imperator Augustus*), als Ehrentitel eines siegreichen Feldherrn dem Namen nachgestellt (z. B. *Cnaeus Pompeius imperator*, »der siegreiche Feldherr Gnaeus Pompejus«).

Inanna hieß die sumerische Himmelskönigin, die Entsprechung der babylonischen Göttin Ischtar und der phönizischen Astarte. Sie war die Göttin der Liebe und der Fruchtbarkeit sowie des Geschlechtslebens. Die bedeutendste Göttin im sumerischen Pantheon galt als die Schwester der Unterweltsgöttin Ereschkigal, die sie töten ließ, als sie einmal die Unterwelt besuchte. Auf Ersuchen des Gottes Enki durfte *Inanna* das Totenreich jedoch so lange wieder verlassen, wie ihr Gemahl Dumuzi ihren Platz einnahm. Ihr Name ist hergeleitet von sum. *(n)in-an-na*, »Herrin des Himmels«.

Indra (entweder zu skr. *índra*, »der Höchste, der König«, oder zu *indu*, »Regentropfen«, und *ra*, »besitzend«) war ein arischer Kriegs- und Wettergott – neben Varuna, Agni, Surya und Yama eine der wichtigsten arischen Gottheiten, die in Indien bis heute verehrt werden. *Indra* konnte mit seinem Donnerkeil Feinde niederstrecken, aber auch seine gefallenen Krieger wieder zum Leben erwecken. Früher galt er in Indien als Fruchtbarkeits- und Schöpfergott, denn er brachte den Menschen das Licht – daher sein altindischer Beiname *Rjika*, »der Schimmernde« – sowie den Regen, was ihm den weiteren Beinamen *Suraraja*, »Götterkönig«, einbrachte, zu skr. *sura*, »Gott«, und *raja*, »König«. Ursprünglich war *Indra* wohl ein Gewittergott gewesen – ähnlich dem nordischen Thor – und ein Vorbild des Kriegertums.

Ingres *Jean Auguste Dominique* (1780–1867), französischer Maler und Zeichner. Ab 1806 lebte er in Rom und Florenz, wo er neben der Antike insbesondere Raffael studierte. Erst als er mit seinem Gemälde »Gelübde Ludwigs XIII.« im Pariser Salon großes Aufsehen erregte und viele Aufträge eingingen, war er bereit zurückzukehren. Allerdings verbrachte er die Jahre von 1834 bis 1841 wiederum in Italien. Seine Malerei ist eher von der idealisiert gezeichneten Form als von der Farbe bestimmt. Der Name *Ingres* bedeutet »der Ungeduldige«, von afrz. und prov. *engres*, »leidenschaftlich« (zu lat. *ingressus*, »das Einherschreiten, der Zugang«).

Inka, zu ketsch. »Sohn der Sonne«, hieß eine Herrscherdynastie in Südamerika, die seit 1100 n. Chr. belegt ist und 1533 unterging, als der letzte *Inka* Atahualpa von Pizarro hingerichtet wurde. Die berühmte Hauptstadt des *Inkareichs* war Cuzco.

Innozenz, »der Unschuldige« (zu lat. *innocens*, »harmlos, unbescholten«), war ein recht beliebter Papstname. Immerhin wurde er vierzehn Mal von Heiligen Vätern erwählt, wenn auch ihr Leben und Wirken nicht immer dem Anspruch des Namens entsprach. *Innozenz I.* (401–417), der seinen Vorgänger Anastasius I. zum Vater hatte, war ein unerbittlicher Verfechter des römischen Primats. Während seiner Regierungszeit fielen die Westgoten in Rom ein, und obwohl er mit ihrem Anführer Alarich verhandelte, wurde die Ewige Stadt geplündert und gebrandschatzt. *Innozenz II.* (1130–1143) war ein unrechtmäßiger Papst, denn er hatte nur mit Unterstützung des Kaisers und der Könige von England und Frankreich die Papstwürde erlangt, indem die weltlichen Herrscher den ordnungsgemäß gewählten Papst, *Anaklet II.*, kurzerhand zum Gegenpapst erklärten. Auch *Innozenz III.* war nicht so unbescholten, wie sein Name vermuten lässt: Ein schismatischer Papst dieses Namens hatte sich 1179 von einigen Kardinälen in das höchste kirchliche Amt erheben lassen, wurde aber ein Jahr später verhaftet und ins Kloster gesperrt; ein Namensvetter, diesmal jedoch ein legitimer *Innozenz III.* (1198–1216), taugte weniger für den Stuhl Petri als für einen weltlichen Herrscherthron, denn er mischte sich selbstbewusst in die Politik anderer Länder ein. *Innozenz VIII.* (1484–1492) – stolzer Vater von sechzehn leiblichen Kindern (was ihm den Spottnamen *pater patriae,* »Vater des Vaterlandes«, einbrachte) – besserte gar seine Privatschatulle auf, indem er sich für die Gefangenhaltung eines Prinzen des Sultans von Istanbul fürstlich bezahlen ließ. Wirklich fromme und sittenstrenge Päpste indes waren *Innozenz V.* (1276), ein französischer Dominikaner, der mit Albertus Magnus und Thomas von Aquin die Studienordnung seines Ordens verfasst hatte, sowie der tief religiöse und genügsame *Innozenz XI.* (1676–1689), der die Vetternwirtschaft im Kirchenstaat bekämpfte und diplomatisch die christliche Koalition gegen die türkische Bedrohung Wiens förderte. → *Anaklet II.* und *Anastasius*

Ino [grch. Ἰνώ] hieß die Frau des böotischen Königs Athamas, die Stiefmutter der Helle und des Phrixos sowie Mutter des Learchos und des Melikertes. Außerdem erzog sie Dionysos, den Sohn ihrer Schwester Semele, weswegen sie sich den Hass der Hera zuzog und ihren Gatten Athamas rasend machte; in seiner Raserei tötete er Learchos und verfolgte Ino und ihren anderen Sohn Melikertes, mit dem sie sich in ihrer Verzweiflung ins Meer stürzte. Beide wurden zu hilfreichen Meergöttern erhoben, *Ino* zu Leukothea (die »Weiße Göttin«, in deren Gestalt sie dem schiffbrüchigen Odysseus half) und ihr Sohn Melikertes zu Palaimon – zu *palaíein* (παλαίειν), »ringen, in Not sein«. *Inos* Name beruht wohl auf grch. *ís, inós* (ἴς, ἰνός), »Sehne, Muskel, Kraft, Stärke«. → *Helle* und *Athamas*

Invictus war der Beiname des römischen Sonnengottes Sol, den man während der Kaiserzeit aus dem Orient übernommen hatte, zu lat. *invictus,* »unbesiegt«. Ähnliche Beinamen waren *Sol divinus* (»göttlicher Sol«) und *Sol aeternus* (»ewiger Sol«).

Io [grch. Ἰώ] hieß die Tochter des Königs Inachos in Argos. Ursprünglich wohl ein göttliches Wesen, galt sie nach der Sage als eine Priesterin der Hera. Weil Zeus sie liebte, verwandelte die rachsüchtige Hera sie in eine Kuh und ließ sie von dem hundertäugigen Argus (auch: Argos) bewachen. Zeus aber befahl dem Hermes, diesen zu töten, und er ließ *Io* zunächst zum Meer fliehen (das seitdem das *Ionische Meer* genannt wird) und dann sicher bis nach Ägypten gelangen, wo sie wieder Menschengestalt annahm und fortan als *Isis* verehrt wurde. Beide Göttinnen wurden mit Hörnern auf dem Kopf dargestellt, *Io* vielleicht, weil sie auch als Personifikation des Mondes angesehen wurde. Die Hörner würden dann auf die Form des Halbmondes hinweisen und der vieläugige Argos könnte den Sternenhimmel bedeuten. Der Name *Io* mag auf dem Ausruf *ió (ἰώ)*, »o weh!, ach!« (bei Anrufung eines Gottes oder als Ausdruck des Schmerzes), beruhen; wahrscheinlicher ist aber eine Herleitung von der Wurzel *ió-*, zu *iénai (ἰέναι)*, »gehen«, mit Bezug auf den am Himmel wandernden Mond. → *Isis*

Iokaste [grch. Ἰοκάστη], auch *Epikaste* genannt, war die Mutter und Frau des *Ödipus*, die ihren Sohn nach langer Abwesenheit nicht wiedererkannte und heiratete. Als die Götter ihr diesen Frevel enthüllten, erhängte sich die Königin. → *Antigone*

Ion [grch. Ἴων] wird als Stammvater der *Ionier* angesehen. Er war der Sohn der von Apollon verführten Krëusa (der Gattin des Hellen-Sohnes Xuthos), die ihn heimlich gebar und aussetzte. Nachdem er in Delphi im Apollontempel aufgewachsen war und sich auf den Rat des Delphischen Orakels hin mit seiner Mutter versöhnte, wurde er König von Athen. Mit seiner göttlichen Herkunft – seine Brüder *Aiolos* (*Äolus*) und *Doros* stammten nicht von Apollon, sondern ganz legitim von Xuthos ab – wurde die Überlegenheit der *Ionier* über die *Äolier* und *Dorier* begründet. → *Äolus*, *Hellen* und *Xuthos*

Ionesco *Eugène* (1912–1994), französischer Dramatiker rumänischer Herkunft, der bei seiner französischen Mutter in Paris aufwuchs. Als Vertreter des absurden Theaters nannte er seine Dramen selbst »Antistücke«, da er der Überzeugung war, dass das Theater keine Botschaft zu vermitteln, sondern die Absurdität des kleinbürgerlich-banalen Alltagslebens aufzudecken habe. Später bezog er auch die Gesellschaft und die Politik in seine Themen ein. Er schrieb bekannte Schauspiele wie »Die Nashörner«, »Hunger und Durst« oder »Der König stirbt«. Sein Name, ursprünglich *Ionescu*, bedeutet »Sohn des Johannes«, zu rumänisch *Ion*, einer Kurzform von Johannes, und der patronymischen Endung *-escu*, »Sohn des …«. Der Vorname *Eugène* bedeutet »der Wohlgeborene«, zu grch. *eugenés (εὐγενής)*, »von edler Geburt, vornehm«. → *Iliescu*

Iphigenie [grch. 'Ιφιγένεια] hieß die Tochter Klytämnestras und Agamemnons und die Schwester des Orest. Ihr Name beruht auf *íphios (ἴφιος)*, »stark, kraftvoll«, und *génos (γένος)*, »Geschlecht, Stamm«; er bezeichnet also eine »Frau von starker Herkunft« oder die »Ahnin eines starken Stammes«.

Iphikles [grch. 'Ιφικλῆς], »der wegen seiner Stärke Berühmte«, war sozusagen ein Zwillingsbruder (andererseits nur ein Halbbruder) des Herakles, obschon er erst eine Nacht nach diesem gezeugt wurde: In beiden Fällen war Alkmene die Mutter, Herkules jedoch stammte von Zeus, *Iphikles* dagegen von Alkmenes Gatten Amphitryon. So galt *Iphikles* im Gegensatz zu Herkules als Sterblicher. Die Brüder verstanden sich indes gut miteinander und *Iphikles* half Herkules sogar bei einigen seiner Aufgaben. Sein Name kommt von grch. *íphios (ἴφιος)*, »stark, kraftvoll«, und *kléos (κλέος)*, »Ruhm, Ruf«. → *Dioskuren* und *Herkules*

Iris [grch. Ἶρις] verehrten die alten Griechen als Göttin des Regenbogens und als Götterbotin – schließlich wurde der Regenbogen selbst als Botschaft der Götter interpretiert. Ihr Name entspricht dem griechischen Wort *îris (ἶρις)*, »Regenbogen«.

Irving *Washington* (1783–1859), amerikanischer Schriftsteller. Er hatte jahrelang in Europa gelebt, zeitweise als Botschafter in Madrid. So sah und schilderte er Europa, vor allem Deutschland und Alt-England, in romantischer Verklärung. Mit seinen Erzählungen »Rip van Winkle« und der »Legende vom Schläfertal« begründete er die amerikanische Kurzgeschichte. Des Weiteren beschrieb er die behagliche holländische Atmosphäre in einer Geschichte New Yorks unter dem Titel »A history of New York by Diedrich Knickerbocker« und verfasste eine Reihe romantischer Biographien, z. B. von Kolumbus, Mohammed und George Washington, seinem Namenspatron. Der schottische Familienname *Irving* (auch in der Form *Irvin*) bedeutet »grünes Wasser«, zu kelt. *ir*, »grün, frisch«, und *abhainn*, »Fluss, Wasser« (ausgesprochen wie *owin*). → *Washington*

Isa ist die arabische Form des Namens *Jesus*. Dieser gilt im Islam als Prophet und Gesandter Allahs. Die Muslime glauben, dass *Isa* als gerechter Prophet nicht hat am Kreuz sterben können, sondern dass er in letzter Minute durch jemand anderen ersetzt wurde und ohne zu sterben in den Himmel aufgefahren ist, wo Mohammed ihn bei seiner Reise in den Himmel angetroffen hat. Die Muslime erwarten *Isa* am Ende der Tage zurück auf der Erde, und zwar in Damaskus, wo er auch sterben werde, um dann in Medina begraben zu werden. Bisweilen wird *Isa* auch mit *al-Mahdi* gleichgesetzt. → *Imam*

Isaak war in den Augen der Juden Abrahams erster legitimer Sohn, da dieser von seiner rechtmäßigen Frau Sara stammte, während Abraham seinen Erstgeborenen, Ismael, mit Saras Dienerin Hagar gezeugt hatte. Dem Namen *Isaak* liegt hebr. *jits'chak*, »er wird lachen«, zu Grunde, was in der Regel (wahrscheinlich dennoch falsch) so interpretiert wird, dass Abraham bei der Verheißung seiner Geburt lachte, weil er viel zu alt für die Zeugung und seine Frau Sara viel zu alt für eine Schwangerschaft war (s. Genesis 17, 17: »Abraham fiel auf sein Angesicht nieder und lachte. Er dachte nämlich in seinem Herzen: Soll etwa einem Hundertjährigen noch ein Kind geboren werden? Oder soll die neunzigjährige Sara noch gebären?«). In Wirklichkeit dürfte mit der Namengebung die Erwartung des stolzen Vaters verknüpft gewesen sein: »Er (Isaak) wird (Gott) zulachen«. → *Hagar*

Isabella (auch: *Isabel* und *Isabeau*) ist ein weiblicher Vorname, dessen Bedeutung man unterschiedlich auslegen kann. Es handelt sich entweder um eine Form von phön. *Isebel*, »Frau des Baal« (hebr. *jesabel*, »die nicht Einheimische«), oder um eine Variante von *Elisabeth*, zu hebr. *elisheba*, »die Gottgeweihte«. *Isabeau* (1371–1435) war eine bayerische Prinzessin, die 1385 mit Karl VI. von Frankreich vermählt und auf diese Weise Königin wurde. Durch ihre Intrigen nach dem Tod ihres Gatten hätte beinahe Heinrich V. von England den französischen Thron geerbt (wenn er nicht 1422 plötzlich gestorben wäre). *Isabella* hießen z. B. auch zwei spanische Herrscherinnen: *Isabella I.* (1451–1504) wurde 1474 Königin von Kastilien. Einige Jahre zuvor hatte sie den aragonischen Thronerben Ferdinand II. von Aragon geheiratet und damit die Schaffung eines spanischen Nationalstaats vorbereitet. Dem Paar gelang es, den 1475 in Kastilien eingefallenen portugiesischen König Alphons V. zurückzudrängen, 1492 mit der Einnahme Granadas als dem letzten Maurenreich die Zurückeroberung Spaniens abzuschließen und Kolumbus zu seinen Entdeckungsreisen zu ermutigen. Der Papst würdigte ihre Verdienste mit der Verleihung des Titels »Katholische Könige«. *Isabella II.* (1830–1904) erbte bereits mit drei Jahren den spanischen Thron, sodass ihre Mutter für sie die Regentschaft übernehmen musste. Mit dreizehn wurde sie für mündig erklärt und mit sechzehn vermählt. Ihre Regierungszeit war gekennzeichnet von Parteikämpfen und Aufständen. Während einer Rebellion der Flotte 1868 floh sie nach Frankreich und verzichtete zwei Jahre später zu Gunsten ihres Sohnes Alfons XII. auf den Thron.

Ischtar war die babylonische und assyrische Göttin der Liebe und des Krieges (sie hat damit Ähnlichkeit mit der sumerische Göttin Inanna). Als *Ischtar* starb, nachdem die Unterweltsgöttin Ereschkigal sie verflucht hatte, kam eine große Unfruchtbarkeit über das Land. Der Wassergott Ea setzte sich jedoch bei Ereschkigal für sie ein und diese war bereit, *Ischtar* zeitweilig freizugeben, vorausgesetzt ihr Gatte Tammuz nahm für jeweils sechs Monate ihren Platz in der Unterwelt ein. *Ischtar* wird üblicherweise mit »Herrin des Kampfes« übersetzt, leitet sich aber wohl von akk. *astar*, »Gottheit«, her. → *Astarte* und *Adonis*

Isis wurde im alten Ägypten unter anderem als Göttin der Fruchtbarkeit verehrt, die einst mit ihren Tränen den Nil geschaffen haben soll. Die Schwester und Gattin des Osiris war ursprünglich wohl eine Personifikation des Himmels gewesen mit dem ägyptischen Namen *Iset*, »Thron, Platz«. Angeblich durch den Genuss von Weintrauben schwanger geworden, gebar sie den falkenköpfigen Horus. *Isis* wurde mit der griechischen *Io* gleichgesetzt und ihre Verehrung ging im Laufe der Zeit weit über Ägypten hinaus bis ins Römische Reich, wo man sie als Allmutter verehrte. → *Io*

Ismael hieß Abrahams Erstgeborener, den er mit Hagar, der Sklavin seiner Frau Sara, zeugte. (Nach babylonischen Gesetzen war es durchaus rechtens, Kinder mit einer Magd zu zeugen, wenn die eigene Frau unfruchtbar war.) Mit ähnlichen Worten wie im Fall der Jungfrau Maria wurde Hagar vom Engel des Herrn die Empfängnis eines Sohnes mitgeteilt: »Siehe, du hast empfangen und du wirst einen Sohn gebären. Ismael sollst du ihn heißen; denn ›der Herr hat dein Elend erhört‹« (Genesis 16, 11). In der Tat bedeutet der Name *Ismael* (zu hebr. *jishma'el*) »Gott hört«, »Gott erhört«.

Ismene [grch. Ἰσμήνη], nach der griechischen Sage Tochter des Ödipus und Schwester der *Antigone*. Ihr Name ist vielleicht eine Zusammensetzung aus grch. *ísos (ἴσος)*, »gleich«, und *méne (μήνη)*, »Mond«, oder gehört zu *ísme (ἴσμη)*, »Kenntnis, Wissen«.

Isokrates [grch. *'Ισοκράτης*], 436–338 v. Chr., berühmter athenischer Redner, Schüler des Gorgias, Politiker und Rhetoriklehrer, zu grch. *isokratés (ἰσοκρατής)*, »gleich mächtig«, aus *ísos (ἴσος)*, »gleich«, und *krátos (κράτος)*, »Kraft, Herrschaft«. → *Sokrates*

Isolde ist bekannt durch die mittelalterliche Sage um »Tristan und Isolde« und die gleichnamige Oper von Wagner. *Isolde* entstand aus aengl. *isen*, »Eisen«, und *wealdan*, »walten, herrschen«. → *Tristram*

Issachar heißt im Alten Testament der fünfte Sohn der Lea und des Jakob; zu hebr. *jis'sakar*, »er wird zahlen«, d. h. »belohnen«. Laut Genesis (30,18) kommentierte Lea *Issachars* Geburt mit den Worten: »›Gott hat mir den Lohn gegeben dafür, dass ich meine Magd meinem Manne darbot.‹ Sie nannte ihn ›Issachar‹«. Die Textstelle nimmt Bezug auf ihre Magd Silpa, die dem Jakob die beiden Söhne Gad und Aser geboren hatte. Lea hatte zu dem Zeitpunkt geglaubt, keine Kinder mehr bekommen zu können, und war daher umso überraschter, als sie von ihrem Mann den *Issachar* empfing. Danach gebar sie dem Jakob sogar noch eine Sohn: den Sebulun. → *Sebulun*

Iulia war ein äußerst verbreiteter römischer Frauenname. Ein Mädchen erhielt bei seiner Geburt grundsätzlich die weibliche Form des Geschlechternamens ihres Vaters. Gab es mehrere Töchter in der Familie, wurde dem Namen zur Unterscheidung ein *Maior*, »die Ältere«, oder *Tertia*, »die Dritte«, usw. hinzugefügt. *Iulia* hieß z. B. die Tochter des *Caius Iulius Caesar*, die spätere Ehefrau des Pompejus, sowie die Tochter des Augustus aus zweiter Ehe (39 v. Chr. bis 4 n. Chr.), die dieser wegen ihres Lotterlebens aus Rom verbannte. → *Julius*

Iulianus war, anders als *Iulius*, im alten Rom ein Vorname, in einigen Fällen jedoch auch der Beiname einiger Kaiser, wie im Fall des *Flavius Claudius Iulianus* (361–363 n. Chr.), genannt *Apostata*, »der Abtrünnige«, der sich trotz seiner christlichen Erziehung während seiner philosophischen Studien immer mehr dem Neuplatonismus zuwandte und sich in seinen letzten Lebensjahren offen zum Heidentum bekannte. → *Julius*

Iunius lautete der Name einer römischen patrizischen *gens*, die allerdings schon im Jahr 509 v. Chr. ausstarb, obschon es sich bei dem Geschlechternamen um den Komparativ *iunius*, »jünger«, handelt, zu lat. *iuvenis*, »jugendlich, jung« (vgl. *junior*). Als der patrizische Zweig erloschen war, wurde *Iunius* der Name einer vornehmen plebejischen *gens*, der z. B. *Brutus* angehörte . → *Brutus* und *Iuvenalis*

Iustinianus → *Justinian*

Iustinus → *Justin*

Iuvenalis war ein römischer Beiname (zu lat. *iuvenis*, »jugendlich«), der Bezug nahm auf die alte *gens Iunia*. Aus diesem Geschlecht stammte z. B. der römische Satiriker *Decimus Iunius Iuvenalis* (ca. 60–140 n. Chr.). → *Iunius*

Iwan [russ. *Иван*] ist ein typischer russischer Zarenname. Ihn trug z. B. Iwan IV. (1530–1584), den wir besser als „Iwan den Schrecklichen« [russ. *Иван Грозный*] kennen. Seinen Beinamen erhielt er übrigens aus der subjektiven Sicht seiner westlichen Gegner im Livländischen Krieg. Iwan kam im Alter von drei Jahren auf den Thron und wurde 1547 mit sechzehn erster gekrönter Zar. Die Anfangsjahre seiner Regierung nutzte er für Verbesserungen und Modernisierungen im Staat; so führte er die erste Druckpresse nach Russland ein, verbesserte die Gesetzgebung, stellte eine stehenden Armee der Strelitzen auf und richtete einen Rat der Adligen ein. Die späten Jahre seiner Regentschaft waren allerdings von Grausamkeiten und Strafaktionen gegen eingebildete und wirkliche Feinde gekennzeichnet: Er verbrannte eigenhändig einen Adligen, den er der gegen ihn gerichteten Hexerei verdächtigte; seinen Schatzmeister verbrühte er in heißem Wasser; einen Hofnarren durchbohrte er spontan mit seinem Schwert, da dieser schrie, als er von ihm eine heiße Suppe über den Kopf geschüttet bekam; 1581 erschlug er in einem Wutanfall gar seinen heiß geliebten 27-jährigen Sohn Iwan, eine Tat, die er schrecklich bereute und nie überwand. Einer seiner Vorfahren, Iwan I. (gest. 1341), war Großfürst von Wladimir und seit 1325 Fürst von Moskau. Da er den Kampf um die Vorherrschaft in Nordrussland nicht ohne Unterstützung des Khans der Goldenen Horde gewinnen konnte, musste er sich dessen Gunst teuer erkaufen. So bekam er von seinem Volk, das in ihm den Tributeintreiber der verhassten Tataren sahen, den Beinamen Kalita, »der Geldsack«. Der Name Iwan ist die russische Form von Johannes, zu hebr. *jochanan*, »der Herr ist gütig, gnädig«.

Ixion [grch. *'Ιξίων*] hieß ein thessalischer König der Lapithen, der in der Unterwelt auf ein sich ständig drehendes Rad geflochten wurde, als Strafe für seine Undankbarkeit gegenüber Zeus, der ihm seine Hilfe gewährt hatte, denn er hatte versucht, dessen Gemahlin Hera zu verführen. Daher könnte der Name mit grch. *áxon (ἄξων)*, »Radachse«, in Zusammenhang stehen (vgl. *Achse*); er beruht aber wohl eher auf grch. *ischýs (ἰσχύς)*, »Kraft, Stärke«.

Izetbegović *Alija* (1925–2003), bosnischer Politiker, dessen Familie aus altem osmanischem Adel in Belgrad stammte. 1990 wurde der frühere bosnisch-muslimische Aktivist Präsident der Republik Bosnien-Herzegowina und rief 1992 die Unabhängigkeit Bosniens von Jugoslawien aus. Ein Jahr später verließen die nichtmuslimischen Mitglieder die bosnische Regierung, und mit der Belagerung Sarajewos durch bosnische Serben und Kroaten begann der Bürgerkrieg zwischen den drei ethnischen Gruppen. Ab 1996 vertrat *Izetbegović* im kollektiven Staatspräsidium von Bosnien-Herzegowina die Muslime, 2000 zog er sich jedoch aus gesundheitlichen Gründen zurück. Der Rufname *Alija* bedeutet »der Vornehme«, zu arab. *alia*, »erhaben, überlegen«. Der Familienname ist osmanischer Herkunft und besteht aus dem Rufnamen *Izet*, »Geehrter« (zu türk. *izzet*, »Würde, Achtung«), dem alten türkischen Titel *beg* (heute: *bey*), »Herr, Herrscher«, und der für die Südslawen typischen Endung *-vić*, »Sohn des …«.

Jackson *Andrew* (1767–1845), demokratischer amerikanischer Politiker. Der ehemalige General und Gouverneur von Florida war von 1828 bis 1837 der 7. amerikanische Präsident. Sein Name bedeutet »Sohn des Hans« (vgl. auch den amerikanischen Popsänger *Michael Jackson*, geb. 1958).

Jagger *Sir Michael (Mick) Philip* (geb. 1943), englischer Rock-Musiker. Bekannt wurde er als Gründer und Frontmann der »Rolling Stones«, in den 1980er-Jahren begann er zudem eine Solokarriere. 2003 wurde er von Prinz Charles für seine »Verdienste um die populäre Musik« zum Ritter geschlagen. Der Name entspricht entweder dem früher in Yorkshire gebräuchlichen Wort *jagger*, »Träger, Fuhrmann«, auch »Bettler, Hausierer«, oder es handelt sich um eine Ableitung des Rufnamens *Jackard* (ohne End-*d*), zu *Jack*, »Hans«.

Jagiełło → *Władysław*

Jahwe, »ich bin, der ich bin«, erscholl Gottes Stimme aus dem brennenden Dornbusch. Mit diesem Ausspruch gab er sich als Gott zu erkennen. Die jüdische Tradition vermeidet die Aussprache dieses Gottesnamens, der im Hebräischen mit den Schriftzeichen JHWH wiedergegeben wird und später durch Hinzufügen von Vokalen zu Jahwe ergänzt wurde. Anstatt den Namen Gottes auszusprechen, liest man *Adonai*, »Herr«. → *Adonis*

Jakob, ein Sohn Isaaks, war der jüngerer Zwillingsbruder des Esau. Sein Name soll laut Volksetymologie von hebr. *ja'akov*, »Fersenhalter«, »Überlister«, kommen, denn die Bibel berichtet, dass er bei seiner Geburt die Ferse seines Bruders festhielt, zu hebr. *akeb*, »Ferse«, oder zu *akab*, »überlisten, entwenden«. Für beide Auslegungen gibt es Hinweise in der Bibel: »Danach kam sein Bruder; dessen Hand hielt die Ferse Esaus gefasst; man nannte ihn Jakob« (Genesis 25, 26) oder »Esau fuhr fort: Ist sein Name nicht Jakob? Hat er mich nicht schon zum zweiten Mal überlistet? Meine Erstgeburt hat er entwendet, und jetzt hat er noch meinen Segen gestohlen« (Genesis 27, 36). *Jakob* überlistete in der Tat seinen Vater, statt Esau ihn zu segnen, aber auch er wurde betrogen, und zwar von seinem späteren Schwiegervater Laban, der ihm seine hässliche Tochter Lea unterschob, obwohl er um die schöne Rachel angehalten hatte. (Später erhielt er diese allerdings als Zweitfrau.) Wie dem auch sei, *Jakob* – dessen Name in Wirklichkeit auf hebr. *ja'akub'el*, »Gott möge beschützen«, beruhen dürfte – wurde zum Stammvater der zwölf Stämme Israels, nachdem Gott mit ihm am Fluss Jabbok gekämpft und ihm bei dieser Gelegenheit seinen neuen Namen *Israel* gegeben hatte, was im Hebräischen »der mit Gott kämpft« bedeutet. Aus dem Neuen Testament kennen wir zwei Apostel namens *Jakobus* sowie den Herrenbruder *Jakobus*. → *Esau*

Jamamoto, wörtlich »am Fuß des Berges«, ist ein gebräuchlicher japanischer Familienname, zu jap. *jama*, »Berg«, und *moto*, »Fuß«, den z. B. der japanische Admiral *Isoroku Jamamoto* (1884–1943) trug. Er leitete 1941 als Oberbefehlshaber der japanischen Seestreitkräfte den Angriff auf Pearl Harbor. (Sein Vorname hat die unerwartete Bedeutung »Nr. 56«, da er wohl der 56. männliche Nachkomme in der Großfamilie war.)

James ist ein englischer Rufname, der auf hebr. *ja'aqob*, »Fersenhalter, Überlister« oder »den Gott schützt«, beruht. Im Mittelalter wandelte sich die lateinische Form *Jacobus* schließlich zu *Jacomus*, woraus in England durch Verkürzung *James* und mundartlich *Jim* entstanden. Der berühmteste *Jakob* war wohl Maria Stuarts Sohn *James* (1566–1625), der als *James VI.* zunächst König von Schottland, nach dem Tod Königin Elizabeths I. im Jahr 1603 jedoch als *James I.* den britischen Thron bestieg und England und Schottland unter einer Krone vereinigte. *James II.* (1633–1701), der Bruder König *Charles II.*, wurde 1685 König von England, Schottland und Irland. Als er den Katholizismus in seinem Land wieder herstellen wollte, rief man seinen Schwiegersohn Wilhelm von Oranien zu Hilfe, und *James* musste zu Ludwig XIV. nach Frankreich fliehen. *James* war aber auch der Familienname des berühmten amerikanischen Schriftstellers *Henry James* (1843–1916), der als junger Mann nach London übersiedelte und bis zu seinem Tod dort arbeitete. Seine Erzählungen spielen in einer Welt kultivierter Müßiggänger und befassen sich insbesondere mit der Begegnung amerikanischer Naivität und der Kultur der Alten Welt. Einige seiner berühmtesten Romane sind »Washington Square«, »Bildnis einer Dame« und »Roderik Hudson«.

Janáček *Leoš* (1854–1928), tschechischer Komponist. Er folgte in seinem umfangreichen Werk der von ihm aufgestellten Theorie, dass die Melodie dem Sprechtonfall zu folgen habe. Er schuf Opern, wie »Jenufa«, »Das schlaue Füchslein« und »Aus einem Totenhaus«, sowie Ballette, Orchesterstücke, Kammermusik und Lieder. *Janáček* geht zurück auf den Rufnamen *Jan*, eine Kurzform zu *Johannes*, sowie die Verkleinerungsendung *-ček*.

Jannings *Emil* (1884–1950), deutscher Theater- und Filmschauspieler (»Der letzte Mann«, »Der blaue Engel«, »Der zerbrochene Krug« u. a.). Er war der Erste, der für eine männliche Hauptrolle einen Oscar erhielt. *Jannings* (zu *Jan* für *Johannes*, mit patronymischer Endung *-ings*) hatte mit richtigem Namen *Theodor Friedrich Emil Janenz* geheißen, später aber diesen wohl gleichbedeutenden slawischen Namen eingedeutscht.

Jansenius *Cornelius* (1585–1638) war der latinisierte Name des holländischen Theologen *Corneille Jansen*, der zunächst Professor in Löwen und dann Bischof von Ypern in Flandern war. Mit seinem Werk »Augustinus« begründete er die streng augustinistische Lehre, die nach ihm *Jansenismus* genannt wird. *Jansen* bedeutet »Sohn des Johannes«, aus *Jan*, einer Kurzform von *Johannes*, und der patronymischen Endung *-sen*, »Sohn des …«

Janukowytsch *Wiktor Fedorowytsch* [ukr. *Віктор Федорович Янукович*], geb. 1950, ukrainischer Politiker. Der gelernte Autoschlosser und Mechaniker war ab 2002 Premierminister der Ukraine, reichte jedoch 2005 seinen Rücktritt ein. Zuvor hatte er 2004 für das Amt des Präsidenten kandidiert und war nach einer notwendig gewordenen Stichwahl zunächst mit einer knappen Mehrheit als Sieger benannt worden. Es gab jedoch längere Massenproteste, da sich Hinweise auf eine massive Wahlfälschung hielten, sodass eine Wiederholung der Stichwahl gefordert wurde. Bei den erneut angesetzten Wahlen unterlag der von Russland unterstützte *Janukowytsch* seinem westlich eingestellten Konkurrenten Juschtschenko. Bei dem Namen *Janukowytsch* handelt es sich wahrscheinlich um eine Ableitung vom slawischen Rufnamen *Janko*, einer Koseform von *Jan*, also *Johannes* (zu hebr. *jochanan*, »der Herr ist gnädig«). → *Juschtschenko*

Janus (lat. *Ianus*) wurde im alten Rom als Gott der Eingänge und Torwege verehrt. In der Kunst stellte man ihn dar mit zwei Gesichtern, die in entgegengesetzte Richtungen schauen. Sein Name entspricht dem lateinischen Wort für einen »bedeckten Durchgang« oder einen »Torbogen« (vgl. *Januar*).

Japhet, der dritte Sohn Noahs, war nach der Bibel Stammvater der europäischen und kleinasiatischen Völker. Sein Name geht zurück auf hebr. *jepheth*, »Wachstum, Vergrößerung«. In der Genesis (9, 27) heißt es: »Weiten Raum schaffe Gott dem Japhet; er wohne in den Zelten Sems, und Kanaan sei sein Knecht.« → *Sem, Aram, Noah, Methusalem*

Jaruzelski *Wojciech* (geb. 1923), polnischer General und Politiker aus einer Familie des katholischen Kleinadels. Als Verteidigungsminister Polens nahm er nicht nur am Einmarsch der Warschauer-Pakt-Staaten in die Tschechoslowakei und der Unterdrückung des so genannten Prager Frühlings teil (1968), sondern befahl 1970 auch die blutige Niederschlagung des Arbeiteraufstands an der polnischen Ostseeküste. Als 1981 der Einfluss der Gewerkschaft Solidarnoć (»Solidarität«) und ihres Führers Lech Wasa wuchs, erklärte er diese zu einer antisozialistischen Gefahr für das Vaterland, stellte sich an die Spitze einer Militärregierung und verhängte das Kriegsrecht. 1989 musste die Solidarnoć unter dem Druck der Bevölkerung jedoch wieder zugelassen werden, und *Jaruzelski* (seit 1985 Staatspräsident) verzichtete noch im gleichen Jahr, wohl auch wegen der zunehmenden Bedeutung der Perestroika in der UdSSR, auf die Macht. Sein Nachfolger als Staatsoberhaupt wurde Lech Wasa. Bei *Jaruzelskis* Familiennamen dürfte es sich um eine Variante des slawischen Rufnamens *Jaroslav* handeln (zu urslaw. *jarъ*, »kühn, zornig, streng«, und *slava*, »Ruhm, Ehre«) mit angehängtem Suffix *-ski* (»Sohn von …«). *Wojciech* gilt als polnische Entsprechung des deutschen Vornamens *Adalbert* (zu ahd. *adal*, »edel, vornehm«, und *beraht*, »glänzend«).[11]

Jason [grch. Ἰάσων], der Sohn des *Aison* und nach der Rückkehr von der Argonautenfahrt Medeas Gatte, trug einen Namen, der auf grch. *iâsthai* (ἰᾶσθαι), »heilen«, beruht und somit »der Heiler«, auch »der Versöhnende« bedeutet. Sein Pflegevater, der freundliche Kentaur Cheiron, nannte ihn so, voll des Lobes über seine Heilkunst, die er ihm selbst beigebracht hatte.

Jaspers *Karl* (1883–1969), deutscher Philosoph, der an der Universität Heidelberg zunächst Psychiater war, 1916 Professor für Psychologie und 1921 für Philosophie wurde. Der ethische Rigorismus seiner Existenzphilosophie stand in Widerspruch zur totalitären Idee des Nationalsozialismus, sodass er von 1937 bis zum Kriegsende Lehrverbot er-

---

[11] Der heilige *Adalbert* aus Böhmen – im 10. Jahrhundert zunächst Bischof von Prag, später Missionar im Weichselgebiet – hieß mit tschechischem Taufnamen *Vojtěch* und wurde anlässlich seiner Firmung in *Adalbert* umbenannt. Etymologisch gesehen ist *Wojciech* eine Variante des polnischen Rufnamens *Wojtěch*, der auf urslaw. *vojb*, »Krieger« (heute poln. *wojak*; vgl. auch *Woiwode*, ursprünglich »Heerführer«), und altkirchenslaw. *potěcha*, »Freude, Trost« (heute poln. *pociecha*) beruht.

hielt. Ab 1948 unterrichtete er an der Universität Basel. Der Name *Jaspers* (des End-*s* bedeutet »Sohn des ...«) ist aus einer friesischen Form von *Kaspar* entstanden, zu apers. *gazbar*, »Schatzmeister« (heute: *chazane-dar*; vgl. den Mohren unter den Heiligen Drei Königen).

Jeanne d'Arc → *Johanna von Orléans*

Jefferson *Thomas* (1743–1826), amerikanischer Politiker. Er war einer der Gründerväter der Vereinigten Staaten und Mitverfasser der amerikanischen Unabhängigkeitserklärung, die allen Bewohnern des Landes »Leben, Freiheit und Streben nach Glück« zusicherte – was ihn allerdings nicht daran hinderte, selbst mehr als 250 Sklaven auf seiner Plantage in Virginia zu halten. Im Jahr 1801 wurde er zum dritten amerikanischen Präsidenten gewählt und blieb nach seiner Wiederwahl bis 1809 im Amt. Ihm lag vor allem die Ausdehnung der Vereinigten Staaten nach Westen am Herzen. Daher schickte er zwei Hauptleute auf die so genannte Lewis-and-Clark Expedition, um das Gebiet des Missouri, des Yellowstone und des Columbia bis zum Pazifik zu erkunden. 1803 erwarb er das riesige Louisiana-Gebiet, das in französischem Besitz war und zu dessen Verkauf Napoleon bereit war, da er große Summen für die Aufrüstung seiner Armee benötigte. *Jefferson*, aus dem mittelalterlichen Namen *Geffreysone*, bedeutet »Sohn des Geoffrey« und entspricht dem deutschen Rufnamen *Gottfried*.

Jelzin *Boris Nikolajewitsch* [russ. Борис Николаевич Ельцин], geb. 1931, ehemaliger russischer Politiker und Staatspräsident (1991 bis 1999). *Jelzin* war zunächst Bauingenieur; 1961 trat er in die KPdSU ein, von 1976 bis 1985 war er Parteichef von Swerdlowsk, ab 1981 Mitglied des Zentralkomitees der KPdSU. Michail Gorbatschow rief ihn 1985 nach Moskau und machte ihn zunächst zum Sekretär des Zentralkomitees, dann zum Parteichef von Moskau. Als Radikalreformer geriet er bald in Gegensatz zu Gorbatschow und verlor seine Ämter, erhielt jedoch das Amt des Ersten Stellvertretenden Vorsitzenden der Staatlichen Baubehörde mit dem Rang eines Ministers. Bei den ersten demokratischen Wahlen 1989 wurde *Jelzin* (im Wahlkreis Moskau erhielt er 89 % der Stimmen) Mitglied des Kongresses der Volksdeputierten der Sowjetunion und kurz darauf auch des Obersten Sowjets, wo er mit anderen Reformpolitikern die erste parlamentarische Oppositionsgruppe bildete. Im August 1991 bezog er während des Putsches gegen Gorbatschow öffentlich Stellung gegen die Putschisten und verschanzte sich im Weißen Haus in Moskau, das von der Bevölkerung erfolgreich gegen Angriffe verteidigt wurde. 1991, inzwischen Präsident Russlands, war er maßgeblich an der Auflösung der Sowjetunion beteiligt. Die Zeit seiner Präsidentschaft war von der Suche nach einer neuen nationalen Identität, aber auch von Korruption und blutigen Unruhen in Tschetschenien geprägt. Dazu kam, dass Russland während seiner Regierungszeit in seine tiefste Wirtschaftskrise geraten war (das Bruttoinlandsprodukt hatte sich halbiert). So übergab der offensichtlich alkoholkranke Präsident Ende 1999 die Regierungsgeschäfte an seinen gewählten Nachfolger Wladimir Putin (nachdem dieser der Jelzinfamilie zugesichert hatte, ihre Privilegien nicht anzutasten). Sein Name könnte von russ. *jelec (елец)*, »Weißfisch«, stammen, aber auch auf einen Heiligennamen wie *Jelissei*, zu hebr. *elisha*, »Gott hat geholfen«, oder *Jelizar*, zu hebr. *eli'eser*, »Gott ist Hilfe«, zurückgehen.

Jesus [grch. 'Ιησοῦς] war ein Mensch, von dem wir recht wenig wissen, da sich sein Leben außerhalb der großen Öffentlichkeit abspielte. Seine historische Existenz ist jedoch unbestritten. Eine zusammenhängende Lebensbeschreibung oder Hinweise auf seine äußere Erscheinung und seinen Charakter finden sich auch in den Evangelien nicht, die schließlich auf mündlicher Überlieferung beruhen und erst Jahrzehnte nach seinem Tod niedergeschrieben wurden. Zudem war den Evangelisten nicht an einem objektiven Bericht gelegen, sondern an der Verkündigung der Lehre und der Begründung des christlichen Glaubens. Als außerchristliche Quellen sind eigentlich nur der jüdische Geschichtsschreiber Flavius Josephus anzuführen, der »Jesus, den so genannten Christus« als »Bruder des Jakobus« erwähnt (»Jüdische Altertümer«, 93/94 n. Chr.), und Tacitus, der vom Brand in Rom berichtet und, wie Kaiser Nero, die Christen dafür verantwortlich macht. In seinen »Annalen« spielt er indirekt, aber eindeutig auf *Jesus* und die Benennung der neuen Religionsgemeinschaft an: »Der Urheber dieses Namens war während der Regierung des Tiberius durch den Prokurator Pontius Pilatus hingerichtet worden.« Ansonsten wird *Jesus* im Talmud einige Male als Wundertäter genannt. *Jesus* ist die griechische Variante des hebräischen Namens *Joschua*, einer Verkürzung von *Jehoschua*, »Jahwe hilft«. → *Josua*

Jewtuschenko *Jewgenij Alexandrowitsch* [Евгений Александрович Евтушенко], geb. 1933, russischer Lyriker und Erzähler der nachstalinistischen Generation. Aus seiner politisch engagierten Poesie ragen Dichtungen wie »Babi Jar« (gegen den Antisemitismus) und »Stalins Erben« (gegen ein neues Erwachen des Stalinismus) heraus. Nach seinen früheren Erzählungen »Die Spießbürgerin« und »Wo die Beeren reifen« erschienen ein autobiographisches Werk unter dem Titel »Wolfspass« und der Roman »Stirb nicht vor deiner Zeit«, ein Blick auf den Wandel in der Sowjetunion, insbesondere auf die Ereignisse um den Militärputsch 1991 gegen Gorbatschow. 1999 erhielt er als erster ausländischer Dichter den amerikanischen Walt-Whitman-Preis. Sein Name ist aus dem Heiligennamen *Jewtichij*, grch. *Eutychios*, entstanden, zu grch. *eû (εὖ)*, »gut«, und *týche (τύχη)*, »Geschick, Glück«.

Jiang *Zemin* (geb. 1926), chinesischer Politiker, der von 1989 bis 2002 Generalsekretär der Kommunistischen Partei Chinas und von 1993 bis 2003 als Nachfolger Deng Xiaopings dritter Präsident der Volksrepublik war. Sein Familienname *Jiang* bedeutet »Fluss«, sein Vorname *Zemin* ist zusammengesetzt aus *ze*, »Nutzen«, und *min*, »Volk«, sodass man ihn mit »Segen für das Volk« übersetzen könnte – eine Behauptung, deren Wahrheitsgehalt man angesichts des anhaltenden Mangels an Demokratie in China bezweifeln möchte. → *Deng*

Jiménez Juan Ramón (1881–1958), spanischer Lyriker. Der empfindsame Dichter ist der bedeutendste Vertreter des spanischen Modernismus. Eine Auswahl seiner Gedichte erschien unter dem deutschen Titel »Herz, stirb oder singe«. 1956 erhielt er für sein Werk den Nobelpreis für Literatur. Der Name *Jiménez* ist eine Ableitung des kastilischen Rufnamens *Jimeno* und bedeutet, einschließlich der Abstammungsendung *-ez*, »Sohn des Jimeno«. *Jimeno* entspricht unserem Rufnamen *Simon*, zu hebr. *shimōn*, »Erhörung«. Seine Vornamen sind die spanischen Varianten von *Johannes* und *Raimund* (zu hebr. *jochanan*, »der Herr ist gnädig«, bzw. zu ahd. *ragin*, »Rat«, und *munt*, »Schutz«).

Johanna von Orléans (ca. 1410–1431), französische Nationalheldin und zweite Nationalheilige Frankreichs. Sie fühlte sich durch innere Stimmen berufen, Frankreich von den Engländern zu befreien und Karl VII. nach Reims zu führen, wo er zum französischen König gekrönt werden sollte. Sie konnte die Aufhebung der englischen Belagerung bei Orléans erreichen, und nach einem weiteren großen Sieg bei Patay kam es in Reims tatsächlich zur Königskrönung. Nachdem ein Angriff auf Paris gescheitert war, geriet sie bei Compiègne in die Hände der Burgunder, die sie an die Engländer auslieferten; der französische Hof rührte keine Hand für sie. Als sie in Rouen der Zauberei und Ketzerei angeklagt wurde, widerrief sie ihre »Sendung«. Zu lebenslanger Haft verurteilt, zog sie ihren Widerruf jedoch zurück und wurde als rückfällige Ketzerin auf dem Scheiterhaufen verbrannt. Johanna gab sich übrigens selbst den wohl ein wenig selbstironisch gemeinten Namen *Jeanne la Pucelle*, »Johanna, die Jungfrau«. Ihr französischer Name *Jeanne d'Arc* verweist auf die Herkunft ihres Vaters *Jacques d'Arc*, dessen Gut *Arc* bei Domrémy-la-Pucelle am Oberlauf der Maas lag. *Arc* leitet sich her von lat. *arcus*, »Bogen«, und bezieht sich wohl auf den Bogen einer Brücke.

Johannes beruht auf hebr. *jochanan*, »Gott ist gnädig«. Dieser Name wird wohl meist mit *Johannes dem Täufer* und dem *Evangelisten Johannes* in Verbindung gebracht. Daneben erhielten oder erwählten aber auch unzählige Herrscher in vielen Ländern der Welt den Namen *Johannes, Johann, John, Jean, Juan* und *Iwan* (die russische Variante), sodass unmöglich auf alle eingegangen werden kann. Hervorgehoben seien nur einige Päpste, die diesen Namen bewusst annahmen (sozusagen als Programm ihres Pontifikats), z. B. *Johannes II.* (533–535), der als erster Papst seinen Namen änderte (vorher hatte er den heidnischen Namen *Mercurius* getragen), *Johannes V.* (685–686), der als Syrer der Erste in einer langen Reihe von griechischen und orientalischen Päpsten war (Ausnahme: *Gregor II.*), *Johannes VIII.* (872–882), seit dessen Pontifikat die Besiegelung der Kaiserwürde durch eine päpstliche Krönung üblich wurde (er krönte 875 *Karl den Kahlen* sowie 881 *Karl III.*), *Johannes XVI.* (997–998), der, obschon ein Gegenpapst, bei der offiziellen Nummerierung aus unerfindlichen Gründen mitgezählt wird, *Johannes XIX.* (1024–1032), der durch Bestechung und Gewalt der Nachfolger seines Bruders *Benedikt VIII.* wurde und an einem Tag alle notwendigen Weihen empfing. *Johannes XX.* ist der Name eines Papstes, den es nie gegeben hat (man hat das Pontifikat seines Vorgängers versehentlich auf zwei Päpste aufgeteilt), der aber bei der Zählung einige Probleme bereitete, etwa für *Johannes XXIII.*, einen wegen seiner Güte äußerst beliebten Papst (1958–1963), der bis zu seiner Wahl *Angelo Giuseppe Roncalli* hieß und seinen Papstnamen in liebevoller Erinnerung an seinen Vater wählte; hinzu kam, dass es Anfang des 15. Jahrhundert (1410–1415) schon einmal einen Papst dieses Namens gegeben hatte (Geburtsname: *Baldassare Cossa*, von mundartlich ital. *coscia*, »Schenkel, Keule«), der, da er ein Gegenpapst war, aber in der offiziellen Papstliste nicht zählt. Im Übrigen gibt es ein ganzes Heer von Heiligen namens *Johannes*. → *Päpstin Johanna, Juan* und *Roncalli*

Johannes Chrysostomus → *Chrysostomos*

Johannes Damaskenos (ca. 675–749), »Johannes aus Damaskus«, war ein griechischer Schriftsteller, Theologe und asketisch lebender Mönch aus einer vornehmen christlich-arabischen Familie. Er gilt sowohl in der katholischen Kirche als auch in den orthodoxen Kirchen als bedeutender Kirchenlehrer. Seinen Namen erhielt er nach seiner syrischen Geburtsstadt, grch. *Damaskós (Δαμασκός)*. → *Johannes*

Johannes Paul ließen sich bislang zwei Päpste nennen: *Johannes Paul I.* (1912–1978) hatte zuvor *Albino Luciani* geheißen. Als erster Papst wählte er 1978 einen Doppelnamen (zu Ehren seiner beiden Vorgänger, Johannes XXIII. und Paul VI.). Obschon er unter mysteriösen Umständen nach nur 33 Tagen im Amt starb, hatte er dennoch als »Papst des Lächelns« wegen seines freundlichen Wesens bereits große Beliebtheit erlangt. *Johannes Paul II.* (1978–2005) war der bisher erste polnische Papst der Geschichte; geboren wurde er als *Karol Woityła*. Er erfreute sich weltweit großer Beliebtheit, besonders aber bei seinen Landsleuten, die seiner Unterstützung im Kampf um die Befreiung vom Kommunismus eine entscheidende Rolle zuschrieben. → *Luciani* und *Woityła*

John *Sir Elton* (geb. 1947), eigentlich *Reginald Kenneth Dwight*, englischer Musiker (Sänger und Pianist). Der Geburtsname *Dwight* stammt wohl von anord. *þveit*, »Weide, Stück Land«, der Vorname *Reginald* aus ahd. *Raginald*, zu *ragin*, »Rat, Beschluss«, und *waltan*, »walten«, während *Kenneth* keltischer Herkunft ist und »tüchtig, flink« bedeutet. Der Künstlername entspricht natürlich unserem »Johannes«, der angenommene Vorname ist wohl aus dem altenglischen Namen *Elta* entstanden.

Johnson *Andrew* (1808–1875), amerikanischer Politiker. Als 1864 gewählter Vizepräsident rückte der aus der Unterschicht stammende ehemalige Schneider automatisch ins höchste Amt auf, als Präsident Lincoln 1865 einem Anschlag zum Opfer fiel. Der Name bedeutet schlicht »Johns Sohn«.

Jonas ist die griechische Form von *Jonah*, zu hebr. *jona*, »Taube«. Er war ein Prophet, von dem das Alte Testament berichtet, dass er von einem Wal geschluckt wurde.

Jones *Tom* (geb. 1940), eigentlich *Thomas Jones Woodward*, walisischer Sänger, der zunächst als Bergmann sein Geld verdiente. Sein Künstlername dürfte eine bewusste Assoziation sein mit *Tom Jones*, dem berühmten Helden in Henry Fieldings gleichnamigem Roman. Aus einer Tournee durch die USA wurde er 1971 von der schwedischen Schlagersängerin *Bibi Johns* (geb. 1930) begleitet, die mit richtigem Namen *Gun Birgit Johnsson* heißt. Beide Pseudonyme bedeuten natürlich »Sohn des Johannes«. *Tom Jones'* Geburtsname kommt von aengl. *wuduweard*, »Förster, Waldaufseher« (wörtlich: »Holzwart, Waldwärter«).

Joplin *Janis* (1943–1970), amerikanische Bluessängerin. Nach einer wilden Hippie-Jugend und einem abgebrochenen Studium begann sie in einer Band in San Francisco zu singen und wurde bald mit ihren Liedern zur Göttin der Hippie-Bewegung. Sie begann Drogen zu nehmen und starb nach einer furiosen, nur vier Jahre währenden Karriere an einer Überdosis Heroin. Bei ihrem ungewöhnlichen Vornamen wird es sich um eine Ableitung von *Johannes* handeln. *Joplin* ist eine Koseform des biblischen Namens *Job* oder *Hiob* und bezeichnete früher im Englischen einen »Dummkopf« – wie zutreffend im Fall dieser beeindruckenden weißen Bluessängerin mit der »schwarzen« Stimme.

Jord (auch: *Fjörgyn*), zu anord. *jörd*, »Erde« (heute norw. *jord*, isl. *jörð*), wurde in der nordischen Mythologie eine Erdgöttin und Riesin genannt, die Mutter des Thor und Geliebte des Odin. Ihr Name könnte mit ahd. *forha*, »Eiche« und »Kiefer«, verwandt sein (vgl. *Föhre*).

Jordaens *Jakob* (1593–1678), flämischer Maler. Stark beeinflusst von Rubens, stellte er in derb-humorvoller Art das flämische Alltagsleben und Brauchtum dar. Er gestaltete jedoch auch religiöse Themen für katholische Kirchen, obschon er selbst Protestant war. Sein Familienname ist entstanden aus dem alten Rufnamen *Jornandes*, zu anord. *jörd*, »Erde«, und germ. *nantha*, »wagemutig, kühn«. Zur Zeit der Kreuzzüge wurde der Name mit dem des Flusses *Jordan* gleichgesetzt (zu hebr. *jarad*, »Abfluss«).

Jörg *Junker*, Deckname *Martin Luthers* (1483–1546) für seine Streitschriften nach seiner Ächtung durch Kaiser Karl V. (1521) und während seines heimlichen Aufenthalts auf der Wartburg, wo er an der Übersetzung der Bibel ins Deutsche arbeitete. *Jörg* ist eine Ableitung von *Georg*, aus der latinisierten Form *Georgius* zu grch. *georgós* (γεωργός), »Landmann«. Ein weiterer Tarnname Luthers war übrigens *Fredericus Fregosus*. → Luther

Joseph, der Lieblingssohn Rachels und Jakobs, war einer der 12 Patriarchen Israels. Sein Name bedeutet im Hebräischen »Jahwe wird vermehren«, ein Ausdruck der Hoffnung auf weitere Kinder. In diesem Fall wurde aber nur noch Benjamin geboren, weswegen wir noch heute das jüngste Familienmitglied Benjamin nennen. Es folgten hingegen noch zwei weitere Söhne, die Jakob mit Rachels Leibmagd zeugte: Dan und Naphtali. Aus dem Neuen Testament ist uns *Joseph*, der Mann Marias, bekannt. Sein Name klingt absolut unpassend, da er mit der Maria, zumindest nach katholischer Auffassung, überhaupt keine Kinder hatte und Jesus ja nur sein Ziehsohn war. Als einen weiteren dieses Namens kennen wir *Joseph* von Arimathia, der dem jüdischen Hohen Rat angehörte, aber als heimlicher Anhänger Jesu nicht mit dessen Behandlung einverstanden war und nach der Kreuzabnahme sein Grab zur Verfügung stellte. Man hat sogar die Vermutung angestellt, dass er mit Jesus, der gar nicht am Kreuz gestorben sei, sowie seiner Mutter Maria und Maria Magdalena über Alexandria bis nach Südfrankreich gelangt sei, wo Jesus und Maria Magdalena als Ehepaar gelebt und Kinder bekommen hätten. → Benjamin

Jospin *Lionel* (geb. 1937), französischer Politiker. Als sich der frühere Bildungsminister 1995 um das Amt des Staatspräsidenten bewarb, unterlag er knapp seinem Konkurrenten Jacques Chirac, wurde jedoch 1997 Ministerpräsident von Frankreich. 2002 trat er wiederum zur Präsidentschaftswahl an und unterlag mit einem so schlechten Ergebnis, dass er vom Amt des Premierministers zurücktrat. Beim Namen *Jospin* handelt es sich um eine Variante des Rufnamens *Josse* (mit dem pikardischen Verkleinerungssuffix *-epin*), der auf den heiligen *Jodokus* zurückgeht, dessen latinisierter Name »Kämpfer« bedeutet (zu bret. *jud*, »Kampf«) und der im Mittelalter vor allem im Nordwesten Frankreichs verehrt wurde. Der dazu passende Vorname *Lionel* ist eine beliebte französische (und englische) Verkleinerungsform von *Lion*, zu lat. *leo, leonis*, »Löwe«. → *Joyce*

Josua ist die hebräische Form des Namens *Jesus*, zu hebr. *Jehoshua*, »Jahwe ist Hilfe«. Als Nachfolger des Moses führte er die israelitischen Stämme bei der Landnahme in Palästina, eroberte das Westjordanland und verteilte Palästina an die Stämme Israels. → *Jesus*

Joyce *James Augustine Aloysius* (1882–1941), irischer Schriftsteller. Er verließ 1906 sein Heimatland und verbrachte den Rest seines Lebens in Paris, Triest und Zürich. Vor allem sein großes Werk »Ulysses«, an dem er sieben Jahre lang arbeitete, hat einen großen Einfluss auf die moderne Schriftstellerei gehabt. Sein letzter Roman, »Finnegans Wake«, ist ohne Kommentar kaum verständlich, da *Joyce* mit Elementen aus insgesamt 22 Sprachen arbeitete und viele dunkle Andeutungen benutzte. Sein Name ist abgeleitet von *Jodokus*, »Kämpfer«, zu kelt. *jud*, »Kampf«. → *Jospin*

Juan ist die spanische Form von *Johannes*, zu hebr. *jochanan*, »Jahwe ist gnädig«. *Juan Carlos* (geb. 1938) ist der Name des gegenwärtigen spanischen Königs. Der Sohn von *Juan de Bourbon*, des Grafen von Barcelona, wurde von General Franco als zukünftiger spanischer Monarch vorgesehen und bestieg nach dem Tod Francos 1975 tatsächlich den Thron. Den allseits bekannten Namen *Don Juan* gab es gleich zweimal: *Don Juan de Austria* (1547–1578) war Kaiser Karls V. unehelicher Sohn, der als Oberbefehlshaber der »Heiligen Liga«, d. h. der Flotten Spaniens, Venedigs und des Papstes, 1571 die Türken bei Lepanto besiegte. Sein Halbbruder Philipp II. übertrug ihm daraufhin, wenn auch misstrauisch und eifersüchtig, die Statthalterschaft in Italien und 1576 auch in den aufständischen Niederlanden. Ebenfalls *Don Juan de Austria* (1629–1679) hieß der natürliche Sohn König Philipps IV. von Spanien und einer Schauspielerin. Von 1656 bis 1658 war er Vizekönig der spanischen Niederlande und von 1661 bis 1664 Oberbefehlshaber des spanischen Heers gegen das aufständische Portugal. Er fiel bei seinem Vater in Ungnade, als er dessen legitime Tochter Margarete, also seine Halbschwester, heiraten wollte. Unter Karl II. diente er von 1675 bis zu seinem Tod als erster Minister und handelte 1678 den Frieden von Nimwegen aus.

Juárez *Benito* (1806–1872), mexikanischer Staatsmann und großer Reformer seines Landes. Der Sohn zapotekischer Eltern, der noch als Jugendlicher kein Wort Spanisch sprach, war zunächst Anwalt und ging dann in die Politik. Er wurde Justizminister und erließ Reformgesetze zur Trennung von Staat und Kirche, zur Zivilehe und zur Aufhebung der Klöster. Sein Einsatz für die Landreform brachte ihn 1858 bis an die Spitze des Staates. Als mexikanischer Präsident (1861–1872) sah er sich großen Problemen gegenüber. Einen Bürgerkrieg gegen konservative Kräfte in Mexiko konnte er 1861 siegreich beenden. Als er jedoch die Rückzahlung der Auslandsschulden für zwei Jahre aussetzte, hatte Frankreich unter Napoleon III. einen Vorwand, militärisch in Mexiko zu intervenieren. Erst 1866 konnte er die Franzosen mit Hilfe der USA vertreiben und ordnete die standrechtliche Erschießung Kaiser Maximilians I. an, den Napoleon III. 1864 als Statthalter in Mexiko eingesetzt hatte. *Juárez* zählt heute zu den Nationalhelden seines Landes. Der Name dürfte sich von dem spanischen Rufnamen *Juan* herleiten, der über *Juánez* zu *Juárez* geführt hat. (Möglich ist auch eine Herkunft vom alten spanischen Taufnamen *Suero*, der sich zu *Suarez*, mit der Verkleinerungsendung *-ez*, und vielleicht auch zu *Juárez* wandelte.) → *Soares*

Juda, »Lobpreis«, hieß der vierte Sohn Jakobs und Leas (der Erste war Joseph), aus dem hebräischen Namen *Jehuda*, zu *hode*, »preisen, bekennen«. Nach ihm ist der Stamm *Juda* und das südliche Königreich *Juda* (heute: *Judäa*), mit dem Zentrum Jerusalem, benannt. Als Lea den *Juda* geboren hatte, sagte sie: »Dieses Mal will ich den Herrn lobpreisen« (Genesis 29, 35). Danach wollte sie keine weiteren Kinder mehr haben. → *Levi*

Judas ist die griechische Form von *Juda*, zu hebr. *jehuda*, »der Gelobte«, »der Bekenner«. So hieß ausgerechnet der Verleumder und Verräter *Judas Ischariot*, dessen Name entweder von hebr. *ish Kerijot*, »Mann aus Kerijot« (d. h. *Kerijot-Hezron* in Moab). Der Zahlenwert der hebräischen Buchstaben seines Namens entspricht übrigens der 30 (vgl. die dreißig Silberlinge, für die er Jesus verriet). Ein weiterer, vor allem im Mittelalter bewunderter und berühmter Träger dieses Namens war *Judas Makkabäus,* der im 2. Jahrhundert v. Chr. *Judäa* von den Syrern befreite und im Kampf fiel. Der hebräische Name der Priesterfamilie der *Makkabäer* dürfte »Hammer«, auch »Hämmerer« oder »Auslöscher« bedeuten (vgl. *Edward I.,* der mit Spitznamen »Hammer of the Scots« hieß). → *Karl Martell*

Judith war die berühmte Heldin eines alttestamentarischen apokryphen Buchs aus dem 2. Jahrhundert v. Chr., in dem beschrieben wird, wie sie sich während der Belagerung ihrer in Palästina gelegenen Vaterstadt Bethulia nachts in das Zelt des gegnerischen Feldherrn Holofernes schlich und ihm den Kopf abschlug, worauf die Belagerer sich fluchtartig zurückzogen – ein Stoff, der vielfach seit dem 16. Jahrhundert dramatisiert worden ist. Ihr hebräischer Name bedeutet schlicht »Jüdin«.

Jugurtha (ca. 160–104 v. Chr.) hieß ein numidischer König, der im Krieg mit Rom heroisch kämpfte, aber schließlich von seinem verräterischen Schwiegervater an Sulla, den Quästor des Konsuls Marius, ausgeliefert und in Rom hingerichtet wurde. Sein berberischer Name bedeutet »der Größte« (wörtlich: »größer als sie alle«).

Julius (röm. *Iulius*) war ein altrömischer Name mit der Bedeutung »aus dem Geschlecht der Julier«, d. h. aus der patrizischen *gens Iulia.* Als mythischer Stammvater dieses Geschlechts galt der Äneas-Sohn *Ascanius,* der bei den Römern *Iulus* genannt wurde. Dessen Namen sah man gern als Ableitung von *Ilium,* dem antiken Namen Trojas, und von *Ilus,* einem Sohn des Stadtgründers Tros. *Julius* nannten sich auch zwei Päpste: *Julius I.* (337–352), der trotz seiner Milde entschlossen gegen die Arianer kämpfte, und *Julius II.* (1503–1513), vor seiner Namenswahl *Giuliano della Rovere,* der durch Bestechung im Konklave einen schnellen Sieg davontrug (die Kardinalsversammlung dauerte nur wenige Stunden) und durch etliche Kriege versuchte, den Kirchenstaat wieder herzustellen, aber auch Künstler wie Bramante, Michelangelo und Raffael förderte, sowie *Julius III.* (1550–1555), zuvor *Giovanni Maria Ciocchi del Monte,* der den Jesuitenorden bestätigte, den ersten Tagungen des Konzils von Trient vorsaß und 1554 die kurzzeitige Rückkehr Englands zur römischen Kirche erlebte. → *Rovere*

Jünger *Ernst* (1895–1998), umstrittener deutscher Schriftsteller. Der hoch dekorierte Freiwillige im Ersten Weltkrieg schrieb nach dem Krieg zunächst einige Schlachtenerzählungen (z. B. „In Stahlgewittern«, »Das Wäldchen«, »Der Kampf als inneres Erlebnis«), diente bis 1923 in der Reichswehr und begann 1926 seine Karriere als freier Schriftsteller in Berlin. Zu Beginn des Dritten Reichs versuchte Göbbels ihn für die nationalsozialistischen Ziele einzusetzen. *Jünger* lehnte das Angebot eines Reichstagsmandats ebenso ab wie die Aufnahme in die nationalsozialistisch gesäuberte »Dichterakademie«. Seine verschlüsselte Erzählung »Auf den Marmorklippen«, die er 1939 veröffentlichte, gilt als literarischer Angriff auf das Nazi-Regime. Im Zweiten Weltkrieg war er Stabsoffizier im besetzten Frankreich, wo er Kontakte zu späteren Widerständlern hatte. 1944 wurde er deshalb wegen »Wehrunwürdigkeit« entlassen. Nach dem Zweiten Weltkrieg trat er eindeutig für Frieden und Freiheit ein (z. B. in »Der Waldgang«). In seinen weiteren Werken rückte immer mehr ein theologisch getönter Humanismus in den Vordergrund, der einer utopisch dargestellten Technik gegenübergestellt wurde (z. B. »Heliopolis« und »Gläserne Bienen«). Sein Tagebuch »Siebzig verweht« entstand 1965 und endete 1996. Der Name *Jünger* kann gedeutet werden als »Schüler, Lehrling«.

Jungk *Robert* (1913–1994), eigentlich *Robert Baum*, deutsch-amerikanischer Schriftsteller (»Die Zukunft hat schon begonnen«), Ökologe und Zukunftsforscher sowie Warner vor dem Missbrauch der modernen Wissenschaften. Sein Name ist natürlich eine Ableitung von *jung*. Meist wurde er für einen *Jüngeren* in der Familie benutzt, bisweilen auch für einen »Unerfahrenen«.

Junker, ein ehemaliger Standestitel der Söhne eines adligen Grundherrn, im späten Mittelalter auch adliger Grundherren ohne Ritterschlag, kommt von mhd. *juncherre*, »Jungherr, Edelknabe«.

Junkers *Hugo* (1859–1935), deutscher Industrieller. Am erfolgreichsten war er ohne Zweifel im Bereich der Thermotechnik, insbesondere in der Produktion von Gasbadeöfen. Den größten Ruhm erwarb er allerdings mit seinen Flugzeugen: Ab 1915 baute er die ersten Ganzmetallflugzeuge der Welt, ab 1930 die ersten Großverkehrsflugzeuge, womit er den weltweiten wirtschaftlichen Luftverkehr einleitete. Seine Flugzeug- und Motorenbauwerke in Dessau wurden 1933 verstaatlicht. Unter Beibehaltung des Namens *Junkers* wurden während des Zweiten Weltkriegs in großem Umfang Militärflugzeuge produziert, z. B. die *Ju* 87, die unter der Bezeichnung *Stuka* (für *Sturzkampfbomber*) bekannt wurde. Der Familienname entstand aus dem mittelhochdeutschen Wort *juncherre*, »junger Herr«, für einen noch nicht zum Ritter geschlagenen »Edelknaben«. Das patronymische End-*s* bedeutet »Sohn des ...«.

Juno (lat. *Iuno*) war die römische Göttin der Ehe, der Geburt und der Fruchtbarkeit (zu lat. *iuvenis*, »jung«). Die Schwester und Gemahlin des Jupiter wurde zusammen mit diesem und der Göttin Minerva in einem Tempel auf dem Kapitol verehrt. Als Schutzgöttin der Gebärenden nannte man sie *Iuno Lucina* (zu lat. *lux, lucis*, »Licht«), weil die Kinder mit ihrer Hilfe das »Licht der Welt« erblickten. Als große Mahnerin und weibliches Gegenstück des männlichen Genius hieß sie auch *Iuno Moneta*, zu lat. *monere*, »ermahnen, warnen«. Da am Platz ihrer Verehrung auch die staatliche römische Münzpresse stand, hat ihr Beiname *Moneta* auf einige unserer Zahlungsmittel abgefärbt, wie die Ausdrücke *Moneten* und engl. *money* belegen. → *Jupiter*

Jupiter hieß die höchste altrömische Gottheit. Der Gatte der *Juno* wurde als Gott des himmlischen Lichtes verehrt. Seinen Name fasste man in der Antike als »junger Vater« auf (aus lat. *iuvenis*, »jugendlich, jung«, und *pater*, »Vater«). Indes war sein ursprünglicher Name *Dies-piter*, und da man ihn mit dem griechischen Gott *Zeus* gleichsetzte, wird sein Name *Dios-pater*, also »Göttervater«, gelautet haben (der Genitiv von *Zeus* heißt im Griechischen *Dios*.[12]

Juppé *Alain* (geb. 1945), französischer Politiker. Er begann seine Karriere als Redenschreiber von Jacques Chirac, war unter Balladur von 1993 bis 1995 Außenminister und von 1995 bis 1997 Premierminister des Landes. Wegen seiner Verwicklung in eine Parteifinanzierungs-Affaire und seiner Verurteilung gab er 2004 alle politischen Ämter auf. Der Name *Juppé* bezeichnete früher jemanden, der »Kittel« herstellte oder mit diesen handelte, zu okzit. *jupa*, »Wams, Hemd« (vgl. frz. *jupe*,

---

[12] An den obersten römischen Gott erinnern noch heute der Planet *Jupiter* (mit dem seit alten Zeiten Heiterkeit und Frohsinn verbunden wurden), aber auch unser Adjektiv *jovial*, »fröhlich«, aus lat. *Iovis*, dem Genitiv von *Jupiter*.

»Rock«, und *jupon*, »Unterrock«). Er könnte jedoch auch die Herkunft bezeichnen, da *Juppé* als Name einiger kleiner Dörfer in Frankreich begegenet. *Alain* ist die französische Form des englischen Vornamens *Alan* oder *Allan*, zu lat. *Alanus*, »Alane«.[13]

Jürgens *Udo* (geb. 1934), eigentlich *Udo Jürgen Bockelmann*, österreichisch-deutscher Sänger. Als er nach der Schulzeit mit einer Band durchs Land tingelte, nannte er sich zunächst *Udo Bolan* – eine Buchstabenauswahl seines ursprünglichen Familiennamens. Mit dem ersten Schallplattenvertrag 1954 wertete er praktisch seine beiden Vornamen zu seinen heutigen Sängernamen auf. Der Geburtsname *Bockelmann* ist eine Verkleinerungsform von *Bock* oder stammt von einem deutschen Ortsnamen wie *Bockel*, *Bokel* oder *Böckel*.

Juschtschenko *Wiktor Andrijowytsch* [ukr. Віктор Андрійович Ющенко], geb. 1954, ukrainischer Politiker. Er war Buchhalter und Bankangestellter gewesen, bevor er 1997 zum Vorsitzenden der ukrainischen Nationalbank aufstieg. Für seine erfolgreiche Bekämpfung der Inflation erhielt er im gleichen Jahr den »Global Finance Award« als einer der fünf besten Bankfachleute der Welt. Von 1999 bis 2001 war *Juschtschenko* Premierminister der Ukraine, stabilisierte die Währung und ging entschieden gegen die Korruption vor. Während des Präsidentschaftswahlkampfes erlitt *Juschtschenko* (wahrscheinlich durch einen Anschlag) eine schwere Dioxinvergiftung, die sein Gesicht entstellte. Trotzdem – oder gerade deswegen – bekam er Ende 2004 in einer wiederholten Stichwahl die meisten Stimmen. (Die zweite Stichwahl war nach monatelangen friedlichen Protesten, der so genannten »Orangenen Revolution«, wegen Wahlbetrugs notwendig geworden.) Anfang 2005 erfolgte seine Vereidigung als neuer, westlich orientierter Präsident der Ukraine. Seine erste Hauptaufgabe bestand darin, den Zerfall des Landes in zwei Teile zu verhindern, denn sein unterlegener Konkurrent bei den Wahlen, Wiktor Janukowytsch, hatte in der von Russland unterstützten Ostukraine viele Stimmen gewonnen. Hinter dem Namen *Juschtschenko* könnte sich das ukrainische Verb *juschtíti*

---

[13] Die *Alanen*, häufig mit den Skythen gleichgesetzt, waren ein kaukasisches Bergvolk, das sich während der Völkerwanderungszeit mit den Westgoten in Nordostspanien niederließ, wo noch heute die Bezeichnung *Katalonien*, d. h. »Got-Alanien«, an sie erinnert.

(юшити), »mit Blut beflecken«, verbergen. Denkbar wäre auch eine Herleitung von ukrain. *juschka (юшка)*, »Suppe, Brühe«.

Justin (auch: *Iustinus* und *Justinos*) hießen zwei oströmische Kaiser. *Justin I.* (ca. 450–527), gekrönt 518, war der Onkel und Vorgänger Justinians I., den er durch Adoption zum Thronerben gemacht hatte. *Justin II.*, der Neffe und Nachfolger Justinians I., saß von 565 bis zu seinem Tod 578 auf dem byzantinischen Thron. Der heilige *Justinus*, der 106 als Märtyrer hingerichtet wurde, war es übrigens, der die Wendung »Schwerter zu Pflugscharen« geprägt hat. Später, als die römische Kirche seit Theodosius (392) Staatsreligion geworden war, gab sich die Kirche selbst zunehmend kriegerisch. Bei den Namen *Justin* und *Justinus* handelt es sich um Ableitungen von lat. *iustus*, »der Gerechte«.

Justinian (auch: *Iustinianus*) war der Name zweier byzantinischer Kaiser. *Justinian I.* (483–565) regierte nach seinem Onkel *Justin I.*, unterstützt durch seine Gemahlin Theodora und seine Generäle, die für ihn Eroberungsfeldzüge gegen die Wandalen, Westgoten und Ostgoten führten. Er kodifizierte das römische Recht im *Codex Iustinianus*. Während seiner Herrschaft entstanden die Hagia Sophia in Konstantinopel sowie einige Kirchen in Ravenna. *Justinian II.* (ca. 670–711) folgte seinem Vater *Konstantinos IV.* als oströmischer Kaiser. Seine Regierungszeit von 685 bis 711 wurde 705 für ein Jahrzehnt durch eine Militärrevolte unterbrochen. Dabei wurde er verstümmelt – wovon sein Beiname *Rhinotmetos* ('Ρινοτμετός), »mit abgeschnittener Nase«, zeugt – und in die Verbannung geschickt. Er konnte jedoch entfliehen und erneut zur Herrschaft gelangen. Einen zweiten Aufstand überlebte er nicht; zusammen mit seinem Sohn Tiberios fiel er einem Mordanschlag zum Opfer. Der Name ist römischen Ursprungs und bedeutet »aus der Familie des Justin«, zu lat. *iustus*, »gerecht, gesetzmäßig«. Die Endung *-ian(us)* kennzeichnet den Namensträger in der Regel als ein Adoptivkind. → *Justin*

Juvenal, »der Jugendliche«, war der Beiname des *Decimus Iunius Iuvenalis*, zu lat. *iuvenalis*, »jugendlich«. Dabei hieß der berühmte römische Satiriker (ca. 60–140 n. Chr.), der ohne Zeitgenossen bloßzustellen die Unmoral der Hauptstadtmenschen in drastischer Ausdrucksweise anprangerte, bereits mit seinem Geschlechternamen »der Jüngere«, zu lat. *iunius*, »jünger« (vgl. *Junior*).

Kádár *János* (1912–1989), ungarischer Politiker. Als Mitglied der verbotenen Kommunistischen Partei hatte er in den 1930er- Jahren mehrere Haftstrafen zu verbüßen. Im Zweiten Weltkrieg schloss er sich der ungarischen Widerstandsbewegung an und stieg in das Zentralkomitee der Kommunistischen Partei auf. Nach Kriegsende bekleidete er verschiedene Regierungsposten, fiel 1951 aber einer stalinistischen Säuberungsaktion zum Opfer, wurde inhaftiert und trat nach seiner Freilassung 1954 in das Reformkabinett Imre Nagys ein. Obschon er dessen liberale Politik zu unterstützen schien, lehnte er 1956 Ungarns Austritt aus dem Warschauer Pakt ab und übernahm, mit Hilfe russischer Panzer, die Kontrolle über die Regierung, ließ Nagy vor Gericht stellen und 1958 exekutieren. Tausende von Aufständischen verschwanden in den Gefängnissen oder wurden hingerichtet und unzählige Menschen gingen ins Ausland. In den Jahren nach 1960, zur Zeit des so genannten »Gulasch-Kommunismus«, verbesserte sich die innen- und außenpolitische Situation des Landes, wenn auch die wirtschaftliche Lage desolat blieb. Für seine letzten Lebensjahre schob man *Kádár* ab auf den Posten des Parteichefs. Eigentlich hatte er *János Csermanek*, »der aus der Stadt Cser«, geheißen, bevor er im Untergrund den Kampfnamen *Kádár*, »der Böttcher«, erhielt (zu ungar. *kád*, »Bottich, Wanne«). *János* ist die Entsprechung zu unserem *Johannes*.

Kadmos [grch. Κάδμος], Sohn des Königs Agenor von Tyros und Bruder der Europa. Sein Name scheint phönizischen Ursprungs zu sein und »östlich« zu bedeuten. Als Zeus die Europa nach Kreta entführt hatte, erreichte Kadmos auf der Suche nach ihr Böotien und gründete *Kadmeia*, die Burg des späteren Theben. Er brachte angeblich das phönizische Alphabet nach Griechenland, aus dem die griechische und lateinische Schrift hervorgingen. → *Europa*

Kaeso (abgek. *K*.) war ein eher selten verwendeter römischer Vorname (etwa in der *gens Fabia*). Zu Grunde liegen könnte das lateinische Adverb *caesim*, »mit einem Schlag«, vielleicht für ein schnell geborenes Kind, vielleicht sogar eine Sturzgeburt.

Kafka *Franz* (1883–1924), tschechischer Schriftsteller deutscher Sprache. Der Abkömmling einer deutsch-jüdischen Familie in Prag beschrieb in seinen Erzählungen und Romanen eine Welt ohne Menschlichkeit und Würde, beherrscht von Willkür und Machtanmaßung. Zu seinen bekanntesten, in deutscher Sprache verfassten Werken gehören »Die Verwandlung«, »Das Urteil« und »In der Strafkolonie«. Seine beiden wichtigsten, aber unvollendeten Romane, »Der Prozess« und »Das Schloss«, wurden von seinem Freund und Nachlassverwalter – gegen *Kafkas* ausdrücklichen Wunsch – veröffentlicht, nachdem der Schriftsteller einem langjährigen Lungenleiden erlegen war. Der Name *Kafka* bedeutet im Tschechischen »Dohle«.

Kain, der erste Sohn Adams und Evas, erschlug bekanntlich seinen Bruder Abel und war seitdem dazu verurteilt, ruhelos herumzuziehen – mit einem Kainsmal auf der Stirn als Warnung davor, sich an ihm zu vergreifen. In der Bibel wird sein Name als »ich habe bekommen« interpretiert (Genesis 4.1). Wahrscheinlicher ist allerdings eine Herleitung aus einer griechischen oder lateinischen Form der hebräischen Berufsbezeichnung *kajin*, »Schmidt«. (Die arabische Variante lautete übrigens *Kabil*.) In einigen romanischen Sprachen und Dialekten hat der Name *Kain* als Adjektiv oder Substantiv überlebt, etwa in lomb. *gain*, »betrügerisch«, in parmigianisch und bolognesisch *gayen*, ebenfalls »betrügerisch, falsch«, und in katal. *cain*, port. *caim*, »schlechter Mensch, Verräter«. → *Abel* und *Seth*

Kaiser war der höchste weltliche Titel für einen Herrscher über mehrere Völker und Könige (von lat. *caesar*, nach *Julius Caesar*). In Westrom bestand das *Kaisertum* bis 476, in Ostrom bis zur Einnahme Konstantinopels durch die Türken im Jahr 1453. Das abendländische *Kaisertum* (sozusagen eine Erneuerung des römischen) entstand 800 durch die Krönung Karls d. Gr. durch Leo III. und erlosch 1918 endgültig mit der Abdankung des österreichischen sowie des deutschen *Kaisers*. Der 1721 vom russischen Zaren Peter d. Gr. beanspruchte *Kaisertitel* wurde indes nur vom Preußenkönig Friedrich Wilhelm anerkannt. In Frankreich hatten auch Napoleon I. (1804–15) und Napoleon III. (1852–70) den *Kaisertitel* angenommen, ebenso wie in Mexiko Erzherzog Maximilian von Österreich (1864–67), in Brasilien Pedro I. (1822–26) und Pedro II. (1831–89). In China saßen seit Jahrhunderten wechselnde Dynastien bis 1911 auf dem *Kaiserthron* und in Japan gibt es noch heute einen *Kaiser*. Schließlich trugen im vorigen Jahrhundert auch der britische sowie der italienische König den Titel eines *Kaisers* von Indien (1876–1947) bzw. eines *Kaisers* von Äthiopien (1936–43). *Roland Kaiser* (geb. 1943), ein erfolgreicher deutscher Schlagersänger

(Hits z. B. »Sieben Fässer Wein«, »Santa Maria«), kann natürlich keinen Anspruch auf diesen Titel erheben, ja er war nicht einmal mit diesem Namen geboren worden, denn er hieß ursprünglich *Roland Keiler*. Die Aufwertung des Geburtsnamens, der automatisch an die freie Wildbahn denken lässt, durch (zumindest lautlich) nur einen Buchstaben ist allzu verständlich. Sein Vorname klang dagegen durchaus viel versprechend und blieb daher erhalten: *Roland* geht über *Hrodland* auf ein älteres *Hrodnand* zurück (der Name ist also nur an *Land* angelehnt), zu germ. *hroth*, »Ruhm«, und *nantha*, »wagemutig, kühn«.
→ *Caesar, König, Negus, Mogul, Schah, Tenno* und *Zar*

Kalchas [grch. Κάλχας], der Sohn des Testor, war ein Weissager im griechischen Heer vor Troja. Sein Name, zu grch. *kalcheínein (καλ-χείνειν)*, »unruhevoll erwägen«, könnte für einen Seher in Kriegszeiten nicht passender sein.

Kali, eine schreckliche indische Göttin mit blutroten Augen und blutiger Zunge sowie einem dritten Auge auf der Stirn, wird als die Kraft, die Energie Schivas interpretiert. Sie steht für Tod und Verderben, und um sie zu besänftigen werden ihr noch heute, statt der früher üblichen Menschenopfer, täglich Tieropfer dargebracht. Übrigens ist die Stadt Kalkutta nach ihr benannt: *Kali Gatt*, »Kalis Schritte«. (Der Name bezieht sich auf ihren erfolgreichen Kampf gegen Dämonen, deren Blut sie trank und die sie roh verschlang, um danach ihren Sieg mit einem wilden Tanz zu feiern). *Kali* bedeutet »die Schwarze«, zu skr. *kála*, »schwarz«.

Kalif, zu arab. *chalifa*, »Stellvertreter«, »Nachfolger«, ist ein islamischer Hoheitstitel des geistlichen und weltlichen Oberhaupts der Glaubensgemeinschaft als Nachfolger und Stellvertreter Mohammeds. Erster gewählter Kalif war nach Mohammeds Tod dessen alter Freund und Schwiegervater Abu Bekr (Bakr), dem nach nur zwei Jahren Omar folgte.

Kalixtus (Calixtus) hießen drei regulär gewählte Päpste und ein Gegenpapst. *Kalixtus* ist nicht von lat. *calix*, »Kelch«, herzuleiten, sondern von grch. *kállistos (κάλλιστος)*, »der Schönste«, weswegen es auch die Namensvariante *Kallix* gibt. *Kalixtus I.*, Papst von 217 bis 222, ließ sich eigentlich noch mit seinem ursprünglichen Rufnamen *Kallistus* titulieren. Da er selbst ein ehemaliger Sklave war, gestattete er ab sofort die Eheschließung adliger Christinnen mit Sklaven und Freigelassenen, was durch Gesetz bislang ausdrücklich verboten war. Sein alter Konkurrent im Klerus von Rom, Hippolyt, griff ihn deswegen aufs Heftigste an und ließ sich voller Empörung von einer Minderheit zum Gegenpapst wählen. *Kalixtus* war der erste Papst, der die Ausmalung von Gotteshäusern erlaubte. Der mutige Kämpfer und streitbare Bischof von Rom gilt als Märtyrer und wurde von der Kirche heilig gesprochen. *Kalixtus II.* (1119–1124), zuvor *Graf Bruno*, stammte aus Burgund und war vor seiner Wahl Erzbischof von Vienne gewesen. Über sein fünfjähriges Pontifikat ist lediglich zu vermelden, dass er den Investiturstreit mit Kaiser Heinrich V. durch das so genannte Wormser Konkordat beendete. *Kalixtus III.* hießen sowohl ein Gegenpapst als auch ein regulärer Papst. Der Gegenpapst (1168–1178) stammte aus Strumi bei Arezzo und war dort Abt gewesen und auf Wunsch Kaiser Friedrichs I. (Barbarossa) gewählt worden, um auf Papst Alexander III. Druck auszuüben (gegen den es insgesamt vier Gegenpäpste gab). Als Papst und Reich sich im Frieden von Venedig versöhnten, hatte *Kalixtus* ausgedient und er wurde zur Unterwerfung gezwungen. Der rechtmäßige Papst *Kalixtus III.* (1455–1458) war in Spanien als *Alonso de Borja* königlicher Berater und Bischof von Valencia gewesen. Mit ihm als erstem typischen Borgia-Past begann das Spiel der zwielichtigen Machenschaften am päpstlichen Hof, die mit seinem Onkel, dem späteren Papst Alexander VI., ihren Höhepunkt erreichten. → *Alexander VI.*, *Borgia*, *Hippolyt* und *Lucretius*

Kallimachos [grch. Καλλίμαχος] hieß ein für seine Hymnen und Epigramme bekannter griechischer Poet aus Kyrene (um 260 v. Chr.), der zudem Vorsteher der Bibliothek in Alexandria war. Der Wortkünstler trug den angemessenen Namen »Wettstreit der Schönheit«, zu grch. *kállos (κάλλος)*, »die Schönheit«, und *máche (μάχη)*, »Kampf, Streit«.

Kalliope [grch. Καλλιόπη], die Mutter des Orpheus, war in der griechischen Mythologie die Muse der epischen Dichtkunst und die Chorführerin aller neun Musen. Sie wurde »die Schönstimmige« genannt, ein Name, der auf grch. *kállos (κάλλος)*, »die Schönheit«, und *ops (ὄψ)*, »Stimme«, basiert.

Kallisto [grch. *Κάλλιστω*], »die Schönste«, lautete zunächst der Beiname der Artemis in Arkadien, dann trennte sich der Name von der Göttin und bezeichnete ein eigenes Wesen, nämlich die Nymphe *Kallisto* [grch. *Καλλιστώ*], eine Begleiterin der Artemis. Sie wurde die Geliebte des Zeus und gebar ihm den Arkas. Diesen verwandelte die eifersüchtige Hera in einen Bären und setzte ihn als Großen Bären an den Sternenhimmel. *Kallisto* stammt von grch. *kállistos (κάλλιστος)*, »am schönsten« – dem Superlativ von *kalós (καλός)*, »schön«.

Kálmán *Imre* (die ungarische Entsprechung von *Emmerich*), 1882–1953, ungarischer Komponist. Wegen seiner jüdischen Abstammung ging er 1938 von Wien nach Paris und zwei Jahre später in die Vereinigten Staaten, wo er hauptsächlich Unterhaltungsmusik schrieb und dirigierte. Nach dem Krieg kehrte er nach Europa zurück und ließ sich in Paris nieder. Bekannt wurde er vor allem durch seine zwischen den Weltkriegen entstandenen Operetten, zu deren bekanntesten »Die Czárdásfürstin«, »Gräfin Mariza« und »Die Zirkusprinzessin« zählen. Sein Familienname – in etwa »der Überlebende« – leitet sich her von türk. *kalmak*, »bleiben«.

Kalypso [grch. *Καλυψώ*], Nymphe in der griechische Mythologie auf der Sageninsel Ogygia, bei der Odysseus sieben Jahre lebte – besser: gefangen gehalten wurde – und mit der er einige Kinder hatte (vielleicht war sie, und nicht Kirke, die Mutter des Latinus). Ihr Name bedeutet »Verbergerin«, zu grch. *καλύπτειν*, »verstecken« (vgl. *Eukalyptus*, das in der Kapsel »Wohlverborgene«; auch *Calypso* in der Karibik).

Kama heißt der indische Gott der Liebe. Der aus dem Herzen Brahmas Geborene reitet auf einem Papagei und schießt wie Eros Liebespfeile ab. Er gilt als der Gemahl der *Rati* (»Wollust«) oder der *Priti* (»Freude«). Sein Name, zu skr. *káma*, bedeutet »Begehren, Liebe, Liebestrieb« (vgl. *Kamasutra*, »Leitfaden der Liebeskunst«).

Kambyses (apers. *Kambudschija*) lautete der Name und Titel persischer Herrscher aus dem Haus der Achaimeniden, wohl in der Bedeutung »Herrscher«. *Kambyses I.* (um 600–559 v. Chr.) war der Sohn von *Kyros I.* und Vater *Kyros' II.* (des Großen), dem dessen Sohn *Kambyses II.* (530–522), der Eroberer Ägyptens, auf dem Thron folgte.

Kamehameha hieß eine Reihe von berühmten eingeborenen Königen Hawaiis. Der Erste dieses Namens, eigentlich *Paiea* (1758–1819), »Hartschalen-Krabbe«, regierte das Inselreich seit 1795. Als er zum König gekrönt wurde, nahm er den Namen *Kamehameha* an, »der sehr Einsame« (wörtlich: »der an die Seite Gesetzte«). Es gelang ihm, alle Inseln Hawaiis unter seiner Herrschaft zu vereinen. Sein Sohn, *Kamehameha II.* (1797–1824) folgte ihm auf dem Thron und gestattete die Ansiedlung erster christlicher Missionare aus Neu-England. Auf einer Reise nach London starb er an Röteln, bevor er von Georg IV. empfangen werden konnte. Seinem Bruder *Kamehameha III.* (1813–1854) hat Hawaii die erste schriftliche Verfassung zu verdanken, die der König 1852 unterzeichnete. *Kamehameha IV.* (1834–1863) war der Neffe des vorigen Königs, der ihn adoptierte und zu seinem Nachfolger bestimmte. Der neue Inselherrscher, mit westlichem Vornamen *Alexander* (haw. *Alekanetero*), entpuppte sich als sehr milder und daher populärer Herrscher; den puritanischen Missionaren gegenüber, die für einen Anschluss Hawaiis an die USA eintraten, blieb er abweisend. Stattdessen öffnete er sich britischem Einfluss und gestattete der Englischen Kirche, auf seinen Inseln zu missionieren. Er förderte die Bildung und das Gesundheitswesen, aber auch die wirtschaftliche Entwicklung durch den Bau von Häfen für seine Walfangflotte und die Vergrößerung der Anbaufläche. Da sein einziger Sohn sehr früh starb, erbte sein älterer Bruder, *Kamehameha V.* (1830–1872), den Thron. Er regierte mit starker Hand und verschaffte durch eine Verfassungsänderung dem Königshaus eine größere Machtfülle. Unter ihm kam eine erste Welle von japanischen Arbeitskräften ins Land. Der fette Herrscher (er wog zuletzt 175 kg) hatte nie geheiratet und starb ohne Erbe. Damit war die mächtige *Kamehameha*-Dynastie erloschen.

Kandinsky *Wassilij Wassiljewitsch* [russ. Василий Васильевич Кандинский], 1866–1944, russischer Maler und Graphiker. Der Sohn eines Teehändlers, der aus einem sibirischen Ort an der chinesischen Grenze stammte, ging 1896 nach Deutschland und gehörte in München 1911 zu den Mitbegründern des »Blauen Reiters«. Er malte zunehmend gegenstandslose Kompositionen mit geometrisch begrenzten Farbflächen und richtungsbetonten Linien. Zu Beginn des Ersten Weltkriegs floh er über die Schweiz nach Russland, 1921 kehrte er nach Deutschland zurück und arbeitete danach am Bauhaus in Weimar und Dessau. Als Hitler an die Macht kam und das Bauhaus geschlossen wurde, ging er nach Frankreich, von wo aus er 1940 wegen der deutschen Besetzung in die Pyrenäen floh. Der Name kommt nach Kandinskys eigener Auffassung (er hatte in Moskau neben Wirtschaftswissenschaften und Jura auch ethnographische Studien betrieben) aus dem Ostjakischen, einer finno-ugrischen Sprache, in der die Wörter *kondar* und *kondinskii* »stark, mächtig« bedeuten.

Kant *Immanuel* (1724–1804), deutscher Philosoph. Eines seiner Hauptwerke ist »Die Kritik der reinen Vernunft«, ein Werk über seine Transzendentalphilosophie im Widerspruch zu den beiden zeitgenössischen Hauptrichtungen des Rationalismus und des Empirismus. Sein zweites Hauptwerk war die »Kritik der praktischen Vernunft«, in dem er seine Sittenlehre darlegte – mit dem Grundgesetz: »Handle so, dass die Maxime deines Willens jederzeit zugleich als Prinzip einer allgemeinen Gesetzgebung gelten könne« (kategorischer Imperativ). In seinem dritten Hauptwerk, der »Kritik der Urteilskraft«, geht es um Geschmack und Zweckmäßigkeit. Der Name *Kant* (mit den Varianten *Kanth* und *Cant*) ist wohl ein Wohnstättenname zu mnd. *kant*, »Ecke, Rand«. *Kant* selbst führte seinen Namen gern auf einen britischen Ahnherrn *Cant* zurück (auf *Chanter*, »Vorsänger, Sänger«, zu afrz. *chant*, »Gesang, Lied«).

Kapetinger hieß ein französisches Königsgeschlecht, das in seiner Hauptlinie bis 1328 herrschte und seinen Namen auf *Hugo Kapet*, frz. *Hugues Capet* (987–996), zurückführte. Seinen Nachfolgern (es erbte immer der älteste Sohn den Thron) gelang es, ihre Stammlande um Paris und Orléans beständig auszuweiten und Frankreich unter ihrem gold-blauen Lilienwappen politisch zu einigen. Der Name bedeutet »der mit dem Umhang« (zu frz. *cape*, »Umhang«) und geht entweder darauf zurück, dass *Hugues Capet* einen weiten Mönchsmantel trug, denn er war vor seiner Krönung Laienabt im Kloster St. Martin in Tours gewesen, oder auf die Tatsache, dass in eben jener Abtei der Mantel des heiligen Martin aufbewahrt wurde, den dieser nach der Legende mit einem frierenden Bettler teilte (sein typisch fränkischer Vorname *Hugo* entstand aus ahd. *hugu*, »Geist, Sinn«).

Karadžić *Radovan* (geb. 1945), Psychiater und ehemaliger Präsident der bosnischen Serben. (Sein Vorname bedeutet in etwa »Glückskind«, zu urslaw. *radъ*, »froh, gern«.) *Karadžić* unterschrieb für die bosnischen Serben 1992 das Abkommen von Lissabon, nach dem Bosnien aufgeteilt werden sollte in drei ethnische Kantone mit Bosniaken, Serben und Kroaten. Der Muslim Itzetbegović zog jedoch seine Unterschrift bald darauf zurück, da er die Einheit des bosnischen Staats bewahrt sehen wollte, und erklärte die Unabhängigkeit Bosniens von Jugoslawien. *Karadžić* werden ethnische Säuberungen unter den Kroaten und bosnischen Muslimen sowie Verbrechen gegen die Menschlichkeit und Völkermord vorgeworfen. Er befindet sich seit 1996 auf der Flucht. Übrigens hatte er einen berühmten serbischen Namensvetter, den Linguisten und Reformer der serbischen Schriftsprache *Vuk Stefanović Karadžić* (1787–1864). *Vuk* bedeutet »Wolf«, ein angemessener Name für jemanden, der an etlichen Aufständen gegen die türkischen Besatzer teilnahm. Der Familienname *Karadžić* wird ebenfalls aus der Zeit der osmanischen Herrschaft auf dem Balkan stammen und »Sohn des Schwarzen« bedeuten, zu türk. *kara*, »schwarz, dunkel«, und sslaw. *-ić*, »Sohn des ...«. Möglicherweise könnte er auch auf türk. *karacı*, »Offizier des Heeres«, zurückgehen.

Karajan *Herbert Ritter von* (1908–1989), österreichischer Dirigent. Sein künstlerischer Durchbruch gelang ihm 1938 mit der Oper »Fidelio«, die er an der Berliner Staatsoper dirigierte. 1954 wurde er künstlerischer Leiter der Berliner Philharmoniker und zwei Jahre später der Salzburger Festspiele (bis 1960). Die Baumwollhändler-Familie *Karajan* kam ursprünglich aus Makedonien in Nordgriechenland und hieß dort *Karajannis*, aus türk. *kara*, »schwarz«, und *Jannis* für *Johannes*. Einer von *Karajans* Vorfahren hatte Mitte des 18. Jahrhunderts in Sachsen die Textilindustrie gegründet und war dort 1792 wegen seiner Verdienste geadelt worden. Seitdem nannte sich die Familie *Karajan* und setzte ihrem Namen ein *von* voran.

Karamanlis *Konstantinos* [ngrch. Κωνσταντίνος Καραμανλής], 1907 bis 1998, griechischer Politiker. Seine türkischsprachige Familie stammte aus dem osmanisch beherrschten Makedonien, das erst ab 1913 zu Griechenland gehörte. Seit 1935 saß er ununterbrochen im Parlament, bis er 1952 endlich einen Ministerposten im Kabinett Papagos erhielt. Als dieser 1955 starb, ernannte der König *Karamanlis* zum Ministerpräsidenten. 1963 führte eine Meinungsverschiedenheit mit dem König zu seinem Rücktritt und er lebte fortan in Paris. Nach dem Fall der Militärjunta, die 1967 die Regierung übernommen hatte, kehrte er 1974 als Ministerpräsident nach Athen zurück, konnte einen drohenden Krieg mit den Türken um Zypern verhindern und erreichte durch eine Volksabstimmung die Abschaffung der Monarchie. Ein Jahr später gelang ihm der Beitritt Griechenlands in die Europäische Wirtschaftsgemeinschaft. Nach seinem Rücktritt vom Amt des Ministerpräsidenten gewann er 1980, und erneut 1990, die Wahl zum Staatspräsidenten. Übrigens ist sein Neffe *Kostas Karamanlis* (geb. 1956) seit 2004 griechischer Premierminister und Kulturminister. In dieser Funktion oblag ihm die Verantwortung für die Olympischen Spiele in Athen. Der Name *Karamanlis*, der gern an türk. *kahraman*, »Held«, angelehnt wird, ist wohl von dem türkischen Ortsnamen *Karaman* herzuleiten (zu türk. *kara*, »schwarz«).

Karamsin *Nikolaj Michailowitsch* [russ. Николай Михайлович Карамзин], 1766–1826, russischer Schriftsteller und Historiker. Er gilt als Hauptvertreter der russischen sentimentalistischen Dichtung. Das bekannteste Werk, »Die arme Lisa«, erzählt die tragische Geschichte eines Mädchens, das aus Liebe Selbstmord begeht. Um die Jahrhundertwende begab er sich auf eine Reise nach Westeuropa, wo er in wichtige literarische Zirkel eingeführt und stark von Jean-Jacques Rousseau und Laurence Sterne beeinflusst wurde. Das Resultat dieses Aufenthalts waren seine »Briefe eines russischen Reisenden«. Nachdem er 1803 zum offiziellen Staatshistoriker ernannt worden war, arbeitete er bis zu seinem Tod nur noch an einer »Geschichte des Russischen Reiches«, die einen Umfang von zwölf Bänden erreichte und dennoch unvollendet blieb. Dieses Werk hatte großen Einfluss auf die russische Sprache und den Stil der russischen Literatur. Sein Name, eine Variante von *Karamirz*, entstammt den tatarischen Wörtern *kara* für »schwarz« (vgl. türk. ebenfalls *kara*) und *mirza*, der untertänigen Anrede eines »Wohlhabenden«.

Kardinal nennen wir einen Haupt-Kirchenfürsten, sozusagen an den entscheidenden Drehpunkten in der Hierarchie der römischen Kirche, zu lat. *cardo*, »Türangel«, davon *cardinalis*, »die Türangeln betreffend, wichtig«. → Cardenal

Karl, ein gebräuchlicher männlicher Vorname aus ahd. *kar(a)l*, »Mann, Ehemann«, auch »«freier Mann« sowie »grober Kerl«, war vor allem im Mittelalter ein beliebter Königs- und Kaisername. Ihn trugen z. B.

Karl Martell (zu afrz. *martell*, »Hammer«, heute: *marteau*), der 732 die Araber bei Tours und Poitiers schlug und sie aus der Provence nach Andalusien vertrieb, sowie sein Enkel *Karl der Große*, der 800 zum römischen Kaiser gekrönt wurde; er ist im Dom zu Aachen begraben und wurde 1165 heilig gesprochen. Die französische Bezeichnung *Charlemagne* ist möglicherweise nicht aus *Carolus Magnus*, »Karl d. Gr.«, entstanden, sondern aus *Karlmann* (so hieß übrigens sein Bruder); angeblich soll Karls Mutter bei seiner Geburt voller Stolz gesagt haben, dass ihr Kind ein rechter *Karl*, also ein »strammer Kerl«, sei. → *Karolinger*

Karloff Boris (1887–1969), eigentlich *William Henry Pratt*, englischer Schauspieler. Der russische Adoptivname passt gut zu seinen Gruselrollen (z. B. »Frankenstein«), klingt für russische Ohren jedoch ein wenig wie *karlik (карлик)*, »Zwerg«, zu aruss. *karla (карла)*. Sein Geburtsname *Pratt* geht auf das altenglische Adjektiv *prætt*, »gerissen, scharfsinnig«, zurück, eine Bedeutung, sie seinen Rollen weiß Gott nicht widerspricht.

Karolinger war der Name eines französischen Hochadelsgeschlechts, benannt nach seinem bedeutendsten Herrscher, *Karl d. Gr.*, der 768 zum König der Franken und 800 zum römischen Kaiser gekrönt wurde. → *Karl*

Karzai *Hamid* (geb. 1957), afghanischer Politiker. Die Zeit der sowjetischen Besetzung Afghanistans in den 1980ern verbrachte der Abkömmling eines noblen Paschtu-Clans, aus dessen Reihen 1747 der erste afghanische König stammte, in Pakistan. Die islamischen Aufständischen, die 1992 die Macht von dem Moskau treuen Regime übernahmen, machten ihn jedoch zum stellvertretenden Außenminister seines Landes. Er verließ indes bald wieder die Regierung, deren Mitglieder sich bitter bekämpften und große Teile Kabuls zerstörten und etwa 50 000 Zivilisten töteten. Zu Beginn hatte er allerdings die Bildung der Taliban[14] als Gegengewicht zu der Gesetzlosigkeit der Warlords in seiner Heimat Kandahar gefördert. Als die Taliban ihn

---

[14] *Taliban* bedeutet »Sucher der Wahrheit«, zu arab. *talib*, »Student«, denn sie rekrutierten sich ursprünglich aus der Studentenschaft der *Medressen*, der islamischen juristischen und religiösen Hochschulen.

1995 sogar zu ihrem ständigen Vertreter bei den Vereinten Nationen machen wollten, lehnte er ab, da er von der Entwicklung der religiösen Bewegung inzwischen enttäuscht war. Nach dem Sturz der Taliban wurde er zunächst mit der Bildung einer Übergangsregierung beauftragt, 2002 wählte ihn die *Loya Jirga* (»große Versammlung«) zum Präsidenten Afghanistans. Auch die Wahl 2004 konnte er für sich entscheiden. Sein Vorname *Hamid* (auch: *Hamed*) bedeutet »der Ehrenwerte« (vgl. *Mohammed*). Der Name *Karzai* (»Mann aus Karz«, zu arab. *karz*, »Darlehen, Anleihe«) verweist auf sein Heimatdorf in der Nähe von Kandahar.

Kasimir bedeutet »Friedensverkünder«, zu slaw. *kaz*, »zeigen, weisen« (poln. *pokazać*), und *mir*, »Friede«. Etliche polnische Herzöge und Könige trugen diesen Namen, z. B. Herzog *Kasimir I.*, genannt *Odnowiciel*, »der Reformer« (zu poln. *odnowić*, »erneuern«), 1016–1058, der beide Namen durchaus zu Recht trug: Nachdem er aus seinem Land vertrieben worden war und im Exil bei deutschen Verwandten gelebt hatte, kehrt er 1039 nach Polen zurück, beendete das dort herrschende Chaos und brachte die abgefallenen Landesteile Masowien und Schlesien wieder in seinen Besitz. *Kasimir II.*, mit Beinamen *Sprawiedliwy*, »der Gerechte« (zu poln. *sprawiedliwość*, »Gerechtigkeit«), 1138–1194, war zunächst nur Teilfürst einzelner Städte (u. a. Krakaus), wurde 1186 jedoch Fürst Masowiens (also der Landschaft um Warschau, beiderseits der Weichsel), nachdem ihm bereits 1180 die Abschaffung des Senioriatsprinzips gelungen war und er damit den eigenen Söhnen seine Herrschaftsgebiete vererben konnte (diese also nicht automatisch dem polnischen Senior, d. h. dem ältesten Mitglied der ganzen Familie, überlassen musste). *Kasimir III.*, genannt *Wielki*, »der Große« (zu poln. *wielki*, »groß, hoch«), 1310–1370, war seit 1333 Herrscher eines wieder vereinigten Groß- und Kleinpolens. Er betrieb eine ausgesprochene Realpolitik; so sicherte er seinen Herrschaftsanspruch, indem er Schlesien an den immer wieder begehrlich auf das Nachbarland schauenden böhmischen König abtrat, und ließ sich auf einen Landtausch mit dem Deutschen Orden ein, gewann jedoch Ostgalizien mit Lemberg hinzu und konnte Masowien unter seine Lehnshoheit bringen. *Kasimir IV.* (1427–1492), jüngster Sohn *Władysław Jagiełłos*, genannt »der Jagiellone« (poln. *Jagiellończyk*, zu *jagła*, »Hirsekorn«, und *jagły*, »Hirsebrei«), bestieg 1445 den polnischen Königsthron und eroberte nach jahrelangen Kämpfen Ostpreußen vom

Deutschen Orden. Sein dritter Sohn, ebenfalls ein *Kasimir*, war 1471 von ungarischen Magnaten zum König Ungarns gewählt worden, konnte sich aber nicht gegen seinen Konkurrenten Matthias Corvinus durchsetzen. Er zog sich zurück, führte fortan ein heiligmäßiges Leben und wurde im darauf folgenden Jahrhundert heilig gesprochen.
→ *Corvinus* und *Władysław*

Kaspar entstand als Name aus pers. *kansbar* (älter *gazbar*), »Schatzmeister«. *Kaspar* hieß bekanntlich der Mohr unter den so genannten Heiligen Drei Königen im Neuen Testament; seit 1300 wurde er zur lustigen Figur im Kasperletheater degradiert. Der Name könnte auch eine niederländische Form von *Jasper* darstellen, also nichts mit den Heiligen Drei Königen zu tun haben, denn diese werden in der Bibel nicht namentlich genannt, sondern bei Matthäus lediglich als Magier aus dem Morgenland erwähnt. → *Gasparini*

Kassander [grch. Κάσσανδρος], ca. 355–297 v. Chr., ältester Sohn Antipaters. Nachdem er 316 die Mutter Alexander d. Gr. sowie dessen Witwe und Sohn beseitigt hatte, war er ab 311 anerkannter Herrscher Makedoniens und nahm 305 den Königstitel an. So bestätigte er nachträglich seinen Geburtsnamen, den man mit »Ränkeschmieder« übersetzen könnte, zu grch. *kassýein (κασσύειν)*, »einen Plan aushecken«, und *anér, andrós (ἀνήρ, ἀνδρός)*, »Mann«. → *Antipatros* und *Kassandra*

Kassandra [grch. Κασσάνδρα] hieß in der antiken Mythologie eine Seherin, die den Untergang Trojas vorausgesagt hatte, deren Weissagungen jedoch stets auf Unglauben stießen. Die Tochter des *Priamos*, des Königs von Troja, und der *Hekuba* wurde nach dem Fall Trojas von *Agamemnon* als Kriegsbeute weggeführt. Ihr Name ist interpretiert worden als »Verwirrerin (der Männer)«, zu grch. *kassýein (κασσύειν)* »sich einen Plan ausdenken«, und *anér, andrós (ἀνήρ, ἀνδρός)*, »Mann«, wohl mit Bezug auf ihre unfassbaren Prophezeiungen.
→ *Kassander*

Kästner *Erich* (1899–1974), deutscher Journalist und Schriftsteller. In seinen humoristischen, ironischen und sarkastischen Gedichten wandte er sich treffsicher gegen Spießertum, Militarismus und Faschismus. Daneben schrieb er unterhaltsame Romane (z. B. »Fabian«, »Drei

Männer im Schnee« und »Der kleine Grenzverkehr«) sowie viel gelesene Kinderbücher wie »Emil und die Detektive«, »Pünktchen und Anton«, »Das fliegende Klassenzimmer«. Seine Bücher wurden 1933 verboten und verbrannt. Der Name *Kästner* beruht auf ahd. *kasto*, »Gefäß, Kasten«, und bezeichnete einst den »Aufseher über den Geldkasten«, d. h. über die Einkünfte an einem Fürstenhof oder einem Kloster.

Kastor [grch. Κάστωρ] war in der klassischen Mythologie ein Faustkämpfer, Rossebändiger und Wagenlenker. Der Sohn der Leda und des Zeus (nach anderen Quellen: Sohn des Tyndareos und der Leda) war bekannt als Zwilling des Polydeukes und Bruder der Helena. Vielleicht stammt sein Name von grch. *kékasthai (κέκασθαι)*, »hervorragen, sich auszeichnen, übertreffen«. *Kastor* wird als Symbol des Tages angesehen, während Polydeukes (lat. Name: Pollux) die Nacht repräsentiert, beide werden auch die *Dioskuren (Διόσκοροι)* genannt, wohl von grch. *dîos (δῖος)*, »göttlich«, und *kóros (κόρος)*, »Junge, Jüngling«. Die Zwillingsbrüder wurden als Lenker des Kriegs, als Schützer der Gastfreundschaft und als Geleiter der Reisenden, vor allem der Schiffer, angesehen (vgl. *Koralle*, »Mädchen«). → *Polydeukes, Leda* und *Gemini*

Katharina, »die Reine«, zu grch. *katharós (καθαρός)*, »rein, sauber« (moralisch und religiös), hieß z. B. die heilige *Katharina von Alexandria*, die Patronin der Philosophen, und die heilige *Katharina von Siena*, die Schutzheilige Italiens. Den gleichen Namen trug ausgerechnet auch *Katharina die Große*, jene laszive nymphomanische russische Zarin, die alles andere als eine »Reine« war!

Kaye *Danny* (geb. 1913), eigentlich *David Caniel Kaminsky*, amerikanischer Filmschauspieler und Komiker jüdischer Herkunft, der seine Karriere als Nachtklubsänger am Broadway begann. Als Filmschauspieler entwickelte er dann einen eigenen Pantomimenstil und stellte wie Charlie Chaplin einfache, vom Missgeschick des Lebens verfolgte Menschen dar. Sein Pseudonym beruht vielleicht auf einer ursprünglichen Abkürzung seines Geburtsnamens (*K.*, englische Aussprache: [kei]) und der daraus folgenden gleich lautenden »Langform« *Kaye*. Der Name *Kaminsky* ist polnischer Herkunft und bezieht sich auf einen Ortsnamen wie *Kamién, Kamiona* oder *Kamieniec*. Alle diese Namen basieren auf poln. *kamień*, »Stein«, und betonen die Lage einer Siedlung an einem Felsen.

Kazan *Elia* (1909–2003) war der Sohn eines armenischen Teppichhändlers in Konstantinopel und zog als vierjähriger Junge mit seinen Eltern nach New York. Der amerikanische Filmregisseur und Schriftsteller (er machte so berühmte Filme wie »Endstation Sehnsucht«, »Die Faust im Nacken« und »Jenseits von Eden«) trug ursprünglich den türkischen Familiennamen *Elia Kazançoğlu* (oder: *Kasanioğlu*, auch *Elia Kazanjoglous* oder *Kasanioglus*), den schon seine Eltern nach ihrer Einwanderung abkürzten. Der Name basiert wohl auf türk. *kazanç*, »Gewinn« (zu *kazanmak*, »gewinnen, verdienen«), und *çoğul*, »Plural, Mehrzahl« (zu *çoğalmak*, »sich vermehren«), ein angemessener Name für einen Händler wie seinen Vater. Die türkische Endung *oğlu* bedeutet »Sohn von …« und müsste bei einem armenischen Namen eigentlich *-ian* lauten. Viele Armenier haben früher in der Türkei jedoch versucht, ihre armenische Herkunft mit einer türkischen Namensendung zu verschleiern und auf das verräterische Suffix *-ian* bei armenischen Namen wie *Kazakian*, *Kazanchian* oder *Kazanjian* zu verzichten. → *Kazantzakis*

Kazantzakis *Nikos* [ngrch. Νίκος Καζαντζάκης], 1883–1957, griechischer Schriftsteller aus Kreta. Gleich mit seinem ersten Roman »Der Tag bricht an« wurde er in Griechenland bekannt. Nach weiteren Romanen, Schauspielen und philosophischen Texten begann er in der Welt umherzureisen und sich für die Sowjetunion und den Sozialismus zu interessieren, wandte sich aber nach kurzer Zeit enttäuscht vom Kommunismus ab. Erst als er sich 1936 auf der Insel Ägina niederließ, begann seine wirklich schöpferische Phase mit der Arbeit an bekannten Werken wie »Odyssee«, »Alexis Sorbas«, »Freiheit oder Tod« und »Die letzte Versuchung Christi«; als der Papst dieses Buch auf den Index setzen ließ, war *Kazantzakis* endgültig weltbekannt. Sein Name ist türkischer Herkunft und beruht auf dem Wort *kazancı*, »Kesselschmied«, zu *kazan*, »Kessel«. Die patronymische Endung *-ákis* dagegen ist typisch kretisch und bezeichnet die Abstammung. → *Kazan*

Keaton *Buster* (1895–1966), eigentlich *Joseph Francis Keaton*, amerikanischer Schauspieler und einer der großen Komiker des Stummfilms. Er spielte in Filmen wie »Der Mann der niemals lachte«, »Der General« und „In 80 Tagen um die Welt". Sein Name (ältere Versionen waren *Keeton* und *Keton*) dürfte beruhen auf mengl. *ke*, »Dohle«, und *tun*, »Farm, Siedlung«.

Keats *John* (1795–1821), englischer Dichter der Romantik. Als Sohn eines Mietstallbesitzers in einem Londoner Vorort wurde er von seinen besser gestellten Kollegen als »Cockney-Poet« verspottet. Aber gerade er schuf in den fünf Jahren seiner Dichterlebens – zuvor hatte er ein Medizinstudium begonnen – Werke, die ihn nach Shakespeare und Milton zum bedeutendsten englischsprachigen Lyriker gemacht haben. Seine Gedichte und Briefe sind durchdrungen von einer sinnenstarken Hingabe an die Natur, der fieberhaften Suche nach Schönheit und der Liebe zur antiken Mythologie (z. B. »Endymion« und »Hyperion«). Keats starb im Alter von 26 Jahren an Schwindsucht. Sein Name, der ursprünglich wohl für eine habgierige Person verwendet wurde und diese mit einem Raubvogel verglich, geht wahrscheinlich zurück auf mengl. *kete* und *kyte*, »Gabelweihe« (vgl. engl. *kite*, »roter Milan«, heute vor allem »Windvogel«). Nicht auszuschließen ist indes eine Herleitung von aengl. *cyte*, »Hütte, Viehunterstand«, sodass der Name sich aus einer alten Berufsbezeichnung für einen Viehhirten entwickelt haben könnte.

Keitel *Wilhelm* (1882–1946), deutscher Generalfeldmarschall, von 1938 bis 1945 Oberbefehlshaber der Wehrmacht und bei Kriegsende Unterzeichner der Kapitulationsurkunde. 1946 verurteilte ihn das Internationale Militärtribunal in Nürnberg zum Tod. Sein Name, eine Variante von *Keidel*, bedeutet in etwa »Raubein, Rüpel«, zu mhd. *kidel* und *kil*, »Keil, grober Klotz«.

Kekrops [grch. *Κέκροψ*], halb Schlange, halb Mensch, war der mythische erste König von Attika, der Gründer Athens (genauer: der Burg von Athen). Der Name beruht wohl auf dem Perfekt Passiv *kékramai* (*κέκραμαι*), zu grch. *kerannýnai* (*κεραννύναι*), »mischen, vermischen«, und *óps (ὤψ)*, »Auge, Gesicht«.

Kelly ist ein typisch keltischer Name, der in Irland als *O'Kelly*, auf der Isle of Man und in Schottland als *MacKelly* und *McKelly* begegnet. Es handelt sich hier um eine Ableitung von ir. *O'Ceallaigh*, »Abkömmling des Ceallach«, zu ir. *ceallach*, »Streit, Krieg«. (*Ceallachán*, engl. *Callaghan*, war im 10. Jahrhundert König von Munster.) *Kelly* könnte auch auf einen englischen Ort gleichen Namens in Devon hinweisen, zu korn. *celli*, »Wald, Hain«. Bekannte Namensträger sind *Gene Kelly* (1912–1996), ein bekannter amerikanischer Tänzer, Choreograph, Filmschauspieler (»Ein Amerikaner in Paris«, »Singin' in the Rain«,

»Hello Dolly«), und *Grace Kelly* (1929–1982), ehemaliges Fotomodell und bekannte Schauspielerin (»Zwölf Uhr mittags«, »Das Fenster zum Hof«, »Bei Anruf Mord«, »Das Mädchen vom Lande« etc.). Berühmt indes wurde sie durch ihre Heirat mit Fürst Rainier von Monaco.

Kelvin Lord (1824–1907), erster Baron *Kelvin*, eigentlich *William Thomson*, britischer Mathematiker und Physiker. Nach ihm ist die vor allem in der Physik gebräuchliche Temperaturmessung benannt, die auf dem absoluten Nullpunkt basiert (0 °K entspricht –273,16 °C). Der Name verweist auf den schottischen Fluss *Kelvin*, zu gäl. *caol abhuinn*, »enges Gewässer«. *Thomson* bedeutet natürlich »Sohn des Thomas«.

Kemal Pascha → *Atatürk*

Kemal *Yaşar* (geb. 1922), einer der bekanntesten Vertreter der zeitgenössischen türkischen Literatur (z. B. »Memed, mein Falke«, »Das Lied der tausend Stiere« und »Die Ararat-Legende«). Der Schriftsteller und »Anwalt der Armen, Ausgebeuteten und Verfolgten«, der selbst unter ärmlichsten Verhältnissen aufwuchs, erhob unüberhörbar seine Stimme gegen die Kurdenpolitik und die Menschenrechtsverletzungen in seinem Land. Wegen seiner Mitgliedschaft in der sozialistischen Arbeiterpartei der Türkei (TIP) saß er im Gefängnis. 1997 erhielt er den Friedenspreis des deutschen Buchhandels. *Yaşar Kemal*, sein Künstlername, bedeutet etwa »die Würde lebt«, zu türk. *yaşamak*, »leben, existieren«, und *kemal*, »Reife, Würde« (arab. *kamal* mit der gleichen Bedeutung). Sein richtiger Name ist *Kemal Sadık Gökçeli*, zu türk. *sadık*, »der Treue«, »der Loyale« (aus arab. *sadiq*, »Freund«), und *gök*, »der Himmel«. Das gleiche Wort dürfte in *Gögçeli*, dem Namen des südtürkischen Kreises stecken, in dem sein Geburtsort liegt.

Kennedy *John F.* (*Fitzgerald*), 1917–1963, amerikanischer Politiker. Er wurde 1961 zum ersten katholischen Präsidenten der USA gewählt. In seine Regierungszeit fielen nicht nur der Mauerbau in Berlin (1961) und ein Jahr später die Kubakrise mit der Gefahr eines nuklearen Zusammenstoßes zwischen den USA und der Sowjetunion, sondern auch der Beginn des amerikanischen Engagements in Vietnam. Innenpolitisch setzte er mit seinem Aufruf zur »New Frontier« neue Akzente, indem er um wirtschaftlichen Aufschwung bemüht war und Programme zur Verbesserung der Sozialversicherung, der Krankenversorgung, des

Bildungswesens und der Bürgerrechte für die schwarze Bevölkerung aufstellte. 1963 fiel er in Dallas einem Attentat zum Opfer. *Kennedy* ist die englische Form des irischen Namens *Ó Cinnéidigh*, »Abkömmling des Cinnéidigh«, was nichts anderes als »Panzerkopf« bedeutet und sich vielleicht auf den gepanzerten Helm eines Kriegers bezog (oder auf eine hässliche Kopfform).

Kentauren [grch. *Κένταυροι*] hießen in der griechischen Mythologie Dämonen des Waldes und der Berge, Mischgestalten von Mensch und Pferd. (Pferde waren dem Mond geweiht, und in Pferdemasken wurde im alten Griechenland Regen herbeibeschworen.) Die *Kentauren* ähnelten den Satyrn, die allerdings nicht als Pferdemenschen, sondern mit dem Leib eines Ziegenbocks dargestellt wurden. Die wilden und genusssüchtigen Zwitterwesen wurden in das Gefolge des Dionysos aufgenommen. *Cheíron (Χείρων)*, der Bekannteste, aber auch der Gerechteste und Weiseste unter ihnen, wird oft *der Kentauros* genannt. Er war ein Sohn des Kronos und der Okeanine Philyra und erzog nach der Sage den Asklepios und den Achill. Sein Name beruht auf grch. *cheíronax (χειρῶναξ)*, »Handwerker«, zu *cheír (χείρ)*, »Hand« (vgl. Chirurgie). → Philyra

Kenyatta *Jomo* (1893–1978), kenianischer Staatsmann, der eigentlich *Johnstone Kamau wa Ngengi* hieß (*Johnstone* nannte er sich allerdings erst 1914 nach seiner Konversion zum Christentum, als er die Taufnamen *John Peter* erhalten hatte). Nach der Unabhängigkeit Kenias von Großbritannien (1963) und seiner Rückkehr aus der Haft (er war 1952 wegen angeblicher Anstiftung zum Mau-Mau-Aufstand der Kikuyus zu sieben Jahren Zwangsarbeit verurteilt worden) wurde er der erste Präsident des ostafrikanischen Landes, mit dem Kikuyu-Titel *Mzee*, »alter Herr«. Der Name *Kenyatta*, den er seit 1938 trug und der sich an den des *Mount Kenia* anlehnt (»weißer Berg«, auch »Berg der Weisheit«), ist unterschiedlich interpretiert worden: In der Sprache der Kikuyus bedeutet das Wort *kinyatta* »Perlengürtel«, wahrscheinlicher jedoch ist die offizielle kenianische Herleitungsversion, die von einer Umkehrung des Suaheli-Ausdrucks *Taa ya Kenya*, »Licht Kenias«, ausgeht. Sein angenommener afrikanischer Vorname *Jomo* bedeutet übrigens in der Kikuyu-Sprache »brennender Speer«, der Vorname *Kamau*, den er bei der Geburt bekam, lässt sich mit »lautloser Kämpfer« übersetzen, der Zusatz *wa Ngengi* bezeichnet ihn als »Sohn des Ngengi«.

Kephalos [grch. *Κέφαλος*] hieß ein Athener Politiker zur Zeit des Sokrates, dessen Name von grch. *kephalé (κεφαλή)*, »Kopf, Haupt«, abgeleitet ist – wie angemessen für einen Staatsmann.

Kepler *Johannes* (1571–1630), deutscher Astronom. Ausgehend von den Beobachtungen Tycho Brahes, formulierte er die nach ihm benannten Gesetze der Planetenbewegung in elliptischen Bahnen und vervollkommnete damit das Weltsystem des Kopernikus. Wenn sich sein Name nicht auf einen deutschen Ortsnamen wie *Keppel*, *Kappel* oder *Cappel* bezieht, wird er von mhd. *keppelin*, »Käppchen«, stammen, zu *kappe*, »Kopfbedeckung« (vgl. *Käppi*).

Kerberos [grch. *Κέρβερος*], lat. *Cerberus*, ist im Deutschen als *Zerberus* bekannt. In der griechischen Mythologie war er der vielköpfige Höllenhund, der den Eingang zur Unterwelt bewachte und jeden Neuankömmling mit freundlich wedelndem Schwanz begrüßte, aber niemand wieder hinausließ. Vielleicht kommt sein Name von grch. *kèr bérethrou (κὴρ βέρεθρου)*, »Ker der Tiefe«, mit *kér (κήρ)*, »Todesgöttin, Tod«, und *bárathron (βάραθρον)*, auch *bérethron (βέρεθρον)*, »Schlucht, Tiefe, Abgrund«. (*Keren* nannte man im frühen griechischen Glauben dämonische Wesen, die Verderbnis und blutigen Tod brachten.) → *Anubis*, *Erinnyen* und *Hades*

Keren [grch. *Κῆρες*] nannte man im alten Griechenland die Personifikationen der besonderen Todesarten (daher wurde ihr Name meist in der Mehrzahl gebraucht), im Gegensatz zu Thanatos, die Verkörperung des Todes selbst. Die *Keren* waren dunkle, bluttriefende, verhasste Göttinnen, die sich um die Toten stritten, um ihr Blut auszusaugen. Ihr Name beruht auf grch. *kér (κήρ)*, »Unglück, Verderben«, auch »Tod, Todesart«. → *Erinnyen*, *Thanatos* und *Kerberos*

Kertész *Imre* (geb. 1929), ungarischer Schriftsteller. Der Sohn einer jüdischen Mittelklassefamilie wurde 1944 nach Auschwitz deportiert, kam von dort ins Konzentrationslager Buchenwald und überlebte Gott sei Dank den Holocaust. Nach seiner Freilassung arbeitete *Kertész* als Journalist und trat der Kommunistischen Partei bei, distanzierte sich aber bald von der Politik. 1958 begann er Romane zu schreiben, die eng mit der Geschichte der ungarischen Juden verbunden sind. Seine erste Erzählung, der autobiographische »Roman eines Schicksallosen«, für dessen Fertigstellung er 13 Jahre benötigte, brachte ihm erst nach der politischen Wende in Ungarn die gebührende Anerkennung, 2002 schließlich sogar den Nobelpreis für Literatur. In den letzten Jahren entstanden weitere bekannte Bücher wie »Fiasko«, »Kaddisch für ein nicht geborenes Kind« und »Ich ein anderer«. Sein Name bedeutet im Ungarischen »Gärtner«. (*Imre* ist die ungarische Form unseres Vornamens *Emmerich*.)

Keryx theon [grch. Κῆρυξ θεῶν], »Herold der Götter«, war ein Beiname des griechischen Gottes Hermes, und als solcher stand er auch der Opferzeremonie vor. → *Dios angelos* und *Psychopompos*

Kierkegaard *Søren Aabye* (1813–1855), dänischer Theologe und Philosoph. Das Leben des unter seiner eigenen Schwermut leidenden *Kierkegaard* verlief äußerst ereignisarm, und er kam kaum aus seiner Heimatstadt Kopenhagen heraus. Seine frühen Werke, die er unter lateinischen Pseudonymen wie *Viktor Eremita* (»Viktor Einsiedler«) oder *Frater Taciturnus* (»Bruder Wortkarg«) verfasste, bezeugen eindrücklich seine Einsamkeit. Später behandelte er in dichterischer Form ethische und religiöse Themen, indem er anhand erfundener Personen ästhetische, ethische und religiöse Möglichkeiten des Lebensweges gegenüberstellte, dialektisch entwickelte und abgrenzte. Die Hauptwerke *Kierkegaards*, der als Vater der Existenzphilosophie angesehen wird, sind u. a. »Furcht und Zittern«, »Der Begriff der Angst«, »Stadien auf dem Lebensweg« und »Die Krankheit zum Tode«. Der Name *Kierkegaard* besteht aus adän. *kierke* (dän. *kirke*), »Kirche«, und *gaard* (dän. *gård*). Er bedeutet – obwohl *kirkegård* auch für »Friedhof« stehen kann – wohl »Kirchenfarm«, da die Familie seines Vaters in Jütland einen Hof von der Kirche gepachtet hatte. (Der Vorname *Søren* ist eine dänische Form von *Severinus*, zu lat. *severus*, »ernst, streng«.)

Kilian ist ein irischer Rufname, zu air. *killena*, »Kirchenmann«. Diesen absolut treffenden Namen trug der heilige *Kilian*, ein irischer Wanderbischof, der in der Merowingerzeit als Missionar in Franken wirkte, Bischof von Würzburg wurde und dort um 689 hingerichtet wurde. Er ist Patron des Bistums Würzburg und der Schutzheilige der fränkischen Winzer.

King *Martin Luther* (1929–1968), amerikanischer Theologe und Bürgerrechtler, der zu gewaltlosem Kampf für die Gleichberechtigung seiner schwarzen Mitbürger aufrief (wofür er 1964 den Friedensnobelpreis erhielt) und 1968 während eines öffentlichen Auftritts ermordet wurde. Sein Name ist das englische Wort für »König«. → *Luther*

Kingsley *Sir Ben* (geb. 1943), eigentlich *Krischna Bhanji*, englischer Schauspieler. Der Sohn eines indischen Arztes und eines englischen Mannequins wurde mit dem Film »Gandhi« weltberühmt; in Deutschland ist der Charakterdarsteller besonders bekannt geworden durch die Filme »Schindlers Liste« und Polanskis »Der Tod und das Mädchen«. Er wählte den Namen *Kingsley* (etwa »Königsforst«, zu engl. *king*, »König«, und aengl. *leah*, »Waldlichtung, Waldweide«), da sein indischer Name für seine Karriere in England wohl ein wenig hinderlich gewesen wäre. Daher adoptierte er sozusagen den Spitznamen seines Großvaters, der in Sansibar einen Gewürzhandel betrieb und *Colve King*, »Gewürznelken-König«, genannt wurde. *Kingsley* begann übrigens als viel versprechender Musiker (er trat z. B. mit John Lennon und Ringo Starr auf), bevor er 1967 der Royal Shakespeare Company beitrat und eine großartige Karriere begann. Seine Eltern hatten ihn *Krischna* genannt, nach dem dunkelhäutigen höchsten Gottes der Hindus (zu aind. *krischna*, »schwarz, dunkel«, wohl wegen dessen südindischen Ursprungs). Sein Familienname *Bhanji* bedeutet im Altindischen »Brecher, Welle« (zur Wurzel *bhanj*, »brechen, zerbrechen, biegen«, davon *bhanjin*, »zerbrechend, vertreibend«); offensichtlich hat er als neuen Rufnamen *Ben* gewählt, da dieser ganz ähnlich klingt.

Kinski Klaus, *Nikolaus Günther Nakszynski*, deutscher Filmschauspieler, 1926–1991. Er wurde vor allem durch zahlreiche Edgar-Wallace-Verfilmungen bekannt, in denen er meist neurotische und sadistische Mörder darstellte. Seine Töchter *Nastassja* und *Pola Kinski*, beide Schauspielerinnen, heißen natürlich ebenfalls eigentlich *Nakszynski*. Der Name *Kinski* stellt eine aussprechbare Kürzung seines Familiennamens dar, der wahrscheinlich zu poln. *naczynie*, »Gefäß, Behälter«, gehört.

Kipling *Rudyard* (1865–1936), englischer Schriftsteller. Überzeugt vom britischen Imperialismus und der Sendung des englischen Volks, erzählte er in Kurzgeschichten und Romanen vor allem von Indien, wo er geboren worden war und von 1882 bis 1892 als Journalist gearbeitet hatte. Weltbekannt wurden die Tiergeschichten seiner Dschungelbücher (»Im Dschungel« und »Das neue Dschungelbuch«) sowie sein Roman »Kim«. Sein Familienname könnte von mengl. *kypre*, »Lachs, Hering« (vgl. engl. *kipper*, »Lachs, Räucherhering«), stammen und ursprünglich einen Fischhändler oder -räucherer bezeichnet haben. Denkbar ist auch eine Herkunft von der aengl. Wurzel *cyp-*, »runder Hügel« (vgl. dt. *Kuppe*), und eine Verwendung als Spitzname für einen rundlichen Menschen. Seinen Vornamen soll er der Tatsache verdanken, dass seine Eltern sich am *Rudyard Lake* in der englischen Grafschaft Staffordshire kennen lernten (zu mengl. *rudde*, »rot«, und *yard*, »Hof, Gehege«).

Kirke [grch. *Κίρκη*], lat. *Circe*, mythische Tochter des Helios, Zauberin und Nymphe auf der Insel *Aiaia* – wohl in Istrien, am Nordende der Adria, von grch. *aiaî (αἰαῖ)*, »wehe, ach!«, zu *aiázein (αἰάζειν)*, »beklagen, bejammern«. Hier lauerte sie allen Fremden auf und verwandelte sie in Tiere, so auch die Mannen des Odysseus, die sie im wahrsten Sinn des Wortes *bezirzte* (auch: *becircte*) und in eine Herde willenloser Schweine verzauberte. Der Schaden hielt sich jedoch in Grenzen, da Odysseus ihre Hexenkünste durch einen Gegenzauber überwinden konnte. Der heldenhafte Seefahrer lebte ein ganzes Jahr bei *Kirke* und hatte sogar einen Sohn mit ihr: Telegonos, den »in der Fremde Geborenen«. Der Name der Zauberin ist wohl abgeleitet von grch. *kírkos (κίρκος)*, »Falke«, auch »Kreis« (vgl. *Zirkus*). → *Odysseus* und *Telegonos*

Kishon *Ephraim* (1924–2005), eigentlich *Franz (Ferenc) Hoffmann*, ungarisch-israelischer Schriftsteller und Satiriker. 1944 wurde er in ein Konzentrationslager nach Polen deportiert und konnte 1945 bei der Verlegung ins Vernichtungslager Sobibor fliehen. Ein Großteil seiner Verwandten kam in den Gaskammern von Auschwitz ums Leben. Nach Kriegsende legte er sich im kommunistischen Ungarn den weniger bürgerlich klingenden Namen *Kishont* zu (aus ungar. *kis*, »klein«, und *hont*, »Heimat«), den der Einwanderungsbeamte 1949 bei seiner Einreise nach Israel als *Kishon* missverstand (*Kishon* heißt ein kleiner israelischer Küstenfluss im Jesreeltal, der bei Haifa ins Mittelmeer mündet). Sein exotisch klingender Vorname *Ferenc* wurde bei dieser Gelegenheit kurzerhand in *Ephraim* gewandelt. Zu seinen berühmtesten Erzählungen gehören »Drehn Sie sich um, Frau Lot!«, »Wie unfair, David«, »Der Blaumilchkanal« und »Nicht so laut vor Jericho«.

Kissinger *Henry* (geb. 1923), amerikanischer Politiker deutscher Herkunft. Sein ursprünglicher Name lautete *Heinz Alfred Kissinger.* Die jüdische Familie war 1938 vor den Nationalsozialisten nach Amerika geflohen. Nach seiner Einbürgerung 1943 arbeitete *Kissinger* während des Krieges für die US-Gegenspionage und diente ab 1969 den Präsidenten Richard Nixon und Gerald Ford als Nationaler Sicherheitsberater und danach als Außenminister. Er machte sich verdient bei den Verhandlungen zur Beschränkung der strategischen Waffen, der Annäherung zwischen Amerika und China, dem Rückzug der USA aus Vietnam und dem Waffenstillstand zwischen Nord- und Südvietnam, wofür ihm 1973 der Friedensnobelpreis verliehen wurde. Bei *Kissinger* könnte es sich um einen Herkunftsnamen handeln zu *Kissingen,* der alten Salzstadt an der Fränkischen Saale (wohl zu osorb. *kisać* und *kissacz,* »säuern«), oder um einen Wohnstättennamen zu mhd. *kis,* »Kies, Kieselstein«, für jemanden, der an einer kiesigen Stelle wohnte.

Klabund (1890–1928), eigentlich *Alfred Henschke,* deutscher Schriftsteller, Vertreter des Impressionismus und des Expressionismus. (Erfolgreich waren u. a. seine Romane »Mohammad«, »Rasputins Ende« und »Borgia«, aber auch sein Drama »Kreidekreis«.) Das Pseudonym *Klabund* soll er aus *Klabautermann* und *Vagabund* zusammengesetzt haben, während sein Geburtsname wohl auf *Hansch,* eine eingedeutschte sorbische Koseform von *Hans,* zurückgeht.

Klaus ist eine Verkürzung des Rufnamens *Nikolaus,* »Volkssieger«, zu grch. *nîkos (νῖκος)* oder *níke (νίκη),* »Sieg«, und *laós (λαός),* »Volk«. *Josef Klaus* (1910–2001), ein österreichischer Politiker, war von 1966 bis 1970 Bundeskanzler seines Landes. *Václav Klaus* (geb. 1941) ist ein tschechischer Politiker, der 1992 zum Premierminister gewählt und 1996 wiedergewählt wurde, ein Jahr später jedoch nach der Auflösung der Regierungskoalition zurücktrat. 2003 gewann er die Präsidentschaftswahlen und folgte als zweites Staatsoberhaupt der Tschechischen Republik seinem Vorgänger Václav Havel. Der Vorname *Václav,* eine Variante unseres *Wenzeslaus,* hat die Bedeutung »der Berühmtere«, zu tsch. *výce,* »mehr«, und *sláva,* »Ruhm«.

Kleisthenes [grch. *Κλεισθένης*], ein Athener Politiker, reformierte um 510 v. Chr. die Verfassung Solons; er erweiterte die Bürgerschaft auf alle in Attika ansässigen Bewohner und teilte sie in zehn neue Pylen (»Stämme«) ein, die fortan die Grundlage der staatlichen Ordnung Athens bildeten. Sie bildeten einen Rat, in den jede Pyle 50 Vertreter zu entsenden hatte, die jährlich durch Los zu wählen waren. Der Name *Kleisthenes* beruht wohl auf grch. *kleís (κλείς)*, »Schlüssel«, »Häkchen«, und *sthénein (σθένειν)*, »stark sein«.

Klemens (lat. *Clemens*) war ein bei Päpsten sehr beliebter Name (immerhin wählten ihn 14 reguläre und drei Gegenpäpste), zu lat. *clemens*, »mild, sanft, nachsichtig«. *Klemens I.* (88–97) hatte *Clemens Romanus* (»der Römer«) geheißen, bevor er Bischof von Rom wurde. Angeblich fand er auf der Krim den Märtyrertod, daher wurde er heilig gesprochen. *Klemens II.* (1046–1047) war sächsischer Herkunft. Sein früherer Name *Suidger* besteht aus den ahd. Worten *swinde*, »stark, schnell«, und *gēr*, »Speer«. Er war gerade erst ein Jahr im Amt, als er vergiftet wurde; seine Gebeine sind im Bamberger Dom begraben. *Klemens III.* (1080–1100), ein Gegenpapst, dessen Anhänger vor allem in England, Deutschland und Ungarn lebten, hieß mit Geburtsnamen *Wibert von Ravenna* (aus ahd. *wig*, »Kampf«, und *beraht*, »prächtig«). Der legitime Papst *Klemens III.* (1187–1191), ein Römer, hieß mit bürgerlichem Namen *Paul Scolari* (zu ital. *scolaro*, »Anhänger, Schüler«). Er hatte von König Heinrich VI. den Kirchenstaat zurückerhalten und konnte ungestört in Rom residieren. *Klemens IV.* (1265–1268) stammte trotz seines italienischen Namens *Guido Fulcodi* (zu ital. *fulgente*, »leuchtend«, und *coda*, »Schweif«) aus Frankreich und war vor seiner Wahl zum Papst Erzbischof von Narbonne gewesen. *Klemens V.* (1305–1314), ein südfranzösischer Adliger namens *Bertrand de Got* (sfrz. *got*, »Krug«), war zuvor Erzbischof von Bordeaux gewesen und blieb auch als Papst seinem Heimatland Frankreich treu: Er wählte 1308 Avignon zu seiner Residenz. Damit begann das so genannte Babylonische Exil der Päpste (bis 1377). Auf Wunsch Philipps des Schönen hob er auf dem Konzil von Vienne den Templerorden auf. *Klemens VI.* (1342–1352) entstammte ebenfalls dem französischen Adel. Der frühere Erzbischof von Sens und Rouen hatte *Pierre Roger* geheißen. Er kaufte Avignon und vollendete den dortigen Papstpalast. Der Gegenpapst *Klemens VII.* (1378–1394), der in der offiziellen Liste der Päpste nicht mitzählt, stammte aus der Schweiz und hieß eigentlich

Robert von Genf. Er wurde durch die französischen Kardinäle gegen Urban VI. gewählt, aber nur in Teilen West- und Nordeuropas anerkannt; mit ihm begann das große abendländische Schisma. *Klemens VIII.* (1423–1429), ebenfalls ein Gegenpapst, stammte aus Spanien und hieß mit Geburtsnamen *Sanchez Muñoz*. Er wurde von nur drei Kardinälen als Nachfolger des Gegenpapstes Benedikt VIII. gewählt, verzichtete jedoch drei Jahre später auf sein Amt und war fortan Bischof von Mallorca. Der reguläre Papst *Klemens VII.* (1523–1534), eigentlich *Giulio de' Medici*, stammte aus Florenz. Als ausgesprochener Zögerer war er den großen Herausforderungen seiner Zeit, vor allem der beginnenden Reformation, nicht gewachsen. In seinem Pontifikat kam es zu der als »Sacco di Roma« bekannten Plünderung Roms durch kaiserliche Truppen, und schließlich musste er erleben, dass England wegen des Eheaufhebungsstreits mit Heinrich VIII. sich von Rom löste. Auf *Klemens VIII.* (1592–1605), mit richtigem Namen *Ippolito Aldobrandini*, geht eine neue amtliche Bibelausgabe, die »Clementina«, zurück. Außerdem gelang ihm die so genannte Brester Union, d. h. der Zusammenschluss des orthodoxen Metropolitanbezirks von Kiew und Ruthenien mit der katholischen Kirche. *Klemens IX.* (1667–1669), mit bürgerlichem Namen *Giulio Rospigliosi*, war ein geschickter Diplomat und Organisator. Er stellte die kirchliche Ordnung im von Spanien unabhängig gewordenen Portugal wieder her, und seine Schlichtungsbemühungen zwischen Spanien und Frankreich führten 1668 zum Frieden von Aachen. *Klemens X.* (1670–1676) stammte aus Rom und war bereits 80 Jahre alt, als er den Stuhl Petri bestieg. Vor seinem Pontifikat war er Nuntius in Neapel und Polen gewesen; damals hieß er noch *Emilio Altieri*. *Klemens XI.* (1700–1721), vor seiner Papstwahl *Giovanni Francesco Albani*, und *Klemens XII.* (1730–1740), vorher *Lorenzo Corsini*, waren beide politisch schwache, aber Kunst und Wissenschaft zugeneigte Päpste. Während *Klemens XIII.* (1758–1769), vormals *Carlo Rezzonico della Torre* (»vom Turm«), sich für die zur Zeit seines Pontifikats aus Portugal, Frankreich, Neapel und Spanien vertriebenen Jesuiten einsetzte, hob *Klemens XIV.* (1769–1774) unter äußerem politischem Druck den Jesuitenorden auf; der bislang letzte Papst dieses Namens hatte bis zu seiner Wahl *Giovanni Vincenzo Ganganelli* geheißen. → *Albani, Aldobrandini, Altieri, Corsini, Ganganelli, Medici, Muñoz, Roger* und *Rospigliosi*

Kleon [grch. *Κλέων*] war ein athenischer Politiker im Peloponnesischen Krieg, ein erklärter Gegner der Politik des Perikles, der 429 v. Chr. gestorben war. Der ehemalige Besitzer einer Gerberei trat für eine rücksichtslose Kriegsführung bis zum Endsieg ein und lehnte jedes Friedensangebot Spartas ab. Er starb 422 im Kampf. Der Name dieses grobschlächtigen, ja brutalen Mannes bedeutet »der Berühmte«, zu grch. *kléos (κλέος)*, »Ruhm« – die Bedeutung »der Berüchtigte« wäre der Wahrheit wohl näher gekommen.

Kleopatra nennen wir in der Regel vereinfachend die ägyptische Herrscherin *Kleopatra VII.* (69–30 v. Chr.), die Tochter des Königs Ptolemäus XII. Sie regierte zunächst gemeinsam mit ihrem Bruder Ptolemäus XIII., bis der sie vertrieb, konnte jedoch mit Caesars Unterstützung die Macht für sich und ihren jüngeren Bruder Ptolemäus XIV. zurückgewinnen. Von 46 bis 44 v. Chr. lebte sie bei Caesar in Rom, kehrte aber nach dem Tod ihres Bruders heim als die letzte Herrscherin Ägyptens vor der Einnahme durch die Römer. Ihren kleinen, offenbar von Caesar gezeugten Sohn Caesarion (47–30 v. Chr.) machte sie als Ptolemäus XV. zu ihrem Mitregenten. Nach Caesars Tod umgarnte sie Marcus Antonius, mit dem sie drei weitere Kinder hatte. Als Oktavian, der spätere Kaiser Augustus, sie und Antonius – mittlerweile ihr Gatte – in der Schlacht bei Actium besiegt hatte, begingen beide Selbstmord. Ihr Bild auf ägyptischen Münzen lässt übrigens erhebliche Zweifel an ihrer angeblich atemberaubenden Schönheit aufkommen. Der griechische Name *Kleopatra* bedeutet »die durch den Vater Berühmte«, zu *kléos (κλέος)*, »Ruhm«, und *patér (πατήρ)*, »Vater«.
→ *Ptolemäus*

Klerk *Frederick Willem de* (geb. 1936), südafrikanischer Politiker. Er übernahm 1978 von dem zurückgetretenen Pieter Willem Botha das Amt des Staatspräsidenten. Obschon ebenfalls Mitglied der National-Partei, hatte der gemäßigte Politiker einen wesentlichen Anteil am Abbau der Apartheid in seinem Land, indem er 1990 die verbotenen Parteien der Schwarzen wieder zuließ und die Haftentlassung ihrer Führer, unter anderem auch Nelson Mandelas, anordnete. Mit diesem verhandelte er über die Zukunft des Landes, wofür beide 1993 mit dem Friedensnobelpreis ausgezeichnet wurden. 1994 erhielt Südafrika bei den ersten freien Wahlen des Landes, die der ANC (African National Congress) überzeugend gewann, mit Nelson Mandela einen schwarzen

Präsidenten. Der Name *Klerk* bezeichnet im Niederländischen den »Schreiber« (vgl. engl. *clerk*). Die Grundbedeutung des Wortes war allerdings »Kleriker«, da im Mittelalter nur der geistliche Stand die Kunst des Lesens und Schreibens beherrschte (vgl. *Klerus*).

Klestil *Thomas* (1932–2004), österreichischer ÖVP-Politiker und von 1992 bis zu seinem Tod Bundespräsident seines Landes. 2000 musste er, der sich öffentlich zu den Naziverbrechen Österreichs bekannt und die Überlebenden des Holocaust um Vergebung gebeten hatte, widerwillig eine Koalitionsbildung seiner Partei mit der rechtsradikalen Freiheitlichen Partei Österreichs (FPÖ) dulden. Er starb zwei Tage vor Ablauf seiner Amtszeit. Der Name *Klestil* gehört entweder zu tsch. *klestí*, »Reisig«, oder zu *kleště*, »Zange«.

Kletus (auch: *Cletus*) → *Anaklet*

Klio (auch: *Kleio*) → *Musen*

Klotho [grch. *Κλωθώ*], eine der drei Moiren, war im alten Griechenland die Schicksalsgöttin, auf deren Spindel der Lebensfaden jedes Menschen aufgewickelt war. Ihr Name bedeutet »die Spinnerin«, zu grch. *klótein (κλώτειν)*, »spinnen«. → *Lachesis*, *Atropos* und *Moiren*

Klytaimnestra [grch. *Κλυταιμ(ν)ήστρα*] war die Tochter Ledas und des spartanischen Königs Tyndareos sowie die ältere Schwester der Helena und Mutter von Iphigenie, Elektra und Orest. Sie war von Agamemnon, dem König von Mykene, gezwungen worden seine Frau zu werden, sodass *Klytaimnestras* Name wie Hohn klingt, bedeutet er doch »berühmte Freierin«, zu grch. *klytós (κλυτός)*, »berühmt«, und *mnâsthai (μνᾶσθαι)*, »freien«. Erstens hatte sie ja gar nicht um ihren Gatten geworben, und zweitens war sie mehr berüchtigt als berühmt, da sie ihren ungeliebten Gemahl laut Mythologie ermordete, als er nach zehn Kriegsjahren mit Kassandra als Beute zurückkehrte.

Knaus → *Ogino*

Koch *Robert* (1843–1910), deutscher Bakteriologe, dem es anhand des Milzbrandbazillus zum ersten Mal gelang, Bakterien als Krankheitserreger nachzuweisen und zu züchten. Er entdeckte nicht nur das Tuberkulosebakterium und den Choleraerreger, sondern erforschte auch die Malaria und die Schlafkrankheit und suchte nach Möglichkeiten zur Verhütung und Bekämpfung dieser Seuchen. 1905 wurde er für seine bahnbrechenden Arbeiten mit dem Nobelpreis für Medizin belohnt. Der Familienname des berühmten Forschers scheint vielleicht nicht ganz seinen Verdiensten zu entsprechen, obschon einer seiner Vorläufer diesen Berufsnamen sicherlich deswegen erhielt, weil er als anerkannter Meister seines Metiers in einem Herrenhaus oder gar an einem Fürstenhof beschäftigt war. Seinen Vornamen dagegen dürfte er uneingeschränkt bejaht haben, bedeutet er doch »der vor Ruhm Glänzende«, aus ahd. *hroth*, »Ruhm, Ehre«, und *beraht*, »glänzend«.

Kohl *Helmut* (geb. 1930), deutscher Politiker, von 1982 bis 1998 deutscher Bundeskanzler und seit 1973 auch Parteivorsitzender der CDU. In seine Regierungszeit fielen 1989 die Öffnung der Berliner Mauer und 1990 die Deutsche Einheit. Sein Name bedeutet – fast möchte man sich dafür entschuldigen – »Kohlkopf«, zu lat. *caulis*, »Kohlstrunk«, aus grch. *kaulós (καυλός)*, »Stängel, Stiel«. Er verweist entweder auf den Beruf eines frühen Namenträgers als Kohlbauer oder auf dessen Vorliebe für Kohlgerichte.

Köhler *Horst* (geb.1943), deutscher Hochschullehrer und Politiker. Der frühere Berater von Altkanzler Helmut Kohl wurde 2004 zum neunten Bundespräsidenten der Bundesrepublik Deutschland gewählt. Zuvor war er Geschäftsführender Direktor des Internationalen Währungsfonds (IWF) gewesen. *Köhler* wurde als deutschstämmiger Bauernsohn in Polen geboren, flüchtete 1944 mit seiner Mutter nach Leipzig und 1953 von dort in die Bundesrepublik. Sein Name geht zurück auf mhd. *koler*, »Köhler, Kohlenbrenner«, eine alte Berufsbezeichnung für jemanden, der in einem Meiler Holzkohle herstellte.

Kohout *Pavel* (geb. 1928), tschechischer Schriftsteller und Dramatiker. Als einer der Wortführer des Prager Frühlings und Mitautor der Charta 77 wurde *Kohout* aus der Kommunistischen Partei der Tschechoslowakei ausgeschlossen und 1969 ausgebürgert. Er nahm die österreichischer Staatsbürgerschaft an und lebt nach der politischen Wende in Prag und Wien. Er wurde weltbekannt mit Theaterstücken wie »So eine Liebe«, »August, August, August«, »Krieg im dritten Stock« und »Zyanid um Fünf« sowie mit Romanen wie »Die Henkerin«, »Wo der

Hund begraben liegt«, »Sternstunde der Mörder« und »Die lange Welle hinterm Kiel«. 2002 erhielt er das Bundesverdienstkreuz der Bundesrepublik Deutschland. Sein tschechischer Name bedeutet schlicht und ergreifend »Hahn«.

Kokoschka *Oskar* (1886–1980), österreichischer Maler, Graphiker und Dichter. Der zu den führenden Expressionisten zählende Künstler malte zunächst Porträts und Illustrationen zu eigenen Dichtungen, auf seinen Europa-, Nordafrika- und Vorderasienreisen ab 1925 hauptsächlich Landschaften und Städte. Während der Zeit seiner Emigration – er war 1937 nach England geflohen, da die Nazis seine Werke als »entartet« eingestuft hatten – entstanden anklagende Bilder gegen die zerstörenden Kräfte des Faschismus, während er sich im Alter vor allem mit mythologischen Themen befasste. Seit 1953 lebte er als englischer Staatsbürger in der Schweiz. Der Name *Kokoschka* geht zurück auf sorbisch und tsch. *kokoška*, poln. *kokoszka*, »Hühnchen«.

Kołakowski *Leszek* (geb. 1927), polnischer Philosoph und Publizist. In seinen Essays stellte er die marxistische Weltanschauung und ihre praktischen Folgen zur Diskussion (»Die Weltanschauung und das tägliche Leben«). Wegen seiner fortgesetzten Kritik an der Einschränkung der Freiheit und dem Führungsstil der der Polnischen Vereinigten Arbeiterpartei wurde er 1966 aus der Partei ausgeschlossen. Nachdem er 1968 auch seinen Lehrstuhl an der Warschauer Universität verloren hatte, ging er ins Exil nach England und unterrichtet als Professor in Oxford. *Kołakowski* ist ein Herkunftsname, der sich auf eine der zahlreichen polnischen Ortschaften namens *Kołaki* bezieht (wohl zu poln. *koło*; »Kreis«, »kreisrund«). Der Rufname *Leszek* ist eine Koseform von *Lech*, dem Namen des legendären Gründers des polnischen Volkes.

Kolář *Jiři* (1914–2002), tschechischer Schriftsteller und bildender Künstler. Er schilderte in seinen Gedichten vor allem den Alltag in der Großstadt und die Beziehung der Geschlechter zueinander. Seit den 1960er-Jahren arbeitete er fast nur noch als bildender Künstler und schuf poetische Collagen. Sein Familienname bedeutet »Radmacher, Wagner«. *Jiři* ist die tschechische Variante von *Georg*.

Kollo *René* (1937), deutscher Opernsänger, der erst nach einer Schlagerkarriere ein berühmter Heldentenor in Opern wie »Lohengrin«, »Der Fliegende Holländer«, »Die Meistersinger von Nürnberg« und »Parsifal« wurde. Eigentlich hieß er *René Kollodzieszski*, und es ist kein Wunder, dass schon sein Vater und sein Großvater diesen schier unaussprechlichen Namen verkürzten, der sich aus poln. *kołodziej*, »Wagner, Stellmacher«, und der patronymischen Endung *-ski*, »Sohn des ...«, zusammensetzt.

Kolumbus *Christoph* (ca. 1450–1506), genuesischer Seefahrer, der in spanischen Diensten auf der Suche nach einem westlichen Seeweg nach Indien 1492 Amerika (wieder)entdeckte. Er jedenfalls war der festen Überzeugung, tatsächlich in Indien gelandet zu sein, und bis auf den heutigen Tag nennen wir die dortigen Eingeborenen »Indianer« und die Inseln der Karibik »Westindien«. In seiner Heimatstadt Genua hieß der unternehmungslustige Seefahrer *Cristoforo Colombo*, von ital. *colombo*, »Taube«, zu gleichbedeutend lat. *columba* (vgl. ital. *colomba della pace*, »Friedenstaube«; eine Zeit des Friedens brach nach seiner Entdeckung allerdings nicht aus!). Die spanische Variante *Christóbal Colón*, zu span. *el colono*, »der Siedler«, die bisweilen unter jüdischen Bewohnern der Balearen begegnet – weswegen u. a. die Kathedrale von Palma de Mallorca sich rühmt, die Gebeine des großen Entdeckers zu bergen –, könnte jedoch ein Hinweis darauf sein, dass die Familie vor der christlichen Verfolgung von Spanien über Mallorca bis ins italienische Genua floh – eine nicht unübliche Fluchtroute der iberischen Juden jener Zeit. Übrigens muss das Wort *Colombo* den portugiesischen Siedlern in Ceylon, dem heutigen Sri Lanka, so sehr gefallen haben, dass sie den Haupthafen, der zuvor den singhalesischen Namen *Kalambu* getragen hatte, in *Colombo* umtauften, obschon *Kolumbus* natürlich nie in dieser Gegend gewesen ist.

Konfuzius ist die latinisierte Form von *K'ung-fu-tse*, »Meister Kung«, zusammengefügt aus dem Familiennamen *Kung* und *fu-tse*, »Lehrer«. Der Name des chinesischen Weisen (551479 v. Chr.) kann auch schlicht mit »Kung, der Menschensohn«, übersetzt werden, zu *fu*, »Mensch, Mann«, und *tse*, »Sohn«. (In China benutzt man übrigens meist nur die Kurzform *Kung-tse*.) Seine Lehre, die auf gegenseitiger Achtung und Güte beruhte, wurde erst während der Han-Dynastie im 3. Jahrhundert n. Chr. zur Staatsreligion erhoben. Sie gebot Menschlichkeit und

Pflichtbewusstsein gegenüber der Familie, den Vorgesetzten, dem Staat und dem Staatsoberhaupt. Mit einer solchen Grundhaltung, d. h. mit blindem Gehorsam, waren die Chinesen natürlich besonders anfällig für totalitäre Systeme. Seine Lehre ist stark taoistisch (heute: daoistisch) durchsetzt: Es geht in der Gesellschaft und im Handeln des Einzelnen darum, den Weg (tao oder dao) der Mitte zu finden, die Balance zwischen dem Wollen der Erde und dem Wollen des Himmels zu finden, wobei der Himmel nicht mit einer Gottheit gleichzusetzen ist, sondern mit einem allgegenwärtigen universalen Prinzip, das sich unseren Erklärungsversuchen entzieht. Einer seiner weisen Sprüche lautet: »Mit 50 kannte ich den Willen des Himmels, mit 60 war ich bereit, auf ihn zu hören.«

König, ahd. *kuning*, heißt der höchste monarchische Würdenträger nach dem Kaiser. Er wurde in der Frühzeit aus königlichem Geschlecht gewählt, später war das Königtum erblich. Die Bezeichnung (mit der Herkunfts- und Zugehörigkeitsendung *-ing*) geht über ahd. *kunne* und mhd. *künne* zurück auf germ. *kunja*, »(vornehmes) Geschlecht«; sie ist verwandt mit lat. *genus*, »Abstammung, Adel, Geschlecht« (vgl. *Generation* und *Kind*). → *Kaiser* und *Schah*

Kono war bereits ein altersschwacher und kranker sizilianischer Priester (aber wohl griechischer Herkunft), als er 686 als typischer Übergangspapst gewählt wurde. Er konnte sein Pontifikat nur formell ausüben und starb schon im Jahr nach seiner Wahl. Der Name *Kono* steht in krassem Gegensatz zu dieser Tatsache, denn er bedeutet »der Flotte«, eigentlich »der Staub Aufwirbelnde«, zu grch. *kónis (κόνις)*, »Staub«, und *koníein (κονίειν)*, »stauben«.

Konrad, »kühner Ratgeber«, zu ahd. *kuoni*, »mutig«, und *rat*, »Ratgeber«, hießen etliche deutsche Fürsten, z. B. der Frankenherzog *Konrad I.* (gest. 918), der nach Erlöschen des Hauses der Karolinger in Deutschland 911 zwar zum König gewählt, aber von Lothringen nicht anerkannt wurde, sowie der Salier *Konrad II.*, der ab 1024 auf dem deutschen Königsthron saß und 1027 in Rom zum Kaiser gekrönt wurde, nicht zu vergessen zwei Stauferkaiser, *Konrad III.* (1138–1152), der sich von Bernhard von Clairvaux zu einem unglückseligen Kreuzzug überreden ließ, in der Frage seiner Nachfolge jedoch Mut und Weisheit bewies, indem er seinen eigenen Sohn überging und Friedrich (den späteren Barbarossa) empfahl, sowie Kaiser *Konrad IV.* (1250–1254), der Sohn Friedrichs II.

Konradin, der Sohn Konrads IV., war der Letzte aus dem Haus der Staufer (1252–1268). Als der 16-Jährige seinen Anspruch auf das Königreich Sizilien gegen Karl von Anjou durchsetzen wollte, wurde er von diesem besiegt, gefangen genommen und hingerichtet. Der Name *Konradin* geht auf ital. *Corradino*, »kleiner Konrad«, zurück, eine süditalienische Titulierung dieses ehrgeizigen jungen Fürsten. → *Konrad*

Konsalik *Heinz Günther* (geb. 1921), eigentlich *Heinz Günther*, deutscher Autor zahlreicher populärer Romane. Für die meisten seiner Werke wählte er den Schriftstellernamen *Konsalik* (d. h. den bulgarischen Mädchennamen seiner Mutter), daneben benutzte er weitere Pseudonyme wie *Jens Becker, Stefan Doerner, Boris Nikolai* und *Henry Pahlen*. Sein Name bedeutet etwa »Pferdebiss«, aus bulg. *kon (кон)*, »Pferd«, und *salek (залък)*, »Biss, Bissen«.

Konstantin (lat. *Constantinus*) bedeutet »der Standhafte«, zu lat. *constans*, »beständig« (vgl. *konstant*). Am bekanntesten ist wohl Kaiser *Konstantin I., der Große* (306–337), der 280 im Gebiet des heutigen Serbien geboren wurde und mit vollem Namen *Flavius Valerius Constantinus* hieß. Zunächst war er nur Herrscher über Britannien, Gallien und Spanien, konnte aber 312 seinen Mitkaiser Maxentius (in der berühmten »Schlacht an der Milvischen Brücke«) unter dem Zeichen des Kreuzes besiegen und damit die alleinige Macht im Westreich erringen. Zwölf Jahre darauf gelang es ihm, auch den Kaiser des Ostens zu besiegen und seitdem als alleiniger Kaiser zu herrschen. Seinen Regierungssitz verlegte er jedoch in den Osten, wo er an der Stelle des alten Byzanz eine neue Stadt erbauen ließ, die offiziell *Roma nova*, »Neues Rom«, genannt, von seinen Untertanen aber schon bald als *Konstantinopel*, »Konstantins Stadt«, bezeichnet wurde. In den folgenden Jahrhunderten lenkten vier weiter Kaiser seines Namens die Geschicke Ostroms. *Konstantin* hießen im 8. Jahrhundert auch ein Papst und ein Gegenpapst: *Konstantin I.* (708–715) stammte aus Syrien, der eine Verbesserung der Beziehungen zu Konstantinopel erreichte, und das Bistum Ravenna, das mit Zustimmung Ostroms selbstständig geworden war, wieder an Rom anschloss. *Konstantin II.* (767–768) war in einer tumultartigen Szene gegen Stephan II. zum Gegenpapst erhoben worden, obwohl er dem Laienstand angehörte. Nachdem König Pippin d. J. ihm die Anerkennung verweigert hatte, wurde er geblendet und in einem Kloster gefangen gehalten. Auch den beiden Königen Griechenlands, die diesen viel versprechenden Namen trugen, war wenig Beständigkeit vergönnt: *Konstantin I.* (1868–1923) bestieg nach der Ermordung seines Vaters 1913 den Königsthron, wurde 1917 zur Abdankung gezwungen, 1920 durch Volksabstimmung jedoch wiedergewählt; 1922 verzichtete er endgültig auf die Königswürde, und Griechenland erlebte immer wieder einen Wechsel zwischen Republik, Monarchie und Diktatur. *Konstantin II.* (geb. 1940) bestieg 1964 den Thron, musste 1967 jedoch nach einem Militärputsch aus seinem Land fliehen und ging nach Spanien ins Exil. 1973 wurde der letzte König der Hellenen endgültig für abgesetzt erklärt.

Konsul (lat. *Consul*), war im alten Rom der Titel der höchsten Staatsbeamten (bis etwa 450 v. Chr. zunächst *Praetor* genannt). Ursprünglich nur patrizischer, seit 366 v. Chr. auch plebejischer Herkunft, wurden diese in der römischen Republik paarweise für jeweils ein Jahr gewählt. Sie hatten den Oberbefehl über das Heer, die Oberaufsicht über die Rechtsprechung und die Strafgewalt sowie das Recht, den Senat einzuberufen. Als die Aufgaben zunahmen, wurden neue Ämter eingeführt und Vertreter der Konsuln berufen. Der Titel *Consul* basiert auf lat. *consulere*, »sich beraten, für etwas sorgen, beschließen«. → *Prätor* und *Quästor*

Kon-Tiki ist uns vielleicht als Name des Balsafloßes geläufig, auf dem Thor Heyerdahl 1947 von Peru nach Polynesien fuhr, um nachzuweisen, dass die Inka in der Lage waren, auf diese Weise nach Polynesien auszuwandern und die dortigen Inseln zu besiedeln. Dabei war *Kon-Tiki* die altperuanische Bezeichnung für ihren »Sonnen-Gott«. Er soll nach einer alten Sage mit seinem Gefolge von ungewöhnlich hellhäutigen, bärtigen Männern auf Flößen ins Land der Inkas gekommen sein. Sie wären jedoch, nachdem sie den Ureinwohnern eine hohe Zivilisation gebracht und lange mit ihnen in Frieden gelebt hätten, durch feindliche Eindringlinge vom Hochland an die Küste verdrängt worden, sodass sie schließlich auf großen Flößen nach Westen davongesegelt seien. So mag es verständlich erscheinen, dass die Polynesier ähnliche Geschichten von weißhäutigen Männern mit Bärten und fremdartigen Gesichtszügen erzählen, die einst von Osten her aus einem großen, trockenen Land zu ihren Inseln gesegelt kamen.

Kopelew *Lew Sinowjewitsch* [russ. *Лев Зиновьевич Копелев*], 1912–1997, russischer Schriftsteller und Germanist. Der Sohn jüdischer Eltern lernte zu Hause in Kiew schon früh die deutsche und die jiddische Sprache kennen. So verwundert es nicht, dass er Germanistik studierte und während des Zweiten Weltkriegs hinter der Front als „Instrukteur für Aufklärungsarbeit im Feindesheer« eingesetzt war. Da er beim Einmarsch der Roten Armee in Ostpreußen zahlreiche Gräueltaten gegen die Zivilbevölkerung miterlebte und bisweilen versuchte, diese zu verhindern, wurde er wegen »Propagierung des bürgerlichen Humanismus, Mitleid mit dem Feind und Untergrabung der politisch-moralischen Haltung der Truppe« zu zehn Jahren Haft in einem Straflager verurteilt. Hier lernte er Alexander Solschenizyn kennen, der später in seinem Roman »Der erste Kreis der Hölle« über ihn als *Lev Rubin* schrieb. Ein Jahr nach Stalins Tod kam er frei und durfte als Germanist und Literaturwissenschaftler arbeiten – bis er wegen des Einmarsches in die Tschechoslowakei 1968 erneut Kritik an der sowjetischen Politik äußerte und seinen Glauben an den Kommunismus endgültig verlor. Als er sich 1980 auf Einladung von Heinrich Böll auf eine Studienreise nach Deutschland begab, bürgerte man ihn und seine Frau kurzerhand aus. In seinem Kölner Exil kämpfte Kopelew bis zu seinem Tod unermüdlich für eine Aussöhnung zwischen Russen und Deutschen. 1981 erhielt er den Friedenspreis des deutschen Buchhandels. Außer einer dreibändigen Autobiographie wurde er bekannt durch Werke wie »Russland, ein schwierige Heimat«, »Ein Dichter kam vom Rhein« und »Waffe Wort«. Sein Familienname *Kopelew* basiert auf einer jiddischen Koseform von *Jakob*. Der Vorname *Lew* entspricht unserem *Leo*, zu russ. *lew (лев)*, »Löwe«.

Kopernikus *Nikolaus* (aus der latinisierten Form *Coppernicus*), eigentlich *Nikolaus Koppernigk* oder polnisch *Mikołaj Kopernik* (1473–1543), deutsch-polnischer Astronom, Arzt und Mathematiker. Der umfassend gebildete Gelehrte aus Thorn schuf das »kopernikanische Weltsystem«, nach dem die Erde nicht mehr im Mittelpunkt des Weltalls steht, wie man seit der Antike glaubte, sondern sich wie die anderen Planeten um die Sonne dreht (daher auch »heliozentrisches Weltbild« mit der Sonne als unserem Zentralgestirn). *Kopernikus* ist entweder ein Herkunftsname, der auf den schlesischen Ort *Köppernig* verweist, oder ein Berufsname, der auf apoln. *kopr*, »Kupfer« (mit der Endung *-nik* für den Ausüber eines Berufes, also etwa »Kupferschmied«), beruht oder auf apoln. *koper,* »Dill«, und könnte damit einen Dill-Anbauer oder -Händler bezeichnet haben. → *Dulles*

Korczak *Janusz* (1878–1942), polnischer Kinderarzt, Pädagoge und Schriftsteller. Seinen jüdischen Namen *Henryk Goldszmit* hatte er um die Jahrhundertwende anlässlich eines literarischen Wettbewerbs gegen seinen späteren, unverdächtig klingenden polnischen Namen eingetauscht. Er gründete zwei Waisenhäuser für jüdische Kinder und arbeitete dort als Arzt und Erzieher. Die Titel zweier seiner bekanntesten Bücher, »Wie man ein Kind lieben soll« und »König Hänschen I.«, lassen die Prinzipien seiner Pädagogik ahnen. Als seine Schutzbefohlenen 1944 ins Konzentrationslager Treblinka geschickt wurden, ging der inzwischen weit über die Grenzen Polens bekannte *Janusz Korczak* freiwillig mit ihnen in die Gaskammer, obschon man ihm angeboten hatte, sich zu retten. Sein jiddischer Geburtsname *Goldszmit* bedarf keiner Erklärung. Der angenommene Name *Korczak* bedeutet »kleiner Busch«, zu ukr. *kortsch (корч),* »Busch«, mit dem Verkleinerungssuffix *-ak.* Er könnte jedoch auch auf poln. *korceń,* »Wurzel«, beruhen und dann »Würzelchen« bedeuten.

Kore → *Persephone*

Koronis → *Asklepios*

Kortner *Fritz* (1892–1970) hieß eigentlich *Fritz Kohn.* Der österreichische Schauspieler und Regisseur wurde in den 1930er-Jahren von den Nationalsozialisten wegen seiner jüdischen Herkunft angefeindet (sodass man die Wahl eines Pseudonyms verstehen kann) und ging daher 1933 ins Exil, zunächst nach Wien, dann nach London und New York und 1941 schließlich nach Hollywood. Kurz nach Ende des Zweiten Weltkriegs kehrte er nach Deutschland zurück, erhielt in München und Berlin Film- und Theaterrollen (z. B. »Tod eines Handlungsreisenden«) und führte bald auch Regie (z. B. »Warten auf Godot«). Der Name *Kohn* ist eine deutsche Variante von hebr. *kohen,* »Priester«. In anderen Ländern nahm er auch die Form *Cohn, Cohen* oder, wie in Frankreich, *Cahen* an.

Kossygin *Alexej Nikolajewitsch* [Алексей Николаевич Косыгин], 1904–1980, sowjet-russischer Politiker. Der ehemalige Bürgermeister von Leningrad, der während der Einkesselung durch die deutsche Wehrmacht die Evakuierung von 500 000 Menschen befohlen hatte, wurde 1943 zum Ministerpräsidenten der Russischen Föderativen Sowjetrepublik und zwei Jahre darauf zum stellvertretenden Ministerpräsidenten der UdSSR berufen, ein Amt, das er fast zwei Jahrzehnte lang innehatte. Nach dem Sturz Nikita Chruschtschows trat er dessen Nachfolge als Ministerpräsident an und war neben Generalsekretär Leonid Breschnew der führende Mann der UdSSR. Innenpolitisch konzentrierte sich *Kossygin* auf die Wirtschaftspolitik; außenpolitisch verfolgte er einen Kurs der Entspannung. So handelte er zum Beispiel mit der BRD 1970 den Moskauer Vertrag aus und initiierte die Konferenz für Sicherheit und Zusammenarbeit in Europa (KSZE). Es gelang ihm auch, das Eis zwischen der Sowjetunion und China zu brechen. 1980 gab er aus gesundheitlichen Gründen seine Ämter auf. Der Name *Kossygin* könnte seinen Ursprung haben im russischen Verb *kóssja (косс)*, »schief werden«, auch »anschielen«, zu *kosój (косой)*, »schief, schielend«, und geht damit vielleicht auf einen Spitznamen eines frühen Namensträgers zurück, oder er beruht auf *kosít' (косить)*, »niedermähen, dahinraffen«.

Koštunica *Vojislav* (geb. 1944), serbischer Politiker. Nach einem Volksaufstand löste er im Jahr 2000 Slobodan Milošević als Präsident Jugoslawiens ab und blieb bis 2003 im Amt. Sein Vorname bedeutet »Kriegsheld«, zu sslaw. *voj(ni)-*, »Kriegs-«, und *slava*, »Ruhm«. Seinen Familiennamen könnte man mit »harte Nuss« übersetzen, zu sslaw. *koštun*, »steinharte Walnuss«. Die Endung *-ica* verweist auf einen »Ort«, wo diese Früchte wuchsen und der ursprüngliche Namensträger ansässig war.

Kourotrophos [grch. Κουροτρόφος], »Ernährerin der Kinder«, war ein Beiname der griechischen Göttin Gäa. Sie galt als die Allnährerin, nahm sich auch der Kinder und der aufwachsenden Jugend des Landes an. *Kourotrophos* war allerdings auch ein Beiname der Hekate. → *Pandora* und *Eurysternos*

Kowa *Viktor de* (1904–1973), eigentlich *Viktor Paul Karl Kowalczyk*, deutscher Filmschauspieler (z. B. »Des Teufels General«). Sein Geburtsname, den er gehörig verkürzte und mit einem »adligen« *de* aufmotzte, entspricht dem polnischen Begriff *kowalczyk*, »Schmiedegeselle« (vgl. auch den Namen *Kowalski,* »Sohn des Schmieds«, zu poln. *kowal,* »Schmied«, und der patronymischen Endung *-ski).*

Krenz *Egon* (geb. 1937), ostdeutscher Politiker. Er folgte 1989 Erich Honecker als Staatsratsvorsitzender der DDR, in dessen nur sieben Wochen dauernde Amtszeit die Öffnung der Berliner Mauer fiel. Als sein Nachfolger führte Hans Modrow die DDR bis zu den ersten freien Wahlen 1990. Im Jahr 1997 wurde *Krenz* als Mitverantwortlicher für die Todesschüsse an den Grenzbefestigungen der DDR zu sechseinhalb Jahren Haft verurteilt und 2000 im Gefängnis Plötzensee inhaftiert, 2003 jedoch freigelassen. Der recht treffende Familienname *Krenz* basiert auf mhd. *grenize,* »Grenze«, einem Lehnwort aus dem Slawischen zu gleichbedeutend poln. *granica* und russ. *graníza (граница).*

Kreon [grch. *Κρέων*], der Bruder der *Iokaste,* war ein mythischer König von Theben. Er übergab die Macht an Ödipus, nachdem dieser die Sphinx getötet hatte, nahm sie nach dessen Selbstblendung und dem Tod des Eteokles, des Odysseus' Sohn, jedoch wieder auf. Sein Name, zu grch. *kreíon (κρείων),* bedeutet »Herrscher, Gebieter«.

Kretschmer *Ernst* (1888–1964), deutscher Psychiater. Er erforschte besonders die menschliche Konstitution und stellte eine nach ihm benannte Typengliederung auf. Der Name *Kretschmer* stammt aus dem Slawischen und bezeichnete einen »Schankwirt«, zum gleichbedeutenden mhd. Wort *kretschmar,* entlehnt aus osorb. *korčmar* und poln. *karczmarz,* »Kneipenwirt«.

Krëusa [grch. *Κρείουσα*], d. h. »Herrin«, war die erste Frau des *Äneas* (und Mutter des Ascanius), die er in einem Sturm vor der nordafrikanischen Küste verlor. Danach wurde er der Geliebte der Dido, der er laut Vergil die Geschichte seiner Heimatstadt und ihrer Einnahme und Zerstörung erzählte, bevor er aufbrach, das ihm verheißene Latium zu suchen. Eine weitere *Krëusa,* eine Tochter des Erechtheus von Athen, war die Gattin des Hellen-Sohnes Xuthos. Von Apollon wurde sie Mutter des Ion, und von Xuthos Mutter des Äolus und des Doros. Zudem war *Krëusa* ein Alternativname der Glauke. → *Äneas* und *Glauke*

Kriemhild kennen wir als weibliche Hauptgestalt der Nibelungendichtung, die den jungen Siegfried heiratete und unbedacht dem Hagen

Siegfrieds verwundbare Stelle verriet, sodass dieser ihn auf der Jagd töten konnte. Nachdem sie die Gemahlin des Hunnenkönigs Etzel geworden war, nahm sie fürchterliche Rache an Hagen und dem burgundischen Königsgeschlecht, das während eines rauschenden Festes, zu dem sie ihren Bruder Gunter und sein Gefolge eingeladen hatte, in einer Saalschlacht völlig ausgelöscht wurde. Dem Verräter Hagen schlug sie mit Siegfrieds Schwert eigenhändig das Haupt ab. Ihr Name beruht auf ahd. und anord. *grima*, »Maske, Gespenst« (vgl. *Grimasse*), sowie ahd. *hiltja*, »Kampf«. → *Siegfried*

Krischna, zu aind. *krischna*, »der Schwarze«, heißt ein indischer mythischer Heldenkönig, der als achte Erscheinung des Gottes Vischnu gilt. Möglicherweise bezieht sich der Name auf *Krischnas* Herkunft von Südindien. Sein Körper wird stets dunkel dargestellt und mit einer schwarzen Regenwolke verglichen, die nach der tödlichen Hitze Erleichterung bringt.

Kritias [grch. *Κριτίας*], ein Verwandter des Platon und ein Schüler des Sokrates, war ein aristokratischer Athener Politiker und gewalttätiger Führer der radikalen Gruppe der Dreißig. Sein Name bedeutet »Richter«, zu grch. *krités (κριτής)*, »Schiedsrichter, Deuter« (vgl. *Kritik*).

Kriton [grch. *Κρίτων*] hieß ein reicher Athener und Freund des Sokrates. Bekannt ist er aus dem nach ihm benannten Dialog Platons. Sein Name bedeutet »Auserwählter«, zu grch. *kritós (κριτός)*, »auserwählt, erlesen«.

Kronion [grch. *Κρονίων*], häufiger Beiname der Dichter für Zeus, den Sohn des *Kronos* und der Rhea. (Die römische Entsprechung lautet *Saturnius*.)

Kronos [grch. *Κρόνος*] hieß in der griechischen Mythologie der Sohn der Gäa und des Uranos, den er, von seiner Mutter Erde angestiftet, mit einer Sichel entmannte, da Uranos seine und der Gäa Söhne, die Kyklopen, in den Tartaros geworfen hatte. *Kronos* war der Vater des Zeus (lat. *Saturnus*). Sein Name basiert vielleicht auf grch. *koróne (κορώνη)*, »Krähe« (mit der er zuweilen wie Apollon, dessen heiliger Vogel die Krähe war, abgebildet wurde). Die Griechen lasen den Namen später als *Chronos*, also als »Vater Zeit«, zu grch. *chrónos (χρόνος)*, »Zeit, Dauer, Alter« (vgl. *Chronologie* und *chronisch*).

Krösus [grch. *Κροῖσος*], der letzte König von Lydien (ca. 560–546 v. Chr.), war berühmt wegen seines sagenhaften Reichtums. Ihm war geweissagt worden, dass er ein großes Reich zerstören werde, wenn er den Halysfluss überschreite – was ihm in der Tat gelang, nur hatte er nicht damit gerechnet, dass es sein eigenes Reich sein würde. Nachdem er Kleinasien bis zum Halys unterworfen hatte, wurde er von König Kyros II. vernichtend geschlagen. Sein Name geht zurück auf grch. *kreísson (κρείσσων)*, »stärker, gewaltiger, tapferer«. → *Kreon*

Krupp *Alfred* (1812–1887), deutscher Industrieller. Er baute die von seinem Vater *Friedrich Krupp* (1787–1826) in Essen gegründete Gussstahlfabrik aus zur größten der Welt. Sie wurde berühmt durch die Herstellung von Waffen sowie Achsen und Rädern für Eisenbahnwagons. Er trat aber auch auf sozialem Gebiet hervor durch die Einrichtung von Kranken- und Pensionskassen, Werkswohnungen und einem Krankenhaus. Nach seinem Tod führte sein Sohn *Friedrich Alfred Krupp* (1854–1902) das Unternehmen fort, insbesondere mit der Herstellung von Panzerplatten und der Errichtung eines modernen Hüttenwerks in Rheinhausen. Seine Tochter und Erbin, *Bertha Krupp* (1886–1957), heiratete Gustav von Bohlen und Halbach (1870–1950), der seinen Namen dem Firmennamen hinzufügte. Ihr Sohn, *Alfried Krupp von Bohlen und Halbach* (1907–1967) führte das Unternehmen ab 1943 als Alleininhaber. Nach dem Krieg wurde die Firma unter alliierte Kontrolle gestellt und zum Teil demontiert oder enteignet. In seinem Testament verfügte *Alfried* die Umwandlung des Unternehmens in eine Stiftung, auf die das Konzernvermögen übertragen wurde. Der Name *Krupp* hat eigentlich weniger mit der Montanindustrie zu tun als vielmehr mit der Landwirtschaft, denn er bedeutet »Rindvieh«, zu mhd. *krup*, »Vieh« (vgl. mundartlich *Kroppzeug* für »wertloses Zeug, Gesindel«, von nd. *crop*, »Vieh, Kleinvieh«, zu mnd. *krupen*, »kriechen«).

Kubilai Khan (1215–1294), mongolischer Herrscher. Der Groß-Khan vollendete die Unterwerfung Nordchinas und fügte dem Reich seines Großvaters Dschingis Khan Südchina hinzu. Unter der neuen Yuan-Dynastie (mongl. *yuan* bedeutet »Ursprung des Universums«) begann für das geeinte China eine wirtschaftliche Blütezeit, und seine Handelsbeziehungen reichten bis nach Vorderasien und zum Mittelmeer. Marco Polo verbrachte zwei Jahrzehnte an seinem Hof. *Kubilai Khan* bedeutet »Haupt-Khan«; die Mongolen nannten ihn nach seinem Tod *Setsen-Khan*, »weiser Khan«. → *Marco Polo*

Kundera *Milan* (geb. 1929), tschechischer Schriftsteller. Nach einem Musik- und Literaturstudium begann er Gedichte, Essays und Theaterstücke zu veröffentlichen. Bekannt wurde er durch sein dreibändiges Prosawerk »Das Buch der lächerlichen Liebe«. 1967 erschien sein erster Roman, »Der Scherz«. Wegen seiner aktiven Teilnahme am »Prager Frühling« 1968 entfernte man seine Bücher aus den Büchereien und belegte ihn mit einem Publikationsverbot. Seine letzten in der Heimat verfassten Bücher waren »Das Leben ist anderswo« und »Abschiedswalzer«. 1975 emigrierte er nach Frankreich, wo 1982 sein bekanntestes Buch, »Die unerträgliche Leichtigkeit des Seins«, erschien. Danach entstanden die Romane »Die Unsterblichkeit«, »Die Langsamkeit«, »Die Identität« und »Die Unwissenheit«. Der Name *Kundera* ist aus dem Rufnamen *Konrád* entlehnt, zu ahd. *kuoni*, »kühn, mutig«, und *rat*, »Ratgeber«. *Milan* ist eine Kurzform des slawischen Rufnamens *Miloslaw*, zur Wurzel *mil-*, »gnädig«, und *slava*, »Ruhm, Ehre«.

Küng *Hans* (geb. 1928), schweizerischer katholischer Theologe. Zwischen ihm und der katholischen Kirche gab es häufig Meinungsverschiedenheiten, weswegen ihm die Lehrerlaubnis entzogen wurde. Dabei bescheinigt ihm sein Name von vornherein eine gewisse Überlegenheit, stammt er doch von mhd. *künic* oder der verkürzten Form *künc*, »König«.

Kurei *Ahmad* (auch: *Kurai*, *Qurai* und *Karia*), geb. 1937 in Jerusalem, ist der Regierungschef der Palästinensischen Autonomiegebiete. Er entstammt keiner Flüchtlingsfamilie, sondern kommt aus sehr wohlhabenden Verhältnissen. Seit 1968 hatte er als Mitglied der Fatah-Bewegung eine leitende Stellung im PLO-Hauptquartier in Beirut; nach der Vertreibung der PLO aus Beirut ging Kurei mit Arafat ins Exil nach Tunesien. Nachdem er 1989 ins Zentralkomitee der Fatah gewählt worden war, trat er 1994 wegen Meinungsverschiedenheiten mit Arafat von seinem damaligen Amt als Ressortchef für Wirtschaftsfragen in der palästinensischen Behörde zurück. Er warf Arafat Despotismus und somit Verhinderung jeglicher Entwicklung vor und vereinbarte immer wieder geheime Treffen mit der israelischen Regierung. 1996 wurde er Parlamentspräsident. Der Pragmatiker *Kurei* ist seit 2003 Nachfolger von Achmed Abbas im Amt des palästinensischen Ministerpräsidenten. Sein Name stammt wahrscheinlich von arab. *qarah*, »Wasser«, »rein, klar«.

Kurosawa *Akira* (1910–1998), japanischer Regisseur. Seine Popularität in Europa und den USA beruht vor allem auf seinen Samurai-Filmen sowie auf Werken, die sich mit sozialen Ungerechtigkeiten auseinander setzen. Zu seinen berühmtesten Filmen gehören »Rashomon«, »Die sieben Samurai«, »Zwischen Himmel und Hölle« und »Ran«. Sein Name besteht aus jap. *kurói*, »schwarz«, und *sawá*, »Sumpf«. Der Vorname *Akira* klingt wesentlich positiver, denn er bedeutet »intelligent«.

Kutschma *Leonid* (geb. 1938), ukrainischer Politiker. Von 1992 bis 1993 war er Premierminister, von 1994 bis 2004 Präsident seines Landes. Sein Name bedeutet »Pelzmütze«, ukr. *kutschma (кучма)*.

Kybele [grch. $Kυβέλη$], die »Große Mutter« (Magna Mater), war die phrygische Fruchtbarkeitsgöttin, die von den Menschen mit einem orgiastischen Kult gefeiert wurde, da sie jedes Jahr die Natur zu neuem Leben erwachen ließ. Ihr Name beruht auf grch. *kybeía ($κυβεία$)*, »Würfelspiel«, aber auch »Betrug«. Die Griechen setzten sie mit Rhea, der Mutter des kretischen Zeus, die Römer mit Ops, der Gemahlin des Saturn, gleich. → *Rhea*

Kyklops [grch. $Κύκλωψ$] bedeutet im Griechischen »Rundauge«. Die *Kyklopen* waren eine Rasse von einäugigen Giganten, auf die Odysseus bei seiner Irrfahrt traf. Am besten bekannt ist Polyphem, aus dessen Höhle er mit seinen Gefährten nur entkam, nachdem er den Riesen mit einem Pfahl geblendet hatte. Der Name dieser Giganten bezieht sich auf ihr einziges kreisrundes Auge, das sich mitten auf der Stirn befand, zu grch. *kýklos ($κύκλος$)*, »Kreis, Ring«, und *ops ($ὤψ$)*, »Auge« (vgl. *Zyklus* und *Optik*).

Kyrillos leitet sich her von grch. *kýrios ($κύριος$)*, »Herr, Herrscher«. Der heilige *Kyrillos* und sein Bruder Methodios waren im 9. Jahrhundert die Erfinder des *kyrillischen* Alphabets, das auf der griechischen Sprache basiert, aber einige zusätzliche Schriftzeichen für typisch slawische Laute enthält. Diese Entwicklung war notwendig geworden, um die Bibel und kirchliche Texte auch in slawischer Sprache drucken zu können. → *Kyros*

Kyros (auch: *Cyrus*), apers. *Kurosch*, war der Name und Titel persischer Herrscher, insbesondere *Kyros' II. d. Gr.* (550–530 v. Chr.), der wahrscheinlich schlicht »König« bedeutete. Die gebräuchliche Namensform *Kyros* ist an grch. *kýrios (κύριος)*, »Herr, Gebieter«, angelehnt (vgl. *Kyrie eleison*, »Herr erbarme dich«). → *Kyrillos*

Labdakos [grch. *Λάβδακος*], König von Theben, Sohn des Polydoros und Enkel des Kadmos. *Labdakos* war der Vater des Laïos und der Großvater des Ödipus. Sein Name soll »der Lahme«, »der Hinkende« bedeuten.

Labeo war ein römischer Beiname, z. B. des *Quintus Antistius Labeo*, eines berühmten Juristen der augustcischen Zeit. Der Name leitet sich her von lat. *labeosus*, »mit dicken Lippen«, zu *labium* und *labrum*, »Lippe«.

Laberius hieß eine römische plebejische *gens*. Aus ihr stammte z. B. der Zeitgenosse Caesars *Decius Laberius*, ein römischer Ritter und Mimendichter (ca. 106–43 v. Chr.). Der Gentilname gehört zu lat. *labare*, »schwanken«, »dem Fall nahe sein«, und *labes*, »Sturz«.

Lachesis [grch. *Λάχεσις*], »die Maßnehmende«, nannte man im alten Griechenland eine der drei Moiren (Schicksalsgöttinnen), die den Menschen das Schicksal zuteilte; zu grch. *láchos (λάχος)*, »Teil, Anteil, Los«. → *Klotho*, *Atropos* und *Moiren*

Laclos *Pierre Choderlos de* (1741–1774), französischer Schriftsteller. Sein Hauptwerk »Gefährliche Liebschaften« spiegelt die korrumpierte aristokratische Gesellschaft seiner Zeit. Der Name scheint eine Weiterbildung von Flurnamen wie *lenclos* und *laclos* zu sein, aus frz. *l'enclos*, »das eingezäunte Land«.

Lactantius war der Beiname des berühmten römischen Kirchenschriftstellers *Lucius Caecilius Firmianus Lactantius* aus Nordafrika (gest. 317 n. Chr.), der als *Cicero Christianus*, d. h. als »christlicher Cicero«, bezeichnet wurde. Er schrieb u. a. eine ausführliche Darstellung der Christenverfolgung unter Diokletian sowie mit seinen »Divinae institutiones« eine Gesamtdarstellung des Christentums. Sein Name bedeutet in etwa »Säugling«, zu lat. *lactare*, »Milch saugen«.

Laelius wurde eine römische plebejische *gens* genannt, zu der z. B. *Caius Laelius Sapiens* (geb. ca. 190 v. Chr.) gehörte, ein Freund des jüngeren Scipio Africanus, in dessen Heer er 146 an der Eroberung Karthagos teilnahm, und den Cicero in seinen Schriften »Vom Staat«, »Über das Greisenalter« und »Laelius über die Freundschaft« verherrlichte. Sein Beiname *Sapiens* wies ihn als »Einsichtsvollen«, ja »Weisen« aus (vgl. *Homo sapiens*). Allerdings muss der Namensgeber für dieses Geschlecht ein »linkischer Bursche« gewesen sein, denn lat. *laelius*, eine Variante von *laevus*, bedeutet »linkisch«, »unbeholfen«.

Laërtes [grch. Λαέρτης] war in der griechischen Sage König von Ithaka und Vater des Odysseus, der daher auch *Laërtiades* [grch. Λαερτιάδης], Sohn des *Laërtes*, genannt wurde. Seinen Namen könnte man übersetzen mit »Volksbedränger« wiedergeben, zu grch. *laós (λαός)*, »Volk, Menschen«, und *érgon (ἔργον)*, »Werk«, bzw. *ergázesthai (ἐργάζεσθαι)*, »bearbeiten« (vgl. engl. *to urge*, »drängen, bedrängen«).

La Fayette (auch: *Lafayette*) ist ein geschichtsträchtiger französischer Adelsname mit der Bedeutung »Buchenwäldchen«, aus afrz. *faiet*, »Buche«, zu lat. *fagus*. Der französische Marschall *Gilbert Motier de La Fayette* (ca. 1380–1462) war ein Begleiter der Jungfrau von Orleans und König Karls VII. persönlicher Berater. Aus der gleichen Familie stammte der *Marquis de La Fayette* (1757–1834), der eigentlich *Marie Joseph Yves Roch Gilbert Motier* hieß. Er kämpfte als General 1777 im Amerikanischen Unabhängigkeitskrieg und spielte auch in seiner Heimat eine große Rolle bei der Vorbereitung der Revolution. Er reichte der Nationalversammlung den Entwurf zur Erklärung der Menschenrechte ein und befehligte nach dem Sturm auf die Bastille die Nationalgarde. Außerdem schuf er die Trikolore (»Dreifarbe«), die neue blau-weiß-rote Fahne Frankreichs. Der Familienname *Motier* geht auf die alte Bezeichnung *motier* und *mottier* zurück für jemanden, dem die Instandhaltung des Straßen- und Wegenetzes oblag, zu afrz. *mote* und *motte*, »Damm, Aufschüttung«. (Vielleicht steckt aber auch ein germanischer Rufname hinter *Mutier*, gebildet aus ahd. *muot*, »Mut, Eifer«, und *heri*, »Heer«.) Marie-Madeleine Pioche de la Vergne, Comtesse de La Fayette (1634–1693) war eine französische Schriftstellerin, deren bekanntestes Werk »La Princess de Clèves« oft als erster psychologischer Roman der französischen Literatur bezeichnet wird. Ihren Namen *Pioche de la Vergne* könnte man etwa mit »Erlenhacke« übersetzen, zu frz. *pioche*, »Hacke, Haue«, und gall. *vernos*, »Erle«.

Lafontaine ist in Frankreich ein Allerweltsname mit der Bedeutung »die Quelle«. Die Wohnstättenbezeichnung ist als alter Hugenottenname seit dem 17. Jahrhundert auch in Deutschland anzutreffen (von frz. *la fontaine*, »die Quelle«, zu lat. *fons*, *fontis*, »Quelle, Ursprung, Anfang«). Der berühmte französische Dichter Jean de Lafontaine (1621–1695) saß sozusagen an der richtigen Quelle, denn er fand für seinen aufwändigen Lebensstil hoch gestellte Gönner und erhielt, nachdem er auch beim Hof zugelassen war, sogar ein Adelsprädikat. Seinen Weltruhm begründete der Dichter als Verfasser von Fabeln, die von 1669 bis 1694 in zwölf Bänden veröffentlicht wurden. Der deutsche Politiker *Oskar Lafontaine* (geb. 1943) war Oberbürgermeister von Saarbrücken gewesen, bevor er 1985 zum Ministerpräsidenten des Saarlands gewählt wurde. 1990 nominierte ihn die SPD zum Kanzlerkandidaten, er hatte jedoch gegen Helmut Kohl, den »Kanzler der Wiedervereinigung«, keine Chance. Unter seinem Vorsitz, aber mit Gerhard Schröder als Kanzlerkandidat, gewann die SPD 1998 die Bundestagswahlen, und Lafontaine erhielt den Posten des Finanzministers. 1999 zog er sich aus allen Ämtern zurück, 2005 trat er aus der SPD aus und ließ sich zum Spitzenkandidaten einer neuen Linkspartei wählen, die sich aus der WASG (Wahlalternative Arbeit und Soziale Gerechtigkeit) und der PDS (Partei des Demokratischen Sozialismus) gebildet hatte.

Lagerkvist *Pär Fabian* (1891–1974), schwedischer Schriftsteller. Der offensichtlich von dem Bösen Besessene hatte 1916 seinen ersten Erfolg mit dem Gedichtband »Angst«. Weitere bekannte Werke sind »Schlimme Geschichten«, »Der Henker«, »Der Zwerg«, »Barabbas«, »Sibylle«, »Das heilige Land« sowie »Herodes und Mariamne«. Der

Name des Dichters, der 1951 mit dem Literaturnobelpreis geehrt wurde, setzt sich zusammen aus schwed. *lager,* »Lorbeer«, und *kvist,* »Zweig« – kein schlechter Name für einen Poeten. → *Laurel, Lawrence*

Lagerlöf *Selma* (1858–1940), schwedische Schriftstellerin, berühmt durch ihr Erstlingswerk »Gösta Berlings Saga«. In Deutschland kennt man sie besonders durch den Roman »Wunderbare Reise des kleinen Nils Holgersson« und andere märchenhafte Erzählungen. Sie erhielt 1909 den Nobelpreis für Literatur und wurde 1914 als erste Frau in die Schwedische Akademie aufgenommen. Ihr Name bedeutet »Lorbeerblatt«, zu schwed. *lager,* »Lorbeer«, und *löv,* »Blatt, Laub« – nomen est omen. → *Laurel, Lawrence*

Laïos [grch. *Λάϊος*], der spätere König von Theben, war beim Tod seines Vaters Labdakos erst ein Jahr alt, sodass sein Großonkel Lykos zunächst für ihn regieren musste. Nach seiner Thronbesteigung heiratete er Iokaste, die Tochter des Menoikos. Als das Delphische Orakel ihm verkündete, ein mit Iokaste gezeugtes Kind werde einst sein Mörder sein, setzte er den Jungen, den Iokaste ihm gebar, auf dem Berg Kithairon aus. Zuvor hatte er ihm seine Füße mit einem Nagel durchbohrt und zusammengebunden. Ein Schäfer fand den Kleinen, nannte ihn Ödipus (»Schwellfuß«) und zog ihn auf. Wie das Orakel vorhergesagt hatte, tötete Ödipus bei der Rückkehr nach Theben seinen Vater, ohne ihn zu erkennen, und heiratete unwissentlich seine Mutter Iokaste. Der Name *Laïos* bedeutet »der Schwache«, »der Behinderte«, zu grch. *laiós (λαιός),* »links, linkisch«, wohl aus einer indoeuropäischen Wurzel *laiuo-,* »krumm, verdreht«.

Lakschmi heißt die brahmanisch-hinduistische Göttin der Schönheit und Liebe, aber auch des Glücks und des Reichtums, zu skr. *lákschmi,* »Glück, Pracht«. Ihr Beiname war *Indira,* »die Schönheit«. Wie Aphrodite wurde sie aus Schaum geboren.

Lamb *Charles* (1775–1834), englischer Dramatiker und Essayist. Als junger Mann verfasste er hauptsächlich geistreiche Essays über die elisabethanischen Dramatiker. Zusammen mit seiner Schwester *Mary Lamb* (1764–1847) erzählte er die Dramen Shakespeares für Kinder nach (»Das Shakespeare-Geschichtenbuch«). Der Name *Lamb* hat im

Englischen zwar die Bedeutung »Lamm« und könnte so ein Spitzname für einen sanftmütigen Menschen gewesen sein; wahrscheinlicher ist jedoch die Herleitung vom alten Rufnamen *Lambert*, zu ahd. *lant*, »Land«, und *beraht*, »glänzend«.

Lamia [grch. Λαμία] war der Name einer mythischen libyschen Königin, die sich wiederholt von Zeus verführen ließ. Aus dieser Beziehung stammten etliche Kinder, die von der eifersüchtigen Hera allerdings alle, bis auf Skylla, umgebracht wurden. *Lamias* Rache bestand darin, dass sie sich ihrerseits zu einer gierigen, grausamen Kindestöterin mit abschreckendem Gesicht entwickelte. Ihr Name wird von grch. *laimós (λαιμός)*, »Kehle, Gurgel, Schlund«, hergeleitet sein. *Lamia* war indes auch ein römischer Beiname in der *gens Aelia*, zu lat. *lamia*, »Vampir«, einem Fremdwort aus dem Griechischen. → *Skylla*

Lancelot war einer der berühmten Ritter der Tafelrunde, später Liebhaber von König Arthurs Frau Guinevere. Obwohl eher keltischer Herkunft (vielleicht aus *Lance ap Lot*, »Lance, König von Lothian«), verbinden die Franzosen den Namen in ihrer Version der Erzählung gern mit *l'ancelle*, zu lat. *ancillus*, »Diener«, oder mit lat. *lancea*, »Lanze«, eine für einen Ritter immerhin recht passende Assoziation.

Lando hieß ein Papst, der 913 vom Adel zum römischen Oberhirten bestimmt wurde; im darauf folgenden Jahr starb er bereits, sodass über sein Pontifikat nichts Wesentliches zu berichten ist. Er stammte aus einem lombardischen Geschlecht, dessen Name ein verkürztes *Orlando* (d. h. *Roland*) darstellt, zu germ. *Hrodnant*, aus *hroth*, »Ruhm«, und *nantha*, »kühn«.

Laodameia [grch. Λαοδάμεια], d. h. »Menschenbändigerin«, war die Frau jenes Protesilaos, der als Erster der Griechen vor Troja fiel. Sie vermisste ihren Gemahl so sehr, dass sie sich eine Wachsstatue von ihm anfertigen ließ, die sie statt seiner im Bett umarmte. Als sie die Nachricht von seinem Tod erhielt, bat sie die Götter, die Statue für kurze Zeit zum Leben zu erwecken, was man ihr auch gewährte; nach dem Liebesakt erstach sie sich selbst; der Name beruht auf *laós (λαός)*, »Volk, Leute, Menschen«, und *damázein (δαμάζειν)*, »zähmen, bändigen, unterwerfen«. → *Protesilaos*

Laokoon [grch. Λαοκόων] ist bekannt als der Apollo-Priester in Troja, der die Verteidiger vor dem hölzernen Pferd der Griechen warnte, nachdem diese zum Schein mit ihren Schiffen die Küste verlassen hatten. Als die Trojaner beschlossen, dem Poseidon ein Opfer darzubringen, ging Laokoon mit seinen Söhnen zum Strand. Dort tauchten zwei gewaltige Schlangen aus dem Meer auf, die ihn und seine Kinder töteten, um darauf zum Tempel der Athena zu kriechen. Die Trojaner empfanden dieses Ereignis nicht als Vorzeichen für den nahenden Untergang ihrer Stadt, sondern als Hinweis dafür, dass sie das hölzerne Pferd in die Stadt ziehen sollten. (Eine beeindruckende antike Darstellung des mit den Seeschlangen kämpfenden Laokoon aus dem 1. Jahrhundert v. Chr. wurde übrigens 1506 in Rom aufgefunden.) Der Name *Laokoon* geht auf grch. *laós (λαός)*, »Volk«, und *koinós (κοινός)*, »allgemein, öffentlich«, zurück und bezeichnete dann vielleicht einen »allgemein Bekannten«, einen »Menschen aus dem Volk«.

Laomedon [grch. Λαομέδων], der Vater des Priamos, war ein mythischer König von Troja, dessen Stadt einst ein Meeresungeheuer heimgesucht hatte, das Herakles jedoch besiegen konnte. Als Laomedon den vereinbarten Lohn für diese Tat verweigerte, nahm Herakles die Stadt ein und tötete den *Laomedon*; nur Priamos überlebte das Blutbad und baute die Stadt wieder auf. Der Name *Laomedon* ist gebildete aus grch. *laós (λαός)*, »Volk«, und *médon (μέδων)*, »Herrscher«, »Berater«.

Lao-tse (604–517 v. Chr.), ein älterer Zeitgenosse des Konfuzius, gilt als mythischer Begründer des Taoismus (auch: Daoismus). Sein höchstes Ziel bestand darin, Unsterblichkeit zu erlangen. Möglicherweise war *Lao-tse* nur eine Sagengestalt. Als angeblicher Sohn der jungfräulichen Göttin Yü-niu brachte man auch ihm seit dem 2. Jahrhundert v. Chr. göttliche Verehrung entgegen. Von ihm und Konfuzius wird übrigens gesagt, dass sie, wie andere berühmte Männer (z. B. Isaak, Shankara, in gewissen Sinn auch Jesus), Söhne von Greisen waren und auf wundersame Weise auf die Welt kamen. Der Name *Lao-tse* bedeutet »Meister Lao« (wörtlich: »alter Meister«), gebildet aus chin. *lao*, »Greis«, und der Endung *tse*, »Lehrer, Weiser«.

Laren (lat. *Lares*) waren im alten Rom die in den Kreis der Götter aufgenommen wohl meinenden Geister der Verstorbenen und damit die

Schutzgötter des Hauses. Zu ihnen gehörten auch die sagenhaften Stadtgründer Romulus und Remus sowie deren Ziehmutter *Acca Larentia*, von deren Namen letztlich die Bezeichnung dieser Hausgötter stammt (davon auch lat. *lar, laris*, »Wohnsitz, Herd«). Man bewahrte wächserne oder hölzerne Abbilder der *Laren* in der Nähe des Herdfeuers auf und brachte ihnen an hohen Feiertagen der Familie Opfer dar. Obschon sie die Bewohner des Hauses auch auf Reisen beschützten – so gab es auch *Lares compitales*, Schutzgötter der Scheidewege (zu lat. *compitum*, »Kreuzung, Scheideweg«) –, waren sie in der Regel so fest an ein bestimmtes Haus gebunden, dass sie selbst beim Wegzug der Familie dort wohnen blieben. Zusätzlich gab es *Laren* ganzer Familien und Städte, ja sogar des Staates. → *Lemuren, Manen* und *Penaten*

La Rochefoucauld *François, Duc de* (1613–1680), französischer Schriftsteller. Als Offizier nahm er an den Verschwörungen gegen Richelieu und 1648 als militärischer Führer an der Fronde teil. Nach seiner Aussöhnung mit dem Hof 1653 zog er sich auf seine Güter zurück und schrieb ein Jahrzehnt lang an seinen Memoiren. Mit seinem Hauptwerk, »Réflexions ou Sentences et Maximes morales« schuf er mit demaskierender Treffsicherheit den Aphorismus französischer Prägung. Der Name des alten Adelsgeschlechts geht auf einen gewissen *Fulcaud* (auch: *Fulchaldus de Rocha*) zurück, der Anfang des 11. Jahrhunderts Burg und Ort *La Rochefoucauld* in der südwestfranzösischen Charente gründete. Der Namensbestandteil *La Roche* bedeutet »der Felsen« (auf dem die Burg errichtet wurde), während *Foucauld* auf dem germanischen Rufnamen *Folkwald* und *Volkwald* basiert, zu ahd. *folc*, »Volk«, und *waltan*, »walten, herrschen«. → *Foucault*

Larven (lat. *Larvae*) war neben Lemuren eine Bezeichnung der bösen Geister im alten Rom, zu lat. *larua* oder *larva*, »Gespenst«, »böser Geist eines Verstorbenen« (vgl. *Larve*). → *Lemuren* und *Manen*

La Salle *René Robert Cavalier Sieur de* (1643–1687), französischer Seefahrer. Er durchquerte Kanada auf der Suche nach einer westlichen Durchfahrt und entdeckte 1666 die Großen Seen. Später gelangte er vom Ohio zum Mississippi, befuhr ihn bis zur Mündung und nahm 1682 das Land unter dem Namen Louisiana (nach seinem König Ludwig XIV.) für die französische Krone in Besitz. Der in der Picardie und im Südwesten Frankreichs häufig anzutreffende Name (auch in der Variante *Lasalle*) bezeichnete ursprünglich den Bewohner eines Saals, d. h. eines Herrenhauses oder befestigten Wohnsitzes (zu ahd. *sal*, »Haus, Saal«).

Lasker-Schüler *Else* (1869–1945), deutsch-jüdische Dichterin. In ihrer Poesie verband sie Traum und Wirklichkeit, Mythos und Altes Testament, Orientalisches und moderne Daseinsproblematik. Sie war zweimal verheiratet, behielt aber zu ihrem Mädchennamen *Schüler* den Namen ihres ersten Mannes, *Emanuel Lasker* (1868–1941), eines deutschen Schachweltmeisters. *Else Lasker-Schüler* emigrierte 1933 in die Schweiz und später nach Jerusalem, wo sie kurz vor Ende des Zweiten Weltkriegs verarmt starb und auf dem Ölberg begraben wurde. Zu ihren bekannten lyrischen Werken gehören »Styx«, »Meine Wunder«, »Hebräische Balladen« und »Mein blaues Klavier« sowie die Dramen »Die Wupper« und »Arthur Anonymus und seine Väter«. Daneben schrieb sie Prosawerke wie »Die Nächte von Bagdad«, »Mein Herz« (ein Briefroman), »Der Prinz von Theben«, »Der Wunderrabbiner von Barcelona« und »Das Hebräerland«. Der Herkunftsname *Lasker* bezieht sich auf die zentralpolnische Stadt *Łask* oder das Örtchen *Laski* westlich von Warschau. Beiden Ortsnamen liegt poln. *lasek*, »Wäldchen«, zu Grunde (zu *las*, »Wald, Gehölz«; vgl. *laska*, »Spazierstock, Rohrstock«).

Lassalle *Ferdinand* (1825–1864), Gründer der sozialdemokratischen Bewegung in Deutschland. Der radikale Demokrat arbeitete an der von Karl Marx herausgegebenen »Neuen Rheinischen Zeitung« mit, forderte statt des alten preußischen Dreiklassenwahlrechts die Einführung des allgemeinen und gleichen Wahlrechts und befürwortete die Umgestaltung des Staats zu einem Sozialstaat. 1863 wurde *Lassalle* Präsident des »Allgemeinen Deutschen Arbeitervereins«, der ersten Parteibildung der sozialdemokratischen Bewegung in Deutschland, von der Marx sich allerdings distanzierte. Der Arbeiterverein ging 1875 in der einige Jahre zuvor von Bebel und Liebknecht gegründeten marxistischen Arbeiterpartei auf. Die französische Schreibweise seines Namens hatte Lassalle erst 1846 nach einem Treffen mit dem Sozialisten Louis Blanc in Paris angenommen. Eigentlich hieß er nach seinem Vater, einem jüdischen Kaufmann in Breslau, *Lassal* – ein aschkenasischer Name, der auf eine Herkunft aus der oberschlesischen Stadt *Losslau* verweist.

Latimer *Hugh* (ca. 1490–1555), englischer Reformator. Der katholische Geistliche lehnte zunächst die Reformation ab, wurde nach einigen Jahren jedoch von ihr angezogen. 1535 stieg er zum Ratgeber Heinrichs VIII. auf und stand unter dessen Sohn Edward VI. mit Cranmer und Ridley an der Spitze der Protestanten. Mit Ridley wurde er unter Maria der Katholischen (auch *Bloody Mary,* »die Blutige«, genannt) auf dem Scheiterhaufen verbrannt. Die Bedeutung des Namens *Latimer* erschließt sich, wenn man die alten Formen betrachtet: *Latinarius*, auch *Latinarius interpres* (1066), *Latinus* und *Latimarus* (1086), *Latimier* und *Latimer* (1163), *Latoner* und *Latomer* (1485). Der Berufsname geht offensichtlich auf afrz. *latinier* und *latimier,* »Übersetzer, Dolmetscher«, zurück (wörtlich: »Sprecher des Lateinischen«) und bezeichnete einst jemanden, der Berichte auf Lateinisch verfasste, der offiziellen Sprache für Dokumente.

Latinus hieß ein mythischer König von Alba Longa in der Landschaft *Latium* in Mittelitalien (heute: *Lazio*), deren Bewohner *Latini* hießen. *Äneas* heiratete des Königs Tochter Lavinia, da er seine erste Frau Krëusa auf der Flucht von Troja verloren hatte. → *Äneas* und *Krëusa*

Lauder *Estée* (1906–2004), amerikanische Kosmetik-Unternehmerin ungarisch-jüdischer Herkunft. Sie wurde als *Josephine Eszter Mentzer* in New York geboren. Angeregt durch die Arbeit ihres Onkels John Shotz (wohl jiddisch für »Schatz«), eines Chemikers aus Ungarn, mischte sie nach seinem Rezept Schönheitssalben zusammen. 1930 heiratete sie Joseph Lauter, einen Sohn galizischer Einwanderer, änderte 1939 ihren Namen in *Lauder* und gründete zusammen mit ihrem Mann das Unternehmen *Estée Lauder*. Sie starb als vielfache Milliardärin. Bei ihrem Geburtsnamen *Mentzer* kann es sich um einen Herkunftsnamen mit der Bedeutung »Mainzer« oder »Minsker« (also aus der weißrussischen Stadt *Minsk*) handeln. Ihr hebräischer Vorname *Esther* (ungar. *Eszter*), den sie zu *Estée* verschleierte, bedeutet »junge Frau« und »Stern«.

Laughton *Charles* (1899–1962), amerikanischer Schauspieler und Regisseur britischer Herkunft. 1928 war er in dem Stück »Alibi« von Agatha Christie der erste Schauspieler in der Rolle des Detektivs Hercule Poirot, und 1939 lieferte er in »Der Glöckner von Notre Dame« die überzeugendste Darstellung des Quasimodo. Unvergessen ist er auch als Captain Bligh in der »Meuterei auf der Bounty«, als Titelheld in den Filmen „Ich Claudius, Kaiser und Gott«, »Der Geist von Canterville«, »Das Leben des Galilei« und als Herodes in »Salome«. Sein Name ist der des kleinen Ortes *Laughton* im südenglischen East-Sussex, der im Laufe der Geschichte *Lacton, Leghton* und *Leighton* hieß, zu aengl. *leac*, »Lauch, Porree« (engl. *leek*), und *tun*, »Farm, Ansiedlung« (vgl. *town*). Der Name dürfte eine Berufsbezeichnung gewesen sein für einen Lauchanbauer oder -händler.

Laurel *Stan* (1890–1965), eigentlich *Arthur Stanley Jefferson*, amerikanischer (in England geborener) Komiker. Seit 1926 spielte er zusammen mit Oliver Hardy (als Pärchen »Dick und Doof«) in Hunderten von Slapstick-Filmen. Sein Name klingt, als habe er seinen Ruhm vorausgeahnt, denn *Laurel* bedeutet im Englischen »Lorbeer«. Sein Geburtsname *Jefferson* (»Sohn des Geoffrey«) ist die englische Form von *Gottfried*. Sein Vorname *Arthur*, wohl zu kelt. *art*, »Bär«, ist auf ewig verbunden mit dem legendären König *Arthur* oder *Artus*, der um 500 die Kelten gegen die Sachsen führte. Sein Mittelname *Stanley* kommt von aengl. *stan*, »Stein«, und *leah*, »Lichtung«.

Laurentius hieß ein Gegenpapst der byzantinischen Partei (498 und 501–506) gegen den rechtmäßig gewählten Symmachus. Er wurde nur vom Senat zum Papst bestimmt, während Volk und Klerus den Symmachus gewählt hatten, den schließlich auch König Theoderich in seinem Amt bestätigte. *Laurentius'* Anhänger wehrten sich gegen dieses Urteil und besetzten gewaltsam viele Kirchen in Rom, sodass Symmachus Asyl in St. Peter suchen musste. Um die blutigen Kämpfe zu beenden, die 501 erneut ausgebrochen waren, tolerierte Theoderich den *Laurentius* bis zu seinem Tod 506 als Bischof von Rom. Der Name bedeutet »Mann aus Laurentum« (hier soll Äneas von Troja kommend gelandet sein), wird aber gern an lat. *laurea*, »Lorbeerkranz«, angelehnt. → *Symmachus*

La Valette *Jean Parisot de* (1494–1568), Großmeister des Malteserordens und Verteidiger Maltas gegen die Türken. Nach ihm wurde die Inselhauptstadt *Valetta* benannt. Der Name *La Valette* bedeutet »kleines Tal«, zu frz. *vallée*, »Tal«. Bei *Parisot* handelt es sich um eine Verkleinerungsform von *Paris* (entweder zu lat. *Patricius*, »der Vornehme«, oder zum Namen *Paris* in der griechischen Mythologie, wahrscheinlich aber nicht zum Namen der französischen Hauptstadt).

Laverna war ursprünglich eine altrömische Unterweltsgöttin gewesen, bevor sie sich zur Schutzgöttin der Diebe und Landstreicher mauserte – ein Zusammenhang, der in gewissem Sinne einleuchtet. Ihr aufschlussreicher Name basiert auf der Doppelbedeutung des lateinischen Verbs *labi*, »hinabgleiten, entschwinden«, und »ausgleiten, straucheln« (vgl. *Lava*).

Lavi *Daliah* (geb. 1942), eigentlich *Dalia Levenbuch* (*Lewinbuk*), israelische Schlagersängerin, die in zahlreichen Hollywood-Filmen mitspielte. Ihr Künstlername klingt wie eine Übersetzung ihres ursprünglich deutsch-jüdischen Familiennamens ins Hebräische (ihre Eltern, eine Berlinerin und ein Russe, waren aus Deutschland geflohen und hatten sich in Haifa niedergelassen), zu hebr. *lavi*, »Löwe«. Ihrem Geburtsnamen könnte das Wort »Löwe« zu Grunde liegen (wie die Sängerin offenbar vermutete), wahrscheinlicher ist jedoch eine Ableitung vom jüdischen Namen *Levi* (nach dem Jakobs-Sohn *Levi*; vgl. Leviten) und »Buch« oder »Buche«.

Lavinia war die Tochter des *Latinus* und die zweite Ehefrau des Äneas. Ihr zu Ehren wurde *Lavinium* von Äneas gegründet, eine Stadt in *Latium* südlich von Rom (zu lat. *latus*, »weit, breit«, wohl bezogen auf das weite Tal des unteren Tiber; heute Teil der größeren Region *Lazio*; vgl. *Latein*). Wahrscheinlich beruht der Name *Lavinia* auf lat. *lavi*, »waschen, benetzen, begießen«.

Lawrence ist ein recht verbreiteter, unserem Rufnamen *Lorenz* entsprechender englischer Familienname, entlehnt von dem lateinischen Herkunftsnamen *Laurentius*, »Mann aus Laurentum« (einer altrömischen Stadt südwestlich von Rom), zu lat. *laurea*, »Lorbeerkranz, Lorbeerzweig«. Einer der bekanntesten Namensträger war der legendäre *Lawrence of Arabia*, eigentlich *Thomas Edward Lawrence* (1888–1935), ein englischer Archäologe, Sprachforscher, Schriftsteller, Diplomat und Soldat, der als politischer Agent Großbritanniens und als Vertrauter König Feisals I. den arabischen Aufstand und Freiheitskampf gegen die Türken organisierte. Nach seiner Teilnahme an der Pariser Friedenskonferenz (1919), von der er tief enttäuscht zurückkehrte, lehnte er die britische Orientpolitik immer mehr ab und zog es vor, als einfacher Soldat in Indien zu dienen, und zwar unter den Namen *Ross* und *Shaw* – nach seinem Leben in der Wüste recht passende Namen für seine neue, tropische Umgebung: *Ross* von schott. *ros*, »Sumpfland«, und *Shaw*, von aengl. *sceaga*, »Gebüsch, Dickicht«. Ein zweiter berühmter Engländer dieses Namens war der Schriftsteller *D. H.* (für *David Herbert*) *Lawrence* (1885–1930). Neben Romanen schrieb er Gedichte, Essays und Theaterstücke. Eines der wichtigsten Themen war für den Autor die Beziehung zwischen den Geschlechtern. (Er selbst hatte sich in die Frau seines ehemaligen Lehrers verliebt und diese später geheiratet.) So waren die oft autobiographischen Werke mit einem starken Bezug zur Erotik und Sexualität zu seinen Lebzeiten recht umstritten. Die Romane »Söhne und Liebhaber«, »Liebende Frauen« und »Lady Chatterley und ihr Liebhaber« erreichten auch in Deutschland einen hohen Bekanntheitsgrad. → *Laurel*, *Lagerlöf* und *Lagerkvist*

Lazarus entstand über die griechische Namensform *Lazaros* aus hebr. *eleasar*, »El (Gott) ist Helfer« und bedeutet damit sozusagen »Gotthilf«. *Lazarus*, ein Bruder der Maria Magdalena und der Martha, war der Freund Jesu, der ihn vier Tage nach seinem Tod wieder zum Leben erweckte. Die Legende erzählt, dass er später der erste Bischof von Marseille wurde. Im Mittelalter galt er als Schutzpatron der Bettler und Aussätzigen (vgl. *Lazarett*).

Lea bedeutet im Hebräischen »Kuh«, und in der Tat hat sie ihrem Mann Jakob sechs Söhne geschenkt (Ruben, Simeon, Levi, Juda, Issachar, Sebulon), während ihre schönere Schwester Rachel, die andere Frau Jakobs, ihm nur zwei Söhne gebar (Joseph und Benjamin). → *Rachel*

Leakey *Louis Seymour Bazett* (1903–1972), englischer Paläontologe. Er entdeckte, zusammen mit seiner Frau *Mary* (1913–1996), in Kenia zwei Australopithezinen – zu grch. *píthekos (πίθηκος)*, »Affe« –, also eine Übergangsform zwischen Tier und Mensch. Der Name *Leakey* beruht entweder auf dem altenglischen Wort *leac*, für »Lauch, Porree« (engl. *leek*), oder auf anorw. *lækr*, »Bach, Fluss«, und der ebenfalls altnorwegischen Endung *-ey*, „Insel". *Seymour* ist aus anglo-normannisch *Saint Maur*, »Heiliger Maurus«, entstanden (vgl. *Mohr*). *Bazett* dürfte eine Variante von *Bassett* sein, aus afrz. *basset*, »von kleiner Gestalt« oder »von niedriger Herkunft« (vgl. frz. *bas*, »niedrig«).

Leander [grch. *Λείανδρος*] hieß jener Held der griechischen Sage, der den Hellespont (heute: Dardanellen) durchschwamm, um seine Geliebte

Hero zu besuchen, aber eines Nachts bei stürmischem Wetter ertrank. Sein Name bedeutet »Löwenmann« (oder »ein Löwe von Mann«), von grch. *léon (λέων)*, »Löwe«, und *anér, andrós (ἀνήρ, ἀνδρός)*, »Mann«. Die gleiche Herkunft liegt beim Namen der schwedischen Filmschauspielerin und Sängerin *Zarah Leander* (1907–1981) vor, die als *Stina Hedberg* geboren wurde und ihre größten Erfolge in den Dreißigern des vorigen Jahrhunderts erlebte. 1926 hatte sie den Schauspieler Nils Leander geheiratet, von dem sie sich jedoch nach dreijähriger Ehe wieder scheiden ließ; den Namen ihres Mannes hat sie beibehalten. Ihr eigentliches Pseudonym war jedoch *Zarah*, denn in Wirklichkeit war ihr Vorname *Stina*, die Abkürzung von schwedisch *Kristina*.

Leandros *Vicky* [ngrch. *Λεάνδρος*], eigentlich *Vassiliki Papathanassiou* [ngrch. *Βασιλική Παπαθανασίου*], geb. 1952, griechische Schlagersängerin, die mit ihren Eltern 1957 nach Deutschland kam. Ihr Vater *Leandros Papathanassiou*, selbst ein Sänger und Komponist, wurde ihr Manager und Produzent; sie benutzte also den Vornamen ihres Vaters als Künstlernamen, aus grch. *laós (λαός)*, »Volk«, und *andreîos (ἀνδρεῖος)*, »tapfer, männlich«. Ihr Geburtsname verweist auf den heiligen *Athanasios*, den »Unsterblichen«, zu grch. *athanasía (ἀθανασία)*, »Unsterblichkeit«. Ihren ursprünglichen Vornamen *Vassiliki*, der im Griechischen »königliche Hoheit« bedeutet, hat sie also lediglich zu *Vicky* verkürzt.

Leber *Julius* (1891–1945), deutscher SPD-Politiker. Seit 1924 war er Mitglied des Reichstags und trat als Fachmann für Wehrfragen hervor. Die Jahre zwischen 1933 und 1937 verbrachte er im Konzentrationslager; danach schlug er sich als Kohlenhändler durch und beteiligte sich später an den Vorbereitungen zum Attentat auf Hitler. Er wurde bereits zwei Wochen zuvor verhaftet und vom Volksgerichtshof zum Tod verurteilt. *Georg Leber* (geb. 1920) war ebenfalls ein deutscher SPD-Politiker. Der früherer Gewerkschaftsvorsitzende (I.G. Bau, Steine, Erden) wurde 1966 Bundesverkehrsminister; unter Willy Brandt übernahm er zusätzlich das Bundesministerium für das Post- und Fernmeldewesen. 1972 gab er beide Ämter ab und wurde als Nachfolger von Helmut Schmidt Verteidigungsminister. Nach seinem Rücktritt 1978 war *Leber* von 1979 bis 1983 Bundestagsvizepräsident. In früheren Zeiten bezeichnete man mit dem Namen *Leber* häufig einen »Metzger« (zu mhd. *lëber*, »Leber«).

Le Carré *John* (geb. 1931), eigentlich *David John Moore Cornwell*, englischer Schriftsteller, vor allem Autor von Spionageromanen. Weltruhm erlangte er mit dem Buch »Der Spion, der aus der Kälte kam«, aber auch mit den Kriminalgeschichten »Dame, König, As, Spion«, »Die Libelle« und »Single & Single«. Seine Karriere hatte er als Hochschullehrer in Oxford begonnen, die 60er-Jahre des 20. Jahrhunderts verbrachte er dann in Bonn im diplomatischen Dienst – genau genommen als Mitarbeiter des MI5, also des britischen Geheimdienstes. Vielleicht hat der ehemalige Berufsspion bei der Wahl seines Pseudonyms *Le Carré* (»das Quadrat«) an französische Wendungen wie *se garder à carreau*, »auf der Hut sein«, oder *rester sur le carreau*, »auf der Strecke bleiben«, vielleicht aber auch an *la carrière*, »die diplomatische Laufbahn«, gedacht. Sein Geburtsname *Cornwell* hätte eigentlich ebenso gut zu seinem Metier gepasst, handelt es sich doch mit ziemlicher Sicherheit um eine englische Form von frz. *corneille*, »Krähe, Saatkrähe«, ein Spitzname für eine ausgesprochene »Plaudertasche«. (*Moor* von aengl. *mor*, bedeutet natürlich »Sumpf«.)

Leclerc *Jean* (ca. 1587–1633), französischer Maler und Kupferstecher, der einige Jahre in Italien verbrachte und dort mit dem Maler Saraceni arbeitete, sodass ihre Werke schwer auseinander zu halten sind. *Leclerc*, ein geläufiger französischer Name mit den Varianten *Le Clerc*, *Leclercq* und *Leclair*, beruht auf dem lateinischen Wort *clericus*, »Geistlicher« (vgl. *Klerus*), das später auf jeden des Lesens und Schreibens kundigen ehemaligen Klosterschüler ausgeweitet wurde (vgl. engl. *clergy* und *clerk*). *Leclerc* entspricht der niederländischen Form *De Klerk*.

Le Corbusier *Charles-Edouard Jeanneret-Gris* (1887–1965), französisch-schweizerischer Architekt, der weltweit berühmt wurde, zunächst als kubistischer Maler und Zeichner, dann als Architekt. Anfangs baute er Wohnhäuser, in kubisch einfacher Form, um Paris herum, später bekamen seine Bauten eher skulpturelle Formen; am berühmtesten ist seine wie ein Boot geformte Kapelle *Notre-Dame-du-Haut* in Ronchamp. Mit seinem Künstlernamen wollte er sich angeblich abgrenzen von seinem Cousin namens *Corvisier*, aus awall. *corbesier*, zu afrz. *cordouanier*, »Schuster«, und *cordouan*, »Leder aus Cordoba« (vgl. frz. *cordonnier*, »Schuhmacher«). Oder sollte er wegen seines markanten Profils bei der Umbenennung an frz. *le corbeau*, »der

Rabe«, gedacht haben? Sein eigentlicher Name lässt sich in etwa übersetzen mit »Hänschen, der Graue«, aus *Jeanneret,* einer Verkleinerungsform des Kosenamens *Jeannier,* zu *Jean,* »Johannes«. Der Übername *Gris* (zu frz. *gris,* »grau«) bezeichnete wohl eine auffallend grauhaarige Person.

Leda [grch. $\Lambda\acute{\eta}\delta\alpha$] hieß eine mythische Königin Spartas, die von *Zeus* in Form eines Schwanes entführt und geschwängert wurde. Sie gebar die *Klytaimnestra* und zwei Zwillingspaare: *Helena* und *Hermione* sowie *Kastor* und *Pollux.* Der Name *Leda* soll auf ein lykisches Wort für »Frau« zurückgehen, d. h. auf eine Metathese von lyk. *lade,* »Frau«.
→ *Kastor* und *Pollux*

Lee *Bruce Junfan* (1940–1973), amerikanisch-chinesischer Kampfsport-Filmschauspieler (mit einem akademischen Titel in Philosophie). Der Kung-Fu-Meister etlicher in Hongkong und Hollywood gedrehter Filme starb im Alter von nur 33 Jahren wahrscheinlich an einer Überdosis Drogen. Sein kantonesischer Name *Lee* entspricht der Mandarinform *Li* und bedeutet entweder »Pflaume« oder, in seinem Fall allemal passender, »Kraft, Stärke«. Sein Vorname *Junfan,* eigentlich *Zhènfán,* ist die chinesische Wiedergabe des Namens seiner Heimatstadt *San Francisco.* Den englischen Rufnamen *Bruce* verdankte er den Kinderschwestern im Hospital (nach einem normannischen Ort *Brix* oder *Le Brus* in Calvados). → *Li Peng*

Léger *Fernand* (1881–1955), französischer Maler, Graphiker und Keramiker, der sich in Paris den Kubisten anschloss und starke Einflüsse von Picasso und Georges Braque erfuhr. Während des Zweiten Weltkriegs lebte er in den Vereinigten Staaten und kehrte erst 1945 nach Frankreich zurück. Sein Familienname dürfte aus einem alten Spitznamen entstanden sein, zu frz. *léger,* »leicht, leichtsinnig«.

Lehár *Franz (Ferenc),* 1870–1948, österreichischer Komponist ungarischer Herkunft. Er begann seine musikalische Karriere als Militär-Kapellmeister, bevor er sich in Wien, seiner Wahlheimat, fast ausschließlich der Operette widmete. Mit Emerich Kálmán gilt er als Begründer der »silbernen« Wiener Operettenära zwischen dem Ersten und Zweiten Weltkrieg. Zu seinen unvergessenen Werken zählen »Die lustige Witwe«, »Zigeunerliebe«, »Der Graf von Luxemburg«, »Das Land des

Lächelns« und »Der Zarewitsch«. Die Familie stammte väterlicherseits aus Mähren, sodass der Name wohl von tsch. *lehat*, »liegen«, herrührt. (Sein Name könnte jedoch auch jüdischer Herkunft sein und auf hebr. *le har*, »zu dem Berg«, beruhen.)

Leibniz *Gottfried Wilhelm* (1646–1716), deutscher Philosoph und Mathematiker. Am bekanntesten ist das Universalgenie vielleicht wegen der Erfindung der Differential- und Integralrechnung, deren Grundzüge er 1684 und 1686 darlegte. Er korrespondierte mit den führenden Intellektuellen und Herrschern seiner Zeit, um mit ihnen über Mathematik, Naturwissenschaft, Logik, Geschichte, Recht und Theologie zu diskutieren. *Leibniz* ist ein Herkunftsname zum Ortsnamen *Leubnitz* in Sachsen (früher: *Lubenice*, wohl zu slaw. *luby*, »teuer, lieb«).

Leigh *Vivien* (1913–1967), eigentlich *Vivian Mary Hartley*, britische Schauspielerin, die in Darjeeling, Indien, geboren wurde. Ihr Pseudonym klingt wie eine Abkürzung ihres wirklichen Namens. *Leigh* beruht auf aengl. *leah*, »Waldlichtung«, *Hartley* auf den altenglischen Wörtern *heort*, »Hirsch«, und *leah*, »Lichtung«.

Lem *Stanisław* (geb. 1921), polnischer Philosoph und Science-Fiction-Autor. Der Professor für Literatur an der Universität Krakau studierte zunächst Medizin und begann in seiner Freizeit Gedichte zu schreiben. Ab den 1950er-Jahren folgten Romane, in denen er eine utopische Zukunft wissenschaftlich exakt darstellte, aber mit philosophischen und moralischen Fragen der menschlichen Existenz verband. Seine Bücher (z. B. »Der Planet des Todes«, »Gast im Weltraum« und »Die Sterntagebücher des Weltraumfahrers Ijon Tichy«) erreichten hohe Auflagen und wurden in viele Sprachen übersetzt. *Lem* ist eine Ableitung von Rufnamen wie *Lambert* oder *Lambrecht*, zu ahd. *lant*, »Land«, und *beraht*, »glänzend«.

Lemmon *Jack* (1925–2001), amerikanischer Schauspieler. Seine besten Rollen hatte er wohl in »Manche mögen's heiß« und »Irma la Duce«. Trotz der Ähnlichkeit mit dem englischen Wort *lemon* (»Zitrone«, vgl. *Limone*) kommt der Name von der älteren Form *Lovemann*, zu aengl. *leofmann*, »geliebter Mann«, und daraus mengl. *leman* oder *lemman*, »Liebhaber, Geliebter«. *Jack* ist eine Koseform zu *Johannes*.

Lemuren nannten die Römer im Gegensatz zu den Laren alle bösen Geister (zu lat. *lemures*, »Nachtgespenster, Spukgeister«; vgl. die *Lemuren* genannten Halbaffen Madagaskars und Malaysias mit ihrem geisterhaften Aussehen), denen man in jedem Mai ein Fest ausrichtete, um sie zu versöhnen und aus dem Haus zu verbannen. → *Larven* und *Manen*

Lenaios [grch. Ληναῖος], »Gott der Kelter«, war der Beiname des Dionysos, von grch. *lenós (ληνός)*, »Weinkelter«. Zu seinen Ehren wurden jährlich im Januar/Februar die *Lenäen*, ein rauschendes Kelterfest, gefeiert. → *Eubouleus, Dionysos* und *Lyaios*

Lenin (1870–1924), eigentlich *Wladimir Iljitsch Uljanow* [russ. Владимир Ильич Ульнов], russischer Revolutionär, Begründer des Leninismus und der Kommunistischen Partei sowie der Kommunistischen Internationale. Wegen seiner aufrührerischen Ideen und seiner Verbindung zu den russischen Sozialdemokraten wurde er 1897 nach Sibirien verbannt, wo er sich den politischen Decknamen *Lenin* [russ. Ленин] zulegte. Ab 1900 lebte er im Exil in England und der Schweiz, erst 1917 kehrte er in seine Heimat zurück. Zu seinem Namen gibt es unterschiedliche Entstehungsgeschichten. Manche Biographen behaupten, *Lenin* bedeute »der von der Lena« (also vom sibirischen Fluss dieses Namens), während andere überzeugt sind, dass er bei der Wahl des Pseudonyms an sein früheres Kindermädchen *Lena* gedacht habe, denn er soll schon in frühester Jugend auf die Frage, wessen Kind er sei, geantwortet haben: »Lenas!« (was auf Russisch in der Tat *Lenin* heißt). Neben seinem prominenten Tarnnamen benutzte er übrigens noch andere Pseudonyme wie Konstantin Petrowitsch Ivanow, William Frey, B.V. Kuprianow und K. Tulin. Nach *Lenins* Tod wurde ihm zu Ehren seine Heimatstadt Simbirsk nach seinem Geburtsnamen in *Uljanowsk* umbenannt.

Lennon *John Winston* (später: *Ono*), 1940–1980, englischer Musiker. Er war Mitbegründer der Beatles und zusammen mit Paul McCartney einer der erfolgreichsten Komponisten aller Zeiten. Nachdem die beiden 1970 die Beatles aufgelöst hatten, gründete er mit seiner Ehefrau Yoko Ono die »Plastic Ono Band« und produzierte ihre erste gemeinsame Single »Give Peace A Chance«. Wie auch in seinem berühmten „Imagine« waren seine Lieder sehr politisch. Er engagierte sich vor allem für die Bürgerrechte (z. B. »Power To The People, Angela«) und gegen den Krieg. *John Lennon* wurde 1980 von einem geistig Verwirrten in New York erschossen. Wahrscheinlich kommt sein Familienname aus der gälischen Sprache Irlands, in der *leannán* »Liebling, Liebhaber«, aber auch »Bedrängnis« und »Leid« bedeutet.

Lentulus, »der kleine Zähe«, »der Bedächtige«, aber auch »die kleine Linse« (vielleicht mit Anspielung auf die Körperform des Trägers), war ein Beiname in der *gens Cornelia*; es handelt sich um die Verkleinerungsform von lat. *lentus*, »zäh, klebrig, langsam«, bzw. *lens, lentis*, »Linse«.

Lenz *Siegfried* (geb. 1926) ist ein deutscher Schriftsteller, der durch seine Dramen »Zeit der Schuldlosen« und »Die Augenbinde« sowie seine Romane »Die Deutschstunde«, »Heimatmuseum« und »Exerzierplatz«, aber auch seine Erzählungen »So zärtlich war Suleyken« und »Jäger des Spotts« Berühmtheit erlangte. *Lenz* ist entweder ein Herkunftsname (es gibt zahlreiche Orte dieses Namens in Deutschland) oder er beruht auf mhd. *lenz*, »Frühling«. Vielleicht handelt es sich auch um eine Verkürzung des Rufnamens *Lorenz* (von *Laurentius*, »Mann aus Laurentum«, angelehnt an lat. *laurea*, »Lorbeerkranz«).

Leo ist ein typischer Papstname (von lat. *leo*, »der Löwe«). Insgesamt wählten dreizehn Päpste diesen beeindruckenden Namen, z. B. die folgenden, heilig gesprochenen Oberhirten: *Leo I.* (der Große, 440–461), der sich energisch für den Primat des Bischofs von Rom einsetzte, oder *Leo III.* (795–816), der sich nach einem Anschlag auf sein Leben unter den Schutz Karls d. Gr. stellte und diesen 800 zum römischen Kaiser krönte, und *Leo IX.* (1049–1054), ein deutscher Papst aus dem Elsass, der sich einen festen Platz in der Geschichte der Päpste gesichert hat, indem er das so genannte Kardinalskollegium ins Leben rief, die Priesterehe ein für alle Mal verbot und den bislang üblichen Kauf des Bischofsamtes unterband.

Leonardo da Vinci (1452–1519), italienischer Maler, Zeichner, Bildhauer, Architekt, Naturforscher, Techniker, Schriftsteller, Kosmologe und Philosoph. Das Universalgenie der Renaissance schuf in Florenz und Mailand unübertreffliche Kunstwerke wie die »Mona Lisa« und das »Abendmahl«, aber auch Lehrbücher über die Malerei und Ab-

handlungen über Baukunst, Anatomie, Botanik, Optik und Mechanik. Zudem entwarf er kühne Pläne für Hängebrücken, Kriegsmaschinen, Unterseeboote, Flugapparate etc., deren Verwirklichung erst Jahrhunderte später gelang. *Leonardo*, »der Löwenstarke« (zu lat. *leo*, »Löwe«, und ahd. *harti*, »hart«) fügte seinem Namen den seiner Heimatstadt *Vinci* an, die nur wenige Kilometer westlich von Florenz liegt – vielleicht auch, um einer Verwechslung mit *Leonardo Pisano*, also dem »Leonard aus Pisa«, vorzubeugen, der ein berühmter italienischer Mathematiker (ca. 1180–1240) am Hof Kaiser Friedrichs II. war.
→ *Gioconda*

Leonidas [grch. Λεωνίδας], der »Nachfahre von Löwen« (oder: »von Kriegern«), war der König von Sparta, der bei der Verteidigung der Thermopylen gegen Xerxes 480 v. Chr. fiel. Sein Name beruht entweder auf grch. *léon (λέων)*, »Löwe«, oder auf *leós (λεώς)*, und *laós (λαός)*, »Volk, Kriegsvolk«, was in seinem Fall ja fast auf das Gleiche hinauskommt.

Leopold ist ein alter deutscher Vorname, entstanden aus *Liutbald* (zu ahd. *liut*, »Volk, Leute«, und *bald*, »kühn«), den auch etliche Herrscher trugen, z. B. *Leopold I.* (1640–1705), der ab 1658 auf dem Kaiserthron des Heiligen Römischen Reichs saß und in dessen Regierungszeit die Belagerung Wiens durch die Türken fiel, und der Sohn Maria Theresias, *Leopold II.* (1747–1792), dem nur für die letzten drei Jahre seines Lebens die Kaiserwürde beschert war, sowie drei belgische Könige: *Léopold I.* wurde 1830 der erste Herrscher des vom Königreich der Niederlande abgefallenen Belgien, sein Sohn *Léopold II.* (1835–1909) folgte ihm 1865 auf dem Thron und gewann seinem Land die afrikanische Kolonie Kongo hinzu, deren Hauptstadt bis 1966 *Léopoldville* hieß, und *Léopold III.* (1901–1983), der 1940 vor den deutschen Truppen kapitulierte und 1950 den Königstitel an seinen Sohn *Baudouin* abgetreten hatte.

Le Pen *Jean-Marie* (geb. 1928), französischer, aus der Bretagne stammender Politiker. Der ehemalige Freiwillige im Indochinakrieg wurde mit 27 Jahren ins Parlament gewählt, wo er durch Aggressivität und Handgreiflichkeiten auffiel. 1972 gründete er die Nationale Front, eine extrem rechte Partei, die aus ihrer Fremdenfeindlichkeit kein Geheimnis machte und Hitlers Gaskammern als ein Detail der Geschichte des

Zweiten Weltkriegs verharmloste. Nach beachtlichen Wahlerfolgen zwischen 1984 und 1995 schnitt er bei der Präsidentschaftswahl 2002 mit 17 % der Stimmen sogar besser ab als der Sozialist Lionel Jospin. Der Name des Rechtspopulisten stammt vom bretonischen Wort *penn*, »Kopf«, aber auch »Extremität, äußerstes Ende«. Wenngleich mit dieser Bezeichnung ursprünglich sicher eine Ortsbeschreibung gemeint war, bekommt der Name im vorliegenden Fall eine passende übertragene Bedeutung.

Lepidus, »der Hübsche«, vergab man als Beinamen in der *gens Aemilia*; z. B. trug ihn *Marcus Aemilius Lepidus* (gest. 13. v. Chr.), der nach Caesars Tod 43 v. Chr. zusammen mit Oktavian und Antonius das zweite Triumvirat schloss (zu lat. *lepidus*, »nett, niedlich, zierlich«, aber auch »geistreich«).

Lermontow *Michail Jurewitsch* [russ. Михаил Юрьевич Лермонтов], 1814–1841, russischer Schriftsteller der literarischen Romantik. Der Abkömmling eines schottischen Adligen, den es 1613 als Militärberater des Zaren Michael Romanow nach Russland verschlagen hatte, begann schon früh Gedichte und Dramen zu schreiben. Sein gesellschaftskritisches Gedicht »Der Tod des Dichters«, in dem er 1837 das Ableben des Dichtes Puschkin betrauerte und dem Zaren die Schuld daran zuwies, brachte ihm eine einjährige Strafversetzung in den Kaukasus ein. Nach seiner Rückkehr nach St. Petersburg wurde er 1840 wegen eines Duells erneut in den Kaukasus verbannt, wo er den autobiographischen Roman »Ein Held unserer Zeit« verfasste und in einem Zweikampf im Alter von 26 Jahren starb. Der auf die schottische Familie *Lermont* (mit den Varianten *Leirmonth* und *Learmound*) zurückgehende Name enthält wahrscheinlich das schottische Wort *Ler*, »Lar« (altrömischer Schutzgeist), und das englische Wort *mount* für *mountain*, »Berg« – zumindest hat *Lermontow* selbst wohl die Bedeutung seines Namens in diesem Sinn interpretiert, denn er verfasste seine ersten Gedichte unter dem Pseudonym *Wjeter S'gor*, »Bergwind«, zu russ. *wjetr* (*ветер*), »Wind« (vgl. *Wetter*), und *s'gorá* (*с'гора*), »am Berg«. Der Name könnte indes auch auf anord. *leirr*, »Morast, Schmutz«, und *mound*, »Hügel«, beruhen.

Leskow *Nikolaj Semjonowitsch* [russ. Николай Семёнович Лесков], 1831–1895, bedeutender russischer Schriftsteller. Er war zunächst Beamter in Kiew, quittierte dann den Dienst und lernte zehn Jahre lang als Vertreter einer englischen Firma auf seinen Reisen Russland kennen wie kaum ein anderer Dichter. Mit seinen Romanen »Ohne Ausweg« und »Bis aufs Messer« wurde er von den zeitgenössischen liberalen literarischen Kreisen abgelehnt. Durch seine Erzählungen und Novellen, die er ab 1861 veröffentlichte, galt er jedoch bald neben Dostojewski, Tolstoi und Turgenjew als einer der bedeutendsten russischen Prosaautoren. Einige seiner Meistererzählungen sind »Liebe in Bastschuhen«, »Die Lady Macbeth von Mzensk«, »Der versiegelte Engel«, »Der verzauberter Pilger« und »Die Geschichte vom Christen Theodor und seinem Freunde, dem Juden Abraham«. Sein Familienname ist wohl entstanden aus dem Rufnamen *Lesja* und der patronymischen Endung *-kow*, »Sohn des Lesja«, er könnte als Wohnstättenname jedoch auch das ukrainische Wort *les (лес)*, »Löss«, enthalten. Seine Vornamen entsprechen unserem *Nikolaus* und *Simeon* (mit patronymischer Endung *-witsch*, »Sohn von ...«).

Lesseps *Ferdinand Marie Vicomte de* (1805–1894), französischer Diplomat und Verwaltungsbeamter. Als ägyptischer Konsul leitete er nach Verhandlungen mit Kronprinz Saïd (ab 1854 König von Ägypten) den Bau des Suezkanals, der 1869 eingeweiht wurde. Ein ähnliches Vorhaben unter seiner Führung am Isthmus von Panama entwickelte sich zu einem Fehlschlag, da Tausende von Arbeitern dem Klima zum Opfer fielen, und *Lesseps* musste wegen angeblichen Betrugs eine fünfjährige Gefängnisstrafe absitzen. Der Name *Lesseps* ist unklarer Herkunft. Er könnte aus der Bezeichnung für einen Rodungsort entstanden sein (zu lat. *exstirpare*, »entwurzeln, urbar machen«, frz. *extirper*) oder um eine Deformierung des topographischen Namens *Lespès*, der im äußersten Südwesten Frankreichs für einen mit Buschwerk bestandenen Ort benutzt wird.

Lessing *Gotthold Ephraim* (1729–1781), deutscher Dichter und Philosoph. Bekannt wurde er zunächst durch Lustspiele im Stil der Aufklärung (z. B. »Der junge Gelehrte«, »Der Freigeist« und »Die Juden«). 1755 folgten »Miss Sara Sampson«, das erste deutsche bürgerliche Trauerspiel, sowie 1766 »Minna von Barnhelm«, das bis heute als klassisches deutsches Lustspiel gilt, und das Trauerspiel »Emilia Galotti«. Nach dem Tod seiner Frau und seines Sohnes entstand aus seinem Leid und langen geistigen Kämpfen das dramatische Gedicht »Nathan der

Weise«, in dem die tragischen Gegensätze von Nationen, Klassen und Religionen durch das Streben nach Wahrheit und durch die Toleranz überwunden werden. *Lessing* ist entweder eine Ableitung des Namens *Lässig*, zu mhd. *lezzic*, »matt, müde, bequem« (vgl. gleichbedeutend lat. *lassus*), oder es beruht auf der mundartlichen Bezeichnung *Lessig* für einen »Kirschkernbeißer«, einen Vogel, dessen Name aus dem Slawischen entlehnt ist (zu urslaw. *dleskъ*). *Doris Lessing* (geb. 1919) ist eine englische feministische Schriftstellerin, die in Persien geboren wurde und in Rhodesien aufwuchs; erst 1949 siedelte sie nach London über. Viele Jahre gehörte sie der englischen kommunistischen Partei an. Ihre Romane und Erzählungen schildern das Leben der Frau in einer patriarchalisch geordneten Welt (z. B. »Afrikanische Tragödie«, »Das goldene Notizbuch«, »Ein süßer Traum« und »Ein Kind der Liebe«). Anders als im Fall *Gotthold Ephraim Lessings* ist ihr Name eine Ableitung vom englischen Wort *less*, »weniger«, zu mengl. *lesse*, »kleiner, jünger«, und dem Abstammungssuffix *-ing*, »Angehöriger des ...«.

Lethe [grch. *Λήθη*] hieß in der griechischen Sage nicht nur die Göttin des Vergessens im Hades, sondern auch der Fluss, aus dem die Toten beim Eintritt in die Unterwelt tranken und alles Vorherige vergaßen; zu grch. *léthe (λήθη)*, »das Vergessen« (vgl. *Lethargie*).

Leto [grch. *Λητώ*] kennen wir aus der griechischen Mythologie als Titanin und Mutter der Artemis und des Apollon. Beide hatte wieder einmal der ebenso potente wie skrupellose Zeus in die Welt gesetzt, und Hera, seine immer noch eifersüchtige Angetraute, verfolgte *Leto* über die ganze Erde, bis sie Zuflucht auf der Insel Delos fand, wo sie ihre Kinder gebar. Ihr viel sagender Name beruht auf grch. *léthein (λήθειν)*, auch *lanthánein (λανθάνειν)*, »unbemerkt bleiben, verborgen bleiben«. (*Letos* römischer Name war übrigens *Latona*, im südlichen Palästina nannte man die Göttin *Lat*.)

Leukippos [grch. *Λεύκιππος*], ein Philosoph aus Milet (Anfang 5. Jahrhundert), gilt als Lehrer des Demokrit von Abdera und als Begründer der Atomlehre. Sein Name kommt offensichtlich von grch. *leúkippos (λεύκιππος)*, »mit weißen Rossen fahrend«, zu *leukós (λευκός)*, »hell, weiß«, und *híppos (ἵππος)*, »Pferd« (vgl. *Leukämie* und *Philipp*).

Levi bedeutet im Hebräischen sozusagen »Anhänger«; im Alten Testament war er dritter Sohn von Jakob und Lea und Begründer des Priesterstamms der *Leviten*, zu hebr. *levi*, »verbunden«, die den *kohanim*, den Priestern, assistierten (daher der Name *Cohen*). Bei *Levis* Geburt soll seine Mutter Lea laut Genesis (29, 34) ausgerufen haben: »Jetzt wird mein Mann endlich an mir hängen, denn schon drei Söhne habe ich ihm geboren.« Der deutsch-jüdische Emigrant *Levi Strauss* (1830–1902) begann 1850 in Amerika – während des kalifornischen Goldrausches – strapazierfähige Hosen aus Zeltleinwand für die Goldgräber zu produzieren, die noch heute als *Levis Jeans* bekannt sind.
→ *Ruben*, *Simeon*, *Juda* und die anderen Söhne Jakobs

Leviathan war ein grausames Ungeheuer der phönizischen Mythologie. Sein Name bedeutet »gewundenes Tier«. Auch im Alten Testament war *Leviathan* eine das Chaos darstellende Schlange, die von Jahwe unterworfen und später bisweilen mit dem Teufel gleichgesetzt wurde.

Levi Ben Gerschon → *Gersonides*

Lewis *Jerry*, der 1926 geborene Sohn russisch-jüdischer Eltern, hieß eigentlich *Joseph Levitch* – aus russ. *lew (лев)*, »Löwe«, und der patronymischen russischen Endung *-vitch* (auch *-witch*), »Sohn des ...«, oder zum biblischen Priesterstamm *Levi* (vgl. *Leviten*). Der erfolgreiche amerikanische Filmkomiker spielte im Kino der 1970er-Jahre den liebenswerten Tollpatsch vom Dienst. Als junger Mann trat er als Alleinunterhalter in Nachtclubs auf, mit zwanzig Jahren lernte er den italienischen Schnulzensänger Paul Dino Crocetti (alias Dean Martin) kennen und tat sich mit ihm zu einem ungleichen Paar zusammen: *Lewis* spielte den zappeligen Kindskopf, Dean Martin den charmanten Frauenhelden und die Seriosität in Person. Seine unnachahmlichen Slapsticks haben die amerikanische Comedy-Szene entscheidend geprägt. Ein seriöser und ebenso berühmter Namensvetter war der amerikanische Romanschriftsteller *Sinclair Lewis* (1885–1951), dem wir satirische Sittenbilder der spießbürgerlichen Mittelklassegesellschaft seiner Zeit verdanken (z. B. »Die Hauptstraße«, »Babbit« und »Elmer Gantry«). Der Name *Lewis* ist die englische Version von *Ludwig*, entstanden aus der fränkischen Form *Chlodwig*, zu ahd. *hlut*, »laut, berühmt«, und *wig*, »Kampf«.

Liber hieß der altrömische Gott des Weinbaus und der Bodenfruchtbarkeit. An seinem Feiertag, den so genannten *Liberalia* am 17. März, erhielten die Jünglinge ihre *toga virilis* (»Männertoga«). Der Name des Gottes beruht auf lat. *liber*, »frei, freimütig«. Davon abgeleitet ist das Hauptwort *libri*, d. h. »Kinder (der Freien)«.

Libera, die Tochter der Ceres, war eine Schwester (nach anderer Quelle: die Gattin) des Fruchtbarkeitsgottes *Liber*. Sie wurde mit diesem und ihrer Mutter *Ceres* in Rom als Göttertrias verehrt; zu lat. *liber*, »frei, freimütig«.

Liberius nannte sich ein Papst (352–366), dessen Name, »der Freie« (zu lat. *liber*, »frei, ungebunden«), seinem Schicksal widerspricht, denn er wurde wegen einer Auseinandersetzung um die auf dem Konzil zu Nizäa beschlossene Glaubensformel kurzerhand von Kaiser Constantius II. abgesetzt und in die Verbannung geschickt, aus der er erst nach drei Jahren zurückkehren durfte. In Rom aber residierte inzwischen als Gegenpapst *Felix II*. → *Felix*

Libitina war eine altrömische Totengöttin, die die Erfüllung der Begräbnisriten überwachte, zu lat. *libitinarius*, »der Bestatter«, und *libita*, »das Belieben«.

Libo hieß *Lucius Scribonius Libo* mit Beinamen, der auf dem lateinischen Verb *libare* »ein Trankopfer bringen« oder auch »nippen, naschen« fußt.

Licinius war der Name einer plebejischen *gens* etruskischer Herkunft. Zu ihr gehörten z. B. der Staatsmann und bedeutende Redner *Lucius Licinius Crassus* (140–91 v. Chr.) mit dem viel sagenden Beinamen *Crassus*, »der Dicke«, sowie *Marcus Licinius Crassus Dives*, »der Reiche« (115–53 v. Chr.), ein Anhänger Sullas, der den Spartakus besiegte und mit Caesar und Pompejus 60 v. Chr. das erste Triumvirat bildete, wenige Jahre später von den Parthern geschlagen und durch Verrat von ihnen ermordet wurde. Zum gleichen Geschlecht zählten der Feldherr *Lucius Licinius Lucullus Ponticus* (117–57 v. Chr.), zu lat. *Ponticus*, »vom Schwarzen Meer«, der im Bundesgenossenkrieg und im Krieg gegen Mithridates im Osten des Reiches große Reichtümer erwerben und nach seiner Heimkehr in Rom ein glanzvolles und üppiges Leben

führen konnte, bis er im Wahnsinn starb (er soll übrigens den Kirschbaum nach Europa eingeführt haben), und *Lucius Licinius Murena* (»die Muräne«), der 63 v. Chr. Feldherr im Krieg gegen Mithridates gewesen war und den Cicero erfolgreich gegen den Vorwurf der Bestechlichkeit verteidigte. Der Name *Licinius* könnte »der Bieter« bedeuten, zu *liceri,* »in einer Auktion ein Gebot machen, einen Preis ansetzen«.
→ *Lucullus*

Liebermann *Max* (1847–1935), impressionistischer deutscher Maler und Graphiker. Er fand von anfangs dunklen Tönen (in naturalistischen Darstellungen arbeitender Menschen) zu einer lichten Farbigkeit, vor allem in den Bildern, die er auf seinen jährlichen Hollandurlauben malte. Der aus einer wohlhabenden jüdischen Kaufmannsfamilie stammende Künstler trug einen Namen, der wenig überraschend »lieber Mann«, »angenehmer Mensch« bedeutet.

Liebig *Justus Freiherr von* (1803–1873), deutscher Chemiker. Als Begründer der Agrikulturchemie befürwortete er die Mineraldüngung und schuf damit die Voraussetzung für eine ungeahnte Ausweitung der Ernährungsbasis. Sein so deutsch klingender Name stammt aus dem Slawischen, hatte dort allerdings fast den erwarteten Sinn, denn urslaw. *l'jubъ* bedeutet »lieb, angenehm«.

Liebknecht *Wilhelm* (1826–1900), deutscher Politiker. Der Sozialist lebte seit 1850 mit seinem Freund Karl Marx in London. Erst 1862 kehrte er nach Deutschland zurück und wurde neben August Bebel der erste Abgeordnete der Sozialdemokratischen Partei im Reichstag. Sein Sohn *Karl Liebknecht* (1871–1919) saß ab 1912 als Sozialdemokrat im Reichstag. Als heftiger Gegner des deutschen Eintritts in den Ersten Weltkrieg und der Kriegskredite trat er 1916 aus der sozialdemokratischen Reichstagsfraktion aus. Nach einer Anti-Kriegskundgebung wurde er wegen Hochverrats zu zweieinhalb Jahren Zuchthaus verurteilt, 1918 aber begnadigt. Er trat mit Rosa Luxemburg an die Spitze des Spartakusbundes und proklamierte im November 1918 im Berliner Schloss die »Freie Sozialistische Republik«. Rosa Luxemburg und er wurden nach ihrer Festnahme ohne Verfahren von Regierungstruppen erschossen. Der Name bedeutet offenkundig »lieber Knecht«, »angenehmer Diener«.

Lieffen *Karl* (1926–1999), eigentlich *Karel František Lifka*, deutscher Bühnen-, Film- und Fernsehschauspieler böhmischer Herkunft. Seinem eingedeutschten Familiennamen wird das ukrainische Wort *lívka (лівка)*, »der Fang«, zu Grunde liegen.

Ligarius war der römische Gentilname z. B. des *Quintus Ligarius*, eines Parteigängers des Pompejus, der von Cicero erfolgreich verteidigt wurde; zu lat. *ligare*, »binden, anbinden, vereinigen«, »Verträge schließen« (vgl. *Liga*). In der Neuzeit gab es einen lutherischen Theologen namens *Johannes Ligarius* (1529–1596), der in Nordwestdeutschland, aber auch in Belgien und den Niederlanden für die Festigung des Luthertums kämpfte, unter anderem durch ein von ihm zusammengestelltes Gesangbuch und seine Katechismen.

Ligeti *György* (»Georg«), geb. 1923, österreichischer Komponist ungarisch-jüdischer Abkunft. Das wichtigste Stilmerkmal seiner Musik ist die von ihm entwickelte Mikropolyphonie. Nach dem Ungarnaufstand von 1956 verließ er sein Heimatland, arbeitete im Studio für elektronische Musik des WDR in Köln und war von 1973 bis 1989 Professor für Komposition an der Hamburger Musikhochschule. Er erhielt für sein Lebenswerk zahlreiche Preise im In- und Ausland und lebt heute in Hamburg und Wien. Der Familienname *Ligeti* (zu ungar. *liget*, »Hain, Gehölz, Park«) ist ein Wohnstättenname für jemanden, dessen Haus in der Nähe eines Wäldchens gelegen war.

Liliencron *Detlef von* (1844–1909), eigentlich *Friedrich Freiherr von*, deutscher Dichter. Der Sohn eines dänischen Zollbeamten wandte sich nach einer kurzen Militärkarriere, unter anderem auch in den USA, der Schriftstellerei zu. 1883 erschien eine Gedichtsammlung unter dem Titel »Adjutantenritte und andere Gedichte«, gefolgt von »Eine Sommerschlacht«, »Unter flatternden Fahnen« und »Der Heidegänger«. Sein Hauptwerk ist das dem befreundeten Richard Dehmel gewidmete »Poggfred«, in dem er die wichtigsten Themen seiner Lyrik anspricht: das Naturerleben, Träume, Krieg und Mythologie. *Liliencrons* Lyrik, zwischen Naturalismus und Neuromantik angesiedelt, ist eng verwandt mit dem Impressionismus in der Malerei. Der Name der verarmten Adelsfamilie hat eine augenfällige Bedeutung, und tatsächlich zeigt das Wappen derer *von Liliencron* eine silberne Lilie mit einer goldenen Krone (alternativ: ein schwarzes *L* mit einer Krone darauf).

Lilienthal *Otto* (1848–1896), deutscher Ingenieur und Flugpionier. Nach dem Studium des Vogelflugs und der Erkenntnis des Vorteils gewölbter Flügel führte er 1891 den ersten Gleitflug über 25 Meter durch. Danach baute er die verschiedensten Flugzeugtypen, mit denen er über 2000 ähnliche Versuche anstellte. Bei einem solchen Testflug verunglückte er tödlich. Sein Hauptwerk ist »Der Vogelflug als Grundlage der Fliegekunst«. *Lilienthal* ist ein selbst erklärender Herkunftsname zu gleich lautenden Ortsnamen in verschiedenen deutschen Gegenden.

Lilith war eine sumerische Sturmgöttin sowie die Göttin der Nacht, die man als geflügeltes Wesen – halb Schlange, halb Mensch – darstellte. Ihr assyrischer Name *Lilitu* bedeutet »Sturmdämon« und wurde auch als »Nachtwesen« gedeutet (daher war die Eule ihr Symbol). Die Assyrer hatten sie zuvor als geflügelte Dämonin gekannt, die schutzlose Kinder suchte und tötete, um sie für die Sünden ihrer Väter büßen zu lassen. In die hebräische Tradition ging sie indes als erste Frau Adams ein. Zusammen mit ihm war sie aus Dreck und Schlamm geschaffen worden, verließ ihn dann jedoch und wandelte sich zu einer Dämonin.

Lincoln *Abraham* (1809–1865), amerikanischer republikanischer Politiker. Der Sohn einer armen Pionierfamilie arbeitete sich zielstrebig hoch zum Advokaten und zum Kongressabgeordneten, der für die Abschaffung der Sklaverei eintrat. Seine Wahl zum 16. Präsidenten der Vereinigten Staaten im Jahr 1860 war ein Signal für die Abspaltung der Südstaaten und den 1861 beginnenden Sezessionskrieg, in dem es ihm allerdings weniger um die Sklavenbefreiung als um die Einheit der Union ging. Seine Politik einer Versöhnung mit den Südstaaten und deren rascher Wiedereingliederung führte 1864 trotz erbitterter Anfeindungen aus den Reihen der republikanischen Partei zu seiner Wiederwahl. Fünf Tag nach dem Sieg der Nordstaaten in dem blutigen Bürgerkrieg wurde Lincoln im April 1865 von einem fanatischen Südstaatler bei einem Theaterbesuch erschossen. Der Name *Lincoln* verweist auf die Herkunft früher Siedler aus der gleichnamigen englischen Stadt (nach dem alten römischen Legionslager *Lindum colonia*, zu kelt. *lindo*, »Sumpf«).

Lindbergh *Charles* (1902–1974), amerikanischer Flieger. Ihm gelang 1927 die erste Atlantiküberquerung von West nach Ost in einem Eindecker, der berühmten »Spirit of St. Louis«. Er benötigte für seinen

Nonstop-Flug 33,5 Stunden. *Lindbergh*, der Name seiner schwedischen Vorfahren, bedeutet natürlich »Linden-Berg«, zu schwed. *lind*, »Lindenbaum«.

Linde *Carl Paul Gottfried von* (1842–1934), deutscher Ingenieur und Unternehmer. Ihm gelang die Herstellung der ersten Ammoniakkältemaschine mit Kompression. Nachdem er 1879 die nach ihm benannte Eismaschinen-AG gegründet hatte, erfand er 1895 ein Verfahren zur Verflüssigung der Luft und 1902 eine Methode zur Herstellung reinen Sauerstoffs. *Linde* ist ein Wohnstättenname und bezeichnete jemanden, der in der Nähe eines solchen Baumes wohnte (vielleicht neben einer *Dorflinde*).

Lindgren *Astrid* (1907–2002), berühmte schwedische Kinderbuchautorin (z. B. »Ronja Räubertochter« und »Pippi Langstrumpf«). Ihr Name bedeutet »Lindenzweig«, zu schwed. *lind*, »Linde«, und *gren*, »Ast, Zweig«. Gleichen Ursprungs ist der Name der schwedischen Politikerin *Anna Lindh* (1957–2003), die in einem Stockholmer Warenhaus von einem Attentäter erstochen wurde; zum Zeitpunkt ihres Todes war sie schwedische Außenministerin.

Lindsay *Sir David* (ca. 1485–1555), schottischer Staatsmann und Dichter. In seinen kirchlichen und sozialen Satiren war er ein Vorkämpfer der Reformation. Der Herkunftsname *Lindsay* verweist auf das angelsächsische Königreich der *Lindenses*, das um das Römerlager *Lindum colonia* (heute zum Städtenamen *Lincoln* zusammengezogen) entstanden war, zu kelt. *lindon*, »Teich, See, Sumpf«, und aengl. *eg*, „Insel".[15]

Lingen *Theo* (1903–1978), eigentlich *Franz Theodor Schmitz*, deutscher Theater- und Filmschauspieler sowie Regisseur. Sein Künstlername verweist auf *Lingen* an der Ems, die Geburtsstadt seines Vaters (zu mndl. *linge*, »Kanal«); der Geburtsname *Schmitz* klang ihm wohl doch zu banal.

Linné *Carl von* (1707–1778), schwedischer Naturforscher und Schöpfer der noch heute gültigen botanischen Fachsprache. Zeitweilig nannte er

---

[15] *Lindsey* als Teil der Grafschaft Lincolnshire hatte früher in der Tat Inselcharakter, da es von Sumpfland umgeben war. Die »Fens« in den Auen des Flusses Witham sind seit langem trocken gelegt.

sich *Linnaeus Carolus*, da er wie viele seiner gelehrten Kollegen einen latinisierten Namen bevorzugte. Sein Name entstand entweder aus schwed. *linne*, »Wäsche, Leinen« – aufgepeppt mit französisierendem Endakzent – oder aus schwed. *lind*, »Linde«.

Lin Piao (auch: *Lin Biao*), 1907–1971, chinesischer Marschall und Politiker. Seit 1959 Verteidigungsminister, versuchte er Maos Prinzipien in der Armee zu stärken. Auf ihn geht die Herausgabe der so genannten Mao-Bibel zurück, deren unablässige Lektüre er von den Soldaten forderte. Außerdem war er mitverantwortlich für den Ausbruch der Kulturrevolution. 1969 wurde er von Mao Tse-tung zu seinem Nachfolger ernannt. Nach einem angeblichen Attentat auf Mao stürzte er 1971 über der Mongolei ab; es ist bis heute ungeklärt, ob sein Flugzeug verunglückte oder abgeschossen wurde. Sein Familienname *Lin* bedeutet im Chinesischen »Wald«, sein Vorname *Piao* (*Biao*) »Beispiel«.

Linus hieß der zweite Papst der katholischen Kirche (67–76). Er war der Vikar (Vertreter) und Nachfolger des heiligen Petrus und liegt neben diesem in Rom unter dem Petersdom begraben. In der griechischen Sage war *Linos*, der Sohn des Apollon, ein Sänger und der Lehrer des Orpheus und des Herkules gewesen. Der Ursprung seines Namens wird in dem griechischen Wort *línos (λίνος)*, »Klagelied, Trauerweise«, vermutet. Es ist jedoch auch möglich, dass der Name auf lat. *linum*, »Flachs, Leinwand« sowie »Fischernetz«, basiert – was in der Tat eine vernünftige Assoziation zu einem Gefährten des »Menschenfischers« Petrus wäre.

Li Peng (geb. 1928), chinesischer Politiker, der von 1987 bis 1998 Premierminister Chinas war. Der äußerst verbreitete Familienname *Li* bedeutet wörtlich »Pflaume«, kann aber auch für »Stärke« und »schwarz« stehen. Der Vorname *Peng* mag auf kanton. *peng*, »billig«, beruhen oder, wie in den meisten Fällen, auf Standard-Chinesisch *ping*, »Friede«. → *Lee*

Lippe *Jürgen von der* (geb. 1948), eigentlich *Hans-Jürgen Dohrenkamp*, deutscher Entertainer, der seine Karriere 1976 mit der Gruppe »Gebrüder Blattschuss« begann. Sein Künstlername – nach seiner Heimatregion, dem *Lipperland* – ist recht doppelsinnig, riskiert er in seinen TV-Shows doch eine ziemlich kesse *Lippe*. Sein schlichterer Geburtsname bedeutet »Feld am Stadttor«, aus mnd. *dor,* »Tor, Tür«, und *kamp,* »Feld«.

Lippi *Fra Filippo* (1406–1469), italienischer Maler-Mönch. Als Waisenkind in die Obhut der Karmeliter gegeben, wurde er 1425 Mönch dieses Ordens, trat aber drei Jahrzehnte später mit päpstlicher Erlaubnis wieder aus. Er hatte einen Auftrag für eine Serie von Fresken im Dom zu Prato erhalten und sich dort in sein Modell, die Nonne Lucrezia Buti, verliebt, die er später heiratete. Seine Werke, vor allem anmutige Madonnen und realistische Szenen aus dem Leben der Heiligen, zeugen von einer tiefen Religiosität. Sein Sohn *Filippino Lippi* (1457–1504), der bei seinem Vater und bei Botticelli in die Lehre gegangen war, wurde ebenfalls ein berühmter Maler. Der Familienname entstand aus einer Kurzform von *Filippo* (also *Philipp*), sodass Vor- und Nachname sich im Fall beider Maler wiederholen.

Liszt *Franz* (eigentlich: *Ferenc*), 1811–1886, ungarischer Komponist und virtuoser Pianist. Seine ausgedehnten Konzertreisen durch Europa inspirierten ihn zu zahlreichen Klavierkompositionen. Die meiste Zeit seines Lebens verbrachte er in Weimar, wo er herausragende romantische Musikstücke schuf. »Les Preludes« und die »Ungarische Rhapsodie« gehören zu den besten Werken der Musikliteratur. Der Name des großen Komponisten bedeutet im Ungarischen »Mehl« und bezeichnete einst wohl einen Müller. Auf der anderen Seite soll sein Name eigentlich *List* gewesen sein, sodass er in diesem Fall zu mhd. *list,* »Weisheit, Klugheit«, aber auch »Kunst, Zauberkunst« gehört.

Livingstone *David* (1813–1873), schottischer Missionar und Forschungsreisender. 1853 befuhr er den zwei Jahre zuvor entdeckten Sambesi-Fluss im Süden Afrikas und gelangte 1855 zu den Victoriafällen (benannt nach seiner Königin). In den folgenden Jahren erkundete er das Gebiet des Njassa- und des Tanganjikasees, wo 1871 der englische Journalist Henry Morton Stanley auf den als verschollen geltenden *Livingstone* stieß. Der Forscher starb zwei Jahre später in Afrika auf der Suche nach den Quellen des Nils. Der Name *Livingstone* hat nichts mit dem englischen Verb *live,* »leben«, zu schaffen, sondern es handelt sich um einen Herkunftsnamen, der sich auf den gleichnamigen Ort westlich von Edinburgh bezieht. Dieser hieß im 12. Jahrhundert zunächst *Villa Leving* und später *Leiggestun,* »Levings Anwesen«;

der Personenname *Leving* entstand aus altenglisch *leofing*, »Liebling, Geliebter«, zu *leof*, »lieb« (vgl. engl. *love*).

Livius lautete ein römischer Gentilname, zu lat. *livor,* » bleifarben, bläulich«. (Der Erste dieses Geschlechts könnte also mit »blauen Flecken am Körper« geboren worden sein; andererseits bedeutet *livere* »neidisch sein«, sozusagen »blau vor Neid« sein.) Mitglieder dieser edlen Familien waren z. B. der zweimalige Konsul *Marcus Livius Salinator* (ca. 254–200 v. Chr.), »der Salzhersteller«, zu lat. *salinae*, »Salzbergwerk, Saline« (der 207 zusammen mit *Caius Claudius Nero* den Hasdrubal am Metaurus schlug), sowie der Gracchus-Gegner *Marcus Livius Drusus* und des Augustus Gemahlin *Livia Drusilla* (58 v. Chr. bis 29 n. Chr.), ferner der älteste lateinische Dichter *Lucius Livius Andronicus* (gest. 207 v. Chr.), zu grch. *anér, andrós* (ἀνήρ, ἀνδρός), »Mann«, also »der Männliche«, ein gefangener Grieche aus Tarent, der später freigelassen wurde und Homers Odyssee und griechische Tragödien ins Lateinische übersetzte, und natürlich *Titus Livius Patavinus* (59 v. Chr. bis 17 n. Chr.), »Mann aus Patavium«, heute *Padua*, der als größter römischer Historiker gilt und den wir ausnahmsweise am besten unter seinem Geschlechternamen *Livius* kennen.

Llorca → *García*

Lloyd *George David* (1863–1945), britischer Staatsmann. Der Chef der Liberalen Partei war von 1916 bis 1922 Premierminister seines Landes. So entschlossen er während des Weltkriegs die völlige Niederwerfung des Deutschen Reichs gefordert hatte, so gemäßigt war seine Haltung gegenüber dem ehemaligen Feind nach Kriegsende, da er Deutschland vor dem völligen wirtschaftlichen Zusammenbruch und dem Eindringen des Bolschewismus bewahren wollte. Einen großen Erfolg erzielte er 1920 in der Irischen Frage mit dem Abschluss des Vertrages, der den Irischen Freistaat begründete und Nordirland bei Großbritannien beließ. Sein politischer Einfluss als Parteiführer der Liberalen ging mit seinem Eintreten für Hitler ab 1931 zu Ende. Der Name *Lloyd* basiert auf dem walisischen Wort *llwyd*, »grau«. Nach *Edward Lloyd* (gest. 1712), in dessen Londoner Kaffeehaus sich im 17. Jahrhundert die Schiffsausrüster und Seeversicherer trafen, die sich 1687 zu einer Vereinigung zusammenschlossen, ist die *Lloyd's Corporation* benannt, der heute Tausende von Einzelversicherern angehören.

Lloyd-Webber *Andrew* (geb. 1948), englischer Komponist. Der Sprössling einer Musikerfamilie schrieb die Musik zu einigen bekannten Filmen (z. B. »Jesus Christ Superstar« und »Die Akte Odessa«) sowie ein Requiem anlässlich des Todes seines Vaters. Vor allem aber wurde er berühmt durch Musicals wie »Evita«, »Cats«, »Starlight Express«, »Das Phantom der Oper«, »Sunset Boulevard« und »Woman in White«. *Lloyd* ist die englische Schreibweise des walisischen Wortes *llwyd*, »grau«. Der alte Name *Webber* entspricht dem modernen *Weaver*, »Weber«, eine Ableitung des altenglischen Wortes *wefan*, »weben«, und *web(b)*, »Gewebe«.

Locke *John* (1632–1704), englischer Philosoph. Der Vertreter des Empirismus – er bekämpfte Descartes' Lehre von den angeborenen Ideen und ließ als Erfahrungsquelle nur die Sinneswahrnehmung und die Selbstwahrnehmung zu – gilt als Wegbereiter der Aufklärungsphilosophie und des Liberalismus. In seinem Hauptwerk »Die Kunst wohl zu regieren« erklärt er Freiheit, Gleichheit und Unverletzlichkeit von Person und Eigentum zu den höchsten Rechtsgütern. Weitere Werke sind »Ein Brief über Toleranz«, »Versuch über den menschlichen Verstand«, »Gedanken über Erziehung« und »Die Vernünftigkeit des Christentums«. Seinem Namen dürfte das altenglische Wort *loc(c)*, »Haarlocke«, zu Grunde liegen, ein Spitzname für jemanden mit schön gelocktem Haar. Andererseits mag es sich um einen Wohnstättennamen handeln, denn im Altenglischen bedeutete *loc* auch »Gehege«, während *lok* ein »Flusswehr« oder eine bewegliche »Brücke« bezeichnen konnte. Entsprechend finden sich mittelalterliche Namensformen wie *Locc*, *de Lok* und *Atteloke* (»an der Brücke« oder »am Wehr«).

Lodge *David* (geb. 1935), englischer Schriftsteller und Kritiker. Der vielfach Ausgezeichnete schreibt Gedichte, Erzählungen und satirische Romane über das akademische Leben an Universitäten. Der Name *Lodge* kann sich herleiten von mengl. *logge*, »kleiner Kotten« oder »Bauhütte«, die Unterkunft von Steinmetzen und Bauarbeitern (vgl. engl. *lodge*, »Loge der Freimaurer«, und frz. *logis*, »Behausung«).

Lodur (nordisch für »der Lodernde«) hieß der nordische Feuergott und Gott der Fruchtbarkeit. Er erschuf zusammen mit Odin und Hönir die ersten Menschen aus zwei Bäumen (Askr und Embla, zu nord. *ask*, »Esche« und *embla*, »Ulme«). Von Odin bekamen sie den Lebenshauch, Hönir gab ihnen das Gefühl und Lodur verdankten sie ihre Gestalt und Sprache, die Wärme und die leuchtenden Farben.

Loki (praktisch identisch mit *Lodur*) war in der norwegischen Mythologie der Gott des Unglücks und der Zerstörung, ein verschlagener Dämon, der seine Gestalt verändern konnte und zuweilen als Adler, Stute oder Lachs auftrat. Er galt als der listenreiche Helfer der Götter, aber auch als ihr Gegner. Seit der Christianisierung wurde er mit Luzifer gleichgesetzt. Sein Name gehört wohl zu anorw. *lok*, »Ende«, und *ljúka*, »schließen, beendigen« (vgl. *Luke* und engl. *lock*), zumal *Lokis* Streben ganz auf das Weltende und damit das Ende der Macht der Götter gerichtet war. Obendrein wurde sein Name sicherlich dem nordischen Wort *logi* für »Lohe, Feuer« nachempfunden und mit lat. *Lucifer* (gesprochen: *Lukifer*), dem »Feuerträger«, gleichgesetzt. Von *Loki* (und der wilden Angrboda) stammte eine wahre Teufelsbrut: der Fenriswolf, die Seeschlange Jormungand und Hel (die als Geschwister in Jotunheim aufwuchsen) sowie die Trolle und das achtbeinige Pferd Sleipnir.

Lollius lautete der Name einer römischen plebejischen *gens* sabinischen oder samnitischen Ursprungs, die erst sehr spät in der Zeit der römischen Republik auftauchte (vielleicht zu lat. *lolligo*, »Tintenfisch«). Aus ihr stammte z. B. der Konsul und kaiserliche Legat *Marcus Lollius Paullinus* (»der Kleine«), ein Günstling des Augustus, der nach anfänglichen Siegen 16 v. Chr. von den Germanen am Rhein geschlagen wurde und Augustus zu Hilfe rufen musste, woraufhin sich die germanischen Stämme über den Rhein zurückzogen.

Lollobrigida *Gina* (*Luigina*), geb. 1927, italienische Schauspielerin. Einige ihrer großen Filme waren »Fanfan der Husar«, »Die Schönen der Nacht«, »Liebe, Brot und Eifersucht«, »Trapez« und »Ein heißer November«. Der Name könnte zusammengesetzt sein aus ital. *lolla*, »Spreu«, und aital. *brigiare*, »brechen«, und früher etwa den Sinn »Drescher«, »Dreschflegel« gehabt haben. Vielleicht ist jedoch der Name der heiligen *Brigida* in ihm enthalten, der im Keltischen »die Hohe, Erhabene« bedeutet. (Den krausen Salat, *Lollo rosso* und *Lollo bianco*, hat man übrigens nach der Filmschauspielerin benannt, nachdem die Boulevardpresse über ihre angebliche Vorliebe für gerüschte Unterwäsche berichtet hatte.)

Lomonossow *Michail Wassiljewitsch* [russ. *Михаил Васильевич Ломоносов*], 1711–1765, russischer Universalgelehrter und Dichter. Als Professor für Chemie und Mitglied der Akademie in St. Petersburg war er entscheidend an der Gründung der Moskauer Universität beteiligt, die bis heute seinen Namen trägt. Sein Name bedeutet grob übersetzt »der mit der gebrochenen Nase«, zu russ. *lomít (ломить)*, »brechen, knicken«, und *nos (нос)*, »Nase«.

London *Jack* (1876–1916), eigentlich *John Griffith Chaney*, amerikanischer Schriftsteller, der vor allem bekannt ist durch seine Jugendbücher »Ruf der Wildnis«, »Wolfsblut« (über den arktischen Norden Nordamerikas zur Zeit des Goldrausches) und »Seewolf«. Sein Pseudonym erklärt sich von selbst, sein wirklicher Name entwickelte sich aus afrz. *chesnai* (mlat. *casnetum*), »Eichenhain«. Der Vorname *Griffith* ist keltisch und stammt von dem altwalisischen Personennamen *Gruff* mit dem Zusatz *iud*, »Häuptling, Herr«.

Longfellow *Henry Wadsworth* (1807–1882), amerikanischer Schriftsteller. Auf jahrelangen Reisen in Europa, wo er unter anderen Sprachen auch Deutsch gelernt hatte, befasste er sich mit abendländischer Poesie, die er einfühlsam für seine Landsleute übersetzte (Dante, Goethe, Uhland u. a.). Er selbst schrieb zahlreiche Dramen und einige Romane, die den Amerikanern aber wohl zu europäisch erschienen. Daher sind sie heute fast völlig vergessen – bis auf sein episches Gedicht »Hiawatha« über das Leben eines Indianerhäuptlings, der seinem Volk empfahl, sich dem »weißen Mann« zu unterwerfen. Der Name des patriotischen Dichters ist leicht zu deuten. Er besteht aus den englischen Wörtern *long*, »lang«, und *fellow*, »Kerl«. Salopp übersetzt bedeutet er also »langer Lulatsch«.

Longinus, ein Beiname in der *gens Cassia*, bedeutet »der Lange«, zu lat. *longus*, »lang, hoch gewachsen«. *Longinus* hieß angeblich auch jener römische Soldat unter dem Kreuz, der Jesus mit seiner Lanze die Seite öffnete. Er soll sich anschließend dem Christentum zugewandt haben und als erster heidnischer Bekenner den Märtyrertod gestorben sein. Sein Name könnte auch an grch. *lónche (λόγχη)*, »Lanze, Speer«, angelehnt sein.

Lope (*López*, »Sohn des Lope«) ist ein äußerst beliebter spanischer Name kastilischer Herkunft, zu lat. *lupus*, »Wolf« – wohl eine Anspielung auf die Kraft und den Mut der ersten Namensträger. *Felix Lope de Vega* (1562–1635) hieß ein äußerst vielseitiger und produktiver spanischer Dichter, der sich in allen Literaturgattungen betätigte und nach eigenen Angaben etwa 1500 Dramen (!), vor allem Komödien, verfasste. Der Name *Vega* ist das spanische Wort für »Flussaue« und »Bewässerungsland«.

Loren *Sophia* (geb. 1934), eigentlich *Sofia Scicolone-Lazzaro*, italienische Filmschauspielerin. Ihren gängigen Künstlernamen bekam sie bereits Ende der 50er-Jahre als Komparsin von ihrem Regisseur verpasst. Er rührt entweder her von *Lorena*, zu *Laurentia*, »die aus Laurentum Stammende« (wohl mit bewusster Anlehnung an lat. *laurea*, »Lorbeerkranz«), oder von *Eleonore*, zu grch. *eleeîn (ἐλεεῖν)*, »Mitleid haben, sich erbarmen«. Der Geburtsname *Scicolone* war der Name ihres Vaters *Riccardo Scicolone*, der ihre Mutter *Sofia Villani* hatte sitzen lassen (zu ital. *villano*, »rüpelhaft, grob, bäurisch«. (Wie ungerecht – hätte doch dem Vater diese Bezeichnung weiß Gott eher angestanden!) *Scicolone* gehört vielleicht zu ital. *sciccoso*, »schick«. Da die *Loren* in bitterer Armut aufwuchs, wäre diese Namensbedeutung allerdings der blanke Hohn. Wahrscheinlicher ist die Herkunft von einem norditalienischen Dialekt, in dem *Scicolone* die gleiche Bedeutung hat wie unser Wort *Gigolo*, »Eintänzer« oder »jemand, der sich aushalten lässt«. Der zweite Nachname, *Lazzaro*, kommt natürlich von *Lazarus* (vgl. *Lazarett* und unsere Redewendung »armer Lazarus«).

Lorenz leitet sich vom Rufnamen *Laurentius* her und bezieht sich als Herkunftsname auf die alte römische Stadt *Laurentum* in Latium (zu lat. *laurea*, »Lorbeerkranz, Lorbeerzweig«). *Konrad Lorenz* (1903–1989), ein österreichischer Biologe, begründete, ausgehend von seinen Studien an frei fliegenden Dohlen und Kolkraben, die moderne Verhaltensforschung als Bindeglied zwischen Human- und Tierpsychologie. Der deutschstämmige Tenor *Max Lorenz* (1902–1975) hieß mit richtigem Namen *Max Sülzenfuß*. Wenn das für den Metzgersohn kein Grund war, über einen Künstlernamen nachzudenken! Dabei bezieht sich der Namensbestandteil *Sülzen-* wohl eher auf ahd. *sulza*, »Sole, Salzwasser«, und legt damit eine Tätigkeit in einer Saline nahe. *Lorenz* war ab 1937 Kammersänger an der Wiener Staatsoper, sang auch bei den Salzburger Festspielen und trat vor allem als Wagnersänger hervor. Varianten des Namens *Lorenz* sind neben *Lorentz* italienische Formen wie *Lorenzetti* (die Brüder *Pietro* und *Ambrogio* waren italienische Maler im 13./14. Jahrhundert) und *Lorenzo* (z. B. *Veneziano*, »der Venezianer«, ebenfalls ein italienischer Maler des 14. Jahrhunderts). → *Lawrence*

Loriot *Bernhard Victor (Vicco) Christoph Carl von Bülow* (geb. 1923), deutscher Cartoonist, Schauspieler und Regisseur. Sein Künstlername bedeutet im Französischen »Pirol«, und tatsächliche ziert dieser Vogel das Familienwappen. Auf jeden Fall ist sein Wahlname einprägsamer und pfiffiger als sein Geburtsname, der sich auf den mecklenburgischen Ortsnamen *Bülow* bezieht.

Lorrain *Claude* (1600–1682), französischer Landschaftsmaler. Als *Claude Gelée* in Lothringen geboren, ging er mit 14 Jahren als Pastetenbäcker nach Rom, wurde dort Schüler des Malers Agostino Tassi und bekam bald Aufträge, sodass er sich ganz seiner Kunst widmen konnte. Seine stimmungsvollen Hafenszenen mit klarer Komposition und zartem, oft dämmrigem Licht wirken wie eine Ankündigung Turners. Sein wirklicher, im Nordosten Frankreichs, besonders in den Vogesen nicht seltener Name *Gelée* bedeutet wörtlich übersetzt »Frost, Reif«. Sein Künstlername kennzeichnete ihn in Italien schlicht als den »Lothringer«.

Lothar war ein gängiger deutscher Fürstenname (aus ahd. *hlut*, »laut, berühmt«, und *heri*, »Heer«). *Lothar I.* (795–855), der Sohn Ludwigs des Frommen, wurde zwar 840 zum römischen Kaiser gekrönt, musste sich aber wegen der Gebietsansprüche seiner streitbaren Brüder mit einer Oberhoheit über Italien und einen relativ schmalen Landstrich begnügen, der im Osten ungefähr von den Alpen und dem Rhein, im Westen von den Flüssen Rhône, Saône, Maas und Schelde begrenzt wurde und von der Mittelmeerküste bis nach Friesland reichte. Sein Sohn *Lothar II.* (ca. 825–869) erbte 855 von ihm nur den Nordteil seines Reiches, der nach ihm *Lotharingen*, d. h. *Lothringen*, genannt und nach seinem Tod nochmals geteilt wurde. Unter *Lothar III.* (ca. 1075–1137), ab 1125 römisch-deutscher Kaiser (als solcher eigentlich *Lothar II.*), begann die deutsche Ostkolonisation. → *Chlothar*

Lovecraft *Howard Philipps* (1890–1937), amerikanischer Schriftsteller. Der Verfasser schuf mit seinen Horrorgeschichten und fantastischen Geschichten eine kleine eigenständige Nische in der Weltliteratur. Als Beispiele seiner schaurigen Erzählungen seien genannt »Berge des Wahnsinns«, »Das Ding auf der Schwelle«, »Das Grab«, »Das Rätsel des Friedhofs«, »Die lauernde Furcht«, »Iranons Suche« und »Das Verderben, das über Sarnath kam«. Sein Familienname *Lovecraft* hat im Englischen die Bedeutung »Liebeskunst« und mag die Assoziation mit *witchcraft*, »Hexerei, Zauberkunst«, provozieren.

Loxias [grch. *Λοξίας*], »der Verworrene, Dunkle«, hieß Apollon, der ja eigentlich ein Gott des Lichtes war, mit Beinamen – wahrscheinlich, da der Geist des Menschen nicht immer zum Begreifen seiner Sprüche und Weissagungen ausreichte; zu grch. *loxós (λοξός)*, »schief, schräg«. → *Phöbos* und *Lykegenes*

Loyola → *Ignatius*

Lubitsch *Ernst* (1892–1947), amerikanischer Schauspieler und Regisseur deutscher Herkunft. Der Meister des Filmlustspiels und der Filmoperette ging 1923 nach Hollywood, wo sein komödiantisches Talent in Werken wie »Das ist Paris«, »Krach im Paradies«, »Die lustige Witwe« oder »Blaubarts achte Frau« voll zur Geltung kam. Der Herkunftsname *Lubitsch* ist offenbar slawischer Herkunft und bezieht sich auf ostdeutsche Orte wie *Lubitz*, *Lubice* oder *Lubicz*, zum altpolabischen Personennamen *L'ubek*, einer Nebenform von *L'uba*, zu apolab. *l'uby*, »lieb«.

Lübke *Heinrich* (1894–1972), deutscher CDU-Politiker. Von 1953 bis 1959 war er Bundesminister für Ernährung, Landwirtschaft und Forsten, von 1959 bis 1969 Bundespräsident. *Lübke* dürfte eine Weiterbildung des alten deutschen Rufnamens *Liutbert* sein, zu ahd. *liut*, »Volk«, und *beraht*, »glänzend« – ein annehmbarer Name für ein Staatsoberhaupt.

Lucetius bedeutet etwa »Licht-Bringer«. Der alte Beiname des Jupiter beruht auf lat. *lux, lucis*, »Licht, Glanz, Helligkeit«.

Luciani *Albino* (1912–1978), war der Name des »lächelnden Papstes« Johannes Paul I., dessen Pontifikat nur gut einen Monat dauerte. Der Familienname *Luciani* kommt von *Lucianus*, einer Weiterbildung des römischen Vornamens *Lucius*, zu lat. *lux, lucis*, »Licht«. → *Johannes Paul I.* und *Lucius*

Lucilius lautete ein römischer Gentilname, den z. B. *Caius Lucilius* (ca. 180–103 v. Chr.) trug, ein Freund des jüngeren Scipio und der Begründer der römischen Satire; zu lat. *lux, lucis*, »Licht, Glanz, Helligkeit«.

Lucina nannte man Juno, die Göttin der gebärenden Frauen, mit Beinamen, zu lat. *lux, lucis*, »Licht«. Sie war sozusagen »die ans Licht Bringende«, der die Mütter es verdankten, wenn ihre Kinder gesund das »Licht der Welt« erblickten.

Lucius (abgekürzt *L.*), »der am hellen Tag Geborene« (zu lat. *lux, lucis*, »Licht, Tageslicht«), war im alten Rom einer der gängigen Vornamen, die anders als bei uns jedoch nicht zur Anrede benutzt wurden; diese Funktion erfüllten die so genannten Gentilnamen (Geschlechternamen) und vor allem die Beinamen. Die Kirchengeschichte kennt außerdem drei Päpste namens *Lucius*. Die kurze Regierungszeit *Lucius' I.* (253–254) stand unter keinem guten Stern, denn er wurde gleich nach seiner Wahl von Kaiser *Gallus* verbannt; als dieser bald darauf ermordet wurde, durfte er jedoch unter dem neuen Kaiser *Valerianus* zurückkehren. Wie sein Vorgänger Cornelius zeigte er Milde gegenüber abtrünnigen Christen, die wieder in die Kirche aufgenommen werden wollten. Obschon sich Berichte über ein Martyrium als falsch herausstellten, wurde er heilig gesprochen. *Lucius II.* (1144–1145) hieß zuvor *Gherardo Caccianemici* – als Aufforderung »jage die Feinde!« (zu ital. *cacciare*, »jagen, verjagen«, und *nemico*, »Feind«) ein recht unpassender Name für einen Papst, der nach nur einjährigem Pontifikat in den Wirren nach Ausrufung der Republik getötet wurde. *Lucius III.* (1181–1185) war zwar ein wenig länger Papst, verbrachte aber wegen politischer Unruhen in Rom die längste Zeit seines Pontifikats in Velletri, wo er zuvor Bischof gewesen war und auch zum Papst gekrönt worden war, sowie in Verona. Hier traf er 1183 mit Friedrich I. Barbarossa zusammen, um gemeinsame Schritte gegen die ketzerischen Katharer und Waldenser zu beschließen sowie einen neuen Kreuzzug mit dem Kaiser zu verabreden, aber auch um die Grundlagen für die spätere Inquisition zu schaffen. Der Papst, der 1185 in Verona starb, war also bei Gott keine hehre Lichtgestalt, wie der von ihm gewählte Name vermuten lässt. → *Gallus*

Lucretius war ein altrömischer Gentilname. Ihn trugen z. B. der Senator *Spurius Lucretius Tricipitinus* (der Vorname zu lat. *spurius*, »unehelich geboren«, der Beiname zu lat. *triceps, tricipitis*, »dreiköpfig«) und der römische Dichter *Titus Lucretius Carus* (98–55 v. Chr.), der Verfasser des philosophischen Lehrgedichts »De rerum natura«, sowie in der weiblichen Form *Lucretia*, die von *Sextus Tarquinius*, dem Sohn des letzten römischen Königs *Tarquinius Superbus*, vergewaltigt wurde und darauf Selbstmord beging. Der Name könnte von lat. *lucrum*, »Ertrag, Profit«, stammen (vgl. *lukrativ*). → *Borgia Lucrezia*

Lucullus lautete ein Beiname in der *gens Licinia*, wohl eine Verkleinerungsform von lat. *lucus*, »Wald, Hain«, oder zu *lucus*, einer Verniedlichung von *lux*, »Licht«. Der römische Feldherr *Lucius Licinius Lucullus* (ca. 117–57 v. Chr.) hatte während des Kriegs gegen Mithridates im Osten große Reichtümer anhäufen können, die ihm später in Rom ein Leben ins Saus und Braus ermöglichten. Vor allem die Schlemmerei bei seinen Gastmählern waren schon damals sprichwörtlich (vgl. *lukullisch*, »üppig, erlesen«).

Ludendorff *Erich* (1865–1937), preußischer General. Im Ersten Weltkrieg zunächst erfolgreicher Befehlshaber im Osten, wurde er 1916 neben Hindenburg mit der gesamten Kriegsführung zu Lande beauftragt. Auch der Beschluss zum unbeschränkten U-Boot-Krieg geht auf ihn zurück. 1923 beteiligte er sich am Hitler-Putsch, und 1925 stellten ihn die Nationalsozialisten als ihren Kandidaten für die Reichspräsidentschaftswahlen auf. Schon 1935 schrieb er ein Buch mit dem ominösen Titel »Der totale Krieg«. Der Herkunftsname *Ludendorff* weist zurück auf *Ludendorf* in Nordrhein-Westfalen oder auf einen brandenburgischen Ort *Lüdendorf*, wobei der erste Teil aus *Lude*, einer Kurzform des alten deutschen Rufnamens *Ludwig*, gebildet ist (zu ahd. *hlut*, »laut, berühmt«, und *wig*, »Kampf«). → *Luther*

Ludwig (frz. *Louis*), von fränkisch *Chlodwig* (zu ahd. *hlut*, »laut, berühmt«, und *wig*, »Kampf«), hießen deutsche und französische Könige und deutsche Kaiser, z. B. *Ludwig I.*, »der Fromme« (778–840), der

Sohn und Nachfolger Karls d. Gr., den man in Italien gar als *Santo*, also »Heiligen«, kennt, der in Frankreich wegen seiner Entschlusslosigkeit jedoch den Beinamen *le Débonnaire*, »der Gutmütige«, erhielt, oder der »Sonnenkönig« *Ludwig XIV.* (1638–1715), der ab 1643 in Frankreich herrschte.

Lug, der keltische Lichtgott (gall. *Lugus*), war auch Gott der Künste, des Krieges, der Dichter und der Handwerker. Ihm zu Ehren wurden viele Orte benannt (z. B. *Lugdunum*, »Festung des Lug«, heute: *Lyon*).

Lukas (lat. *Lucas*) hieß einer der vier Evangelisten. Der Arzt und Gefährte des Apostels Paulus starb als Märtyrer und wurde heilig gesprochen. Er stammte, wie sein Namen verrät, aus *Lucania*, einer Landschaft in Unteritalien; der biblische Name geht auf die griechische Form *Loukâs* [grch. Λουκᾶς] zurück.

Lumière war der Name der französischen Brüder *Auguste Marie Louis Nicolas* (1862–1954) und *Louis Jean* (1864–1948), die als Phototechniker zahlreiche Neuerungen auf dem Gebiet der Photographie schufen und in Lyon eine Fabrik zur Herstellung von photographischen Platten, Papieren und Chemikalien gründeten. Zufällig bedeutet ihr Name im Französischen »Licht« (zu gleichbedeutend lat. *lumen*), so wie Photographie sich wörtlich mit »Licht-Schreiben« übersetzen lässt, zu grch. *phôs, photós* (φῶς, φωτός), »Licht«, und *gráphein* (γράφειν), »einritzen, schreiben, zeichnen« (vgl. *Graphik*). 1894 erfand *Louis Jean* den ersten brauchbaren Kinematographen – übrigens zu grch. *kineîn* (κινεῖν), »sich bewegen« (vgl. *Kino*).

Lumumba *Patrice* (1925–1961), kongolesischer Politiker. Der erste Premierminister des ab 1960 unabhängigen Kongo-Kinshasa rief bei einer Meuterei der Armee zu Beginn seiner Amtszeit Truppen der Vereinten Nationen ins Land, geriet aber in Konflikt mit deren Generalsekretär Hammarskjöld und dem kongolesischen Staatspräsidenten Kasawubu, der ihn noch im gleichen Jahr absetzte und nach Katanga auslieferte, wo er ermordet wurde. Lumumba galt in der kommunistischen Welt und bei vielen sozialistischen Politikern Afrikas als Symbol des Kampfes gegen den Kolonialismus. Sein Name bedeutet im Kongolesischen »der Begabte«.

Lundkvist *Artur* (1906–1991), schwedischer Schriftsteller. Der Lyriker und Erzähler wurde stark von Walt Whitman und D. H. Lawrence sowie von der Psychoanalyse und den französischen surrealistischen Dichtern beeinflusst. *Lundkvist* bedeutet wörtlich übersetzt »Gehölzzweig«, zu schwed. *lund*, »Hain, Wäldchen«, und *kvist*, »Zweig, Ast«.

Lundström *Johan Edvard* (1815–1888), schwedischer Ingenieur und Industrieller. Er erfand 1852 die Sicherheitsstreichhölzer, die so genannten »Schwedenhölzer«. Der Name ist gebildet aus den schwedischen Wörtern *lund*, »Hain, Gehölz«, und *ström*, »Strom, Strömung«. Zumindest der erste Namensteil passt ideal zum Material seiner Erfindung.

Lupercus war ein altrömischer Hirten- und Fruchtbarkeitsgott, der dem Faunus gleichgesetzt wurde. Sein Name ist verwandt mit der *Lupercal* genannten Grotte am Palatin, wo der Sage nach Romulus und Remus von der Wölfin gesäugt wurden (zu lat. *lupa*, »Wölfin«).

Luther *Martin Luther* (1483–1546) schrieb sich bis kurz vor dem berühmten Thesenanschlag in Wittenberg (1517) noch *Luder* – ein wenig schmeichelhafter Familienname, der schließlich die Bedeutung »hinterhältiger Mensch« oder »alter Lappen« hatte. Anlass für den Namenswechsel war möglicherweise der für *Luther* so wichtige Freiheitsbegriff, und so variierte er *Luder* zu *Luther*, ein Wort, dessen lautliche Ähnlichkeit mit grch. *eleuthérios (ἐλευθέριος)*, »der Freie« und »des Freien würdig«, ihn zu diesem Schritt verführt haben mag. Der Name *Luther*, in Wirklichkeit aus dem alten deutschen Rufnamen *Liuther* (zu ahd. *liuth*, »Volk«, und *heri*, »Heer«) oder *Lothar* (aus ahd. *hlut*, »laut, berühmt«, und *heri*, »Heer«) entstanden, ist sowohl für den großen religiösen Erneuerer in Deutschland als auch für *Martin Luther King* ein trefflicher Name, wobei der Vorname *Martin*, dessen Bedeutung bekanntlich »der Kriegerische« (eigentlich »Sohn des Mars«) vorzüglich passt zu einem streitbaren Reformator bzw. einem kämpferischen amerikanischen Bürgerrechtler. → *Ludendorff*

Luthuli *Albert John* (1898–1967), schwarzafrikanischer Politiker. Der christlich erzogene südafrikanische Zuluhäuptling war ein entschiedener, wenn auch nicht militanter Gegner der Apartheid. Nicht zuletzt deswegen erhielt er 1960 den Friedensnobelpreis. Sein Name *Luthuli* bedeutet »Staub«. Die Zulus in seinem trockenen Heimatland zogen es jedoch vor, ihn *Mvumbi*, »dauernder Regen«, zu nennen.

Lutosławski *Witold* (1913–1994), einer der bedeutendsten polnischen Komponisten des vergangenen Jahrhunderts. Vor allem seine frühen Werke verraten den Einfluss Strawinskys und Bartóks. Internationalen Ruf erwarb er sich 1958 mit seiner »Musique Funèbre« zum Gedenken an Béla Bartók. Sein Name setzt sich zusammen aus der urslawischen Wurzel *lut-*, »ernst, düster, rau« (vgl. poln. *luty*, »Februar«, also eigentlich »düsterer Monat«), und poln. *sława*, »Ruhm«, gefolgt von der patronymischen Endung *-ski*, »Sohn des ...«. Sein Vorname entspricht dem alten deutschen Rufnamen *Wituwalt*, zu ahd. *witu*, »Wald«, und *waltan*, »herrschen, walten«.

Luxemburg *Rosa* (1871–1919), eigentlich *Rozalia Luksenburg*, deutsche Politikerin. Sie entstammte einer polnisch-jüdischen Mittelklassefamilie. Obschon orthodoxe Marxistin, stand sie nicht für Marxismus, Kommunismus und Sozialismus, sondern einzig für die Realität. Sie hatte in Warschau studiert und an der Universität Zürich in Naturwissenschaften und Wirtschaftspolitik promoviert (Thema ihrer Doktorarbeit: »Polens industrielle Entwicklung«). Sie heirate einen Deutschen, um dessen Staatsbürgerschaft zu erlangen. Seit 1898 wohnte sie in Berlin, wo sie der SPD beitrat. Sie arbeitete als Journalistin und gründete zusammen mit Karl Liebknecht den Spartakusbund, aus dem die Deutsche Kommunistische Partei hervorging. Als Wortführerin der politischen Linken in Deutschland, die schon ein Jahr vor Ausbruch des Ersten Weltkriegs zu Demonstrationen gegen den Krieg sowie zu Kriegsdienst- und Befehlsverweigerung aufrief, wurde sie bereits 1914 zu einem Jahr Haft verurteilt; 1916 wurde sie erneut verhaftet und eingekerkert. 1919 wurde sie ein letztes Mal festgenommen, diesmal vom Freikorps, und auf dem Weg zum Gefängnis ermordet. Bei ihrer Umsiedlung nach Berlin hatte sie ihren polnischen Namen eingedeutscht; aus *Roza* (zu poln. *róża*, »Rose«) wurde *Rosa*, während sie *Luksenburg* dem Namen des westeuropäischen Staates anpasste (aus *Lützelburg*, »kleine Burg«, vgl. mdl. *lütt* und engl. *little*).

Lyaios [grch. Λυαῖος], »Sorgenlöser«, war der Beiname des Dionysos, der mit seiner Gabe – dem Wein – den Menschen nicht nur Gesundheit und Kraft verlieh, sondern auch ihre Sorgen vertrieb, von *lýein (λύειν)*, »lösen«. → *Thyonides*

Lykaon [grch. Λυκάων] hieß ein griechischer König von Arkadien und Vater der Kallisto. Er wurde von Zeus für den Frevel, ihm bei einem Besuch auf der Erde Menschenfleisch vorgesetzt zu haben, bestraft mit der Verwandlung in einen Wolf; außerdem sandte Zeus daraufhin die Deukaleonische Sintflut. Sein Name leitet sich her von grch. *lýkos (λύκος)*, »Wolf«.

Lykegenes [grch. Λυκηγενής], »Lichtgeborener«, lautete der Beiname des Apollon als Lichtgott. Er war zwar auch Sohn der Lethe, also des Vergessens und der Nacht, aus der jedoch immer wieder das Licht hervorbricht; zu *lýchnos (λύχνος)*, »Licht, Fackel«, und *geneá (γενεά)*, »Geburt, Abstammung«. → *Phöbos, Lethe* und *Loxias*

Lykios [grch. Λύκιος], eigentlich »der Lykier«, war einer der zahlreichen Beinamen des Apollon, nach der kleinasiatischen Landschaft *Lykía (Λυκία)*, zu *lýkos (λύκος)*, »Wolf« (Lykien war also das Wolfsland). Wahrscheinlicher wäre jedoch die Ableitung des Beinamens von *lýchnos (λύχνος)*, »Leuchter, Licht, Fackel«, wobei wohl die beiden im Griechischen ähnlichen Wörter *Licht* und *Wolf* deshalb verwechselt wurden, weil Wölfe den leuchtenden Vollmond anheulen. Ein weiterer Ehrentitel des Apollon war *Lykoktónos (Λυκοκτόνος)*, »Wolfstöter«.

Lykoktonos → *Lykios*

Lykos [grch. Λύκος] hießen etliche Große in der griechischen Sage, z. B. ein Sohn des Ares, zwei Könige von Theben (einer wurde von Herakles getötet), einer der seltenen sterblichen Weissager, ein Sohn des Priamos sowie ein Gefährte des Äneas, der mit ihm aus dem brennenden Troja nach Italien entkommen konnte. Der Name entspricht dem griechischen Wort *lýkos (λύκος)*, »Wolf«.

Lykurgos [grch. Λυκοῦργος] war ein mythischer Gesetzgeber Spartas, der um 820 v. Chr. seinem Volk eine Verfassung gegeben haben soll. Sein Name geht zurück auf grch. *lýkos (λύκος)*, »Wolf«, und *érgon (ἔργον)*, »Werk«.

Lynch *John (Jack)*, geb. 1917, irischer Politiker. Der Parteiführer der Fianna Fáil hatte bereits verschiedene Ministerposten bekleidet, bevor er von 1966 bis 1973 und erneut von 1977 bis 1979 Premierminister Irlands wurde. Er setzte sich besonders für den Eintritt seines Landes in die damalige Europäische Wirtschaftsgemeinschaft ein. Der Name *Lynch* könnte sich auf aengl. *hlinc*, »Hügel«, beziehen; wahrscheinlicher ist in seinem Fall jedoch eine Herkunft von irisch *loingsigh*, »Seemann«.

Lysander [grch. Λύσανδρος], »Befreier der Männer«, ist bekannt als spartanischer Feldherr und Politiker gegen Ende des Peloponnesischen Kriegs, der 404 v. Chr. Athen eroberte. Der Name gehört zu *lýsis (λύσις)*, »Lösung, Befreiung, Rettung«, und *anér, andrós (ἀνήρ, ἀνδρός)*, »Mann«.

Lysimachos [grch. Λυσίμαχος], 361–281 v. Chr., hieß ein Feldherr Alexanders d. Gr., der nach dessen Tod König von Thrakien und Makedonien wurde und einen großen Teil Kleinasiens erwarb. Er galt als hervorragender Feldherr und Verwalter seines Reiches und war mit Arsinoë, der Schwester von Ptolemäus II., verheiratet. Sein Name bedeutet »befreiender Kämpfer«, zu grch. *lýsis (λύσις)*, »Lösung, Befreiung, Rettung«, und *máchesthai (μάχεσθαι)*, »kämpfen«, zu *máche (μάχη)*, »Kampf, Schlacht«.

Lysistrata [grch. Λυσίστρατα], »Befreier(in) der Heere«, lautete der Name einer Komödie von Aristophanes sowie deren Zentralfigur, zu grch. *lýsis (λύσις)*, »Lösung, Befreiung, Rettung«, und *stratós (στρατός)*, »Heer, Lager, Schar« – eine angemessene Namenswahl für das Thema der Komödie, sozusagen eine feministische Friedensdemonstration, um den Peloponnesischen Krieg zu Ende zu bringen: Lysistrata überredet die athenischen Frauen, ihren Männern bis zum Erreichen des Ziels jeglichen Geschlechtsverkehr zu verweigern.

Maât, die Gemahlin des Thot, war in der ägyptischen Mythologie die Göttin der Wahrheit, Harmonie und Gerechtigkeit (des Gerichtswesens). Sie wurde dargestellt mit einer einzigen Straußenfeder, mit der in der Unterwelt das Herz (d. h. die Seele) eines Verstorbenen am Eingang zur Unterwelt gewogen wurde: War es so leicht wie die Feder, handelte es sich um einen guten Menschen; war es zu schwer, wurde der Übeltäter augenblicklich von der Dämonin Ammit verschlungen.

Maâts Name, »Basis«, bezieht sich auf die fest gefügte Weltordnung, die sie verkörperte. → *Anubis*

MacArthur *Douglas* (1880–1964), amerikanischer General. Er befehligte von 1941 bis 1945 die alliierten Truppen im Fernen Osten und besiegte Japan im Zweiten Weltkrieg. Desgleichen war er 1950 Oberbefehlshaber der alliierten Truppen im Koreakrieg, wurde aber von Präsident Truman 1951 entlassen. Sein schottischer Name (gäl. *Mac Artair,* »Sohn des Arthur«) ist gebildet nach König *Artus*, der im 6. Jahrhundert die Kelten gegen die Sachsen führte. Die Bedeutung seines Namens ist nicht eindeutig geklärt, obschon man vermutet, dass ihm das keltische Wort *art* oder *artos* für »Bär« zu Grunde liegt.

Macbeth wurde im Jahr 1040 der König Schottlands, nachdem er seinen Vorgänger Duncan I. ermordet hatte. 1057 fiel er selbst einem Mordanschlag seines Nachfolgers Malcolm III. zum Opfer (s. Shakespeare, der 1605 die tragischen Geschehnisse in seinem Drama »Macbeth« verarbeitete). Der Name entstand aus gäl. *Mac Beatha,* »Sohn des Lebens«, womit in Wirklichkeit wohl ein »Mann des Glaubens« gemeint war.

MacDiarmid *Hugh* (1892–1978) war der Künstlername des schottischen Dichters *Christopher Murray Grieve*. Er trat mit seinen aufrüttelnden Gedichten für die politische und geistige Unabhängigkeit Schottlands von England ein. Dabei benutzte er eine synthetische Form der schottischen Sprache, um die Unterschiedlichkeit der heimischen Dialekte zu überwinden. Seinen Schriftsteller- und Tarnnamen *MacDiarmid,* »Sohn des Diarmid«, hat er mit Bedacht gewählt, steht der Personenname doch für kelt. *diarmait,* »freier Mann«. Sein Geburtsname *Grieve* ist zumindest irreführend, denn er wird schnell mit dem englischen Verb *grieve,* »trauern, beklagen«, assoziiert, dabei stammt er von aengl. *græfa* und *gerefa,* »Provinzgouverneur«, später »Aufseher, Manager« (vgl. *Graf*). Der Mittelname *Murray* könnte entweder von mengl. *murie,* »fröhlich« (vgl. engl. *merry*), kommen oder aber die Herkunft aus der schottischen Provinz *Moray* betonen.

Macdonald *James Ramsey* (1866–1937), britischer Politiker. Sein Name ist aufs Engste mit der Geschichte der Labour Party verknüpft. 1924 wurde er Premierminister, 1929 war er mit der Wirtschaftskrise konfrontiert, die 1931 eine Einschränkung der sozialen Ausgaben erforderlich machte, sodass er die Arbeiterpartei verließ und sich an die Spitze einer von den bürgerlichen Parteien getragenen Regierung stellte. 1935 trat er wegen seiner zunehmenden Erblindung vom Amt des Premierministers zurück. Der Name *Macdonald* ist die englische Form des schottischen Namens *Mac Dómhnuill*, der auf den mächtigen Clan der *Donalds* zurückgeht und »Sohn des Donald« bedeutet (zu vorkelt. *dubno*, »Welt«, und *val*, »Herrschaft«).

Macedonicus lautete der Beiname des *Lucius Aemilius Macedonicus*, denn er hatte 168 v. Chr. den makedonischen König Perseus bei Pydna besiegt. → *Aemilius*

Macer war ein römischer Beiname, den z. B. der Geschichtsschreiber *Caius Licinius Macer* (um 70 v. Chr.) und *Aemilius Macer*, ein Freund Vergils und Ovids, trugen. Das lateinische Adjektiv *macer* bedeutet »dünn, abgehärmt« (vgl. *mager*).

Mach *Ernst* (1838–1916), österreichischer Physiker. Nach ihm, der die Bewegung von Geschossen mit Überschallgeschwindigkeit untersuchte, ist die *Machzahl* benannt, die das Verhältnis der Geschwindigkeit eines Festkörpers zur Geschwindigkeit des Schalls angibt (1 *Mach* entspricht in Bodennähe etwa 340 m/sec) und die bei Überschreitung dieser Geschwindigkeit mit einem Knall verbunden ist. Der Name des aus Böhmen stammenden Wissenschaftlers könnte die urslawische Wurzel *malь*, »klein, winzig«, enthalten oder auf mhd. *māc* und *māge*, »Verwandter, Freund«, zurückgehen.

Machiavelli *Nicolò* (1469–1527), florentinischer Staatsmann und Philosoph, berühmt wegen seines Werkes *Il Principe* (1532). Seine Lehre stand und steht für eine bedenkenlose Machtpolitik (vgl. *machiavellistisch*, »skrupellos«). Hinter seinem Namen könnte man die italienischen Worte *malo*, »schlecht, böse«, und *chiavello*, »Nagel, Sporn«, vermuten, die früher als Spottname im Sinn von »böser Penis« für einen notorischen Schürzenjäger benutzt wurden. Eine bessere, wenn auch nicht schönere Namenserklärung ist die Herleitung von tosk. *machia* und *machione*, »Spitzbube«, oder von kors. *makkyavellu*, »verschlagen« (im Sizilianischen bedeutet das Wort »Betrug«).

Macke *August* (1887–1914), deutscher Maler. Der expressionistische Künstler war 1912 Mitglied im Blauen Reiter. Zwei Jahre später fiel er gleich zu Beginn des Ersten Weltkriegs in der Champagne. Sein Name rührt nicht von jidd. *macke* und *make* her (zu hebr. *maka*, »Hiebwunde« und »Elend«), sondern von einer Verkürzung des Rufnamens *Markward*, zu ahd. *marcha*, »Grenze«, und *wart*, »Hüter, Schützer«. Es könnte sich jedoch genauso gut um eine Ableitung von mhd. *māc*, »Verwandter«, handeln.

Mackenzie *Sir Alexander* (1764–1820), schottischer Seefahrer. Er entdeckte 1789 den kanadischen Fluss, der heute seinen Namen trägt. *Mackenzie* enthält zu der Vorsilbe *Mac* (»Sohn von ...«) die anglisierte Form des gälischen Personennamens *Coinneach*, »der Stattliche«.

Mackintosh *Charles* (1766–1843), Erfinder eines wasserdichten Gewebes. Nach ihm ist im Englischen der Regenmantel benannt. Der schottische Name bedeutet »Sohn des Häuptlings«, zu gäl. *toiseach*, »Erster«, »Beginn«. In Irland nennt man noch heute den Premierminister mit keltischem Namen *Taoiseach*.

MacLaine *Shirley* (geb. 1934), eigentlich *Shirley MacLean Beaty*, amerikanische Schauspielerin. In der von ihr gewählten Form ist die Aussprache eindeutig, sonst würde man den Namen vielleicht (li:n), also gedehnt, aussprechen. Beide Namensformen, *MacLaine* und *MacLean*, stammen aus dem Schottischen und haben die gleiche Bedeutung; sie sind entstanden aus *Mac Gilleon*, zu gäl. *Mac Gille Eáin*, »Sohn des Dieners des heiligen Johannes« (ir. *Mac Giolla Eóin*). Ihr wirklicher Familienname ist eine schottische Form von *Batey*, dieses wiederum eine Koseform von *Bate*, d. h. *Bartholomew* (aus aram. *Bar Talmai*, »Sohn des Talmai«).

MacLeod *John James Richard* (1876–1935), britischer Physiologe, der 1923 mit Banting den Medizin-Nobelpreis für die Endeckung des Insulins erhielt. Der schottische Name bedeutet »Sohn des Leòd«; *Leòd* ist die gälische Form des altnorwegischen Namens *Ljótr* (»der Hässliche«).

Mac-Mahon *Marie-Edmonde-Patrice-Maurice de* (1808–1893), berühmter französischer General und Staatsmann, dessen altirische Familie nach dem Sturz der Stuarts nach Frankreich emigriert war. Nach jahrelanger Dienstzeit und einer steilen Karriere in der afrikanischen Armee in Algerien besiegte er in der Schlacht von Magenta in Oberitalien (danach auch *Magenta* für Anilinrot) 1859 die Österreicher, wofür er mit dem Rang eines Marschalls von Frankreich und dem Titel eines Herzogs von Magenta belohnt wurde. Im Deutsch-Französischen Krieg 1870 kommandierte er mehrere Armeekorps. Bei Sedan musste er allerdings kapitulieren und sich mit seinen Truppen in deutsche Kriegsgefangenschaft begeben. Nach dem Waffenstillstand schlug er als Oberbefehlshaber der Armee von Versailles die Pariser »Kommune« nieder und wurde 1873 zum Präsidenten der Dritten Republik ernannt. 1879 zog er sich ins Privatleben zurück. *Mac-Mahon* (im modernen Irischen *MacMahuna*) entspricht dem altirischen Namen *Mac Mathghamhna* und bedeutet »Sohn des Bären«, aus ir. *mac*, »Sprössling«, und *mathghamhain*, »Bär«. Ein weiterer *MacMahon* emigrierte, wie viele dieses alten Clans, nach Australien und war dort von 1971 bis 1972 Premierminister.

Macmillan *Harold* (1894–1986), britischer Staatsmann, der nach dem Krieg etliche Ministerposten innehatte. Als Premierminister (1957–1963) gelang es ihm, das durch die Suezkrise (1956) erschütterte britische Ansehen in der Welt wieder zu verbessern; dafür scheiterten 1963 seine Bemühungen um einen Beitritt seines Landes zur Europäischen Wirtschaftsgemeinschaft am Veto Frankreichs. Der schottische Familienname *Macmillan* bedeutet »Sohn von Maolán«, wobei der Rufname eine Verkleinerungsform von schott. *maol*, »kahl«, ist – wahrscheinlich ursprünglich eine Bezeichnung für einen Mönch mit einer Tonsur.

Madariaga *Salvador de* (1886–1978), spanischer Diplomat, Historiker und Schriftsteller. Er begann seine politische Karriere 1921 mit einem Posten im Sekretariat des Völkerbunds, war ab 1931 Botschafter in Washington und Paris und wurde 1934 Erziehungs- und Justizminister. Seit dem Beginn des Bürgerkriegs in seiner Heimat (1936–1939) lebte er im Exil in England. Als Schriftsteller leistete er wertvolle Beiträge zur Deutung der spanischen Kultur und Wesensart; zu seinen bedeutendsten Werken zählen »Engländer, Franzosen, Spanier«, »Christopher Columbus«, »Cortés: Eroberer Mexikos«, »Die Erben der Conquistadoren«, »Simón Bolívar« und »Portrait Europas« sowie Romane wie »Das Herz von Jade« und »Ein Tropfen Zeit«. Sein baskischer Familienname bedeutet »Birnbaumgarten«, zu bask. *madari*, »Birne«.

Madison *James* (1751–1836), amerikanischer Politiker. Er gründete zusammen mit Thomas Jefferson die Republikanische Partei und folgte diesem als vierter Präsident der USA (1809–1817). *Madison* ist eine Nebenform von *Mathieson*, »Sohn des Matthias«. (Es könnte jedoch auch eine Koseform von *Maud* zu Grunde liegen.)

Madonna (geb. 1960), eigentlich *Louise Veronica Ciccione*, amerikanische Popsängerin (wie man an ihrem wirklichen Namen sieht, italienischer Herkunft). Der Namenswechsel ist höchst verständlich, wer hieße auch schon gerne »Dickerchen« (ital. *ciccione*, »Dicker«, zu *ciccia*, »Fleisch, Fett«, und *cicco*, »Stummelchen, Knirps«). Mit *Madonna* machte sie eine Anleihe bei der »Heiligen Jungfrau«, also der Mutter Gottes (ital. *ma donna*, »meine Herrin«), vielleicht angeregt durch ihren zweiten Vornamen *Veronica* (so hieß jene Frau, die Jesus auf dem Kreuzweg das Schweißtuch gereicht haben soll), zu grch. *phérein* (φέρειν), »tragen, bringen«, und *níke* (νίκη), »Sieg«. *Louise* kommt von *Ludwig*, aus ahd. *hlut*, »laut«, und *wig*, »Kampf«; auf all diese Namen hat sie also bereitwillig zu Gunsten von *Madonna* verzichtet.

Maecenas war ein nicht eindeutig geklärter etruskischer Adelsname, der wahrscheinlich von einen Ortsnamen herrührt. (So verweist Plinius auf einen inländischen Wein namens *vina Maecenatiana*.). Der berühmteste Vertreter dieses Namens war wohl jener römische Ritter *Caius Cilnius Maecenas* (gest. 8 v. Chr.), ein enger Vertrauter sowohl des Agrippa als auch des Augustus. Er versammelte in seinem Palast auf dem Esquilin die größten Dichter der Zeit, unter ihnen Horaz und Vergil, und förderte sie freigebig (vgl. *Mäzen* für einen großzügigen Beschützer und Gönner der Kunst und der Wissenschaften). Wie bei den Etruskern üblich, trug er sowohl den Namen seiner Vorfahren väterlicherseits (d. h. *Cilnius*, aus etrusk. *Cfenle* oder *Cfelne*) als auch den der Linie seiner Mutter (d. h. *Maecenas*), die alle aus *Arretium* in Etrurien stammten (heute: *Arezzo*). Im Übrigen nannte sich ein Freigelassener des *Maecenas*, ebenfalls ein Schriftsteller, *Maecenas Melissus*. → Melissos

Maenius lautete ein römischer Gentilname, den z. B. *Caius Maenius* trug, der 338 v. Chr. als Konsul die alte Volsker-Stadt Antium besiegte (heute: Anzio) und damit den Latinerkrieg beendigte. Bekannt wurde er auch dadurch, dass er als Zensor 318 v. Chr. Balkone an den Häusern um das Forum anbringen ließ, eine Tatsache, die sich im lateinischen Begriff *maenianum*, »Balkon«, spiegelt. Sein Name lässt vermuten, dass einer seiner Vorfahren ein Sardellenverkäufer (oder -fischer) war; zu lat. *maena*, »Sardelle«.

Maffay *Peter* (geb. 1949), deutscher Sänger. Er wurde im rumänischen Brasov (Kronstadt) als Sohn einer Deutschen und eines Ungarn geboren und hieß eigentlich *Peter Alexander Makkay*. 1963 übersiedelte er mit seinen Eltern nach Bayern. Der Sänger ist vor allem bekannt durch seinen Kinderlieder-Zyklus »Tabaluga«. Mit der Umbenennung in *Maffay* gibt er seinem Künstlernamen einen italienischen Beiklang, denn in Italien gibt es den Namen als Nebenform von *Mattei* (Doppel-*t* zu Doppel-*f*), »Sohn des Matteo«, d. h. des *Matthias*. Dabei dürfte sein Geburtsname *Makkay* wohl von ungar. *makk*, »Eichel«, stammen. → *Eichel*

Magalhâes *Fernâo de* (auch: *Magellan*), ca. 1480–1521, portugiesischer Seefahrer. In spanischen Diensten begab er sich 1519 mit fünf Schiffen auf die Suche nach einem Westweg zu den Gewürzinseln, dabei fand er die nach ihm benannte *Magellan*-Straße in Südamerika und gelangte so mit drei verbliebenen Schiffen in den Pazifik. Nach monatelanger Fahrt landete er auf den Philippinen, wo er von Eingeborenen im Kampf getötet wurde. Schließlich erreichte 1522 ein einziges Schiff, die Victoria (»Siegerin«), die Heimat; es hatte damit die erste Weltumseglung vollendet. *Magalhâes* bezieht sich auf den gleich lautenden Ortsnamen in der Provinz Barca, dessen Bedeutung allerdings dunkel bleibt; angeblich ist er maurischer, d. h. arabischer Herkunft. (Es wird vermutet, dass sich das Wort *allah*, also der Name Gottes, darin verbirgt; denkbar wäre auch eine Weiterbildung von arab. *ma'halla*, »Station, Stadtviertel«.) *Fernâo* lautet die portugiesische Form von *Ferdinand*, aus westgotisch *Fridunanth*, »mutiger Beschützer«, zu german. *frithu*, »Friede, Schutz«, und *nantha*, »kühn, beherzt«.

Magdalena → *Maria*

Magier, von apers. *magusch*, »Priester, Zauberer«, nannte man früher Geistwesen oder Menschen mit außergewöhnlichen Fähigkeiten. Sie waren Mittler zwischen der realen und der übersinnlichen Welt und konnten mit Hilfe von Zaubersprüchen sowie Zaubermitteln aktiv in den Weltlauf eingreifen. → *Magoi*

Maginot *André* (1877–1932), französischer Politiker, der nach einer Verwaltungsausbildung eine erfolgreiche politische Laufbahn startete. 1913 und 1914 war er Staatssekretär im Kriegsministerium, ab 1917 bekleidete er noch je zweimal das Amt des Kolonial- und des Kriegsministers. Der Begriff der so genannten *Maginot-Linie* – ein von ihm entworfenes, 1936 vollendetes Befestigungssystem entlang der gesamten Ost- und Nordostgrenze Frankreichs – kam erst einige Jahre nach seinem Tod auf.[16] Beim Namen *Maginot* (auch *Magineau* geschrieben) handelt es sich um eine Verkleinerungsform der in Lothringen üblichen Rufnamen *Magin* und *Mangin*, die ihrerseits Diminutivformen von *Demange*, also *Dominique*, darstellen (zu lat. *dominicus*, »dem Herrn gehörig«) und früher häufig als Taufnamen für die am *dies dominicus*, also am »Tag des Herrn« (d. h. am Sonntag), geborenen Söhne gewählt wurden.

Magnus → *Maximus*

Magoi, zu grch. *mágoi (μάγοι)*, »Wahrsager, Astrologen«, war eine Bezeichnung der drei Weisen aus dem Morgenland, die bei Christi Geburt dem im Osten aufgehenden Stern nach Bethlehem folgten. Da die so genannten Heiligen Drei Könige als Geschenke Weihrauch, Myrrhe und Gold mitbrachten, nimmt man an, dass sie aus Arabien kamen. → *Kaspar, Melchior* und *Balthasar*

Mahatma bedeutet, wie die indianische Bezeichnung *Manitu*, »großer Geist«, zu skr. *mahát*, »groß«, und *mánas*, »Geist, Seele«, etwa in der Bedeutung »Heiliger«. *Mahatma* war der Ehrentitel *Gandhis*. → *Mahatma Gandhi* und *Manitu*

Mahdi lautete der Titel, den der sudanesische Militärführer Mohammed Achmed (1843–1885) annahm, da er sich für den vom Propheten verheißenen *Mahdi* hielt. Er führte einen Aufstand gegen die ägyptische Regierung an. Die Bezeichnung stammt von arab. *mahdiy*, »der Geleitete, der Geführte«, zu *mada*, »lenken, leiten, führen«. Im Islam be-

---

[16] Beim Angriff auf Frankreich 1940 umgingen die deutschen Truppen die *Maginot-Linie* und drangen über die ungeschützte belgische Grenze nach Süden vor.

zeichnet der Titel *al-Mahdi* eine Reihe von muslimischen Erlösern, von denen man annimmt, dass sie die gesamte Menschheit zum Islam bekehren werden. (*Islam* bedeutet »Hingabe an Gott«, von arab. *aslama*, »sich hingeben«, davon abgeleitet ist auch der Begriff *Muslim*, »der sich Hingebende«.) → *Imam*

Mahfus *Nagib* (geb. 1911), ägyptischer Schriftsteller. Wegen seiner »gotteslästerlichen« Romane, in denen er den Leser in die Milieus der Großstädte Kairo und Alexandria entführt, haben fundamentalistische Fanatiker 1994 das Todesurteil über ihn gefällt und versucht, ihn in einer Messerattacke zu töten. 1988 erhielt er als erster arabischer Autor den Nobelpreis für Literatur, nicht zuletzt wegen seines Romans »Die Kinder meines Viertels« (1959), der noch heute in Ägypten nicht erschienen ist. Weitere Werke sind u. a. »Die Midaq-Gasse«, »Die Moschee in der Gasse«, »Miramar«, »Palast der Sehnsucht«, »Die Spur« und »Die segensreiche Nacht«. Sein Name hat die viel sagende Bedeutung »aufbewahrt, sicher«, von arab. *mah'fuz*, »geschützt, konserviert«, zu *hafiza*, »bewahren, erhalten«. Sein Vorname *Nagib* gehört zu arab. *na'dschib*, »von vornehmer Abstammung«, »klug«.

Mahler *Gustav* (1860–1911), österreichischer Komponist und Dirigent. Er gilt als der bedeutendste Symphoniker seiner Zeit. *Mahler* ist ein Berufsname zu mhd. *mālære*, »Maler«.

Maia [grch. Μαῖα], zu grch. *maîa* (μαῖα), »Mütterchen, Hebamme«, war eine Tochter des Atlas und die Mutter des Hermes, den sie mit Zeus zeugte. Sie galt als die älteste und schönste der sieben *Plejaden* in der griechischen Mythologie. Die Römer kannten eine gleichnamige, aber sehr verschwommene Göttin, die dem Wonnemonat *Mai* den Namen gab. → *Plejaden*

Maiandros [grch. Μαίανδρος], auch *Mäander*, hieß im Altertum ein Fluss in Kleinasien, aber auch des späteren zugehörigen Flussgottes, der einst gelobt hatte, den ersten Menschen zu opfern, der ihm nach seinem Sturm der phrygischen Stadt *Pessinus* gratulieren würde. Wie der Zufall es wollte, traf es seinen Sohn Archelaos. *Maiandros* hielt sein Wort und tötete ihn, stürzte sich dann jedoch in den Fluss, der bis heute seinen Namen trägt (türk. *Menderes*); zu grch. *maíesthai* (μαίεσθαι), »suchen, trachten«, und *anér, andrós* (ἀνήρ, ἀνδρός),

»Mann«; *Maiandros* bedeutet damit etwa »auf der Suche nach einem Mann«.

Mailer *Norman* (geb. 1923), amerikanischer Schriftsteller. Nach seinen Kriegserlebnissen auf den Philippinen schuf er 1948 sein wohl bekanntestes Werk, den antimilitaristischen Roman »Die Nackten und die Toten«. Später schrieb er vor allem gesellschaftskritische Erzählungen. Wider Erwarten hat sein Name nichts mit engl. *mail*, »Post«, zu tun, sondern leitet sich her von afrz. *esmailleur*, »Emaillierer«. (Er könnte indes auch vom walisischen Rufnamen *Meilyr* stammen, einer Ableitung des bretonischen Heiligen-Namens *Maglorius*.)

Maillol *Aristide* (1861–1944), französischer Bildhauer und Maler. Seine Figuren, meist weibliche Akte, sind von klassischer Einfachheit und ähneln frühgriechischen Plastiken. Sein Name ist eine französische Form des katalanischen Namens *Mallol*, »junge Weintraube« (okzit. *malhol*), zu lat. *malleolus*, »Setzling«, und wird ursprünglich einen Weinanbauer bezeichnet haben. Sein Vorname ist griechischer Herkunft und bedeutet – recht passend für einen bildenden Künstler – »von vortrefflicher Gestalt«, zu grch. *áristos* (ἄριστος), »der Beste« (vgl. *Aristokratie*), und *eîdos* (εἶδος), »Aussehen, Form, Urbild« (vgl. *Idee*).

Maimonides *Moses* (1135–1204), ein jüdischer Arzt und Philosoph, der eigentlich *Rabbi Mose ben Maimon* hieß (oft verkürzt zu *Rambam*). Er verließ wegen religiöser Verfolgung schon in jungen Jahren seine spanisch-maurische Geburtsstadt *Córdoba* und ging über Nordafrika und Palästina nach Ägypten, wo er Leibarzt des Sohns Sultan Saladins wurde und den jüdischen Gemeinden Ägyptens vorstand. Er bemühte sich in seinen Hauptwerken, die jüdische Theologie zu sichten und das jüdische Religionsgesetz systematisch zusammenzustellen. Nach ihm, seinem großen Vorbild, nannte sich in der späteren Wahlheimat Deutschland der jüdische Philosoph *Salomon Maimon* (1753–1800), der in Litauen als *Salomon ben Josua* geboren worden war. Der Name *Maimon* bedeutet »Wassermann«, zu hebr. *majim*, »Wasser«.

Majakowsky *Wladimir Wladimirowitsch* (russ. Владимир Владимирович Маковский), 1893–1930, russischer Dichter. Die Lyrik und die Dramen dieses führenden Vertreters des russischen Futurismus richteten sich zunehmend gegen das Zarensystem, und so wurde die

Revolution (neben Liebe, Religion und Kunst) zu seinem Hauptthema. Nach anfänglicher Verherrlichung des Kommunismus und der Revolutionsführer geißelte er jedoch in seinen Satiren und Komödien die spießerhafte Sowjetbürokratie. Sein Name dürfte auf einen Ortsnamen wie *Majak* oder *Majaki* zurückgehen, zu russ. маяк, »Leuchtturm, Leuchtfeuer«.

Makarios (zuvor *Michael Muskos*), 1913–1977, war der Amtsname eines orthodoxen Erzbischofs von Zypern, der nach einer Volksabstimmung über den Anschluss seiner Heimat an Griechenland (1950) vom britischen Militärgouverneur auf die Seychellen verbannt wurde, nach der Unabhängigkeit Zyperns 1959 jedoch zum Staatspräsidenten der Insel gewählt wurde. *Makarios* bedeutet im Neugriechischen »der Glückselige«.

Makkabäer → *Judas*

Malachias ist kein wirklicher biblischer Name, sondern eher ein Titel, denn der Verfasser des gleichnamigen Buches bleibt anonym. Es handelt sich um drohende Worte des Herrn an Israel durch besagten *Malachias* (in der Bibel *Maleachi* genannt). Der Name kommt von hebr. *malachi* und bedeutet »mein Botschafter«, eine passende Bezeichnung für diesen kleineren Propheten, der die Ankunft Christi vorhersagte. (*Malachias* 3,1: »Wohlan, meinen Boten sende ich voraus, dass er einen Tag vor mir bereite. Plötzlich kommt zu seinem Tempel der Gebieter, nach dem ihr verlangt ...«.)

Malamud *Bernard* (1914–1986), amerikanischer Romanschriftsteller, dem es in seinem Werk um die menschliche Entfremdung und Isolierung in unserer Zeit geht (z. B. »Das Zauberfass« und »Der Fixer«). Sein jüdischer Berufsname beruht auf hebr. *melammed*, »Schullehrer«.

Malcolm war der Name von vier schottischen Königen. *Malcolm I.* regierte von 943 bis 954, *Malcolm II.* (1005–1034) machte sich einen Namen durch die Einigung Schottlands, sein Urenkel *Malcolm III.* (bis 1093) siegte 1057 über König Macbeth, tötete ihn (vgl. die Titelfigur in Shakespeares Drama), folgte ihm auf dem Thron und verweigerte Wilhelm dem Eroberer die Herrschaft über Schottland; *Malcolm IV.* (1153–1165) gab dem englischen König Heinrich II. die beiden nördlichsten englischen Grafschaften Northumberland und Cumberland zurück. Der Name *Malcolm* ist die anglisierte Form der gälischen Bezeichnung *Mael Coluim* für einen »Jünger Columbas« – ein Heiliger, der einen Großteil Schottlands und Nordenglands im 6. Jahrhundert zum Christentum bekehrte. → *Columba*

Malenkow *Georgij Maximilianowitsch* [russ. Георгий Максимилианович Маленков], 1902–1988, sowjetischer Politiker, der für einen friedlichen Konsens zwischen Ost und West eintrat. Er war zunächst Stalins persönlicher Sekretär; 1939 wurde er ins Zentralkomitee der KPdSU berufen und 1946 ins Politbüro des Zentralkomitees. Nach dem Tod Stalins war er ab 1953 kurze Zeit Vorsitzender des Ministerrates der UdSSR, bis er den Parteivorsitz an Nikita Chruschtschow abgeben musste. Wie Bulganin wurde er wegen seiner Beteiligung an einem Putschversuch gegen Chruschtschow 1957 aus allen Ämtern entlassen und 1961 aus der KPdSU ausgeschlossen. Der Name stammt wohl von russ. *malénkij (маленький)*, »klein, gering, geringfügig« und »Kleiner«.

Malik lautet der Name des Höllenwächters im Islam. Diesen Namen trug allerdings auch der islamische Rechtsgelehrte *Malik ibn Anas* (gest. 795), der die nach ihm benannte traditionalistische *Malakitische Rechtsschule* begründete (zu arab. *malik*, »Herr, König«).

Mallarmé *Stéphane* (1842–1898), französischer Dichter. Er verfasste vieldeutige, symbolhaltige Gedichte, dichtungstheoretische Aufsätze und freie Umdichtungen indischer Märchen. Sein Name hat die recht unpassende Bedeutung »schlecht gerüstet«, zu frz. *mal*, »schlecht, übel«, und *armé*, »bewaffnet«.

Malraux *André* (1901–1976), französischer Schriftsteller und Politiker. Er studierte in Paris Orientalistik, ging mit 21 Jahren als Archäologe nach Kambodscha und beteiligte sich aktiv an den kommunistischen Aufständen in Annam und Kotschinchina sowie 1926/27 als Propagandakommissar der Kanton-Nationalregierung an der Chinesischen Revolution, wovon seine Romane »Die Eroberer« und »So lebt der Mensch« erzählen. Im Spanischen Bürgerkrieg, von dessen Frühzeit sein Roman »Die Hoffnung« handelt, wurde er auf republikanischer Seite Organisator und General der ausländischen Luftstreitkräfte, wandte sich jedoch 1939 vom Kommunismus ab. Zu Beginn des Zweiten Weltkriegs kämpfte er als französischer Panzersoldat gegen Hitler und geriet bald in deutsche Gefangenschaft, konnte aber 1940 fliehen. Diese Erlebnisse verarbeitete er in seinem »Kampf mit dem Engel«. Während der Zeit der deutschen Besetzung Frankreichs befehligte er unter dem Decknamen »Oberst Berger« eine elsass-lothringische Partisanenbrigade. In den ersten beiden Nachkriegsjahren war er Informationsminister unter Charles de Gaulle und von 1959 bis 1969 Staatsminister für kulturelle Angelegenheiten. Beim Namen *Malraux*, für den es die verschiedensten Schreibvarianten gibt, dürfte es sich um eine Ableitung von *Malleron* oder *Malleret* und damit um eine Flurbezeichnung im Sinn von »Apfelplantage« handeln (zu lat. *malus*, »Apfel«). Falls der Name aus dem Baskischen stammt, könnte das Wort *mairu*, »Moor«, dahinter stecken.

Mamelucken hieß eine militärische Klasse von ursprünglich türkischen Sklaven, die Ägypten vom 13. bis zum 15. Jahrhundert beherrschte und erst 1811 endgültig zerschlagen wurde. Die Bezeichnung stammt von arab. *mamluk*, »Sklave«.

Mamercus war ein Beiname in der *gens Aemilia*, die den Kriegsgott *Mars* als ihren Stammvater ansah. *Mamers* war ein Alternativname des *Mars*; *Mamercus* hieß der Sohn, den er mit der Silvia zeugte.

Mami war eine sumerische Muttergöttin, die einst half, den Menschen aus Lehm und dem Blut eines erschlagenen Gottes zu erschaffen. Dem Namen liegt das Wort *mama*, »Mutter«, zu Grunde, das wir in vielen Sprachen und bei vielen Völkern, selbst den Indianern in Südamerika finden.

Manasse zu hebr. *menashe*, »vergessen machend«, hieß einer der beiden Söhne des Joseph und der Bruder des Ephraim. Er wurde Stammvater eines der zwölf Stämme Israels. Der Name ist eine Anspielung auf *Manasses* Geburt. (Genesis 41, 51: »Joseph nannte den Erstgeborenen Manasse, denn ›Gott hat mich all mein Elend und mein Vaterhaus vergessen lassen‹«. → *Ephraim*

Manât → *Allah*

Mandel *Georges* (1885–1944), radikal-sozialistischer französischer Politiker. Zwischen 1934 und 1940 mehrmals im französischen Kabinett, setzte er sich 1940 als Innenminister für die Fortführung des Krieges ein. Daraufhin wurde er von der Vichy-Regierung interniert, 1942 an die Deutschen ausgeliefert und zwei Jahre später ermordet. Sein richtiger Name war *Jeroboam Rothschild*. Der Vorname *Jeroboam* (auch: *Jerobeam*, »möge das Volk wachsen«) geht zurück auf zwei israelische Könige im 10. bzw. 8. Jahrhundert v. Chr. Sein angenommener Name *Mandel* ist eine jüdische Kurzform von *Immanuel*, »Gott mit uns«. → *Rothschild*

Mandela *Nelson* (geb. 1918), südafrikanischer Politiker. Bereits in der Missionsschule hatte der Sohn eines örtlichen Häuptlings von den Methodisten, die ihn erzogen, den europäischen Namen *Nelson* erhalten; seine afrikanischen Rufnamen *Rolihlahla Dalibhungha* musste er ablegen. Später, während des Jurastudiums, begann er sich gegen die Apartheidpolitik der Minderheitsregierung zu engagieren, trat dem oppositionellen ANC (African National Congress) bei und stimmte nach einem Massaker an unbewaffneten Schwarzen schließlich einem gewaltsamen Kampf gegen das herrschende Regime zu. Nach einer erfolglosen Anklage wegen Hochverrats und einer mehrjährigen Gefängnisstrafe auf Grund illegaler Auslandsreisen sowie eines Streikaufrufs wurde er 1964 wegen der Planung eines bewaffneten Kampfes zu lebenslanger Haft auf der Gefängnisinsel »Robben Island« vor der Küste von Kapstadt verurteilt. Erst 1990 führte vor allem internationaler Druck, aber auch die gemäßigtere Politik des Staatspräsidenten *de Klerk* zu seiner Freilassung und zur Wiederzulassung des ANC. Bei den ersten demokratischen Wahlen im Jahr 1994 wurde *Mandela* mit überwältigender Mehrheit zum Präsidenten Südafrikas gewählt. 1999 trat er von seinem Amt zurück. Sein Familienname *Mandela* bleibt ein Geheimnis (er selbst hat ihn auch nie erklärt), man könnte indes darin die Xhosa-Worte *mandi*, »nett«, und *dala*, »alt«, vermuten. Seine Landsleute haben diesen Namen überdies kaum benutzt, sondern redeten ihn als jungen Burschen mit seinem Geburtsnamen *Rolihlahla* an (ein Xhosa-Wort für »Quälgeist«), später mit seinem Erwachsenen- und Häuptlingsnamen *Dalibhungha*, »Gründer der Bungha«, den er mit 16 Jahren anlässlich seiner Beschneidung erhielt (die *Bungha* sind die traditionelle Herrscherfamilie in der südafrikanischen Transkei, dem Geburtsland *Mandelas*). Seit seiner Haftentlassung wird er von seinen schwarzen Landsleuten respektvoll *Madiba*, »Großvater«, genannt, was als Clanname jedoch so viel wie »Sohn Afrikas« und »Vater der Nation« bedeutet.

Manen (lat. *Manes*) war eine römische Sammelbezeichnung für alle Arten von Geistern, insbesondere für die Seelen der Toten (zu *manere*, »bleiben, verweilen, verharren«), die normalerweise unter der Erde blieben und als gute Geister die Lebenden nicht behelligten. Daher nahm man den Totenkult sehr ernst, denn erzürnte Totengeister konnten Lebende zu sich zu holen oder Toten den Eintritt in die Unterwelt verwehren. → *Laren*, *Larven* und *Penaten*

Manet *Édouard* (1832–1883), französischer Maler. Seine Bilder, vor allem sein freizügiges »Frühstück im Freien« und seine »Olympia«, entfachten einen Sturm der Entrüstung unter den Kritikern, gewannen mit ihrem feinen Spiel von Licht und Atmosphäre jedoch einen großen Einfluss auf die jungen französischen Impressionisten. Sein Name ist eine im Zentralmassiv gebräuchliche Kose- und Verniedlichungsform des alten germanischen Rufnamens *Manno*, zu ahd. *man*, »Mann« (vgl. *Manfred*). Sollte die Familie des Künstlers ursprünglich in der Normandie ansässig gewesen sein, könnte *Manet* auch »Herrenhaus« bedeuten (zu frz. *manoir*, »Landsitz«).

Mani hieß ein germanischer Mondgott, ein Bruder der Sonnengöttin *Sol*, der wie diese mit einem von Pferden gezogenen Wagen über den Himmel fuhr. Nach ihm ist unser *Montag* benannt, von ahd. *manatac*, zu nord. *mani*, »Mond«.

Manilius war ein römischer Gentilname, den z. B. der Volkstribun (66 v. Chr.) *Caius Manilius* trug, bekannt als Schöpfer der *lex Manilia*, durch die dem Pompejus der Oberbefehl im Krieg gegen Mithridates übertragen wurde; zu lat. *manus*, »Hand, bewaffnete Hand«, auch »Hand voll, Schar«, und »schaffende Hand, Arbeit«.

Manitu, »Geist«, nennen die Indianer ihren Schöpfergott und Ordner des Weltalls, der über allen anderen Göttern und Geistern steht; eigentlich heißt er *Kitshi Manitu*, »großer Geist« (vgl. ind. *Mahatma*). → *Mahatma* und *Mahatma Gandhi*

Manius (abgek. *M'*) war ein recht seltener Vorname bei den Römern, obschon er auf ein gar nicht so seltenes Vorkommnis anspielte, nämlich die Geburt am frühen Morgen (zu lat. *mane*, »Morgen, Frühe«).

Mankell *Henning* (geb. 1948), schwedischer Schriftsteller. Er verfasste nicht nur zahlreiche, weltweit gelesene Kriminalromane mit dem liebenswerten Kommissar Kurt Wallander, sondern auch einfühlsame Erzählungen aus Afrika, wo er einen großen Teil des Jahres verbringt und in Maputo (Mosambik) ein Theater leitet. Zu seinen bekanntesten Werken zählen »Die falsche Fährte«, »Die fünfte Frau«, »Mittsommermord«, »Die Brandmauer« sowie »Der Chronist der Winde« und »Die rote Antilope«. Beim Namen der ursprünglich aus Deutschland stammenden Familie des Schriftstellers dürfte es sich um eine niederdeutsche Verkleinerungsform von *Mahnke* handeln, aus *Manegolt* und *Mangold* (zu ahd. *manag*, »manch, zahlreich«, und *waltan*, »herrschen«); er bedeutet also so viel wie »Gebieter über viele«.

Manlius lautete ein patrizischer römischer Gentilname, der wahrscheinlich auf lat. *manus*, »Hand«, beruht. Ein berühmter Vertreter dieses Geschlechts war z. B. der Konsul (392 v. Chr.) *Marcus Manlius Capitolinus*, der seinen Beinamen als Retter des Kapitols bei einem nächtlichen Gallierüberfall (387/86) bekam. Da er jedoch nach der Königswürde strebte, wurde er 384 v. Chr. des Hochverrats angeklagt und vom Tarpejischen Felsen gestürzt. Den gleichen Beinamen trugen *Lucius Manlius Capitolinus* (Diktator 263 v. Chr.) und *Titus Manlius Capitolinus*, ebenfalls ein Diktator, der zusätzlich den Ehrennamen *Torquatus* erhielt, da er 361 v. Chr. einen riesigen Gallier im Zweikampf besiegt und dessen Halskette, lat. *torques*, erbeutet haben soll; zu *torquere*, »drehen, winden«, auch »quälen« (vgl. *Tortur*). Im Latinerkrieg ließ er 340 v. Chr. seinen eigenen Sohn nach einem unbefohlenen, wenn auch erfolgreichen Angriff wegen Ungehorsams hinrichten. → *Curius*

Mann ist ein verbreiteter deutscher Nachname. Die wohl berühmtesten Träger stammen aus der deutschen Schriftstellerfamilie dieses Namens: *Thomas Mann* (1875–1955), der mit seinen Werken (z. B. »Buddenbrooks«, »Tonio Kröger« und »Zauberberg«) weltbekannt wurde, sowie *Heinrich Mann* (1871–1950), dem wir Romane wie »Professor Unrat«, »Der blaue Engel« und »Das Kaiserreich« verdanken. Beide Brüder verließen 1933 Deutschland, lebten eine Weile in Frankreich und verbrachten die Kriegsjahre in den Vereinigten Staaten, von wo aus sie den Nationalsozialismus literarisch bekämpften. Der auf mhd. *man* zurückgehende Name kann »tapferer Krieger« oder »Lehnsmann« bedeuten.

Mansfield *Katherine* (1888–1923), neuseeländische Erzählerin. Ihre Kurzgeschichten über scheinbar belanglose Ereignisse, aber mit tief greifenden seelischen Vorgängen finden sich in Sammlungen wie »Für 6 Pence Erziehung«, »Die Gartenparty«, »Ihr erster Ball«, »Seligkeit« und »Dein großes Herz«. *Katherine Mansfield* (aus der älteren Form *Mamesfelde*, zu kelt. *mamma*, »Brust, Hügel«, und aengl. *feld*, »offenes Land«) war das Pseudonym der Schriftstellerin, mit wirklichem Namen hieß sie *Kathleen Beauchamp*, also etwa »Schönfeld«, zu frz. *beau*, »schön«, und *champ*, »Flur, Land«. *Kathleen* ist eine englisch-irische Variante von *Katharina*.

Mansur ist ein beliebter arabischer Ehrenname (eigentlich *Al-Mansur*) mit der Bedeutung »dem Gott Sieg verleiht«. Der erste berühmte Träger dieses Namens war der Abbasiden-Kalif *Abu Dschafar Abdallah ibn Muhammed* (712–775), der 762 das neu gegründete Bagdad zu seiner Residenz machte und sowohl der Literatur als auch der Philologie zu großer Blüte verhalf. Sein Name setzt sich zusammen aus arab. *abu*, »Vater (des ...)«, *dschafar*, »Liebenswerter«, *abdallah*, »Knecht Gottes«, *ibn*, »Sohn (des ...) « und *Muhammed*, »Gepriesener«. Ein weiterer hehrer *Al-Mansur* war der mächtige Reichsverweser *Muhammed ibn Abi Amir* (gest. 1002), der im Namen des Kalifen die Herrschaft im maurischen Spanien ausübte und von den dortigen Christen *Almansor* genannt wurde. Sein Name bedeutet »Mohammed, Sohn des stolzen Emirs«, zu arab. *abi*, »stolz, barsch«, und *amir*, »Prinz«.

Mantegna *Andrea* (1431–1506), italienischer Maler und Kupferstecher. Seine Perspektivlehre und streng plastische Formgebung hatten einen großen Einfluss auf die italienische und deutsche Kunst. Der Name *Mantegna* besteht aus der zu seiner Zeit üblichen Verkürzung aus *Dio ti mantegna*, »Gott beschütze dich«, zu ital. *mantenere*, »bewahren, beschützen«.

Manu ist im Hinduismus der Stammvater der Menschheit und ihr Gesetzgeber, von Brahma mit der schönen Göttin Schatarupa gezeugt, die er einst selbst aus seinem Körper erschaffen hatte. *Manu* bedeutet im Altindischen »Mensch«.

Manuel lautet eine vor allem spanische und portugiesische, aber auch griechische Form von *Emanuel*, zu hebr. *immanu'el*, »Gott mit uns«. *Manuel I. Komnenos* (ca. 1122–1180) wurde 1143 byzantinischer Kaiser, dessen Machtstellung nach der Niederlage seines Heeres im Kampf gegen die Türken (1176) gebrochen war. Der Beiname *Komnenos* bedeutet »der aus Komne« (*Komne* war ein Ort bei Adrianopel, dem heutigen Edirne). *Manuel II. Palaiologos* (1348–1425) bestieg 1391 den byzantinischen Kaiserthron. Während seiner Herrschaft geriet das Oströmische Reich zunehmend in die Umklammerung der Osmanen. Die Dynastie der *Palaiologen* stammte aus kleinasiatischem Militäradel und führte ihren Namen auf ihren Gründer *Nikopheros Palaiologos* zurück, zu grch. *palaiós (παλαιός)*, »alt, früher«, und *lógos (λόγος)*, »Wort, Erzählung, Lehrsatz«. *Manuel* hießen auch zwei portugiesische Könige: *Manuel I.*, genannt »der Große« (1469–1521), der die bedeutenden Seefahrer Vasco da Gama, Pedro Cabral und Alfonso de Albuquerque förderte und ein bedeutender Baumeister war, sowie der letzte portugiesische Herrscher *Manuel II.* (1889–1932), der 1910 vom Militär gestürzt wurde.

Mao Tse-tung (1893–1976), chinesischer Politiker. Der militante Marxist war einer der Gründer der kommunistischen Partei Chinas und ab 1935 ihr Führer. Nach der Zweckallianz mit seinem Gegner Tschiang Kai-schek im Chinesisch-Japanischen Krieg (1937–1941) konnte er im neu entbrannten Bürgerkrieg bis 1949 ganz Kontinentalchina erobern. Von 1954 bis 1959 war er Präsident der Volksrepublik China, nach seinem Rücktritt behielt er jedoch die Parteiführung. 1966 löste er die Kulturrevolution mit ihren verheerenden Folgen aus. Der in seinem Land hoch verehrte »Vorsitzende« erhielt zu seinem Familiennamen *Mao* (chinesisch für »Haar« und »Feder«) als so genannten Höflichkeitsnamen den Zusatz *Tse-tung*, »Erhellung des Ostens«, zu chin. *tse*, »scheinen auf«, und *tung*, »Osten«.

Marais *Jean* (1913–1998), mit vollem Namen *Jean Alfred Villain-Marais*, französischer Filmschauspieler (z. B. »Die Schöne und das Biest«). Sein Familienname ist das französische Wort für »Sumpf, Moor«. Dass er auf den ersten Teil seines Doppelnamens verzichtete, ist verständlich, da *Villain* zumindest wie das Adjektiv *vilain*, »schlimm, hässlich«, klingt, obschon es wahrscheinlich von lat. *villanus*, »Bewohner eines Landgutes«, kommt.

Marat *Jean Paul* (1743–1793), französischer Arzt, Schriftsteller und Revolutionär sardischer Abkunft. Nach dem Sturz des Königtums schloss er sich 1792 Danton an, beteiligte sich an den Septembermorden und wurde Mitglied des Konvents. Als Präsident des Jakobinerklubs trug er 1793 zum Fall der Girondisten bei. Er wurde von Charlotte Corday im Bad erstochen, die auf diese Weise dem Terror eine Ende bereiten wollte. Der Name *Marat* stammt aus Sardinien, wo das Wort *mara* »Tümpel, Morast« bedeutet (vgl. frz. *marais*).

Marc *Franz* (1880–1916), deutscher Maler. Mit Kandinsky gründete er 1911 den Blauen Reiter. Da ihm der Mensch zu unvollkommen erschien, malte er fast ausschließlich Tiere in klaren, lichten Farben und zunehmend abstrakten Formen. Ihm war leider keine lange Karriere beschieden, da er im Ersten Weltkrieg vor Verdun fiel. Im Dritten Reich galten seine Bilder als »entartet«. Der Familienname *Marc* ist eine (französische) Variante des altrömischen Vornamens *Marcus*, »Sohn des Mars«.

Marceau *Marcel* (geb. 1923) hieß eigentlich *Marcel Mangel*. Der weltberühmte französische Pantomime versteht auch heute noch, als schweigender Clown Bip (im gestreiften Matrosenanzug mit weißem Gesicht, zerbeultem Hut und roter Blume) sein Publikum zu begeistern. Der Sohn eines elsässischen jüdischen Metzgers war ein begeisterter Anhänger der Stummfilmkünstler Charlie Chaplin und Buster Keaton und übte sich schon als Kind vor dem Spiegel in Gestik und Mienenspiel. Seinen Künstlernamen *Marceau* nahm er übrigens zur Tarnung an, nachdem sein Vater während des Zweiten Weltkriegs von den Nazis ermordet worden war, die Familie nach Südfrankreich fliehen musste und *Marcel* der französischen Résistance beigetreten war. Sein Geburtsname basiert entweder auf der »Heißmangel« zum Glätten von Wäsche und Tuch oder auf *Mang*, einer verkürzten Form von *Magnus*, mit angefügtem -*l*. Sein Künstlername *Marceau* ist lediglich eine Variante seines alten Vornamens, der sich aus dem römischen Personennamen *Marcellus* entwickelte, einer Verkleinerungsform von *Marcus*.

Marcellinus, ein Papst (296–304) und Heiliger, ist möglicherweise mit seinem »Nachfolger« *Marcellus* identisch. Man verdächtigte ihn, während der Christenverfolgung durch Kaiser Diokletian seine Religion verleugnet und dem Jupiter geopfert zu haben. Als sich die Vorwürfe später als Verleumdung herausstellten, münzte man seinen natürlichen

Tod um in ein angebliches Martyrium, sodass er heilig gesprochen werden konnte. → *Marcellus*

Marcellus war ein Beiname der plebejischen Linie im römischen Geschlecht der Claudier; ihm gehörten z. B. *Marcus Claudius Marcellus*, der sich 216 v. Chr. als Feldherr gegen Karthago einen Namen machte, 212 Syrakus eroberte und 208 v. Chr. in Unteritalien im Kampf gegen Hannibal fiel, sowie *Marcus Claudius Marcellus* (42–23 v. Chr.) an, ein Adoptivsohn des Kaisers Augustus. Diesen heidnischen, vom römischen Kriegsgott *Mars* abgeleiteten Namen trugen allerdings auch zwei Heilige Väter der Lateinischen Kirche: *Marcellus I.* (308), dessen Name vielleicht nur eine Variante von *Marcellinus* ist, hat es wahrscheinlich nie gegeben. Es wäre denkbar, dass während seiner angeblich einjährigen Regierungszeit der Heilige Stuhl, wie schon in den vier Jahre zuvor, wegen der andauernden Christenverfolgung in Wirklichkeit verwaist war und es sich nur um eine Namensverwechslung handelte. *Marcellus II.* (1555), mit bürgerlichem Namen *Marcello Cervini* (er hat als Papst also lediglich seinen heidnischen italienischen Vornamen latinisiert), überlebte seine Wahl zum römischen Oberhirten nur um drei Wochen. Dennoch markierte er so deutlich den Beginn des Reformpapsttums, dass ihm Palestrina eine Messe, die »Missa papae Marcelli«, widmete. Der Name *Marcellus* ist eine Ableitung vom altrömischen Vornamen *Marcus*, der wiederum verkürzt ist aus *Marticus*, »der dem Mars Geweihte« (vgl. frz. *Marcel*). → *Marcellinus*

Marcius lautete ein römischer Geschlechtername, den z. B. die Folgenden führten: *Ancus Marcius*, nach der Sage der vierte König Roms, und der Held der römischen Frühzeit, *Cnaeus Marcius Coriolanus*, der 493 v. Chr. die Volskerstadt Corioli eroberte, sowie *Quintus Marcius Rex*, der als Prätor 144 v. Chr. die *Aqua Marcia* anlegte, ein Aquädukt von Tibur nach Rom.

Marco Polo (1254–1324), bedeutendster italienischer Reisender des Mittelalters. In Begleitung seines Vaters *Nicolò* und seines Onkels *Matteo* verbrachte er Ende des 13. Jahrhunderts zwei Jahrzehnte am Hof Kubilai Khans in Kambaluk (mong. Khan-balik, »Stadt des Khan«, heute Peking) und wurde sogar zu dessen Statthalter in der Provinz Kiangnan ernannt. Als er 1298 nach Italien zurückkehrte, geriet er in genuesische Gefangenschaft. Im Kerker diktierte er einem französischen Mithäftling seine Reiseerlebnisse, die einen nachhaltigen Einfluss auf die geographischen Vorstellungen des 14. und 15. Jahrhunderts hatten. Sein Taufname *Marco*, die italienische Entsprechung unseres *Markus*, wurde sicherlich aus Verehrung für seine Heimatrepublik Venedig gewählt, während *Polo* (eigentlich *Paolo*) eine Variante von *Paulus* ist. Zufällig war der Heilige dieses Namens ebenfalls ein berühmter Reisender.

Marcus (abgek. *M.*) stand für römische Eltern ganz oben in der Beliebtheitsskala der Vornamen. *Marcus* leitet sich her vom Namen des Kriegsgottes *Mars*.

Marcuse Herbert (1898–1979), amerikanischer Philosoph und Soziologe deutsch-jüdischer Herkunft. Er emigrierte 1933 über die Schweiz in die USA, wo er ab 1952 an der Columbia- und der Harvard-Universität sowie der University of California lehrte. Als Philosoph konzentrierte er sich auf die Analyse der Situation des Menschen in der spätkapitalistischen Gesellschaft und deren Herrschaftsstrukturen. Sein Aufruf zu radikalen politischen Aktionen gegen die bestehende Ordnung machte ihn Ende der 1960er-Jahre zum geistigen Führer der studentischen Linken. *Ludwig Marcuse* (1894–1971), ein Philosoph und Schriftsteller, hatte ein ähnliches Schicksal. In Deutschland geboren, ging er unmittelbar nach Hitlers Machtergreifung über Frankreich in die Sowjetunion und gelangte 1939 nach Amerika, wo er eine Professur an der University of Southern California in Los Angeles übernahm und deutsche Literatur und Philosophie lehrte. Nach dem Zweiten Weltkrieg kehrte er jedoch nach Deutschland zurück. Bekannt wurde er vor allem durch seine Publikationen über Sigmund Freud, Heinrich Heine, August Strindberg und Georg Büchner. Der Name *Marcuse* ist eine in jüdischen Bevölkerungsteilen beliebte Form von *Markus*, »Sohn des (Kriegsgottes) Mars«.

Marduk, die Stadtgottheit von Babylon, war als ältester Sohn des Wassergottes Ea vor allem der Gott der Fruchtbarkeit und des Ackerbaus, aber auch des Krieges; er besiegte die furchtbare Schlange Tiamat und zerschlug ihren Körper in zwei Hälften: Aus der oberen machte er das Himmelsgewölbe, aus der unteren den Erdboden; danach schuf er aus Lehm die ersten Menschen. Sein Name stammt entweder von sum. *Amar Utu*, »Kalb des Utu«, d. h. des Sonnengottes (vgl. das goldene

Kalb), oder aus *Mar-Duku*, »Sohn von Duku«, also des Ortes, wo der *Marduktempel* stand. → *Leviathan* und *Mordekaj*

Margarete war im Mittelalter ein weit verbreiteter Fürstinnenname, zu grch. *margarítes (μαργαρίτης)*, »Perle«. Als Beispiel sei *Margarete von Navarra* (1492–1549) genannt. Sie war die Schwester Franz' I. von Frankreich und die Gattin des Königs von Navarra, Henri d'Albret. Ihr Enkel Heinrich IV. wurde der erster Bourbonen-König Frankreichs. Sie war eine große Förderin von Wissenschaft und Dichtung. So gab sie den Auftrag zur Übersetzung vieler Werke der italienischen Literatur, u. a. die des »Decamerone« von Boccaccio. Sie selbst war eine begabte Dichterin und verfasste eine Novellensammlung à la Boccaccio, die jedoch nicht »Dekameron« (Zehntagewerk), sondern »Heptameron« (Siebentagewerk) benannt ist, da sie unvollendet blieb. *Grete*, eine Abkürzung aus *Margarete*, war auch beim Volk ein sehr beliebter Mädchenname, ähnlich wie *Hans* in der Männerwelt; in der Koseform *Hänsel und Gretel* wurden sie gar zum bekannten Märchentitel.

Maria [grch. *Μαριάμ*] bedeutet »die Betrübte« oder »die Widerstrebende«, zu hebr. *mirjam*, »Bitterkeit« oder »Aufsässigkeit«. Vielleicht liegt dem Namen aber auch die ägyptische Wurzel *mrh*, »fett«, zu Grunde, wohl in der Bedeutung »stark« und »fruchtbar«. Die bekanntesten *Marien* des Neuen Testaments waren *Maria*, die Mutter Jesu (seit dem Konzil zu Ephesus, 431, auch Gottesgebärerin genannt), und *Maria Magdalena* (d. h. »die aus Magdala«, einer Stadt am See Genezareth), die als Jüngerin Jesu am Ostermorgen sein leeres Grab entdeckte, sowie *Maria*, die Schwester der Martha und des Lazarus. Darüber hinaus trugen auch etliche Herrscherinnen diesen Namen, z. B. Heinrichs VIII. Tochter *Maria Tudor* (1516–1558), die nach dem Tod ihres Vaters den Katholizismus wieder einführte und die Protestanten in England rücksichtslos verfolgen ließ, weswegen sie auch *Bloody Mary*, »Blutige Maria«, hieß, oder die schottische Königin *Maria Stuart* (1542–1587), die von ihrer Cousine Elisabeth I. im Tower hingerichtet wurde, sowie die österreichische Kaiserin *Maria Theresia* (1717–1780), deren Tochter *Marie Antoinette* (1755–1793) französische Königin wurde und während der Französischen Revolution mit ihrem Gemahl Ludwig XVI. unter dem Fallbeil der Guillotine starb.

Mariamne (ca. 60–29 v. Chr.) hieß die Gattin Herodes' I., die dieser zu Unrecht der Untreue verdächtigte und mit ihren beiden Söhnen hinrichten ließ. Ihr Name ist eine Variante des hebräischen Namens *Mirjam*, »Widerspenstige, Trotzkopf«. → *Maria* und *Mirjam*

Marius war der Name einer römischen plebejischen *gens*. Ihr gehörte z. B. der siebenmalige Konsul *Caius Marius* (156–86 v. Chr.) an, der 106 v. Chr. Jugurtha, 102 die Teutonen und 101 die Kimbern besiegte. Sein Name gehört zu lat. *mare, maris*, »Meer, Ozean«. *Marius* ist heute noch ein männlicher Vorname (ital. *Mario*).

Markus [lat. *Marcus*, grch. Μάρκος], »Sohn des Mars«, war der wohl bekannte Name eines Mitglieds der Jerusalemer Urgemeinde, der den heiligen Paulus bei einigen seiner Missionsreisen begleitet und das älteste der vier Evangelien verfasst haben soll (um 70 n. Chr.), das Matthäus und Lukas offensichtlich als Quelle gedient hat. Nach der Legende war er der erste Bischof von Alexandria und ist dort den Märtyrertod gestorben. Im Mittelalter wurden seine Gebeine nach Venedig geholt, wo sie seitdem im *Markusdom* ruhen und eine Säule mit einem steinernen Löwen, dem Emblem des Evangelisten, an den heiligen *Markus* als Schutzpatron der Stadt erinnert. Den gleichen heidnischen Vornamen trug auch ein Papst (336), von dem wenig mehr bekannt ist, als dass er zwei Basiliken in Rom erbaut hat.

Marlowe *Christopher* (1564–1593), englischer Dichter. Der wohl bedeutendste englische Dramatiker vor Shakespeare schrieb z. B. »Doktor Faustus« und Dramen mit gewalttätigen Helden wie »Tamerlan der Große«, »Der Jude von Malta« und »Eduard II.«. Der Poet selbst nahm übrigens auch ein gewaltsames Ende: Er wurde in einem Wirtshausstreit erstochen. Sein Familienname, dessen frühere Formen *Merlaue* und *Merlawe* lauteten, bezieht sich auf eine gleichnamige Stadt an der Themse (zu aengl. *mere*, »Teich, See«, und *lāf*, »links liegend«; vgl. engl. *left*).

Maro war ein römischer Beiname, zu lat. *mas, maris*, »mannhaft, stark, kräftig«, und *maris*, »Mann«, auch »Junge, Sohn« (vgl. frz. *mari*, »Mann, Ehemann«). → *Vergilius* und *Vergil*

Márquez → *García*

Marquis lautete ein französischer Adelstitel aus der Karolingerzeit, von afrz. *marchis*, »Markgraf«, zu ahd. *marka*, »Grenze«. Ein Marquis steht rangmäßig zwischen einem Fürsten und einem Grafen.

Mars (Gen. *Martis*), der Name des Kriegsgottes, entstand aus der Ursprungsform *Mavors* und dem zugehörigen Adjektiv *Mavortius*, das zu *Martius*, »dem Mars geweiht«, verkürzt wurde. In altlatinischer Zeit – also während der Wanderzeit der Stämme und der Rodungen im Waldgebirge – war *Mars* der Gott des Wetters und des Landbaus sowie der Manneskraft und des knospenden Frühlings gewesen; darum war ihm der *Martius*, also der »März«, heilig. Als die latinischen und sabinischen Gemeinden sich zusammenschlossen, wurde neben *Mars* auch der sabinische Kriegsgott Quirinus verehrt. Später übernahm *Mars* die Rolle dieses Kriegsgottes und er wurde mit dem griechischen Ares gleichgesetzt. *Mars* war der Vater des Romulus und galt damit als Stammvater des gesamten römischen Volkes. Sein Name geht letztlich zurück auf lat. *mas, maris* »männlich, kräftig« (vgl. *maskulin* und frz. *mari*, »Ehemann«).

Marshall *Tony* (geb. 1938), eigentlich *Herbert Anton Hilger*, deutscher Schlagersänger und TV-Entertainer. Einer seiner erfolgreichsten Titel war »Schöne Maid«. Begonnen hatte er seine Karriere als examinierter Opernsänger. Er lernte jedoch bald, dass man von den kleinen Gagen kaum überleben konnte, und wandte sich daher der leichten Musik zu. Auf Wunsch seiner Schallplattenfirma nahm er in den 1960er-Jahren seinen englischen Künstlernamen an; sein Geburtsname – vom Vornamen *Hiltger*, aus ahd. *hiltja*, »Kampf«, und *gēr*, »Speer« – klang in der damaligen Zeit wohl doch zu deutsch (*Herbert* und *Anton* erst recht!), obschon die Bedeutung seines Künstlernamens *Marshall*, von mhd. *marschalc*, »Pferdeknecht«, keine wesentliche Verbesserung gegenüber seinem alten Namen darstellt.

Martialis war ein römischer Beiname, der z. B. dem *Marcus Valerius Martialis* (ca. 40–100 n. Chr.) gegeben worden war, der als bedeutender Dichter in Rom lebte, kurz vor seinem Tod jedoch in seine spanische Heimat zurückkehrte. Sein Name kommt von lat. *Martialis*, »zum Mars gehörig«, entstanden aus *Martius*, »dem Mars geweiht« (vgl. *martialisch*, »kriegerisch«).

Martin *Dean* (1917–1995), eigentlich *Dino Paul Crocetti*, amerikanischer Sänger und Schauspieler. Sein Künstlername entspricht dem Vornamen *Martin*, zu lat. *Mars, Martis*, »Kriegsgott, Kriegsglück«; sein Vorname *Dean* leitet sich her von engl. *dean*, »Dekan«, zu lat. *decanus*, »Vorsteher von zehn Mann«, aus *decem*, »zehn«. Sein Geburtsname beruht auf ital. *crocetta*, »Kreuzchen«, der Verkleinerungsform von *croce*, »Kreuz«. Die Annahme eines neuen, griffigen Namens passte zur dramatischen Änderung seines Lebens, denn nach der Schule jobbte er zunächst als Boxer, Stahlarbeiter, Tankwart und Croupier, bevor ihm mit seinen Partnern Jerry Lewis und John Wayne der Durchbruch als Filmschauspieler gelang.

Martinus (*Marinus*) kennen wir am besten unter dem Namen des mildtätigen *St. Martin* (316–397), der als römischer Gardesoldat in Gallien Dienst tat und vor dem Stadttor von Amiens seinen Mantel mit einem frierenden Bettler teilte. Mit achtzehn Jahren verließ er das Heer, ließ sich taufen und beschloss, ein mönchisches Leben zu führen. 371 wurde er Bischof von Tours und nahm großen Einfluss auf den Kaiserhof in Trier. Er gilt als Apostel Galliens und fränkischer Nationalheiliger. Nach offizieller Zählung hat es auch fünf Päpste dieses Namens gegeben, wobei zwei allerdings eigentlich *Marinus* geheißen haben: *Martinus II.* war in Wirklichkeit *Marinus I.* (882–884), während mit *Martinus III.* tatsächlich *Marinus II.* (942–946) gemeint war. Daher folgt in der Papstliste auf den heiligen *Martin I.* (649–654) direkt *Martin IV.* (1281–1285). Die Verwechslung beruht auf einem leicht verständlichen Schreibfehler; die Herkunft der beiden Namen ist jedoch grundverschieden: Während *Marinus* herzuleiten ist von lat. *mare*, »Meer«, und demnach etwa »der am Meer Wohnende« bedeutet, bezieht sich der Name *Martinus* auf den römischen Kriegsgott *Mars* (Gen. *Martis*); er wäre etwa mit »der dem Mars Geweihte« zu übersetzen.

Marx *Karl* (1818–1883), deutscher Philosoph und Nationalökonom. Zusammen mit Friedrich Engels, mit dem ihn eine lebenslange Zusammenarbeit und Freundschaft verband, begründete er den so genannten *Marxismus*. In seinem 1848 veröffentlichten »Kommunistischen Manifest« übte er radikale Kritik an der bürgerlichen Gesellschafts- und Wirtschaftsordnung und rief das internationale Proletariat zum Klassenkampf auf. In seinem Hauptwerk »Das Kapital« sagte er den notwendigen Zusammenbruch des Kapitalismus voraus. *Marx* ist eine patronymische Variante des Namens *Markus* und bedeutet damit »Sohn des Markus«. In der jüdischen Bevölkerung benutzte man *Marx* auch als Ersatznamen für *Mordechai*, den Erretter der Juden aus der Babylonischen Gefangenschaft, zu pers. *Mordecai*, »Diener des Marduk«. (Die Familie des Philosophen war 1824 vom Judentum zum Protestantismus übergetreten.)

Masaryk *Tomáš Garrigue* (1850–1937), tschechischer Soziologe und Staatsmann. 1891 und erneut 1907 in den österreichischen Reichsrat gewählt, propagierte er ab 1914 die tschechische Eigenstaatlichkeit. Den Ersten Weltkrieg verbrachte er im Exil; nach Kriegsende wurde er der erste Präsident einer unabhängigen Tschechoslowakei und behielt dieses Amt bis zu seinem Rücktritt 1935. Bei seiner Heirat übernahm er übrigens den französisch-hugenottischen Mädchennamen seiner Frau, *Garrigue* (zu frz. *garrigue*, »immergrüne Strauchheide«.) Sein Sohn *Jan Masaryk* (1886–1948) war von 1925 bis zum Ausbruch des Kriegs tschechoslowakischer Gesandter in London, wurde 1940 als enger Mitarbeiter Beneš' Außenminister der Londoner Exilregierung und 1945 Außenminister in Prag. Angeblich beging er 1948 Selbstmord, nach anderer Quelle wurde er aus dem Fenster seines Amtszimmers gestürzt. Der Name *Masaryk* könnte auf slowak. *mazat'*, »schmieren, einschmieren«, beruhen. Bei den aschkenasischen Juden der Ukraine gibt es den Namen *Mazyar* als Berufsbezeichnung für einen Verkäufer von Teer oder Wagenschmiere, zu ukr. *maz' (мазь)*, »Teer, Schmiere«.

Mastai-Feretti *Giovanni Maria* (1792–1878), war der Name des italienischen Kardinals, der 1846 nach seiner Wahl zum Papst den Namen Pius IX. wählte und wegen seines Dogmas von der Unfehlbarkeit des Papstes einerseits angefeindet, von vielen Gläubigen andererseits für sein gütiges Wesen und sein würdevolles Auftreten verehrt wurde. Dem scheint sein Familienname zu widersprechen, denn er dürfte etwa »Jagdhund« bedeuten, von ital. *mastino*, »Bullbeißer« (vgl. *Mastiff*), zu *masticare*, »kauen, beißen«. Beim zweiten, ebenfalls wenig schmeichelhaften Teil des Namens wird es sich um eine Variante von ital. *ferreto*, »Eisendraht«, handeln. → *Pius IX.*

Mastroianni *Marcello* (1924–1996), italienischer Schauspieler. Er übernahm Rollen in berühmten Filmen wie »La Dolce Vita«, »Die Nacht« und »Hochzeit auf italienisch«. Der erste Teil seines Familiennamens ist eine ältere süditalienische Form von *maestro*, »Meister«, und dem Rufnamen *Ianni* für *Johannes*. Bei dem Vornamen *Marcello* handelt es sich um eine Verkleinerungsform von *Marco*.

Mata Hari (1876–1917), die berühmte niederländische Tänzerin, Kurtisane und Doppelspionin für Deutschland und Frankreich, hieß in Wirklichkeit *Margaretha Geertruida Zelle*. 1905 begann sie in Paris ihre Karriere als Tänzerin. Da sie vor allem indische Tempeltänze nachempfand, wählte sie als Pseudonym den malaiischen Namen *Mata Hari*, »Auge der Morgenröte«. Während des Kriegs ließ sie sich aus Geldnot zur Spionage überreden. 1917 wurde sie in Frankreich wegen Hochverrats zum Tode verurteilt und von einem Exekutionskommando erschossen.

Matisse *Henri* (1869–1954), französischer Maler. Nach Überwindung seiner impressionistischen Phase begann er Flächen mit reinen Farben gegeneinander zu stellen, weswegen man ihn und die sich um ihn scharenden Künstler bald als *Fauves*, »Wilde«, bezeichnete. Anders als Picasso und die Kubisten war er nicht so sehr am Bildaufbau interessiert, sondern setzte alles Körperliche in farbige, dekorativ wirkende Farbfelder um. Mit seiner Kunst hatte er einen großen Einfluss auf den Expressionismus. *Matisse* ist eine Variante der französischen Rufnamen *Matthieu* und *Matthias*, zu hebr. *Mattanja* oder *Mattitja*, »Geschenk Jahwes« (vgl. auch unseren niederdeutschen Vornamen *Mathis*).

Matthau *Walter* (1920–2000), eigentlich *Walter Matuschanskayasky*, amerikanischer Filmschauspieler. Als Sohn armer jüdisch-russischer Einwanderer wuchs er in New York mit einem schier unaussprechlichen slawischen Nachnamen auf. Das dürfte der Grund für die radikale Verkürzung desselben gewesen sein, der wahrscheinlich auf russ. *matuschka (матушка)*, »Mütterchen«, zurückgeht. Der Anklang an *Mathew* oder *Mathieu*, die englische bzw. französische Form von *Matthias*, war sicherlich beabsichtigt.

Matuta war der Beiname verschiedener Göttinnen in Latium, z. B. der *Mater Matuta*, der Heilgöttin und Göttin der Frühe, der Morgenhelle, auch der Reife und daher auch Geburtsgöttin; vielleicht zu lat. *matutinus*, »morgendlich« (vgl. auch *pater matutinus*, eine Bezeichnung für *Janus* als Gott des anbrechenden Tages).

Maugham *William Somerset* (1874–1965), englischer Erzähler und Dramatiker. Der Kosmopolit – er hatte in Heidelberg und London Medizin studiert, während er sein Geburtsland Frankreich zeit seines Lebens als geistige Heimat ansah – schilderte in seinen Romanen analytisch genau, und damit manchmal ein wenig langatmig, die englische Lebensart, auch in fernen Weltgegenden wie der Südsee und China. Besonders bekannt wurden seine Erzählungen »Silbermond und Kupfermünze«, »Der bunte Schleier« und »Auf Messers Schneide«. In seinen geistreichen Komödien schwankt er zwischen Satire und zynischer Gesellschaftskritik (z. B. »Finden Sie, dass Constanze sich richtig verhält?«, »Die heilige Flamme« und »Für geleistete Dienste«). Sein Familienname entstand aus dem alten schottischen Ortsnamen *Machan*, zu gäl. *machair*, »Ebene«.

Maupassant *Guy de* (1850–1893), französischer Schriftsteller. Gefördert von Gustave Flaubert, dem Jugendfreund seiner Mutter, widmete er sich nach einer langjährigen Beamtentätigkeit ganz der Schriftstellerei. In etwa 300 naturalistischen Novellen, zusammengefasst in mehreren Sammlungen, gab er unermüdlich seinem Pessimismus und Abscheu vor dem Leben Ausdruck. Von seinen Romanen ist vor allem »Bel-Ami« zu nennen. Seine letzten Lebensjahre verbrachte *Maupassant* in völliger geistiger Umnachtung. Sein Unheil kündender Name bedeutet »schlimmer Weg«, zu frz. *mauvais*, »schlecht, übel«, und afrz. *passant*, »Durchgang, Weg« (heute: *passage*).

Mauriac *François* (1885–1970), französischer Schriftsteller. Die Romane und Theaterstücke des strengen Katholiken schildern unbarmherzig die Verwerflichkeit des reichen Bürgertums im provinziellen Südfrankreich (z. B. »Fleisch und Blut«, »In diesen Kreisen« und »Natterngezücht« sowie »Asmodée« und »Das Feuer auf der Erde«). Der Name *Mauriac* ist ein Herkunftsname und bezeichnete ursprünglich jemanden aus einer jener zahlreichen südwestfranzösischen Ortschaften, deren Name auf ein gallo-römisches *Mauriacum* zurückgeht und auf den römischen Rufnamen *Maurius* verweist (zu lat. *maurus*, »der Dunkle«, »der Maure«).

Mausolus [grch. Μαύσωλος] war um 360 v. Chr. Tyrann von Halikarnassos (heute: Bodrum in der Türkei). Ihm baute seine Schwester und Gattin Artemisia (nach der griechischen Göttin Artemis) ein so prächtiges Grabmal, dass es zu den sieben Weltwundern der Antike zählt. Woher der Name dieses recht unbedeutenden kleinasiatischen Herrschers stammt, bleibt dunkel. Unsterblich wurde er eigentlich erst durch die Art seiner Bestattung, denn noch heute nennen wir ein solches Grabmonument nach ihm *Mausoleum*.

Maximilian nannten sich – ein wenig anmaßend – vorzugsweise deutsche Fürsten, z. B. die Kaiser *Maximilian I.* (1459–1519), in dessen Regierungszeit die Loslösung der Schweiz vom Reich fiel, und *Maximilian II.* (1527–1576), der 1564 den Habsburgerthron bestieg, sowie jene tragische Gestalt *Maximilian* (1832–1867), der jüngere Bruder Kaiser Franz Josephs I., der 1864 Kaiser von Mexiko wurde, aber nach nur dreijähriger Herrschaft in die Hand des Präsidenten Juárez fiel, zum Tod verurteilt und erschossen wurde. Daneben gab es etliche bayerische Fürsten dieses Namens, der eine Verkleinerungsform von *Maximilianus* und eine Weiterbildung von lat. *Maximus*, »der Größte, Erhabenste«, darstellt (lat. *maximus* ist der Superlativ von *magnus*, »groß«; vgl. unsere Namenskurzform *Max* und das Adjektiv *maximal*).

Maximus war ein gängiger Beiname im uralten römischen Geschlecht der Fabier, dem gleich drei berühmte Männer namens *Quintus Fabius Maximus* angehörten, die zur besseren Unterscheidung einen weiteren Beinamen erhielten. Der lateinische Name *Maximus* bedeutet »der Größte« (Superlativ von *magnus*, »groß«). → *Cunctator*, *Fabius*, *Pictor* und *Verrucosus*

Mazarin *Jules* (1602–1661), französischer Geistlicher und Staatsmann italienischer Herkunft (Geburtsname: *Giulio Mazarini*). Richelieu war 1630 auf den päpstlichen Diplomaten in Lyon aufmerksam geworden, betraute ihn mit der Vertretung seiner Politik in der Kurie und sorgte dafür, dass er 1641 auf Betreiben der französischen Krone die Kardinalswürde erhielt. Nach Richelieus Tod übertrug ihm König Ludwig XIII. die Leitung des Ministerrats, eine Stellung, die er auch unter dem jungen Ludwig XIV. behielt. Seine Hauptaufgabe war wohl der für Frankreich günstige Abschluss der Verhandlungen in Münster, die 1648 zum Westfälischen Frieden führten. Obschon beim Volk recht unbeliebt, blieb *Mazarin* bis zu seinem Tod der unbestrittene Herr Frankreichs. Zu dieser Rolle mag sein Familienname nicht so recht passen, denn er bedeutet »Kindchen«, zu bologn. *masarin*, »Kleinkind«.

McAdam *John Loudon* (1756–1836), schottischer Ingenieur, Erfinder des Straßenbelags aus Schotter. In England und Frankreich heißt diese Art der Fahrbahnbefestigung nach ihm *macadam*. Der Familienname bedeutet natürlich »Sohn des Adam«, mit *Mc* (auch: *Mac*) als Bezeichnung eines Nachkommen in einem schottischen Clan.

McCarthy *Joseph* (1908–1957), amerikanischer Politiker. Als republikanischer Senator von Wisconsin schuf er 1950 einen Untersuchungsausschuss gegen »Antiamerikanische Umtriebe«, der verbissen mutmaßliche kommunistische Sympathisanten »enttarnte« und vor Gericht brachte. Dieses rigorose Vorgehen wurde jedoch 1954 vom Senat untersagt. *McCarthy* ist ein alter irischer Name, der aus der Form *MacCarthaigh* entstanden ist, zu ir. *carthanach*, »liebenswert, freundlich« – eine Bedeutung, die im Fall des einstmaligen obersten »Gesinnungsschnüfflers« der amerikanischen Regierung wie Hohn klingt.

McCartney *Sir James Paul* (geb. 1942), britischer Musiker und Komponist, der als Sänger und Bassist der Beatles bekannt wurde. 1970 verkündigte er, nach einem letzten gemeinsamen Lied (*Let it be*, »Lass es geschehen«), die Auflösung der Band und das Ende der erfolgreichen Kompositionsarbeit mit John Lennon. *McCartney* (mit der Variante *Macartney*) ist eine Form des irisch-schottischen Namens *Mac Cartaine*, aus *Mac Artáin*, »Sohn des Art« (für *Arthur*, wohl zu kelt. *art* oder *artos*, »Bär«).

McKinley *William* (1843–1901), amerikanischer Politiker. Der zweimal zum Präsidenten der Vereinigten Staaten gewählte *McKinley* (1897 und 1900) fiel einem Mordanschlag zum Opfer. *McKinley* ist die anglisierte Form des keltischen Familiennamens *MacCinfaolaidh*, »Sohn des Cinfaoladh«, wobei der darin enthaltene Rufname »Wolfshaupt« bedeutet (zu gäl. *ceann*, »Kopf«, und *faol*, »Wolf«).

Medea [grch. Μήδεια] hieß die mythische Tochter des Aiëtes, des Königs von Kolchis (heute: Georgien), und die Gemahlin des Jason. Beide stahlen nachts das Vlies aus dem Hain des Ares und flohen mit den Argonauten; wie ihr Vater und ihre Tante Kirke (die Schwester ihres Vaters war sie eine Zauberin und besonders begabt im Giftmischen. Als ihr Gemahl Jason ihr untreu wurde (er wandte sich der Glauke, einer Tochter des Königs Kreon von Korinth, zu), rächte sie sich an ihm, indem sie Glauke und ihren Vater sowie ihre beiden Kinder, die sie dem Jason geboren hatte, tötete und nach Athen floh, wo sie König Ägeus heiratete. Ihr Name beruht wohl auf grch. *médein (μέδειν)*, »denken, sorgen, sich etwas ausdenken«, bzw. auf *mêdos (μῆδος)*, »Gedanke, Plan«. Dieses war auch der Name ihres mit Ägeus gezeugten Sohnes *Medos*, der jedoch nicht der Nachfolger des Ägeus wurde, sondern ihr Stiefsohn Theseus (vgl. *Meditation*). → *Medusa* und *Ägeus*

Medici hieß eine florentinische Familie, die das wirtschaftliche und politische Leben ihrer Heimatstadt vom 15. bis zum 18. Jahrhundert bestimmte. Der Name bedeutet »die Ärzte«, zu lat. *medicus*, »Heilkundiger« (vgl. *Mediziner* und *Medizin*). → *Klemens* und *Pius*

Medusa [grch. Μέδουσα] war eine Schwester der Gorgonen, d. h. weiblicher Ungeheuer, die nahe dem Hades am Ende der Welt wohnten. *Medusa*, auf deren Haupt sich Schlangen wanden, hatte goldene Flügel und eherne Hände und Zähne, die so lang waren wie die Hauer eines Keilers. Ihre furchtbarste Waffe aber war ihr Blick, der jeden versteinerte, der sie anschaute. *Perseus* gelang es jedoch, dem Ungetüm den Kopf abzuschlagen und so unbesiegbar zu werden. Aus dem dabei vergossenen Blut entstand übrigens das berühmte geflügelte Pferd Pegasos. *Medusa* scheint die feminine Form des Wortes *médon (μέδων)* zu sein, das »Herrscher, Berater« bedeutet und etwa das Äquivalent zu »Königin« ist. Vielleicht liegt aber auch das Verb *médein (μέδειν)*, »planen, sich ausdenken«, zu Grunde, eine Auslegung, die gut zu ihrer Verschlagenheit passen würde (vgl. *Meditation*). → *Medea* und *Perseus*

Megara [grch. Μεγάρα] hieß die erste Frau des *Herkules*, die Tochter des Königs *Kreon* von Theben. Als Herkules von seinen zwölf Arbeiten nach Hause zurückkehrte und all seine Kinder mit ihr getötet hatte, vermählte er *Megara* – unter dem Vorwand, ihre Ehe sei Unglück bringend verlaufen – mit seinem Neffen Iolaos, um sich nach einer jüngeren und mehr Glück verheißenden Frau umzuschauen. Ihr Name beruht auf grch. *mégaron (μέγαρον)*, »Haus, Wohnung, Frauengemach, Schlafzimmer«.

Megäre [grch. Μέγαιρα], »die Feindliche«, zu *megaírein (μεγαίρειν)*, »verweigern, verargen«, war der Name einer neidischen Rachegöttin, die zu den Erinnyen zählte.

Mehmed hießen einige osmanische Sultane, z. B. *Mehmed II.*, der sich 1453 mit der Einnahme Konstantinopels den Beinamen *Fatih*, »der Eroberer«, verdiente. *Mehmed* ist die türkische Form des Namens *Mohammed*, »der Gepriesene«, zu arab. *hamida*, »preisen«.

Meïr *Golda* (1898–1978), israelische Ministerpräsidentin von 1969 bis 1974. Die als *Goldie Mabowitz* in Kiew (Ukraine) Geborene führte ein wahrlich turbulentes Leben. Schon als Jugendliche emigrierte sie mit ihrer Familie in die USA, wo sie als Lehrerin und Bibliothekarin in Chicago und New York arbeitete. 1919 heiratete sie den Schildermaler *Morris Myerson* und wanderte schon zwei Jahre später mit ihm nach Palästina aus. In den Dreißiger- und Vierzigerjahren engagierte sie sich in verschiedenen zionistischen Organisationen und der Gewerkschaftsbewegung. 1948 gehörte sie zu den Unterzeichnern der Gründungsproklamation des Staates Israel. Im darauf folgenden Jahr ging sie als erste Botschafterin Israels in die Sowjetunion. Nach ihrer Rückkehr und der Wahl in die Knesset wurde sie Ministerin für Arbeit und soziale Sicherheit, von 1956 bis 1965 war sie Außenministerin und ab 1969 Ministerpräsidentin. 1974 trat sie jedoch aus Verärgerung über die unzureichenden militärischen Vorbereitungen auf den Jom-Kippur-Krieg von ihrem Amt zurück. *Golda Mabowitz* änderte ihren Geburtsnamen übrigens erst 1956 auf Anraten Ben Gurions in *Meïr*, was auf Hebräisch etwa »die Lichtgestalt« bedeutet, zu hebr. *me'ir*, »hell leuchten«, »hell brennen«. *Golda* (mit den Varianten *Goldine* und *Goldchen*) ist eine jüngere jüdische Koseform zu »goldig«. → *Golding*

Melainis [grch. Μελαίνις], »die Schwarze«, lautete ein Beiname der Aphrodite, zu *mélas (μέλας)*, »schwarz, dunkel, finster«; schließlich fanden die meisten ihrer Liebesaffären in der Dunkelheit der Nacht statt. Daher trug sie auch den Beinamen *Skotia*, »die Heimliche«, von *skotía (σκοτία)*, »Dunkelheit, Heimlichkeit«.

Melanchthon *Philipp* (1497–1560) hieß mit richtigem Namen *Philipp Schwarzert*. Der deutsche Humanist war reformatorischer Theologe und Professor für Altgriechisch. So kann es nicht verwundern, dass sein Pseudonym aus dieser antiken Sprache stammt; im Übrigen ist es die Übersetzung seines ursprünglichen Namens, nämlich »Schwarzerde«, zu grch. *mélas (μέλας)*, »schwarz« (vgl. *Melanie*, »die Schwarzhaarige«) und *chthón (χθών)*, »Erde«.

Melchior gehört möglicherweise zu hebr. *elimelech* und *or* (Licht): »Gott ist König des Lichts«. So hieß einer der Heiligen Drei Könige. Vielleicht bedeutete sein Name aber auch »König der Stadt«, mit pers. *malek*, »König«, und wsem. *kart*, »Stadt«, was ebenso gut passen würde, da er einer der Weisen aus dem Morgenland war. → *Balthasar, Kaspar* und *Melkart*

Melchisedech war ein heidnischer Priester-König von Salem (wohl für Jerusalem), wie wir in der Genesis (14, 18) erfahren: »Und Melchisedech, der König von Salem, brachte Brot und Wein: Er war nämlich ein Priester des allerhöchsten Gottes.« Der Name beruht auf hebr. *malkisedek*, »mein König ist Gerechtigkeit« (*Sedek*, »Gerechtigkeit«, war übrigens der Name einer semitischen Gottheit).

Melete [grch. Μελέτη] kennt die griechische Mythologie als eine der ursprünglichen Musen, zu grch. *meléte (μελέτη)*, »Sorge, Fürsorge, Sinnen, Trachten«. → *Aoide, Mneme* und *Musen*

Melissos [grch. Μέλισσος], ca. 410–360 v. Chr., hieß ein Politiker und Philosoph aus Samos, zu grch. *mélissos (μέλισσος)*, »Bienen-, die Bienen betreffend«, *mélisson (μέλισσον)*, »Bienenstock«.

Melkart war ein phönizischer Schutzgott von Tyrus, der auch in Karthago verehrt wurde. Zudem galt er als Schutzgott der Seefahrer. Sein Name basiert auf phön. *mlqrt*, »König der Stadt« (damit ist wohl Tyrus gemeint). → *Melchior*

Melville *Herman* (1819–1891), amerikanischer Schriftsteller. Mit seinem Roman »Moby Dick« über die dramatische Jagd nach dem weißen Wal errang er Weltruhm. *Melville* war ursprünglich der Name einer schottischen Stadt, die wiederum nach einem Normannen namens *Mallaville* benannt wurde, der aus dem französischen Ort *Emalleville* stammte (zu frz. *mal*, »schlecht, übel«, und *ville*, »Stadt«).

Memmius wurde ein römisches plebejisches Geschlecht genannt, dem z. B. der mit Cicero und dem Dichter Lucretius befreundete *Caius Memmius* angehörte, der 66 v. Chr. Volkstribun und 58 v. Chr. Prätor war. Sein Name gehört zu lat. *mamma*, »Mutter, Mutterbrust« (vgl. *Memme*).

Memnon [grch. Μέμνων] war ein König der Aithioper, der auf Seiten der Trojaner kämpfte. *Memnon* bedeutet in etwa »der Entschlossene«, zu grch. *ménos (μένος),* »Vorsatz, Eifer, Stärke, Lebenskraft«. → *Agamemnon*

Mendel *Johann* (1822–1884), österreichischer Augustinermönch und Pflanzenforscher. Bei seinen botanischen Arbeiten entwickelte er aus Kreuzungsversuchen an Erbsen und Bohnen die *Mendelschen Gesetze* für die Vererbung einfacher Merkmale. Sein Name leitet sich entweder von mhd. *mändel,* »Männchen«, her oder entstand als Kurzform eines Rufnamens wie *Hermann*.

Mendele *Mojcher Sforim* (1835–1917), ukrainisch-jüdischer Schriftsteller. Er gilt als ältester Klassiker der jiddischen Literatur und ihr größter Erzähler. Mit richtigem Namen hieß er *Schalom Jakob Abramowitz* (»Friede Jakob Abrahamsson«); genannt wurde er in der jüdischen Welt jedoch allgemein *Mendele Mojcher Sforim,* »Mendele, der Wanderbuchhändler« (*Mendele* ist eine jiddische Koseform des Namens *Immanuel,* »Gott mit uns«).

Mendelssohn-Bartholdy *Jakob Ludwig Felix* (1809–1847), deutscher Komponist. Der Enkel des Philosophen *Moses Mendelssohn* (1729 bis 1786) trat mit neun Jahren erstmals als Pianist auf, mit 17 Jahren komponierte er die Sommernachtstraum-Ouvertüre. 1833 wurde er städtischer Musikdirektor in Düsseldorf, 1835 Leiter des Gewandhauses in Leipzig. Mit seinen Kompositionen begründete er den romantischen Klassizismus und beeinflusste mit seiner Melodik u. a. Robert Schumann, Johannes Brahms und Richard Strauss. Der Name *Mendelssohn* ist eine patronymische Bildung zu *Mendel,* einer jüdischen Koseform von *Immanuel,* »Gott mit uns«, während *Bartholdy* eine Ableitung des Rufnamens *Barthold* oder *Berthold* darstellt (aus einer älteren Form *Berhtwald,* zu *beraht,* »glänzend«, und *waltan,* »herrschen«). Alle Kinder der *Mendelssohns* wurde übrigens christlich erzogen und 1816 protestantisch getauft. Bei dieser Gelegenheit erhielt Felix die zusätzlichen Vornamen Jakob und Ludwig. Außerdem fügte man dem jüdischen Familiennamen den christlich klingenden Namen *Bartholdy* hinzu. Auch die Eltern konvertierten 1822 zum Christentum. Die Privatbank des Vaters, die dieser zusammen mit seinem Bruder 1805 in Berlin gegründet hatte, wurde 1939 liquidiert und von der Deutschen Bank AG übernommen.

Menderes *Adnan* (1899–1961), türkischer Staatsmann. Von 1950 bis 1960 war er der Premierminister seines Landes. In dieser Zeit schloss er die Türkei eng an den Westen an und bewirkte 1952 ihre Aufnahme in die Nato. 1960 wurde er in einem Staatsstreich der Armee gestürzt, zum Tode verurteilt und hingerichtet. *Menderes* ist die türkische Bezeichnung für den stark gewundenen kleinasiatischen Strom *Mäander*, dessen Name zum Begriff für ein ähnlich geformtes Ornament und für Flussschlingen geworden ist. In dem ursprünglich griechischen Namen *Maíandros (Μαίανδρος)* stecken sowohl das Wort *maîa (μαῖα)*, »Mütterchen« oder »Amme«, als auch *anér, andrós (ἀνήρ, ἀνδρός)*, »Mann«. Der altarabische Vorname *Adan* bedeutet »Sesshafter«.

Mendès-France *Pierre* (1907–1982), französischer Politiker. Der Sohn einer jüdischen Familie portugiesischer Herkunft trat nach dem Studium der Rechts- und Politikwissenschaften den Radikalsozialisten bei. Mit 25 Jahren saß er als jüngster Abgeordneter in der Nationalversammlung und wurde 1936 Staatssekretär im Finanzministerium der Volksfrontregierung von Léon Blum. Nach der deutschen Besetzung Frankreichs floh er nach Großbritannien, wo er sich Charles de Gaulle zur Verfügung stellte. Als Paris befreit war, machte dieser ihn zum Wirtschaftsminister in der Provisorischen Regierung. 1954 wurde er Regierungschef und beendete angesichts der Niederlage bei Dien Bien Phu den französischen Indochinakrieg. Auch in Nordafrika machte er den Führern der Unabhängigkeitsbewegung Zugeständnisse. In Europa erreichte er 1954 die Annahme der Pariser Verträge durch die Nationalversammlung und damit auch die Aufnahme der Bundesrepublik Deutschland in die NATO und die Westeuropäische Union (WEU). 1955 stürzte sein Kabinett durch ein Misstrauensvotum. *Mendès* (in Spanien *Menendez*, in Galicien *Mendez*) ist entweder eine Ableitung aus dem portugiesischen Rufnamen *Menendo* (entstanden aus dem westgotischen Namen *Ermenegild*, zu *ermen*, »groß«, und *gild*, »Tribut, Abgabe, Steuer«) oder aus dem jüdischen Kurznamen *Mendel*, zu hebr. *immanu'el*, »Gott mit uns«, oder zu *mena'chem*, »Tröster«. Er findet sich, auch in Frankreich, häufig unter sephardischen Juden und wird meist – wie im vorliegenden Fall – um den Zusatz *France* ergänzt, um klarzustellen, in welcher Weltgegend ein bestimmter Teil der Familie sich niedergelassen hat.

Menelaos [grch. Μενέλαος und Μενέλεως], der Sohn des Atreus und jüngerer Bruder des Agamemnon, war der Gatte der Helena, mit der er sich nach dem Trojanischen Krieg aussöhnte und nach Hause zurückkehrte. Der Name dieses Königs von Sparta bedeutet vielleicht »dem Volk widerstehend«, aus grch. *ménein (μένειν)*, »bleiben, ausharren«, und *laós (λαός)*, »Volk, Leute, Menschen«, womit das lange Ausharren seiner Mannen vor Troja gemeint sein könnte.

Menelik hieß nach der Legende der Begründer der 3000 Jahre alten äthiopischen Herrscherdynastie – angeblich ein Sohn Salomons, den dieser mit der Königin von Saba zeugte und den diese *Menelik*, »Sohn des Weisen«, nannte. Er wurde als Kind nach Jerusalem geschickt und dort erzogen; als Erwachsener kehrt er heim und brachte die Bundeslade und die semitische Sprache in sein Geburtsland. Seitdem trug der Kaiser des ostafrikanischen Landes traditionell den Ehrentitel »Löwe von Juda«. *Menelik II.* (1844–1913) bestieg 1889 den Thron, einigte Äthiopien und gründete 1883 die Hauptstadt Addis Abeba. 1896 gelang es ihm, einen italienischen Invasionsversuch zurückzuschlagen und die Kolonisierung seines Landes zu verhindern. Der letzte Nachfahre Salomons auf dem äthiopischen Thron war übrigens Haile Selassie, der 1974 gestürzt wurde. → *Selassie*

Menenius war der Name einer angesehenen patrizischen *gens* in Rom, mit *Lanatus* als einzigem Beinamen (von lat. *lanatus*, »der in Wolle Gekleidete«, zu *lana*, »Wolle«). Das Geschlecht stand ab 500 v. Chr. in hohem Ansehen bei Patriziern wie Plebejern.

Menoitios [grch. Μενοίτιος] hieß der Sohn des Titanen Iapetos und der Klymene, der Bruder des Prometheus und des Epimetheus, sowie des Atlas. Wegen eines Kampfes gegen die Götter verbannte ihn Zeus in den Tartaros. Ein weiterer *Menoitios* war der Sohn des Aktor und der Aigina, der Vater des Patroklos. Der Name beruht wohl auf grch. *mén (μέν)*, »gewiss«, und *oîtos (οἶτος)*, »Los, Schicksal«, auch »Unglück, Tod«.

Menrerê, »der von Rê Geliebte«, nannte sich der vierte ägyptische Pharao der 6. Dynastie, der etwa von 2260–2254 v. Chr. regierte. Seine Grabpyramide befindet sich in Sakkara.

Mentor [grch. Μέντωρ] war der Jugendfreund des Odysseus aus Ithaka. Ihm vertraute Odysseus seine Familie an, als er in den Trojanischen

Krieg zog. Daher rührt sein Name, der im Griechischen »erfahrener Berater, Erzieher« bedeutet.

Mentuhotep hießen vier Pharaonen der ersten Zwischenzeit (ca. 2134–2040 v. Chr.). Der Name »Month ist gnädig« bezog sich auf den ägyptischen Gott *Month* oder *Montschu*, der falkenköpfig mit Federkrone und doppeltem Uräus oder als Stier dargestellt wurde und für das Kriegswesen zuständig war.[17]

Menuhin *Sir Yehudi* (1916–1999), amerikanisch-britischer Geigenvirtuose. Der Sohn jüdisch-ukrainischer Immigranten trat bereits mit sieben Jahren vor einem begeisterten Publikum auf und war als Interpret klassischer wie moderner Musik gleich bedeutend. 1985 ging er von Amerika nach England und nahm die britische Staatsbürgerschaft an. Im gleichen Jahr wurde er für seine Verdienste um die Musik in den Adelsstand erhoben. Der Name der Familie, die in der Ukraine zunächst *Mnuchin (Мнухин)* geheißen hatte, dürfte abgeleitet sein von hebr. *menucha*, »Ruhe, Stille«, oder vom biblischen Namen *Menachem*, »Tröster«. Der Vorname des Künstlers bedeutet schlicht »Jude«.

Menzel *Adolph von* (1815–1905), deutscher Maler und Graphiker. Sein Hauptwerk waren etwa 400 Federzeichnungen zur Geschichte Friedrichs d. Gr. Daneben trug der unermüdliche Künstler zusammen, was immer er auf Reisen und im Alltag erblickte. Sein Name ist offenbar eine Kurz- und Koseform von *Hermann*, zu ahd. *heri*, »Heer«, und *man*, »Mann«.

Mercator *Gerhardus* (1512–1594) hieß eigentlich *Gerhard Kremer*. Der niederländische Mathematiker, Kartograph und Geograph (er hat den Ausdruck »Atlas« für ein geographisches Kartenwerk eingeführt) latinisierte also lediglich seinen Namen, zu lat. *mercator*, »Händler, Krämer«.

Mercedes ist ein so genannter stellvertretender Name (in diesem Fall für *Maria*), denn in voller Länger lautet er *Maria de Mercede redemptionis*

---

[17] Die griechische Bezeichnung *Uräus (Uraios)* für die Schlange an der Pharaonenkrone des Herrschers über Unterägypten leitet sich her von ägypt. *jaret*, »die sich Aufbäumende«. Nach der Herstellung eines Einheitsreiches trug der König eine Doppelkrone mit einem zusätzlichen Geierkopf, dem Symbol der oberägyptischen Krongöttin.

captivorum, »Maria von der Gnade der Gefangenenerlösung«. Der spanische Frauenname geht zurück auf lat. *merces, mercedis*, »Lohn, Preis« (im Plural: *mercedes*, »Einkünfte, Verdienst, Zinsen«). → *Daimler*

Mercurius (auch: *Merkur*) entspricht dem griechischen Gott und Götterboten *Hermes*, den vor allem die römischen Plebejer schon früh verehrten und als ihren Handelsgott mit Flügelhelm, Flügelschuhen und Heroldstab darstellten. Sein Name *Mercurius* beruht auf lat. *mercatura*, »Handel, Großhandel«, zu *mercari*, »kaufen, verkaufen«, und *mercatus*, »Warenaustausch, Jahrmarkt«, und letztlich *merx, mercis*, »Ware, Sache«. → *Mercedes*

Meredith *George* (1828–1909), englischer Dichter und Erzähler. Sein umfangreiches episches Werk gehört in die Gattung des psychologischen Romans (z. B. »Richard Feweral«, »Der Egoist« und »Diana vom Kreuzweg«). In seiner Lyrik befasste er sich vor allem mit der Natur und der Liebe. Die walisische Form des Namens ist *Maredydd*, »lebhaft, bewegt«, wohl wegen der tosenden Brandung an der walisischen Küste.

Merenptah war der Name eines ägyptischen Pharaos der 19. Dynastie, der als Sohn Ramses' II. im Jahr 1224 v. Chr. den Thron bestieg. Er kämpfte erfolgreich gegen allerlei Eindringlinge aus dem Mittelmeerbereich, und auf einem Siegesdenkmal tauchte zum ersten Mal der Name Israel auf. Ob er der Pharao zur Zeit des israelitischen Exodus' aus Ägypten war, ist allerdings umstritten. Sein Name (auch: *Meneptah*) bedeutet wohl »Geliebter des Ptah«.

Merenrê hieß ein ägyptischer Pharao der 8. Dynastie, dessen Name als »Geliebter des Rê« gedeutet wird.

Merikarê war der Thronname eines Königs der ersten Zwischenzeit, die von ca. 2134 bis 2040 v. Chr. dauerte. Sein Name bedeutet »Geliebter der Lebenskraft des Rê«.

Mérimée *Prosper* (1803–1870), französischer Schriftsteller, der vor allem durch seine historischen Romane bekannt wurde (z. B. »Die Bartholomäusnacht«). Sein wohl berühmtestes Werk ist »Carmen« (1845), das Georges Bizet 1875 als Oper vertonte. Beim Namen *Mérimée* handelt es sich um eine französisch verballhornte Übernahme des englischen Ausdrucks *merry maid*, »fröhliches Mädchen«. Sein Vorname ist eine Verkürzung des lateinischen Adjektivs *prosperus*, »glücklich« und »beglückend«.

Merit-amun nannten Pharao Ramses II. und seine Hauptfrau Nofretiri voller Zuversicht ihre Tochter: »Geliebte des Amun«. → *Nofretiri*

Merkel *Angela Dorothea* (geb. 1954), deutsche CDU-Politikerin. Im Kabinett von Helmut Kohl war sie von 1991 bis 1994 Bundesministerin für Frauen und Jugend und von 1994 bis 1998 Bundesministerin für Umwelt, Naturschutz und Reaktorsicherheit. 1998 wurde sie zur Generalsekretärin der CDU, 2002 zur Bundesvorsitzenden der CDU und 2005 zur Bundeskanzlerin gewählt. *Merkel* ist eigentlich die Koseform eines Rufnamens, der den althochdeutschen Bestandteil *marcha*, »Grenze«, enthält (wie die Namen *Markhart* oder *Markert*).

Merope [grch. Μερώπη], Tochter des Atlas und der Pleione (ihre Schwestern unter den Plejaden waren u. a. Elektra und Maia), Gattin des Sisyphos. Dieses Schlitzohr hatte sogar den Hades überlistet und ihn mit seinen eigenen Fesseln gefesselt, sodass praktisch niemand mehr sterben konnte, bis Ares ihn befreite und Hades den Sisyphos mit dem Tode bestrafen konnte. Dieser aber befahl seiner Gattin Merope, ihn nicht zu begraben; so konnte er der Totengöttin Persephone sagen, dass er zu Unrecht in der Unterwelt sei und nach oben zurückkehren und zunächst ordentlich begraben werden müsse. Er durfte tatsächlich zurückkehren, verspürte aber keine Lust, die Welt wieder zu verlassen; so musste Hermes ihn mit Gewalt in den Hades zurückführen. Seine Frau Merope schämte sich sehr, dass sie einen Verbrecher zum Mann hatte – noch dazu in der Unterwelt. Ihr Name, zu grch. *mérops (μέροψ)*, bedeutet »die Sterbliche«. → *Sisyphos*

Mertseger hieß eine kobraköpfige ägyptische Göttin, der das Tal der Könige, ein tiefer Einschnitt in den Kalksteinfelsen bei Theben, zur Bewachung anvertraut war. Obschon man die dortigen Pharaonengräber versteckt angelegt hatte, wurden sie seit alter Zeit immer wieder von Grabräubern geplündert. Der Name dieser erfolglosen Wächtergöttin im einsamen Totental westlich des Nil bedeutet »(Göttin), die die Stille liebt«.

Mesmer *Franz Anton* (1734–1815), deutscher Mediziner und Hypnotiseur, auf den die Lehre vom *Mesmerismus*, dem »animalen Magnetismus«, zurückgeht, die heute als Ursprung der Hypnosetherapie angesehen wird (vgl. engl. *to mesmerize*, »faszinieren, erstarren lassen«). Sein Name bedeutet »Küster«, aus mhd. *messnære*, »Messner, Kirchendiener« (zu mlat. *mansionarius*, »Haushalter«). → *Messner*

Messalina (ca. 25–48 n. Chr.) wurde benannt nach *Messalla* (auch: *Messala*), einem Beinamen in der *gens Valeria*. Sie war die Tochter des *Marcus Valerius Messalla Barbatus* (»des Bärtigen«) und die dritte Ehefrau des römischen Kaisers Claudius, mit dem sie zwei Kinder hatte: Octavia, die erste Frau Neros, und Britannicus. *Valeria Messalina* war bekannt wegen ihres schamlosen Lebenswandels, ihrer Intrigen und Habsucht sowie ihrer Grausamkeit. Als sie während einer Abwesenheit des Claudius ihren Geliebten Silius in aller Öffentlichkeit heiratete, hatte sie mit ihren Unverschämtheiten den Bogen überspannt: Claudius ließ sie 48 n. Chr. hinrichten und jede Erinnerung an sie auslöschen. Der Beiname *Messalla* geht zurück auf *Marcus Valerius Maximus*, der den Namenzusatz *Messalla* erhielt, nachdem er zu Beginn des Zweiten Punischen Kriegs 263 v. Chr. die Stadt *Messana* auf Sizilien von einer Belagerung durch die Karthager befreit hatte. (*Messana*, das heutige *Messina*, war im 8. Jahrhundert v. Chr. von griechischen Einwanderern aus *Messenien* gegründet worden.)

Messiaen *Oliver* (1908–1992), französischer Organist und Komponist, zu dessen Schülern am Pariser Konservatorium u. a. Barraqué und Stockhausen zählten. Der Name *Messiaen* ist entweder aus dem Heiligennamen *Marcianus* gebildet (nach dem römischen Kriegsgott *Mars*) oder aus einer Kurzform des Rufnamens *Domitien*, einer Ableitung zu lat. *domitare*, »zähmen, bändigen« (vgl. *Dompteur*).

Messias, ein jüdischer Hoheitstitel und im Christentum Beiname Jesu, ist das hebräische Gegenstück zu grch. *Christos*, von hebr. *mashiah*, »gesalbt«, zu *mashah*, »salben«. Im Neuen Testament erwähnt der Evangelist Johannes den *Messias* (Johannes 1, 41 und 4, 25), aber der Gesalbte wird auch schon im Alten Testament genannt (Daniel 9, 25–26).

Messner *Reinhold* (geb. 1944), italienischer Bergsteiger, der den Mount Everest und andere Achttausender im Himalaya bezwang. Sein Name beruht auf mhd. *messnære*, »Küster, Kirchendiener« (nicht zu *Messe*, sondern zu lat. *mansio*, »fester Wohnsitz, Haus«).

Metellus war ein römischer Beiname in der plebejischen *gens Caecilia*, die im 2. und 1. Jahrhundert v. Chr. zu den mächtigsten und bedeutendsten der Republik zählte. Aus der großen Anzahl nennenswerter Sippenmitglieder seien *Lucius Caecilius Metellus Dalmaticus* (»der Dalmatiner«), der 119 v. Chr. ohne ersichtlichen Grund die Bewohner Dalmatiens bekriegte und dafür mit seinem ehrenvollen Beinamen bedacht wurde, sowie sein gebildeter, aber ebenfalls erfolgsgieriger Bruder *Quintus Caecilius Metellus Numidicus*, der 109 v. Chr. Konsul wurde und Jugurtha in Nordafrika besiegte, sodass er Numidien als seine Provinz erhielt, in Rom einen grandiosen Triumphzug feierte und mit dem Ehrentitel *Numidicus* ausgezeichnet wurde. Die Schwester der beiden, *Caecilia Metella*, heiratete übrigens *Lucullus*, den Sieger über Mithridates. Der kaum zu erklärende Name *Metellus* wurde von Zeitgenossen der *Meteller* auf das lateinische Wort *mercenarius*, »Söldner«, zurückgeführt – wahrscheinlich wegen purer Klangähnlichkeit und allgemeiner Abscheu vor ihrer bedenkenlosen Kriegsbereitschaft.

Meter Megale [grch. *Μήτηρ Μεγάλη*], lat. *Magna Mater*, »Große Mutter«, lautete einer der Beinamen der griechisch-römischen Muttergöttin Kybele. → *Kybele*

Methodios → *Kyrillos*

Methusalem hieß ein hebräischer Patriarch im Alten Testament, der 969 Jahre alt wurde. Diese Langlebigkeit wurde dem vorsintflutlichen Stammvater als Lohn für seine Gottgefälligkeit gewährt. Der hebräische Name *Methushelach* bedeutet »Mann des Shela« (womit wohl *Shelach*, ein Enkel des Noahsohnes *Sem* oder *Shem*, gemeint war, auf den die *Semiten* zurückgehen). *Methusalems* Enkel Noah, der laut Bibel »nur« 950 Jahre alt wurde, zeugte im »jugendlichen« Alter von 500 Jahren seine drei Söhne *Sem*, *Japhet* und *Cham*. → *Noah*

Metternich *Klemens Wenzel Nepomuk Lothar Fürst von* (1773–1859), österreichischer Staatsmann. Seit 1809 Außenminister seines Landes, betrieb er die Hochzeit Marie-Louises mit Napoleon. 1813 indes schloss er sich der preußisch-russischen Allianz an und übernahm die diplomatische Führung des Endkampfs gegen Napoleon. Auf dem Wiener Kongress konnte er Österreich die Vormachtstellung im Deutschen Bund sichern. Danach bekämpfte er alle revolutionären Bewegungen und strebte nach einem sicheren Gleichgewicht der Mächte. Sein starrer Konservatismus trug 1848 mit zum Ausbruch der Revolution in Wien und zu seinem Sturz bei. *Metternich* ist ein Herkunftsname, der sich auf einen gleich lautenden Ortsnamen in Nordrhein-Westfalen oder in Rheinland-Pfalz bezieht (im 12. Jahrhundert als *Metrich* erwähnt, aus *Matriniacum* oder *Maturiniacum*, »Haus des Maturinius«). Seine Vornamen beruhen auf lat. *clemens*, »der Milde«, auf dem altslawischen Namen *Wenzeslaus* (zu aruss. *vjače*, »mehr«, und *sláva*, »Ruhm«), auf dem Namen des Heiligen *Nepomuk* (aus dem böhmischen Ort *Pomuk*) und auf dem alten deutschen Rufnamen *Hlothar*, zu ahd. *hlut*, »laut, berühmt«, und *heri*, »Heer«.

Michael entspricht der hebräischen Frage »Wer ist wie Gott?«. Der Erzengel dieses Namens repräsentiert die Allmacht Gottes und hält deshalb das Schwert und die Waage des Jüngsten Gerichts. Er galt schon im Alten Testament als Beschützer der Juden (Dan. 10, 13) und wurde bei uns als *Deutscher Michel* Schutzpatron des Deutschen Reiches (eine Funktion, die um 1900 auf die *Germania* übertragen wurde). *Michael* war auch der Krönungsname etlicher byzantinischer Kaiser.

Michelangelo wird für gewöhnlich mit »Michael, der Engel« übersetzt. Der florentinische Maler (1475–1564) hieß laut Geburtsurkunde mit richtigem Namen *Michelagniolo di Ludovico di Lionardo di Buonarroti-Simoni*, ein schwer auszusprechender und nicht leicht zu behaltender Name, der auf ital. *Michele*, »Michael«, aber dann wohl nicht auf *angelo*, »Engel«, sondern eher auf eine Verkleinerung von *agno*, »Lamm«, zurückgeht. Daher darf man annehmen, dass seine Eltern ihn liebevoll »Lämmchen« genannt haben. Der Geburtsname *Buonarroti* ist wohl gebildet aus ital. *buon-*, »gut«, und *arrotino*, »Scherenschleifer« (zu *arrotare*, »schärfen, wetzen«). Der zweite Name, *Simoni*, stammt natürlich von *Simon*, zu hebr. *shimōn*, »Erhörung«. *Michelangelo* wurde vor allem berühmt durch seinen David, seine Fresken in der Sixtinischen Kapelle und die Kuppel des Petersdoms.

Michelin *André* (1853–1931) und sein Bruder *Éduard* (1859–1940) waren französische Industrielle, nach denen die 1931 gegründete Produktionsgesellschaft von Autoreifen benannt wurde. Ihr Name ist eine Verkleinerungsform des Rufnamens *Michel*, der französischen Entsprechung von *Michael* (»Wer ist wie Gott?«).

Midas [grch. *Μίδας*] hieß ein verweichlichter mythischer König im kleinasiatischen Phrygien, der – ein ihm vom Gott Dionysos verliehener »Segen« – alles, was er berührte, in Gold verwandeln konnte, selbst Essen und Trinken. Schon während seiner frühen Kindheit hatte man eine Prozession von Ameisen beobachtet, die Weizenkörner an seine Wiege schleppten und ihm in den Mund legten. *Midas* war der Nachfolger des legendären Königs Gordios und Gründer der Stadt Ankyra (heute: Ankara). Er soll der Sohn der Großen Göttin von Ida und eines phrygischen Silen (d. h. eines »Stumpfnasigen«) gewesen sein, eines älteren Begleiters des Dionysos – fett und rund wie ein Weinschlauch und ständig betrunken. Die Bedeutung des Namens *Midas* bleibt unklar; möglicherweise ist der Name identisch mit *Mita*, dem Namen eines mythischen Königs, der in der Mitte des 2. Jahrtausends v. Chr. ein pontisches Volk beherrschte, das um 1200 v. Chr. den Hellespont (heute: die Dardanellen) überschritt und in Kleinasien die Macht der Hethiter brach. Das Wort *mita* wird als »Samen« und »Saatkorn« interpretiert. → *Gordios*

Mies van der Rohe *Ludwig* (1886–1969), amerikanischer Architekt deutscher Herkunft. Von 1930 bis 1933 leitete er das Bauhaus in Dessau, 1938 emigrierte er in die Vereinigten Staaten. Seine Stahlskelettbauweise wurde Vorbild für viele Architekten in der ganzen Welt. Nach dem Ersten Weltkrieg, der einen völlig anderen Menschen aus ihm gemacht hatte, änderte er nicht nur seinen bis dahin orthodoxen Baustil, sondern auch sein Privatleben von Grund auf: Er verließ 1921 seine Frau und variierte seinen alten Familiennamen *Mies* (entweder eine Kurzform von *Bartholomäus* oder zu der bayerischen Flurbezeichnung *Mies* für »Moos«) durch den Zusatz *van der Rohe*, den holländischen Mädchennamen seiner Mutter (wohl zu ndl. *rooien*, »roden«).

Mifune *Toshiro* (1920–1997), japanischer Schauspieler, der vor allem Samurai- oder Roninrollen in den Frühwerken von Akira Kurosawa übernahm (z. B. »Rashomon«, »Die sieben Samurai« und »Barberousse«). Weltbekannt wurde er durch die TV-Serie »Shogun«. Sein

Name bedeutet schlicht »drei Schiffe«, zu jap. *mi*, »drei«, und *fune*, »Schiff«. → *Kurosawa*

Mikado lautete der alte Titel des japanischen Kaisers, aus jap. *mi*, »ehrenwert«, und *kado*, »Tor, Eingang«.

Mikiewicz *Adam Bernard* (1798–1855), polnischer Dichter und militanter Politiker. Nach dem gescheiterten polnischen Novemberaufstand von 1830 ging er in die Emigration nach Paris, bekam dort ein Jahrzehnt später einen Lehrstuhl für slawische Literatur, wurde jedoch nach einigen Jahren wegen aufrührerischer politischer und religiöser Ideen suspendiert, sodass er 1848 er nach Italien ging, um dort polnische Legionen für den Kampf gegen Österreich aufzustellen. Als er während des Krimkriegs in Konstantinopel polnische Truppen gegen Russland mobilisieren wollte, wurde er das Opfer einer Cholera-Epidemie. Sein erzählerisches Werk und seine Lyrik gehören zur polnischen Romantik. Sein Name ist eine patronymische Ableitung des polnischen Namens *Mikołaj* und bedeutet »Sohn des Nikolaus«.

Miller *Arthur* (1915–2005), amerikanischer Dramatiker. Für sein bekanntes Schauspiel »Blick von der Brücke« (1955) erhielt er den Pulitzerpreis. Seine Ehe mit der Schauspielerin Marilyn Monroe (1956–60) trug natürlich zu seiner Popularität bei. *Henry Miller* (1891–1980) war ebenfalls ein amerikanischer Schriftsteller, der allerdings in den 1930er-Jahren lange Zeit in Paris lebte. Seine Romane – Bekenntnisse eines egozentrischen, sexbesessenen und recht chaotischen Geistes – sind seit ihrem Erscheinen heftig diskutiert und kritisiert worden. Der Familienname *Miller* entspricht der englischen Berufsbezeichnung für einen »Müller« (zu mengl. *mylnere*).

Millet *Jean-Fançois* (1814–1875), französischer Maler, der in seinen Bildern das bäuerliche Leben schilderte. *Millet* bedeutet im Französischen »Hirse«, sodass der Name ursprünglich vielleicht einen Getreidehändler bezeichnet hat. Es könnte sich jedoch auch um eine Verkleinerungsform des französischen Vornamens *Émile* handeln, zu lat. *aemilius*, »der Nacheifernde«.

Milo wurde im alten Rom als Beiname verwendet; so hieß z. B. *Titus Annius Milo* (gest. 48 v. Chr.), der zusammen mit *Publius Clodius*

57 v. Chr. Volkstribun war, später jedoch bewaffnete Banden anwarb, die das öffentliche Leben in Rom zeitweilig lähmten und schließlich seinen Konkurrenten erschlugen. Cicero verteidigte ihn, konnte seine Verbannung nach Massilia (heute: *Marseille*) allerdings nicht verhindern. Der Name dürfte von lat. *miluus*, »Gabelweihe, Taubenfalke« (vgl. *Milan*), herrühren, ein Wort, das auf Menschen übertragen auch »der Habgierige« bedeuten konnte.

Milošević *Slobodan* (geb. 1941), ultra-nationalistischer serbischer Politiker. 1989 übernahm der ehemalige Sekretär der Kommunistischen Partei Belgrads das Präsidentenamt der Republik Serbien. 1997, als eine nochmalige Wahl sich laut Verfassung verbot, machte ihn das Bundesparlament zum Präsidenten der neu geschaffenen Bundesrepublik Jugoslawien (d. h. Serbien und Montenegro). Nach dem brutalen Vorgehen der jugoslawischen Sicherheitskräfte im Kosovo und dem Scheitern multilateraler Verhandlungen über den zukünftigen Status der südserbischen Provinz bombardierten NATO-Flugzeuge 1999 jugoslawische Städte. Als es 2000 zu Massendemonstrationen kam, wurde *Milošević* in einem Volksaufstand gestürzt und im darauf folgenden Jahr an das Kriegsverbrecher-Tribunal in Den Haag ausgeliefert. Sowohl sein Familienname, der sich vom Rufnamen *Miloš*, »der Beliebte«, herleitet, als auch sein Vorname mit der Bedeutung »Freiheitsbringer« klingen geradezu wie Hohn. Und so begrüßte sein Nachfolger *Koštunica* seine Landsleute mit den Worten: »Guten Abend, befreites Serbien – heute schreiben wir Geschichte.«

Miltiades [grch. Μιλτιάδες] war ein Athener Staatsmann und Feldherr, dessen Name durch den Sieg über die Perser in der Schlacht von Marathon (490 v. Chr.) unsterblich wurde. *Miltiades* hieß auch jener Papst (311–314), dem das Glück vergönnt war, das Ende der Christenverfolgungen zu erleben, nachdem Konstantin d. Gr. unter dem Zeichen des Kreuzes über seinen Gegner Maxentius gesiegt hatte. Der Name *Miltiades* bedeutet »der Rote«, von *míltos* (μίλτος), »Mennige, Rötel«.

Milton *John* (1608–1674), englischer Dichter. Als Puritaner und Günstling Oliver Cromwells griff er mit politischen Schriften in den Kampf gegen das Königtum ein und wurde 1649 in den Staatsrat der Republik berufen. Nach der Wiederherstellung des Königtums 1660 war er für kurze Zeit inhaftiert, und seine Bücher wurden öffentlich verbrannt.

Erst in seinen späten Jahren schuf er seine berühmtesten Werke, die religiösen Epen »Das verlorene Paradies« und »Das wiedergewonnene Paradies«. Sein Familienname ist ein verbreiteter englischer Ortsname (zu aengl. *middle*, »Mitte«, und *tun*, »Siedlung«).

Milva *Maria* (geb. 1939), ursprünglich *Maria Ilva Biolcati*, italienische Sängerin (vor allem von Chansons und Spirituals). Die Bildung des Pseudonyms ist leicht zu erkennen, denn sie ist eine Kombination aus ihren Vornamen *Maria Ilva* (*M. Ilva*). Zudem bedeutet *Ilva* (auch der alte Name der italienischen Insel Elba) »Eisenstein«, eine Anspielung auf ihre roten Haare. Fall ihr wirklicher Name *Biolcati* nicht aus der italienischen Vorsilbe *bi-*, »zweifach«, und einer Metathese aus *locati* (Part. Perf. von *locare*, »vermieten, verpachten«) entstanden ist, dürfte es sich um eine Variante von mundartlich *biolchino*, »Landmann, Ackerbauer« handeln.

Mimir, urgerm. *Mimió*, »der Sinnende«, war ein weiser germanischer Wasserriese, jedoch kein Meeresgott, sondern Herr der Binnengewässer, der Seen, Flüsse und Quellen, vor allem aber jenes Brunnens der Weisheit am Fuß der Weltenesche, aus dem auch Odin trank und sich wichtige Ratschläge holte. Wahrscheinlich besteht eine Verwandtschaft seines Namens zu aengl. *mimor*, »eingedenk«, und lat. *memoria*, »Gedächtnis« (vgl. engl. *memory*). → *Hymir*

Mindszenty *József* (1892–1975), ungarischer Kardinal. Er stellte sich im Zweiten Weltkrieg mutig gegen die deutsche Besatzungsmacht und wurde bis Kriegsende inhaftiert. Nach 1945 lenkte er die Aufmerksamkeit der Weltöffentlichkeit auf die Unterdrückung der Kirche durch die Kommunisten, sodass er in Ungarn zu einem Symbol des Widerstandes wurde. 1948 wurde er wiederum verhaftet, wegen Landesverrats zu lebenslangem Zuchthaus verurteilt und nach schweren Folterungen in jahrelanger Einzelhaft gehalten. Während des Ungarnaufstands 1956 befreit, fand er nach dem Einmarsch der Roten Armee bis 1971 Zuflucht in der amerikanischen Botschaft. Danach lebte er bis zu seinem Tod in Wien. Eigentlich hatte dieser aufrechte Kirchenfürst *József Pehm*, also »Böhme«, geheißen, denn seine Vorfahren väterlicherseits waren deutscher Herkunft gewesen. Er selbst dagegen betrachtete sich uneingeschränkt als Ungar und nahm daher 1941 demonstrativ den Namen seines westungarischen Geburtsorts *Csehimindszent* an, wobei er allerdings die Anfangssilben *Czehi-*, also den Hinweis auf das »tschechische« Nachbarland, unterschlug und sich fortan *Mindszenty*, »Allerheiligen«, nannte.

Minerva hieß die römische Göttin der Weisheit, der Kunstfertigkeit und des Handwerks. Die Tochter Jupiters wurde später mit der griechischen Göttin *Athene* gleichgesetzt und damit auch Göttin der Weisheit und der Künste sowie Beschützerin der Städte in Krieg und Frieden. Ihr Name bedeutet »die Kluge« und ist von *mens, mentis*, »Geist, Verstand«, hergeleitet.

Minnelli *Liza* (geb. 1946), amerikanische Sängerin und Filmschauspielerin. Höhepunkte ihrer filmischen Karriere waren ihre Rollen in den Musicals »Cabaret« und »New York, New York«. Danach konzentrierte sie sich auf große Konzertshows, u. a. in der Carnegie Hall. Ihre Mutter ist die berühmte Schauspielerin Judy Garland. *Liza* (eine Kurzform von *Elizabeth*) trägt nach wie vor den Namen ihres Vaters, des Regisseurs *Vincente Minnelli* (1910–1986; »Ein Amerikaner in Paris«). Der aus einem Rufnamen entstandene italienische Name geht über die Koseform *Dominelli* auf *Domenico* zurück, zu lat. *dominicus*, »dem Herrn gehörig« (daher im Italienischen *domenica*, »Sonntag«, »Tag des Herrn«).

Minos [grch. Μίνως] war der Name (oder Titel) eines berühmten mythischen Königs von Kreta, der Vater der Ariadne. Er verlangte von den Athenern, die seinen Sohn *Androgeos* ermordet hatten, alle neun Jahre sieben Jünglinge und sieben Jungfrauen, die dem *Minotaurus* geopfert werden mussten, der in Kreta im Labyrinth hauste. Nach seinem Tod versah der Sohn der Europa und des Zeus wegen seiner sprichwörtlichen Gerechtigkeit zusammen mit seinem Bruder Rhadamanthys das Richteramt in der Unterwelt. Der Name *Minos* könnte auf *mênis* (μῆνις), »Zorn, Groll«, basieren, vielleicht aber auch auf grch. *mén* (μήν), »Monat, Mondsichel«. Der Name mag auch in Zusammenhang stehen mit seiner Frau Pasiphaë, die den *Minotaurus* geboren hatte; laut Pausanias war ihr Name ein Titel des Mondes. → *Dädalus, Minotaurus* und *Pasiphaë*

Minotaurus [grch. Μινώταυρος], »Stier des Minos«, hieß ein kretisches Ungeheuer, halb Bulle, halb Mensch, das seine Mutter Pasiphaë von einem heiligen Stier empfangen hatte, zu dem sie in Liebe entbrannt war. (Der große Erfinder Dädalus hatte ihr ein kuhähnliches Gestell gebaut, in dem versteckt sie den Samen des überlisteten Tieres empfangen konnte.) *Minos* hielt das Ergebnis dieser widernatürlichen Paarung im Labyrinth des Palastes gefangen. Seine Tochter Ariadne, die Geliebte des Theseus, half diesem, das Monstrum zu töten und mit einem Fadenknäuel wieder aus dem Irrgarten herauszufinden. Danach floh sie mit dem Helden nach Athen. Der Name *Minotaurus* ist gebildet aus dem Herrschernamen *Minos* und grch. *taûros (ταῦρος)*, »Stier«. → *Minos*

Minucius war der Name eines römischen Geschlechts, dem z. B. die Vestalin *Minucia*, die wegen der Verletzung des Keuschheitsgebotes 337 v. Chr. lebendig begraben wurde, sowie *Marcus Minucius Felix* (»der Glückliche«) angehörten, ein lateinischer Kirchenschriftsteller aus Nordafrika und literarischer Vertreter des Christentums im 3. Jahrhundert n. Chr., der um das Jahr 200 eine philosophische Begründung des christlichen Monotheismus und der Auferstehungslehre verfasste. Der Name *Minucius* gehört zu lat. *minuere*, »verkleinern, vermindern, einer Sache Einhalt gebieten« (vgl. *minus*). → *Rufus*

Mira *Brigitte* [russ. *Мира*], 1910–2005, deutsche Schauspielerin mit Gesangs- und Ballettausbildung, Tochter eines russischen Pianisten. Sie trat ab 1941 in Berlin als Sängerin in Operetten und im Kabarett auf, bevor sie ihre Filmkarriere begann. Berühmt wurde sie durch ihre Rolle in der Fernsehserie »Drei Damen vom Grill«, aber sie spielte auch Charakterrollen, etwa als alte Putzfrau in Fassbinders Film »Angst essen Seele auf«, in dem sie einen jungen Marokkaner heiratete. Ihren russischen Namen kann man unterschiedlich interpretieren, entweder als »ganze Welt« oder als »Friede«, denn das russische Wort *mir (мир)* kann beide Bedeutungen haben. Ihr Vorname *Brigitte* ist auf jeden Fall von der keltischen Lichtgöttin *Brigid* abgeleitet (zu kelt. *briganti*, »göttlich, erhaben«); der Beiname »die Göttliche« erscheint im Fall dieser vielseitigen Schauspielerin durchaus angemessen.

Mirabeau *Honoré Gabriel de Riqueti, Graf von* (1749–1791), französischer Politiker. In Paris wirkte er zunächst als gefürchteter Publizist. 1786 ging er als Geheimagent nach Berlin, wo er Erkenntnisse sammelte für ein vierbändiges Werk über die Schwächen des preußischen

Staats unter Friedrich dem Großen. Ab 1789 war er Mitglied der französischen Nationalversammlung, in der er durch seine außergewöhnliche Beredsamkeit auffiel und zunächst für eine konstitutionelle Monarchie nach englischem Vorbild warb. Im darauf folgenden Jahr wurde er Präsident des Jakobinerklubs und kurz vor seinem Tod auch der Nationalversammlung. Sein gräflicher Name – besser der seines Familiensitzes – mit der Bedeutung »schöner Ausblick« ist eine Variante von *Mirabel*, zu okzit. *mirar*, »sehen, blicken«, und *bel*, »schön« (vgl. *Mirabelle*, nach der südfranzösischen Landschaft *Mirabel*). Der Name der alten begüterten Adelsfamilie *Riqueti* beruht passenderweise auf prov. *ric*, »reich«.

Mirjam → *Maria*

Miró *Joan* (1893–1983), spanischer Maler und Graphiker. Nach dem Studium in seiner Heimatstadt Barcelona ging er nach Paris, wo er mit Picasso und Matisse zusammentraf, sich aber schon bald dem Surrealismus zuwandte. Er schuf zunächst eher dekorative, während des Spanischen Bürgerkriegs aber zunehmend albtraumhafte Bilder. Ansonsten bezog er seine Anregungen häufig aus der vorgeschichtlichen und der katalanischen Kunst. Der Name des weltbekannten Malers und Zeichners ist eine mittelalterliche Variante des katalanischen Rufnamens *Miro*, »der Berühmte« (vgl. ahd. *mari*, »ansehnlich, herrlich«).

Mitchell *Margaret* (1900–1949), amerikanische Schriftstellerin, die besonders durch ihren Roman »Vom Winde verweht« weltberühmt wurde, für den sie 1937 den Pulitzerpreis erhielt. Der Name *Mitchel* begegnete im Mittelalter vornehmlich in der Form *Michel*, sodass eine Herkunft von *Michael* (das im Englischen seit eh und je so geschrieben wurde) nicht in Frage kommt und eine Herleitung von aengl. *mycel* und mengl. *michel*, *mechel* und *muchel*, »groß«, wahrscheinlich ist (vgl. engl. *much*).

Mitchum *Robert* (1917–1997), beliebter amerikanischer Schauspieler in zahllosen Western- und Kriegsfilmen, aber auch romantischen Komödien (»Fluss ohne Wiederkehr«, »Die Nacht des Jägers«, »Duell im Atlantik«, »Der endlose Horizont«, »Der längste Tag«, »El Dorado«, »Schlacht um Midway« u. a.). *Mitchum* ist ein Herkunftsname, der sich auf den englischen Ort *Mitcham* (heute ein Stadtteil von Großlondon) bezieht, zu aengl. *mycel* oder *micel*, »groß«, und *ham*, »Siedlung, Dorf«.

Mithras (im Vedischen *Mitra*) war ein altpersischer Licht- und Sonnengott sowie sieghafter Kriegsgott. Sein Name basiert auf skr. *mitrá*, »Freund«, »Abkommen«, und in der Tat sah man *Mithras* als Freund und Mittler an, so wie Jesus Christus im Christentum. In Persien wurde der *Mithrasglaube* durch den monotheistischen Glauben Zarathustras stark erschüttert; im 4. Jahrhundert v. Chr. vermischten sich beide Richtungen. Nach dem Tod Alexanders d. Gr. wurde *Mithras* in Kleinasien mit Apoll und Helios gleichgesetzt, und später gelangte der *Mithraskult* mit den römischen Legionen in alle Provinzen, sogar bis nach Germanien und Britannien, wo er sich mit den dort vorhandenen Religionen vermischte. Der Termin des *Mithrasfestes* zur Wintersonnenwende bestimmt z. B. noch heute unseren Weihnachtsfeiertag.

Mithridates (132–63 v. Chr.) hieß ein König von Pontos am Schwarzen Meer, dessen Name »Geschenk des Mithras« bedeutet. Er müsste also eigentlich *Mithradates* heißen (zu lat. *dare*, *datum*, »geben, schenken«). Im ersten vorchristlichen Jahrhundert führte *Mithridates* drei Kriege gegen Rom. → *Lincinius, Manilius, Mithras, Nikomedes* und *Pompejus*

Mitra nannten die Hindus ursprünglich ihren Sonnengott, aber auch den Gott der Freundschaft und der Verträge sowie den Hüter der kosmischen Ordnung; zu skr. *mitrá*, »Freund«, »Vertrag, Freundschaft«. Sein Name ist wohl mit dem des persischen *Mithras* verwandt. → *Mithras*

Mitterrand *François Maurice Adrien Marie* (1916–1996), französischer Politiker, während des Zweiten Weltkriegs Minister in der Vichy-Regierung und gleichzeitig Mitglied der französischen Résistance. Ab 1971 war er der Führer der Sozialistischen Partei Frankreichs. Als Präsident der Republik (1981–1995) verwirklichte er Projekte wie den Bau des Kanal-Tunnels, die Errichtung der Pyramide vor dem Louvre und den Aufbau der Bibliothèque de France. Zusammen mit Helmut Kohl vertiefte er die deutsch-französischen Beziehungen und brachte die europäische Einigung voran. 1995 endete seine Präsidentschaft, und sein Nachfolger wurde Jacques Chirac. Der Name ist auf jeden Fall bäuerlicher Herkunft und bezieht sich entweder auf ein im Altfranzösischen *mitier* genanntes Getreide-Hohlmaß und bezeichnete folglich jemanden, der mit diesem Handgerät Körnermengen dosierte, oder er entstand aus frz. *mitanier*, »Pächter«, und *terre*, »Boden, Erde«, als Bezeichnung für jemanden, der auf gepachtetem Land den Boden bestellte.

Mladić *Ratko* (geb. 1942), General der bosnischen Serben im Kampf um Srebrenica. Er wird verantwortlich gemacht für das Massaker an 8000 muslimischen Männern im Jahr 1995 und seitdem vom Kriegsgerichts-Tribunal in Den Haag wegen Völkermords, Verbrechen gegen die Menschlichkeit und Kriegsverbrechen gesucht. Sein Vorname *Ratko* bedeutet »der Kriegerische« (zu sslaw. *rat*, »Krieg)«, sein Familienname »Sohn des Jungen«, zu sslaw. *mlad*, »jung«, und der patronymischen Endung *-ić*.

Mneme [grch. Μνήμη] hieß eine der ursprünglichen drei Musen, zu grch. *mnéme (μνήμη)*, »Gedächtnis, Erinnerungsvermögen«. → *Aoide*, *Melete* und *Musen*

Mnemosyne [grch. Μνημοσύνη] war die von Zeus gezeugte Mutter der Muse und Göttin der Erinnerung, von *mnemosýne (μνημοσύνη)*, »Gedächtnis, Erinnerung«, zu *mnéme (μνήμη)*, »Gedenken, Erinnerungsvermögen«; das Erinnerungsvermögen war vor der Kenntnis der Schrift die Gabe der Poeten.

Mobutu *Sese Seko* (1930–1997), eigentlich *Joseph-Désiré Mobutu*, kongolesischer General und Politiker. 1965 setzte er Premierminister Lumumba gefangen – auf Geheiß Präsident Kasawubus, der noch im gleichen Jahr gestürzt wurde. *Mobutu* (kong. für »der Unbezwingbare«) übernahm als Diktator die Macht im Lande, legte seine christlichen Vornamen ab (frz. *Désiré* bedeutet »der Ersehnte«) und ließ sich fortan nur noch mit seinem »Kriegernamen« *Mobutu-Sese-Seko-Kuku-Ngbendu-Wa-Za-Banga* anreden: »Unbesiegbarer streitbarer Hahn, vor dem kein Küken sicher ist«, und genau nach dieser Devise hat er geherrscht, bis er 1997 von Laurent-Désiré Kabila nach einem unblutigen Umsturz abgelöst wurde.

Modigliani *Amedeo* (»Gottlieb«), 1884–1920, italienischer Maler sephardisch-jüdischer Abstammung, der einen großen Teil seines Lebens in Paris verbrachte und daher mehr dem französischen Kunstkreis zugerechnet wird. Seine Porträts, Akte und Mädchenköpfe zeichnen sich durch feine, überlange Formen aus. Der Herkunftsname *Modigliani* nimmt Bezug auf die toskanische Stadt *Modigliana* am Zusammenfluss dreier Apennin-Flüsschen. Livius überliefert den römischen Ortsnamen als *Mutilum* – wahrscheinlich eine Verballhornung aus lat. *medio amnium*, »zwischen den Wassern« (zu lat. *amnis*, »Wildbach, Wasser«), woraus sich schließlich über *Mutilianensis* und *Mitiliana* der heutige Städtename *Modigliana* entwickelte.

Mogul lautete der Herrschertitel einer muslimischen Dynastie, die in Indien seit 1526 regierte und erst 1857, mit der Vertreibung des letzten Großmoguls *Bahadur II.* (mong. für »Held«), unterging. Die Titel *Mogul* und *Großmogul* (vergleichbar unserem Kaiser) basieren auf dem persischen Wort *mughul*, »Mongole«. → *Caesar, Kaiser* und *Tenno*

Mohammed wurde um 570 in Mekka als *Abu'l-Kasim Muhammad ibn 'Abd Allah* geboren. Der Stifter des Islam lebte zunächst in dürftigen Verhältnissen, bis er die reiche Kaufmannswitwe Chadidscha heiratete, die ihm sechs Kinder gebar, u. a. die Tochter Fatima; nach Chadidschas Tod heiratete er neun weitere Frauen. Da er in seiner Heimatstadt viele Gegner hatte, floh er 622 nach Medina. 630 eroberte er Mekka und nahm die dortige Ka'aba als Mittelpunkt seiner Religion und als Ziel des Haddsch (arab. für »Pilgerfahrt«) in Besitz. Der Prophet, dem der Engel Gabriel die Suren des Koran offenbart hatte, wollte nicht als Wundertäter oder gar als Gottessohn gesehen werden, sondern – wie sein ursprünglicher Name *'Abd Allah* verkündete – als »Knecht Gottes«. Er starb 632 in Medina, mitten in den Vorbereitungen zu einem Feldzug gegen Byzanz. Sein Ehrenname *Mohammed* bedeutet »der Gepriesene«, zu arab. *hamida*, »preisen«.

Moiren [grch. Μοῖραι, Einz. Μοῖρα] hießen in der griechischen Mythologie die Schicksalsgöttinnen. Es gab drei Moiren (lat. *Parcae*, »Parzen«): *Klotho (Κλωθώ), Lachesis (Λάχεσις), Atropos (Ἄτροπος)*. Ihr Name beruht auf grch. *moîra (μοῖρα)*, »Angemessenes, Zugeteiltes, Ordnung«. Das Schicksal war den Menschen von Zeus zugemessen, und er tat den Moiren seinen Willen kund, er konnte aber seine Entscheidung ändern und Menschen retten, denen er wohl gesonnen war;

nahm sich der Mensch mehr als seinen »Anteil«, musste er die Folgen tragen. → *Atropos*, *Klotho* und *Lachesis*, auch *Erinnyen*

Molière *Jean Baptiste Poquelin* (1622–1673), französischer Komödiendichter (»Der Geizige«, »Der eingebildete Kranke«, »Tartuffe« u. a.). Das Pseudonym – wenn es nicht nach dem südfranzösischen Städtchen *Molières* nördlich von Montauban gewählt wurde – bedeutet »Müller«, zu prov. *molí*, »Mühle« (frz. *moulin*). Der ursprüngliche Name *Poquelin* heißt im Nordwestfranzösischen in etwa »Sämann« (zu pik. *poquer*, »Saatloch«), dürfte für französische Ohren jedoch wie »Pöckchen« geklungen haben (zu *poquettes*), Grund genug, einen unverfänglicheren Namen zu wählen.

Molnár *Ferenc* (*Franz*), 1878–1952, ungarischer Schriftsteller. Der unter dem Namen *Ferenc Neumann* Geborene lebte lange in Wien und emigrierte 1940 in die USA. Er wurde bekannt durch viele Theaterstücke, z. B. »Liliom« (das als Musical unter dem Titel »Carousel« fast 900 Aufführungen am Broadway erlebte), »Das Märchen vom Wolf« und »Die rote Mühle«. Zudem schrieb er Romane wie »Éva«, »Der grüne Husar«, »Leb wohl, mein Herz« und »Gefährtin im Exil«. Sein angenommener Name bedeutet im Ungarischen »Müller«.

Moloch hieß eine phönizische Gottheit, die in Jerusalem im 7. Jahrhundert v. Chr. angebetet wurde und der ihre Anhänger Kinder opferten. In Punien, d. h. in Karthago, wurden dem Gott in der Regel nur Ersatzopfer dargebracht, wenn man seine Hilfe erflehte. Wie bei *Melchisedech* und *Abimelech* steckt in dem Namen die semitische Wurzel *mlk*, »König«. → *Melchior* und *Melkart*

Molotow *Wjatscheslaw Michajlowitsch* [russ. *Вчеслав Михайлович Молотов*], 1890–1986, russischer Politiker, der sich »der Hämmernde«, »der Hammer« nennen ließ. Mit 16 Jahren legte er als begeisterter Bolschewik seinen bürgerlichen Namen *Wjatscheslaw Michajlowitsch Skrjabin* [russ. *Вчеслав Михайлович Скрбин*] ab und nahm zur Imagepflege den markanteren Spitznamen *Molotow* an, zu russ. *mólot* (*молот*), »großer Hammer«, »Vorschlaghammer«, zu *mólotit'* (*молотить*), »dreschen«. Als einer der engsten Mitarbeiter Stalins war er an der Gründung der Parteizeitung *Prawda* und der Oktoberrevolution beteiligt, nach Lenins Tod wurde er Mitglied des Politbüros (1939 unterzeichnete er den deutsch-sowjetischen Nichtangriffspakt) und nahm an Stalins Seite an allen alliierten Konferenzen teil. Nach Stalins Erkrankung führte er jahrelang die Regierungsgeschäfte, und ab 1953 war er nochmals drei Jahre lang Außenminister. Er galt als Verfechter des Kalten Krieges und Gegner der Entstalinisierung und wurde daher von Chruschtschow aller Ämter enthoben. Die unter der Bezeichnung *Molotow*-Cocktails bekannt gewordenen Wurfgeschosse (mit einer brennbaren Flüssigkeit gefüllte und einem leicht entflammbaren Stofffetzen versehene Flaschen) wurden 1939/40 im so genannten Winterkrieg von den finnischen Armee gegen russische Panzer eingesetzt; *Molotow* wurde für den Einmarsch der Sowjets in Finnland verantwortlich gemacht.

Moltke *Helmuth Graf von* (1800–1891), preußischer General-Feldmarschall und von 1858 bis 1888 Chef des Generalstabs. Der Großneffe des berühmten Feldherrn war *Helmut James Graf von Moltke* (1907–1945), der als entschiedener Gegner des Nationalsozialismus 1944 verhaftet und wenige Monate vor Kriegsende in Berlin-Plötzensee hingerichtet wurde. Der Name *Moltke* ist eine Ableitung der niederdeutschen Berufsbezeichnung *Molter* für den »Malzbereiter«, »Bierbrauer«, zu mhd. *malz* und *melz*, »Malz«.

Mommsen *Theodor* (1817–1903), deutscher Geschichtsforscher und Politiker. Als Historiker lehrte er römisches Recht und alte Geschichte in Zürich und Berlin. Geprägt durch die Revolution von 1848, stand er auf der bürgerlichen Linken. Zwischen 1863 und 1884 gehörte er dem preußischen Landtag, zuletzt auch dem Reichstag an und betrachtete als erklärter Gegner der Politik Bismarcks und des Antisemitismus Treitschkes mit wachsender Sorge die innere Entwicklung Deutschlands. *Mommsen* ist mit patronymischer Endung *-sen* (»Sohn des ...«) aus einer Koseform des alten deutschen Rufnamens *Mombert* entstanden, zu ahd. *muni*, »Geist, Gedanke«, und *beraht*, »glänzend«.

Momos [grch. *Μῶμος*] war in der griechischen Mythologie ein Gott des Tadels, sozusagen die personifizierte Tadelsucht; zu grch. *mômos (μῶμος)*, »Tadel«, »Schandfleck, Schande«.

Mondrian *Pieter* (*Piet*) *Cornelis* (1872–1944), holländischer Maler, einer der Gründer der abstrakten Kunst. In seinen Bildern reduzierte er die rechteckigen Farbflächen, meist durch schwarze Liniengitter getrennt, in immer stärkerem Maße. Seine künstlerischen Ziele waren nach eigener Aussage ein »dynamisches Gleichgewicht« und eine »vitale Realität«. Sein Name verweist auf den niederländischen Ort *Mondriaen*.

Monet *Claude* (1840–1926), französischer impressionistischer Maler. Mit seinen Freunden Renoir und Sisley malte er in Paris vornehmlich im Freien und hielt, wie sie, das flüchtige Spiel der Farben im Sonnenlicht fest. Sein Name könnte auf eine Kurz- und Koseform von *Simon* (zu hebr. *shimōn*, »Erhörung«) oder *Raimund* (zu *ragin*, »Rat«, und *munt*, »Schutz«) zurückgehen.

Moneta war im alten Rom der Beiname der Göttin Juno, die auf dem Kapitol verehrt wurde. In ihrem Tempel befand sich die staatliche Münze, daher verbinden wir noch heute ihren Namen mit Geld (vgl. *Moneten* und engl. *money*).

Monnet *Jean* (1888–1979), französischer Wirtschaftspolitiker. Während des Zweiten Weltkriegs in Frankreich, England und Amerika mit der Beschaffung von Kriegsmaterial befasst, stellte er nach Kriegsende ein Programm für die Modernisierung der französischen Wirtschaft auf; außerdem war er an der Verwirklichung des Schuman-Plans im Rahmen der Montanunion beteiligt. Von 1952 bis 1955 leitete er die Hohe Behörde der Montanunion und entwickelte sich zu einem der eifrigsten Befürworter einer politischen Einigung Europas. *Monnet* ist wahrscheinlich eine Verkleinerungs- und Koseform des Rufnamens *Simon*, zu hebr. *shimʿōn*, »(Gott) hat erhört«.

Monoecus lautete ein römischer Beiname des Herkules, zu grch. *mónos* (μόνος), »allein« (vgl. *Mönch*), und *oîkos* (οἶκος), »Haus, Wohnung« (vgl. *Ökologie*), nach einem allein stehenden Herkulestempel, den griechische Siedler an der Nordküste des westlichen Mittelmeers errichtet hatten. (Später nannte man den Hafen, der hier entstand, *Herculis Monoeci Portus*, wovon sich der Name *Monaco* herleitet.)

Monroe *Marilyn* (1926–1962), eigentlich *Norma Jean Mortensen Baker*, amerikanische Filmschauspielerin. Die blonde Sexbombe, das Idol der 1950er-Jahre in Amerika und der Welt, hatte als Pin-up-Girl begonnen, ab 1948 aber einen kometenhaften Aufstieg als Schauspielerin erlebt. Sie wurde berühmt durch Filme wie »Asphaltdschungel«, »Wie angle ich mir einen Millionär«, »Das verflixte siebte Jahr«, »Manche mögen's heiß« und »Nicht gesellschaftsfähig«. Ihr Erfolg und die unbarmherzige Vermarktung überforderten jedoch die junge Frau, sodass sie 36-jährig freiwillig aus dem Leben schied. Der von ihr gewählte Vorname *Marilyn* ist eine Kombination aus *Mary* und der gebräuchlichen Verkleinerungsendung *-lyn* (vgl. *Evelyn*); es gibt jedoch auch den eigenständigen Vornamen *Lynn*, eine Koseform von *Linda*. Ihr erster Familienname, *Mortensen*, bedeutet »Sohn des Morten«; obschon er an frz. *mort*, »Tod«, erinnert, geht er wohl auf französische Namen wie *de Mauritania*, *de Moretaine* und *Morteyn* zurück (vgl. auch *Mortagne* in der Vendée). Ihr Geburtsname *Baker* hat natürlich die etwas prosaische Bedeutung »Bäcker«, während ihre eigentlichen Vornamen *Norma* und *Jean* das lateinische Wort für »(göttliches) Gebot« bzw. eine englische Variante von *Johanna* darstellen (zu hebr. *jochanan*, »der Herr ist gnädig«; vgl. *Jane*). Der fünfte amerikanische Präsident *James Monroe* (1758–1831) verkündete 1823 die so genannte *Monroe-Doktrin*, die eine Nichteinmischung Europas in amerikanische und ebenso eine Nichteinmischung der USA in europäische Angelegenheiten vorsah. Der irische Familienname (auch: *Munro*) soll auf Einwanderer aus dem nordirischen County Londonderry zurückgehen und auf deren Herkunftsort *bun Rotha*, »Unterlauf des Roe«, verweisen.

Montaigne *Michel Eyquem Seigneur de* (1533–1592), französischer Philosoph und Schriftsteller. Er gilt als Vater des *Essay* (frz. *essai*, »Versuch«), den er als literarisches Organ für die knappe subjektive Meditation über moral- und lebensphilosophische Themen schuf (z. B. seine »Gedanken und Meinungen über allerlei Gegenstände«). *Montaigne* verweist auf den gleichnamigen Adelssitz in der Dordogne (zu frz. *montagne*, »Gebirge, Bergland«). Der recht ungewöhnliche Vorname *Eyquem*, der im Mündungsgebiet von Garonne und Dordogne anzutreffen ist, ist wohl aus dem alten Rufnamen *Aighelm* entstanden, zu ahd. *hag*, »eingefriedeter Besitz«, und *helm*, »Schutzhelm«.

Montand *Yves* (1921–1991), eigentlich *Ivo Livi*, ein französischer, in Italien geborener Schauspieler (z. B. »Lohn der Angst«) und von Edith Piaf geförderter Chansonnier. Da die Familie von jüdischen Einwanderern abstammte, dürfte der Geburtsname identisch sein mit dem des biblischen Stammes *Levi*, vielleicht angelehnt an ital. *livido*, »bläulich, blau«, oder an *Livio*, eine italienische Variante von lat. *Livius*, »der mit blauen Flecken Geborene«. Sein Künstlername soll auf seine Mutter zurückgehen, die ihn mit ital. *Ivo, monta!*, »Ivo, komm rauf!«, zum Essen rief. Zudem ist er wohl bewusst dem französischen Adjektiv *montant*, »ansteigend, aufsteigend«, nachempfunden – wie passend angesichts einer großen Karriere!

Montesquieu *Charles Baron de* (1689–1755), französischer Schriftsteller und Staatsphilosoph. Berühmtheit erlangte er zunächst mit seinem Werk »Persianische Briefe« – ein fiktiver Briefwechsel zweier Perser über französische und europäische Verhältnisse, dem seine »Betrachtungen« über die Größe Roms und die Gründe seines Niedergangs folgten. Sein Hauptwerk indes war »Vom Geist der Gesetze«, in dem er die Staatsformen der Demokratie, Monarchie und Despotie untersuchte, und zwar in ihrer Abhängigkeit von den natürlichen Umweltbedingungen, aber auch den sozialen, wirtschaftlichen und moralischen Eigentümlichkeiten einer Nation. Von besonderem Reiz sind auch seine philosophisch-satirischen Romane »Der Tempel zu Gnidos« und die »Wahrhaftige Geschichte«. Der Name seiner Familie (und deren südfranzösisches Lehen bei Agen an der Garonne) enthält neben dem französischen Substantiv *mont*, »Berg«, das okzitanische Adjektiv *esquiu*, »feindlich, unwirtlich« (zu fränk. *skiuan*, »ängstigen, abschrecken«).

Montessori *Maria* (1870–1952), italienische Ärztin und Pädagogin. Sie beschäftigte sich vor allem mit der Erziehung Zurückgebliebener und sah die entscheidende Hilfe für diese Kinder in deren ungehemmter Entwicklung und dem Angebot der dazu notwendigen Hilfestellungen. Ein Kind sollte sich nach ihrer Ansicht entsprechend seiner Anlagen selbstständig entwickeln dürfen. Der Name *Montessori* setzt sich zusammen aus ital. *monte*, »Berg«, und *tesoro*, »Schatz« (vgl. *Thesaurus* und *Tresor*).

Monteverdi *Claudio* (1567–1643), bedeutendster italienischer Komponist des 17. Jahrhunderts. Er war zunächst Hofmusiker in Mantua, später Markus-Kapellmeister in Venedig, wo er um 1632 zum Priester geweiht wurde. Sein Name bedeutet sozusagen »Grünberg«, zu ital. *monte*, »Berg«, und *verde*, »grün«. → *Verdi*

Montezuma war der Name zweier aztekischer Herrscher im heutigen Mexiko. Während *Montezuma I.* (1390–1469) selbst noch Eroberungszüge anführte und sein Reich vergrößern konnte, hieß *Montezuma II.* (1466–1520) die Spanier unter Cortés 1519 in seinem Land willkommen – eine Arglosigkeit, die er bald darauf mit der Einnahme und Ausbeutung seines Landes sowie dem eigenen Leben bezahlen sollte. Bei *Montezuma* (auch: *Moctezuma*) handelt es sich um eine fehlerhafte europäische Wiedergabe des korrekten aztekischen Namens *Motecuzoma*, »zürnender Herrscher«.

Montgolfier *Joseph de* (1740–1810) sowie sein Bruder *Étienne* (1745–1799) gelten als die Erfinder des Heißluftballons. Nach Versuchen mit rauchgefüllten Papiersäcken in der väterlichen Papierfabrik stieg 1783 zum ersten Mal ein von unten beheizbarer Leinwandballon empor – innen mit Papier gefüttert und außen mit einem Hanfnetz überzogen, zunächst noch unbemannt, später mit Versuchstieren und schließlich mit Menschen in einem darunter hängenden Korb. Ein solcher Ballon erhielt nach ihnen die Bezeichnung *Montgolfière*. Der Familienname der Brüder dürfte sich auf den *Mont Gaulfier*, einen Berg in der Provence, beziehen.

Month → *Mentuhotep*

Moore *Henry* (1898–1982), englischer Bildhauer. Sein Stil wurde stark von der Kunst der Naturvölker und der archaischen Kunst beeinflusst. Bei seinen Plastiken aus Stein, Holz oder Bronze handelt es sich oft um deformierte menschliche Einzelfiguren, aber auch um abstrakte Gebilde. Sein Namensvetter *Thomas Moore* (1779–1852) war ein irischer Dichter, der besonders durch seine Sammlung „Irische Melodien« berühmt wurde, in der er alten Volksweisen neue Texte unterlegte. Der Name *Moore* (mit den älteren Formen *Morus* und *Maurus*) kommt von »Mohr«, »Maure«. Er könnte jedoch auch ein Hinweis darauf sein, dass der erste Namensträger seine Wohnstätte in oder bei einem *Moor* hatte.

Moravia *Alberto* (1907–1990), eigentlich *Alberto Pincherle*, italienischer Schriftsteller (z. B. »La Noia«). Da er der Sohn jüdischer Einwanderer aus Mähren (heute: Tschechische Republik) war, wählte er den Decknamen *Moravia*, zu mlat. *Moravia*, »Mähren«. Der Familienname – im 18. Jahrhundert sind Rabbis dieses Namens in Verona belegt – könnte etwa »Hämmerchen« bedeuten, von *pinken*, »mit hellem Klang etwas schlagen« (wohl angepasst an die italienische Sprache, wo *ch* für unser *k* steht; vgl. auch *Pinkepinke* für »klingende Münze«).

Mordekaj (auch: *Mordechai*) ist ein hebräischer Name, der jedoch abgeleitet ist vom dem des babylonischen Hauptgottes *Marduk*. Das Alte Testament berichtet von einem *Mordekaj* aus dem Stamm Benjamin, dem Cousin und Vormund der Ester (Ester 2, 5), der mit seinen Glaubensgenossen in die Babylonische Gefangenschaft geraten war und in Susa, der östlich von Babylon gelegenen Winterresidenz der persischen Könige, lebte. Nachdem sein judenfeindlicher Gegenspieler Haman gestürzt worden war, wurde er sogar zum Wesir im Perserreich ernannt. In den Büchern Esra (Esra 2, 2) und Nehemia (Neh. 7, 7) wird zudem ein Anführer der Juden namens *Mordokaj* genannt, der die Gefangenen nach Israel heimführte. → *Ester* und *Marduk*

More *Thomas* (1478–1535), latinisiert auch *Thomas Morus*, englischer Staatsmann und Humanist. Seit 1503 Mitglied des englischen Unterhauses, wurde er unter Heinrich VIII. 1529 Lordkanzler und Vertrauter des Königs. Als überzeugter Anhänger des Papstes konnte er allerdings die Pläne Heinrichs, eine englische Staatskirche zu errichten, nicht unterstützen und legte sein Amt nieder. Er wurde wegen seiner Unbeugsamkeit inhaftiert, verurteilt und hingerichtet, von der katholischen Kirche indes 1935 heilig gesprochen. Sein englischer sowie sein latinisierter Name gehen auf lat. *maurus*, »Maure«, »Mohr«, zurück.

Moreau *Jeanne* (geb. 1928), französische Schauspielerin (z. B. »Stunden voller Zärtlichkeit«, »Die Nacht«, »Die Braut trug Schwarz« und »Die Stunde der Wahrheit«). Der Name basiert auf afrz. *moreau*, »dunkel, schwärzlich« (frz. *moreau*, »Rappe«), und bedeutet in etwa »mit dem Aussehen eines Mauren« (vgl. *Mohr*).

Morgan *Charles Langbridge* (1894–1958), englischer Erzähler und Dramatiker. In seinen psychologischen Romanen geht es vor allem um Kunst und schöpferische Entwicklung, Liebe und Entsagen, Einsamkeit und Tod (z. B. »Das Bildnis«, »Der Quell«, »Die Flamme«, »Der Richter« und »Morgenbrise«), von seinen Dramen seien genannt »Das hohe Ziel«, »Die unsichtbare Kette« und »Das Brennglas«. *Morgan* ist ein alter keltischer Name mit der Bedeutung »Küstenbewohner«, »Seemann«, zu wal. *mor*, »See, Meer«, und *gan*, »geboren«.

Mörike *Eduard* (1804–1875), deutscher Dichter und protestantischer Geistlicher. In seiner Lyrik verband er antikes Formgefühl mit Goethescher Klarheit sowie volksliedhafter Schlichtheit und Romantik. Im Mittelpunkt seines Romans »Maler Nolten«, mit dessen Umarbeitung er sich zeitlebens abmühte, steht das Motiv des Wahnsinns. Daneben schuf er Märchen und Novellen, von denen »Mozart auf der Reise nach Prag« wohl den Höhepunkt seiner Prosa darstellt. Der Name *Mörike* leitet sich her von *Moritz*, zu lat. *Maurus*, »Mauretanier« (vgl. *Mohr*).

Moro *Aldo* (1916–1978), italienischer Politiker der *Democrazia Cristiana* (»Christdemokraten«), deren Generalsekretär er 1959 wurde. Ab 1976 Parlamentspräsident, befürwortete er den »historischen Kompromiss« mit den Kommunisten. Nach einer spektakulären Entführung durch die Roten Brigaden wurde er 1978 von diesen ermordet. Der Name *Moro* entspricht dem italienischen Adjektiv für »schwarz«, »dunkelhäutig« (vgl. *Maure* und *Mohr*).

Morpheus [grch. *Μορφεύς*] nennt die griechische Mythologie den Sohn des Schlafes und den Gott der Träume, der diesen ihre Form gab; zu grch. *morphé (μορφή)*, »Gestalt«. → *Hypnos*

Morse *Samuel Finley Breese* (1791–1872), amerikanischer klassizistischer Maler sowie Erfinder des ersten brauchbaren elektromagnetischen Schreibtelegraphen. Die dafür von ihm entwickelte Schrift (1838) aus Punkten und Strichen trägt bis heute seinen Namen, der – wie unser Rufname *Moritz* – »der Dunkle« bedeutet (von lat. *Mauritius*, »Mohr, Bewohner Mauretaniens«, zu *maurus*, »schwarz, dunkel«; eine Variante von *Morse* ist der Familienname *Morris*). Abgesehen von *Samuel* (zu hebr. *shmu'el*, »erhört von Gott«), sind seine Vornamen recht ungewöhnlich: *Finley* ist die englische Form des gälischen Namens *Fionnlagh*, »strahlender Held«, während *Breese* auf den altenglischen Spitznamen *Breosa*, »Viehbremse«, im Sinne von »Störenfried«, zurückgeht.

Moser *Hans* (1880–1964), eigentlich *Johann (Jean) Julier*, österreichischer Schauspieler. Er kam über Schmiere und Kabarett zur Bühne, wo er vor allem Wiener Originale darstellte. Wegen seines Nuschelns, das zeitlebens sein Markenzeichen blieb, musste er Sprechunterricht beim Hofschauspieler *J. Moser* nehmen, dessen Namen er zum Künstlernamen erwählte. Bei diesem Namen handelt es sich entweder um eine Anlehnung an *Moses* oder einen Wohnstättennamen zu mhd. *mos*, »Moos, Sumpf«, und bezeichnete dann »jemand, der am Moor wohnt«. Sein französisch wirkender Geburtsname ist wahrscheinlich von *Julius*, dem altrömischen Geschlechternamen, herzuleiten und bedeutet dann so viel wie »dem Jupiter geweiht« (aus lat. *Iovilius*).

Moses, der Name des alttestamentarischen Patriarchen (hebr. *Moshe*), stammt wahrscheinlich von der ägypt. Wurzel *mes*, »Sohn«, und *mesu*, »geboren werden«. Die Bibel verbindet ihn dagegen mit hebr. *mashah*, »herausziehen«, wohl in Anspielung auf die Geschichte, dass die Tochter Pharaos den kleinen *Moses* in einem Kästchen am Flussufer fand und ihn aus dem Schilf zog; später adoptierte sie den Findling. (Exodus 2, 10: »Diese nahm ihn an Sohnes Statt an und nannte ihn *Moses*. Sie sprach dabei: Ich habe ihn ja aus dem Wasser gezogen.«) Der kleine *Moses* entging auf diese Weise der Anordnung des Pharao, alle Neugeborenen der in seinem Land ansässigen Israeliten zu töten, und konnte später sein Volk aus der ägyptischen Knechtschaft befreien. (Das Motiv des Kindermords ist auch aus dem Neuen Testament bekannt, wo die wunderbare Errettung des jungen Jesus durch die Flucht der heiligen Familie vor dem angekündigten Massaker des judäischen Königs Herodes beschrieben wird – diesmal allerdings nicht aus Ägypten, sondern in umgekehrter Richtung.) → *Herodes*

Mountbatten *Philipp* (geb. 1921), Prinzgemahl der britischen Königin. 1947 heiratete der Prinz von Griechenland und Dänemark die spätere Königin Elizabeth II. und erhielt den Titel eines Herzogs von Edinburgh. Seine Vorfahren mütterlicherseits stammten wie die seines berühmten Onkels – des britischen Admirals und letzten Vizekönigs von Indien, Earl Louis *Mountbatten* – aus Deutschland, wo sie den Adelsnamen *von Battenberg* getragen hatten (nach einem Städtchen in Hessen, vielleicht zu lat. *beatus*, »prächtig, glückselig«).

Mozart *Amadeus* (1756–1791), berühmter österreichischer Komponist. Seine ursprünglichen Vornamen lauteten *Johannes Chrysostomus Wolfgangus Theophilus*. Während er auf die beiden ersten völlig verzichtete, entschied er sich für die schlichte Form *Wolfgang* und latinisierte den griechischen Vornamen *Theophilus* zu *Amadeus*, ohne dabei die Bedeutung »Gottlieb« zu ändern – zu grch. *theós (θεός)*, »Gott«, und *phílos (φίλος)*, »lieb, teuer«, bzw. zu lat. *amare*, »lieben«, und *deus*, »Gott«. Sein Familienname (seit dem 14. Jahrhundert als *Motzhart* und *Mozhart* bezeugt) geht zurück auf alem. *motzen, motschen*, »im Schlamm herumrühren«, »unsauber arbeiten«, oder auf die bairische Variante *motzen*, »zögern, träge arbeiten«; die Endung *-hart* deutet auf einen Spottnamen hin (vgl. *Neidhart*, aus mhd. *nithart*, »neidischer Mensch«). *Mozart* war ein musikalisches Wunderkind mit einem unglaublichen Improvisationstalent, das schon mit sechs Jahren Klavierkonzerte gab und dabei seine ersten Kompositionen vorstellte. Seine Bühnenwerke dagegen hatten zunächst nur wenig Erfolg (z. B. »Die Entführung aus dem Serail«, »Die Hochzeit des Figaro«, »Don Giovanni« und »Die Zauberflöte«); als er 36-jährig starb, musste er sogar in einem Armengrab beerdigt werden; der Ruhm des begnadeten Künstlers sollte sich erst posthum einstellen.

Mrożek *Sławomir* (geb. 1930), polnischer Schriftsteller und Dramatiker. Er hat vor allem das Problem von Macht und Freiheit gestaltet, z. B. in seinen Erzählungen »Der Elefant«, »Die Polizei«, »Striptease« und »Tango«. *Mrożek* dürfte eine Ableitung des polnischen Rufnamens *Ambrozy* (mit Verkleinerungsendung *-ek*) sein und damit »kleiner Ambrosius« bedeuten, zu grch. *ambrósios (ἀμβρόσιος)*, »unsterblich, göttlich« (vgl. *Ambrosia*, in der griechischen Mythologie die Speise der Götter). Denkbar wäre auch eine Herkunft von poln. *mróz*, »Frost, Raureif, Kälte«.

Mubarak *Hosni* (geb. 1928), ägyptischer Politiker. Seit dem israelisch-arabischen Krieg von 1973 war er Oberbefehlshaber der Luftwaffe seines Landes gewesen, bevor er 1981 nach der Ermordung Anwar el-Sadats Staatspräsident Ägyptens wurde. Nach drei Wiederwahlen bekleidet er noch immer dieses Amt. *Mubarak* bedeutet im Arabischen »Gesegneter«, der Vorname *Hosni* »Tugendhafter«.

Mucius war ein römischer Gentilname, der eigentlich so etwas wie »Rotzlöffel, Rotzbengel« bedeutete; zu *mucus*, »Nasenschleim, Rotz«. Diesem wenig ruhmvoll erscheinenden Namen widerspricht jedoch der Heldenmut, den z. B. *Caius Mucius Scaevola* in der römischen Frühzeit im Kampf gegen den Etruskerkönig Porsenna bewies, als dieser nach der Sage 507 v. Chr. Rom belagerte, um die vertriebenen Tarquinier zurückzuführen. Bei einem Attentatsversuch auf Porsenna wurde *Mucius* gefangen genommen; als er dem König seine Furchtlosigkeit bewies, indem er seine rechte Hand ins Altarfeuer hielt und verbrannte, soll Porsenna die Belagerung aufgegeben haben. *Mucius*, der danach seine Rechte nie wieder benutzen konnte, wurde seitdem *Scaevola* gerufen, »Linkshand«, zu lat. *scaevus*, »links, linkisch«.

Mufti nennt man voller Hochachtung einen islamischen Rechtsgelehrten und Gutachter, zu arab. *muftin*, »Berater, Entscheider«.

Mugabe *Robert Gabriel* (geb. 1924), afrikanischer Politiker. Der Gründer der Patriotischen Front und der Führer des Kampfes gegen das weiße rhodesische Regime wurde 1980 der erste Ministerpräsident des freien Simbabwe und ist seit 1987 Staatspräsident seines Landes. Der südafrikanische Politiker trägt einen Namen, der auf einen Staatsmann zutreffen sollte, denn *Mugabe* bedeutet »der auf die Wahrheit Vertrauende«.

Mulciber war einer der Beinamen des Volcanus (grch.: Hephaistos), »Erweicher, Schmelzer«, zu lat. *mulcere*, »sanft berühren«.

Mummius lautete der Name eines römischen plebejischen Geschlechts, dessen wohl bekanntester Vertreter *Lucius Mummius Achaicus* war, der 146 v. Chr. Korinth eroberte und zerstörte. Der Name ist wohl hergeleitet von *animum*, dem Akkusativ von *animus*, »Geist, Seele«, aber auch »Energie, Entschlossenheit«. → *Achaicus*

Munatius hieß eine römische *gens*, der z. B. Caesars Vertrauter und Legat in Gallien, *Lucius Munatius Plancus*, angehörte, ein wankelmütiger Charakter, der stets seinen eigenen Vorteil im Auge hatte. Nach Caesars Ermordung war er zunächst ein Anhänger des Antonius und später des Oktavian. Er war es auch, der für Letzteren 27 v. Chr. den Titel *Augustus* vorschlug. Der Name *Munatius* kommt von lat. *munerare*, *munatum*, »schenken, beschenken«, zu *munus*, »Geschenk« sowie »Pflicht, Aufgabe, Dienst«. Von Pflichtbewusstsein kann in seinem Fall allerdings keine Rede sein. → *Plancus*

Munch *Edvard* (1863–1944), norwegischer Maler und Graphiker. In seinen meist düsteren Bildern – am berühmtesten ist wohl »Der Schrei« –

brachte er vor allem menschliche Grunderfahrungen wie Angst, Triebhaftigkeit und Tod zum Ausdruck. *Munch* liegt der deutsche Familienname *Mönch* oder *Münch* zu Grunde, über mlat. *monicus* aus grch. *monachós (μοναχός)*, »allein lebend« (vgl. unsere Vorsilbe *mono-*, »einzeln«).

Muñoz *Sanchez* war der bürgerliche Name des spanischen Gegenpapstes *Klemens VIII.* (1423–1429) gewesen. Sein Name stammt entweder von lat. *munis*, »gefällig«, oder von bask. *munho*, »Anhöhe«, oder von arab. *munya*, »Wunsch«. *Sanches* bedeutet »Sohn des Heiligen«, zu lat. *sanctus*, »heilig«. → *Klemens*

Müntefering *Franz* (geb. 1940), deutscher SPD-Politiker mit einer steilen Parteikarriere. Seit 1991 war er Mitglied des Parteivorstandes, von 1992 bis 1995 Landesminister für Arbeit, Gesundheit und Soziales in Nordrhein-Westfalen und anschließend Bundesgeschäftsführer der SPD bis zu seiner Ernennung zum Bundesminister für Raumordnung, Bauwesen, Städtebau und Verkehr im Jahr 1998. Von 2004 bis 2005 war er Vorsitzender der Sozialdemokratischen Partei Deutschlands. Käme dem Familiennamen eine prophetische Bedeutung zu, müsste er eines Tages eigentlich Finanzminister werden, denn *Müntefering* setzt sich etymologisch zusammen aus mnd. *münte*, »Münze« (zu lat. *moneta*, »gemünztes Geld, Münzstätte«), und mhd. *vierlinc* und *vierdelinc*, »Viertel eines Maßes«, auch einer Münze (zu mhd. *vieren*, »vierteln« und »vervierfachen«).

Münzer *Thomas* (auch: *Müntzer*), 1468 oder 1489–1525, deutscher Theologe und Reformator. Als Pfarrer im kursächsischen Allstedt scharte er 1523 Bürger, Bauern und Bergleute um sich mit der Absicht, ein urchristlich-kommunistisches Reich aufzurichten. Als Luther öffentlich vor diesem »aufrührerischen Geist« warnte, suchte Münzer die Verbindung zu den Wiedertäufern und den aufständischen Bauern, riss in seiner thüringischen Heimatstadt Mühlhausen die Herrschaft an sich und organisierte 1525 von hier aus den Thüringischen Bauernkrieg. Noch im gleichen Jahr wurde er in der entscheidenden Schlacht von Frankenhausen geschlagen und danach enthauptet. *Münzer* ist ein Berufsname (zu mhd. *münzære*, »Münzer, Geldpräger«), der jemanden bezeichnete, der mit dem Prägen von Münzen beauftragt war.

Murdoch *Jean Iris* (1919–1999), englische Romanschriftstellerin irischer Herkunft. Sie lehrte zunächst Philosophie in Oxford und verfasste dann geistreich-witzige, manchmal pessimistische Gesellschaftssatiren (z. B. »Unter dem Netz«, »Die Sandburg«, »Lauter feine Leute«, »Der schwarze Prinz«, »Das Meer, das Meer« und »In guter Absicht«). Ihr Name bedeutet »Seefahrer« zu air. *muireadhach*, »Matrose, Seemann« (heute: *mairnéalach*, zu *muir*, »Meer«).

Murillo *Bartholomé Esteban* (1618–1682), spanischer Maler religiöser Themen. 1660 war er Mitbegründer und erster Präsident der Akademie von Sevilla. Sein Name heißt wörtlich übersetzt »Mäuerchen«, aus span. *muro*, »Mauer«, zu lat. *murus*, »Mauer« und *murellus*, »kleine Mauer« – In Spanien ein nicht seltener Name für eine befestigte Ortschaft.

Mus war ein Beiname in der römischen *gens Decia*, zu lat. *mus*, »Maus, Ratte«, entweder ein Hinweis auf einen negativen Charakter oder aber ein Kosewort wie unser »Mäuschen«.

Musen [grch. Μοῦσα, Mz. Μοῦσαι] gab es neun an der Zahl: *Kleio (Κλειώ)*, »die Verkünderin, Rühmerin« (Muse der Geschichte, lat. *Clio*), von *kleío (κλείω)*, »rühmen, preisen«; *Euterpe (Εὐτέρπη)*, »die Erfreuerin«, aus *eu- (εὐ-)*, »gut, wohl«, und *térpein (τέρπειν)*, »erfreuen, erheitern«, die Muse der lyrischen Dichtung und Musik; *Thaleia (θάλεια)*, »die Blühende, das blühende Glück«, von *thállein (θάλλειν)*, »blühen, strotzen«; *Melpomene (Μελπομένη)*, »die Sängerin«, von *mélpein (μέλπειν)*, »singen, besingen, ertönen lassen«; *Terpsichore (Τερψιχόρη)*, »die Tanzfrohe«, aus *térpsis (τέρψις)*, »Freude, Genuss«, und *chorós (χορός)*, »Tanz«; *Erato ('Ερατώ)*, »die Liebliche«, von *erân (ἐρᾶν)*, »lieben«; *Polymnia (Πολύμνια)*, »die Hymnenreiche«, aus *polý- (πολύ-)*, »viel«, und *hýmnos (ὕμνος)*, »Gesang, Loblied«; *Urania (Οὐρανία)*, »die Himmlische«, von *ouranós (οὐρανός)*, »Himmel«; *Kalliope (Καλλιόπη)*, »die Schönstimmige«, aus *kállos (κάλλος)*, »Schönheit«, und *óps (ὄψ)*, »die Stimme«. → *Mnemosyne* sowie *Aoide*, *Melete* und *Mneme*

Musil *Robert von* (1880–1942), österreichischer Schriftsteller. Als sein Hauptwerk gilt »Der Mann ohne Eigenschaften«, ein umfangreicher Roman über die letzten Jahre der Donaumonarchie vor dem Ersten

Weltkrieg und den moralischen Zustand der Welt zu jener Zeit. Der Name *Musil* ist mährischer Herkunft und bedeutet »er hat gemusst«. Worauf sich diese Notwendigkeit für den ersten Träger dieses Namens bezog, ist leider nicht überliefert (zu tsch. *muset* oder *musit*, »müssen«).

Mussolini *Benito* (1883–1945), italienischer Politiker. Bis 1914 war er Funktionär der sozialistischen Partei, nach dem Ersten Weltkrieg bereitete er (ähnlich wie Hitler) mit terroristischen Aktionen seine Machtergreifung vor. 1925 wurde er faschistischer Führer (Duce) mit diktatorischen Vollmachten, seit 1936 war er durch die Achse Berlin–Rom mit dem nationalsozialistischen Deutschland verbündet, und 1940 trat er an der Seite Hitlers in den Krieg ein. 1943 erfolgte, nicht zuletzt wegen der militärischen Misserfolge Italiens, seine Absetzung durch den König. Kurz vor Kriegsende wurden er und seine Geliebte von italienischen Widerstandskämpfern erschossen. Der Name kommt mit ziemlicher Wahrscheinlichkeit von ital. *mussolina*, »*Musselin*«, und bezeichnete ursprünglich eine Familie, die mit diesem Tuch handelte, das ursprünglich aus der irakischen Stadt *Mossul* kam. *Mussolini* kann allerdings auch eine Koseform von *Giacomo* sein, über *Giacomussi* und die Kurzform *Mussi*. Das italienische Wort *mus(s)o* bedeutet zudem »Maul, Schnauze«, was angesichts der Großschnäuzigkeit des faschistischen Duce eine angemessene Benennung wäre.

Mussorgsky *Modest Petrowitsch* [russ. *Модест Петрович Мусоргский*], 1839–1881, russischer Komponist, der durch Opern und Lieder, vor allem aber durch seinen Klavierzyklus »Bilder einer Ausstellung«, aber auch durch seine ausschweifende und trunkene Lebensart bekannt wurde. Sein Name, den Kritiker unziemlicherweise gern von russ. *musor (мусор)*, »Müll, Abfall«, herleiten, geht auf einen kirchenslawischen Ausdruck *musorga (музорга)* für »Musiker« zurück – ursprünglich ein Spitzname für einen musisch begabten Vorfahren im 15. Jahrhundert, der sich seitdem zum Nachnamen entwickelte. Um jeden Zweifel an der Herkunft seines Namens auszuschließen, betonte der Künstler regelmäßig die Schreibung seines Namens mit einem *g* vor der patronymischen Endung *-ski* (»Sohn des ...«) und die Akzentuierung auf der ersten Silbe. Der Vorname *Modest* ist lateinischen Ursprungs und bedeutet »der Bescheidene, Gelassene«.

Mustafa bedeutet im Arabischen »gewählt« und wird oft als Beiname Mohammeds verwendet, dann allerdings als *Al-Mustafa*, »der Erwählte«. *Mustafa* hießen auch einige osmanische Sultane und ein türkischer Großwesir, der als *Kara Mustafa*, »der schwarze Mustafa« (1634–1683), in die Geschichte einging. Der hochmütige Pascha war vom Unglück verfolgt: Von 1677 bis 1681 zog er ohne Erfolg gegen Russland zu Felde, und seine Belagerung Wiens endete 1683 mit der schmählichen Niederlage des türkischen Heeres, sodass er die Flucht ergriff und der aufgebrachte Sultan ihn in Belgrad erdrosseln ließ.

Mut, die Gattin Amuns, die dessen Sohn *Chons* zur Welt brachte, wurde im alten Ägypten als Urmutter, als *Magna Mater*, verehrt. Das Wort *mut* bedeutet im Ägyptischen sowohl »Mutter« als auch »Geier«. Da sich die Pharaonen als Fleisch gewordene *Mut* empfanden, trugen sie oft eine Geierhaube.

Mutilus war der Beiname des *Marcus Papius Mutius*, von lat. *mutius*, »verstümmelt«, aber auch »abgehackt redend« (vgl. engl. *mutilation*, »Verstümmelung«). Umso erstaunlicher ist es, dass er als 9 n. Chr. nachgewählter Konsul zusammen mit seinem Kollegen Poppaeus ein Gesetz gegen Kinderlosigkeit einbrachte. → *Papius*

Mutter Teresa (1910–1997) hieß mit bürgerlichem Namen *Agnes Gonxha Bojaxhiu*. Die albanische Ordensschwester aus Skopje (alb. *Schkup*) gründete 1950 den Orden der »Missionarinnen der Nächstenliebe« und lebte bis zu ihrem Tod unter den Ärmsten der Armen in den Slums von Kalkutta. Die Friedensnobelpreisträgerin wurde 2003 selig gesprochen. Als Ordensschwester benannte sie sich wohl nach der heiligen Theresa von Avila, die im 16. Jahrhundert mehr als 30 Klöster in Spanien gründet hatte. Der Name selbst geht auf die Insel *Thera*, heute *Thira Santorin*, in der Ägäis zurück. Ihr albanischer Vorname *Gonxha* bedeutet »Blütenknospe«, ihr Familienname *Bojaxhiu* »Anstreicher, Maler«; der christliche Vorname *Agnes* geht auf grch. *hagnós* (ἀγνός), »heilig, gottgefällig«, aber auch »rein, keusch«, zurück. Beide Auslegungen treffen auf diese außergewöhnliche Frau in besonderem Maße zu.

Nabi, zu arab. *nabi*, »Prophet« (Mz. *Nabijun*), lautet der Titel für einen von Allah gesandten Prediger. Insgesamt hat er 124 000 geschickt, um den Menschen zu helfen und Wunder zu wirken. Zu den 313 höheren Gesandten gehören u. a. Adam, Abraham (Ibrahim), Ismael (Isma'il), Isaak (Ishak), Jakob (Yakub), David (Dawud), Salomon (Sulaiman), Joseph (Yusuf), Aaron (Harun), Moses (Musa) und Jesus (Isa). → *Rasul*

Nabokov *Wladimir Wladimirowitsch* [russ. *Владимир Владимирович Набоков*], 1899–1977, amerikanischer Romanschriftsteller russischer Herkunft. Seine aristokratische Familie floh 1917 vor der Russischen Revolution nach Jalta auf der Krim. In Cambridge studierte der junge Wladimir Naturwissenschaften sowie russische und französische Literatur. 1922 zog er nach Berlin, wo er seine ersten Erzählungen schrieb (»Der Späher«, »Die Mutprobe«, »Gelächter im Dunkel«, »Verzweiflung« u. a.). 1937 emigrierte er mit seiner jüdischen Frau und seinem Sohn nach Frankreich und 1940 nach Amerika, wo er an verschiedenen Universitäten europäische und russische Literatur lehrte, bis ihm der Welterfolg seines skandalösen Romans »Lolita« 1959 den Rückzug vom akademischen Leben erlaubte. Seinen Lebensabend verbrachte Nabokov in der Schweiz. Sein Name bedeutet wörtlich übersetzt »Sohn des Nabokoj«, d. h. »des Krummen«, zu russ. *nabok (набок)*, »zur Seite geneigt, schief«, und der patronymischen Endung *-ow*.

Nabu (auch: *Nebo*), ein Sohn des Marduk, war ein akkadischer Gott der Gelehrsamkeit und der Schreibkunst. Sein Name bedeutet »Berufener«, »Sprecher, Verkünder«, zu akk. *navi*, »Prophet«. → *Nebukadnezar* und *Nabupolassar*

Nabupolassar (bab. *Nabu-apla-usur*), »Nabu schütze den Erbsohn«, herrschte als erster König aus dem Hause der Chaldäer von 626 bis 605 v. Chr. über Babylon. Sein Sohn und Erbe war der berühmt-berüchtigte Nebukadnezar II.

Nadir ist ein typischer arabischer Herrschername mit der Bedeutung »der Prächtige«, »der ungewöhnlich Schöne«. Der persische König *Nadir Schah* (1736–1747) bekämpfte die Afghanen, eroberte Aserbaidschan, Georgien sowie große Gebiete Armeniens, unterwarf Buchara und besiegte 1739 den Großmogul in Delhi. Sein Riesenreich erstreckte sich damit vom Indus bis zum Euphrat. Der afghanische König *Nadir Khan* (1880–1933) war nach dem Ersten Weltkrieg zunächst Kriegsminister seines Landes und Gesandter in Paris, bevor er 1929

nach inneren Unruhen zum Herrscher Afghanistans ausgerufen wurde.
→ *Schah*

Naevius lautete der Name einer römischen *gens*, deren Hauptvertreter wohl der römische Dramatiker und Epiker *Cnaeus Naevius* (ca. 270–201 v. Chr.) war. Er verfasste das römische Nationalepos »Bellum Poenicum«, eine Darstellung des Ersten Punischen Krieges, an dem er selbst teilgenommen hatte. Einer seiner Vorfahren muss mit Muttermalen übersät gewesen sein und sich damit den Namen *Naevius* verdient haben, denn lat. *naevus* bedeutet »Leberfleck«.

Nagai *Kafu* (1879–1959), japanischer Romanschriftsteller, der den Stoff für seine romantischen Erzählungen vor allem aus den alten Geishavierteln von Tokio bezog. Sein Familienname *Nagai* hat im Japanischen die Bedeutung »lang« und »seit langer Zeit«. *Kafu* heißt wörtlich übersetzt »der Heizer«.

Nagano *Osami* (1880–1947), japanischer Flottenadmiral und von 1941 bis 1944 Oberbefehlshaber der Marine. 1945 wurde er von den Amerikanern gefangen genommen und vor dem Alliierten Militärtribunal als Urheber des Angriffs auf Pearl Harbor angeklagt. Er starb zwei Jahre später in der Haft. Sein Name ist entlehnt von der Stadt *Nagano* nordwestlich von Tokio und bedeutet »langes Feld«, zu jap. *nagai*, »lang«, und *no*, »Feldflur«. Der Vorname dürfte sich zusammensetzen aus jap. *osanai*, »jung, klein«, und dem Wortsuffix *mi* für »schön, hübsch«.

Nagy (Aussprache etwa: *Nodsch*) *Imre*, 1896–1958, ungarischer Politiker. Nach dem Zweiten Weltkrieg führte *Nagy* als Landwirtschaftsminister der kommunistischen Partei die ungarische Bodenreform durch. Als er 1953 Ministerpräsident geworden war und seine Politik des »nationalen und menschlichen Sozialismus« entwickelte, enthob man ihn 1955 aller seiner Ämter und schloss ihn aus der Partei aus. Mit Beginn der Ungarischen Revolution 1956 setzte ihn das Zentralkomitee erneut als Ministerpräsidenten ein. Seine Forderung nach der parlamentarischen Demokratie und der Neutralität Ungarns beantworteten die Sowjets mit dem Einrücken von Panzerverbänden, die den Aufstand der Massen blutig niederschlugen. *Imre Nagy* wurde kurz darauf wegen »konterrevolutionären Verhaltens« zum Tode verurteilt und gehängt.

Böse Zungen behaupten, er habe selbst einmal einem Exekutionskommando angehört, und zwar 1918 bei der Erschießung der Zarenfamilie in Jekaterinburg. Möglich wäre es gewesen, denn *Nagy*, der während des Ersten Weltkriegs in russische Gefangenschaft geraten war, kämpfte nach der Oktoberrevolution auf Seiten der Roten Armee und kehrte erst 1921 nach Ungarn zurück. Sein Name ist das ungarische Wort für »groß«. *Imre*, eine Variante von *Emmerich* (zum germanischen Stamm der *Amaler* und ahd. *rihhi*, »reich, mächtig«), ist bei den Ungarn sehr beliebt, da der Sohn des heiligen Königs Stephan diesen Vornamen trug.

Nahum hieß im 7. Jh. v. Chr. ein jüdischer Prophet, der den Untergang der assyrischen Hauptstadt Ninive voraussagte. Sein Name bedeutet im Hebräischen »Tröster«.

Nakasone *Yasuhiro* (geb. 1918), japanischer Politiker. Der Präsident der Liberal-Demokraten war von 1982 bis 1987 Premierminister seines Landes. Sein Familienname ist gebildet aus jap. *naka*, »Reisfeld«, und *sono*, »dieses« oder »deren«. Der Vorname enthält die Wörter *yasuho*, »Ruhe, Stille«, und *hiro*, »groß, ausgedehnt«.

Nanna hieß ein sumerischer Mondgott, der jede Nacht in seinem sichelförmigen Boot über den Himmel fuhr und das Jahr in Monate zu 30 Tagen teilte. Er war der Sohn des Enlil und der Ninlil, der Gemahl der Ningal und der Vater des Utu. Der Name *Nanna* bedeutet im Sumerischen »Herr des Schicksals«, »Herr des Lebenslaufs«.

Nansen *Fridjof* (1861–1930), norwegischer Polarforscher und Zoologe. Er überquerte 1888 mit Otto Sverdrup als Erster auf Hundeschlitten die Eisdecke Grönlands von der Ost- bis zur Westküste. Von seinem Schiff »Fram« aus erkundete er zwischen 1893 und 1896 das Nordpolarmeer und die Polarregion. Sein Versuch, auf Schlitten den Pol zu erreichen, missglückte knapp. 1918 organisierte er die Heimführung der Kriegsgefangenen aus Russland und arbeitete danach bis 1930 im Völkerbund als Hochkommissar für Flüchtlingsfragen. Auf seine Anregung hin wurde der so genannte »Nansen-Pass« für Staatenlose, vor allem Flüchtlinge aus dem kommunistischen Russland, eingeführt. Bereits 1920 hatte er den Friedensnobelpreis erhalten. *Nansen* ist eine patronymische Bildung zum dänischen Vornamen *Nanne*, zu german. *nantha*, »wagemutig, kühn«.

Naphtali bedeutet im Hebräischen »Gewaltkämpfer«. Der bekannteste Träger dieses Namens war der zweite Sohn, den Rachels Leibmagd Bilha dem Jakob auf ihr Geheiß gebar. Rachels weniger attraktive Schwester Lea hatte dem Jakob bereits vier Söhne geschenkt (Ruben, Simeon, Levi und Juda); daher fühlte die schöne Rachel sich zurückgesetzt und stritt heftig mit ihrer Schwester. (Gen. 30, 8: »›Gewaltige Gotteskämpfe habe ich mit meiner Schwester ausgefochten; ich siegte sogar!‹ Darum nannte sie seinen Namen Naphtali, ›Gewaltkämpfer‹«.)
→ *Dan*, *Gad*, *Aser* und *Joseph*, *Benjamin*

Napoleon *Buonaparte* (1769–1821), der Name des selbst ernannten Kaisers der Franzosen, ist wohl germanischen Ursprungs und steht vielleicht über das Wort *Nebel* mit den *Nibelungen* in Verbindung, jenen dämonischen Besitzern eines großen Schatzes, der von dem Zwerg Alberich bewacht wurde (insofern würde der Name dem kleinwüchsigen Emporkömmling aus einer korsischen Familie gut stehen). Volksetymologisch wird der Name *Napoleon* mit Vorliebe abgeleitet von *Neapel* (ital. *Napoli*, aus grch. *Neapolis*, »Neustadt«) und ital. *leon*, »Löwe«. Die Russen verbinden den Namen des Gernegroß, der 1812 auszog, den Zaren zu besiegen, gelegentlich mit dem spöttischen Wortspiel *na pólje on (на поле он)*, »er befindet sich auf dem Feld«. Der Sohn des korsischen Patriziers *Buonaparte* (aus ital. *buona*, »gute«, und *parte*, »Partie, Rolle, Schicksal«), der Französisch zunächst als Fremdsprache erlernen musste und dessen Orthographie sein Leben lang nicht meisterte, begann seine Karriere als Stipendiat an der königlichen Militärakademie, kämpfte in der Französischen Revolution und befreite als junger Offizier 1793 das von den Monarchisten belagerte Toulon, schlug 1775, damals schon Brigadegeneral, den Aufstand der Königstreuen in Paris nieder und erhielt den Oberbefehl über die Armee. Durch seine Ägypten-Expedition versuchte er England zu schwächen, wurde aber von Nelson in der Schlacht von Abukir besiegt. 1799 erklärte er die Französische Revolution offiziell für beendet und ließ sich vom Volk als Erster Konsul auf Lebenszeit bestätigen. In Anwesenheit des Papstes krönte er sich 1804 in Notre Dame selbst zum Kaiser der Franzosen. In der Folge schuf er mit dem Code Civil das erste bürgerliche Gesetzbuch und bewirkte durch Abschluss eines Konkordats die Trennung von Kirche und Staat. Nach seinem Sieg über Österreich und Preußen sowie seinem Bündnis mit Russland stand er auf dem Höhepunkt seiner Macht, bis es mit dem Zaren zu Unstimmigkeiten über die Kontinentalsperre kam und Napoleons misslungener Feldzug gegen Russland (s. o.) seinen Untergang einleitete. Endgültig besiegt wurde er 1813 von der Heiligen Allianz, d. h. England, Preußen, Russland und Österreich, in der Völkerschlacht bei Leipzig. Seine Verbannung nach Elba bedeutete aber noch nicht das Aus für seine Karriere, denn nach dem Wiener Kongress kehrte er noch einmal an die Macht zurück. Er brachte 1815 den Oberbefehl über das Heer wieder an sich und stellte sich bei Waterloo jener berühmten Schlacht, nach der er sich ein für alle Mal geschlagen geben musste. Wiederum wurde er in die Verbannung geschickte, diesmal auf die Insel St. Helena im Südatlantik, wo er 1821 starb.

Narses (ca. 480–574) war ein oströmischer Feldherr armenischer Herkunft, der zunächst die Hofhaltung Kaiser Justinians I. leitete und dessen Leibwache befehligte. Als byzantinischer General und Nachfolger Belisars besiegte er 552 die Westgotenkönige Totila und Teja und reorganisierte die Verwaltung Italiens, bis Kaiser Justinus II. ihn 567 abberief. Sein persischer Name *Narseh*, gräzisiert zu *Narses*, dürfte von pers. *narazi*, »unzufrieden«, »unbefriedigt«, stammen – wie passend, denn *Narses* war ein Eunuch.

Narziss [grch. *Νάρκισσος*] hieß der äußerst gut aussehende Sohn des böotischen Flussgottes Kephissos. Er wies die Annäherungsversuche aller um ihn werbenden Männer und Frauen zurück und verschmähte auch die Liebe der Nymphe Echo; diese verschmachtete aus Gram, wurde zu einem Felsen, und nur ihre Stimme blieb übrig, die künftig vom Felsen her schallte. *Narziss* wurde nun dazu verdammt, an einer Quelle zu sitzen und sich in unerfüllbarer Eigenliebe zu verzehren, indem er unermüdlich sein eigenes Spiegelbild im Wasser betrachtete. Schließlich stieß er sich selbst den Dolch in die Brust, und aus seinem Blut entsprang jene Blume, die wir noch heute als *Narzisse* kennen. Der Name *Narziss* beruht auf grch. *nárke (νάρκη)*, »Erstarrung, Erlahmung« (vgl. *Narkose*). → *Echo*

Nasica nannte man den *Publius Cornelius Scipio Nasica Corculum* mit Beinamen, wohl »der mit der feinen Nase«, »der mit dem feinen Riecher«, von *nasus*, »Geruchssinn«, auch »scharfes Urteilsvermögen« (vielleicht auch einfach nur »der mit der spitzen Nase«). → *Scipio* und *Corculum*

Nasir ed-Din (1831–1896), persischer Schah, der als Erster Auslandsreisen unternahm und darüber berichtete (»Ein Harem in Bismarcks Reich«). Sein arabischer Name bedeutet »Sieg der Religion«. → *Nasser*

Naso war der spöttische Beiname des berühmten römischen Dichters *Publius Ovidius Naso* (besser bekannt als *Ovid*), der wohl eine beachtliche Nase gehabt haben muss, denn der lateinische Spitzname *Naso* bedeutet »Langnase«, »Zinken«, zu *nasus*, »Nase«. → *Ovidius*

Nasser *Gamal Abdel* (1918–1970), ägyptischer Politiker. Er wurde nach dem Sturz König Faruks 1954 Ministerpräsident und noch im gleichen Jahr Staatspräsident. Es gelang ihm 1956 – dank des Drucks der Sowjetunion und der USA auf die westlichen Mächte und Israel –, den Suez-Kanal zu verstaatlichen und dadurch eine Führerstellung in der arabischen Welt, insbesondere im Kampf gegen Israel, zu erlangen. Ab 1961 versuchte er durch eine Art arabischen Sozialismus die Wirtschafts- und Sozialstruktur Ägyptens zu verbessern, indem er eine Bodenreform durchführte und die Industrialisierung seines Landes durch den Bau des Assuan-Staudamms vorwärts brachte, wofür er Wirtschaftshilfe aus Ost und West in Anspruch nahm. Der Name *Nasser* bedeutet im Arabischen »Adler«, »Geier« oder, mit fast identischer Aussprache, »Sieg«. Sein Vorname *Gamal* heißt übersetzt »Kamel«, *Abdel* ist eine Variante von *Abdul*, »Knecht des ...«, sodass man *Abdel Nasser* (in der arabischen Welt *Abd an-Nasir*) als »Diener des Sieges« oder »Knecht des Siegbringers«, d. h. Allahs, auffassen kann. In anderen arabischen Ländern spricht man von ihm häufig als *Dschamal*, d. h. »Schönheit«, oder respektlos und in verwestlichter Art als *Jimmy*. Laut Koran (Sure 71, 22–23) trug auch eine Gottheit aus vorislamischer Zeit, die zusammen mit vier anderen Götzen in Südarabien verehrt wurde, den Namen *Nasser*. → *Nasir ed-Din*

Nathan ist eine Kurzform von *Nathaniel*, zu hebr. *nethan'el*, »Gott hat gegeben«. Das Alte Testament kennt einen Propheten dieses Namens, der König David schalt, da er Uriah in den Kampf geschickt habe, um sich dessen Frau zu bemächtigen.

Nattier *Jean-Marc* (1685–1766), französischer Rokokomaler, der vor allem Hofdamen in mythologischer Verkleidung malte. Sein namengebender Vorfahr verstand sich offenbar auf ein ganz anderes Gewerbe, nämlich die Herstellung von Matten, zu frz. *natte*, »Fußmatte«.

Nausikaa [grch. Ναυσικάα] war die Tochter des phäakischen Königs Alkinoos und seiner Gemahlin Arete. *Nausikaa* hatte den schiffbrüchigen Odysseus am Strand gefunden und zum Königspalast geführt. Ihr Vater erkannte, dass sie in Liebe zu dem Fremden entbrannt war, und schlug, allerdings erfolglos, eine Heirat der beiden vor. Nach anderer Quelle soll *Nausikaa* Telemachos, den Sohn des Odysseus und der Penelope, zur Frau genommen haben. In ihrem Namen ist das griechische Wort *naûs (ναῦς)*, »Schiff«, enthalten (vgl. *Nautik*).

Navratilova *Martina* (geb. 1956), amerikanisches Tennisass tschechischer Herkunft. Ihr Name – mit der weiblichen Endung *-ova* – bedeutet in etwa »sie hat zurückgegeben«, zu tsch. *navrátit*, »zurückgeben, erstatten« (vgl. *návrat*, »Rückkehr«).

Nebukadnezar war ein babylonischer Königsname, der richtig eigentlich *Nebukadrezar* lauten müsste, aus akk. *Nabu-kudurri-usur*, »Nabu schütze den Grenzstein«. Bei *Nebukadnezar II.* (605–562 v. Chr.) handelt es sich übrigens um jenen babylonischen König, der nach der Zerstörung Jerusalems einen Großteil des jüdischen Volkes in die Gefangenschaft führte. Sein Name nimmt Bezug auf die so genannte Medische Mauer, mit der er den Norden seinen Landes gegen mögliche Feinde sicherte. → *Nabu*

Neferirkarê, der dritte König der 5. ägyptischen Dynastie (ca. 2458–2438 v. Chr.), trug den Namen »schöngestaltig und mit Ka ausgestattet wie Rê«. Wie fast alle Pharaonen dieser Dynastie errichtete er eine Pyramide in Abusir, südlich von Kairo.

Nefertem (auch: *Nefertum*) war der Sohn des Schöpfungsgottes Ptah und seiner Gattin Sachmet. Sein Name bedeutet »der völlig Gute«, zu *nefer*, »gut, schön«. Er galt im alten Ägypten als Gott des Wohlgeruchs und wurde mit der urzeitlichen Lotosblüte auf dem Kopf dargestellt, die am Anfang aus dem Urgewässer Nun entsprungen war; aus ihr soll die Sonne zum ersten Mal zum Himmel aufgestiegen sein. In den Pyramidentexten wird *Nefertem* als »Blume an der Nase des Rê« bezeichnet.

Negri *Pola* (1894–1987), eigentlich *Barbara Apolonia Chalupiec* (auch: *Chalupek*), polnische Schauspielerin. Sie wurde als Tochter einer Polin und eines ungarischen Zigeunergeigers geboren. Ihr Geburtsname dürfte auf die Herkunft eines Vorfahren aus einer Stadt wie *Chalupy* oder *Chalupki* verweisen; zu poln. *chałupka*, »Bauernhütte«, »Kate«. Nach einer Ballettausbildung wirkte die junge Schauspielerin zu Beginn des Ersten Weltkriegs in einigen polnischen Filmen mit und nannte sich fortan *Pola Negri*, aus einer Kurzform ihres zweiten Vornamens (zu *Apollo*) und dem Künstlernamen der italienischen Dichterin *Adah Negri*, dem Idol ihrer Jugendzeit (zu lat. *niger*, »schwarz, dunkel«: eine passende Anspielung auf ihr pechschwarzes Haar). 1916 wurde sie während der deutschen Besetzung von Max Reinhardt entdeckt und übernahm Rollen in deutschen Stummfilmen. 1922 ging sie zusammen mit ihrem Regisseur Ernst Lubitsch nach Hollywood, wo sie sofort zum Star avancierte, und zog zu Beginn des Zweiten Weltkriegs endgültig nach Amerika, wo sie nach vielen Erfolgen und ebenso vielen Liebesaffären 1987 starb.

Negus Negesti bedeutet – als Steigerung des äthiopischen Titels *Negus*, »König« – wörtlich »König der Könige« und entspricht unserem »Kaiser«. Zuletzt trug Kaiser Haile Selassie diesen Titel (1892–1975). → *Menelik* und *Selassie*

Nehemia, zu hebr. *nehemja*, »Trost Jahwes« (d. h. »Jahwe hat getröstet«), war der Name des judäischen Mundschenks am persischen Hof (Palästina war zu der Zeit Teil des Persischen Reiches), der 445 v. Chr. von König Artaxerxes I. zum Statthalter von Juda eingesetzt wurde und die Genehmigung bekam, die Mauern Jerusalems wieder aufzubauen.

Nehru *Dschawaharlal* (1889–1964), indischer Staatsmann. Da er einer vornehmen Brahmanenfamilie Kaschmirs entstammte, nannte man ihn ehrenvoll *Pandit*, »Gelehrter«. Der in England ausgebildete Rechtsanwalt lernte im Indischen Nationalkongress, dessen Generalsekretär er 1923 wurde, sein Vorbild Mahatma Gandhi kennen. Er nahm an allen Widerstandskampagnen gegen die britischen Kolonialherren teil und verbüßte deswegen mehrere lange Haftstrafen. Nach der Unabhängigkeit Indiens war er von 1946 bis zu seinem Tod Ministerpräsident seines Landes, das auch als Republik im britischen Commonwealth blieb. Der Name *Nehru* bedeutet in Kaschmiri »Abflussrohr«, sodass man vermuten kann, dass die Familie früher die Aufseher für das Abwassersystem stellte. Es könnte jedoch auch sein, dass einer der Vorfahren den Spitznamen *Nehru* erhielt, da er dünn wie ein »Rohr« war. Sein Vorname enthält das Wort *dschawahar*, »Juwel«. → *Gandhi* (*Indira*) und *Pandit*

Neith (auch: *Neret*) nannte man im alten Ägypten die absolute Muttergöttin. Sie war zweigeschlechtlich und hat alle Götter – also auch den Sonnengott Rê – sowie alle Menschen und alle Tiere entstehen lassen, indem sie den Samen schuf, der von dem Fruchtbarkeits- und Geburtsgott Chnum auf seiner Töpferscheibe zum Leib des Kindes im Mutterleib geformt wurde. *Neiths* Name bedeutet eigentlich »die Schreckliche«, da sie auch als wehrhafte Kriegsgöttin bekannt war (dargestellt mit zwei gekreuzten Pfeilen oder mit Pfeil und Bogen), die den Heeren des Pharao den Weg bereitete.

Nekrassow *Nikolaj Alexejewitsch* [russ. *Николай Алексеевич Некрасов*], 1821–1878, russischer Dichter zwischen Romantik und Realismus. Er war der bedeutendste Vertreter der politisch engagierten Lyrik vor der Russischen Revolution. Der Name des Poeten lässt sich übersetzen mit »der Hässliche«, zu russ. *nekrasiwij (некрасивый)*, »unansehnlich, unschön«.

Neleus [grch. *Νηλεύς*] hieß in der griechischen Mythologie der Zwillingsbruder des Pelias. Er war mit diesem nach der Geburt ausgesetzt worden und von einem Pferdehirtenpaar aufgezogen worden, wobei Pelias von einer zahmen Mähre, *Neleus* dagegen von einem Hund gesäugt wurde, dem er offenbar seine harte, wilde Natur verdankte. Die Frau des Pferdehirten nannte ihn daher *Neleus*, zu grch. *neleés (νελεής)*, »unbarmherzig, unerbittlich«. Als die beiden erwachsen waren, vertrieb Pelias seinen Halbbruder *Aison* vom Thron und wurde selbst König von Iolkos, während *Neleus*, mit dem er in Streit um die Herrschaft geriet, nach Messenien ging und König von Pylos wurde. Seine Frau Chloris gebar ihm zwölf Söhne, die jedoch alle, mit Ausnahme Nestors, im Kampf gegen Herakles fielen. Seine Nachkommen flüchteten vor den eindringenden Doriern nach Athen und gründeten später Milet. → *Pelias*, *Romulus* und *Tyro*

Nelson bedeutet schlicht »Sohn des Neil«, zu ir. *Niáll*, »Gefährte«. Bisweilen wird *Nelson* allerdings auch als Kurzform von *Nicholas* oder

Cornelius aufgefasst. Der berühmteste Träger dieses Namens war der britische Admiral *Horatio Nelson* (1758–1805), der bereits mit 21 Jahren im nordamerikanischen Unabhängigkeitskrieg eine Fregatte kommandierte und 1798 als Oberbefehlshaber der britischen Mittelmeerflotte die Flotte Napoleons vor der ägyptischen Küstenstadt Abukir besiegte. 1805 schlug der volkstümliche Seeheld die französisch-spanische Flotte vernichtend bei Trafalgar vor der spanischen Küste, wobei er allerdings sein Leben verlor.

Nemesis [grch. Νέμεσις] war die griechische Göttin der Rache. Sie sorgte für ein gerechtes Austeilen von Strafe und Belohnung unter den Menschen und lenkte ihre rechtschaffene Entrüstung gegen die, die das Gesetz verletzt hatten. Ihr Name beruht auf grch. *némesis (νέμεσις)*, »Unwille, Zorn, Rache, Strafe«, zu grch. *némein (νέμειν)*, »zuteilen, verteilen«.

Németh *László* (1901–1975), ungarischer Schriftsteller. Zu seinen bekannten Romanen, in denen häufig Frauen im Mittelpunkt stehen, zählen »Trauer«, »Wie der Stein fällt«, »Esther Egető«. Daneben schrieb er historische und gesellschaftliche Dramen. Die Vorfahren des Schriftstellers müssen aus Deutschland stammen, denn *németh* bedeutet im Ungarischen »deutsch« und »Deutscher«. Eigentlich bezeichnet das Wort *néma* einen »Stummen« – was im Fall dieses Dichters weiß Gott nicht zutrifft![18]

Nenni *Pietro* (1891–1980), italienischer Politiker. Er bekleidete nach dem Zweiten Weltkrieg mehrfach Ministerposten und war viele Jahre Präsident der Sozialistischen Partei Italiens. Beim Familiennamen *Nenni* könnte es sich um eine Koseform der Rufnamen *Denis* (zu *Dionysius*, »dem Dionysos geweiht«) oder *Giovanni* (zu *Johannes*, »der Herr ist gnädig«) handeln.

Nephele [grch. Νεφέλη] war in der griechischen Mythologie eine Wolkengöttin, die Gemahlin des Athamas und Mutter des Phrixos und der

---

[18] Das slawische Wort *njemez* für den Deutschen und andere Westeuropäer (zu slaw. *njem*, »der Sprache unkundig, stumm«) war wohl so weit verbreitet, weil deutschsprachige Menschen, wenn sie von Slawen in deren Sprache angesprochen wurden, nicht antworten konnten, weil sie sie nicht verstanden.

Helle. Ihr Name kommt von grch. *nephéle (νεφέλη)*, »Wolke, Nebel«.
→ *Athamas*, *Helle* und *Phrixos*

Nephthys [ägypt. *Nebet-hut*] hieß die altägyptische Grabgöttin, die Beschützerin der Toten. Die Schwester der Isis und des Osiris ließ sich mit Letzterem ein, da ihr eigener Gemahl Seth unfruchtbar war, und gebar ihm den Anubis. Ihr Name bedeutet »Herrin des Hauses« – ein Bezug auf die Sargkammer, die »Goldenes Haus« genannt wurde, sowie auf den Sarkophag, an dessen beiden Enden *Nephthys* und ihre Schwester Isis oft dargestellt waren. Nach einer anderen Interpretation ihres Namens pflegte *Nephthys* des Morgens mit ihrer Schwester im Osten zu stehen und die aufgehende Sonne zu begrüßen, wenn Rê mit seinem Himmelswagen aus der Pforte der Unterwelt hervorfuhr. Demnach wäre *Nephthys* die Bewacherin des Eingangs zum Totenreich. → *Seth*

Nepos lautete der Beiname z. B. des *Cornelius Nepos*, eines Verfassers von Geschichtswerken, der ca. 100 bis 25 v. Chr. lebte und mit Cicero, Atticus und Catull befreundet war. Sein Name beruht auf lat. *nepos*, »Neffe, Enkel, Nachkomme« (vgl. *Nepotismus*, »Vetternwirtschaft«, »Begünstigung von Verwandten«); *nepos* bedeutet aber auch »Verschwender« und »Wüstling«, zu *nepotari*, »verschwenden, schwelgen«.

Neptunus entsprach als römischer Gott des Wassers – zunächst nur der fließenden Gewässer, später auch des Meeres – dem griechische Poseidon. Der Name der ursprünglich wahrscheinlich etruskischen Gottheit ist nicht eindeutig zu erklären: Man hat ihn assoziiert mit grch. *neîn (νεῖν)*, »fließen, schwimmen«, und *naútes (ναύτης)*, »Schiffer, Seemann«, sowie mit lat. *natare*, »schwimmen, wogen, überfließen«. Sogar eine alte Wurzel, die im persischen Wort *naft*, »Erdöl« (aus ass. *naptu*), enthalten ist, wurde mit dem Götternamen in Verbindung gebracht.

Nereus [grch. Νερεύς] war in der griechischen Sage ein in den Tiefen des Meeres (vornehmlich der Ägäis) wohnender milder Meergreis, nach Hesiod ein Sohn des Pontos und der Gäa. Mit seiner Gemahlin Doris zeugte er die *Nereïden* [grch. Νηρεΐδες], die in den Wellen spielenden Meernymphen. Sein Name, der »Nichtfließender« bedeuten könnte, da er am ewig ruhigen Meeresgrund wohnte, wird auf grch. *ne* *rheîn (νη ρεῖν)*, »nicht fließen«, zurückgeführt. Die bekanntesten seiner Töchter waren die *Nereïden* Amphitrite, die Gemahlin des Poseidon, und Thetis, die Gemahlin des Peleus und Mutter des Achill. → *Doris*

Nergal (sum. *Nerigal*), »der Geduckte«, hieß der akkadische Gott der Sonne und Herrscher der Unterwelt, der einst die Ereschkigal besiegte und deren Gatte im Totenreich wurde. Er konnte aber auch in der Oberwelt ein grausames Regime führen, indem er sengende Sonnenglut und Flut, Pest und Fieber sowie Krieg und Verwüstung verbreitete. Sein Name bedeutet »Herr der weiten Unterwelt«, zu akk. *ne-uru-gal*, »Herr der großen Stadt« (d. h. »der Gräber«). → *Ereschkigal*

Nero lautete ein römischer Beiname in der *gens Claudia*. Berühmte Vertreter dieses Geschlechts waren z. B. *Caius Claudius Nero*, der 207 v. Chr. den Hasdrubal besiegte, *Tiberius Claudius Nero*, aus dessen Ehe mit Livia Drusilla Kaiser Tiberius und Drusus, der Vater des späteren Kaisers Claudius, hervorgingen, sowie der berüchtigte *Nero Claudius Caesar* (37–68 n. Chr.). Dieser hatte eigentlich *Lucius Domitius Ahenobarbus*, »der mit kupferrotem Bart«, geheißen, bevor er 54 n. Chr. Kaiser wurde. An den berüchtigten Despoten, der u. a. seinen Stiefbruder Britannicus, seine Mutter Agrippina und seine Frau Octavia (die Tochter seines Adoptivvaters) skrupellos ermordete, erinnert man sich insbesondere durch den Brand Roms im Jahre 64, den er wahrscheinlich selbst gelegt hatte, aber den Christen in die Schuhe schob, damit er die Anhänger dieser neuen Religionsgemeinschaft rücksichtslos verfolgen konnte. Der Gewaltherrscher machte sich durch seine Willkür natürlich viele Feinde, sodass er schließlich zum Staatsfeind erklärt wurde und ihm – zum Selbstmord zu feige – kein anderer Ausweg blieb, als sich von seinem Sekretär töten zu lassen. Der Beiname dieses Wahnsinnigen, der als 13-Jähriger von Kaiser Claudius als Sohn adoptiert worden war, stammt aus dem Sabinischen und bedeutet wohl »der Aufgeweckte«, »der Mutige«. → *Claudius* und *Livius*

Neruda *Pablo* (1904–1973), eigentlich *Eliecer Neftalí Ricardo do Reyes Basoalto*, chilenischer Lyriker. Sein Geburtsname setzt sich zusammen aus span. *reyes*, »Könige«, und *base*, »Grund, Grundlage«, sowie *alto*, »hoch«. Da sein Vater nicht wollte, dass er ein (brotloser) Dichter wurde, schrieb er unter einem Pseudonym, und zwar unter dem Namen des von ihm verehrten tschechischen Dichters *Jan Neruda*. Dieser Name stammt vom veralteten tschechischen Wort *neruda*, »Flegel«, »grober Klotz«. (*Nerudný člověk* bedeutet »ungehobelter Mensch«. Im Slowenischen gibt es das Wort *neróda* mit der Bedeutung »ungeschickter Mensch, Tollpatsch«.) Sein Vorname *Eliecer* ist die spanische Version von hebr. *eli'ezer*, »Gott ist Hilfe« (was ein wenig seltsam klingt, da er Kommunist war); *Neftalí*, von hebr. *naphtali*, bedeutet »ich habe gewaltig gekämpft« (*Naphtali* war ein Sohn Jakobs und Stammvater eines der zwölf Stämme Israels); *Ricardo* ist die spanische Form von *Richard*, zu ahd. *rihhi*, »reich, mächtig«, und *hart*, »hart«. Sein Wahlvorname *Pablo* entspricht unserem *Paul*.

Nerva war ein Beiname in der *gens Cocceia*, wohl zu lat. *nerva*, »Sehne, Muskel«; er beschrieb ursprünglich also wohl ein »Muskelpaket«, einen »Sehnigen«. → *Cocceius*

Nestlé *Henri* (1814–1890), schweizerischer Chemiker deutscher Herkunft. 1867 gründete er die nach ihm benannte Firma, die bis zum Ende des 19. Jahrhunderts zunächst Kindernahrung und Kondensmilch herstellte und sich im 20. Jahrhundert zu einem multinationalen Nahrungsmittelkonzern entwickelte. Das einzige Produkt, das man dort nicht auf Milchbasis produziert, ist *Nescafé*, eine Kombination aus dem Namen des Firmengründers und frz. *café*. Die Familie *Nestlé*, deren Vorfahren sich offensichtlich auf die Fertigung von Kleiderbändern und Schuhriemen verstanden hatten, hat wohl bei ihrem Umzug nach Vevey am Genfer See ihren alten deutschen Namen *Nestler* französisch ausgesprochen und die Schreibung entsprechend angepasst (zu mhd. *nestel*, »Schuhsenkel, Band«).

Nestor [grch. Νέστωρ] hieß der König von Pylos (Peloponnes), der älteste und klügste Berater der Griechen im Trojanischen Krieg und Teilnehmer am Argonautenzug. Sein Name kommt vielleicht von grch. *nóstos (νόστος)*, »Rückkehr, Ankunft, Reise«.

Netanjahu *Benjamin (Bibi)*, geb. 1949, israelischer Politiker. Ab 1993 Präsident des Likud-Blocks, wurde er 1996 zum Premierminister gewählt. 1998 und in den Jahren 2002 und 2003 bekleidete er das Amt des Außenministers. Danach war er Finanzminister, trat jedoch 2005 aus Protest gegen die Siedlungspolitik der Scharon-Regierung zurück.

Sein Name, der »Geschenk Gottes« bedeutet, beruht auf hebr. *netan*, »er hat gegeben«, und der Endung *-jahu* für »Jahwe«.[19]

Neto *António Agostinho* (1922–1979), angolanischer Politiker und Dichter, der in seiner Lyrik sowohl der Not und Unterdrückung als auch dem Freiheitswillen seines Volkes Ausdruck gab. Er war Chef der Befreiungsbewegung im Kampf gegen die Kolonialmacht Portugal und wurde 1975 der erste Präsident Angolas. Sein portugiesischer Name bedeutet schlicht »Enkel«.

Neumann *Johann Balthasar* (1687–1753), deutscher Barock-Baumeister. Unter der Regie des größten Baukünstlers des 18. Jahrhunderts entstanden z. B. die Würzburger Residenz und die Wallfahrtskirche Vierzehnheiligen. Der Name *Neumann* bezeichnete früher natürlich einen »Hinzugezogenen«, einen »Neubürger« in einer Gemeinde.

Nevill (auch: *Neville*) hieß ein altes, eng mit den Königshäusern York und Lancaster verwandtes nordenglisches Adelsgeschlecht. Der berühmteste Träger dieses erlauchten Namens war der »Königmacher« *Richard Neville* (ca. 1428–1471), Earl of Warwick, der in den Rosenkriegen die Krönung Eduards IV. durchsetzte, sich dann aber auf die Seite des Hauses Lancaster schlug, König Eduard verdrängte und schließlich im Kampf mit diesem fiel. *Neville* ist ein Herkunftsname offenkundig anglo-normannischer Herkunft. Er bezieht sich auf den Ort *Néville* am Unterlauf der Seine oder auf die Stadt *Neuville* an der Kanalküste (zu frz. *neuve*, »neue«, und *ville*, »Stadt«).

Newton *Sir Isaac* (1642–1727), englischer Mathematiker und Physiker. Sein wichtigstes Werk für den Fortschritt der physikalischen und astronomischen Forschung waren seine »Mathematischen Grundlagen der Naturwissenschaft«. In diesem Buch fasste er die Erkenntnisse seiner Vorgänger Kepler, Galilei u. a. zu einem System der theoretischen Mechanik zusammen. Er behandelte darin u. a. die Erscheinung von Ebbe und Flut, Strömungs- und Schwingungsvorgänge in Luft und Wasser

---

[19] Der israelische Name *Netanjahu* begegnet auch in der Kurzform *Netanja*. Steht der Name Gottes am Beginn eines Namens, wird die Vorsilbe *Jeho-* oder *Jo-* benutzt (z. B. *Johanan*, »Gott hat Gnade erwiesen«, *Joschua*, »Gott ist Hilfe«, oder *Joseph*, »Gott fügt hinzu«).

sowie die Schallgeschwindigkeit. Außerdem entwickelte er ein Spiegelteleskop mit einer besseren Abbildungsqualität als das bis dahin übliche Linsenfernrohr. Der Familienname *Newton* gibt einen Hinweis auf seine bäuerliche Herkunft, denn er bedeutet so viel wie »neue Farm«, zu engl. *new*, »neu«, und aengl. *tun*, »Farm, Gehöft«.

Nicaeus, »der Siegreiche«, lautete einer der Beinamen des Gottes Jupiter, ein lateinisches Fremdwort aus dem Griechischen, zu *nîkos (νῖκος)*, »Sieg« (vgl. die griechische Siegesgöttin *Nikè*).

Nicot *Jean* (1530–1600), französischer Diplomat. Als Gesandter in Lissabon gelangte er in den Besitz von Tabaksamen und -pflanzen und brachte diese nach Frankreich. Nach ihm nennen wir das Hauptalkaloid der Tabakpflanze *Nikotin*. Sein Name ist eine Verkleinerungsform von *Nicolas*, aus grch. *Nikólaos*, zu *níke (νίκη)*, »Sieg«, und *laós (λαός)*, »Volk, Volksmenge«. Gesiegt hat *Nicot* allemal mit diesem Genussmittel, das nicht nur Frankreich, sondern bald auch alle anderen Staaten Europas in seinen Bann zog.

Niemcewicz *Julian Ursyn* (1757–1841), polnischer Schriftsteller und Politiker. Als Adjutant Tadeusz Kościuszkos geriet er beim Aufstand von 1794 in russische Gefangenschaft, lebte einige Jahre in Amerika und übernahm nach seiner Rückkehr hohe Staatsämter im Königreich Polen. Während des Aufstands von 1831 verließ er sein Land und lebte fortan in Paris. Als Schriftsteller erzählte er von der vergangenen Größe seines Vaterlandes. Dabei bedeutet sein Name »der Sohn des Deutschen« (oder »Sohn des Stummen«), zu poln. *Niemiec*, »Deutscher« (oder *niemieć*, »stumm«), und der patronymischen Endung *-wicz*.
→ *Nimitz*

Niemöller *Martin* (1892–1984), evangelischer Theologe. Als führendes Mitglied der Bekennenden Kirche und Gegner des Nationalsozialismus wurde er 1937 verhaftet und zunächst in das Konzentrationslager Sachsenhausen gebracht, dann nach Dachau und schließlich nach Südtirol, wo er bis zu seiner Befreiung 1945 inhaftiert blieb. Auf Grund seiner Erlebnisse im Dritten Reich bekannte er sich zur deutschen Kollektivschuld und trat angesichts des Wettrüstens in Ost und West als überzeugter Pazifist auf. Sein Name bedeutet »Neumüller«, zu mnd. *nie*, »neu«, und nd. *Möller* für »Müller«.

Nietzsche *Friedrich* (1844–1900), großer deutscher Philosoph. Seine Hauptschriften zur Kulturkritik, zur historischen Wissenschaft sowie zur Analyse und Überwindung des Nihilismus sind u. a. »Unzeitgemäße Betrachtungen«, »Vom Nutzen und Nachteil der Historie für das Leben«, »Vermischte Meinungen und Sprüche«, »Der Wanderer und sein Schatten«, »Die fröhliche Wissenschaft« und natürlich sein bekanntestes Buch »Also sprach Zarathustra«. Nach einer nur zehnjährigen Tätigkeit musste er seine Professur für klassische Philologie in Basel 1879 krankheitsbedingt niederlegen, und die letzten elf Jahre seines Lebens verbrachte er in zunehmender geistiger Umnachtung. Der Name *Nietzsche* beruht auf einer ostmitteldeutschen, slawisch beeinflussten Koseform des Rufnamens *Nikolaus*, zu *nîkos (νῖκος)*, »Sieg«, und *laós (λαός)*, »Volk, Menge«.

Nightingale *Florence* (1820–1910), »blühende Nachtigall«, hieß die in England berühmte selbstlose Krankenpflegerin aus dem Krimkrieg. Nach ihrer Rückkehr entwarf sie Pläne für eine rigorose Neuordnung der zivilen und militärischen Krankenfürsorge in England. Den Namen *Florence* hatte sie übrigens erhalten, da sie in Florenz geboren wurde. (Der Geburtsort ihrer älteren Schwester war Neapel, weswegen sie mit ihrem zweiten Namen *Parthenope* genannt wurde, einem der klassischen Namen Neapels.)

Nigidius war der Name einer römischen *gens*, zu der z. B. *Publius Nigidius Figulus*, ein Freund Ciceros, gehörte, der sich als Grammatiker und Philosoph einen Namen machte. *Nigidius* beruht wohl auf lat. *niger*, »schwarz, dunkelfarbig, gebräunt«. → *Figulus*

Nike [grch. *Νίκη*] steht im Griechischen für »Sieg«. *Nike* war auch der Name der Tochter des Titanen Pallas und der Styx. Als Siegesgöttin verlieh sie nach einem erfolgreichen Krieg den Preis in Form eines Siegerkranzes oder Palmzweigs; meist trat sie mit anderen siegbringenden Göttern, wie Athene und Zeus, auf. Ihr Name basiert auf grch. *nîkos (νῖκος)* und *níke (νίκη)*, »Sieg«.

Nikephoros [grch. *Νικηφόρος*], »Siegbringerin«, zu grch. *níke (νίκη)*, »Sieg«, und *phorós (φορός)*, »tragend«, war der Beiname der Liebesgöttin Aphrodite – vielleicht, weil man glaubte, dass der Sieg des Weibes sich im Gefolge von Schönheit und Liebe einstellte.

Nikodemus [grch. *Νικόδημος*] hieß im ersten nachchristlichen Jahrhundert ein jüdischer Pharisäer und Mitglied des Hohen Rats. Er war zwar ein Jünger Jesu, weigerte sich aber, ihn als Offenbarung Gottes anzuerkennen. Auf der anderen Seite verteidigte er Jesus gegenüber den jüdischen Autoritäten und war mit Joseph von Arimathia bei der Kreuzigung zugegen. Sein Name bedeutet »der mit dem Volk siegt«, zu grch. *nîkos (νῖκος)* oder *níke (νίκη)*, »Sieg«, und *dêmos (δῆμος)*, »Volk«.

Nikolaus bedeutet »Volkssieger«, zu *níke (νίκη)*, »Sieg«, und *laós (λαός)*, »Volk, Leute, Menschen«. Der bekannteste Vertreter dieses Namens ist der heilige Nikolaus. Der Bischof von Myra (gest. 350) gilt nicht nur als Schutzheiliger Russlands, sondern als Schutzpatron der Seefahrer, Schiffer und Fischer, der Gefangenen und Juristen, vor allem aber der Kinder und Schüler, denn er erweckte einst drei Schüler wieder zum Leben, die von ihrem Wirt geschlachtet und eingepökelt worden waren. Daher wird er der Kinderbischof genannt und sein Todestag am 6. Dezember mit einer Befragung und Bescherung gefeiert. *Nikolaus* war auch der Name zweier russischer Kaiser: *Nikolaus I. Pavlowitsch* (1825–1855), dessen Feldzüge gegen Persien und die Türkei ihm Landgewinne einbrachten, dessen Orientpolitik jedoch im Krimkrieg scheiterte, und *Nikolaus II. Alexandrowitsch* (1894–1917), der letzte russische Zar, der nach dem Revolutionsausbruch 1917 abdankte und ein Jahr später samt seiner Familie in Jekaterinburg ermordet wurde. *Nikolaus* hießen außerdem vier Päpste und ein Gegenpapst, z. B. *Nikolaus II.* (1058–1061), der sich erfolgreich gegen seinen vom römischen Adel erhobenen Konkurrenten Benedikt X. durchsetzen konnte, die Priesterehe und den Handel mit geistlichen Ämtern verbot sowie das Papstwahlrecht auf die Kardinäle beschränkte, und *Nikolaus III.* (1277–1280), zuvor *Giovanni Gaetano Orsini*, der erst nach einem halbjährigen Konklave den Sieg davontrug und mehrere politische Triumphe errang, etwa den Verzicht Österreichs auf die Emilia Romagna und das Einlenken Karls von Anjou, der auf päpstlichen Rat von seinem geplanten Byzanzfeldzug absah, oder *Nikolaus IV.* (1288–1292), der sich noch kurz vor seinem Tod vergeblich bemühte, nach dem Fall von Akko einen Kreuzzug zu organisieren, aber seine Missionstätigkeiten bis in die Mongolei ausweiten konnte, sowie der vom Volk gewählte Gegenpapst *Nikolaus V.* (1328–1330), der sich schon bald dem rechtmäßigen Papst Johannes XXII. unterwarf, und ein Jahrhundert später der legitime *Nikolaus V.* (1447–1455), der nach dem Fall von

Konstantinopel (1453) vergeblich zu einem Kreuzzug aufrief; dagegen verdanken wir diesem gelehrten Renaissance-Papst die Gründung der Vatikanischen Bibliothek. → *Orsini*

Nikolaus von Kues → *Cusanus*

Nikomedes [grch. Νικομήδης] war der Name mehrerer bithynischer Könige, zu grch. *nîkos (νῖκος)* oder *níke (νίκη)*, »Sieg«, und *mêdos (μῆδος)*, »Gedanke, Plan«. *Nikomedia I.* (gest. 250 v. Chr.) gründete *Nikomedia*, die neue Hauptstadt seines kleinasiatischen Reichs. *Nikomedes II.*, genannt *Epiphanes* (gest. 128 v. Chr.), der schon als Kind mit seinem Vater Prusias Rom besucht hatte, wurde ein Günstling und Alliierter der Römer; als er erfuhr, dass sein Vater ihn beseitigen lassen wollte, ließ er sich selbst zum König ausrufen und seinen Vater ermorden. Sein Sohn *Nikomedes III. Philopator* (gest. 74 v. Chr.), dem seine Herrschaft immer wieder von Mithridates streitig gemacht wurde, hatte keinen Nachfolger, sodass er sein Reich den Römern vermachte. Der Beiname *Epiphanes* [grch. Ἐπιφανής] bedeutet »der Ausgezeichnete«, »der Berühmte« (eigentlich »der Sichtbare«), während *Philopator* [grch. Φιλοπάτωρ] – zu *phileîn (φιλεῖν)*, »lieben«, und *patér (πατήρ)*, »Vater« – betont, dass der Träger dieses Ehrennamens bereit war, aus Liebe zu seinem Erzeuger dessen Politik fortzuführen.

Nimitz *Chester William* (1885–1966), amerikanischer Admiral. Er befehligte von 1941 bis 1945 die US-Flotte im Pazifik. Nach dem Krieg war er Sonderberater des Marineministeriums. *Nimitz'* Vorfahren stammten aus Deutschland, und genau das teilt sein Name mit; zu nsorb. *nimc*, »Deutscher«. → *Niemcewicz*

Nimrod war laut dem Buch Genesis (10, 6–12) ein Enkel des Noahsohns Cham. Der sagenhafte Urzeitkönig von Babylon und Assur – die Bibel nennt Assyrien das »Land des Nimrod« – gilt noch heute sprichwörtlich als gewaltiger Jäger vor dem Herrn. Sein Name könnte sich von akk. *nimru*, »Tiger«, herleiten. *Nimrod* ist aber auch interpretiert worden als Weiterbildung der Wurzel *mrd*, »revoltieren, Widerstand leisten«, vielleicht in der Bedeutung »Aufwiegler der Menschen gegen den Herrn«.

Ningal, die Gattin des Mondgottes Nanna, war die Gestirnsgöttin der Sumerer. Ihr Name bedeutet »große Herrin«. (Der Bestandteil *Nin-*

steht für »Herrin, Göttin«, die männliche Entsprechung ist normalerweise *En-*, wenngleich ein solcher Name ebenfalls mit *Nin-* beginnen kann.)

Ninlil, wörtlich »Herrin Wind«, hieß die sumerische Muttergöttin und Göttin des Mitgefühls. Sie galt als Vermittlerin und Fürsprecherin bei ihrem strengen männlichen Pendant *Enlil,* »Herr des Windes«. Dieser hatte sie einst vergewaltigt und mit ihr den Mondgott *Nanna* gezeugt; ein weiteres Kind war der Unterweltsgott *Nerigal*.

Ninurta, den »Herrn der Erde«, nannten die alten Sumerer ihren Fruchtbarkeits- und Vegetationsgott, den Sohn des Sturmgottes Enlil.

Niobe [grch. *Νιόβη*], die Tochter des Tantalus, war die Schwester des Pelops und Frau des Amphion, des Königs von Theben. Wegen ihrer Überheblichkeit gegenüber Leto – sie hatte mit der Zahl ihrer Kinder geprahlt, denn sie hatte 7 Söhne und 7 Töchter, während Leto nur Apollon und Artemis aufweisen konnte – wurde sie mit dem Tod ihrer Kinder und ihres Gatten bestraft und selbst in einen Felsen verwandelt, der zu weinen schien, wenn im Frühjahr seine Schneehaube schmolz. *Niobe* beruht auf grch. *niphás (νιφάς),* »Schnee«, zu *níphein (νίφειν),* »schneien«, der Name würde dann die »Schneebedeckte« bedeuten.
→ *Amphion*

Nixon *Richard* (1913–1994), US-amerikanischer republikanischer Politiker, der 1969 zum 37. Präsidenten der Vereinigten Staaten von Amerika gewählt wurde. Er beendete zwar 1973 den Vietnamkrieg, aber sein Name wird für immer mit der so genannten Watergate-Affäre verbunden bleiben, die ihn 1974 zum Rücktritt zwang. Sein Name, »Nicks Sohn«, ist eine Weiterbildung von *Nikolaus,* zu grch. *níke (νίκη),* »Sieg«, und *laós (λαός),* »Volk«.

Nkrumah *Kwame* (1909–1972), ghanaischer Politiker. Ab 1960 war er der erste Präsident der inzwischen unabhängigen Republik Ghana, wurde jedoch 1966 von einer Militärjunta gestürzt. *Nkrumah* bedeutet in der Landessprache schlicht »neuntes Kind«, während sein Vorname als weiteres wichtiges Detail verkündet, dass er »an einem Samstag geboren« wurde.

Noah, den Sohn des Lamech und Enkel des Methusalem, kennen wir aus der Bibel als den Erbauer der Arche. Sein hebräischer Name *Noach* bedeutet »Ruhe, Trost«. Das Alte Testament (Genesis 5, 29) kommentiert die Namengebung durch Lamech mit den Worten: »Er nannte ihn Noah, indem er sprach: ›Dieser wird uns trösten bei der mühevollen Bearbeitung des Ackerbodens, den der Herr verflucht hat.‹« *Noahs* Söhne waren *Ham*, *Sem* und *Japhet* (nach muslimischer Auffassung auch noch *Kanaan*) – die späteren Stammväter der *Hamiten* (in Nordafrika), *Semiten* (in Arabien, Palästina, Mesopotamien) und *Japhetiden* (in Kleinasien). → *Methusalem*

Nobel *Alfred* (1833–1896), schwedischer Chemiker. 1886 wurde er durch die Erfindung des Dynamits bekannt, 1895 stiftete er den erstmals 1901 verliehenen Nobelpreis für hervorragende Leistungen in den Bereichen Physik, Chemie, Physiologie und Medizin, Literatur sowie Wirtschaftswissenschaften (seit 1969). Neben diesen vom schwedischen König vorgenommenen Ehrungen wird in Oslo jährlich der Friedensnobelpreis durch das Nobel-Komitee des norwegischen Parlaments verliehen. Nach der Zuerkennung des Friedenspreises für Carl von Ossietzky im Jahr 1935 war Deutschen bis zum Ende des Zweiten Weltkriegs die Annahme eines Nobelpreises verboten. Der Familienname *Nobel* hat nicht die erwartete Bedeutung, sondern kennzeichnete – in der lateinischen Form *Nobelius* – einen Bewohner der südschwedischen Stadt *Nöbbelöv* in der Nähe von Kristianstad. *Alfred Nobels* Vorfahren waren Bauern namens *Pedersen* gewesen. Als einer von ihnen nach Uppsala zog, änderte er seinen Namen und benannte sich nach seinem Herkunftsort.

Nobile *Umberto* (1885–1978), italienischer General, Luftschiffkonstrukteur und Forschungsreisender. Zusammen mit Amundsen und Ellsworth überflog er 1926 mit seinem Luftschiff »Norge« den Nordpol. Mit einem weiteren Luftschiff, der „Italia", strandete er 1928 auf einer Nordpolarexpedition in der Nähe von Spitzbergen. Für dieses Versagen wurde er aus der italienischen Armee entlassen. Sein Name ist das italienische Wort für »vornehm, edel, adlig«.

Nofretete (auch: *Nefertiti*), im 14. Jahrhundert v. Chr. die Frau des Pharaos Echnaton, war wohl eine ansehnliche Prinzessin aus dem fernen Mesopotamien. Entsprechend bedeutet ihr Name »die Schöne ist erschienen«. Wer je ihre Kalksteinbüste gesehen hat, wird diese Aussage bestätigen können. → *Amenophis*

Nofretiri (auch: *Nefertari*), oft mit dem Zusatz *Meri-en-Mut*, »die von Mut Geliebte«, bedeutet »die Schönste«. Die Haupt- und Lieblingsfrau Ramses' II. ist als kleine Statue – in die Kolossalstatue ihres Gemahls integriert – am Tempel von Luxor dargestellt. Ihr Grab befindet sich im Tal der Königinnen westlich von Luxor. Die Tochter des königlichen Paars war *Merit-amun*.

Nofru, die Hauptfrau des altägyptischen Königs Sesostris I., muss äußerst ansehnlich gewesen sein, wie ihr Name »die Schöne« (zu ägypt. *nefer*) belegt.

Nolde *Emil* (1867–1956), berühmter deutscher expressionistischer Maler. Der Sohn eines friesischen Warftbauern hieß eigentlich *Emil Hansen* (»Sohn des Hans«), nahm aber 1904 den Namen seines Geburtsorts *Nolde* bei Tondern in Nordschleswig an (heute: *Tønder* in Süddänemark). Obschon er viel und weit reiste (er nahm z. B. an einer ethnologischen Reise nach Indien teil), gehörte seine Liebe dem herben Marschland an der nordfriesischen Nordseeküste, das er immer wieder in dramatischen Farben malte. Im Dritten Reich gehörten seine Werke zur so genannten »Entarteten Kunst«, sodass die Nazis ihm 1941 ein absolutes Malverbot auferlegten. Dennoch malte *Nolde* heimlich mehr als 1300 kleine Aquarelle, die er kurzerhand als »Ungemalte Bilder« bezeichnete. → *Johnson*

Nomios [grch. *Νώμιος*], »der Weidende«, lautete der Beiname des griechischen Gottes Pan, der die Herden auf den Weiden schützte und ihnen Fruchtbarkeit gab; zu grch. *nomás (νομάς)*, »weidend«, »Hirte« (vgl. *Nomade*). Bei den Römern war *Nomius* einer der Beinamen des Apoll. → *Pan* und *Agreus*

Nono *Luigi* (1924–1990), italienischer Komponist. Er benutzte die Musik, um sein Engagement für den Marxismus auszudrücken, etwa in seiner Oper »Intolleranza«. *Nono* ist ein alter Rufname, der aus einer Bezeichnung für den »neunten« Sohn hervorgegangen ist.

Nordenskjöld *Adolf Erik Freiherr von* (1832–1901), schwedischer Polarforscher. Er fand 1878/79 die Nordwestdurchfahrt vom Atlantik zum Pazifik, deren Passage mit Ausnahme von zwei Sommermonaten nur mit leistungsfähigen Eisbrechern möglich ist. Sein Sohn *Erland Nordenskjöld* (1877–1932) unternahm Forschungsreisen nach Südamerika und erkundete dort die Lebensweise der Indios. Sein Neffe *Otto Nordenskjöld* (1869–1928) leitete 1901 bis 1903 die schwedische Antarktisexpedition. Der Name *Nordenskjöld* beruht auf schwed. *nord*, »Norden«, und aschw. *skjöld*, »Schild, Buckel«.

Nornen nannten die alten Germanen ihre Schicksalsgöttinnen, derer es drei gab: Urd, Verdandi und Skuld. Sie repräsentierten die drei Zeitstufen, also Vergangenheit, Gegenwart und Zukunft (oder Gewordenes, Seiendes, Werdendes), und sie bestimmten das Schicksal der Germanen im Allgemeinen. Ihr Name leitet sich her von anord. *norn*, verwandt mit schwed. mdl. *norna, nyrna*, »heimlich mitteilen, leise warnen, raunen« (vgl. *Runen*). → *Moiren, Parzen* und *Walküre*

Nostradamus war der latinisierte, gelehrt klingende Name eines gewissen *Michel de Nostre-Dame* (1503–1566), den man als größten Astrologen oder als größten Scharlatan des 16. Jahrhunderts bezeichnen kann. Seine Prophezeiungen finden noch heute große Beachtung. Was allerdings von ihnen zu halten ist, mag man am Beispiel Karls IX. von Frankreich sehen, dem der Sterndeuter ein überaus langes Leben von 90 Jahren voraussagte, der indes schon im Alter von 24 Jahren starb!

Nus [grch. *Νοῦς*] war in der griechischen Mythologie ein Geistwesen, zu grch. *noûs (νοῦς)*, »Sinn, Verstand, Geist«. Durch dessen Paarung mit *Aletheia*, von *alétheia (ἀλήθεια)*, »Wahrheit«, wurde er Vater des *Logos*, zu *lógos (λόγος)*, »Wort«, und der *Zoe*, zu *zoé (ζωή)*, »Leben«.

Novalis *Georg Philipp Friedrich Freiherr von Hardenberg* (1772–1801), deutscher Dichter der Frühromantik (»Die blaue Blume«, »Hymnen an die Nacht«). Zu seinem Dichternamen wählte er das lateinische Wort *novalis*, »Brachfeld, Neubruch« (allgemein auch: »Acker«). → *Hardenberg*

Novatianus (auch: *Novatian*) hieß ein rigoroser Gegenpapst (251), der nach der Christenverfolgung durch Kaiser Decius jede Wiederaufnahme abgefallener Kirchenmitglieder ablehnte und dem rechtmäßigen Papst

Cornelius das Recht absprach, eine solche Sünde zu vergeben. Dafür wurde *Novatian* exkommuniziert; seine so genannte Kirche der »Reinen« bestand allerdings noch bis zum 7. Jahrhundert. *Novatian* bedeutet »der Erneuerer«, zu lat. *novare*, »neu machen, verändern«, ein seltsamer Name für einen so unnachgiebigen Geistlichen. → *Cornelius*

Numerius (abgekürzt *N.* oder *Num.*) war ein altrömischer Vorname, den nur wenige Eltern, fast nur in der *gens Fabia*, einem neu geborenen Jungen gaben; mit ihm erinnerten sie an den zweiten etruskischen König *Numa Pompilius*.

Nuñez *Álvaro* (ca. 1500–1560), spanischer Seefahrer, der 1528 Florida erkundete. Sein Name bedeutet »Sohn des Nuño«, wobei die Herkunft dieses spanischen Taufnamens nicht eindeutig geklärt ist (vielleicht zu span. *ñoño*, »kindisch, albern« und »Tölpel«). Der Vorname *Álvaro* entspricht unserem *Alfred*, germ. *Alfrad*, zu *aelf*, »Naturgeist«, und *raed*, »Rat«, »Ratgeber«.

Nurmi *Paavo* (1897–1973), finnischer Mittel- und Langstreckenläufer. Der Name des vielfachen Olympiasiegers bedeutet im Finnischen »Rasenplatz«. (Der Vorname *Paavo* ist die finnische Variante von *Paul*, zu lat. *paulus*, »der Kleine«.)

Nut hieß im alten Ägypten die Himmelsgöttin, und so bedeutet ihr Name entsprechend »Himmel« oder »Herrin des Himmels«. Sie war die Zwillingsschwester und Gemahlin des Erdgottes Geb; die beiden hatten sich bei ihrer Geburt eng umschlungen gehalten und mussten von ihrem Vater, dem Luftgott Schu, auseinander gestemmt werden. So wurde Nut nach oben an den Himmel gewölbt, Geb nach unten auf die Erde gedrückt. → *Geb*

Nyerere *Julius Kambarage* (1922–1999), tansanischer Politiker. 1961 war er der erste Premierminister des unabhängigen Tanganjika. Als sein Heimatland sich 1964 mit Sansibar zur Republik Tansania vereinigte, wurde er zum Staatschef gewählt. Seine Präsidentschaft endete erst 1985. Neben dem höchsten Staatsamt bekleidete er den Posten eines Kanzlers an verschiedenen Universitäten seines Landes, und er wurde ehrfurchtsvoll mit *Mwalimu* angeredet, dem Suaheli-Wort für »Lehrer«. Sein Familienname bedeutet »kupferner Armreif«.

Nymphen [grch. *Νύμφαι*] nannte man im alten Griechenland weibliche Naturgottheiten, zu grch. *nýphe (νύμφη)*, »Braut, Mädchen«. Zu ihnen zählten z. B. die *Nereïden (Νηρεΐδες)*, die Göttinnen des inneren Meeres, die *Najaden (Ναϊάδες)* und die Nymphen der Landgewässer, die wiederum unterteilt wurden in *Flussnymphen (Ποταμηΐδες)* und *Quellnymphen (Κρηναῖαι)* sowie *Nymphen der stehenden Gewässer*: *Sumpfnymphen (Ἑλειονόμοι)*, *See-* und *Teichnymphen (Λιμνακίδες* und *Λιμνάδες)*. Die *Wassernymphen*, die ursprünglich wahrscheinlich mit den Musen gleichgesetzt wurden, beherrschten die Kunst der Weissagung, der Dichtung und des Gesangs. Die Nymphen der Berge waren die *Oreaden (Ὀρειάδες)*, z. B. *Echo (Ἠχώ)*, die nie den Mund halten konnte, wenn ein anderer redete. Daneben gab es die *Napäen* genannten *Schlucht-* und *Talnymphen (Ναπαῖαι)*, die als *Alseïden (Ἀλσηΐδες)* bezeichneten *Hain-* und *Waldnymphen*, und die mit ihnen verwandten *Baumnymphen*, die *Dryaden (Δρυάδες)*, die natürlich vor allem in Waldgebirgen wohnten. Schließlich kannte man noch bestimmte Ortsnymphen. → *Nereus*

Nyx [grch. *Νύξ*] lautete der Name der griechischen Göttin der Nacht. Sie galt als Tochter des Chaos sowie Schwester und Gattin des Erebos, mit dem sie den Himmel und den Tag erzeugte. Außerdem war sie die Mutter des Thanatos (»Tod«) und des Hypnos (»Schlaf«). Ihrem Namen liegt grch. *nýx (νύξ)*, »Nacht, Dunkelheit«, zu Grunde (vgl. urverwandt lat. *nox*, »Nacht«).

Oberth *Hermann* (1894–1989), deutscher Raumfahrtpionier. Er entwickelte bereits 1917 eine 25 m lange Rakete mit einer Nutzlast von 10 Tonnen. Nach weiteren Raketenversuchen an der Technischen Hochschule Wien ging er 1941 an die Heeresversuchsanstalt in Peenemünde. Von 1955 bis 1958 arbeitete er in der amerikanischen Weltraumforschung. Sein Familienname könnte auf hugenottische Vorfahren verweisen und aus dem französischen Namen *Aubert* hervorgegangen sein, der den deutschen Rufnamen *Albert* und *Adalbert* entspricht (zu ahd. *adal*, »edel, vornehm«, und *beraht*, »glänzend«).

O'Brien *William Smith* (1803–1864), irischer Nationalist. Als sein Aufstand 1848 gegen die Engländer scheiterte, wurde er zum Tod verurteilt, später jedoch begnadigt. Der in Irland geläufige Name bedeutet »Abkömmling des Brian« (zu air. *bri*, »Hügel« und »Stärke«), nach dem berühmten irischen Hochkönig *Brian Boru*, der von 1002 bis 1014 regierte.

O'Casey *Sean* (1880–1964), irischer Dramatiker. Er schilderte das Leben in den Armenvierteln Dublins und beschrieb den Kampf um die Unabhängigkeit seines Landes, an dem er beim Osteraufstand 1916 selbst teilgenommen hatte. Die irische Version des Namens ist *Ó'Cathasaigh*, zu ir. *cathasach*, »wachsam«. Sein ebenfalls keltischer Vorname entspricht unserem »Johannes«, hergeleitet von frz. *Jean*.

O'Connell *Daniel* (1775–1847), irischer Politiker. Er trug mit der Gründung der *Catholic Association* stark zur Schwächung der protestantischen Großgrundbesitzer und zur Emanzipation der Katholiken in seinem Land bei. 1830 zog er ins britische Unterhaus ein, wo er sich besonders für die Aufhebung der parlamentarischen Union zwischen Irland und Großbritannien einsetzte. 1841 wurde der unbestrittene Führer der irischen Bevölkerung zum Oberbürgermeister von Dublin gewählt. *O'Connell* ist die englische Version des irischen Namens *Ó Connail*, »Abkömmling des Conall«, zu kelt. *cunovalos*, »der Hochmächtige«.

O'Connor *Frank* (1903–1966) nannte sich mit Künstlernamen der irische Schriftsteller *Michael O'Donovan*, der mit seinen farbigen Romanen und Kurzgeschichten einen großen Erfolg erzielte (z. B. »Die Reise nach Dublin« oder die Sammlungen »Er hat die Hosen an«, »Und freitags Fisch« sowie »Ein Mann von Welt«). Sein Geburtsname *O'Donovan* bezieht sich auf einen Vorfahren königlichen Geblüts im 10. Jahrhundert, nämlich den Prinzen *Donnabhain* von Munster (zu ir. *donn*, »braun«, und *dubhann*, »schwarz«). *Flannery O'Connor* (1925–1964), ein amerikanischer Romanschriftsteller, war ebenfalls irischer Herkunft. Der Name *O'Connor* (ir. *Ó Conchobhair*) hat die Bedeutung »Abkömmling des Conchobhair«, der im 10. Jahrhundert König von Connacht war, zu ir. *conchobhair*, »Held«. Der Rufname *Flannery* beruht auf ir. *flannbhuí*, »gelbrot, orange«.

Octavia (ca. 70–11 v. Chr.), Schwester des *Octavianus*. Sie war zunächst mit *Caius Claudius Marcellus*, dann mit *Marcus Antonius* verheiratet, der sie 32 v. Chr. verstieß, da er sich inzwischen mit Kleopatra vermählt hatte. Ebenfalls *Octavia* (ca. 40–62 n. Chr.) hieß die Tochter des Kaisers Claudius und der Messalina. Sie wurde bereits in jugendlichem Alter die Gemahlin des Kaisers Nero.

Octavianus (63 v. Chr.–14 n. Chr.), Adoptivsohn – daher die Endung *-ianus* – und Haupterbe Caesars. Nach der Ermordung seines Gönners und Großonkels nahm er den Namen *Caius Iulius Caesar* an. Den Namen *Octavianus* hat der erste römische Kaiser nie getragen. Stattdessen ließ er sich als *Imperator Caesar Divi filius* titulieren. Den Beinamen *Augustus*, »der Erhabene«, unter dem wir ihn kennen, bekam er 27 v. Chr. verliehen. → *Munatius*

Octavius lautete ein römischer Gentilname, von *octavus*, »der Achte«, zu *octo*, »acht« (vgl. *Oktober*; vor der Kalenderreform des Julius Caesar war der Oktober der achte Monat). Zu diesem Geschlecht gehörte z. B. auch Augustus' Vater *Caius Octavius*, der 61 v. Chr. Prätor war.

Odin galt neben Thor als bedeutendster Gott in der nordischen Mythologie. Der Kriegsgott *Odin* (in der Vorstellung der Germanen ein älterer, bärtiger Mann mit heldenhaften, aber auch tückischen und hinterlistigen Zügen) war der Gott der *jarls*, »der Adligen« (vgl. engl. *earl*, »Graf«), während Thor, ein blühendes Mannsbild mit rotem Bart, als Gott der *karls*, »der freien Menschen«, betrachtet wurde (vgl. *Karl* und *Kerl*). Der Name *Odin* ist hergeleitet von aisl. *óðr*, »Wut« (isl.: *æði*). → *Wodan, Wotan*

Ödipus [grch. Οἰδίπους] war eine der wichtigsten Gestalten des thebanischen Sagenkreises. Seinem Vater, dem König von Theben, war durch einen Orakelspruch geweissagt worden, dass ein Sohn ihn töten würde. Als seine Gattin Iokaste ihm tatsächlich einen Sohn gebar, setzte er das Kind gleich nach der Geburt aus, durchbohrte ihm jedoch zuvor die Füße, damit er es später wiedererkennen könnte. Ein treuer Diener aber übergab den Säugling dem König von Korinth, der ihn wie einen eigenen Sohn aufzog und ihm wegen seiner geschwollener Füße den Namen *Ödipus*, »Schwellfuß«, gab, zu grch. *oideîn (οἰδεῖν)*, »anschwellen« (vgl. *Ödem*), und *poús (πούς)*, »Fuß«. Vom Orakel in Delphi erfuhr er, dass er nicht der richtige Sohn des korinthischen Königs sei und dass er seinen Vater töten und seine eigene Mutter heiraten werde. Als ihm auf dem Weg nach Theben sein Vater begegnete, der ihm an einem Engpass arrogant den Pfad versperrte, erschlug er ihn. In Theben hatte inzwischen Kreon, der Bruder des erschlagenen Königs, die Regierung übernommen. Nachdem *Ödipus* das Rätsel der Sphinx löste, die das Land in Angst und Schrecken hielt, wurde er, wie dem Sieger des Rätsels versprochen worden war, König von Theben und der neue Gemahl der verwitweten Königin. Mit ihr hatte er vier Kinder: Eteokles, Polyneikes, Antigone und Ismene. Bald jedoch kam *Ödipus* darauf, dass er der Mörder seines Vaters war und Inzest mit seiner eigenen Mutter begangen hatte; er riss sich daraufhin die Augen aus, während Iokaste, seine Mutter und Gemahlin, sich erhängte (vgl. *Ödipuskomplex*).

Odoaker (433–493 n. Chr.), germanischer Heerführer aus dem Volk der Skiren, der eigentlich *Odowakar*, »der Besitzende und Wackere«, zu *ot*, »Besitz«, und *wakar*, »munter, wachsam«, hieß. Er gehörte zur kaiserlichen Leibgarde in Ravenna und wurde von den germanischen Söldnern in Italien, die Siedlungsland forderten, zum König ausgerufen. So setzte *Odoaker* den letzten weströmischen Kaiser, Romulus Augustulus, ab und regierte in Italien gerecht und milde. Von Theoderich wiederholt geschlagen (489/90), musste er nach der so genannten Rabenschlacht 493 Ravenna aufgeben. Er wurde von Theoderich (Dietrich von Bern) ermordet.

Odysseus [grch. Ὀδυσσεύς], berühmter König von Ithaka, Held vor Troja und Liebling der Athene, war der Sohn des Laërtes und der Antikleia. Seine Gattin Penelope hatte ihm den Sohn *Telemachos* (»den aus der Ferne Kämpfenden«) geboren; mit der Zauberin Kirke zeugte er später den Sohn *Telegonos* (»den in der Fremde Geborenen«). Nachdem er seine Familie dem Jugendfreund Mentor anvertraut hatte, zog er in den Krieg gegen Troja. Auf seinen Rat bauten die Griechen das hölzerne Pferd, in dem sich die Eroberer versteckten und in die Stadt ziehen ließen. Der Name *Odysseus* bedeutet »der Zornige«, von *odýssomai* (ὀδύσσομαι), »ich zürne, ich hasse«. Er war wohl auf den Meergott Poseidon bezogen, der *Odysseus* für die Blendung seines Sohnes Polyphem hasste und den Helden erst nach langer, abenteuerlicher Irrfahrt und manchen Schikanen nach Hause zurückkehren ließ. → *Ulysses*

Oe *Kenzaburo* (geb. 1935), japanischer Schriftsteller. Seine zahlreichen Romane und Erzählungen sind vom europäischen Humanismus geprägt. Sein wohl bekanntestes Werk, »Eine persönliche Erfahrung«, handelt von seiner Auseinandersetzung mit der geistigen Behinderung seines Sohnes Hikari. *Oe* erhielt 1994 den Nobelpreis für Literatur. Man sollte nicht vermuten, dass sein extrem kurzer, aus nur zwei Buchstaben bestehender Name eine Zusammensetzung ist, nämlich aus der japanischen Vorsilbe *ō*, »Groß-«, und dem Hauptwort *e*, »Bild«. Sein Vorname beruht übrigens auf jap. *ken*, »Degen«, und der geläufigen Namensendung *zaburo*, »dritter Sohn«.

Offenbach *Jacques* (eigentlich: *Jacob*), 1819–1880, französischer Opern- und Operettenkomponist. Der Sohn eines Kölner Synagogenkantors verbrachte fast sein ganzes Leben in Paris, wo er seine berühmten spritzigen Werke schrieb (z. B. »Hoffmanns Erzählungen«, »Orpheus in der Unterwelt«, »Die schöne Helena« und »Pariser Leben«). Sein Name verweist auf die ursprüngliche Herkunft der Familie aus *Offenbach* (zu dem alten deutschen Personennamen *Offo* und *Bach*).

Ogino *Kyusaku* (1882–1975), japanischer Gynäkologe, der zusammen mit dem Österreicher Hermann Knaus (1892–1970) durch die zeitliche Bestimmung des Eisprungs die nach ihnen benannte natürliche Methode der Geburtenkontrolle bzw. der Feststellung des Befruchtungsoptimums herausfand. Der Name des japanischen Mediziners scheint seine Bedeutung für die Menschheit zu bestätigen, denn er ist gebildet aus dem japanischen Präfix *ō*, »Groß-«, und dem Substantiv *ginō*, »Befähigung, Können«, während der Familienname seines österreichischen Kollegen fast wie ein Rüffel für seine Erkenntnisse klingt (zu mhd. *knūz*, »keck, vermessen«).

Ohm *Georg Simon* (1789–1854), deutscher Physiker. 1826 entdeckte er experimentell das nach ihm benannte grundlegende Gesetz der Beziehung zwischen Stromspannung, Stromstärke und Widerstand. Auch die Maßeinheit für den elektrischen Widerstand erhielt seinen Namen (abgekürzt: Ω). Der Name *Ohm* kommt von mnd. *ōm*, »Oheim, Onkel«, vielleicht eine Ehrenbenennung des ursprünglichen Trägers.

Öhmichen *Walter* (1901–1977), deutscher Puppenspieler und 1948 Gründer der »Augsburger Puppenkiste«. Die Idee dazu wurde während der Kriegsgefangenschaft geboren, als er seine Kameraden mit einem winzigen improvisierten Puppentheater aufheiterte. Nach dem Krieg spielte er zunächst literarisch anspruchsvolle Stücke wie »Der kleine Prinz«

und »Die Dreigroschenoper«. Berühmtheit erlangte die Puppenkiste jedoch durch Fernseh-Aufführungen mit dem »Kater Mikesch«, dem kleinen König »Kalle Wirsch«, dem Lokomotivführer »Lukas«, »Jim Knopf« und »Urmel« – Figuren, die für viele Zuschauer zu den schönsten Kindheitserinnerungen zählen. *Öhmichen* ist eine Koseform eines mitteldeutschen Familiennamens wie *Ohm* oder *Öhme*, zu mnd. *ōm*, »Onkel«, auch allgemein »älterer Verwandter« (vgl. *Oheim*).

Oineus [grch. *Οἰνεύς*] war ein mythischer König von Kalydon in Ätolien, Gatte der Althaia und Vater des Meleagros und der Deianeira. Nach der Sage machte ihm der Gott Dionysos den Weinstock zum Geschenk; zu grch. *oînos (οἶνος)*, »Wein«.

Oinomaos [grch. *Οἰνόμαος*] hieß ein mythischer griechischer König von Pisa in Elis, Schwiegervater des Pelops. *Oinomaos* hatte stets alle Freier seiner Tochter zu einem Wagenrennen herausgefordert und sie gnadenlos getötet, wenn sie gegen ihn verloren. Nur Pelops war es gelungen, den König zu besiegen, sodass dieser ihn als Gatten seiner Tochter Hippodameia anerkennen musste. Der Name geht zurück auf grch. *oînos (οἶνος)*, »Wein«, und *máesthai (μάεσθαι)*, »wollen, erstreben«.

Oistrach *David Fjodorowitsch* [russ. Давид Фёдорович Ойстрах], 1908–1974, weltbekannter russischer Geiger ukrainischer Herkunft. Er begann seine Konzertlaufbahn 1928 und erhielt 1934 eine Dozentenstelle am Moskauer Konservatorium. Erst nach dem Zweiten Weltkrieg durfte *Oistrach* zu Auftritten in den Westen reisen, wo er sensationelle Erfolge feierte. Ausgerechnet der Name dieses wunderbaren Violinisten, dessen technisch brillantes und feinfühlig interpretiertes Spiel bis heute unübertroffen ist, bedeutet so viel wie »ach, du Schreck!«, zu ukr. *oj (ой)*, »ach!«, »oh weh!«, und *strach (прах)*, »Schreck, Gespenst«. (Übrigens ist sein Sohn *Igor*, geb. 1934, ebenfalls ein berühmter Geiger geworden.)

Okeanos [grch. *Ὠκεανός*], ein Titan der griechischen Mythologie, war der Gemahl der Thetis sowie Vater der Io, des Inachos und des Acheloos. *Okeanos*, nach Homer der Ursprung aller Götter, repräsentierte nach der Vorstellung der alten Griechen den gewaltigen Weltenstrom, der das Erdrund umfloss (vgl. *Ozean*). Der Name *Okeanos* dürfte auf grch. *okýs (ὠκύς)*, »schnell«, beruhen; der zweite Teil könnte von aind. *a´yanam*, »Gang, Lauf«, entlehnt sein.

Olaf (auch: *Olav*) ist ein nordischer Königsname, der auf anord. *ano*, »Ahne, Vorfahr«, und *leifr*, »Erbe, Nachkomme«, basiert. Diesen Namen trugen z. B. der Wikingerhäuptling *Olav I. Tryggvason* (ca. 969–1000), der 995 die Herrschaft über Norwegen erlangte und nur fünf Jahre später im Kampf mit den Königen von Dänemark und Schweden fiel (sein anord. Beiname *Tryggvason* bedeutet »Sohn des Tryggva«, zu norw. *trygg*, »sicher«), sowie *Olav II. Haraldsson* (995–1030), genannt »der Heilige«, der die Bekehrung seines Landes zum Christentum vollendete, 1028 durch den dänischen König Knud d. Gr. vom Thron vertrieben und zwei Jahre später beim Versuch, sein Reich zurückzuerobern, in der Schlacht getötet wurde. *Olav V.* (1903–1991) war von 1957 bis zu seinem Tod König von Norwegen.

Oleg [russ. *Олег*], ein verbreiteter russischer Vorname, hat die Bedeutung »der Weise« (Aussprache etwa: *Aljék*). *Oleg*, der Nachfolger des Rurik, vereinigte das Kiewer mit dem Nowgoroder Herrschaftsgebiet zur so genannten Kiewer Rus. Er hatte sicherlich auch deswegen seinen Namen verdient, weil er einen einträglichen Handel mit dem reichen Konstantinopel trieb.

Olivier *Sir Laurence* (1907–1989), englischer Schauspieler, der mit vollständigem Namen *Laurence Kerr Olivier* hieß (zu mengl. *kerr*, aus anord. *kjarr*, »totes Unterholz«). Auf der Bühne trat er vor allem durch Shakespearerollen hervor, z. B. als Coriolan, Richard III., Hamlet und Othello, auf der Leinwand brillierte er in Filmen wie »Der Komödiant«, »Die Kraft und die Herrlichkeit«, »In den Schuhen des Fischers« und »Totentanz«. Der Name *Olivier* (im Englischen übrigens etwa *O´lívje* ausgesprochen) ist französischer Herkunft und bedeutet »Olivenbaum« – verständlich, dass er auf *Kerr* (s. o.) verzichtete, denn der Ölbaum steht bekanntlich für Leben und der Ölzweig für Frieden. Der Künstler wurde übrigens bereits 1947 für seine Leistungen zum Ritter geschlagen, und seit 1970 durfte er sich *Baron Olivier of Brighton* nennen.

Olympios [grch. *Ὀλύμπιος*], »der Olympier«, war einer der Beinamen des Zeus, dem im Hain von *Olympia* ein herrlicher Tempel errichtet worden war (mit der berühmten Bildsäule des Phidias).

Omecithuatl, »Frau der Zweiheit«, hieß eine Hälfte jenes sagenhaften Wesens, das den Götterhimmel der Azteken gebar.

Onan bedeutet im Hebräischen so viel wie »Kraft, Reichtum«. Jener berüchtigte *Onan*, nach dem fälschlich die *Onanie* benannt ist, war ein Sohn Judas. Als er den jüdischen Vorschriften entsprechend die Frau seines verstorbenen Bruders heiratete, entzog er sich durch *Coitus interruptus* der Pflicht, Kinder mit ihr zu zeugen. Dafür wurde er von Jahwe mit frühem Tod bestraft.

Ondra *Anny* (1903–1987), eigentlich *Anna Sophie Ondráková*, tschechisch-deutsche Schauspielerin. Seit 1933 mit Max Schmeling verheiratet, verkürzte sie ihren für deutsche Zungen ungeläufigen Namen auf fünf Buchstaben. *Ondráková* geht auf eine tschechische Form des Namens *Andreas* (mit der Feminin-Endung -*ková*) zurück, zu grch. *andreîos* (ἀνδρεῖος), »tapfer, männlich« – ein Name, der besser zu ihrem Mann, dem Boxchampion, gepasst hätte.

O'Neill *Eugene Gladstone* (1888–1953), amerikanischer Dramatiker. Seine in rascher Folge erschienenen pessimistischen Stücke spiegeln vor allem die intellektuelle Krise im Amerika der Zwanzigerjahre des vorigen Jahrhunderts. Als sein Hauptwerk gilt seine moderne Nachdichtung des griechischen Schauspiels »Trauer muss Elektra tragen«. Nach eigenem Bekenntnis war das zeitgenössische Drama für ihn die tragische Biographie einer Zeit, in der Gott tot ist und Wissenschaft und Materialismus keinen Ersatz bieten. Sein Name geht zurück auf air. *niáll*, »Verfechter«, auch »Meister, Champion«; das patronymische *O'* bedeutet »Abkömmling des …«.

Oppenheimer *Julius Robert* (1904–1967), amerikanischer Physiker. Der Sohn einer aus Deutschland eingewanderten jüdischen Familie gilt als Vater der Atombombe. Nach der verheerenden Zerstörung der japanischen Städte Hiroshima und Nagasaki soll er indes so entsetzt von seinem Werk gewesen sein, dass er sich weigerte, am Bau einer Wasserstoffbombe mitzuwirken. Der Name *Oppenheimer* bezieht sich auf die ursprüngliche Herkunft der über ganz Europa und Amerika verbreiteten jüdischen Familie aus der Stadt *Oppenheim* in Rheinland-Pfalz (zu dem alten deutschen Rufnamen *Oppo* und mhd. *heim*, »Haus, Wohnort«).

Optimus Maximus, »Bester und Größter«, lautete einer der zahlreichen Beinamen des römischen Gottes Jupiter (häufig *O.M.* abgekürzt), aus lat. *optimus*, Superlativ von *bonus*, »gut«, bzw. aus *maximus*, Superlativ von *magnus*, »groß«.

Orbilius lautete der Name eines altrömischen Geschlechts, zu dem z. B. *Lucius Orbilius Pupillus* gehörte, ein Grammatiker aus Benevent, der Lehrer des Horaz. Der einstige Namengeber für dieses Geschlecht muss ein Waisenkind gewesen sein, denn zu lat. *orbus* bedeutet »verwaist, elternlos« (vgl. engl. *orphan*).

Orbona war im alten Rom die Göttin der Kinderlosigkeit, die von Ehepaaren, die sich ein Kind wünschten, angerufen wurde. → *Parze* und *Decima*

Orest [grch. Ὀρέστης], der Bruder Elektras, wurde nach der griechischen Sage ein Opfer der Erinnyen: Auf Befehl des Apollon übte er blutige Rache an seiner Mutter Klytaimnestra, die seinen Vater Agamemnon ermordete; seitdem wurde der Muttermörder von den rachsüchtigen Erinnyen verfolgt, sodass er im Tempel des Apollon in Delphi Asyl suchen musste, bis er auf Vermittlung der Athene vom Gericht auf dem Athener Areopag freigesprochen wurde. Athene versprach den Erinnyen daraufhin in Athen hohe Verehrung, sodass sie zu wohl wollenden Göttinnen mutieren. *Orest* wurde 70 Jahre alt und in der Stadt *Oresteion* oder *Orestia* bestattet, die er gegründet hatte. Der Name *Orest* bedeutet etwa »Bergsteiger« oder »Bergbewohner«, von grch. *oresterós* (ὀρεστερός), »im Gebirge wohnend« und »Bergbewohner«, zu *óros* (ὄρος), »Berg«. → *Erinnyen*

Orff *Carl* (1895–1982), deutscher Komponist. Er wurde bekannt durch eine neue Musikpädagogik und seine Experimente mit einem neuen Instrumentarium, wobei er sowohl die rhythmischen Elemente als auch das Schlagwerk hervorhob und häufig mit dem gesprochenen Wort verband. Größte Bekanntheit erlangte das 1937 entstandene Werk »Carmina Burana«. Der Name könnte von mhd. *orfe*, der Bezeichnung für den »Nörfling«, eine Karpfenart, stammen.

Origenes [grch. Ὀριγένης], ca. 185–254, griechischer Kirchenschriftsteller, der bekannt wurde durch seine allegorische Auslegung der Heiligen Schrift und seinen klaren Intellekt, der ihm in der christlichen Welt den Beinamen *Adamantius* einbrachte – zu grch. *adamántinos (ἀδαμάντινος)*, »stählern, hart, fest«. Sein heidnischer Geburtsname bedeutet wohl »der Horus-Geborene«, aus *Horus*, dem Namen des ägyptischen Lichtgottes, und grch. *geneá (γενεά)*, »Geburt, Abstammung«.

Orion [grch. Ὀρίων], berühmter riesenhafter Jäger der griechischen Mythologie, entweder von grch. *óros (ὄρος)*, »Berg«, oder aber von *oûron (οὖρον)*, »Harn, Urin«; schließlich wird sein Name auch *Urion* geschrieben. Die letztere Auslegung mag sogar überzeugen, da er auf einer Stierhaut geboren wurde, auf die sein Vater uriniert hatte. (Zeus hatte dieses z. B. dem böotischen König Hyreios empfohlen, damit er den gewünschten Sohn bekäme.) Die Göttin Diana verwandelte *Orion* später in das Sternbild, das noch heute seinen Namen trägt.

Orlow *Grigrorij Grigorjewitsch* [russ. Григорий Григорьевич Орлов], 1734–1783, russischer Offizier und berühmter Liebhaber Katharinas II.; sein Bruder *Aleksej Grigorjewitsch Orlow* [russ. Алексей Григорьевич Орлов], 1735–1808, erdrosselte 1762 den Zaren Peter III. bei einer Palastrevolution. 1770 besiegte er als russischer Flottenkommandeur die türkische Flotte. Der Name dieser Adelsfamilie ist eine patronymische Form des Namens *Orel*, zu russ. *orel (орёл)*, »Adler«.

Orpheus [grch. Ὀρφεύς], Sohn der Muse *Kalliope*, Teilnehmer an der Argonautenfahrt des Jason und mythischer Sängerheros der Thraker. Die Macht seines Gesangs konnte Felsen und Bäume bewegen und wilde Tiere zähmen. Nach dem Tod seiner geliebten Gattin Eurydike (sie starb an einem Schlangenbiss) stieg er kühn ins Totenreich hinab, tröstete eine Weile die Qualen der Verdammten und rührte mit seinem Gesang sogar die Königin der Unterwelt so sehr, dass Eurydike ihm in die Oberwelt folgen durfte – vorausgesetzt, dass er sich nicht umdrehte, was er natürlich tat, als sie das Sonnenlicht erreicht hatten; also musste *Eurydike* in die Unterwelt zurückkehren (vgl. Lot und seine Frau). Sein Name ist wohl abgeleitet von grch. *orphnaîos (ὀρφναῖος)*, »dunkel, finster«.

Orsini *Giovanni Gaetano* (ca. 1210–1280) war der Geburtsname des Papstes Nikolaus III. Er entstammte der berühmten alten römischen Adelsfamilie, die auch Papst *Benedikt XIII. (Pietro Francesco Orsini)* hervorbrachte. Der Name kommt von ital. *orso*, »Bär«, und war früher sicherlich der Spitzname für einen unbeholfenen, langsamen, verschlafenen Menschen. → *Nikolaus III.*

Ortega y Gasset *José* (1883–1955), spanischer Essayist und Kulturphilosoph, für den der eigentliche Kern der menschlichen Persönlichkeit im Geist bestand. Der Name *Ortega* beruht entweder auf katal. *ortiga*, »Brennnessel« (zu gleichbedeutend lat. *urtica*), oder auf lat. *hortus*, »Garten«, während *Gasset* wohl von katal. *gas*, »hellblau«, herrührt und sich auf die Augenfarbe des ersten Namenträgers beziehen dürfte.

Orwell *George* (1903–1950), eigentlich *Eric Arthur Blair*, englischer Schriftsteller, der insbesondere durch seine Romane »Die Farm der Tiere« und »1984« – mit der sprichwörtlich gewordenen Figur des totalitären Staatschefs *Big Brother*, »Großer Bruder« – berühmt wurde. Sein Geburtsname stammt von gäl. *blair*, »vom Feld«. Seine skandinavischen Vornamen *Arthur* und *Eric* bedeuten »Gefolgsmann des Thor« bzw. »der ewig Mächtige«. Sein Pseudonym *Orwell* heißt übersetzt »Küstenfluss«, zu aengl. *ora*, »Küste« (zu gleichbedeutend lat. *ora*) und aengl. *wella*, »fließendes Wasser«, »Quelle« (vgl. *Welle* und *wallen*). → *Blair*

Osborne *John* (1929–1994), englischer Dramatiker und Schauspieler. Als so genannter »zorniger junger Mann«, der gegen alle Konventionen rebellierte, zeichnete er ein gnadenloses Bild der zeitgenössischen Gesellschaft und beklagte die geistige und seelische Leere der jungen Generation. Einige seiner berühmten Bühnenwerke sind »Blick zurück im Zorn«, »Der Unterhalter« und »Richter in eigener Sache«. 1964 schrieb er zudem das Drehbuch zum Film »Tom Jones«. Der Name stammt aus dem Altnordischen und lautete ursprünglich *Asbjorn*, zu *as*, »Gott« (vgl. *Ase*), und *björn*, »Bär«. Er gelangte in der Form *Osbern* mit den Normannen nach England.

Osiris war die griechische Form des altägyptischen Namens *Usir* für den ägyptischen Gott der Unterwelt. Der Bruder und Gemahl der Isis galt als Personifizierung der Güte und lehrte die Menschen den Anbau und die Kunstfertigkeiten der Zivilisation. Als er von seinem eifersüchtigen Bruder Seth getötet und zerstückelt wurde, gelang es Isis, die Leichenteile zu sammeln und ihren Gatten wieder zu beleben, sodass sie von ihm den Sohn Horus empfangen konnte, der später den Mord an seinem Vater rächte und als dessen Erbe das irdische Königtum antrat, während *Osiris* im Totenreich regierte. Der Name *Osiris* bzw. *Usir* stammt vielleicht von ägypt. *woser*, »der Mächtige«. → *Serapis*

Osman ist die türkische Schreibung des arabischen Namens *Uthman* und bedeutet »junge Trappe«. *Osman I.* (1259–1326) war der sagenumwobene Gründer des gewaltigen Osmanischen Reichs. Er folgte seinem Vater 1288 als Hordenfürst, erweiterte sein türkisches Reich und nahm 1300 den Titel Sultan an. Ihm folgten im 17. bzw. 18. Jahrhundert zwei weitere Sultane dieses Namens.

Ossietzky *Carl von* (1889–1938), deutscher Journalist. Nach dem Ersten Weltkrieg zum Pazifisten geworden, arbeitete er bis 1920 in der Deutschen Friedensgesellschaft, danach als Redakteur verschiedener Zeitungen und Zeitschriften. 1931 erhielt er wegen angeblichen Landesverrats und Verrats militärischer Geheimnisse eine Gefängnisstrafe von eineinhalb Jahren. Nach dem Reichstagsbrand 1933 wurde er von den Nationalsozialisten verhaftet und in ein Konzentrationslager gebracht. Er starb 1938 (unter Polizeiaufsicht) in einer Berliner Klinik. Zwei Jahre zuvor hatte er den Friedensnobelpreis erhalten, den er jedoch nicht annehmen durfte. Der Name der aus Schlesien stammenden Familie könnte von slaw. *osjet*, »Stacheldistel«, herrühren.

Ostara (auch: *Eostre* oder *Eostrae*), »Osten«, hieß die altgermanische Göttin der Morgenröte, des Frühlings und der Fruchtbarkeit. Ihr Name ist verwandt mit aind. *usra*, grch. *eós* ($\dot{\eta}\omega\varsigma$), lat. *aurora*, »Morgenröte«, und führte zu unserem Begriff *Ostern* (ahd. *ōstara*), über ahd. *ōstarun*, »Morgenröte«, und *ōstar*, »östlich«. Das christliche *Ostern* als Fest der Auferstehung Christi ersetzte ein altes germanisches Fest des zunehmenden Lichts im Frühling und der Fruchtbarkeit (vgl. Hase und Eier als Ostersymbole).

Otho lautete ein alter römischer Beiname, z. B. des *Marcus Salvius Otho*, der zunächst Statthalter von Lusitania war, sich 68 n. Chr. der Empörung gegen Nero anschloss, Galba ermorden und sich selbst 69 n. Chr. zum Kaiser ausrufen ließ. Er beging allerdings noch im gleichen Jahr Selbstmord, nachdem er von Vitellius besiegt worden war, den seine germanischen Legionen Anfang 69 ebenfalls zum Kaiser ausgerufen hatten. Der Name *Otho* bedeutet vielleicht »der Rücksichtsvolle«, zu grch. *óthesthai (ὄθεσθαι)*, »sich kümmern«, »sich sorgen«. → *Roscius* und *Salvius*

Otto war ein beliebter deutscher Königsname, zu *uodal*, »Erbbesitz« (vgl. *Udo*). Der Bedeutendste dieses Namens war wohl *Otto I.*, der Große (912–973), der 936 in Aachen zum König und 962 in Rom zum Kaiser gekrönt wurde und dadurch eine dauerhafte Verbindung zwischen deutschem Königtum und römischem Kaisertum schuf. Schon 967 hatte er seinen Sohn *Otto II.* (955–983) zum Mitkaiser krönen lassen und erreichte durch dessen Vermählung mit der byzantinischen Prinzessin Theophano auch die Anerkennung des deutschen Kaisertums durch Byzanz. *Ottos II.* Sohn wurde 1083 auf dem Reichstag zu Verona im Alter von drei Jahren zu seinem Nachfolger gewählt und in Aachen zum König gekrönt. Als sein Vater im gleichen Jahr starb, führte seine Mutter Theophano vormundschaftlich die Regierungsgeschäfte für ihn. Mit zwölf Jahren erklärte man ihn für mündig, worauf er nach Rom zog, um seinen Verwandten Brun von Kärnten zum Papst Gregor V. wählen zu lassen und just von diesem ein Jahr später zum Kaiser *Otto III.* gekrönt zu werden, er starb 1002.

Ovid (lat. *Ovidius*), 43 v. Chr. bis 17 n. Chr., war neben Horaz und Vergil der größte römische Dichter der augusteischen Zeit, der von Augustus 8 n. Chr. an einen Schwarzmeerort verbannt wurde, wo er auch starb. Sein vollständiger Name lautete *Publius Ovidius Naso*. Der Gentilname *Ovidius* geht auf lat. *ovis*, »Schaf«, zurück und bezeichnete ursprünglich wohl einen Schäfer oder Wollhändler. (Vielleicht handelte es sich auch um einen Kosenamen des ersten Trägers im Sinn von »Schäfchen, Lämmchen«, der dann zum Geschlechternamen wurde.) → *Naso*

Owens *James* (*Jesse*) *Cleveland* (1913–1980), amerikanischer Leichtathlet, der bei den Olympischen Spielen in Berlin 1936 vier Goldmedaillen gewann. Insgesamt erzielte er in seiner Laufbahn neun Weltrekorde. Sein keltischer Abstammungsname (die irischen und walisischen Grundversionen lauten *Eoghan* bzw. *Eugeuin*) bedeutet »Sohn des Wohlgeborenen« und ist verwandt mit *Eugen*, zu grch. *eugenés (εὐγενής)*, »edel, wohlgeboren, von guter Art«.

Oxenstierna *Axel Gustavsson* (1583–1654), schwedischer Politiker und Feldherr. 1612 wurde er von König Gustav II. Adolf zum Reichskanzler ernannt und verwaltete praktisch als Vizekönig die schwedischen Kronländer Livland und Finnland von 1614 bis 1616. Er war ein äußerst erfolgreicher Diplomat und Politiker. So konnte er einen Krieg mit Russland sowie einen Bruch mit Dänemark verhindern. Während des Dreißigjährigen Kriegs gelang es ihm, mit der Besetzung von Stralsund die Stadt vor den kaiserlichen Truppen zu schützen, ab 1626 war er Gouverneur des schwedischen Teils von Preußen und ab 1631 königlicher Bevollmächtigter am Rhein. Als König Gustav Adolf 1632 in der Schlacht von Lützen fiel, übernahm er gar die politische Führung seines Landes, bis Kronprinzessin Christina I. zur Nachfolgerin ihres Vaters aufstieg. Der Name *Oxenstierna* besteht wohl aus den schwedischen Wörtern *oxe*, »Ochse«, und *stjärna*, »Stern«, und bedeutet damit so viel wie »Ochsenstern«.

Oz *Amos* (geb. 1939), eigentlich *Amos Klausner* (zu mhd. *klusenære*, »Einsiedler«), einer der bekanntesten Schriftsteller Israels. Er wuchs in einer gebildeten Gelehrtenfamilie auf, die 1917 von Odessa nach Wilna (damals Polen) geflüchtet und von dort 1933 nach Palästina ausgewandert war. Nach dem Schulabschluss nahm er den Namen *Oz* an, der einerseits eine Verkürzung von *Amos* darstellt, andererseits im Hebräischen »Kraft, Stärke« bedeutet. Auch sein Vorname ist hebräisch und bedeutet »der (von Gott) Getragene«. *Amos Oz* lebt heute in der Negev-Wüste und lehrt hebräische Literatur an der Ben-Gurion-Universität in Beer-Shewa. 1992 erhielt er den Friedenspreis des deutschen Buchhandels.

Özal *Turgut* (1927–1993), türkischer Politiker. Der Führer der Mutterlandpartei war von 1983 bis 1989 Premierminister der Türkei, danach bis zu seinem Tod Staatspräsident. Der Familienname des Politikers setzt sich zusammen aus den türkischen Wörtern *öz*, »echt, rein, wesentlich«, und *al*, »rot« – nicht unbedingt die Farbe eines liberalen Politikers! (Sein Vorname bedeutet übrigens »Wohnsitz, Wohnung«.)

Pacceka-Buddha, wörtlich »der für sich allein Erwachte«, ist der buddhistische Titel eines zur vollen Erleuchtung Gekommenen, der diese aber nicht der Welt verkünden kann. → *Buddha*

Pacelli *Eugenio* (1876–1958) war, bevor er 1939 als *Pius XII.* zum Papst gekrönt wurde, fast zwei Jahrzehnte lang erfolgreich päpstlicher Nuntius für das Deutsche Reich gewesen, und die Konkordate mit Bayern, Preußen, Baden und vor allem das Reichskonkordat mit Hitler (1933) können praktisch als sein Werk betrachtet werden. *Pacelli*, der weltliche Name dieses hervorragenden Diplomaten, ist eine Verkleinerungsform des italienischen Wortes *pace*, »Friede«, und wird gewissermaßen seiner damaligen Zurückhaltung gerecht, angesichts der Naziverbrechen eindeutig Stellung zu beziehen. Der Vorname *Eugenio* bedeutet »der Wohlgeborene«, zu grch. *eugenés* (εὐγενής), »von edler Geburt«. In der Tat stammte *Eugenio Pacelli* aus der vornehmen Familie eines päpstlichen Konsistorialadvokaten. → *Pius XII.*

Padischah → *Schah*

Paganini *Niccolò* (1782–1840), italienischer Violinvirtuose und Komponist. Er hatte das Geigenspiel autodidaktisch gelernt und trat bereits mit sechzehn Jahren als Sologeiger in der Öffentlichkeit auf. 1808 begann der begnadete Künstler seinen Siegeszug durch die Konzertsäle ganz Europas und versetzte mit seinen Capricci, Violinkonzerten und -sonaten das Publikum regelmäßig in einen Begeisterungstaumel. Der Name der Familie *Paganini* basiert auf ital. *pagano*, »heidnisch«, »Heide«, zu lat. *paganus*, »Landbewohner«, »Zivilist«. (Die frühen Christen verstanden sich als Kämpfer für ihre Religion und betrachteten Nichtchristen entsprechend als *pagani*, also »Zivilisten«; vgl. die militärisch organisierte Heilsarmee und die englische Bezeichnung *Christian soldier*.)

Pagnol *Marcel* (1895–1974), französischer Dramatiker, der neben Lustspielen (z. B. »Topaze« und »Marius«) zahlreiche Romane schrieb (u. a. »Die Wasser der Hügel« und »Die eiserne Maske«), aber auch bei der Verfilmung eigener Theaterstücke Regie führte. Sein Name stellt eine Verkürzung des französischen Wortes *espagnol*, »spanisch«, dar. Offensichtlich hatte es die Vorfahren aus dem südlichen Nachbarland nach Frankreich verschlagen.

Paisley *Ian* (geb. 1926), nordirischer Pfarrer und Politiker. Er gründete Anfang der 1950er-Jahre die Freie Presbyterianische Kirche, zu deren Sprecher er gewählt wurde, sowie eine eigene Zeitung, den *Protestant Telegraph*. Als Sprecher der ebenfalls auf ihn zurückgehenden größten protestantisch-unionistischen Partei Nordirlands, der *Democratic Unionist Party*, kämpft er seit Jahrzehnten entschieden gegen eine Annäherung zwischen den beiden Teilen Irlands und gegen eine Gleichberechtigung der Katholiken im mehrheitlich protestantischen Norden der Insel. Der wortgewaltige *Paisley* gilt bei seinen Gegnern als ausgesprochener Puritaner, Hardliner und Blockierer jeglicher Lösung für das Nordirland-Problem. Sein keltischer Name passt nur auf den ersten Blick zu diesem cholerischen Kleriker, denn *Paisley*, aus air. *baslec*, hat die Bedeutung »Kirche«, zu grch. *basilikós (βασιλικός)*, »königlich« (vgl. *Basilika*).

Palamedes [grch. *Παλαμήδης*], der Sohn des Nauplios und ein griechischer Held vor Troja, galt im alten Griechenland als großer Erfinder. Sein Name dürfte hergeleitet sein von grch. *paláme (παλάμη)*, »flache Hand, Faust« und »Kunstgriff«. Er könnte jedoch auch auf grch. *palaiós (παλαιός)*, »alt, uralt«, und *mêdos (μῆδος)*, »Gedanke, Plan, Rat, Sorge«, beruhen.

Palance *Jack* (geb. 1920), eigentlich *Walter* (ursprünglich: *Wladimir*) *Palanuik*, amerikanischer Schauspieler ukrainischer Herkunft, der hauptsächlich durch seine Schurkenrollen bekannt wurde. *Palance* ist die Anpassung seines slawischen Namens an die amerikanische Schreibung; der neue, englisch anmutende Name hat allerdings keine eigene Bedeutung. Der Geburtsname stammt vielleicht von russ. *palonyj (палёный)*, »abgebrannt, versengt«, oder von poln. *palący* (Aussprache etwa: *paloncy*), »brennend, sengend, heiß«, was die Wahl des neuen Namens ebenfalls erklären würde, da die Westukraine früher zu Polen gehörte.

Pales war eine altitalische Schutzgöttin der Hirten und Herden. Ihr zu Ehren wurden an den *Palilia*, einem jährlichen Hirtenfest am 21. April, dem Gründungstag Roms, in einem Reinigungszeremoniell Strohfeuer angezündet. Ihr Name kommt wohl von lat. *palari*, »umherirren, sich zerstreuen«.

Palestrina *Giovanni Pierluigi* (ca. 1525–1594), italienischer Komponist, hauptsächlich von Kirchenmusik, da er an diversen Kirchen Roms beschäftigt war, zeitweise auch als Leiter des Knabenchors an der Peterskirche. Sein Rufname ist der Name seiner Geburtsstadt *Palestrina* in der Nähe Roms, die im Altertum *Praeneste* hieß (wohl von lat. *praenitere*, »hervorstrahlen, überstrahlen«), weswegen er bisweilen auch *il Prenestino* und latinisiert *Praenestinus* genannt wurde. Sein Vorname *Giovanni* ist die italienische Form von *Johannes*, während *Pierluigi* sich zusammensetzt aus *Pie(t)ro* und *Luigi* (d. h. *Peter-Ludwig*).

Palladio *Andrea* (1508–1580), eigentlich *Andrea di Pietro dalla Gondola* (zu ital. *gondola*, »Gondel«), war ein italienischer Baumeister, der vor allem in Vicenza und Venedig wirkte. Seine monumentalen Paläste und Kirchen mit ihren durch Säulen und Pilaster gegliederten Fassaden basieren auf antiken Bauregeln. Der nach ihm *Palladianismus* genannte Stil war richtungweisend für den europäischen Klassizismus. Sein Name geht über das lateinische Wort *Palladium* zurück auf die griechische Bezeichnung *Palládion (Παλλάδιον)* – zu grch. *Παλλάς* (Gen. *Παλλάδος*) – für ein »hölzernes Kultbild der Pallas Athene«.[20]

Pallas [grch. *Παλλάς*], »die kräftige (Jungfrau)«, war der Beiname der Göttin Athene, den sie sich selbst zulegte, nachdem sie als Kind eine Spielkameradin namens *Pallas* bei einem sportlichen Wettbewerb aus Versehen getötet hatte. *Pallas* ist wohl verwandt mit grch. *pállein (πάλλειν)*, »schütteln, schleudern«, auch »springen, hüpfen«. → *Polias*

Palme *Olof* (1927–1986), sozialdemokratischer schwedischer Politiker und zweimaliger Ministerpräsident. Im Ausland wurde er besonders durch seine überzeugende Friedenspolitik bekannt, indem er harte Kritik am Vietnamkrieg übte, für die UNO im Iran-Irak-Krieg vermittelte und Initiativen zur internationalen Abrüstung ergriff. Insofern trug er einen treffenden Namen, denn die Palme ist bekanntlich ein Friedenssymbol (schwed. *palm*, »Palme«; seine Vorfahren stammten zwar aus den Niederlanden, aber dort heißt die Palme ebenfalls *palm*). *Palme* fiel 1986 einem Mordanschlag zum Opfer.

Palmer *Lilli* (1914–1986), eigentlich *Lilli Marie Peiser*, deutsche Theater- und Filmschauspielerin. Sie wurde in Posen als Tochter eines jüdi-

---

[20] Nach griechischer Überlieferung stand das angeblich vom Himmel gefallene, Sicherheit garantierende Bild der *Pallas Athene* in Troja, von wo Odysseus es entwendet haben soll. Nach römischen Quellen wurde das *Palladium* im Vestatempel in Rom aufbewahrt und dort verehrt.

schen Arztes geboren, emigrierte 1933 nach Paris und ein Jahr später nach England. Sie nahm die britische Staatsangehörigkeit an und startete in London ihre Karriere mit Hitchcocks Kriminal-Komödie »The Secret Agent«. 1945 ging sie in die USA und feierte große Erfolge am Broadway. 1953 kehrte sie schließlich zurück nach Deutschland, wo sie mit »Feuerwerk«, »Teufel in Seide« und »Anastasia, die letzte Zarentochter« bekannt wurde. In den 60er-Jahren erfolgte eine zweite große Karriere mit französischen, italienischen und amerikanischen Produktionen (»Operation Crossbow«, »Lotte in Weimar« etc.). Ihr englisch angehauchter Name ist selbsterklärend; vielleicht war die Assoziation mit der *Siegespalme* beabsichtigt. Ihr ursprünglicher Name *Peiser* ist wahrscheinlich zusammengesetzt aus poln. *pejs*, »Schläfenlocken«, wie sie von orthodoxen Juden getragen werden (zu gleichbedeutend hebr. *pé'a* und jidd. *péje*), sowie der jiddisch-deutschen Endung *-er* und bedeutet demnach »der mit den Schläfenlocken«.

Palmerston *Henry* (1784–1865) ist unter diesem Adelsnamen bekannt (er war seit 1803 der dritte Viscount *Palmerston*). Zuvor hatte er *Henry Temple* (»Tempel«) geheißen. Der britische Staatsmann war von 1830 bis 1841 und erneut von 1846 bis 1851 Außenminister sowie danach zweimal Premierminister seines Landes (1855–58 und 1859–65). *Palmerston* bedeutet »Anwesen des Pilgers« (die Endung *-ton* entspricht aengl. *tun*, »Farm«), denn *Palmer* war früher ein gebräuchlicher englischer Spitzname für jemanden, der eine Wallfahrt ins Heilige Land unternommen und als Beleg für seine Reise einen *Palmwedel* mitgebracht hatte.

Pamuk *Orhan* (geb. 1952) gilt als der interessanteste türkische Autor der Gegenwart. Erst nach einem Architektur- und Journalismusstudium begann er zu schreiben. Seine bekanntesten Romane sind »Die weiße Festung«, »Das schwarze Buch«, »Das neue Leben«, »Rot ist mein Name« und »Schnee«. Für sein Werk, in dem er moderne westliche Stilelemente mit orientalischer Erzähltradition verbindet und in dem Europa und die muslimische Türkei zusammenfinden, hat er alle wichtigen türkischen Literaturpreise erhalten. 2005 wurde dem Schriftsteller, der unerschrocken für die Menschen- und Minderheitenrechte in seinem Land eintritt, der Friedenspreis des deutschen Buchhandels verliehen. Sein Vorname *Orhan* bedeutet im Türkischen »Besitzer der Stadt«, sein Familienname »Baumwolle« (zu *pamuk*, »Baumwolle« oder »weiß«).

Pan [grch. *Πάν*], ein alter arkadischer Gott der Herden und des Waldes, war eigentlich von gutmütiger und fauler Natur, der das Flötenspiel (vgl. *Panflöte*) und seinen Mittagsschlaf über alles liebte; störte man ihn jedoch dabei, rächte er sich mit einem markerschütternden Schrei, der die sprichwörtliche *Panik* auslöste. Auch der Anblick des bocksähnlichen Hirtengottes (samt Hörnern, Ziegenfüßen und Schwanz) konnte die Menschen in *panischen Schrecken* versetzen. Er genoss dennoch (oder gerade deswegen) im alten Griechenland große Verehrung, um sich seiner unschätzbaren Hilfe gegen Kriegsfeinde zu versichern. Sein Name wird oft fälschlich von grch. *pân (πᾶν)*, »alles, völlig, ganz«, abgeleitet – angeblich, weil Hermes seinen missgestalteten Sohn den Göttern im Olymp zur Belustigung gezeigt habe und alle begeistert gewesen seien. Tatsächlich dürfte ihm jedoch das griechische Verb *páein (πάειν)*, »weiden«, zu Grunde liegen.

Panchen-Lama, »großer Gelehrter«, heißt das Oberhaupt des Lamaismus in Tibet in der Hierarchie unterhalb des Dalai-Lama; zu tibet. *pandita-chen-po*, »großer Gelehrter«, und *(b)lama*, »Erhabener« (vgl. den indischen *Guru*). Er trägt auch den Titel *Panchen-Rinpoche*, d. h. »großes Gelehrtenjuwel«, und wird als Inkarnation des Buddha Amitabha angesehen; die Reihe dieser Wiederverkörperungen lässt sich bis ins 14. Jahrhundert zurückverfolgen. Nach der Einnahme Tibets durch China bestimmte die kommunistische Regierung in Peking einen Panchen-Rinpoche, der nach der Flucht des Dalai-Lama nach Indien (1959) kurzzeitig seine Stellung einnahm. → *Dalai-Lama* und *Pandit*

Pandamator [grch. *Πανδαμάτωρ*], »der Allbeherrschende«, hieß mit Beinamen Hypnos, der Gott des Schlafes, der Sohn der Nyx (»Nacht«), Bruder des Thanatos (»Tod«) und Vater des Morpheus (»Traumbild«). Er konnte jeden Menschen und selbst Zeus gegen seinen Willen in Schlaf versetzen. Sein Name beruht auf grch. *pân (πᾶν)*, »alles, völlig, ganz«, und *damázein (δαμάζειν)*, »überwältigen, unterwerfen, bezwingen«.

Pandemos [grch. *Πάνδημος*], »Einigerin des Volkes«, später auch im Sinne von »Göttin gemeiner sinnlicher Liebe«, war ein Beiname der Aphrodite. → *Urania*

Panderkes [grch. *Πανδερκής*], »der Allsehende«, nannten die alten Griechen den Sonnengott Helios mit Beinamen, da sein Licht in jeden Winkel schien, alle Geheimnisse offenbarte und die Schuld sichtbar machte; zu grch. *pân (πᾶν)*, »alles, völlig, ganz«, und *dérkesthai (δέρκεσθαι)*, »sehen, erblicken«.

Pandit ist der Ehrentitel der Brahmanen in Kaschmir, der so genannten *Kaschmiri-Pandits*; zu skr. *panditá*, »Gelehrter«. Auch der indische Politiker *Jawaharlal Nehru* stammte aus dieser obersten Kaste der Hindus und hatte daher automatisch Anspruch auf den Titel *Pandit*. → *Nehru*

Pandora [grch. *Πανδώρα*] hieß in der griechischen Mythologie die erste Frau auf Erden. Von Hephaistos auf Befehl des Zeus aus Wasser und Erde erschaffen, wurde sie von Hermes auf die Erde gebracht. Sie war angeblich von außergewöhnlicher Schönheit, aber, der Sage nach, von ebenso großer Dummheit, Faulheit und Arglist. Als Prometheus den Göttern das Feuer geraubt hatte, schickte Zeus zum Unheil der Menschen dieses verführerische Weib dem Epimetheus, der sie trotz der Warnungen seines Bruders Prometheus heiratete. *Pandora* öffnete daraufhin die von den Göttern mitgegebene Dose voller Übel, die sich über die ganze Erde verbreiteten, nur die Hoffnung blieb in dem Gefäß zurück. *Pandora* trug den irreführenden Namen »die mit allen Gaben«, zu grch. *pánta (πάντα)*, »alle«, und *dôra (δῶρα)*, »Geschenke«. *Pandora* war übrigens auch ein Beiname der Erdgöttin *Gäa*. → *Prometheus* und *Epimetheus*

Pankoites [grch. *Παγκοίτης*], »der Allberuhiger«, hieß mit Beinamen der Unterweltsgott Hades, da er die Menschen endgültig zur Ruhe brachte; zu *pân (πᾶν)*, »alles, völlig, ganz«, und *koíte (κοίτη)*, »Schlafengehen« und »Schlaf, Lager«. → *Admetos* und *Polydektes*

Papadopoulos *Georgios* [ngrch. *Γεώργιος Παπαδόπουλος*], 1919 bis 1999, griechischer Offizier und Politiker. Unter seiner Führung konnten 1967 einige konservative Offiziere eine Militärdiktatur in Griechenland errichten und König Konstantin II. ins Exil treiben. Sechs Jahre später rief *Papadopoulos* die Republik aus und stellte sich als Präsident an die Spitze des Staates. Bei einem Gegenputsch nur wenige Monate danach wurde er verhaftet und zu einer lebenslangen Gefängnisstrafe verurteilt. Er starb nach 25 Jahren in der Haft. Der Name *Papadopoulos* bedeutet »Sohn des Priesters«[21], aus *papades (παπάδες)*, dem Genitiv von *papâs (παπᾶς)*, »Priester«, und der patronymischen Endung *-poulos* (*-πουλος*), »Sohn des ...«, die vor allem auf dem Peloponnes üblich ist (vgl. lat. *pullus*, »jung«, »Küken«).

Papandreou ist ein traditionsreicher Name in der griechischen Politik. *Andreas Georgios Papandreou* [ngrch. Ἀνδρέας Γεώργιος Παπανδρέου], 1919–1996, der Sohn eines führenden liberalen griechischen Politikers, studierte und lehrte seit 1942 in den USA, Schweden und Kanada Wirtschaftswissenschaften, bevor er 1959 nach Griechenland zurückkehrte. Als sein Vater 1963 Premierminister wurde, machte dieser ihn zu seinem Wirtschaftsberater und im Jahr darauf zum stellvertretenden Ministerpräsidenten. Beim Militärputsch der Obersten 1967 wurden beide inhaftiert, und der Vater starb während des Hausarrests 1968; *Andreas Papandreou* ging erneut ins Exil und kehrte erst 1974 nach dem Fall der Militärjunta heim. Er gründete eine äußerst erfolgreiche radikale sozialistische Partei (PASOK) und war von 1981 bis zu seinem Tod drei Mal Premierminister Griechenlands, ohne allerdings seine früheren populistischen, bisweilen nationalistischen Forderungen in die Tat umzusetzen. Sein Sohn *Georgios Papandreou* [grch. Γεώργιος Παπανδρέου], geb. 1952, gewann 2004 die Wahl um den Parteivorsitz in der PASOK und ist seitdem Außenminister Griechenlands. Er befürwortet – anders als sein Vater – bessere Beziehungen zum Ausland, vor allem zum Balkan, aber auch zur Türkei. Der Name *Papandreou* ist zusammengesetzt aus grch. *papa- (παπα-)*, der Kurzform von *papâs (παπᾶς)*, »Priester«, und *Andreou (Ανδρέου)*, dem Genitiv von *Andreas*. Er bedeutet somit »Sohn des Priesters Andreas«.

Papinius lautete ein römischer Gentilname, z. B. des *Publius Papinius Statius*, eines epischen Dichters der Kaiserzeit; zu lat. *papas*, »Erzieher«, entlehnt aus grch. *páppas (πάππας)*, »Vater«. → *Statius*

Papirius hieß ein altrömisches Geschlecht, zu dessen patrizischer Linie z. B. *Lusius Papirius Cursor* gehörte, der als Held des Samnitenkrieges bisweilen mit Alexander d. Gr. verglichen wurde und zwischen 326 und 309 v. Chr. mehrfach Konsul und Diktator war; zur plebejischen Linie

---

[21] In der griechisch-orthodoxen Kirche dürfen Priester heiraten und Kinder haben.

zählte *Caius Papirius Carbo*, ein Volkstribun und Anhänger der Gracchen sowie als Konsul 120 v. Chr. Anhänger der Optimaten. Der Gentilname basiert vielleicht auf dem Wort *Papyrus*, etwa weil der erste Namensträger der Familie mit der Einfuhr oder der Besteuerung dieses aus Ägypten stammenden Schreibmaterials aus der Papyrusstaude befasst war; *Papyrus* bedeutet »das (Monopol) des Pharao« (ägypt. *Per'o*, »großes Haus«, war die Anredeform des Königs). → *Cursor* und *Carbo*

Papius lautete ein römischer plebejischer Gentilname. Zu diesem alten samnitischen Geschlecht, das jahrhundertelang die Anführer im Kampf gegen Rom gestellt hatte und sich nach ihrer endgültigen Niederlage 82 v. Chr. in Rom niederlassen durfte, gehörten z. B. der Tribun *Caius Papius*, der 65 v. Chr. ein Gesetz erneuerte, nach dem alle Fremden aus Rom zu verbannen seien und der Missbrauch des römischen Wahlrechts mit drakonischen Strafen geahndet werden müsse, sowie *Marcus Papius Mutilus*, der 9 n. Chr. zusammen mit Quintus Poppaeus Secundus (auch: Sabinus) römischer Konsul wurde und ein Gesetz gegen Kinderlosigkeit veranlasste. Dazu passt sein Gentilname, der von lat. *papas*, »Erzieher«, entlehnt aus grch. *páppas (πάππας)*, »Vater«, stammt. → *Mutius*

Papst war in der frühen Kirche zunächst die übliche ehrenvolle Anrede für Bischöfe, Patriarchen und später auch für Äbte. Ab dem 5. Jahrhundert wurde sie immer mehr auf den Bischof von Rom eingeschränkt, bis sich dieser seit dem 11. Jahrhundert das alleinige Recht auf diesen Titel vorbehielt. Allerdings beanspruchen auch die beiden Patriarchen von Alexandria (d. h. die Oberhäupter der nicht mit Rom unierten Koptischen Kirche sowie der Griechisch-Orthodoxen Kirche von Alexandria) den Titel *Papst*, und umgekehrt wird der Papst u. a. noch immer mit »Patriarch des Abendlandes« tituliert. Im Übrigen kann nach göttlichem Recht jeder Katholik, auch ein Laie, zum Papst gewählt werden. Die Bezeichnung *Papst* kommt über lat. *Papa* aus grch. *páppas (πάππας)*, »Vater« (vgl. *Heiliger Vater*). → *Pontifex Maximus* und *Vicarius Christi*

Päpstin *Johanna* war eine legendäre, hoch gelehrte Päpstin, die (lt. der Chronik des Dominikaners Martin von Troppau) nach ausgiebigen Studien, unter anderem in Athen, und nach einer Lehrtätigkeit in Rom in der zweiten Hälfte des 9. Jahrhunderts für gut zwei Jahre das höchste

Amt in der katholischen Kirche innegehabt haben soll und angeblich erst »enttarnt« wurde, als sie während einer Prozession ein Kind gebar. (Nach anderen Quellen soll sie um 1100 gekrönt worden sein.)

Paracelsus, mit richtigem Namen *Theophrastus Bombastus von Hohenheim* (nach dem schwäbischen Stammsitz seines Geschlechts), deutsch-schweizerischer Arzt, Heiltherapeut und Philosoph (1493–1541). Sein Pseudonym ist griechischer Herkunft und verrät die unbescheidene Überzeugung, dass sich seine eigenen Fähigkeiten im Vergleich mit denen des alten römischen Physikers *Celsus* durchaus sehen lassen konnten, denn grch. *pará (παρά)* bedeutet »neben«, »im Vergleich mit« (vgl. lat. *par,* »ähnlich, gleich groß«). Seine Vornamen, deren Unterschlagung sein knappes Pseudonym erlaubte, waren in der Tat »bombastisch« und spiegelten sein enormes Selbstbewusstsein: *Theophrastus,* »Gottesverkünder«, nach dem griechischen Philosophen und Naturforscher *Theophrastos* [grch. Θεόφραστος], dem wohl wichtigsten Schüler und Nachfolger des Aristoteles, zu grch. *theós (θεός),* »Gott«, und *phrázein (φράζειν),* »verkünden« (vgl. *Fratze),* sowie *Bombastus,* »der Tönende«, aus grch. *bómbos (βόμβος),* »das Getöse« (vgl. *Bombe).* Eine solch ungewöhnliche Namenskombination forderte natürlich zu spöttischen Umformungen heraus, und so nannten ihn schon seine Zeitgenossen *Theophrast Bombast,* was volksetymologisch schließlich gar zu *Baumbast* mutierte.

Parakletos [grch. Παράκλητος] war eine Bezeichnung des Evangelisten Johannes für den Heiligen Geist als Fürsprecher der sündigen Menschen bei Gott. *Parakletos* bedeutet im Griechischen »Verteidiger, Helfer«, zu *parakaleîn (παρακαλεῖν),* »herbeirufen«.

Paris [grch. Πάρις], der Sohn des *Priamos,* des Königs von Troja, und jüngerer Bruder des *Hektor,* entfachte mit seiner Entführung der Helena, der Gattin des Menelaos, den Trojanischen Krieg. Als Kind war er in einer Tasche auf dem Berg Ida ausgesetzt, aber vom Hirten Agelaos gefunden und mitgenommen worden; der Name kommt daher wahrscheinlich von grch. *péra (πήρα),* »Ranzen, Rucksack, Beutel«. *Paris* wurde vor Troja vom Pfeil des Philoktet getötet.

Parkinson *James* (1755–1824), englischer Mediziner, der als Erster die nach ihm benannte, mit Schüttellähmung und Minderung der Motorik einhergehende Erkrankung beschrieb. *Parkinson* bedeutet »Sohn des Perkin«. (*Per* ist eine englische Kurzform von *Peter*, *-kin* eine Verkleinerungsendung, die unserem *-chen* entspricht; damit heißt *Perkin* eigentlich »Peterchen«.)

Parmenides [Παρμενίδης] hieß ein griechischer Philosoph des 5. Jahrhunderts v. Chr. aus Elea in Unteritalien. Er behauptete, das Weltall sei einzigartig und verändere sich nicht, eine Behauptung, die sein Name zu unterstreichen scheint, denn dieser geht zurück auf grch. *paraménein (παραμένειν)*, »dabei bleiben, standhalten, aushalten«.

Parnell *Charles Steward* (1846–1891), irischer Politiker englischer Herkunft. Er war seit 1875 Mitglied des britischen Unterhauses und verschaffte der Irischen Nationalpartei, deren Führung er 1877 übernommen hatte, wachsenden Einfluss im Londoner Parlament. Wegen seiner radikalen Propagandamethoden saß er allerdings 1881 bis 1882 in Haft. *Parnell* wird als Ableitung des weiblichen Rufnamens *Petronilla* betrachtet, eine Verkleinerungsform von *Petronia*, zu grch. *pétra (πέτρα)* und *pétros (πέτρος)*, »Fels, Feldstein«. (Nach der Legende war die heilige *Petronilla* eine Tochter des Apostels Petrus.)

Parthenopaios [grch. Παρθενοπαῖος] hieß laut griechischer Überlieferung der Sohn der Atalante, einer der Sieben gegen Theben. Sein Name leitet sich wohl her von grch. *parthénos (παρθένος)*, »Jungfrau, Mädchen«, und *paíein (παίειν)*, »schlagen, hauen, verwunden, töten«, er bedeutet also so viel wie »Jungfrauenschläger«. → *Atalante*

Parthenope war in der griechischen Mythologie eine der Sirenen, die versuchten, Odysseus mit ihrem süßen Gesang zu verzaubern. Als der Held seine Ohren vor ihnen verschloss und entkam, stürzte *Parthenope* sich aus Gram ins Meer. Sie ertrank jedoch nicht, sondern kam an der Stelle von Neapel an Land, weswegen die Stadt später nach ihr *Parthenope* benannt wurde. Erst im 5. Jahrhundert v. Chr. bauten griechische Siedler einen Neubaugürtel um die alte Stadt und nannten diesen *Neapolis*, zu *néa (νέα)*, »die neue«, und *pólis (πόλις)*, »Stadt«. Der Name *Parthenope* bedeutet »Mädchenstimme«, zu grch. *parthénos (παρθένος)*, »Jungfrau«, und *óps (ὄψ)*, »Stimme«.

Parvati, die Tochter Himavats, des hinduistischen Berggottes und Königs des Himalaya, gilt den Hindus als Muttergottheit. Sie ist Schivas Gattin und die Schwester der Flussgöttin Ganga. (Auf mythischen Abbildungen ist zu sehen, wie der Ganges im Himalaya aus Schivas Haar entspringt.) Der Name *Parvati* bedeutet im Sanskrit »Tochter des Berges«.

Parze (lat. *Parca*) nannten die alten Römer eine ursprünglich römische Geburtsgöttin, deren Name von lat. *parere,* »gebären«, kommt. Sie wurde später verdreifacht und mit den griechischen Moiren gleichgesetzt. → *Decima*

Pascal *Blaise* (1623–1662), französischer Mathematiker, Physiker und Religionsphilosoph. Er bewies die Abnahme des Luftdrucks nach oben, arbeitete an der Konstruktion einer Rechenmaschine und entdeckte das Gesetz der kommunizierenden Röhren. Seine letzten Lebensjahre verbrachte er im Kloster, wo er sich religiösen Studien widmete. Ursprünglich war *Pascal* ein typischer Name für an Ostern Getaufte, zu frz. *Pâques,* »Osterfest« (vgl. das jüdische *Pessachfest*). Sein Vorname *Blaise* ist die französische Entsprechung unseres Heiligennamens *Blasius,* aus dem römischen Beinamen *Blaesus,* »der Stammelnde, der Lallende« – ein Name, der in krassem Widerspruch zu seinen Fähigkeiten und seiner Überzeugungskraft steht. (*Pascal* ist heute auch die Maßeinheit für den Luftdruck sowie die Bezeichnung einer Programmiersprache.)

Pascha, »Großherr«, war ein Titel der obersten türkischer Offiziere und Beamten im Osmanischen Reich, der sich aus dem persischen Titel *Pādischāh* entwickelte. → *Schah*

Paschalis nannten sich vier Päpste; der Erste dieses Namens war allerdings ein Gegenpapst (687). Weder er noch sein Mitbewerber Theodor konnten sich nach dem Tod Papst Konons gegen den Kandidaten Sergius I. durchsetzen; während Theodor sich unterwarf, beharrte Paschalis auf seinem Anspruch und wurde daher für den Rest seines Lebens in einem Kloster gefangen gesetzt. Der offizielle *Paschalis I.* (817–824) war zuvor ein Benediktinerabt gewesen und erhielt erst nach seiner Wahl die Bischofsweihe. Er führte ein strenges Regime und stellte sich eindeutig auf die Seite Kaiser Ludwigs d. Frommen, der ihm den Besitz des Kirchenstaates sowie die Freiheit der Papstwahl bestätigte; er ist der einzige heilig gesprochene Paschalis. *Paschalis II.* (1099–1118) befand sich in permanentem Investiturstreit mit dem Kaiser, in dessen Verlauf er sogar von Heinrich V. in Haft genommen wurde, der damit seinen Willen brechen wollte. *Paschalis III.* (1164–1168) folgte als Gegenpapst auf den ebenfalls unrechtmäßig gewählten Viktor IV.; er genoss die Unterstützung Friedrich Barbarossas und unter ihm wurde in Aachen 1165 Karl d. Gr. heilig gesprochen. Der Name *Paschalis* ist abgeleitet von der lateinischen Bezeichnung *pascha* für das »Osterfest«, zu gleichbedeutend hebr. *pessach*. → *Konon* und *Viktor*

Pasiphaë [grch. Πασιφάη] bedeutet »die All-Scheinende« oder »die allen Leuchtende«, zu grch. *pâs* (πᾶς), »ganz, völlig«, und *phaínein* (φαίνειν), »leuchten, scheinen, glänzen«. Sie war die Tochter des griechischen Sonnengottes Helios und der Nymphe Krete (auch als Perseis bekannt) sowie die Schwester des Aietes und der Kirke. König Minos von Kreta, ein Sohn des Zeus und der Europa, hatte sie zu seiner Gemahlin genommen. Um seinen Anspruch auf das Königtum zu besiegeln, hatte er den Meergott Poseidon um ein Opfertier gebeten, der ihm einen schönen weißen Stier sandte. Als Minos das Prachtexemplar nicht opfern wollte, sorgte Poseidon dafür, dass sich *Pasiphaë* in den Stier verliebte, mit ihm kopulierte (mit Hilfe des erfindungsreichen Technikers Dädalus) und den Minotaurus gebar, den der König in das von Dädalus geschaffene Labyrinth einsperrte, um die Schande zu kaschieren. Pausanias hingegen sah in *Pasiphaë*, der Tochter des Sonnengottes, eine Verkörperung des Mondes, dem weiße Stiere geweiht waren; daher stamme auch der Name: »die auf alle ihren Glanz Werfende«. → *Ariadne*, *Minos*, *Minotaurus* und *Dädalus*

Pasolini *Pier Paolo* (1922–1975), italienischer Schriftsteller mit marxistischer Tendenz, Regisseur und Filmschauspieler. In Filmen wie »Accatone – wer nie sein Brot mit Tränen aß« und »Mamma Roma« hat er das menschliche Elend in den Vorstädten Roms dargestellt und harte Gesellschaftskritik geübt. Spätere Filme, wie »Decamerone«, »Erotische Geschichten aus 1001 Nacht« und »120 Tage von Sodom«, provozieren durch ihre erotischen und gewalttätigen Szenen. *Pasolini* wurde 1975 von einem Strichjungen ermordet. Sein Name ist entweder eine Koseform des Kosenamens *Iacopassi*, aus *Iacopo*, »Jakob« (zu hebr. *ja'aqob*, »Fersenhalter, Überlister«), oder aus dem Rufnamen *Paso*, einer norditalienischen Variante von *Pace* (»Friede«). → *Pacelli*

Pasternak *Boris Leonidowitsch* [russ. *Борис Леонидович Пастернак*], 1890–1960, russischer Schriftsteller, der im Westen vor allem mit seinem Roman »Doktor Schiwago« bekannt wurde, wofür er 1958 den Nobelpreis für Literatur erhielt; in Russland ist er besser als Dichter bekannt. Er war der Sohn eines jüdischen Professors an der Moskauer Kunstakademie und einer berühmten Konzert-Pianistin, studierte Philosophie an der deutschen Universität Marburg, wollte aber kein Berufsphilosoph werden, sondern kehrte 1914 nach Moskau zurück und veröffentlichte dort seine ersten Gedichte. In den 1930ern fiel er bei den Sowjets in Ungnade, konnte aber dennoch den Gulags entrinnen. Der Name ist wohl ein slawisches Lehnwort aus dem Arabischen; von arab. *bastinaka*, zu russ. *pasternák (пастернак)*, »Pastinake«, womit eine krautige Gemüse- und Futterpflanze bezeichnet wird.

Pasteur *Louis* (1822–1895), französischer Chemiker und Physiker, Vater der Mikrobiologie. Er erfand die so genannte *Pasteurisation*, eine Methode, Keime in Nahrungsmitteln durch behutsames Erhitzen abzutöten. Sein Name hat heute die Bedeutung »Pfarrer«, im Altfranzösischen war *pasteur* jedoch noch die Berufsbezeichnung für einen »Schäfer«, zu lat. *pastor*, »Hirte«.

Patavinus lautete der Beiname des *Titus Livius*, nach seiner Geburtsstadt *Patavium* in Venetien (heute: *Padua*).

Pater war im alten Rom nicht nur die allgemeine Bezeichnung für den »Vater«, sondern auch ein Ehrentitel; so kannte man den *pater familias* (den »Hausherrn«) und, als Beinamen für den Kaiser, den *pater Senatus* (das »Haupt des Senats«). Auch den Namen des obersten Gottes *Jupiter* interpretierte man ursprünglich als *Dies-piter*, d. h. *Dios-pater*, »Göttervater«. → *Jupiter*

Patriarch ist eine alte Bezeichnung für ein Familien- oder Stammesoberhaupt. Während man im Alten Testamnet noch von »Vater« sprach (z. B. *Abraham*, *Isaak*, *Jakob* und dessen Söhne als Stammväter Israels), wurde im christlichen Altertum der Oberbischof eines größeren Bistumsverbandes *Patriarch* genannt (z. B. der *Patriarch* des oströmischen Reichs und heute der Orthodoxen Kirche). In der Lateinischen Kirche gebührt dieser Titel nur noch dem Papst als *Patriarch des Abendlandes* sowie dem *Lateinischen Patriarchen* von Jerusalem; in den mit Rom unierten

Orientalischen Kirchen (d. h. der Armenischen, Chaldäischen, Koptischen, Maronitischen, Melchitischen und Syrischen Kirche) übt der jeweilige *Patriarch* die Gewalt über die Bischöfe und Metropoliten sowie den gesamten Klerus seines Gebietes aus, ist in seinen Entscheidungen aber dem Primat des Papstes unterworfen. Die Bezeichnung stammt von grch. *patriárches* (πατριάρχης), »Stammvater, Erzvater«.

Patrizier (lat. *Patricii*) hießen im alten Rom Angehörige des Geschlechteradels, von lat. *patricius*, »adelig«, und *patritus*, »vom Vater ererbt«, zu *patria*, »Vaterland, Vaterstadt«, und *pater*, »Vater, Ahnherr, Gründer«. Die Patrizier hatten ursprünglich zusammen mit dem König und dem Senat die Regierung geführt. Nach dem Sturz der Könige übernahmen die in der Stadt ansässigen Geschlechter der adligen Grundbesitzer die Herrschaft, die in drei Tribus eingeteilt waren. Später ließen die *Patrizier* auch die Ansiedlung von Menschen aus umliegenden Siedlungen zu, d. h. von so genannten Plebejern (zu lat. *plebs*, *plebis*, »einfaches Volk, Bürgerklasse«), die persönlich frei waren, vor Gericht selbstständig auftraten, rechtskräftige Verträge mit den *Patriziern* abschließen durften und Eigentum erwerben konnten. Von der Teilnahme an den Staatsgeschäften waren sie jedoch ausgenommen, auch durften sie keine *Patrizierin* und keinen *Patrizier* heiraten. → *Tribun* und *Plebejer*

Patrick (ca. 385–461), Nationalheiliger Irlands. Im römischen Britannien geboren, wurde er bei einem Plünderungszug der Iren als Jugendlicher nach Irland verschleppt und als Sklave verkauft. Erst Jahre später gelang ihm die Flucht in die Heimat, wo er im Traum den Auftrag zur Missionierung der Grünen Insel erhielt, und tatsächlich kehrte er 432 nach geistlichen Studien in Südfrankreich und Italien zu den Iren zurück, als deren Bischof er gegen den Widerstand der Druiden und ohne Auftrag des Papstes schließlich die ganze Insel christianisierte und kirchlich organisierte. → *Patrizier*

Patroklos [grch. Πάτροκλος] war der Vetter und Freund des *Achill*; er wurde von *Hektor* getötet. Sein Name bedeutet »Ruhm des Vaters«, von *patér*, *patrós* (πατήρ, πατρός), »Vater«, und *kléos* (κλέος), »Ruhm«. → *Kleopatra*

Patton *George Smith* (1885–1945), amerikanischer General. Während des Zweiten Weltkriegs befehligte der glänzende Taktiker die amerikanischen Truppen bei der Landung in Sizilien und bildete bei der Invasion in der Bretagne und beim Rheinübergang die Spitze der amerikanischen Verbände. Seinen Vormarsch auf Prag Anfang 1945 musste er jedoch auf höheren Befehl abbrechen. *Patton* starb wenige Monate nach Kriegsende bei einem Autounfall in Mannheim. Sein Familienname ist eine Verkleinerungsform von *Patrick*. → *Patrizier*

Patulcius lautete ein Beiname des Gottes Janus, von lat. *patulus*, »offen stehen«, zu *patere*, »weit offen stehen« – wie treffend für einen Gott der Eingänge und Torwege.

Paul *Jean* (1764–1825) hieß eigentlich *Johann Paul Friedrich Richter*. Der deutsche Romanschriftsteller und Erzähler benannte sich zunächst um in *Jean Paul Friedrich*, dann, noch kürzer, in *Jean Paul*. Der Amtsname *Richter* bezeichnete früher nicht nur den Juristen am Gericht, sondern mancherorts auch den Gemeindevorsteher. Möglicherweise entschloss er sich zu der Namensänderung, als er 1784 völlig verarmt sein Studium der Theologie aufgeben und vor seinen Gläubigern fliehen musste, um fast zehn Jahre lang bei seiner Familie in Hof Unterschlupf zu suchen. Er fand schließlich als Hofmeister und Hauslehrer bei befreundeten Familien für sich und die Familie ein kärgliches Auskommen. Im Übrigen gab es auch fünf Päpste mit dem Namen *Paul*, z. B. *Paul V.*, zuvor *Camillo Borghese*. Als er 1605 Papst wurde, gewann die zwar alte, aber verarmte Adelsfamilie aus Siena an Ansehen und Reichtum. Das italienische Wort *borghese* bezeichnet eigentlich einen Angehörigen der »bürgerlichen Klasse«, was im vorliegenden Fall, weder bezüglich der Herkunft noch des Amtes, den Tatsachen entspricht. Nachdem der frühere Erzbischof von Mailand, *Giovanni Battista Montini*, zum Papst gewählt worden war und den Namen *Paul VI.* (1963–1978) angenommen hatte, führte er als Freund Johannes' XXIII. 1965 das Vatikanische Konzil zu Ende. Seine Enzyklika »Humanae vitae«, in der er das Verbot der Empfängnisverhütung festschrieb, fand ein sehr widersprüchliches Echo. Sein Geburtsname basiert auf ital. *monte*, »Berg«, sein Vorname *Johannes Baptista* entspricht unserem »Johannes der Täufer«. → *Borghese*

Paulus, von lat. *paul(l)us*, »der Geringe, der Kleine«, war ursprünglich ein römischer Beiname in der *gens Aemilia*. Der Apostel *Paulus* (ca. 10–64 n. Chr.) wählte diesen Namen sicherlich auch, weil er so ähnlich klang wie sein früherer Name. Andere Quellen behaupten, er habe den Namen *Paulus* schon immer neben seinem hebräischen Namen *Saulus* getragen. Er wuchs in der jüdischen Diaspora im kleinasiatischen Tarsus auf, war aber ungemein stolz auf das von seinem Vater geerbte römische Bürgerrecht. Daher verlangte er nach seiner Gefangennahme in Jerusalem (58 n. Chr.), nach Rom gebracht und von Kaiser Nero selbst verhört zu werden. Seine Anmaßung brachte ihm zwei Jahre später lediglich das Vorrecht ein, enthauptet und nicht gekreuzigt zu werden wie sein Glaubensbruder Petrus. Obschon selbst Jude, stand er den Judenchristen eher reserviert gegenüber. Er wollte im Gegensatz zu Jakobus, dem Leiter der Mutterkirche in Jerusalem, und zu Petrus das Christentum emanzipieren, also vom Judentum lösen. Folglich hielt er mehr von der Missionierung der Heidenchristen, also auch der Römer. Er, der ehemalige Pharisäer und fanatische Christenhasser, entwickelte sich nach seiner angeblichen Bekehrung auf dem Weg nach Damaskus zu einem ebenso unerbittlichen Ideologen der neuen Religion, dem zumindest die katholische Christenheit die Kirche zu verdanken hat, als die sie sich heute noch darstellt: natürlich römisch, d. h. von Rom beherrscht, bis in die jüngste Vergangenheit judenfeindlich, hierarchisch und starr von oben nach unten durchstrukturiert, undemokratisch und frauenfeindlich. Nach dem heiligen *Paulus*, dessen Name seiner Unnachgiebigkeit und seinem Machtstreben Hohn spricht, nannten sich auch fünf Päpste. → *Paul*, *Saulus* und *Aemilius*

Pavarotti *Luciano* (geb. 1935), weltbekannter italienischer Tenor. Der Name des stimmgewaltigen Sängers könnte aus einer Variante von ital. *paperotto*, »kleiner Gänserich«, entstanden sein (zu *papero*, »Gänserich«; vgl. *Paperino*, die italienische Version des englischen *Donald Duck*). Möglich ist auch eine Ableitung von dem süditalienischen Wort *pavare*, »rächen« (vgl. ital. *pagare*, »bezahlen«, engl. *pay*).

Pavese *Cesare* (1908–1950), italienischer Schriftsteller. Wegen seiner antifaschistischen Haltung wurde er 1935 zu drei Jahren Zwangsarbeit in Kalabrien verurteilt. Nach dem Krieg wandte er sich dem Kommunismus zu. In seinen Romanen schilderte er vor allem den sozialen Auflösungsprozess des Landmenschen bei der Begegnung mit der industriellen Zivilisation in den Vororten der Großstadt (z. B. »Der Genosse«, »Das Haus in der Höhe«, »Der Teufel auf den Hügeln« und »Die einsamen Frauen«). *Pavese* beging mit 42 Jahren Selbstmord.

Sein Name legt nahe, dass die Vorfahren seiner Familie aus der norditalienischen Stadt *Pavia* stammten (röm. *Papia*).

Pax war eine relativ junge römische Göttin des Friedens, meist dargestellt mit einem Ölzweig oder einem Füllhorn; man verehrte sie vor allem als *Pax Augusta*, d. h. als Göttin des von Kaiser Augustus gebrachten Friedenszustands, deren Altar, die *Ara Pacis Augustae*, auf dem Marsfeld in Rom 9 n. Chr. geweiht wurde. Die Göttin *Pax*, deren Name mit dem lateinischen Wort für »Frieden« übereinstimmt (vgl. *Pazifist* und engl. *peace*), entsprach der griechischen *Eirene*.

Paz *Octavio* (1914–1998), mexikanischer surrealistischer Schriftsteller. Sein Name ist das spanische Wort für »Frieden«.

Peary *Robert Edwin* (1856–1920), amerikanischer Forscher, der 1906 als Erster den Nordpol erreichte. Frederick Cook behauptete allerdings, er habe den Pol schon zwei Jahre zuvor erreicht. Der Name *Peary* ist eine Ableitung von afrz. *per* und *peer*, »Gleicher«, »Ebenbürtiger« (vgl. frz. *pair*, dt. *Paar* und engl. *peer* für einen Angehörigen des Adels).

Peck *Gregory* (geb. 1916), amerikanischer Filmschauspieler (z. B. »Schnee am Kilimandscharo« und »Moby Dick«). Sein Name basiert entweder auf aengl. *peac*, »Hügel, Gipfel«, und bezeichnete ursprünglich einen Siedler nahe einer Anhöhe, oder auf mengl. *pekke*, »Getreidemaß«, vielleicht für den Hersteller solcher alten Messbehälter.

Pegasos [grch. Πήγασος], »Quellross«, hieß in der griechischen Mythologie das aus dem Rumpf (besser: aus dem Blut) der Gorgo *Medusa* entsprungene Flügelross des Perseus, wohl zu grch. *pegé (πηγή)*, »Quelle, Ursprung« und »Wasser«. → *Medusa* und *Gorgo*

Peisistratos [grch. Πεισίστρατος] war im 6. Jahrhundert v. Chr. ein Tyrann von Athen, dessen Name »Überreder des Heeres« bedeutet, zu grch. *peíthein (πείθειν)*, »überreden, überzeugen«, auch »täuschen, bestechen«, und *stratós (στρατός)*, »Heer, Lager, Schar«.

Pelagius hießen zwei Päpste der katholischen Kirche. *Pelagius I.* (556–561) war während der Gefangenschaft von Papst Vigilius in

Konstantinopel sein Vertreter gewesen und wurde nach dessen Tod mit Billigung des Kaisers zum römischen Oberhirten erhoben; über ein Jahrhundert lang benötigten auch seine Nachfolger das Einverständnis Konstantinopels. *Pelagius II.* (579–590), selbst Sohn eines Goten, erlebte während seines Pontifikats die Bekehrung der arianischen Westgoten zum katholischen Glauben. Der Name leitet sich her von grch. *pelágios (πελάγιος)*, »auf hoher See«, zu *pélagos (πέλαγος)*, »Meer« (vgl. *Archipel*).

Pelé *Edson Arantes do Nascimento* (geb. 1940), brasilianisches Fußballidol. Er gewann als erster Fußballspieler hintereinander drei Weltmeisterschaften (1958, 1962 und 1970) und schoss insgesamt über 1000 Tore für Brasilien. Der Geburtsname von port. *do Nascimento* bedeutet »vom Ursprung, von der Geburt«. Der Vorname *Edson* ist wohl eine Verkümmerung von *Edison*, während *Arantes* zu port. *arar*, »pflügen«, gehört – eine nicht unangebrachte Vorstellung im Zusammenhang mit einem Fußballstar. Die Bedeutung seines Spitznamens, unter dem er weltberühmt wurde, kennt er angeblich selbst nicht. Ein Grund, warum seine Spielkameraden begannen ihn so zu nennen, war vielleicht die Assoziation mit den portugiesischen Wörtern *pé*, »Fuß«, und *péla*, »Ball« (obschon es im Portugiesischen das Wort *pele* für »Haut, Fell, Pelz«, gibt). → *Edison*

Peleus [grch. *Πηλεύς*], ein thessalischer Held, war der Sohn des Königs Aiakos und der Gemahl der Nereide Thetis, mit der er den Achill zeugte. Beim Versuch, den Körper ihres Sohns mit Ambrosia unsterblich zu machen, wurde Thetis von Peleus überrascht, sodass ihre Bemühungen unvollständig blieben und Achill an der Ferse verletzlich blieb, was ihm schließlich vor Troja den Tod einbrachte. Der Anlass für den Trojanischen Krieg war übrigens jener berühmte Eklat auf der Hochzeitsfeier des Peleus und der Thetis, als Paris unter allen versammelten Göttinnen Aphrodite zur Schönsten kürte und diese ihn zum Dank dafür mit Helena, der Frau des Menelaos, nach Troja durchbrennen ließ. Der Name *Peleus* beruht entweder auf grch. *pállein (πάλλειν)*, »schwingen, schleudern«, oder auf *pelós (πηλός)*, »Ton, Lehm, Schlamm«. → *Eris* und *Thetis*

Pelias [*Πελίας*] hieß in der griechischen Mythologie der Sohn des Poseidon und der Tyro. Er wurde zusammen mit seinem Zwillingsbruder

Neleus auf dem *Pelion*, einem bewaldeten Gebirge an der Ostküste Thessaliens, ausgesetzt, aber von einem vorbeiziehenden Pferdehirten gefunden, dessen Frau die Kinder aufzog; sie gab den einen ihrer Zuchtstute zum Säugen und nannte ihn – vielleicht wegen seiner sanften Natur – *Pelias*, zu grch. *peleiás (πελειάς)*, »Taube«, sein lebhafterer Bruder erhielt eine Hündin zur Amme. Als *Pelias* erwachsen war, vertrieb er seinen Halbbruder Aison vom Thron und wurde selbst König von Iolkos. Um auch Aisons Sohn, Jason, auszuschalten, schickte er ihn auf die Suche nach dem Goldenen Vlies. Nachdem dieser zurückgekehrt war, nahm Medea fürchterliche Rache an *Pelias*, indem sie dessen Töchter anstiftete, ihren Vater bei einem vermeintlichen Verjüngungszauber zu zerstückeln und in einen siedenden Kessel zu werfen. Der Name *Pelias* könnte sich auch auf das Gebirge *Pelion (Πήλιον)* – zu grch. *pelós (πηλός)*, »Ton, Lehm« – beziehen, wo man die Zwillinge fand und auf dem später die Bäume für den Bau des Argonautenschiffs geschlagen wurden. → *Jason, Neleus, Romulus* und *Tyro*

Pelops [grch. Πέλοψ] war in der griechischen Sage der Enkel des Zeus, der Gemahl der Hippodameia und der Vater von Atreus und Thyestes. *Pelops* war einst von seinem Vater Tantalus getötet, zu einem Ragout verkocht und den Göttern vorgesetzt worden, die aber die Ungeheuerlichkeit erkannten und den Jungen wieder zum Leben erweckten; nur Persephone hatte bereits ein Stück von seiner Schulter gegessen, sodass *Pelops* eine neue Elfenbeinschulter erhielt. Der Name basiert wohl auf grch. *pélor (πέλωρ)*, »Ungeheuer, Schreckbild«, und *óps (ὤψ)*, »Auge, Gesicht«.

Penaten nannten die alten Römer ihre Schutzgötter und Hausgeister, denen sie die Sorge für ihre Gesundheit und ihren Wohlstand anvertrauten. Der Name leitet sich her von lat. *penitus*, »bis ins Innerste, herzlich«, zu *penus*, »im Haus vorhandener Vorrat«, und *penetrare*, »eindringen, durchdringen«, weswegen man sie auch *dii penetrales* nannte. → *Laren, Lemuren* und *Manen*

Penderecki *Krzysztof* (geb. 1933), polnischer Komponist leicht verständlicher Werke in modernstem Stil. *Penderecki* scheint als Spitzname aus poln. *pêdrak*, »Engerling, Wurm«, in übertragenem Sinn auch »Knirps«, hervorgegangen zu sein.

Penelope [grch. *Πηνελόπη*] war die Gattin des griechischen Helden Odysseus, die ihm treu blieb trotz der heftigen Werbung vieler Freier während seiner jahrelangen Abwesenheit. Sie vertröstete alle Bewerber mit der Behauptung, sie müsse erst ein Leichentuch für ihren Schwiegervater Laërtes anfertigen, trennte nachts aber immer alles wieder auf, bis sie verraten wurde und ihre Hand dem versprechen musste, der im Wettschießen mit dem Bogen ihres Mannes siegte. Den schweren Bogen aber konnte nur Odysseus selbst spannen, und bei seiner Rückkehr erschoss er damit seine Feinde. Traditionell wird *Penelopes* Name wegen der Geschichte mit dem Leichentuch mit grch. *penion* (*πηνίον*), »Faden, Einschlagfaden«, »Webschiffchen«, in Verbindung gebracht.

Penn *William* (1644–1718), wohlhabender und einflussreicher englischer Quäker. Er erwarb 1681 gegen eine ererbte Schuldforderung an die britische Krone in Nordamerika jenes Gebiet, das bald darauf als Kolonie *Pennsylvania* bekannt wurde. Hier schuf er auf der Grundlage religiöser Toleranz, guter nachbarschaftlicher Beziehungen zu den Indianern und günstiger Bedingungen für den Landerwerb eine Zufluchtstätte für Quäker und Angehörige anderer Sekten, u. a. auch aus Deutschland. Der Familienname ist wohl aus aengl. *penn*, »Hügel«, entstanden und verwies somit auf eine entsprechend gelegene Wohnstätte.

Penthesileia [grch. *Πενθεσίλεια*], die Tochter des Ares, war eine mythische Königin der Amazonen. Sie unterstützte mit ihrem Frauenheer die Trojaner gegen die Griechen und wurde von Achill im Zweikampf getötet, dem ihr Tod dann jedoch Leid tat, denn er verliebte sich kurz vor ihrem Tod unsterblich in sie. Der Name beruht wohl auf grch. *pentheîn* (*πενθεῖν*), »trauern, klagen«.

Peres (auch: *Perez*) *Simon*, 1923 als *Szymon Persky* in Polen (heute Weißrussland) geboren, israelischer Politiker. Er war 1934 mit seinen Eltern nach Palästina ausgewandert und hatte bereits unter Israels erstem Ministerpräsidenten David Ben Gurion verschiedene Regierungsposten inne. Von 1974 bis 1977 war er Verteidigungsminister, von 1988 bis 1990 Finanzminister und 1992 Außenminister in der Regierung Rabin. 1993 unterzeichnete er das Gaza-Jericho-Abkommen zwischen Israel und der Palästinensischen Befreiungsorganisation (PLO), das den Weg für eine eingeschränkte palästinensische Selbstverwaltung in den von Israel besetzten Gebieten bereitete. 1994 erhielt er gemeinsam mit Jitzhak Rabin und Jassir Arafat den Friedensnobelpreis. Sein Name, der sicherlich wegen seiner Lautähnlichkeit mit dem ursprünglichen Namen gewählt wurde, bedeutet im Hebräischen »Bartgeier«; vielleicht war auch der Anklang an hebr. *peras*, »Prämie, Lohn, Belohnung«, willkommen. Möglicherweise liegt aber auch hebr. *perets*: »Riss, Lücke, Bresche«, zu *parats*, »brechen, durchbrechen«, zu Grunde – mit Bezug auf das Alte Testament, das über die Geburt der Zwillingssöhne berichtet, die Juda mit seiner Schwiegertochter Tamar zeugte: »Beim Gebären streckte einer die Hand heraus. Die Hebamme fasste zu und band einen roten Faden um die Hand. Sie sagte dabei: ›Dieser ist zuerst herausgekommen.‹ Der zog aber seine Hand zurück, sein Bruder kam zuerst. Da sprach sie: ›Was hast du für einen Riss gemacht?‹ Man nannte ihn daher *Perez*. Danach kam sein Bruder mit dem karmesinroten Faden an seiner Hand. Den nannte man *Serach*, ›Scharlach‹« (Genesis, 38, 28–30).

Peretti *Felice* (1521–1590) saß als Papst *Sixtus V.* von 1585 bis 1590 auf dem Stuhl Petri. Wie *Sixtus IV.* entstammte er bescheidenen Verhältnissen und war vor seiner Wahl General des Franziskanerordens gewesen; anders als jener griff er als Reformpapst jedoch energisch durch und sorgte für etliche Erneuerungen in der Organisation des Vatikans. Sein Name *Peretti* ist die süditalienische Bezeichnung für »Limonen«; der Vorname bedeutet »der Glückliche«.

Periandros [grch. Περίανδρος], Tyrann von Korinth (ca. 627–585 v. Chr.), galt im alten Griechenland als einer der sieben Weisen. Unter ihm erlebte Korinth eine kulturelle Blütezeit. Sein Name beruht auf grch. *peri- (περι-)*, »ringsum, überaus, sehr«, und *anér, andrós (ἀνήρ, ἀνδρός)*, »Mann«.

Perikles [grch. Περικλῆς], ca. 495–429 v. Chr., war ein berühmter athenischer Staatsmann sowie großer Feldherr und begnadeter Redner. Der Sohn des Xanthippos führte einen Zweifrontenkrieg gegen Sparta und Persien, der nach anfänglichen Siegen schließlich doch scheiterte. Dennoch erreichte er in Friedensverhandlungen mit den beiden gegnerischen Parteien 449 bzw. 445 die Anerkennung der attischen Seeherrschaft. In der folgenden Friedenszeit verhalf er Athen zur kulturellen Blüte; so entstanden unter seiner Führung z. B. die Bauten der Akropolis. Außerdem versuchte er Athen durch die Errichtung einer langen Mauer zu schützen – ein Bauwerk, das sich im unvermeidlichen erneuten Krieg gegen Sparta bewährte. Perikles jedoch fiel nicht etwa in der Schlacht, sondern starb während einer Pestepidemie an dieser Seuche. Sein Name spricht für sich selbst; er stammt von grch. *peri-klytós (περι-κλυτός)*, »der Hochberühmte, Herrliche«, aus *peri- (περι-)*, »ringsum, überaus, sehr«, und *klytós (κλυτός)*, »ruhmvoll, herrlich«.

Perón *Juan Domingo* (1895–1974), argentinischer Politiker und von 1946 bis 1955 diktatorisch regierender Präsident seines Landes. Als er durch einen Militärputsch gestürzt wurde, ging er nach Spanien ins Exil. Seine Frau *Evita Perón*, früher *Maria Eva (Evita) Duarte* (1919–1952), setzte sich vor allem für den Schutz der Besitzlosen und für das Frauenwahlrecht ein. In Europa wurde sie durch das Musical »Evita« berühmt. *María Estela Martinez* (geb. 1931), genannt *Isabelita*, war die dritte Ehefrau des Diktators *Juan Perón*. Sie wurde 1973 Vize-Präsidentin Argentiniens und folgte 1974 ihrem Mann im Präsidentenamt, musste allerdings schon zwei Jahre später einer Militärjunta weichen. Der Name *Peron* gehört entweder zu arg.-span. *pero*, »Birnbaum«, oder zu *Pero*, einer Kurzform von *Pedro*, der spanischen Variante von *Peter*. Bei *Duarte* handelt es sich um eine portugiesische Form des spanischen Rufnamens *Eduardo*, zu aengl. *ead*, »Erbbesitz«, und *weard*, »Hüter, Schützer«.

Persephone [grch. *Περσεφόνη*], die Tochter des *Zeus* und der *Demeter*, trug einen Namen, der »Todesträgerin«, zu grch. *phérein (φέρειν)*, »tragen«, und *phónos (φόνος)*, »Mord«, oder aber »Überwinderin des Todes« bedeutet, wobei der erste Teil von *pérthein (πέρθειν)*, »zerstören, vernichten«, stammt. Beides macht Sinn, denn sie war eine widersprüchliche Figur, die im Winter den Tod und im Frühling das Leben brachte. Homer sah sie als schreckliche Herrscherin der Schatten und Gemahlin des Hades, mit dem sie in der Unterwelt thronte. In späterer Vorstellung wandelte sie sich zu einer lieblichen, von Nymphen umgebenen Jungfrau, die von Hades in die Unterwelt entführt, von Demeter aber nach langer Suche gefunden und zurückgeholt wurde. Sie musste allerdings einwilligen, drei Monate des Jahres in der Unterwelt als Königin des Tartaros und als Gattin des Hades, dem sie treu ergeben war, zu verbringen. In Rom entsprach *Persephone* der *Proserpina*, »der Furchtbaren«, »der Hervorkriechenden«. → *Proserpina*

Perseus [grch. Περσεύς] hieß in der griechischen Mythologie der Sohn der Danaë und des Zeus, der Gatte Andromedas. Er besiegte Medusa, die Gefährlichste unter den Gorgonen, indem er ihr den Kopf abschlug, und rettete Andromeda vor einem Seeungeheuer, das er tötete, als sie nackt an einen Felsen gekettet war. Sein Name bedeutet »Zerstörer«, von *pérthein (πέρθειν)*, »vernichten«. → *Gorgo, Medusa* und *Andromeda*

Persson *Göran* (geb. 1949), schwedischer Politiker, sozialdemokratischer Premierminister seit 1996. *Persson* bedeutet »Peters Sohn« (*Per* ist die schwedische Form von *Peter*).

Perugino (1445–1523), italienischer Maler. Der Lehrer Raffaels schuf klar und einfach gegliederte Fresken und Tafelbilder. Da er außer in Rom und Florenz hauptsächlich in seiner Heimatstadt *Perugia* tätig war, bekam er den Künstlernamen *Perugino*. Eigentlich hieß er *Pietro Vannuci*; sein Familienname ist eine Koseform von *Giovanni*, also *Johannes*.

Pessoa *Fernando* (1888–1935), portugiesischer Lyriker. Seine Gedichte, die er zum Teil unter Pseudonymen veröffentlichte, machten ihn zum bedeutendsten zeitgenössischen Dichter Portugals, wenngleich zu seinen Lebzeiten nur eine einzige Sammlung erschien (*Mensagem*, »Botschaft«). Sein brasilianischer Namensvetter *Dom Helder Câmara Pessoa* (geb. 1909), von 1964 bis 1985 Erzbischof von Recife, erlangte einen großen Bekanntheitsgrad durch seinen tatkräftigen Einsatz für die Unterdrückten in den unterentwickelten Ländern. Der Familienname *Pessoa* bedeutet schlicht »Person«, während *câmara* das portugiesische und brasilianische Wort für »Kammer, Gehäuse« ist.

Pestalozzi *Johann Heinrich* (1746–1827), schweizerischer Pädagoge, der seine erzieherischen Vorstellungen in seinem Buch »Über die Idee der Elementarbildung« zusammenfasste. Der Name der ursprünglich aus Norditalien stammenden Familie, wo sie *Pestalossi* geheißen hatte, bedeutet etwa »Knochenbrecher«, zu ital. *pestare*, »zerstoßen, zerschlagen«, und *osso*, »Knochen« – wahrlich eine unpassende Bewertung eines idealistischen Pädagogen, der Erziehung als Entfaltung der in der menschlichen Natur liegenden Kraft interpretierte.

Pétain *Philippe* (1856–1951), französischer Marschall und Politiker. Nach der Einnahme von Paris durch deutsche Truppen floh die französische Nationalversammlung nach Bordeaux und wählte *Pétain*, den einstigen Helden von Verdun (1916) und früheren Kriegsminister, 1940 zum Ministerpräsidenten. Unmittelbar darauf schloss dieser den Waffenstillstand mit Deutschland und Italien. Er zog mit der Nationalversammlung, die ihm umfassende Vollmachten gab, nach Vichy ins unbesetzte Frankreich, übernahm dort das Amt des Staatspräsidenten und schuf ein autoritäres Regierungssystem. Trotz seiner Politik der Zusammenarbeit mit Hitler marschierten deutsche Truppen 1944 auch in den unbesetzten Teil Frankreichs ein und internierten *Pétain*. Nach dem Krieg wurde er als angeblicher Kollaborateur zunächst zum Tod verurteilt, dann von Charles de Gaulle zu lebenslanger Haft auf der Île d'Yeu in der Vendée begnadigt. Der nordfranzösische Name *Pétain* dürfte – falls er nicht als eine Variante von *Pete*, also *Pierre*, »Peter«, aufzufassen ist – eine französisierte Form von fläm. *peter* und *peeten*, »Pate, Bürge, Fürsprecher«, darstellen.

Petőfi *Sándor* (1823–1849), romantischer ungarischer Dichter. Viele seiner volkstümlichen Gedichte wurden spontan vom Volk aufgenommen und später zu beliebten Volksliedern. Sein Familienname ist eine Ableitung von *Pető*, einer Koseform des Rufnamens *Péter*. Bei dem Vornamen *Sándor* handelt es sich um eine verkürzte Form von *Alexander*.

Petrarca *Francesco* (1304–1374), italienischer Dichter und Humanist. Er gilt als einer der größten Lyriker aller Zeiten. Da sein Vater aus Florenz nach Frankreich verbannt worden war, verbrachte er einen Großteil seines Lebens in Avignon. Obschon er 1341 in Rom zum Dichter gekrönt wurde, kehrte er erst 1353 endgültig heim. *Petrarca* ist die latinisierte Form seines wirklichen Familiennamens *Petracco*, der aus einer Koseform von *Pietro*, also *Peter*, hervorgegangen ist.

Petrus [grch. Πέτρος] ist der lateinische bzw. griechische Name des Apostels Simon. Der Sohn des Jona und Bruder des Andreas war in Kapernaum am See Genezareth dem Beruf eines Fischers nachgegangen, bevor er ein Jünger Jesu und schließlich als erster Bischof von Rom das Oberhaupt der Christenheit wurde. Unter Kaiser Nero erlitt er um 64 n. Chr. den Märtyrertod. *Petrus* – zu grch. *pétra* (πέτρα) und *pétros* (πέτρος), »Fels, Feldstein«, aber auch »Klippe« – ist eine Lehnübersetzung des aramäischen Namens *Kepha* (gräzisiert zu *Kephas*),

»Fels«. In jüdischen Ohren muss der griechische Name des Apostels wie eine Assoziation zu hebr. *peter*, »Erstgeburt, Beginn«, geklungen haben. Im Lauf der Geschichte wählten auch Könige und Zaren diesen symbolträchtigen Namen. → *Simon*

Peugeot *Eugène* (1844–1907) und sein Bruder *Armand* (1848–1915) waren französische Industrielle, die zunächst eine Fahrradwerkstatt unterhielten und ab 1890 Automobile mit einem Benzinmotor konstruierten. Ihre Söhne gründeten 1910 die *Peugeot*-Aktiengesellschaft. Der Name wird eine Variante der vor allem in der Auvergne üblichen Flurbezeichnung *pougeaud* für einen »Hügel« sein, vielleicht mit einer Anlehnung an frz. *peu*, »wenig«.

Pflimlin *Pierre Eugène Jean* (1907–2000), französischer Politiker und einer der Gründerväter der Europäischen Union. Der promovierte Jurist, in dessen elsässischem Vaterhaus sowohl Französisch als auch Deutsch gesprochen wurde, begann seine politische Karriere erst nach dem Zweiten Weltkrieg. Er wechselte ab 1947 entsprechend den kurzlebigen Kabinetten die Ressorts: In rascher Folge wurde er Landwirtschaftsminister, Handelsminister, Minister für das überseeische Frankreich und Finanzminister. 1958 war er während des Algerienkonflikts für wenige Wochen sogar Premierminister, landete aber unter dem an die Macht zurückgekehrten de Gaulle als Staatsminister wieder im Kabinett. Abgesehen von einer kurzen Ministertätigkeit 1962 im Kabinett Pompidou verbrachte er die Zeit zwischen 1959 und 1983 als Bürgermeister der Stadt Straßburg, die er zu einem Zentrum der europäischen Politik machte. Einige Jahre war der engagierte Verfechter der europäischen Einigung Präsident des Europaparlaments. Sein elsässischer Name *Pflimlin* bedeutet »Pfläumchen«, wahrscheinlich ein alter Spitzname für eine etwas klein geratene Person.

Phädra [grch. Φαίδρα], war die Tochter des kretischen Königs Minos und der Pasiphaë, die Schwester der Ariadne und Gattin des Theseus. Sie verliebte sich in dessen Abkömmling, ihren Stiefsohn Hippolytos, verleumdete ihn jedoch, da er von ihren Annäherungsversuchen nichts wissen wollte, bei Theseus, der ihn mit Hilfe von Poseidon durch einen Stier töten ließ. *Phädra* beging daraufhin Selbstmord. Ihrem Namen liegt das griechische Eigenschaftswort *phaidrós* (φαιδρός), »heiter«, zu Grunde.

Phaethon [grch. *Φαέθων*] galt bei den alten Griechen als Sohn des Helios und der Klymene. Als er sich eines Tages den Sonnenwagen seines Vaters für eine Spritztour auslieh, verunglückte er tödlich. Sein Name bedeutet »Leuchtender«, von *phaéthon (φαέθων)*, »leuchtend«, zu *phaínein (φαίνειν)*, »zeigen, sichtbar machen« und »leuchten, scheinen«. Ursprünglich war *Phaethon* ein Beiname des Helios selbst gewesen, im Lauf der Zeit ging der Name jedoch auf seinen Sohn über.

Pharao (in der Bibel *paraoh*) lautete der Titel der ägyptischen Könige, zu ägypt. *Per'o*, »großes Haus«. Hiervon abgeleitet ist das Wort *Papyrus*, das wörtlich übersetzt die Bedeutung »Monopol des Pharao« hat.

Pheidippides [grch. *Φειδιππίδης*] lautete der Name des berühmten Athener Athleten, der vor der Schlacht von Marathon nach Sparta lief, um Hilfe gegen die Perser zu erbitten. Sein Name bedeutet – wie zutreffend – »Schoner der Pferde«, von *pheídesthai (φείδεσθαι)*, »schonen, ersparen«, und *híppos (ἵππος)*, »Pferd«.

Pheidon [grch. *Φείδων*], ein König von Argos im 7. vorchristlichen Jahrhundert, der seine Macht gewaltsam über die Grenzen der Argolis ausdehnte, trug ausgerechnet den Namen »der Verschoner«, zu grch. *pheídesthai (φείδεσθαι)*, »schonen, ersparen«.

Phidias [grch. *Φειδίας*] war ein Athener Bildhauer der perikleischen Zeit (5. Jahrhundert v. Chr.), der mit seinen kolossalen Götterstatuen schon im Altertum großes Ansehen erwarb. Am berühmtesten wurden seine aus Gold und Elfenbein gefertigte Statue im Zeustempel des Heiligtums in Olympia und die Athene im Parthenon in Athen. Sein Name dürfte auf grch. *pheídesthai (φείδεσθαι)*, »schonen, ersparen, ablassen, aufhören«, beruhen. → *Pheidippides* und *Pheidon*

Philemon [grch. *Φίλημων*], von grch. *phílema (φίλημα)*, »Kuss«, zu *phileîn (φιλεῖν)*, »lieben«, war in der Bibel der Name eines Christen aus Kolossä, dessen entlaufener Sklave sich dem Paulus anschloss (siehe den Brief des Paulus an Philemon, in dem er diesen bittet, dem Sklaven Onesimus zu verzeihen). Aus der griechischen Mythologie kennen wir auch das alte phrygische Ehepaar *Philemon und Baukis* [grch. *Βαυκίς*], das Zeus und Hermes großzügig bewirtete, ohne deren göttliche Identität zu erkennen, da diese sich als Wanderer verkleidet hatten.

Zum Lohn für ihre ungewöhnliche Gastfreundschaft verwandelten die göttlichen Besucher, die zuvor an allen anderen Türen abgewiesen worden waren, ihre bescheidene Hütte in einen Tempel und verschonten die beiden Alten von einer Sintflut; diese selbst erbaten sich die Gunst, einst gemeinsam sterben zu dürfen. So wurde *Philemon* im hohen Alter zu einer Eiche, *Baukis* zu einer Linde. → *Philipp*

Philipp [grch. Φίλιππος] ist in der Geschichte ein häufig gewählter Königsname gewesen, insbesondere bei spanischen und französischen Monarchen. Er bedeutet »Pferdefreund«, zu *philós (φίλος)*, »Freund«, und *híppos (ἵππος)*, »Pferd«. → *Habsburg*

Philomela [Φιλομήλα], die Tochter des Königs von Athen, wurde nach dem griechischen Mythos von ihrem Schwager Tereus vergewaltigt, der ihr die Zunge herausschnitt, damit sie ihn nicht verraten konnte. Um sie vor weiteren Nachstellungen zu schützen, verwandelten die Götter sie in eine Schwalbe. Ihr Name ist zusammengesetzt aus grch. *phílos (φίλος)*, »Freund«, und *mélos (μέλος)*, »Gesang« (vgl. *Melodie*).

Philyra [grch. Φιλύρα] hieß in der griechischen Sage eine Nymphe. Die Tochter des Okeanos und der Tethys, durch Chronos Mutter des Kentauren Cheiron, wurde von Zeus in eine Linde verwandelt; zu grch. *philýra (φιλύρα)*, »Linde«. → *Kentauren*

Phöbe [grch. Φοίβη], zu grch. *phoîbos (φοῖβος)*, »leuchtend, rein«, war der Beiname der Artemis als Mondgöttin; entsprechend wurde ihr Bruder Apollon auch der *Phöbos* genannt wurde. → *Apollon*

Phobos [grch. Φόβος] kannten die alten Griechen als göttliche Personifizierung von Furcht und Schrecken sowie der daraus folgenden Flucht – kein Wunder, denn *Phobos* war der Sohn und Begleiter des Kriegsgottes Ares! Der Name entspricht dem griechischen Wort *phóbos (φόβος)* für »Entsetzen, Angst«.

Phöbos [grch. Φοῖβος], »der Leuchtende«, zu grch. *phoîbos (φοῖβος)*, »leuchtend, rein«, war der Kultname des Apollon als Sonnengott. Er war der sittlich Reine, der alles Böse haßte und die Unredlichen strafte, der aber auch das Gute und die Guten belohnte und ihnen Heil brachte; schließlich war er der Vater des Heilgottes Asklepios (Äskulap) und der Hygieia, der Göttin der Gesundheit. → *Lykegenes*

Phokos [grch. *Φῶκος*] hieß der Lieblingssohn des Aiakos, des Königs von Aigina, den ihm die Nereide *Psamathe*, »Sandküste« – von *psámathos (ψάμαθος)*, »Sand, Düne, Strand« –, geboren hatte, die sich in einen Seehund verwandelte, um weiteren Annäherungsversuchen des Aiakos zu entfliehen. Seine beiden Halbbrüder Peleus und Telamon, die Aiakos mit »der Umschlingerin« Endeis – zu grch. *endeîn (ἐνδεῖν)*, »festbinden, verstricken« – gezeugt hatte, waren eifersüchtig auf ihren erfolgreichen athletischen Bruder. Dieser zog sich daraufhin nach Mittelgriechenland zurück und überließ seinen Brüdern das Feld. Als Aiakos ihn nach Aigina zurückrief, töteten ihn seine Brüder mit der Unterstützung ihrer Mutter Endeis bei einem Wettkampf. Der Name *Phokos* bedeutet »Seehund«, zu *phóke (φώκη)*, »Robbe, Seehund« – ein versteckter Hinweis auf seine Mutter (vgl. die mittelgriechische Landschaft *Phokis*).

Phönix [grch. *Φοῖνιξ*] bedeutet »der Phönizier«. Diesen Namen trug der Sohn des Agenor und Vater der Europa, zu der Zeus vor Liebe entbrannt war. Als er sie in Gestalt eines schönen Stieres nach Kreta entführte (wo sie ihm u. a. den Minos gebar), schickte der König von Phönizien seine Brüder und Kinder aus, um sie zu suchen. Der Name *Phönix* stammt von grch. *phoînix (φοῖνιξ)*, »purpurrot«, »Purpur«, und *phoínios (φοίνιος)*, »blutrot, blutig, blutgierig« (vgl. das Purpurland *Phönizien*). Der Vogel *Phönix* geht auf den heiligen Vogel *Benu* oder *Boine* in der ägyptischen Mythologie zurück (dargestellt zunächst als Bachstelze, später als Reiher), wo er als Erscheinungsform der Seele betrachtet wurde, die im Tod sozusagen auferstand. Die Römer machten aus ihm einen Vogel, der sich aus seiner eigenen Asche in regelmäßigen Zeitabständen immer wieder erneuerte, während im frühen Christentum man schließlich das Bild des *Phönix* auf Christus übertrug.

Phrixos [grch. *Φρίξος*] war der Sohn des Athamas und Bruder der Helle. Als ihre Stiefmutter Ino die beiden unliebsamen Konkurrenten ihrer eigenen Kinder beseitigen wollte, kam Nephele ihnen zu Hilfe und schickte ihnen einen goldenen Widder, der sie nach Kolchis bringen sollte. Unterwegs stürzte Helle ab, Phrixos gelangte jedoch an sein Ziel und wurde von König Aietes aufgenommen. Das goldene Fell des

Widders wurde im Hain des Ares aufgehängt. Sein Name beruht auf grch. *phríx (φρίξ)* oder *phríke (φρίκη)*, »Schaudern, Grauen, Entsetzen«. → *Athamas* und *Helle*

Phyllis [grch. *Φύλλις*], mythische thrakische Königstochter, die sich selbst aus Liebe tötete und in einen Mandelbaum verwandelt wurde, zu grch. *phyllás (φυλλάς)*, »Laub, Blätter« (vgl. *Chlorophyll*, »Blattgrün«).

Phytalmios [grch. *Φυτάλμιος*], »Befruchter, Erzeuger«, war in der griechischen Mythologie ein Beiname des Poseidon, des Meergottes, der auch die Pflanzenwelt nährte; von *phytálmios (φυτάλμιος)*, »erzeugend«, zu *phytón (φυτόν)*, »Gewächs, Pflanze, Baum, Sprössling«.

Piaf *Edith* (1916–1963), eigentlich *Edith Giovanna Gassion*, französische Chansonette, die als »Spatz von Paris« gefeiert wurde. Diesen Beinamen – zu frz. *piaf*, »Spatz, Sperling« – erhielt sie bereits, als sie noch in Nachtclubs sang. Ihr Geburtsname entstand vielleicht aus afrz. *gas*, »Geschwätz«, was ja eine nahe liegende Assoziation mit *piaf* wäre (vgl. frz. *jaser*, »schwatzen, klatschen«). *Gassion* könnte aber auch, wie span. *García*, auf die mittelalterlichen baskischen Namen *Gassie* und *Harcia* zurückgehen, beide zu bask. *hartz*, »Bär« – wie unpassend für eine zierliche Person wie die *Piaf*.

Piazetta *Giovanni Battista* (d. h. »Johannes der Täufer«), 1682–1754, italienischer Maler kirchlicher und weltlicher Bilder mit großfiguriger Aufteilung und lichten Farben vor einem dunklen Hintergrund. Sein Name ist das italienische Wort für »kleiner Platz«, zu *piazza*, »Platz, Marktplatz«.

Picasso *Pablo* (1881–1973), berühmter spanischer Maler, der allerdings die längste Zeit seines Lebens in Frankreich verbrachte. Er war vielleicht der bedeutendste Künstler des 20. Jahrhunderts. *Picasso* – wahrscheinlich von span. *picazo*, »Pikenstich«, aber auch »junge Elster« und »geschecktes Pferd«; *Pablo* ist die spanische Entsprechung von »Paul« – hatte allen Grund, über ein Kurz-Pseudonym nachzudenken, denn sein vollständiger Name war *Pablo Diego José Francisco de Paula Juan Nepumuceno Maria de los Remedios Cipriano de la Santísima Trinidad Ruíz y Picasso*. Sein ganzer unhandlicher Name würde eingedeutscht lauten: »Paul Jakob Joseph Franz von Paula Johannes Nepomuk Maria von der Erlösung Cyprian von der heiligsten Dreifaltigkeit Ruíz und Picasso«. *Ruíz*, eine aragonische Version von *Roderich*, »der Ruhmreiche« (aus germ. *hroth*, »Ruhm«, und *rihhi*, »reich«), war der Familienname seines Vaters, *Picasso* der seiner Mutter.

Piccard *Auguste* (1884–1962), schweizerischer Physiker, der 1931 mit einem Ballon den ersten Stratosphärenflug unternahm und sich 1947 Tauchversuchen zuwandte. 1953 erreichte er mit seinem Tiefseetauchgerät eine Tiefe von über 3000 m. Sein Sohn *Jacques Piccard* drang 1960 mit seinem Tauchboot »Trieste« im Marianengraben bis zu einer Tiefe von fast 11 000 m vor. Der Herkunftsname *Piccard* bezieht sich auf die nordfranzösische Region *Picardie*.

Piccolomini *Enea Silvio de'* (1405–1464), war der Familienname des Papstes Pius II., der erst im Alter von fast 40 Jahren sein leichtfertiges Leben geändert hatte und Priester geworden war. Er plante, seinen toskanischen Geburtsort Corsignano in die Idealstadt der Renaissance umzubauen, was bis zu seinem Tod nur teilweise gelang; immerhin gibt es im Herzen der Stadt eine *Piazza Piccolomini* samt einem den Platz beherrschenden *Palazzo Piccolomini*. Das Adelsgeschlecht *Piccolomini* aus Siena, der Name leitet sich her von ital. *piccolo*, »klein«, starb mit diesem Papst aus. Sein Neffe *Francesco Piccolomini Todeschini* aus einer Nebenlinie der Familie wurde später ebenfalls Papst, er starb jedoch 1503, nur einen Monat nach seiner Wahl. Der zweite Familienname *Todeschini* geht zurück auf *todesco*, eine alte Variante von *tedesco*, »deutsch« und »Deutscher«. → *Pius II.*

Pico della Mirandola *Giovanni* (1463–1494), italienischer Philosoph und Humanist. Er erstrebte eine Überhöhung des altchristlichen Weltbildes im Sinn eines Bildungshumanismus. Bevor er starb, wurde er jedoch von Savonarola zum strengen Christentum bekehrt. Das alte Adelsgeschlecht *Pico della Mirandola* hatte jahrhundertelang die norditalienische Stadt *Mirandola* in der Emilia Romagna beherrscht, bevor sie 1747 ausstarb. *Pico* (»Spieß, Lanze«) hieß ein Zweig dieser Familie, der früher sicherlich mit der Herstellung von Waffen beschäftigt war. *Mirandola* ist eine Verkleinerungsform des mittelalterlichen Stadtnamens *Castro Mirando*, zu lat. *castrum*, »Festung«, und *mirandum*, »bewundernswert, wundervoll«.

Picus war ein altrömischer Naturgott, den Kirke, da er ihre Liebe verschmähte, aus Rache in einen Specht verwandelte; *picus* bedeutet im Lateinischen »Specht«.

Pieck *Wilhelm* (1876–1960), deutscher Politiker, 1918/19 Mitbegründer der Kommunistischen Partei Deutschlands. *Pieck* emigrierte 1933 über Frankreich in die Sowjetunion und kehrte 1945 mit der Roten Armee nach Deutschland zurück. Er übernahm den Vorsitz der KPD, deren Zusammenschluss mit der SPD er 1946 betrieb. Zusammen mit Otto Grotewohl leitete er bis 1954 die so entstandene Sozialistische Einheitspartei Deutschlands (SED). Von der Gründung der Deutschen Demokratischen Republik 1949 bis zu seinem Tod fungierte er als Präsident der DDR. Der Name *Pieck* (mit den Varianten *Piek*, *Peek* und *Peeck*) leitet sich her von mnd. *pēk*, »Pieke, Spieß«, und dürfte ursprünglich einen Spießmacher bezeichnet haben.

Piffendeckel → *Scheidemann*

Pilar heißt die Patronin Spaniens, zu span. *pilar*, »Säule« (vgl. engl. *pillar*), die in Saragossa in der Kathedrale *Nuestra Señora del Pilar*, »Unsere Liebe Frau auf dem Pfeiler«, verehrt wird. *Pilar* ist in Spanien auch als Mädchenname sehr verbreitet, der eigentlich *Maria del Pilar* lauten müsste, aber zu *Pilar* reduziert wurde, da man sich scheut, den Namen Marias, der Muttergottes, als Teil eines gewöhnlichen Rufnamens auszusprechen.

Pilatus war der römische Beiname der *Pontius Pilatus*, wohl mit der Bedeutung »der mit Wurfpfeilen Bewaffnete«, zu lat. *pilum*, »Wurfspieß«, oder zu *pilare*, *pilatum*, »enthaaren, die Haare ausrupfen«. Der Name verweist also entweder auf eine ursprüngliche Militärlaufbahn oder bezeichnete einen »Haarlosen«, vielleicht auch »Bartlosen«. Der Name des römischen Prokurators in Judäa (26–36 n. Chr.) hat wegen seiner Rolle bei der Verurteilung und Kreuzigung Jesu bis heute einen negativen Nachklang in manchen Sprachen (vgl. sfrz. *pilato*, »Schlingel«, und port. *pilatas*, »nichtsnutziger Bursche«).

Pilcher *Rosamunde* (geb. 1924), britische Schriftstellerin. Weltbekannt wurde sie erst als 63-Jährige mit ihrem Roman »Die Muschelsucher«. Seitdem gilt sie als eine der erfolgreichsten Autorinnen der Gegenwart, aber auch als »Queen of Kitsch«. Viele ihrer Romane sind inzwischen vom Fernsehen in faszinierenden britischen Landschaften verfilmt worden. *Pilcher*, der Name ihres in der Bekleidungsindustrie tätigen Ehemannes, dürfte als alter Berufsname aus mengl. *pilche*, »Pelzmantel«, entstanden sein; zu aengl. *pylće*, »Pelz«, und mlat. *pellicia*, »Mantel«, zu lat. *pellis*, »Haut« (vgl. *Fell* und *Pelle*).

Piłsudski *Józef* (1867–1935), patriotischer polnischer Politiker und Marschall. Obschon er 1893 einer der Gründer der Polnischen Sozialistischen Partei gewesen war, hatte für ihn der Kampf um die Unabhängigkeit Polens Vorrang vor einer sozialen Revolution, wie sie etwa Rosa Luxemburg anstrebte. Er stellte ab 1905 kleine Kampfgruppen auf, mit denen er zu Kriegsbeginn 1914 nach Russisch-Polen vorstieß, ohne den geplanten Aufstand verwirklichen zu können. In den folgenden zwei Jahren leitete er eine Brigade der mit Unterstützung Österreichs aufgestellten polnischen Legionen und wurde nach Ausrufung des Königreichs Polen 1916 zum Mitglied des Staatsrats und bei Kriegsende zum polnischen Oberbefehlshaber ernannt. Bald darauf fiel ihm auch die politische Macht zu, die er jedoch nach dem Frieden von Riga und der Festlegung einer Kompromissgrenze im Osten 1921 wieder niederlegte. Nach einem militärischen Staatsstreich 1926 errichtete er ein autoritäres System, in dem er zunächst Kriegsminister und Generalinspekteur, später auch Ministerpräsident war (1926–28 und 1930). Die alte Adelsfamilie *Piłsudski* stammte aus Litauen, sodass sich der Name auf den dortigen Ort *Pilsūdai* bei Raseiniai beziehen wird, der im Polnischen früher *Piłsudy* hieß (vielleicht zu poln. *piła*, »Säge«, auch »Nervensäge, Langweiler«).

Pilumnus war ein altitalischer Ehe- und Bauerngott, angeblich der Erfinder der Mörserkeule. Wenig überraschend stammt sein (vielleicht auch anzüglich gemeinter) Name von lat. *pilum*, »Mörser, Stampfer, Spieß«.

Pinarius hieß eine altitalische *gens*, die zusammen mit den Potitii bis 312 v. Chr. den Herkuleskult an der *Ara maxima* betreute. Der Name gehört zu lat. *pinus*, »Fichte, Kiefer«(vgl. *Pinie*), oder zu grch. *pínax* (πίναξ), »Schreibtafel, Zeichnung, Gemälde« (vgl. *Pinakothek*).

Pindar [grch. Πίνδαρος], 518–438 v. Chr., griechischer Lyriker aus Theben, der im Altertum von allen griechischen Stämmen wegen seiner Kunst verehrt wurde. Er trat um 500 als Dichter von Chorliedern auf, in denen Vers, Musik und Tanzbewegung eine Einheit bildeten. Von seinen zahlreichen Büchern mit Preisliedern auf Götter und Menschen sind leider nur wenige erhalten. In seinem Namen steckt vielleicht das griechische Wort *pínax (πίναξ)*, »Schreibtafel, Zeichnung«.

Pinochet Ugarte *Agusto* (geb. 1915), chilenischer General und Politiker. Von Präsident Allende 1973 zum Chef des Heeres ernannt, stürzte er diesen nach nur wenigen Wochen und errichtete eine Militärjunta, die ihn ein Jahr später zum Staatspräsidenten erhob. Als er 1989 aus Verfassungsgründen nicht mehr zur Wahl antreten konnte, behielt er den Oberbefehl über die Armee. 1997 wurde er zum Senator auf Lebenszeit ernannt. Während er sich im darauf folgenden Jahr in einer Londoner Klinik befand, stellte die spanische Justiz, die schon länger gegen ihn wegen Völkermords, Staatsterrorismus' und Folter ermittelte, einen Auslieferungsantrag, da auch spanische Staatsbürger unter den Opfern der chilenischen Militärdiktatur waren. 2000 konnte er jedoch unbehelligt nach Chile zurückkehren. *Pinochet* ist eine Ableitungsform zu span. *pino*, »Kiefer, Pinie«, während der sehr verbreitete baskische Name *Ugarte* so viel wie „Insel« (auch ein Gebiet zwischen zwei Flussläufen) bedeutet, zu bask. *ug* und *ur*, »Wasser«, und *arte*, »dazwischen«.

Pinter *Harold* (geb. 1930), einer der erfolgreichsten englischer Dramatiker und Fernsehautoren der Gegenwart. In seinen Stücken über Außenseiter der Gesellschaft und Durchschnittsbürger zeigt er hinter alltäglichem Geschwätz die abgrundtiefen Schwierigkeiten der zwischenmenschlichen Verständigung auf. Für seine Lebenswerk (z. B. »Der Hausmeister«, »Die Kollektion«, »Der Liebhaber«, »Die Heimkehr«, »Niemandsland«) erhielt Pinter 2005 den Nobelpreis für Literatur. Der Name *Pinter* passt gut zur Welt der Bühne, denn er bedeutet so viel wie »geschminkt«. Die sephardisch-jüdischen Vorfahren des Schriftstellers sind aus Portugal eingewandert, wo *pinto* »gefärbt, angemalt« bedeutet (zu port. *pintar*, »malen, färben, ausschmücken«).

Pippin war der Name etlicher fränkischer Herrscher des Mittelalters (624–852) aus dem Haus der Karolinger. Der Name stammt von frz. *pépin*, »Kern« (vgl. span. *pepita*, »Obstkern«). *Pippin I.* (624–640), genannt »der Ältere«, war als Hausmeier Dagoberts I. der Stammvater der Karolinger; sein Enkel *Pippin II.* (679–714), »der Mittlere«, war der Vater Karl Martells. *Pippin III.* (714–768), fälschlich auch »der Kleine« genannt (nach frz. *Pépin le Bref*, »Pippin der Kurze«; gemeint ist: »Pippin der Jüngere«), wurde 751 König des geeinten Frankenreichs, teilte es aber kurz vor seinem Tod unter seine Söhne Karlmann und Karl den Großen. Einer der Söhne des Letzteren hieß ebenfalls *Pippin*; er herrschte ab 781 als König in Italien. Ein weiterer *Pippin*, ein Sohn Ludwigs des Frommen, saß ab 817 auf dem Königsthron von Aquitanien, bei seinem Tod folgte ihm sein Sohn *Pippin* als aquitanischer Herrscher, er wurde jedoch von Karl II., dem Kahlen, der sich Aquitanien einverleiben wollte, 864 gefangen genommen und in ein Kloster gesteckt. → *Karl der Große* und *Martell*

Pirandello *Luigi* (1867–1936), italienischer Schriftsteller. Die Dramen, Novellen und Romane des Nobelpreisträgers (1934), der schwer unter der Geisteskrankheit seiner Frau litt, kreisen verständlicherweise um Themen wie Persönlichkeitsspaltung, Fragwürdigkeit der Selbsteinschätzung und Realitätsverlust. In all seinen Werken ist ein tiefes Mitleid erkennbar. *Pirandello* geht wohl auf eine sizilianische Koseform des germanischen Rufnamens *Prando* zurück, zu ahd. *brant*, »Feuerschwert«.

Piso lautete ein Beiname in der *gens Calpurnia*, zu lat. *pisum*, »Erbse«, vielleicht, weil ein früher Vorfahr Erbsenzüchter war. Ein unrühmliches Ende nahm z. B. *Caius Calpurnius Piso*, der 41 n. Chr. Konsul war und 65 als Anstifter der *Pisonischen Verschwörung* entlarvt wurde und Selbstmord beging. → *Calpurnius* und *Cicero*

Pissarro *Camille* (1830–1903), französischer impressionistischer Maler und Graphiker. Nach dem Beispiel Seurats malte er jahrelang pointillistisch mit reinen Farben, zunächst bäuerliche Landschaften und Szenen, später das bewegte Leben der Großstadtstraßen. Der Künstler stammte aus einer jüdischen Kaufmannsfamilie französisch-portugiesischer Herkunft; er selbst wurde auf einer Antilleninsel geboren. *Pissarro* (auf dem Endvokal betont) ist eine Ableitung des spanischen Namens *Pizarro*, von span. *pizarro*, »schiefergrau«, zu *pizarra*, »Schiefer, Schiefertafel«. → *Pizarro*

Pistor, einer der Beinamen Jupiters, bedeutet »Bäcker«, von lat. *pistor*, »Müller, Bäcker«, zu *pistillum* (Verkleinerung von *pisum*), »Mörser, Stampfer« (vgl. *Pizza*).

Pitt *William* (1708–1778), genannt »der Ältere«, britischer Staatsmann. Als Unterhausminister bekämpfte er die Verbindung der britischen Politik mit den hannoverischen Interessen König Georgs II. Seit 1756 Premierminister und Kriegsminister, betrieb *Pitt* im Siebenjährigen Krieg mit Leidenschaft die Zerschlagung der Macht Frankreichs auf den Meeren und in Übersee sowie eine Stärkung seines eigenen Landes als See- und Kolonialmacht. Als der neue König Georg III. den Frieden von Paris gegen den Willen *Pitts* schloss, trat dieser zurück. Sein Sohn *William Pitt*, genannt »der Jüngere« (1759–1806), war von 1783 bis 1801 und erneut von 1804 bis zu seinem Tod Premierminister Großbritanniens. Er widmete sich dem inneren Wiederaufbau seines Landes nach der Niederlage im amerikanischen Unabhängigkeitskrieg. Mit Beginn der Französischen Revolution setzte er sich an die Spitze der Koalition gegen Frankreich, um ein neues europäisches Gleichgewicht zu schaffen und den britischen Besitzstand in Übersee zu sichern. Während seiner zweiten Amtszeit als Regierungschef brachte er erneut eine Koalition gegen Frankreich zustande. Der Name *Pitt* bezeichnete zunächst einen Siedler in der Nähe einer Geländevertiefung, später auch nahe eines Bergwerks; zu aengl. *pytt*, »Loch« (vgl. *Pütt*).

Pius bedeutet im Lateinischen »der Fromme« (vgl. *Pietät*), ein vermeintlich angemessener Name für eine ganze Reihe von römischen und italienischen Päpsten. Über *Pius I.* (149–155), einen später heilig gesprochenen Papst, ist wenig bekannt. Den nächsten »frommen« Stellvertreter Christi gab es anscheinend erst 1300 Jahre später: *Pius II.* (1458–1464), der eigentlich *Enea Silvio de' Piccolomini* hieß und dessen Hauptziel die Einigung Europas gegen die Türken war, die 1453, also kurz vor seinem Amtsantritt, Konstantinopel eingenommen hatten. Im Übrigen ließ er seinen Geburtsort, Corsignano, großzügig umgestalten, weswegen dieser später ihm zu Ehren in *Pienza* umbenannt wurde. *Pius III.* (1503) war ein Neffe des Vorgenannten und hatte vor seiner Wahl zum Pontifex *Francesco Piccolomini Todeschini* geheißen. Die in ihn gesetzten hohen Erwartungen als Reformpapst konnte er leider nicht erfüllen, da sein Pontifikat nur vier Wochen dauerte. *Pius IV.* (1559–1565), mit Taufnamen *Giovanni Angelo*, stammte aus der berühmten Familie der *Medici*. Erst nach einem viermonatigen hitzigen Konklave konnte er, der Günstling des Herzogs Cosimo von Florenz, die Mehrheit der Kardinalstimmen auf sich vereinen. Während seiner Regierungszeit gelang ihm der Abschluss des Konzils von

Trient, und er begann mit der Durchführung der dort gefassten Beschlüsse, eifrig unterstützt durch seinen Neffen Karl Borromäus, der durch seine Reformdekrete bekannt wurde. *Pius V.* (1566–1572) war der Papstname des früheren Dominikaners und Großinquisitors *Michele Ghislieri*. Er gab einige wichtige Bücher heraus (z. B. den »Catechismus Romanus«, das »Breviarium Romanum« und das »Missale Romanum«), machte sich England zum Feind, indem er Königin Elizabeth I. absetzte, errang mit der antitürkischen Liga jedoch einen großen Erfolg in der Schlacht von Lepanto und wurde heilig gesprochen. Papst *Pius VI.* (1775–1799), geboren als *Giovanni Angelo Braschi*, hatte ein sehr bewegtes und schwieriges Pontifikat. Er musste die Rechte der Kirche nicht nur gegen den so genannten Josephinismus (nach Kaiser Joseph II.) in Italien und Österreich durchsetzen, der sich in verschärfter staatlicher Aufsicht über den Klerus und in der Schließung vieler Klöster äußerte, sondern in seine recht lange Regierungszeit fiel auch die Kirchenfeindlichkeit der Französischen Revolution, in deren Folge 1798 der Kirchenstaat aufgehoben und besetzt und der Papst selbst nach Frankreich gebracht wurde, wo er ein Jahr später starb. Papst *Pius VII.* (1800–1823) hieß zuvor *Barnaba Chiaramonti*. Eine seiner ersten Taten war 1801 der Abschluss eines Konkordats mit Napoleon, das den Wiederaufbau der französischen Kirche nach der Revolution ermöglichte. Den Kirchenstaat jedoch, um dessen Besitz er in ebenso demütigenden wie nutzlosen Verhandlungen kämpfte (seine Proteste brachten ihm sogar eine fünfjährige Gefangenschaft in Frankreich ein), sollte er erst auf dem Wiener Kongress 1815, also nach dem Sturz Napoleons, zurückerhalten. *Pius VIII.* (1829–1830), vorher *Francesco Saverio Castiglioni* (zu ital. *Castiglia*, »Kastilien«), hat in seinem kurzen Pontifikat keine markanten Spuren hinterlassen. *Pius IX.* (1846–1878), mit Familiennamen *Giovanni Maria Mastai-Feretti*, war es nicht vergönnt, nach der Revolution von 1848 den Kirchenstaat zu erhalten und in der Folge die Umwandlung Roms in die Hauptstadt des neuen Italien zu verhindern. Seine Dogmen von der Unbefleckten Empfängnis Mariens (1854) und der päpstlichen Unfehlbarkeit (Erstes Vatikanisches Konzil 1869/70) riefen eine starke Protestbewegung hervor und führten in den deutschen Ländern zur Bildung der altkatholischen Kirche, in der Schweiz zur christkatholischen Kirche. *Pius X.* (1903–1914), vormals *Giuseppe Sarto*, behielt auch nach seiner Wahl das Wesen eines frommen Landpriesters. Manchen gilt er als weltabgewandter und despotischer Kirchenfürst, anderen als großer Reformpapst der Neuzeit.

Kirchenpolitisch hatte er Konflikte mit Frankreich und Portugal durchzustehen, die während seines Pontifikats ihre Konkordate mit dem Vatikan aufkündigten. *Pius XI.* (1922–1939) hieß ursprünglich *Achille Ratti*. Nach dem Ersten Weltkrieg gelang es ihm, durch 18 Konkordate mit europäischen Staaten (u. a. mit Mussolini 1929 und mit Hitler 1933) die Stellung der Kirche in Mittel-, Süd- und Osteuropa zumindest bis zum Zweiten Weltkrieg neu zu ordnen. Papst *Pius XII.* (1939–1958), ehedem *Eugenio Pacelli*, wurde einmütig nach nur 20-stündigem Konklave gewählt. Er ist jedoch wegen seiner Haltung zur Zeit der nationalsozialistischen Judenverfolgung und seiner strikten Neutralität während des Zweiten Weltkriegs bis heute umstritten. Auf der anderen Seite muss anerkannt werden, dass er sich hinter den Kulissen für Kriegsgefangene, Flüchtlinge und Juden erfolgreich eingesetzt hat. Kirchlich bedeutsam waren sein Dogma von der Himmelfahrt Mariens (1954) und die Heiligsprechung *Pius' X.*, dessen letzte Pontifikatsjahre er als junger Priester noch erlebt hat. → *Borromäus, Braschi, Ghislieri, Mastai-Feretti, Medici, Pacelli, Piccolomini, Ratti, Sarto, Todeschini*

Pizarro *Francisco* (1478–1541), spanischer Eroberer Perus. 1529 ließ er sich von Karl V. in Spanien zum Statthalter und Generalkapitän von Peru ernennen, nachdem er die Küste des Landes auf mehreren Fahrten erkundet hatte. 1531 drang er über die Anden ins Innere vor, wobei ihm der Inkaherrscher Atahualpa in die Hände geriet, dessen Hinrichtung er trotz eines hohen Lösegelds anordnete. Nach einem langen Marsch erreichte er die alte Inkametropole Cuzco und gründete 1535 als neue Hauptstadt Ciudad de los Reyes (»Stadt der Könige«), heute Lima. Der Name *Pizarro* verweist entweder auf die Augen- oder Haarfarbe des ersten Trägers, denn span. *pizarro* bedeutet »schiefergrau« (vgl. span. *pizarra*, »Schiefer, Schiefertafel«). → *Pissarro*

Plancus (auch: *Plancius*) war ein gängiger Beiname in der *gens Munatia*, was nicht erstaunlich ist, denn in diesem Haus litt man nach Auskunft von Zeitgenossen an erblicher Plattfüßigkeit; zu lat. *planus*, »flach, eben«, und *planta*, »Fußsohle«.

Plantagenet → *Genet*

Platon [grch. Πλάτων], 427–347 v. Chr., berühmter griechischer Philosoph aus einem der vornehmsten Athener Geschlechter. Um seinen

Horizont zu erweitern, ging der Schüler des Sokrates nach Süditalien und Sizilien, wurde dort gefangen genommen und als Sklave verkauft. Er konnte jedoch freigekauft werden und in seine Heimatstadt zurückkehren, wo er um 387 die Akademie gründete. Bei fast allen philosophischen Schriften *Platons*, von denen die meisten erhalten sind, handelt es sich um Dialoge, in denen Sokrates das Wort führt. Sie zeichnen sich aus durch große künstlerische Schönheit in Sprache und Aufbau. Einer seiner bekanntesten Sprüche – »Liebe macht blind« – wird meist falsch verwendet, denn Platon bezieht die Aussage auf sich selbst und die übermäßige Selbstliebe, wenn er sagt: »Der Liebende wird blind gegenüber dem Gegenstand seiner Liebe.« Der Name des Philosophen stammt von grch. *platýs* (πλατύς), »weit, breitschultrig«, und beschreibt seine äußere Erscheinung (vgl. *platt*) und dürfte eine spöttische Anspielung auf seine Statur sein.

Plautus war ein römischer Beiname mit der wenig rühmlichen Bedeutung »Plattfuß«, den z. B. der römische Lustspieldichter *Terentius Maccius Plautus* trug, von dem 20 Stücke erhalten sind (zu lat. *plautus*, »plattfüßig«).

Pleistoanax [grch. Πλειστοάναξ], »höchster Herr«, hieß im 5. Jahrhundert v. Chr. der Sohn des Pausanias, des Königs von Sparta; zu grch. *pleîston* (πλεῖστον), »am meisten, höchsten, längsten«, und *ánax* (ἄναξ), »Herr«. Pleistoanax war ein formelhaftes Beiwort für Götter, Heroen und Könige. → *Anaximander*

Plejaden [grch. Πλειάδες] nannten die alten Griechen das Siebengestirn, d. h. die Sterne der Schifffahrt, mit deren Aufgang die ruhige, ungefährlicher Zeit der Seefahrt beginnt, mit deren Versinken im Meer dagegen die Zeit der Stürme und der Regenschauer einsetzt. Man erzählte, die *Plejaden* seien von Orion fünf Monate lang verfolgt worden und auf ihr Flehen hin in Tauben und später in Sterne verwandelt worden; so verwundert es nicht, dass ihr Name von grch. *peleiádes* (πελειάδες), »Tauben«, stammt, der Mehrzahl von *péleia* (πέλεια), »Taube«. → *Maia*

Plinius hießen zwei berühmte römische Schriftsteller: *Plinius* »der Ältere« (ca. 23–79 n. Chr.), der die 37-bändige Enzyklopädie »Naturalis historia« verfasste und beim Ausbruch des Vesuv 79 n. Chr. ums Leben kam, sowie sein Neffe *Plinius* »der Jüngere« (ca. 61-113), dem er durch Adoption seinen Geschlechternamen gab. Dieser war unter Trajan Konsul gewesen, bevor er gegen Ende seines Lebens Statthalter von Bithynien wurde. Seine Sammlung von Briefen (u. a. ein Briefwechsel mit Kaiser Trajan) in zehn Büchern zeichnet ein anschauliches Bild der römischen Gesellschaft seiner Zeit und der Einstellung des Staates gegenüber der bithynischen Christengemeinde. Die eigentlichen Namen der beiden aus Comum (heute: Como) stammenden Schriftsteller waren *Caius Plinius Secundus* (»der Zweite«) bzw. *Caius Plinius Caecilius Secundus*, wobei *Caecilius* etwa »der Trübäugige« bedeutet, zu lat. *caecus*, »blind, trübäugig, verblendet«, auch »lichtlos, finster, undurchsichtig«. Der Geschlechtername *Plinius*, dessen Herkunft im Dunkeln liegt, wurde mit grch. *plínthos (πλίνθος)*, »Ziegelstein, Ziegel, Lehmklumpen«, in Verbindung gebracht und mag einst einen Ziegelbrenner bezeichnet haben. Er könnte indes auch von grch. *pleîn (πλεῖν)*, »segeln, fahren, schwimmen«, stammen.

Plutarch [grch. Πλούταρχος], ca. 50-125 n. Chr., weit gereister griechischer Philosoph und Historiker. Seine Schriften bestehen aus Lebensbeschreibungen berühmter Griechen und Römer sowie aus philosophischen und erzieherischen Studien und politischen Abhandlungen. Der Name des Anhängers der Philosophie Platons geht zurück auf grch. *ploûtos (πλοῦτος)*, »Reichtum«, und *árchein (ἄρχειν)*, »herrschen, beherrschen«.

Pluton [grch. Πλούτων], der Sohn des Kronos, ein Bruder des Zeus und Poseidon, war für die alten Griechen der Unterweltsgott. Sein Name leitet sich her von grch. *ploûtos (πλοῦτος)*, »Reichtum« – schließlich entsteht der reiche Segen an Getreide unterhalb der Erdoberfläche, und auch die edlen Metalle wie Gold und Silber lagern in der Unterwelt.
→ *Hades*

Pocahontas (ca. 1595-1617), eigentlich *Matoaka*, »kleine Schneefeder«, amerikanische Indianerprinzessin. Der Kosename des hübschen und lebensfrohen Mädchens bedeutet in der Sprache ihres Volkes »kleiner Wildfang«. Die romantische Geschichte ihrer Liebe zu John Smith, dem englischen Gründer Virginias, ist weltberühmt geworden. Als ihr Vater, der Indianerhäuptling Powhatan, ihn gefangen genommen hatte, rettete Pocahontas ihm das Leben und verliebte sich in ihn.

Später heiratete sie einen anderen Engländer und folgte ihm nach London, wo sie im Alter von nur 22 Jahren starb.

Podgorny *Nikolaj* Viktorowitsch [russ. *Николай Викторович Подгорный*], 1903–1983, in der Ukraine geborener Sowjetführer, war zunächst Nahrungsmittel-Ingenieur in Kiew, dann stellvertretender Kommissar der ukrainischen Nahrungsmittelindustrie. Ab 1950 machte er Karriere in der kommunistischen Partei: 1956 wurde er Mitglied des Zentralkomitees, 1960 des Präsidiums, 1965 dessen Vorsitzender, d. h. als Nachfolger Mikojans stieg er zum Staatsoberhaupt auf. 1977 entfernte ihn sein Widersacher und Nachfolger Breschnew aus dem Politbüro. Der Name *Podgorny* kommt von ukr. *pod (под)*, »an, bei, nahe«, und *górno (горно)*, »Esse, Schmelzofen« – wie treffend, konnte man sich als sowjetischer Politiker im Brennpunkt der Macht doch leicht die Finger verbrennen.

Poe *Edgar Allen* (1809–1849), amerikanischer romantischer Schriftsteller. In seinen fantastischen, unheimlichen und makabren Erzählungen gelang es ihm, die Kurzgeschichte zur Kunstform zu erheben. Beim Namen *Poe* handelt es sich um eine Variante von *Paw*, *Pea* und *Pee*, zu aengl. *pō*, »Pfau« – wohl als Spitzname für einen Menschen mit stolzem oder geziertem Auftreten.

Pohl *Witta* (geb. 1937), eigentlich *Britta Breipohl*, deutsche Filmschauspielerin. Die Namensänderung durch Unterschlagung der ersten Silbe ist ebenso verständlich wie gelungen. Der Geburtsname hat indes nichts mit *Brei* und *Pohl* (umgangssprachlich für »Pfahl«) zu tun, sondern mit nd. *brede*, »Sumpf« (vgl. *Breda*), und mnd. *pūl* und *pōl*, »stehendes Wasser« (vgl. *Pfuhl*). Der Vorname *Witta* leitet sich her von wfries. *wiete*, »Wald, Gehölz«, zu ahd. *witu*, »Wald«.

Poinai [grch. *Ποιναί*], »die Strafenden«, lautete im alten Griechenland ein Beiname der Erinnyen, die dem Übeltäter Verderben brachten; zu *poiné (ποινή)*, »Buße, Strafe, Rache, Genugtuung« (vgl. lat. *poena*, »Strafe«, und davon engl. *punishment* und *penalty*).

Poincaré *Raymond* (1860–1934), französischer Politiker. Zwischen 1912 und 1929 war er viermal Premierminister und mehrfach gleichzeitig Außenminister. Von 1913 bis 1920 bekleidete er das Amt des

Staatspräsidenten. Seine Außenpolitik nach dem Ersten Weltkrieg war strikt antideutsch. Die Annexion des Rheinlands 1918 und die Besetzung des Ruhrgebiets im Jahr 1923 wegen verzögerter deutscher Reparationszahlungen gehen auf sein Betreiben zurück. Die damit verbundenen enormen Belastungen des Staatshaushalts kosteten ihn 1924 allerdings das Amt des Ministerpräsidenten. Die Bedeutung seines Namens mag wenig überraschen: *Poincaré* steht für eine starke Persönlichkeit, sozusagen für einen »Mann mit eiserner Faust« (zu frz. *poing*, »Faust«, und *carré*, »eckig«).

Polanski *Raymond* (*Roman*), französischer Regisseur und Filmschauspieler jüdischer Abstammung. Als er 1933 in Paris geboren wurde, hieß er noch *Rajmund Liebling*. Die Familie, inzwischen mit dem Namen *Polański*, kehrte wegen des wachsenden Antisemitismus in Frankreich 1937 nach Polen zurück und geriet nach der deutschen Besetzung ins Krakauer Ghetto, aus dem der Sohn schließlich fliehen konnte. Während seine Eltern ins Konzentrationslager geschickt wurden (seine Mutter starb in Auschwitz), überlebte er den Krieg in einem Versteck auf dem Land. Nach seiner Ausbildung zum Regisseur und Schauspieler emigrierte er 1963 nach England und wenige Jahre später in die USA. Seit 1978 lebt und arbeitet er in Frankreich und Polen. Zu seinen bedeutendsten Filmen zählen »Tanz der Vampire«, »Rosemaries Baby« und »Der Pianist«. Der unter polnischen Juden verbreitete Name *Polański* bezeichnete ursprünglich einen Siedler auf einer Waldlichtung, zu poln. *polana*, »Lichtung, Wiese«, eine Ableitung von poln. *pole*, »Feld« (vgl. *Polen*, wörtlich »Feldbewohner«), oder jemanden, der aus einer Ortschaft stammte, in denen das Wort *polana* enthalten ist (z. B. *Polana*, *Polanka* oder *Polany*).

Polias [grch. Πολιάς], »Schirmherrin der Stadt«, war ein Beiname der griechischen Göttin Athene als Schirmherrin des Stadtstaates, zu grch. *pólis* (πόλις), »Stadt«. → *Pallas*

Pollux ist die lateinische Form des griechischen Namens *Polydeukes*, vielleicht in Anlehnung an lat. *pollucere, polluxi, polluctum*, »bewirten, als Speise vorsetzen, als Opfer darbringen«. Abgekürzt wurde der Name auch als Ausruf des Erstaunens benutzt: lat. *pol*, »bei Pollux!«, »wahrhaftig!«. → *Polydeukes* und *Kastor*

Polybios [grch. *Πολύβιος*], ca. 201–120 v. Chr., ein griechischer Geschichtsschreiber aus Megalopolis auf dem Peloponnes, war 166 v. Chr. als Geisel nach Rom gekommen und wurde dort ein Freund des jüngeren Scipio. Sein Name beruht auf grch. *polýs (πολύς)*, »viel, groß«, und *bíos (βίος)*, »Leben«.

Polybos [grch. *Πόλυβος*], »der Nährende«, hieß ein mythischer König von Korinth, bei dem der von seinen Eltern verstoßene Ödipus aufwuchs. *Polybos* und seine Gemahlin *Merope* zogen ihn wie einen eigenen Sohn auf, da sie selbst keine Kinder hatten. Da er geschwollene Füße hatte, gaben sie ihm den Namen *Ödipus*. Der Name des freundlichen Monarachen basiert, wenig überraschend, auf den griechischen Wörtern *polýs (πολύς)*, »viel, groß«, und *bóskein (βόσκειν)*, »hüten, füttern, nähren«, sowie *bósis (βόσις)*, »Futter, Fraß«. → *Ödipus*

Polydektes [grch. *Πολυδέκτης*], »der Vielaufnehmende«, hieß ein mythischer König von der Kykladeninsel Seriphos. Nachdem Akrisios seine Tochter Danaë samt ihrem von Zeus gezeugten Kind Perseus im Meer ausgesetzt hatte, wurden die beiden an der Küste der Insel von einem Fischer gerettet und zu *Polydektes* gebracht, der großen Gefallen an Danaë fand, nicht aber an deren Sohn Perseus. Als der herangewachsen war, entsandte er ihn daher mit dem Auftrag, das Haupt der Medusa zu holen. Perseus gelang es tatsächlich, das Ungeheuer mit Hilfe eines Spiegels zu enthaupten (bei ihrem direkten Anblick wäre er versteinert worden), und brachte den Kopf seinem Ziehvater *Polydektes*, der beim Anblick des schlangenhaarigen Hauptes augenblicklich zu Stein wurde. Der Name dieses unglücklichen Königs geht zurück auf grch. *polýs (πολύς)*, »viel, groß«, und *déchesthai (δέχεσθαι)*, »aufnehmen, bewirten«. *Polydektes* war übrigens auch ein anschaulicher Beiname des Hades, da er alle Menschen in seinem Reich willkommen hieß. → *Admetos* und *Zeus katachthonios*

Polydeukes [grch. *Πολυδεύκης*] war der griechische Name des *Pollux*. Ihn und seinen Zwillingsbruder *Kastor* nannte man *Dioskuren*, »göttliche Jünglinge«. *Polydeukes* bedeutet wohl »viel Süße«, von grch. *polýs (πολύς)*, »viel, groß«, und *deukós (δεῦκος)*, aus *gleûkos (γλεῦκος)*, »Most, süßer junger Wein«, zu *glykýs (γλυκύς)*, »süß, lieb, angenehm«. → *Kastor*

Polydoros [grch. Πολύδωρος], »der reich Ausgestattete«, hieß der jüngste und liebste Sohn des Priamos, des Königs von Troja. Da er noch zu jung war, um am Trojanischen Krieg teilzunehmen, schickte ihn Priamos mit einer Fülle von Schätzen, die er hüten sollte, in die vermeintlich sichere Obhut des thrakischen Königs Polymestor, der ihn jedoch tötete und die Reichtümer an sich brachte. Der Name *Polydoros* beruht auf grch. *polýs (πολύς)*, »viel, groß«, und *dôron (δῶρον)*, »Gabe, Geschenk«.

Polyklet [grch. Πολύκλειτος] war ein bekannter griechischer Bildhauer der zweiten Hälfte des 5. Jahrhunderts v. Chr.; er gilt als Haupt der peloponnesischen Erzgießerschule. Sein Name hat die aufschlussreiche Bedeutung »der Vielgerühmte«, zu grch. *polýs (πολύς)*, »viel, groß«, und *kleitós (κλειτός)*, »bekannt, berühmt«.

Polykrates [grch. Πολυκράτης], geb. um 530 v. Chr., beherrschte als Tyrann von etwa 538 bis 522 v. Chr. die Insel Samos und weite Teile des Ägäischen Meeres. Er entwickelte eine rege Bautätigkeit und holte viele Dichter und Gelehrte an seinen Hof. Nach anfänglichen Erfolgen gegen die Spartaner und Korinther erlag er einer List der Perser und wurde in Magnesia am Mäander gekreuzigt. Schillers Ballade »Der Ring des Polykrates« über diesen Herrscher, den die Götter für seine Habsucht straften, geht auf eine Erzählung Herodots zurück. Seinem Namen liegen die griechischen Wörter *polýs (πολύς)*, »viel, groß«, und *krátos (κράτος)*, »Kraft, Macht, Herrschaft«, zu Grunde.

Polymnia → *Musen*

Polyneikes [grch. Πολυνείκης] war laut griechischer Sage der Bruder von *Eteokles*, *Antigone* und *Ismene*, die Ödipus mit seiner Mutter Iokaste gezeugt hatte, ohne sich des Inzests bewusst zu sein. *Polyneikes* sollte sich nach Ödipus' Tod die Herrschaft mit seinem älteren Bruder Eteokles abwechselnd teilen; da Eteokles aber beschloss, nach der verabredeten Zeit nicht das Feld zu räumen, gerieten sie in Streit und töteten einander im Zweikampf. Der Name des Polyneikes beruht auf grch. *polýs (πολύς)*, »viel, groß«, und *neikeîn (νεικεῖν)*, »streiten, zanken«. → *Eteokles* und *Ödipus*

Polyphem [grch. Πολύφημος] hieß ein Menschen fressender Sohn des *Poseidon*, ein einäugiger Kyklop, den Odysseus blendete, um mit seinen Gefährten aus dessen Höhle zu entkommen; zu grch. *polýphemos* (πολύφημος), »vielstimmig, viel besprochen«, wohl im Sinne von »berüchtigt«. → *Odysseus* und *Poseidon*

Pomona war bei den Römern eine Göttin, die für die Fruchtbarkeit der Gärten und Obstbäume zuständig war und in einem Hain bei Rom verehrt wurde. Ihr Name geht zurück auf lat. *pomum*, »Frucht, Obst«.

Pompadour *Madame de* (1721–1764), geboren als *Jeanne Antoinette Poisson*, war die Mätresse des französischen Königs Ludwig XV., der sie zur *Marquise de Pompadour* erhob. Sie nutzte ihre Stellung am Hof zur Förderung zahlreicher Künstler und Intellektueller, u. a. Diderots und Bouchers. Ihr bürgerlicher Geburtsname bedeutet schlicht »Fisch«. Wie *pompös* und gehoben klingt dagegen ihr höfischer Name aus okzit. *pompador*, »kleines Plateau«. → *Pompidou*

Pompejus (lat. *Pompeius*) lautete der Name einer plebejischen *gens*. Ihr entstammte jener berühmte römische Heerführer, der mit vollem Namen *Gnaeus Pompeius Magnus*, »der Große«, hieß (106–48 v. Chr.). Der Sohn des Feldherrn *Gnaeus Pompejus Strabo* (»der Schieler«) bekämpfte auf Seiten Sullas die Anhänger des Marius und befriedete Spanien (77–71 v. Chr.), zerschlug die Reste der aufständischen Sklaven unter Spartakus und gründete im Osten die Provinz Syrien. Wieder in Rom, verbündeten er und Crassus sich mit Caesar zum Triumvirat (60). Nach Crassus' Tod mutmaßte dieser, *Pompejus* betreibe seine Entmachtung, und eröffnete mit der sprichwörtlichen Überschreitung des Rubikon den Bürgerkrieg. Er besiegte *Pompejus* 48 bei Pharsalos, und dieser floh nach Ägypten, wo Ptolemäus ihn bereits bei der Landung ermorden ließ. Wie im Fall der Stadt *Pompeji* (mit fünf Stadtbezirken) stammt der Geschlechtername *Pompejus* wohl von dem oskischen Wort *pompe* für »fünf«. Der erste Namensträger war also »der Fünfte«. (Später nannten die Römer ein fünftes Kind *Quintus*.)

Pompidou *Georges* (1911–1974), französischer Politiker, der von 1962 bis 1968 Premierminister und von 1969 bis zu seinem Tod Staatspräsident war. Sein Name, mit den Varianten *Pompidor* und *Pompadour*, ist häufig anzutreffen in den Bergdörfern seiner Heimat am Oberlauf der Dordogne in der Auvergne. Der Begriff *pompidou* bezeichnet dort ein »Hügelplateau«. → *Pompadour*

Pompilius lautete der Name einer römische *gens*. Zu ihr gehörte z. B. der Sabiner *Numa Pompilius* (715–672 v. Chr.), der Sage nach der zweite König von Rom. Auf diesen Friedensfürst ging die Schaffung zahlreicher Gesetze zurück sowie die Ordnung des römischen Sakralwesens und des Kalenders. Sein Name bedeutet »der Prachtvolle«, zu *pompa*, »Festzug, Parade, Prunk« (vgl. *Pomp*). *Numa* gehört vielleicht zu lat. *numen*, »göttlicher Wille« und »Hoheit«. Da der König für Gesetz und Ordnung stand, hat man in neuerer Zeit seinen Namen auch mit grch. *nómos (νόμος)*, »Gesetz«, in Verbindung gebracht.

Pomponius hieß ein römisches Geschlecht, dem z. B. *Titus Pomponius Atticus* (»der Athener«) angehörte; dessen Beiname bezieht sich auf *Attika*, die Landschaft um Athen. *Pomponius* dürfte von lat. *pompa*, »Festzug, Prozession«, auch »Pracht, Prunk, Prunkrede«, abzuleiten sein.

Pontarchos [grch. *Πονταρχός*], »Befehlshaber auf dem Meere«, nannte man im alten Griechenland den Helden Achill mit Beinamen; zu *póntos (πόντος)*, »Meer, hohe See«, und *archós (ἀρχός)*, »Führer, Anführer«.

Pontianus war römischer Papst von 230 bis 235. Der Kaiser verbannte ihn und seinen Gegenpapst *Hippolytus* kurzerhand zur Zwangsarbeit nach Sardinien, um die höchstkirchliche Konkurrenz zu beenden. Hinter dem Namen des Römers *Pontianus* kann man lat. *pons, pontis*, »die Brücke«, vermuten (vgl. den päpstlichen Titel *Pontifex*, »Brückenbauer«), vielleicht verweist er aber auch auf die Insel *Pontia* (heute: *Ponza*) bei Neapel. → *Hippolytus*

Pontifex, »Brückenbauer« (vielleicht im übertragenen Sinn »Wegbereiter«, zu lat. *pons, pontis*, »Brücke«, und *facere*, »machen«), ist heute einer der Titel des Papstes; entsprechend nennt man seine Amtszeit *Pontifikat*. Im alten Rom war *Pontifex* die Bezeichnung der bis zu 16 Mitgliedern des höchsten Priesterkollegiums, die für die Einhaltung des offiziellen Kults im römischen Staat zuständig waren. In der Kaiserzeit war der Herrscher selbst der *Pontifex Maximus* an der Spitze der Priesterschaft. Seit Leo I. (440–461) führt nur noch der römische Papst diesen Titel.

Pontius war ein ursprünglich samnitischer, später römischer Gentilname. Als Vertreter dieses Geschlechts kennen wir z. B. *Caius Pontius*, den Anführer der Samniten bei Caudium (321 v. Chr.) und *Pontius Pilatus*, den kaiserlichen Prokurator von Judäa und Richter Jesu Christi. Der Name beruht auf *pons, pontis*, »Brücke«, auch »Knüppeldamm«; vielleicht hatte der Clan ursprünglich an einem Flussübergang gesiedelt. → *Pilatus*

Poppaeus hießen mit Gentilnamen z. B. der römische Konsul *Quintus Poppaeus Sabinus*, »der Sabiner«, sowie die *Poppaea Sabina*, jene ehrgeizige und sittenlose Gattin des späteren Kaisers Otho, die im Jahr 58 die Geliebte Neros und im Jahr 60 seine zweite Frau wurde. Dieser tötete sie jedoch nach kurzer Ehe durch einen brutalen Fußtritt in den Leib. Die römische *gens Poppaea* verdankte ihren Namen dem aus dem Griechischen entlehnten lateinischen Wort *poppysma*, das »zustimmendes Zungenschnalzen« bedeutete.

Porcius → *Cato*

Poseidon [grch. Ποσειδῶν] war der Sohn des Kronos und der Rhea sowie der Bruder des Zeus und oft grollender Herrscher des Meeres (lat. *Neptunus*). Die dorische Form seines Namens lautete *Poteidan*, »Herr der Gewässer«, aus *poteï*, Anredeform von »Herr«, und dem Adjektiv *daon*, »wässrig« (vgl. die indoeuropäischen Wurzeln *da* und *danu* für »Wasser, Fluss«, wie in den Flussnamen *Don, Dnjepr, Dnjestr* und *Donau*).

Postumius lautete der Name einer patrizischen *gens*, zu lat. *postumus* (auch: *postremus*), »der Hinterste, Letzte, Späteste«. *Postumius* ist der Superlativ von lat. *posterus*, »folgend, kommend«, und könnte damit auch die Bedeutung »der auf den letzten Drücker Handelnde« haben. Vom gleichen Wort abgeleitet ist der römische Beiname *Postumus*, wohl im Sinn von »der Spätgeborene, der Nachgeborene« (d. h. nach dem Tod des Vaters).

Potemkin *Grigorij Alexandrowitsch* [russ. Григорий Александрович Потёмкин (Aussprache etwa: *Patjómkin*)], 1739–1791, russischer Staatsmann und Günstling Katharinas II. Der Generalgouverneur der südlichen Provinzen und Oberbefehlshaber der russischen Armee und Flotte erhielt von der Herrscherin unerschöpfliche Geldmittel zur

Kolonisation Südrusslands. Die Redensart von den *Potemkinschen Dörfern* geht auf eine Inspektionsreise Katharinas auf die Krim zurück, wo man ihr rasch aufgebaute und nur zum Schein besiedelte Dörfer vorführte, um den angeblich blühenden Zustand des Landes zu belegen. So mag es nicht verwundern, dass dem Namen des fürstlichen Blenders das russische Wort *potemki (птёмки)*, »Dunkel, Finsternis«, zu Grunde liegt.

Potiphar hieß im Alten Testament ein ägyptischer königlicher Beamter, der den Joseph als Sklaven kaufte. Im Altägyptischen bedeutete der Name *Potipherâ* »der von Râ Beschenkte«. → *Rê*

Potitius lautete der Name eines altrömischen Geschlechts, wohl von lat. *potitus*, »erlangt, erreicht«, zu *potior*, »sich bemächtigen, die Oberhand gewinnen, besitzen«. → *Pinarius*

Pound *Ezra* (1885–1972), amerikanischer Dichter und Essayist, in dessen Werk sich seine Kritik an der demokratisch-technischen Zivilisation und kapitalistischen Geldwirtschaft, aber auch sein Glaube an eine zeitlose Gegenwärtigkeit des Mythischen und Symbolischen spiegeln. *Pound* trat öffentlich für den Faschismus ein, wofür er 1945 in einem amerikanischen Straflager landete. Vor einem Hochverratsprozess bewahrte ihn nur seine Einlieferung in eine Heilanstalt, aus der er erst 1958 entlassen wurde. Bis zu seinem Tod lebte er danach in Italien. Sein Name beruht entweder auf mengl. *pound*, »umzäuntes Gebiet«, und bezeichnete einen Siedler in einem solchen Grundstück, oder er geht zurück auf den alten Berufsnamen *Pounder*, d. h. einen Hersteller oder Verkäufer von Gewichten, zu aengl. *pund*, »Gewicht« (vgl. *Pfund*).

Poussin *Nicolas* (1594–1665), französischer Maler. Sein Werk, vor allem Themen der antiken Welt und der Mythologie, entspricht allen Regeln der Klassik. Während seine Gestalten sich durch edle und anmutige Haltung auszeichnen, wirken seine Landschaften idealisiert und erhaben. Sein Name stammt vom französischen Wort *poussin*, »Küken«, ursprünglich vielleicht eine Bezeichnung für einen unsicheren Menschen. *Poussin* wird im übertragenen Sinn jedoch auch als Kosewort verwendet.

Powell *Colin Luther* (geb. 1937), amerikanischer Generalstabschef und Politiker. Nachdem der gebürtige Jamaikaner 1987 US-Sicherheitsberater des Weißen Hauses geworden war und 1989 das Oberkommando über die Landstreitkräfte der USA übernommen hatte, machte ihn Präsident George W. Bush zu Beginn seiner ersten Amtszeit zu seinem Außenminister. Wegen seiner irrigen Behauptung, der Irak habe Massenvernichtungswaffen besessen und deswegen sei ein Krieg gegen Saddam Hussein gerechtfertigt gewesen, trat *Powell* 2005 von seinem Amt zurück. Sein Name wird als Ableitung von *Paul* aufgefasst, obschon im Mittelalter ein Name *ate Powel*, »Siedler am Teich« (engl. *pool*), und im 16. Jahrhundert ein walisischer Familienname *ap Hoell*, »Sohn des Howell« (*Howell* ist ein alter bretonischer Rufname), belegt sind.

Präfekt (lat. *Praefectus*) nannten die alten Römer grundsätzlich »den an die Spitze Gestellten«, von *praeficere*, »zum Vorgesetzten machen«, »mit etwas betrauen«. So gab es z. B. den *praefectus urbi* (Gouverneur von Rom), den *praefectus classis* (Admiral), den *praefectus praetoriarum cohortium* (Befehlshaber der kaiserlichen Leibwache), den *praefectus custodum* (Wachkommandant), den *praefectus vigilum* (Feuerwehrkommandant) und den *praefectus vehiculorum* (Chef der kaiserlichen Post).

Prätor (lat. *Praetor*), zu lat. *praeterire*, »vorbeigehen«, »verfließen«, war ursprünglich der Titel römischer Konsuln sowie des Diktators, seit 367 v. Chr. auch Titel eines Beamten, der den beiden Konsuln für ein Jahr zur Seite gestellt wurde und für die städtische Rechtsprechung zuständig war. (Zur Zeit Neros gab es bereits 18 Prätoren.) Ein *Prätor* ging nach seiner kurzen Amtszeit normalerweise als Statthalter in eine der Provinzen. → *Konsul* und *Quästor*

Praetorius *Michael* (1571–1621), deutscher Komponist vieler evangelischer Kirchenlieder und Orgelstücke. *Praetorius* ist die latinisierte Form seines eigentlichen Namens *Michael Schultheiß*, »Bürgermeister«, zu lat. *praetor*, »Gemeindevorsteher«.

Praunheim *Rosa von* (geb. 1942), in Riga als *Holger Bernhard Bruno Mischwitzky* geboren, ist ein deutscher Regisseur und satirischer Filmemacher, der mit einem weiblichen Pseudonym seine homosexuelle

Natur betont. Der gewählte Vorname *Rosa* soll sich indes auch auf das rosafarbene Dreieck beziehen, mit dem Homosexuelle in den Konzentrationslagern der Nazis gekennzeichnet wurden. *Praunheim* ist der Name des Frankfurter Stadtteils, in dem er aufwuchs (wohl von lat. *prunus*, »Pflaume«). Sein slawischer Geburtsname ist von einem Rufnamen wie *Miloslav* herzuleiten, aus urslaw. *milъ*, »lieb, teuer«, und *slava*, »Ruhm, Ehre«.

Praxiteles [grch. Πραξιτέλης], ca. 390–330 v. Chr., war der wohl bedeutendste Athener Bildhauer der spätklassischen Epoche. Er stellte vielfach göttliche Wesen in liebenswürdig vermenschlichter Gestalt dar. Mit seinem Hauptwerk »Aphrodite von Knidos« zeigte er zum ersten Mal in der griechischen Kunst die Schönheit des nackten Frauenkörpers. Sein Name kommt vielleicht von grch. *prâxis (πρᾶξις)* oder *prâgma (πρᾶγμα)*, »Handlung, Beschäftigung, Tat«, sowie *teleîn (τελεῖν)*, »beendigen, ausführen, erfüllen«.

Preminger *Otto* (1906–1986), amerikanischer Filmproduzent und Regisseur österreichisch-jüdischer Herkunft. Er emigrierte 1934 über England nach den Vereinigten Staaten von Amerika, wo er zunächst in New York Theaterregisseur war und später in Hollywood viele Filme produzierte (z. B. »Carmen Jones«, »Bonjour Tristesse«, »Porgy and Bess« und »Exodus«). *Preminger* könnte auf mhd. *breme, prem*, »Stechfliege« (vgl. *Bremse*), oder ahd. *brema*, »Dornstrauch« (vgl. *Brombeere*), vielleicht aber auch auf dem bayerischen Ortsnamen *Prem* beruhen.

Přemysl (poln. *Przemyśl*) hieß im 10. Jahrhundert ein sagenhafter Stammvater der ursprünglich böhmischen Dynastie der *Přemysliden*. Diese erwarb 1198 die Königswürde und starb 1306 bereits wieder aus. Dem Namen, etwa »großer Planer«, liegt tsch. *přemýšlet* (poln. *przemyśleć*), »durchdenken, genau nachdenken«, zu Grunde.

Presley *Elvis* (1935–1977), berühmter amerikanischer Sänger, den man ab 1955 als Gründer und König des »Rock and Roll« verehrte und der in etlichen Musikfilmen und Fernsehreihen mitwirkte. *Presley* ist eine Ableitung des Namens *Priestley*, zu aengl. *preost*, »Priester«, und *leah*, »Lichtung«.

Priamos [grch. *Πρίαμος*] war in der griechischen Mythologie der letzte König von Troja. Der Sohn des Laomedon war der Gemahl der Hekabe und Vater des Hektor (ältester seiner 50 Söhne), des Paris (sein Zweitältester) und der Kassandra (eine seiner 12 Töchter). Sein Name hat die Bedeutung »der Losgekaufte«, da er als Einziger von den Söhnen des Laomedon vor dem zürnenden Herakles gerettet wurde, und zwar von seiner Schwester Hesione, die bei einer früheren Stadteinnahme Trojas durch Herkules dessen Gefährten Telamon als Siegespreis geschenkt worden war und die sich einen Gefangenen auswählen durfte, den sie mit ihrem Schleier freikaufte. So wurde aus ihrem Bruder *Podarkes* (»der Schnellfüßige«) der *Priamos*, »der Losgekaufte«, von *príasthai (πρίασθαι)*, »kaufen, abkaufen, bestechen«. Der greise *Priamos* wurde bei der Einnahme Trojas von Neoptolemos, dem Sohn des Achill, am Zeusaltar seines Palastes erschlagen.

Priapos [grch. *Πρίαπος*] nannten die alten Griechen den Fruchtbarkeitsgott des Feldes und der Herden, den Hüter der Gärten und Weinberge. Er war ein hässlicher Sohn des Dionysos und der Aphrodite (oder einer Nymphe). Er wurde mit einem obszönen, übergroßen Phallus dargestellt, womit Hera die Liederlichkeit seiner Mutter Aphrodite kritisieren wollte. *Priapos*-Gestalten wurde im alten Griechenland auch als Vogelscheuche aufgestellt. Der Name kommt vielleicht von grch. *príein (πρίειν)*, »sägen, abtrennen«, da zu seinen Frucht bringenden Tätigkeiten das Beschneiden der Bäume gehörte.

Priestley *John* (1894–1984), englischer Erzähler und Dramatiker, Essayist und Kritiker. In seinen Romanen spürt man die Sehnsucht des kleinen Mannes nach ein wenig Romantik im Alltagsleben. Zu seinen bekannten Werken gehören u. a. »Engelgasse«, »Das jüngste Gericht«, »Eine fremde Stadt« und »Ein Inspektor kommt«. *Priestley* bedeutet so viel wie »Siedler bei der Lichtung der Priester«, zu aengl. *preost*, »Priester« (vgl. engl. *priest*), und *leah*, »gerodete Stelle im Wald, Lichtung«.

Primas, zu lat. *primus*, »Erster«, nennt man in der kirchlichen Hierarchie den Rang eines Bischofs oder Erzbischofs zwischen Patriarch und Metropolit, früher auch des Oberbischofs einer Region. Heute trägt diesen Titel nur noch der Papst als *Primas* von Italien (vgl. den *Primat* des Papstes, d. h. die höchste gesamtkirchliche Gewalt des Bischofs von Rom).

Priscus war ein alter römischer Beiname mit der Bedeutung »der Ältere«, zu lat. *priscus*, »uralt, altehrwürdig«. So hießen z. B. *Quintus Servilius Priscus* der Eroberer von Veii und Fidenas, sowie *Caius Helvidius Priscus* (gest. ca. 70 n. Chr.), ein stoischer Philosoph, aber auch *Tarquinius Priscus*, der Sage nach 5. König Roms, der von 616–579 v. Chr. regiert haben soll, etliche altlatinische Städte annektierte und den Senat und die Patrizierfamilien vermehrte. Möglicherweise war er es, der den kapitolinischen Jupitertempel und zur Entwässerung des Forums die Cloaca maxima erbauen ließ. Angeblich wurde er von zwei Söhnen seines Vorgängers, Ancus Martius, ermordet.

Prithivi, eigentlich *Prithivi Matar*, »Erdmutter«, bildet zusammen mit Dyaus das indische Urgötterpaar; ihre Kinder sind u. a. *Agni*, *Indra* und *Surya*. Ihr Name beruht auf skr. *prthiví*, »Erde, Land, Erdboden«.

Probus war der Beiname des *Marcellus Aurelius Probus* (232–282), der 276 nach der Ermordung des Kaisers Tacitus vom Heer des Ostens zum römischen Kaiser ausgerufen und nach nur kurzer Herrschaft von unzufriedenen Soldaten erschlagen wurde. Sein Verdienst war die Vertreibung der Alemannen und anderer Germanen aus Gallien. Der Beiname *Probus* bedeutet »der Tüchtige«, zu lat. *probus*, »fähig, richtig, unverfälscht« (vgl. *erprobt*). → *Aurelius* und *Marcellus*

Prodi *Romano* (geb. 1939), italienischer Wirtschaftswissenschaftler und Politiker. 1996 wurde er Ministerpräsident seines Landes, trat jedoch zwei Jahre später nach Stellung der Vertrauensfrage zurück. Von 1999 bis 2004 war er Präsident der EU-Kommission; das wichtigste Ereignis seiner Amtszeit war die Aufnahme von zehn neuen Ländern in die Europäische Gemeinschaft. *Prodi*, dessen Glaubwürdigkeit und Unbestechlichkeit nie angezweifelt wurden, überlebte mehrere Attentate aus Terroristenkreisen. Sein Name bedeutet so viel wie »Held«, zu ital. *prode*, »tapfer, kühn«.

Prokofjew *Sergej Sergejewitsch* [russ. Сергей Сергеевич Прокофьев], 1891–1953, russischer Komponist ukrainischer Herkunft. Nach dem Ersten Weltkrieg lebte er als gefeierter Pianist und Komponist in den USA und Frankreich, bevor er 1934 nach Russland zurückkehrte. *Prokofjew* gilt als einer der einfallsreichsten Musiker des zwanzigsten Jahrhunderts, der mit seiner Vorliebe für eine gewagte Harmonik und

Dissonanzen einen großen Einfluss auf die jungen europäischen Komponisten ausübte. Neben Opern und Sinfonien schrieb er etliche bekannte Klavierwerke. Am populärsten dürfte indes seine Ballettmusik »Peter und der Wolf« sein. Der Familienname *Prokofjew* ist auf den ukrainischen Personennamen *Prokopij (Прокопiй)* zurückzuführen – entstanden aus dem Heiligennamen *Prokopios*, »der Schlagfertige«, zu grch. *pró (πρό)*, »eher, vorher«, und *kópe (κώπη)*, »Schwertgriff«. Dem heiligen Märtyrer hat der rühmliche Name wenig genützt, denn er wurde 304 wegen seiner Glaubenstreue enthauptet.

Prometheus [grch. Προμηθεύς], war laut griechischer Sage der Sohn des Titanen Iapetos und der Klymene. Als die Götter im Olymp stritten, welche Opfer die Menschen ihnen zu bringen hätten, trat er als listiger Fürsprecher der Menschen auf und erregte damit den Zorn des Zeus. Um ihn zu strafen, nahm dieser den Menschen das Feuer, das *Prometheus* jedoch aus dem Olymp entwendete und den Menschen zurückbrachte, damit sie ihre Kultur entwickeln konnten. Zur Strafe wurde *Prometheus* von Zeus an eine Felswand gekettet und seine Leber täglich von einem Adler zerfleischt, die aber jede Nacht wieder nachwuchs; Herkules erlegte den Adler (sogar mit der Zustimmung des Zeus) und befreite den *Prometheus*. Der Name *Prometheus* bedeutet »vorher Denkender«, »Fürsorglicher«, zu grch. *prométheia (προμήθεια)*, »Vorsicht, Klugheit, Besorgtheit«. Sein Bruder hieß übrigens *Epimetheus* [grch. Ἐπιμηθεύς], »erst nachher Denkender«, der allen Ratschlägen seines Bruders zum Trotz auf *Pandora* hereinfiel und sie zur Frau nahm: Als diese die Dose mit den bösen Gaben der Götter öffnete, war das sorglose Dasein der Menschen, die bislang ohne Mühe, Alter, Krankheit und Tod gelebt hatten, zu Ende (vgl. das christliche Paradies). → *Pandora*

Properz (lat. *Propertius*), genauer: *Sextus Propertius*, hieß ein berühmter Elegiker aus Umbrien, der von ca. 47 bis 15 v. Chr. lebte und zum Kreis des Maecenas gehörte, wo er besonders Vergil nahe stand. Der Name basiert auf lat. *properus*, »eilig, schnell«.

Proserpina, oft mit der Göttin Libera gleichgesetzt, galt als Tochter der Ceres und Schwester des Liber. Als Gemahlin des Pluto war sie Herrin der Unterwelt. Damit entsprach sie der griechischen *Persephone*. Ihr Name kommt von lat. *proserpere*, »hervorkriechen«, zu *serpere*, »kriechen, schleichen« (vgl. auch lat. *serpens*, »Schlange, Drache«), und hatte vielleicht den übertragenen Sinn »die Schreckliche«.

Protagoras [grch. Πρωταγόρας], ca. 485–410 v. Chr., hieß einer der bedeutendsten griechischen Sophisten. *Protagoras* hatte keinen festen Wohnsitz, sondern lehrte herumreisend in ganz Griechenland. Sein Hauptmotto war: »Der Mensch ist das Maß aller Dinge«; von den Göttern bekannte er dagegen, nichts zu wissen. Wegen seiner Gottlosigkeit wurde er in Athen angeklagt und verurteilt. Er konnte zwar entfliehen, ertrank jedoch bei einem Schiffbruch. Sein Name bedeutet »der Erste in der Versammlung«, zu grch. *prôtos (πρῶτος)*, »Erster«, und *agorá (ἀγορά)*, »Versammlung, Beratung, Marktplatz«.

Protesilaos [grch. Πρωτεσίλαος], »Erster des Volkes«, trug seinen Namen zu Recht, denn er war vor Troja der Erste, der an Land sprang (aber auch der erste Grieche, der von Hektor getötet wurde). Sein Name besteht aus grch. *prôtos (πρῶτος)*, »Erster«, und *laós (λαός)*, »Volk, Leute, Menschen«.

Proteus [grch. Πρωτεύς] war wie Nereus ein weissagender Meergreis, der die Robben der Amphitrite weidete. Er hielt sich auf der Insel Pharos vor der Nilmündung auf, wohin er in der Tagesmitte zurückkehrte und im Schatten ein Mittagsschläfchen machte. Sein Name beruht auf grch. *proteía (πρωτεία)*, »Vorrang«, und *prôtos (πρῶτος)*, »Erster«.

Proust *Marcel* (1871–1922), französischer Schriftsteller. Als sein Hauptwerk wird der siebenteilige Roman »Auf der Suche nach der verlorenen Zeit« betrachtet. *Proust* ist eine deformierte Ableitung von Amtsnamen wie *Provost* und *Prévost* (zu lat. *praepositus*, »Vorgesetzter«), im Mittelalter ein »Justizbeamter« oder ein kirchlicher »Würdenträger« (vgl. frz. *prévôt* und dt. *Propst*).

Prschewalskij *Nikolaj Michailowitsch* [russ. *Николай Михайлович Пржевальский*], 1839–1888, russischer General und Asienforscher. Nach seinem Studium an der Militärakademie in St. Petersburg und einer Lehrtätigkeit an der Kadettenschule in Warschau unternahm er umfangreiche Expeditionen durch die weitgehend unbewohnten Gebiete Zentralasiens, die das Wissen über die Flora und Fauna dieser Region revolutionierten. U. a. entdeckte er das Wildkamel und das Wildpferd, das nach ihm benannt wurde. Sein Name stammt aus dem Polnischen und bedeutet so viel wie »Sohn des Umstürzlers«, zu *przewalać*, »umstoßen, umwälzen, überrollen«. (Übrigens könnte *Prschewalskij* hartnäckigen Gerüchten zufolge der Vater Joseph Stalins sein.)

Prunier *Joseph* wählte der französische Schriftsteller *Guy de Maupassant* (1850–1893) als Pseudonym, das er vor allem als Autor von Kurzgeschichten benutzte. Das französische Wort *prunier* bedeutet eigentlich »Pflaumenbaum«, aber auch »Pflaume, Zwetsche«, zu *prune*, »Pflaume«, wurde häufig aber auch als Spitzname für einen wohl beleibten Mann benutzt. Sein richtiger Name, *Maupassant*, war allerdings keine Zierde für einen Schriftsteller, denn man könnte ihn mit »Schlechtweg« übersetzen (zu frz. *mauvais*, »übel, schlecht«, und afrz. *passant*, »Passage, Durchgang, Weg«).

Prusias [grch. Προυσίας] hießen zwei Könige von Bithynien in Kleinasien: *Prusias I.* (um 183 v. Chr. ermordet) regierte den Staat etwa ab 229 v. Chr. und konnte ihn durch Kriege beträchtlich vergrößern. Er unterstützte Makedonien im Krieg gegen die Römer und gewährte deren flüchtigem Erzfeind Hannibal vorübergehend Asyl in seinem Land. Als der König sich schließlich doch zu dessen Auslieferung entschloss, beging Hannibal Selbstmord. Anders als sein Vater, verbündete sich *Prusias II.* mit den Römern und wurde ihr Vasall. Er war wegen seiner angeblichen Lasterhaftigkeit unbeliebt bei seinem Volk und wurde im Tempel, wohin er sich vor den wütenden Bewohnern seiner Hauptstadt geflüchtet hatte, von seinem Sohn Nikomedes II. 149 v. Chr. erschlagen. Der Name *Prusias* basiert eventuell auf dem griechischen Verb *prouseleîn (προυσελεῖν)*, »misshandeln, beschimpfen«.

Psammetich war der Name dreier ägyptischer Könige. *Psammetich I.* (664–610 v. Chr.), von den Assyrern als Unterkönig von Memphis und Saïs im Nildelta eingesetzt, befreite Ägypten von der assyrischen und äthiopischen Fremdherrschaft. Sein Enkel *Psammetich II.* saß auf dem Pharaonenthron von 595 bis 588 v. Chr. und legte nach einem Präventivkrieg gegen Nubien die Südgrenze seines Reiches am 1. Nilkatarakt fest. *Psammetich III.*, der letzte König der von *Psammetich I.* begründeten 26. Dynastie, regierte nur ein halbes Jahr; er unterlag 525 v. Chr. dem Perserkönig Kambyses und wurde nach einem Aufstand hingerichtet. Der Name *Psammetich*, aus grch. *Psammétichos (ψαμμήτι-*

χος), bedeutet so viel wie »Sandbewohner«, zu grch. *psámme* und *psámmos (ψάμμη* und *ψάμμος)*, »Sand, Düne«, ein treffender Name für einen Herrscher am Rande der Wüste.

Psyche [grch. *Ψυχή*] hieß in der griechischen Mythologie das schöne Mädchen, in das sich Eros (lt. Cupido) verliebt hatte. In späterer Zeit wurde sie die Personifikation der Seele. Der Name entspricht grch. *psyché (ψυχή)*, »Atem, Seele«.

Psychopompos [grch. *Ψυχοπομπός*], »der Seelengeleiter«, nannten die alten Griechen den Hermes mit Beinamen, der die Seelen der Toten auf Zeus' Geheiß in die Unterwelt führte; bei bestimmten Totenfeiern konnte er sie aber auch wieder an die Oberwelt steigen lassen. Der Name setzt sich zusammen aus grch. *psyché (ψυχή)*, »Seele«, und *pompós (πομπός)*, »Begleiter«; → *Dios angelos*

Ptah, »Urheber, Bildhauer«, hieß in der ägyptischen Mythologie der Schöpfungsgott und der Schutzherr der Handwerker und Künstler. Sein Name geht wohl auf eine alte Wurzel in der Bedeutung »formen, gestalten« zurück, die man auch im Namen *Ägypten* zu erkennen glaubt. Dieser soll aus ägypt. *hut-ka-ptah*, »Tempel der Seele des Ptah«, entstanden sein, zu *hut*, »Tempel«, *ka*, »Seele«, und dem Namen des Gottes *Ptah*. Eigentlich handelte es sich um eine Bezeichnung für die Stadt Memphis, wo *Ptah* zusammen mit seiner Gattin Sachmet und ihrer beider Sohn Nefertem verehrt wurde. Die Ägypter selbst nannten ihr Land *Kemet*, »schwarzes Land«.

Ptolemäus [grch. *Πτολεμαῖος*] bedeutet »der Krieger«, zu grch. *ptolemeîn* und *polemeîn (πτολεμεῖν, πολεμεῖν)*, »Krieg führen, kämpfen«. Diesen Namen trugen in der Nachfolge Alexanders d. Gr. die Herrscher Ägyptens von 323–30 v. Chr., die von hier aus durch Einnahme Südsyriens, Zyperns, der ägäischen Inseln und kleinasiatischer Küstenstädte ein riesiges hellenistisches Reich schufen, das jedoch durch ständige Kriege mit den Seleukiden, aber auch mit Rom immer mehr geschwächt und schließlich von Octavian besetzt und dem Römischen Reich eingegliedert wurde. Einige herausragende Könige waren der Freund und Feldherr Alexanders d. Gr., *Ptolemäus I.* (ca. 367–283 v. Chr.), der bei der Aufteilung des Alexanderreiches Ägypten erhielt und *Soter* [grch. *Σωτήρ*], »Retter«, genannt wurde, sowie sein Sohn

Ptolemäus II. (308–246 v. Chr.), zu dessen Gunsten er 285 auf den Thron verzichtete und der Alexandria, die »Stadt Alexanders«, nicht nur zu seinem Regierungssitz, sondern auch zum Zentrum der griechischen Wissenschaft machte; außerdem führte er unter den *ptolemäischen* Herrschern die Sitte der Geschwisterehe, zumindest die Heirat einer nahen Verwandten, ein. Daher erhielt er bald den Beinamen *Philadelphos* [grch. Φιλάδελφος], »Geschwisterliebender« (er selbst heiratete seine Schwester *Arsinoë*), zu *philía (φιλία)*, »Liebe«, und *adelphós (ἀδελφός)*, »geschwisterlich«. *Ptolemäus III.* war der letzte bedeutende Herrscher dieser Dynastie, denn er konnte sich nicht nur gegen die Seleukiden behaupten, sondern baute auch die innere Verwaltung seines Reichs aus, was ihm den Beinamen *Euergegtes* [grch. Εὐεργέτης], »Wohltäter«, einbrachte. Unter seinen schwachen Nachfolgern setzte der Niedergang des Reichs ein, und so erhielten sein Sohn und sein Enkel nur noch den weniger schmeichelhaften Beinamen *Philopator* [grch. Φιλοπάτωρ], »Vaterliebender« (wie *Seleukos IV.*), bzw. *Philometor* [grch. Φιλομήτωρ], zu grch. *philía (φιλία)*, »Liebe«, und *méter (μήτηρ)*, »Mutter«. Die Dynastie der *Ptolemäer* erlosch übrigens mit dem Tod *Kleopatras* und der Eingliederung Ägyptens in das Römische Reich. → *Antiochos* und *Seleukos*

Publicius lautete ein römischer Gentilname, zu lat. *publicare*, »für die Staatskasse einziehen« und »öffentlich zugänglich machen, veröffentlichen« (vgl. *publizieren*), zu *publicus*, »öffentlich, staatlich« (der Steuerpächter in den Provinzen etwa hieß *publicanus*; vgl. *Publikum*).

Publicola (auch: *Poplicola*) war ein Beiname in der *gens Valeria*, er bedeutete wohl »Hüter des Staatsvermögens«, zu lat. *publicum*, »Staatsgebiet, Staatsvermögen«, und *colere*, »pflegen, Sorge tragen«.

Publilius kannte man im alten Rom als Gentilnamen, den z. B. der syrische Freigelassene *Publilius Syrus* trug, ein bekannter Mimendichter des 1. Jahrhunderts v. Chr.; der Name gehört, wie *Publicius*, zu lat. *publicus*, »öffentlich«.

Publius (abgekürzt *P.*) war ein sehr gängiger römischer Vorname, zu lat. *publius*, »öffentlich«, vermutlich für einen in der Öffentlichkeit Geborenen.

Puccini *Giacomo* (1858–1924), Opernkomponist, nach Verdi Hauptvertreter der italienischen Oper mit den Hauptwerken »La Bohème«, »Tosca«, »Madame Butterfly« und »Turandot«. Sein Name dürfte, ähnlich wie *Pacelli* und *Pasolini*, auf *Iacopo*, »Jakob«, beruhen und aus einer Koseform des Rufnamens *Iacopuzzo* hervorgegangen sein. Aus der gleichen Quelle ist der Name des italienischen Dichters *Antonio Pucci* entstanden (1310–1388).

Pückler *Hermann Fürst von Pückler-Muskau* (1785–1841), Adjutant des Herzogs von Sachsen-Weimar, Lebemann und Reiseschriftsteller (z. B. »Orientalische Reisen«, »Aus Mehemed Alis Reich«, »Briefe eines Verstorbenen« und »Tutti Frutti«). Nach ihm – und mit der ausdrücklichen Zustimmung des Feinschmeckers – ist zwar das berühmte »Fürst-Pückler-Eis« benannt, aber sein wirklicher Erfinder war ein Lausitzer Konditor namens Schulz. Dieser war der nicht unbegründeten Auffassung, dass ein »Schulz-Eis« bei seinen Kunden halt nicht so gut ankäme. Für die Gestaltung des weltberühmten Parks an seinem Herrschaftssitz *Muskau* an der Lausitzer Neiße trägt *Pückler* indes die volle Urheberschaft. Sein Name beruht auf mhd. *buckel*, »Schildbuckel, Schildbeschlag«, und *bucklærer*, »der Schildträger«; Varianten dieses Namens sind *Böckler*, *Buckler* und *Bückler*.

Pulitzer *Joseph* (1847–1911), amerikanischer Journalist und Verleger ungarisch-jüdischer Herkunft. Er war als junger Mann nach Amerika emigriert und diente ab 1864 bis zum Ende des Bürgerkriegs in der Unions-Armee. Nach dem Krieg erwarb oder gründete er mehrere Zeitungen und stiftete in New York die School of Journalism an der Columbia-Universität sowie in seinem Testament den nach ihm benannten Preis, der 1917 erstmals verliehen wurde: Mit diesem werden seitdem jährlich acht Journalisten und fünf Schriftsteller für besondere Leistungen ausgezeichnet. Der Name *Pulitzer* könnte sich auf eine Herkunft der Familie aus dem tschechischen Ort *Pulice* beziehen, der im Deutschen früher *Pulitz* hieß.

Pullman *George Mortimer* (1831–1897), amerikanischer Industrieller, der 1863 den ersten wohnlich eingerichteten Schlafwagen und 1865 den ersten Durchgangswagen mit reicher Innenausstattung baute. Zur Herstellung dieser Wagen gründete er 1867 die *Pullman-Car-Company* in Chicago. Der Name ist auf den ersten Blick irreführend; er hat jedoch nichts mit engl. *pull*, »ziehen«, zu tun, sondern beruht auf aengl. *pull*, »Teich« (vgl. engl. *pool*), und *man*, »Mann«, und bedeutet damit »Siedler am Teich«.

Purcell *Henry* (1659–1695), englischer Komponist. Der größte englische Musiker des Barock hatte einen starken Einfluss auf Georg Friedrich Händel. Sein Name kommt eigentümlicherweise von afrz. *pourcel*, »kleines Schwein« (vgl. frz. *porc* und *Porzellan*).[22]

Puschan, »der das Gedeihen Fördernde«, ist ein vedischer Sonnen- und Lichtgott (der als solcher Wachstum und Gedeihen bringt), aber auch Schutzgott der Wege, der Reisenden (auch in die Unterwelt) und des Viehs; zu skr. *pusch*, »blühen, gedeihen, fördern«. Er ist dem griechischen Hermes vergleichbar.

Puschkin *Alexander Sergejewitsch* [russ. Александр Сергеевич Пушкин], 1799–1837, bedeutender russischer Dichter und Begründer der modernen russischen Literatur. Er verwendete in seinen Gedichten und Stücken oft die Umgangssprache und schuf einen erzählerischen Stil, der Drama, Romantik und Satire mischte – ein Stil, der seitdem untrennbar mit der russischen Literatur verbunden ist. Er selbst wurde von Voltaire und den Tragödien Shakespeares beeinflusst. Sein Name beruht auf russ. *púschka (пушка)*, »Kanone«, wenngleich er wenig mit Waffen zu tun hatte, wenn man davon absieht, dass er sich gern und oft aus trivialen Gründen duellierte. 1837 starb er an einem Bauchschuss, den er bei einem Duell mit einem französischen Gardeoffizier erhalten hatte.

Putin *Wladimir Wladimirowitsch* [russ. Владимир Владимирович Путин], geb. 1952, russischer Politiker, Staats- und Regierungschef seit 2000 (Nachfolger von Boris Jelzin). *Putin* war viele Jahre KGB-Offizier gewesen, unter anderem in der DDR, bevor er nach Russland zurückbeordert und zunächst zum stellvertretender Bürgermeister von St. Petersburg ernannt wurde. Ab 1996 hatte er unter Boris

---

[22] Früher nahmen die Italiener nach Marco Polos Rückkehr aus dem Fernen Osten an, dass die Chinesen ihr feines weißes Geschirr aus Muschelkalk brannten. Die Muschel aber galt seit jeher als weibliches Geschlechtssymbol, sodass man den vermeintlichen Rohstoff für das Porzellan mit dem verhüllenden italienischen Ausdruck *porcella*, »kleine Schweinerei«, belegte (zu ital. *porca*, »Sau«; vgl. engl. *pork*).

Jelzin mehrere hohe Verwaltungsposten im Kreml inne und stieg 1998 zum Direktor des russischen Inlandsgeheimdienstes auf. Ein Jahr später machte ihn Jelzin zu seinem Premierminister. Ende 1999, als Jelzin sein Amt niederlegte, übernahm *Putin* kommissarisch die Regierungsgeschäfte der Russischen Föderation und gewann einige Monate später die Präsidentschaftswahlen. 2004 wurde er mit großer Mehrheit wiedergewählt. Da Putin offensichtlich nicht so rigoros mit der sowjetischen Vergangenheit Russlands gebrochen hat wie sein Vorgänger, befahl er eine erneute Besetzung Tschetscheniens und knüpfte bewusst an die sowjetische Vergangenheit seines Landes an, indem er die rote Militärflagge mit Sowjetstern und die sowjetische Nationalhymne (allerdings mit verändertem Text) wieder einführen ließ. Der Name *Putin* bedeutet etwa »Verwickler«, von russ. *pútat' (путать)*, »verwickeln, verwirren, irreführen«, oder er stammt von *pút' (путь)*, »der Weg« (vgl. *Sputnik*, mit vorgesetztem *s*- und dem Suffix -*nik* für »Macher«).
→ *Rasputin*

Puzo *Mario* (geb. 1920), amerikanischer Schriftsteller italienischer Herkunft (berühmte Romane: »Der Pate«, »Mama Luzia«, »Narren sterben«). Sein Name ist wohl eine Variante von *Puzzo*, entweder eine Verkürzung der Koseform *Iacopuzzo*, zu *Iacopo*, »Jakob«, oder er bedeutet, wörtlich übersetzt, »Gestank«.

Pygmalion [grch. Πυγμαλίων] wäre gern der Geliebte der Göttin Aphrodite geworden, die für ihn natürlich unerreichbar war. Daher machte er sich ein elfenbeinernes Abbild von ihr, dem die Göttin geschmeichelt und gerührt Leben einhauchte. Dieses von ihm Galatea genannte Wesen gebar ihm zwei Kinder: die Tochter Metharme und den Sohn Paphos, der die gleichnamige zyprische Stadt gründete. *Pygmalion* bedeutet wohl »harte Faust«, zu grch. *pygmé (πυγμή)*, »Faust«, und *malerós (μαλερός)*, »stark, gewaltig, fürchterlich« (vgl. die *Pygmäen*, die man sich im Altertum ebenfalls nur faustgroß vorstellte).

Pyrrhus [grch. Πύρρος], ca. 300 v. Chr., König von Epiros in Nordgriechenland. Er war ein Feind der Römer, da er sich für einen Nachkommen des Achill hielt und glaubte, in den Römern die Enkel der Trojaner zu bekämpfen. Er besiegte die Römer 279 v. Chr. bei Ausculum, von diesen wurde er dagegen 275 v. Chr. bei Beneventum geschlagen. Sein Name kommt von grch. *pyrrhós (πυρρός)*, »feuerfarben, gelbrot«.

(Vgl. *Pyrrhussieg*: »Noch einen solchen Sieg, und wir sind verloren.« Des Königs Sieg über die Römer 279 v. Chr. wurde mit überaus starken Verlusten erkauft.)

Pythagoras [grch. Πυθαγόρας] war ein Philosoph und Mathematiker des 6. vorchristlichen Jahrhunderts aus Samos. Er gilt als Begründer der *Pythagoreischen Schule* in Kroton (Unteritalien), wohin er um 532 auswanderte, um angeblich der Tyrannei des Polykrates zu entkommen. Sein Name mag die Bedeutung »Überreder (oder: Überzeuger) der Versammlung« haben, zu grch. *peíthein (πείθειν)*, »überreden, überzeugen«, aber auch »täuschen, bestechen«, und *agorá (ἀγορά)*, »Versammlung, Besprechung, Marktplatz«. Wahrscheinlicher ist jedoch eine Herleitung des ersten Namensteils von *Pythia (Πυθία)*, der Priesterin des Apollon; dieser trug selbst den Beinamen *Pythios*, da er einst den gewaltigen Drachen *Python* [grch. Πύθων)] getötet hatte, der die Umgebung von Delphi unsicher machte. Dann könnte man den Namen als »Beratung durch Apollon« auffassen.

Pythia [grch. Πυθία] hieß eine mythische griechische Priesterin des Apollon, die in Delphi die Orakelsprüche erteilte, zu grch. *pýthon (πύθων)*, »wahrsagend« und »Wahrsagergeist«.

Quästor (lat. *Quaestor*) lautete in der Zeit der römischen Könige der Titel des Untersuchungsrichters und Blutrichters; in der Zeit der Republik war er wie der Prätor Stellvertreter eines Konsuls; zwei von ihnen verwalteten den Staatsschatz, zwei weitere zogen mit den Konsuln als Kriegszahlmeister ins Feld. Die *Quästoren* bildeten sozusagen die unterste Stufe der höheren Beamten. Die Bezeichnung stammt von lat. *quaestio*, »Befragung, Vernehmung«, zu *quaerere, quaesitum*, »fragen, befragen« (vgl. engl. *question*). → *Prätor, Konsul* und *Zensor*

Quasimodo ist in der katholischen Kirche eigentlich die Bezeichnung des ersten Sonntags nach Ostern (auch: Weißer Sonntag, an dem traditionell noch heute die Erstkommunion stattfindet) – nach dem lateinischen Eröffnungsgebet dieses Tages in der Messe: *quasi modo geniti*, »wie die neu geborenen (Kinder)«. *Quasimodo* war aber auch der Name des unglückseligen buckligen, einäugigen und krummbeinigen Glöckners in Victor Hugos Roman *Notre-Dame de Paris* von 1831. Der war ihm von seinem Adoptivvater, Claude Frollo, gegeben worden

– vielleicht, weil er ihn an besagtem Tag gefunden hatte oder weil sein Körper so unvollkommen und unvollständig ausgebildet war, dass er also wirklich nur »(ähnlich) wie ein neu geborenes Kind« aussah.

Queneau *Raymond* (1903–1976), surrealistischer französischer Schriftsteller und Mathematiker. In einem seiner Werke (»Stilübungen«) spielte er alle stilistischen Möglichkeiten der Sprache an einem Thema durch, von dem er auf diese Weise insgesamt 99 Fassungen erstellte. Sein Interesse galt vor allem dem Argot und der Umgangssprache. Der Name *Queneau* könnte von *quesne*, einer westfranzösischen Variante von *chêne*, »Eiche«, stammen und auf einen mit diesen Bäumen bestandenen Ort verweisen, möglich ist aber auch eine Herkunft von einer Koseform des Taufnamens *Jacques*, »Johannes«.

Quetzalcóatl hieß eine aztekische Gottheit in der Gestalt einer gefiederten Schlange, die ihre Wiederkunft vorhersagte; seitdem erwarteten die Azteken den alten Toltekengott auf einem Kriegskanu aus dem Osten zurück; er sollte eine bleiche Haut, dunkles Haar sowie blaue Augen haben und einen dunklen Bart tragen. Als die Konquistadoren Mexiko eroberten, hat man den bärtigen *Cortés* in seiner farbigen Uniform und seine Truppen für den zurückgekehrten *Quetzalcóatl* und sein Gefolge gehalten. Der Name des Gottes bedeutet »leuchtend gefiederte Schlange«; er kommt aus dem Nahuatl, der Sprache der Azteken, und ist gebildet aus *quetzalli*, »leuchtend gefärbte Schwanzfeder«, und *cóatl*, »Schlange«. Noch heute heißt übrigens ein prächtig gefiederter Urwaldvogel Mittel- und Südamerikas *Quetzal*, der sich auch auf dem Wappen von Guatemala findet. → *Tezcatlipoca*

Quinctilius war im alten Rom der Name einer patrizischen *gens*, deren berühmtester Vertreter *Publius Quinctilius Varus* war, jener Feldherr, der 9 n. Chr. von den Cheruskern besiegt und getötet wurde. Der Geschlechtername geht zurück auf lat. *quinctilis*, auch *quintilis*, »zum fünften Monat gehörend«, zu lat. *quintus*, »der Fünfte«, aus *quinque*, »fünf«. → *Varus*

Quinctius lautete ein römischer Gentilname, z. B. des *Lucius Quinctius Cincinnatus*, der 460 v. Chr. Konsul war und das sittenstrenge und einfache Römertum vertrat, von lat. *quinctius*, einer anderen Form von *quintius*, zu *quintus*, »der Fünfte«. → *Cincinnatus*

Quinn *Freddy* (geb. 1931), ein österreichischer Schlagersänger und Schauspieler, der als *Franz Eugen Helmut Manfred Niedl-Petz* geboren wurde. Sein weltläufig klingendes Pseudonym war sicherlich eine gute Wahl, denn unter seinem richtigen Namen hätte er mit seinen Seemannsliedern voller Romantik und Fernweh kaum Karriere machen können. *Niedl-Petz* stammt wohl von mhd. *nider,* »niedrig, tief«, für jemanden, der im Tal wohnte, bzw. von *Petz,* einer Koseform von »Berthold« (mit Anklang an *Petz,* »Bär«). *Antony Quinn* (1915–2001) – halb irischer, halb mexikanischer Abstammung – war ein amerikanischer Schauspieler, der durch Filme wie »La Strada«, »König der Freibeuter« und »Alexis Sorbas« weltbekannt wurde. *Quinn* ist ein irischer Name in englischer Schreibung, zu ir. *Ó Cuinn,* »Abkömmling des Conn«, was wiederum »Führer« oder »Ratschlag« bedeutet.

Quintilianus war ein römischer Beiname, z. B. des *Marcus Fabius Quintilianus* (ca. 35–96 n. Chr.) aus Calagurris in Spanien, der als erster staatlich bezahlter Rhetoriklehrer Roms bekannt wurde. Der Name basiert auf der Bezeichnung *Quintilis* für den fünften Monat des am 1. März beginnenden römischen Jahres, den man später zu Ehren Caesars in Julius umbenannte.

Quintus (abgekürzt: *Q.*) nannten viele römische Eltern einen kleinen Jungen mit Vornamen, wobei *Quintus,* »der Fünfte«, sich auf die Reihenfolge der Geburten oder auf den fünften Monat des Jahres beziehen konnte. → *Decimus und Sextus*

Quirinus lautete der Beiname des vergöttlichten Romulus, aber auch des Janus und des Kaisers Augustus. Der Name stammt von der lateinischen Bezeichnung *Quiris* für einen römischen Bürger, zu *qui-vis,* »jeder Beliebige« (nach anderer Quelle von sab. *quiris,* »Speer«). Der Hügel *Collis Quirinis,* auf dem eine Kultstätte des Romulus stand, heißt noch heute *Quirinal.*

Quisling *Vidkun* (1887–1945), norwegischer Politiker, von 1931 bis 1933 Kriegsminister seines Landes. Er war angetan vom Faschismus in Deutschland und gründete 1931 die Partei *Nasjonal Samling.* Zu Beginn des Zweiten Weltkriegs empfahl er Hitler die deutsche Besetzung Norwegens, angeblich, um der englischen Marine zuvorzukommen. Anfang 1942 bildete *Quisling* eine »nationale Regierung«, die scharfe

Maßnahmen gegen die Opposition ergriff. Bei Kriegsende wurde er verhaftet, wegen Hochverrats zum Tod verurteilt und hingerichtet. *Quisling* wird ein Gefolgschaftsname zu einem alten Rufnamen *Quis* sein. Der Vorname *Vidkun* entstand wahrscheinlich aus anorw. *við*, »weit«, und *kunnr*, »Kundiger«.

Raabe *Wilhelm* (1831–1910), deutscher Erzähler des »poetischen Realismus«, aus dessen Feder so bekannte Werke wie »Der Hungerpastor«, »Die schwarze Galeere« und »Der Schüdderump« stammen. Er selbst bevorzugte die Latinisierung seines deutschen Familiennamens und nannte sich gern *Jakob Corvinus* (zu lat. *corvinus*, »Rabe«).

Rabbi bedeutet im Hebräischen »mein Lehrer, Meister«. Ursprünglich war *Rabbi* allgemein eine höfliche Anrede im Sinn von »mein Herr«, später wurde das Wort die ehrende Anrede eines Weisen. Zur Zeit Christi hatte es sich zum Ehrentitel des Schriftgelehrten entwickelt, und auch Jesus wurde so angeredet. Im Osmanischen Reich war den Juden die Benutzung dieses Titels verboten, da im Arabischen *rab* eine der Bezeichnungen Gottes ist.

Rabelais *François* (ca. 1490–1553), französischer Schriftsteller, Humanist, Arzt und Priester. Er veröffentlichte seine Werke unter dem Pseudonym *Alcofibras Nasier*, einem Anagramm seines richtigen Namens, dessen Buchstaben er willkürlich neu anordnete. Diese Freude an Wortspielen und der Bildung neuer Wörter zeigt sich auch in seinem fantastischen Hauptwerk, einem mehrbändigen, teilweise schwer zu deutenden Roman über den Riesen Pantagruel und dessen Vater Gargantua. Da er darin heftige Kritik an Papst und König übte, tat der Verfasser gut daran, seinen wirklichen Namen zu verheimlichen. *Rabelais* ist ein Herkunftsname, der auf einen Ort gleichen Namens verweist.

Rabin *Jitzhak* (1922–1995), israelischer Politiker, Ministerpräsident 1974 bis 1977 und 1992 bis 1995, Friedensnobelpreisträger von 1994. Er war 1940 in die jüdische Selbstschutzorganisation »Palmach« (den Vorläufer der israelischen Armee) eingetreten und stieg bald zu deren stellvertretendem Oberbefehlshaber im Kampf gegen die britische Verwaltung auf. 1946 wurde er von den Briten zu einer Gefängnisstrafe verurteilt, Anfang 1947 aber wieder freigelassen. Im ersten Arabisch-israelischen Krieg (1947–1949) kommandierte er eine Brigade.

Als Generalstabschef der israelischen Armee hatte er 1967 erheblichen Anteil am Sieg im Sechs-Tage-Krieg. Von 1974 bis 1977 war er Ministerpräsident, übernahm 1984 das Verteidigungsministerium und wurde 1992 erneut zum Regierungschef gewählt. 1993 schuf er mit dem Gaza-Jericho-Grundlagenabkommen die Voraussetzungen für die gegenseitige Anerkennung zwischen Israel und der PLO und eine schrittweise palästinensische Autonomie in einigen Bereichen der zivilen Verwaltung im Westjordanland. Im Juni 1994 vereinbarte er mit König Hussein II. von Jordanien die offizielle Beendigung des seit vier Jahrzehnten bestehenden Kriegszustands zwischen beiden Ländern. Zusammen mit Shimon Perez und Jassir Arafat erhielt er 1994 den Friedensnobelpreis. Im Anschluss an eine Friedensdemonstration in Tel Aviv wurde er 1995 von einem israelischen Extremisten und Gegner seiner Verständigungspolitik ermordet. Das Amt des Ministerpräsidenten übernahm daraufhin Shimon Peres.

Rabirius war der Name einer römischen *gens* etruskischer Herkunft, zu der z. B. *Caius Rabirius* gehörte, ein betagter Ritter, der bekannt wurde durch eine erhaltene Rede Ciceros, mit der er den ehemaligen Senator 63 v. Chr. erfolgreich verteidigte. Caesar hatte ihn angeklagt, 40 Jahre zuvor einen Volkstribun getötet zu haben, der allerdings vom Senat zum Gesetzlosen erklärt worden war. Der Name *Rabirius* beruht wohl auf lat. *rabies*, »Wut, Raserei«, zu *rabere*, »toben, wüten, rasen«.

Rachel, im Alten Testament eine Frau des Jakob, trug einen Namen, der im Hebräischen »Mutterschaft« bedeutet. Sie hatte allerdings nur zwei Söhne, Joseph und Benjamin, geboren, während ihre Schwester Lea, die andere Frau des Jakob, diesem sechs Söhne gebar. → *Lea*

Rachmaninow *Sergej Wassiljewitsch* [russ. *Сергей Васильевич Рахманинов*], 1873–1943, russischer Komponist, Pianist und Dirigent von Weltruf. Der von Tschaikowski beeinflusste Musiker schrieb etliche bekannte Klavierkonzerte, Lieder sowie Chor- und Orchesterwerke. Sein Familienname könnte auf ukr. *rachmánin (рахманин)*, »friedfertiger Mensch«, ironisch auch »Bettler«, zurückgehen (zu ukr. *rachmánnij*, »sanft, milde«). Unwahrscheinlich ist eine Herkunft von der altrussischen Bezeichnung für einen „Inder« (zu hind. *brahman*, »Weltgeist« und »Lobpreis«).

Racine *Jean* (1639–1699), großer französischer Bühnendichter. Nach anfänglicher Zusammenarbeit mit Molière, der *Racines* erstes Drama »Le Thébaïde« zur Aufführung brachte, sich dann aber von ihm abwandte, schrieb er mit »Andromache« sein erfolgreichstes Stück. In den folgenden Jahren entstanden weitere Meisterwerke wie »Bérenice«, »Britannicus« und „Iphigénie«. Sein Name bedeutet ungerechterweise so viel wie »Hans Wurzel« (zu frz. *racine*, »Wurzel«).

Radek *Karl* (1885–1939), russischer Politiker polnisch-jüdischer Herkunft, der mit richtigem Namen *Karol Sobelsohn* hieß. Er war zunächst Berliner Korrespondent, später Redakteur der »Leipziger Volkszeitung« und war bis zum Ausbruch des Ersten Weltkriegs sowohl in der russischen als auch deutschen Sozialdemokratie tätig. In der Schweiz lernte er Lenin kennen, begleitete ihn auf der Fahrt nach Russland und schloss sich den Bolschewiki an. Nach Kriegsende widmete er sich in Deutschland bis zu seiner Ausweisung 1919 dem Aufbau der Kommunistischen Partei. Da er ein Anhänger Trotzkis war, verlor er 1924 seine Mitgliedschaft im Zentralkomitee der KPdSU, wurde einige Jahre später auch aus der Partei ausgeschlossen und in den Ural verbannt. 1929 durfte er zurückkommen und nach Unterwerfung unter die Linie Stalins wieder die Parteiarbeit aufnehmen. Im Verlauf der großen Säuberungen in den Jahren 1936 und 1937 erhielt er in einem Schauprozess eine Gefängnisstrafe von zehn Jahren. Wahrscheinlich starb er 1939 in der Lagerhaft. Sein slawischer Wahlname beruht auf russ. *rad (рад)*, »froh, erfreut«, und soll wohl seine Begeisterung für die kommunistische Sache ausdrücken. Sein jüdischer Geburtsname könnte das polnische Wort *soból*, »Zobel«, enthalten (gefolgt von der patronymischen Endung -*sohn*) und auf eine Tätigkeit als Pelztierhändler hinweisen.

Radetzky *Joseph* (1766–1858), österreichischer Feldmarschall. Er hatte zwar als Generalstabschef und Initiator des Ausbildungssystems für Offiziere unbezweifelbare Verdienste, wirklich berühmt wurde er aber durch den nach ihm benannten, von Joseph Strauss komponierten Militärmarsch. Mit vollem Namen hieß er übrigens *Joseph Graf Radetzky von Radetz*, wahrscheinlich ein Verweis auf die tschechische Stadt *Hradec* (zu tsch. *hrad*, »Burg«) oder eine Ableitung des slawischen Rufnamens *Radomil* (zu slaw. *rad*, »froh«, und *mily*, »lieb, angenehm«).

Radziwiłł hieß ein polnisches Magnatengeschlecht litauischer Herkunft. Das einflussreiche und äußerst vermögende Adelsgeschlecht, das vom 15. Jahrhundert bis zur Gegenwart viele bedeutende Politiker, Heerführer und hohe Staatsbeamte stellte, wurde im 16. Jahrhundert von Kaiser Karl V. in den Reichsfürstenstand erhoben. Die polnische Bezeichnung *Radziwiłł* leitet sich her vom ursprünglich litauischen Namen *Radvila*, wohl zu lit. *radvilà*, »Findelkind«, aus *ràsti*, »finden«, und *viltis*, »Hoffnung«. Die Variante *Radziwiłł* dürfte die Bedeutung haben »von Rat umgeben«, aus poln. *(do)radca*, »Rat, Berater«, und *wił*, »umwunden«, zum Verb *wić*, »flechten, umwickeln, ein Nest bauen« (vgl. den Wappenspruch der Familie: *Bóg nam radzi*, »Gott ist unser Ratgeber«).

Raffael (1483–1520), eigentlich *Raffaello Santi*, italienischer Maler und Architekt, Meister der italienischen Renaissance, der am Bau des Petersdoms beteiligt war. Er wurde nur bei seinem Vornamen gerufen, obschon sein Familienname – von ital. *santo*, »heilig«, »Heiliger« – sehr gut zu seinem Engel-Vornamen (»kleiner Raphael«, zu hebr. *rafa'el*, »Gott hat geheilt«) gepasst hätte.

Raffarin *Jean-Pierre* (geb. 1948), französischer Politiker. *Raffarin* verbrachte einen großen Teil seiner Karriere in der Privatwirtschaft, vor allem als Bankpräsident sowie in der nationalen Arbeitsagentur. Seine politische Karriere begann erst 1989, als er Europaparlamentarier in Straßburg und Brüssel wurde, wo er sich u. a. mit Handelsfragen beschäftigte. Seit 1995 hatte er einen Sitz im Senat, und 2002 ernannte ihn Präsident Chirac zum Premierminister. 2005, nach dem Nein der Franzosen im Referendum zur EU-Verfassung, worin Raffarin auch eine Unmutsäußerung vieler Franzosen über die Politik seiner Regierung sah, trat er von seinem Amt zurück. Sein Nachfolger wurde Innenminister Dominique de Villepin. Der Name *Raffarin* ist wahrscheinlich eine Verkleinerungsform von *Raffard*, zu afrz. *rafard*, »Spötter«, und zu *rafarder*, »sich lustig machen«. (Im Okzitanischen gilt das Wort *rafar*, »Maulesel«, als Bezeichnung für einen alten Menschen oder einen Haudegen.)

Rafsandschani *Ali Akbar Haschemi* (geb. 1934), iranischer Geistlicher und Politiker. Da er im Dorf *Bahraman* in der iranischen Provinz Kerman geboren wurde, war sein Name zunächst *Akbar Haschemi Bahra-*

mani. Als er mit 14 Jahren zum religiösen Studium in die heilige Stadt Qom geschickt wurde (wo Ruhollah Chomeini sein Lehrer wurde), benannte er sich um nach der Stadt *Rafsanschan*, einem Zentrum des Pistazienanbaus nahe dem Dorf, in dem er wohnte. Während des Schahregimes war er mehrmals inhaftiert und seit 1977 am Sturz des Schahs beteiligt. Von 1980 bis 1989 bekleidete er das Amt des Parlamentspräsidenten, danach war er bis 1997 Staats- und zugleich Ministerpräsident. Ein weiteres Mal konnte er nach zwei Amtsperioden nicht kandidieren. *Rafsandschani* ist ein offener Befürworter einer iranischen Atombombe und deren Anwendung gegen Israel. Sein Vorname *Ali* bedeutet im Arabischen »der Erhabene«, während *Akbar* mit »der Große« zu übersetzen ist und *Haschemi* auf *Haschim*, den ehrwürdigen Ahnherrn des Geschlechtes der *Haschemiten*, verweist, dem auch der Prophet Mohammed entstammte. *Rafsandschani* gehört übrigens zu den reichsten Männern des Iran; sein Vermögen wird auf über eine Milliarde US-Dollar geschätzt.

Raglan *Lord Fitzroy James Henry Somerset* (1788–1855), englischer Heerführer im Krimkrieg. Nach ihm ist der Schnitt an Sportmänteln benannt, bei dem der Ärmel nicht an der Schulter angesetzt, sondern bis zum Kragen durchgeführt ist. Der einarmige Feldmarschall bevorzugte aus verständlichen Gründen solche weit geschnittenen Kleidungsstücke. Der Name *Raglan* bedeutet – für einen Krieger nicht unpassend – »Schutzwehr«, zu wal. *rhag*, »vor«, und *glan*, »Böschung, Wall«.

Rahman ist im Islam einer der vielen Ehrennamen Allahs. In Anrufungen wird in der Regel der Formel *al-rahman*, »der Erbarmer«, zur Verstärkung noch ein *al-rahim*, »der Barmherzige«, hinzugefügt.

Rahner *Karl* (1904–1984), deutscher katholischer Theologe. Der Professor für Dogmatik spielte im Zweiten Vatikanischen Konzil eine wichtige Rolle. Sein Name könnte auf mhd. *ran*, »schlank, schmächtig« oder auf südd. *Rahne*, »rote Rübe«, beruhen und einst einen Bauern bezeichnet haben.

Rainier *Fürst von Monaco* (1923–2005), aus der monegassischen Familie Grimaldi. Die Heirat mit der amerikanischen Filmschauspielerin Grace Kelly (1956), die sich von da an Fürstin Gracia Patricia nannte,

wirkte sich für sein kleines Fürstentum positiv aus: Es wurde zum Zentrum der internationalen High Society und brachte Touristen und Investoren ins Land. Nach *Rainiers* Tod gingen die Regierungsgeschäfte auf seinen Sohn Albert über. *Rainier* entspricht unseren Vornamen *Reiner* und *Rainer*, zu ahd. *ragin*, »Rat, Beschluss«, und *heri*, »Heer«.
→ *Grimaldi*

Rait-taui (ägyptisch: *Rê-taui*), »Sonne der beiden Länder (Ägyptens)«, war die altägyptische Himmels- und Sonnengöttin, die Gemahlin des Month und Mutter des Harprê.

Rákóczi *Ferenc II.* (1676–1735), ungarischer Aristokrat und seit 1697 Reichsfürst. Er setzte sich 1703 an die Spitze eines ungarischen Bauernaufstandes gegen Leopold I. und seine zentralistischen Reformen. 1705 wurde er zum Führer der Unabhängigkeitsbewegung gewählt, die zwei Jahre darauf den Kaiser als König von Ungarn für abgesetzt erklärte. Am Ende unterlagen die Aufständischen jedoch den kaiserlichen Truppen, und *Rákóczi* floh nach Polen und emigrierte von dort aus 1713 nach Frankreich. Sein Name könnte »rauf auf den Wagen!« bedeuten, zu ung. *rá*, »hinauf«, und *kocsi*, »Wagen, Kutsche«.

Raleigh *Sir Walter* (1522–1618), englischer Seefahrer. Als Favorit Königin Elisabeths I., für die er Beute- und Entdeckungszüge nach Übersee entwarf, erkundete er 1585/86 Virginia und brachte von dort den Tabak und die Kartoffel mit. 1595 brach er nach Guayana auf, um nach dem sagenhaften El Dorado zu suchen. Unter Elisabeths Nachfolger, James I., wurde er wegen Hochverrats zum Tod verurteilt und über ein Jahrzehnt im Tower gefangen gehalten, wo er eine fünfbändige Weltgeschichte verfasste, bis man ihn 1616 für eine neue Fahrt nach Guayana freiließ. Als er ohne den geringsten Erfolg von diesem Unternehmen zurückkehrte, ließ der König das Todesurteil von 1603 vollstrecken. Im Gegensatz zum bewegten Leben des Abenteurers bedeutet sein friedlich-ländlich klingender Name »Waldlichtung der Rehe«, zu aengl. *ræge*, »Reh«, und *leah*, »Lichtung«.

Rama, zu skr. *ramá*, »der Dunkle«, aber auch »Freude, Lust«, ist der Name einer Inkarnation des gewaltigen indischen Gottes Vischnu, des Bewahrers des Universums. Er kam unter diesen Namen – mit Sicherheit in der positiven Bedeutung des Wortes *ramá*, denn er war der ideale Mann und

Gatte – auf die Erde, um den bösen König Ravana der Insel Lanka (heute: Sri Lanka) zu bekämpfen, was ihm mit Hilfe des Affengottes Hanuman und seiner liebevollen Gemahlin Sita auch gelang. Danach entschwand er im Himmel und wurde wieder mit Vischnu vereint.

Rameau *Jean-Philippe* (1683–1764), französischer Komponist und Musiktheoretiker. Außer 28 Opern und Balletten schuf er etliche kurze, beeindruckende Klavierstücke. Rameau gilt als Begründer der modernen Harmonielehre, die allerdings bei Johann Sebastian Bach teilweise auf Ablehnung stieß. Sein vor allem in Burgund anzutreffender Familienname entspricht dem französischen Wort *rameau*, »Zweig« (im Altfranzösischen auch »Wäldchen«, zu lat. *ramus*, »Zweig, Laub, Baum«). Die spanische und portugiesische Variante dieses Namens ist übrigens *Ramos*.

Ramses, altägyptisch *Ra-messu*, bedeutet eigentlich »Sohn des Râ« (wörtlich: »Râ hat ihn geboren«). *Ramses* war der Geburtsname von elf ägyptischen Königen der 19. und 20. Dynastie (ca. 1292–1070 v. Chr.). Am bekanntesten ist *Ramses II.*, dessen Thronname *User-maât-rê-setep-en-rê*, »Râ hat ihn geboren reich an Maât wie Râ Erwählter des Râ« lautete, wobei »reich an Maât« hier wohl »reich an Wahrheit und Gerechtigkeit« bedeuten sollte, denn die Göttin *Maât* galt als Verkörperung dieser Tugenden. Der dritte König der 19. Dynastie (ca. 1279–1213 v. Chr.) schlug 1285 v. Chr. bei Kadesch die berühmte Schlacht gegen die Hethiter, mit denen er nach langem Krieg endlich Frieden schloss. *Ramses II.* gilt als größter Bauherr der ägyptischen Geschichte, z. B. errichtete er eine neue Residenz im Nildelta mit Tempeln und Palästen, die Felstempel von Abu Simbel und einen riesigen Totentempel in Theben. → *Rê* und *Maât*

Rán hieß in der nordischen Sage die Gattin des Meerriesen Aegir, mit dem sie neun Töchter – die Personifizierung der Wogen – hatte. Sie selbst war eine raubgierige Meeres- und Todesgöttin, und ihr Reich lag am Grund des Meeres; hierhin entführte sie vor allem die ertrunkenen Seeleute, die sie mit ihrem Netz einfing. Entsprechend bedeutet ihr Name »Räuberin«, zu anord. *rán*, »Raub«.

Raphael heißt ein Erzengel im Judentum. Sein Name, zu hebr. *refael*, bedeutet »der Herr hat geheilt«. Nach den Apokryphen soll er den alten, blinden Tobit und die von einem Dämonen besessene Sara geheilt haben. Im Islam ist sein Name *Israfil*; er wird die Posaune des Jüngsten Gerichts blasen.

Ras war der frühere Titel eines äthiopischen Provinzstatthalters mit der Bedeutung »Kopf, Oberhaupt«; z. B. hieß der ehemalige Kaiser *Haile Selassie* bis zu seiner Krönung 1930 *Ras Tafari Makonnen*. → *Selassie*

Raschid ist ein arabischer Name mit der Bedeutung »Rechtgeleiteter«. Diesen Namen trug z. B. *Harun ar-Raschid*, »Aaron der Rechtgeleitete« (763–809), der siebte Abbasiden-Kalif. Unter ihm wurde Bagdad zu einem Zentrum der Kunst, Literatur und Wissenschaft. *Harun* unterhielt gute Beziehungen zu Karl d. Gr. und schickte ihm Geschenke nach Aachen. An seine Großzügigkeit, seine Ritterlichkeit und seinen Gerechtigkeitssinn erinnern die Erzählungen von Tausendundeiner Nacht.

Rasmussen *Knud* (1879–1933), dänischer Polarforscher. Er betrieb jahrelang ethnographische Studien bei den Eskimos in Nordwestgrönland und leitete ab 1912 mehrere Expeditionen in die Arktis. *Rasmussen* ist eine skandinavische Ableitung von *Erasmus* mit der patronymischen Endung *-sen* für »Sohn von …«. *Erasmus* bedeutet »der Liebenswerte«, zu grch. *erásmios* (ἐράσμιος), »willkommen, lieblich« (vgl. *Erotik*). Sein Taufname *Knud*, »der Draufgänger« (zu ahd. *chnuz*, »keck«), hat sich als eine treffende Voraussage erwiesen. → *Asam* und *Asimov*

Rasputin *Grigorij Jefimowitsch* [russ. Григорий Ефимович Распутин], 1864–1916. Der russische Mönch und Wanderprophet, der später den Namen *Grigorij Jefimowitsch Nowych* [russ. Григорий Ефимович Новых] vorgezogen haben soll, wurde 1907 als Wunderheiler für den jungen Zarewitsch, der Bluter war, an den Zarenhof gerufen. *Rasputin* wirkte anscheinend tatsächlich so beruhigend auf den Zarensohn, dass dessen Blutungen aufhörten und des Wohltäters Ansehen am Hof wuchs. Bald gab es jedoch Gerüchte einer Liebschaft mit der Zarin, die ihn inzwischen zu ihrem einflussreichsten politischen Berater gemacht hatte, was die machthabenden Adligen natürlich zunehmend irritierte. 1916 wurde er in Petersburg von Angehörigen des Hofes ermordet. Sein Name wird gern mit den russischen Wörtern *raspútnij* (распутный), »unzüchtig, lasterhaft«, und *raspútiza* (распутица), »Schlammzeit, Unwegsamkeit«, in Zusammenhang gebracht. In Wahrheit dürfte er von russ. *raspútat'* *(распутать)*, »entwirren, aufklären«, und *raspútje* *(распутье)*, »Scheideweg«, auch »Zusammenfluss«, stammen. Der Familienname ist nicht gerade selten in Russland für jemanden, der die topographischen Voraussetzungen für letztere Variante erfüllt. Im Fall *Rasputins* wird jedoch schnell die Erstere favorisiert, die den Scharlatan zum »Aufklärer« und »Entwirrer« erhebt. Den Namen *Nowych*, zu russ. *nówyj (новый)*, »neu«, soll er sich übrigens nach einer Pilgerfahrt ins Heilige Land zugelegt haben, weil er sozusagen als »neuer Mensch« heimgekehrt sei (vgl. *Novize*). → *Putin*

Rasul ist ein alter arabischer Titel für einen hohen Gesandten Allahs und gesetzgebenden Führer eines Volkes. Allah schickt jedem Volk nur einen Rasul (z. B. den Arabern den Mohammed). Zu den 313 *Rusul* (Mz. von *Rasul*) gehören Moses und Jesus (arab. Isa); der letzte Rasul war Mohammed. → *Nabi*

Rathenau *Walther* (1867–1922), deutscher Industrieller und Politiker jüdischer Herkunft. Er saß zunächst im Vorstand der AEG, baute Anfang des Ersten Weltkriegs die Kriegsrohstoffabteilung im preußischen Kriegsministerium auf, beteiligte sich 1919 an den Vorbereitungen für die Friedenskonferenz, schloss als Wiederaufbauminister 1921 mit Frankreich ein Abkommen über Reparationslieferungen und unterzeichnete als Außenminister 1922 mit der Sowjetunion den Vertrag von Rapallo, in dem beide Seiten auf finanzielle Forderungen verzichteten und eine wirtschaftliche und politische Annäherung beschlossen. Er wurde deshalb zur Zielscheibe nationalistischer und antisemitischer Gruppen und auf der Fahrt ins Außenministerium von zwei rechtsradikalen Offizieren erschossen. Da die Familie aus Brandenburg stammte, dürfte es sich bei *Rathenau* um einen Herkunftsnamen handeln, der sich auf die Stadt *Rathenow* nordwestlich von Potsdam bezieht (zu dem slawischen Personennamen *Raten* oder *Ratna*) und demnach »Ort des Raten (oder des Ratna)« bedeutet.

Ratti *Achille* (1857–1939), war der bürgerliche Name des späteren Papstes Pius XI. Der ehemalige Bibliothekar in der Vatikanischen Bibliothek in Rom und Nuntius in Polen wurde 1921 Kardinalerzbischof von Mailand; ein Jahr später wählte das Konklave ihn zum Papst. Der Name dieses mutigen und klugen Kirchenmannes stammt entweder von ital. *ratto*, »Ratte« (in früheren Zeiten war *ratto* ein Spitzname für einen besonders schlauen Menschen), oder von einer Koseform des germanischen Namens *Konrad* (ahd. *Kuonrat*, aus *kuoni*, »kühn, tapfer«, und *rat*, »Ratgeber«), wobei *Conratto* zu *Ratto* verkürzt wurde; beide Namensdeutungen würden dem Wirken dieses Heiligen Vaters gerecht. → *Pius XI.*

Rau *Johannes* (1931–2006), wird liebevoll auch »Bruder Johannes« genannt. Der Sohn eines Evangelisten und Predigers engagierte sich als Jugendlicher in der Bekennenden Kirche und in Bibelkreisen. Ab 1949 arbeitete er als freier Journalist, dann als Verlagsbuchhändler und Lektor. 1958 wurde er Mitglied des Landtags Nordrhein-Westfalen. Ab 1965 war er jahrelang Mitglied der Synode der Evangelischen Kirche im Rheinland sowie des Präsidiums des Deutschen Evangelischen Kirchentages. Als Minister für Wissenschaft und Forschung des Landes Nordrhein-Westfalen (1970–1978) initiierte er die Gründung der Gesamthochschulen in Duisburg, Essen, Paderborn, Siegen und Wuppertal sowie der Fernuniversität Hagen. Von 1978 bis 1998 war er Ministerpräsident des Landes Nordrhein-Westfalen. Nach zwei Jahrzehnten in diesem Amt wurde er 1999 zum achten Bundespräsidenten der Bundesrepublik Deutschland gewählt; 2004 verzichtete der beliebte Politiker auf eine zweite Amtszeit. Sein Name ist eine Übernahme von mhd. *ruch*, »haarig, struppig, zottig«, auch »unwirsch, ungebildet, ungestüm« – Charakterisierungen, die auf den ehemaligen Bundespräsidenten weiß Gott nicht zutreffen.

Ravel *Maurice* (1875–1937), berühmter Komponist, einer der Hauptvertreter des französischen Impressionismus. Nach Debussy gilt er als der bedeutendste Musiker seines Landes. Weltbekannt wurden seine Orchesterwerke »Rhapsodie espagnole« und »Bolero«, für die er sich von der spanischen Folklore anregen ließ (immerhin stammte seine Mutter aus dem Baskenland). Der Name *Ravel* ist entweder über frz. *revelin*, »Außenwall«, von gleichbedeutend ital. *rivellino* hergeleitet (zu lat. *rivus*, »Bach«, »Wassergraben« vor einer Befestigungsmauer), oder vom französischen Adjektiv *rebelle*, »aufsässig«. Denkbar ist auch die Herkunft aus einer Verkleinerungsform von frz. *rave*, »Rübe, Knollensellerie«, sodass mit dem Namen ein Rübenbauer oder -händler gemeint gewesen sein könnte.

Rê (grch. *Râ*), »Sonne«, war die Bezeichnung der alten Ägypter für ihren Sonnengott und Göttervater, den Schöpfer der Erde und der

Menschheit. Dieser Urgott galt auch als Vater aller ägyptischen Herrscher, die daher im 2. und 1. Jahrtausend v. Chr. den Titel *Ramses* (auch: *Ramose*) trugen, aus ägypt. *Ra-messu*, »Sohn des Rê«. → *Ramses* und *Moses*

Reagan *Ronald Wilson* (1911–2004), früherer amerikanischer Schauspieler und konservativer Politiker, 40. Präsident der Vereinigten Staaten von Amerika (1981–1989). Zu Beginn seiner Amtszeit war er das Opfer eines Attentats, bei dem er durch einen Schuss verletzt wurde. *Reagan* ist die anglisierte Form des irischen Namens *Ó Riagáin*, »Sohn des Riagán«; *Riagán* bedeutet »kleiner König« – wenn das kein passender Name für ein Staatsoberhaupt ist!

Réaumur *René Antoine Ferchault, Seigneur de* (1683–1757), französischer Biologe und Technologe, der große Beiträge zur Insektenkunde leistete und um 1730 das Alkoholthermometer sowie eine neue Thermometerskala erfand. Auf dieser legte er den Schmelzpunkt von Eis als 0° R und den Siedepunkt von Wasser als 80° R fest. Die Temperaturmessung in Grad Réaumur wurde bei uns 1901 durch die Messung in Grad Celsius ersetzt, da diese genauer war. (Réaumur hatte mit Weingeist gearbeitet, das sich in verschiedenen Temperaturbereichen unterschiedlich ausdehnt.) Der Adelsname des Erfinders bezieht sich auf den Ortsnamen *Réaumur* bei Le Havre, während *Ferchault* von *Fercwald*, einem germanischen Rufnamen, stammen soll, zu der alten Wurzel *ferc-*, »Welt«, und ahd. *waltan*, »herrschen« (vgl. *walten*).

Rebekka, die Tochter des Betuel und die Schwester des Laban, war die Frau des Isaak, dem sie die Söhne Esau und Jakob gebar. Sie stiftete ihren Lieblingssohn Jakob an, den Zwillingsbruder um sein Erstgeburtsrecht zu betrügen; dieser musste daraufhin vor der Rache Esaus zu Laban fliehen. Der Name *Rebekka* beruht auf hebr. *rivka*, zum Wurzelelement *rbk*, »füttern, fett machen« (oder auf akk. *rabaka*, »zärtlich sein«). → *Esau*, *Jakob* und *Laban*

Rebilus → *Caninius*

Rebroff *Ivan* (geb. 1931), eigentlich *Hans-Rolf Rippert*, deutscher Sänger. Es lag nahe, dass ein Interpret russischer Lieder sich ein russisches Pseudonym zulegte. Dem Fantasienamen liegen russ. *rebró (ребро)*,

»Rippe, Rand«, und *rebróm (ребром)*, »hoch«, aber auch »scharf, mit aller Schärfe«, zu Grunde.

Redon *Odilon* (1840–1916), französischer Maler und Graphiker, der mit vielen seiner Bilder und Zeichnungen versuchte, einer fantastischen Traumwelt Ausdruck zu verleihen. Sein Name scheint auf das lateinische Adjektiv *rotundus*, »rund, kugelrund«, zurückzugehen und auf den Leibesumfang eines Vorfahren anzuspielen. Natürlich kann er auch auf eine Herkunft aus der nordwestfranzösischen Stadt *Redon* verweisen, die ihren Namen dem einst dort ansässigen keltischen Stamm der *Redones* verdankt.

Reed *Walter* (1851–1902), amerikanischer Militärarzt und Bakteriologe. Er entdeckte den Erreger des Gelbfiebers und erforschte den Ansteckungsverlauf dieser Krankheit. Damit förderte er die Entwicklung von Mitteln zur Verhütung und Behandlung der oft tödlich verlaufenden Seuche, wodurch z. B. der Bau des Panamakanals erst möglich wurde. *Reed* bedeutet im heutigen Englisch zwar »Schilf« (vgl. *Ried*), der alte englische Übername (mit der Variante *Read*) basiert jedoch auf aengl. *rēad*, »rot«, und bezog sich auf den roten Schopf oder die gesunde Hautfarbe des ersten Trägers.

Reger *Max* (1873–1916), deutscher Komponist. Mit seinen Werken hat er sowohl der Kammer- als auch der Orgelmusik zu neuem Ansehen verholfen und die Kirchenmusik in Deutschland bereichert. Darüber hinaus bearbeitete er manche Werke anderer Meister (z. B. Bach, Brahms und Schubert) sowie viele Volkslieder. Seiner Schaffenskraft entspricht die Bedeutung des Namens *Reger*, der sich von mhd. *regen*, »in Bewegung setzen, hervorrufen«, herleitet (vgl. *sich regen*).

Regulus war ein römischer Beiname mit der Bedeutung »königlich« (zu *rex, regis*, »König«), den z. B. *Marcus Atilius Regulus* trug. Er war 269 und 256 v. Chr. Konsul und wurde im Ersten Punischen Krieg bei Tunes besiegt und gefangen genommen. Nach der Legende sandte man ihn mit einer Friedensbotschaft nach Rom, aber er kehrte freiwillig in die Gefangenschaft zurück, nachdem er sich zu Hause gegen die Annahme des Friedens ausgesprochen hatte. Der Geschlechtername *Atilius* ist übrigens unbekannter etruskischer Herkunft.

Reinhardt *Max* (1873–1943), eigentlich *Max Goldmann*, österreichisch-deutscher Schauspieler und Theaterproduzent jüdischer Herkunft. Die Herkunft seines Geburtsnamens war ihm in einer Zeit zunehmenden Antisemitismus' wohl zu offensichtlich, daher beantragte er die Namensänderung; ab 1904 durfte die ganze Familie offiziell den Nachnamen *Reinhardt* führen. Seit er 1905 zum Direktor des Deutschen Theaters in Berlin ernannt worden war, erregte er mit seinen Inszenierungen Aufsehen (z. B. »Ein Sommernachtstraum«, »König Ödipus«, »Der Kaufmann von Venedig« und »Jedermann«). Ab 1912 entwickelte er eine Vorliebe für Großrauminszenierungen mit einer riesigen Bühnenmaschinerie und einer Vielzahl von Statisten. Mit diesem »Schautheater« war er in den nächsten Jahren praktisch in der ganzen Welt präsent. 1920 beteiligte er sich an der Gründung der Salzburger Festspiele, und ab 1924 leitete er auch das Theater in der Josephstadt. 1933 boten die Nationalsozialisten Reinhardt eine »Ehren-Arierschaft« an, die er jedoch empört ablehnte. Er übertrug das Deutsche Theater, das ihm gehörte, in einem offenen Brief dem deutschen Volk, verließ Berlin und ging nach Österreich, wo er mit den Vorbereitungen seiner Emigration begann. 1938 wanderte er nach Los Angeles aus, wo er bis zu seinem Tod 1943 eine Schauspielschule leitete. Sein Pseudonym geht zurück auf den althochdeutschen Namen *Raginhart*, zu *ragin*, »Entscheidung«, und *harti*, »hart«.

Remarque *Erich Maria* (1898–1970), geboren als *Erich Paul Remark*, war ein deutsch-amerikanischer Romanschriftsteller (»Arc de Triomphe«, »Zeit zu leben, Zeit zu sterben«, »Die Nacht von Lissabon« und »Im Westen nichts Neues« u. a.). Nachdem die Nazis seine Bücher verboten hatten, emigrierte er nach Amerika und änderte seinen deutschen Namen in die französisch klingende Variante (vgl. frz. *remarque*, »Bemerkung«). Es wird auch behauptet, er habe ursprünglich *Kramer* geheißen, und sein Pseudonym sei eine Umkehrung dieses Namens, was aber wohl nicht den Tatsachen entspricht.

Rembrandt *Harmenszoon Van Rijn* (1606–1669), holländischer Maler und Zeichner. Als junger Mann widmete er sich vor allem der Historienmalerei. Seine dramatischen und teils drastischen Szenen aus dem Alten und Neuen Testament zeigen den für sein ganzes Werk typischen Helldunkelkontrast. Außer ungewöhnlich vielen Selbstbildnissen und Porträts seiner Familienmitglieder schuf er einige berühmte, lebensgroße Gruppenbilder wie »Die Anatomie des Dr. Tulp« und »Die Nachtwache«. In der zweiten Hälfte seines Lebens entstanden malerische Werke von monumentaler Stille und Größe, etwa der weltbekannte »Mann mit dem Goldhelm« oder „Isaak und Rebekka". Er war bereits zu Lebzeiten ein so bekannter und begehrter Maler und Porträtist, dass er es sich erlauben konnte, seine Bilder lediglich mit seinem unverwechselbaren Vornamen zu signieren, der sich von *Reinbrand* herleitet und aus ahd. *ragin* oder *regin* für »Rat« und *brand* oder *brand* für »flammendes Schwert« zusammengesetzt ist. *Harmenszoon* und der Herkunftsname *Van Rijn* haben die Bedeutung »Sohn des Hermann vom Rhein«. Die Vorfahren des Künstlers, der selbst in Leiden geboren wurde, müssen also ursprünglich ein wenig südlicher im Mündungsbereich des Stroms gewohnt haben.

Renault *Louis* (1877–1944), französischer Konstrukteur und Industrieller, der seit 1898 Automobile herstellte. Seine Werke wurden 1945 verstaatlicht und erst 1996 wieder privatisiert. *Renault* zählt heute zu den größten Autoproduzenten der Welt. Der Familienname (mit den Varianten *Renaud*, *Renaux*, *Regneau* und *Regnauld*) ist entstanden aus dem alten germanischen Rufnamen *Raginald*, zu ahd. *ragin*, »Rat, Beschluss«, und *waltan*, »herrschen, walten«. Er entspricht damit unserem heutigen *Reinold*.

Renoir ist der Name einer berühmten französischen Künstlerfamilie. Der Maler *Auguste Renoir* (1841–1919) entwickelte zusammen mit Monet den für die Impressionisten typischen apostrophgleichen Pinselstrich, mit dem diese versuchten, den sich ständig verändernden Lichteffekt auf Personen und ihrer Umgebung festzuhalten. Seine Bilder – häufig Darstellungen üppiger und leicht bekleideter oder nackter Frauen – zeichnen sich durch eine duftige Farbigkeit aus. Auch seine beiden Sprösslinge haben ihm in ihrer Kindheit bisweilen Modell gesessen. Sohn *Pierre Renoir* (1885–1952) wurde Schauspieler an Pariser Bühnen, Theaterdirektor und Filmschauspieler, während der andere Filius, *Jean Renoir* (1894–1979), sich als Meister des poetischen Realismus zum weltbekannten Filmautor und -regisseur mauserte. Der Familienname *Renoir* ist eine Variante des häufigeren Namens *Renouard*, der von dem alten germanischen Personennamen *Raginward* (auch: *Ratward*) abgeleitet ist, zu ahd. *ragin*, »Rat, Ratschluss«, und *ward*, »Hüter, Wächter«.

Reschef (auch: *Rescheb*) war ein phönizischer Blitz- und Seuchengott; sein Name bedeutet »(Herr des) Pfeils«, da er wie ein wilder Bogenschütze Blitze schleuderte und plötzliche Krankheiten um sich herum verbreitete.

Resnais *Alain* (geb. 1922), französischer Filmregisseur. Nach seinen kürzeren Frühwerken (z. B. »Guernica« oder »Nacht und Nebel«) schuf er so berühmte Spielfilme wie »Hiroshima, mon amour«, »Letztes Jahr in Marienbad«, »Liebe bis zum Tod« und »Das Leben ist ein Chanson«. Bei seinem Namen handelt es sich entweder um eine Ableitung von *René* (zu lat. *renatus*, »der Wiedergeborene«) oder um einen Herkunftsnamen, der sich auf die französische Stadt *Rennes* bezieht (benannt nach dem keltischen Stamm der *Redones*). Sein Vorname ist die keltisch-bretonische Form von *Allan*, zu lat. *Alanus*, »der Alane« (Angehöriger eines alten kaukasischen Bergvolkes, das mit den Westgoten nach Gallien und später nach Spanien zog).

Reymont *Władysław Stanisław* (1867–1925), polnischer Romanschriftsteller, der eigentlich *Rejment* hieß. Für seinen großen Roman »Die Bauern« über das polnische Dorfleben im Wechsel der Jahreszeiten erhielt er 1924 den Nobelpreis. Demgegenüber stellte er in »Das gelobte Land« den rücksichtslosen Überlebenskampf in der Stadt Łodz dar. Da dieser Teil Galiziens damals unter russischer Herrschaft stand und der Schriftsteller die zaristische Zensur fürchtete, änderte er seinen Geburtsnamen *Rejment*, der ihn obendrein wohl zu stark an mundartlich poln. *rejmentować*, »fluchen«, erinnerte, sicherheitshalber um in *Reymont* – angelehnt an den Vornamen *Raimund*, zu ahd. *ragin*, »Ratschluss«, und *munt*, »Schutz«.

Reynolds *Sir Joshua* (1723–1792), englischer Maler. Der Hofmaler Georgs III. malte seine Porträts, Historiendarstellungen und Landschaften in der Art Rembrandts, also mit starkem Helldunkelkontrast. In den letzten drei Lebensjahrzehnten wandelte sich sein Stil von rokokohafter Intimität zum antikisierenden Klassizismus. Der patronymisch gebildete Name *Reynolds* (also »Sohn des ...«) ist hergeleitet vom germanischen Vornamen *Raginald*, zu ahd. *ragin*, »Rat, Beschluss«, und *waltan*, »herrschen, bestimmen« (vgl. *Reinold* und *Reinhold*).

Rhadamanthys ['Ραδάμανθυς], ein Sohn der Europa und des Zeus, war nach der griechischen Sage Richter in der Unterwelt. Sein Name ist hergeleitet von grch. *rhádios (ῥᾴδιος)*, »leicht, mühelos«, und *manthánein (μανθάνειν)*, »lernen«. Zusammen mit seinem Bruder Minos schickte er die Gerechten in die elysischen Gefilde, die Schlechten dagegen übergaben sie den Erinnyen und schickten sie an den Ort der Gottlosen.

Rhea [grch. 'Ρεία oder 'Ρέα], die Schwester und Gemahlin des Kronos, Mutter des Zeus und der übrigen Kroniden, galt den alten Griechen als Erdgöttin. Daher könnte ihr Name eine Metathese von *éra (ἔρα)*, »die Erde«, sein, wahrscheinlich bedeutet er jedoch »strömende Fülle«, zu *rhein (ῥεῖν)*, »fließen«. In späteren Zeiten verschmolz *Rhea* mit der asiatischen *Kybele*, ebenso mit *Gäa* und schließlich mit der aus Ägypten stammenden *Isis*. → Kybele

Rhodes *Cecil* (1853–1902), englischer Kolonialpolitiker. Nachdem er in Südafrika ein großes Vermögen durch den Diamantenhandel erworben hatte, wurde er 1884 Finanzminister und 1890 Premierminister der Kapkolonie. Entsprechend seinem Auftrag, ein zusammenhängendes, von Kairo bis zum Kap reichendes britisches Kolonialreich in Afrika zu schaffen, gründete er 1889 die Britische Südafrika Kompanie. Diese erwarb in den folgenden Jahren das Gebiet zwischen Tanganjika und Transvaal und nannte es nach ihm *Rhodesien*. Im Burenkrieg (1899–1902) wurden die südlich gelegenen Burenrepubliken Transvaal und Oranje-Freistaat erobert und unter britische Herrschaft gestellt. Der Name *Rhodes* bedeutet in etwa »Siedler auf der Rodung«, zu aengl. *rod(u)*, »Rodungsfläche«.

Ribbentrop *Joachim von* (1893–1946), deutscher Politiker, Außenminister unter Hitler von 1938 bis 1945. Er wurde im Nürnberger Kriegsverbrechertribunal zum Tod verurteilt. *Ribbentrop* leitet sich her vom Namen des Ortes *Ribbensdorf* (südwestlich von Wolfsburg), aus dem alten Personennamen *Rikbert* (zu ahd. *rihhi*, »reich, mächtig«, und *beraht*, »glänzend«) und der Endung *-trop* (zu mnd. *dorp* für »Dorf«).

Ribera *José* (auch: *Jusepe*) *de*, 1588–1652, spanischer Maler und Radierer mit einer Vorliebe für Bildnisse von Alten, Eremiten und Asketen. Er ging als junger Mann nach Italien, wo er die Helldunkelmalerei Caravaggios übernahm und bald unter dem Beinamen *lo Spagnioletto*, »der kleine Spanier«, bekannt wurde. Seine realistischen Darstellungen zeugen von spanischer Leidenschaft und tiefer Religiosität. Sein Familienname geht auf span. *ribera*, »Fluss-, Meeresufer«, zurück, zu lat. *ripa*, »hohes Flussufer, Meeresküste« (vgl. *Riviera*).

Rice *Condoleezza* (geb. 1954), amerikanische Politikerin. Bevor sie Präsident Bushs Sicherheitsberaterin wurde, unterrichtete sie an der Stanford-Universität politische Wissenschaft. 1999 ernannte George W. Bush sie zur Außenministerin. Sie ist die erste schwarz-amerikanische Frau auf diesem Posten und nach Madeleine Albright erst die zweite Frau überhaupt in diesem Amt. Eigentlich hatte sie in ihrer Jugend den Wunsch gehabt, Konzertpianistin zu werden, und wurde dabei von ihrer Mutter, einer Musiklehrerin und guten Pianistin, unterstützt. Diese Hoffnung drückte sich in der Namenswahl für ihre Tochter aus. *Condoleezza* leitet sich her von der italienischen Anweisung für einen Klavierspieler: *con dolcezza*, »mit Süße«. Der Familienname bedeutet entweder »Reis« (engl. *rice*), könnte jedoch auch, falls ein Zweig der Familie aus Irland oder Wales stammt, eine Variante des dort verbreiteten Namens *Rhys* sein, zu kelt. *rhys*, »Glut«.

Richard war ein berühmter Name im angelsächsischen Mittelalter, gebildet aus ahd. *rihhi*, »mächtig, reich«, und *harti*, »hart«. Am bekanntesten von den drei großen englischen Königen dieses Namens wurde wohl König *Richard I.*, genannt »Löwenherz« (1157–1199), der von 1190 bis 1192 am dritten Kreuzzug teilnahm, Zypern und später Akko eroberte und nach seinem Sieg über Sultan Saladin einen Waffenstillstand mit diesem schloss. Auf seiner Rückreise nach Europa fiel er Herzog Leopold V. von Österreich in die Hände, der ihn an Kaiser Heinrich VI. auslieferte. Erst nach einer hohen englischen Lösegeldzahlung war er 1194 wieder zu Hause, wo er sich gegen den Machtanspruch seines Bruders Johann durchsetzen musste. Der edle Recke erlitt während einer Privatfehde mit dem Grafen von Limoges bei Châlus eine tödliche Verwundung.

Richelieu *Armand Jean du Plessis*, *Duc de* (1585–1642), französischer Kardinal und Staatsmann während des Dreißigjährigen Kriegs. Der Name beruht auf frz. *riche*, »reich, wohlhabend«, und *lieu*, »Ort, Stätte« – sehr angemessen für den betuchten und mächtigen Herzog von

Richelieu, der die Hugenotten in Frankreich ihrer politischen und militärischen Sonderstellung beraubte, den königlichen Absolutismus gegen den Hochadel festigte und mit seinen Vorverhandlungen für den Westfälischen Frieden (den er selbst nicht mehr erleben sollte) Frankreich den Weg zur Vormachtstellung im Europa des 17. Jahrhunderts ebnete. Sein Geburtsname klingt wesentlich prosaischer, denn der bedeutet in etwa »Hans vom Zaun«, zu afrz. *plessis*, »mit verflochtenen Zweigen umgebenes Gehege«. Sein erster Vorname passt da schon besser zu dem unerbittlichen Politiker, denn *Armand* ist die französische Version sowohl von *Hartmann* als auch von *Hermann*, »Krieger« (zu ahd. *heri*, »Heer«, und *man*, »Mann«).

Richter *Swjatoslaw Theophilowitsch* [russ. *Свтослав Теофилович Рихтер*], 1915–1997, berühmter russischer Pianist, der mit seinem poetischen und weichen Spiel Klavierwerken aller Epochen eine individuelle Note verleihen konnte. Seinen Familiennamen – zu mhd. *rihtære*, »Lenker, Richter« – verdankte er seinem Vater, der aus Deutschland stammte. Seine Vornamen bedeuten »heiliger Ruhm« und »Gottesfreund«, zu russ. *swjatój (святой)*, »heilig«, und *sláwa (слава)*, »Ruhm, Ehre«, bzw. grch. *theós (θεός)*, »Gott«, und *phílos (φίλος)*, »Freund«.

Riemenschneider *Tilman* (ca. 1460–1531), deutscher spätgotischer Bildhauer und Bildschnitzer. In seiner Bearbeitung von Stein und Holz, vor allem an Grabmälern und Altären, bezog er die Licht- und Schattenwirkung mit ein und machte so einen Farbauftrag entbehrlich. Seine Figuren tragen idealisierte und oft entrückt wirkende Gesichtzüge. Sein Nachname verweist eigentlich auf ein viel trivialeres Gewerbe, nämlich das des »Herstellers von Lederriemen«. Der ungewöhnliche Vorname ist entweder eine Ableitung von alten Namen wie *Detlef* und *Thialf* (zu ahd. *diot*, »Volk«, und *leiba*, »Erbe«) oder es liegt afries. *til*, »gut, tüchtig«, zu Grunde.

Rilke *Rainer (René) Maria* (1875–1926), österreichischer romantischer Dichter. In seinem unsteten Wanderleben, das ihn von seiner Heimatstadt Prag nach Nordafrika, Russland, fast allen Staaten Europas und immer wieder nach Paris führte, begegnete er bedeutenden Männern wie Tolstoi, Cézanne und Rodin. Als Frucht seiner Russlandreisen ist sein bekanntestes Werk, das »Stundenbuch«, ein lyrisches Gebetbuch, entstanden. Von Rodin beeinflusst, dessen Sekretär er 1905 und 1906 war und dem er eine Künstlermonographie widmete, gelang ihm schließlich die Abkehr vom rein Gefühlvollen und die Hinwendung zur asketisch-strengen Arbeit am Kunstwerk in der Sammlung »Neue Gedichte«. Der Name des Lyrikers ist entstanden aus einer Koseform von Rufnamen wie *Rudolf* oder *Rüdiger* (aus *Hrodulf* und *Hrodger*, zu ahd. *hrod*, *hruom*, »Ruhm, Ehre«, und *wolf*, »Wolf«, bzw. *gēr*, »Speer«).

Rimbaud *Jean Nicolas Arthur* (1854–1891), französischer Verfasser esoterisch-dunkler Gedichte und Prosastücke. Seine künstlerische Schaffenszeit dauerte nur vier Jahre; mit der in glühender Prosa geschriebenen Autobiographie »Ein Aufenthalt in der Hölle« verabschiedete er sich von »aller geistiger Existenz«: 1874 verließ er Frankreich, arbeitete in verschiedenen Ländern als Tagelöhner, u. a. als Zirkusarbeiter; einige Jahre später ging er nach Afrika, wurde dort Waffenhändler für den Negus von Äthiopien und unternahm Forschungsexpeditionen in das Gebiet Zentralafrikas. Sein Familienname ist eine Variante des französischen Rufnamens *Raimbaud*, der unserem alten Namen *Raginbald* – mit den Varianten *Reinbold* und *Reimbold* – entspricht, zu ahd. *ragin*, »Rat«, und *bald*, »kühn, mutig« (vgl. afrz. *baud*, »keck«, und engl. *bold*, »kühn«).

Rimski-Korsakow *Nikolaj Andrejewitsch* [russ. Николай Андреевич Римский-Корсаков], 1844–1908, russischer Komponist und Musikpädagoge. Seine von der russischen Volks- und Kirchenmusik beeinflussten Werke bestechen durch ihre Farbigkeit und meisterliche Instrumentation. Sein bekanntestes Stück dürfte der »Hummelflug« aus der Oper »Das Märchen vom Zaren Saltan« sein. Er schrieb insgesamt 15 Opern sowie, neben Kammer- und Klaviermusik, auch viele Orchesterwerke, von denen vor allem die sinfonische Suite »Scheherazade« und das »Capriccio espagnol« zu erwähnen sind. Der eigentliche Name der Adelsfamilie war *Korsakow*, ein Verweis auf den baltischen, zu den Letten zählenden Stamm der *Kuren*, im Russischen *Kors* genannt (vgl. *Kurland* und *Kurische Nehrung*). Der Zusatz *Rimski* betont die Zugehörigkeit zu einem Zweig der Familie, der sich »römisch« nannte, zu russ. *rímskij (римский)*, »römisch«; da das Wort auch »römisch katholisch« bedeutet, ist anzunehmen, dass die Mitglieder dieser Familie nicht dem russisch-orthodoxen Glauben, sondern dem Katholizismus anhingen.

Ringelnatz *Joachim* (1883–1934), eigentlich *Hans Bötticher*, deutscher Schriftsteller. *Ringelnatz* war der Deckname des als Sekundaner in Leipzig von Hause entlaufenen späteren Hausdichters im Münchener Kabarett »Simplizissimus«; darauf trat er im Berliner Kabarett auf, wo er seine aus Unsinn und Tiefsinn gemischten Gedichte vortrug. Nachdem er auch zu malen begonnen hatte, begeisterte er sich für das Seemannsleben und war unter anderem Kommandant eines Minensuchboots. Sein Pseudonym soll auf eine mundartliche Bezeichnung für Seepferdchen zurückgehen, zu denen er eine besondere Zuneigung empfand. Der Geburtsname *Bötticher* bedeutet »Fasshersteller, Böttcher«, zu mhd. *bute* und *büte*, »Bottich, Wanne« (vgl. *Büttenpapier* sowie engl. *body* und *bottle*).

Rinpoche → *Panchen-Lama*

Rinser *Luise* (1911–2002), deutsche Schriftstellerin. Ihr erster Roman, »Die gläsernen Ringe«, wurde 1940 nach der zweiten Auflage von den Nazis verboten, sie selbst 1944 wegen so genannter Wehrkraftzersetzung angezeigt und verhaftet. Ihrer Hinrichtung entging sie dank des Zusammenbruchs bei Kriegsende. Später arbeitete sie als Journalistin und schrieb mehrere Romane und Erzählungen (z. B. »Mitte des Lebens«, »Geh fort, wenn du kannst«, »Die rote Katze«); 1981 veröffentlichte sie ihre Autobiographie »Den Wolf umarmen«; ihr letzter Roman erschien unter dem Titel »Bruder Feuer«. *Luise Rinser* war auch politisch engagiert. 1984 wurde sie als Kandidatin für das Amt des Bundespräsidenten vorgeschlagen, unterlag aber Richard von Weizsäcker. Bei ihrem Namen (wohl von *Rünser*) – zu mhd. *runs* und *runst*, »Wasserlauf« – dürfte es sich um einen Wohnstättennamen handeln für jemanden, dessen Haus an einem Bach oder Wassergraben stand (vgl. *rinnen* und *Rinnsal*).

Rivera *Diego* (»Jakob«), 1886–1957, mexikanischer Maler und Graphiker, der viele Alltagsszenen schuf und mit monumentalen Fresken die Revolution von 1910 feierte. Sein Name ist eine Variante von *Ribera*, zu span. *ribera*, »Ufer, Strand«.

Robbins *Harold* (1916–1997), amerikanischer Schriftsteller mit kräftiger Sprache. Er schrieb hauptsächlich Unterhaltungsliteratur; etliche seiner Bestseller wurden von der Kritik verachtet, aber von Hollywood verfilmt. *Robbins*, der Sohn russisch-polnischer Einwanderer, hieß mit Geburtsnamen *Harold Rubin*; Namen wie *Rubin* und *Rubinstein* wurden von jüdischen Familien oft wegen ihres Wohlklangs gewählt. Das Pseudonym ist eine Koseform von *Rob* für *Robert* (*Robin* oder *Robbin*) mit der patronymischen Endung -*s* und entspricht damit dem Namen *Robinson*.

Robert ist ein alter deutscher Name, der aus dem germanischen Rufnamen *Hrodebert* entstanden ist (zu ahd. *hrod* oder *hroth*, »Ruhm, Ehre«, und *beraht*, »prächtig«, auch im Sinne von »berühmt«); u. a. trugen drei schottische Könige diesen Namen, z. B. *Robert the Bruce* (1274–1329), der 1314 auf dem Schlachtfeld Schottlands Unabhängigkeit von England erreichte.

Roberts *Chris* (geb. 1944), eigentlich *Christian Klusáček*, deutscher Schlagersänger (Hits u. a.: »Ich bin verliebt in die Liebe«, »Mein Name ist Hase«, »Hab' ich dir heute schon gesagt, dass ich dich liebe?«, »Hab Sonne im Herzen«). Obschon er hauptsächlich auf Deutsch singt, wählte er, dem Trend der Zeit folgend, ein englisches Pseudonym; sein wirklicher Familienname entspricht dem tschechischen Wort *klusáček*, »kleiner Traber«, zu *klus*, »Trab«. Sein Künstlername ist der in England sehr beliebte Vorname *Robert* (mit Genitiv-*s*: »Roberts Sohn«), von ahd. *Hrodeberht*, aus *hroth*, »Ruhm«, und *beraht*, »glänzend«.

Robespierre *Maximilien François Marie Isidore de* (1763–1794) war ein französischer Politiker, der sich von einem empfindsamen, Gedichte schreibenden Jüngling und einem unsicheren Richter – der dieses Amt aufgab, als er sein erstes Todesurteil fällen sollte – zu einem brutalen Verfechter der Revolution wandelte. Er war es, der König Ludwig XVI. zum Vaterlandsverräter und Verbrecher an der Menschheit erklärte und auf dessen Hinrichtung bestand (1793). Als Führer des so genannten Wohlfahrtsausschusses ließ *Robespierre* 1794 Hunderte von Beschuldigten ohne die Chance einer Rechtfertigung oder Anhörung von Zeugen auf der Guillotine köpfen. Im gleichen Jahr indes verurteilte eben dieses blutrünstige Komitee auch den eigenen Anführer, sodass *Robespierre* schließlich selbst unter dem Fallbeil endete. Der Name *Robespierre* ist aus einer Kurzform von *Robert* und dem Rufnamen *Pierre* gebildet, zu ahd. *hroth*, »Ruhm«, und *beraht*, »glänzend«, bzw. zu grch. *pétros (πέτρος)*, »Fels«.

Robigus hieß ein altrömischer Gott gegen Pflanzenkrankheiten, zu lat. *robigo*, »Mehltau« (auch »Rost, Zahnfäule, Schanker«); lat. *rober* entspricht *ruber*, »rot, gerötet«.

Robinson bedeutet »Sohn des Robin«, zu engl. *robin*, »Rotkehlchen« (vgl. *Robin Hood*). In der Literatur wurde *Robinson Crusoe* als Titelheld in Daniel Defoes gleichnamigem Roman berühmt. *Robinson* könnte indes auch aus dem Hebräischen stammen, zu hebr. *rabin*, »Rabbi«, und demnach »Sohn des Rabbiners« bedeuten. Der Name *Crusoe* – lässt Defoe seinen *Robinson* im ersten Kapitel erzählen – sei deutscher Herkunft: Sein Vater, ein Bremer Kaufmann namens *Kreutzner*, sei während des Dreißigjährigen Kriegs nach England gegangen und habe dort ein Mädchen geheiratet, deren Familie *Robinson* hieß und den Namen seines Vaters wie *Crusoe* aussprach (angelehnt an engl. *cruiser*, »Kreuzer«).[23] → *Scholem Alejchem*

Rochefort *Victor Henri* (1830–1913), eigentlich *Marquis de Rochefort-Luçay*, war ein französischer Politiker und Verfasser sozialkritischer autobiographischer Romane und Memoiren. Als radikaler Republikaner nahm er 1871 am Aufstand der Kommune teil. Nach dessen Niederschlagung folgte seine Verbannung nach Neukaledonien; erst 1880 wurde er begnadigt. Für einen Menschen mit festen Überzeugungen hatte er weiß Gott den richtigen Namen, denn *Rochefort* bedeutet im Französischen so viel wie »standhafter Fels«, zu frz. *roche*, »Fels«, und *fort*, »haltbar, fest«.

Rodin *Auguste* (1840–1917), französischer Bildhauer, der seine stärksten künstlerischen Eindrücke von Michelangelo und der Gotik empfing. Seine oft nur teilweise aus dem Steinblock herausgearbeiteten Figuren mit ihren bewegten und stark modellierten Körperpartien lassen im Spiel von Licht und Schatten einen malerisch-impressionistischen Eindruck entstehen. Besonders bekannt sind seine »Bürger von Calais«, »Der Denker« und »Der Kuss«. Seine Name wird seiner Bedeutung für die europäische Plastik gerecht, denn *Rodin* – eine Ableitung vom alten germanischen Rufnamen *Hrodo* – geht zurück auf das althochdeutsche Wort *hruod* für »Ruhm«.

---

[23] Familien mit dem Namen *Crusoe* gibt es in Südostengland tatsächlich, sie stammen jedoch aus Flandern, wo dem Namen das niederländische Wort *cru* für »grob, derb« zu Grunde liegt.

Roger *Pierre* (1291–1351), französischer Papst von 1342 bis 1352. Sein Nachname entspricht unserem *Rüdiger*, aus ahd. *hruod*, »Ruhm«, und *gēr*, »Spieß, Speer«. Der weltweit bekannte *Frère Roger Schütz* (1915–2005), eigentlich *Roger Louis Schutz-Marsauche*, war der Gründer und Prior der ökumenischen Bruderschaft (frz. *frère* bedeutet »Bruder«) von Taizé im französischen Burgund, woher seine Mutter stammte. Sein Vater Karl Ulrich *Schütz* war ein schweizerischer Pfarrer, der keine Bedenken hatte, seinen Sohn zur Beköstigung in einem katholischen Haushalt unterzubringen. Nach seinem Studium lebte *Roger* in Taizé; hier bewies er während der deutschen Besetzung Frankreichs seine christliche Nächstenliebe, indem er viele Juden und Oppositionelle vor den Nazis versteckte oder in die Schweiz schmuggelte; nach Kriegsende kümmerte er sich aufopferungsbereit um Kriegswaisen und deutsche Gefangene. So entstand die Idee einer ökumenischen Bruderschaft, deren aus 25 Nationen stammende Mitglieder nach dem Muster katholischer Mönche ein Gelübde der Armut, Ehelosigkeit und des Gehorsams ablegen und sich als Angehörige der katholischen, evangelischen oder anglikanischen Kirche für eine Versöhnung der Konfessionen einsetzen. Seitdem ist Taizé jedes Jahr das Ziel Tausender von Jugendlichen aus aller Welt. *Frère Roger* wurde 2005 beim Abendgebet in der Versöhnungskirche der Bruderschaft von einer offenbar geistesgestörten Rumänin erstochen. Sein Nachfolger ist der deutsche katholische Frère Alois (mit bürgerlichem Namen Alois Löser), der aus Stuttgart stammt und zwar Theologie studierte, aber kein Priester ist. → *Klemens*

Rohan war der Name einer bekannten alten französischen Adelsfamilie, deren Wurzeln in der Bretagne lagen und die benannt war nach einem gleichnamigen Ort im dortigen Département Morbihan. Ein Hauptvertreter dieses Geschlechts war der Herzog *Henri Rohan* (1579–1638), der als Gegner Richelieus die Hugenotten in den Kriegen von 1621/22 und 1625 bis 1629 anführte und danach als Kondottiere in den Dienst Venedigs ging.

Röhm *Ernst* (1887–1934), deutscher nationalsozialistischer Politiker. Seit 1930 Stabschef der Sturmabteilung (SA), wurde er eines Putsches gegen Hitler und Himmler verdächtigt und in der so genannten »Nacht der langen Messer« 1934 zusammen mit anderen SA-Führern verhaftet und sofort erschossen. Der Name des Mannes, der die SA zum Kern eines nationalsozialistischen Volksheeres machen wollte, geht zurück auf mnd. *rōm*, »Ruhm, Prahlerei«.

Roland leitet sich her von den älteren Namen *Hrodnand* und *Hrodland* (mit Anlehnung an *Land*), zu germ. *hroth*, »Ruhm«, und *nantha*, »wagemutig, kühn«. *Roland*, eine Gestalt aus dem Sagenkreis um Karl d. Gr., war der Hauptheld des *Rolandlieds*. Der Graf aus der Bretonischen Mark fiel 778 in einem Nachhutgefecht gegen die Basken bei Roncevalles. Nach ihm sind übrigens die *Rolandssäulen* und *-standbilder* benannt, die als Rechtswahrzeichen auf städtischen Marktplätzen errichtet wurden (vgl. den berühmten *Roland* am Rathaus zu Bremen).

Rolland *Romain* (1866–1944), französischer Schriftsteller, der Dramen und Künstlerbiographien über idealistische Tatmenschen schrieb. Schon früh warnte er vor dem anwachsenden Nationalismus und versuchte während des Ersten Weltkriegs von Genf aus, wo er für das Internationale Rote Kreuz arbeitete, mit Briefen und Aufsätzen die Führer der Welt zur Vernunft zu bringen. *Rolland* ist eine französische Variante des Namens *Roland*, aus dem alten deutschen Vornamen *Hrodland* und älterem *Hrodnand* (zu germ. *hroth*, »Ruhm«, und *nantha*, »wagemutig, kühn«).

Rommel *Erwin* (1891–1944), populärer deutscher Generalfeldmarschall, dessen ritterliche Kampfführung auch von den Gegnern anerkannt wurde. Er führte während des Zweiten Weltkriegs die deutschen Truppen in Nordafrika, später in Norditalien und ab 1943 in Nordfrankreich. 1944 schloss er sich der Widerstandsbewegung an und wurde von Hitler zum Freitod gezwungen. Der schwäbische Familienname *Rommel* ist aus dem alten Rufnamen *Rumold* entstanden, zu ahd. *hruom*, »Ruhm, Ehre«, und *waltan*, »herrschen, befehlen«.

Romulus, der »kleine Römer«, gilt als Gründer Roms (753 v. Chr.); angeblich war er kleiner als sein Zwillingsbruder Remus. Die Söhne der Göttin Rea Silvia und des Mars wurden der Sage nach von einer Wölfin gesäugt und aufgezogen. (Vielleicht klingt auch in *Remus* der Name der Stadt *Rom* an.) → *Jupiter, Remus*

Roncalli *Angelo Giuseppe* (1881–1963) hieß der spätere Papst Johannes XXIII. Der schwergewichtige und heitere Sohn eines norditalienischen

Weinbauern war zuvor Patriarch von Venedig gewesen. Sein Name bedeutet etwa »Schnitterchen«, »Sichelmännchen«, Verkleinerungsform von ital. *ronca*, »sichelförmiges Messer«, zu *roncare*, »mit der Sichel mähen«. → *Johannes XXIII.*

Ronsard *Pierre de* (1524–1585), französischer Hofdichter. *Ronsard*, der sich vornehmlich antiker Gedichtformen wie der Ode und der Hymne bediente, sah den Dichter als eine von Gott begnadete Persönlichkeit. Nach dem Vorbild Homers und Vergils plante er eine »Franciade« – ein französisches Nationalepos mit dem Haupthelden Francus, einem angeblichen Nachfahren des trojanischen Recken Hektor, als Begründer Frankreichs. Das Epos blieb jedoch unvollendet. Bei *Ronsard* handelt es sich um einen Wohnstättennamen, der vielleicht auf ein hinter Buschwerk verborgenes Haus verweist (zu frz. *ronce*, »Brombeergebüsch«).

Röntgen *Konrad Wilhelm* (1845–1923), Entdecker der elektromagnetischen Strahlen, die er bescheiden nur X-Strahlen – also »unbekannte Strahlen« – nannte. Da er sich seine Erkenntnisse nie patentieren ließ, starb er trotz wissenschaftlicher Anerkennung (z. B. Nobelpreis für Physik 1901) und weltweiter Bekanntheit in völliger Armut. Der berühmte Name, wohl eine friesische Kurzform von *Hieronymus*, zu grch. *hierós* (ἱερός), »heilig«, und *ónoma* (ὄνομα), »Name, Titel«, trägt diesem ungerechten Schicksal gewissermaßen Rechnung.

Roosevelt *Theodore* (*Teddy*), 1858–1919, amerikanischer Politiker. Seit 1900 bereits Vizepräsident der Vereinigten Staaten, folgte er 1901 nach der Ermordung McKinleys diesem im Präsidentenamt und wurde 1904 wiedergewählt. Seine erfolgreiche Friedensvermittlung zwischen Russland und Japan (1905), wofür er ein Jahr später den Friedensnobelpreis erhielt, bestätigte den wachsenden Einfluss der USA in der Weltpolitik. Sein Cousin *Franklin D.* (*Delano*) *Roosevelt* (1882–1945) wurde 1932 zum 32. Präsidenten der Vereinigten Staaten gewählt und blieb es über vier Amtsperioden. Der unter den Folgen einer Kinderlähmung leidende *Roosevelt* machte seinem Volk auf dem Höhepunkt der Großen Depression Mut und verkündete seinen »New Deal«. Er bekämpfte die Arbeitslosigkeit und förderte den Sozialstaat, sodass er eine breite Zustimmung in der Bevölkerung fand. Bei Ausbruch des Zweiten Weltkriegs erklärte er die Neutralität der USA, stärkte aber durch das Leih-Pacht-Gesetz die britische Kriegswirtschaft. Nach dem Angriff Japans auf Pearl Harbor trat Amerika in den Krieg ein. Mit Großbritannien einigte sich Roosevelt jedoch, zunächst gegen die europäischen Achsenmächte und dann gegen Japan vorzugehen. Auf der Konferenz von Casablanca (1943) forderten *Roosevelt* und Churchill die bedingungslose Kapitulation Deutschlands. Im gleichen Jahr legten sie zusammen mit Stalin auf der Konferenz von Teheran eine europäische Nachkriegsordnung fest. In *Roosevelts* Todesjahr fand die Konferenz von Jalta statt, auf der Frankreichs Anspruch als gleichberechtigte Besatzungsmacht und Stalins Forderung nach einer sowjetischen Machterweiterung in Osteuropa anerkannt wurden, wofür Stalin den Westmächten die Kriegserklärung an Japan zusagte. Die niederländischen Vorfahren der *Roosevelts* hatten sich nach ihrem heimatlichen Blumenhof »Rosenfeld« genannt, zu ndl. *roos,* »Rose« (Mehrzahl: *rozen*), und *veld,* »Feld«. Sein Vorname *Franklin* leitet sich her von afrz. *frauncIein,* mengl. *frankeleyn,* »Freimann«, für einen freien, aber nicht adligen Landbesitzer. Der irische Name *Delano* bedeutet »der Dunkle, Dunkelhaarige«.

Roscius war ein römischer Gentilname. Vertreter dieses Geschlechts waren z. B. *Quintus Roscius,* ein berühmter Schauspieler zur Zeit Ciceros, *Sextus Roscius Amerinus* (aus *Ameria* in Umbrien, heute *Amelia* bei Spoleto), der von Cicero verteidigt wurde, und der Volkstribun *Lucius Roscius Otho,* ein Freund Ciceros. Der Name geht wohl zurück auf lat. *roseus,* »rosenfarben, rosig«, zu *rosa,* »Rose, Rosenstock«, oder auf *ros,* »Tau, Tautropfen«. → *Otho*

Rospigliosi *Giulio* (1600–1669) war als *Klemens IX.* von 1667 bis 1669 Papst; sein bürgerlicher Name bedeutet in etwa »der blühend Aussehende«, zu ital. *roseo,* »rosig«, und *piglio,* »Miene, Aussehen«. → *Klemens*

Ross *Sir John* (1777–1856), britischer Seefahrer. Er erforschte die arktischen Meere auf der Suche nach einer Nord-West-Passage. Sein Neffe *James Clarke Ross* (1800–1862) lokalisierte 1831 zusammen mit seinem Onkel den magnetischen Nordpol und erkundete 1841 bis 1842 das Südpolargebiet, wo er jene tief ins antarktische Festland reichende Bucht des Südpazifiks entdeckte, die nach ihm *Ross-Meer* benannt ist. Der schottische Name geht zurück auf *ros,* »Sumpfland«.

Rossini *Gioacchino Antonio* (1792–1868), italienischer Komponist vieler berühmter Opern wie »Der Barbier von Sevilla«, »Das Aschenbrödel«, »Othello«, »Die diebische Elster« und »Wilhelm Tell«. Sein Name beruht auf einer Verkleinerungsform von ital. *rosso*, »rot«, und bedeutet also etwa »kleiner Rotschopf«.

Roth *Joseph* (1894–1939), österreichischer Schriftsteller (z. B. »Radetzkymarsch«, »Die Kapuzinergruft«). In seinen Romanen und Erzählungen trauerte er dem alten Leben in der Donaumonarchie und in seiner galizisch-jüdischen Heimat nach. Nach dem Ersten Weltkrieg ging er nach Berlin und arbeitete dort als Journalist, unter dem Pseudonym »der rote Joseph« auch für kommunistische Blätter. Als er 1933 Deutschland verlassen musste, reiste er quer durch Europa, bevor er sich ein Jahr darauf in Paris für den Rest seines Lebens niederließ. Der Name geht entweder auf mhd. *rōt*, »rot, rothaarig« sowie »listig«, zurück und beschreibt das Aussehen bzw. Verhalten des ersten Namensträgers, oder auf mhd. *rōt, rāt*, »Rat, Ratgeber«.

Rothschild war der Name einer deutschen Bankiersfamilie, die ihr Haus im Frankfurter Judenviertel mit einem »roten Schild« markiert hatte. Heute ist *Rothschild* ein verbreiteter aschkenasisch-jüdischer Nachname. → *Mandel*

Rousseau *Jean-Jacques* (1712–1778), französisch-schweizerischer Schriftsteller und Philosoph hugenottischer Herkunft. Die ihm zugeschriebene Maxime »Zurück zur Natur« ist von ihm übrigens nie in dieser Form benutzt worden. Er behauptete zwar, der zunächst glückliche naturhafte Mensch sei durch Vergesellschaftung und Wissenschaft ins Verderben gefallen, hat aber nie eine absolute Rückkehr gefordert, sondern er wollte, dass die dem Urzustand beigemessenen Werte wie Freiheit, Unschuld und Tugend für die Bewältigung von Gegenwart und Zukunft bewahrt und die »natürliche« Rechtsgleichheit aller wiederhergestellt würden. In späteren Jahren setzte er allerdings an die Stelle des einst gepriesenen Naturmenschen den politisch mündigen Bürger, der auf seine Naturfreiheit – von *Rousseau* inzwischen als Anarchie bezeichnet – verzichtet und sie dem Kollektivwillen unterwirft. Sein Namensvetter *Henri Rousseau* (1844–1910), der auch *le Dounanier*, »der Zöllner«, genannt wurde (er war in der Tat zunächst Zollbeamter in Paris), gilt als einer der ersten naiven Maler. Seine in vereinfachten Formen, aber großem Detailreichtum dargestellten Urwaldlandschaften, Bildnisse und Volksszenen wirken oft traumhaft oder verzaubert und übten einen großen Einfluss auf die moderne Malerei aus. Der Name *Rousseau* war in Frankreich ursprünglich die spöttische Bezeichnung einer rothaarigen Person, aus afrz. *rousset*, zu lat. *russus*, »rot«. Italienische Varianten des Namens sind übrigens *Rossi*, *Rossini* und *Rossellini*.

Rovere, toskanisch für »Eiche«, war der Name einer berühmten italienischen Familie, der zwei Päpste entstammten: *Francesco della Rovere* (1414–1484), besser bekannt als Renaissance-Papst *Sixtus IV.*, der zuvor Universitätsprofessor und Ordensgeneral der Franziskaner gewesen war und dann als ersehnter Reformpapst bitter enttäuschte, sowie sein Neffe *Giuliano della Rovere* (1443–1513), später Papst *Julius II.*, der dank der Protektion durch seinen päpstlichen Onkel in einflussreiche Ämter aufstieg und zum Kardinal ernannt wurde, sodass auch für ihn der Weg zum obersten Hirtenamt geebnet war. → *Julius II.* und *Sixtus IV.*

Roxane war der Name der Tochter eines baktrischen Satrapen. Die spätere Gemahlin Alexanders d. Gr. gebar ihm kurz nach seinem Tod einen Sohn, der zwar als Thronerbe anerkannt wurde, aber zusammen mit seiner Mutter 310 v. Chr. ermordet wurde. Der Name *Roxane* stammt von pers. *roschana*, »Morgendämmerung«.

Ruben (auch: *Reuben*) lautete der Name des Erstgeborenen der Lea und des Jakob, zu hebr. *re'uben*, »siehe, ein Sohn«. Über ihn berichtet das Buch Genesis (29, 32): »Lea empfing und gebar einen Sohn. Sie nannte ihn ›Ruben‹ (seht den Sohn), indem sie sprach: ›Gesehen hat der Herr auf mein Elend; denn jetzt wird mein Mann mich lieben‹.« → *Simeon*

Rubens *Peter Paul* (1577–1640), flämischer Maler. Sein calvinistischer Vater war mit seiner Frau von Antwerpen nach Köln und später nach Siegen geflohen, wo ihr Sohn Peter Paul zur Welt kam. Nach dem Tod ihres Mannes zog die Mutter mit ihm zurück nach Flandern, wo er katholisch erzogen wurde und die Malerei erlernte. Ab 1600 arbeitete er als Künstler in Italien und Spanien. 1608 kehrte er nach Antwerpen zurück, nahm bei Erzherzog Albert die Stelle des Hofmalers an und gründete seine eigene Werkstatt. Hier entstanden seine religiösen, historischen, allegorischen und mythologischen Gemälde, aber auch viele Bildnisse und Landschaften. Seine weltbekannten Bilder strahlen flämische Leidenschaft und Sinnlichkeit aus. Der Name *Rubens* ist der Leistung dieses großartigen Malers angemessen, handelt es sich doch um eine patronymische flämische Ableitung von *Robert*, zu ahd. *hruom*, »Ruhm, Ehre«, und *beraht*, »glänzend«.

Rübezahl heißt ein sagenhafter Berggeist und Herr des Riesengebirges, ein faunähnliches Wesen, das mal als Riese, mal als Tier erscheint und die Menschen beschenkt oder irreführt, wenn man ihn ärgert. Vor allem gilt er als Wächter der Bergschätze. Sein Name war im Mittelalter ein gemeines Schimpfwort, denn mhd. *ruobezagel* bedeutet »Rübenschwanz«, mit *zagel*, »Penis«. Man hat den ersten Teil des Namens auch mit mhd. *rībe*, »Hure« (zu *rīben*, »wippen, scheuern, reiben«), erklärt, was allerdings am obszönen Sinn des Wortes nichts ändert.

Rubinstein *Anton Grigorjewitsch* [russ. Антон Григорьевич Рубинштейн], 1829–1894, russischer Pianist und Komponist, der die Konservatorien in St. Petersburg (1862) und in Moskau (1867) gründete. Der Name *Rubinstein* wurde in seiner moldawischen Heimat wegen seines Wohlklangs gern von Juden gewählt (zu *Rubin* und *Stein*).

Rückert *Friedrich* (1788–1866), deutscher Orientalist, Übersetzer und Dichter. Der Professor für orientalische Philologie übertrug persische und arabische mittelalterliche Poesie und befasste sich in einem sechsbändigen Werk mit der weltlichen und religiösen »Weisheit der Brahmanen«. Zu seinen besten Gedichten gehören die erst nach seinem Tod veröffentlichten »Kindertotenlieder«, die von Gustav Mahler vertont wurden. Die »harmlose« Herkunftsvariante des Namens *Rückert* (im 16. Jahrhundert noch in der Form *Rucker* erwähnt) bietet der Rufname *Rüdiger*, aus *Hrodger*, zu ahd. *hruom*, »Ruhm«, und *gēr*, »Speer«. Weniger günstig, aber wahrscheinlicher, klingt die Entstehung aus mnd. *rucker*, »Räuber, Habgieriger«.

Rufus war in den *gentes* der *Cecilii*, *Minucii*, *Rutilii* und *Pompeii* ein häufiger Beiname. Mit dem Wort *Rufus* bezeichnete man im alten Rom einen »Rotschopf« (zu lat. *ruber*, »rot, gerötet«).

Ruisdael *Jacob Isaakszoon van* (1628–1682), berühmtester niederländischer Landschaftsmaler. Er schuf typisch holländische Landschaften, stimmungsvolle Waldszenerien und Stadtansichten sowie Seestücke. Der Name, den sein ebenfalls malender Vater einst angenommen hatte, passt recht gut zu einem romantischen Künstler, denn er beruht auf ndl. *ruisen*, »rauschen«, und *dal*, »Tal«.

Rullus, »der Grobian«, war ein Beiname in der römischen *gens Servilia*, von lat. *rullus*, »ungesittet«, zu *rudis*, »roh, unkundig«. → *Servilius*

Rupilius lautete ein römischer Gentilname, z. B. des *Publius Rupilius*, der als Konsul 132 v. Chr. die *lex Rupilia* zur Neuordnung Siziliens schuf, und *Publius Rupilius Rex* (»der König«), ein Zeitgenosse des Horaz. Möglicherweise handelt es sich bei dem Geschlechternamen um einen Schreibfehler, denn bei alten römischen Schriftstellern taucht der Name in der Form *Rutilius* auf. → *Rutilius*

Rurik ist eine alte Form des Rufnamens *Roderich*, zu germ. *hroth*, »Ruhm«, und ahd. *rihhi*, »reich«. Der Warägerführer *Rurik* (gest. um 880) aus dem Stamm der *Rus* gründete mit seinen Brüdern das erste *russische* Staatswesen. Die *Rus*, schwedische Normannen, waren namengebend für das Land *Russland*.

Rushdie *Salman* (geb. 1947), britischer Schriftsteller indischer Herkunft, der mit seinen »Satanischen Versen« weltbekannt wurde. In der islamischen Welt stieß er jedoch auf starke Ablehnung; der iranische Ayatollah Chomeini forderte gar seinen Tod. Sein Name bedeutet im Arabischen »der Reife«, »der Weise« – eine Beurteilung, die auf seine fundamentalistischen Kritiker weiß Gott nicht zutrifft.

Ruskin *John* (1819–1900), englischer Schriftsteller, Sozialreformer und Maler, der ein Evangelium der Schönheit predigte. Das Glaubensbekenntnis in vielen seiner Schriften hieß: »Äußere Schönheit ist nur die Entsprechung der schönen Seele.« Er forderte eine neue Wirtschaftsethik, in deren Mittelpunkt der Mensch zu stehen und die Arbeit als sittliche Verpflichtung zu gelten habe. Als Maler schuf er stimmungsvolle Architekturdarstellungen, Blumen- und Vogelbilder sowie Nachzeichnungen von Werken älterer Kunst. *Ruskin* ist eine Verkleinerungsform des alten Namens *Rosce*, zu germ. *hroth*, »Ruhm, Ehre«.

Russell *Bertrand* (1872–1970), britischer Mathematiker und Philosoph, der zu den Problemen seiner Zeit mutig Stellung bezog. So wandte er sich als Pazifist strikt gegen den Bau von Atomwaffen in seinem Land, gegen den Vietnamkrieg und den Einmarsch der Warschauer-Pakt-Staaten in die Tschechoslowakei. In vielen sozialkritischen Schriften bekämpfte er die bestehenden Institutionen wie Kirche, Staat, Erziehung und Ehe vom Standpunkt eines optimistischen, rationalen Fortschrittsglaubens aus. 1950 erhielt er den Nobelpreis für Literatur. *Russel* ist eine an englische Namen angepasste Umwandlung des italienischen Namens *Rosellini* – eine Verkleinerungsform zu ital. *rosa*, »Rose«. (Der Name könnte auch auf afrz. *rous-el*, die Verkleinerungsform von *rous*, »rot«, zurückgehen.)

Ruth ist bekannt vom gleichnamigen Buch des Alten Testaments; der Name gehört möglicherweise zu hebr. *re'ut*, »Freund«.

Rutilius lautete ein römischer Gentilname, z. B. des Konsuls *Publius Rutilius Rufus*, eines Redners und Geschichtsschreibers zur Zeit des Marius. Der Name stammt von lat. *rutilare*, »rötlich schimmern, wie Gold glänzen«; sein Beiname hat eine ganz ähnliche Bedeutung.
→ *Rufus* und *Rupilius*

Sabinian ist der Name eines weniger bedeutenden Papstes (604–606); erwähnenswert ist vielleicht seine Härte angesichts einer Hungersnot in Rom. Der Name bedeutet »der Sabiner«, nach dem heidnischen sabinischen Gott *Sabus*, dessen Name unerklärt ist.

Sacher-Masoch *Leopold, Ritter von* (1836–1895), österreichischer Schriftsteller. Er wurde bekannt mit kraftvollen und farbigen Bauerngeschichten aus seiner jüdischen galizischen Heimat, berühmt-berüchtigt dagegen durch jene sexuelle Abartigkeit, die er vor allem in der Novelle »Venus im Pelz« und in dem Roman »Die geschiedene Frau« beschrieb und für die bald darauf der Begriff *Masochismus* geprägt wurde. Seine Vorfahren waren spanischer, deutscher und slawischer Herkunft. Als Ahn der Familie kommt *Don Matthias Sacher*, ein spanischer Edelmann, in Frage, der sich im 16. Jahrhundert in Prag niederließ (wohl zu span. *sachar*, »jäten«). Im zweiten Teil von Sacher-Masochs Doppelnamen taucht der seiner Mutter *Charlotte von Masoch* auf, einer Russin von ebenfalls adliger Herkunft, vielleicht zu russ. *masók (мазок)*, »Pinselstrich«.

Sachmet (auch: *Sechmet*), »die Mächtige«, war nach altem ägyptischen Glauben Gattin des Ptah und starke Kriegsgöttin, die die Feinde der Götter und Könige bekämpfte. Sie galt aber auch als Heilgöttin, die sowohl Krankheiten (z. B. die immer wiederkehrenden Seuchen Ägyptens) bringen als auch heilen konnte, weswegen die ägyptischen Ärzte sie um Beistand anriefen. → *Bastet*

Sachs *Hans* (1494–1576), deutscher Dichter. Auf seinen Wanderungen durch Deutschland knüpfte er überall Beziehungen zu den Singschulen an und wurde 1517 in Nürnberg Meistersinger. In Prosadialogen und dem Gedicht »Die Wittembergisch Nachtigall« trat er für die Reformation ein. Ansonsten verfasste er zahlreiche Fastnachtsspiele und Komödien. Richard Wagner setzte ihm mit seinen »Meistersingern« ein idealisierendes Denkmal. Sein Name nimmt Bezug auf den Volksstamm der *Sachsen*, eine Kurzform von *Sahsnotas*, »Schwertleute«, zu ahd. *sahs*, »kleines zweischneidiges Schwert«.

Sadat *Anwar el* (1918–1981), ägyptischer Politiker mit einer strahlenden Karriere. Mit zwanzig Jahren war er bereits Offizier, 1952 gründete er zusammen mit Gamal Abd el-Nasser das oppositionelle »Komitee der freien Offiziere«, das 1952 gegen König Faruk I. putschte. Nach der Ausrufung der Republik 1953 bekleidete *Sadat* verschiedene Ämter: Er war Informationsminister, Präsident der Nationalversammlung und ab 1969 Vizepräsident unter Staatspräsident Nasser sowie nach dessen Tod 1970 sein Nachfolger als Staatspräsident. Im Jom-Kippur-Krieg gegen Israel erzielte er 1973 einige Anfangserfolge auf der Sinai-Halbinsel. Obschon er auf Drängen der UNO schließlich einem Waffenstillstand zustimmen musste, konnte er in der arabischen Welt einen enormen Prestige-Gewinn verzeichnen. Sein historischer Staatsbesuch in Jerusalem wurde 1977 zum Höhepunkt seiner Nahost-Friedenspolitik. Ein Jahr später unterzeichnete er gemeinsam mit dem israelischen Ministerpräsidenten Menachem Begin das unter Vermittlung von US-Präsident Jimmy Carter zustande gekommene Abkommen von Camp David und bald darauf den ägyptisch-israelischen Friedensvertrag. Beide Staatsmänner erhielten dafür 1978 den Friedensnobelpreis. *Sadats* Versöhnungspolitik stieß indes auf die Ablehnung der arabischen Staaten und führte zum Ausschluss Ägyptens aus der Arabischen Liga. 1981 wurde der liberale Politiker während einer Militärparade in Kairo von islamistischen Fundamentalisten innerhalb der ägyptischen Armee ermordet. Vizepräsident Hosni Mubarak wurde sein Nachfolger im Amt des Staatspräsidenten. Der Name *Sadat* bedeutet im Arabischen »Richtigkeit, Bezahlung, Tilgung«, sein Vorname *Anwar* »der Strahlende« (zu arab. *nur*, »Licht«).

Saddam bedeutet im Arabischen »Konflikt, Streit« – wie zutreffend im Fall des *Saddam Hussein* (geb. 1937). Der ehemalige Staatschef des Irak (seit 1979) griff im ersten Golfkrieg (1980–1982) den Iran an und setzte Chemiewaffen gegen die Zivilbevölkerung ein. 1990 marschierte er in Kuwait ein und löste damit den zweiten Golfkrieg aus. Im dritten Golfkrieg besetzten die USA 2003 den Irak und konnten bald darauf den Diktator festnehmen. 2004 wurde er den irakischen Behörden übergeben. *Saddam Hussein* ist nicht etwa eine Kombination aus Vor- und Nachnamen, wie wir sie kennen. Bei seiner Geburt nannten seine Eltern ihn *Hussein*, zu arab. *husain*, »der Schöne«; den Beinamen *Saddam* soll er sich bei seiner Machtergreifung selbst zugelegt haben. Geboren wurde er als *Hussein al-Majd al-Tikriti*, d. h. »Hussein, Sohn der Familie al-Majd aus Tikrit«, wobei *al-Majd* »der Ruhmreiche« bedeutet.

Sade *Marquis de* (1740–1814) hieß ein berühmt-berüchtigter französischer Schriftsteller. Er saß etwa die Hälfte seines Lebens im Kerker, zunächst wegen etlicher sexueller Vergehen, dann wegen seiner ablehnenden Haltung gegenüber der Französischen Revolution und schließlich wegen der Veröffentlichung seiner Bücher, die er fast alle in der Haft verfasst hatte und die wegen ihrer unverblümten Schilderung von Liebe, Lust und Grausamkeit ein sehr unterschiedliches Echo fanden (vgl. *Sadismus*). Sein letztes Lebensjahrzehnt verbrachte er in einer Irrenanstalt. Der Name *Sade* verweist auf ein altes Lehnsgut, dessen Bezeichnung auf afrz. und prov. *sade*, »geschmackvoll« und auch »weise«, zurückgeht – Adjektive, die bei der Bewertung seines literarischen Werkes zumindest bedenklich anmuten.

Sagan *Françoise* (1935–2004), eigentlich *Françoise Quoirez*, französische Schriftstellerin. Nachdem der erste Roman »Bonjour Tristesse« der damals Achtzehnjährigen in Frankreich einen Skandal ausgelöst hatte, bestanden die großbürgerlichen Eltern auf einem Pseudonym. Françoise wählte *Sagan* (nach der Prinzessin *Boson de Sagan*, einer Figur in Marcel Prousts Roman »Die verlorene Zeit«). Ihr zweiter weltberühmter Roman war »Lieben Sie Brahms?«. Der Geburtsname *Quoirez* (falls er nicht baskischen Ursprungs ist) geht zurück auf das altfranzösische Wort *quoi*, das als Bezeichnung für einen »Schweiger«, einen »zugeknöpften Menschen« verwendet wurde – ein wenig schmeichelhafter Name für eine Schriftstellerin, die der Welt viel zu sagen hatte.

Sahib → *Ashab*

Saint-Exupéry *Antoine de* (1900–1944), französischer Flieger und die Technik bejahender Schriftsteller. Sein bekanntestes Werk ist das moderne Märchen »Der kleine Prinz«. Sein Name verweist auf die Herkunft von einem gleichnamigen Ort, der dem heiligen Märtyrer *Exupère* geweiht wurde (zu lat. *exsuperare*, »sich hoch erheben«).

Sajjid (auch: *Sayyed* und *Said*) ist ein haschemitischer Ehrentitel in der Bedeutung »Herr« (vgl. *Port Said*). → *Sejjed*

Sakadagami, im Sanskrit »Einmalwiederkehrer«, ist die buddhistische Bezeichnung für einen verehrungswürdigen Menschen, der vor dem endgültigen Verlöschen – als zweite Stufe des Loslösungsvorganges – nochmals ein ganzes diesseitiges Dasein durchleben muss. → *Sotapanna* und *Arahat*

Saladin (1138–1193) hieß ein muslimischer Heerführer, der sich als Sieger über die christlichen Kreuzritter Furcht und Achtung erworben hatte. Der Sultan von Ägypten und Syrien war kurdischer Abstammung und hieß von Hause aus *Jussuf ibn Ajjub* (zu arab. *ayub*, »reuiger Büßer«, eine Anspielung auf den biblischen *Job* oder *Hiob*). Der Titel *Saladin*, aus arab. *salah ed-din*, bedeutet »Heil der Religion«, »Heil des Glaubens«. → *Akbar* und *Hafis*

Sallust (lat. *Sallustius*) war der Gentilname des berühmten römischen Geschichtsschreibers *Caius Sallustius Crispus* (»der Krauskopf«), 86–35 v. Chr., und dessen Großneffen und Adoptivsohns *Sallustius Crispus*, der ein Ratgeber des Kaisers Augustus war. → *Crispus*

Salome [grch. Σαλώμη] bedeutet ausgerechnet »die Friedliche«, »die Friedsame«. Am bekanntesten ist wohl jene boshafte *Salome*, die

Tochter der Herodias und ihres ersten Gemahls Herodes Philippos, die sich den Kopf Johannes des Täufers erbat, nachdem dieser die inzestuöse Ehe ihrer Mutter mit ihrem zweiten Gemahl, *Herodes Antipas*, getadelt hatte. *Salome* ist die feminine griechische Form des hebräischen Namens *Salomon*.

Salomon, zu hebr. *Sh'lomo*, »friedlich, friedsam«, hieß im 9. Jahrhundert v. Chr. jener König von Israel und Juda, der im Orient das Idealbild des weisen und mächtigen Herrschers darstellte (vgl. *salomonisches Urteil*). → *Salome*

Salvius war ein römischer Gentilname, z. B. des *Marcus Salvius Otho* (geb. 32 n. Chr.), der 69 n. Chr. Kaiser wurde; in diesem Jahr folgten vier Kaiser aufeinander: Galba, Otho, Vitellius und Vespasian. Der Geschlechtername bedeutet »der Gesunde«, zu lat. *salvus*, »heil, gesund«. → *Otho*

Samson (auch: *Simson*), zu hebr. *shim'shon*, »Glänzender«, »stark wie die Sonne«, hieß im Alten Testament der Mann Dalilas, die ihm die Kraft spendenden Locken abschnitt und damit seine Stärke raubte. Die Philister konnten ihn zwar ins Gefängnis werfen, aber man kennt das Happy End: Als sein Haar nachgewachsen war, brachte er die Säulen unter dem Palast der Philister zum Einsturz und tötete so eine große Menge seiner Feinde.

Samuel hieß im 11. Jahrhundert v. Chr. ein alttestamentlicher Richter und Prophet. Der Name kommt von hebr. *shemu'el*, »sein Name ist Gott«.

Sandwich *John Montague* (1718–1792), Earl of Sandwich, britischer Politiker und Erster Lord der Admiralität, dem zu Ehren James Cook die 1778 entdeckten Hawaii-Inseln zunächst *Sandwich-Inseln* nannte. Bei uns ist *Sandwich* eher durch jene doppelte Weißbrotschnitte mit Wurst, Käse und Salat dazwischen bekannt, deren Erfindung wir angeblich der Spielleidenschaft des britischen Lords verdanken, der eine solche Zwischenmahlzeit einhändig verzehren konnte, ohne seine Karten aus der Hand legen zu müssen. Der Name verrät, dass seine Vorfahren aus der gleichnamigen Hafenstadt in Kent stammten (zu aengl. *sand*, »Sand«, und *wic*, »Landeplatz, Hafen«).

Sappho [grch. *Σαπφώ*] von Lesbos (ca. 620–580 v. Chr.) hieß eine lyrische Dichterin, die schon im Altertum gefeiert wurde. Sie scharte auf der Insel Lesbos im Kult der Aphrodite Freundinnen und Schülerinnen um sich und unterwies sie in der Dichtkunst und der Musik. Ihr Name kommt von grch. *sáppheiros (σάπφειρος)*, »der Saphir«.

Sara (auch: *Sarah*) war nach dem Buch Genesis die Frau Abrahams. Da sie lange Zeit als unfruchtbar galt, nahm sie zunächst Ismael, den Sohn ihres Gatten und ihrer Sklavin Hagar, an Kindes Statt an. Dann wurde sie aber doch noch schwanger und gebar Isaak, worauf sie Hagar und Ismael »in die Wüste schickte«. Im Hebräischen bedeutet *Sara* »Fürstin, Prinzessin«. (Früher hielt man sie übrigens für die Ahnfrau der *Sarazenen*; in Wirklichkeit dürfte deren Name jedoch von arab. *sharq*, »Osten«, kommen.) → *Abraham*

Sarasvati, eine wunderschöne Flussgöttin, wurde von Brahma erschaffen und als zweite Gattin geehelicht (nach *Schatarupa*); ihr Name bedeutet »die Wasserreiche«, zu skr. *sárasvat*, »gewässerreich«. Sie gilt in Indien als Fruchtbarkeits- sowie Weisheitsgöttin und daher auch als Göttin der Sprache (sie soll das Sanskrit-Alphabet geschaffen haben) und der Beredsamkeit. Sie wird vierarmig dargestellt – die vier heiligen Veden haltend und auf einem Lotos sitzend.

Saroyan *William* (1908–1981), amerikanischer Schriftsteller. Er verfasste impressionistische, idyllische Erzählungen und Romane vom amerikanischen Alltag, u. a. die berühmte »Menschliche Komödie«. Sein Name ist armenischer Herkunft und bedeutet so viel wie »Hoheit«.

Sarpedon [grch. *Σαρπεδών*] war in der griechischen Mythologie der Name zweier Heroen: Der Erste galt als Sohn des Zeus und der Europa; als sein Bruder Minos die Herrschaft in Kreta übernahm, wanderte er nach Kleinasien aus. Der Zweite dieses Namens, wiederum ein Sohn des Zeus (dieses Mal allerdings mit Laodameia), war mit Glaukos der Anführer der Lykier und Bundesgenosse der Trojaner; er wurde von Patroklos getötet. Der Name *Sarpedon* stammt möglicherweise von grch. *harpagé (ἁρπαγή)*, »Raub, Plünderung, Beute«.

Sarto *Giuseppe* (1835–1914), war der eigentliche Name des Papstes *Pius X.*, der von einem Bauernhof stammte und in großer Armut aufgewachsen war. Umso erstaunlicher ist seine Karriere: Vom einfachen Landpriester schaffte er es immerhin bis zum Kardinal und Patriarchen von Venedig; im Konklave gewann er die Wahl eigentlich nur auf Grund eines Vetos des österreichischen Kaisers Franz Joseph I. gegen einen Mitbewerber. Zu seiner einfachen Herkunft passt sein schlichter Name, denn ital. *sarto* bedeutet »Schneider« (auch sein Vorname ist schließlich der eines biblischen Handwerkers: *Giuseppe*, also *Joseph*). → *Pius X.*

Sartre *Jean-Paul* (1905–1980), französischer Schriftsteller und Philosoph. Im einflussreichsten Werk des Existenzialisten »Das Sein und das Nichts« entwickelte er eine gewollt pessimistische Philosophie, die alle transzendentalen Gehalte leugnet. Die gleiche Lehre finden wir auch in seinen erzählerischen und dramatischen Werken, etwa in seinen Romanen »Der Ekel« und »Die Wege der Freiheit« oder in seinem Theaterstück »Die Fliegen«. Der im Südwesten Frankreichs verbreitete Name entspricht unserem »Schneider«, zu lat. *sartor*, »Flickschneider«.

Satan (arab. *Schaitan*) war ursprünglich ein Engel, der mit anderem Namen auch *Iblis* hieß (wohl in lautlicher Anlehnung an *Diabolos*). Er wurde aus dem Paradies verstoßen, weil er sich nicht vor Adam niederwerfen wollte. *Satan* bedeutet im Hebräischen »Widersacher, Feind«.

Satrap, zu medisch *chschathra-pāwan*, »Reichshüter«, lautete im Perserreich der Achaimeniden der Titel eines Großstatthalters, unter den Sassaniden eines Stadtfürsten. Ursprünglich vertrat der *Satrap* den Großkönig, in der Zeit des Reichsverfalls (5.-4. Jahrhundert v. Chr.) wurde er ein selbstherrlicher Landesfürst; daher hat das Wort *Satrap* den Beiklang »Despot«.

Saturn (lat. *Saturnus*) hieß eine der ältesten italischen Gottheiten. Von *Jupiter* aus dem Himmel vertrieben, soll er nach Italien gekommen sein, das daher auch *Saturnia* genannt wurde. Nach der Sage bestand unter ihm ein goldenes Zeitalter (lat. *aurea aetas*), und die Menschen hatten ihm zum Dank schon um 500 v. Chr. einen Altar am Abhang des Kapitols errichtet. *Saturn* war der römische Gott des Ackerbaus, der insbesondere die Aussaat schützte. So verwundert es nicht, dass sein Name wohl von lat. *serere, satum,* »säen«, stammt.

Saul (lat. *Saulus*), um 1000 v. Chr. der erste König Israels, war von Samuel heimlich zum »Fürsten« über Israel gesalbt, dann per Los zum König gewählt und vom ganzen Volk als Herrscher anerkannt worden. *Saul*, zu hebr. *shaul*, »erbeten, erwünscht«, war auch der Name des Paulus vor seiner Bekehrung. → *Paulus*

Sax *Antoine-Joseph* (genannt *Adolphe Sax*), 1814–1894, französischer Instrumentenbauer. Er eröffnete 1842 eine Werkstatt in Paris und erfand über die Verbesserungen an der Klarinette das nach ihm benannte *Saxophon* – eine Bezeichnung, die auf seinem Familiennamen (zum Stammesnamen der Sachsen) und dem griechischen Wort *phoné* (φωνή), »Ton, Klang«, beruht.

Scaevola → *Mucius*

Scarlatti *Alessandro* (1660–1725), italienischer Komponist. Er ist der Hauptvertreter der älteren neapolitanischen Schule. Von seinen über 100 Opern sind allerdings nur wenige erhalten. Der Name *Scarlatti* ist in Sizilien sehr verbreitet, zu ital. *scarlatto*, »scharlachfarben, scharlachrot«.

Schah, zu apers. *schāh*, »König«, war in Persien die allgemeine Bezeichnung für einen Herrscher, der Titel des Schahs von Persien lautete *Schāhinschāh*, also »Schah der Schahs«. (Vgl. »Schach!«, den Warnruf des den König angreifenden Spielers beim *Schachspiel*, dessen Ziel es ist, den König zu schlagen, d. h. *schachmatt* zu setzen; zu pers. *schāh māta*, »der König ist tot«.) Der Großmogul in Indien war als *Schāhdschāhān* anzusprechen, persisch für »König der Könige«, also »Kaiser«, oder – noch vornehmer – als *Pādischāh*, d. h. »Weltkönig«. Dieser Fürstentitel wurde auch von den osmanischen Sultanen geführt; davon ist der türkische Titel *Pascha* hergeleitet. → *Kaiser*

Schaitan → *Satan*

Schamane ist ein wohl tungusischer Name für einen »Zauberer«. Der *Schamane* versucht über Ekstase und Medizin eine Verbindung herzustellen zwischen unserer realen und der unsichtbaren Welt der Geister. *Schamanismus* finden wir vor allem in Zentral- und Nordasien, aber auch in Nord- und Südamerika.

Schamasch, »Sonne«, hieß der akkadische Sonnengott. Als Gott, der alles sieht, schützte er die Wahrheit und das Recht; aus seiner Hand empfing der Herrscher Hammurabi sein berühmtes Gesetzbuch. → *Sin*

Schang-ti, »oberster Herrscher«, ist der Titel des chinesischen Hochgottes, der in seinem Purpurpalast am Polarstern residiert und unter dessen Augen das ganze Weltgeschehen abläuft. → *T'ien* und *Tao*

Schäuble *Wolfgang* (geb. 1942), deutscher Politiker (CDU) und Jurist. In der Regierung Kohl wurde Schäuble 1984 zum Bundesminister für besondere Aufgaben und zum Chef des Bundeskanzleramtes ernannt; als Kohls engster Berater war er insbesondere für deutschlandpolitische Fragen zuständig. Nach Umbildung des Kabinetts 1989 folgte seine Ernennung zum Bundesminister des Inneren. 1990 führte er die Verhandlungen über den Einigungsvertrag zwischen der Bundesrepublik Deutschland und der DDR. Im gleichen Jahr wurde er auf einer Wahlveranstaltung von einem psychisch Kranken niedergeschossen und schwer verletzt; seitdem ist er an den Rollstuhl gebunden. Von 1991 bis 2000 war er Vorsitzender der CDU/CSU-Bundestagsfraktion; seit 2005 ist er Innenminister im Kabinett Merkel. Sein Name, eine schwäbische Abart von *Schaub*, bedeutet »Schaubendecker«, zu mhd. *schoup*, »Strohbund«, und bezeichnete früher den Hersteller von Strohdächern, oder, im übertragenen Sinn, einen dürren Menschen.

Scheel *Walter* (geb. 1919), deutscher Politiker. Er war Bundesminister für wirtschaftliche Zusammenarbeit, Vizepräsident des Deutschen Bundestags, Vorsitzender der FDP und Außenminister unter Willy Brandt, bevor er von 1974 bis 1979 das Amt des Bundespräsidenten innehatte. *Scheel* ist eine Übername zu mnd. *schēl*, »schielend«.

Scheich, »Alter« (eigentlich: »Ältester«), nannten arabische Stammesverbände ursprünglich ihr Oberhaupt. Seit dem 13. Jahrhundert ist *Scheich* auch ein Titel des geistlichen und weltlichen Oberhaupts einer religiösen Bruderschaft.

Scheidemann *Philipp* (1865–1939), deutscher Staatsmann. Der SPD-Politiker besiegelte 1918 mit seiner Ausrufung der Republik das Ende des deutschen Kaiserreichs. Nachdem er Kaiser Wilhelm II. im Auftrag des SPD-Vorstands zum Rücktritt aufgefordert hatte, ernannte ihn Reichspräsident Ebert 1919 zum ersten Ministerpräsidenten der Weimarer Republik; er trat aber nach wenigen Monaten wieder zurück, da er den Versailler Friedensvertrag für unannehmbar hielt und deshalb nicht unterzeichnen wollte. Von 1920 bis 1925 war er Kasseler Oberbürgermeister. Nach Hitlers Machtergreifung emigrierte er nach Prag und von dort nach Dänemark. Sein Name, zu mhd. *scheideman*, bedeutet »Schiedsrichter« und wird seiner politischen Rolle gerecht. Wenn er in der Mundart seiner Heimatstadt Kassel lustige Geschichtchen schrieb, wie z. B. »De Drillerpiffe« (»Die Trillerpfeife«), nannte er sich übrigens *Henner Piffendeckel*, also »Heinrich Pfeifendeckel«.

Schelling *Friedrich Wilhelm Joseph von* (1775–1854), deutscher Philosoph. Der Anhänger von Kant und Fichte verkündete zunächst eine Naturphilosophie, in der das Leben als Widerstand gegen das Anorganische und die Natur als werdendes Ich aufzufassen sei. Später entwickelte er ein Identitätssystem, das ihm gestattete, die Natur als den unsichtbaren Geist und den Geist als unsichtbare Natur zu beschreiben. Schließlich gingen seine »Philosophischen Untersuchungen über das Wesen der menschlichen Freiheit« in die Religionsphilosophie über, in der das Absolute als Wollen und Gott als Person verstanden werden. Seinem Familiennamen liegt – wenn es sich nicht um eine Variante von *Schilling* handelt – mnd. *schellic*, »aufgeregt, lärmend«, zu Grunde.

Schiller *Johann Christoph Friedrich von* (1759–1805), deutscher Dichter und Dramatiker, Geschichtsprofessor in Jena, ein Zeitgenosse und Freund Goethes. Der spätere Dichterfürst erzielte mit seinen frühen Dramen einen recht unterschiedlichen Erfolg. Nachdem »Die Räuber« Begeisterung, aber auch Tumulte ausgelöst hatten und die Aufführung seines Dramas »Die Verschwörung des Fiesco zu Genua« sich als finanzielles und psychologisches Fiasko herausgestellt hatte, war das Publikum von »Kabale und Liebe« hingerissen, ebenso von »Don Carlos«. Gegen Ende seines Lebens schrieb er neben einer Fülle von Gedichten seine bekannten Dramen wie »Maria Stuart«, »Die Jungfrau von Orleans« und »Wilhelm Tell«. Für sein künstlerisches Lebenswerk wurde er drei Jahre vor seinem Tod in den Adelsstand erhoben. Sein Name bedeutet »der Schieler«, zu mhd. *schillen*, »schielen«. → *Scheel*

Schinkel *Karl Friedrich* (1781–1841), deutscher Maler und Baumeister. Er begann mit romantischen Malereien und Entwürfen, schuf gleichzeitig aber auch Werke von klassizistischer Strenge. Später entwickelte er einen eigenen Stil, der Schönheit und Zweckmäßigkeit miteinander verband. Bei seinen Zweckbauten verfolgte er einen rein sachlichen Stil. Der Name *Schinkel*, mhd. für »Schenkel«, ist offensichtlich ein Übername, der nach einem körperlichen Merkmal des ersten Namenträgers entstanden ist.

Schiva ist eine der mächtigsten Gottheiten des Hinduismus; er bildete mit Vischnu und Brahma das so genannte Trimurti, die Götterdreiheit (zu skr. *trimurti*, »dreigestaltig«, »Trinität«, aus *trí*, »drei«, und *múrti*, »gebildet aus«, und »Gestalt, Körper, Person«). Er, der die kosmische Ordnung aus dem Urchaos schuf, steht für das Prinzip, dass es keine Schöpfung ohne Zerstörung gibt; so bedeutet der Name *Schiva* »Glück Verheißender« und »Gütiger, Gnädiger«, obschon er gleichzeitig die Zerstörungskraft personifiziert. Es handelt sich also um einen sehr widersprüchlichen Gott, der einmal enthaltsam ist und dann wieder einen gewaltigen sexuellen Appetit an den Tag legt, der furchtbare Krankheiten sendet, sie aber auch vertreibt. Wie Kali trägt er ein drittes Auge auf der Stirn: das Auge der Einsicht. *Schiva*, der volkstümlichste Gott der Hindus, wird oft dargestellt mit einer Trommel, die den Rhythmus der Schöpfung symbolisiert, und einer Flamme als Sinnbild der Verwüstung. Mit diesem arischen Gott ist ein vorarischer Gott verschmolzen worden, ein Repräsentant der Zeugungskraft, der unter dem Symbol des *Lingam* (»Phallus«, zu skr. *lingam*, »Kennzeichen, Merkmal, Götterbild«) verehrt wird.

Schlegel *August Wilhelm von* (1767–1845), deutscher romantischer Dichter und Literaturhistoriker. Er übersetzte u. a. Shakespeare, Calderón und Petrarca. Seine eigene Poesie blieb indes ohne große Wirkung. Der Name *Schlegel* basiert auf mhd. *slegel*, »Schlagwerkzeug« oder »Flegel« – entweder ein Hinweis auf einen Beruf, bei dem ein entsprechendes Werkzeug benötigt wurde, oder auf eine typisch grobe Verhaltensweise des ursprünglichen Trägers. Beide Deutungen klingen in diesem Fall wenig treffend.

Schleiermacher *Friedrich Daniel Ernst* (1768–1834), deutscher Theologe, Pädagoge und Philosoph. Er beschäftigte sich vor allem mit Fragen der Ethik (z. B. in seinen Werken »Über das höchste Gut«, »Über die Freiheit«, »Über den Wert des Lebens« sowie in den »Monologen«) und dem Wesen der Religion, die er als absolute Abhängigkeit des endlichen Selbst vom Unendlichen, also von Gott, betrachtete. Der Name *Schleiermacher* verweist auf den Beruf des Webers, der Schleier und Kopftücher herstellte.

Schlemihl *Peter* (1867–1926), Pseudonym des deutschen Schriftstellers *Ludwig Thoma* (»Lausbubengeschichten«), das er für seine Veröffentlichungen im »Simplicissimus« benutzte. *Schlemihl* heißt in der Märchennovelle »Peter Schlemihls wundersame Geschichte« von Adalbert von Chamisso der Titelheld, der dem Teufel seinen Schatten verkauft. Sein Geburtsname ist eine Nebenform von *Thomas*, der griechischen Form des aram. Namens *T'oma*, »Zwilling«.

Schliemann *Heinrich* (1822–1890), deutscher Archäologe, der vor allem durch die Wiederentdeckung und Ausgrabung des antiken Troja bekannt wurde. Sein Name dürfte aus mnd. *slî*, »Schleie«, entstanden sein und sich auf den Beruf eines Fischers oder Fischverkäufers beziehen.

Schmeling *Max* (1905–2005), Boxidol des 20. Jahrhunderts, dem wegen seiner Fairness und Bescheidenheit im In- und Ausland großer Respekt gezollt wurde. *Schmeling* ist eine Ableitung vom Namen *Schmal* mit *ing*-Suffix; zu mhd. *smal*, »dünn, klein, gering«, eine Bedeutung, die seinem Lebenslauf nicht gerecht wird. (Zwischen 1924 und 1948 gelang es ihm, Profi-Boxweltmeister aller Klassen zu werden; unvergessen ist sein Kampf gegen Joe Louis 1936.)

Schmidt *Helmut* (geb. 1918), deutscher sozialdemokratischer Politiker. Seine harsche Kritik an Verteidigungsminister Franz-Josef Strauß im Deutschen Bundestag, dessen Mitglied er ab 1953 war, brachte ihm bei seinen politischen Gegnern den Spitznamen »Schmidt-Schnauze« ein. Als Innensenator von Hamburg erwarb er sich dagegen 1962 durch sein energisches und umsichtiges Eingreifen einen Namen bei der Hochwasserkatastrophe in der Hansestadt. 1969 war er Bundesverteidigungsminister im Kabinett Willy Brandt, 1972 löste er Karl Schiller im Amt des

Bundesministers für Wirtschaft und Finanzen ab. Von 1974 bis 1982 war er Bundeskanzler. In seine Amtszeit fiel eine Welle terroristischer Aktivitäten, die in der Entführung und Ermordung des Arbeitgeberpräsidenten Hanns-Martin Schleyer gipfelten. Der Name dieses mutigen und zupackenden Politikers kommt von mhd. *smit*, »Schmied«.

Schneider *Romy* (1938–1982), eigentlich *Rosemarie Magdalene Albach*, österreichische Schauspielerin, die in Deutschland in den 50er-Jahren durch ihre »Sissi«-Filme bekannt wurde, sich aber erst danach zur Charakterdarstellerin im internationalen Film entwickelte. Als Künstlerin trug sie den Namen ihrer Mutter *Magda Schneider*, einer ebenfalls berühmten Schauspielerin. *Albach* war der Name ihres Vaters; er könnte sich aus der vorindogermanischen Wurzel *alb*, »Berg«, und ahd. *aha*, »fließendes Wasser«, zusammensetzen.

Scholem Alejchem (1859–1916), humoristischer jiddischer Dichter. Sein Künstlername bedeutet »Friede sei mit euch« (vgl. hebr. *shalom*, »Friede«). Sein ukrainischer Geburtsname war *Schalom Rabinowitsch* gewesen (»Sohn des Rabbi«), zu hebr. *rabin*, »Rabbiner«, und der russisch-ukrainischen patronymischen Endung *-witsch*, »Sohn von ...«. Seine bekanntesten Erzählungen über das Alltagsleben der Ostjuden um die Wende vom 19. zum 20. Jahrhundert und jüdischer Emigranten in den USA sind wohl »Tewje der Milchmann« (unter dem Titel »Anatevka« als Musical verarbeitet) und »Menachem Mendel«. → *Rabin* und *Robinson*

Schönherr *Dietmar* (geb. 1926), eigentlich *Dietmar Otto Edler von Schönleiten*, Sohn eines österreichischen Generals, deutscher Filmschauspieler (unvergessen seine Rolle als Commander McLane in der Science-Fiction-Serie »Raumpatrouille«) und Talkmaster (»Je später der Abend«). Er wählte ein bescheidenes Pseudonym in Anlehnung an seinen richtigen Namen. *Edler* ist ein alter österreichischer Adelstitel, *Schönleiten* ist wohl von dem in Österreich nicht seltenen Ortsnamen *Leiten* hergeleitet.

Schopenhauer *Arthur* (1788–1860), berühmter deutscher Philosoph, der sich in der Nachfolge Kants sah. Er gilt als Hauptvertreter des metaphysischen Voluntarismus (zu lat. *voluntas*, »Wille«). Im Unterschied zu Kant vertrat Schopenhauer eine reine Mitleidsethik. Sein

»Imperativ« lautete: »Verletze niemanden, vielmehr hilf allen, soweit du kannst«. *Schopenhauer* ist ein Berufsname (zu mnd. *schōpe*, »Schöpfkelle«, und *houwer*, »Hauer«), mit dem früher wohl ein Handwerker bezeichnet wurde, der hölzerne Schöpfgeräte anfertigte.

Schostakowitsch *Dimitrij Dmitrijewitsch* [russ. Дмитрий Дмитриевич Шостакович], 1906–1975, russischer Komponist von berühmten Symphonien und Opern. Die heute übliche Schreibweise ist die russische Version des polnischen Namens *Szostakowicz* (sein Vater stammte aus Polen und zog später mit seiner Familie nach Russland), wohl zu poln. *szóstaków*, der Bezeichnung einer Scheidemünze des im 16. Jahrhundert eingeführten neuen *Złoty-Systems (zu szósta,* »ein Sechstel«; sechs dieser Münzen entsprachen einem *grosz*, also einem Groschen). Den Vornamen erhielt er nach dem in der orthodoxen Kirche als Märtyrer verehrten heiligen *Dimitrios*. → *Demetrius*

Schröder *Gerhard Fritz Kurt* (geb. 1944), deutscher SPD-Politiker. Der einstige Bundesvorsitzender der Jusos war ab 1994 Ministerpräsident von Niedersachsen, bis er 1998 und 2002 erneut zum Bundeskanzler gewählt wurde. Nach Stellung der Vertrauensfrage und nachfolgenden Neuwahlen zum Bundestag musste er 2005 dieses Amt an Angela Merkel abtreten. *Schröder* stammt aus einfachen Verhältnissen, sodass sein Name angemessen erscheint, denn mnd. *schrode* und *schrader* bedeuten im Norddeutschen »Schneider«, daneben aber auch »Wein- und Bierverlader«.

Schu hieß der ägyptische Luftgott. Er war Gatte und Bruder der Tefnut; beide, *Schu* und Tefnut, wurden von Rê hervorgebracht, indem dieser sie aus seinem Mund oder seiner Nase ausstieß; sie galten als Eltern der Nut und des Geb. Der Name *Schu* bedeutet »Leere« (nach anderer Quelle: »Träger«). → *Geb* und *Nut*

Schubert *Franz* (1797–1828), österreichischer Komponist, der in nur 15 Jahren ein umfangreiches Werk schuf. Er verfasste u. a. berühmte Sinfonien und Streichquartette, Klaviersonaten, Messen und Chorwerke. Im Mittelpunkt seines Schaffens stand jedoch das Lied – eine Vertonung der Lyrik zeitgenössischer Dichter wie Goethe, Schiller, Claudius und Heine. Sein Name beruht auf mhd. *schuochwürhte, schuchwarte*, »Schuhmacher«.

Schuman *Robert* (1886–1963) war ein französischer Politiker deutscher Abstammung aus Elsass-Lothringen. Als Außenminister und entschiedener Verfechter der Neugestaltung Europas nach dem Zweiten Weltkrieg bereitete er mit dem so genannten *Schumanplan* 1950 den Weg zur Schaffung der Montan-Union, einer europäischen Gemeinschaft für Kohle und Stahl. Für seine Idee eines auch politisch geeinten Europas fand er zum damaligen Zeitpunkt jedoch kein Verständnis, sodass er 1952 sein Amt niederlegte. Nach Unterzeichnung der Römischen Verträge 1957 wurde *Robert Schuman* der erste Präsident des Europäischen Parlaments. Wegen seiner großen Menschlichkeit und der Verteidigung moralischer Werte in der Politik gibt es in der katholischen Kirche Bestrebungen, ihn selig sprechen zu lassen. Wie im Fall von *Schumann* bedeutet der Name natürlich »Schuhmacher«.

Schumann ist ein herkömmlicher deutscher Familienname (zu mhd. *schuochman*, »Schuhmacher«), aber auch der Name berühmter Persönlichkeiten. *Robert Schumann* (1810–1856), der wegen einer Fingerlähmung die geplante Pianistenlaufbahn aufgeben musste, wurde ein meisterhafter Komponist lyrischer Lieder (insbesondere nach Gedichten von Goethe, Eichendorff und Heine) und hervorragender Klavier- und Orchesterwerke. Seine Frau, *Clara Schumann* (1819–1896), war als Pianistin eine der großen Virtuosenpersönlichkeiten des 19. Jahrhunderts.

Schwarz *Berthold* (14. Jahrhundert), Franziskanermönch und abendländischer Erfinder des Schießpulvers (daher auch die Bezeichnung *Schwarzpulver*). Er hieß mit richtigem Namen *Konstantin Anklitzen*, nahm jedoch beim Eintritt ins Kloster den Namen *Berthold* an und wurde wegen seiner Kenntnisse in der so genannten Schwarzen Kunst bald *Bartoldus niger*, »Berthold der Schwarze«, genannt. (In der Alchemie war der lateinische Ausdruck für einen Meister der Schwarzen Kunst *nigromanticus*.) Angeblich hatte der englischer Mönch Roger Bacon das Schießpulver bereits in der Mitte des 13. Jahrhunderts erfunden; zudem steht fest, dass die Chinesen bereits vor 1000 Jahren das Schwarzpulver kannten.

Schweitzer *Albert* (1875–1965), elsässischer Theologe, Musiker und Arzt. Als Missionar gründete er 1913 ein Tropenhospital in Lambarene (Gabun), das er mit Vortragsreisen und Orgelkonzerten zu finanzieren suchte. Für sein Lebenswerk erhielt er 1952 den Friedensnobelpreis. *Schweitzer* ist ein Herkunftsname für jemanden, der »aus der Schweiz« stammt.

Scipio ist in der römischen Geschichte ein bekannter Beiname gewesen. Berühmte Träger dieses Namens waren die Feldherren *Publius Cornelius Scipio Africanus maior* (»der Ältere«, gest. 211 v. Chr.), der die Invasion Karthagos im Zweiten Punischen Krieg befehligte, sowie dessen adoptierter Enkel *Publius Cornelius Scipio Aemilianus Africanus minor* (»der Jüngere«), der ein römisches Heer gegen Karthago im letzten Punischen Krieg (149–146 v. Chr.) anführte und es eroberte, ferner *Publius Cornelius Scipio Nasica Corculum* (lat. *corculus*, »Herzchen«), der Schwiegersohn des Erstgenannten und Gegner der Zerstörung Karthagos. Der erbliche Beiname *Scipio* bedeutet »Stab, Stock« (verwandt mit unserem *Zepter*). Vermutlich hatte ein frühes Mitglied der *gens Cornelia* seinem blinden Vater als »Stock«, also als Führer, gedient. → *Corculum* und *Nasica*

Scott *Sir Walter* (1771–1832), schottischer Autor historischer Romane, deren bekanntester „Ivanhoe" ist. Sein Name ließ keinen Zweifel daran, dass er aus *Schottland* stammte, wohin einst die irischen *Skoten* ausgewandert waren.

Scribonius war der Name eines römischen Geschlechts, das bekannte Männer hervorgebracht hat, wie den Prätor (121 v. Chr.) *Caius Scribonius Curio*, dessen Beiname entweder zu lat. *curio*, »Ausrufer, Herold, Kurienvorsteher«, oder zu *curio*, »von Sorgen geplagter Mensch«, gehört, sowie dessen Sohn *Caius Scribonius Curio*, der 76 v. Chr. das Amt des Konsuls ausübte, und der Freund Ciceros und des Pompejus, *Lucius Scribonius Libo* (vielleicht zu *libare*, »ein Trankopfer bringen«, auch »kosten, nippen, naschen«), dessen Schwester *Scribonia* die zweite Frau Octavians und die Mutter Iulias war. Der Gentilname *Scribonius* bedeutet »Aufzeichner«, zu lat. *scibere*, »zeichnen, schreiben, aufzeichnen, verfassen«.

Sebastos, zu grch. *sebastós (σεβαστός)*, »Ehrwürdiger, Erhabener«, lautete der offizielle Titel des Kaisers in Konstantinopel; er entspricht damit unserer Anrede »Majestät« oder »Hoheit«. Vom gleichen Wort ist der Rufname *Sebastian* hergeleitet. Der Heilige dieses Namens war im dritten Jahrhundert der Anführer der Leibwache Kaiser Diokletians, des brutalen Christenverfolgers, der ihn wegen seines Glaubens mit Pfeilen erschießen ließ. Er überlebte diese Hinrichtung jedoch auf wundersame Weise – nur um bald darauf, sozusagen in einem zweiten Martyrium, erschlagen zu werden. (Auf grch. *sebastos* geht auch der Name der Stadt *Sebaste* zurück, die alte Hauptstadt des israelitischen Nordreichs, die man zu Ehren des Kaisers Augustus umbenannte.)

Sebek-heteb, »Sobek ist gnädig«, war der Name von neun ägyptischen Königen der Zweiten Zwischenzeit. → *Sobek*

Sebulon (auch: *Sebulun* und *Zebulon*) war der sechste Sohn der Jakob-Gattin Lea. Diese stand in ständigem Wettstreit mit ihrer Schwester Rachel (Jakobs anderer Frau) wegen der Anzahl der Söhne, die sie ihrem Gatten schenkten. Da Lea nicht so hübsch war wie Rachel, glaubte sie nach der Geburt des sechsten Sohns, Jakob würde nun bei ihr wohnen bleiben, statt bei ihrer Schwester. Der Name *Sebulon* beruht auf hebr. *zebul*, »Wohnung«.

Secundus, »der Zweite«, war im alten Rom ein geläufiger Namenszusatz, der eigentlich »der Folgende« bedeutet und in der Regel dem Zweitgeborenen gegeben wurde, zu lat. *sequi*, »folgen« (vgl. *Sekte*), z. B. im Fall des Schriftstellers *Caius Plinius Secundus* (ca. 23–79 n. Chr.) oder seines Neffen *Caius Plinius Caecilius Secundus* (61–113 n. Chr.). → *Plinius*

Seghers *Anna* (1900–1983), deutsche Schriftstellerin, die mit bürgerlichem Namen *Netty Radványi* hieß. Die Hauptvertreterin des sozialistischen Realismus stammte aus einer orthodoxen jüdischen Familie in Mainz, studierte Kunstgeschichte in Köln und promovierte über Rembrandt. Als sie 1928 der Kommunistischen Partei Deutschlands beitrat, nannte sie sich *Seghers*, ein Name, auf den sie bei ihren Recherchen gestoßen war; die flämische Malerin *Antje (Anna) Seghers* hatte allerdings ein Jahrhundert vor Rembrandt gelebt. *Seghers* ist wohl vom alten Rufnamen *Segher* herzuleiten, der wiederum auf *Sigiher* zurückgeht (aus ahd. *sigu*, »Sieg«, und *heri*, »Heer«). Verheiratet war sie seit 1925 mit dem ungarischen Philosophen und Kommunisten *László Radványi* (wohl zu slaw. *radovan'*, »erfreut«). Als 1933 ihre Bücher verboten wurden, floh sie in die Schweiz, um von dort über Paris nach Mexiko zu emigrieren, kehrte aber 1947 nach Deutschland zurück und lebte bis zu ihrem Tod in der damaligen DDR. Weltbekannt sind ihre Romane »Das siebte Kreuz«, »Transit« und »Die Toten bleiben jung«.

Seius lautete ein römischer Gentilname, den z. B. der römische Ritter und Freund Ciceros, *Marcus Seius*, sowie *Lucius Seius Strabo* und, in abgewandelter Form, dessen Sohn *Lucius Aelius Seianus* trugen; dieser war ein Günstling des Tiberius und regierte während des Kaisers Abwesenheit auf seiner Lieblingsinsel Capri fast unumschränkt als Prätorianerpräfekt; als Tiberius sein Vertrauen missbraucht glaubte und *Seianus* Intrigen, Giftmorde und vor allem Streben nach der Macht vorgeworfen wurden, verurteilte ihn der Senat 31. n. Chr. zum Tod und ließ ihn hinrichten. Dem Namen liegt wohl das lateinische Verb *seiungere*, »absondern, trennen«, zu Grunde.

Sejjed ist im Iran der Beiname für alle Nachkommen des Propheten Mohammed. Ein *Sejjed* ist an seinem schwarzen Turban zu erkennen, denn üblicherweise tragen schiitische Geistliche einen weißen Turban. Das persische Wort *sejjed* entspricht dem arabischen *sajjid*, »Herr«.

Selassie *Haile* (1892–1975) war der Name des letzten äthiopischen Kaisers. Seit 1916 hatte er als Thronfolger die Regierungsgeschäfte für die äthiopische Kaiserin geführt. 1928 ergriff er in einem Staatsstreich als *Negus*, »König«, die Macht und erklärte sich 1930 zum *Negus Negesti*, »König der Könige«, also zum Kaiser Äthiopiens. 1936 musste er vor der italienischen Armee nach London fliehen, kehrte aber 1941 mit der britischen Armee zurück. Trotz seines hohen Ansehens beim Volk wurde er 1971 durch die eigene Armee abgesetzt; ein Jahr später fiel er einem Attentat zum Opfer. Sein Kaisername *Haile Selassie* bedeutet »Macht der Dreifaltigkeit«. Mit richtigem Namen hieß er *Ras* (»Prinz«) *Tafari Makonnen*, woher der Ausdruck *Rastafarian* stammt. (Die Anhänger des *Rastafarian*-Kults auf Jamaika sehen in der Gestalt des *Ras Tafari* den zur Erde zurückgekehrten Messias.) Das nachgesetzte *Makonnen* bedeutet »Anführer, Herrscher«. → *Menelik*

Selene [grch. Σελήνη], lat. Luna, galt in der griechischen Mythologie als Mondgöttin (später setzte man sie mit Artemis gleich). Sie war eine Tochter der Theia und des Hyperion, des »oben Wandelnden« – ein

Beiname des Sonnengottes; vgl. *hypér (ὑπέρ)*, »über« –, sowie die Schwester des Helios und der Eos. Ihr Name basiert auf grch. *sélas (σέλας)*, »Glanz«. → *Helios* und *Eos*

Seleukos [grch. Σέλευκος] bedeutet »der strahlend Leuchtende«, zu grch. *sélas (σέλας)*, »Glanz«, und *leukós (λευκός)*, »hell, weiß«. So hießen eine Reihe von *Seleukidenkönigen*, z. B. *Seleukos I.* (358–281 v. Chr.), mit Beinamen *Nikator* [grch. Νικάτωρ], »Sieger«, zu *nikân (νικᾶν)*, »siegen«. Er herrschte über ein nach ihm benanntes Reich, das fast ganz Vorderasien umfasste und beinahe bis zum Indus reichte, unter seinen Nachfolgern jedoch zunehmend zerfiel. *Seleukos II.* (265–225), der älteste Sohn und ab 246 Nachfolger *Antiochos' II.*, wurde *Kallinikos* [grch. Καλλίνικος], »ruhmvoller Sieger«, genannt, aus *kállos (κάλλος)*, »Vortrefflichkeit«, und *nîkos (νῖκος)*, »Sieg«, weil er seinen Herrschaftsanspruch gegen den ägyptischen König *Ptolemäus III.* und gegen seinen Halbbruder durchsetzen konnte (er gründete übrigens zu Ehren seines Vaters Antiochos die Stadt Antiochia, die heutige türkische Stadt Antakya). *Seleukos IV.* zeichnete sich durch keine geschichtsträchtigen Taten, sondern durch »Vaterliebe« aus, weswegen er *Philopator* [grch. Φιλοπάτωρ] genannt wurde, aus *philía (φιλία)*, »Liebe«, und *patér (πατήρ)*, »Vater«. → *Antiochos*, *Ptolemäus* und *Selene*

Selket (auch: *Serket*) hieß eine ägyptische Fruchtbarkeitsgöttin und Schutzgöttin des Lebens (die man bei allen möglichen Gefahren, z. B. gegen Skorpionbisse, anrief), aber auch der Toten, da sie am Lager des Osiris Wache hielt. Die Ägypter stellten sie als Skorpion mit einem Frauenkopf oder als Frau mit einem Skorpion auf dem Kopf dar. Ihr Name, im Ägyptischen *Serket-hetu*, bedeutet »sie lässt die Kehlen atmen«.

Sem (auch: *Shem*) war der Name des ältesten der drei Noah-Söhne (die anderen beiden waren Cham und Japhet), dessen Name von einem hebräischen Wort für »Name« und »Bekanntheit« stammt. Laut dem Buch Genesis war *Sem* der Stammvater der *Semiten*. Noch heute bezeichnet man die Sprache der Juden und Araber, aber auch der Babylonier, Assyrer und Phönizier als *semitisch*. → *Methusalem* und *Aram*

Semiramis hieß die legendäre Gründerin der assyrischen Dynastie und Babylons, die Gemahlin des assyrischen Königs Ninus. Ihr Name, zu ass. *sammuramat*, bedeutet »Tauben-Liebhaberin«. Nach ihrem Tod soll sie selbst in eine Bergtaube verwandelt worden sein. Ihre hängenden Gärten in Babylon zählten in der Antike zu den sieben Weltwundern.

Sempronius war der Name einer römischen *gens*, aus der auch die Gracchen hervorgingen; zu lat. *semper*, »ständig, immer«, »von jeher«.
→ *Gracchus*

Senator lautete der altrömische Titel für einen Angehörigen des *Senats*, des »Ältestenrats«, der zu Beginn der Republik 300 Mitglieder umfasste; im Laufe der Zeit entwickelte sich der *Senat* zum Träger der Staatsgewalt. Die Bezeichnungen *Senat* und *Senator* beruhen auf lat. *senex, senis*, »alter Mann« (vgl. *senil* und *Senior* sowie span. *señor*, »Herr«).

Seneca, ein wohlbekannter römischer Name, leitet sich von lat. *senectus*, »gealtert« (zu *senex*, »Greis«), her und betonte einst wohl eher die Weisheit als den altersbedingten Verfall seines Trägers. *Seneca* war auch ein Beiname in der *gens Annaea*, z. B. nannte man so den aus Corduba (heute: Córdoba) stammenden *Seneca* »den Älteren«, d. h. *Lucius Annaeus Seneca* (ca. 55 v. Chr. bis ca. 40 n. Chr.), der seine Erinnerungen an den Besuch römischer Rednerschulen niederschrieb, und seinen Sohn *Seneca* »den Jüngeren«, eigentlich *Lucius Annaeus Seneca* (ca. 4 v. Chr. bis 65 n. Chr.), der berühmte römische Philosoph und Dichter. Als Lehrer Neros fühlte er sich den stoischen Prinzipien einer Erziehung zur Tugend, zum rechten Verhalten gegenüber Leben und Tod, zur Freiheit und Glückseligkeit des Weisen verbunden – eine wahrhaft vergebliche Liebesmüh' im Fall des gewissenlosen Nero, der sich mehr und mehr *Senecas* Einfluss entzog. Dieser wurde schließlich (wohl zu Unrecht) der Beteiligung am Mordkomplott gegen den Kaiser beschuldigt und zum Selbstmord gezwungen. → *Annaeus*

Serapis hieß ein griechisch-ägyptischer Fruchtbarkeitsgott (der Ortsgott von Alexandria). Der Name wurde von den Ptolemäern künstlich zusammengesetzt aus *Osiris* und *Apis*. Wenn ein neuer Apisstier geboren war, ertränkte man den alten in einer feierlichen Zeremonie im Nil, mumifizierte ihn und bestattete ihn in einem Granitsarkophag in einem

Serapeum, d. h. einer unterirdischen Grabkammer. Der tote Stier wurde mit Osiris gleichgesetzt und ging mit diesem zusammen in *Serapis* über, der daher auch ein Gott der Unterwelt war. → *Ptolemäus*

Sergius war ein etruskisch-römischer Gentilname, zu aital. *sergente*, »Gerichtsdiener«. *Sergius* hießen jedoch auch vier Päpste der katholischen Kirche, z. B. der heilige *Sergius I.* (687–701), der sich gegen die ebenfalls zur Papstwürde erhobenen Konkurrenten Theodor und Paschalis durchsetzen konnte und dem unsere heutige Messliturgie die Einführung des Agnus Dei verdankt. *Sergius III.* (904–911) dagegen war alles andere als heiligmäßig, denn ihm wird vorgeworfen, ein Mörder auf dem Papstthron gewesen zu sein. Zumindest scheint festzustehen, dass er den Leichnam des Formosus, eines seiner Vorgänger, nach der Schändung auf der »Leichensynode« nochmals exhumieren und »bestrafen« ließ, indem er ihm der Kopf und alle Finger seiner rechten Hand abschlagen ließ. → *Catilina*, *Formosus* und *Paschalis*

Sertorius lautete der Name eines römischen Geschlechts, zu dem etwa der Redner *Quintus Sertorius* aus Nursia (123–72 v. Chr.) gehörte, der – ein Anhänger des Marius und Gegner des Sulla – als Prätor in Spanien von den Truppen Sullas vertrieben und später von den Lusitaniern zurückgerufen wurde und sich an die Spitze des Befreiungskampfes der Spanier gegen Rom stellte. Im Jahr 72 v. Chr. fiel er einem Mordanschlag zum Opfer. Sein Gentilname gehört zu lat. *serere*, *sertum*, »aneinanderreihen, zusammenfügen«, und zu *serta*, »Kranz, Girlande«.

Servilius war ein altrömischer Gentilname, der auf lat. *servilis*, »sklavisch«, beruht; zu *servire*, »dienen«, und *servus*, »Sklave« (vgl. *servil* und engl. *service*).

Servius (abgekürzt *Ser.*), zu lat. *servare*, »retten, bewahren«, wurde im alten Rom bei der Benennung eines Neugeborenen Gott sei Dank nur recht selten als Vorname verwendet, denn er gab zu erkennen, dass das Kind gerettet werden konnte, obschon die Mutter bei der Geburt gestorben war.

Servus servorum dei ist ein lateinischer Titel, der den Päpsten seit Gregor d. Gr. gebührt; er bedeutet »Diener der Diener Gottes«.

Seschat, »die Schreiberin«, hieß im alten Ägypten die Göttin der Schrift. Die Protokollführerin und Buchhalterin der Götter führte die königlichen Annalen mit Regierungsjahren und Jubiläen, verbuchte aber auch die Einnahmen durch Steuern und Kriegsbeute. *Seschat* war die Schwester (oder Tochter) des Gottes Thot.

Sesostris (ägypt. *Sen-wosret*), »Mann der (Göttin) Wosret«, lautete der gräzisierte Name von vier ägyptischen Königen der 12. und 13. Dynastie (ca. 1976–1645 v. Chr.), z. B. des *Sesostris I. Cheper-ka-rê*: »Mann der Wosret mit Gestalt gewordenem Ka wie Rê«; er war der zweite König der 12. Dynastie und regierte etwa von 1956 bis 1911/10 v. Chr. Der Königsname *Sesostris* setzt sich zusammen aus ägypt. *Zn*, »Mann der …«, und *wosret*, »die Gewaltige«. → Wosret

Sextius (auch: *Sestius*) war ein römischer Gentilname, z. B. des *Publius Sextius*, der von seinem Freund Cicero erfolgreich verteidigt wurde; zu lat. *Sextilis*, »der sechste Monat« (im alten Rom begann das Jahr ursprünglich mit dem März; nach der Kalenderreform Caesars benannte man den sechsten Monat um in August, zu Ehren des Kaisers Augustus).

Seth hieß ein ägyptischer Kampfgott, und so bedeutet sein Name »reich an Kraft«; er galt aber auch als schakalköpfiger Wüstengott, den man für Dürre und Sandstürme verantwortlich machte. Der Bruder von Isis und Osiris hatte Letzteren aus Eifersucht getötet, da er selbst unfruchtbar war und der Fruchtbarkeitsgott Osiris mit seiner Gattin den Anubis gezeugt hatte. Nach dem Mord zerstückelte er Osiris und zerstreute die Einzelteile in alle Winde. *Seth* entspricht dem Typhon der griechischen Sage. → *Sheth*

Sethos [ägypt. *Sutekh* oder *Set*] hießen zwei ägyptische Könige der 19. Dynastie. Ihr Name bedeutet wohl »Säule« (nach anderer Quelle: »blendend«). *Sethos I.*, Sohn von Ramses I. (der nur ein Jahr herrschte), wurde begraben in Abydos in Oberägypten; hier steht auch sein berühmter Totentempel, den erst sein Sohn Ramses II. vollendete. Seine wunderschöne Grabanlage befindet sich im Tal der Könige westlich von Theben. *Sethos I.* hieß mit vollem Namen *Sethos Men-maât-rê*, »Seti mit bleibender Maât wie Rê« (*maât* stand im alten Ägypten für Wahrheit, Gerechtigkeit und Harmonie). Seine Herrschaft dauerte etwa von 1290 bis 1279/78 v. Chr. *Sethos II.* regierte etwa von 1199 bis 1193 v. Chr.

Seurat *Georges* (1859–1891), französischer Maler. Er entwickelte die neoimpressionistische Methode des Pointillismus (»Punktmalerei«, zu frz. und engl. *point*, »Punkt«) und schuf mit seinem streng geometrischen Bildaufbau eine der Voraussetzungen für den Kubismus. Sein Name ist aus einer Koseform von *Severin* entstanden, zu lat. *severus*, »ernst, streng«.

Severinus, »der Gestrenge«, war der Name eines Papstes (640), eine Weiterbildung des römischen Beinamens *Severus*, zu lat. *severus*, »streng, ernst«. Obwohl er bereits 638 gewählt worden war, wartete er zunächst die kaiserliche Bestätigung ab und nahm die Wahl erst zwei Jahre später, kurz vor seinem Tod, an.

Severus, »der Strenge«, war ein altrömischer Beiname, zu lat. *severus*, »ernst, streng«. Unter diesem Namen kennt man z. B. den Epiker *Cornelius Severus*, ein Freund Ovids, und *Titus Cassius Severus*, der unter Augustus und Tiberius römischer Rhetor war, sowie den römischen Kaiser *Septimius Severus*, dessen Herrschaft von 193 bis 211 n. Chr. dauerte.

Sextus war ein römischer Vorname, der entweder das »sechste« Kind der Familie bezeichnete oder die Geburt im »sechsten« Monat des Jahres betonte. Zusammen mit *Quintus* und *Decimus* gehörte *Sextus* zu den häufigsten Praenomen in römischer Zeit.

Seymour *Jane* (*Johanna*), um 1509–1537, englische Königin. Sie war die dritte Frau König Heinrichs VIII., die er nach der Hinrichtung der Anna Boleyn heiratete. Ihr Name stammt vom alten Familiensitz *Saint Maur* in der Normandie und bedeutet »Heiliger Maurus« (vgl. *Mohr*). Die adlige Familie *Saint Maur* kam mit Wilhelm dem Eroberer nach England und erhielt einige Jahre nach *Jane Seymours* Tod die Herzogswürde von Somerset.

Sforza hieß eine berühmte italienische Familie, deren Begründer *Mutio Attendolo* war. Er bekam wegen seiner sprichwörtlichen Körperkraft und Wildheit den Spitznamen *Sforza*, zu ital. *forza*, »Muskelkraft,

Stärke« (vgl. engl. und frz. *force*, »Stärke, Macht, Gewalt«). Sein Geburtsname war weniger rühmlich, bedeutete er doch »Offiziersbürschlein« und »Dienerchen«, zu *attendere*, »sich kümmern um«.

Shakespeare *William* (1564–1616), englischer Dramatiker. Um 1586 war er mit einer reisenden Schauspielertruppe nach London gekommen, wo er sich einen guten Ruf als Darsteller, Regisseur und als bedeutendster Bühnenautor seiner Zeit erwarb. Er war ein unermüdlicher Schöpfer von historischen Tragödien, Komödien und ausgelassener Possen (z. B. Königsdramen wie »Richard II.« und »Heinrich IV.«, »Romeo und Julia«, »Die lustigen Weiber von Windsor«, »Der Kaufmann von Venedig«, »Hamlet«, »Macbeth«, »Othello« und »König Lear«). Der Name des großen Versdichters hat nichts mit künstlerischem Schaffen zu tun, sondern bedeutet schlicht und ergreifend »Schüttelspeer« (zu engl. *shake*, »schütteln«, und *spear*, »Speer«).

Shamir *Jitzhak* (geb. 1915), israelischer Politiker polnischer Herkunft, der eigentlich *Jitzhak Jasernitzky* hieß. (*Jitzhak* ist die hebräische Form von *Isaak*, zu hebr. *jissechak*, »er lächelt«, womit natürlich Gott gemeint ist.) *Shamir* kam 1935 nach Palästina, arbeitete zunächst in der militanten Untergrundorganisation Irgun, später im Auslandsgeheimdienst Mossad. Obschon er als Hardliner innerhalb des Likud bekannt war, übernahm er 1977 als Knesset-Präsident den Vorsitz bei den Friedensgesprächen mit dem ägyptischen Präsidenten Anwar el Sadat. 1980 wurde er Außenminister und bekleidete ab 1983 zweimal das Amt des Premierministers, in das er 1992 nicht erneut gewählt wurde, da man ihn zu großer Nachsicht gegenüber den Palästinensern bezichtigte. Sein Name entspricht hebr. *shamir*, »Feuerstein« – wahrscheinlich wegen seines ursprünglichen Namens, der das polnische Wort *jasny*, »hell, klar«, enthält.

Shapiro *Karl* (1913–2000), amerikanischer Lyriker, der in seinen Gedichten Themen wie Krieg oder Ungerechtigkeit in eine harte, abgehackte Sprache und in verzerrte Bilder fasste. Seine »Poems of a Jew« bezeugen sein Bekenntnis zum Judentum. Der aschkenasisch-jüdische Name stimmt mit dem jiddischen Namen der Stadt *Speyer* überein und könnte daher ein Herkunftsname sein oder er enthält das hebräische Wort *shepar*, »schön sein«.

Sharif *Omar* (geb. 1932), eigentlich *Michael Chalhoub* (vielleicht von arab. *cha'llab*, »faszinierend, packend«), ägyptischer Schauspieler. Seine berühmtesten Rollen spielte er wohl in den Filmen »Lawrence von Arabien« und »Doktor Schiwago«. Sein Künstlername ist seiner Herkunft in der Tat angemessen, denn *Sharif* bedeutet im Arabischen »Adliger«, *Omar* »Fürst«.

Sharon *Ariel* (geb. 1928), in Polen als *Ariel Scheinermann* geboren, israelischer Politiker. Sein Vater war deutsch-polnischer Herkunft, die Mutter Russin. Er emigrierte nach Palästina, trat 1942 in die Hagana, den Vorläufer der israelischen Armee, ein und studierte nach dem Unabhängigkeitskrieg 1948 in Jerusalem Geschichte und Kultur des Nahen Ostens. Im Jom-Kippur-Krieg wurde er als Held gefeiert, da er die überraschend angreifenden Ägypter zurückschlagen konnte. Von 1981 bis 1983 war er Verteidigungsminister und leitete als Armeegeneral zahlreiche, recht rücksichtslose Einsätze gegen die PLO und andere radikale Palästinensergruppen, weswegen er von den Arabern und einigen europäischen Menschenrechtsgruppen als Kriegsverbrecher bezeichnet wird. Danach war er nur noch Minister für Handel und Industrie und Bauminister; in dieser Funktion förderte er stark den Ausbau israelischer Siedlungen in den besetzten Palästinensergebieten. 1998 wurde er Außenminister, löste jedoch 2000 durch seinen undiplomatischen und provokativen Besuch des Tempelbergs in Jerusalem (zusammen mit 1000 Journalisten, Polizisten, Militärs und Politikern) die zweite Intifada (zu arab. *intifath*, »Beben, Erzittern«) und das Scheitern der Friedensgespräche aus. 2001 wurde er zum Ministerpräsidenten gewählt (2003 wiedergewählt) und ließ den umstrittenen Trennzaun zwischen israelischem und palästinensischem Gebiet (teilweise auf palästinensischem Boden) bauen. Seinen Namen hat er wohl wegen der lautlichen Ähnlichkeit der Küstenebene *Sharon* zwischen Jaffa und dem Karmelgebirge gewählt; zu hebr. *sarar*, »verbreitet sein«, »breit sein« (vgl. *Saron*, im Lied der Lieder, Kap. 2, Vers 1, wo Salomon die Braut sagen lässt: „Ich bin eine Blume des *Sarongefildes*, eine Lilie der Täler"). Der Vorname *Ariel* bedeutet »Löwe Gottes«, und wie ein solcher hat er sich oft genug aufgeführt!

Shaw *George Bernard* (1856–1950), irischer Dichter und Schöpfer des modernen englischen Dramas. Mit geistvollem Witz und deutlicher Sprache übte er im Theater Gesellschaftskritik und setzte gegen Heuchelei und Intoleranz seine Metaphysik der Lebenskraft. Seine Stücke handeln von Prostitution (»Frau Warrens Gewerbe«), von Heroismus (»Helden«, »Die heilige Johanna«) und sozialen Vorurteilen (»Pygmalion«). *Shaw* erhielt 1925 den Literaturnobelpreis. Sein Name ist im Keltischen eine Bezeichnung für »Dickicht, Wäldchen«, auch »Waldlichtung«, und damit ein Wohnstättenname für jemanden, der am Waldrand wohnt. Der nordamerikanische Musiker *Artie Shaw* (1910–2004), Sohn einer jüdischen Familie, die zu Beginn des 20. Jahrhunderts aus Russland und Österreich in die USA eingewandert war, hieß eigentlich *Arthur Jacob Archawsky*. Sein nuanciertes Spiel als Klarinettist brachte ihm den Ruf eines der größten Jazzmusiker seiner Zeit ein; er wurde in den Dreißiger- und Vierzigerjahren in einem Atemzug mit Glenn Miller und Benny Goodman genannt. Berühmt wurde er 1938 mit seiner Version des Cole-Porter-Songs »Begin The Beguine«. 1953 verkündete er überraschend, dass er nie wieder eine Klarinette in die Hand nehmen werde, da er alles gezeigt habe, was in ihm stecke und er sich nur noch wiederholen könne; danach widmete er sich ein halbes Jahrhundert lang nur noch dem Komponieren und der Schriftstellerei. Sein Künstlername ist natürlich eine Kurzform seines slawischen Geburtsnamens (der sich möglicherweise auf einen russischen Ortsnamen bezieht).

Shelley *Percy Bysshe* (1792–1822), englischer romantischer Dichter, der sich in seinen Gedichten leidenschaftlich gegen jede Art von Unterdrückung auflehnte und ein von Liebe beherrschtes Gemeinwesen sowie ein Einssein mit der Natur heraufbeschwor. *Shelley* ist ein englischer Ortsname (z. B. in Essex und Suffolk), hergeleitet von aengl. *scylf*, »kantiger Stein, Fels«, und *leah*, »Waldrodung«.

Sheth (auch: *Seth*) war laut Altem Testament der dritte Sohn von Adam und Eva. Sein hebräischer Name bedeutet »bestimmt, festgesetzt« (gemeint ist wohl: »als Ersatz bestimmt« für den von seinem Bruder Kain erschlagenen Abel). *Shet* wurde der vorsintflutliche Stammvater der Sethiten (Gen. 4, 25; 5, 6). In der Zeit vom zweiten bis vierten Jahrhundert gab es eine nach diesem Sohn Adams benannte gnostische Sekte der *Sethianer*, die vor allem in Ägypten verbreitet war.

Sibylle [grch. $Σίβυλλα$], »Gottesraterin«, nannte man im alten Griechenland eine Weissagerin und Priesterin des Apollo, von denen zehn bekannt sind. Ihr Name beruht auf grch. *siós (σιός)*, »Gottes«, und *boulé (βουλή)*, »Ratschlag«.

Siddhartha → *Buddha*

Siegfried hieß bekanntlich jener jugendliche Held im Mittelpunkt des Nibelungenlieds, dem sein Vertrauen in die Treue der Kampfgefährten zum tödlichen Verhängnis wurde. Der Name setzt sich zusammen aus ahd. *sigu*, »Sieg«, und *fridu*, »Friede«. → *Kriemhild*

Siemens *Werner von* (1816–1892), deutscher Ingenieur und Pionier der Elektrotechnik. 1847 gründete er das nach ihm benannte Unternehmen, das zunächst Telegraphen und mit Guttapercha isoliertes Leitungsmaterial herstellte, das sich zur Verlegung in der Erde und sogar in der Tiefsee eignete. Mit der Erfindung der Dynamomaschine (1866) und der Betätigung mit der Starkstromtechnik begann der stetige Aufstieg der Firma. Ab 1879 folgten in einjährigem Abstand die Entwicklung der ersten elektrischen Lokomotive, des elektrischen Aufzugs und der elektrischen Straßenbahn. *Siemens* beruht auf einer patronymischen Form des Rufnamens *Simon*, zu hebr. *shim'ōn*, »Erhörung«. Weitere moderne Ableitungen von diesem alten biblischen Namen sind *Schimanski* (einer der Filmnamen von Götz George) und *Simonis* (vgl. die ehemalige schleswig-holsteinische Ministerpräsidentin *Heide Simonis*). → *George*

Signoret *Simone* (1921–1985), deutsch-französische Filmschauspielerin, mit richtigem Namen *Simone Henriette Charlotte Kaminker*. Sie wurde in Wiesbaden geboren, zog aber schon bald mit den Eltern in die Bretagne. Zu Beginn der Vierzigerjahre, also zur Zeit der deutschen Besetzung Frankreichs, begann sie ihre Filmkarriere. Zur Tarnung übernahm sie den Mädchennamen ihrer französischen Mutter, um mit ihrem polnisch-jüdischen Namen *Kaminker* kein Aufsehen bei den Nazis zu erregen. Zu ihren berühmtesten Filmen zählen »Der Reigen«, »Die Teuflischen« und »Der Weg nach oben«. Der Name ihres Vaters war die übliche Bezeichnung für jemand, der etwa aus der polnischen Ortschaft *Kamink* kam, zu poln. *kamień*, »Stein« (der Name könnte auch für ein steinernes Wohnhaus stehen). Der Name ihrer Mutter ist eine Verkleinerungsform von *signor*, einer Variante von frz. *seigneur*, »vornehmer Herr«, ursprünglich wohl ein spöttischer Beiname (vgl. ital. *Signore*).

Sikorsky *Igor* [russ. *Игор Сикоркий*], 1889–1972, ukrainischer Erfinder. Er baute in Russland das erste viermotorige Flugzeug, ging nach dem Ersten Weltkrieg nach Amerika und entwickelte dort in seinem eigenen Flugzeugwerk Flugboote und Hubschrauber. Sein Name ist abgeleitet von ukr. *sikórka (сикорка)*, »Meise«, und passt damit gut zum Leumund eines Fliegers.

Silesius *Angelus* (1624–1677), eigentlich *Johann Scheffler*, deutscher Dichter, Doktor der Philosophie und der Medizin. Als er wegen seiner mystischen Neigungen 1653 vom lutherischen zum katholischen Glauben konvertierte (acht Jahre später wurde er gar zum Priester geweiht), nahm er den Taufnamen *Angelus*, »Engel«, an und gab sich aus diesem Anlass auch einen neuen Nachnamen; da er in Breslau geboren worden war, wählte er den Namen *Silesius*, die latinisierte Form von »Schlesier«. Seine Hauptwerke sind »Heilige Seelenlust«, eine Sammlung von über 200 religiösen Liedern, und »Der Cherubinische Wandersmann«, eine mystische Spruchsammlung, sowie »Ecclesiologia«, eine Sammlung von Streitschriften, die er als fanatischer Kämpfer der Gegenreformation verfasste; daher könnte man seinen Namen *Angelus Silesius* auch als »Schlesischer Bote« auslegen. Sein biederer Geburtsname *Scheffler* basiert entweder auf mhd. *scheffelære*, »Fassbinder«, oder auf der alten Amtsbezeichnung *Scheffeler*, von mhd. *schaffenære*, »Aufseher, Verwalter« (vgl. *Schaffner*).

Silhouette *Etienne de* (1709–1767), Finanzminister des französischen Königs Ludwig XV. Dessen sprichwörtliche Sparsamkeit förderte das Aufkommen von preiswerten Schattenbildern anstatt der üblichen aufwändig gemalten Miniaturporträts, weswegen er selbst zum Opfer der Karikaturisten wurde. Sein Name ist baskischer Herkunft und kommt von *zilho*, »Loch, Grab, Höhle«. Es handelt sich also wohl um eine alte Flurbezeichnung mit einem Hinweis auf Vertiefungen oder Grotten.

Silius hieß eine plebejische römische *gens*. Ihr gehörten z. B. der römische Ritter *Titus Silius*, ein Präfekt oder Kriegstribun Caesars, und der epische Dichter *Caius Silius Italicus* (25–101 n. Chr.) an. Der Name kommt von lat. *silere*, »schweigen, still sein« und »verschweigen«.

Sillitoe *Alan* (geb. 1928), englischer Schriftsteller. Mit seinen Romanen und Erzählungen über die Probleme der Arbeitswelt will er an die Solidarität appellieren und ein neues politisches Selbstbewusstsein wecken. Sein berühmtestes und erfolgreichstes Werk ist »Die Einsamkeit des Langstreckenläufers«. Der Name *Sillitoe* scheint auf den ersten Blick »blöder Zeh« zu bedeuten (zu engl. *silly*, »dumm, blödsinnig«, und *toe*, »Zeh«); wahrscheinlich ist er jedoch ein Wohnstättenname zu aengl. *sælig*, »glücklich«, und *at (h)oe*, »am Hügel«.

Silus war ein altrömischer Beiname mit der Bedeutung, dem lat. *silus*, »mit platter Nase«, zu Grunde liegt.

Silvanus schützte als altrömischer Gott die Wälder und Fluren. Außerdem galt er als Gott der Freigelassenen und Sklaven. Um sich seiner Gunst zu versichern, brachte man ihm im Laufe des Jahres immer wieder Opfer im Wald dar. Sein Name basiert auf lat. *silva*, »Wald«.

Silverius, »Waldmensch« (zu lat. *silva*, »Wald«), hieß ein Papst (536–537) und Heiliger. Er war der Sohn von Papst Hormisdas und wurde vom römischen Klerus nur widerwillig anerkannt. Obschon er dem byzantinischen Feldherrn Belisar und seinen Truppen freiwillig die Tore Roms geöffnet hatte, beschuldigte dieser ihn bald des Hochverrats und setzte an seiner Stelle den römischen Diakon *Vigilius* als Papst ein. *Silverius* verzichtete auf sein Amt und starb in der Verbannung. → *Hormisdas* und *Vigilius*

Silvester, »Waldbewohner«, nannten sich gleich vier Päpste, davon zwei Gegenpäpste. Die Wahl des heiligen *Silvesters I.* (314–335) fiel bereits in die christenfreundliche Ära Kaiser Konstantins d. Gr., der über dem Grab des Petrus sogar die erste Peterskirche erbauen ließ. Da dieser vom Schicksal begünstigte Papst am 31. Dezember starb, gilt bis heute der letzte Tag des Jahres als *Silvesterabend*. Sein Namensvetter *Silvester II.* (999–1003) hieß zuvor *Gerbert von Aurillac*. Er war hoch gebildet und wurde 999 von Kaiser Otto III., dessen Freund und Lehrer er war, zum Papst erhoben. Die beiden Gegenpäpste *Silvester III.* (1045–1046) und *Silvester IV.* (1105–1111) wurden schon bald von Kaiser Heinrich III. abgesetzt bzw. von Kaiser Heinrich V. zum Rücktritt gedrängt. → *Aurillac*

Silvius hieß der letzte Sohn von Äneas und Lavinia (das Paar war schon recht alt); er wurde angeblich erst nach dem Tod des Vaters geboren.

Da die schwangere Lavinia Angst um ihr Kind hatte, suchte sie Schutz im Wald, wo sie dann auch ihren Sohn gebar. Daher nannte sie ihn *Silvius*, zu lat. *silva*, »Wald«. (*Silvius* könnte indes auch der Sohn des Ascanius gewesen sein und damit Vorgänger der Könige von Alba Longa.)

Simenon *Georges* (1903–1989), belgischer Schriftsteller. Die Hauptfigur in seinen psychologisch gut aufgebauten Kriminalromanen war Kommissar Maigret. Eigentlich hatte der Krimiautor *Sim* geheißen, bevor er sich den dreisilbigen und klangvolleren Namen *Simenon* zulegte, eine Verkleinerungsform des Rufnamens *Simon* (zu hebr. *shimʿōn*, »Erhörung«).

Simeon lautete der Name des zweiten Sohnes von Jakob und Lea. (Jakob war auch mit deren Schwester Rachel verheiratet, daher gab es viele Eifersuchtsszenen zwischen beiden Frauen, zumal Lea hässlich, Rachel aber sehr schön war.) *Simeon* liegt hebr. *shimʿōn*, »er (Gott) hat gehört«, zu Grunde. Das Buch Genesis (29, 33) erläutert die Namengebung folgendermaßen: »Sie empfing nochmals und gebar einen Sohn und sprach: ›Erhört hat mich der Herr, denn eine Zurückgesetzte war ich! Und doch gab er mir auch diesen!‹ Sie nannte ihn ›Simeon‹ (Erhörung)«. → *Ruben*, *Levi*

Simon [grch. Σίμων] war ein recht häufiger griechischer Name, vielleicht zu grch. *simós* (σιμός), »stulpnasig«, »mit einer Himmelsfahrtsnase versehen«. Möglich ist auch eine Anpassung des hebräischen Namens *Simeon*, zu hebr. *shimʿōn*, »(Gott) hat erhört«. Der bekannteste *Simon* war wohl jener Jünger Jesu, der später Petrus genannt wurde und der erste römische Bischof war. *Simonides* (ca. 500 v. Chr.), ein lyrischer Dichter von Keos, trug einen Namen, der ebenfalls auf *simós* (σιμός), »stupsnasig«, beruht, gefolgt von *ídios* (ἴδιος), »eigen, eigenartig«.

Simons *Menno* (1496–1561) aus Holland, ehemaliger katholischer Geistlicher, später Führer der nach ihm benannten *Mennoniten*, einer aus der Täuferbewegung hervorgegangenen Religionsgemeinschaft, die lutherisches Gedankengut aufgriff, aber die Kindertaufe ablehnte. Er wurde zum Bischof der Täufer ernannt und wirkte seit 1540 in seinen Gemeinden entlang der Nordsee- und der westlichen Ostseeküste.

Seinem Einsatz war es zu verdanken, dass die Täufergemeinschaft trotz schwerer Verfolgungen, auch durch die Kirchen der Reformation, bestehen blieb, sich von den radikalen Wiedertäufern trennte und unter dem Namen *Mennoniten* die erste Freikirche bildete. Heute hat die Religionsgemeinschaft über eine Million Mitglieder, vor allem in Nordamerika (z. B. die Amish People in Pennsylvania). Der Vorname ihres Gründers ist eine friesische Variante von *Meinold* und *Meinald*, zu ahd. *megin*, »Kraft, Macht«, und *waltan*, »walten, wirken«. Sein Familienname *Simon* entspricht dem hebräischen Namen *Shimʿōn* mit der Bedeutung »erhört« und »Erhörung«.

Simplicius hieß ein Papst (468–483) und Heiliger. Sein Name bedeutet »der Schlichte«, von lat. *simplex*, »einfach«. In der Auseinandersetzung mit den Monophysiten beharrte er auf der Lehre des Konzils von Chalcedon, dass Christus zugleich wahrer Mensch und wahrer Gott sei.

Sin, »glänzendes Boot des Himmels«, war der Name eines weisen akkadischen Mondgottes, dessen Zunehmen und Abnehmen die Zeit maß. Sein Fest, *Sabattu* (auch: *Shabattu*) fiel auf den Tag des Neumondes, an dem alle Haupttätigkeiten zu ruhen hatten (vgl. *Sabbat*, zu hebr. *shabbāt*, »aufhören, ruhen«). Zusammen mit seinem Sohn Schamasch, dem Sonnengott, sowie der Inanna (Ischtar) bildete er eine Dreiheit der obersten himmlischen Mächte. Die Sichel des aufgehenden Mondes symbolisierte die Hörner des jungen Stiers, als der er – die Ischtar begattend – oft dargestellt wurde. Wie sein Sohn Schamasch war *Sin* ein Feind alles Bösen, das ja in ihrem Licht nicht gedeihen konnte. Als *Sin* starb, handelte er mit Ischtar aus, dass er jeweils für ein halbes Jahr die Unterwelt verlassen durfte (vgl. Adonis und Christus). Nach *Sin* soll der Berg *Sinai* auf der gleichnamigen Halbinsel benannt sein.

Sinclair *Emil* war das Pseudonym Hermann Hesses (1877–1962), unter dem er 1919 den Roman »Demian. Die Geschichte einer Jugend« veröffentlichte. Noch im gleichen Jahr erhielt er für diese vermeintliche Erstveröffentlichung den Fontane-Preis. Auch wenn *Sinclair* eindeutig anglo-normannischer Herkunft ist, passt der Name recht gut zu diesem kosmopolitischen Schriftsteller: Er verbrachte seine Jugendzeit in Tübingen, arbeitete in der Schweiz jahrelang als Buchhändler, hielt sich 1911 längere Zeit in Indien auf, wurde 1923 Schweizer Bürger und wohnte seit 1919 bei Lugano. *Upton Sinclair* (1878–1968) war ein amerikanischer Schriftsteller, der in seinen Romanen vor allem die kapitalistische Gesellschaftsordnung kritisierte. Nach dem Zweiten Weltkrieg wandte er sich jedoch strikt gegen den sowjetischen Kommunismus (»Der Sumpf«, »König Kohle«, »Das Fließband«, »Welt-Ende« u. a.). *Sinclair* ist ein englischer Name normannischen Ursprungs, wahrscheinlich eine Deformation von *Saint-Clair-sur Elle*, dem Namen eines Ortes bei Saint-Lô, zu lat. *clarus*, »klar, hell, berühmt«.→ *Hesse*

Sirenen [grch. *Σειρήν*, Mz. *Σειρῆνες*], »Umstrickerinnen«, nannte man in der griechischen Mythologie Fabelwesen (halb Mensch, halb Tier, oft mit einem Vogelleib), die mit ihrem süßen Gesang von einer Insel aus vorbeifahrende Seeleute betörten und in den Tod lockten. Aus diesem Grund hatte Odysseus sich und seinen Mannen die Ohren mit Wachs verschließen und sich selbst an den Mastbaum binden lassen; zu grch. *seirá (σειρά)*, »Seil, Strick, Kette« (vgl. *bestricken*).

Siricius hieß ein Papst (384–399) und Heiliger. Unter seiner Herrschaft zeigte sich das wachsende Selbstbewusstsein der römisch-katholischen Kirche, und *Siricius* selbst betonte seinen Anspruch auf das Erbe und die Befehlsgewalt des heiligen Petrus als erstem Bischof von Rom und damit seine Vorrangstellung vor allen anderen Bischöfen der Kirche. Das kam vor allem im Stil seiner offiziellen Schreiben zum Ausdruck, in denen er wie ein weltlicher Herrscher befahl und bei Nichtbefolgen Strafen androhte. Sein Name nennt den Herkunftsort seiner Familie: die antike süditalienische Stadt *Siris*, angeblich eine Gründung von Siedlern aus Troja, vielleicht zu grch. *sirós (σιρός)*, »Loch, Getreidegrube, Silo« (lat. *sirus*).

Sisenna war der Beiname des römischen Geschichtsschreibers und Übersetzers *Lucius Cornelius Sisenna* (gest. 67 v. Chr.), zu lat. *siser*, »Rapunzel«, »Salatpflanze«.

Sisinnius lautete der Name eines Papstes syrischer Herkunft (708). Er war bereits bei seiner Wahl so hinfällig, dass er gefüttert werden musste; er starb zwanzig Tage nach Amtsantritt, konnte aber noch die Ausbesserung der römischen Befestigungsanlagen gegen die Langobarden und die Sarazenen anordnen. Sein Name ist vielleicht verwandt mit lat. *sinus*, »Bogen«, »Busen«, auch »Busenfreund«.

Sisley *Alfred* (1839–1899), französischer impressionistischer Maler. Beeinflusst von Claude Monet, malte er lichtdurchflutete Landschaften, insbesondere der Île-de-France. *Sisley* stammt vom Namen *Cécile*, zu lat. *caecus*, »blind, trübäugig« (vgl. *Cäcilia*).

Sisyphos [grch. Σίσυφος], der mythische Gründer von Korinth, musste bekanntlich wegen seiner Gewinnsucht und Frevelhaftigkeit zur Strafe in der Unterwelt unablässig einen gewaltigen Stein bergauf rollen (weswegen wir noch heute bei einer sinnlosen Anstrengung von einer *Sisyphusarbeit* sprechen). Als er sich von Hades eine kurze Verschnaufpause in der Oberwelt erbeten hatte (vor allem, um seine Frau zu bestrafen, die ihn nicht vorschriftsmäßig begraben habe), verspürte er keine Lust zurückzukehren, sodass Hermes ihn mit Gewalt holen musste. Der mythische Erzschelm *Sisyphos* trug seinen Namen »Schlitzohr« – von grch. *sophós (σοφός)*, »Schlaukopf«, mit einem verstärkenden *si-* als Vorsilbe – weiß Gott zu Recht, hatte er doch einst aus Rache für den Rinderdiebstahl seines Nachbarn Autolykos dessen Tochter Antikleia vergewaltigt und so mit ihr den Odysseus gezeugt.
→ *Glaukos* und *Bellerophon*

Sita, zu skr. *sita*, »weiß, hell, rein«, ist der Name der treuen Gattin des Rama. Als sie nach ihrer Entführung durch den Dämonenkönig Ravana aus dem Land Lanka (vgl. Sri Lanka) von ihrem Gatten befreit wurde, zweifelte dieser ihre eheliche Treue an, die sie aber durch ein Opferfeuer bewies, in das sie sich selbst warf, ohne zu verbrennen. (Daher werden ihr alle Tugenden einer keuschen Ehefrau zugeschrieben.) Sie gilt den Hindus auch als Göttin des Ackerbaus und der Vegetation.
→ *Rama*

Sixtus war der Name von fünf Päpsten; nur die ersten drei (allesamt Heilige) wurden korrekt *Xystus* genannt, von grch. *xystós (ξυστός)*, »fein, geglättet«, zu *xystón (ξυστόν)*, »Speerschaft, Lanze«. Später hat man den Namen volksetymologisch an lat. *sextus*, »der Sechste«, angeglichen, zumal *Sixtus I.* (115–125) in der Tat der sechste Nachfolger des heiligen Petrus war. *Sixtus IV.* (1471–1484), zuvor *Francesco della Rovere*, war der erste Vertreter des Renaissance-Papsttums, dem man einen lockeren Lebenswandel, Vetternwirtschaft und politische Händel vorwarf. Er war aber auch der Erbauer jener Kapelle neben dem Petersdom, die bis heute seinen Namen trägt: die *Sixtinische Kapelle*. Papst

Sixtus V. (1585–1590) hieß vor seiner Wahl *Felice Peretti*. Er gilt als einer der größten Päpste der Neuzeit, da er rigorose Reformen in der katholischen Kirche durchführte. Er kümmerte sich um die öffentliche Ordnung im Kirchenstaat und um die Sanierung der Finanzen, wahrte strikte Neutralität in der europäischen Politik und verbesserte die Organisation der Römischen Kurie. Überdies ließ er viele neue Straßen und Brücken in Rom erbauen sowie die Kuppel über dem Petersdom vollenden. → *Peretti* und *Rovere*

Skanderbeg (1405–1468) nannten und nennen die Albaner einen einstigen Fürsten und den größten Nationalhelden ihres Volkes; mit richtigem Namen hieß er Gjergj Kastrioti. Als Geisel für seinen Vater am Hof des türkischen Sultans war er zum Islam übergetreten, nach seiner Flucht und seiner Rückkehr zum Christentum wehrte er als Generalkapitän von Albanien mehrere Feldzüge der Türken ab und verteidigte bis zu seinem Tod die Unabhängigkeit seines Landes. Die Türken nannten ihn – nach dem großen makedonischen Heerführer – *Iskender-Beg*, »Herr Alexander«, woraus im Albanischen *Skanderbeg* wurde.

Skylla [grch. Σκύλλα] hieß in der griechischen Mythologie ein hundeähnliches Ungeheuer mit sechs Köpfen und zwölf Beinen, das in einer Felshöhle an einer Meerenge gegenüber Charybdis (eine Felsschlucht mit einem gewaltiger Strudel vor der sizilianischen Küste) die Seeleute bedrohte, indem es diese durch das Winseln eines kleinen Hundes anlockte, sie dann ergriff, ihre Knochen brach und langsam verschlang. Der Name *Skylla* beruht auf grch. *skýllein*, »zerfleischen, schinden, plagen«, ist jedoch wohl auch mit *skýlax (σκύλαξ)*, »junger Hund, Welpe«, verwandt. → *Charybdis* sowie *Lamia*

Smetana *Bedřich* (»Friedrich«), 1824–1884, tschechischer Komponist und Pianist. Seine Musik strahlt Wärme, Volkstümlichkeit und künstlerische Schönheit aus. Am berühmtesten sind seine Oper »Die verkaufte Braut« und »Die Moldau« innerhalb des Zyklus »Mein Heimatland«. *Smetana* bedeutet im Tschechischen »Sahne, Rahm«. (Von diesem Wort ist unsere Bezeichnung *Schmetterling*, also »Molkedieb«, abgeleitet.)

Smollett *Tobias George* (1721–1771), schottischer Autor abenteuerlicher Seemanns- und Schelmenromane. *Smollett*, ein alter Spottname, bedeutet wörtlich übersetzt »Kleinkopf«, zu mengl. *smal*, »klein« (vgl. engl. *small*), und *heved*, »Haupt, Kopf« (heute: *head*).

Snofru (ägypt. *Snfru*) bedeutet »(der Gott) hat mich vollkommen gemacht«. Der Begründer der vierten ägyptischen Dynastie, die von 2579 bis 2514 v. Chr. regierte, war der Vater des Cheops, dessen große Pyramide in Giseh schon im Altertum zu den sieben Weltwundern zählte. *Snofru* ließ für sich in Medum die erste Pyramide mit geglätteten Seitenwänden bauen; vorher hatte es nur Stufenpyramiden gegeben. → *Djoser*

Soares → *Juárez*

Sobek (grch. *Suchos*) war ein ägyptischer Krokodilgott und Flussgott, zu ägypt. *sobek*, »Krokodil«. Er galt als Sohn der jungfräulichen Neith und stand für die Fruchtbarkeit bringende jährliche Nilüberschwemmung. Außerdem symbolisierten seine hervorstechendsten Eigenschaften – seine Schnelligkeit und Bissigkeit – die Geschicklichkeit und Stärke der ägyptischen Könige im Kampf.

Sokrates [grch. $\Sigma\omega\kappa\rho\acute{\alpha}\tau\eta\varsigma$], ein großer Athener Philosoph (469–399 v. Chr.) und Gegner der Sophisten, war der Lehrer von Platon, Xenophon und Antisthenes. Obschon er kein schriftliches Werk hinterlassen hat, zählt er zu den bekanntesten Weisen aller Zeiten. Sein berühmter Ausspruch, der uns von Platon überliefert ist, lautet in verkürzter Form: „Ich weiß, dass ich nichts weiß«. (Wörtlich heißt der Spruch indes: »Jener glaubt etwas zu wissen, weiß aber nichts; ich weiß zwar auch nichts, glaube aber auch nichts zu wissen.«) Sein Name bedeutet wohl »starker Retter«, von *sotér* ($\sigma\omega\tau\acute{\eta}\rho$), »Retter«, und *krátos* ($\kappa\rho\acute{\alpha}\tau\sigma\varsigma$), »Kraft, Macht, Herrschaft«.

Solana *Javier* (geb. 1942), mit vollem Namen *Francisco Javier Solana de Madariaga*, spanischer Politiker. Der einstige Marxist (seit 1964 Mitglied der Spanischen Sozialistischen Partei mit offenen Sympathien für Fidel Castro) und Physikprofessor an der Complutense-Universität in Madrid hatte seit 1982 mehrer Kabinettsposten inne, u. a. bekleidete er von 1992 bis 1995 das Amt des spanischen Außenministers. Danach war er bis 1999 NATO-Generalsekretär, obschon er 1983 versucht hatte, den

Beitritt seines Landes zur Nordatlantischen Verteidigungsgemeinschaft zu verhindern. 1999 wurde er zum Generalsekretär der Westeuropäischen Union und zum Vorsitzenden des neu geschaffenen Amts des Hohen Vertreters für Gemeinsame Außen- und Sicherheitspolitik berufen. *Solana* bedeutet im Spanischen »Platz an der Sonne«, *Javier* ist die spanische Version des Vornamens *Xaver*, zu bask. *etaxabier*, »neues Haus«. Mütterlicherseits ist der Politiker mit der Familie *Madariaga* verwandt (der bekannte Schriftsteller Salvador de Madariaga war sein Großvater), daher der Namenszusatz. → *Madariaga*

Solon [grch. Σόλων] hieß ein Athener Politiker, Gesetzgeber und Dichter des 7. und 6. Jahrhunderts v. Chr.; er galt im Altertum als einer der sieben Weisen. Sein Name leitet sich her von grch. *sólos (σόλος)*, »Wurfscheibe«, oder – so unwahrscheinlich es klingt – von *sóloikos (σόλοικος)*, »ungebildet«, und *soloikízein (σολοικίζειν)*, »fehlerhaft sprechen«.

Solschenizyn *Alexander Issajewitsch* [russ. Александр Исаевич Солженицын], geb. 1918, russischer Schriftsteller. Nachdem er 1945 zu acht Jahren Lagerhaft verurteilt worden war, verarbeitete er seine leidvollen Erfahrungen u. a. in den Romanen »Ein Tag im Leben des Iwan Denissowitsch«, »Der Archipel Gulag« und »Der erste Kreis der Hölle«. 1970 erhielt er den Nobelpreis für Literatur. Sein Name könnte zurückgehen auf russ. *solotschéniza (солоченца)*, »Bierbrauer«, zu *sólod (солод)*, »Malz«.

Sommer *Elke* (geb. 1940), eigentlich *Elke Schletz*, deutsche Schauspielerin (»Am Tag, als der Regen kam«, »Das Totenschiff«). Dass die Pastorentochter, deren Nachname von mnd. *slēt*, »Holzspan«, stammt, sich umbenannte, ist verständlich, da ihr der alte Name wohl zu plump und banal klang und wahrscheinlich immer wieder Anlass zu Wortspielchen gab.

Sophokles [grch. Σοφοκλῆς], 496–406 v. Chr., der mittlere der drei großen Tragödiendichter. Er verfasste mehr als einhundert Stücke, von denen allerdings nur sieben erhalten sind, z. B. »Antigone«, »König Ödipus« und »Elektra«. Sein Name leitet sich her von *sophós (σοφός)*, »geschickt, kenntnisreich, schlau«, und *kléos (κλέος)*, »Ruhm« – ein trefflicher Name für einen Mann seines Ansehens, der in Athen öffentliche Ämter bekleidete und nach seinem Tod als Heros verehrt wurde.

Soraya ist ein persischer Vorname, der jedoch aus dem Sanskrit stammt, aus *sú*, »wohl, gut«, und *raja*, »König, Fürst«, zu *raj*, »herrschen, regieren« (vgl. den indischen Titel *Maharadscha*). Insofern trug die iranische Adlige *Soraya* (1932–2001), eine Tochter des iranischen Botschafters in der Bundesrepublik Deutschland, einen von Hause aus viel versprechenden Namen, als sie 1951 Schah Reza Pahlavi, den letzten Kaiser von Persien, heiratete. Da sie dem Herrscher jedoch keinen Thronerben gebar, wurde ihre Ehe 1958 geschieden. Sie lebte danach in Frankreich, wo sie eine Karriere als Schauspielerin begann.

Sorbon *Robert de* (1201–1274), französischer Theologe. Der Domherr gründete 1253 im Pariser Quartier latin ein Seminar für arme Theologiestudenten, dem man seinen Namen gab (wohl zu frz. *sorbier*, »Eberesche«). Heute ist die *Sorbonne* die größte Universität Frankreichs.

Sotapanna, skr. »von der Strömung Ergriffener«, ist im Buddhismus die Anrede eines heiligmäßigen Menschen auf der untersten Stufe der Loslösung von Trieben. → *Sakadagami* und *Arahat*

Soteira [grch. Σώτειρα] bedeutet im Griechischen »Retterin« und war der Beiname der Göttin Athene, die für das leibliche Wohlergehen des Volkes sorgte; zu grch. *sotería (σωτηρία)*, »Rettung, Erlösung, Wohlergehen«.

Soter hieß ein Papst aus Kampanien, dessen Amtszeit von ca. 166 bis 175 dauerte. Der Name bedeutet »Retter«, von grch. *sotér (σωτήρ)*, »Erlöser, Heiland«. *Soter* war eigentlich der Beiname heidnischer Gottheiten (z. B. des Zeus, Dionysos und des Helios).

Spartakus (gest. ca. 71 v. Chr.), Sklave und Leiter einer Gladiatorenschule in Capua, aus der er 75 v. Chr. mit 70 Genossen entfloh. In Süditalien liefen ihm so viele erboste Sklaven zu, dass er mehrmals die römischen Truppen besiegen konnte und mit insgesamt 40 000 Mann brandschatzend durch das ganze Land zog. Dennoch fanden er und der größte Teil seines Heeres in einer Entscheidungsschlacht den Tod. Der aus Thrakien stammende Sklavenführer erhielt wohl zufällig den Namen *Spartakus*, obschon er mutig und ausdauernd wie ein *Spartaner* um die Befreiung aus der Knechtschaft gekämpft hatte.

Spencer Herbert (1820–1903) war ein englischer Philosoph und Soziologe. Der Evolutionist wollte mit seinem Werk »System of synthetic philosophy« beweisen, dass sich die Menschheit in ihrer Entwicklung einem staatenlosen Leben nähere. Der Name *Spencer* (mit der Variante *Spenser*) ist als Abkürzung aus afrz. *despensier*, »Austeiler« (z. B. von Lebensmitteln), wahrscheinlich eine alte Bezeichnung für einen Butler oder einen Steward. Der bekannte italienische Filmschauspieler *Bud Spencer* (geb. 1929), der als bärtiger und schlagkräftiger Filmraufbold meist mit seinem Partner Terence Hill auftritt, hieß eigentlich *Dr. Carlo Pedersoli*. Sein englischer Vorname *Bud* bedeutet »Knospe« (wohl eine selbstironische Anspielung auf seine Körperfülle), seinen Künstler-Nachnamen soll er aus Verehrung für seinen berühmten amerikanischen Kollegen *Spencer Tracy* gewählt haben. Eigentlich hätte eine Assoziation mit dem englischen Dialektwort *spence* im Sinn von »Speisekammer« bei der Leibesfülle des Giganten viel näher gelegen. Dabei war er als junger Mann ein hervorragender Sportler gewesen und hatte für Italien erfolgreich an den Olympischen Spielen 1952 in Helsinki als Schwimmer und Wasserballspieler und 1956 in Melbourne als Freistilschwimmer teilgenommen. Nach seinem Jurastudium, das er mit der Promotion abschloss, arbeitete er einige Zeit in Südamerika (u. a. als Straßenbauarbeiter und Autoverkäufer), bevor er nach Italien zurückkehrte, Schlagertexte und Filmmusiken schrieb und schließlich eine Filmproduktionsfirma gründete. Nach langem Zögern und Zieren war er 1967 bereit, mit Mario Girotti in einem Western zu spielen; beide änderten zu diesem Zeitpunkt ihre Namen (die in einem amerikanischen Western wohl wirklich unpassend gewesen wären): Aus *Carlo Pedersoli* wurde *Bud Spencer* und aus seinem Partner Mario Girotti wurde *Terence Hill*. (Einige ihrer bekannten Filme waren: »Gott vergibt – wir beide nie«, »Zwei außer Rand und Band«, »Vier Fäuste für ein Halleluja«). *Bud Spencers* italienischer Geburtsname *Pedersoli* ist (wenn es sich nicht um eine Koseform von *Pietro* handelt) entweder ein übler Spitzname aus aital. *pedere*, »furzen«, und *solo*, »nur«, oder er stammt von aital. *petrosello*, »Petersilie«, zu grch. *petrosélinon* (πετροσέλινον), die in Norditalien *pedersem* heißt. Wie auch immer – er war gut beraten, seinen Namen zu ändern.

Spengler *Oswald* (1880–1936), deutscher Geschichtsphilosoph. Sein Hauptwerk »Der Untergang des Abendlandes« hat das moderne Geschichtsbild entscheidend mitgeprägt. Er vertrat die Auffassung, dass der Verlauf aller Kulturen dem Dreierschritt von Blüte, Reife und Verfall unterliege. Seine Vorfahren gingen ganz anderen Beschäftigungen nach, denn der Name belegt, dass sie sich mit der Herstellung von Spangen und Schnallen für Kleider und Gürtel befassten (zu mhd. *spengen*, »verbinden, verschließen«).

Sphinx [grch. *Σφίγξ* und *Φίξ*] ist wohl aus grch. *sphinxis (σφίγξις)*, »das Zuschnüren«, entstanden. Der Name des so genannten griechischen Ungeheuers, einer Tochter der Chimaira (Chimäre) und des Orthos, bedeutet damit »die Würgerin«. Die *Sphinx* hatte einen geflügelten Löwenrumpf, aber den Kopf und die Brust einer Jungfrau. Die thebanische Sphinx, die vor Ödipus auch in Theben herrschte und auf einem Felsen nahe bei Theben saß, war wohl eine Personifikation der Pest. Sie saß auf einem Felsen und gab jedem Vorbeiziehenden ein Rätsel auf; wenn er es nicht lösen konnte, tötete sie ihn. Das Rätsel, das sie Ödipus aufgab und das er löste, war: »Was hat eine Stimme, ist am Morgen vierfüßig, am Mittag zweifüßig, am Abend dreifüßig?« (Die richtige Antwort war: »der Mensch«.) Nach dem Lösen des Rätsels musste sich die Sphinx vom Felsen in den Tod stürzen. In Ägypten ist mit *Sphinx* ein meist männliches Mischwesen mit Menschenkopf und Löwenleib gemeint. Hier leitet sich der Name von ägypt. *schesep anch*, etwa »lebendes Abbild«, her. Die kolossale Statue bei Giseh (60 m lang, 20 m hoch) ist wohl das Abbild einer Schutzgottheit und wurde lange vor dem Bau der Pyramiden in einen Kalksteinausläufer gehauen; der Pharaonenkopf ist offensichtlich später gestaltet worden.

Spielberg *Steven* (geb. 1947), amerikanischer Regisseur und Filmproduzent, der sich mit Werken wie »E.T.«, »Jurassic Park« und »Schindlers Liste« einen Namen machte. *Spielberg* ist ein Herkunftsname zu einem von mehreren gleichnamigen deutschen Orten (vielleicht zu der indogermanischen Wurzel *spi-*, »Schmutz«; vgl. *speien* und *Speichel*).

Spinoza *Benedictus* (1632–1677), eigentlich *Baruch Bento Despinoza* (auch *d'Espinosa*, von ihm selbst *de Spinoza* geschrieben), christlich anmutender Name des holländischen Philosophen. Seine jüdische Familie war nach der Vertreibung der Mauren aus Spanien über Portugal eingewandert, wo sie sich zum Schein christlich hatte taufen lassen, um der Vertreibung und der Inquisition zu entgehen; sie kehrte nach der Ankunft in den relativ toleranten Niederlanden jedoch zum alten Glauben und den alten Gebräuchen zurück. *Spinoza* beschäftigte sich neben dem Studium des Talmud mit der Scholastik und den Schriften des Descartes; er wurde daher von der Amsterdamer jüdischen Gemeinde wegen religiöser Irrlehren mit dem Bannfluch belegt. *Bento*, sein portugiesischer Vorname, bedeutet »der Gesegnete«; in der Amsterdamer Synagoge wurde ihm der Name *Baruch* gegeben, was im Hebräischen die Entsprechung von *Bento* ist. Nach seinem Ausschluss aus der jüdischen Gemeinde nahm er den christlichen Vornamen *Benedictus* an, was ja ebenfalls »der Gesegnete« bedeutet, zu lat. *benedicere*, »segnen«. Der Familienname dürfte von span. *espinoso*, port. *espinhoso*, »dornig, schwierig«, herzuleiten sein, aus lat. *spina*, »Dorn, Stachel« – wenn man es recht bedenkt, ein Name, der sein Schicksal mit einem einzigen Wort umreißt.

Spranger *Eduard* (1882–1963), deutscher Philosoph und Kulturpädagoge, der sich dem Humanismus und dem Idealismus verpflichtet fühlte. Im Bereich der Pädagogik wirkte er vor allem als Kultur- und Erziehungspolitiker. Sein Name basiert auf mhd. *sprangen*, »springen, aufspringen« und »entspringen«, sodass er sich ursprünglich vielleicht auf die Sprünge eines Gauklers oder auf eine entsprechende Angewohnheit bezogen hat. Er könnte jedoch auch eine Wohnstätte an der Quelle eines Baches bezeichnet haben.

Spurius (abgekürzt *Sp.*) findet sich als römischer Vorname nur sehr selten – zum Glück, denn das lateinische Wort *spurius* bezeichnete ein »Kind mit unbekanntem Vater«, also ein »unehelich geborenes Kind« (zu lat. *spurium*, »weibliche Scham«).

Stalin *Joseph Wissarionowitsch (Иосиф Виссарионович Сталин)*, 1879–1953, »der Eiserne, Stählerne«, lautete der einprägsame »Künstlername« des sowjetischen Diktators, zu russ. *stal' (сталь)*, »Stahl«, und *stalnój (стальной)*, »stählern, stahlhart«. Der Geburtsname des aus Georgien stammenden Diktators war *Iosib Dschugaschwili*, wobei ageorg. -*schwili* »Kind von ...« bedeutet; die Vorfahren Stalins stammten aus Ossetien, sodass der dort übliche Name *Dschugaew* gemeint sein dürfte (wörtlich übersetzt aus dem Georgischen bedeutet *Dschu-*

gaschwili indes auch »Sohn eines Juden«). Die Sowjetunion erreichte unter dem Regime dieses bolschewistischen Revolutionärs zwar einen großen wirtschaftlichen Aufschwung, hatte aber während seiner Schreckensherrschaft Millionen von Toten durch politische Säuberungen und Hinrichtungen zu beklagen, vor allem zwischen 1934 und 1939: Mit der »Großen Säuberung« vernichtete Stalin alle potenziellen und vermeintlichen Gegner seiner Herrschaft. In Schauprozessen wurde selbst die alte Bolschewikenführung aus der Zeit Lenins verurteilt und hingerichtet. Übrigens hatte *Stalin* noch andere Deck- und Spitznamen: *Koba*, nach einem georgischen Robin-Hood-ähnlichen Volkshelden, *Iwanowitsch*, *Soso*, *David*, *Nidscheradse* und *Tschischikow*.

Stallone *Silvester* (*Frank*), geb. 1946, Akteur in amerikanischer Action-Filmen, der durch seine diversen »Rocky«- und »Rambo«-Filme bekannt wurde. Der Name des Sohns eines italienischen Einwanderers und einer russisch-jüdischen Mutter entspricht dem italienischen Wort *stallone* für »Zuchthengst«, zu ital. *stalla*, »Stall« (vgl. frz. *étalon*, »Hengst«).

Stanley *Sir Henry Morton* (1841–1904), der britische Journalist und Afrikaforscher, der 1871 den vermeintlich verschollenen Forschungsreisenden David Livingstone in Ostafrika suchte und fand, hieß eigentlich *John Rowlands*. Auf einer weiteren Afrika-Expedition erforschte er im Auftrag des belgischen Königs Leopold II. das Kongogebiet. Der Name *Stanley*, eigentlich ein Ortsname, bedeutet »Stein-Lichtung«, von aengl. *stan*, »Stein« (heute: *stone*), und *leah*, »Waldlichtung«. Sein zweiter Vorname *Morton* ist übrigens auch von einem in England nicht seltenen Ortsnamen abgeleitet und bedeutet »Moorsiedlung«, von aengl. *mor*, »Moor, Sumpf«, und *tun*, »Siedlung, Hofstelle« (heute: *town*). Der Geburtsname *Rowlands* ist zusammengesetzt aus engl. *row*, »Reihe«, und *lands*, »Ländereien«.

Starr *Ringo* (geb. 1940), eigentlich *Richard Starkey*, englischer Sänger und Liedschreiber, ehemals Schlagzeuger bei den Beatles. Sein Vorname *Ringo* soll dadurch zustande gekommen sein, dass er als Kind gerne Ringe trug und seine Mutter ihn daher *Ringo* nannte. Sein Künstlername ist die Verkürzung seines Geburtsnamens auf eine einzige Silbe, der er aber durch das Doppel-*r* einen markanteren Klang gegeben hat und der man die offenbar gewollte Bedeutung »Stern« anhört. Das ursprüngliche *Starkey* ist eine Verkleinerungsform von engl. *stark*, »nackt, scharf, krass« – kein guter Name für eine Karriere (dazu hätte sein Vorname *Richard* schon besser gepasst, kommt er doch von *rihhi*, »mächtig, reich«, und *hart*, »hart«).

Stata Mater, »aufgestellte Mutter«, hieß im alten Rom eine Schutzgöttin der öffentlichen Straßen, zu lat. *stare, statum,* »aufstellen«, und *mater,* »Mutter« (vgl. *Magna Mater*).

Statius war ein römischer Beiname, z. B. des *Publius Papinius Statius*, eines epischer Dichters der Kaiserzeit; von lat. *status,* »Stellung, Rang«, zu *stare,* »stehen«. → *Papinius*

Stauffenberg *Claus Graf Schenk von* (1907–1944), deutscher Offizier und Widerstandskämpfer. Er wurde als Anführer des fehlgeschlagenen Hitlerattentats am 20. Juli 1944 verhaftet und noch am gleichen Tag erschossen. Der Name des schwäbischen Adelsgeschlechts beruht auf mhd. *stouf,* »hoch aufragender Felsen«. Der adlige Name *Schenk* leitet sich her vom alten Amt des »Mundschenk«, der bei Hof die Getränke *einzuschenken* hatte (zu mhd. *schenke,* »Diener, Mundschenk«; vgl. *Schenke* für »Gastwirtschaft« und *Ausschank*).

Steinway *Henry Engelhard* (1797–1871), der deutsche Pianohersteller, hat, als er auch in den USA eine Produktionsfirma gründete (1853, *Stainway & Sons*), seinen Namen lediglich anglisiert: In Deutschland hatte er *Heinrich Engelhard Steinweg* geheißen.

Stendhal (1783–1842), eigentlich *Marie Henri Beyle*, französischer Schriftsteller. Er wählte dieses Pseudonym – leicht verfälscht – nach *Stendal* in der Mark Brandenburg, dem Geburtsort des von ihm hoch verehrten Archäologen und Kunstgeschichtlers Johann Joachim Winckelmann. *Stendhal* schrieb zeitkritische Romane wie »Rot und Schwarz« und »Die Kartause von Parma«. Sein alter Familienname *Beyle* (im Département Pyrénées-Orientales begegnet die Variante *Beille*) dürfte eine Frühform von frz. *bailli,* »Vogt«, sein und den Besitz oder die Amtsstellung eines seiner Ahnherren bezeichnet haben (vgl. engl. *bailiff,* »Justizbeamter«, »Gerichtsvollzieher«, und den alten Londoner Strafgerichtshof *Old Bailey*).

Stentor [grch. Στέντωρ] war jener homerische Held vor Troja, der mit der Stimmgewalt von 50 Männern schreien konnte. Daher sprechen wir noch heute von einer wahren *Stentorstimme*.

Stephan war in der Geschichte ein nicht seltener Fürstenname in Polen, Serbien und Ungarn, von grch. *stéphanos (στέφανος)*, »Kranz, Diadem«. Seit dem Tod des heiligen *Stephanus*, der als erster Märtyrer für seinen Glauben starb und dem der *Stephansdom* in Wien geweiht ist, hat er auch die Bedeutung »Märtyrerkrone« angenommen. Ein weiterer Heiliger dieses Namens war der ungarische König *Stephan I.* (ung. *István*, ca. 975–1038), der 997 gekrönt wurde und dem es in den ersten zwei Jahrzehnten seiner Regierung gelang, die Bekehrung seines Volkes zum Christentum zu vollenden. Auch Papst *Stephan I.* (254–257) wurde von der Kirche heilig gesprochen und fälschlich zum Märtyrer erklärt (hier liegt wohl eine Verwechslung mit seinem Vorgänger *Sixtus II.* vor). Er pochte als erster Papst auf der Sonderstellung des Bischofs von Rom, dessen Auffassung sich alle Oberhirten der Kirche unterwerfen sollten. Insgesamt wählten acht Päpste diesen ehrenvollen Namen (wenn man beide Kirchenoberhäupter namens *Stephan II.* zählen will, sogar neun Päpste; der Erste starb nämlich schon vier Tage nach seiner Wahl und noch vor seiner Inthronisation und wird deswegen in den Papstlisten meist nicht mitgezählt; sein unmittelbarer Nachfolger nahm den gleichen Namen an). Trotz des Märtyrernamens musste keiner dieser Päpste für seinen Glauben sterben, auch der gewaltsam zu Tode gekommene *Stephan VI.* nicht, denn dieser wurde von aufgebrachten Römern erwürgt, nachdem er 897 auf der so genannten »Leichensynode« den Leichnam seines Vorgängers *Formosus* geschändet hatte. → *Formosus*

Steuben *Friedrich Wilhelm von* (1730–1794), amerikanischer General deutscher Herkunft und Vertrauter George Washingtons. Bevor der angebliche Baron Truppeninspekteur und Organisator der amerikanischen Revolutionsarmee im nordamerikanischen Unabhängigkeitskrieg wurde und auch als Kommandeur tatkräftig zum Sieg gegen die englischen Truppen beitrug, hatte er nach seiner undurchsichtigen Entlassung als preußischer Kapitän von 1764 bis 1775 dem Fürsten von Hohenzollern-Hechingen als Hofmarschall gedient. Seine Behauptung, Adjutant und enger Vertrauter des Preußenkönigs Friedrich II. gewesen zu sein, war allerdings ebenso frei erfunden wie sein Adelsprädikat. Im Übrigen hatte der Sohn eines Magdeburger Majors weniger vornehm eigentlich *Steube* geheißen, zu mhd. *stöuben,* »Staub aufwirbeln, stauben« – in der Tat ein trefflicher Name für einen Schwindler, der in Amerika endlich die erträumte Karriere machen konnte und den die Amerikaner noch heute jedes Jahr im September mit großen *Steuben*-Paraden in New York und Philadelphia als ihren Nationalhelden feiern.

Stevens *Cat,* 1948 in London als Sohn eines griechischen Zyprioten und einer Schwedin geboren, war in den 70er-Jahren der Bühnenname des englischen Sängers und Songwriters *Stephen Demetre Georgiou;* nach seinem Übertritt zum Islam (1978) nennt er sich *Yusuf Islam.* Zu seinen populärsten Liedern gehören »Peace Train«, »Morning has Broken«, »Moon Shadow«, »Wild World« und »Father and Son«. Er wählte als junger Mann den Künstlernamen *Cat Stevens,* weil er nach eigenem Bekenntnis wie eine Katze geliebt werden wollte und der Name *Stevens* einfach englischer klang. Sein Geburtsname besteht eigentlich aus drei Vornamen: *Stephen,* die englische Form von griechisch *Stéphanos,* zu *stéphanos (στέφανος),* »Kranz«; *Demetre* vom griechischen Namen *Demetrios,* zur Göttin *Demeter (Δημήτηρ);* und *Georgiou,* zu grch. *georgós (γεωργός),* »Landmann«, die Entsprechung zu unserem *Georg.*

Stewart *James* (1908–1997), eigentlich *James S. (Stewart) Maintland,* amerikanischer Schauspieler. Er übernahm Rollen als Westernheld und Charakterdarsteller, war aber auch einer der besten Hitchcock-Akteure (z. B. »Der Mann, der zuviel wusste«, »Das Fenster zum Hof«, »Cocktail für eine Leiche«, »Am Ende des Weges«). Er hat sich auf seine beiden Vornamen beschränkt, wobei *James* eine Form von *Jakob* (Koseform: *Jimmy*) und *Stewart* oder *Steward* aus aengl. *stig,* »Haus«, und *weard,* »Hüter«, zusammengesetzt ist. Sein Geburtsname könnte aus *Mainland* entstanden sein, so als wären seine Vorfahren Inselbewohner gewesen (etwa von den Orkney-Inseln), die hinüberschauten zum *mainland,* d. h. zum »Festland«, aus engl. *main,* »Haupt-« und *land,* »Land«.

Stinnes *Matthias* (1790–1845), deutscher Unternehmer. Er betrieb zunächst als Ruhrschiffer einen Kohlentransport und führte die Schleppschifffahrt auf dem Rhein ein. Zum Transport und Handel kam später der Bergbau hinzu. Sein Enkel *Hugo Stinnes* (1870–1924) gründete 1893 ein eigenes Unternehmen, das der Grundstein zum riesigen Stinnes-Konzern werden sollte. Der Name *Stinnes* ist eine Kurzform von *Augustinus*, einer Weiterbildung von *Augustus* (zu lat. *augustus*, »ehrwürdig, erhaben«).

Stoiber *Edmund* (geb. 1941), deutscher Politiker. 1978 erfolgte seine Ernennung zum Generalsekretär der CSU, 1993 wurde er bayerischer Ministerpräsident und 1999 zusätzlich Vorsitzender der CSU. 2002 trat er erfolglos als gemeinsamer Kanzlerkandidat von CDU und CSU bei der Bundestagswahl an. Sein nicht ganz unpassender Name bedeutet etwa »Staubaufwirbeler«, zu mhd. *stöuben*, »Staub erregen, Staub hochwirbeln«, und *stöuber*, »Jagdhund«. Entweder bezeichnete der Name früher einen Müller, der bei seiner Arbeit zwangsläufig Mehlstaub aufwirbelte, oder einen unruhigen Menschen.

Stone *Irving* (1903–1989), eigentlich *Irving Tennenbaum*, amerikanischer Schriftsteller. Er ist bekannt für seine biographischen Romane über berühmte Gestalten der Geschichte, z. B. Vincent van Gogh, Michelangelo, Sigmund Freud und Charles Darwin. Der Name *Stone* bezeichnete früher für gewöhnlich jemanden, der sich in der Nähe eines Felsens oder großer Steine niedergelassen hatte (engl. *stone*, »Stein«). Beim Geburtsnamen handelt es sich wohl um eine jiddische Form von »Tannenbaum«.

Störtebecker *Klaus* (gest. 1402), war einer der so genannten Vitalienbrüder, die Ende des 14. Jahrhunderts als Freibeuter die Nord- und Ostsee unsicher machten. Sie unterstützten den schwedischen König Albrecht, dessen Hauptstadt von der dänisch-norwegischen Herrscherin Margarete belagert wurde, mit Lebensmittellieferungen (d. h. Vitalien, zu lat. *vita*, »Leben«). Als Margarete Stockholm eingenommen hatte und zusätzlich Königin von Schweden geworden war, setzten die Freibeuter ihre Kaperfahrten auf eigene Faust fort, bis sie 1401 an der Emsmündung von Hanseflotten geschlagen wurden. Ihre Anführer, *Klaus Störtebecker* und Godeke Michels, wurden darauf in Hamburg hingerichtet. Der Name *Störtebecker* passt sehr gut zu dem wilden Leben eines Piraten, denn er besteht aus der Aufforderung: »Stürz den Becher!«.

Strabon [grch. *Στράβων*], ca. 63 v. Chr. bis ca. 26 n. Chr., war geographischer Schriftsteller der augusteischen Zeit aus Amaseia (Pontos). Er verfasste eine »Geographika« in 17 Büchern, von denen die meisten erhalten sind und einen guten Überblick über die Geographie der Antike geben. Sein Name bedeutet »der Schieler«, grch. *strabízein (στραβίζειν)*, »schielen«.

Stradivari *Antonio* (1644–1737) nannte sich latinisiert gerne *Antonius Stradivarius*. Der Name des italienischen Geigenbauers – aus ital. *strada*, »Straße«, und *vario*, »verschieden, vielfältig« – dürfte ursprünglich eine Bezeichnung für jemanden gewesen sein, der auf vielen Straßen anzutreffen war, ganz so, als hätten *Stradivaris* Vorfahren zum fahrenden Volk gehört, was seine angeborene Liebe zur Musik erklären könnte.

Stuart *Maria* (1542–1587), Königin von Schottland, die Elisabeth I. im Jahr 1587 hinrichten ließ und deren Sohn 1603 als Jakob I. König von Schottland und England wurde. Bis 1542 kannte man den Namen in der Form *Stewart*, nach dem Amt des *Steward*, d. h. des »Seneschalls« oder »Kämmerers«, am Königshof (vgl. *Stewardess*). *Stuart* ist übrigens die französische Variante des Namens – immerhin wuchs *Maria Stuart* am französischen Hof auf und war nach ihrer Heirat mit Franz II. (1558) sogar Königin von Frankreich.

Styx [grch. *Στύξ*], »die Verhasste«, hieß die griechische Göttin und Personifikation des Unterweltflusses, der an der Grenze zwischen Ober- und Unterwelt aus dem Okeanos in den Hades floss. *Styx* war die älteste Tochter des Okeanos und der Thetis, Mutter von *Bia* (grch. *βία*, »Gewalt«), *Zelos* (grch. *ζῆλος*, »Neid, Eifersucht«), *Kratos* (grch. *κράτος*, »Macht«) und *Nike* (grch. *νίκη*, »Sieg«). Der Name *Styx* beruht auf grch. *stygnós (στυγνός)*, »verhasst, schrecklich«.

Suada (auch: *Suadela*) war ein Beiname der Venus als »Göttin der Überredung«, zu lat. *suadere*, »überreden, zureden, raten, überzeugen«.

Sueton (lat. *Suetonius*), ein römischer Gentilname, hat die Bedeutung »der Gewohnte«. So nannte man z. B. den Geschichtsschreiber *Caius Suetonius Tranquillus* (»der Ruhige«), 70–140 n. Chr., der unter Kaiser Hadrian Vorsteher der kaiserlichen Kanzlei war und zwölf Kaiserbiographien von Caesar bis Domitian verfasste (»Vitae duodecim imperatorum«). Sein Name stammt von lat. *suetus*, »gewohnt«, zu *suescere, suetum*, »sich gewöhnen«.

Sufis (arabisch für »mit Wolle Bekleidete«) heißen weltabgewandte islamische Mystiker, die sich in grobwollene Büßergewänder kleiden.

Sugata, »Gesegneter« (auch: »Willkommener«), ist ein buddhistischer Ehrentitel für jemanden, der den Weg der Erleuchtung kennt.

Suharto (geb. 1921), indonesischer General und Politiker. Während eines kommunistischen Putschversuchs 1965, den er blutig niederschlug, übernahm er den Oberbefehl über die Armee und wurde zugleich Verteidigungsminister. Danach begann er, Präsident Sukarno Schritt für Schritt zu entmachten. 1968 gewann er die Präsidentenwahlen und wurde bis 1998 regelmäßig wiedergewählt. Sein Name besteht aus den zwei Teilen *Su* (indonesisch für »gut, nett«) und *harto* (indonesisch für »Freund«).

Suillius hieß ein altrömisches Geschlecht, dessen Name lat. *suillus*, »vom Schwein«, zu Grunde liegt, zu *sus*, »Sau«; zu Gunsten der ersten Namensträger mag angenommen werden, dass sie Schweinezüchter waren.

Sukarno (1901–1970), indonesischer Politiker, der 1949 die Unabhängigkeit seines Landes von den Niederlanden erreichte und zum ersten Präsidenten Indonesiens gewählt wurde. Bei einem Staatsstreich 1967 verlor er sein Amt. *Sukarno* bedeutet im Indonesischen so viel wie »guter Bruder«. → *Suharto*

Süleyman lautete der Name mehrerer osmanischer Sultane: *Süleyman II.* (1494–1566), genannt »der Prächtige«, nahm Belgrad und Ungarn ein und beherrschte mit seiner Flotte sowohl das Mittelmeer als auch das Rote Meer. Mit Hilfe des Baumeisters Sinan entfaltete er eine reiche Bautätigkeit. *Süleyman* ist die türkische Version von *Salomon* (zu hebr. *shlomoh*, »friedfertig«). Dass er 1553 seinen ältesten Sohn wegen angeblicher Umsturzpläne beseitigen ließ, will nicht so recht zu seinem Namen passen.

Sulla war der Name einer Familie des Patriziergeschlechts der Cornelier. *Lucius Cornelius Sulla Felix*, »der Glückliche« (138-78 v. Chr.), herrschte von 82 bis 79 v. Chr. als unumschränkter Diktator. Der Familienname *Sulla* beruht wohl auf lat. *sugillare*, »beleidigen, verhöhnen« – eine passende Assoziation, wenn man an seine erbitterten Gegner, vor allem aber an seinen Konkurrenten und Hauptfeind Marius denkt.

Sulpicius nannte sich ein römisches Geschlecht, dessen Name auf lat. *sulpuratus*, »schwefelhaltig«, beruht, zu *sulpur* (*sulphur*), »Schwefel«. → *Galba*

Sultan war seit etwa 860 in türkischen Dynastien der höchste Herrschertitel, der bis 1922 getragen wurde. Das arabische Wort *sultán* bedeutet eigentlich »Macht, Herrschaft« (vgl. auch den ungarischen Rufnamen *Zoltán*).

Summanus, der oft mit Pluto gleichgesetzt wurde, hieß im alten Rom der Gott nächtlicher Gewitter. (*Jupiter* schleuderte nur am Tag seine Blitze.) Sein Name stammt von lat. *summanare*, »berieseln, nass machen«.

Sunna, »heilige Gewohnheit«, »Tradition«, wird die Überlieferung des Propheten Mohammed genannt. *Sunna* ist auch die Bezeichnung des weniger an eine Hierarchie gebundenen Islams; seine Anhänger werden *Sunniten* genannt, im Unterschied zu den Schiiten. → *Schia*

Surya heißt ein hinduistischer Sonnengott, eine der wichtigsten Gottheiten der Veden, der heiligen Schriften der Hindus (zu skr. *súrya*, »Sonne, Sonnengott«). Sein Vater soll der Himmelsgott Dyaus oder der Kriegsgott Indra gewesen sein, seine Mutter die Muttergottheit Aditi, die ihn verstieß, weil sie seine Hitze nicht ertragen konnte. Der Gott mit den goldenen Haaren und den goldenen Armen fährt mit seinem von Pferden gezogenen Wagen jeden Tag über den Himmel, wobei er eine Lotosblüte und die Swastika, ein Hakenkreuz, in den Händen hält, das im Hinduismus als Glück bringendes Symbol der Sonne gilt, zu skr. *svastika*, »Kreuzform«. (Eine ähnliche Bedeutung haben das Kreuzen der Hände vor der Brust und das Sitzen mit gekreuzten Beinen; zu skr. *svastí*, »Glück, Heil«.) . → *Agni, Helios, Indra, Rê, Varuna* und *Yama*

Süskind *Patrick* (geb. 1949), deutscher Schriftsteller, der mit seinem Roman »Das Parfüm« 1985 einen Welterfolg erzielte. Der Kose- und Schmeichelname bedarf eigentlich keiner Erklärung.

Süssmuth *Rita* (geb. 1937), deutsche CDU-Politikerin. Sie war von 1985 bis 1986 Bundesministerin für Jugend, Familie, Frauen und Gesundheit, seit 1987 Mitglied des Bundestages, von 1988 bis 1998 Präsidentin des Deutschen Bundestages. Seit 1988 ist sie Kuratoriumsvorsitzende der Deutschen AIDS-Stiftung. Der Name setzt sich zusammen aus mhd. *süeze*, »angenehm, freundlich«, und *muot*, »Geist, Sinn, Gemüt«.

Svoboda *Ludvik* (1895–1979), tschechoslowakischer General und Politiker. Als Verteidigungsminister seines Landes baute er nach dem Krieg eine neue Armee auf. Von 1968 bis 1975 war er Präsident der Republik. Obschon er nach dem Einmarsch der Truppen des Warschauer Paktes noch die Souveränität des Landes betonte hatte, schwenkte er allmählich wieder auf eine den Sowjets genehme Linie zurück, sodass sein Name – zu tsch. *svoboda*, »Freiheit« – schon bald wie Hohn klang.

Swift *Jonathan* (1667–1745), irischer Schriftsteller und anglikanischer Geistlicher. Er lebte die meiste Zeit in London, wo er sich mit polemischen Schriften in die Tagespolitik einmischte und für die Sache Irlands kämpfte. In seinem Meisterwerk »Gullivers Reisen« wandte er sich mit scharfem Verstand gegen alle menschlichen Schwächen, vor allem gegen den schönen Schein und das Verlogene. *Swift* bedeutet im Englischen »schnell, flink« und bescheinigte zumindest dem ersten Träger diese lobenswerte Eigenschaft.

Swinburne *Algernon Charles* (1837–1909), englischer Dichter, der mit der leidenschaftlichen Erotik seiner Gedichte und Balladen das bürgerliche Moralverständnis seiner Zeit überforderte und heftige Entrüstung auslöste. In seiner Sammlung »Lieder vor Sonnenaufgang« besang er begeistert die Republik, während er in seiner Spätzeit die epische Dichtung vorzog und die alte Erzählung von Tristan und Isolde aufgriff (»Tristram of Lioness«). Mit dem Namen *Swinburne* wurde einst wahrscheinlich jemand bezeichnet, der an einem »Schweinebach« wohnte (zu aengl. *swīn*, »Schwein«, und *burna*, »Bach«).

Symmachus hieß ein Papst (498–514) und Heiliger. Er nannte sich »Kampfgefährte, Bundesgenosse« – aus grch. *syn- (συν-)*, »zusammen mit«, und *máche (μάχη)*, »Kampf, Streit« –, und es gab in der Tat blutige Kämpfe, die *Symmachus* und seine Getreuen mit Laurentius auszufechten hatten, den die Anhänger des byzantinischen Patriarchen zum römischen Gegenpapst aufgestellt hatten. Einen besonders starken Bundesgenossen aber hatte *Symmachus* in dem ostgotischen König Theoderich, der sich eindeutig auf seine Seite stellte. → *Laurentius*

Tacitus war ein römischer Beiname mit der Bedeutung »der Stille«, den z. B. der bedeutendste römische Geschichtsschreiber und gefeierte Redner *Publius Cornelius Tacitus* (54–117 n. Chr.) trug. Zu seinen leider nicht vollständig erhaltenen Hauptwerken zählen »Agricola«, eine Biographie seines Schwiegervaters, »Germania«, das wichtigste länderkundliche Zeugnis über Altgermanien, »Historiae«, eine Geschichtsschreibung über die Kaiser seiner Epoche, sowie sein vielbändiges Alterswerk »Annales« über die Zeit von Augustus bis Nero – und das, obschon sein Name »der Verschwiegene« bedeutet, zu lat. *tacere*, »schweigen, verstummen«. Zumindest muss einer seiner Vorfahren ein sehr zugeknöpftes Wesen gehabt haben.

Tagore *Rabindranath* (1861–1941), berühmter indischer Dichter und Philosoph, der mit richtigem Namen *Rabindranath Thakur* hieß, was sich in der Sprache der englischen Kolonialherren anhörte wie *Tagore*. Der altindische Name *Thakkura* ist ein Ehrentitel und bedeutet in etwa »der Göttliche«. Für seine Übersetzung mystischer Gedichte aus der Sammlung »Gitandscholi«, aber auch für seine eigene Lyrik und zahlreiche Romane, für die er die moderne Literatursprache des Bengali schuf, erhielt er 1913 den Literaturnobelpreis.

T'aichi bedeutet der »Ur-Anfang«, in dem die positiven und negativen Kräfte des Universums sich allerdings schon getrennt haben. *T'aichi* ist der geteilte Kreis mit dem positiven harten *Yang* (weiß mit einem schwarzen Punkt) und dem negativen weichen *Yin* (schwarz mit einem weißen Punkt), die sich in ununterbrochenem Kreislauf ergänzen und austauschen. Im Übrigen steht *Yang* auch für den Himmel (symbolisiert durch eine Kugel), *Yin* dagegen für die Erde (symbolisiert durch ein Viereck). → *Shang-ti*, *Tao* und *T'ien*

Talabani *Dschalal* (geb. 1933), irakischer Politiker. Mehr als zwei Jahre nach dem Sturz *Saddam Husseins* wurde er vor allem von den Parteien der Schiiten und Kurden nach langen Verhandlungen im April 2005 zum irakischen Staatspräsidenten gewählt; die Sunniten hatten die Wahl weitgehend boykottiert. *Talabani* ist der erste kurdische Präsident in der Geschichte des Irak, Ministerpräsident wurde der schiitische Politiker *Ibrahim al-Dschafari*. Sein Name geht auf arab. *talib* (Mz. *talaba*), »Bittsteller«, »Suchender«, »Schüler, Jünger«, zurück (vgl. die fundamentalistischen *Taliban* in Afghanistan). Sein Vorname bedeutet, seinem hohen Amt angemessen, »Erhabenheit«, von arab. *dschalal*, »Größe, Majestät«. → *Dschafari*

Talleyrand *Charles* (1754–1838), mit vollständigem Namen *Charles-Maurice de Talleyrand-Périgord*, französischer Staatsmann und Diplomat unter wechselnden Regimen. Obschon 1788 zum Bischof von Autun geweiht, schloss er sich ein Jahr später der Nationalversammlung an und verlangte die Einziehung der Kirchengüter zur Tilgung der Staatsschulden. Nachdem er selbst an der Erklärung der Menschen- und Bürgerrechte mitgearbeitet hatte, leiste er 1791 den Eid auf die neue Verfassung und die Zivilkonstitution des Klerus, worauf der Papst ihn mit dem Kirchenbann belegte und seines Bischofsamtes enthob. Von 1794 bis 1796, während der Terrorherrschaft, hielt *Talleyrand* sich sicherheitshalber in den USA auf. Nach seiner Rückkehr bekleidete er das Amt des Außenministers, das er auch unter Napoleon weiterführen durfte, da er diesen bei seinem Staatsstreich unterstützt hatte, obschon er dessen Eroberungspolitik strikt ablehnte. 1807 setzte Napoleon ihn ab und Talleyrand scharte eifrig eine versteckte Opposition gegen den Kaiser um sich, mit dem Ziel, die Rückkehr der Bourbonen auf den Königsthron voranzutreiben. So wurde er 1814 nach Napoleons Abdankung unter Ludwig XVIII. erneut Außenminister und vertrat Frankreich auf dem Wiener Kongress. Seine letzten Lebensjahre verbrachte er fast vollständig als Botschafter in London. Der Name der südfranzösischen Adelsfamilie *Talleyrand* (einer Seitenlinie der im 15. Jahrhundert ausgestorbenen Grafen von *Périgord*) bedeutet »Erzhauer«, »Erzgewinner«, zu prov. *talhar*, »hacken, schneiden«, und *aram*, »Erz, Kupfer« (vgl. entsprechend frz. *airain* und *tailler*).

Talos [grch. Τάλος], »der Leidende, der Unglückliche«, hieß ein Sohn der Perdix, der Schwester des Kunstschmieds Dädalus, bei dem er in die Lehre ging. Eines Tages tötete ihn Dädalus aus Neid, weil *Talos* die Säge erfunden hatte, sodass er aus Athen fliehen musste; er entkam nach Kreta zu König Minos. Die Seele des Talos aber entfloh in Gestalt einer Rebhuhns. Sein Name beruht auf grch. *tálas (τάλας)*, »leidend, unglücklich«. Nach anderer Quelle hatte der Jüngling *Perdix* geheißen, zu grch. *pérdix (πέρδιξ)*, »Rebhuhn«. → *Dädalus*

Tamerlan ist eine europäische Variante des Turknamens *Timur-i Läng* (auch: *Timur Lenk*), »Timur der Lahme« – ein verächtlicher Titel, den *Tamerlan* (1336–1405), der türkisch-mongolische Herrscher von Samarkand, seinen persischen Feinden verdankte. Die angebliche Lahmheit konnte ihn indes nicht daran hindern, zum Inbegriff orientalischer Grausamkeit zu werden. *Timur* bedeutet in den Turksprachen »Eisen« und »eisern«, was im heutigen Türkisch zu *demir* wurde. → *Stalin*

Tammuz, eigentlich *Dumussi*, hieß der babylonische Ernte- und Vegetationsgott. Sein Name ist wohl aus der akkadischen Form *Tammuzi* entstanden, zu sumerisch *Damu-zit*, »wahrer Sohn« (eigentlich: »fleckenloser Abkömmling«). Seine Gemahlin war Ischtar, die Göttin der Liebe und der Fruchtbarkeit. → *Adonis* und *Ischtar*

Tanit → *Tinnit*

Tantalus [grch. *Τάνταλος*], der reiche König in der Stadt Sipylos an dem gleichnamigen Berg in Lydien, war ein Sohn des *Zeus* und Vater des Pelops und der Niobe. Zeus liebte ihn sehr und ließ ihn an den Mahlen der Götter teilnehmen, *Tantalus* aber entwendete Ambrosia und Nektar, denen die Götter ihre ewige Jugend und Unsterblichkeit verdankten; er gab diese seinen sterblichen Genossen zu probieren und verriet ihnen die Gespräche der Götter. Zur Strafe für seine Freveltaten wurde er in die Unterwelt versetzt und mit ewigem Hunger und Durst geschlagen; über seinem Kopf jedoch hing ein Felsblock, der jeden Augenblick herunterstürzen konnte und ihn daran hinderte, die ihn umgebenden Güter zu genießen. Der Name *Tantalus* basiert wahrscheinlich auf grch. *talántatos (ταλάντατος)*, »der äußerst Gequälte«, zu *tálas (τάλας)*, »leidend, unglücklich, arm«.

Tao (Aussprache: *Dao*), »der Weg«, wird in China insbesondere der Weg der Gestirne am Himmel genannt; so heißt der Äquator der »rote

Weg« und die Bahn der Himmelskörper der »gelbe Weg«. *Tao* ist aber auch jeder sinnvolle Weg, der zum Ziel führt, bei den *Taoisten* das immanente, vernünftige, aber überpersönliche Naturgesetz, sozusagen das Ursein, aus dessen polarer Trennung Himmel und Erde erst hervorgehen; an der Spitze der *taoistischen* Götterwelt steht die Trinität der drei Reinen: der Himmelsgott *Yü-huang-shang-ti* (»erhabener Edelstein-Kaiser«), der Uranfang *T'ai-chi* als das personifizierte Tao und der vergöttlichte *Lao-tse*.

Tarpeius lautete der Beiname des *Spurius Tarpeius*, des altrömischen Kapitol-Kommandanten. Er war der Vater der *Tarpeia*, die vom Sabinerkönig Titus Tatius bestochen worden war, den sabinischen Belagerern die Burgtore auf dem Kapitolinischen Hügel zu öffnen, die von den Eindringlingen aber nicht mit dem erwarteten Gold und Geschmeide überhäuft, sondern unter deren Schilden begraben und über den Steilhang geworfen wurde. Der *Tarpejische Felsen* am Westhang des Kapitols war in Zukunft die Hinrichtungsstätte für Mörder und Verräter, die von diesem Felsen gestürzt wurden.[24] Der Name des unglücklichen Kommandanten beruht vielleicht auf lat. *trapetus*, »Ölmühle, Ölpresse« (Metathese), oder auf *tarpessita* (eigentlich: *trapessita*), »der Geldwechsler«, einem Lehnwort aus dem Griechischen, zu grch. *trápeza* (τράπεζα), »Tisch, Bank« und »Vierfuß« (vgl. *Trapez*).

Tarquinius war der Name des siebten und letzten Königs der Etrusker, die schon bald nach 600 v. Chr. Rom besetzt hatten und die Stadt etwa 100 Jahre beherrschten. *Tarquinius* stammte aus *Tarquinii*, der Heimat seines Geschlechts im südlichen Etrurien (heute: *Tarquinia*). Die Römer nannten ihn *Superbus*, »den Hochmütigen«. Wegen seiner grausamen Willkürherrschaft wurde er von *Lucius Junius Brutus* abgesetzt, der die Monarchie durch eine Republik ersetzte.

---

[24] Einst hatte Romulus die Sabiner zu einem Fest eingeladen und dabei die Frauen der Sabiner geraubt, da in Rom akuter Frauenmangel herrschte. Titus Tatius griff zu den Waffen und hatte keine Mühe, alle umliegenden latinischen Städte zu besiegen. Romulus konnte sich jedoch in Rom verschanzen, und Titus Tatius gelang es nur dank der untreuen Tarpeia, die Burg auf dem Kapitol einzunehmen. Bei der Schlacht zur Zurückeroberung der Burg stürzten sich die geraubten Sabinerinnen, jetzt die Ehefrauen der Römer, zwischen die Kämpfenden und stifteten so Frieden. Romulus und Titus teilten sich fortan die Herrschaft, bis Titus einige Jahre später von Laurentern erschlagen wurde. Von nun an war Romulus Alleinherrscher.

Tasso *Torquato* (1544–1595), einer der berühmtesten italienischen Dichter. Vorbilder seiner Werke waren die mittelalterlichen Ritterepen und die Erzählungen von Homer und Vergil. Um ihn ranken sich viele amouröse Legenden, die Goethe in seinem »Tasso« verarbeitete. Den Namen *Tasso*, »Dickerchen«, vergab man früher in Italien als spöttischen Beinamen, obschon ital. *tasso* wörtlich übersetzt »Dachs« bedeutet. Sein Taufname *Torquato*, »Ringeltaube«, ist ebenfalls ein Tiername, der aber auch als Bezeichnung für einen unschuldigen, friedliebenden Menschen verwendet wird (zu lat. *torquatus*, »gedreht«).

Tathagata ist im Buddhismus eine Bezeichnung für einen »ans Ziel Gelangten«, der also wie Buddha die Erleuchtung erreicht hat.

Tati *Jacques* (1907–1982), eigentlich *Jacques Tatischeff*, französischer Schauspieler und Regisseur. Er sprach in seinen Filmen nie ein Wort und bediente sich nur der Pantomime und des Slapsticks. In der Rolle des Monsieur Hulot erwies er sich als unermüdlicher Zivilisationskritiker, etwa in den Filmen »Die Ferien des Monsieur Hulot« und »Mein Onkel«. Andere bekannte Filme waren »Tatis Schützenfest« und »Tatis herrliche Zeiten«. Bei der Wahl seines Künstlernamens beschränkte er sich auf die ersten vier Buchstaben seines russischen Familiennamens *Tatischeff* [russ. *Татишев*], vielleicht zu russ. *tjat'ka (ттька)*, »Papa, Vati«.

Tauber *Richard* (1891–1948), eigentlich *Ernst Seifert*, weltberühmter österreichischer Tenor, dem Lehár etliche Rollen auf den Leib schrieb. Sein Pseudonym ist wohl nicht an *taub* angelehnt (was sicherlich sehr hinderlich für seine Karriere als Sänger gewesen wäre), sondern passenderweise an den Berufsnamen *Tauber*, von mhd. *touber*, »blasender Musikant«. Sein Geburtsname klang ihm sicherlich zu sehr nach *Seife*, dabei ist er abzuleiten vom alten deutschen Rufnamen *Seifried*, einer Umbildung von *Siegfried*, aus ahd. *sigu*, »Sieg«, und *fridu*, »Friede«.

Taylor *Elizabeth* (geb. 1932), amerikanische Schauspielerin englischer Herkunft. Filme wie »Die Katze auf dem heißen Blechdach«, »Cleopatra«, »Wer hat Angst vor Virginia Woolf« und »Der Widerspenstigen Zähmung« begründeten ihren Weltruhm. *Taylor*, einer der häufigsten englischen Familiennamen, ist aus der alten Berufsbezeichnung für einen »Schneider« entstanden, über afrz. *tailleur*, »Schneider«, zu splat. *taliare*, »schneiden« (vgl. *Taille*).

Tefnut, »Feuchtigkeit«, hieß im alten Ägypten die Göttin der Leben spendenden Feuchtigkeit, des Taus. Sie war die Gattin und Schwester des Schu sowie Mutter von Isis und Osiris.

Telamon [grch. Τελαμών], wie Peleus ein Sohn des Aiakos, ermordete laut der griechischen Sage zusammen mit seinem Bruder den Lieblingssohn des Aiakos, ihren Halbbruder Phokos. Der Name *Telamon* entspricht der griechischen Bezeichnung für »Wehrgehänge, Schwertgürtel«. → *Peleus* und *Phokos*

Telegonos [grch. Τηλεγονός] hieß der Sohn des Odysseus, die Frucht seiner Liebschaft mit der Zauberin Kirke. *Telegonos* soll später seinen Vater, den er gesucht hatte und unbedingt kennen lernen wollte, irrtümlich getötet haben. Angeblich hat er darauf Penelope, die Frau seines Vaters, geheiratet und mit ihr den Sohn Italus gezeugt, den späteren König von Sizilien, nach dem Italien benannt wurde. Man hatte schon im Altertum angenommen, dass *Telegonos* weit im Westen bei seiner Mutter wohnte. Er galt als Gründer von Tusculum, und man verehrte ihn in Mittelitalien auf dem Monte Circeo. Der Name, den Odysseus seinem unehelichen Sohn gegeben hatte, beruht auf grch. *tēle* (τῆλε), »fern«, und *goneús* (γονεύς), »geboren«.

Telemach [grch. Τηλέμαχος] war der eheliche Sohn von Odysseus und der Penelope; sein Name bedeutet »ferner Kämpfer, Kämpfer aus der Ferne«, zu grch. *tēle* (τῆλε), »fern«, und *máche* (μάχη), »Kampf, Streit« – vielleicht, weil er, während sein Vater vor Troja kämpfte, sozusagen aus der Ferne, zu Gunsten seines Vaters kämpfte, indem er nach Pylos und Sparta reiste, um Kunde von seinem Vater zu bekommen, und nach seiner Heimkehr zusammen mit dem zurückgekehrten Odysseus Rache an den Freiern übte.

Telesphorus hieß ein Papst (125–136) aus Griechenland, der für seinen Glauben das Martyrium erlitt und heilig gesprochen wurde. Sein Name bedeutet »Vollender« und setzt sich zusammen aus grch. *télos* (τέλος), »Ende, Ziel, Vollkommenheit«, und *phérein* (φέρειν), »tragen« und »verursachen«.

Temple *Shirley* (geb. 1929) hieß eigentlich *Shirley Temple Black*; die amerikanische Schauspielerin machte also ihren zweiten Vornamen zum Familiennamen. (Der Name *Black* war ihr sicherlich zu simpel, zumindest klang er ihr zu düster, denn das englische Wort *black* bedeutet »schwarz«.) Ihre bekanntesten Filme drehte sie in den Dreißiger- und Vierzigerjahren als Teenager, bis zum 21. Geburtstag hatte sie bereits Rollen in 42 Filmen übernommen (»Die Glückspuppe«, »Shirley's großes Spiel«, »Treffpunkt: Paris!«, »Heidi«, »Rekrut Willie Winkie«, »Papa braucht eine Braut« und viele andere dieser Art). Als die Filmstudios sie nicht mehr wollten, machte Präsident Nixon sie zur US-Delegierten in der UN-Vollversammlung, fünf Jahre später schickte Präsident Ford sie als Botschafterin nach Ghana. Danach war sie zwei Jahre lang Protokoll-Chefin und 1989 Botschafterin in Prag.

Temudschin → *Dschingis Khan*

Teniers *David* (1582–1649), genannt »der Ältere«, war ein Antwerpener Maler religiöser Bilder, ebenso wie sein Sohn und Schüler, der den gleichen Namen trug und zur Unterscheidung als »der Jüngere« bezeichnet wurde (1610–1690). Er war seit 1651 Hofmaler in Brüssel und gründete 1665 eine Kunstakademie in seiner Geburtsstadt Antwerpen. *Teniers* stammt von dem mundartlichen französischen Wort *tesnière* für einen »Dachsbau«.

Tenno ist der schintoistische Titel des japanischen Kaisers. Der Name bedeutet »Himmlischer Herrscher«, denn der *Tenno* ist vermeintlich göttlichen Herkunft, schließlich soll er wie alle seine Vorgänger von der Sonnengöttin Amaterasu abstammen.

Tennyson *Alfred Lord* (1809–1892), englischer Dichter, der mit seinem Leben und seiner Kunst vollkommener Ausdruck des viktorianischen Zeitalters war. Seine klangvolle Wortkunst – z. B. »Idylls of the King«, eine Darstellung des Schicksals König Arthurs und seiner Tafelrunde in zwölf Büchern, oder die sonettartige Folge »In Memoriam«, in der er über den Sinn des Lebens und die Auswirkungen naturwissenschaftlicher Erkenntnisse grübelt – gehört zu den großartigsten Werken der neueren englischen Literatur. Der Name *Tennyson* bedeutet »Sohn des Denis« (von *Dionysios*, dem Gott »Dionysos geweiht«).

Tenzin Gyatso lautet der offizielle Name des Dalai-Lama, des geistigen und politischen Führers der buddhistischen Tibeter. Er wurde 1935 als Lama Dhondrub geboren und erhielt als Dalai-Lama den neuen Namen *Jetsun Jamphel Ngawang Lobsang Yeshe Tenzin Gyatso*, »Heiliger Herr, edle Herrlichkeit, Mitfühlender, Verteidiger des Glaubens, Meer der Weisheit«. Unter dem Namen *Tenzin Gyatso* erhielt er 1989 den Friedensnobelpreis. → *Dalai-Lama*

Terentius (eigentlich: *Tarentius*), »der Mann aus Tarentum« (heute: *Tarent*), war der Name eines alten Geschlechts, dem einige bekannte Römer angehörten, z. B. *Caius Terentius Varro*, der 216 v. Chr. als Konsul bei Cannae in Apulien kämpfte und von Hannibal besiegt wurde, und *Publius Terentius Afer* (»der Afrikaner«, 185–159 v. Chr.), ein Komödiendichter aus Karthago, sowie der große Gelehrte und Schriftsteller *Marcus Terentius Varro* (116–27 v. Chr.) aus einer begüterten Familie im Sabinerland, der als ein treuer Anhänger des Pompejus im Seeräuberkrieg 49 v. Chr. dessen Legat in Spanien war, aber auch der 82 v. Chr. geborene epische Dichter *Marcus Terentius Atacinus*, d. h. »der Mann vom Fluss Atax« in Gallia Narbonnensis (heute: *Aude*), und *Terentia*, Ciceros erste Gattin, von der er sich 46 v. Chr. scheiden ließ.

Terminus hieß im alten Rom der Gott der Grenzen und der Grenzsteine, zu lat. *terminus*, »Schranke, Grenze, Ende« (vgl. *Termin*).

Terpsichore → *Musen*

Tertullian (ca. 160–225 n. Chr.), mit vollem Namen *Quintus Septimius Florens Tertullianus*, stammte aus Karthago und war der älteste und bedeutendste Kirchenschriftsteller der lateinischen Kirche vor Augustinus. Er praktizierte in Rom als Anwalt und bekannte sich 195 zum Christentum. Einige Jahre später verließ er jedoch die katholische Kirche und schloss sich dem Montanismus an, einer christlichen Sekte, deren Gründer *Montanus* (»Bergbewohner«) das unmittelbar bevorstehende Ende der Welt predigte. Sein zweiter, spöttisch gemeinter Beiname *Tertullianus* setzt sich zusammen aus lat. *ter*, »drei Mal«, und *tellus*, »Erde«, und bedeutet wörtlich etwa »dreimal auf der Erde« (wohl eine Umschreibung für »sehr alt«). Der Beiname *Florens* bedeutet »der Blühende«, »der auf der Höhe des Glücks Stehende«, »der Glänzende«, zu lat. *florere*, »blühen« (vgl. *Flora*).

Tetzel *Johannes* (1465–1519), deutscher Dominikanermönch. Seine Ablasspredigten waren mit ein Anlass für Martin Luthers Thesen und den Beginn der Reformation. *Tetzel* ist eine im sächsischen und böhmischen Bereich anzutreffende Kurzform von *Tetzlaff*, einer eingedeutschten Form des slawischen Rufnamens *Těšislav*, zu urslaw. *těšiti*, »erfreuen«, und *slava*, »Ruhm, Ehre«. Möglich – allerdings auch passender für den Geldeintreiber des Papstes – wäre eine Herleitung des Namens von mhd. *taz*, »Abgabe«, und damit von einem Amtsnamen für den Steuereintreiber.

Tezcatlipoca, »rauchender Spiegel«, hieß der einbeinige Kriegs- und Stammesgott der Mexica (also der Azteken), der Schutzpatron der Zauberer und aller Bösewichte, in dem man auch den Bringer der nächtlichen Dunkelheit sah, der stets mit schwarzer Körperbemalung und einem Spiegel vor der Brust dargestellt wurde. Seinen Fuß hat er übrigens eingebüßt, als einmal die Tore der Unterwelt vorzeitig geschlossen wurden und sein Fuß eingeklemmt wurde. Er war der erbitterte Feind der Gefiederten Schlange (d. h. des *Huitzilopochtli*); in seiner Boshaftigkeit verführte er eines Tages diesen milden und friedliebenden Gott durch Alkoholgenuss dazu, mit seiner eigenen Schwester zu schlafen; voll Reue warf der sich am nächsten Morgen auf einen Scheiterhaufen, verbrannte aber nicht; er segelte auf einem Floß nach Westen und verkündete, er werde eines Tages von Osten her aus dem Wolkenland wiederkommen. → *Huitzilopochtli* und *Huracán*

Thackeray *William Makepeace* (1811–1863), englischer Erzähler. Er begann seine Karriere 1837 mit der Veröffentlichung humoristisch-satirischer Skizzen und abenteuerlicher Geschichten in Zeitungen und Zeitschriften. Nach seinem Erstlingswerk »Die Memoiren des Junkers Barry Lyndon« erzielte er 1847 mit seinem Roman »Jahrmarkt der Eitelkeit« einen großen Erfolg. Mit schonungsloser Ironie deckte er in seinen Büchern gern die Leere der höheren Gesellschaft auf. *Thackeray* ist ein alter Wohnstättenname für jemanden, der an einem »schilfbestandenen Eckchen« wohnte, zu anorw. *þak*, »Ried zum Dachbau«, und *(v)rá*, »Ecke, Winkel« (vgl. engl. *thatcher*, »Dachdecker«). Sein zweiter Vorname hat im Englischen übrigens die Bedeutung »schließ' Frieden!«, zu engl. *make*, »machen«, und *peace*, »Frieden«.

Thakkura ist ein altindischer Ehrentitel; er bedeutet in etwa »der Göttliche«. → *Tagore*

Thaleia [grch. Θάλεια], »die Blühende«, war in der griechischen Mythologie eine der drei Chariten, zu grch. *thálys (θάλυς)*, »blühend, reichlich, köstlich«; die beiden anderen Chariten waren *Euphrosyne* und *Aglaia*.

Thales [grch. Θαλῆς] aus Milet (ca. 650–560 v. Chr.) gilt als Begründer der ionischen Naturphilosophie und Erster der sieben Weisen Griechenlands. Allerdings geht der berühmte geometrische *Satz des Thales*, wonach alle Peripheriewinkel in einem Halbkreis 90° betragen, vermutlich gar nicht auf ihn zurück. Dafür stammt mit ziemlicher Sicherheit von ihm der Spruch *pánta rheî (πάντα ῥεῖ)*, »alles fließt«, der gewöhnlich dem Heraklit zugeschrieben wird. Sein Name beruht wohl auf grch. *thalía (θαλία)*, »blühendes Glück«, zu *thállein (θάλλειν)*, »blühen«, und *thálos (θάλος)*, »Sprössling«.

Thälmann *Ernst* (1886–1944), deutscher Politiker. Zunächst Mitglied der SPD, trat er 1920 zur Kommunistischen Partei Deutschlands über und wurde fünf Jahre später deren Vorsitzender. Unter seiner Führung vollzog sich die Gleichschaltung der KPD mit der Kommunistischen Partei der Sowjetunion und ihre Unterordnung unter das dortige stalinistische System. Trotz der heraufziehenden Gefahr durch die Nationalsozialisten weigerte er sich, mit der SPD zusammenzuarbeiten. 1933 wurde er verhaftet, des Hochverrats angeklagt und inhaftiert. 1944 schickten die Nazis ihn ins Konzentrationslager Buchenwald, wo man ihn in der Nacht nach seiner Ankunft erschoss. Später behaupteten die Nazis, er sei bei einem Bombenangriff ums Leben gekommen. Der Name *Thälmann* enthält entweder eine Ableitung von mhd. *tal*, »Tal«, oder bezieht sich auf einen alten Vornamen mit ahd. *diot*, »Volk«.

Thanatos [grch. θάνατος] hieß bei den alten Griechen der Gott des Todes, zu grch. *thánatos (θάνατος)*, »Tod, Todesart, Mord, Hinrichtung« (vgl. *Euthanasie*). Er und sein Bruder *Hypnos*, der Gott des Schlafes, wurden von antiken Bildhauern meist als schlummernde Jugendliche dargestellt, die nur ihre Farbe unterschied: Der eine war schwarz, der andere weiß. → *Hypnos*

Thatcher *Margaret* (geb. 1925), konservative britische Politikerin. Von ihren Landsleuten wurde sie »Eiserne Lady« genannt, und so war auch ihre Regierungsarbeit als Premierminister in Downing Street 10 im In- und Ausland sehr umstritten, besonders ihre Privatisierungspolitik sowie die Rückeroberung der Falkland-Inseln von Argentinien im Jahr 1982. Ihre Amtszeit dauerte von 1979 bis 1990. Nachdem sie 1992 zur Baroness geadelt worden war, verzichtete sie im gleichen Jahr auf ihre Parteiämter. Ihr Name bedeutet in etwa »Ried-Dachdecker«, zu engl. *thatch*, »Ried-, Schilf-, Strohdach«.

Themis [grch. Θέμις] war im alten Griechenland die Göttin der Gerechtigkeit und der gesetzlichen Ordnung. Sie schuf das 13-monatige Jahr, das durch die Winter- und Sommersonnenwende in nur zwei Jahreszeiten getrennt wurde. Ihr Name entspricht dem griechischen Wort *thémis*, *thémistos (θέμις, θέμιστος)*, »Recht, heilige Ordnung, Brauch, Sitte«, zu *tithénai (τιθέναι)*, »legen, stellen, ordnen«. Nicht von ungefähr war ihre Tochter *Eirene (Εἰρήνη)* die Göttin des Friedens, denn ohne Gerechtigkeit ist ein dauerhafte Frieden undenkbar. Themistokles [grch. Θεμιστοκλῆς] hieß jener Athener Politiker und geniale Feldherr, der 480 v. Chr. in der Schlacht bei Salamis die persische Seemacht besiegte. Sein Name trägt diesem Erfolg Rechnung, denn *Themistokles* ist zusammengesetzt aus *thémis, thémistos (θέμις, θέμιστος)*, »heilige Ordnung«, und *kléos (κλέος)*, »Ruhm«.

Theoderich ist die latinisierte Form von *Dietrich*, zu ahd. *diot*, »Volk«, und *rihhi*, »Reich, Herrschaft«, also »Volksherrscher«. *Theoderich der Große* (456–526), König der Ostgoten sowie Oberherr über Italien, Sizilien, Dalmatien und Rätien, brachte Italien eine lange Zeit des Friedens. Sein Grabmal befindet sich in Ravenna; in der Sage wird er *Dietrich von Bern* genannt (gemeint ist jedoch nicht die schweizerische Stadt *Bern*, sondern die italienische Stadt *Verona*).

Theodor (auch: *Theodorich*), oft verwechselt mit Theoderich, ist ein Rufname, der »Gottesgeschenk« bedeutet, zu grch. *theós (θεός)*, »Gott«, und *dôron (δῶρον)*, »Gabe, Geschenk«. Heilige und Päpste trugen diesen passenden Namen, z. B. zwei katholische Oberhirten des 7. bzw. des 9. Jahrhundert, außerdem ein Gegenpapst (687), der sich aber bald dem rechtmäßigen Papst, Sergius I., unterwarf.

Theodora (527–565) war die lüsterne Gemahlin des oströmischen Kaisers Justinian. Bevor sie zu unerwarteten Ehren aufstieg, hatte sie als Zirkusreiterin und Hure gearbeitet. Ihr Name geht zurück auf das griechische Wort *dôron (δῶρον)*, »Gabe, Geschenk« (vgl. auch *Dorothea*, »Geschenk Gottes«, sowie *Theodor* und *Theodora*). → *Doris*

Theodorakis *Mikis* [ngrch. Μίκης Θεοδωράκης], geb. 1925, griechischer Komponist kretischer Herkunft, der durch die Musik zum Film »Alexis Sorbas« große Popularität erlangte. Sein Name mit der für Kreta typischen patronymischen Endung *-akis (-άκης)* bedeutet »Sohn des Theodoros«, zu grch. *theós (θεός)*, »Gott«, und *dôron (δῶρον)*, »Gabe, Geschenk«.

Theokrit [grch. Θεόκριτος] aus Syrakus hieß ein bukolischer Dichter (ca. 300–260 v. Chr.), der das idyllische Hirtenleben schilderte. Sein Name beruht auf grch. *theós (θεός)*, »Gott«, und *kritós (κριτός)*, »erwählt, erlesen«.

Theophrast [grch. Θεόφραστος], ca. 372–287 v. Chr., war ein griechischer Philosoph von Lesbos, ein Schüler und Nachfolger des Aristoteles; sein Name bedeutet »göttlicher Führer«, zu grch. *theós (θεός)*, »Gott«, und *phrázein (φράζειν)*, »deutlich machen, zeigen« (vgl. *Fratze*). → *Paracelsus*

Theotokopulos → *El Greco*

Theseus [grch. Θησεύς] war der Sohn des Ägeus (grch. Aigeus), eines mythischen Königs von Athen, und der Aithra. Der attische Nationalheld vollbrachte ähnliche Taten wie Herakles, z. B. tötete er mit Ariadnes Hilfe den kretischen Minotaurus. Als er nach seiner Ruhmestat gesund heimkehrte, aber statt des verabredeten weißen Segels unbedacht ein schwarzes gesetzt hatte, das einen vermeintlich bösen Ausgang seines Abenteuers am Hof des Minos anzeigte, stürzte sich sein Vater Ägeus vor Gram ins Meer (das daher angeblich Ägäisches Meer genannt wird). Nach dem Tod seines Vaters war *Theseus* ein äußerst weiser Herrscher Athens; später galt er als einer der Väter der athenischen Demokratie. Sein Name bedeutet wohl »Ordner« und »Entscheider«, von *thésis (θέσις)*, »Anordnung, Stellung«, zu *tithénai (τιθέναι)*, »legen, stellen, setzen« (vgl. *These*). → *Thetis*

Thesmophoros [grch. Θεσμοφόρος], »die Gesetzgeberin«, lautete ein Beiname der Demeter, die der Welt den Ackerbau und damit die Sesshaftigkeit, den Bau von Städten und die für den Frieden untereinander notwendige bürgerliche Ordnung brachte; zu grch. *thesmós (θεσμός)*, »Satzung, Gesetz«, und *phorós (φορός)*, »tragend«. → *Demeter* und *Achaia*

Thespis [grch. Θέσπις] soll im 6. Jahrhundert v. Chr. der erste griechische Poet gewesen sein, der Schauspieler bei Theateraufführungen eingesetzt hat (davor gab es nur Chöre). Der Name gehört zu grch. *théspis (θέσπις)*, »gottbegeistert, herrlich«.

Thetis [grch. Θέτις] hieß in der griechischen Mythologie eine hilfreiche und gütige Nymphe des inneren Meeres. Sie galt als Frau des Peleus, also eines Sterblichen, sodass sie wie ein Mensch Leid erfahren musste. Sie war die Mutter des Achill, dessen frühen Tod sie vorausgesehen hatte und den sie daher hatte unsterblich machen wollen, indem sie ihn nach der Geburt mit göttlichem Ambrosia bestrich und ins Feuer hielt, wobei die Ferse des Kleinen unbehandelt blieb, was Achill später vor Troja zum Verderben werden sollte (vgl. *Achillesferse*). Der Name *Thetis* kommt wohl von *tithénai (τιθέναι)*, »legen, stellen, setzen«, und *thetéos (θετέος)*, »setzend«, also »die Aufstellerin, die Aufrichterin, die Schöpferin«. → *Theseus, Achill* und *Peleus*

Thomas [grch. Θωμᾶς], von aramäisch *te'oma*, »Zwilling«, war der Name des heiligen Apostels *Thomas* sowie des *Thomas von Aquin* (gest. 1274), der aus *Aquinum*, einer Stadt in Latium, stammte (heute: *Aquino*). Des Weiteren kennen wir den sprichwörtlich gewordenen *ungläubigen Thomas*, den Jünger, der erst die Wundmale Christi berühren wollte, bevor er glaubte – weswegen sein Name volksetymologisch gern auch mit grch. *thôma* und *thaûma (θῶμα* und *θαῦμα)*, »Verwunderung, Wunder, Staunen«, in Verbindung gebracht wurde. Die Griechen nannten ihn indes *Didymos*, »Zwilling«, zu grch. *dídymos adelphós (δίδυμος ἀδελφός)*, »Zwillingsbruder«.

Thor (auch: *Donar*) hieß der nordische Gott des Donners und des Blitzes, aber auch Regen und Wind und klares Wetter waren ihm untertan, weswegen man ihn auch als Fruchtbarkeitsgott betrachtete. *Thor* donnerte nicht, um zu vernichten, sondern die Erde mit Gewitterregen zu segnen. Er beschützte die Erde und das Reich der Götter vor den feindlich gesinnten und angriffslustigen Riesen. Zudem riefen die Normannen ihn um Hilfe an und brachten ihm vor einem Kriegszug Menschenopfer dar. Anders als Odin, der den kriegerischen Adel schützte, förderte Thor allerdings eher das friedliebende Bauernvolk. In der nordischen Dichtung erscheint *Thor* bisweilen als der Sohn Odins, den er mit seiner eigenen Tochter Jörd (»Erde«), einer Gigantin, gezeugt hatte. *Thors* Name kommt von nord. *thorr*, »Donner«; der ihm geweihte Wochentag war der *Donnerstag*, d. h. »Donars Tag« (entsprechend engl. *Thursday*, »Thor's day«).

Thot (ägypt. *Dschuti*), »Abwäger«, nannten die alten Ägypter ihren ibisköpfigen Mond- und Kalendergott, dessen gebogener Schnabel wohl die Mondsichel symbolisieren sollte. Daneben galt er als Gott der Weisheit und Schöpfer der Schrift und Herr des Heiligen Wortes, der in der Unterwelt beim Totengericht das Urteil aufschrieb. Ihm schrieb man ferner die Astronomie und Geometrie, die Magie und Medizin (er heilte z. B. das von Seth ausgehackte Auge des Horus) sowie die Musik zu. Man mag kaum glauben, dass ausgerechnet der hinterhältige und blutrünstige Seth diesen hilfreichen und gütigen Gott hervorgebracht haben soll; da passte schon seine Gattin Maât besser zu ihm, denn sie war die tugendhafte Göttin der Harmonie, Wahrheit und Gerechtigkeit.
→ *Thutmosis*

Thukydides [grch. Θουκυδίδης], 471–396 v. Chr., war ein Athener Geschichtsschreiber des Peloponnesischen Kriegs, der selbst 424 ein athenisches Truppenkontingent befehligte. Da er in den Augen der Athener als Kommandant versagte, musste er zwei Jahrzehnte in der Verbannung verbringen (wahrscheinlich in Sizilien). Seine Schilderung der Kriegsereignisse ist recht knapp und streng tatsachenbezogen, wenn bisweilen auch indirekte Kritik spürbar wird. Sein Name bedeutet so viel wie »(dem) Ruhm Gottes (Verpflichteter)«, zu grch. *theoû* (θεοῦ), Genitiv von *theós* (θεός), »Gott«, und *kydos* (κῦδος), »Ruhm, Größe, Herrlichkeit«.

Thutmosis (ägyptisch: *Dschhuti-mes*) heißt wörtlich übersetzt »Thot geboren«; da der Göttername *Thot* natürlich am Anfang des Königsnamens stehen musste, könnte der Name »Sohn des Thot« bedeuten, vielleicht auch »Thot ist geboren«. *Thutmosis* war der Name der ägyptischen Könige der 18. Dynastie; unter Thutmosis I. (1505–1493) erlangte das ägyptische Reich seine größte Ausdehnung. → *Moses* und *Thot*

Thyone [grch. Θυώνη], »die Rasende«, lautete der Beiname, eigentlich die Umbenennung der Göttin Semele, der Mutter des Dionysos, der sie, nachdem er überall seinen Kult eingeführt hatte, aus der Unterwelt holte und sie unter diesem Namen in den Olymp brachte. → *Dionysos*

Thyonides [grch. Θυωνίδης], »der Rasende, Tobende«, nannten die alten Griechen den Gott Dionysos mit Beinamen, der ein Freund des heiteren Gesanges und normalerweise von friedlicher Gesinnung war, aber nach dem Genuss des Weins auch in Raserei verfallen konnte; zu grch. *thýein* (θύειν), »toben, wüten«. → *Lyaios*, *Dionysos* und *Thyone*

Ti war der offizielle Titel des chinesischen Kaisers, zu chin. *ti*, »Kaiser«, »Herr«.

Tiamat, »Meer«, hieß die akkadische Göttin des Salzwassers. Sie galt auch als Drachenmutter; nach der Sage hatte Marduk, der Drachentöter, sie besiegt und der Länge nach halbiert: Der obere Teil wurde der Himmel, der untere die Erde. → *Georg*

Tiberius (abgek. *Ti.* oder *Tib.*) war ein äußerst beliebter altrömischer Vorname, der sich auf den durch Rom fließenden *Tiber* bezog.

Tibull lautete ein römischer Beiname, vielleicht zu lat. *tibia*, »Schienbein« (aber auch die daraus gefertigte »Rohrflöte«). So wurde z. B. der Elegiker *Albius Tibullus* (54–19 v. Chr.) gerufen, dessen Dichtung Ovid sehr bewunderte und dem sich Horaz freundschaftlich verbunden fühlte. Sein Gentilname *Albius*, zu lat. *albus*, bedeutet übrigens »der Weiße«. → *Horaz*

Tieck *Ludwig* (1773–1853), deutscher Schriftsteller, der zu den besten Vertretern der Frühromantik zählt. In seiner Dramatisierung von alten Volksmärchen und seinen Lustspielen treibt er ein kühnes Spiel mit Zeit, Raum und gegenständlicher Ordnung (z. B. »Der gestiefelte Kater« und »Die verkehrte Welt«). Die zahlreichen Novellen seiner Spätzeit (z. B. »Dichterleben«, »Der junge Tischlermeister« und »Des Lebens Überfluss«) zeigen dagegen eine realistische Sicht der Welt. *Tieck* ist aus der Koseform eines Rufnamens mit der germanischen Wurzel *thiod* (ahd. *diot*), »Volk«, hervorgegangen (etwa aus *Dietrich* oder *Dieter*).

T'ien ist im Chinesischen der »Himmel«, der in vielen chinesischen Texten als höchstes Weltprinzip erscheint; der Himmel gilt als der Urgrund aller Dinge, mit Hilfe seiner ihm nachgeordneten Gattin, der Erde, bringt er alles hervor.

T'ien-tzu, »Sohn des Himmels«, lautet seit der Chou-Dynastie der Ehrentitel des chinesischen Kaisers, mit chin. *t'ien*, »Himmel«, und *tzu*, wörtlich »Ahnen«.

Tiepolo *Giambattista* (aus *Giovanni Battista*, »Johannes der Täufer«), 1696–1770, italienischer Maler und Graphiker. Der letzte überragende Meister der venezianischen Kunst schuf eine Fülle von leuchtenden Altarbildern und Fresken für Kirchen, Paläste und Villen in Venedig und vielen anderen Städten Oberitaliens. 1672 siedelte er nach Madrid über und malte dort die Fresken im Königsschloss. Sein Sohn *Giandomenico* (1727–1804) war sein Schüler und lebenslanger Mitarbeiter. *Tiepolo* scheint aus einer Koseform eines germanischen Rufnamens mit der Wurzel *theudō-*, »Volk-« hervorgegangen zu sein.

Tigillus war einer der Beinamen Jupiters, der die Welt zusammenhält; zu lat. *tigillum*, »kleiner Balken«, Verkleinerungsform von *tignum*, »Balken«.

Till, zu afries. *til*, »gut, tüchtig«, oder aus einer Koseform von Namen mit *Diet-* (zu ahd. *diot*, »Volk«), war einst in Norddeutschland, in den Niederlanden und in Flandern ein beliebter Vorname. Am bekanntesten ist sicherlich *Till Eulenspiegel*, ein mittelalterlicher Schalk und Schelm, den die Überlieferung auch als Freiheitskämpfer des flämischen Volkes im Kampf gegen die spanischen Unterdrücker kennt. In Braunschweig erschien 1515 ein Volksbuch unter dem Titel »Ein kurtzweilig lesen von Dyl Ulenspiegel«. Die Schwänke des gewitzten Narren haben die gesamte europäische Literatur erobert. Der Name *Eulenspiegel*, ndd. *Ulenspegel*, hat nichts mit dem Nachtvogel zu tun, sondern er setzt sich zusammen aus ndd. *ulen,* »fegen«, und der weidmännischen Bezeichnung *Spiegel* im Sinn von »Hintern«. (Die Franzosen haben das Wort übrigens als *espiègle,* »Schalk«, entlehnt.)

Tilly *Johann Tserclaes, Reichsgraf von* (1559–1632), brabantischer Feldherr während des Dreißigjährigen Kriegs im Dienst der Katholischen Liga. Nach der Absetzung Wallensteins auf dem Reichstag in Regensburg stieg er 1630 als dessen Nachfolger zum Generalissimus der kaiserlichen Truppen auf. 1531 wurde er von Gustav Adolf bei Breitenfeld geschlagen und ein Jahr später bei Rain am Lech tödlich verwundet. *Tilly,* vom Namen der Familienburg in Brabant, ist eine Kurzform von *Tilling,* »Sohn des Till«, zu afries. *til,* »gut, tüchtig«, oder ahd. *diot,* »Volk«. Der eigenwillig anmutende niederländische Vorname *Tserclaes,* eigentlich *t'Serclaes,* dürfte wörtlich übersetzt »der heilige Nikolaus« bedeuten. → *Till Eulenspiegel*

Tinnit, oft fälschlich *Tanit* genannt, hieß die phönizische Stadtgöttin von Karthago. Als Himmels- und Fruchtbarkeitsgöttin war sie – wie die ägyptische Isis und die christliche Maria – Jungfrau und Mutter zugleich, der die Karthager offenbar Menschenopfer darbrachten, denn in ihrem Tempel wurden zahlreiche, in kleinen Sarkophagen bestattete Kinderleichen gefunden. Der Name *Tinnit* beruht vielleicht auf einer semitischen Wurzel mit der Bedeutung »Schlangenherrin«.

Tintoretto (1518–1594) war ein bedeutender italienischer Maler vor allem religiöser Motive und Porträts. Sein wirklicher Name lautete *Iacopo Robusti* (zu ital. *robusto,* »stark, strapazierfähig«), also etwa »Jakob, der Robuste«. Sein Künstlername bedeutet wörtlich übersetzt »kleiner Färber«, zu ital. *tinta,* »Farbe«, und entspricht in etwa seinem Metier.

Tisiphone [grch. Τισιφόνη] galt unter den drei Erinnyen als »Rächerin des Mordes«, zu grch. *tísis (τίσις),* »Entschädigung, Strafe«, und *phoné (φονή),* »Mord, Leiche«. Die anderen waren *Megaira (Megäre)* und *Alekto.* → *Erinnyen*

Titius war ein bekannter römischer Gentilname, mit der Bedeutung »die zu Titus Gehörenden«. Der Name, der zurückgeht auf den Sabinerkönig *Titus Tatius,* bezieht sich auf die einst *Tities* genannten Angehörigen der ältesten patrizischen Tribus in Rom. (Neben den *Tities* gab es die *Ramnes* und die *Luceres*). → *Tribun*

Tito (1953–1980), eigentlich *Josip Broz* oder *Brozović*, jugoslawischer Politiker. Der Sohn eines kroatischen Kleinbauern war zunächst Werftarbeiter, brachte es nach der Kapitulation der jugoslawischen Streitkräfte 1941 jedoch vom Partisanenführer und Organisator des Widerstands gegen die deutschen und italienischen Besatzer bis zum Marschall, und als Politiker vom Premierminister (1945–1953) bis zum Staatspräsidenten Jugoslawiens, ab 1963 gar auf Lebenszeit. Sein Pseudonym gab im früheren Jugoslawien Anlass zu folgendem Wortspiel: Man interpretierte den Namen als eine Verbindung der kroatischen Wörter *tí*, »du«, und *tó*, »das« – und genau so soll *Tito* Aufträge an seine Partisanen verteilt haben: *tí tó!*, *tí tó!*, *tí tó!*, »du (machst) das!«, »du das!« und »du das!«. Seinen Tarnnamen, in Wirklichkeit wohl die italienische Form von *Titus*, hatte er übrigens bereits 1934 im Untergrund angenommen, nachdem er in das Politbüro der verbotenen KPJ berufen worden war. Sein bürgerlicher Name *Broz* ist ungeklärter Herkunft; er gehört vielleicht zu kroat. *brz*, »schnell«.

Titus (abgek. *T.*) nannten im alten Rom viele Eltern liebevoll ihren neu geborenen Sohn. Der Vorname bedeutet in etwa »Täubchen«, zu lat. *titus*, »Taube, Wildtaube« (nach dem Sabinerkönig *Titus Tatius*, den Mitregenten des Romulus; *Tatius* wird vom Lallwort *tata*, »Papa«, herrühren). Der Bekannteste dieses Namens dürfte jener *Titus* (39–81) gewesen sein, der 70 n. Chr. Jerusalem zerstörte und nach seinem Sieg über die jüdischen Aufständischen, wofür ihm zu Ehren in Rom der Titusbogen errichtet wurde, zunächst Mitregent seines Vaters Vespasian und nach dessen Tod 79 römischer Kaiser wurde. In seine äußerst friedliche Regierungszeit fiel im Jahr 79 der Ausbruch des Vesuv und die Zerstörung Pompejis und Herculaneums. Sein voller Herrschername lautete, wie der seines Vaters, *Titus Flavius Vespasianus*. (Im Neuen Testament war *Titus* übrigens ein Gefährte des heiligen Paulus, an den er einen seiner Briefe richtete.)

Tiuz war als germanischer Himmelsgott der Erste der Götter (vgl. idg. *dieus*, »Gott des strahlenden Himmels und Tages«). Ursprünglich ein Friedens- und Fruchtbarkeitsgott, entwickelte er sich später, als die Germanen ihre Lebensaufgabe in Kampf und Krieg sahen, zu ihrem

Kriegsgott und entsprach damit dem römischen Mars. Wie in Rom (vgl. *dies Martis*, davon frz. *mardi* und ital. *martedì*) war ihm der *Dienstag*, sozusagen *Tiuz' Tag*, geweiht (vgl. engl. *Tuesday*). *Tiuz* (ahd. *Ziu*) ist urverwandt mit lat. *divus*, »göttlich«, und grch. *Zeus*.

Tizian (1477–1576), eigentlich *Tiziano Vecelli* (auch: *Vecellio*), einer der größten italienischen Maler der Hochrenaissance und Schöpfer vieler religiöser Gemälde. Der Name *Tiziano* entstammt möglicherweise tess. *tizak*, »Kind« (auch: »Dickerchen«), oder er gehört zu engad. *tizin*, »Hirte«, möglicherweise auch schlicht zum altrömischen Namen *Titianus*, »zur Familie des Titius gehörig«. Da der Künstler in *Cadore* in Friaul geboren wurde, rief man ihn sein Leben lang auch *Tiziano da Cadore*. Sein Familienname *Vecelli* basiert wahrscheinlich auf friaul. *gue*, »Scherenschleifer«, mit der Verkleinerungsendung *-cello*, zumal im 14. Jahrhundert ein Vorfahr *Tizians* mit Namen *Guecello* erwähnt wird. Vielleicht bezieht sich der Name aber auch auf *Vercellae*, das heutige *Vercelli* im italienischen Piemont, wo der römische Feldherr Caius Marius die nach Italien eingedrungenen germanischen Kimbern besiegte und damit die »Germanische Gefahr« von Rom abwendete.

Togliatti *Palmiro* (1893–1964), italienischer Politiker, einer der Gründer der italienischen Kommunistischen Partei (1921). Nach ihrem Verbot 1926 emigrierte er zunächst nach Deutschland und später in die Sowjetunion. 1944 kehrte er in sein Land zurück und übernahm bis zu seinem Tod die Führung der Kommunistischen Partei Italiens. Ihm zu Ehren wurde die sowjetische Stadt Stawropol 1964 in *Toljatti* umbenannt, wo in Gemeinschaft mit den italienischen Fiat-Werken Autos produziert wurden. *Togliatti* ist eine typisch norditalienische Ableitung vom Namen *Bertoglio*, der vom alten germanischen Rufnamen *Bertold* herrührt (zu ahd. *beraht*, »glänzend«, und *waltan*, »herrschen«).

Tolstoi *Leo*, eigentlich *Lew* [russ. Лев Николаевич Толстой], 1828–1910, neben Dostojewski wohl der bedeutendste Schriftsteller Russlands, der mit seinem Hauptwerk »Krieg und Frieden« die Literaturgattung des historischen Romans entscheidend beeinflusste. *Tolstoi* korrespondierte mit Mahatma Gandhi, der damals noch in Südafrika lebte, und trat wie dieser für Veränderungen durch gewaltlosen Widerstand ein. Ihn, den unermesslich reichen Grafen, bedrückte die Armut der russischen Bauern auf seinem Landgut, und er versuchte ihr Los mit Landreformen und Geld zu verbessern. Im Ausland wurde er geachtet, im Inland dagegen geächtet und politisch überwacht. Sein literarisches Werk gilt als Wegbereiter der Revolution von 1917. Den Namen des in der Tat wohl genährten Poeten könnte man etwa mit »Dickerchen« wiedergeben, zu russ. *tólstij (толстый)*, »beleibt«.

Torquatus lautete der ehrenvolle Beiname des Diktators *Titus Manlius Capitolinus*, der 361 v. Chr. angeblich einen riesenhaften Gallier im Zweikampf besiegte und nach der erbeuteten Halskette (lat. *torques*, zu *torquere*, »drehen, winden«) mit dem Namen *Torquatus*, »der mit einer Halskette Geschmückte«, ausgezeichnet wurde. → *Manlius*

Toscanini *Arturo* (1867–1957), italienischer Dirigent, der an der Mailänder Scala und der Metropolitan Opera in New York sowie bei den Bayreuther und Salzburger Festspielen große Erfolge feierte. Sein Name ist eine Ableitung von ital. *toscano*, »Mann aus der Toskana« (vgl. die Puccini-Oper *Tosca*, d. h. »Toskanerin«).

Toulouse-Lautrec *Henri de* (1864–1901), französischer Maler und Graphiker. Der Name des adligen Künstlers – er war ein Abkömmling der Grafen von Toulouse – lautet in voller Länge *Henri Marie Raymond de Toulouse-Lautrec*. Seine oft an japanische Farbholzschnitte erinnernden Bilder (z. B. Motive aus der Welt der Dirnen, des Zirkus und der Rennplätze) beeinflussten nachhaltig die Malerei und die Plakate des Jugendstils. Der erste Teil seines Familiennamens bezieht sich auf die südfranzösische Stadt *Toulouse* im Vorgebirgsland der Pyrenäen (röm. *Tolosa*, zu gall. *tol*, »Erhebung, Hügel«), der zweite Teil auf die nicht weit entfernt gelegene Stadt *Lautrec*, deren Name eine Ableitung von *Lautric*, einer Form des germanischen Rufnamens *Leutric*, darstellt (zu ahd. *liut*, »Leute«, und *rihhi*, »vermögend, mächtig«).

Touré *Sékou* (1922–1984), guineischer sozialistischer Politiker. Nachdem er 1957 der erste Ministerpräsident Guineas geworden war, lehnte er die Verfassung der *Communauté française*, also der »Französischen Gemeinschaft«, ab und verkündete die sofortige staatliche Unabhängigkeit seines Landes als Republik Guinea, deren Staatspräsidentschaft er für den Rest seines Lebens übernahm. Er führte das Einparteiensystem ein und regierte wie ein unumschränkter Herrscher, der politische Gegner in Schauprozessen zum Tod verurteilen und mehrere von ihnen hinrichten ließ. Ironischerweise entspricht der Vorname des Diktators dem guineischen Wort für »Gebildeter, Gelehrter«. Sein Nachname *Touré* betont lediglich seine Zugehörigkeit zu einer Großfamilie (seneg. *touré*, »Sippenangehöriger, Junge«).

Toxophoros [grch. *Τοξοφόρος*], »die Bogenführende«, war der Beiname der griechischen Jagdgöttin Artemis, zu grch. *tóxon (τόξον)*, »Bogen« und *phorós (φορός)*, »tragend«.

Tracy *Spencer* (1900–1967), amerikanischer Filmschauspieler (z. B. »Teufelskerle«, »Arzt und Dämon«, »Vater der Braut«, »Der alte Mann und das Meer«). Der Name ist normannischer Herkunft und verweist auf *Tracy-Bocage* oder *Tracy-sur-Mer* am Ärmelkanal (aus dem römischen Beinamen *Thracius*, »Mann aus Thrakien«). Dem Vornamen *Spencer* liegt afrz. *despensier*, »Verteiler, Austeiler« (z. B. von Lebensmitteln) zu Grunde; er entspricht in etwa dem englischen Steward oder Butler.

Trajan (53–117), der berühmte römische Kaiser, hieß mit vollständigem Namen *Marcus Ulpius Traianus*, wobei sein ererbter Beiname eine Variante von *Troianus* ist und »Mann aus Troja« bedeutet. Er war in Spanien geboren und somit der erste Kaiser, der aus einer römischen Provinz stammte. Von Nerva adoptiert, wurde der Statthalter von Obergermanien zunächst Mitregent und nach Nervas Tod 98 n. Chr. dessen Nachfolger. Er entwickelte im ganzen Reich eine rege Bautätigkeit, verhalf Kunst und Literatur zu einer neuen Blüte und lehnte eine Verfolgung der Christen ab. Zudem versuchte er durch eine großzügige Spende zu Gunsten elternloser und armer Kinder den Geburtenrückgang in Italien einzudämmen. Unter seiner Herrschaft erlangte das Römische Reich für kurze Zeit seine größte Ausdehnung, denn er konnte Dakien (das Gebiet nördlich der unteren Donau) angliedern und im Partherkrieg (114–117) Armenien, Assyrien und Mesopotamien als neue Provinzen gewinnen. Sein Nachfolger Hadrian gab diese allerdings wieder auf. → *Ulpius*

Tranquillus, »der Ruhige, der Stille«, war der römische Beiname des *Caius Suetonius Tranquillus*, zu lat. *tranquillus*, »ruhig, friedlich, still«.

Travolta *John* (geb. 1954), amerikanischer Schauspieler und Tänzer; seine berühmtesten Filme waren »Grease« und »Saturday Night Fever«. Häufig wird sein Name interpretiert als »Hochspannung« (also »hohe Voltzahl«), was sehr passend wäre, wenn es denn stimmte; auf der anderen Seite gibt es im Italienischen das Wort *travolto* in der Bedeutung »Deformierter, Krummer«, zu ital. *voltare*, »drehen, krümmen« – eine absurde Assoziation im Fall eines akrobatischen Tänzers! Das italienische Adjektiv *travolto* kann aber auch »überwältigt, hingerissen« bedeuten (was dann aber eher auf seine Fans zutreffen würde). → *Volta*

Tremulus, »Zitterer«, hieß der römische Konsul (306 v. Chr.) *Quintus Marcius Tremulus* mit Beinamen, zu lat. *tremulus*, »zitternd, bebend«, aber auch »Zittern erregend« (vgl. *Tremulo*).

Tribun, im alten Rom Titel der *Volkstribunen* (lat. *tribuni plebis*), beruht auf lat. *tribus*, »Drittel (des Volkes oder der Stadt)«, zur Vorsilbe *tri-*, »drei«, wovon sich *tribuere*, »zuteilen« (also eigentlich: »dritteln«) herleitet (vgl. *Tribut zollen*). Die ursprünglichen drei *Tribus* (Geschlechterverbände) etruskischer Herkunft waren die der Ramnes, der Tities und der Luceres. Die Errichtung des Adelsstaats hatte die alten sozialen Gegensätze zwischen Patriziern und Plebejern noch verstärkt, sodass es jahrelang zu Auseinandersetzungen zwischen beiden Gruppen kam, bis die Plebs der Sage nach auf den so genannten Heiligen Berg auswanderte (494 v. Chr.). Mit der Schaffung des Volkstribunats siegte schließlich die Staatsvernunft über die Interessen der streitenden Parteien, und die *Volkstribunen* wurden mit zunehmender Machtfülle ausgestattet: Sie waren unantastbar und wachten über die Rechte der Plebejer bei Einberufungen zum Militärdienst und bei Fragen der Besteuerung sowie Rechtsstreitigkeiten. Im Fall von Verurteilungen konnten sie einschreiten und selbst Anordnungen der Konsuln und des Senats durch ihr Veto aufheben. Den *Volkstribunen* waren zwei Ädilen zur Seite gestellt, die die plebejische Kasse im Tempel der Ceres verwalteten. Die Plebs traten in eigenen, nach den einzelnen *Tribus* gegliederten Versammlungen zu Wahlen und Abstimmungen zusammen. Zunächst gab es im Stadtgebiet vier Tribus (trotz der Herkunft des Namens von »drei«), im umliegenden Land 16. Im Laufe der Zeit und mit dem Wachstum des Staates gab es schließlich gar 35 *Tribus*. Die Patrizier hingegen versammelten sich weiterhin in ihren alten Kuriatskomitien, zu denen die Plebejer keinen Zutritt hatten. *Militärtribunen* wurden nur in Notzeiten gewählt, und ihre Zahl schwankte je nach Bedarf. Die zunächst nur patrizischen *Militärtribunen* (*patres*) hatten konsularische Befugnisse; später kamen auch plebejische Militärtribunen hinzu (*conscripti*). → *Ädil*

Tristan (engl. *Tristram*) hieß ein Ritter der berühmten Tafelrunde, vom keltischen Druidennamen *Drystan*, zu *drest* und *drust*, »Waffengetöse, Aufruhr«. Wegen der traurigen Geschichte um *Tristan* und *Isolde* bekam der Name auch den Beiklang von »trist«, zu lat. *tristis*, »bekümmert, betrüblich, bitter« (vgl. frz. *triste*). Die französische Sage führte über deutsche *Tristandichtungen* zu Richard Wagners Oper »Tristan und Isolde«. In der Literatur ist der Name geläufig durch den Titelhelden im gleichnamigen Roman »Tristram Shandy« von Laurence Sterne. Hier wird der Name allerdings auf *Trismegistos*, »der dreimal Größte«, zurückgeführt, eigentlich ein Beiname des griechischen Gottes Hermes. → *Hermes Trismegistos*

Triton [grch. Τρίτων], ein griechischer Meergott, wohnte laut Mythologie bei seinen Eltern Poseidon und Amphitrite in einem goldenen Haus am Meeresgrund. In der Argonautensage erscheint er als Gott des libyschen Sees *Triton*. Als Dämon des Mittelmeers, mit einer Doppelgestalt von Mensch und Fisch (der untere Teil lief in einen Delfinschwanz aus), konnte er mit seiner Posaunen-Schnecke das Meer aufpeitschen, aber auch beruhigen. Sein Name geht wohl auf grch. *trítos* (τρίτος), »Dritter«, zurück, vielleicht eine Anspielung auf den dreizinkigen Speer des Poseidon.

Trivia war ein Beiname der Diana und der Hekate als Göttinnen der »Dreiwege«; zu lat. *tres*, *tria*, »drei«, und via, »Weg«. Während man im alten Rom wichtige Dinge natürlich auf dem Forum Romanum besprach, traf man sich zum Plaudern eher zufällig an einer Straßenkreuzung oder -gabelung (lat. *trivia*, »Dreiweg«, also »Zusammentreffen dreier Wege«). Der dort besprochene Klatsch wurde als *trivial* beurteilt.

Trollope *Anthony* (1815–1882), englischer Erzähler, dessen Bedeutung vor allem auf den »Barchester«-Romanen beruht, in denen er humorvoll das Leben und Treiben hoch angesehener Bürger und Geistlicher in einer kleinen südenglischen Bischofsstadt schilderte. *Trollope* bedeutet so viel wie »Tal der Trolle«, zu anorw. *troll*, »Unhold, Kobold«, und aengl. *hop*, »kleines abgeschlossenes Tal«.

Trooger *Margot* (1923–1994), mit biederem bürgerlichen Namen *Elfriede Schulze*, war eine deutsche Schauspielerin, die durch ihre Rollen in einigen »Hexer«-Filmen von Edgar Wallace, aber auch in seichten Komödien wie »Wir hau'n den Hauswirt in die Pfanne« bekannt wurde. Ihr Künstlername nimmt wohl Bezug auf das mhd. Wort *troc*, »Trog«, und bezeichnete früher jemanden, der neben einem Brunnentrog wohnte oder Tröge herstellte. (Vielleicht jedoch zum sächsischen Ortsnamen *Trogen*.) Auch ihr neuer Vorname machte natürlich mehr her als ihr Taufname, denn *Margot*, eine ursprünglich französische Kurzform von *Margarete*, leitet sich her von grch. *margarítes* (μαργαρίτης), »die Perle«.

Trotta *Margarethe von* (geb. 1942), deutsche Filmschauspielerin, Filmautorin und Regisseurin (z. B. »Die verlorene Ehre der Katharina Blum«, »Rosa Luxemburg«, »Die bleierne Zeit«, »Das Versprechen« und »Die Rosenstraße«). Als Künstlernamen benutzt sie den Namen ihrer Mutter, einer nach der Russischen Revolution aus Moskau geflüchteten Aristokratin. Da sie etliche Jahre in Italien lebte und dort auch einige Filme produzierte, beantwortet sie die Frage nach der Bedeutung ihres Namens gerne mit »la trotta«, ital. für »Forelle« (vgl. engl. *trout*; in Mailand würde der Name auch als »schneller Läufer« interpretiert werden können).

Trotzki *Leo* oder *Lew Dawidowitsch* [Лев Давидович Троцкий], 1879–1940, russischer Revolutionär, dessen Vorname *Lew (лев)* »Löwe« bedeutet, während der patronymische Zusatz *Dawidowitsch* ihn als »Sohn Davids« kennzeichnet (zu hebr. *david*, »Geliebter«, »Liebender«). Er war ukrainisch-jüdischer Abstammung und hieß mit bürgerlichem Namen *Leib Bronstein*. Ab 1902 findet sich jedoch in seinem gefälschten russischen Pass der Deckname *Trotzki*. Vielleicht hatte er bereits als jüdischer Schüler der deutsch-lutherischen Schule in Odessa Gefallen an dem viel sagenden Pseudonym »Trotzkopf« gefunden. Andererseits wird berichtet, dass *Trotzki* einen Hang zur Ironie hatte und daher den Namen des Oberaufsehers im Gefängnis von Odessa übernommen habe. Wie dem auch sei – der neue Name *Trotzki* war dem hitzköpfigen Rebellen und glühenden Anhänger des Marxismus auf den Leib geschrieben. Neben Lenin galt er als führender Kopf des Bolschewismus. Wie Lenin wurde er nach Sibirien verbannt, und wie dieser floh er von dort in die Schweiz. Nach der misslungenen Revolution von 1905 (er organisierte den Petersburger Sowjet) folgten Verhaftung und Verbannung. Er lebte viele Jahre in Österreich, Frankreich, Spanien und den USA, bevor er 1917 nach Russland zurückkehrte und die Rote Armee schuf, deren Oberbefehlshaber er im Bürgerkrieg war. Nach Lenins Tod wurde der brillante Redner aus allen Ämtern entfernt und des Landes verwiesen, da ihn seine These »Permanente Revolution« in Gegensatz zu Stalins Bürokratismus gebracht hatte. 1940 fiel er in Mexiko einem Mordanschlag von Stalins Agenten zum Opfer.

Trudeau *Pierre Elliott* (1919–2000), liberaler kanadischer Politiker. Als zweimaliger Premierminister (1968–1979 und 1980–1984) setzte er sich stark für eine Chancengleichheit von Anglo- und Frankokanadiern ein, z. B. durch Schaffung und Förderung von bilingualen Schulen. 1980 gelang es ihm, das Separationsbegehren der Provinz Québec zu verhindern. Sein Familienname leitet sich her von *Troude*, einer verkürzten Form des germanischen, wahrscheinlich normannischen Rufnamens *Turold* oder *Torwald*, zum Namen des alten germanischen Donnergottes *Thor* sowie anord. *valda*, »bewirken« (vgl. ahd. *waltan*, »herrschen«).

Truffaut *François* (1932–1984), französischer Filmregisseur der Nouvelle Vague (»Neue Welle« im französischen Film). Unvergessen sind seine Filme »Sie küssten und sie schlugen ihn«, »Schießen Sie auf den Pianisten«, »Jules und Jim« und »Die letzte Metro«. *Truffaut* bezieht sich als Übername auf das höhnische, nicht wahrhaftige Wesen eines einst so Genannten, zu afrz. *trufe*, »Spott« und »Täuschung«.

Truman *Harry* (1884–1972), amerikanischer Staatsmann, 33. Präsident der USA. Beim Tod Roosevelts, dessen Vizepräsident er war, wurde er automatisch dessen Nachfolger. In seine erste Amtsperiode fielen dramatische Ereignisse wie das Potsdamer Abkommen, der Abwurf der Atombomben auf Hiroshima und Nagasaki, die Nürnberger Kriegsverbrecherprozesse, aber auch das Europäische Wiederaufbauprogramm (nach dem amerikanischen Außenminister auch Marshall-Plan genannt), in seine zweite Amtszeit von 1948 bis 1953 fielen die Berliner Blockade (1948/49), die Gründung der NATO (1949) sowie der Koreakrieg (1950-53). Der Name *Truman* bedeutet »vertrauenswürdiger Mann«, »Getreuer«, zu engl. *true*, »wahr, verlässlich«.

Tschaikowski *Peter Iljitsch* [russ. Пётр Ильич Чайковский], 1840-1893, bedeutendster russischer Komponist der westlich orientierten russischen Schule und Begründer der großen russischen Balletttradition. Zu seinen Hauptwerken zählen sechs Sinfonien (z. B. die »Pathétique«), etliche Ouvertüren (z. B. »Romeo und Julia«) sowie die Ballettstücke »Schwanensee«, »Dornröschen« und »Der Nussknacker«. Sein Familienname besteht aus dem russischen Wort *tschájka (чайка)* für »Möwe« und der patronymischen Endung *-owskj*.

Tschechow *Anton Pawlowitsch* [russ. Антон Павлович Чехов], 1860-1904, war zunächst Arzt, bevor er selbst an Tuberkulose erkrankte und eine literarische Laufbahn als Feuilletonist begann. Später entwickelte er sich zu einem meisterhaften Verfasser von heiteren oder auch melancholischen Kurzgeschichten und von impressionistischen Dramen (z. B. »Die Möwe«, »Onkel Wanja«, »Drei Schwestern«, »Der Kirschgarten«). Einer seiner Ahnherren wird aus Böhmen oder Mähren in *Tschechows* südrussischen Heimatort Taganrog (in der heutigen Ukraine) eingewandert sein, denn im Russischen und Ukrainischen wird ein »Tscheche« als *tschech (чех)* bezeichnet. *Pawlowitsch* ist ein Mittelname mit patronymischer Endung und bedeutet »Sohn des Paul«.

Tschechowa *Olga Konstantinowna* [russ. Ольга Константиновна Чехова], 1897-1980, deutsche, 1921 nach Deutschland emigrierte Schauspielerin; sie spielte ab 1927 in Filmkomödien wie »Der Florentiner Hut« und »Die Drei von der Tankstelle«, in den 1930ern entstanden Filme wie »Liebling der Götter« und »Bel Ami«, in den 1940ern spielte sie Rollen in »Menschen im Sturm«, »Andreas Schlüter«, »Der ewige Klang«; danach ging ihre Karriere zu Ende. Sie war über ihren Mann mit dem großen russischen Dichter und Dramatiker *Anton Tschechow* verwandt, ein Name, der in ihrer Familie als Künstlername vererbt wurde. Ihre Enkelin *Vera Tschechowa* (geb. 1940) ist ebenfalls eine bekannte Bühnen- und Filmschauspielerin sowie Regisseurin. Die bekanntesten und preisgekrönten ihrer bislang über 40 Filme sind »Das Brot der frühen Jahre«, »Zeit der Empfindsamkeit« sowie, unter der Regie ihres damaligen Mannes *Vadim Glowna*, »Desperado City«.
→ *Tschechow*

Tschernenko *Konstantin Ustinowitsch* [russ. *Константин Устинович Черненко*], 1911–1985, russischer Politiker mit einer langen Parteikarriere: Ab 1965 war er Leiter der Allgemeinen Abteilung des Zentralkomitees, ab 1971 Mitglied des Zentralkomitees, ab 1978 Mitglied des Politbüros. Der schwer an Asthma Erkrankte kam jedoch erst 1983 mit 72 Jahren als Generalsekretär der KPdSU an die Macht. Sein Name bedeutet wohl »der Schwärzer«, von russ. *tschernjénije (чернение)*, »das Schwärzen«, zu *tschernjet' (чернеть)*, »schwarz werden«. In seinem Vaternamen *Ustinowitsch* ist der Heiligenname *Justin* verborgen, zu lat. *iustus*, »gerecht«.

Tschiang Kai-schek (1887–1975), chinesischer Politiker, der mit offiziellem Namen *Tschiang Tschung-tscheng*, »zentrale Rechtschaffenheit«, hieß. Er war ab 1928 Chef der nationalchinesischen Regierung in Nanjing und nach Mao Tse-tungs Sieg im Bürgerkrieg von 1949 bis zu seinem Tod Regierungschef in Taiwan (Nationalchina), wohin er mit seinen Anhängern geflohen war. *Tschiang* (auch: *Chiang*) bedeutet im Chinesischen »stark« und »anführen«, während *Kai-schek* sich etwa mit »Zerschlagen der Felsen« wiedergeben lässt.

Tschu En-lai (1898–1976), chinesischer Politiker. Obschon der Sohn eines Mandarins, begeisterte er sich früh für revolutionäre Ideen und trat schon als junger Mann der Kommunistischen Partei Chinas bei. Seit der Ausrufung der Volksrepublik China 1949 war er Ministerpräsident und zugleich, bis 1958, Außenminister seines Landes. Als rechte Hand des »Großen Vorsitzenden Mao« bestimmte er jahrzehntelang die Politik des Riesenreichs. *Tschu*, chinesisch für »Umgebung«, ist der Name einer alten Mandarin-Dynastie, die von 1122 bis 221 v. Chr. in China regierte. Der Name *En-lai* bedeutet »Hochachtung, Wertschätzung«.

Tubero war ein Beiname in der römischen *gens Aelia*, zu lat. *tuber*, »Buckel, Höcker«. → *Aelius*

Tucholsky *Kurt* (1890–1935), deutscher Schriftsteller und studierter Jurist, Verfasser satirischer Verse und zeitkritischer Schriften, zum Teil in Berliner Mundart, aber auch zarter Liebesgeschichten wie »Rheinsberg« und »Schloss Gripsholm«. Er wurde 1933 ausgebürgert und beging zwei Jahre später in Schweden aus Verzweiflung über den Nationalsozialismus Selbstmord. Sein Name ist gebildet aus dem polnischen Ortsnamen *Tuchola* (dt. *Tuchel*) und der Herkunftsendung *-sky*, »Mann aus ...«. *Tucholsky* benutzte neben seinem wirklichen Namen verschiedene Pseudonyme: *Kaspar Hauser* (nach dem 1828 bei Nürnberg verwahrlost aufgefundenen Kind) für eher sentimentale Texte, *Peter Panther* für seine bissigen Schriften und *Theobald Tiger* für seine aggressiven Aufsätze.

Tudjman *Franjo* (1922–1999), erster frei gewählter Präsident Kroatiens (1990). Als die Bevölkerung sich in einem Referendum für die Loslösung aus der jugoslawischen Föderation entschieden hatte und 1991 die Unabhängigkeit verkündet worden war, gewann *Tudjman* 1992 erneut die Präsidentschaftswahlen und blieb nach seiner Wiederwahl 1997 bis zu seinem Tod im Amt. *Franjo* entspricht unserem Rufnamen *Franz*, der Familienname *Tudjman* (kroat. *Tuđman*) bedeutet in etwa »Fremdling, Ausländer«, zu kroat. *tuđ*, »fremd«.

Tudor, eine walisische Form von *Theodor*, »Gottesgeschenk«, war der Name des englischen Königshauses, das von 1485 bis 1603 regierte. Er geht zurück auf den walisischen Adligen *Owain* (*Owen*) *Tudor* (gest. 1461). Das Geschlecht starb mit dem Tod Königin Elizabeths I. aus.

Tullius (vielleicht vom Vornamen *Tullus* oder unerklärter etruskischer Herkunft) lautete ein römischer Gentilname, den z. B. der berühmte Redner und Staatsmann (Konsul 63 v. Chr.) *Marcus Tullius Cicero*, 106–43 v. Chr., ein bedeutender Schriftsteller mit großem Einfluss auf die lateinische Sprache und die Übernahme der griechischen Philosophie in Rom, sowie *Tullia* (78–45 v. Chr.), die Tochter Ciceros, trugen; eine weitere *Tullia* war der Sage nach die letzte Königin Roms gewesen. → *Cicero*

Tullus war im alten Rom ein wenig schöner Vorname, denn das lateinische Wort *tullus* bedeutete schlicht »dann«, »ferner«, und bezeichnete wohl einen weiteren, ungewollten Sprössling. Mit zunehmender Kinderzahl schwand offensichtlich das Interesse an einem individuellen Vornamen (diese Aufgabe hatte eh der Beiname), schließlich wurde vom fünften Kind an durchgezählt. Ein berühmter *Tullus* war *Tullus Hostilius* (zu lat. *hostilis*, »feindlich, feindselig«), der Sage nach der dritte römische König (672–641 v. Chr.), unter dessen Herrschaft Alba Longa zerstört und das Senatshaus Roms, die *curia Hostilia*, gebaut worden sein soll, die zur Zeit Caesars in *curia Iulia* umbenannt wurde.

Tupolew *Andrej Nikolajewitsch* [russ. *Андрей Николаевич Туполев*], 1888–1972, russischer Flugzeugkonstrukteur, der seit 1923 über 130 Flugzeugtypen entwickelte – vom Sporteindecker über Kampfflugzeuge bis zum Überschallverkehrsflugzeug Tu 144, das eine Geschwindigkeit von Mach 2,3 erreichte. Der Name ist vielleicht eine Ableitung von russ. *tupoj (тупой)*, »stumpf«, und bezeichnete einst wohl einen stumpfsinnigen, borniertem Menschen.

Turgenjew *Iwan Sergejewitsch* [russ. *Иван Сергеевич Тургенев*], 1818–1883, russischer Schriftsteller. Bekannt wurde er durch die »Aufzeichnungen eines Jägers«, eine Sammlung einfühlsamer Erzählungen von russischen Bauern und ihrem harten Leben als Leibeigene. In seinen Romanen, wie »Adelsnest«, »Väter und Söhne«, »Rauch« und »Neuland«, widmete er sich der Beschreibung zeitgenössischer Entwicklungen in der russischen Gesellschaft, während er sich in seinen bisweilen düsteren Novellen allgemeineren Themen – etwa Liebe, Natur und Tod – zuwandte. *Turgenjew* ist eine Ableitung vom tatarischen Rufnamen *Turgen*, zu mong. *türgen*, »hitzig, schnell«.

Turner *Joseph Mallord William* (1775–1851), englischer Maler und Graphiker. Er begann mit Zeichnungen von Bauwerken und Stadtansichten, wandte sich dann der Ölmalerei zu und schuf Landschaften und Seebilder, bis er sich immer mehr der Erfassung von Licht und Luft widmete und vom Gegenständlichen löste. Seine späten Bilder gleichen Visionen in hell flimmernden starken Farben. Sein Name bedeutet wörtlich übersetzt »Drechsler«, zu engl. *turn*, »drehen«, »an der Drehbank bearbeiten«. Das Gleiche gilt für den Künstlernamen der amerikanischen Sängerin *Tina Turner* (geb. 1939), die eigentlich *Anna (Annie) Mae Bullock* hieß, zu engl. *bullock*, »Ochse« – ein nachvollziehbarer Grund für den Namenswechsel eines so zierlichen Mädchens.

Tutanchamun (ägypt. *Tut-anch-imn*), ägyptischer Pharao der 18. Dynastie (ca. 1347–1339 v. Chr.). Seine Eltern, der »Ketzerkönig« *Echnaton* und Königin *Kiya*, hatten ihm den Geburtsnamen *Tutanchaton* gegeben, »lebendiges Abbild des Aton«, nachdem sein Vater den

Aton-Monotheismus in Ägypten eingeführt hatte. *Tutanchaton*, der bald nach seiner Thronbesteigung auf Veranlassung der mächtigen Amun-Priester den alten Amun-Kult wieder einführte, benannte sich um in *Tutanchamun*, »lebendes Abbild des Amun« (auch als »vollkommen an Leben ist Amun« interpretiert). Er hatte schon in jungen Jahren seine Halbschwester *Anchesenamun*, die Tochter von Echnaton und Nofretete, geheiratet. Der Pharao wurde bereits nach kurzer Regierungszeit ermordet. Er erlangte Weltberühmtheit, als man sein fast unversehrtes Grab im Tal der Könige fand. Vielleicht geht der reiche Grabschatz auch darauf zurück, dass die alte Priesterschaft seine Rückkehr zum früheren Glauben mit Unmengen Gold erkaufte. → *Amenophis*

Tutu *Desmond* (geb. 1931), schwarzafrikanischer Erzbischof der Anglikanischen Kirche. 1984 wurde ihm für sein Engagement gegen die Apartheid der Friedensnobelpreis verliehen. Der afrikanische Name *Tutu* bedeut »Kliffbewohner«.

Twain *Mark* (1835–1910), berühmter amerikanischer Schriftsteller (»Die Abenteuer und Fahrten des Huckleberry Finn«, »Die Abenteuer des Tom Sawyers«, »Leben auf dem Mississippi« etc.), der eigentlich *Samuel Langhorne Clemens* hieß. Sein Pseudonym hat mit der Schifffahrt auf seinem Lieblingsfluss zu tun: *Mark* ist nicht etwa eine Koseform von Markus, sondern steht in Wirklichkeit für engl. *mark*, »Marke« – ein Ausdruck, den die Mississippi-Lotsen benutzten, wenn sie die Wassertiefe ausriefen. So bedeutete etwa *mark twain* »Marke zwei« (vgl. *Markierung*).

Tyche [grch. *Τύχη*] hieß in der griechischen Mythologie die unberechenbare Göttin des Zufalls und des Glücks, eine Tochter des Okeanos (oder des Zeus) und der Tethys. Ihr Symbol war das Füllhorn, aus dem sie Glück und Unglück zuteilte, denn Zeus hatte ihr die Macht verliehen, über das Schicksal der Sterblichen zu entscheiden. Der Name entspricht dem griechischen Wort *týche (Τύχη)*, »Zufall, Geschick, Glück«.

Tyro [grch. *Τύρω*] war laut der griechischen Sage die Tochter des Salmoneus und der Alkidike, die bei ihrer Geburt starb. Von ihrem Onkel Sisyphos hatte sie zwei Kinder, die sie jedoch tötete, sodass die Familie aus Thessalien fliehen musste. Darauf verführte Poseidon sie, und sie gebar die Zwillinge Pelias und Neleus, die sie in einem Kasten auf dem Fluss aussetzte (vgl. Romulus und Remus sowie Moses), da sie eine unbändige Angst vor ihrer Stiefmutter Sidero, der zweiten Frau des Salmoneus, hatte. Ein Hirt nahm die beiden Kinder mit nach Haus und zog sie auf. Pelias wurde von einer Stute gesäugt, Neleus von einer Hündin. Als sie erwachsen waren, töteten sie ihre Großmutter Sidero, die ihre Mutter so schlecht behandelt hatte. Schließlich heiratete *Tyro* ihren Onkel Kreteus, den Gründer von Iolkos; ihrer beider Sohn war Aison, der Vater des Argonauten Jason. *Tyro* scheint ursprünglich der Name der Mutter-Göttin der phönizischen Stadt *Tyros*, heute *Tyr* im Libanon, gewesen zu sein oder aber der *Tyrrhener* [grch. *Τυρρενοί*], d. h. der Etrusker, die nördlich von Rom lebten (vgl. das *Tyrrhenische Meer* westlich von Italien). Auf jeden Fall stammt das griechische Wort *týrsis (τύρσις)*, »Turm, Burg«, von ihrem Namen ab und damit das Wort *tyrannís (τυραννίς)*, »Alleinherrschaft, Gewaltherrschaft« (vgl. *Tyrann*).

Uhland *Ludwig* (1787–1862), deutscher Dichter und Germanist. Sein Name ist eigentlich ein alter deutscher Vorname, *Uodalland*, zu ahd. *uodal*, »Erbgut, Heimat«, und *lant*, »Land«. Ludwig Uhland, liberal und großdeutsch gesinnt, gehörte 1848 als Abgeordneter der Frankfurter Nationalversammlung an. Aus seiner Lyrik wurde manches zum Volkslied, wie »Ich hatt' einen Kameraden« oder »Der Wirtin Töchterlein«. Am überzeugendsten war er indes in seinen Balladen (z. B. »Roland«, »Des Sängers Fluch« und »Das Glück von Edenhall«).

Ulbricht *Walter* (1893–1973), ostdeutscher Politiker. In Moskau als kommunistischer Funktionär ausgebildet, wurde er nach seiner Rückkehr 1929 Mitglied des Politbüros der KPD, arbeitete 1933 zunächst im Untergrund und verließ danach Deutschland. Er nahm als Polit-Kommissar am Spanischen Bürgerkrieg teil und ging 1938 nach Moskau, um dort beim Aufbau des Nationalkomitees Freies Deutschland zu helfen. In den letzten Kriegstagen kehrte er nach Berlin zurück, organisierte den Wiederaufbau der KPD und war 1946 beteiligt am Zwangszusammenschluss der SPD mit der KPD zur Sozialistischen Einheitspartei Deutschlands (SED), deren Führung er 1950 übernahm. Seit der Gründung der DDR 1949 war er stellvertretender Ministerpräsident, bis er nach dem Tod Wilhelm Piecks 1960 Vorsitzender des Staatsrats der DDR wurde. 1961 ließ er die Berliner Mauer bauen, obschon er noch kurz zuvor eine solche Maßnahme kategorisch ausgeschlossen hatte. Der unerschütterliche Gefolgsmann der sowjetischen Partei- und Staatsführung trat 1971 als Erster Sekretär der SED und im folgenden Jahr als Vorsitzender des Nationalen Verteidigungsrats zurück. Der Name *Ulbricht* ist eine Variante des alten deutschen Vornamens *Ulbrecht*, zu ahd. *uodal*, »Erbbesitz«, und *beraht*, »glänzend«.

Ulpius lautete ein römischer Gentilname, den z. B. Kaiser *Marcus Ulpius Traianus* aus der römischen Kolonie Italica (in Spanien) trug; wohl lat. *ulpicum*, »Lauch«, einem punischen Fremdwort. → *Trajan*

Ulysses (auch: *Ulixes* und *Ulisses*) war der lateinische Name des Odysseus, aber dennoch wohl griechischen Ursprungs, vielleicht zu grch. *oulé (οὐλή)*, »Narbe«, und *ixýs (ἰξύς)*, »Hüfte«. (Angeblich wurde *Odysseus* bei seiner Rückkehr nach Ithaka von seiner alten Amme Eurykleia an einer vernarbten Hüftwunde wiedererkannt, die er einst bei der Begegnung mit einem wilden Keiler erlitten hatte; vgl. *Ischias*). Wahrscheinlich kam es durch etruskische Vermittlung zu der Wandlung des *d* zu einem *l* in seinem Namen. → *Odysseus*

Urania [grch. *Οὐρανία*], »die Himmlische«, war der Beiname der Aphrodite, d. h. der Göttin reiner, himmlischer Liebe; zu grch. *ouránios (οὐράνιος)*, »himmlisch«. → *Musen* und *Pandemos*

Uranos [grch. *Οὐρανός*] hieß in der griechischen Mythologie der Himmelsgott. Der Name wird allgemein von grch. *uranós (οὐρανός)*, »Himmel«, hergeleitet; möglicherweise basiert er jedoch auf einer alten Wurzel *ὀρσο-*, »Regen« (vgl. skr. gleichbedeutend *varsa*). *Uranos* war der Gatte der Gäa und der Vater der Titanen, die unter Kronos das frühere Göttergeschlecht bildeten, bis es von *Zeus* gestürzt wurde. Nach diesem Gott benannte man das Ende des 18. Jahrhunderts entdeckte radioaktive Schwermetall *Uran*; einige Jahre zuvor hatte man den Planeten *Uranus* (auch: *Uranos*) entdeckt.

Urban, aus lat. *urbanus*, »Stadtbewohner«, d. h. in der Regel »aus der (großen) Stadt«, also aus Rom (vgl. *urban*, »fein, gebildet«), war der stolze Name, den acht Päpste, darunter auch drei französische, bei ihrer Krönung wählten, z. B. *Urban II.* (1088–1099), ehemals Prior des berühmten Klosters Cluny, der 1095 als erster Papst die abendländische Christenheit zu einem Kreuzzug und zur Befreiung des Heiligen Landes aufrief. *Urban VI.* (1378–1389) scheiterte an dem Versuch, das französische Übergewicht an der Kurie zu beseitigen, denn damit löste er ungewollt das so genannte große abendländische Schisma aus. Die Kardinäle erklärten kurzerhand seine rechtmäßig erfolgte Wahl für ungültig und krönten stattdessen *Klemens VII.* zum Gegenpapst, der Rom den Rücken kehrte und fortan in Avignon residierte. Die Anerkennung *Urbans* beschränkte sich weitgehend auf Deutschland, England und die italienischen Staaten. *Urban VII.* (1590) ist nur wegen seines extrem kurzen Pontifikats erwähnenswert; er starb bereits zwölf Tage nach seiner Wahl. Mit Papst *Urban VIII.* (1623–1644), zuvor *Maffeo Barberini*, blühte die alte Vetternwirtschaft am päpstlichen Hof wieder auf. Auf der anderen Seite war er ein großer Liebhaber und Förderer der Barockkunst. → *Barberini*

Urd (nord. *Urdr*), »das Schicksal«, hieß die germanische Schicksalsgöttin, als eine der drei Nornen die Personifikation der Vergangenheit. Der *Urdbrunnen*, nord. *Urdar brunnr*, unter einer der Wurzeln der Weltesche *Yggdrasil* (»Ross des Yggr« – *Yggr*, »der Schreckliche«, war ein häufiger Beiname des Odin, und *drasill* bedeutete »Pferd«) war der Schicksalsbrunnen, aus dem der magische Baum seine Lebenskraft zog; er diente auch als Versammlungsstätte der Götter bei Beratungen.

Uriël, hebräisch für »Gott ist mein Licht«, soll der Name jenes Engels gewesen sein, der Christi Grab bewachte.

Ursinus war ein Gegenpapst (366–381) gegen den mehrheitlich gewählten Papst *Damasius I.* Die blutige Auseinandersetzung zwischen den beiden wurde zu Gunsten des rechtmäßigen Papstes entschieden und *Ursinus*, der dem arianischen Glauben zuneigte, ging zwar bald nach Mailand ins Exil, von wo aus er den Kampf noch viele Jahre fortsetzte; erst mit seinem Tod im Jahr 381 war das Schisma beendet. Der Name, etwa »der Bärenhafte«, ist von lat. *ursus*, »Bär«, herzuleiten. → *Damasius*

Ursula, »die kleine Bärin«, zu lat. *ursus*, »Bär«, ist eine Heilige, die mit ihren Gefährtinnen (die Anzahl schwankt je nach Quelle zwischen elf und 11 000) während der Christenverfolgung unter Diokletian oder Maximian zu Beginn des 4. Jahrhunderts den Märtyrertod erlitten haben soll, und zwar in Köln nach der Rückkehr von einer Romwallfahrt. Die Legende erzählt, *Ursula* sei durch einen Pfeilschuss getötet worden, nachdem sie sich dem Anführer einer hunnischen Belagerungsarmee vor den Toren Kölns verweigert habe, und auch alle anderen Jungfrauen seien niedergemacht worden. Darauf seien Engel vom Himmel erschienen und hätten die Hunnen vertrieben. Die unwahrscheinlich hohe Zahl der Märtyrerinnen muss auf einem Lesefehler beruhen (z. B. einem Querstrich über der römischen Zahl XII, was man wohl als eine Vertausendfachung deutete).

Uschah, awestisch für »Morgenröte«, hieß die iranische Göttin der Morgendämmerung, sie personifizierte allerdings den gesamten Zeitraum von Mitternacht bis zum Sonnenaufgang. In Indien heißt sie *Uschas*, zu skr. *uschás*, ebenfalls »Morgenröte, Morgen«. → *Aurora* und *Eos*

Ustinov *Sir Peter Alexander* (1921–2004), englischer Schauspieler russischer Herkunft [russ. *Устинов*]. Zu seinen weltbekannten Filmen zählen »Quo Vadis?«, »Lola Montez«, »Spartakus«, »Die Verdammten der Meere«, »Die Stunde der Komödianten« und »Das Millionending«. Sein Name ist von dem des heiligen *Justinus* hergeleitet, zu lat. *iustus*, »gerecht«.

Utanapischti, akkadisch für »ich habe mein Leben gefunden«, hieß der einzige Überlebende einer großen Flut im mesopotamischen Mythos, mit der die Götter beschlossen hatten, die Menschen zu vernichten. *Utanapischti* wurde vom Wassergott Ea gewarnt und baute (wie Noah) ein großes Schiff, auf dem er und seine Familie samt seinem Vieh und vielen Tieren überlebte. Nach der Flut erlangten *Utanapischti* und seine Frau die Unsterblichkeit. Ein Nachkomme *Utanapischtis* war übrigens Gilgamesch, der von ihm das Geheimnis des ewigen Leben erfahren wollte. → *Gilgamesch* und *Noah*

Utrillo *Maurice* (1883–1955), französischer Maler, dem wir stimmungsvolle Straßenszenen aus dem Montmartre-Viertel und den Pariser Vorstädten, aber auch Ansichten von Kathedralen verdanken. Er war der Sprössling eines unbekannten alkoholkranken Malers und dessen blutjungen Modells namens Suzanne Valadon. Als sie sich in den spanischen Schriftsteller und Kunstkritiker *Miguel Utrillo* verliebte, adoptierte dieser den kleinen Maurice, der so zu seinem spanischen Namen kam. *Valadon*, der französische Mädchenname seiner Mutter und somit sein eigener Geburtsname, bezeichnete früher jemanden, der an einem Graben, vielleicht auch an einem Taleinschnitt wohnte, zu okzit. *valade*, »Graben, Rinne, Kluft«. *Utrillo* ist ein Herkunftsname, der sich auf eine der spanischen Ortschaften *Utrilla* oder *Utrillas* bezieht.

Utu war ein sumerischer Sonnengott, der mit seinem Vater Nanna und seiner Mutter Ningal eine Göttertrias bildete. Sein Name bedeutet »hell, leuchtend« und »Tag«; da er als Lichtgott alles sah, war er auch Richtergott.

Valdus *Petrus* (ca. 1140–1217), in Frankreich *Pierre Valdo* und *Pierre de Vaux* genannt, französischer Häretiker. Er gründete die Sekte der »Armen von Lyon«, die wir unter dem Namen *Waldenser* kennen, und wurde 1184 wegen seiner angeblichen Irrlehre exkommuniziert.

Valente *Catarina* (geb. 1931), italienisch-deutsche Schauspielerin und Sängerin. Unvergessen sind ihre Songs »Malagueña«, »Dreh dich nicht um« und »Ganz Paris träumt von der Liebe«. Ihr Bruder, *Silvio Francesco* (1927–2000), war ebenfalls im Show-Business tätig. Der Name *Valente* beruht auf lat. *valens*, »gesund, sich wohl befindend«.

Valentin, ein männlicher Vorname, ist eine Weiterbildung von lat. *valens, valentis*, »kräftig, gesund«, zu *valere*, »kräftig sein, sich wohl befinden«. Papst *Valentin* (827) ist wenig bekannt, da er bereits im Monat nach seiner Weihe in St. Peter starb; hier kann man wahrlich nicht von nomen est omen sprechen. Berühmter sind, zumindest heute, der Münchner Volkskomiker *Karl Valentin*, eigentlich *Valentin Ludwig Fey* (1882–1948), sowie die österreichische Filmschauspielerin *Barbara Valentin* (1940–2002), die als starkbusiges Filmsternchen bekannt wurde und unter diesem Pseudonym auftrat; in Wirklichkeit hieß sie *Uschi Ledersteger* (d. h. »Hersteller schmaler Lederstreifen«); der Familienname *Fey* geht zurück auf eine verkürzte Form des Rufnamens *Sophie*.

Valentino *Rudolph* (1895–1926), in Italien geborener amerikanischer Schauspieler, jugendlicher Liebhaber in den Filmen der 20er-Jahre des vorigen Jahrhunderts. Er entschied sich aus guten Gründen für dieses kurze Pseudonym (und tat damit ein gutes Werk), denn sein richtiger Name lautete (für viele nicht auszusprechen und erst recht nicht zu behalten): *Rodolpho Alfonzo Raffaelo Pierre Filibert Guglielmi di Valen-*

tina d'Antonguolla. Der Familienname ist aus einer Koseform des Rufnamens *Antonio* entstanden, nach dem plebejischen römischen Stamm der *Antonier* (*Filibert* ist eine Anlehnung an *Philipp*). Dem Künstlernamen liegt das lateinische Wort *valens, valentis,* »kräftig, gesund«, zu Grunde. → *Valentin*

Valerius war der Name einer altrömischen patrizischen *gens,* zu lat. *valere,* »stark, kräftig, gesund sein«. Diesem Geschlecht gehörten z. B. *Publius Valerius Poplicola* an, der sich an der Vertreibung des Tarquinius Superbus aus Rom beteiligte, *Lucius Valerius Poplicola* (Konsul 449 v. Chr.), *Marcus Valerius Corvus* (»der Rabe«), sechsmaliger Konsul und Heerführer, *Quintus Valerius Antias* (»aus Antias«, d. h. aus der alten Volskerstadt *Antium,* heute: *Porto d'Anzio*), ein Annalist um 140 v. Chr., den Livius als Quelle schätzte, *Valerius Maximus* (»der Größte«), ein Anekdotendichter unter Tiberius, *Caius Valerius Flaccus* (»der Schlaffe« oder »das Schlappohr«), ein Dichter unter Vespasian, *Caius Valerius Catullus* (»der Welpe«), ein berühmter römischer Lyriker des 1. Jahrhunderts v. Chr., und *Marcus Valerius Martialis* (»dem Mars angehörend«), ein bedeutender römischer Dichter, der 40 n. Chr. in Spanien geboren wurde, von 64 n. Chr. bis kurz vor seinem Tod in Rom lebte und um 100 n. Chr. in der spanischen Heimat starb. → *Catull, Corvus* und *De Valera*

Valéry *Paul* (1871–1945), französischer Schriftsteller, einer der Hauptvertreter der intellektuellen Lyrik. Seinen Ruhm begründete er erst 1917 mit »Die junge Parze«, seine reifsten Gedichte finden sich in der Sammlung »Zaubersprüche«. Im Alter wandte er sich theoretischen Arbeiten über die Dichtung oder über politische und soziale Probleme zu. *Valéry* war der Sohn eines Korsen, sodass es sich bei diesem Namen um die Mehrzahlform des korsischen Rufnamens *Valerio* handeln dürfte, der seinerseits auf den römischen Beinamen *Valerius,* »der Starke«, zurückgeht (zu lat. *valere,* »stark sein«).

Valois hieß ein französisches Königshaus, benannt nach der alten Grafschaft nordöstlich von Paris. In direkter Linie herrschte dieses Geschlecht bis 1498 über Frankreich, wenn man die Nebenlinien Orléans und Angoulême hinzurechnet, sogar bis 1589. Der alte lateinische Name der ursprünglichen Grafschaft lautete *Vadensis* und stammt von lat. *vadum,* »Furt, seichte Flussstelle« (zu *vadere,* »gehen, schreiten«).

Vancouver *George* (1757–1798), englischer Seefahrer, der von 1791 bis 1795 die Westküste Kanadas erforschte. Nach ihm ist die Insel *Vancouver* benannt. Seine Vorfahren waren von der kleinen niederländischen Stadt *Coevorden* nach England eingewandert, wie der Name *Vancouver* erst auf den zweiten Blick offenbart: *Van* bezeichnet die Herkunft, *coevorden* eine »Kuh-Furt« (wobei *coe* wie unsere Kuh ausgesprochen wird).

Van Dyck *Antonis* (1599–1641), flämischer Maler und Mitarbeiter Rubens'. Ab 1632 wirkte er vor allem in England, wo er berühmte Bildnisse von Angehörigen des Königshauses und des Hochadels schuf. Der Name des in Antwerpen geborenen Künstlers bedeutet »vom Deich«, zu ndl. *dijk*, »Deich, Damm«.

Van Gogh *Vincent* (1853–1890), niederländischer Maler. Der Sohn eines kalvinistischen Pfarrers studierte zunächst selbst Theologie, bevor er beschloss, Maler zu werden. In Paris lernte er die französischen Impressionisten kennen, vor allem Gauguin und Cézanne. Hier malte er lockere und lichte alltägliche Szenen und Stillleben. 1888 zog er nach Arles, wo ihm Bilder der Stadt und ihrer Umgebung in einmaliger Farbigkeit und Leuchtkraft gelangen, wo aber auch seine Geistesverwirrung begann und er sich bei einem Streit mit seinem Freund Gauguin, den er bewogen hatte, zu ihm nach Südfrankreich zu ziehen, ein Ohr abschnitt. Seine letzten Bilder in flammenden Formen und leidenschaftlichen Farben, von denen die Expressionisten stark beeinflusst wurden, schuf er ab 1889 in Irrenanstalten in St. Rémy und Auvers; 1890 beging der Künstler Selbstmord. Sein Familienname dürfte sich von der nordrhein-westfälischen Stadt *Goch* herleiten (wohl vom fränkischen Personennamen *Gok*, zu ahd. *gouh*, »Kuckuck«).

Varius lautete ein römischer Gentilname, z. B. des *Lucius Varius Rufus* (»Rotschopf«), der zum Dichterkreis um Augustus gehörte und als Mitherausgeber der Äneis des Vergil gilt. Sein Name stammt von lat. *varius*, »unterschiedlich, wechselhaft, launisch«.

Varro war ein altrömischer Beiname, der wohl die gleiche Bedeutung wie *Varus* hat, nämlich »der O-Beinige«, zu lat. *varus* und *varicus*, »krummbeinig«. → *Terentius*

Varuna heißt ein arischer Gott, ein Hüter von Ordnung und Moral, der alles auf der Erde sieht und daher jedes Geheimnis durchschaut; er kennt sowohl die Vergangenheit als auch die Zukunft. *Varuna* ist der Himmelsgott der Hindus mit vielen Funktionen: Er ist Mondgott und Wassergott, Eidgott und Strafgott. Sein Name kommt wohl von skr. *varuná*, »Westen, westlich«, aber auch »Wasserwesen, Fisch«. → *Agni*, *Indra*, *Surya* und *Yama*

Varus, mit vollem Namen *Publius Quintilius Varus* (ca. 50 v. Chr. bis 9 n. Chr.), war römischer Statthalter in Germanien, der 9 n. Chr. in der berühmten *Varusschlacht* dem Cheruskerfürsten Arminius unterlag und dabei den Tod fand. Der Beiname *Varus* bedeutet »der O-Beinige«, oder »der mit dem krummen Rücken«, zu lat. *varus*, »krumm, gebogen«. → *Quinctilius*

Vasarély *Victor de* (1908–1997), französischer Maler ungarischer Herkunft, der mit seiner geometrisch strukturierten Bildaufteilung entscheidend zur Entwicklung der Op-art beitrug. Der Name des Künstlers war eigentlich *Viktor Vásárhely*, zu ung. *vásár*, »Markt«, und *hely*, »Ort, Platz«.

Vayu heißt der Windgott der Hindus, zu skr. *vayú*, »Wind, Luft, Hauch«. Er wird als Schöpfer der Insel Lanka (heute: Sri Lanka) angesehen. Laut Legende hat der temperamentvolle Gott einst die Spitze des heiligen Berges Meru abgerissen und ins Meer geschleudert, sodass vor dem Südzipfel Indiens die Insel Lanka entstand.

Vega → *Lope*

Velázquez *Diego* (»Jakob«), 1599–1660, spanischer Maler, dessen wohl klingender Name in voller Länge *Diego Rodríguez de Silva y Velázquez* lautete. Er war ein Abkömmling des aus Portugal stammenden Adelsgeschlechts der *Silva* (port. für »Wald«). Am spanischen Hof in Madrid entwickelte er seinen Porträtstil, in dem er seine Figuren lebensgroß – zum Teil zu Pferde – und in vollendet vornehmer Pose abbildete. In späteren Jahren stellte er geschichtliche Ereignisse und Szenen aus der Mythologie dar (z. B. die berühmte »Venus mit dem Spiegel«, der erste weibliche Akt in der spanischen Malerei). Der Familienname, unter dem er bekannt wurde, ist eine patronymische Bildung (mit der Endung *-ez*) und enthält den Rufnamen *Velasco*, der aus bask. *bela*, »der Rabe«, entstanden ist.

Velleius lautete der Name eines römischen Geschlechts, dem z. B. *Caius Velleius Paterculus* (»Väterchen«), geb. um 20 v. Chr., angehörte. Der Mann mit dem gemütlich klingenden Namen war römischer Offizier und Geschichtsschreiber. *Velleius* beruht auf lat. *vellere*, »rupfen, zupfen«, aber auch »sticheln, nörgeln«, verwandt mit *vellus*, »Schaffell, Vlies«.

Ventura *Lino* (1919–1987), eigentlich *Angelo Borini*, französischer Schauspieler aus Italien. Er ging als 10-Jähriger mit seinen Eltern nach Paris und begann 1953 nach einem Sportunfall seine Filmkarriere (er spielte vor allem knallharte Polizisten oder schwere Jungs). Selbst wenn er im vornehmen Jackett auftrat, sah man ihm die Kraft des ehemaligen Ringers im griechisch-römischen Stil an (1950 hatte er immerhin die Europameisterschaft gewonnen). *Lino* war der Kosename, den ihm seine Eltern gegeben hatten (von *Angelino*), *Ventura* bedeutet im Italienischen »Schicksal«. Der Geburtsname *Borini* ist mit ziemlicher Sicherheit aus einer Kurzform des Personennamens *Liborio* entstanden, nach dem heiligen *Liborius*, zu lat. *libare*, »ein Trankopfer darbringen«. Dem Namen *Borini* könnte auch lang. *boro*, »Bohrer«, zu Grunde liegen, was parm. *borón* und ital. *burino* entspricht (vgl. frz. *burin*, »Grabstichel, Meißel«). → *Bonaventura*

Venus war bekanntlich die römische Göttin der Schönheit und Liebe (für die altrömischen Bauern auch die Göttin des Frühlings und der Gärten); sie wurde mit der griechischen *Aphrodite* gleichgesetzt. Da diese als Mutter des Äneas, also des Ahnherrn des römischen Volkes, galt, verehrte man *Venus* bald auch als National- und Schutzgöttin Roms. Darüber hinaus nahm Caesar sie später als Ahnfrau seiner eigenen Dynastie, der *gens Iulia*, in Anspruch. Ihr Name leitet sich her von lat. *venus, veneris*, »geschlechtliche Liebe, Beischlaf«, aber auch »strahlende Schönheit«. So verwundert es nicht, dass der am hellsten leuchtende Himmelskörper nach ihr benannt wurde. Obschon wir die *Venus* auch Morgen- und Abendstern nennen, ist sie kein Stern, sondern ein von der Sonne angestrahlter Planet. (Vgl. auch die *venerischen* Krankheiten, die auf einer Ansteckung beim Geschlechtsverkehr beruhen.)

Vercingetorix (72–46 v. Chr.) hieß ein berühmter keltischer Fürst aus dem Stamm der Averner, der im Gallischen Krieg gegen Caesar 52 v. Chr. die letzte große Erhebung der Gallier anführte. Nach Caesars entscheidendem Sieg bei Alesia (heute: *Alise-Sainte-Reine*) wurde *Vercingetorix* hingerichtet. Sein Name, der die geschichtliche Bedeutung des großen Heerführers vorwegzunehmen schien, bedeutet »Oberkönig der Krieger«, zu gall. *ver-rix*, »Über-König«, und *cingetos*, »Kämpfer«.

Verdi *Giuseppe* (*Joseph*), 1813–1901, war ein italienischer Komponist, der in Mailand seinen ersten großen Erfolg mit der Oper »Nabucco« feierte, die von der Babylonischen Gefangenschaft der Juden handelt (wobei *Nabucco* für den babylonischen König *Nebukadnezar* steht). *Verdis* Werke künden von seinem starken Patriotismus, und so wurde sein Name im 19. Jahrhundert praktisch zum Symbol der italienischen Einigungsbestrebungen – des so genannten *Risorgimento* (»Wiedererstehen«, »Wiedergeburt«) – und des unüberhörbaren Rufs nach einem König. *Verdis* Name leitet sich zwar her von ital. *verde*, »grün«, die leidenschaftlichen Monarchisten sahen in V-e-r-d-i jedoch auch ein Akronym ihres Schlachtrufs *Vittorio Emanuele Rè d'Italia*, »Viktor Emanuel König Italiens«. → *Monteverdi*

Vergil (lat. *Vergilius*), 70–19 v. Chr., hieß ein berühmter römischer Dichter, der Verfasser des römischen Nationalepos »Äneis«. Sein voller Name lautete: *Publius Vergilius Maro* (»der Mannhafte«). Der Geschlechtername wurde vor allem von den Engländern gern mit lat. *virgo*, »Jungfrau«, oder mit *virga*, »Stock«, in Verbindung gebracht (was der Grund sein könnte, warum man ihn im Englischen *Virgil* schreibt). In Wirklichkeit dürfte der Name jedoch auf lat. *vergere*, »sich drehen, sich neigen«, zurückgehen. → *Maro*

Verginius (auch: Virginius) war der Gentilname z. B. des Zenturio *Decimus Verginius*, der seine Tochter *Verginia* tötete, um sie vor den Nachstellungen des Dezemvirs Appius Claudius zu bewahren. Der Name gehört zu lat. *vergere*, »sich drehen, sich senken, sich neigen, zu Ende gehen« (obschon eine Herleitung von lat. *virginia*, »Jungfrau«, in diesem Fall eigentlich sehr gelegen käme).

Verlaine *Paul* (1844–1896), französischer Dichter, der während seiner dreißigjährigen Schaffenszeit 21 Gedichtbände unterschiedlichsten

Inhalts (vom Gebet bis zur obszönen Erotik) schuf und sämtliche Stilmöglichkeiten dabei ausschöpfte. Sein Leben war geprägt von ehelichen Zerwürfnissen und zerbrochenen Freundschaften, von Gewaltakten und Haftstrafen, vor allem aber von seiner zunehmenden Trunksucht, an der dieser »Dichterfürst« schließlich zu Grunde ging. *Verlaine* ist ein Herkunftsname zu einem gleichlautenden belgischen Ortsnamen, aus lat. *villana*, »kleines Landgut«, »kleine Ansiedlung«.

Vermeer *Jan* (1632–1675), niederländischer Maler. Sein Künstlername ist eine Kontraktion des vollständigen Namens *Jan van der Meer van Delft*, wobei sich *van Delft* natürlich auf den niederländischen Küstenort bei Den Haag bezieht. Allerdings war auch dieses nicht der ererbte Name, denn sein Vater hatte *Reynier Janszoon Vos* geheißen. Vielleicht musste sich der Künstler in seiner Jugend zu häufig Spötteleien über diesen Namen anhören, der jedermann an *Reinhard den Fuchs* in der Tierfabel zu erinnern schien. Als er in *Delft* ein Gasthaus übernahm, legte er sich daher den Namen *van der Meer* zu, »vom Meer«, »von der Küste«.

Verne *Jules* (1828–1905), französischer Schriftsteller. Der Begründer des modernen Zukunftsromans schrieb Werke, die bis heute nicht nur beliebt geblieben sind, sondern die Schilderung technischer Entwicklungen enthielten, die – so utopisch sie zu *Vernes* Zeit auch klingen mochten – längst eingetreten sind. Der in Frankreich häufig anzutreffende Name ist ein Wohnstättenname mit Hinweis auf einen Baumbestand, zu gallo-rom. *vernu*, »Erle«.

Veronese *Paolo* (1528–1588), italienischer Maler, der mit richtigem Namen *Paolo Caliari* (auch: *Cagliari*) hieß. Er musste sich einer Vernehmung der Inquisition unterziehen, da er nach deren Meinung religiöse Themen zu stark verweltlichte. Sein Pseudonym bedeutet natürlich »Mann aus Verona«. Der Name, mit dem er geboren wurde, gehört vielleicht zu friaul. *kaliar*, »Schuster«, und emil. *kalger*, »Gerber«. Andererseits kann es sich um eine Vereinfachung des sardischen Ortsnamens *Cagliari* handeln, zu ital. *cagliare*, »gerinnen«, und *caglio*, »Lab«, also wohl ein Hinweis auf die Käseherstellung.

Verres, »Eber«, lautete ein Beiname in der *gens Cornelia*, auf den z. B. *Caius Cornelius Verres* (ca. 115–43 v. Chr.) hörte. In den Jahren 73 bis 71 verwaltete er als Proprätor die Insel Sizilien. Als er von Cicero wegen Erpressung und persönlicher Bereicherung angeklagt wurde, ging er vor Beendigung des Verfahrens freiwillig ins Exil.

Verrocchio *Andrea del* (1435–1488), italienischer Bildhauer, Maler und Bronzegießer in Florenz. Er nannte sich nach seinem Lehrmeister, dem Goldschmied *Guiliano del Verrocchio* (zu tosk. *verrocchio*, »Olivenölpresse«). Eigentlich hieß er *Andrea di Michele-Cioni*. In Italien ist *Andrea* übrigens ein Männername, der unserem *Andreas* entspricht. Sein Familienname *Cioni* ist eine Kurzform des Rufnamens *Mauricio*, nach dem heiligen *Mauritius*, wörtlich »der Mohr« (vgl. *Mauretanien*) – möglicherweise mit einem bewussten Anklang an ital. *cioncare*, »saufen, zechen«.

Verrucosus war ein wenig sympathischer römischer Beiname mit der Bedeutung »der mit Warzen Überzogene«, wie im Fall des *Quintus Fabius Maximus Verrucosus Cunctator* (zu lat. *verruca*, »Warze«). → *Fabius*

Verus *Lucius Aurelius* (130–169 n. Chr.), römischer Kaiser. Er hatte zunächst *Lucius Ceionius Commodus* geheißen, bis er zusammen mit Marc Aurel durch Antonius Pius adoptiert wurde und wie dieser den Geschlechternamen *Aurelius* verliehen bekam. Von Marc Aurel, dem Nachfolger des Antonius Pius, 161 zum Mitkaiser erhoben, erhielt er trotz mangelnder Fähigkeiten den Oberbefehl im Partherkrieg (163–166). Sein Beiname *Verus* bedeutet im Lateinischen »der Wahre«, »der Aufrichtige«. → *Aurelius* und *Commodus*

Verwoerd *Hendrik Frensch* (1901–1966), südafrikanischer Politiker und Psychologie-Professor. Der entschiedene Vertreter der »getrennten Entwicklung der Rassen« war ab 1950 Minister für Eingeborenenfragen und wurde 1958 zum Premierminister Südafrikas gewählt. Auf die Kritik vieler Commonwealth-Staaten an der Apartheid-Politik antwortete er mit dem Austritt seines Landes aus dieser Völkergemeinschaft und der Umwandlung der Südafrikanischen Union in eine Republik. 1966 wurde er von einem weißen Attentäter erschossen. Der niederländische Name *Verwoerd* besteht aus der Vorsilbe *ver-*, d. h. einer Verkürzung von *van der*, und *woerd*, »Enterich«.

Vespasian (9 v. Chr.–79 n. Chr.), römischer Kaiser von 69 bis 79, der mit vollem Namen *Titus Flavius Vespasianus* hieß. Seinen Beinamen *Vespasianus* verdankte er seiner Mutter *Vespasia Polla*, deren eigener

Name von grch. *aspastós* (ἀσπαστός), »willkommen, erwünscht«, entlehnt ist (oder von lat. *vespa*, »Wespe«). *Vespasian* ließ den zerstörten Jupiter-Tempel auf dem Kapitol wieder aufbauen und das Forum Pacis, also das Forum der Friedensgöttin, sowie das Kolosseum errichten. Auf ihn folgten seine Söhne Titus, der 70 n. Chr. Jerusalem zerstörte, und Domitian.

Vespucci *Amerigo* (1454–1512), italienischer Seefahrer, nach dem der Kontinent Amerika benannt wurde. Er selbst ließ sich mit latinisiertem Namen gern *Americus Vespucius* nennen. Die italienische Variante geht zurück auf ital. *vespa*, »Wespe« – ursprünglich wohl ein Spitzname für einen lebhaften, gewitzten Menschen. Bei *Amerigo* handelt es sich um die italienische Form des germanischen Rufnamens *Amalrich*, zu dem Namen des ostgotischen Königshauses der *Amaler* und ahd. *rihhi*, »reich, mächtig«.

Vesta war die römische Göttin des Herdfeuers, das seit alten Zeiten als Mittelpunkt und Kultstätte des Hauses betrachtet wurde. Im *Vestatempel* auf dem Forum brannte Tag und Nacht das heilige Feuer, das sechs *Vestalinnen* sorgsam zu hüten hatten. Diese jungfräulichen Priesterinnen mussten bei Verletzungen des Keuschheitsgelübdes damit rechnen, bei lebendigem Leibe eingemauert zu werden. Wenn ein Mädchen das Feuer erlöschen ließ, wurde es vom Pontifex Maximus zu Tode gegeißelt. → *Hestia*

Vicarius Christi lautet einer der lateinischen Ehrentitel des römischen Papstes; er bedeutet »Stellvertreter Christi« (vgl. *Vikar* und *Vize*).

Vigilius wurde auf Druck des byzantinischen Kaisers und durch Ernennung des in Rom eingefallenen Feldherrn Belisar römischer Papst (537–555) und löste den verbannten Papst Silverius ab. Wegen einer Auseinandersetzung mit dem Kaiser über die Monophysiten setzte man ihn jedoch bald in Konstantinopel gefangen. Sein Name bedeutet »der Wachsame«, zu lat. *vigilia*, »Nachtwache«. → *Silverius*

Viktor war nicht selten der Name europäischer Fürsten, aber auch ein häufiger Beiname christlicher Märtyrer, zu lat. *victor*, »der Sieger«. Im Übrigen nannten auch Päpste sich gern *Viktor*, z. B. *Viktor II.* (gest. 1057), ein Reformpapst aus Deutschland, der allerdings nur von 1055–1057 die

Kirchenführung innehatte. Als *Gebhard Graf von Dollnstein-Hirschberg* war er Bischof von Eichstätt und Vormund Heinrichs IV. gewesen, den er in Aachen krönte. Erst in seinem letzten Lebensjahr kehrte dieser Papst nach Italien zurück, um Synoden im Lateran und in Arezzo abzuhalten. Auch *Viktor III.*, ein ehemaliger Mönch aus Benevent namens *Dauferius Desiderius*, war nur kurzfristig Papst. Er wurde 1086 auf den Stuhl Petri gewählt, nahm seine Wahl aber erst 1087 an und zog sich sofort in das Kloster Montecassino zurück, wo er noch im gleichen Jahr starb. Den Namen *Viktor IV.* legten sich zwei Gegenpäpste zu: Ein Erster wurde 1138 gegen Innozenz II. aufgestellt, doch konnte ihn der heilige Bernhard von Clairvaux noch im gleichen Jahr zur freiwilligen Unterwerfung bewegen. Ein Zweiter wurde 1159 nach dem Tod Hadrians IV. von einer Minderheit der Kardinäle, dafür aber mit Unterstützung Kaiser Friedrichs I., als neuer Pontifex ausgerufen, obwohl das Votum eindeutig und damit rechtskräftig für Alexander III. ausgefallen war. Folglich wurde er nur in Rom und in Teilen des Reichs anerkannt. Mit bürgerlichem Namen hieß dieser Gegenpapst, der bereits 1164 starb, *Ottaviano de Montecello*, aus der italienischen Variante von lat. *Octavianus* sowie ital. *monte*, »Berg«, und *Cello*, einer Verkürzung von *Marcello*, der Koseform und Verkleinerungsform von *Marco*.

Viktoria (engl. *Victoria*) ist die weibliche Form von *Viktor*, »Sieger«, zu lat. *vincere, victum*, »siegen«. Diesen Namen der römischen Siegesgöttin trug z. B. die große britische Königin *Victoria*, nach deren langer Regierungsdauer (1837–1901) die Blütezeit des britischen Bürgertums in der zweiten Hälfte des 19. Jahrhundert als *Viktorianische Ära* bezeichnet wird. *Viktoria* hieß auch ihre älteste Tochter (1840–1901), die spätere preußische Königin und deutsche Kaiserin, Gemahlin Friedrichs III.; ihr Sohn war der letzte deutsche Kaiser, Wilhelm II.

Villon *François* (ca. 1431–1463), französischer Dichter, dessen Gedichte und frech-zynische Balladen, zum Teil im schwer verständlichen Argot der Gauner geschrieben, sein eigenes Leben spiegeln. Er stammte aus ärmlichsten Verhältnissen und hieß zunächst *François de Montcorbier* (aus frz. *mont*, »Berg«, und dem Namen der Weinbaugegend *Corbière* im Vorland der Pyrenäen), bis seine Mutter ihn in die Obhut des Kaplans *Guillaume de Villon* gab, der für seine Ausbildung und sein Studium an der Universität in Paris sorgte und dessen Namen er übernahm. Trotz dieser Förderung geriet er auf die schiefe Bahn. Er zog als

Vagant und Spitzbube durchs Land, wurde als Dieb und Unruhestifter mehrmals inhaftiert, und einmal rettete ihn in einer Mordsache nur die Begnadigung vor dem Strick. Er wurde nur 32 Jahre alt. Der Name seines Gönners, der sein Dichtername wurde, beruht auf lat. *villa*, »Landgut«, später auch »Dorf, Ortschaft«.

Vipsanius war ein altrömischer Gentilname, zu lat. *vipera*, »Viper, Schlange« (oder zu *vivere*, »leben«, und *sanus*, »gesund«). → *Agrippa*

Virchow *Rudolf* (1821–1902), deutscher Pathologe, der als Erfinder der Zellularpathologie der Medizin eine neue Basis gab. Außerdem war er Medizinhistoriker und Mitbegründer der Deutschen Gesellschaft für Anthropologie, Ethnologie und Urgeschichte, war liberales Mitglied im Reichstag sowie Vorsitzender der Fortschrittspartei und erklärter Gegner der Kirche im »Kulturkampf« – ein Wort, das er geprägt hat und mit dem er den Kampf für die Kultur meinte. *Virchow* ist ein slawischer Herkunftsname zu einem Ort ähnlichen Namens in Pommern (heute: Polen), z. B. zu *Wierzchów* oder *Wierzchowo*; beide basieren auf poln. *wierzch*, »Oberteil«, »Gipfel«.

Vischnu heißt im Hinduismus eine der drei Gottheiten in der Trimurti, bekannt als der »Aufrechterhalter«, »der Bewahrer«, zu skr. *vischnu*, »alles durchdringen«, zu *visch*, »wirken, eindringen, durchdringen, zuströmen«. Bei Krisen kehrt der Gott auf dem Rücken seines Reittiers *Garuda* (eines gewaltigen Vogels, zu skr. *garudá*, »geflügelt«) auf die Erde zurück, damit das Gute über das Böse triumphieren kann. Der Hindu-Gott verkörpert das Prinzip der Welterhaltung in den unterschiedlichsten Inkarnationen: Er ist in Tier- und Menschengestalt (dann mit vier Armen) erschienen, um die Menschen zu retten, z. B. als Fisch, Schildkröte, Eber, Mann-Löwe oder Zwerg. Die bekanntesten der bislang zehn Menschwerdungen waren die legendären Könige Rama und Krischna. *Vischnu wird* von vielen Hindus als höchster Gott überhaupt angesehen. → *Krischna* und *Rama*

Vita *Helen* (1928–2001), eigentlich: *Helen Elisabeth Reichel*, deutsche Schauspielerin. 1936 floh sie zusammen mit ihren Eltern vor den Nazis nach Genf, wo Französisch zu ihrer zweiten Muttersprache wurde. 1948 wurde sie in Zürich von Bert Brecht entdeckt, der dort mit ihr »Herr Puntila und sein Knecht Matti« inszenierte. Wegen ihres komischen Talents empfahl er ihr, Kabarett zu machen. Es folgten Boulevard- und Kabarettaufführungen in der Schweiz und in Deutschland. Ab 1950 wirkte sie auch in zahlreichen Filmen mit, in den 70er-Jahren unter Rainer Werner Fassbinders Regie. Daneben wurde sie bekannt durch ihre frivolen französischen Chansons in deutscher Sprache. Ihr Künstlername ist das lateinische Wort *vita* für »Leben«. *Helen* ist eine Ableitung von *Helena*, »die Strahlende«, »die Leuchtende«, zu grch. *hélios (ἥλιος)*, »die Sonne«, oder (in fast gleicher Bedeutung) zu grch. *seléne (σελήνη)*, »der Mond«. Ihr ursprünglicher Familienname ist aus einer Koseform eines Namens mit *rihhi*, »reich« entstanden (z. B. aus *Reichard* oder *Richard*).

Vitalian war ein römischer Papst (657–672) und Heiliger. Unter seiner Herrschaft gab die Kirche Englands die bis dahin üblichen keltischen Gebräuche auf und übernahm den römischen Ritus. Ein Rückschlag war allerdings die Loslösung des Bistums Ravenna aus der päpstlichen Oberhoheit. Der Name bedeutet »der Lebensvolle«, zu lat. *vitalis*, »Leben spendend«, »lebensfähig«.

Vitellius lautete ein römischer Gentilname, z. B. des *Aulus Vitellius* (ca. 15–69 n. Chr.), der in seinem letzten Lebensjahr von allen germanischen Legionen zum römischen Kaiser ausgerufen, bei einer Erhebung Vespasians, der von Osten her anrückte und Rom eroberte, jedoch gestürzt und beseitigt wurde. Der Name leitet sich her von lat. *vitellus*, »Kälbchen«, zu *vitulus*, »Jungtier, Kalb, Fohlen«.

Vivaldi *Anonio* (1678–1741), italienischer Geigenvirtuose und äußerst produktiver Komponist. Der Priester und Kapellmeister an der Markuskirche in Venedig schuf neben religiösen Werken 49 Opern und Oratorien, 23 Sinfonien, 75 Sonaten und 454 Instrumentalkonzerte. Der Name ist aus dem italienischen Rufnamen *Vivaldo* entstanden, dem wohl ein unerklärter germanischer Name zu Grunde liegt. Italiener bringen den Namen ihres verehrten Komponisten gern mit den italienischen Wörtern *vivace* und *vivo* in Zusammenhang, die beide »lebendig, munter, frisch« bedeuten.

Vlaminck *Maurice de* (1876–1958), französischer Maler, der jener Künstlergruppe um Henri Matisse angehörte, die sich die *Fauves* (»die Wilden«) nannte (frz. *fauves*, »Raubtiere, wilde Tiere«). Wie diese setzte er in seinen Landschaften und Stillleben pastos gemalte Flächen in kräftigen Farben nebeneinander. Dass die Familie des Malers aus Flandern stammte, kann man an seinem Namen erkennen, denn niederländisch *Flaming* bedeutet »der Flame«.

Vo Nguyen *Giap* (geb. 1912), nordvietnamesischer General und Politiker. Der Organisator des vietnamesischen Widerstands gegen die japanische Besatzungsmacht während des Zweiten Weltkriegs und Sieger über die französischen Kolonialherren im Indochinakrieg und die amerikanischen Truppen im Vietnamkrieg wurde nach der Wiedervereinigung seines Landes Stellvertretender Ministerpräsident der Sozialistischen Republik Vietnam (bis 1991). Als hätten seine Eltern seine militärische und politische Karriere vorausgeahnt, wählten sie für ihn den Vornamen *Giap*, was im Vietnamesischen »Schild, Rüstung« heißt. Die Bedeutung seines Familiennamens *Vo* ist »Kraft, Stärke« und die seines Mittelnamens *Nguyen* »Ursprung, Herkunft« (ein weit verbreiteter Verweis auf das ehemalige vietnamesische Herrschergeschlecht).

Volta *Alessandro Graf* (1745–1825), italienischer Physiker, der die Grundlagen für den Bau von Kondensatoren schuf und mit der so genannten Voltaschen Säule die erste galvanische Batterie entwickelte, die ohne Elektrisiermaschine Elektrizität mit nennenswerter Spannung erzeugte. 1810 wurde er wegen seiner bahnbrechenden Entdeckungen in den Grafenstand erhoben. Sein Familienname ist das italienische Wort für »Gewölbe« oder aber eine Kurzform des Rufnamens *Bonavolta*, der wörtlich übersetzt »gut gedreht, gut gerichtet« bedeutet und ausgezeichnet zu seinen Leistungen passen würde; wie auch immer, beiden Deutungen liegt ital. *voltare*, »drehen, wenden«, zu Grunde (vgl. *Volte* und *voltigieren*). → *Galvani* und *Travolta*

Voltaire (1694–1778), eigentlich *François Marie Arouet*, französischer Philosoph und Schriftsteller. Er lebte wegen der Veröffentlichung seiner kritischen Schriften in ständiger Angst vor Verfolgung – wozu er allerdings auch allen Grund hatte, denn er wurde immer wieder inhaftiert und schließlich sogar des Landes verwiesen. Daher soll er etwa 160 Falschnamen benutzt haben. Sein richtiger Name ist angeblich ein Anagramm aus *Arovet l.i.* (*l.i.* für *le jeune*, »der Junge«, wobei *i* und *j* sowie *u* und *v* gleichgesetzt wurden). *Arouet* ist wohl eine Verkleinerungsform von *arrou*, »schnell fließender Bach«, auch »Viehtränke«, zu *arrosage*, »das Gießen«. Einige seiner anderen Pseudonyme lauteten *Dr. Obern* und *John Dreamer* (»Träumer«).

Volumnius hieß ein römisches Geschlecht, dem z. B. *Volumnia*, die Gattin des Coriolan, angehörte. Der Name beruht auf lat. *volumen*, »Krümmung, Windung, Kreis«, auch »Buchrolle, Buch«.

Völz *Wolfgang* (geb. 1930 in Danzig), angeblich mit richtigem Namen *Aaron Treppengeländer*, deutscher Theater-, Film- und Fernsehschauspieler (»Raumschiff Orion«, »Pippi Langstrumpf«, »Meister Eder und sein Pumuckl« etc.). Seinen Namenswechsel kann man gut verstehen (er selbst behauptet allerdings, dass er nie *Treppengeländer* geheißen habe, sondern dass dieses der Name eines Verwandten gewesen sei). Der Familienname *Völz* ist wohl aus einer Koseform des Rufnamens *Volkmar* oder *Volker* entstanden.

Vorster *Balthazar Johannes* (1915–1983), südafrikanischer Politiker und Jurist. Als entschiedener Verfechter der Rassentrennung (Apartheid) wurde er 1961 zunächst Justizminister, nach der Ermordung Verwoerds 1966 Premierminister und schließlich Präsident der Republik Südafrika. Der Name basiert wahrscheinlich auf ndl. *voorste*, »Vorderster, Erster«.

Vulcanus (auch: *Volcanus*) heißt der von den Etruskern nach Rom gebrachte Gott des Feuers und der Schmiedekunst, dessen Werkstatt und Wohnung man in Feuer speienden Bergen wie dem Ätna oder dem Vesuv vermutete; die glühende Lava und das unterirdische Grollen hielt man für Anzeichen seiner Arbeit. Sein Name soll aus dem des kretischen Göttervaters *Velchanos* hervorgegangen sein, dem vielleicht die idg. Wurzel *pel-*, »Fels«, zu Grunde liegt. *Vulcanus* entspricht dem griechischen *Hephaistos* (vgl. *Vulkan* und *Vulkanismus*).

Wagner *Richard* (1813–1883), deutscher Komponist. Er arbeitete als Chordirektor in Würzburg und wurde Musikdirektor in Riga, floh allerdings 1839 von dort wegen hoher Schulden. Danach führte er ein unstetes Nomadenleben in etlichen Städten Europas und Deutschlands, bis ihn König Ludwig II. 1864 nach München berief. 1872 siedelte er nach Bayreuth über und legte den Grundstein für das Festspielhaus, das 1876 mit Wagners »Ring des Nibelungen« eingeweiht wurde. Zu seinen bekanntesten Bühnenwerken gehören außerdem »Der fliegende Holländer«, »Tannhäuser«, »Lohengrin«, »Die Meistersinger von Nürnberg« und »Parsifal«. Der Name *Wagner* bedeutet »Stellmacher, Wagenbauer«.

Waigel *Theodor* (geb. 1939), deutscher Politiker. Von 1988 bis 1999 war er Vorsitzender der CSU, gehörte von 1972–2002 dem Deutschen Bundestag an und bekleidete von 1989 bis 1998 das Amt des Bundesfinanzministers. *Waigel* ist eine alte Namensform von *Wigand*, »der Kämpfende«, zu ahd. *wigan*, »kämpfen«.

Wajda *Andrzej* (geb. 1926), polnischer Filmregisseur, der während des Zweiten Weltkriegs im polnischen Widerstand war und 1957 mit seinem Antikriegsfilm »Kanal«, einer eindrucksvollen Darstellung des Warschauer Aufstands, schlagartig berühmt wurde. Danach folgten u. a. »Asche und Diamant«, »Birkenhain«, »Das gelobte Land«, »Die Mädchen von Wilko« und »Der Mann aus Eisen«. Der Name *Wajda* dürfte eine Ableitung von poln. *wojewoda*, »Heerführer, Woiwode«, sein (zu poln. *wojda*, »Krieg«, und *wodzić*, »führen«).

Wałęsa *Leszek* (*Lech*), geb. 1943, polnischer Politiker. Der ehemalige Danziger Werftarbeiter übernahm 1980 die Führung der freien Gewerkschaft Solidarność und wurde 1990 zum Staatspräsidenten Polens gewählt. 1995 unterlag er dem früheren Kommunisten Aleksander Kwaśniewski. *Wałęsa* erhielt 1983 den Friedensnobelpreis. Man fragt sich, warum ausgerechnet dieser mutige Mann einen Namen trägt, der im Polnischen »Herumtreiber« bedeutet (zu poln. *wałęsa się*, »faulenzen, herumlungern«).

Walküre, aus aisl. *valkyrja*, zu *val*, »Kampfplatz, Niederlage«, und dem Bestandteil *kyrja*, bedeutet demnach »Wählerin (der Toten) auf dem Kampfplatz« (vgl. *Kür*, »Wahl«). *Walküren* waren göttliche Kampfjungfrauen der nordischen Sage, die über das Schicksal der Germanen in der Schlacht entschieden, d. h. über Sieg und Frieden und den Tod auf der *Walstatt*. Sie geleiteten die Gefallenen in die Halle Odins, also nach *Walhal*. (Scherzhaft bezeichnen wir auch eine »große, stattliche Frau« als *Walküre*.) → *Asen* und *Norne*

Wallace *Edgar* (1875–1932), englischer Erzähler, der in rascher Folge etwa 170 Kriminalromane schrieb, von denen die meisten verfilmt wurden. Einer seiner Namensvettern, *Lewis Wallace* (1827–1905) ist übrigens der Autor des berühmten Romans »Ben Hur«. *Wallace* war ursprünglich eine Bezeichnung für einen Kelten in englischem Siedlungsgebiet, also für einen Waliser oder Schotten; zu aengl. *walh*, »Fremder, Ausländer« (vgl. *Wales* und *Cornwall*).

Wallenberg *Raoul* (geb. 1912, seit 1945 vermisst), schwedischer Diplomat. Als Beauftragter seines neutralen Heimatlands rettete er im Zweiten Weltkrieg in Budapest Zehntausenden Juden das Leben, indem er ihnen Schutzpässe ausstellte und sie in so genannten Schutzhäusern dem Zugriff der Nazis entzog. Bei Kriegsende wurde er angeblich nach Russland verschleppt und dort inhaftiert; ob und wann er gestorben ist, bleibt ungeklärt. Sein Name ist zusammengesetzt aus schwed. *vall*, »Schutzwall«, und *berg*, »Berg« – ein trefflicher Name für eine Persönlichkeit, der so viele Menschen Schutz und Rettung verdankten.

Wallenstein *Albrecht Eusebius Wenzel von* (1583–1634), tschechischer General im Dienste des Kaisers. Der Herzog von Friedland – daher wurde er in der Regel »der Friedländer« genannt – zeichnete sich im Dreißigjährigen Krieg als großer Feldherr aus. Bei Lützen schlug er 1632 den schwedischen König Gustav II. Adolf, der in der Schlacht fiel. Wegen zögerlicher Kriegsführung und geheimer Verhandlungen mit Schweden setzte der Kaiser ihn 1634 ab. Als dieser ihn des Hochverrates bezichtigte und für vogelfrei erklärte, fiel die Armee von ihm ab, und ein irischer Hauptmann vollstreckte den kaiserlichen Auftrag, indem er ihn in Eger erstach. *Wallenstein* ist entstanden aus *Waldenstein*, dem Namen eines alten böhmischen Adelsgeschlechts. *Albrecht* – ein aus *Adalbrecht* hervorgegangener, im Mittelalter verbreiteter Fürstenname – setzt sich zusammen aus ahd. *adal*, »edel, adlig«, und *beraht*, »glänzend«. *Eusebius*, der zweite Vorname des Heerführers, bedeutet »der Fromme«, zu grch. *eusebés* (εὐσεβής), »gottesfürchtig«. *Wenzel*, aus *Wenzeslaus*, ist der Name böhmischer Könige, insbesondere des tschechischen Nationalheiligen (zu aslaw. *vjače*, »mehr«, und *sláva*, »Ruhm«).

Warhol *Andy* (1927–1987), eigentlich *Andrej Warhola*, amerikanischer Künstler, Gründer der *Pop-art*. Der Name ist slowakisch, jedoch angepasst an die amerikanische Aussprache; *Andy* ist eine Kurzform von *Andreas*. Da seine Vorfahren aus einem nordostslowakischen Dorf im so genannten »ruthenischen Bermuda-Dreieck« zwischen Slowakei, Polen und der Ukraine stammten, könnte der Name *Warhol* sowohl slowakischer als auch polnischer oder ruthenischer Herkunft sein: etwa zu slowak. *var*, »Sieden, Kochen«, und *hola*, »Alm«, oder zu poln. *warchoł* bzw. ruthen. *varchola*, »Stänkerer, Unruhestifter«, wörtlich »Schwein« – was allerdings ein Grund sein könnte, seinen Namen zu ändern, obschon die englische Auslegung, mit Anklang an engl. *war*, »Krieg«, und *hole*, »Loch« (vgl. *Höhle*), auch nicht viel besser klingt.

Waset → *Wosret*

Washington *George* (1732–1799), Feldherr und erster Präsident der Vereinigten Staaten von Amerika. Der zu Wohlstand gelangte virginische Tabakpflanzer hatte als Milizoberst im Ohiogebiet gegen Franzosen und Indianer gekämpft, bevor er 1775 den Oberbefehl über die amerikanischen Revolutionstruppen erhielt. Mit Hilfe europäischer Offiziere, wie Friedrich Wilhelm von Steuben, konnte er eine zwar kleine, aber schlagkräftige Armee aufbauen, die mit französischer Unterstützung 1781 die britische Hauptarmee zur Kapitulation zwang. 1789 wurde er einstimmig zum Präsidenten der nun von England unabhängigen USA gewählt. 1797 zog er sich ins Privatleben zurück. Sein Familienname verweist auf einen gleichnamigen Ort bei Durham. *Washington* bedeutet entweder »sumpfiger Ort« (aus älterem *Wassyngtona*, zu aengl. *wāse*, »Morast«, und *tun*, »Siedlung«; vgl. *town*) oder »Ort der Leute des Wassa«, wobei der angelsächsische Personenname *Wassa* eine Zusammenziehung von aengl *wāth*, »Jagd«, und *sige*, »Sieg«, ist. → *Steuben*

Watt *James* (1736–1819), schottischer Erfinder. Er ist zwar nicht der Schöpfer der ersten Dampfmaschine, wie vielfach behaupt t wird, sondern der Erfinder der ersten Niederdruck-Dampfmaschine (1765). Der große Vorteil gegenüber der herkömmlichen atmosphärischen Maschine war, dass sie nur noch ein Viertel der früher notwendigen Kohlenmenge benötigte. Seine Dampfmaschine, die er in den folgenden Jahren noch verbessern konnte, trug wesentlich zur Industriellen Revolution bei. Nach ihm ist die Maßeinheit der Leistung benannt (1 W = 1 Nm/sec). Bei seinem Namen handelt es sich um eine Koseform von

Walter (zu ahd. *waltan*, »herrschen«, und *heri*, »Heer«). Dieser Name, der mit den Normannen nach England kam, wurde wie die französische Variante *Wauter* im Mittelalter wie das englische Wort *water* ausgesprochen.

Watteau *Antoine* (1684–1721), großer französischer Maler. Sein Lieblingsthema waren Szenen der höfisch-galanten Gesellschaft, meist in Parklandschaften und in duftig schimmernden Farben gemalt. Sein Name, den man vor allem in Nordfrankreich und in Belgien antrifft (hier auch in den Varianten *Wattiau* und *Wastiaux*), bedeutet in der Picardie »Kuchen«, sodass mit *Watteau* früher wahrscheinlich ein Konditor oder Zuckerbäcker gemeint war (vgl. frz. *gâteau*).

Waugh *Evelyn* (1903–1966), englischer Romanschriftsteller und Erzähler. Seine teils ironischen, teils sogar bitteren Gesellschaftssatiren sind stark von religiösen Motiven bestimmt (z. B. »Eine Handvoll Staub«, »Wiedersehen mit Brideshead« und »Tod in Hollywood«). Sein Familienname geht wohl auf das altenglische Wort *walh* für »Fremder« zurück (vgl. *Waliser*).

Wayne *John* (1907–1979), amerikanischer Filmschauspieler, der eigentlich *Marion Michael Morrison* hieß. Er spielte vor allem in Western wie »Stagecoach« und »Rio Bravo«. Sein Name soll sich zusammensetzen aus den ersten beiden Buchstaben des Nachnamens seines Regisseurs Roaul *Walsh* und der Aussprache der letzten drei Buchstaben seines Produzenten *Sheehan*. In Wirklichkeit rührt der Name *Wayne* wohl von aengl. *wægn*, »Wagen, Planwagen«, her – eine passende Assoziation mit den Postkutschen und Planwagen, die in vielen seiner Filme eine dramatische Rolle spielten. Sein Geburtsname ist hergeleitet von *Maurice's son*, »Sohn des Maurice« (zu lat. *Mauritius*, »maurisch«; vgl. *Mohr*).

Weber *Carl Maria von* (1786–1826), deutscher romantischer Komponist und Pianovirtuose. Er war Opernkapellmeister in Breslau, Prag und Dresden gewesen, bevor er bei der Eröffnung des Berliner Schauspielhauses 1821 mit seinem »Freischütz« einen großen Erfolg erlebte. Als er die Oper »Oberon« schrieb, war er bereits vom Tod gezeichnet, konnte ihrer Uraufführung in London jedoch noch beiwohnen; er starb kurz darauf an Schwindsucht. Zwei Jahrzehnte später ließ Richard

Wagner seine Gebeine von London nach Dresden überführen. Außer Opern schrieb er Messen, Konzertwerke, Klaviermusik sowie Lieder und Chöre. Der äußerst weit verbreitete deutsche Berufsname beruht auf mhd. *webære*, »Wollweber« und »Leinenweber«.

Wehner *Herbert* (1906–1990), deutscher Politiker. Nach dem Ersten Weltkrieg zunächst Sozialist, dann Anarchist und ab 1927 schließlich Kommunist, stieg er in der Parteiorganisation der KPD schnell auf und wurde Abgeordneter im Sächsischen Landtag. 1931 ging er nach Berlin und arbeitete dort mit Walter Ulbricht zusammen. Nach dem Verbot der KPD setzte er 1933 seine politischen Aktivitäten in der Illegalität fort, emigrierte aber zwei Jahre später nach Moskau, wo er den stalinistischen Säuberungen entgehen konnte. Als er 1941 im Auftrag der Partei nach Schweden reiste, wurde er im darauf folgenden Jahr verhaftet und interniert; um diese Zeit soll er mit dem Kommunismus gebrochen haben. 1946 kehrte er nach Deutschland zurück und trat in Hamburg der SPD bei, wo er schon bald zum engeren Kreis um Kurt Schumacher gehörte. Ab 1949 war er Mitglied des Deutschen Bundestags, von 1966 bis 1969 Bundesminister für gesamtdeutsche Fragen und anschließend bis 1983 Vorsitzender der SPD-Bundestagsfraktion. In seiner langen Zeit als Bundestagsabgeordneter hat sich der scharfzüngige Politiker unzählige Ordnungsrufe im Parlament eingehandelt und gilt auf diesem Gebiet als Rekordhalter. Der Name *Wehner* ist durch Zusammenziehung aus *Wegener*, zu mhd. *wagner*, »Wagenmacher, Stellmacher«, entstanden.

Weil *Simone* (1909–1943), französische Philosophin, die als Lehrerin einen engen Kontakt mit einem Dominikanerpater pflegte. Nach der deutschen Besetzung ihres Landes emigrierte sie 1942 nach Amerika und von dort nach England. Ihre religiösen Schriften sind von einer mystischen Katholizität, obschon sie als Jüdin nie zum christlichen Glauben konvertierte. Der Tarnname *Weil* ist ein Anagramm aus dem jüdischen Namen *Lewi* (eigentlich *Levi*). Die Nachkommen des biblischen Jakob-Sohns *Levi* wurden zum Priesterstamm erklärt.

Weill *Kurt* (1900–1950), amerikanischer Komponist deutscher Herkunft, der in Zusammenarbeit mit Bert Brecht die berühmte »Dreigroschenoper« schuf. *Weill* lebte bis 1933 in Berlin, ging nach Hitlers Machtergreifung zunächst nach Paris und später nach New York. *Weill* stellte die Buchstaben seines ererbten jüdischen Namens *Lewi* um, sodass sein neuer Familienname (nun allerdings mit Doppel-*l*) dabei herauskam.

Weiser *Grete* (1903–1970), eigentlich *Mathilde Ella Dorothea Margarethe Nowka*, deutsche Schauspielerin. Als Künstlernamen trug sie weiterhin den Namen ihres ersten Ehemanns, *Josef Weiser*, den sie mit 16 Jahren geheiratet hatte, von dem sie sich aber schnell wieder hatte scheiden lassen. Nach dieser Episode nahm sie Schauspielunterricht an der Berliner Volksbühne und spielte zunächst Nebenrollen, meist als Haushälterin. Ihre erste Hauptrolle bekam sie 1937 in dem Erfolgsfilm »Die göttliche Jette«. Nach 1945 etablierte sie sich als gefürchtete Quasselstrippe, die ihr Herz auf der Zunge trug. Ihr slawischer Geburtsname *Nowka* ist wohl von poln. *novak*, sorb. *nowak*, »Neuling«, abgeleitet, zu poln. *novy*, sorb. *nowy*, »neu«. Ihr Künstlername enthält entweder mhd. *wise*, »klug, erfahren« oder mhd. *wisen*, »weisen, lenken«. *Grete Weiser* kam bei einem Autounfall ums Leben.

Weizsäcker *Richard Freiherr von* (geb. 1920), deutscher Staatsmann. Der CDU-Politiker war von 1984 bis 1990 Präsident der Bundesrepublik Deutschland und danach – von 1990 bis 1994 Präsident des wieder vereinigten Deutschland. Sein Bruder *Carl Friedrich von Weizsäcker* (geb. 1912) ist ein bekannter deutscher Physiker, der 1938 seine Theorie der Energieerzeugung in Sternen und 1946 eine Theorie der Entstehung des Planetensystems veröffentlichte. Der Name *Weizsäcker* bedeutet »Weizenanbauer«, zu mhd. *weizze*, »Weizen«, und *acker*, »Feld«.

Welch *Raquel* (geb. 1942), eigentlich *Raquel Tejada*, amerikanische Schauspielerin. Ihr Künstlername ist eine Variante von engl. *welsh*, »walisisch«. Der richtige Name stammt von span. *tejado*, »Ziegeldach«, zu *teja*, »Ziegel«, und ist zwar klangvoll, aber von der Bedeutung her sehr prosaisch; *Welch* klingt in Amerika einfach akzeptabler.

Wellington *Arthur Wellesley, Herzog von* (1769–1852), britischer Feldmarschall und Staatsmann. Seit 1808 hatte er mit seinem Expeditionskorps siegreich gegen die Marschälle Napoleons in Frankreich und Spanien gekämpft und später als Bevollmächtigter seines Landes am Wiener Kongress teilgenommen. Nach Napoleons Rückkehr schlug er diesen 1815 endgültig in jener berühmten letzten Schlacht bei Waterloo, einem kleinen belgischen Dorf südlich von Brüssel, wo Wellington sein Hauptquartier aufgeschlagen hatte. Der Sieg über Napoleon war allerdings nur durch das Eingreifen der Preußen unter Blücher möglich geworden, die im letzten Moment auf dem Schlachtfeld erschienen.[25] In den folgenden Jahren war *Wellington* im diplomatischen Dienst tätig, setzte als Minister (1828–30) die Katholikenemanzipation durch, wurde 1834 Außenminister und bekleidete danach noch mehrere Kabinettsposten. Der Name *Wellington* bezieht sich auf einen Ort bei Somerset, der im 10. Jahrhundert *Wēolingtun* hieß. Sein Name könnte »Anwesen der Kultstättenleute«, zu aengl. *wēoh*, »Heiligtum, Götterbild«, *-ling* für »Gefolgsleute« und *tun*, »Farm, Gehöft«, bedeuten. Sein sprachlich verwandt scheinender Vorname *Wellesley* hat indes einen anderen Ursprung, denn er ist gebildet aus aengl. *wælla*, »Quelle« (vgl. *Welle* und *aufwallen*), und *leah*, »Waldlichtung«.

Wells *Orson* (1915–1985), amerikanischer Filmschauspieler, Regisseur und Filmproduzent. Ihm verdanken wir Filme wie »Citizen Kane«, »Der dritte Mann« und »Moby Dick«. *Wells* ist die Pluralform von engl. *well*, »Quelle, Brunnen«.

Werfel *Franz* (1890–1945), österreichischer Schriftsteller. Der Sohn einer wohlhabenden jüdischen Familie in Prag emigrierte 1838 nach Frankreich, 1940 in die USA. Mit seinen Gedichtbänden »Der Weltfreund«, »Wir sind« und »Einander« wurde er zu einem Hauptvertreter des Expressionismus. In seinen Romanen wandte er sich einem eindringlichen psychologischen Realismus zu, besonders in der Schilderung von tief gläubigen Menschen und ihrem Leiden. Obschon er nie konvertierte, konnte er sich tief in den Geist katholischer Frömmigkeit versenken. Zu seinen bekanntesten Romanen gehören »Das Lied von Bernadette«, »Nicht der Mörder, der Ermordete ist schuldig« und »Der veruntreute Himmel«. Der Name *Werfel* entstand über *Wörfel* aus *Würfel*, vielleicht ein Hinweis auf den Beruf des Würfelmachers oder auf einen Würfelspieler.

---

[25] Das entscheidende Zusammentreffen des französischen Heeres mit den englisch-preußischen Truppen wird auch die *Schlacht bei Belle-Alliance* genannt, nach einem allein stehenden Gehöft bei Waterloo, in dem sich Wellington und Blücher nach ihrem Sieg trafen.

Wesir, zu arab. *wazir,* »Träger, Stütze«, war der Titel eines Ministers in islamischen Staaten (vor allem bei den Osmanen seit dem 14. Jahrhundert). Der oberste *Wesir* war der *Großwesir.*

Whitman *Walt* (1819–1892), amerikanischer Dichter. Sein Hauptwerk »Grashalme« gibt seiner Liebe zum Leben und zu den Mitmenschen, zur Natur und zur Demokratie leidenschaftlich Ausdruck. Der Name *Whitman* entstand aus dem alten englischen Rufnamen *Hwîtmann,* der das Wort *hwît,* »weiß«, enthält und ursprünglich wohl einen besonders hellhaarigen oder -häutigen Menschen bezeichnete.

Widar (auch: *Vidar*) war ein Sohn Odins, ein schweigsamer Ase, der Odins Tod beim Weltuntergang – entweder als *Ragnarök,* »Schicksal, Untergang der Götter«, oder als *Ragnarökkr,* »Götterdämmerung« – rächen wird: Er wird den Wolf töten, der beim Weltuntergang Odin verschlingt. Der Name *Vidar,* nord. *Viðarr,* ahd. *Witheri,* bedeutet »Waldhoheit«, zu nord. *viðr,* »Wald«, bzw. ahd. *witu,* »Wald, Holz«, und *heri,* »Hoheit, Würde«. Dieser germanische Waldgott, der sich in Schweigen hüllte, war so recht nach dem Geschmack der Germanen.

Wiechert *Ernst* (1887–1950), deutscher Schriftsteller. Unter dem Eindruck einer zweimonatigen Haft im Konzentrationslager Buchenwald im Jahr 1938 und anderer leidvoller Erfahrungen während der Zeit des Nationalsozialismus entstand unmittelbar nach dem Krieg »Der Totenwald«. Auch seine früheren Romane sind geprägt von seinem Hader mit dem Mangel an Menschlichkeit, Liebe und Gerechtigkeit in dieser Welt. Der Name *Wiechert* geht über *Wichardt* zurück auf den alten deutschen Rufnamen *Wieghardt,* zu ahd. *wîg,* »Kampf, Krieg«, und *harti,* »hart, kräftig, stark«.

Wieland *Christoph Martin* (1733–1813) war ein deutscher Dichter. Das Werk des aus einem pietistischen Landpfarrhaus stammenden Poeten war zunächst geprägt von enthusiastisch-religiöser Schwärmerei (siehe sein Gedicht »Anti-Ovid, oder die Kunst zu lieben«). Als Ratsherr und später als Kanzleidirektor in Biberach begegnete er zum ersten Mal der frivolen, freigeistigen Literatur des Rokoko und passte sich erstaunlich schnell der entsprechenden Lebensweise und dem dazu gehörenden literarischen Stil an (z. B. »Komische Erzählungen« und »Idris und Zenide«). Seit 1769 Philosophieprofessor in Erfurt, wandte er sich immer mehr philosophischen Betrachtungen zu. Ein Hauptwerk dieser Zeit ist der politisch-satirische Roman »Der goldene Spiegel«, den er sozusagen den verwerflich regierenden Fürsten seiner Zeit vorhielt. In Weimar, wohin er 1772 als Erzieher der herzoglichen Kinder berufen wurde, verfasste er sein dichterisch wohl reinstes Werk, »Oberon«, das Goethe als »ein Meisterstück der deutschen Poesie« pries. *Wieland* ist ein alter Rufname, zu ags. *vela*, »Schatz«, und *walan*, »(Metall, Gold) gießen«. Die altnordische Version dieses Namens war *Völundr*; *Wieland der Schmied* war die Hauptfigur der ältesten germanischen Heldensage, dem *Völundlied*.

Wiesel *Eli* (geb. 1928), amerikanischer Schriftsteller ungarisch-jüdischer Herkunft. Der Überlebende des Nazi-Holocaust (er benutzte diesen Begriff als Erster) erhielt 1986 für seinen Kampf gegen Unterdrückung, Gewalt und Rassismus den Friedensnobelpreis. Beispiele seiner Erzählungen und Erinnerungen sind »Der Vergessene«, »Gezeiten des Schweigens« und »Gesang der Toten«. Sein Vorname ist eine Abkürzung von *Eliezer*, »Gott hilft«; der Familienname beruht auf mhd. *wisele*, »Wiesel«, und war zunächst sicherlich ein Spitzname für einen flinken Menschen.

Wiesenthal *Simon* (1908–2005), österreichisch-jüdischer Architekt, Publizist, Schriftsteller und Nazijäger. Als Holocaust-Überlebender machte er die Suche nach Nazimördern zu seiner Lebensaufgabe; daher gründete er in Linz und später in Wien ein jüdisches Dokumentationszentrum mit dem Ziel, Zeugenaussagen von Opfern auszuwerten und Karteien zu Tätern und Tatorten anzulegen. 1953 war es ihm z. B. gelungen, Adolf Eichmann in Argentinien aufzuspüren, der 1960 in Israel vor Gericht gestellt und zum Tode verurteilt wurde, und einige Jahre darauf konnte mit seiner Hilfe jener Nazischerge ausfindig gemacht werden, der im Krieg die 14-jährige Anne Frank verhaftet hatte. Inzwischen gibt es Simon-Wiesenthal-Institute in den USA, in Kanada, Israel, Frankreich und Argentinien. Kurz vor seinem Tod 2005 äußerte Wiesenthal den letzten Wunsch, in Israel bestattet zu werden. Er wurde im Beisein von österreichischen und israelischen Regierungsvertretern in Herzlija begraben. Sein deutscher Hausname bedarf keiner Erklärung; der Vorname *Simon*, zu hebr. *shimʿōn*, bedeutet »(Gott) hat erhört«.

Wilde *Oscar* (1854–1900), eigentlich *Fingal O'Flaherty Wills*, englischer Erzähler und Dramatiker irischer Herkunft. Er wurde schon zu seiner Zeit als Schriftsteller bewundert, war im prüden viktorianischen England allerdings auch als Skandalautor und Dandy verschrien. Für *Wilde* war Kunst reiner Selbstzweck (»l'art pour l'art«), formvollendet, geistreich und witzig, aber ohne sittliche Bindungen. Seine berühmtesten Werke wurden der Roman »Das Bildnis des Dorian Gray«, die Erzählung »Das Gespenst von Canterville« sowie seine Dramen »Salome« und »Lady Windermere's Fächer«. Der Künstlername *Wilde* entspricht dem altenglischen Adjektiv *wilde*, »wüst, heftig«, auch »lasterhaft«, und machte seinem extravaganten Lebensstil alle Ehre; der Wahlvorname *Oskar* stammt von aengl. *Osgar* (dt. *Ansgar*), zu germ. *ans*, »Gott«, und *gēr*, »Speer«. Sein richtiger irischer Vorname, *Fingal*, erinnert an einen Riesen der irischen Sage (zu gäl. *fionn*, »weiß, bleich«, und *gall*, »Fremder«; vgl. *Gallier*). *O'Flaherty* ist die englische Schreibung von ir. *Ó Flaithbheartaigh*, zu *flaith*, »Herrscher, Herr«, und *bheartaigh*, »kampfbereit«; das *Ó* steht für »Sohn von«. Der Familienname *Wills* ist eine Abkürzung von *Will* für *William*, mit patronymischem End-*s*.

Wilder *Thornton Niven* (1897–1975), amerikanischer Romanschriftsteller (z. B. »Die Brücke von San Luis Rey« und »Unsere kleine Stadt«). Sein Name fußt wahrscheinlich auf aengl. *wildēor*, »wildes Tier«. Der Vorname *Thornton* ist aus einem Wohnstättennamen entstanden, zu aengl. *þorn*, »Dorn« (engl. *thorn*), und *tun*, »Siedlung, Farm«.

Wilhelm ist ein alter deutscher Rufname, zu ahd. *willo*, »Wille«, und *helm*, »Helm, Schutz«. Besonders bekannt unter den zahlreichen Fürsten und Herrschern dieses Namens wurden *Wilhelm der Eroberer* aus der Normandie, der 1066 nach der berühmten Schlacht bei Hastings England einnahm, und der in den Niederlanden geborene *Wilhelm von Oranien*, der nach seiner Heirat mit Maria, der Tochter des letzten Stuart-Königs Jakob II., vom englischen Parlament 1686 zum König erhoben wurde und seinen zunächst geflohenen, dann aber nach Irland zurückgekehrten Schwiegervater 1690 in der berüchtigten Schlacht an der Boyne besiegte (vgl. die *Oranier-Orden* in Nordirland), sowie die beiden deutschen Kaiser dieses Namens, die gleichzeitig auch Könige von Preußen waren: *Wilhelm I.* (1871–1888) und *Wilhelm II.* (1888–1918), der nach dem verlorenen Ersten Weltkrieg zurücktrat und den Rest seines Lebens in den Niederlanden verbrachte. Nicht zu vergessen jener legendäre *Wilhelm Tell* (Anfang des 14. Jahrhunderts), der durch den berühmten Apfelschuss das Zeichen zur Erhebung gegen die habsburgische Herrschaft gab und zum Schweizer Nationalhelden wurde. *Tell*, von mhd. *telle*, bedeutet übrigens »Schlucht«, sodass der Name des treffsicheren Schützen, der dem Landvogt Geßler auflauerte und dem Schiller in seinem Telldrama den Ausspruch in den Mund legte: »Durch diese Hohle Gasse muss er kommen«, gut gewählt erscheint. (Die *Hohle Gasse* ist ein schluchtartiger Hohlweg bei Küssnacht.)

Williams *Tennessee* (1911–1983), amerikanischer Dramatiker, der in seinem Werk kleinbürgerliche, von ihrem Leben enttäuschte Menschen darstelle – oft im Kontrast zu überspannten, aufbrausenden und brutalen Charakteren (z. B. »Endstation Sehnsucht«, »Die tätowierte Rose«, »Die Katze auf dem heißen Blechdach«, »Die Nacht des Leguan«). Etliche seiner Stücke wurden verfilmt. *Williams* bedeutet natürlich »Sohn des William«, zu ahd. *willo*, »Wille«, und *helm*, »Schutz«. (Die entsprechende französische Form *Guillaume* und daraus *William* war nach der normannischen Eroberung lange Zeit der beliebteste Rufname in England.)

Wilson *Thomas Woodrow* (1856–1922), amerikanischer Politiker, der 1912 und erneut 1916 zum Präsidenten gewählt wurde und Deutschland 1917 den Krieg erklärte. Auf der Friedenskonferenz 1919/20 in Paris gelang es ihm nur teilweise, sein schon 1918 verkündetes pazifistisches Programm für die Nachkriegszeit durchsetzen, wofür ihm 1919 allerdings der Friedensnobelpreis verliehen wurde. Dagegen konnte er die Bildung des Völkerbundes erreichen. Der nicht gerade seltene englische Familienname bedeutet schlicht und einfach »Sohn des Will«, also des *William*.

Winter *Judy* (geb. 1944), eigentlich *Beate Richard*, deutsche Schauspielerin. Sie nahm zunächst Ballettunterricht, absolvierte dann jedoch eine Ausbildung an der Schauspielschule; erste große Rollen spielte sie ab 1965, z. B. in den Musicals »My fair Lady« und »Hello Dolly«, seit 1998 begeistert sie in der Rolle der Marlene Dietrich am Berliner Renaissance-Theater; zudem übernahm sie zahlreiche Rollen in TV-Filmen. Ihren Künstlernamen leitete sie aus den Namen der von ihr verehrten Hollywood-Stars *Judy* Garland und Shelly *Winters* ab. Ihr

Geburtsname *Beate* beruht auf lat. *beatus*, »glücklich«, *Richard* gehört zu ahd. *rihhi*, »mächtig, reich«, und *harti*, »hart«.

Władysław hießen etliche polnischer Herzöge und Könige, zu poln. *władać*, »herrschen«, und *sława*, »Ruhm«, z. B. *Władysław I. Łokietek*, »Ellenlang« (zu poln. *łokieć*, »Elle, Ellenbogen«), dem 1315 die Einigung Polens gelang und der 1320 den polnischen Königsthron bestieg, und *Władysław Jagiełło*, der Vater Kasimirs IV., der ab 1440 Großfürst von Litauen und ab 1447 König von Polen war. Sein Enkel wurde 1471 als *Wladyslaw II.* zum König von Böhmen und 1490 auch zum König von Ungarn gewählt und sicherte damit seinem Vater Kasimir IV. die Kontrolle über vier Reiche: Polen, Litauen, Böhmen und Ungarn. → *Kasimir*

Wodan (auch: *Wotan*), zu ahd. *wuotan*, »Rasender, Wütender« (vgl. *Wut* und *wüten*), hieß der Gemahl der Frija. Im Norden, d. h. in Skandinavien und Island, wurde er mit *Odin* gleichgesetzt. *Wodan* war der Gott der Initiationsriten, der Ekstase, des Totenheeres, des Kriegs und der Dichtung. Gleichzeitig galt er als Göttervater und Hochgott der Asen. Tacitus stellte ihn dem Mercurius gleich, weshalb es noch heute die Übereinstimmung zwischen dem germanischen *Wodans Tag* (engl. *Wednesday*) und dem romanischen *Merkurs Tag* gibt (vgl. ital. *mercoledì*, span. *miércoles*, frz. *mercredi* und rum. *miercuri*). → *Odin*

Woityła *Karol* (1920–2005) hieß der ehemalige Erzbischof von Krakau, der sich 1978 nach seiner Papstwahl *Johannes Paul II.* nannte. Der Name des mutigen und unermüdlichen Kirchenmanns passt gut zu diesem von langer Krankheit gezeichneten und dennoch bis zum letzten Atemzug nicht aufgebenden Papst, denn er enthält das polnische Wort *woiteł*, »Kämpfer, Krieger«. → *Johannes Paul II.*

Wolfe *Thomas Clayton* (1900–1938), amerikanischer Schriftsteller. In seinem stark autobiographischen Prosawerk – er hat nur vier, allerdings sehr erfolgreiche Romane verfasst – beschreibt er die Suche eines Südstaatlers nach dem Sinn des Lebens sowohl in Amerika als auch in Europa (»Schau heimwärts, Engel!«, »Von Zeit und Strom«, »Strom des Lebens« und »Es führt kein Weg zurück«). Daneben schrieb er zahlreiche Erzählungen, Kurzgeschichten und Dramen. Sein Name ist eine Übernahme des altenglischen Substantivs *wulf*, »Wolf«.

Wolsey *Thomas* (1473–1530), Kardinal und englischer Staatsmann. Der Ratgeber und Lordkanzler Heinrichs VIII. verfügte über die eigentliche Macht im Land und bestimmte auch die englische Außenpolitik. Als der erklärte Gegner der Reformation bei den Verhandlungen mit dem Heiligen Stuhl bezüglich der Auflösung der Ehe Heinrichs mit Katharina von Aragon versagte, wurde er abgesetzt und des Hochverrats bezichtigt, starb jedoch kurz vor der Gerichtsverhandlung. *Wolsey* leitet sich her von dem alten englischen Rufnamen *Wulfsige*, zu aengl. *wulf*, »Wolf«, und *sige*, »Sieg«.

Wood *Natalie* (1938–1981, ertrunken), eigentlich *Natalia* (*Natascha*) *Nikolaevna Zacharenko Gurdin*, amerikanische Schauspielerin und Tochter ukrainisch-jüdischer Einwanderer. Ihr Vater hatte *Nikolai Zacharenko* geheißen, seinen Namen jedoch kurz nach *Nataschas* Geburt in *Nicholas Gurdin* umgewandelt. (Somit erhielt er zumindest einen amerikanisierten Vornamen.) Der ursprüngliche Name *Zacharenko*, mit der typisch ukrainischen Endung *-enko*, leitet sich her von *Zacharias*, zu hebr. *secharejah*, »erinnert hat sich Jahwe«. Zu Beginn ihrer Karriere bekam sie von ihren Produzenten als Pseudonym den Namen des Regisseurs *Sam Wood*, denn ihren zweiten, ebenfalls russisch klingenden Namen *Gurdin* hielt man für eine Karrierebremse, obschon dieser eher walisischen Ursprungs ist und »starker Mann« bedeutet, zu wal. *gwrdd*, »stark«, und *dyn*, »Mann«. Vielleicht hatte ihr Vater ihn dennoch angelehnt an russ. *gurt (гурт)*, »Herde«, bzw. ukr. *(гурт)*, »Gesamtheit, Gesellschaft«. Ihr Künstlername ist das englische Wort für »Holz, Wald«, während *Natalie* die westliche Variante des russischen Vornamens *Natascha* darstellt, die Koseform von *Natalja*, aus lat. *dies natalis*, »Tag der Geburt (des Herrn)«, für eine an Weihnachten Geborene.

Woolf *Virginia* (1882–1941), englische Erzählerin. In ihren Romanen versuchte sie den Fluss des Lebens einzufangen und diesen ihren Helden bewusst zu machen, nicht nur im Tagesablauf (»Mrs. Dalloway«), sondern auch im Wandel der Jahrzehnte und Jahrhunderte (»Die Jahre« bzw. »Oraland«). Weitere bekannte Werke aus ihrer Feder sind »Die Fahrt zum Leuchtturm«, »Die Wellen« und ihre Erzählungssammlung »Die Frau im Spiegel«. Der Name *Woolf* entspricht unserem »Wolf« (engl. *wolf*).

Wosret (auch: *Useret* und *Waset*) war die altägyptische Stadtgöttin von Theben. Ihr Name bedeutet »die Mächtige«; nach ihr wurde auch Theben benannt, das in alter Zeit *Waset* hieß.

Wright ist ein seit dem Hochmittelalter in England verbreiteter Familienname mit der Bedeutung »Zimmermann, Tischler«, zu aengl. *wyrhta* und *wryhta*, »Zimmermann, Schreiner«. Berühmte Vertreter dieses Namens waren *Wilbur Wright* (1867–1912) und *Orville Wright* (1871–1948), ein amerikanisches Bruderpaar, denen 1903 der erste gesteuerte Motorflug – allerdings nur über 50 Meter – mit einem Doppeldecker gelang.

Wulfila (ca. 311–383), Missionar der Westgoten und Begründer des arianisch-germanischen Christentums. Er hinterließ eine Übersetzung der Bibel ins Gotische, wovon im *Codex argenteus* große Teile, u. a. die vier Evangelien, erhalten sind. Der Name *Wulfila* bedeutet »Wölfchen« (vgl. ahd. *wulf*, »Wolf«).

Xanthippe [grch. Ξανθίππη] hieß die Frau des Sokrates. Ihr Name, der zu Unrecht sprichwörtlich geworden ist und eine zanksüchtige Frau bezeichnet, bedeutet »blondes Pferd«, zu *xanthós (ξανθός)*, »gelb, blond«, und *híppos (ἵππος)*, »Pferd«.

Xaver *Franz* (1506–1552), eigentlich *Francisco de Jassu y Javier* (auch: *Xavier*), spanischer Jesuit und Heiliger der katholischen Kirche. Er verfasste mit Ignatius von Loyola 1539 die erste Ordensregel der Jesuiten und wirkte ab 1541 als Missionar in Indien, auf den Molukken und in Japan; er starb, bevor er seine Bekehrungsarbeit in China fortsetzen konnte. Auf seinen strapaziösen und nicht immer ungefährlichen Reisen hatte er Zehntausende für den christlichen Glauben gewonnen und viele neue Missionshäuser in Süd- und Ostasien eröffnet. Seinen Namen verdankte er dem Familienschloss *Javier* in Navarra, in dem er geboren wurde; zu bask. *Etchaberri*, »neues Haus«.

Xenophon [grch. Ξενοφῶν], ca. 430–355 v. Chr., Athener Aristokrat, Schriftsteller und Schüler des Sokrates. Gegen dessen Rat nahm er 401 als Offizier im Heer des jüngeren Kyros am Feldzug gegen Artaxerxes II. Mnemon teil und führte die griechischen Hilfstruppen unter größten Schwierigkeiten mitten durch die feindlichen Linien zurück, nachdem Kyros gefallen war. Der Name besteht aus grch. *xénos* (ξένος), »fremd, ausländisch«, und *phoneîn* (φωνεῖν), »sprechen, tönen«. Er bezeichnete also wohl jemand, der fremde Sprachen sprechen und verstehen konnte.

Xerxes lautete der griechische Name jenes persischen Großkönigs, den die Bibel als *Ahasver(os)* kennt, zu hebr. *achasveros*, »Hauptkönig, Großfürst«. Im Altpersischen hieß er indes *Chschersche*, »Löwenkönig«, eine Bezeichnung, aus der sich die heute geläufige Namensvariante bildete. *Xerxes*, der eine große Armee gegen Griechenland führte, siegte 480 v. Chr. bei den Thermopylen, verlor aber gegen Themistokles in der Schlacht bei Salamis. → *Artaxerxes*

Xochiquetzel, »Blumenfelder«, war der Name der aztekischen Göttin der Liebe, der Schönheit und der Blumen, aber auch der Geburt.

Xuthos [grch. Ξοῦθος] hieß einer der Söhne des Hellen. Als er von seinen Brüdern Äolus und Doros des Diebstahls bezichtigt und aus Thessalien verdrängt wurde, floh er nach Athen, wo er Krëusa heiratete, die Tochter des mythischen Königs Erechtheus; ihre Söhne waren Ion und Achaios, die Stammfürsten der Jonier und Achäer. Als sein Schwiegervater Erechtheus starb, wurde er aus dem ionischen Attika vertrieben und wohnte eine Weile mit seinen Söhnen in Achaia. Sein Name *Xuthos* (auch: *Strouthos*) beruht auf grch. *strouthós* (στρουθός), »Sperling«; dieser galt als heiliger Vogel der Aphrodite.

Yama ist ein Todesgott der Hindus, der angeblich als erstes irdisches Wesen sterben musste, da er zur Empörung der Götter einen Weg zum Himmel entdeckt hatte. So ist er zum Herrn der Hölle und König der Toten geworden, dargestellt mit einer Keule und einer Schlinge, in Begleitung von einem Paar vieräugiger Hunde, mit denen er auf die Suche nach den Seelen Verstorbener geht; er gilt als der Bruder des Manu, des einzigen Überlebenden der großen Flutkatastrophe. Sein Name beruht entweder auf skr. *yamá*, »Zwilling, Paar«, oder auf skr. *yáma*, »Ende, Schluss«. Als Todesgott trägt er den Beinamen *Kala*, »der Schwarze«, zu skr. *kála*, »schwarz« (vgl. *Kali*).

Yeats *William Butler* (1865–1939), irischer Dichter, der stark von der keltischen Mythologie inspiriert war. Er schrieb seine Stücke für das

Irische Nationaltheater, das er 1899 gegründet hatte und dessen Leiter er bis zu seinem Tod war. 1923 erhielt er den Nobelpreis für Literatur. Sein Name ist eine Form von *Gates*, das in der englischen Sprache »Tore« bedeutet (zu aengl. *geat*, »Tor«, und »Schranke«, vgl. *Gatter*).
→ *Gates*

Yoga, zu skr. *yóga*, »Ausrüstung, Arbeit, Konzentration«, heißt im Hinduismus ein philosophischer Weg zum Besitz und Vermögen.

Yu Huang, »Jadekaiser«, lautet der Name der höchsten Gottheit im daoistischen Götterhimmel; sein dortiger Rang entspricht dem des Kaisers auf Erden, mit dem er in direkter Verbindung stand und der »Sohn des Himmels« genannt wurde.

Zacharias hieß ein Papst (741–752) aus einer griechischen Familie Unteritaliens, der letzte Papst griechischer Herkunft und guten Einvernehmens mit dem oströmischen Kaiser. Er stand aber auch in hohem Ansehen beim römischen Klerus und Volk. Sein Name, zu hebr. *sekarja*, bedeutet »Jahwe war eingedenk«.

Zadek *Peter* (geb. 1926), ist ein deutscher Regisseur. Er entstammt einer unorthodox-jüdischen Familie in Berlin, die 1933 nach London emigrierte. Dort begann er eine Regieausbildung und inszenierte bereits als 21-Jähriger Oscar Wildes »Salome«. Danach arbeitete er an verschiedenen englischen Provinztheatern, bis er 1858 nach Deutschland zurückkehrte, wo er in Ulm und Bremen mit wilden Inszenierungen für Furore sorgte. Seitdem ist er an allen großen deutschsprachigen Bühnen tätig. Sein Name beruht auf hebr. *zadok* und bedeutet damit »(Gott) ist gerecht«.

Zapatero *José Luis Rodríguez* (geb. 1960), spanischer Politiker, seit 2004 Nachfolger Aznars im Amt des Ministerpräsidenten. Der Name des sozialistischen Politikers ist eine alte spanische Berufsbezeichnung und bedeutet »Schuhmacher«, zu *zapato*, »Schuh«.

Zar [russ. *царь*] lautete der ehemalige Herrschertitel bei Russen, Serben und Bulgaren; zu lat. *Caesar* (vgl. dt. *Kaiser*).

Zarathustra (grch. *Zoroaster*), ca. 628–551 v. Chr., persischer Prophet, der die altiranische Religion neu gestaltete und die dualistische Religion des *Zoroastrismus* (auch: *Parsismus*) begründete, nachdem er von Ahura Mazda (dem Prinzip des Guten) zahlreiche Offenbarungen, das Feuer – als reinigende Kraft das Symbol für die Wahrheit – und die heiligen Schrift, das Awesta (zu mpers. *abastag*, »Fundament«) empfangen hatte. Sein Name geht zurück auf awest. *Zarathuschtra*, »(der von den) alten Kamelen«, aus *zarant*, »alt«, und *uschtra*, »Kamel«, also etwa »der reiche Besitzer alter Kamele« (was keineswegs despektierlich gemeint ist!). Heute leben die meisten Anhänger des Zoroastrismus nicht im Iran (25 000), sondern in Indien, vor allem in Bombay. (In Amerika gibt es ebenfalls 23 000 Anhänger dieser Feuer-Religion.)

Zarewitsch [russ. *царевич*] war der Titel des russischen Thronerben, also des ältesten Zarensohns. Die Bezeichnung ist aus *Caesarewitsch* entstanden, zu lat. *Caesar* (vgl. *Kaiser*).

Zenon [grch. *Ζήνων*] aus Kition (Zypern) hieß ein griechischer Philosoph und Begründer der stoischen Schule in Athen, der von ca. 354 bis 262 v. Chr. lebte; Zenon ist wohl eine Verkürzung des Namens *Zenodoros*, »Geschenk des Zeus«, mit der Wurzel *zen-* (*ζην-*), aus der der Name *Zeus* entstand, und *dôron (δῶρον)*, »Gabe, Geschenk«.

Zensoren, zu lat. *censere*, »amtlich schätzen, offiziell beschließen«, nannte man im alten Rom die beiden Beamten, die eine Einschätzung der Vermögensverhältnisse der Bürger vorzunehmen und danach deren Abgaben, aber auch deren Rechte festzusetzen hatten. (Bis 443 v. Chr. hatten die Konsuln selbst diese Aufgabe wahrgenommen.) Eine solche Steuerschätzung geschah alle fünf Jahre auf dem Marsfeld, wo jeder Einzelne unter Eid seine Einkünfte darlegen musste. Die zweite Aufgabe der *Zensoren* war die Kontrolle der Staatsfinanzen; darüber hinaus waren sie die obersten Sittenrichter, die bei Fehlverhalten Ehrenstrafen verhängen konnten. Sie wurden anfangs für fünf Jahre, später nur noch für 18 Monate gewählt.

Zentauren → *Kentauren*

Zephyrinus war ein römischer Papst (199–217), der von der Kirche heilig gesprochen wurde. Der Oberhirte mit dem heidnischen Namen verwarf energisch die häretische Lehre des *Montanismus* (nach ihrem Gründer *Montanus*), laut der das Ende der Welt unmittelbar bevorstand und eine rigorose Askese erforderlich war, sowie die irrige Auffassung des *Monarchianismus*, Jesus sei ein bloßer Mensch gewesen, der vom Vater nur an Kindes Statt angenommen wurde; und nicht er sei am Kreuz gestorben, sondern der Vater selbst, und Christus sei nur eine Erscheinungsform Gottvaters gewesen (vgl. *Monarchie*, »Einherrschaft«). *Zephyrinus*, d. h. »dem Zephyr Geweihter«, kommt von grch. *zéphyros (ζέφυρος)*, »Westwind, Westen«. In der griechischen Mythologie war *Zephyros* der Sohn der Eos, der Göttin der Morgenröte (vgl. *Zephir* für »milder Wind«).

Zeppelin Ferdinand von (1838–1917), deutscher Konstrukteur von lenkbaren Luftschiffen. Das bekannteste Luftschiff, zu seinen Ehren »Graf Zeppelin« getauft, war zwischen 1928 und 1937 im transatlantischen Passagierdienst eingesetzt. 1929 stellte es einen sensationellen Rekord auf, als es von New York aus die Welt umrundete. Ein zweites Luftschiff dieses Namens wurde 1938 konstruiert, kam aber wegen des Ausbruchs des Zweiten Weltkriegs nicht mehr zum Einsatz. *Graf Zeppelin* entstammte einem alten mecklenburgischen Adelsgeschlecht, dessen Stammsitz die Burg auf dem Hopfenwall in Bützow war. Der für einen Burgherrn recht passende Familienname – wohl von der slaw. Wurzel *zep-*, »Greif-, fest« – färbte ab auf den Namen des nahe gelegenen Dorfes *Zepelin*, das im 13. Jahrhundert zunächst als *Cepelin*, dann als *Sepelin* erwähnt wurde.

Zerberus → *Kerberos*

Zeus [grch. Ζεύς, Gen. Διός], lat. *Iupiter*, war der Sohn des Kronos, der Bruder des Poseidon und der Gatte der Hera. Er galt in der griechischen Mythologie als oberster Gott des Himmels und des Wetters (daher auch der »Blitzeschleuderer«, der vom Olymp aus Blitze und Donnerkeile auf die Erde schmetterte). Sein Name bedeutet letztlich Gott; vgl. den Genitiv *Diós (Διός)* und *theós (θεός)*, »Gott«, sowie lat. *deus*. All diese Wörter sind verwandt mit lat. *dies*, »Tag«, von Sanskrit *dyaus*, »Himmel«, sodass *Zeus* auf jeden Fall als eine Lichtgestalt gesehen wurde, obschon er es faustdick hinter den Ohren hatte und ein Meister im Verführen und Vergewaltigen von irdischen Schönheiten war. → *Jupiter*

Zeus katathonios [grch. Ζεὺς καταχθόνιος], »unterirdischer Zeus«, lautete der Beiname des Hades, des Zeus-Bruders und Gatten der Persephone, des Herrschers der Unterwelt. → *Hades*, *Pankoites* und *Admetos*

Zille *Heinrich* (1858–1929), deutscher Zeichner. Der Berliner wurde bekannt durch seine teils humoristischen, teils satirisch-anklagenden Darstellungen des proletischen Milieus. Der Name ist abgeleitet von mhd. *zülle* und *zulle*, »Lastkahn, Nachen« und dürfte früher einen Schiffer bezeichnet haben.

Zola *Émile* (1840–1902), französischer Schriftsteller. Der Sohn eines italienischen Einwanderers verdiente sein Geld als Dockarbeiter und später als Verlagsangestellter, förderte Édouard Manet und die Impressionisten, machte 1898 von sich reden, als er mit der berühmten Schrift *J'accuse* (»Ich klage an«) die Verurteilung des deutschen angeblichen Spions *Alfred Dreyfus* anprangerte und anschließend für ein Jahr im englischen Exil leben musste. In der Literatur gilt *Zola* als Hauptvertreter des französischen Naturalismus. Er versuchte, die wissenschaftlichen Theorien seiner Zeit anhand der Schicksale und Handlungen seiner Romanfiguren zu belegen. Besonders bekannt wurden seine Romane »Der Bauch von Paris«, »Nana« und »Germinal«. Der Familienname *Zola* stammt aus dem Italienischen, wo er, verkürzt aus *Franzola*, als Koseform des Rufnamens *Francisco*, benutzt wird. Er könnte jedoch auch ein Herkunftsname sein, der sich auf die piemontesische Ortschaft *Anzola d'Ossola* bezieht.

Zoroaster → *Zarathustra*

Zosimus, »Mann voller Lebenskraft«, zu grch. *zoé (ζωή)*, »Leben«, hieß ein Papst und Heiliger griechischer Herkunft (417–418), der sich in den zwei Jahren seiner Regierung durch unüberlegte und voreilige Beschlüsse (z. B. Fehlbesetzungen von Bischofsstellen) in mancherlei Schwierigkeiten brachte.

Zwingli *Ulrich* (1484–1531), Reformator der deutschen Schweiz. 1524 führte er in Zürich, wo er Pfarrer am Großmünster war, die Reformation in der Stadt ein. Seit er Erasmus begegnet war, hatte er versucht, das Christentum in dessen humanistischem Sinn zu läutern. Seine Auffassung wandelte sich jedoch nach der Lektüre der Schriften Luthers. Im Unterschied zu Luther, der noch an die Transsubstantiation, also die wirkliche Verwandlung von Brot und Wein, glaubte, handelte es sich für *Zwingli* bei diesem Teil des Gottesdienstes nur um eine symbolische Handlung. Als er die Reformation der gesamten Schweiz durchzusetzen versuchte, kam es zum Krieg mit den katholischen Kantonen, und *Zwingli* fiel im Kampf bei Kappel. Sein schweizerischer Familienname, zu mhd. *twingen*, »zwingen, bedrängen, plagen«, wurde früher offensichtlich für jemanden benutzt, der seine Mitmenschen plagte und drangsalierte.

Zyklop → *Kyklops*

Anhang

Abkürzungen

adän.	altdänisch	bulg.	bulgarisch
aengl.	altenglisch	chin.	chinesisch
afläm.	altflämisch	dän.	dänisch
afries	altfriesisch	dt.	deutsch
afrz.	altfranzösisch	emil.	emilianisch
ageorg.	altgeorgisch	engad.	engadinisch
agrch.	altgriechisch	engl.	englisch
ags.	angelsächsisch	etrusk.	etruskisch
ahd.	althochdeutsch	fränk.	fränkisch
aind.	altindisch	friaul.	friaulisch
air.	altirisch	fries.	friesisch
aisl.	altisländisch	frz.	französisch
aital.	altitalienisch	gäl.	gälisch, schottisch
akk.	akkadisch	galic.	galicisch
alb.	albanisch	gall.	gallisch
alem.	alemannisch	germ.	germanisch
anord.	altnordisch	graub.	graubündnerisch
anorw.	altnorwegisch	grch.	griechisch
apers.	altpersisch	guin.	guineisch
apolab.	altpolabisch	haw.	hawaiisch
apoln.	altpolnisch	hebr.	hebräisch
arab.	arabisch	hind.	hinduistisch
aram.	aramäisch	idg.	indogermanisch
aruss.	altrussisch	isl.	isländisch
asächs.	altsächsisch	ital.	italienisch
aschw.	altschwedisch	jap.	japanisch
aslaw.	altslawisch	kant.	kantabrisch
ass.	assyrisch	kanton.	kantonesisch
äthiop.	äthiopisch	katal.	katalanisch
awal.	altwalisisch	kelt.	keltisch
awall.	altwallonisch	ketsch.	ketschua
awest.	awestisch	kong.	kongolesisch
bab.	babylonisch	korn.	kornisch
bair.	bairisch	kors.	korsisch
bask.	baskisch	kroat.	kroatisch
bologn.	bolognesisch	lang.	langobardisch
bret.	bretonisch	lomb.	lombardisch

lyk.	lykisch	s. u.	siehe unten
maltl.	mittelalterlich	sab.	sabinisch
mdl.	mundartlich	schwed.	schwedisch
mengl.	mittelenglisch	seneg.	senegalesisch
mhd.	mittelhochdeutsch	sfrz.	südfranzösisch
mlat.	mittellateinisch	skr.	sanskrit
mnd.	mittelniederdeutsch	slowak.	slowakisch
mndl.	mittelniederländisch	sorb.	sorbisch
mong.	mongolisch	span.	spanisch
mpers.	mittelpersisch	splat.	spätlateinisch
Mz.	Mehrzahl	sslaw.	südslawisch
nd.	niederdeutsch	südd.	süddeutsch
ndl.	niederländisch	sum.	sumerisch
nepal.	nepalesisch	tat.	tatarisch
ngrch.	neugriechisch	tess.	tessinisch
norm.	normannisch	tibet.	tibetisch
norw.	norwegisch	tosk.	toskanisch
npers.	neupersisch	tsch.	tschechisch
nsorb.	niedersorbisch	turkm.	turkmenisch
okzit.	okzitanisch	u. a.	und andere/ unter anderem
osächs.	obersächsisch		
osorb.	obersorbisch	ukr.	ukrainisch
österr.	österreichisch	urslaw.	urslawisch
parm.	parmaisch	venez.	venezianisch
phön.	phönizisch	vgl.	vergleiche
piem.	piemontesisch	vietn.	vietnamesisch
pik.	pikardisch	wal.	walisisch
port.	portugiesisch	wfries.	westfriesisch
prov.	provenzalisch	wgerm.	westgermanisch
pun.	punisch (karthagisch)	wgot.	westgotisch
röm.	römisch	→	verweist auf einen verwandten Namen oder einen interessanten sachlichen Zusammenhang
rum.	rumänisch		
russ.	russisch		
ruth.	ruthenisch		

Glossar

Akronym Initialwort, d. h. ein Wort, das nur noch aus den Anfangsbuchstaben mehrerer Wörter besteht, zu grch. *ákros (ἄκρος)*, »spitz, äußerster, oberster«, und *ónoma (ὄνομα)* oder *ónyma (ὄνυμα)*, »Name, Titel«; der Ausdruck bedeutet also wörtlich übersetzt »Spitzname«

Ambrosia Speise der Götter in der griechischen Mythologie, zu grch. *ambrósios (ἀμβρόσιος)*, »unsterblich, göttlich«

Anagramm Umstellung der Buchstaben eines Wortes zur Bildung eines neuen Wortes mit anderem Sinn (z. B. *Beton – Boten*), wörtlich: »das Umschreiben«, zu grch. *aná (ἀνά)*, »hinüber, um-«, und *gráphein (γράφειν)*, »schreiben, zeichnen«

Anarchismus eine politische Ideologie mit dem Ziel, den Staat abzuschaffen (und damit jede Herrschaft von Menschen über Menschen), und der Forderung nach schrankenloser Freiheit des Einzelnen. Das Wort ist abgeleitet von grch. *anarchía (ἀναρχία)* und bedeutet eigentlich »Nicht-Herrschaft«, zu grch. *an- (ἀν-)*, »nicht, un-«, und *arché (ἀρχή)*, »Herrschaft, Regierung«. Mit *Anarchie* verbinden wir heute meist Begriffe wie »Unordnung« und »Zügellosigkeit«.

Annalen aus lat. *libri annales*, »Jahrbücher«, zu lat. *liber*, »Buch«, und *annus*, »Jahr«; dazu auch: Annalist, »Jahrbuchschreiber«

Antitoxin vom Körper gebildetes »Gegengift« (eigentlich »gegen Pfeilgift«) gegen von außen eingedrungene Gifte, aus grch. *antíos (ἀντίος)*, »gegen, entgegen«, und *tóxikon (τόξικον)*, »zum Pfeil gehörend«, zu *tóxon (τόξον)*, »Bogen, Pfeil«

apokryph unecht, untergeschoben, eigentlich »verborgen«, zu *apókryphos (ἀπόκρυφος)*, »verborgen, schwer erkennbar« (vgl. *Krypta*, »verborgene Grabanlage« unter dem Chor alter Kirchen)

Aquädukt steinerne, brückenartig gebaute Wasserleitung, mit der im Altertum die Wasserversorgung der Stadtbevölkerung sichergestellt wurde; zu lat. *aqua*, »Wasser«, und *ducere*, »führen, leiten« (vgl. *Produkt* und engl. *duke*, »Heerführer, Herzog«)

Arachnologie »Spinnenkunde«, zu grch. *aráchne (ἀράχνη)*, »Spinne«

Aschkenasim Bezeichnung für die ost- und mitteleuropäischen Juden

Austrasien »Ostreich«, unter den Merowinger-Königen der Ostteil des Fränkischen Reiches, im Gegensatz zum Westreich »Neustrien«

autochthon »eingeboren«, »bodenständig«, zu grch. *autós (αὐτός)*, »selbst«, und *chthón (χθών)*, »Erde, Land« (vgl. *Automobil*, wörtlich »sich selbst Bewegendes«)

autodidaktisch durch Selbststudium, zu grch. *autós (αὐτός)*, »selbst«, und *didáskein (διδάσκειν)*, »lehren« (vgl. *Didaktik*)

bilingual »zweisprachig«, zu *bi-*, »zweifach«, und lat. *lingua*, »Sprache, Zunge«

Codex argenteus »silbernes Buch«, im 6. Jahrhundert entstandenes Buch mit Teilen der Wulfilabibel, die in silberner Schrift auf rot gefärbten Pergamentseiten geschrieben sind, zu lat. *codex*, »Handschrift«, und *argentum*, »Silber«; im 17. Jahrhundert bekam er, seinem Namen entsprechend, einen reich verzierten, in Silber geschlagenen Einband

Cognomen Beiname, »Zuname«, aus lat. *con*, »bei, zusammen mit«, und *nomen*, »Name«

Coitus interruptus vor dem Samenerguss unterbrochener Geschlechtsverkehr, zu lat. *coitus*, »Vereinigung, Begattung«, und *interrumpere*, »abbrechen«

Dezemvir ein Mitglied des römischen Zehnmännerkollegiums, zu lat. *decem*, »zehn«, und *vir*, »Mann« (dieser Aufsichtsbehörde unterlag im alten Rom z. B. die Aufteilung der öffentlichen Ackerfläche, die Entscheidung über Freiheit und Bürgerrecht sowie die Verwahrung der Sibyllinischen Bücher und deren Ausdeutung)

Diadochen »Nachfolger«, zu grch. *diadoché (διαδοχή)*, »Nachfolge, Erbfolge, Übernahme«

drakonisch sehr streng, hart; nach dem altgriechischen Aristokraten Drakon, der durch seine harte Gesetzgebung (621 v. Chr.) das Strafrecht für Athen verschärfte und für die meisten Vergehen die Todesstrafe vorschrieb, zu grch. *drákon (δράκων)*, »Schlange, Drache«

Etymologie Ableitung und Erklärung eines Wortes oder Namens, eigentlich: »Untersuchung des wahren Sinnes«, zu *étymos (ἔτυμος)*, »wirklich, wahr«

euphemistisch beschönigend, verhüllend, zu grch. *euphemeîn (εὐφημεῖν)*, »Worte von guter Vorbedeutung sprechen«, »andächtig schweigen«

Fronde aufständische Bewegung gegen Kardinal Mazarin im 17. Jahrhundert (allgemein auch scharfe Opposition), von frz. *fronde*, »Schleuder«, über eine vulgärlateinische Veränderung zu lat. *funda*, »Schleuder, Schleudergeschoss«. Man verglich die Rebellen mit Schuljungen, die diese eher harmlose Waffe gegeneinander verwendeten.

gens (Mz.: *gentes*) Geschlecht, Sippe, zu lat. *gen, gentis*, »Stamm, Geschlecht, Sippe«

Gentilname »Geschlechtername«, zu lat. *gen, gentis,* »Stamm, Geschlecht, Sippe«

Hedonismus Streben nach dem höchsten Lustgewinn, zu grch. *hedoné (ἡδονή),* »Freude, Vergnügen, Lust«

Homosexualität »gleichgeschlechtliche Liebe«, zu *homoîos (ὁμοῖος),* »gleich, derselbe«, und lat. *sexus,* »Geschlecht«

Hymen Jungfernhäutchen, von grch. *hymén (ὑμήν),* »Haut, Häutchen«, zu *hyménaios (ὑμέναιος),* »Hochzeit, Hochzeitslied«

immanent innewohnend, in etwas enthalten, zu lat. *immanere,* »darinnen wohnen«

Inkarnation Menschwerdung eines göttlichen Wesens (z. B. Christus und Buddha), von lat. *incarnatio,* »Fleischwerdung«, zu lat. *caro, carnis,* »Fleisch«; auch Verkörperung

Kontraktion Zusammenziehung, zu lat. *contrahere,* »zusammenziehen, verengen, verkürzen«

Kolumne Zeitungsspalte, eigentlich »Säule«, zu lat. *columna,* »Säule« (vgl. engl. *colonel,* Oberst, eigentlich »Führer einer Marschsäule«)

Komitien »Bürgerschaftsversammlungen«, zu lat. *comitium,* »Versammlungsplatz« (aus lat. *comire* oder *coire,* »zusammenkommen«)

Konversion Übertritt von einer Konfession zur anderen, aus lat. *conversio,* »Umkehrung, Umwandlung«, zu lat. *convertere,* »umdrehen, umwenden, sich zukehren« (vgl. *konvertieren*)

Kurie eine der 30 Körperschaften, in die die römische Bürgerschaft aufgeteilt war (Unterabteilung der römischen *Tribus*); zu gleichbedeutend lat. *curia*

Lethargie krankhafte Schlafsucht und Teilnahmslosigkeit, zu grch. *léthe (λήθη),* »das Vergessen«, und *argós (ἀργός),* »untätig, träge, faul«

Metier Beruf, Arbeitsgebiet, Aufgabenbereich, aus gleichbedeutendem frz. *métier,* über afrz. *mestier* und *menestier* zu lat. *ministerium,* »Dienst, Amt«

Merkantilismus Wirtschaftspolitik zur Zeit des Absolutismus, die den Außenhandel und damit die Industrie förderte, um die Macht und den Reichtum des Staates zu vergrößern; zu lat. *mercans, mercantis,* »Kaufmann« (vgl. engl. *merchant,* »Händler«)

Metathese Umkehrung von Buchstaben, z. B. *Born* statt *Bronn,* zu grch. *metáthesis (μετάθεσις),* »Umstellung, Veränderung«

Monogamie »Einehe«, zu grch. *mónos (μόνος),* »allein«, und *gameîn (γαμεῖν),* »heiraten«

Nekropole großes Gräberfeld des Altertums, »Totenstadt«, zu grch. *nekrós (νεκρός)*, »tot«, und *pólis (πόλις)*, »Stadt«

Nektar Götterspeise, zu grch. *néktar (νέκταρ)*, »Göttertrank«

Neustrien während der Merowinger-Zeit der Westteil des Fränkischen Reichs

Ödipuskomplex in der Psychologie ein Ausdruck für die allzu starke Bindung eines Kindes zum gegengeschlechtlichen Elternteil, vor allem des Sohnes an die Mutter

pastos dick aufgetragen (Farbe in der Malerei), zu ital. *pastoso*, »teigig, breiig« (vgl. *Paste*)

Patronymikon vom Namen des Vaters abgeleiteter Name, zu grch. *patér (πατήρ)*, »Vater«, und *ónyma (ὄνυμα)*, »Name«

Pendant Gegenstück, Entsprechung, über frz. *pendant*, »das Hängende«, zu lat. *pendere*, »hängen, herabhängen«

Phrenologie widerlegte Anschauung, dass aus der Schädelform auf eine bestimmte geistig-seelische Veranlagung zu schließen ist; zu grch. *phrén (φρήν)*, »Zwerchfell«, auch »Geist, Gemüt« (vgl. *frenetisch*)

Pinakothek Gemäldesammlung, zu grch. *pínax (πίναξ)*, »Zeichnung, Gemälde«, und *théke (θήκη)*, »Kasten, Kiste«

Plebs zu lat. *plebs, plebis*, »Bürgerklasse« (im Gegensatz zu den Patriziern); vgl. *Plebejer*

Plural Mehrzahl, zu lat. *plus, pluris*, »mehr«, *plures*, »mehrere«

Polygamie »Vielehe«, zu grch. *polýs (πολύς)*, »viel«, und *gameîn (γαμεῖν)*, »heiraten«

Praenomen »Vorname«, zu lat. *prae*, »vor«, und *nomen*, »Name«

Restauration »Wiederherstellung«, gemeint ist das Königtum

Rhetor »Redner«, zu grch. *rhétor (ῥήτωρ)*, »Redner« (vgl. *Rhetorik*)

Risorgimento italienische Einigungsbestrebungen im 19. Jahrhundert, zu ital. *risorgimento*, »Wiedererstehung«, »Wiedergeburt«

Sadismus eine nach *Marquis de Sade* (1740–1814) benannte sexuelle Fehlhaltung (sexuelle Befriedigung durch Zufügung von Schmerz)

Sanskrit eigentlich: *sánskrita*, »kunstvoll zurecht gemacht«, Bezeichnung der heiligen, kanonisierten Hochsprache der Hindus, im Gegensatz zu der natürlichen, vulgären Umgangssprache *Prakrita*, zu skr. *prákṛta*, »natürlich, ursprünglich«, »Volkssprache«

Schiiten islamische Glaubensrichtung, Anhänger der *Schia*, »Partei«, im Arabischen eigentlich *shi'at Ali*, »Partei des Ali«; Ali (»Erhabener, Edler«) war der Schwiegersohn Mohammeds und der Ehemann der Fatima

Sedisvakanz Zeitraum, während dessen der Heilige Stuhl in Rom unbesetzt ist, zu lat. *sedes, sedis,* »Sitz, Stuhl«, und lat. *vacans,* »leer, frei seiend« (vgl. *Vakuum*)

Semiotik Wissenschaft von Ausdruck, Bedeutungslehre, aus grch. *semeiotikós (σημειωτικός),* »zum Bezeichnen gehörend«, zu *sêma (σῆμα),* »Zeichen, Merkmal«

Sephardim Bezeichnung der so genannten Westjuden aus Nordafrika, der Iberischen Halbinsel und dem Vorderen Orient

Sezessionskrieg »Abtrennungskrieg«, zu lat. *secessio,* »Absonderung, Trennung, Loslösung«

Singular »Einzahl«, aus lat. *singularis,* »vereinzelt«, zu *singulus,* »einzeln, einer allein«

Skarabäus Mistkäfer des Mittelmeergebietes, Pillendreher, aus lat. *scarabaeus,* »Holzkäfer«, zu grch. *kárabos (κάραβος),* »Krabbe«

Sophist antiker Wissenschaftler, im alten Athen ein Wanderlehrer, der die Jugend in Wissenschaft, Philosophie und Rhetorik ausbildete, zu grch. *sophízein (σοφίζειν),* »belehren, klug erdenken«

Sowjet zu russ. *sowjét (совет),* »Rat, Beirat, Senat«

Trias »Dreiheit«, meist *Göttertrias,* »Gruppe von drei Göttern«, zu grch. *treîs (τρεῖς),* femin. *tría (τρία),* »drei« (Mehrz. *Triaden*)

Trimurti Dreiheit der hinduistischen Götter (vgl. *Trias*)

Veda die heiligen Schriften der Arier im 2. Jahrtausend v. Chr. (übrigens: *der* Veda), zu skr. *véda,* »heiliges Wissen, heilige Lehre«

Volumen Buchrolle, Buch; Inhalt, Fassungsvermögen, zu lat. *volumen, voluminis,* »Schriftrolle«, zu *volvere,* »drehen, rollen, winden, aufwickeln«

Wesir höchster Würdenträger der früheren türkischen Sultane, Minister in islamischen Staaten, Vizekönig; zu arab. *wazîr,* »Helfer, Träger«

Zetazismus Entwicklung des Buchstabens *k* vor einem hellen Vokal zu *z,* zum griechischen Buchstaben *Zeta (ζ)*

Bedeutungsgleiche Namen und Titel

Adler/Geier/Milan
Ajax (grch.) – Aquilius (lat.) – Arndt (dt.) – Arnim (dt.) – Arnold (dt.) – Keats (engl.) – Milo (lat.) – Mut (äg.) – Orlow (russ.) – Perez (hebr.)

Adlige(r)/Edle(r)
Eugen (grch.) – Pat (engl./ir.) – Patrice (frz.) – Patricia (lat.) – Patricius (lat.) – Patrick (ir.) – Sharif (arab.)

Alte(r)/Ältere(r)
Anicius (lat.) – Callas (grch.) – Dada (afrik.) – Kalogeropoulos (grch.) – Mzee (afrik.) – Ogygia (grch.) – Scheich (arab.) – Senator (lat.) – Seneca (lat.)

Auge/Gesicht
Glasunow (russ.) – Glaukopis (grch.) – Huri (arab.) – Kekrops (grch.) – Kyklops (grch.) – Panoptes (grch.) – Pelops (grch.)

Bäcker/Sohn des Bäckers
Baker (engl.) – Becker (dt.) – Chlebnikow (russ.) – Pistor (lat.) – Watteau (frz.)

Bär(in)
Arthur (kelt.) – Artus (kelt.) – Bering (germ.) – Bernhard (dt.) – Bernini (germ.) – Cartney (ir.) – García (bask.) – Mahon (ir.) – Orsini (ital.) – Osborne (nord.) – Ursinus (lat.) – Ursula (lat.)

Bärtige(r)/Bart-
Ahenobarbus (lat.) – Barbarossa (ital.) – Barbatus (lat.) – Barth (dt.) – Beardsley (engl.) – Borodin (russ.)

Bauer/Landmann/Pächter
Agricola (lat.) – Beethoven (fläm.) – Delmas (kat.) – Dumas (kat.) – Dvořák (tsch.) – Gaarder (norw.) – Georg (grch.) – George (engl.) – Georges (frz.) – Giorgio (ital.) – Göran (schw.) – György (ung.) – Hoffmann (dt.) – Ignatius (got./lat.) – Jerzy (poln.) – Jiří (tsch.) – Jörg (dt.) – Jorge (span./port.) – Jurek (poln.) – Jürgen (dt.) – Jurij (russ.) – Maillol (frz.) – Mitterand (frz.) – Ravel (frz.) – Weizsäcker (dt.)

Biene/Fliege/Käfer
Apicius (lat.) – Chruschtschow (russ.) – Debora (hebr.) – Melissa (grch.) – Melissos (grch.) – Preminger (dt.)

Bittere/Widerspenstige
Manon (frz.) – Máire (ir.) – Maria (lat.) – Marie (frz.) – Marija (russ.) – Marika (schw.) – Marilyn (engl.) – Marion (frz.) – Marischka (ung.) –

Marka (ung.) – Mary (engl.) – Marya (poln.) – Mascha (russ.) – Maureen (engl.) – Miriam (hebr.) – Molly (engl.)

Blau(er)/grünblau
Gasset (katal.) – Glaukos (grch.) – Livio (ital.) – Livius (lat.)

Böttcher/Fass/Tonne
Baedeker (dt.) – Bakunin (russ.) – Bednarz (poln.) – Botticelli (ital.) – Bötticher (dt.) – Cooper (engl.) – Fassbinder (dt.) – Kádár (ung.) – Scheffler (dt.)

Brücke/Deich/Damm/Wehr
Dupont (frz.) – Dyck (fläm.) – Grotewohl (dt.) – Hashimoto (jap.) – Locke (engl.) – Motier (frz.) – Poncet (frz.) – Ponte (ital.) – Pontianus (lat.) – Pontifex (lat.) – Pontius (lat.)

Buche/Eiche
Beecher (engl.) – Buchinsky (poln.) – Büchner (dt.) – Buxtehude (dt.) – Dubček (tsch.) – Eichel (dt.) – Eichendorff (dt.) – Eichmann (dt.) – Lafayette (frz.) – Queneau (frz.) – Rovere (tosk.)

Busch/Gebüsch
Bosch (ndl.) – Bosco (ital.) – Brahms (dt.) – Busch (dt.) – Bush (engl.) – Debussy (frz.) – Korczak (poln.) – Lesseps (frz.) – Ronsard (frz.) – Shaw (kelt.)

Cornelier(in)
Cornelia (lat.) – Cornélie (frz.) – Cornelius (lat.) – Kornel (ung.) – Nellie (engl.) – Nelson (engl.) – Niels (skand.)

Dicker/Fetter
Bassus (lat.) – Böll (dt.) – Ciccione (ital.) – Crassus (lat.) – Redon (frz.) – Tasso (ital.) – Tolstoi (russ.)

Drachen
Drache (dt.) – Dracula (rum.) – Drake (engl.) – Drakon (grch.)

Dummkopf/Alberne(r)
Asinius (lat.) – Bobadilla (span.) – Brutus (lat.) – Gourdon (frz.) – Nuñez (span.) – Sillitoe (engl.)

Edelstein/Geschmeide
Girotti (ital.) – Nyerere (suah.) – Robbins (engl.) – Rubin (slaw./jüd.) – Rubinstein (slaw./jüd.) – Torquatus (lat.)

Edle(r)/Erhabene(r)
Adalbert (dt.) – Adelheid (dt.) – Adelaide (engl.) – Adélaide (frz.) – Ali (arab.) – Amaterasu (jap.) – Amida (jap.) – August (dt.) – Augustinus (lat.) – Augustus (lat.) – Bastian (dt.) – Bastienne (frz.) – Basto (ital.) – Bhagava (skr.) – Bhagwan (skr.) – Brigida (kelt.) – Celsius (lat.) – Cel-

sus (lat.) – Delon (frz.) – Dschalal (arab.) – Eminenz (lat.) – Eugen (grch.) – Guru (skr.) – Lama (tib.) – Nobile (ital.) – Sebastian (dt.) – Sebastiano (ital.) – Sébastien (frz.) – Sebastos (grch.) – Sebesta (böhm.)

Eiserner/Stählerner
Adamantius (grch./lat.) – Berija (svan.) – Demir (türk.) – Demirel (türk.) – Stalin (russ.) – Timur (turk.)

Erbbesitz/Beschützer(in) des Erbes
Duarte (port./kast.) – Eamon (ir.) – Edgar (engl.) – Edmund (dt.) – Édouard (frz.) – Eduard (dt.) – Eduardo (span.) – Edward (engl.) – Ned (engl.) – Odo (engl.) – Ödön (ung.) – Othon (frz.) – Otto (dt.) – Ottone (ital.) – Teddy (engl.) – Udo (dt.)

Erbse/Bohne/Hirse
Bancroft (engl.) – Cicero (lat.) – Fabianus (lat.) – Fabius (lat.) – Jagiełło (poln.) – Millet (frz.) – Piso (lat.)

Erde
Adam (hebr.) – Arminius (germ.) – Erechtheus (grch.) – Erechthonios (grch.) – Gäa (grch.) – Geb (äg.) – Giordano (ital.) – Jord (norw.) – Jordaan (ndl.) – Jourdain (frz.) – Jordan (nord.) – Melanchthon (grch.) – Prithivi (skr.) – Tertullian (lat.)

Erleuchteter
Aaron (bibl.) – Aharon (hebr.) – Harun (arab.) – Buddha (skr.)

Ernste(r)/Entschlossene(r)
Arnošt (tsch.) – Ernest (engl.) – Ernesto (ital./span.) – Ernő (ung.) – Ernst (dt.) – Severinus (lat.) – Severus (lat.) – Søren (dän.) – Stearns (engl.)

Errettung/Retter
Heiland (dt.) – Hosea (bibl.) – Jesus (grch.) – Joschua (hebr.) – Lysander (grch.) – Lysimachos (grch.) – Lysistrata (grch.) – Salvador (span.) – Servius (lat.) – Sokrates (grch.) – Soter (grch.) – Soteira (grch.)

Erwählter
Kriton (grch.) – Mustafa (arab.) – Theokrit (grch.)

Fels/Felsblock/Stein (Petrus)
Boutros (grch./arab.) – Denktaş (türk.) – Eban (hebr.) – Einstein (dt.) – Frankenstein (dt.) – Gladstone (engl.) – Kaminker (poln.) – Kaminsky (poln.) – Kephas (aram.) – Parkinson (engl.) – Parnell (engl.) – Peder (dän.) – Pedersen (norw.) – Pedro (span.) – Per (schw.) – Perkins (engl.) – Pero (ital.) – Perón (span.) – Persson (schw.) – Petar (bulg.) –

Peter (dt.) – Pető (ung.) – Petőfi (ung.) – Petrus (grch./lat.) – Piero (ital.) – Pierre (frz.) – Pieter (ndl.) – Pietro (ital.) – Piotr (poln.) – Pirelli (ital.) – Pitt (engl.) – Pjotr (russ.) – Plinius (lat.) – Robespierre (frz.) – Rochefort (frz.) – Rock (engl.) – Rubinstein (dt.) – Shamir (hebr.) – Stan (engl.) – Stauffenberg (dt.) – Stone (engl.) – Wallenstein (dt.) – Winston (engl.)

Franke
Ferenc (ung.) – Franc (frz.) – Francis (engl.) – Francisco (ital./span./port.) – Frane (sslaw.) – Franek (poln.) – Frank (dt.) – Frans (ndl./schw.) – František (tsch.) – Franziskus (lat.)

Freund/Bundesgenosse
Balduin (dt.) – Baldwin (engl.) – Baudouin (frz.) – Darwin (dt.) – Gratian (lat.) – Horaz (lat.) – Khalil (arab.) – Mithras (skr.) – Nelson (ir.) – Niel (ir.) – Philopator (grch.) – Ruth (hebr.) – Suharto (indon.)

Friedliche(r)/
Absalom (bibl.) – Bedřich (tsch.) – Békessy (ung.) – Effi (dt.) – Eirene (grch.) – Elfriede (dt.) – Federico (ital.) – Ferdinand (dt.) – Fernandel (frz.) – Ferrand (frz.) – Ferrante (ital.) – Frédéric (frz.) – Ferry (frz.) – Frederick (engl.) – Friederike (dt.) – Friedrich (dt.) – Frigga (skand.) – Frigyes (ung.) – Fryderyk (poln.) – Imhotep (äg.) – Irene (grch.) – Irina (russ.) – Kasimir (slaw.) – Li Peng (chin.) – Makepeace (engl.) – Mira (russ.) – Nando (ital.) – Nándor (ung.) – Pacelli (ital.) – Pax (lat.) – Paz (span.) – Rachmaninow (russ.) – Salman (arab.) – Salome (grch.) – Salomon (hebr.) – Selim (türk.) – Süleyman (türk.) – Tranquillus (lat.)

Friede Gottes
Gevert (ndl.) – Geoffroy (frz.) – Godfrey (engl.) – Godefroy (frz.) – Goffredo (ital.) – Gottfried (dt.) – Götz (dt.)

Führer/Anführer
Archelaos (grch.) – Capone (ital.) – Caudillo (span.) – Demarchos (grch.) – Doge (venez.) – Duce (ital.) – Fürst (dt.) – Herzog (dt.) – Imam (arab.) – Tschiang (chin.) – Wajda (poln.)

Fuhrmann/Träger
Carter (engl.) – Cartier (frz.) – Chartier (frz.) – Jagger (engl.) – Porter (engl.)

Gans/Gänserich/Ente
Gauß (dt.) – Genscher (dt.) – Gensfleisch (dt.) – Gogol (ukr.) – Hus (tsch.) – Husák (ukr./tsch.) – Pavarotti (ital.) – Verwoerd (ndl.)

Gärtner/vom Garten
   Dujardin (frz.) – Gardener (engl.) – Gardiner (engl.) – Gardner (engl.) – Hortensius (lat.) – Jardinier (frz.) – Kepos (grch.) – Kertész (ung.)

Geburt/geboren
   Antigone (grch.) – Chepre (äg.) – Natalie (lat./dt.) – Natalija (russ.) – Natascha (russ.) – Noël (frz.) – Origines (grch.) – Parze (lat.) – Renata (ital.) – Renate (lat./dt.) – Renato (ital.) – Renatus (lat.) – Renée (frz.) – Renette (frz.) – Reno (ital.) – Sinh (vietn.) – Telegonos (grch.)

Gedanke/Sinn/Verstand
   Alkinoos (grch.) – Arsinoë (grch.) – Diomedes (grch.) – Ganymed (grch.) – Gounod (frz.) – Hauke (dt.) – Hobbema (ndl.) – Hubble (engl.) – Hudson (engl.) – Hugh (engl.) – Hughes (engl.) – Hugo (dt.) – Hugues (frz.) – Humboldt (dt.) – Minerva (lat.) – Mommsen (dt.) – Nikomedes (grch.) – Nus (grch.) – Palamedes (grch.) – Ugo (ital.)

Geist/Seele
   Ahura (awest.) – Ahriman (pers.) – Dschin (arab.) – Genius (lat.) – Mahatma (skr.) – Manitu (indian.) – Mummius (lat.) – Psyche (grch.) – Ruhollah (pers.)

Gemeiner/Gauner/Spitzbube
   Djindjić (sslaw.) – Froboes (dt.) – Luther (dt.) – Machiavelli (ital.)

Gesalbte(r)
   Chris (engl.) – Christel (dt.) – Christer (skand.) – Christian (dt.) – Christine (dt.) – Christus (grch.) – Chrétien (frz.) – Messias (hebr.)

Gesegnete(r)
   Bendit (frz.) – Benedict (engl.) – Benedetto (ital.) – Benedikt (dt.) – Beneš (tsch.) – Bengt (skand.) – Benito (span.) – Bennet (engl.) – Benoît (frz.) – Bento (port.) – Faustus (lat.) – Hanna (hebr.) – Mubarak (arab.) – Sugata (skr.)

Goldene(r)/Gold-
   Aurèle (frz.) – Aurelius (lat.) – Aurora (lat.) – Candra (skr.) – Ceauşescu (rum.) – Chrysostomos (grch.) – Golda (jidd.) – Golding (engl.) – Goldmann (dt.) – Goldoni (ital.) – Goldsmith (engl.) – Zlatan (sslaw.) – Zlatko (sslaw.)

Gott/Göttliche(r)
   Allah (arab.) – Al Lat (arab.) – Astarte (phön.) – Astrid (schw.) – Devi (skr.) – Diana (lat.) – Dioskuren (grch.) – Diva (lat.) – Divus (lat.) – Elias (hebr.) – Godard (germ./frz.) – Götz (dt.) – Gustafsson (schw.) – Elohim (hebr.) – Goethe (dt.) – Ischtar (ass.) – Numa (lat.) – Tagore (skr.) – Theotokopoulos (grch.)

Bedeutungsgleiche Namen und Titel

Gottesgeschenk
Adeodatus (lat.) – Deusdedit (lat.) – Diodorus (grch.) – Doreen (engl.) – Dorothea (grch.) – Dorothée (franz.) – Dorotea (ital./span.) – Dorothy (engl.) – Dorota (poln./tsch.) – Fjodor (russ.) – Jonathan (bibl.) – Mathew (engl.) – Mathieu (frz.) – Matteo (ital.) – Matthäus (bibl.) – Matthias (bibl.) – Nathan (hebr.) – Nathaniel (hebr.) – Netanjahu (hebr.) – Theodor (grch.) – Theodora (grch.) – Tudor (walis.)

Gottgeweihte(r)
Apollinaire (frz.) – Apollonius (grch.) – Babette (frz.) – Demetrius (grch.) – Denis (frz.) – Dennis (engl.) – Dionysius (grch.) – Elisabeth (hebr.) – Elizabeth (engl.) – Julius (lat.) – Lisette (frz.) – Liza (engl.) – Tennyson (engl.) – Zephyrinus (grch.)

Gott ist gnädig/hilft
Django (zigeun.) – Evan (wal.) – Gianna (ital.) – Giovanni (ital.) – Gotthelf (dt.) – Hans (dt.) – Hanus (tsch.) – Ian (schott.) – Ivana (tsch.) – Iwan (russ.) – Jack (engl.) – Jan (tsch.) – Jana (tsch.) – Jane (engl.) – Janina (poln.) – Janka (ung.) – Janko (ung.) – János (ung.) – Jean (frz.) – Jeanne (frz.) – Jelzin (hebr./russ.) – Jenny (engl.) – Jens (dän.) – Joan (engl.) – Johannes (hebr./grch.) – Johanna (hebr./grch.) – John (engl.) – Jovanka (sslaw.) – Juan (span.) – Juana (span.) – Juanita (span.) – Mantegna (ital.) – Raphael (hebr.) – Sean (ir.) – Yahya (arab.)

Gott mit uns
Emanuel (hebr.) – Immanuel (hebr.) – Mandel (hebr.) – Manolo (ital.) – Manuel (span.) – Manuela (span.) – Manuele (ital.) – Mendele (jidd.) – Mendelssohn (jidd./dt.) – Nelo (span.)

Graue(r)/schieferfarbig
Caeso (lat.) – Canuleius (lat.) – Gris (frz.) – Lloyd (wal.) – Pissarro (span./frz.) – Pizarro (span.)

Hahn/Huhn
Capone (ital.) – Çiller (türk.) – Cockney (engl.) – Cocteau (frz.) – Gallus (lat.) – Ganganelli (ital.) – Havel (tsch.) – Hitchcock (engl.) – Kohout (tsch.) – Perdix (grch.) – Poe (engl.)

Hecke/umzäunter Besitz
Arrigo (ital.) – Enrico (ital.) – Genrich (russ.) – Harry (engl.) – Heiko (dt.) – Heino (dt.) – Heinrich (dt.) – Hendrik (ndl./dän.) – Henning (dt.) – Henri (franz.) – Henrik (schw./norw./ung.) – Henry (engl.) – Henryk (poln.) – Jindřich (tsch.)

Heide/Landbewohner/Ungläubiger
Haider (dt.) – Haydn (dt.) – Heath (engl.) – Heidegger (dt.) – Heider (dt.) – Polanski (poln.)
Heide/Ungläubiger
Heydrich (dt.) – Heidenreich (dt.) – Paganini (ital.)
Heil/gesund/kräftig
Brahe (skand.) – Gonzalo (span.) – Helga (schw.) – Helge (schw.) – Hygieia (grch.) – Jason (grch.) – Maro (lat.) – Salvius (lat.) – Valente (ital.) – Valentinus (lat.) – Valérie (frz.) – Valerius (lat.)
Heilige(r)
Agnes (grch.) – Gerome (engl.) – Geronimo (ital.) – Girolamo (ital.) – Hieron (grch.) – Hieronymus (grch.) – Jaronim (slaw.) – Jérôme (frz.) – Jeronimo (span.) – Mindszenty (ung.) – Santo (ital.)
Heimat/Heim/Wohnung/Haus
Boycott (engl.) – Burroughs (engl.) – Casanova (ital.) – Delmas (katal.) – Dumas (katal.) – Hamlet (norw.) – Heemstra (fries.) – Hemingway (nord./engl.) – Kishon (ung.) – Lodge (engl.) – Megara (grch.) – Monoecus (grch./lat.) – Oppenheim (dt.) – Rudyard (engl.) – Turgut (türk.) – Verlaine (lat./frz.) – Villon (frz.)
Held(in)/Held(in) Gottes
Aristides (grch.) – Bahadur (mong.) – Balduin (dt.) – Baldur (nord.) – Baldwin (engl.) – Baudouin (frz.) – Connor (ir.) – Gábor (ung.) – Gabriel (hebr.) – Gabriele (ital.) – Gabrielle (frz.) – Gavriil (russ.) – Gierek (poln.) – Gómez (span.) – Herakles (grch.) – Hercules (lat.) – Herodes (grch.) – Herodot (grch.) – Prodi (ital.)
Hell/leuchtend
Argus (grch.) – Blanco (span.) – Clair (frz.) – Finn (ir.) – Hô Chi Minh (vietn.) – Leukippos (grch.) – Seleukos (grch.) – Sinclair (frz.) – Sita (skr.) – Utu (sum.)
Herr(in)/Beherrscher(in)
Adonai (hebr.) – Adonis (phön.) – Anaxagoras (grch.) – Anaximander (grch.) – Anaximenes (grch.) – Andromeda (grch.) – Anubis (äg.) – Baal (phön.) – Bajesit (türk.) – Bey (türk.) – Bragi (nord.) – Chirico (ital.) – Derek (engl.) – Derrick (engl.) – Dietrich (dt.) – Ea (sum.) – Efendi (grch./türk.) – El Cid (arab.) – Enlil (sum.) – Ereschkigal (bab.) – Erik (nord.) – Flaherty (ir.) – Foucault (frz.) – Freyja (nord.) – Gauthier (frz.) – Gautier (frz.) – Gualtiero (ital.) – Griffith (wal.) – Harold (engl.) – Imperator (lat.) – Khan (türk./pers.) – Kreon (grch.) – Krëusa (grch.) – Kyrillos (grch.) – Laomedon (grch.) – Makonnen

(äthiop.) – Medusa (grch.) – Montezuma (azt.) – Nephthys (äg.) – Ningal (sum.) – Ninlil (sum.) – Ninurta (sum.) – Pleistoanax (grch.) – Poseidon (grch.) – Reschef (phön.) – Sajjid (arab.) – Schang-ti (chin.) – Sultan (arab.) – Theoderich (germ.) – Thierry (frz.) – Walt (engl.) – Walter (dt.) – Władysław (poln.) – Wouter (ndl.)

Himmlische(r)
Cölestin (lat.) – Urania (grch.) – Uranos (grch.) – Tenno (jap.)

Hinkende(r)/Lahme(r)/Linkische(r)
Claudia (lat.) – Claudius (lat.) – Gladys (walis.) – Labdakos (grch.) – Laelius (lat.) – Laïos (grch.) – Scaevola (lat.) – Tamerlan (turk.)

Hoffnung
Espérance (frz.) – Esperanza (span.) – Hope (engl.) – Nada (sslaw.) – Nadine (engl./ndl.) – Nadinka (ung.) – Nadja (russ.) – Nadjeschda (russ.) – Speranza (ital.)

Hügel/Hügelplateau
Brian (ir.) – Briand (kelt./frz.) – Brien (ir.) – Bülten (dt.) – Bultmann (dt.) – Churchill (engl.) – Debré (kelt.) – Grillparzer (dt.) – Hill (engl.) – Kipling (engl.) – Peck (engl.) – Penn (engl.) – Peugeot (frz.) – Pompadour – Pompadour (frz.) – Pompidou (frz.) – Toulouse (gall.)

Junge/Jüngling/Sohn
Junker (dt.) – Junkers (dt.) – Liber (lat.) – Mladić (sslaw.) – Sven (skandin.) – Touré (seneg.)

Kleine(r)/Unbedeutende(r)
Bazett (frz.) – Boulos (lat./arab.) – Chico (span.) – Jassir (arab.) – Malenkow (russ.) – Mazarin (frz./ital.) – Minutius (lat.) – Osami (jap.) – Paavo (finn.) – Pablo (span.) – Paolo (ital.) – Paul (engl./frz.) – Paullinus (lat.) – Paulus (ndl.) – Paul (dt.) – Paula (dt.) – Pavel (poln.) – Pawel (russ.) – Piccolomini (ital.) – Pola (poln.) – Poul (dän.) – Schmeling (dt.) – Smollet (engl.)

Knecht/Diener (Gottes)
Abd (arab.) – Abdallah (arab.) – Abdel (arab.) – Abdul (arab.) – Abdullah (arab.) – Attendolo (ital.) – Beadle (engl.) – Beedle (engl.) – Buber (dt.) – Cervantes (span.) – Faraday (engl.) – Gillespie (ir.) – Gottschalk (dt.) – Liebknecht (dt.) – Mesmer (dt.) – Messner (dt.) – Mordechai (pers.) – Obadja (hebr.) – Schenk (dt.) – Sergius (lat.)

König(in)/Fürst(in)
Ahasverus (bibl.) – Artaxerxes (pers.) – Chaka (afrik.) – Ecevit (türk.) – Emir (arab.) – Ganescha (skr.) – Hamilkar (pun.) – King (engl.) – Küng (dt.) – Kyros (pers.) – Malik (arab.) – Negus (äthiop.) –

Omar (arab.) – Padischah (pers.) – Pascha (türk.) – Reagan (ir.) – Regulus (lat.) –Sarah (hebr.) – Schah (pers.)
Kranz/Krone
Estéban (span.) – Étienne (frz.) – Garland (engl.) – Ghirlandaio (ital.) – István (ung.) – Recep (türk.) – Sczepan (ung.) – Sertorius (lat.) – Stefano (ital.) – Stéphane (frz.) – Stephanos (grch.) – Stephen (engl.) – Steve (engl.)
Krieg(er)/Kampf
Andromache (grch.) – Ares (grch.) – Armand (frz./ung.) – Bellona (lat.) – Campeador (span.) – Childerich (fränk.) – Chilperich (fränk.) – Chlodwig (fränk.) – Ermanno (ital.) – Gazi (arab.) – Gonçalves (port.) – González (kast.) – Hedwig (dt.) – Hermann (dt.) – Hildebrand (dt.) – Jadwiga (poln.) – Jospin (frz.) – Josse (frz.) – Joyce (ir.) – Kallimachos (grch.) – Kelly (ir.) – Kriemhild (dt.) – Lajos (ung.) – Lewis (engl.) – Lodewik (ndl.) – Lodovico (ital.) – Louis (frz.) – Ludwig (dt.) – Luigi (ital.) – Luiz (span./port.) – Lysimachos (grch.) – Mathilde (dt.) – Maud (engl.) – Menzel (dt.) – Naphtali (hebr.) – Ptolemäus (grch.) – Symmachus (grch.) – Telemach (grch.) – Vercingetorix (gall.) – Wiechert (dt.) – Woityła (poln.)
Lauch/Schnittlauch/Porree
Laughton (engl.) – Leakey (engl.) – Poirot (frz.) – Ulpius (lat.)
Liebe Gott!
Amadeus (lat.) – Amédée (frz.) – Amadeo (ital.) – Gottlieb (dt.) – Theophil (grch.)
Liebe(r)/Geliebte(r)/liebenswert
Agapetus (grch.) – Aymé (frz.) – Behan (ir.) – Blythe (engl.) – David (hebr.) – Davis (hebr./engl.) – Frija (germ.) – Gentile (ital.) – Ghali (arab.) – Habib (arab.) – Lemmon (engl.) – Liebermann (dt.) – Liebig (slaw./dt.) – Liebknecht (dt.) – McCarthy (ir.) – Merit (äg.) – Philemon (grch.) – Süssmuth (dt.)
Lilie
Liliencron (dt.) – Lilienthal (dt.) – Susa (ital.) – Susan (engl.) – Susanka (slaw.) – Susanna (ital.) – Susanne (hebr./dt.) – Suzette (frz.)
Listige(r)/Hinterlistige(r)
Cato (lat.) – Diego (span.) – Giacomo (ital.) – Jacques (frz.) – Jago (span.) – Jaime (span.) – Jakob (hebr.) – Jakov (russ.) – Jakub (tsch.) – James (engl.) – Jim (engl.) – Jimmy (engl.) – Pratt (engl.)
Lorbeer/Lorbeerkranz
Daphne (grch.) – Lagerkvist (schw.) – Lagerlöf (schw.) – Lars (schw./

norw.) – Laurel (engl.) – Laurentius (lat.) – Laurent (frz.) – Laurids (dän.) – Lavrentj (russ.) – Lawrence (engl.) – Lorenzo (ital.) – Loren (ital.) – Lorenz (dt.) – Lörinc (ung.) – Rienzo (ital.)

Löwe/Löwen-
Ben Gurion (hebr.) – Champollion (frz.) – Lavi (hebr.) – Leander (grch.) – Leandros (grch.) – Lennart (schw.) – Leo (lat.) – Léonard (frz.) – Leonardo (ital.) – Leone (ital.) – Leonhard (dt.) – Leon (frz.) – Leonid (russ.) – Leonidas (grch.) – Lew (russ.) – Lionel (engl./frz.) – Osama (arab.) – Xerxes (pers.)

Mächtige(r)/Gewaltige(r)
Agenor (phön./grch.) – Asis (arab.) – Connel (ir.) – Drusus (kelt./lat.) – Erik (skand.) – Eurystheus (grch.) – Eurysthenes (grch.) – Isokrates (grch.) – Kandinsky (ostj.) – Lautrec (germ.) – Osiris (äg.) – Pygmalion (grch.) – Sachmet (äg.) – Wosret (äg.) – Zosimus (grch.)

Mädchen/Jungfrau/Tochter
Kora (grch.) – Korinna (grch.) – Mérimée (frz.) – Nymphe (grch.) – Pallas (grch.) – Parthenope (grch.) – Parvati (skr.) – Virgen (span.)

Mann/Kerl
Anders (skand.) – Andor (ung.) – András (ung.) – André (frz.) – Andreas (grch.) – Andrej (russ.) – Andrew (engl.) – Andrzej (poln.) – Andy (engl.) – Charles (frz./engl.) – Carlo (ital.) – Carlos (span.) – Gómez (span.) – Karl (dt.) – Karel (tsch.) – Karol (poln.) – Károly (ung.) – Manet (frz.) – Maro (lat.)

Meer/See
Aegir (nord.) – Dalai (mong.) – Dylan (wal.) – Marinus (lat.) – Marius (lat.) – Morgan (wal.) – Murdoch (ir.) – Pelagius (lat./grch.) – Tiamat (äg.) – Vermeer (ndl.)

Mein Gott ist Jahwe
Elia (ital.) – Eliano (ital.) – Elias (hebr.) – Elie (frz.) – Ilja (russ.) – Ilka (bulg.) – Ilko (ukr.)

Messer/Degen
Roncalli (ital.) – Kenzaburo (jap.) – Baudelaire (frz.)

Mond/Mond-
Ahmose (äg.) – Amphion (grch.) – Chandra (skr.) – Iah (äg.) – Mani (nord.) – Selene (grch.)

Morgen/Morgenröte
Aruna (skr.) – Aurora (lat.) – Eos (grch.) – Manius (lat.) – Mao Tse-tung (chin.) – Mata Hari (mal.) – Matuta (lat.) – Ostara (germ.) – Roxane (pers.) – Uschah (awest.) – Uschas (skr.) – Zoran (sslaw.)

Mutter/Urmutter
Chawa (hebr.) – Demeter (grch.) – Eva (bibl.) – Hawa (skr.) – Magna Mater (lat.) – Mami (sum.) – Meter Megale (grch.) – Mut (äg.) – Prithivi Matar (skr.) – Rachel (hebr.)

Nase/Plattnase/Zinken
Camus (frz.) – Lomonossow (russ.) – Nasica (lat.) – Naso (lat.) – Nefertem (äg.) – Rhinotmetos (grch.) – Silus (lat.)

Perle
Margarete (grch./lat.) – Margherita (ital.) – Margit (ung.) – Margot (frz.) – Marguérite (frz.) – Marjorie (engl.) – Rita (dt.)

Pferd/Pferde-/Reiter(in)
Archip (ukr.) – Archipenko (ukr.) – Aristippos (grch.) – Chevalier (frz.) – Felipe (span.) – Filip (slaw.) – Filippo (ital.) – Filko (ung.) – Fülőp (ung.) – Hengist (engl.) – Hipparchos (grch.) – Hippias (grch.) – Hippodameia (grch.) – Hippokrates (grch.) – Hippolyt (grch.) – Horsa (engl.) – Ippolito (ital.) – Konsalik (bulg.) – Leukippos (grch.) – Lipo (slaw.) – Lippo (ital.) – Marshall (engl.) – Pheidippides (grch.) – Phil (engl.) – Philipp (grch.) – Philippe (frz.) – Xanthippe (grch.)

Priester/Geistlicher/Kleriker/Schreiber
Brahma (skr.) – Cohen (hebr.) – Cohn (hebr.) – De Klerk (ndl.) – Flaminius (lat.) – Klerk (ndl.) – Le Clerc (frz.) – Leclair (frz.) – Leclercq (frz.) – Papadopoulos (grch.) – Papandreou (grch.) – Presley (engl.) – Priestley (engl.) – Seschat (äg.)

Rabe/Krähe
Corneille (frz.) – Corvinus (lat.) – Corvus (lat.) – Crawford (engl.) – Hollos (ung.) – Koronis (grch.) – Raabe (dt.) – Velázquez (bask.)

Ratgeber/Ratschlag
Connie (engl.) – Conrado (span.) – Corrado (ital.) – Consul (lat.) – Kondrat (russ.) – Konrad (dt.) – Kuno (dt.) – Kurt (dt.) – Mentor (grch.) – Mufti (arab.) – Rainer (dt.) – Rainier (frz.) – Reginald (engl.) – Régnier (frz.) – Reinhard (dt.) – Reinold (dt.) – Reinhold (dt.) – Renard (frz.) – Renaud (frz.) – Renault (frz.) – Rinaldo (ital.) – Rino (ital.)

Reichtum
Chardin (frz.) – Darius (pers.) – Dick (engl.) – Dietrich (dt.) – Dirk (fries.) – Fugger (dt.) – Guitry (frz.) – Plutarch (grch.) – Pluton (grch.) – Ricardo (span.) – Ricarda (span.) – Riccarda (ital.) – Riccardo (ital.) – Richard (dt.) – Rick (engl.) – Rickard (schw.) – Thierry (frz.)

Rotschopf/Rote(r)
Arp (dt.) – Edom (hebr.) – Flynn (ir.) – Fulvius (lat.) – Özal (türk.) – Rosselini (ital.) – Rossi (ital.) – Rossini (ital.) – Roth (dt.) – Rousseau (frz.) – Rufus (lat.) – Rutilius (lat.)

Ruhm/Ehre
Bohr (dän.) – Boleslaw (slaw.) – Damokles (grch.) – Diokletian (lat.) – Ehrhard (dt.) – Empedokles (grch.) – Eteokles (grch.) – Euklid (grch.) – Flaubert (frz.) – Havel (tsch.) – Herakles (grch.) – Honorius (lat.) – Kleon (grch.) – Kleopatra (grch.) – Orlando (ital./span.) – Patroklos (grch.) – Ralph (engl.) – Raoul (frz.) – Roderic (frz.) – Roderich (dt.) – Roderick (engl.) – Rodin (frz.) – Rodolfo (ital.) – Rodrigo (ital./span./port.) – Rodrigue (frz.) – Röhm (dt.) – Roland (dt./eng./frz.) – Rommel (dt.) – Rowland (engl.) – Rubens (fläm.) – Rudolf (dt.) – Rudolfo (span.) – Rurik (waräg.) – Themistokles (grch.) – Thukydides (grch.) – Václav (tsch.) – Vojislav (sslaw.) – Wenzel (slaw.) – Wenzeslaus (slaw.) – Witek (poln.)

Säufer/Trinker/Wein
Biberius (lat.) – Bibulus (lat.) – Deukalion (grch.) – Oineus (grch.) – Oinomaos (grch.) – Polydeukes (grch.) – Trincolo (ital.)

Schielender
Berlusconi (ital.) – Kossygin (russ.) – Scheel (dt.) – Schiller (dt.) – Strabon (grch.)

Schmied/Schmiedegeselle
Bellow (engl.) – Fabre (frz.) – Fafnir (norw.) – Faure (frz.) – Fauré (frz.) – Ferrari (ital.) – Goldsmith (engl.) – Kowa (poln.) – Kowalczyk (poln.) – Kowalski (poln.) – Schmidt (dt.) – Smith (engl.) – Schmitz (dt.) – Smet (fläm.) – Smyth (engl.) – Temudschin (mong.)

Schneider/Handwerker
Cheiron (grch.) – Dädalus (grch.) – Darazi (arab.) – Fabricius (lat.) – Ptah (äg.) – Riemenschneider (dt.) – Sarto (ital.) – Sartre (frz.) – Schopenhauer (dt.) – Schröder (dt.) – Taylor (engl.)

Schuster
Cagliari (ital.) – Caliari (ital.) – Chaucer (frz./engl.) – Corbusier (frz.) – LeSueur (frz.) – Schubert (dt.) – Schuman (dt.) – Schumann (dt.) – Zapatero (span.)

Schutz/Sicherheit/Stütze
Alkestis (grch.) – Hermes (grch.) – Raglan (wal.) – Raimund (dt.) – Ramón (span.) – Wallenberg (schw.) – Wesir (arab.)

Schwarze(r)/Mohr
Black (engl.) – Cole (engl.) – Delano (ir.) – Donne (engl.) – Donovan (ir.) – Douglas (schott.) – Kali (skr.) – Karadžić (sslaw.) – Karajan (türk./grch.) – Karamanlis (türk./grch.) – Karamsin (tatar./russ.) – Krischna (skr.) – Kurosawa (jap.) – Maurice (frz.) – Mauritius (lat.) – Maurits (ndl.) – Maurizio (ital.) – Maurus (lat.) – Melainis (grch.) – Melanie (grch.) – Moore (engl.) – More (engl.) – Moreau (frz.) – Moric (ung.) – Mörike (dt.) – Moritz (dt.) – Moro (ital.) – Morris (engl.) – Morrison (engl.) – Morse (engl.) – Negri (ital.) – Nigidius (lat.) – Orpheus (grch.) – Potemkin (russ.) – Schwarz (dt.) – Schwarzert (dt.) – Tschernenko (russ.)
Schwein/Ferkel
Hogarth (engl.) – Purcell (frz.) – Suillius (lat.) – Swinburne (engl.)
Sohn des Talmai
Bar Talmai (aram.) – Bartók (ung.) – Bartolo (ital.) – Bartholomäus (dt.) – Bartholomew (engl.) – Beatty (engl.) – Borromeo (ital.) – Romeo (ital.)
Sieg/Sieger(in)
Berenike (grch.) – Boudicca (kelt.) – Klaus (dt.) – Nasser (arab.) – Nicaeus (lat.) – Niccoló (ital.) – Nicholas (engl.) – Nick (engl.) – Nicola (ital.) – Nicolas (frz.) – Nicole (frz.) – Nicolaas (ndl.) – Niels (dän.) – Nietzsche (dt./slaw.) – Nikator (grch.) – Nike (grch.) – Nikephoros (grch.) – Nikita (russ.) – Nikodemus (grch.) – Nikolaj (russ.) – Nikolaus (grch.) – Nikomedes (grch.) – Nils (schw.) – Nisse (schw.) – Nixon (engl.) – Mikolaš (tsch.) – Mikołaj (poln.) – Miklós (ung.) – Seghers (dt.) – Siegfried (dt.) – Veronica (ital.) – Victoria (lat.) – Viktor (lat./dt.) – Vincenzo (ital.) – Vittore (ital.)
Sonne(ngott)/Licht
Anwar (arab.) – Aton (äg.) – Augias (grch.) – Elena (ital.) – Elektra (grch.) – Elin (schw.) – Ellen (engl.) – Enver (alb.) – Helena (grch.) – Helene (grch.) – Hélène (frz.) – Helios (grch.) – Hellen (engl.) – Ilona (ung.) – Inka (ketsch.) – Jelena (russ.) – Kon-Tiki (peruan.) – Lucetius (lat.) – Luciani (ital.) – Lucina (lat.) – Lucius (lat.) – Lumière (frz.) – Meïr (hebr.) – Nur (pers.) – Rê (äg.) – Samson (hebr.) – Schamasch (akk.) – Sol (lat.) – Solana (span.) – Surya (skr.) – Uriël (hebr.)
Spatz/Meise/Specht/Kuckuck
Dryope (grch.) – Montecuccoli (ital.) – Piaf (frz.) – Picus (lat.) – Sikorsky (ukr.) – Van Gogh (ndl.) – Woody (engl.) – Wrobel (poln.) – Xuthos (grch.)

Speer-/Lanze
Ansgar (dt.) – Galdo (ital.) – García (span.) – Garfield (engl.) – Garibaldi (ital.) – Garret (engl.) – Garrit (engl.) – Gellért (ung.) – Gérard (frz.) – Gerardo (ital.) – Gerhard (dt.) – Göring (dt.) – Jomo (ken.) – Oskar (dt.) – Rüdiger (dt.) – Shakespeare (engl.) – Xystus (grch.)

Stammelnde(r)/Lallende(r)
Balbus (lat.) – Biaggio (ital.) – Biasio (ital.) – Blaise (frz.) – Blasius (lat.) – Eulalia (grch./röm.)

Standhafte(r)
Conny (lat./dt.) – Constantin (frz.) – Constantine (engl.) – Costantino (ital.) – Constantinus (lat.) – Konstantin (lat./dt.) – Kostadin (sslaw.) – Kosta (sslaw.) – Kostas (grch.) – Szilard (ung.)

Sumpf/Morast
Beaumarchais (frz.) – Kurosawa (jap.) – Lincoln (kelt.) – Marais (frz.) – Morton (engl.) – Moser (dt.) – Ross (schott.) – Washington (engl.)

Taube/Tauben-
Colombo (ital.) – Columban (ir.) – Giona (ital.) – Jona (hebr.) – Jonas (grch.) – Jonah (engl.) – Pelias (grch.) – Semiramis (assyr.) – Titus (lat.) – Torquato (ital.) – Yunus (arab.)

Tod/Totschlag/Mord
Ker (grch.) – Kerberos (grch.) – Menoitios (grch.) – Persephone (grch.) – Thanatos (grch.) – Tisiphone (grch.)

Tor/Tür/Eingang
Gates (engl.) – Janus (lat.) – Mikado (jap.) – Patulcius (lat.) – Yeats (engl.)

Unsterbliche(r)
Ambrogio (ital.) – Ambroise (frz.) – Ambrose (engl.) – Ambrosine (engl.) – Ambrosius (grch.) – Athanasius (grch.) – Brogio (ital.)

Vater/Vater von ...
Abba (aram.) – Abraham (hebr.) – Atatürk (türk.) – Attila (got.) – Ibrahim (arab.) – Papst (grch./lat.) – Pater (lat.)

Verhasste(r)/Schreckliche(r)
Gorgias (grch.) – Gorgo (grch.) – Neith (äg.) – Styx (grch.) – Yggr (nord.)

Verteidiger/Abwehr/Schutz
Aleksandr (russ.) – Alessandro (ital.) – Alex (dt.) – Alexander (grch.) – Alexandre (frz.) – Alexej (russ.) – Alkestis (grch.) – Alkibiades (grch.) – Epaminondas (grch.) – Garnier (frz.) – Guarniero (ital.) – Pa-

rakletos (grch.) – Sandra (dt.) – Sandro (ital.) – Sandy (engl.) – Sascha (russ.) – Verner (skand.) – Vernier (frz.) – Werner (dt.)
Wächter/Hirte
Booth (dän.) – Cousteau (frz.) – Gates (engl.) – Gregoire (frz.) – Gregor (grch./lat.) – Gregory (engl.) – Grieg (schott.) – Grigorij (russ.) – Grischa (russ.) – Herder (dt.) – Macke (dt.) – Markward (dt.) – Pasteur (frz.) – Publicola (lat.) – Renoir (frz.)
Wagen/Wagenbauer/Stellmacher
Antiochos (grch.) – Charpentier (frz.) – Kolář (tsch.) – Kollo (poln./dt.) – Kollodzieszski (poln.) – Rákóczi (ung.) – Wagner (dt.) – Wayne (engl.) – Wegener (dt.) – Wehner (dt.)
Wald/Wäldchen/Waldlichtung
Attlee (engl.) – Dubois (frz.) – Forest (engl.) – Grünewald (dt.) – Guitry (germ.) – Halley (engl.) – Huxley (engl.) – Hylas (grch.) – Kelly (ir.) – Kingsley (engl.) – Lasker (poln./dt.) – Leigh (engl.) – Lin Piao (chin.) – Raleigh (engl.) – Rameau (frz.) – Ramos (span.) – Shelley (engl.) – Silva (port.) – Silvanus (lat.) – Silverius (lat.) – Silvester (lat.) – Silvius (lat.) – Stanley (engl.) – Vidar (nord.) – Wallenstein (dt.) – Wood (engl.) – Woody (engl.)
Weiser/Allwissender
Mazda (awest.) – Alois (dt.) – Alajos (ung.) – Busumuru (afrik.) – Lao-tse (chin.) – Luigi (ital.) – Louis (frz.) – Oleg (russ.) – Sonja (russ.) – Sophia (grch.) – Sophokles (grch.) – Zofia (poln.)
Wer ist wie Gott?
Michael (hebr.) – Michail (russ.) – Michal (russ.) – Michel (frz.) – Michele (ital.) – Mickel (dän./schw.) – Miguel (span./port.) – Mihály (ung.) – Mikael (dän./schw.) – Mike (engl.) – Minja (russ.)
Wilde(r)/Ungebändigte(r)/Rüpel
Dschafari (arab.) – Keitel (dt.) – Neruda (tsch.) – Pocahontas (indian.) – Rullus (lat.) – Villani (ital.) – Wilde (engl.) – Wilder (engl.)
Wille/Wunsch/Sehnsucht
Asam (grch./dt.) – Asimov (russ.) – Bill (engl.) – Bramante (ital.) – Desiderius (lat.) – Desirée (frz.) – Didier (frz.) – Erasmus (grch./lat.) – Guglielmo (ital.) – Guillaume (frz.) – Guillermo (span.) – Rasmussen (skand.) – Saul (hebr.) – Vilem (tsch.) – Vilgelm (russ.) – Vilmos (ung.) – Wilhelm (dt.) – Willem (ndl.) – William (engl.)
Wolf/Hund
Adolf (dt.) – Canisius (lat.) – Caninius (lat.) – Catull (lat.) – Kinley

(kelt.) – López (span.) – Lykaon (grch.) – Lykios (grch.) – Lykos (grch.) – Lykurgos (grch.) – Rudolf (dt.) – Vuk (sslaw.) – Wolfe (engl.) – Wolfgang (dt.) – Wolsey (engl.) – Woolf (engl.) – Wulfila (got.)

Wut/Zorn/Raserei
Alkmene (grch.) – Asmodeus (pers.) – Erinnye (grch.) – Furius (lat.) – Grass (dt.) – Grimm (dt.) – Grimmelshausen (dt.) – Minos (grch.) – Odin (nord.) – Odysseus (grch.) – Rabirius (lat.) – Rebilus (lat.) – Thyonides (grch.) – Wodan (germ.)

Ziege/Schaf
Ägid (grch.) – Cabral (port.) – Caprivi (ital.) – Chimäre (grch.) – Gil (span.) – Giles (engl.) – Gilles (frz.) – Idzi (poln.) – Ilian (schwed.) – Ovid (lat.)

Zwilling(e)
Foma (russ.) – Gemini (lat.) – Tamás (ung.) – Thomas (aram./grch.) – Thomé (frz.) – Toma (sslaw.) – Tomas (span./schw.) – Tomaso (ital.) – Tommy (engl.)

Liste der Päpste

(Die Namen der Gegenpäpste erscheinen in Schrägdruck)

1.	Petrus	*(GAL)*	† ca. 67	33.	Silvester I.	*(I)*	314–335
2.	Linus	*(I)*	67–76	34.	Markus	*(I)*	336
3.	Kletus	*(GR)*	76–88	35.	Julius I.	*(I)*	337–352
4.	Klemens I.	*(I)*	88–97	36.	Liberius	*(I)*	352–366
5.	Evaristus	*(GR)*	97–105		*Felix II.*	*(I)*	355–358
6.	Alexander I.	*(I)*	105–115	37.	Damasus I.	*(I)*	366–384
7.	Sixtus I.	*(I)*	115–125		*Ursinus*	*(I)*	366–367
8.	Telesphorus	*(GR)*	125–136	38.	Siricius	*(I)*	384–399
9.	Hyginus	*(GR)*	136–140	39.	Anastasius I.	*(I)*	399–401
10.	Pius I.	*(I)*	140–155	40.	Innozenz I.	*(I)*	401–417
11.	Aniketus	*(SYR)*	155–166	41.	Zosimus	*(GR)*	417–418
12.	Soter	*(I)*	166–175	42.	Bonifatius I.	*(I)*	418–422
13.	Eleutherus	*(GR)*	175–189		*Eulalius*	*(I)*	418–419
14.	Viktor I.	*(AFR)*	189–199	43.	Cölestin I.	*(I)*	422–432
15.	Zephyrin	*(I)*	199–217	44.	Sixtus III.	*(I)*	432–440
16.	Kalixtus I.	*(I)*	217–222	45.	Leo I.	*(I)*	440–461
	Hippolyt	*(AFR)*	217–235	46.	Hilarus	*(I)*	461–468
17.	Urban I.	*(I)*	222–230	47.	Simplicius	*(I)*	468–483
18.	Pontianus	*(I)*	230–235	48.	Felix II.	*(I)*	483–492
19.	Anterus	*(GR)*	235–236	49.	Gelasius I.	*(AFR)*	492–496
20.	Fabianus	*(I)*	236–250	50.	Anastasius II.	*(I)*	496–498
21.	Cornelius	*(I)*	251–253	51.	Symmachus	*(I)*	498–514
	Novatian	*(I)*	251		*Laurentius*	*(?)*	498, 501–506
22.	Lucius I.	*(I)*	253–254				
23.	Stephan I	*(I)*	254–257	52.	Hormisdas	*(I)*	514–523
24.	Sixtus II.	*(GR)*	257–258	53.	Johannes I.	*(I)*	523–526
25.	Dionysius	*(GR)*	259–268	54.	Felix III.	*(I)*	526–530
26.	Felix I.	*(I)*	269–274	55.	Bonifatius II.	*(I)*	530–532
27.	Eutychianus	*(GR)*	275–283		*Dioskur*	*(AFR)*	530
28.	Gaius	*(DAL)*	283–296	56.	Johannes II.	*(I)*	533–535
29.	Marcellinus	*(I)*	296–304	57.	Agapetus I.	*(I)*	535–536
30.	Marcellus I.	*(I)*	308	58.	Silverius	*(E)*	536–537
31.	Eusebius	*(GR)*	309 o. 310	59.	Vigilius	*(I)*	537–555
				60.	Pelagius I.	*(I)*	556–561
32.	Miltiades	*(AFR)*	311–314	61.	Johannes III.	*(I)*	561–574

62. Benedikt I.	*(I)*	575–579	95. Stephan III.	*(I)*	768–772
63. Pelagius II.	*(I)*	579–590	96. Hadrian I.	*(I)*	772–795
64. Gregor I.	*(I)*	590–604	97. Leo III.	*(I)*	795–816
65. Sabinian	*(I)*	604–606	98. Stephan IV.	*(I)*	816–817
66. Bonifatius III.	*(I)*	607	99. Paschalis I.	*(I)*	817–824
67. Bonifatius IV.	*(I)*	608–615	100. Eugen II.	*(I)*	824–827
68. Deusdedit	*(I)*	615–618	101. Valentin	*(I)*	827
69. Bonifatius V.	*(I)*	619–625	102. Gregor IV.	*(I)*	827–844
70. Honorius I.	*(I)*	625–638	*Johannes*	*(I)*	844
71. Severinus	*(I)*	640	103. Sergius II.	*(I)*	844–847
72. Johannes IV.	*(DAL)*	640–642	104. Leo IV.	*(I)*	847–855
73. Theodor I.	*(GR)*	642–649	105. Benedikt III.	*(I)*	855–858
74. Martin I.	*(I)*	649–655	*Anastasius*	*(I)*	855
75. Eugen I.	*(I)*	654 (655)–657	106. Nikolaus I.	*(I)*	858–867
			107. Hadrian II.	*(I)*	–872
76. Vitalian	*(I)*	657–672	108. Johannes VIII.	*(I)*	872–882
77. Adeodatus II.	*(I)*	672–676	109. Marinus I.	*(I)*	882–884
78. Donus	*(I)*	676–678	110. Hadrian III.	*(I)*	884–885
79. Agatho	*(I)*	678–681	111. Stephan V.	*(I)*	885–891
80. Leo II.	*(I)*	682–683	112. Formosus	*(I)*	891–896
81. Benedikt II.	*(I)*	684–685	113. Bonifatius VI.	*(I)*	*14 Tage* 896
82. Johannes V.	*(SYR)*	685–686			
83. Konon	*(I)*	686–687	114. Stephan VI.	*(I)*	896–897
Theodor	*(?)*	687	115. Romanus	*(I)*	*3 Mon.*
Paschalis	*(?)*	687			897
84. Sergius I.	*(SYR)*	687–701	116. Theodor II.	*(I)*	897
85. Johannes VI.	*(GR)*	701–705	117. Johannes IX.	*(I)*	898–900
86. Johannes VII.	*(GR)*	705–707	118. Benedikt IV.	*(I)*	900–903
87. Sisinnius	*(SYR)*	708	119. Leo V.	*(I)*	903
88. Konstantin	*(SYR)*	708–715	*Christophorus*	*(I)*	903–904
89. Gregor II.	*(I)*	715–731	120. Sergius III.	*(I)*	904–911
90. Gregor III.	*(SYR)*	731–741	121. Anastasius III.	*(I)*	911–913
91. Zacharias	*(GR)*	741–752	122. Lando	*(I)*	913–914
92. [*Stephan II.*]	*(I)*	*4 Tage* 752	123. Johannes X.	*(I)*	914–928
			124. Leo VI.	*(I)*	928
93. Stephan II.	*(I)*	752–757	125. Stephan VII.	*(I)*	928–931
94. Paul I.	*(I)*	757–767	126. Johannes XI.	*(I)*	931–935
Konstantin	*(I)*	767–769	127. Leo VII.	*(I)*	936–939
Philipp	*(I)*	768	128. Stephan VIII.	*(I)*	939–942

129. Marinus II.	*(I)*	942–946	156. Urban II.	*(F)*	1088–1099
130. Agapetus II.	*(I)*	946–955	157. Paschalis II.	*(I)*	1099–1118
131. Johannes XII.	*(I)*	955–964	Theodorich	*(?)*	1100–1102
132. Leo VIII.	*(I)*	963–965	Albert	*(I)*	1102
Benedikt V.	*(I)*	964–966	Silvester IV.	*(I)*	1105–1111
133. Johannes XIII.	*(I)*	965–972	158. Gelasius II.	*(I)*	1118–1119
134. Benedikt VI.	*(I)*	973–974	Gregor VIII.	*(F)*	1118–1121
Bonifatius VII.	*(I)*	974, 984–985	159. Kalixtus II.	*(F)*	1119–1124
			160. Honorius II.	*(I)*	1124–1130
135. Benedikt VII.	*(I)*	974–983	Cölestin II.	*(I)*	1124
136. Johannes XIV.	*(I)*	983–984	161. Innozenz II.	*(I)*	1130–1143
137. Johannes XV.	*(I)*	985–996	Anaklet II.	*(I)*	1130–1138
138. Gregor V.	*(D)*	–999	Viktor IV.	*(I)*	1138
Johannes XVI.	*(I)*	997–998	162. Cölestin II.	*(I)*	1143–1144
139. Silvester II.	*(F)*	–1003	163. Lucius II.	*(I)*	1144–1145
140. Johannes XVII.	*(I)*	1003	164. Eugen III.	*(I)*	1145–1153
141. Johannes XVIII.	*(I)*	–1009	165. Anastasius IV.	*(I)*	1153–1154
142. Sergius IV.	*(I)*	–1012	166. Hadrian IV.	*(ENGL)*	1154–1159
143. Benedikt VIII.	*(I)*	1012–1024	167. Alexander III.	*(I)*	1159–1181
Gregor VI.	*(I)*	1012	Viktor IV.	*(I)*	1159–1164
144. Johannes XIX	*(I)*	1024–1032	Paschalis III.	*(I)*	1164–1168
145. Benedikt IX. [1.]	*(I)*	1032–1045	Kalixtus III.	*(I)*	1168–1178
Silvester III.	*(I)*	1045	Innozenz III.	*(I)*	1179–1180
Benedikt IX. [2.]	*(I)*	1045	168. Lucius III.	*(I)*	1181–1185
146. Gregor VI.	*(I)*	1045–1046	169. Urban III.	*(I)*	1185–1187
147. Klemens II.	*(D)*	1046–1047	170. Gregor VIII.	*(F)*	1187
Benedikt IX. [3.]	*(I)*	1047–1048	171. Klemens III.	*(I)*	1187–1191
148. Damasus II.	*(D)*	23 Tage 1048	172. Cölestin III.	*(I)*	1191–1198
149. Leo IX.	*(D)*	1049–1054	173. Innozenz III.	*(I)*	1198–1216
150. Viktor II.	*(D)*	1055–1057	174. Honorius III.	*(I)*	1216–1227
151. Stephan IX.	*(D)*	1057–1058	175. Gregor IX.	*(I)*	1227–1241
Benedikt X.	*(I)*	1058–1059	176. Cölestin IV.	*(I)*	1241
152. Nikolaus II.	*(F)*	1058–1061	177. Innozenz IV.	*(I)*	1243–1254
153. Alexander II.	*(I)*	1061–1073	178. Alexander IV.	*(I)*	1254–1261
Honorius II.	*(I)*	1061–1064	179. Urban IV.	*(F)*	1261–1264
154. Gregor VII.	*(I)*	1073–1085	180. Klemens IV.	*(F)*	1265–1268
Klemens (III.)	*(I)*	1080, 1084–1100	181. Gregor X.	*(I)*	1271–1276
			182. Innozenz V.	*(F)*	1276
155. Viktor III.	*(I)*	1086–1087	183. Hadrian V.	*(I)*	1276

Liste der Päpste

184.	Johannes XXI.	(P)	1276–1277	206.	Kalixtus III.	(E)	1455–1458
185.	Nikolaus III.	(I)	1277–1280	207.	Pius II.	(I)	1458–1464
186.	Martin IV.	(F)	1281–1285	208.	Paul II.	(I)	1464–1471
187.	Honorius IV.	(I)	1285–1287	209.	Sixtus IV.	(I)	1471–1484
188.	Nikolaus IV.	(I)	1288–1292	210.	Innozenz VIII.	(I)	1484–1492
189.	Cölestin V.	(I)	1294	211.	Alexander VI.	(E)	1492–1503
190.	Bonifatius VIII.	(I)	1294–1303	212.	Pius III.	(I)	4 Wo. 1503
191.	Benedikt XI.	(I)	1303–1304	213.	Julius II.	(I)	1503–1513
				214.	Leo X.	(I)	1513–1521
	Babylonisches Exil/Avignon			215.	Hadrian VI.	(NL)	1522–1523
	(1309–1377):			216.	Klemens VII.	(I)	1523–1534
192.	Klemens V.	(F)	1305–1314	217.	Paul III.	(I)	1534–1549
193.	Johannes XXII.	(F)	1316–1334	218.	Julius III.	(I)	1550–1555
	Nikolaus V.	(I)	1328–1330	219.	Marcellus II.	(I)	3 Wo. 1555
194.	Benedikt XII.	(F)	1334–1343	220.	Paul IV.	(I)	1555–1559
195.	Klemens VI.	(F)	1342–1352	221.	Pius IV.	(I)	1560–1565
196.	Innozenz VI.	(F)	1352–1362	222.	Pius V.	(I)	1566–1572
197.	Urban V.	(F)	1362–1370	223.	Gregor XIII.	(I)	1572–1585
198.	Gregor XI.	(F)	1370–1378	224.	Sixtus V.	(I)	1585–1590
199.	Urban VI.	(I)	1378–1389	225.	Urban VII.	(I)	*12 Tage* 1590
200.	Bonifatius IX.	(I)	1389–1404	226.	Gregor XIV.	(I)	1590–1591
201.	Innozenz VII.	(I)	1404–1406	227.	Innozenz IX.	(I)	1591
202.	Gregor XII.	(I)	1406–1415	228.	Klemens VIII.	(I)	1592–1605
				229.	Leo XI.	(I)	1605
	Gegenpäpste v. Avignon			230.	Paul V.	(I)	1605–1621
	(abendl. Schisma):			231.	Gregor XV.	(I)	1621–1623
	Klemens VII.	(F)	1378–1394	232.	Urban VIII.	(I)	1623–1644
	Benedikt XIII.	(I)	1394–1423	233.	Innozenz X.	(I)	1644–1655
	Klemens VIII.	(E)	1423–1429	234.	Alexander VII.	(I)	1655–1667
	Benedikt XIV.	(I)	1425–1430	235.	Klemens IX.	(I)	1667–1669
				236.	Klemens X.	(I)	1670–1676
	Gegenpäpste von Pisa:			237.	Innozenz XI.	(I)	1676–1689
	Alexander V.	(GR.)	1409–1410	238.	Alexander VIII.	(I)	1689–1691
	Johannes XXIII.	(I)	1410–1415	239.	Innozenz XII.	(I)	1691–1700
				240.	Klemens XI.	(I)	1700–1721
203.	Martin V.	(I)	1417–1431	241.	Innozenz XIII.	(I)	1721–1724
204.	Eugen IV.	(I)	1431–1447	242.	Benedikt XIII.	(E)	1724–1730
	Felix V.	(F)	1439–1449	243.	Klemens XII.	(I)	1730–1740
205.	Nilolaus V.	(I)	1447–1455	244.	Benedikt XIV.	(I)	1740–1758

245. Klemens XIII.	*(I)*	1758–1769	254. Pius X.	*(I)*	1903–1914
246. Klemens XIV.	*(I)*	1769–1774	255. Benedikt XV.	*(I)*	1914–1922
247. Pius VI.	*(I)*	1775–1799	256. Pius XI.	*(I)*	1922–1939
248. Pius VII.	*(I)*	1800–1823	257. Pius XII.	*(I)*	1939–1958
249. Leo XII.	*(I)*	1823–1829	258. Johannes XXIII.	*(I)*	1958–1963
250. Pius VIII.	*(I)*	1829–1830	259. Paul VI.	*(I)*	1963–1978
251. Gregor XVI.	*(I)*	1831–1846	260. Johannes Paul I.	*(I)*	*33 Tage* 1978
252. Pius IX.	*(I)*	1846–1878	261. Johannes Paul II.	*(PL)*	1978–2005
253. Leo VIII.	*(I)*	1878–1903	262. Benedikt XVI.	*(D)*	2005–

Nobelpreisträger

Physiknobelpreis

1901	Wilhelm C. Röntgen (D)	1928	Sir Owen W. Richardson (GB)
1902	Hendrik A. Lorentz (NL)		
	Pieter Zeeman (NL)	1929	Louis V. de Broglie (F)
1903	Antoine H. Becquerel (F)	1930	Chandrasekhara V. Raman (IND)
	Marie Curie (F)		
	Pierre Curie (F)	1931	[nicht vergeben]
1904	John W. S. Rayleigh (GB)	1932	Werner Heisenberg (D)
1905	Philipp E. A. von Lenard (D)	1933	Erwin Schrödinger (A)
1906	Sir Joseph J. Thomson (GB)		Paul A. M. Dirac (GB)
1907	Albert A. Michelson (USA)	1934	[nicht vergeben]
1908	Gabriel Lippmann (F)	1935	Sir James Chadwick (GB)
1909	Karl F. Braun (D)	1936	Victor Franz Hess (A)
	Guglielmo Marconi (I)		Carl D. Anderson (USA)
1910	Johann. D. van der Waals (NL)	1937	Clinton J. Davisson (USA)
			Sir George P. Thomson (GB)
1911	Wilhelm Wien (D)	1938	Enrico Fermi (I)
1912	Nils G. Dalén (S)	1939	Ernest O. Lawrence (USA)
1913	Heike Kamerlingh Onnes (NL)	1940	[nicht vergeben]
1914	Max von Laue (D)	1941	[nicht vergeben]
1915	Sir William H. Bragg (GB)	1942	[nicht vergeben]
	William L. Bragg (GB)	1943	Otto Stern (USA)
1916	[nicht vergeben]	1944	Isaac I. Rabi (USA)
1917	Charles G. Barkia (GB)	1945	Wolfgang Pauli (CH/USA)
1918	Max K. E. L. Planck (D)	1946	Percy W. Bridgman (USA)
1919	Johannes Stark (D)	1947	Sir Edward V. Appleton (GB)
1920	Charles É. Guillaume (CH)	1948	Patrick M. S. Blackett (GB)
1921	Albert Einstein (D/CH)	1949	Hideki Yukawa (JAP)
1922	Niels Bohr (DK)	1950	Cecil F. Powell (GB)
1923	Robert A. Millikan (USA)	1951	Ernest T. S. Walton (IRL)
1924	Karl M. G. Siegbahn (S)		Sir John D. Cockroft (GB)
1925	James Franck (D)	1952	Felix Bloch (USA)
	Gustav Hertz (D)		Edward M. Purcell (USA)
1926	Jean B. Perrin (F)	1953	Frederik Zernike (NL)
1927	Arthur H. Compton (USA)	1954	Walter W. G. Bothe (D)
	Charles T. Rees Wilson (GB)		Max Born (GB)

1955	Willis E. LAMB (USA)	1974	Sir Martin RYLE (GB)
	Polykarp KUSCH (USA)		Antony HEWISH (GB)
1956	Walter H. BRATTAIN (USA)	1975	Benjamin R. MOTTELSON (DK)
	William SHOCKLEY (USA)		Aage BOHR (DK)
	John BARDEEN (USA)		James RAINWATER (USA)
1957	Shen Ning YANG (CHIN)	1976	Samuel C. C. TING (USA)
	Tsung-Dao LEE (CHIN)		Burton RICHTER (USA)
1958	Pawel A. TSCHERENKOW (RUSS)	1977	Philipp W. ANDERSON (USA)
	Igor J. TAMM (RUSS)		John H. VAN VLECK (USA)
	Ilja M. FRANK (RUSS)		Sir Nevill F. MOTT (GB)
1959	Owen CHAMBERLAIN (USA)	1978	Arno A. PENZIAS (USA)
	Emilio G. SEGRE (USA)		Robert W. WILSON (USA)
1960	Donald A. GLASER (USA)		Piotr L. KAPITSA (RUSS)
1961	Robert HOFSTADTER (USA)	1979	Sheldon L. GLASHOW (USA)
	Rudolf L. MÖSSBAUER (D)		Steven WEINBERG (USA)
1962	Lew D. LANDAU (RUSS)		Abdus SALAM (PAK)
1963	Eugene P. WIGNER (USA)	1980	Val L. FITCH (USA)
	Maria GOEPPERT-MAYER (USA)		James W. CRONIN (USA)
		1981	Nicolaas BLOEMBERGEN (USA)
	Hans D. JENSEN (D)		Arthur L. SCHAWLOW (USA)
1964	Charles H. TOWNES (USA)		Kai M. B. SIEGRAHN (S)
	Alex. M. PROCHOROW (RUSS)	1982	Kenneth G. WILSON (USA)
	Nikolai G. BASSOW (RUSS)	1983	William A. FOWLER (USA)
1965	Julian S. SCHWINGER (USA)		Subrah. CHANDRASEKHAR (USA)
	Richard P. FEYNMAN (USA)		
	Sinitiro TOMONAGA (JAP)	1984	Carlo RUBBIA (I)
1966	Alfred KASTLER (F)		Simon VAN DER MEER (NL)
1967	Hans A. BETHE (USA)	1985	Klaus von KLITZING (D)
1968	Luis W. ALVAREZ (USA)	1986	Gerd BINNIG (D)
1969	Murray GELL-MANN (USA)		Ernst A. F. RUSKA (D)
1970	Louis NÉEL (F)		Heinrich ROHRER (CH)
	Hannes ALFVÉN (S)	1987	Johannes G. BEDNORZ (D)
1971	Dennis GABOR (GB)		Karl. A. MÜLLER (CH)
1972	John R. SCHRIEFFER (USA)	1988	Jack STEINBERGER (USA)
	John BARDEEN (USA)		Melvin SCHWARTZ (USA)
	Leon N. COOPER (USA)		Leon LEDERMAN (USA)
1973	Leo ESAKI (USA)	1989	Wolfgang PAUL (D)
	Ivar GIAEVER (USA)		Hans G. DEHMELT (USA)
	Brian D. JOSEPHSON (GB)		Norman RAMSEY (USA)

1990	Richard E. TAYLOR (CAN)	1999	Gerardus 'T HOOFT (NL)
	Henry W. KENDALL (USA)		Martinus J. G. VELTMAN (NL)
	Jerome I. FRIEDMAN (USA)	2000	Zhores L. ALFEROW (RUSS)
1991	Pierre-Gilles de GENNES (F)		Herbert KROEMER (USA)
1992	Georges CHARPAK (F)		Jack S. KILBY (USA)
1993	Russel A. HULSE (USA)	2001	Eric CORNELL (USA)
	Joseph H. TAYLOR Jr. (USA)		Wolfgang KETTERLE (D)
1994	Bertram N. BROCKHOUSE (CAN)		Carl WIEMAN (USA)
	Clifford G. SHULL (USA)	2002	Raymond DAVIS Jr. (USA)
1995	Marin L. PERL (USA)		Masatoshi KOSHIBA (JAP)
	Frederick REINES (USA)	2003	Alexei A. ABRIKOSOV
1996	Douglas OSHEROFF (USA)		(RUSS/USA)
	Robert C. RICHARDSON (USA)		Vitaly L. GINZBURG (RUSS)
	David M. LEE (USA)		Anthony J. LEGGETT (GB/USA)
1997	Steven CHU (USA)	2004	David J. GROSS (USA)
	William PHILLIPS (USA)		H. David POLITZER (USA)
	Claude COHEN-TANNOUDJI (F)		Frank WILCZEK (USA)
1998	Horst L. STÖRMER (D)	2005	Roy J. GLAUBER (USA)
	Daniel C. TSUI (USA)		J. L. HALL (USA)
	Robert B. LAUGHLIN (USA)		Theodor W. HÄNSCH (D)

Chemienobelpreis

1901	Jacobus H. VAN 'T HOFF (NL)	1916	[nicht vergeben]
1902	Emil H. FISCHER (D)	1917	[nicht vergeben]
1903	Svante A. ARRHENIUS (S)	1918	Fritz HABER (D)
1904	Sir William RAMSAY (GB)	1919	[nicht vergeben]
1905	Adolf von BAEYER (D)	1920	Walther H. NERNST (D)
1906	Henri MOISSAN (F)	1921	Frederick SODDY (GB)
1907	Eduard BUCHNER (D)	1922	Francis W. ASTON (GB)
1908	Sir Ernest RUTHERFORD (GB)	1923	Fritz PREGL (A)
1909	Wilhelm OSTWALD (D)	1924	[nicht vergeben]
1910	Otto WALLACH (D)	1925	Richard A. ZSIGMONDY (A)
1911	Marie CURIE (F)	1926	Theodor SVEDBERG (S)
1912	Victor GRIGNARD (F)	1927	Heinrich O. WIELAND (D)
	Paul SABATIER (F)	1928	Adolf WINDAUS (D)
1913	Alfred WERNER (CH)	1929	Hans von EULER-CHELPIN (S/D)
1914	Theodore W. RICHARDS (USA)		Arthur HARDEN (GB)
1915	Richard WILLSTÄTTER (D)	1930	Hans FISCHER (D)

1931	Friedrich BERGIUS (D)
	Carl BOSCH (D)
1932	Irving LANGMUIR (USA)
1933	[nicht vergeben]
1934	Harold C. UREY (USA)
1935	Frédéric JOLIOT (F)
	Irène JOLIOT-CURIE (F)
1936	Peter J.W. DEBYE (NL)
1937	Sir Walter N. HAWORTH (GB)
	Paul KARRER (CH)
1938	Richard KUHN (D)
1939	Adolf F. J. BUTENANDT (D)
	Leopold RUZICKA (CH)
1940	[nicht vergeben]
1941	[nicht vergeben]
1942	[nicht vergeben]
1943	George de HEVESY (H)
1944	Otto HAHN (D)
1945	Artturi I. VIRTANEN (FIN)
1946	John H. NORTHROP (USA)
	Wendell M. STANLEY (USA)
	James B. SUMNER (USA)
1947	Sir Robert ROBINSON (GB)
1948	Arne W. K. TISELIUS (S)
1949	William F. GIAUQUE (USA)
1950	Kurt ALDER (D)
	Otto P. H. DIELS (D)
1951	Edwin M. MCMILLAN (USA)
	Glenn Th. SEABORG (USA)
1952	Archer J. P. MARTIN (GB)
	Richard L. M. SYNGE (GB)
1953	Hermann STAUDINGER (D)
1954	Linus Carl PAULING (USA)
1955	Vincent Du VIGNEAUD (USA)
1956	Sir Cyril N. HINSHELWOOD (GB)
	Nikolai N. SEMJONOW (RUSS)
1957	Sir Alexander R. TODD (GB)
1958	Frederick SANGER (GB)
1959	Jaroslav HEYROVSKÝ (CZ)
1960	Willard F. LIBBY (USA)
1961	Melvin CALVIN (USA)
1962	John C. KENDREW (GB)
	Max Ferdinand PERUTZ (GB)
1963	Giulio NATTA (I)
	Karl ZIEGLER (D)
1964	Dor. Crowfoot-HODGKIN (GB)
1965	Robert B. WOODWARD (USA)
1966	Robert S. MULLIKEN (USA)
1967	Manfred EIGEN (D)
	George PORTER (GB)
	Ronald G.W. NORRISH (GB)
1968	Lars ONSAGER (USA)
1969	Odd HASSEL (N)
	Derek H. BARTON (GB)
1970	Luis F. LELOIR (ARG)
1971	Gerhard HERZBERG (CAN)
1972	Christian B. ANFINSEN (USA)
	Stanford MOORE (USA)
	William H. STEIN (USA)
1973	Ernst Otto FISCHER (D)
	Geoffrey WILKINSON (GB)
1974	Paul J. FLORY (USA)
1975	John W. CORNFORTH (GB)
	Vladimir PRELOG (CH)
1976	William N. LIPSCOMB (USA)
1977	Ilya PRIGOGINE (B)
1978	Peter D. MITCHELL (GB)
1979	Georg WITTIG (D)
	Herbert C. BROWN (USA)
1980	Paul BERG (USA)
	Walter GILBERT (USA)
	Frederick SANGER (GB)
1981	Kenichi FUKUI (JAP)
	Roald HOFFMANN (USA)
1982	Aaron KLUG (GB)
1983	Henry TAUBE (CAN)
1984	Robert Bruce MERRIFIELD (USA)

1985	Herbert A. HAUPTMAN (USA)	1997	Paul D. BOYER (USA)
	Jerome KARLE (USA)		John E. WALKER (GB)
1986	John C. POLANYI (CAN)		Jens C. SKOU (DK)
	Dudley R. HERSCHBACH (USA)	1998	Walter KOHN (USA)
	Yuan Tseh LEE (USA)		John A. POPLE (GB)
1987	Donald J. CRAM (USA)	1999	Ahmed H. ZEWAIL (ET)
	Charles J. PEDERSEN (USA)	2000	Alan J. HEEGER (USA)
	Jean-Marie LEHN (F)		Alan G. MACDIARMID (USA)
1988	Johann DEISENHOFER (D)		Hideki SHIRAKAWA (JAP)
	Robert HUBER (D)	2001	William S. KNOWLES (USA)
	Hartmut MICHEL (D)		
1989	Sidney ALTMAN (CAN)		Ryoji NOYORI (JAP)
	Thomas R. CECH (USA)		K. Barry SHARPLESS (USA)
1990	Elias J. COREY (USA)	2002	John B. FENN (USA)
1991	Richard R. ERNST (CH)		Koichi TANAKA (JAP)
1992	Rudolph A. MARCUS (USA)		Kurt WÜTHRICH (CH)
1993	Kary Banks MULLIS (USA)	2003	Peter AGRE (USA)
	Michael SMITH (CAN)		Roderick MACKINNON (USA)
1994	George A. OLAH (USA)		
1995	Paul CRUTZEN (NL)	2004	Aaron CIECHANOVER (ISR)
	Mario MOLINA (MEX)		Avram HERSHKO (ISR)
	Frank Sherwood ROWLAND (USA)		Irwin ROSE (USA)
1996	Robert F. CURL, Jr. (USA)	2005	Yves CHAUVIN (F)
	Sir Harold W. KROTO (GB)		Robert H. GRUBBS (USA)
	Richard E. SMALLEY (USA)		Richard R. SCHROCK (USA)

Medizinnobelpreis

1901	Emil A. von BEHRING (D)	1910	Albrecht KOSSEL (D)
1902	Sir Ronald ROSS (GB)	1911	Allvar GULLSTRAND (S)
1903	Niels R. FINSEN (DK)	1912	Alexis CARREL (F)
1904	Ivan P. PAWLOW (RUSS)	1913	Charles RICHET (F)
1905	Robert KOCH (D)	1914	Robert BÁRÁNY (A)
1906	Camillo GOLGI (I)	1915	[nicht vergeben]
	Santiago RAMÓN Y CAJAL (E)	1916	[nicht vergeben]
1907	Alphonse LAVERAN (F)	1917	[nicht vergeben]
1908	Paul EHRLICH (D)	1918	[nicht vergeben]
	Élie METSCHNIKOW (RUSS)	1919	Jules BORDET (B)
1909	Emil Th. KOCHER (CH)	1920	August KROGH (DK)

1921	[nicht vergeben]	1948	Paul H. MÜLLER (CH)
1922	Archibald V. HILL (GB)	1949	Walter R. HESS (CH)
	Otto Fr. MEYERHOF (D)		António MONIZ (P)
1923	Frederick G. BANTING (CAN)	1950	Philip S. HENCH (USA)
			Edward C. KENDALL (USA)
	John J. R. MACLEOD (CAN)		Tadeusz REICHSTEIN (CH)
1924	Willem EINTHOVEN (NL)	1951	Max THEILER (SA)
1925	[nicht vergeben]	1952	Selman A. WAKSMAN (USA)
1926	Johannes FIBIGER (DK)	1953	Hans A. KREBS (GB)
1927	Julius WAGNER-JAUREGG (A)		Fritz A. LIPMANN (USA)
1928	Charles NICOLLE (F)	1954	John F. ENDERS (USA)
1929	Christian EIJKMAN (NL)		Frederick C. ROBBINS (USA)
	Sir Frederick G. HOPKINS (GB)		Thomas H. WELLER (USA)
1930	Karl LANDSTEINER (A)	1955	Axel H. THEORELL (S)
1931	Otto H. WARBURG (D)	1956	André F. COURNAND (USA)
1932	Charles S. SHERRINGTON (GB)		Werner FORSSMANN (D)
	Edgar D. ADRIAN (GB)		Dickinson W. RICHARDS (USA)
1933	Thomas H. MORGAN (USA)	1957	Daniel BOVEL (I)
1934	George R. MINOT (USA)	1958	George W. BEADLE (USA)
	William P. MURPHY (USA)		Joshua LEDERBERG (USA)
	George H. WHIPPLE (USA)		Edward L. TATUM (USA)
1935	Hans SPEMANN (D)	1959	Arthur KORNBERG (USA)
1936	Sir Henry H. DALE (GB)		Severo OCHOA (USA)
	Otto LOEWI (A)	1960	Sir Frank M. BURNET (AUS)
1937	Albert S. von NAGYRAPOLT (H)		Peter B. MEDAWAR (GB)
1938	Jean F. HEYMANS (B)	1961	Georg von BÉKÉSY (USA)
1939	Gerhard DOMAGK (D)	1962	Francis H. C. CRICK (GB)
1941	[nicht vergeben]		James D. WATSON (USA)
1942	[nicht vergeben]		Maurice WILKINS (GB)
1943	Henrik DAM (DK)	1963	Sir John C. ECCLES (AUS)
	Edward A. DOISY (USA)		Alan L. HODGKIN (GB)
1944	Joseph ERLANGER (USA)		Andrew F. HUXLEY (GB)
	Herbert S. GASSER (USA)	1964	Konrad BLOCH (USA)
1945	Ernst B. CHAIN (GB)		Feodor LYNEN (D)
	Sir Alexander FLEMING (GB)	1965	François JACOB (F)
	Sir Howard W. FLOREY (GB)		André LWOFF (F)
1946	Hermann J. MULLER (USA)		Jacques MONOD (F)
1947	Carl F. U. Gerty T. CORI (USA)	1966	Charles B. HUGGINS (CAN)
	Bernardo HOUSSAY (ARG)		Francis P. ROUS (USA)

1967	Ragnar A. GRANIT (S)	1981	Roger W. SPERRY (USA)
	Haldan K. HARTLINE (USA)		David H. HUBEL (USA)
	George WALD (USA)		Torsten N. WIESEL (S)
1968	Robert W. HOLLEY (USA)	1982	Sune K. BERGSTRÖM (S)
	Har G. KHORANA (USA)		Bengt I. SAMUELSSON (S)
	Marshall W. NIRENBERG (USA)		John R. VANE (GB)
1969	Max DELBRÜCK (USA)	1983	Barbara MCCLINTOCK (USA)
	Alfred HERSHEY (USA)	1984	Niels K. JERNE (DK)
	Salvador LURIA (USA)		Georges J. F. KÖHLER (D)
1970	Bernard KATZ (GB)		Cesar MILSTEIN (GB)
	Ulf S. von EULER-CHELPIN (S)	1985	Michael S. BROWN (USA)
	Julius AXELROD (USA)		Joseph L. GOLDSTEIN (USA)
1971	Wilbur SUTHERLAND (USA)		
1972	Gerald M. EDELMAN (USA)	1986	Stanley COHEN (USA)
	Rodney PORTER (GB)		Rita LEVI-MONTALCINI (I)
1973	Karl von FRISCH (A)	1987	Susumu TONEGAWA (JAP)
	Konrad LORENZ (A)	1988	Sir James W. BLACK (GB)
	Nikolaas TINBERGEN (NL)		Gertrude B. ELION (USA)
1974	Albert CLAUDE (B)		George H. HITCHINGS (USA)
	Christian de DUVE (B)		
	George E. PALADE (USA)	1989	Michael J. BISHOP (USA)
1975	David BALTIMORE (USA)		Harold E. VARMUS (USA)
	Renato DULBECCO (USA)	1990	Joseph E. MURRAY (USA)
	Howard M. TEMIN (USA)		Edward D. THOMAS (USA)
1976	Baruch S. BLUMBERG (USA)	1991	Erwin NEHER (D)
	Daniel C. GAJDUSEK (USA)		Bert SAKMANN (D)
1977	Roger Ch. GUILLEMIN (USA)	1992	Edmond H. FISCHER (USA)
	Andrew SCHALLY (USA)		Edwin G. KREBS (USA)
	Rosalyn YALOW (USA)	1993	Richard J. ROBERTS (USA)
1978	Werner ARBER (CH)		Phillip A. SHARP (USA)
	Daniel NATHANS (USA)	1994	Alfred G. GILLMAN (USA)
	Hamilton SMITH (USA)		Martin RODBELL (USA)
1979	Allan M. CORMACK (USA)	1995	Christ. NÜSSLEIN-VOLHARD (D)
	Godfrey N. HOUNSFIELD (GB)		Eric F. WIESCHAUS (USA)
			Edward B. LEWIS (USA)
1980	Baruj BENACERRAF (USA)	1996	Peter C. DOHERTY (AUS)
	George Davis SNELL (USA)		Rolf M. ZINKERNAGEL (CH)
	Jean DAUSSET (F)	1997	Stanley B. PRUSINER (USA)

1998	Robert F. FURCHGOTT (USA)	2002	Sydney BRENNER (GB)
	Louis J. IGNARRO (USA)		H. Robert HORVITZ (USA)
	Ferid MURAD (USA)		John E. SULSTON (GB)
1999	Günter BLOBEL (USA/D)	2003	Paul C. LAUTERBUR (USA)
2000	Arvid CARLSSON (S)		
	Paul GREENGARD (USA)		Sir Peter MANSFIELD (GB)
	Eric KANDEL (A/USA)	2004	Richard AXEL (USA)
2001	Leland H. HARTWELL (USA)		Linda B. BUCK (USA)
	R. Timothy HUNT (GB)	2005	Barry J. MARSHALL (AUS)
	Sir Paul M. NURSE (GB)		J. Robin WARREN (AUS)

Literaturnobelpreis

1901	R.F.A. Sulley PRUDHOMME (F)	1925	George B. SHAW (GB)
1902	Theodor MOMMSEN (D)	1926	Grazia DELEDDA (I)
1903	Bjørnstjerne BJØRNSON (N)	1927	Henri BERGSON (F)
1904	José ECHEGARAY (E)	1928	Sigrid UNDSET (N)
	Frédéric MISTRAL (F)	1929	Thomas MANN (D)
1905	Henryk SIENKIEWICZ (PL)	1930	Sinclair LEWIS (USA)
1906	Giosuè CARDUCCI (I)	1931	Erik A. KARLFELDT (S)
1907	Rudyard KIPLING (GB)	1932	John GALSWORTHY (GB)
1908	Rudolf EUCKEN (D)	1933	Ivan A. BUNIN (F/RUSS)
1909	Selma LAGERLÖF (S)	1934	Luigi PIRANDELLO (I)
1910	Paul von HEYSE (D)	1935	[nicht vergeben]
1911	Maurice MAETERLINCK (B)	1936	Eugene O'NEILL (USA)
1912	Gerhard HAUPTMANN (D)	1937	Roger M. du GARD (F)
1913	Rabindranath TAGORE (IND)	1938	Pearl S. BUCK (USA)
1914	[nicht vergeben]	1939	Frans E. SILLANPÄÄ (Finnland)
1915	Romain ROLLAND (F)	1940	[nicht vergeben]
1916	Verner von HEIDENSTAM (S)	1941	[nicht vergeben]
1917	Karl GJELLERUP (DK)	1942	[nicht vergeben]
	Henrik PONTOPPIDAN (DK)	1943	[nicht vergeben]
1918	[nicht vergeben]	1944	Johannes V. JENSEN (DK)
1919	Carl SPITTELER (CH)	1945	Gabriela MISTRAL (CHILE)
1920	Knut HAMSUN (N)	1946	Hermann HESSE (CH/D)
1921	Anatole FRANCE (F)	1947	André GIDE (F)
1922	Jacinto BENAVENTE (E)	1948	Thomas S. ELIOT (GB/USA)
1923	William B. YEATS (IRL)	1949	William FAULKNER (USA)
1924	Władysław S. REYMONT (PL)	1950	Lord Bertrand RUSSELL (GB)

1951 Pär LAGERKVIST (S)
1952 François MAURIAC (F)
1953 Sir Winston CHURCHILL (GB)
1954 Ernest HEMINGWAY (USA)
1955 Haldór K. LAXNESS (ISL)
1956 Juan R. JIMÉNEZ (E)
1957 Albert CAMUS (F)
1958 Boris PASTERNAK (RUSS)
1959 Salvatore QUASIMODO (I)
1960 Saint-John PERSE (F)
1961 Ivo ANDRIC (YUG)
1962 John STEINBECK (USA)
1963 Giorgios SEFERIS (GR)
1964 Jean-P. SARTRE (F)
1965 Michail SCHOLOCHOW (RUSS)
1966 Samuel J. AGNON (ISR/A)
     Nelly SACHS (S/D)
1967 Miguel A. ASTURIAS (GUAT)
1968 Yasunari KAWABATA (JAP)
1969 Samuel BECKETT (IRL)
1970 Alexander SOLSCHENIZYN (RUSS)
1971 Pablo NERUDA (CHIL)
1972 Heinrich BÖLL (D)
1973 Patrick WHITE (AUS)
1974 Eyvind JOHNSON (S)
     Harry MARTINSON (S)
1975 Eugenio MONTALE (I)
1976 Saul BELLOW (USA)

1977 Vicente ALEIXANDRE (E)
1978 Isaac B. SINGER (USA)
1979 Odysseus ELYTIS (GR)
1980 Czeslaw MIŁOSZ (PL)
1981 Elias CANETTI (GB/BU)
1982 Gabriel GARCÍA MARQUEZ (COL)
1983 William G. GOLDING (GB)
1984 Jaroslav SEIFERT (CZ)
1985 Claude SIMON (F)
1986 Wole SOYINKA (NIG)
1987 Joseph BRODSKY (USA)
1988 Naguib MAHFUZ (ET)
1989 Camilo J. CELA (E)
1990 Octavio PAZ (MEX)
1991 Nadine GORDIMER (SA)
1992 Derek WALCOTT (ST LUC)
1993 Toni MORRISON (USA)
1994 Kenzaburo OE (JAP)
1995 Seamus HEANEY (IRL)
1996 Wisława SZYMBORSKA (PL)
1997 Dario Fo (I)
1998 José SARAMAGO (P)
1999 Günter GRASS (D)
2000 Gao XINGJIAN (CHINA/F)
2001 Sir Vidiadhar S. NAIPAUL (GB)
2002 Imre KERTÉSZ (H)
2003 John Maxwell COETZEE (SA)
2004 Elfriede JELINEK (A)
2005 Harold PINTER (GB)

Friedensnobelpreis

1901 Jean-Henri DUNANT (CH)
     Frédéric PASSY (F)
1902 Élie DUCOMMUN (CH)
     Albert GOBAT (CH)
1903 Sir William R. CREMER (GB)
1904 Inst. f. INTERN. RECHT, Genf (B)
1905 Bertha V. SUTTNER (A)

1906 Theodore ROOSEVELT (USA)
1907 Ernesto T. MONETA (I)
     Louis RENAULT (F)
1908 Klas P. ARNOLDSON (S)
     Frederic BAJER (DK)
1909 Auguste M. E. BEERNAERT (B)
     P. d'Estournelles de CONSTANT (F)

Anhang

1910	Intern. Friedensbüro, BERN (CH)	1943	[nicht vergeben]
1911	Tobias M. C. ASSER (NL)	1944	IRK-KOMITEE, Genf (CH)
	Alfred H. FRIED (A)	1945	Cordell HULL (USA)
1912	Elihu ROOT (USA)	1946	Emily G. BALCH (USA)
1913	Henri La FONTAINE (B)		John R. MOTT (USA)
1914	[nicht vergeben]	1947	The SOCIETY OF FRIENDS (Quäker)
1915	[nicht vergeben]	1948	[nicht vergeben]
1916	[nicht vergeben]	1949	Lord John Boyd ORR (GB)
1917	IRK-KOMITEE	1950	Ralph J. BUNCHE (USA)
1919	Th. Woodrow WILSON (USA)	1951	Léon JOUHAUX (F)
1920	Léon BOURGEOIS (F)	1952	Albert SCHWEITZER (F)
1921	Karl H. BRANTING (S)	1953	George C. MARSHALL (USA)
	Christian L. LANGE (N)	1954	Büro des UNHCR, Genf (CH)
1922	Fritjof NANSEN (N)	1955	[nicht vergeben]
1923	[nicht vergeben]	1956	[nicht vergeben]
1924	[nicht vergeben]	1957	Lesterr B. PEARSON (CAN)
1925	Sir Joseph A. CHAMBERLAIN (GB)	1958	Dominique G. PIRE (B)
		1959	Philip J. NOEL-BAKER (GB)
	Charles G. DAWES (USA)	1960	Albert J. LUTHULI (SA)
1926	Aristide BRIAND (F)	1961	Dag HAMMARSKJÖLD (S)
	Gustav STRESEMANN (D)	1962	Linus C. PAULING (USA)
1927	Ferdinand BUISSON (F)	1963	IRK u. Int. LIGA D. ROTKREUZGES.
	Ludwig QUIDDE (D)	1964	Martin L. KING (USA)
1928	[nicht vergeben]	1965	Int. KINDERHILFSFONDS (UNICEF)
1929	Frank B. KELLOG (USA)	1966	[nicht vergeben]
1930	Nathan SÖDERBLOM (S)	1967	[nicht vergeben]
1931	Jane ADDAMS (USA)	1968	René CASSIN (F)
	Nicholas M. BUTLER (USA)	1969	I.L.O. (Intern. LABOUR ORGANIS.)
1933	Sir Ralph N. ANGELL (GB)	1970	Norman E. BORLAUG (USA)
1934	Arthur HENDERSON (GB)	1971	Willy BRANDT (D)
1935	Carl von OSSIETZKY (D)	1972	[nicht vergeben]
1936	Carlos de Saavedra LAMAS (ARG)	1973	Henry KISSINGER (USA)
1937	Lord Cecil of CHELWOOD (GB)		LE DUC THO (Nordvietnam)
1938	Int. NANSEN-AMT f. Flüchtlinge, Genf	1974	Sean MACBRIDE (IRL)
			Eisaku SATO (JAP)
1939	[nicht vergeben]	1975	Andrej SACHAROW (RUSS)
1940	[nicht vergeben]	1976	Betty WILLIAMS (N-IRL)
1941	[nicht vergeben]		Mairead CORRIGAN (N-IRL)
1942	[nicht vergeben]	1977	AMNESTY INTERNATIONAL

1978	Menachem BEGIN (ISR)	1994	Yasir ARAFAT (PAL)
	Anwar el SADAT (ET)		Shimon PERES (ISR)
1979	Mutter TERESA (IND)		Itzhak RABIN (ISR)
1980	Adolfo Perez ESQUIVEL (ARG)	1995	Joseph ROTBLAT (GB)
1981	UNHCR f. Flüchtlinge, Genf (CH)		PUGWASH-BEWEGUNG
1982	Alva MYRDAL (S)	1996	Carlos F. Ximenes BELO (O-TIM)
	Alfonso Garcia ROBLES (MEX)		José RAMOS-HORTA (O-TIM)
1983	Lech WALESA (PL)	1997	Int. Kamp. z. VERB. v. LANDMINEN
1984	Bischof Desmond M. TUTU (SA)		
1985	Int. ÄRZTEVER. z. Verhind. e. Atomkr.		Jody WILLIAMS (USA)
		1998	John HUME
1986	Elie WIESEL (USA)		David TRIMBLE
1987	Oscar Arias SANCHEZ (COSTA RICA)	1999	ÄRZTE OHNE GRENZEN
		2000	Kim DAE JUNG (S-COR)
1988	UN-FRIEDENSTRUPPE	2001	VEREINTE NATIONEN
1989	DALAI-LAMA (Tibet)		Kofi ANNAN (GHA)
1990	Michail GORBATSCHOW (RUSS)	2002	Jimmy CARTER Jr. (USA)
1991	AUNG SAN SUN KYI (BIRMA)	2003	Shirin EBADI (IRAN)
1992	Rigoberta MENCHÚ (GUAT)	2004	Wangari MAATHAI (KEN)
1993	Nelson Rolihlahla MANDELA (SA)	2005	Mohamed El BARADEI (ET)
	Frederik Willem DE KLERK (SA)		INT. ATOM. ENERGY AGENCY

Wirtschaftsnobelpreis

1969	Jan TINBERGEN (NL)	1978	Herbert A. SIMON (USA)
	Ragnar FRISCH (N)	1979	Theodore W. SCHULTZ (USA)
1970	Paul A. SAMUELSON (USA)		
1971	Simon KUSNEZ (USA/RUSS)		Arthur LEWIS (GB)
1972	John R. HICKS (GB)	1980	Lawrence R. KLEIN (USA)
	Kenneth J. ARROW (USA)	1981	James TOBIN (USA)
1973	Wassily LEONTIEF (USA)	1982	George J. STIGLER (USA)
1974	Fridrich A. HAYEK (GB)	1983	Gerard DEBREU (USA)
	Karl G. MYRDAL (S)	1984	Sir Richard STONE (GB)
1975	Tjaling C. KOOPMANS (USA)	1985	Franco MODIGLIANI (I/USA)
	Leonid KANTOROWITSCH (RUSS)	1986	James BUCHANAN (USA)
1976	Milton FRIEDMAN (USA)	1987	Robert M. SOLOW (USA)
1977	Bertil G. OHLIN (S)	1988	Maurice ALLAIS (F)
	James E. MEADE (GB)	1989	Tragve HAAVELMO (N)

1990	Harry MARKOWITZ (USA)	1998	Amartya SEN (IND/GB)
	Merton MILLER (USA)	1999	Robert A. MUNDELL (USA/CAN)
	William SHARPE (USA)		
1991	Ronald H. COASE (GB/USA)	2000	James J. HECKMAN (USA)
1992	Gary S. BECKER (USA)		Daniel L. MCFADDEN (USA)
1993	Robert W. FOGEL (USA)	2002	Daniel KAHNEMAN (USA/ISR)
	Douglass C. NORTH (USA)		Vernon L. SMITH (USA)
1994	Reinhard SELTEN (D)	2003	Robert F. ENGLE (USA)
	John C. HARSANYI (USA)		Clive W. J. GRANGER (GB)
	John F. NASH (USA)	2004	Finn E. KYDLAND (N)
1995	Robert E. LUCAS, Jr. (USA)		Edward C. PRESCOTT (USA)
1996	James A. MIRRLEES (GB)	2004	Robert J. AUMANN (ISR/USA)
	William VICKREY (CAN/USA)		Thomas C. SCHELLING (USA)
1997	Robert C. MERTON (USA)	2005	Thomas C. SCHELLING (USA)
	Myron S. SCHOLES (USA)		Robert J. AUMANN (ISR)

Präsidenten der USA

1. George Washington 1789–1797 *(Föderalist)*
2. John Adams 1797–1801 *(Föderalist)*
3. Thomas Jefferson 1801–1809 *(Demokrat/Republikaner)*
4. James Madison 1809–1817 *(Demokrat/Republikaner)*
5. James Monroe 1817–1825 *(Demokrat/Republikaner)*
6. John Q. Adams 1825–1829 *(Demokrat/Republikaner)*
7. Andrew Jackson 1829–1837 *(Demokrat)*
8. Martin Van Buren 1837–1841 *(Demokrat)*
9. William Harrison 1841–1841 *(Whig)*
10. John Tyler 1841–1845 *(Whig)*
11. James Knoxs Polk 1845–1849 *(Demokrat)*
12. Zachary Taylor 1849–1850 *(Whig)*
13. Millard Fillmore 1850–1853 *(Whig)*
14. Franklin Pierce 1853–1857 *(Demokrat)*
15. James Buchanan 1857–1861 *(Demokrat)*
16. Abraham Lincoln 1861–1865 *(Republikaner, ermordet)*
17. Andrew Johnson 1865–1869 *(Demokrat)*
18. Ulysses S. Grant 1869–1877 *(Republikaner)*
19. Rutherford Hayes 1877–1881 *(Republikaner)*
20. James Garfield 1881–1881 *(Republikaner, ermordet)*
21. Chester Arthur 1881–1885 *(Republikaner)*
22. Grover Cleveland 1885–1889 *(Demokrat)*
23. Benjamin Harrison 1889–1893 *(Republikaner)*
24. Grover Cleveland 1893–1897 *(Demokrat)*
25. William McKinley 1897–1901 *(Republikaner, ermordet)*
26. Theodore Roosevelt 1901–1909 *(Republikaner, Friedensnobelpreis)*
27. William Taft 1909–1913 *(Republikaner)*
28. Woodrow Wilson 1913–1921 *(Demokrat, Friedensnobelpreis)*
29. Warren Harding 1921–1923 *(Republikaner)*
30. Calvin Coolidge 1923–1929 *(Republikaner)*
31. Herbert Hoover 1929–1933 *(Republikaner)*
32. Franklin Roosevelt 1933–1945 *(Demokrat)*
33. Harry S. Truman 1945–1953 *(Demokrat)*
34. Dwight D. Eisenhower 1953–1961 *(Republikaner)*
35. John F. Kennedy 1961–1963 *(Demokrat, ermordet)*

36. Lyndon Johnson   1963–1969 *(Demokrat)*
37. Richard Nixon   1969–1974 *(Republikaner)*
38. Gerald Ford   1974–1977 *(Republikaner)*
39. James (Jimmy) Carter   1977–1981 *(Demokrat, Friedens-*
                                      nobelpreis)
40. Ronald Reagan   1981–1989 *(Republikaner)*
41. George Bush   1989–1993 *(Republikaner)*
42. William (Bill) Clinton 1993–2001 *(Demokrat)*
43. George W. Bush   2001–   *(Republikaner)*

Präsidenten und Kanzler des Deutschen Reiches

Reichspräsidenten

1919–1925 Friedrich Ebert
1925–1934 Paul von Hindenburg
1934–1945 Adolf Hitler
1945   Karl Dönitz

Reichskanzler

1871–1890 Otto Fürst von Bismarck
1890–1894 Georg Leo Graf von Caprivi
1894–1900 Chlodwig Fürst zu Hohenlohe
1900–1909 Bernhard Fürst von Bülow
1909–1917 Theobald von Bethmann-Hollweg
1917   Georg Michaelis
1917–1918 Georg Graf von Hertling
1918   Maximilian von Baden
1918–1919 Friedrich Ebert
1919   Philipp Scheidemann
1919–1920 Gustav Bauer
1920   Hermann Müller
1920–1921 Konstantin Fehrenbach
1921–1922 Joseph Wirth
1922–1923 Wilhelm Cuno
1923   Gustav Stresemann
1923–1924 Wilhelm Marx
1925–1926 Hans Luther
1926–1928 Wilhelm Marx
1928–1930 Hermann Müller
1930–1932 Heinrich Brüning
1932   Franz von Papen
1932–1933 Kurt von Schleicher
1933–1945 Adolf Hitler

Präsidenten und Kanzler der Bundesrepublik Deutschland

Bundespräsidenten

1949–1959 Theodor Heuss (FDP)
1959–1969 Heinrich Lübke (CDU)
1969–1974 Gustav W. Heinemann (SPD)
1974–1979 Walter Scheel (FDP)
1979–1984 Karl Carstens (CDU)
1984–1994 Richard von Weizsäcker (CDU)
1994–1999 Roman Herzog (CDU)
1999–2004 Johannes Rau (SPD)
2004– Horst Köhler (CDU)

Bundeskanzler

1949–1963 Konrad Adenauer (CDU)
1963–1966 Ludwig Erhard (CDU)
1966–1969 Kurt Georg Kiesinger (CDU)
1969–1974 Willy Brandt (SPD)
1974–1982 Helmut Schmidt (SPD)
1982–1998 Helmut Kohl (CDU)
1998–2005 Gerhard Schröder (SPD)
2005– Angela Merkel (CDU)

Literaturverzeichnis

Awwad, Sami, Das Heilige Land in Wort und Bild, Jerusalem, deutsche Ausgabe Konstanz (o. Jahr)
Bahlow, Hans, Deutsches Namenlexikon, 15 000 Familien- und Vornamen (neu bearbeitete Ausgabe), Bayreuth 1980
Bartel, Manfred, Lexikon der Pseudonyme (neu bearbeitet), München 1989
Bauch, Albert C., A History of the English Language, 2. Auflage, London 1959
Baumann, Britta u. a. (Hrsg.), Wörterbuch Italienisch-Deutsch/Deutsch-Italienisch, Gütersloh 1993
Beaumont, Oliver de, Majestueuse Égypte, dt. Ägypten (übersetzt von K.-J. Hoffmann), Paris und Erlangen 1994
Bellinger, Gerhard J., Knaurs Lexikon der Mythologie, 3. Auflage, Augsburg 2003
Beneš, Josef/Plachý, A., (Wörterbuch) Německo – Český/Česko – Německý (Kapesní-Slovník), Praha 1966
Benesch, Otto, Rembrandt als Zeichner (übersetzt von E. und O. Benesch), London 1963
Bertram, Mathias, Geschichte der Philosophie, Darstellungen, Lexika, Handbücher (1 CD), Digitale Bibliothek, Berlin 2004
Biedermann, Hans, Knaurs Lexikon der Symbole, Lizenzausgabe, Augsburg 2000
Brandt, M. (Red.) u. a., Malerei, Lexikon von A bis Z, Zug (CH) 1986
Brockhaus Enzyklopädie, 20 Bände, 17. völlig neu bearbeitete Auflage des Großen Brockhaus, Wiesbaden 1966–1974
Buchanan, Dougal, Gaelic-English, English-Gaelic Dictionary, 2. Paperback-Auflage, New Lanark, Scotland 2002
Bührer, Emil u. a., Die Große Mauer, Geschichte, Kultur- und Sozialgeschichte Chinas, 2. Auflage, Frankfurt am Main 1987
Bury, Ernst, In medias res, Lexikon lateinischer Zitate und Wendungen (1 CD), Digitale Bibliothek Berlin 2003
Butinyà i Jiménez, Júlia Butinyà y Jiménez (Hrsg.), Diccionari Barcanova de la Llengua Bàsic (Katalanisch), Barcelona 1988
Cayrou, Gaston, Dictionnaire du français classique – La langue du XVIIe siècle, 2. Auflage, Paris 1924
Charpentier, Louis, Das Geheimnis der Basken, nach der Pariser Originalausgabe 1975, übersetzt von Grit Kuntze, Lizenzausgabe, Olten 1986
Coghlan, Ronan, Irish First Names (Appletree Guides), Belfast 1985
Collins Cobuild, John M. Sinclair (Hrsg.), English Language Dictionary, 5. Auflage, London 1992
Comrie, Bernard (Hrsg.) *u. a.*, Bildatlas der Sprachen, aus dem Englischen von I. Bahr und G. Frank, deutsche Erstausgabe, Augsburg 1998
Cooper, J. C., Illustriertes Lexikon der traditionellen Symbole, aus dem Englischen übersetzt von G. und M. Middell, Wiesbaden (o. Jahr)
Cotterell, Arthur, Die Enzyklopädie der Mythologie – Klassisch, Keltisch, Nordisch, Lizenzausgabe, Reichelsheim 1999
Dahlke, Paul (Übers.), Buddha, Auswahl aus dem Palikanon, Lizenzausgabe, Köln 2000
Denzler Georg/Andresen Carl, Wörterbuch Kirchengeschichte, Lizenzausgabe, Wiesbaden 2004

Description de l'Égypte, Publiée par les ordres de Napoléon Bonaparte, Édition Complète, vollständiger Nachdruck der Pariser Originalausgabe von 1809, übersetzt von Bettina Blumenberg, Köln 1994

Die Bibel, Die Heilige Schrift des Alten und Neuen Testamentes, übersetzt und herausgegeben von V. Hamp, M. Stenzel und J. Kürzinger, 2. Auflage, Aschaffenburg 1957

Die Luther-Bibel, Originalausgabe 1545 und revidierte Fassung 1912 (1 CD), Digitale Bibliothek, Berlin 2003

Dieterich, U. Waldemar, Das Runen-Wörterbuch, unveränderte Neuauflage nach der Ausgabe Stockholm 1844, Wiesbaden 2004

Döbler, Hannsferdinand, Die Germanen – Legende und Wirklichkeit (2 Bde.), 2. Auflage, Gütersloh 1979

Dorminger, Georg, Wörterbuch Latein-Deutsch, Ein Schulwörterbuch, Sonderausgabe, Limburg/Lahn 1992

Dubois, Jean/Mitterand, Henri/Dauzat, Albert, Larousse – Grand Dictionnaire, Étymologique du français, 2. Auflage, Paris 2005

Duden, Band 1, Die deutsche Rechtschreibung, 22. völlig neu bearbeitete und erweiterte Auflage, Mannheim 2000

Duden, Band 2, Das Stilwörterbuch, 8. völlig neu bearbeitete und erweiterte Auflage, Mannheim 2001

Duden, Band 6, Das Aussprachewörterbuch, 2. völlig neu bearbeitete und erweiterte Auflage, Mannheim 1972

Duden, Band 7, Das Herkunftswörterbuch, 3. völlig neu bearbeitete und erweiterte Auflage, Mannheim 2001

Duden, Band 9, Richtiges und gutes Deutsch, 5. neu bearbeitete Auflage, Mannheim 2001

Duden, Band 11, Redewendungen und sprichwörtliche Redensarten, bearbeitet von G. Drosdowski u. a., Mannheim 1992

Duden, Band 12, Zitate und Aussprüche, bearbeitet von Werner Scholze-Stubenrecht u. a., Mannheim 1993

Duden, Das große Fremdwörterbuch, bearbeitet von Dieter Baer u. a., 2. erweiterte Auflage, Mannheim 2000

Duden, Das Wörterbuch medizinischer Fachausdrücke, Bearbeitung V. Kaeppel und J. Weiß, 6. vollständig überarbeitete und erweiterte Auflage, Mannheim 1998

Duden, Familiennamen, Herkunft und Bedeutung, Bearbeitung Rosa und Volker Kohlheim, 2. Auflage, Mannheim 2005

Duden, Jiddisches Wörterbuch, Bearbeitung Ronald Lötzsch, 2. durchgesehene Auflage, Mannheim 1992

Duden, Oxford, Standardwörterbuch Englisch-Deutsch, Deutsch-Englisch, Bearbeitung M. Clark u. a., Mannheim 1991

Eliade, Mircea/Couliano, Ioan P., Das Handbuch der Religionen, aus dem Französischen von Liselotte Ronte, Düsseldorf 2004

Encyclopaedia Britannica, DeLuxe Edition 2003 (2 CDs), London 2003

Faulmann, Carl, Schriftzeichen und Alphabete aller Zeiten und Völker, Reprint der Wiener Ausgabe von Das Buch der Schrift, 2. verbesserte Auflage 1880, Neuausgabe Augsburg 1995

Fernández-Armesto, Felipe (Hrsg.), The Times Guide To The Peoples of Europe, London 1994

Fromer, Jakob, Der Babylonische Talmud, Lizenzausgabe, Köln 2000
Fucilla, Joseph G., Our Italian Surnames, 6. Auflage, Baltimore 2003
Geschichte des Altertums, in den Darstellungen von *Johann Gustav Droysen, Theodor Mommsen, Jacob Burckhardt, Robert von Pöhlmann* und *Eduard Meyer* (1 CD), Digitale Bibliothek, Berlin 2001
Glasenapp, Helmuth von, Die fünf Weltreligionen, Sonderausgabe, München 2001
Golther Wolfgang, Germanische Mythologie, Handbuch – Gesamtausgabe, Nachdruck der Rostocker Originalausgabe von 1895, Lizenzausgabe, Essen 2004
Grehan, Ida, Irish Family Names (Appletree Guides), Belfast 1985
Grimm, Jacob und Wilhelm, Deutsches Wörterbuch (Der Digitale Grimm, 2 CDs), elektronische Ausgabe der Erstbearbeitung, 1. Auflage, Frankfurt a. M. 2004
Hansen, Frank-Peter, Philosophie von Platon bis Nietzsche (1 CD), Digitale Bibliothek, Berlin 2003
Hartston, William, Das Lexikon der Zahlen, deutsche Erstausgabe, München 1999
Helfritz, Hans, Bibliothek der alten Kulturen: Amerika, Inka, Maya und Azteken, Sonderausgabe, Wien 1979
Henning, Beate, Kleines Mittelhochdeutsches Wörterbuch, Studienbuch, 2. Auflage, Tübingen 1995
Henning, Max (Übers. und Hrsg.), Der Koran, Reihe Reclam 631, Ditzingen 1991
Herder Lexikon, Griechische und römische Etymologie, 7. Auflage, Freiburg i. Br. 2003
Hermann, Ursula (Hrsg.), Knaurs etymologisches Lexikon – Herkunft und Geschichte unserer Neu- und Fremdwörter, München 1983
Hetzler, Armin, Wörterbuch Albanisch-Deutsch, Deutsch-Albanisch, 3. Auflage, Hamburg 1998
Hubmann, Franz/Pohl, Walter, Deutsche Könige, Römische Kaiser, Lizenzausgabe, Augsburg 1995
Husain, Shahrukh, Die Göttin, Das Matriarchat, Mythen und Archetypen. Übersetzung aus dem Englischen von Martina Bauer, Köln 2001
Hutterer, Claus Jürgen, Die Germanischen Sprachen – Ihre Geschichte in Grundzügen, 4. Auflage, Wiesbaden 1999
Jakob, Jan, Die Großen der Geschichte, Zum Nachschlagen – Politik, Wissenschaft, Kunst und Kultur, München 1982
Jung, Kurt M., Weltgeschichte in einem Griff, neu bearbeitet und ergänzt von Peter Wiensch, Berlin 1979
Junker, Heinrich F./Alavi, Bozorg, Wörterbuch Persisch-Deutsch, 9. Auflage, Wiesbaden 2002
Karas, M./Rymut, Kazimierz (Hrsg.): L'onomastique polonaise. Aperçu general, Louvain, 1978
Karbstein, Andreas, Wörterbuch Spanisch-Deutsch/Deutsch-Spanisch, Chur (CH) 1997
Kluge, Etymologisches Wörterbuch der deutschen Sprache, 24. Auflage, Berlin und New York 2002
Knauer, K. u. E., Wörterbuch Französisch-Deutsch/Deutsch-Französisch, Gütersloh 1959
Knoop, Ulrich, Wörterbuch deutscher Dialekte, Lizenzausgabe, Gütersloh 1997
Köbler, Gerhard, Taschenwörterbuch des althochdeutschen Sprachschatzes, 4. Auflage, Paderborn 1993

Kuzela, Zeno/Rudnyćkyj, Jaroslav B., Ukrainisch-Deutsches Wörterbuch, 3. Auflage, Wiesbaden 1987
Ladstätter/Linhart, Bibliothek der alten Kulturen: China und Japan, Die Kulturen Ostasiens, Sonderausgabe, Wien 1983
Langenscheidt, Großes Schul-WB Französisch-Deutsch, M. Bleher u. a., 1. Auflage, Berlin, München 2001
Langenscheidt, Großes Schul-WB Lateinisch-Deutsch, 1. Auflage, Berlin, München 2001
Langenscheidt, Hand-WB Italienisch-Deutsch, Deutsch-Italienisch, A. Reininger (Hrsg.), 4. Auflage, Berlin, München 2003
Langenscheidt, Hand-WB Spanisch-Deutsch, Deutsch-Spanisch, H. Müller/G. Haensch, 2. Auflage, Berlin, München 2003
Langenscheidt, Hand-WB Deutsch-Sanskrit, Klaus Mylius, 7. Auflage, Berlin, München 2001
Langenscheidt, Hand-WB Sanskrit-Deutsch, Klaus Mylius, 7. Auflage, Berlin, München 2001
Langenscheidt, Taschen-WB Altgriechisch-Deutsch, Deutsch-Altgriechisch, neu bearbeitet von K.-H. Schäfer, 6. Auflage, Berlin, München 1996
Langenscheidt, Taschen-WB Arabisch-Deutsch, Deutsch-Arabisch, L. Kropfitsch/G. Krotkoff, 1. Auflage, Berlin, München 1998
Langenscheidt, Taschen-WB Englisch-Deutsch, Deutsch-Englisch, neu bearbeitet von H. Willmann, 3. Auflage, Berlin, München 1990
Langenscheidt, Taschen-WB Hebräisch-Deutsch, Deutsch-Hebräisch, Jaacov Lavi, 6. Auflage, Berlin, München 1999
Langenscheidt, Taschen-WB Niederländisch-Deutsch, Deutsch-Niederländisch, Bearbeitung F. Beermans, 7. Auflage, Berlin, München 2004
Langenscheidt, Taschen-WB Polnisch-Deutsch, Deutsch-Polnisch, S. Walewski, 1. Auflage, Berlin, München 2002
Langenscheidt, Taschen-WB Russisch-Deutsch, Deutsch-Russisch, S. Walewski/E. Wedel, 1. Auflage, Berlin, München 2003
Langenscheidt, Taschen-WB Türkisch-Deutsch, Deutsch-Türkisch, neu bearbeitet von T. Turan, 1. Auflage, Berlin, München 2001
Langenscheidt, Wörterbuch Arabisch-Deutsch, Deutsch-Arabisch, Bearbeitung H. Funk, 4. Auflage, Berlin, München 1998
Langenscheidt, Wörterbuch Bulgarisch-Deutsch, Deutsch-Bulgarisch, neu bearbeitet von D. Slivkova, 6. Auflage, Berlin, München 2002
Langenscheidt, Wörterbuch Chinesisch-Deutsch, Deutsch-Chinesisch, Bearbeitung Pu-Wang-Schütze, 1. Auflage, Berlin, München 2000
Langenscheidt, Wörterbuch Dänisch-Deutsch, Deutsch-Dänisch, Bearbeitung I. Mathews, 5. Auflage, Berlin, München 1999
Langenscheidt, Wörterbuch Finnisch-Deutsch, Deutsch-Finnisch, Bearbeitung N. Kopra, 3. Auflage, Berlin, München 2001
Langenscheidt, Wörterbuch Französisch-Deutsch, Deutsch-Französisch, Neubearbeitung, 24. Auflage, Berlin, München 1972
Langenscheidt, Wörterbuch Indonesisch-Deutsch, Deutsch-Indonesisch, Sri S. Adiwimarta, 1. Auflage, Berlin, München 1997

Langenscheidt, Wörterbuch Isländisch-Deutsch, Deutsch-Isländisch, Bearbeitung R. Duppler, 6. Auflage, Berlin, München 2001

Langenscheidt, Wörterbuch Italienisch-Deutsch, Deutsch-Italienisch, Neubearbeitung, 20. Auflage, Berlin, München 1972

Langenscheidt, Wörterbuch Japanisch-Deutsch, Deutsch-Japanisch, Bearbeitung W. Lemm, 10. Auflage, Berlin, München 1997

Langenscheidt, Wörterbuch Katalanisch-Deutsch, Deutsch-Katalanisch, Neuentwicklung, 1. Auflage, Berlin, München 2000

Langenscheidt, Wörterbuch Kroatisch-Deutsch, Deutsch-Kroatisch, völlig neu bearbeitet von R. Hammel, 1. Auflage, Berlin, München 2002

Langenscheidt, Wörterbuch Lateinisch-Deutsch, Deutsch-Lateinisch, Bearbeitung E. Lange-Kowal, 7. Auflage, Berlin, München 1977

Langenscheidt, Wörterbuch Neugriechisch-Deutsch, Deutsch-Neugriechisch, 8. Auflage, Berlin, München 1980

Langenscheidt, Wörterbuch Niederländisch-Deutsch, Deutsch-Niederländisch, Neubearbeitung F. Beermans, 6. Auflage, Berlin, München 1980

Langenscheidt, Wörterbuch Norwegisch-Deutsch, Deutsch-Norwegisch, Neubearbeitung K. Bjørnskau, 11. Auflage, Berlin, München 1992

Langenscheidt, Wörterbuch Persisch-Deutsch, Deutsch-Persisch, Neuentwicklung K. und M. Naghed, 1. Auflage, Berlin, München 2002

Langenscheidt, Wörterbuch Polnisch-Deutsch, Deutsch-Polnisch, Neubearbeitung J. Swiderski, 7. Auflage, Berlin, München 1996

Langenscheidt, Wörterbuch Portugiesisch-Deutsch, Deutsch-Portugiesisch, Neubearbeitung, 18. Auflage, Berlin, München 1972

Langenscheidt, Wörterbuch Rumänisch-Deutsch, Deutsch-Rumänisch, Neubearbeitung E. E. Lange-Kowal, 21. Auflage, Berlin, München 1993

Langenscheidt, Wörterbuch Russisch-Deutsch, Deutsch-Russisch, Neubearbeitung L. Zajczeuko, 2. Auflage, Berlin, München 1984

Langenscheidt, Wörterbuch Schwedisch-Deutsch, Deutsch-Schwedisch, Neubearbeitung E. Engbrant-Heider Berlin, 5. Auflage, München 1997

Langenscheidt, Wörterbuch Serbokroatisch-Deutsch, Deutsch-Serbokroatisch, Neubearbeitung R. Lauer, 6. Auflage, Berlin, München 1980

Langenscheidt, Wörterbuch Slowakisch-Deutsch, Deutsch-Slowakisch, Bearbeitung Tino Berko, 9. Auflage, Berlin, München 1992

Langenscheidt, Wörterbuch Slowenisch-Deutsch, Deutsch-Slowenisch, Neubearbeitung H. Perné, 4. Auflage, Berlin, München 2001

Langenscheidt, Wörterbuch Spanisch-Deutsch, Deutsch-Spanisch, 20. Auflage, Berlin, München 1972

Langenscheidt, Wörterbuch Tschechisch-Deutsch, Deutsch- Tschechisch, Neubearbeitung H. Henschel, Berlin, München 2001

Langenscheidt, Wörterbuch Türkisch-Deutsch, Deutsch-Türkisch, Neubearbeitung H.-J. Kornrumpf, 8. Auflage, Berlin, München 1983

Langenscheidt, Wörterbuch Ungarisch-Deutsch, Deutsch-Ungarisch, Bearbeitung M. Maczky-Váry, 5. Auflage, Berlin, München 1998

Legouis, E./Cazamian, L., A History of English Literature, 16th Revised Edition, London 1961

Lützeler, Heinrich, Weltgeschichte der Kunst. Die große Bertelsmann Lexikon-Bibliothek (Bd. 6), 1. Auflage, Gütersloh 1959

Lyttelton, Margaret/Forman, Werner, Die Römer – Ihre Götter und ihr Glaube, Luzern und Herrsching 1986

Markale, Jean, Die Druiden, Gesellschaft und Götter der Kelten, aus dem Französischen von B. Bludau und W. Grommes, Lizenzausgabe, Augsburg 1996

Meyer-Lübke, W., Romanisches Etymologisches Wörterbuch, 6. unveränderte Auflage, Heidelberg 1992

Naab, Friedrich (Hrsg.), Die großen Rätsel und Mythen der Menschheit, Augsburg 1996

Nack/Wägner, Bibliothek der alten Kulturen: Hellas, Land und Volk der alten Griechen, Sonderausgabe, Wien 1975

Nack/Wägner, Bibliothek der alten Kulturen: Rom, Land und Volk der alten Römer, Sonderausgabe, Wien 1976

Nack, Emil, Bibliothek der alten Kulturen: Ägypten und der Vordere Orient im Altertum, Sonderausgabe, Wien 1977

Nack, Emil, Bibliothek der alten Kulturen: Germanien, Länder und Völker der Germanen, Sonderausgabe, Wien 1977

Nedden, Otto C. A. zur/Ruppel, Karl H., Reclams Schauspielführer, 5. Auflage, Stuttgart 1958

Noelle, Hermann, Die Kelten, Lizenzausgabe der in Pfaffenhofen erschienen Ausgabe von 1974, Bergisch Gladbach 1977

Ó Cróinín, Breandán (Hrsg.), Oxford Dictionary Irish-English, English-Irish, 1. Auflage, Oxford 1999

Onions, C.T. (Hrsg.), Oxford Dictionary of English Etymology, 3. Auflage, Oxford 1979

Osman, Nabil (Hrsg.), Kleines Lexikon deutscher Wörter arabischer Herkunft, 6. Auflage, München 2002

Osman, Nabil (Hrsg.), Kleines Lexikon untergegangener Wörter, 12. Auflage München 2002

Pennington, Piers, Die großen Entdecker. Deutsch von Peter Tautfest, Klagenfurt 1980

Pfeifer, Wolfgang, Etymologisches Wörterbuch des Deutschen, 4. Auflage der Taschenbuchausgabe, München 1999

Pisu, Renata/Shih, Chia-fu, China, Treffpunkt dreier Religionen, übersetzt von Christina Callori-Gehlsen, Freiburg i. Br. 1983

Pongs, Hermann, Das kleine Lexikon der Weltliteratur, 3. erweiterte Auflage, Stuttgart 1958

Pörtner, Rudolf, Die Wikinger-Saga, Lizenzausgabe, Düsseldorf 1985

Raanan, Mordecai (Hrsg.), Die heiligen Stätten, Auf den Spuren Jesu, Jerusalem, Tel Aviv, Haifa 1970

Ranke-Graves, Robert von, Griechische Mythologie – Quellen und Deutung. Aus dem Englischen von Hugo Seinfeld, 13. Auflage, Reinbek bei Hamburg 2000

Reaney, P. H., A Dictionary of English Surnames, 3rd Revised Edition, Sheffield 1997

Reinoß, Herbert, Zeugen unserer Vergangenheit erzählen die deutsche Geschichte, Gütersloh (o. Jahr)

Reiser, Rudolf, Götter und Kaiser, Antike Vorbilder Jesu, München 1995

Rieple, Max, Geheimnisvolle Bretagne, 6. Auflage, Bern und Stuttgart 1977

Room, Adrian, Dictionary of Names, People and Places and Things, 4th Edition, Oxford 1997

Room, Adrian, Dictionary of Place Names in the British Isles, Paperback Edition, London 1993

Rymut, Kazimierz, Słownika nazwisk współcześnie w Polsce używanych, Krakau 1992–94

Schaeffner, Claude (Hrsg.), Édition Rencontre, Weltgeschichte in Bildern (24 Bde.), Lausanne (Schweiz)1968

Schließler, Martin, Auf verwehten Spuren – Amerika wird entdeckt, Frankfurt am Main 1984

Schmold, Hans, Kleines Lexikon der biblischen Eigennamen, Lizenzausgabe, Stuttgart 1990

Schreiber, Hermann, Auf den Spuren der Goten, Reinbek bei Hamburg 1979

Schreiber, Hermann, Die Vandalen, Siegeszug und Untergang eines germanischen Volkes, Lizenzausgabe, Bindlach 1993

Schulze, Hagen, Kleine Deutsche Geschichte, Sonderauflage für die Bundeszentrale und die Landeszentralen für politische Bildung, München 1996

Schwab, Gustav, Die schönsten Sagen des klassischen Altertums, ausgewählt und bearbeitet von H. Fr. Blunck, Bindlach 1997

Schwanitz, Dietrich, Die Geschichte Europas, Vollständige Taschenbuchausgabe, München 2003

Shakespeare, William, The Complete Works (Hrsg. *Peter Alexande*r), 7. Auflage, London & Glasgow 1960

Shakespeare, William (Hrsg. Oskar Rühle), Werke, 4 Bände, Stuttgart, Zürich und Salzburg (o.Jahr)

Siliotti, Alberto, Egitto, Ägypten, Götter, Tempel, Pyramiden, übersetzt von A. Kerschgens, Erlangen 1994

Smart, Ninian (Hrsg.), Atlas der Weltreligionen. Übersetzung aus dem Englischen von C. Rochow und H. Ross, Köln 2000

Stemberger, Günter (Hrsg.), 2000 Jahre Christentum, Illustrierte Kirchengeschichte, Herrsching 1983

Stoll, Heinrich Wilhelm, Handbuch der Religion und Mythologie der Griechen und Römer, unveränderter Nachdruck der Leipziger der 3. Leipziger Auflage von 1896, Wiesbaden 2003

Storm, Rachel, Die Enzyklopädie der östlichen Mythologien, Lizenzausgabe, Reichelsheim 2000

Stubhann, Matthias (Hrsg.), Die Bibel von A–Z, Das aktuelle Lexikon zur Bibel, Erlangen 1985

Tacitus, Germania, übersetzt und erläutert von Manfred Fuhrmann, Reclams Universal-Bibliothek Nr. 726, Stuttgart 1971

The American Heritage Dictionary of the English Language, 3rd Edition, Boston 1992

Trapp, Wolfgang, Kleines Handbuch der Maße, Zahlen, Gewichte und der Zeitrechnung, Lizenzausgabe, Stuttgart 1998

Vitebsky, Piers, Schamanismus, Reisen der Seele, Magische Kräfte, Ekstase und Heilung. Übersetzung aus dem Englischen von Markus Goeke, Köln 2001

Wahrig, Gerhard, Deutsches Wörterbuch, Völlig überarbeitete Neuausgabe, München 1986

Walter, Henriette (Hrsg.), Dictionnaire Hachette, Édition 2003, Paris

Wasserzieher, Ernst, Woher? – Ableitendes Wörterbuch der deutschen Sprache, 18. durchgesehene Auflage von Werner Betz, Bonn 1974
Webster's New Encyclopedic Dictionary, Revised Edition, Sonderausgabe, Köln 1993
Weekley, Ernest, Words and Names, 2. Auflage, London 1933
Weidinger, Erich, Die Apokryphen – Verborgene Bücher der Bibel, Augsburg 1985
Weitershaus, F.W., Das neue Vornamenbuch, Lizenzausgabe, München 1978
Wendt, Herbert, Es begann in Babel, Die Entdeckung der Völker, Reinbek bei Hamburg 1970
Wenzel, Gabriele, Hieroglyphen, Schreiben und lesen wie die Pharaonen, München 2001
Wenzel, Walter, Lausitzer Familiennamen slawischen Ursprungs, Bautzen 1999
Westermann, G. von/Schumann, K., Knaurs Opernführer, 6. Auflage, München 1977
Wietersheim, Eduard von (Hrsg. Felix Dahn), Geschichte der Völkerwanderung, Königsberg 1880
Wildhagen, Karl, Wörterbuch Deutsch-Englisch , 2. Auflage, Wiesbaden 1972
Wildhagen, Karl, Wörterbuch Englisch-Deutsch, 11. Auflage, Wiesbaden 1962
Wilkinson, Ph./Philip, Neil, Mythen und Sagen in der Bildwelt der Völker und Kulturen, Übersetzung aus dem Englischen von Heidi Wetzel u. a., dt. Ausgabe Stuttgart 1999
Wimmer, Otto/Melzer, Hartmann, Lexikon der Namen und Heiligen. Bearbeitung von Josef Gelmi, Lizenzausgabe, Hamburg 2002
Wolff, Friedrich/Wittstock, Otto, Latein und Griechisch im deutschen Wortschatz, Lizenzausgabe der 6. bearbeiteten Auflage, Wiesbaden 1999
Wolffsohn M./Brechenmacher, Th., Die Deutschen und ihre Vornamen, München und Zürich 1999
Wyatt, Alfred J., The Threshold of Anglo-Saxon, 5th Edition, Cambridge 1950
Zacker, Christina, Von Adakadabra bis Zodiakus – Lexikon des Aberglaubens und der magischen Künste, Niedernhausen 2000
Zentner, Christian, Der große Bildatlas der Weltgeschichte, Stuttgart 1982

Von großer Hilfe waren u. a. auch die folgenden Internet-Websites:

http://amor.rz.hu-berlin.de → Ethnische Gruppen, Nationalitäten und Sprachgemeinschaften in Europa
http://de.wikipedia.org → freie Enzyklopädie → Biographien
http://encyclopedia.thefreedictionary.com → List of pseudonyms
http://genealogy.about.com/library/surnames → Last name meaning
http://genealogy.euweb.cz → Europäische Herrscherhäuser
http://jeantosti.com/noms → Noms de famille (französische Namen u. a.)
http://research.yale.edu/swahili → Swahili names
http://shop.store.yahoo.com → Celtic Cross Stich – Last name meaning
http://www.2000-names.com → 20,000 names from around the world
http://www.ancientlibrary.com → Dictionary of Greek and Roman Antiquities
http://www.areion.de → Biographien (Personen von A bis Z)
http://www.behindthename.com → Ancient names, western European, eastern European, worldwide
http://www.buber.net → Basque surnames
http://www.earthsphere.com → Your name and the history behind it
http://www.etymonline.com → Online etymology dictionary

http://www.freepages.genealogy.rootsweb.com → Dictionary of Flemish names
http://www.genpol.com → Genealogia Polska
http://www.geocities.com → Lithuanian surnames
http://www.indo-european.nl → Griechisches etymologisches Wörterbuch (Frisk)
http://www.italyworldclub.com/genealogy/surnames → Etymology and origin of Italian surnames
http://www.jewishgen.org/infofiles/GivenNames → Jewish given names
http://www.last-names.net → Last name meanings of Irish, German, English, French, Italian & Jewish descent
http://www.namesite.com → African names and meanings
http://www.pcs.ca/pages/ulucz/families → Ukrainische Namen
http://www.polishroots.org/surnames → PolishRoots – Surnames: origins & meanings
http://www.rabbel.info → Dutch and Frisian names
http://www.rulers.org → Herrscher
http://www.sungaya.de/schwarz/griechen → Das Schwarze Netz: Griechische Mythologie
http://www.swagga.com/mname → African names
http://www.vaybee.de → Türkische Namen
http://www.vikinganswerlady.com → Altnordische Namen
http://www.yutopian.com/names → Origin of Chinese family names